中华人民共和国

交通法规汇编

（2014）

中华人民共和国交通运输部　编

人民交通出版社股份有限公司
China Communications Press Co.,Ltd.

图书在版编目(CIP)数据

中华人民共和国交通法规汇编. 2014/中华人民共和国交通运输部编. —北京:人民交通出版社股份有限公司,2015.5

ISBN 978-7-114-12265-1

Ⅰ. ①中… Ⅱ. ①中… Ⅲ. ①交通运输管理—法规—汇编—中国—2014 Ⅳ. ①D922.149

中国版本图书馆 CIP 数据核字(2015)第 130984 号

书　　名: 中华人民共和国交通法规汇编(2014)
著 作 者: 中华人民共和国交通运输部
责任编辑: 张征宇　郭红蕊
出版发行: 人民交通出版社股份有限公司
地　　址: (100011)北京市朝阳区安定门外外馆斜街 3 号
网　　址: http://www.ccpress.com.cn
销售电话: (010)59757973
总 经 销: 人民交通出版社股份有限公司发行部
经　　销: 各地新华书店
印　　刷: 北京市密东印刷有限公司
开　　本: 880×1230　1/32
印　　张: 39.625
字　　数: 1055 千
版　　次: 2015 年 5 月　第 1 版
印　　次: 2015 年 5 月　第 1 次印刷
书　　号: ISBN 978-7-114-12265-1
定　　价: 180.00 元
(有印刷、装订质量问题的图书由本公司负责调换)

编 辑 说 明

一、本卷汇编收集了2014年公布的交通运输和与交通运输相关的法律、法规、规章、规范性文件,共85件。

二、本卷汇编收集的内容包括:2014年以主席令公布的交通运输法律;国务院公布的部分与交通运输有关的规范性文件;交通运输部及交通运输部和其他部门联合公布的规章和部分规范性文件;部分地方交通运输法规和规章;部分与交通运输有关的法律、行政法规。附录中收录了2014年废止的交通运输规章目录。

三、本卷汇编的内容按下列顺序编制:规划、公路建设养护管理、水运工程、港口生产作业、运输管理、海事救捞、安全质量监督与应急、行政审批制度改革、行风建设、科技与教育、铁路与邮政管理、其他、部分地方交通法规规章、附录。

目　录

规　划

公路建设养护管理

水运工程

港口生产作业

运输管理

海 事 救 捞

安全质量监督与应急

行政审批制度改革

行 风 建 设

科技与教育

铁路与邮政管理

其　他

部分地方交通法规规章

附 录

规　　划

城市公共交通规划编制指南

交运发〔2014〕236 号　2014.11.19

为指导各地科学编制城市公共交通规划，推动建立城市公共交通支撑和引导城市发展的规划模式，按照《国务院关于城市优先发展公共交通的指导意见》（国发〔2012〕64 号）文件精神，特制定本指南。

本指南所称城市公共交通包括城市公共汽电车、城市轨道交通、城市客运轮渡等方式。

一、规划编制总体要求

（一）编制目的

城市公共交通规划是保障城市公共交通科学发展的先导。编制城市公共交通规划应当统筹城市发展与城市公共交通发展，在总结城市公共交通发展现状、研判发展形势、分析公众出行需求的基础上，确定发展战略、发展目标、发展任务和保障措施，推动建立城市公共交通支撑和引导城市发展的规划模式，实现城市公共交通资源的优化配置，提升城市公共交通服务能力和服务水平，最大能力保障公众基本出行需求。

（二）编制原则

1. 协调性原则。

编制城市公共交通规划应当综合考虑城市交通发展与土地利用的关系，与城市总体规划和城市综合交通运输规划相协调。城市公共交通规划确定的设施用地应当提请纳入城市详细规划。

2. 系统性原则。

编制城市公共交通规划应当综合考虑城市交通基础设施、发展条件、公众出行需求和政策体系等内容，按照统筹城乡道路客运和区域交通协调发展的要求,系统规划各种公共交通方式的线网和场站,并加强城市公共交通与其他客运方式之间的衔接。

3. 适用性原则。

编制城市公共交通规划应当综合考虑城市自然地理条件、人口规模和经济社会发展状况,结合城市交通发展特点,并充分考虑用地条件、投资能力等因素,因地制宜地制定科学合理、切实可行、适度超前的规划方案。

4. 开放性原则。

编制城市公共交通规划应当广泛征求社会公众、行业专家和相关部门的意见,充分采纳意见建议,认真研究论证,形成规划方案。

(三)规划范围

城市公共交通规划的空间范围原则上应与城市总体规划中的规划空间范围相一致。根据城市公共交通服务需求和城乡客运发展实际情况,规划空间范围可适当进行调整。

城市公共交通规划的时间范围应与城市总体规划、城市综合交通运输规划的时间范围相协调,明确规划基年,并充分考虑城市公共交通发展实际,合理确定规划时间范围,一般可分为近期(宜为5年)、中期(宜为5~10年)和远期(宜为10年以上)。

(四)工作阶段

城市公共交通规划编制过程一般可分为工作筹备、规划研究、文本形成和审查报批四个阶段。

1. 工作筹备阶段。

明确规划编制工作要求与目标,确定规划研究和编制工作计划。收集城市经济社会和城市综合交通运输发展的现状和规划资料,了解城市交通发展需求,广泛开展调研,并根据需要开展专项交通调查。

2. 规划研究阶段。

对影响城市公共交通发展的重大问题组织开展前期研究,包括对原有城市公共交通规划实施情况进行总结和评估,分析城市公共交通发展形势，研究确定城市公共交通发展模式，明确城市公共交通发展战略任务和发展政策等。

3. 文本形成阶段。

在前期研究的基础上，评价城市公共交通发展现状，分析存在的主要问题和城市公共交通发展需求，明确规划指导思想和基本原则，研究确定城市公共交通发展总体目标、阶段目标和各分项目标，制定规划方案，形成规划报告，起草规划文本征求意见稿。

4. 审查报批阶段。

将规划文本广泛征求社会公众、行业专家和相关部门的意见，认真研究并充分采纳相关意见及建议，形成规划最终成果，按规定程序审查报批。

二、规划主要内容

城市公共交通规划应当全面评价城市公共交通发展现状，分析发展需求，明确指导思想和基本原则，制定发展目标，对城市公共交通线网和枢纽场站、运营组织、支持系统等进行规划，确定实施安排，评估规划实施预期效果，并提出保障措施等内容。

（一）城市公共交通发展背景分析

分析城市经济社会、城市综合交通运输发展现状及其对城市公共交通发展的影响，为城市公共交通规划的研究和编制提供基础。

1. 经济社会发展状况。

分析城市经济社会发展特点和趋势，简要说明经济社会发展规划与城市公共交通相关的内容，重点把握与城市公共交通发展密切相关的经济社会条件及区域特征。

2. 城市综合交通运输发展状况。

分析城市综合交通运输发展现状，简要说明城市综合交通运输规划与城市公共交通规划相关的内容，重点分析与城市公共交通发展相关的综合交通运输发展特征。

（二）城市公共交通发展现状分析

总结城市公共交通发展历程，分析其发展现状，在居民出行调查、城市公共交通运行状况调查等专项调查的基础上，根据相关标准建立指标体系，对城市公共交通发展现状进行评价，并分析城市公共交通发展存在的问题及成因。

1. 城市公共交通发展现状。

主要包括以下内容：

(1)基础设施：城市公共交通线网、枢纽场站以及城市公交专用道等情况和技术特征，具体指标包括城市公共交通线网里程及覆盖率、公共汽电车进场率、城市公交专用道里程等。

(2)客流特征：基于城市居民出行调查和城市公共交通运行状况调查，分析居民出行特征和城市公共交通客流分布、站点上下客流量、断面客流量等特征。

(3)运营服务：分析城市公共交通企业总体运营状况、运力配置等情况，重点阐述城市公共交通市场结构和管理模式；分析城市公共交通服务质量和服务水平状况，具体指标包括公共交通正点率、运营速度、平均候车时间、信息实时预报率，以及特色公共交通服务情况等。

(4)支持系统：分析城市公共交通智能化、安全应急、公交优先通行保障和人力资源建设等情况。

(5)政策及保障措施：分析城市公共交通优先发展的组织、资金、用地、科技、票价及补贴、绿色出行文化建设等方面的政策及保障措施。

2. 城市公共交通发展状况评价。

结合城市居民出行调查和城市公共交通运行状况调查，按照有关标准规范的要求，建立评价指标体系，对城市公共交通发展状况进行定性和定量评价。

3. 城市公共交通发展问题分析。

根据城市公共交通发展现状分析和发展状况评价结论，总结分析城市公共交通发展存在的问题，并分析问题产生的原因。

(三)城市公共交通发展战略

分析城市公共交通发展的外部环境和发展条件，明确城市公共交通发展方向，确定城市公共交通规划的指导思想、基本原则，以及城市公共交通功能定位、发展模式、战略任务和总体目标。

1. 城市公共交通发展环境分析。

根据城市经济社会发展现状与趋势，分析城市公共交通发展面临的机遇与挑战，重点从城镇化发展、城市空间布局、土地利用、城市路网状况、机动化发展、节能环保等方面进行分析。

2. 城市公共交通发展战略任务。

明确城市公共交通发展定位和系统结构，研究提出城市公共交通发展的战略任务和总体目标。

3. 城市公共交通发展模式设计。

结合不同类型城市的特点和综合交通运输发展需求，遵循城市公共交通发展规律，分析城市公共交通发展模式构成及分类选择，明确城市公共交通总体发展模式和实现途径。

（四）城市公共交通发展需求预测

主要包括城市公共交通需求分析、客流预测以及线网、场站、运力等方面的规模和结构指标确定。城市国民经济和社会发展规划、城市总体规划、城市土地利用规划，以及城市综合交通运输规划所确定的城市发展及交通发展各项经济技术指标是城市公共交通发展需求预测的基础和依据。

1. 城市公共交通需求分析。

根据城市土地利用、人口分布、就业等现状及发展趋势，把握城市公共交通的需求特征及变化趋势。

2. 城市公共交通客流预测。

城市公共交通客流预测的重点是客运量和出行方式的变化，以及各种城市公共交通方式的客流情况。预测的内容主要包括城市客运总量，城市公共交通客运量、客运量分布、方式划分、客运量分配等。

3. 城市公共交通主要发展指标确定。

根据城市国民经济和社会发展规划以及城市综合交通运输规划有关结论，在城市公共交通客流预测的基础上，研究确定城市公共交通主要发展指标，主要包括运营服务指标、线网指标、场站指标、运力指标等。

4. 城市公共交通预测主要结论。

根据城市公共交通发展需求分析和客流预测结果，兼顾适度超前和目标可达性，总结梳理城市公共交通发展需求特征。

(五)城市公共交通线网规划

根据城市公共交通客流预测、土地利用和道路条件等因素，辨识城市公共交通主要客流走廊，形成城市公共交通线网总体框架；根据客流方式划分和客流分布，确定不同层次线网的公共交通方式；根据线网属性、服务指标以及与其他交通方式的衔接要求，对城市公共交通线网进行分层规划与结构优化，形成城市公共交通线网规划方案。

1. 城市公共交通客流走廊辨识和线网总体设计。

根据城市居民出行调查、城市公共交通发展需求预测和城市道路条件，辨识城市公共交通客流走廊，并对客流走廊进行层次结构划分，明确服务等级和要求，构建城市公共交通线网总体框架。

2. 城市轨道交通线网规划方案分析。

已有城市轨道交通线网规划的，按照规划结论分析城市轨道交通规划和建设对城市公共交通客流的影响，提出城市公共汽电车以及其他城市公共交通方式的配套衔接方案，并对未来城市轨道交通发展提出建议。没有城市轨道交通线网规划的，可分析研究城市轨道交通系统发展的必要性并提出相关建议。

3. 城市快速公共汽车交通线网规划。

已有城市快速公共汽车交通线网规划的，简述规划结论，分析其影响和要求，并提出改进建议。没有城市快速公共汽车交通线网规划的，可根据城市公共交通需求特点分析建设城市快速公共汽车交通的必要性和可行性。有必要并适合发展城市快速公共汽车交通的，应当对城市快速公共汽车交通线网进行规划。

4. 城市公交专用道网络规划。

已有城市公交专用道网络规划的，简述规划结论并分析其影响和要求。没有城市公交专用道网络规划的，分析设置公交专用道的必要性和可行性。如有必要，应当对城市公交专用道网络进行规划。

5. 城市公共汽电车线网规划。

根据相关预测结果和技术标准要求，结合城市轨道交通和城市快速公共汽车交通线网规划情况，在城市公共交通线网总体框架基础上，开展城市公共汽电车线网规划，明确城市公共汽电车线网规模、结构层次和功能，并提出近期线网优化调整方案和中远期发展方向与优化策略。根据公众出行需求，合理规划社区公交、通勤班车、旅游专线、学生专线、定制公交等特色公共交通服务线路和网络，满足公众多样化的出行需要。

6. 其他城市公共交通方式线路设计。

根据城市实际情况和公众出行需要，对城市客运轮渡以及其他城市公共交通方式线路进行设计。

7. 城市公共交通线网规划方案评价与优化。

对城市公共交通线网规划方案进行评价，主要包括线路长度、线网密度、线网比率、覆盖率、非直线系数、重复系数、线路客流量、满载率、出行时间等线网属性和城市公共交通服务指标的合理性和可行性等；根据评价结果对规划方案进行优化，直至满足规划目标。

（六）城市公共交通枢纽、场站布局

根据城市公共交通发展需求预测、土地利用、城市基础设施建设情况，以及城市公共交通线网规划方案，研究确定城市公共交通枢纽、停保场（指停车场和保养场）、站点、加油（气）及充电站等设施的总体布局和用地规模控制标准等。

1. 城市公共交通枢纽布局。

根据城市交通枢纽和站场的规划建设情况，以及城市公共交通线网规划方案，研究确定城市公共交通枢纽的数量及选址；对城市公共交通枢纽进行分类分级，明确功能定位、设计能力、用地规模和建设要求等内容。

2. 城市公共交通停保场布局。

结合城市公共交通发展需求预测、枢纽布局和线路运力配置等情况，确定城市公共交通停车场、保养场的功能、选址、设计能力、用地规模和建设要求等内容。

3. 城市公共交通站点布局。

根据城市公共交通线网规划方案，结合城市公共交通枢纽、停保场布局，提出城市公共交通首末站、停靠站建设及布局要求，明确城市公共交通首末站、停靠站的类型和形式，确定首末站的设计能力、用地规模和建设要求等内容。

4. 城市公共交通加油（气）及充电站布局。

根据城市公共交通线网规划和枢纽、场站布局，按照推进城市公共交通行业节能减排的要求，结合城市公共交通运力规模、用能结构及发展需求，提出城市公共交通加油站、加气站、充电站的建设需求及相关建议。

（七）城市公共交通运营组织

根据城市公共交通线网规划和枢纽、场站布局，结合城市交通需求特点，研究确定城市公共交通企业组织模式、线路运行组织和运力配置方案，以及城市公共交通枢纽、场站的运营组织模式。

1. 城市公共交通企业组织模式。

按照规模经营、适度竞争的原则，结合城市交通特点和城市公共交通发展需求，因地制宜确定城市公共交通企业数量、构成、经营范围和运营组织模式等。

2. 城市公共交通线路运行组织。

根据城市公共交通运营服务目标和线网规划，提出线路运营时间、运力配置、发车频率等指标的原则性要求。

3. 城市公共交通运力配置及发展。

分阶段确定城市公共交通运力需求总量和运力结构，制定运力调整方案，优化城市公共交通线路运力配置，推广应用新能源公共交通车辆，保障运力供应，改善运力结构。

4. 城市公共交通枢纽、场站运营组织模式。

按照提高城市公共交通枢纽、场站运行效率和服务质量的要求，结合城市公共交通运营组织特点，明确枢纽、场站的所有者、经营者、使用者的职责和相互关系，以及相关运营管理机制等。

（八）城市公共交通支持系统建设

根据城市公共交通线网规划，枢纽、场站布局和运营组织方案，确定城市公共交通智能化、安全应急、优先通行和人力资源保障等方面的目标、原则和建设内容等。

1. 城市公共交通智能化建设。

明确城市公共交通智能化建设目标，确定城市公共交通智能化建设总体方案，包括城市公共交通运营调度平台、乘客出行信息服务平台、行业监管平台，以及城市公共交通运营数据库等方面的建设内容。

2. 城市公共交通安全应急体系建设。

明确城市公共交通安全应急体系建设目标，确定城市公共交通安全应急体系建设总体方案，包括城市公共交通安全防护设施、安全监管与防控、应急保障、应急处置等相关内容。

3. 城市公共交通优先通行系统建设。

结合城市公交专用道网络规划，明确公交专用道和公交优先通行信号的技术准则、适用条件和建设目标，并提出有关发展建议。

4. 城市公共交通人力资源保障系统建设。

分析城市公共交通人力资源保障系统建设相关的体制、机制、环境和政策等方面的现状与需求，明确城市公共交通人力资源保障系统建设目标和任务，包括人才规模、素质、结构和教育培训等相关内容。

（九）规划实施安排

根据城市公共交通发展实际及阶段性需求，明确城市公共交通规划实施的重点任务，制定规划实施序列安排，测算资金需求。

1. 重点任务分析。

根据城市公共交通现状分析、发展目标和发展战略等，确定规划实施的重点任务，提出重点项目的建设目标及要求。

2. 实施序列安排。

根据规划实施的重点任务，提出近、中、远期规划实施安排；根据资金、用地等约束条件，对规划实施安排进行优化，确定规划实施方案。

3. 资金需求测算。

根据城市公共交通规划方案，测算实施各项任务的资金需求；按照规划实施方案，测算实施城市公共交通规划的资金需求总量和分阶段资金需求。

（十）规划预期效果评估

对规划方案实施后城市公共交通服务水平和技术水平，以及相应的经济、社会、环境等方面的预期效果进行综合评价，为规划方案的优化调整提供依据。

1. 服务水平。

根据相关标准规范要求，对规划方案实施前后城市公共交通服务水平进行分析评估。

2. 技术水平。

根据相关标准规范要求，对规划方案实施前后城市公共交通线网、场站、车辆装备、运营组织、乘客出行信息服务等方面的技术水平变化情况进行分析评估。

3. 经济影响。

分析城市公共交通规划实施所投入的经济社会资源及其产生的宏观经济效果，评估城市公共交通规划实施对行业发展、区域及宏观经济发展的贡献。

4. 社会影响。

分析评估城市公共交通规划实施所产生的社会影响效果、程度、范围，以及涉及的主要社会组织和群体等。

5. 环境影响。

分析评价城市公共交通规划实施对改善城市环境质量的效果，特别是对推进节能减排和缓解城市交通拥堵的作用。

（十一）规划实施保障措施

为推进城市公共交通规划的顺利实施，在组织保障、资金保障、用地保障、科技支撑、票价与补贴、绿色出行文化建设等方面提出配套政策与保障措施。

1. 组织保障。

明确城市公共交通规划实施的责任主体及职责划分、部门协调机制、监督考核机制等。

2. 资金保障。

建立长效的城市公共交通资金投入保障机制，创新城市公共交通投融资方式，推动公私合作模式（PPP）等融资模式在城市公共交通基础设施建设中的应用，加强城市公共交通用地的综合开发，拓宽城市公共交通投资渠道。

3. 用地保障。

提出落实城市公共交通规划用地的思路及途径，包括将城市公共交通规划用地纳入城市详细规划、采用划拨方式供地、加强用地监管，以及与城市建设项目进行同步配套建设等措施。

4. 科技支撑。

提出城市公共交通规划实施的科技保障措施，包括城市公共交通相关标准制定、创新能力建设、重大科技研发和成果推广应用等。

5. 票价与补贴。

研究建立基于运营成本的多层次、差别化的城市公共交通票价体系，按照群众可接受、财政可负担、企业可持续的原则，确定城市公共交通执行票价；制定城市公共交通成本核算和补贴办法，完善政府购买城市公共交通服务制度；制定城市公共交通服务质量考核办法，建立与政府补贴相挂钩的激励和约束机制。

6. 绿色出行文化建设。

提出城市公共交通宣传和文化建设思路，推动公众出行理念的转变，改善城市公共交通发展环境，引导公众优先选择城市公共交通等绿色交通方式出行。

三、规划编制技术要点

(一)现状调研

1. 资料收集内容。

主要收集以下资料:

(1)城市概况。包括城市地理位置、气候、地形地貌、地质、自然资源、旅游资源等。

(2)经济社会基础资料历年数据。包括人口资料和国民经济发展相关指标等。

(3)土地利用基础资料。包括土地利用现状与规划的土地利用类型、规模、开发强度等。

(4)城市交通发展资料。包括城市交通基础设施、车辆保有量、城市交通管理和发展政策等。

(5)城市道路网现状资料。包括各级道路基本信息、路网图等。

(6)城市公共交通相关资料。包括城市公共交通线网、枢纽、场站、车辆、运营管理等资料。

(7)城市相关规划资料。包括城市总体规划、城市综合交通运输规划,以及城市轨道交通、城市道路网等交通专项规划资料。

(8)其他资料。包括区域发展背景、城市历史演化、产业发展等资料。

2. 资料收集要求。

规划资料应收集最新批复的相关规划成果和在编的规划草案。反映现状的数据资料宜采用规划起始年前一年的资料,反映发展历程的数据资料不宜少于5年。现状与发展趋势分析宜采用5年之内的交通调查资料,5年以上的调查资料可作为参考。

(二)交通调查

交通调查内容包括城市公共交通运行状况调查、居民出行调查等。按照交通调查项目不同以及拟获取的调查信息内容和精度要求,可以采用全样调查、抽样调查、典型调查等方式。具备条件的,可采用大数据技术分析城市居民公共交通出行特征。

通过城市公共交通运行状况调查，掌握城市公共交通客流时空分布、站点上下客流量、断面客流量等特征，以及公共汽电车平均运营速度、平均候车时间和乘客满意度等服务水平指标。调查可采取跟车、驻站(断面)、发放问卷等多种形式，同时鼓励采用现代信息手段获取相关信息数据。对于近期已做过综合交通调查的城市，应充分利用其调查成果。

通过居民出行调查，掌握出行频率，出行方式构成、目的构成，出行时耗，以及出行时间分布特征、空间特征、距离特征等，分析公众出行意愿和出行需求。

(三)需求预测

对于经济社会分析预测、效果评估等，定性分析可采用直观判断和集合意见等方法，定量预测可采用因果性预测、延伸性预测和投入产出法、系统动力学模型等预测方法。

对于城市公共交通客流预测，在现状调查数据的基础上，采用出行生成、出行分布、方式划分和出行分配的四阶段方法进行预测。

(四)方案制定

1. 城市公共交通线网规划方法。

城市公共交通线网规划可采用点线面要素层次分析法、功能层次分析法、逐线规划扩充法和主客流方向线网规划法等技术方法。主要包括以下步骤：

(1)城市公共交通发展需求预测。

(2)拟定城市公共交通走廊。

(3)形成城市公共交通线网总体规划方案。

(4)城市公共交通线网规划方案评价与优化。

(5)确定城市公共交通线网规划方案。

2. 城市公共交通枢纽、场站布局方法。

城市公共交通枢纽、场站布局一般可采用经验选址法、连续型选址模型和离散型选址模型等技术方法。主要包括以下步骤：

(1)城市公共交通枢纽、场站需求预测。

(2)形成城市公共交通枢纽、场站初始布局方案。

(3)确定城市公共交通枢纽、场站的功能、设计能力和用地规模等。

(4)确定城市公共交通枢纽、场站布局方案。

(五)评价方法

服务水平评价可采用模糊综合评判法、层次分析法等方法。

技术水平评价可根据技术要素遵循的相关标准规范要求,根据其发展变化情况进行分析评估。

社会影响评价可采用公众参与评价方法,包括利益相关者识别、利益构成及影响、利益相关者参与等内容。

经济影响评价可采用宏观经济计量模型、宏观经济递推优化模型、地方投入产出模型、系统动力学模型和动态系统计量模型进行定量分析。

环境影响评价可建立评价指标体系,分析评价城市公共交通对改善城市环境的效果。

四、规划编制主要成果

城市公共交通规划成果应包括规划文本、规划图集、规划研究报告、专项调查报告和基础资料汇编等。此外,可根据实际需要,编制规划简本、规划表册和专题报告等。

(一)规划文本

规划文本应以条文方式概括规划结论,文字表达应规范、准确、清晰,内容明确简练,具有指导性和可操作性。

规划文本编写大纲包括:

1. 总则。包括编制依据、指导思想、规划原则、规划范围等。

2. 城市公共交通发展现状。包括发展概况、现状评价结论和问题总结等。

3. 城市公共交通发展战略。包括发展环境分析结论、功能定位、战略任务、发展模式选择等。

4. 城市公共交通发展目标。包括总体发展目标、阶段目标、基础设施发展目标与结构,以及运输服务及支持系统的发展目标等。

5. 城市公共交通线网规划。包括各种城市公共交通方式线网规划方案与规模结构等。

6. 城市公共交通枢纽、场站布局。包括枢纽、停车场、保养场、城市公共交通站点和加油(气)及充电站的布局方案等。

7. 城市公共交通运营组织。包括企业组织模式、线路运行组织、运力配置与发展,以及枢纽、场站运营组织模式等。

8. 城市公共交通支持系统建设。包括智能化、安全应急、优先通行和人力资源保障等。

9. 规划实施安排。包括重点任务、规划实施序列安排和资金需求测算等。

10. 规划预期效果评估。包括对规划方案实施后预期达到的城市公共交通服务水平、技术水平,以及城市公共交通发展带来的经济影响、社会影响、环境影响等进行综合评估的结论。

11. 规划实施保障措施。包括规划实施的组织保障、资金保障、用地保障、科技支撑、票价及补贴、绿色出行文化建设等方面的措施。

(二)规划图集

规划图集是指城市公共交通发展现状和规划方案相关图纸的总集。规划图集所表达的内容与要求应与规划文本一致,并标注图名、比例尺、图例、绘制时间等。

规划图集主要包括:

1. 城市公共交通规划范围图。

2. 城市公共交通线网现状图。

3. 城市公共交通枢纽场站现状图。

4. 城市公共交通主要客流走廊分布现状图。

5. 城市公共交通主要客流集散点分布图。

6. 城市公共交通走廊布局图。

7. 城市公共交通线网规划图。

8. 城市公交专用道网络规划图。

9. 城市公共交通枢纽、场站布局图。

10. 城市公共交通规划实施图。

11. 其他重要的展现规划思路和规划内容的图。

(三)规划研究报告

规划研究报告应按照编制内容要求,详细说明所采用的技术方法和分析过程,作为规划文本的支撑。

规划研究报告编写大纲包括:

1. 概述。包括城市公共交通规划的背景情况和必要性、规划的目的和意义、规划工作过程、工作依据、规划范围与期限、规划主要内容与思路,以及规划的主要结论等。

2. 城市公共交通发展背景分析。包括经济社会发展状况、城市综合交通运输发展状况等。

3. 城市公共交通发展现状分析。包括城市公共交通发展现状综述、发展状况评价,以及发展问题分析等。

4. 城市公共交通发展战略分析。分析城市公共交通发展环境,明确战略任务,设计城市公共交通发展模式。

5. 城市公共交通发展目标。包括研究和制定城市公共交通总体发展目标和阶段目标、基础设施的发展目标和结构、服务及支持系统的发展目标等。

6. 城市公共交通发展需求预测。包括城市公共交通需求分析、客流预测、主要指标确定等。

7. 城市公共交通线网规划。包括城市公共交通走廊识别和线网总体设计,城市轨道交通线网、城市快速公共汽车交通线网、城市公交专用道网络、城市公共汽电车线网,以及其他城市公共交通方式线网、线路的规划方案与评价优化等。

8. 城市公共交通枢纽、场站布局。包括城市公共交通枢纽、停保场、公共交通站点、加油(气)及充电站等的布局。

9. 城市公共交通运营组织。包括城市公共交通企业组织模式,线路运行组织,运力配置及发展,枢纽、场站运营组织模式等。

10. 城市公共交通支持系统建设。包括城市公共交通智能化、安全应急、优先通行和人力资源保障等。

11. 规划实施安排。包括规划重点任务、规划实施序列安排和资金需求测算等。

12. 规划预期效果评估。包括对规划方案实施后预期达到的城市公共交通服务水平、技术水平，以及城市公共交通发展带来的经济影响、社会影响、环境影响等进行综合评估的结论。

13. 规划实施保障措施。包括规划实施的组织保障、资金保障、用地保障、科技支撑、票价及补贴、绿色出行文化建设等方面的措施。

（四）专项调查报告

专项调查报告应详细说明调查方法、调查过程，并对调查数据进行整理和初步分析，内容包括居民出行调查和城市公共交通运行状况调查。

专项调查报告编写大纲包括：

1. 概述。包括调查的背景、目的、范围、内容、抽样方法、组织实施及主要结论等。

2. 基本信息调查。包括个人和家庭构成、收入水平、居住地、机动车保有情况等。

3. 交通出行特征调查。包括出行量、出行频率、出行的时间和空间特征、出行方式选择、出行目的、交通 OD（起讫点间交通出行量）等。

4. 线网调查。包括城市公共交通线网功能层次结构、线网布局、线路长度、线网密度、线路重复系数、非直线系数、覆盖率、线网通达性等。

5. 城市公共交通运力调查。包括运力的总规模、运力结构、运力配置，以及车辆的车龄和完好率等。

6. 客流调查。包括城市公共交通乘客的出行起讫点、出行时间，以及客流总体分布特征等。

7. 乘客满意度调查。包括乘客对票价、出行信息服务、运行正点率、运营速度、候车时间、换乘便捷性、乘车舒适度等方面的评价情况。

8. 其他调查。包括交通核查线调查、车速调查、城市公共交通站点乘降量调查等。

9. 附件。包括各类调查数据结果汇总等。

(五)基础资料汇编

基础资料汇编主要包括相关政策文件、基础资料和参考资料等。

交通运输部部属单位船舶建造管理办法

交规划发〔2014〕187号　2014.9.15

第一章　总　　则

第一条　为进一步规范交通运输部部属单位船舶建造管理，健全投资决策机制，提高投资效益，根据国家有关法律法规、政策和部门规章，结合部属单位船舶建造实际情况，制定本办法。

第二条　本办法适用于国家财政资金（包括专项建设资金）安排的部属单位船舶建造和购置项目。中央委托地方管理的国境河流航道维护船舶建造管理参照本办法执行。

第三条　本办法所称船舶是指，为行使国家行政管理职能、维护水上交通安全、开展水上救助打捞、航海保障、航道维护管理、公安和消防等工作的各类公务、公益性船舶，以及航海类专业教学实习船。

第四条　部属单位船舶建造管理实行统一规划、分级管理、各负其责的管理制度。交通运输部主管部属单位船舶建造工作，负责指导和监督部属单位船舶建造管理。部有关司局按照各自职责，分工负责相关环节的管理工作。项目建设单位是船舶建造管理的实施责任主体，负责船舶建造项目申请报批和组织实施。

项目建设单位要加强协调和管理，确保项目质量、进度、安全和廉政。项目咨询、设计、建造等参建单位按照法律规定承担相应的法定责任。

第五条　部属单位船舶建造应遵守船舶建造程序，符合国家有关标准、规范和国际公约要求。

第六条 船舶建造项目分为新型船舶建造、定型船舶建造和船舶购置项目。新型、定型船舶建造项目是指项目建设单位按照使用需求和功能要求,经过可行性论证、设计、招投标等必要的程序后,选择具备能力的船舶建造企业进行船舶建造;船舶购置项目是指项目建设单位从市场直接采购满足使用功能要求的成熟产品。

第七条 船舶建造一般按下列程序执行:

(一)根据相关规划,编制项目建议书;

(二)根据规划或批准的项目建议书,编制可行性研究报告;

(三)根据批准的可行性研究报告,进行方案设计,编制方案设计文件;

(四)根据批准的方案设计文件,依法组织招投标;

(五)核定项目总投资;

(六)组织技术设计,编制技术设计文件;

(七)船舶设计图纸送审;

(八)船舶建造企业开展生产设计;

(九)开工建造,项目建设单位组建监造组或委托具有相应资质的监理单位驻场监造;

(十)船舶建造完成后,进行船舶交接,签订交接船协议书;

(十一)编制竣工验收材料,进行竣工验收的各项准备工作和竣工决算审计;

(十二)竣工验收;

(十三)资产交付;

(十四)竣工财务决算。

第八条 船舶购置一般按下列程序执行;

(一)根据相关规划,编制项目建议书;

(二)根据规划或批准的项目建议书,编制可行性研究报告;

(三)根据批准的可行性研究报告,按照相关要求进行船舶购置工作;

(四)核定项目总投资;

（五）进行船舶交接，签订交接船协议书；

（六）编制竣工验收材料，进行竣工验收的各项准备工作和竣工决算审计；

（七）竣工验收；

（八）资产交付；

（九）竣工财务决算。

第九条 部属单位船舶建造项目的管理应当符合国家规定的程序要求，除国家另有规定外，不得擅自简化建设程序。下列项目可按规定适当简化程序：

（一）国务院、国家发展改革委批准的专项规划已经明确的项目，技术性能较为简单的船舶建造项目，可以合并编制项目建议书和可行性研究报告；

（二）定型船舶建造项目可行研究报告批复后，可不再进行方案设计和技术设计，按照现行规范对定型图纸修改完善后开展相关工作；

（三）相对较为简单的新船型船舶建造项目，可将方案设计与技术设计两个阶段合并进行；

（四）定型船舶建造项目、船舶购置项目可根据项目特点适当简化验收手续。

第二章 项目决策和前期工作管理

第十条 部属单位根据国家和交通运输部有关规划，结合本系统、本单位中长期事业发展规划，编制本单位船舶建造五年规划。

五年规划应包括上一期五年规划执行情况的总结评价，本规划期内船舶建造需求分析、发展思路和目标、建设任务和项目概况、投资匡算、措施建议等主要内容。无专项规划、布局规划等支撑的项目，应进行必要的专项论证。

第十一条 部属单位组织编制的五年规划按规定报送交通运

输部，按程序纳入部五年规划的项目是开展船舶建造项目前期工作和安排年度固定资产投资计划的依据。

第十二条 五年规划执行中需要调整的，部属单位原则上应结合中期评估，经过必要的专项论证后，将调整方案报送交通运输部，按程序纳入部五年规划调整方案后执行。外部条件发生重大变化或急需的少数项目，确需及时调整的，部属单位可提出调整申请，部主管部门组织评估后纳入规划调整方案。

第十三条 部海事局、救捞局和长江航务管理局需组织研究编制本系统的船舶配备标准，经部审定后执行。

第十四条 部属单位船舶建造项目应根据国家规定的审批权限，按照程序报批。

第十五条 项目建设单位可以自行编制项目建议书，也可委托具有相关工程咨询资质或船舶设计资质和相应能力的单位编制。项目建议书要对船舶建造项目的必要性、功能定位、主尺度、主要技术参数、投资匡算、资金筹措以及社会效益和经济效益等进行初步分析，并附相关文件资料。项目建议书的编制格式、内容和深度应达到规定要求。

第十六条 项目建议书编制完成后，由项目建设单位按照规定报送审批部门审批。审批部门对符合有关规定、确有必要建设的项目，批准项目建议书。审批部门可以在批复文件中规定批复文件的有效期。

第十七条 项目建议书批准后，项目建设单位应当委托具有相关工程咨询资质或船舶设计资质和能力的单位编制可行性研究报告，定型船建造项目也可由项目建设单位编制。可行性研究应在充分调查研究的基础上，对船舶建造的必要性、技术的可行性、经济的合理性和实施计划的可行性进行综合研究论证，重点加强船舶功能定位、船型选择、主尺度、主要技术指标和投资估算的论证。无需编制项目建议书的建设项目，应在可行性研究报告中加强项目必要性的论证，有必要的应开展前期专题研究和专项论证。可行性研究报告的编制格式、内容和深度应当达到规定要求。

第十八条 可行性研究报告编制完成后，由项目建设单位按照规定程序报送审批部门审批。

第十九条 交通运输部负责审批的船舶建造项目建议书和可行性研究报告，一般应当委托具备相关资质的工程咨询机构进行咨询评估，咨询评估工作按有关规定执行。特殊项目，交通运输部也可直接组织专家评审。规划中的定型船舶建造项目，交通运输部可以直接办理审批手续。

第二十条 审批部门可以在可行性研究报告批复文件中规定批复文件的有效期。船舶建造项目应当在可行性研究报告批复文件的有效期内开工建设，有效期内未开工的船舶建造项目按照有关规定停止建设或重新报批可行性研究报告。

第二十一条 经批准的可行性研究报告是确定船舶建造项目的依据。项目建设单位应依据可行性研究报告批复文件，按照国家招标投标的相关要求选择具有相关资质和能力的单位进行方案设计。

第二十二条 项目建设单位和设计单位应确保合理的设计周期，保证方案设计的质量。方案设计应当符合国家有关规定和可行性研究报告批复文件的要求。方案设计阶段确定船舶总体性能、基本尺度、作业能力及动力配置等关键系统。设计单位通过初步的理论计算和分析，以及必要的试验来确定船舶的主要参数、结构形式、主要设备选型等重要技术内容，提供船舶技术规格书和总布置图、典型横剖面、主要系统原理图等，并通过论证确定需要进口的关键设备清单，并据此概算船舶造价。

第二十三条 方案设计阶段原则上不得实质性改变可行性研究报告批复内容。如果方案设计阶段船舶主尺度、作业能力变动超过5%，航速变动超过8%，或船舶功能、作业方式、推进方式、总体布置、主要设备和主机功率等发生重大变化，项目建设单位应重新编报可行性研究报告，原审批部门视情况重新审批可行性研究报告或对原批准内容进行调整。

第二十四条 方案设计文件编制完成后，项目建设单位应按照规定程序报批。方案设计审查审批一般应进行专家咨询。符合要求的项目,审批部门按规定办理审批。经批准的方案设计是项目建设实施的依据。

第二十五条 船舶技术设计是在方案设计的基础上,通过详细的计算分析,解决设计中的关键技术问题,最终确定船舶全部技术性能、船体结构、重要材料、设备选型等。在技术设计阶段应提供船舶检验机构规定送审的图纸和技术文件,图纸需满足最新的规范、标准以及方案设计阶段确定的各项技术要求。为生产设计提供所需的图纸,技术文件和数据。

第二十六条 船舶技术设计图纸按照有关规定送船舶检验机构审查。

第二十七条 生产设计以技术设计为基础,根据船厂施工的具体条件,主要是对船舶的生产施工进行程序和工艺设计。生产设计一般由船舶建造企业组织开展。

第二十八条 定型船型原则上不得进行修改设计,确需对定型船型进行适当调整的,应对调整内容进行详细论证。除由于船舶检验规范调整、主机和推进系统选型变化引起合理的船舶主尺度、航速等变化外,其他原因引起的船舶主尺度、作业能力、航速等技术指标变动超过3%,或船舶功能、作业方式、推进方式、线型、总体布置和主要设备等发生变化,应按照新船型建造重新编制可行性研究报告。

第三章 年度投资计划和预算管理

第二十九条 部属单位船舶建造项目年度投资建议计划编制应与预算编制相协调,并切实遵循预算管理的时间进度和编制要求。部属单位应根据船舶建造五年规划和项目前期工作进展情况,编制本单位船舶建造项目年度投资建议计划并附必要的文字说明按要求上报,其中,海事、救捞、长航系统的年度建议计划,由部海事局、救捞局、长江航务管理局初审后统一归口报部。

第三十条 部属单位下一年度船舶建造投资建议计划应于部

门“一上”预算编制前报部，部审核和综合平衡后，编制纳入部门“一上”和“二上”预算报财政部。财政部批复后，部正式下达各单位下一年度固定资产投资计划和预算。

第三十一条 部属单位编制下一年度船舶建造投资建议计划和预算应当统筹兼顾，综合平衡，科学决策，区别轻重缓急，根据项目实际进展情况和预算执行要求合理安排，优先安排续建项目。新建项目原则上应在部门“一上”预算编制前取得可行性研究报告批复，部门“二上”预算编制前取得方案设计批复。

第三十二条 年度固定资产投资计划下达和部门预算批复后原则上不进行调整，因特殊原因需要调整的，项目建设单位应按照规定的程序和时间向部提出年度投资计划调整申请，部审核汇总后纳入部门预算调整建议报财政部。财政部批复后，部下达调整计划和预算。对预算执行严重滞后的项目，部可视情况直接核减年度投资计划和预算。

第三十三条 部属单位应当加强投资计划和预算执行管理，按投资计划和预算开展项目建设，保证计划和预算执行到位。

第四章 建设管理

第三十四条 船舶建造项目应按照国家规定执行招标投标制度、合同管理制度、质量监督制度、安全管理制度、廉政监督制度等各项制度，确保建设全过程依法规范管理。

第三十五条 项目建设单位须依据有关法律法规开展船舶建造选厂和主要机电设备招标工作。拟进口的船舶机电设备还应履行国际招标等相关必要的程序。

第三十六条 招标工作结束后，项目建设单位将评标报告、申请船舶总投资文件等一并报部。

第三十七条 部核定的船舶总投资一般包括工程费用（国内船厂中标价格、主要设备中标价格）和其他费用（项目建设单位管理费、前期工作费、项目建设单位监造费或船舶监理费、船舶设计费、审计服务费、招标代理费、进口设备其他费、接船费、后评价费)等。

第三十八条 船舶建造项目必须在落实各项开工条件后，方可开工建造。

第三十九条 为保证船舶建造质量，项目建设单位应派遣专业技术人员组成监造组或委托有相应资质的监理单位驻厂监造。

第四十条 船舶建造期间，应严格按照图纸施工，不得随意变更设计内容与要求。如确需对总体布置、主要设备等进行调整，必须经过原批准部门批准并送船舶检验机构认可后方能进行，由此影响交船时间和船价的增减，应在补充合同中明确。

第四十一条 船舶建造主要节点包括开工、船体大合拢、下水、船舶试验、船舶交接，项目建设单位应加强主要节点管理，确保船舶建造周期。

第四十二条 船舶建造项目档案参照国家和交通运输部基本建设项目档案管理的相关规定执行，建立健全档案管理制度，由专人负责档案和资料的收集、整理，并移交有关部门保管。

第四十三条 项目建设单位应建立项目信息报送制度，按季度向部相关部门报送项目建设进展、资金使用等情况。

第四十四条 船舶经过倾斜、系泊和航行试验以及取得船舶检验机构合格证书后组织船舶整体交接，项目建设单位与船舶建造企业签订船舶交接协议。

第四十五条 船舶交船后应进行试运行，试运行时间一般不超过一年，在具备竣工验收条件后，项目建设单位应及时申请和办理竣工验收。

第四十六条 部属单位应加强项目竣工验收管理，于每年年底前将下一年度竣工验收工作计划报部备案。部对各单位竣工验收工作计划实施情况进行检查，检查结果通报各单位。

第四十七条 申请竣工验收应满足以下条件：

(一)已取得规定要求的船舶检验证书及其他证书(如吨位证书、船舶国籍证书、最低配员证书、所有权证书等有关证书)；

（二）主要机电设备运行情况良好；

（三）竣工验收档案资料齐全；

（四）项目参建单位的竣工验收总结报告、设计总结报告、建造总结报告、监造总结报告和使用单位的试运行总结报告编制完成；

（五）竣工决算报告编制完成，并通过竣工决算审计；

（六）廉政建设合同已履行。

第四十八条 竣工验收一般采用现场核查方式，成立竣工验收现场核查委员会，成员由有关部门、项目建设单位和专家组成。现场核查的主要内容包括：

（一）核查是否具备国家规定的审批文件及相关手续；

（二）核查船舶运行情况；

（三）核查合同履约情况，审查有关档案资料；

（四）核查是否已取得相应的船舶检验证书；

（五）核查竣工决算审计及问题整改情况；

（六）核查廉政建设合同执行情况；

（七）对存在问题和尾留工程提出处理意见；

（八）形成、通过并签署《竣工验收现场核查意见书》。

第四十九条 通过现场核查的，验收部门应依据相关法律、法规、规章和技术标准颁发竣工验收证书。未通过现场核查的，项目建设单位应根据竣工验收现场核查委员会提出的处理意见限期整改，整改完成后重新申请竣工验收。

第五十条 船舶建造项目竣工验收合格后，应当及时办理资产交付手续。

第五章 财务与资金管理

第五十一条 船舶建造项目资金按照财政部《基本建设财务管理规定》进行管理，专款专用，严格按照批准的项目概算执行，不得挤占挪用。项目建设单位应当根据项目批准概算、年度投资计划和预算、建设进度等控制项目资金支出。

第五十二条　部属单位应建立和完善自筹资金建设项目管理机制，对需要配套自筹资金的船舶建造项目，应确保自筹资金足额到位。

第五十三条　部属单位应当依据《行政事业单位内部控制规范（试行）》建立健全船舶建造项目资金支付管理办法和审批程序，资金支付严格按照国库支付相关规定和《交通基本建设资金监督管理办法》执行。前期工作费归垫按照财政部有关规定办理。

第五十四条　船舶建造项目应在竣工验收后3个月内完成竣工财务决算的编报工作。竣工财务决算的编制要求、编制内容、编制方法、审批原则参照《交通运输部基本建设项目竣工财务决算编审规定》执行。

为简化工作程序，提高工作效率，除需报财政部审批竣工财务决算的船舶建造项目外，竣工财务决算核查可与竣工决算审计结合进行，但要事先征得上级审批部门同意。

第五十五条　部属单位应根据竣工财务决算批复及时办理资产入账手续，已办理估价入账的，要根据批复及时调整相关账务。

第五十六条　部属单位应严格按照《中央部门财政拨款结转结余资金管理办法》的要求确认和管理结余资金，并按照有关规定及时上缴国库。

第六章　监督与评价

第五十七条　船舶建造项目实行政府监督、部属单位管理、企业自检的质量安全保证体系。部属单位应当依照本办法和国家相关规定，建立健全建设项目的决策、管理、监督、制约机制和相关制度，加强对项目各个环节的监督管理，把安全、质量、进度控制和廉政建设责任落实到位，把资金安全和廉政风险防范融入建设项目的日常管理工作。

第五十八条　部属单位各级领导干部应当严格执行交通运输

部关于严禁领导干部违反规定插手干预基本建设项目管理行为的规定。船舶建造项目管理应当作为各单位事务公开的重要内容，接受员工和社会的监督。

第五十九条 部属单位应当根据相关规定加强对船舶建造项目的审计监督,建立健全建设项目内部审计制度,规范第三方审计管理。

第六十条 部属单位应当规范项目监督,加强对项目招标投标、建设监理、合同管理等关键环节的监督检查。项目责任人或代建机构、勘察设计、施工、监理等单位的名称和责任人姓名应当在施工现场的显著位置公示。

第六十一条 新船型首制船一般应进行后评价。后评价工作按照国家有关规定执行。

项目建设单位在委托相关单位进行后评价前,应组织开展建设管理工作总结、设计工作总结、船厂建造工作总结和使用单位使用情况总结等。

列入抽查的项目还应按照财政部有关规定组织专门的绩效评价。

第六十二条 后评价一般应在船舶主机等关键设备运行超过300小时且投入使用半年以上并确实进行过实际作业后进行。后评价主要对前期工作阶段管理决策、技术参数确定、关键设备选型等方面的合理性和决策的科学性进行评价,对建造质量和技术性能指标是否达到原设计要求进行鉴定,对存在的缺陷或不足提出改进意见和措施,对船舶的适用情况及后续船建造的可持续性进行分析评价。

第六十三条 后评价完成后,项目建设单位应委托设计单位对原设计方案进行优化和完善,完成定型设计,并将图纸、主要设备清单及有关材料一并报部,部予以明确。定型后船舶主要技术参数和主要设备原则上不再变更。经过后评价并完成定型的船舶,方可安排批量建造。

第六十四条 部属单位违反本办法,特别是未经批准同意擅自进行重大变更的,部予以通报批评,情节严重的部将暂停资金拨付或者不予批准新的建设项目;造成质量低劣、损失浪费或责任事故的,视情节轻重依法追究责任人的行政或法律责任,构成犯罪的报相关部门追究其刑事责任。

第七章　附　　则

第六十五条　使用中央预算内投资安排的部属单位船舶建造项目,亦应满足国家发展改革委《中央预算内直接投资项目管理办法》的要求。

第六十六条　部属单位全额自筹资金安排的船舶建造项目,除重大或国家明令限制的项目外,部原则上不再审批项目可行性研究报告,部属单位应按照本办法要求的程序进行管理。

第六十七条　本办法由交通运输部负责解释。

第六十八条　本办法自印发之日起实施。

交通运输部部属单位基本建设管理办法

交规划发〔2014〕188号　2014.9.15

第一章　总　　则

第一条　为进一步规范交通运输部部属单位基本建设管理，健全投资决策机制，提高投资效益，根据国家有关法律法规、政策和部门规章，结合部属单位基本建设实际情况，制定本办法。

第二条　本办法适用于国家财政资金（包括专项建设资金）安排的部属单位新建、改建、扩建等固定资产投资基本建设项目。

第三条　部属单位基本建设管理实行统一规划、分级管理、各负其责的管理制度。交通运输部主管部属单位基本建设工作，负责指导和监督部属单位基本建设管理。部有关司局按照各自职责，分工负责相关环节的管理工作。项目建设单位是项目的实施责任主体，负责建设项目申请报批和组织实施。

项目建设单位要加强协调和管理，确保项目质量、进度、安全和廉政。项目咨询、勘察、设计、施工、监理等参建单位按照法律规定承担相应的法定责任。

第四条　部属单位基本建设应遵循国家法律法规要求和基本建设程序，并符合国家有关建设标准和规范的要求。

第五条　部属单位基本建设项目管理一般应当按照以下程序执行：

（一）根据相关规划，编制项目建议书；

（二）根据批准的项目建议书，编制可行性研究报告；

（三）根据批准的可行性研究报告，编制工程设计文件（一般包括初步设计和施工图设计)；

(四)根据批准的工程设计文件，依法组织招投标或政府采购；

(五)落实建设条件和办理相关开工备案手续；

(六)工程实施；

(七)建设任务完成后进行交工验收；

(八)编制竣工验收材料，进行竣工验收的准备工作和竣工决算审计；

(九)竣工验收；

(十)资产交付；

(十一)竣工财务决算。

第六条 部属单位基本建设项目的管理应当符合国家规定的建设程序要求，除国家另有规定外，不得擅自简化建设程序。下列项目可按规定适当简化程序：

(一)国务院、国家发展改革委批准的专项规划已经明确的项目，不涉及土地征用且建设内容简单的项目，可以直接编报可行性研究报告。

(二)房屋购置类项目，可将项目建议书和初步设计的相关内容合并编入可行性研究报告，以可行性研究报告代项目建议书和工程设计，并可根据项目特点适当简化验收手续。

(三)不含土建工程的单纯设备购置项目，可直接编制可行性研究报告(含设备技术规格书)，在可行性研究批复后按照政府采购的相关要求进行设备采购工作，并由部属单位按有关规定自行组织验收并将验收文件报部备案。

第二章 项目决策和前期工作管理

第七条 部属单位根据国家和交通运输部有关规划，结合本系统、本单位中长期事业发展规划，编制本单位基本建设五年规划。

五年规划应包括上一期五年规划执行情况的总结评价，本规划期内基本建设需求分析、发展思路和目标、建设任务和项目概况、投资匡算、措施建议等主要内容。无专项规划、布局规划等支撑的项目，应进行必要的专项论证。

第八条 部属单位组织编制的五年规划按规定报送交通运输部，按程序纳入部五年规划的项目是开展基本建设项目前期工作和安排年度固定资产投资计划的依据。

第九条 五年规划执行中需要调整的，部属单位原则上应结合中期评估，经过必要的专项论证后，将调整方案报交通运输部，按程序纳入部五年规划调整方案后执行。外部条件发生重大变化或急需的少数项目，确需及时调整的，部属单位可提出调整申请，部主管部门组织评估后纳入规划调整方案。

第十条 纳入部五年规划，具有独立院落或场地且具有一定的占地规模，需要整体规划、分期实施的建设项目，各单位还应根据城乡建设规划和实际建设需求，组织编制该院落或场地的总体布局规划，经审定并报部备案后，作为项目立项决策和开展前期工作的依据。

第十一条 部属单位基本建设项目应当根据国家规定的审批权限，按照程序报批。

楼堂馆所项目的审批，严格按照党中央、国务院和国家发展改革委有关规定执行。

第十二条 项目建设单位可以自行编制项目建议书，也可委托具有相应资质的工程咨询机构编制。项目建议书要对项目建设的必要性、主要建设内容、拟建地点、拟建规模、投资匡算、资金筹措以及社会效益和经济效益等进行初步分析，并附相关文件资料。项目建议书的编制格式、内容和深度应达到规定要求。

第十三条 项目建议书编制完成后，由项目建设单位按照规定的程序报送审批部门审批。审批部门对符合有关规定、项目绩效较好、确有必要建设的项目，批准项目建议书，并将批复文件抄送城乡规划、国土资源、环境保护等部门。

审批部门可以在批复文件中规定批复文件的有效期。

第十四条 项目建设单位依据项目建议书批复文件，组织开展项目可行性研究，并按照规定向城乡规划、国土资源、环境保护等部门办理规划选址、用地预审、环境影响评价等审批手续。

第十五条 项目建议书批准后，项目建设单位应当委托具有相应资质的工程咨询机构编制可行性研究报告，对项目在技术和经济上的可行性，以及社会经济效益、节能、资源综合利用、生态环境影响等进行全面分析论证，落实各项建设和运行保障条件，并按照有关规定取得相关许可、审查意见，需要进行社会风险稳定分析的建设项目按相关程序办理。可行性研究报告的编制格式、内容和深度应当达到规定要求，并加强投资估算。无需编制项目建议书的建设项目，应在可行性研究报告中加强项目必要性论证，有必要的应开展前期专题研究和专项论证。

第十六条 可行性研究报告编制完成后，由项目建设单位按照规定程序报送审批部门审批，并根据项目类型附以下有关文件：

（一）城乡规划行政主管部门出具的选址意见书。

（二）国土资源行政主管部门出具的用地预审意见。

（三）环境保护行政主管部门出具的环境影响评价审批文件。

（四）涉及海域使用的建设项目，需附海洋行政主管部门的预审意见。

（五）涉及岸线使用的建设项目，需附项目所在地港口管理部门签署同意意见的港口岸线使用申请表。

（六）涉及防洪影响的建设项目，需附防洪主管部门的意见。

（七）资金筹措证明（限于含自筹资金的项目）。

（八）项目建设单位、招标方案及项目招标基本情况表。

（九）根据有关规定应当提交的其他文件。

建设项目涉及岸线使用许可的，交通运输部在审批项目可行性研究报告时一并批准。

第十七条 交通运输部负责审批的项目建议书和可行性研究报告，一般应当委托具备相应资质的工程咨询机构进行咨询评估,咨询评估工作按有关规定执行;特殊项目,交通运输部也可直接组织专家评审。对符合有关规定、具备建设条件的项目,交通运输部办理可行性研究报告的审批,并将批复文件抄送城乡规划、国土资源、环境保护等部门。规划期内已审批过类似项目、建设内容和技术较简单的项目,交通运输部可以直接办理审批手续。

第十八条 审批部门可以在可行性研究报告批复文件中规定批复文件的有效期。基本建设项目应当在可行性研究报告批复文件的有效期内开工建设,有效期内未开工的基本建设项目按照有关规定停止建设或重新报批可行性研究报告。

第十九条 经批准的可行性研究报告是确定基本建设项目的依据。项目建设单位应依据可行性研究报告批复文件,按照规定向城乡规划、国土资源等部门申请办理规划许可和正式用地手续等,并根据国家招标投标的相关要求选择具有相应资质的单位进行初步设计。

第二十条 项目建设单位和设计单位应确保合理的勘察设计周期,按照国家和交通运输部关于工程初步设计的要求编制初步设计文件,保证初步设计的质量。

第二十一条 初步设计阶段项目建设单位、项目性质或建设地点改变,概算总投资超过经批准的可行性研究报告估算总投资10%,或者房建工程建筑面积调整超过经批准的可行性研究报告建设规模5%、建设内容发生较大变化等重大调整,项目建设单位应重新编报可行性研究报告,原审批部门视情况重新审批可行性研究报告或对原批准内容进行调整。

第二十二条 初步设计文件编制完成后,项目建设单位应按照规定程序报批。初步设计审查审批一般应进行专家咨询,技术较为复杂、影响较大的项目,可以委托资质不低于设计单位资质的第三方对初步设计报告进行技术咨询,相关费用纳入项目总概算。初步设计技术咨询的对象、范围和工作要求按照部有关规定执行。对符合要求的项目,审批部门按规定办理审批。

经批准的初步设计及投资概算是项目建设实施和控制项目总投资的依据。

第二十三条 初步设计批复后,项目建设单位应组织开展施工图设计工作,房屋建筑类项目还应根据当地规划或建设主管部门的要求办理施工图设计文件审查的相关手续。

第三章 年度投资计划和预算管理

第二十四条 部属单位基本建设项目年度投资建议计划编制应与预算编制相协调,并切实遵循预算管理的时间进度和编制要求。部属单位应根据基本建设五年规划和项目前期工作进展情况,编制本单位基本建设项目年度投资建议计划并附必要的文字说明按要求上报,其中,海事、救捞、长航系统的年度建议计划,由部海事局、救捞局、长江航务管理局初审后统一归口报部。

第二十五条 部属单位下一年度基本建设投资建议计划应于部门"一上"预算编制前报部,部审核和综合平衡后,编制纳入部门"一上"和"二上"预算报财政部。财政部批复后,部正式下达各单位下一年度固定资产投资计划和预算。

第二十六条 部属单位编制下一年度基本建设投资建议计划和预算应当统筹兼顾,综合平衡,科学决策,区别轻重缓急,根据项目实际进展情况和预算执行要求合理安排,优先安排续建项目。新建项目原则上应在部门"一上"预算编制前取得可行性研究报告批复,部门"二上"预算编制前取得初步设计批复。

第二十七条 年度固定资产投资计划下达和部门预算批复后原则上不进行调整,因特殊原因需要调整的,项目建设单位应按照规定的程序和时间向部提出年度投资计划调整申请,部审核汇总后纳入部门预算调整建议报财政部。财政部批复后,部下达调整计划和预算。对预算执行严重滞后的项目,部可视情况直接核减年度投资计划和预算。

第二十八条 部属单位应当加强投资计划和预算执行管理，按投资计划和预算开展项目建设，保证计划和预算执行到位。

第四章 建设管理

第二十九条 部属单位基本建设项目应按照国家规定执行招标投标制度、政府采购制度、工程监理制度、合同管理制度、质量监督制度、安全管理制度、廉政监督制度等各项制度，确保建设全过程依法规范管理。

第三十条 基本建设项目必须在落实各项开工条件和办理相关的开工备案手续后，方可开工建设。

第三十一条 基本建设项目应实行项目负责人制，项目建设单位应当建立完善的项目组织机构，单位主要领导对项目建设负总责，分管领导对相关工作负领导责任，计划、基建、财务、审计、纪检监察等相关部门按照职责分工分别负责建设项目的组织实施、资金管理、审计监督、廉政建设等工作。

部属单位基本建设项目可按照国家有关规定实行代建制。

第三十二条 基本建设项目应当依法实行招标投标制度，并执行国家和交通运输部的相关规定，招标文件、资格审查结果、评标结果应报部备案。

第三十三条 基本建设项目应当依法实行工程监理制度。监理单位应当依照法律、法规及有关技术标准、规范和合同文件，代表项目建设单位对工程质量、安全、进度和工程投资进行监控，对合同、信息与资料进行管理，协调有关单位间的关系。

第三十四条 基本建设项目应当依法实行合同管理制。项目建设单位应与各参建单位签订书面合同，合同签订后不得再行签订背离合同实质性内容的其他协议。

第三十五条 项目建设单位应当依法完善工程质量控制体系，建立健全工程质量责任追究制度，落实工程质量监督制度，保持合理的工程建设进度，保证建设项目工程质量。

第三十六条 项目建设单位应当落实国家关于建设项目安全设施"三同时"监督管理的要求，建立健全安全责任体系，明确项目参建各方的安全责任。项目建设单位、施工单位、监理单位应制定安全应急预案，加强职工安全生产教育，落实安全生产责任人，明确并落实安全生产专项费用及设施，并依法承担建设工程安全生产责任，确保施工现场安全。

第三十七条 基本建设项目应当遵守国家和交通运输部关于基本建设项目档案管理的相关规定，做好项目档案管理工作。项目档案验收不合格的，应当限期整改，经复核合格后，方可进行竣工验收。

第三十八条 项目建设单位应建立项目信息报送制度，按季度向部相关部门报送项目建设进展、资金使用等情况。

第三十九条 项目建设单位应采取有效措施控制项目变更、加强工程造价管理，初步设计和投资概算经审批后，原则上不得擅自变更和突破批复概算，各类设计变更需经批准后方可实施。在建设过程中如因外部条件发生重大变化，或遇不可抗力等因素确有必要对已审批的建设规模、标准、内容及设计方案、主体结构、主要工艺流程或主要设备等进行重大设计变更的，应当报原初步设计审批部门批准后实施。对于较大设计变更和一般设计变更，也应按照部有关规定，履行必要的程序，严格管理。由于经批准的设计变更或政策调整、价格上涨、地质条件发生重大变化等原因导致原核定概算不能满足工程实际需要，且使用预留费不能解决的，投资概算调增幅度不超过原核定概算10%的，应向原概算审批部门申请调整概算，超过10%的，应向原可行性研究报告审批部门申请调整投资规模。

对由于勘察、设计、施工、设备材料供应、监理单位过失等造成设计变更或超概算的，根据违约责任扣减有关责任单位的费用，超出的投资不作为计取项目其他费用的基数。对过失情节严重的责任单位，部将纳入"黑名单"，并建议相关信用、资质管理部门依法给予处罚并公告。

对由于项目建设单位管理不善、失职渎职,擅自扩大规模、提高标准、增加建设内容,故意漏项等造成设计变更或超概算的,部将给予通报批评,所超概算额由项目建设单位承担,部不予追加投资,并核减下一年度建设项目和投资规模。

第四十条 建设项目已完成合同约定的各项内容,且施工单位对工程质量自检合格,监理单位对工程质量评定合格,质量监督机构对质量核定合格,部属单位应抓紧组织设计、施工、监理、质量监督、使用单位等开展交工验收。需要试运行的项目,试运行时间一般不超过一年。具备竣工验收的条件后,部属单位应当及时申请和办理竣工验收。

第四十一条 部属单位应加强项目竣工验收管理,于每年年底前将下一年度竣工验收工作计划报部备案。部对各单位竣工验收工作计划实施情况进行检查,检查结果通报各单位。

第四十二条 申请竣工验收应满足以下条件:

(一)已按批准的建设规模、标准和内容建成,各合同段交工验收合格,满足使用要求;有尾留工程的,尾留工程不得影响建设项目的投产使用,尾留工程投资额可根据实际测算投资额或按照工程概算所列的投资额列入竣工决算报告,但不得超过工程总投资5%。

(二)主要工艺设备或设施通过调试具备使用条件,试运行情况良好。

(三)房屋建筑类项目在当地建设主管部门办理完成竣工备案手续。

(四)环境保护设施、安全设施、消防设施等已按照要求与主体工程同时建成,并通过有关部门的专项验收。

(五)竣工档案资料齐全,并通过专项验收。

(六)竣工决算报告编制完成,并通过竣工决算审计。

(七)廉政建设合同已履行。

(八)国家规定的其他专项验收手续已完成。

第四十三条 竣工验收一般采用现场核查方式,成立竣工验收现场核查委员会，成员由有关部门、项目建设单位和专家组成。现场核查的主要内容包括：

（一）核查是否具备国家规定的审批文件及相关手续。

（二）核查工程是否按照批准的建设规模、标准、内容完成以及实体质量情况。

（三）核查合同履约情况，审查有关档案资料。

（四）核查国家和行业强制性标准执行情况。

（五）核查环境保护、消防、档案等专项验收情况。

（六）核查竣工决算审计及问题整改情况。

（七）核查廉政建设合同执行情况。

（八）对存在问题和尾留工程提出处理意见。

（九）形成、通过并签署《竣工验收现场核查意见书》。

第四十四条 通过现场核查的，验收部门应依据相关法律、法规、规章和技术标准颁发竣工验收证书。未通过现场核查的，项目建设单位应根据竣工验收现场核查委员会提出的处理意见限期整改，整改完成后重新申请竣工验收。

项目建设单位未及时办理建设项目竣工验收手续或竣工验收不合格，擅自投入使用的，部将责令其停止使用，并限期改正。建设项目未完成竣工验收的，不得在原基础上申请后续项目。

第四十五条 建设项目竣工验收合格后，应当及时办理资产交付手续。

第五章 财务与资金管理

第四十六条 基本建设项目资金按照财政部《基本建设财务管理规定》进行管理，专款专用，严格按照批准的项目概算执行，不得挤占挪用。项目建设单位应当根据项目批准概算、年度投资计划和预算、建设进度等控制项目资金支出。

第四十七条 部属单位应建立和完善自筹资金建设项目管理机制，对需要配套自，筹资金的建设项目，应确保自筹资金足额到位，对确已完成建设内容但自筹资金不到位的项目，原则上可以办理调减投资规模（概算）手续，但应同比例核减国家投资。

第四十八条 部属单位应当依据《行政事业单位内部控制规范（试行）》建立健全建设项目工程资金支付管理办法和审批程序，资金支付严格按照国库支付相关规定和《交通基本建设资金监督管理办法》执行。前期工作费归垫按照财政部有关规定办理。

第四十九条 建设项目应在竣工验收后3个月内完成竣工财务决算的编报工作。竣工财务决算的编制要求、编制内容、编制方法、审批原则按照《交通运输部基本建设项目竣工财务决算编审规定》执行。

以设备购置、房屋以及其他建筑物购置为主并附有部分建筑安装工程的项目，可适当简化竣工财务决算编报和审批内容。

为简化工作程序，提高工作效率，除需报财政部审批竣工财务决算的基本建设项目外，竣工财务决算核查可与竣工决算审计结合进行，但要事先征得上级审批部门同意。

第五十条 部属单位应根据竣工财务决算批复及时办理资产入账手续，已办理估价入账的，要根据批复及时调整相关账务。

第五十一条 部属单位应按照《中央部门财政拨款结转结余资金管理办法》的要求确认和管理结余资金，并按照有关规定及时上缴国库。

第六章 监督与评价

第五十二条 基本建设项目实行政府监督、部属单位管理、社会监理、企业自检的质量安全保证体系。部属单位应当依照本办法和国家相关规定，建立健全建设项目的决策、管理、监督、制约机制和相关制度，加强对项目各个环节的监督管理，把安全、质量、进度控制和廉政建设责任落实到位，把资金安全和廉政风险防范融入建设项目的日常管理工作。

第五十三条 部属单位各级领导干部应当严格执行交通运输部关于严禁领导干部违反规定插手干预基本建设项目管理行为的规定。建设项目管理应当作为各单位事务公开的重要内容,接受员工和社会的监督。

第五十四条 部属单位应当根据相关规定加强对基本建设项目的审计监督,建立健全建设项目内部审计制度,规范第三方审计管理。有条件的建设项目应开展项目跟踪审计。

第五十五条 部属单位应当规范项目监督,加强对项目招标投标、建设监理、合同管理等关键环节的监督检查。项目责任人或代建机构、勘察设计、施工、监理等单位的名称和责任人姓名应当在施工现场的显著位置公示。

第五十六条 重大项目或有后续实施需求的项目应进行后评价。后评价工作按照国家有关规定执行。

列入抽查的项目还应按照财政部有关规定组织专门的绩效评价。

第五十七条 部属单位违反本办法,特别是未经批准同意擅自改变建设内容、建设规模等进行重大变更的,部予以通报批评,情节严重的部将暂停资金拨付或者不予批准新的建设项目;造成质量低劣、损失浪费或责任事故的,视情节轻重追究相关责任人的行政或法律责任,构成犯罪的报相关部门追究其刑事责任。

第七章 附 则

第五十八条 使用中央预算内投资安排的部属单位基本建设项目,亦应满足国家发展改革委《中央预算内直接投资项目管理办法》的要求。

第五十九条 部属单位全额自筹资金安排的基本建设项目,一般在地方办理备案或核准立项手续,除重大或国家明令限制以及地方政府明确要求我部出具意见的项目外,部原则上不再审批可行性研究报告，部属单位应按照本办法要求的程序进行管理。

第六十条 本办法由交通运输部负责解释。

第六十一条 本办法自印发之日起实施。

公路建设养护管理

公路水运工程监理企业资质管理规定

交通运输部令2014年第7号　2014.4.9

（2004年6月30日交通部令2004年第5号发布，根据2014年4月9日交通运输部发布的《关于修改〈公路水运工程监理企业资质管理规定〉的决定》修正）

第一章　总　　则

第一条　为加强公路、水运工程监理企业的资质管理，规范公路、水运建设市场秩序，保证公路、水运工程建设质量，根据《中华人民共和国公路法》和《建设工程质量管理条例》的有关规定，制定本规定。

第二条　本规定适用于公路、水运工程监理企业资质的行政许可及其监督管理活动。

第三条　监理企业资质，是指监理企业的人员组成、专业配置、测试仪器的配备、财务状况、管理水平等方面的综合能力。

第四条　监理企业从事公路、水运工程监理活动，应当按照本规定取得资质后方可开展相应的监理业务。

第五条　交通运输部负责全国公路、水运工程监理企业资质管理工作，其所属的质量监督机构受交通运输部委托具体负责全国公路、水运工程监理企业资质的监督管理工作。

省、自治区、直辖市人民政府交通运输主管部门负责本行政区域内公路、水运工程监理企业资质管理工作，其所属的质量监督机构受省、自治区、直辖市人民政府交通运输主管部门委托具体负责本行政区域内公路、水运工程监理企业资质的监督管理工作。

第二章　资质等级和从业范围

第六条　公路、水运工程监理企业资质按专业划分为公路工程和水运工程两个专业。

公路工程专业监理资质分为甲级、乙级、丙级三个等级和特殊独立大桥专项、特殊独立隧道专项、公路机电工程专项；水运工程专业监理资质分为甲级、乙级、丙级三个等级和水运机电工程专项。

第七条　公路、水运工程监理企业应当按照其获得的资质等级和业务范围开展监理业务：

（一）获得公路工程专业甲级监理资质，可在全国范围内从事一、二、三类公路工程、桥梁工程、隧道工程项目的监理业务；

（二）获得公路工程专业乙级监理资质，可在全国范围内从事二、三类公路工程、桥梁工程、隧道工程项目的监理业务；

（三）获得公路工程专业丙级监理资质，可在企业所在地的省级行政区域内从事三类公路工程、桥梁工程、隧道工程项目的监理业务；

（四）获得公路工程专业特殊独立大桥专项监理资质，可在全国范围内从事特殊独立大桥项目的监理业务；

（五）获得公路工程专业特殊独立隧道专项监理资质，可在全国范围内从事特殊独立隧道项目的监理业务；

（六）获得公路工程专业公路机电工程专项监理资质，可在全国范围内从事各等级公路、桥梁、隧道工程通信、监控、收费等机电工程项目的监理业务；

（七）获得水运工程专业甲级监理资质，可在全国范围内从事大、中、小型水运工程项目的监理业务；

（八）获得水运工程专业乙级监理资质，可在全国范围内从事中、小型水运工程项目的监理业务；

（九）获得水运工程专业丙级监理资质，可在企业所在地的省级行政区域内从事小型水运工程项目的监理业务；

（十）获得水运工程专业水运机电工程专项监理资质，可在全国范围内从事水运机电工程项目的监理业务；

公路、水运工程监理业务的分级标准见本规定附件3。

第三章 申请与许可

第八条 申请公路、水运工程监理资质，应当具备本规定附件1、附件2规定的相应资质条件。

第九条 交通运输部负责公路工程专业甲级、乙级监理资质，水运工程专业甲级监理资质，公路工程专业特殊独立大桥专项、特殊独立隧道专项、公路机电工程专项监理资质的行政许可工作。

省、自治区、直辖市人民政府交通运输主管部门负责公路工程专业丙级监理资质，水运工程专业乙级、丙级监理资质，水运机电工程专项监理资质的行政许可工作。

第十条 申请人申请公路、水运工程监理资质应当向许可机关提交下列申请材料：

（一）《公路水运工程监理企业资质申请表》；

（二）《企业法人营业执照》（复印件）或者工商行政管理部门核发的企业名称预登记证明；

（三）验资报告；

（四）企业章程和制度；

（五）监理人员的监理工程师资格证书和中级职称以上人员职称证书（复印件）；

（六）主要成员从事公路水运工程监理或者其他工作经历的业绩证明；

（七）主要试验检测仪器设备和装备证明。

申请人应当如实向许可机关提交有关材料和反映真实情况，并对其提交材料实质内容的真实性负责。

第十一条 属于交通运输部受理的申请，申请人在向交通运输部递交申请材料的同时，应当向企业注册地的省、自治区、直辖市人民政府交通运输主管部门递交申请材料副本。

有关省、自治区、直辖市人民政府交通运输主管部门自收到申请人的申请材料副本之日起十日内提出审查意见报交通运输部。

交通运输部自收到申请人完整齐备的申请材料之日起二十日内作出行政许可决定。准予许可的，颁发相应的《监理资质证书》；不予许可的，应当书面通知申请人并说明理由。

第十二条 交通运输部长江航务管理局所属企业申请水运工程专业甲级资质，其申请材料副本的递交不适用本规定第十一条第一、第二款的规定，申请人应当向交通运输部长江航务管理局递交申请材料副本。交通运输部长江航务管理局自收到申请材料副本之日起十日内提出审查意见报交通运输部。

第十三条 属于省、自治区、直辖市人民政府交通运输主管部门受理的申请，申请人应当向企业注册地的省、自治区、直辖市人民政府交通运输主管部门递交本规定第十条规定的申请材料。省、自治区、直辖市人民政府交通运输主管部门自收到完整齐备的申请材料之日起二十日内作出行政许可决定。准予许可的，颁发相应的《监理资质证书》；不予许可的，应当书面通知申请人并说明理由。

第十四条 许可机关在作出行政许可决定的过程中可以聘请专家对申请材料进行评审，并且将评审结果向社会公示。

专家评审的时间不计算在行政许可期限内，但应当将专家评审需要的时间告知申请人。专家评审的时间最长不得超过六十日。

第十五条 许可机关聘请的评审专家应当从交通运输部建立的公路、水运工程监理专家库中选定。

选择专家应当符合回避的要求；参与评审的专家应当履行公正评审、保守企业商业秘密的义务。

第十六条 许可机关在许可过程中需要核查申请人有关条件的，可以对申请人的有关情况进行实地核查，申请人应当配合。

第十七条 许可机关作出的准予许可决定，应当向社会公开，公众有权查阅。

第十八条 《监理资质证书》有效期限为四年。

第十九条 监理企业在领取新的资质证书时，应将原资质证书交回原发证机关。破产或者倒闭的监理企业，应将资质证书交回原发证机关予以注销。

第四章 监督检查

第二十条 监理企业应当依法、依合同对公路、水运工程建设项目实施监理。

第二十一条 监理企业和各有关机构必须如实填写《项目监理评定书》。《项目监理评定书》的格式由交通运输部规定。

第二十二条 监理企业资质实行定期检验制度，每两年检验一次。

定期检验的内容是检查监理企业现状与资质等级条件的符合程度以及监理企业在检验期内的业绩情况。

第二十三条 申请定期检验的企业应当在其资质证书使用期满两年前三十日内向检验机构提出定期检验申请，并提交以下材料：

（一）《公路水运工程监理企业资质检验表》；

（二）本检验期内的《项目监理评定书》。

第二十四条 监理企业的定期检验工作由作出许可决定的许可机关委托其所属的质量监督机构负责。

负责检验的质量监督机构应当自收到完整齐备的申请材料二十日内作出定期检验结论。

第二十五条 对定期检验合格的监理企业，由质量监督机构在其《监理资质证书》上签署意见并盖章。

对定期检验不合格的监理企业，质量监督机构应当责令其在六个月内进行整改。整改期满仍不能达到规定条件的，由质量监督机构提请原许可机关对其予以降低资质等级或者撤销对其的资质许可。

第二十六条 监理企业未按规定的期限申请资质定期检验的,其资质证书失效。

第二十七条 监理企业遗失《监理资质证书》,应当在公开媒体和质量监督机构指定的网站上声明作废,并到原许可机关办理补证手续。

第二十八条 监理企业的名称、地址、法定代表人、企业负责人和技术负责人等发生变更,应当在变更后二个月内到原许可机关办理证书变更手续。有关行政机关应当依据资质等级条件予以审查办理。

第二十九条 各级交通运输主管部门及其质量监督机构应当加强对监理企业以及监理现场工作的监督检查,有关单位应当配合。

第三十条 交通运输部和省、自治区、直辖市人民政府交通运输主管部门依据职权有权对利害关系人的举报进行调查核实,有关单位应当配合。

第五章 罚 则

第三十一条 监理企业违反本规定,由交通运输部或者省、自治区、直辖市人民政府交通运输主管部门依据《建设工程质量管理条例》的有关规定给予相应处罚。

第三十二条 监理企业违反国家规定,降低工程质量标准,造成重大质量安全事故,构成犯罪的,对直接责任人员依法追究刑事责任。

第三十三条 交通运输主管部门工作人员在资质许可和监督管理工作中玩忽职守、滥用职权、徇私舞弊等严重失职的,由所在单位或其上级机关依照国家有关规定给予行政处分;构成犯罪的,依法追究刑事责任。

第六章　附　　则

第三十四条　监理企业的《监理资质证书》由交通运输部统一印制，正本一份，副本二份，副本与正本具有同等法律效力。

第三十五条　本规定自 2004 年 10 月 1 日起施行。交通部 1995 年 7 月 1 日发布的《公路水运工程监理单位资质管理暂行规定》（交基发〔1995〕448 号）同时废止。

第三十六条　本规定由交通运输部负责解释。

附件：1. 公路水运工程监理企业资质等级条件

2. 公路水运工程监理企业基本试验

3. 公路水运工程监理业务分级标准

附件1

公路水运工程监理企业资质等级条件

一、公路工程

(一)甲级监理资质条件

1. 人员、业绩和人员结构条件。

企业负责人和技术负责人中至少有2人具有公路或者相关专业高级技术职称,10年以上从事公路、桥梁、隧道工程工作经历,5年以上监理或者建设管理工作经历,已取得监理工程师资格。

企业拥有中级职称以上各类专业技术人员不少于50人。其中,持监理工程师资格证书的人数不少于30人,工程系列高级专业技术人员数不少于10人,高、中级经济师或者高、中级会计师不少于3人。上述各类人员中,与企业签订3年以上劳动合同的人数不低于70%。

持监理工程师证书人员中,不少于15人具有2项一类工程监理业绩,不少于5人具有高级驻地监理工程师经历;上述人员与企业签订的劳动合同不少于3年。不具备本条前述条件,但具备以下条件者视为符合本条条件:监理企业具备不少于5项二类以上工程业绩(以《项目监理评定书》为准,下同)。

企业各类专业技术人员结构合理。主要包括路基路面、桥隧结构、试验检测、工程地质、工程经济、合同管理等专业人员。

2. 企业拥有材料、路基路面等工程试验检测设备和测量放样等仪器,具备建立工地试验室条件(见附件2)。

3. 企业注册资金不少于400万元。

4. 企业具有完善的规章制度和组织体系。

5. 企业作为工程质量事件当事人,已经有关主管部门认定无责任,或者虽受到有关主管部门的行政处罚但处罚期实施已满1年。

（二）乙级监理资质条件

1. 人员、业绩和人员结构条件。

企业负责人和技术负责人中至少有2人具有公路或者相关专业中级技术职称，8年以上从事公路、桥梁、隧道工程工作经历，3年以上监理或者建设管理工作经历，已取得监理工程师资格。

企业拥有中级职称以上各类专业技术人员不少于30人。其中，持监理工程师资格证书的人数不少于18人，工程系列高级专业技术人员数不少于5人，经济师、会计师不少于2人。上述各类人员中，与企业签订3年以上劳动合同的人数不低于70%。

持监理工程师证书的人员中，不少于9人具有2项二类及以上工程监理业绩，不少于3人具有高级驻地监理工程师经历；上述人员与企业签订的劳动合同不少于3年。不具备本条前述条件，但具备以下条件者视为符合本条条件：监理企业具备不少于5项三类以上工程业绩。

各类专业技术人员结构合理。主要包括路基路面、桥隧结构、试验检测、工程地质、工程经济、合同管理等专业人员。

2. 企业拥有材料、路基路面等工程试验检测设备和测量放样等仪器，具有建立工地试验室的条件（见附件2）。

3. 企业注册资金不少于200万元。

4. 企业具有完善的规章制度和组织体系。

5. 企业作为工程质量事件当事人，已经有关主管部门认定无责任，或者虽受到有关主管部门的行政处罚但处罚期实施已满1年。

（三）丙级监理资质条件

1. 人员、业绩和人员结构条件。

企业负责人和技术负责人中至少有2人具有公路或者相关专业中级技术职称，5年以上从事公路、桥梁、隧道工程工作经历，2年以上监理或者建设管理工作经历，已取得监理工程师资格。

企业拥有中级职称以上各类专业技术人员不少于20人。其中，持监理工程师资格证书的人数不少于8人，工程系列高级技术职称人数不少于3人,经济师、会计师不少于1人。上述各类人员中,与企业签订3年以上劳动合同的人数不低于70%。

持监理工程师证书的人员中,不少于3人具有2项三类及以上工程监理业绩,上述人员与企业签订的劳动合同不少于3年。

各类专业技术人员结构合理。主要包括路基路面、桥隧结构、试验检测、工程地质、工程经济、合同管理等专业人员。

2. 企业拥有必要的试验检测设备和测量放样仪器(见附件2)。

3. 企业注册资金不少于50万元。

4. 企业拥有完善的规章制度和组织体系。

5. 企业作为工程质量事件当事人,已经有关主管部门认定无责任,或者虽受到有关主管部门的行政处罚但处罚期实施已满1年。

(四)特殊独立大桥专项监理资质条件

1. 已取得公路工程甲级监理资质。

2. 持监理工程师证书人员中,有不少于20人具有特大桥监理业绩,上述人员与企业签订的劳动合同不少于3年。不具备本条前述条件,但具备以下条件者视为符合本条条件:监理企业具有4项以上特大桥监理业绩。

(五)特殊独立隧道专项监理资质条件

1. 已取得公路工程甲级监理资质。

2. 持监理工程师证书人员中,有不少于20人具有特长隧道监理经历,有不少于10人是隧道专业监理工程师,上述人员与企业签订的劳动合同不少于3年。不具备本条前述条件,但具备以下条件者视为符合本条条件:监理企业具有2项以上特长隧道监理业绩。

(六)公路机电工程专项监理资质条件

1. 人员、业绩和人员结构条件。

企业负责人和技术负责人中至少2人以上具有机电专业高级技术职称,8年以上从事相关专业工作经历,5年以上监理或者建设管理工作经历,已取得公路机电专业监理工程师资格。

企业拥有中级职称以上各类专业技术人员不少于 30 人。其中，持公路机电专业监理工程师资格证书人数不少于 15 人，高级专业技术人员数不少于 10 人，经济师、会计师不少于 2 人。上述各类人员中，与企业签订 3 年以上劳动合同的人数不低于 70%。

持监理工程师证书人员中，不少于 8 人具有公路机电工程监理业绩，以上人员与企业签订的劳动合同不少于 3 年。

2. 企业拥有公路机电工程所需的常用试验检测设备（见附件 2）。

3. 企业注册资金不少于 200 万元。

4. 企业具有完善的规章制度和组织体系。

5. 企业作为工程质量事件当事人，已经有关主管部门认定无责任，或者虽受到有关主管部门的行政处罚但处罚期实施已满 1 年。

二、水运工程

（一）甲级监理资质条件

1. 人员、业绩和人员结构条件。

企业负责人中至少有 1 人具备 10 年以上水运工程建设的经历，具有监理工程师资格；技术负责人应具有 15 年以上水运工程建设的经历，承担过大型水运工程项目的总监工作，具有水运工程系列高级专业技术职称和监理工程师资格。

企业拥有中级技术职称以上各类专业技术人员不少于 40 人。其中，持监理工程师资格证书的人员不少于 25 人，取得港口、航道监理工程师资格证书的人员不少于 18 人，工程系列高级技术专业职称人数不少于 10 人，经济师、会计师不少于 2 人。上述各类人员中，与企业签订 3 年以上劳动合同的人数不低于 70%。

持监理工程师资格证书人员中，不少于 10 人具有大型工程监理业绩，不少于 3 人具有大型工程监理项目负责人经历。上述人员与企业签订的劳动合同不少于 3 年。不具备本条前述条件，但具备以下条件者视为符合本条条件：监理企业具备 5 项以上中型水运工程业绩。

各类专业技术人员结构合理。主要包括港口、航道、工民建、测量、试验检测、合同管理等专业人员。

2. 企业拥有材料、土工等工程试验仪器和检测设备，具有建立工地试验室的条件(见附件2)。

3. 企业注册资金不少于300万元。

4. 企业具有完善的规章制度和组织体系。

5. 企业作为工程质量事件当事人，已经有关主管部门认定无责任，或者虽受到有关主管部门的行政处罚但处罚期实施已满1年。

(二)乙级监理资质条件

1. 人员、业绩和人员结构条件。

企业负责人中至少有1人具有8年以上水运工程建设的经历，具有监理工程师资格；技术负责人应具有10年以上水运工程建设的经历，承担过中型水运工程项目的总监工作，具有水运工程系列高级专业技术职称和监理工程师资格。

企业拥有中级技术职称以上各类专业技术人员不少于30人。其中，持监理工程师资格证书的人员不少于15人，取得港口、航道监理工程师资格证书的人员不少于10人，工程系列高级技术专业职称人数不少于5人，经济师、会计师不少于1人。上述各类人员中，与企业签订3年以上劳动合同人数不低于70%。

持监理工程师资格证书的人员中，不少于5人具有中型水运工程监理业绩，不少于2人具有中型水运工程监理项目负责人经历，上述人员与企业签订的劳动合同不少于3年；不具备本条前述条件，但具备以下条件者视为符合本条条件：具备5项以上小型水运工程业绩。

各类专业技术人员结构合理，主要包括港口、航道、工民建、测量、试验检测、合同管理等专业人员。

2. 企业拥有材料、土工等工程试验仪器和检测设备，具有建立工地试验室的条件(见附件2)。

3. 企业注册资金不少于100万元。

4. 企业具有完善的规章制度和组织体系。

5. 企业作为工程质量事件当事人,已经有关主管部门认定无责任,或者虽受到有关主管部门的行政处罚但处罚期实施已满1年。

(三)丙级监理资质条件

1. 人员、业绩和人员结构条件。

企业负责人中至少有1人具有5年以上水运工程建设的经历,具有监理工程师资格;技术负责人应具有8年以上水运工程建设的经历,承担过小型水运工程项目的总监工作,具有水运工程监理工程师资格。

企业拥有中级技术职称以上各类专业技术人员不少于15人。其中,持监理工程师资格证书的人员不少于8人,工程系列高级技术专业职称人数不少于3人。上述各类人员中,与企业签订3年以上劳动合同人数不低于70%。

持监理工程师资格证书的人员中,不少于3人具有小型水运工程监理业绩,不少于2人具有小型水运工程监理项目负责人经历,上述人员与企业签订的劳动合同不少于3年。

2. 企业注册资金不少于50万元。

3. 企业作为工程质量事件当事人,已经有关主管部门认定无责任,或者虽受到有关主管部门的行政处罚但处罚期实施已满1年。

(四)水运机电工程专项监理资质条件

1. 人员、业绩和人员结构条件。

企业负责人中至少有1人具备10年以上水运机电工程建设的经历,具有监理工程师资格;技术负责人应具有15年以上水运机电工程建设的经历,承担过水运机电工程项目的总监工作,具有水运工程系列高级专业技术职称和水运机电监理工程师资格。

企业拥有中级技术职称以上各类专业技术人员不少于25人。其中,持监理工程师资格证书的人员不少于15人,取得机电监理工程师资格证书的人员不少于10人,工程系列高级技术专业职称人数不少于10人,经济师、会计师不少于2人。上述各类人员中,与企业签订3年以上劳动合同人数不低于70%。

持监理工程师资格证书人员中,不少于8人具有水运机电工程监理业绩,不少于3人具有水运机电工程监理项目负责人经历,上述人员与企业签订的劳动合同不少于3年。

各类专业技术人员结构合理。主要包括机电、测量、试验检测、合同管理等专业人员。

2. 企业拥有机电工程试验仪器和检测设备,具有建立工地试验室的条件(见附件2)。

3. 企业注册资金不少于200万元。

4. 企业具有完善的规章制度和组织体系。

5. 企业作为工程质量事件当事人,已经有关主管部门认定无责任,或者虽受到有关主管部门的行政处罚但处罚期实施已满1年。

说明:本条件所称监理工程师除丙级资质条件外,均指交通运输部监理工程师。

附件2

公路水运工程监理企业基本试验

检测能力或仪器设备配备标准

一、公路工程

(一)甲级监理资质

1. 土工试验(筛分、密度、含水率、塑液限、击实)。

2. 石灰试验(有效钙镁含量)。

3. 水泥混凝土(坍落度、抗压强度、抗折强度)、砂浆强度试验、配合比设计。

4. 沥青指标试验(针入度、延度、软化点)。

5. 沥青混凝土配合比设计。

6. 路面基层材料试验(击实、无侧限抗压强度、灰剂量、配合比设计)。

7. 路基、路面、构造物几何尺寸检测。

8. 路基路面检测(压实度、厚度、平整度、弯沉、路面构造深度、摩擦系数)。

9. 砌石工程常规试验检测。

10. 钢材、焊接试验。

11. 测量设备(经纬仪、水准仪、测距仪、全站仪)。

(二)乙级监理资质

1. 土工试验(筛分、密度、含水率、塑液限、击实)。

2. 石灰试验(有效钙镁含量)。

3. 水泥混凝土(坍落度、抗压强度、抗折强度)、砂浆强度试验、配合比设计。

4. 沥青指标试验(针入度、延度、软化点)。

5. 路面基层材料试验(击实、无侧限抗压强度、灰剂量、配合比设计)。

6. 路基、路面、构造物几何尺寸检测。

7. 路基路面检测(压实度、厚度、平整度、弯沉、路面构造深度、摩擦系数)。

8. 砌石工程常规试验检测。

9. 钢材、焊接试验。

10. 测量设备(经纬仪、水准仪、测距仪)。

(三)丙级监理资质

1. 土工试验(筛分、密度、含水率、塑液限、击实)。

2. 石灰试验(有效钙镁含量)。

3. 水泥混凝土(坍落度)、砂浆强度试验、配合比设计。

4. 路基、路面、构造物几何尺寸检测。

5. 路基路面(压实度、厚度、平整度、摩擦系数)。

6. 砌石工程常规试验检测。

7. 测量设备(经纬仪、水准仪)。

(四)公路机电工程专项监理资质

1. 光功率计/光源。

2. 光时域反射仪。

3. 误码仪。

4. 音频信号发生器。

5. SDH 综合测试仪。

6. 音频性能分析仪。

7. 声压计。

8. 数据通信测试分析仪。

9. PCM 综合测试仪。

10. 综合布线认证分析仪。

11. 计算机网络分析仪。

12. 秒表。

13. 低速数据测试仪。

14. 脉冲数字线路故障测试器。

15. 视频分析仪/信号源。

16. 色彩色差计。

17. 雷达测速器。

18. 数字式功率计。

19. 风速仪。

20. 闭路电视测试仪。

21. 远红外线湿度测试仪。

22. 轻便气象综合测试仪。

23. 交流电源分析仪。

24. 绝缘电阻测试仪。

25. 耐压强度测试仪。

26. 数字式地阻仪。

27. 直流高压发生器。

28. 钳流表。

29. 照度测试仪。

30. 经纬仪。

31. 亮度计。

32. 电缆故障测试仪。

33. 焊口探伤仪。

34. 数字万用表。

35. 数显卡尺。

36. 材料阻燃性能分析仪。

37. RCL 测试仪。

38. 逆反射系数测定仪。

39. 双臂电桥。

40. 电子涂层测厚仪。

41. 超声波测厚仪。

42. 数字存储示波器。

二、水运工程

(一)甲级监理资质

1. 测量(经纬仪、水准仪、测距仪、全站仪)。

2. 砂试验(筛分、含泥量、泥块含量、密度)。

3. 石试验(筛分、含泥量、泥块含量、密度、压碎指标)。

4. 混凝土、砂浆试验(配合比设计、稠度、强度)。

5. 钢筋试验(钢筋力学和工艺性能、焊接接头机械性能)。

6. 土工试验(筛分、密度、含水率、强度)。

7. 非破损检测。

(二)乙级监理资质

1. 测量(经纬仪、水准仪、测距仪)。

2. 砂试验(筛分、含泥量、泥块含量、密度)。

3. 石试验(筛分、含泥量、泥块含量、密度、压碎指标)。

4. 混凝土、砂浆试验(配合比设计、稠度、强度)。

5. 土工试验(筛分、密度、含水率、击实)。

6. 非破损检测。

(三)水运机电工程专项监理资质

1. 经纬仪、水准仪、测距仪。

2. 拉压力传感器。

3. 荷重传感器。

4. 手持数字转速表。

5. 数字多用表。

6. 数字钳形表。

7. 绝缘电阻表。

8. 照度计。

9. 超声波测厚仪。

10. 超声波探测仪。

11. 超声波涂层测厚仪。

12. 尺寸检测量具。

13. 红外式温度计。

14. 接地电阻测试仪。

15. 噪声计。

16. 水平仪。

17. 风速仪。

附件3

公路水运工程监理业务分级标准

一、公路工程分级标准(表1、表2)

表1

	一　类	二　类	三　类
1. 公路工程	高速公路	高速公路路基工程 及一级公路	一级公路路基工程 及二级以下各级公路
2. 桥梁工程	特大桥	大桥、中桥	小桥、涵洞
3. 隧道工程	特长隧道、长隧道	中隧道	短隧道

表2

1. 特殊独立大桥	主跨250米以上钢筋混凝土拱桥、单跨250米以上预应力混凝土连续结构、400米以上斜拉桥、800米以上悬索桥等结构复杂的独立特大桥项目
2. 特殊独立隧道	大于3000米的独立特长隧道项目
3. 公路机电工程	通信、监控、收费等机电工程

注:1. 本标准使用术语含义与交通运输部《公路工程技术标准》(JTG B01 - 2003)规定一致。

2. 一、二、三类分级标准中含配套的交通安全设施、环保工程和沿线附属设施,不含各专项内容。

二、水运工程分级标准(表3)

表3

序号	建设项目		计量单位	大型	中型	小型
1	沿海港口工程	集装箱、件杂、多用途等	吨级	≥20000	10000~20000	<10000
		散货、原油	吨级	≥30000	10000~30000	<10000
2	内河港口工程		吨级	≥1000	300~1000	<300
3	通航建筑与整治工程		吨级	≥1000	300~1000	<300
4	航道工程	沿海	吨级	≥30000	10000~30000	<10000
		内河	吨级	≥1000	300~1000	<300
5	修造船水工工程	船坞	船舶吨级	≥10000	3000~10000	<3000
		船台、滑道	船体重量	≥5000	1000~5000	<1000
6	防波堤、导流堤等水工工程		最大水深(米)	≥6	6	—
7	其他水运工程项目	沿海	受监的建安工程费(万元)	≥6000	2000~6000	<2000
		内河	受监的建安工程费(万元)	≥4000	1000~4000	<1000

交通运输部关于进一步提升高速公路服务区服务质量的意见

交公路发〔2014〕198 号　2014.9.28

各省、自治区、直辖市、新疆生产建设兵团交通运输厅(委、局)：

高速公路服务区(含停车区,以下简称“服务区”)是交通运输行业服务群众的重要“窗口”,也是社会公众驾乘车辆出行的重要休息场所,对于满足驾乘人员生理和心理需求、预防疲劳驾驶、为车辆提供加油和维修服务、消除行车安全隐患具有十分重要的作用。近年来,随着我国经济社会的快速发展,社会公众对提升服务区服务质量的期盼更加迫切,对解决部分服务区在重大节假日期间车辆进出难、加油难、旅客如厕难、环境卫生差等问题的愿望更加强烈。根据党的群众路线教育实践活动整改工作要求,现就进一步规范服务区运营管理,提升服务质量提出以下意见。

一、总体要求

深入贯彻落实党的十八大和十八届三中全会精神,以科学发展观为指导,以提升公众出行服务质量为主线,规范运营管理,强化服务功能,创新体制机制,优化设施配置,完善服务工作管理体系,力争用 3 ~ 5 年的时间,打造“布局合理,经济实用,标识清晰,服务规范,安全有序,生态环保”的现代化服务区,满足公众高品质、多样化服务需求。

——政府指导,部门协作。积极争取地方政府支持,加强与相关部门的协调配合,充分发挥政府和部门指导作用、运营单位主体作用以及行业学会协调自律作用,引导社会公众参与,尽快形成政府、行业、企业和公众共同参与的协作推进机制。

——科学定位,强化功能。以保障基本服务功能为主,不断强化为驾乘人员提供停车、短暂休息、如厕以及餐饮、加油、车辆维修、公路出行信息播报等基本服务；在此基础上，因地制宜开展客运接驳、客货运输节点、旅游服务等延伸服务，提升综合服务能力，满足公众多样化需求。

——分类管理、协同发展。构建车辆通行费投入为主，服务区经营所得补贴为辅的服务区公共设施管养投入保障机制，不断优化驾乘人员停车、如厕等免费服务。充分发挥市场在资源配置中的调节作用，鼓励社会资本投入餐饮、便利店、车辆加油和维修等经营性项目，公平竞争，提供高品质、多样化服务。

——规范运营、优质服务。建立健全服务工作标准化管理体系，不断提高服务区服务工作规范化水平。营造公平竞争的市场环境，依法经营，为驾乘人员和通行车辆提供符合相关质量技术标准的服务保障。

二、加强服务区建设和改造，不断强化基础保障

（一）加强服务区规划与设计。按照交通运输部《关于加强高速公路服务设施建设管理工作的指导意见》（交公路发〔2009〕31号）等相关规定，以满足驾乘人员与车辆服务需求为目标，科学预测交通量增长和车型构成情况，综合考虑环境、运行成本等约束条件，按照“统筹规划，因地制宜，适度超前，经济实用”的原则，统筹各类使用者需求，科学确定服务区间距、位置、规模，优化服务区内设施布置，合理分配各功能区位置和建筑面积，强化人性化服务水平，提高土地利用率。有条件的地区，在设计风格上要体现当地自然和人文特点。新建服务区，应提前征求运营单位或其主管部门意见，确保设计符合实际运营需求。

（二）加强服务区建设和改造。服务区应与公路主体工程同步规划、同步设计、同步施工。停车场、公共卫生间等基本服务设施必须同步投入使用；餐厅、加油站、便利店等其他服务设施可结合交通量增长状况，分期建设，逐步投入使用。设置危险货物运输车辆专门停放区域，禁止与其他车辆混合停放。结合新能源汽车用户规模和发展需求，增设加气、充电设施。完善母婴喂养室、残疾人专用通道等人性化服务设施。有条件的服务区,要增设第三卫生间,方便旅客照顾异性家人如厕。服务设施老化或不足的,要加快实施改造,重点解决停车场容量不足、公共卫生间配比不合理等突出问题,确保满足实际需求并预留适度扩充空间。重大节假日期间,还应结合实际,适当增设简易卫生间,满足驾乘人员如厕需要。交通量已经或趋于饱和的,要积极争取地方政府及相关部门支持,加快实施扩容改造,或在上、下游路段增设停车区,科学分流,满足不同服务需求。

(三)加强绿色服务区建设。积极推广应用各类节能、环保、循环利用技术。推进太阳能、风能等洁净能源与可再生能源利用。实施节能减排技术改造。实现污水处理、中水利用,生活垃圾集中无害化处理。有条件的服务区,应采用绿色建筑的建设标准。

三、规范服务区运营管理,不断提升服务质量

(四)加强服务设施日常管养。服务区日常管养由服务区所属高速公路运营管理单位负总责。各地交通运输主管部门要结合本地区实际,健全和完善服务设施运营管理制度,定期开展检测和服务功能评价。服务区运营管理单位要根据已确定的管养目标和标准规范,加强服务设施日常管养,确保各类设施设备齐全,维护维修及时,功能完好,正常运行。严禁对服务区服务项目以包代管,放任自流。

(五)加强全天候基本服务保障。停车场、公共卫生间、加油站、汽车修理、便利店、开水供应等基本服务功能场所应为驾乘人员和车辆提供全天候服务。在正常供餐时间外,能够提供简单餐饮服务。有条件的服务区,要提供全天候的客房服务,满足长途旅客和接驳运输驾驶员等人员住宿需要。在高峰时段,可利用服务区内部的连接通道,实行小客车错峰调配使用服务设施,最大限度地提高服务接待能力。

(六)加强服务区运行秩序维护。结合场地条件及车型构成情况,优化停车区域设置,确保交通标识齐全清晰。加强监控设施以及保安和保洁人员配置,配合相关部门,积极疏导运行秩序,确保车辆分区停放、有序进出。督促驾乘人员做好安全防护工作，不得随意禁止危险货物运输车辆进入服务区。重大节假日等客流高峰时段，要加派人员，引导驾乘人员有序就餐、购物、如厕，维护良好秩序。加强保洁管理，确保公共卫生间、停车场等公共场所始终保持卫生整洁。

（七）加强公路出行信息服务。加强服务区信息化建设，提高服务设施的自动化程度和动态监控能力，实现公路运行状况和信息发布联网管理，确保公路路况、公路气象等公众出行信息实时滚动播报。开通微博、微信等公共网络平台，实时发布公路出行相关信息，多渠道提供出行信息服务。建立服务区停车位剩余接待容量提示制度，通过高速公路交通广播、沿途可变情报板等多种载体，及时发布前方服务区相关信息，提示驾乘人员合理调整出行方案。临近重点旅游景区的服务区，要加强与景区管理单位协作，实时发布景区道路使用情况，避免进入景区的道路拥堵。

（八）加强专业化经营管理。构建合法经营、公平竞争的服务区市场秩序，探索并完善特许经营等相关制度，鼓励社会资本投资餐饮、便利店、客房、汽车维修和加油站等经营性服务项目。推广重点商品和服务“同城同价”制度，为驾乘人员提供质价相当的商品和服务。择优引进社会知名品牌，推进专业化、连锁化经营管理，统筹相邻服务区资源配置，促进资源节约与高效利用。鼓励创建具有市场竞争力的管理品牌、服务品牌或产品品牌。配合相关部门，加强商品质量和价格监管，坚决查处制售假冒伪劣产品、垄断经营以及非法摆摊设点、强买强卖、强行设立加水点有偿加水等违法行为。

（九）加强安全生产管理。坚持“安全第一、预防为主、综合治理”的方针，完善安全服务管理标准，协调公安、消防、卫生等相关部门，建立健全安全管理规章制度和安全生产隐患排查治理联动机制，加强停车场、食品卫生、饮用水、油品、消防等重点领域安全防范，强化从业人员安全生产教育培训和职业健康防护。加强安全生产责任追究，坚决遏制安全生产事故发生。试行并逐步推广服务区餐厅禁止销售酒类饮品制度，遏止酒驾违法行为。

（十）加强应急保障能力建设。按照突发事件应急体系建设的要求，制定完善应急预案，强化应急处置管理，提高应对处置突发事件能力，在抢险救灾、交通战备和突发事件中，提供驾乘人员临时安置等协作服务。制定重大节假日服务工作预案，完善服务能力预警机制，建立健全相邻服务区联动机制。加强应急物资储备，组织实施突发事件和重大节假日应急服务演练，全面提升服务保障水平。

（十一）加强客运接驳运输服务。加强与道路旅客运输企业沟通协作，结合长途客运发展需要和接驳运输规划，按照“市场主导，因地制宜，双向选择，共建共赢”的原则，加强停车场和客房等重点设施改造，满足接驳驾驶员和管理人员住宿、办公、就餐等基本需要，促进长途客运接驳运输持续健康发展。具备条件的地方，应为接驳运输车辆划定专用停车区域，规范客运接驳管理。

（十二）提升综合服务能力。在保障基本服务功能的基础上，根据本地区经济社会发展需求以及公路运输发展的新变化，为驾乘人员提供地方特色商品选购、客货运输节点、高速公路救援、旅游服务等延伸服务，满足驾乘人员多层次需求。具备条件的服务区，可结合区域节点位置的优势，打造旅游服务区；与医疗机构合作，由专业医疗机构设立救助站，为驾乘人员提供医疗救助服务。

（十三）畅通公众投诉渠道。各地交通运输主管部门和服务区运营管理单位要不断完善公众举报投诉处置机制。在服务区显著位置，统一设立监督公示栏，公示运营管理单位和上级主管部门监督电话，接受社会监督。及时受理驾乘人员举报和投诉，认真开展核查和处理工作，及时反馈核处情况，确保有效投诉反馈率达到100%。有条件的地区，应在服务区设置投诉受理服务台，快捷受理举报投诉，及时回应公众诉求。

（十四）加强服务考核评定。健全和完善服务工作标准体系，实现规章制度健全、岗位设置合理、责任分工明确、工作内容具体、工作标准清晰、过程控制严格、监督检查到位。省级交通运输主管部门要组织相关单位，加强检查考核，督促运营单位不断规范管理、提升服务。发挥行业学会作用，建立健全全国统一的服务质量等级评价体系，加强服务达标和等级评定，完善外部监督机制，鼓励社会公众参与评定工作，共同促进服务水平不断提升。

四、完善监督保障措施，加强行业文明创建

（十五）完善监督管理机制。各省、自治区、直辖市交通运输主管部门负责本行政区域内服务区的管理工作，要明确具体的管理部门和职责，加强对服务区运营工作的指导和检查，督促服务区运营管理单位充分发挥主体作用，不断完善服务措施，规范服务管理，提升服务质量。对服务区运营管理单位因维护和服务责任缺失、造成严重后果或影响的，按照相关规定严肃处理。

（十六）提高资金保障水平。服务区公共服务设施的改善和维护经费纳入高速公路养护经费支出范围给予保障。采用 BOT 模式建设运营或采取专业化经营方式的服务区，按照合同约定的途径，保障相关改善和维护经费。政府还贷高速公路服务区自主经营或出租经营设施的所得收益，优先用于公共服务设施改善和维护。

（十七）加强服务区队伍建设。建立健全从业人员准入制度。通过多种方式引进专业人才。完善教育培训机制，推进服务人才培养实训基地建设。依托大专院校、专业培训机构以及与相关企业合作等方式，分时段、分层次开展员工教育与培训，重点加强物业管理、餐饮、汽车修理、加油站、商品营销等服务管理人员的培养。健全劳动保障机制和薪酬激励机制，建设素质高、业务精、服务好、肯奉献的服务区工作团队。

（十八）加强服务区文化建设。践行社会主义核心价值观和交通运输行业核心价值体系，坚持深化主题与彰显特色相结合，加快培育以“以人为本、倾情服务、舒难解困、携手同行”为主题的行业文化，全面提升服务区行业文明程度，为促进服务区科学发展提供坚强的思想保证和精神动力。结合地域特点，加强主题服务区和特色服务区建设，创建具有浓郁地方特色、文化特色的文明服务区。

“十二五”全国干线公路养护管理检查方案

交公路发〔2014〕243号　2014.12.5

为检查各地《“十二五”公路养护管理事业发展纲要》贯彻落实情况，全面总结“十二五”期间公路养护管理工作，交通运输部决定开展全国干线公路养护管理检查(以下简称检查)，并制定了检查方案。

一、检查时间、范围、对象

检查时间定于2015年9月至12月，原则上先北方、后南方。各地有特殊情况的，可书面向部申请检查时间。

全国所有干线公路均为检查范围，地方各级公路管理机构和收费公路经营管理单位均为受检对象。

二、检查主要内容

检查主要内容由路况检查和管理规范化检查两部分组成。

路况检查占总评分的65%，分别对高速公路和普通干线公路的路况进行检查，对高速公路检测路面平整度、路面破损和路面车辙三项指标，对普通干线公路检测路面平整度和路面损坏两项指标。

管理规范化检查占总评分的35%，重点检查交通运输部相关政策的贯彻落实情况和养护管理工作的规范化程度等，主要内容包括综合评价、养护管理、路政管理、收费管理、路网服务与应急、技术保障等。

三、检查步骤和方法

(一)公路路况检查。

交通运输部负责统一组织，委托交通运输部路网监测与应急处置中心(以下简称部路网中心)具体实施，采用多功能路况快速检测车进行检查。

1. 评分组成。普通干线公路路况检查由平时路况检查和2015年路况检查两部分构成。平时路况检查占60%分值,采用2012—2014年度国家干线公路网监测项目检测数据结果;2015年路况检查占40%分值,采用本次检查期间路况检测数据结果;高速公路路况检查以2015年路况检查数据为准。

2. 组织方式。部路网中心通过公开招投标方式确定路况检测承担单位,并对现场检测和数据处理进行监督。路况检测承担单位主要负责检测设备调配、校验、现场检测、安全保障、数据封存保管和数据处理等。受检单位安排熟悉路况的工作人员负责路线引导、路段检测签字确认等工作。

3. 2015年路况抽检里程和比例。普通干线公路依据2012年全国公路养护统计年报的里程数据,按当时总里程的5%抽检,且不少于500公里,其中对2012—2014年国家干线公路网监测挂牌督办路段原则上按抽检里程的30%抽取(不足30%或无挂牌督办路段的,按实际情况抽取)。国省道抽检比例为7∶3,按50公里为单元划分抽检单元,不足50公里的路线均作为一个抽检单元。高速公路检测路线从2012年12月31日前通车的路线中抽取,按当时高速公路总里程的25%抽检,且不少于300公里,按100公里为单元划分抽检单元,不足100公里的路线均作为一个抽检单元。各省(区、市)检查里程见《"十二五"全国公路养护管理检查相关数据》(附件1)。

检测车途经路线均进行检测,非抽检路段的检测结果作为参考,用于交通运输部完善全国公路数据库、抽检路容路貌等。

4. 2015年路况抽检路线和行程。抽检路线在现场检测前一周确定。由交通运输部从各省(区、市)所有干线公路明细(2014年全国公路数据库)中随机抽取。检查单位和受检单位派员参加。按检测里程1.0倍抽取检测路段,同时部抽取途经路线。交通运输部按照方便检查的原则,确定抽检行程及检测方向(含途经路线)。

5. 施工路段顺延。抽检路线已剔除了砂石路、城管路段、重复路段以及云南昭通“8 · 3”地震受影响路段。正在施工的大中修路段、改建路段予以顺延,顺延路段统一在选定的途经路线进行补充。震荡标线、减速带等路段剔除相应局部数据,受其他路线或其他路段施工的影响、计划改扩建或大中修但未实施的路段不得顺延。符合顺延条件的,由部路网中心依据交通运输部路况信息管理系统上报信息情况,提出《2015 年度干线公路路况抽检顺延路段表》(附件 2)交给检测承担单位,经检测承担单位现场核实后,部路网中心进行最终确认。未审核前,检测承担单位不得擅自离开现场,受检单位不得引导检测承担单位检测其他路线。顺延里程超过检测里程 30%,应报交通交通部运输部审定。

6. 现场检测与数据提交。现场检测按照《公路技术状况评定标准》(JTG H20—2007)和相关技术标准进行。任一抽检路段的检测任务结束后,检测承担单位应立即封存检测结果,待完成全部检测任务后,再统一封存,由受检单位指定的工作人员签字确认。交通运输部公路局依据评分标准统一计算评定分数。

(二)管理规范化检查。

管理规范化检查采用各省(区、市)轮换交叉互检方式,原则上与路况检查同步开展,管理规范化检查评分细则(以下简称评分细则)和互检方案另行制定。每个省(区、市)既是受检单位,又是检查其他省(区、市)的组长单位或参检单位,检查组由组长单位、参检单位派员组成,组长全面负责检查工作。

由组长单位按照交通运输部建议的检查时间,与受检单位商定具体检查时间,并于检查前两周将检查组人员名单、分工及有关安排函告交通运输部公路局。检查组人员应熟悉公路养护管理工作,总人数原则上控制在 8 人以内。交通运输部将视情况派员参加检查,主要负责检查纪律的监督和检查标准的执行。检查步骤及要求如下:

1. 资料准备。

——汇报材料。书面材料主要内容包括:一是本辖区“十二五”期间公路养护管理工作开展情况，特别是公路养护资金投入、使用和公路养护管理体制改革等情况；二是“十二五”期间公路养护管理工作的主要成效和经验；三是“十三五”期间面临的形势、存在的问题和有关建议。

——检查材料。根据管理规范化检查评分标准所列项目，准备相关资料，并将省级交通运输主管部门、公路管理机构“十二五”期间出台的制度、办法等规范性文件及其他上报资料（管理规范化检查标准中标注★的）汇编成册，分别报送至交通运输部公路局和组长单位，具体时间另行通知。

——干线公路图。标有路线编号、主要桩号、收费站、服务区、超限检测站、行政许可中心等基本信息的本辖区干线公路图，有关数据应与2014年全国公路数据库保持一致，不一致处予以说明。

——典型经验材料。受检省份认为具有本地特点或全国推广意义的专题材料。既可以是专项养护技术材料，也可以是预防性养护、养护机械化、养护管理信息化、科学决策、路网管理、收费公路管理、治超等重点工作的专题材料。

2. 确定现场检查地市（区县）和高速公路路段管理单位。

现场检查各省（区）4个地级市，其中省会城市和计划单列市为必检对象，受检单位推荐1个地市，抽检1个地市（无计划单列市的省（区）推荐1个地市，抽检2个地市）；直辖市检查4个设有公路管理机构的区县，其中推荐2个区县，抽检2个区县。同时在4个受检地市（区县）辖区内随机抽取4~5个高速公路路段管理单位（有经营性收费公路的，至少包含1~2个经营性收费高速公路公司或分公司）。

随机抽取的地市（区县）由交通运输部公路局和部路网中心在抽取检测路线时一并抽取，高速公路路段管理单位在抽取地市（区县）时一并确定。受检单位于抽取前两周将高速公路经营管理情况表（附件3）提交至交通运输部公路局。

3. 初步评分。组长单位应在检查前对受检省份的报送材料进行集中检查，对相关项目进行初步评分，并依据受检地市（区县）

和高速公路管理单位情况，研究提出现场抽查、核实的内容（包括示范路创建、路网结构改造工程项目等）。

4. 检查受检省级交通主管部门或公路管理机构。

（1）听取汇报。

受检省（区、市）向检查组汇报“十二五”期间公路养护管理工作开展情况。

（2）内业检查（省级）。

检查组根据评分细则查阅省级交通主管部门或公路管理机构相关资料（包括普通干线公路和高速公路资料），并向相关人员了解有关情况。检查主要内容：

——地方性法规、规范性文件；

——资金支出决算文件；

——年度养护计划及执行情况；

——省级路网运行管理信息平台；

——年度公路技术状况检测报告。

（3）确定现场检查行程。

检查组根据受检地市（区县）确定检查路线和行程，检查路线原则上各检查地市（区、县）不少于 2 条国省干线和 1 条高速公路，优先选取国道和示范路创建路段。

5. 检查受检地市（区县）和高速公路管理单位。

（1）听取汇报。

受检地市（区县）向检查组汇报本地区“十二五”期间公路养护管理工作开展情况。

（2）普通干线公路现场检查主要内容。

——核实路网结构改造工程计划执行情况，检查路网结构改造工程实施和管理是否符合有关规定；

——检查受检地市公路及途经公路的总体路容路貌和路域环境；

——检查收费站、超限检测站、路政大队（所、分局）和养护道班（工区）、作业区现场（可结合检查线路确定，各 1 ~2 个）的规范化管理情况；

——检查本辖区部、省挂牌督办的长大桥梁；

——示范路创建情况；

——路网出行服务设施与通行服务；

——相关规章制度的落实情况。

(3)高速公路现场检查主要内容。

——检查受检地市高速公路及途经高速公路的总体路容路貌和路域环境；

——检查服务区、路政大队(所、分局)和收费站(各1~2个，收费站应以交通流量大的收费站为主)的规范化管理情况；

——检查本辖区部、省挂牌督办的长大桥梁；

——检查途经高速公路出行服务及交通保障情况；

——相关规章制度的落实情况。

6. 检查评分。根据内业、外业检查情况，检查组按评分标准和评分细则，客观公正地进行评分。评分应在检查组内部公开讨论确定，逐项说明评分依据，并逐项收集必要的评定依据资料。交通运输部将对评分情况进行抽查。

7. 检查组与受检省(区、市)交换意见。

四、评分办法

检查总评分为普通干线公路评分和高速公路评分的加权合计值，满分为1000分。其中：普通干线公路评分和高速公路评分满分均为1000分，路况检查和管理规范化检查分别占650分和350分。

(一)总评分计算办法。

总评分 = 高速公路评分 ×0.5 + 普通干线公路评分 ×0.5。

(西藏只计算普通干线公路评分)

(二)普通干线和高速公路评分办法。

普通干线公路评分 = 普通干线公路路况检查评分 + 普通干线公路管理规范化检查评分；

高速公路评分 = 高速公路路况检查评分 + 高速公路管理规范

化检查评分。

检查评分步骤流程见附件4。

根据检查结果，交通运输部将按评分标准进行评分，并在排名的基础上印发检查通报和表彰决定。

（三）公路路况检查评分标准。

公路路况检查评分标准见附件5。

（四）管理规范化检查评分标准。

管理规范化检查评分标准见附件6。

五、向部提交的资料要求

（一）路况检查资料。

路况检查结束后，路况检测承担单位应按本方案关于路况检查的有关要求提交相关检测数据及路况检测报告。

（二）管理规范化检查资料。

检查组应在管理规范化检查结束后的四周内提交相关资料及检查情况报告。

1. 相关资料包括以下基本内容：

——管理规范化检查分数评定表；

——受检单位汇报材料；

——逐项评分依据材料和说明。

2. 检查情况报告应包括以下基本内容：

——检查的基本情况（包括检查的省份、受检地市、受检高速公路单位，以及检查里程、收费站、超限检测站、服务区数量等）；

——受检省份近年来公路养护管理工作的好措施、好方法；

——检查中反映出的公路养护管理工作中存在的主要问题；

——对进一步加强公路养护与管理工作的建议；

——改进检查工作的建议。

六、工作要求

各地要以这次检查为契机，对本辖区“十二五”公路养护管理工作进行系统总结，认真查找工作中存在的问题，研究探索“十三五”公路养护管理工作发展思路。同时，对照检查相关要求，认真准备和系统整理相关资料。

路况检测承担单位和检查组要认真按照交通运输部有关规定和本方案的要求，履行好检查的各项工作，路况检测人员和检查组在检查期间的食宿及交通费用自理。要严格遵守“六不准”检查纪律，不准向受检单位透露评分情况；不准向受检单位提出任何个人要求和从事与检查无关的公务活动；不准接受受检单位赠送的礼品；不准参加可能影响公正执行公务的宴请；不准参加受检单位安排的娱乐活动；不准借检查机会游览风景名胜等。

受检省份要严格执行中央八项规定要求，按照“一切从简”的原则做好配合工作。检查期间，各省级交通运输主管部门和公路管理机构要减少陪同，陪同和配合工作人员不超过检查组人数的50%。严格遵守“八不准”检查纪律，即不准在行政区交界处举行迎送仪式；不准设置迎检的标语、横幅或插放彩旗；上路检查车辆以中巴或大巴车为主，随行车辆不准超过2辆；不准警车开道、车队扰民；检查期间全程自助餐，不准安排宴请；不准向检查组成员赠送礼品；不准安排任何娱乐活动和游览参观；不准伪造文件、资料，或私自调整测量设备、篡改检测记录等。

凡违反以上规定的，一经查实，交通运输部将依照有关规定，予以通报并严肃处理。

举报电话：部公路局，010－65292747。驻部纪检组监察局，010－65292957。

附件1

“十二五”全国干线公路养护管理检查相关数据

编号	省份	公路总里程（km）	干线公路里程（km）			高速公路里程（km）	普通干线公路里程（km）			路况检查里程（km）			检查里程占干线总里程（%）
			合计	国道	省道		合计	国道	省道	小计	高速	普通	
1	总计	4237508	485430	173353	312077	96200	389230	103963	285529	48350	25600	22750	9.9
2	北京	21492	3537	1315	2222	923	2614	668	1946	800	300	500	22.6
3	天津	15391	3671	864	2807	1103	2568	454	2114	800	300	500	21.8
4	河北	163045	22170	7703	14467	5069	17101	4688	12413	22000	1300	900	9.9
5	山西	137771	17103	5215	11888	5011	12092	3227	8865	1950	1300	650	11.4
6	内蒙古	163763	22540	9294	13246	3110	19430	6592	12840	1800	800	100	8.0
7	辽宁	105562	16237	6925	9312	3912	12325	3662	8663	1650	1000	650	10.2
8	吉林	93208	13572	4648	8924	2252	11320	2849	8471	1200	600	600	8.8
9	黑龙江	159063	16140	6984	9156	4084	12056	4250	7851	1750	1100	650	10.8

续上表

编号	省份	公路总里程(km)	干线公路里程(km)			高速公路里程(km)	普通干线公路里程(km)			路况检查里程(km)			检查里程占干线总里程(%)
			合计	国道	省道		合计	国道	省道	小计	高速	普通	
10	上海	12541	1651	644	1007	806	845	167	678	800	300	500	48.5
11	江苏	154118	13404	4978	8426	4371	9033	2050	6995	1600	1100	500	11.9
12	浙江	113550	10450	4205	6245	3618	6832	1756	5076	1500	1000	500	14.4
13	安徽	165157	12707	5137	7570	3210	9497	2450	7048	1400	900	500	11.0
14	福建	94661	11503	4753	6750	3372	8131	2133	6036	1400	900	500	12.2
15	江西	150595	15302	6199	9103	4229	11073	3111	7969	1700	1100	600	11.1
16	山东	244586	24984	7750	17234	4975	20009	4226	15783	2350	1300	1050	9.4
17	河南	249649	23760	6848	16912	5830	17930	3671	14259	2400	1500	900	10.1
18	湖北	218151	17969	6556	11413	4006	13963	3591	10480	1800	1100	700	10.0
19	湖南	234040	43993	6657	37336	3957	40036	3991	36045	3050	1000	2050	6.9
20	广东	194943	22767	7179	15588	5524	17243	3739	13504	2300	1400	900	10.1
21	广西	107906	13911	6965	6946	2883	11028	4422	6606	1400	800	600	10.1
22	海南	24265	3436	1652	1784	757	2679	1039	1639	800	300	500	23.3

续上表

编号	省份	公路总里程(km)	干线公路里程(km)			高速公路里程(km)	普通干线公路里程(km)			路况检查里程(km)			检查里程占干线总里程(%)
			合计	国道	省道		合计	国道	省道	小计	高速	普通	
23	重庆	120728	11310	3157	8153	1909	9401	1319	8091	1000	500	500	8.8
24	四川	293499	20947	8505	12442	4334	16613	5314	11337	1950	1100	850	9.3
25	贵州	164542	12506	4436	8070	2630	9876	2615	7262	1200	700	500	9.3
26	云南	219052	28836	8379	20457	2943	25893	5604	20289	2100	800	1300	7.3
27	西藏	65198	11955	5618	6337		119566	5618	6337	1000		1000	8.4
28	陕西	161411	13322	7452	5870	4083	9239	3913	5326	1600	1100	500	12.0
29	甘肃	131201	13225	6973	6252	2549	10676	4591	6084	1250	700	550	9.5
30	青海	65988	13643	4684	8959	1148	12495	3792	8703	9500	300	650	7.0
31	宁夏	26522	4584	2101	2483	1324	3260	1018	2242	900	400	500	19.6
32	新疆	165909	24295	9577	14718	2277	22018	7443	14576	1750	600	1150	7.2

说明:1. 本表数据来源于2012年全国公路养护统计年报。

2. 普通干线公路里程 = 国道 + 省道 − 高速公路里程,干线公路里程为国道 + 省道的合计值。

3. 西藏自治区普通干线公路检测里程按1000公里计。

附件 2

“十二五”全国干线公路养护管理检查抽检路段顺延路段表

省(区、市)

序号	顺延路段			顺延里程（公里）	代替路段			顺延理由	信息备注
	路线编码	起始桩号	终点桩号		路线编码	起始桩号	终点桩号		
1									
2									
3									
4									
5									
6									
合计					—	—	—	—	—

检测承担单位派赴现场人员签字：　　　　部路网中心审核：

(顺延里程超过检测路线里程 30% 时)部公路局审核：　　　　时间：　　年　　月　　日

说明：1.“顺延理由”栏内可填写城管、砂石路面、重复路段、大修、改建等。

2.“信息备注”栏内填写“交通运输部路况信息管理系统”相应顺延路段的报送时间、原因等。

附件3

全国高速公路运营管理情况表

省(区、市)

序号	路线编号	路线名称	省级运营管理单位名称	高速公路运营管理单位名称	高速公路收费性质	收费项目编号	起点桩号	终点桩号	管养里程（公里）	所经地市	公路养护联系电话	管理单位负责人	
												姓名	联系电话
1	2	3	4	5	6	7	8	9	10	11	12	13	14

说明:1. 省级运营管理单位名称按照一级法人名称填写,没有的不填写。高速公路运营管理单位名称按省级以下具体运营管理单位名称填写。

2. 按照高速公路收费性质划分,分别为经营性公路、政府还贷公路。

3. 路线编号、管养长度采用2014年底数据,里程合计数应与2014年年底数据一致。

4. 收费项目编号为全国收费公路统计中各省级交通主管部门规定的统一编号,编码共9位,第1位为字母“s”,后8位为数字(2位省代码-4位通车年份-2位项目序号)。

5. 所经地市按地级市一级填写。

附件 4

“十二五”全国干线公路养护管理检查评分步骤流程

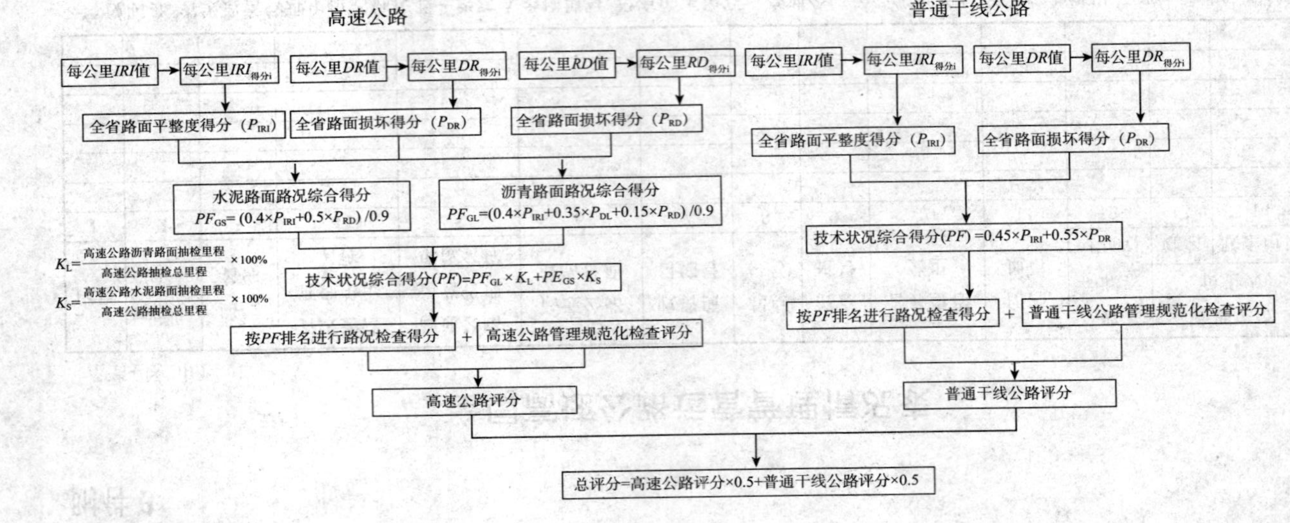

附件5

"十二五"全国干线公路养护管理检查路况检查评分标准

根据抽检路段国际平整度指数(以下简称 *IRI*)、路面破损率(以下简称 *DR*)和路面车辙深度(以下简称 *RD*),计算得出全省 *IRI* 得分(以下简称 P_{IRI})、全省 *DR* 得分(以下简称 P_{DR})和全省 *RD* 得分(以下简称 P_{RD}),并依此分别计算普通公路和高速公路的公路技术状况综合得分(以下简称 PF_P 和 PF_G)。在对 *PF* 进行全国排名的基础上计算路况检查评分。检查的具体标准和方法如下:

一、抽检单元

普通干线按50公里为单元划分抽检单元,不足50公里的路线均作为一个抽检单元;高速公路按100公里为单元划分抽检单元,不足100公里的路线均作为一个抽检单元。

二、国际平整度指数 *IRI* 检查标准和评分方法

(一)按照《公路技术状况评定标准》的规定,每20米计算一个 *IRI* 值(*IRI* 检),剔除路面上设有震荡标线、减速带等路段检测值,然后计算得出每公里 *IRI* 平均值(*IRI* 值)。

(二)对照下表,按内插法计算沥青路面每公里的平整度指标得分($IRI_{得分i}$)。

高速、一级公路		普通公路(除一级外)	
IRI 值	$IRI_{得分i}$	*IRI* 值	$IRI_{得分i}$
IRI≤2.3	1	*IRI*≤3.0	1
2.3 < *IRI*≤3.5	1 ~ 0.8	3.0 < *IRI*≤4.5	1 ~ 0.8
3.5 < *IRI*≤4.3	0.8 ~ 0.5	4.5 < *IRI*≤5.4	0.8 ~ 0.5
4.3 < *IRI*≤5.0	0.5 ~ 0.3	5.4 < *IRI*≤6.2	0.5 ~ 0.3
5.0 < *IRI*	0.1	6.2 < *IRI*	0.1

（三）对照下表，按内插法计算水泥路面每公里的平整度指标得分（$IRI_{得分i}$）。

高速、一级公路		普通公路（除一级外）	
IRI 值	$IRI_{得分i}$	IRI 值	$IRI_{得分i}$
$IRI \leqslant 2.9$	1	$IRI \leqslant 3.9$	1
$2.9 < IRI \leqslant 3.8$	1～0.8	$3.9 < IRI \leqslant 4.7$	1～0.8
$3.8 < IRI \leqslant 4.3$	0.8～0.5	$4.7 < IRI \leqslant 5.4$	0.8～0.5
$4.3 < IRI \leqslant 5.0$	0.5～0.3	$5.4 < IRI \leqslant 6.2$	0.5～0.3
$5.0 < IRI$	0.1	$6.2 < IRI$	0.1

（四）根据每公里平整度指标得分（$IRI_{得分i}$），分别计算受检单位的高速公路和普通公路的平整度指标得分 P_{IRI}。

$$P_{IRI} = \frac{\sum_{i=l}^{n}(S_i \times IRI_{得分i})}{\sum_{i=1}^{n} S_i} \times 100\% \qquad 式(1)$$

式中：P_{IRI}——全省平整度指标得分；

S_i——每路段长，一般为 1km；

$IRI_{得分i}$——每公里平整度指标得分；

$\sum_{i=1}^{n} S_i$——评定路段里程数之和，n 为评定路段数。

三、路面破损 *DR* 检查标准和评分方法

（一）按照《公路技术状况评定标准》的规定，每 10 米记录一个 DR 值（DR 检），然后计算得出每公里 DR 平均值（DR 值）。

（二）对照下表，按内插法计算每公里的路面损坏率得分（$DR_{得分i}$）。

沥 青 路 面		水 泥 路 面	
DR 值	$DR_{得分i}$	DR 值	$DR_{得分i}$
$DR \leqslant 0.4$	1	$DR \leqslant 0.8$	1
$0.4 < DR \leqslant 2.0$	1～0.8	$0.8 < DR \leqslant 4.0$	1～0.8
$2.0 < DR \leqslant 5.5$	0.8～0.5	$4.0 < DR \leqslant 9.5$	0.8～0.5
$5.5 < DR \leqslant 11.0$	0.5～0.3	$9.5 < DR \leqslant 18.0$	0.5～0.3
$11.0 < DR$	0.1	$18.0 < DR$	0.1

（三）根据每公里路面破损指标得分（$DR_{得分i}$），分别计算受检单位的高速公路和普通公路的路面破损指标得分 P_{DR}。

$$P_{\mathrm{DR}} = \frac{\sum_{i=l}^{n}(S_i \times DR_{得分i})}{\sum_{i=1}^{n} S_i} \times 100\% \qquad 式(2)$$

式中：P_{DR}——全省路面破损指标得分；

S_i——每路段长，一般为 1km；

$DR_{得分i}$——每路段路面破损指标得分；

$\sum_{i=1}^{n} S_i$——评定路段里程数之和，n 为评定路段数。

四、路面车辙 *RD* 检查标准和评分方法

（一）按照《公路技术状况评定标准》的规定，每 10 米计算一个 *RD* 值（*RD* 检），然后计算得出每公里 *RD* 平均值（*RD* 值）。

（二）对照下表，按内插法计算每公里的路面车辙指标得分（$RD_{得分i}$）。

RD 值（mm）	$RD_{得分i}$
$RD \leqslant 10$	1
$10 < RD \leqslant 15$	1 ~ 0.8
$15 < RD \leqslant 20$	0.8 ~ 0.5
$20 < RD \leqslant 35$	0.5 ~ 0.3
$35 < RD$	0.1

（三）根据每公里车辙指标得分（$RD_{得分i}$），分别计算受检单位的高速公路的车辙指标得分 P_{RD}。

$$P_{\mathrm{RD}} = \frac{\sum_{i=l}^{n}(S_i \times RD_{得分i})}{\sum_{i=1}^{n} S_i} \times 100\% \qquad 式(3)$$

式中：P_{RD}——全省车辙指标得分；

S_i——每路段长，一般为 1km；

$RD_{得分i}$——每公里车辙指标得分；

$\sum_{i=1}^{n} S_i$——评定路段里程数之和，n 为评定路段数。

五、计算受检单位的路况综合得分（PF）

（一）普通干线公路路况综合得分。

普通干线公路路况综合得分由平时得分 $PF_{P2012—2014}$ 与2015年抽检得分 PF_{P2015} 组成，其中平时得分依据2012—2014年累计抽检的普通国道路况结果按式（1）、式（2）和式（5）计算。

$$PF_P = 0.6 \times PF_{P2012—2014} + 0.4 \times PF_{P2015} \quad 式(4)$$

$$PF_{Pi} = 0.45 \times P_{IRI} + 0.55 \times P_{DR} \quad 式(5)$$

其中：i = 2012—2014，2015。

（二）高速公路路况综合得分。

高速公路路况综合得分（PF_G）为2015年沥青路面抽检得分（PF_{GL}）和2015年水泥路面抽检得分（PF_{GS}）的里程加权平均。沥青路面路况得分由路面平整度、路面破损、路面车辙三项得分组成，水泥路面路况得分由路面平整度、路面破损两项得分组成。

1. 高速公路路况综合得分：

$$PF_G = PF_{GL} \times K_L + PF_{GS} \times K_S \quad 式(6)$$

式中：

$$K_L = \frac{高速公路沥青路面抽检里程}{高速公路抽检总里程} \times 100\%$$

$$K_S = \frac{高速公路水泥路面抽检里程}{高速公路抽检总里程} \times 100\%$$

2. 高速公路沥青路面路况综合得分：

$$PF_{GL} = \frac{0.4 \times P_{IRI} + 0.35 \times P_{DR} + 0.15 \times P_{RD}}{0.9} \quad 式(7)$$

3. 高速公路水泥路面路况综合得分：

$$PF_{GS} = \frac{0.4 \times P_{IRI} + 0.5 \times P_{DR}}{0.9} \quad 式(8)$$

六、计算受检单位的路况检查评分

根据受检单位高速公路和普通干线公路技术状况综合得分（PF），分别确定各自路况检查评分在全国的排名，排名第一的为满分 650 分，第二名为 647 分，其余按 3 分的差距依次递减，对 PF 相同的省份，则路况检查评分排名也相同，下一排名省（区、市），按实际排名确定路况检查评分。

$$各省（区、市）排名得分 = 650 - (n - 1) \times 3 \quad 式(9)$$

式中：n—— 各省（区、市）路况检查评分排名。

附件6

“十二五”全国干线公路养护管理检查管理规范化检查评分标准（普通干线公路）

检查项目	编号	检查内容	总评分 350
1.综合评价（55）	1.1 行业管理★	①出台了与《公路安全保护条例》等国家法律法规相配套地方性法规或其他专项法规及规范性文件，按数量或类别进行评分，满分3分；②省级交通主管部门或公路管理机构制定了“十二五”省级公路养护发展专项规划或纲要，按数量或类别进行评分，满分3分；③针对部“十二五”重点养护管理工作制定了普通干线公路相关指导意见或实施方案，按数量或类别进行评分，满分3分；④干线公路按照“分级管理”、“事权一致”的原则管理，责任主体明确，行业管理力度大，调控能力强，按优、良、一般进行评分，满分3分；⑤省级交通主管部门对普通干线公路中经营性收费公路实行有效的行业监管和检查，按优、良、一般进行评分，满分3分。	15
	1.2 发展指标	①国道（含高速）中二级及以上公路比重达到70%以上，消除普通干线公路中的等外路，按比例进行评分，满分3分；②普通干线公路平均 *PQI* 大于80，且 *PQI* 值小于70的比重下降至12%以内，按比例进行评分，满分4分；③普通干线公路现有危桥改造率100%，当年新发现危桥处治率100%，按比例进行评分，满分4分；④“十二五”年均普通干线公路实施大、中修工程（含预防性养护）的里程比重不少于17%，按比例进行评分，满分4分。	15

续上表

检查项目	编号	检查内容	总评分 350
1. 综合评价 (55)	1.3 资金保障	确保成品油消费税替代和增量资金中相当于原公路养路费部分,原则上全额用于普通公路的养护管理,不得用于收费公路建设,该项资金扣除交警和水利基金支出,用于公路养护管理的比例不低于80%,按比例进行评分,满分15分。	15
	1.4 路容路貌	普通干线公路路况良好、设施齐全、路容整洁、绿化管护到位,基本实现畅、安、舒、美,按优、良、一般进行评分,满分10分。	10
2. 养护管理 (100)	2.1 养护装备与能力建设	①推进公路养护大道班(工区)和机械化养护中心建设,规划合理,建设标准,行业标识统一、规范,形象良好,按优、良、一般进行评分,满分5分;②加大养护机械配置力度,提升基层养护单位和道班日常养护的专业化、机械化水平,按优、良、一般进行评分,满分5分;③加强养护从业人员队伍建设,促进人才交流和培养,按培训类型与数量评分,满分5分。	15
	2.2 技术状况评定	①按照《公路安全保护条例》和《公路技术状况评定标准》等有关法律法规及技术规范规定的频率对国省干线公路技术状况进行检测和调查,落实了专项的检测经费,按检查情况进行评分,满分4分;②采用自动化检测设备进行检测,各项评定记录准确详实,并有相关检测结果和分析报告,按优、良、一般进行评分,满分4分;③能够对辖区内公路技术状况评定实施有效监管,充分利用公路技术状况评定结果加强养护管理、辅助编制养护计划等工作,按优、良、一般进行评分,满分2分。	10

续上表

检查项目	编　号	检　查　内　容	总评分 350
2. 养护管理（100）	2.3 小修保养	①日常养护巡查制度得到有效落实，养护事件处置程序规范、措施得当、记录完整，按优、良、一般进行评分，满分3分；②采用有效方式加强监管，实现对辖区内公路小修保养工作的全面考核，按优、良、一般进行评分，满分3分；③病害处置及时，修复时限满足要求，作业规范，技术先进，按优、良、一般进行评分，满分4分。	10
	2.4 大中修养护工程	①按照省级养护工程管理办法规定，实现计划安排、设计、质量检测、验收评定等主要环节的规范管理，按检查情况评分，满分8分；②加强养护作业区现场监管，保障施工作业现场安全和车辆有序通行，按检查情况评分，满分6分。	14
	2.5 路网结构改造工程	①建立省级公路路网结构改造工程项目库，制定出台省级公路路网结构改造工程相关管理办法，按优、良、一般进行评分，满分4分；②辖区内公路安保工程、危桥改造、灾害防治建设任务完成情况良好，按检查情况进行评分，满分6分；③资金配套足额到位，项目管理规范，实施质量良好，验收及时，总结评估准确全面，按检查情况进行评分，满分6分。	16
	2.6 示范工程建设★	①开展了以“畅安舒美”为主题的示范路创建活动，制定了相关指导性意见或实施方案，按优、良、一般进行评分，满分5分；②创建完成不少于两条示范路，规模效应明显（辖区内整条路线或不小于100公里路段），总结评估准确全面，示范效果突出，按优、良、一般进行评分，满分8分。	13

续上表

检查项目	编　号	检　查　内　容	总评分 350
2. 养护管理（100）	2.7 桥隧养护★	①认真落实桥梁工程养护管理办法和安全运行十项制度，按检查情况评分，满分10分；②部长大桥梁监测及后续整改情况，按检查情况评分，满分4分；③开展了隧道安全隐患专项治理行动，按优、良、一般进行评分，满分4分；④及时开展桥隧经常检查、定期检查和特殊检查，检查技术先进合理，检查记录规范完整，评定准确，管理规范，按检查情况评分，满分4分。	22
3. 路政管理（75）	3.1 基础建设★	①路政执法经费列入年度预算，经费规模与执法人员数量、装备维护更新、路政任务相适应，按优、良、一般进行评分，满分4分；②路政队伍规范化建设进一步加强，规范执法、文明执法的能力与水平得到显著提高，健全并落实行政处罚自由裁量权制度，按检查情况评分，满分4分；③建立并应用了路政管理信息化系统，按优、良、一般进行评分，满分4分；④开展扎实有效的公路法律法规宣传活动，宣贯工作制度化，并取得明显效果，按优、良、一般进行评分，满分3分。	15
	3.2 路产保护	①应当按照有关规定对公路进行监督巡查，建立路政与养护联合巡查与协作机制，提高管理效率。按检查情况评分，满分4分；②建立公路路政管理档案制度，路产登记规范有序，按检查情况评分，满分3分；③路政许可规范，对重大涉路工程许可进行安全技术评价，按检查情况评分，满分4分；④加强涉路工程许可监管，按优、良、一般进行评分，满分3分。	14
	3.3 路域环境	公路用地、建筑控制区、桥梁禁止采砂区等公路安全保护区监管有力，无违章建筑，无未经批准的非公路标志、涉路工程等违反保护区管理制度的行为，路域环境基本达到“八个无”，按检查情况评分，满分16分。	16

续上表

检查项目	编　号	检　查　内　容	总评分 350
3. 路政管理（75）	3.4 治超管理	①建立了政府主导、多部门协作的治超长效机制，坚持部门联动和区域联动，按优、良、一般进行评分，满分4分；②治超站规范化建设进一步加强，站点外观形象和站点名称符合规定，检测、执法处理、卸载、停车等基本功能区布局合理，按优、良、一般进行评分，满分4分；③流动治超执法行为规范，按优、良、一般进行评分，满分4分；④治超执法数据实现部省站三级联网，按优、良、一般进行评分，满分4分；⑤积极探索和推广不停车检测和非现场执法，按优、良、一般进行评分，满分4分。	20
	3.5 执法监督	①公示路政执法信息，主动接受社会监督，按检查情况评分，满分2分；②举报渠道畅通，及时核查处理群众投诉问题，按优、良、一般进行评分，满分3分；③定期开展执法评议考核，并通报结果，按优、良、一般进行评分，满分2分；④督导检查制度健全，实现督查常态化、制度化，按优、良、一般进行评分，满分3分。	10
4. 收费管理（15）	4.1 基础建设	①收费通道开放管理规范，制定了特殊情况下提高收费通行效率的制度，按检查情况评分，满分2分；②站容站貌整洁卫生、无杂物，工作、生活设施齐全完好，按检查情况评分，满分2分；③建立了与《收费公路统计报表制度》相匹配的统计制度，按部要求及时报送收费公路统计报表等资料，按检查情况评分，满分3分。	7
	4.2 专项清理★	结合收费公路专项清理，全面取消超期及不合理收费等现象，现有收费站点设置符合相关规定要求，审批手续齐全，按优、良、一般进行评分，满分8分。	8

续上表

检查项目	编号	检查内容	总评分 350
5. 路网服务与应急（50）	5.1 基础设施	①标志标线设置规范，指路标志体系设置完善，按检查情况评分，满分5分；②平交道口交通渠化合理，安全设施完善，按检查情况评分，满分5分；③重要干线公路合理设置公路运行监控与信息发布设施，基本达到可视、可测、可控，建立了省级公路网管理与应急处置平台，按优、良、一般进行评分，满分5分。	15
	5.2 通行服务	①认真执行交通运输部信息报送制度，建立路网出行信息收集报送和发布机制，通过多种方式向公众提供出行信息服务，按检查情况评分，满分4分；②窗口单位服务规范，按检查情况评分，满分4分；③积极拓展公路服务内涵，完善普通干线公路休息区、便民服务点等设施，按优、良、一般进行评分，满分2分。	10
	5.3 应急体系★	①应急预案体系完善，专项预案和长大桥梁、隧道现场预案具备针对性和可操作性，建立健全预测预警、应急处置和信息发布等应急运行机制，建立预警信息快速通报与联动响应机制，应急演练正常化、制度化，按检查情况评分，满分10分；②省级公路应急保障基地布局合理，运转有效，保障有力，按检查情况评分，满分5分。	15
	5.4 路网保通	①按照保畅优先原则，养护作业路段和时间安排合理，按检查情况评分，满分5分；②一般灾害情况下，普通干线公路应急抢通24小时内完成，按检查情况评分，满分5分。	10
6. 技术保障（40）	6.1 信息化管理★	①及时开展公路基础数据库与电子地图更新完善工作，按检查情况评分，满分4分；②交调站点（含具备交调功能收费站）布局合理，交调信息完整准确，按检查情况评分，满分3分；③建立了数据资源共享机制，基于基础数据库，根据管理业务需求建立或整合了各专项管理系统，使用效果良好，按优、良、一般进行评分，满分4分。	11

续上表

检查项目	编号	检查内容	总评分 350
6. 技术保障（40）	6.2 科学决策★	①建立了养护科学决策相关制度或规范，形成了较为完善的公路养护科学决策体系，路网级养护计划安排合理并在实践中得到应用，按优、良、一般进行评分，满分5分；②养护工程方案制定科学、合理，道路全寿命周期养护成本控制良好，按检查情况评分，满分4分。	9
	6.3 预防性养护★	①制定了预防性养护指导政策、技术标准，按数量及类别进行评分，满分3分；②预防性养护开展及时，年度资金投入稳定，积极开展后期跟踪评估以及技术总结，按检查情况进行评分，满分7分。	10
	6.4 路面材料循环利用	①普通国省干线路面旧材料回收率不低于95%，按比例进行评分，满分3分；②普通国省干线路面旧材料循环利用率，东部地区不低于80%，中部地区不低于70%，西部地区不低于60%，按比例进行评分，满分2分。	5
	6.5 技术研究与应用	①注重养护管理新技术、新材料、新工艺和新设备研究并取得相应技术成果，按检查情况进行评分，满分2分；②积极推广“四新”技术应用，后期评价及时，效果良好，按检查情况进行评分，满分3分。	5
7. 其他（15）	7.1 参与检查情况	检查受检时组织、执行纪律等情况，按优、良、一般、差进行评分，满分5分。	5
	7.2 完成部交办工作情况	及时完成部交办工作，按优、良、一般进行评分，满分5分。	5
	7.3 社会舆论	有无与养护管理相关的社会影响较大的公共安全事件，按数量或严重程度进行评分，满分5分。	5

报送资料说明：对于管理规范化检查标准中标注★的，应将相关文件、资料作为重要资料提交。

“十二五”全国干线公路养护管理检查管理规范化检查评分标准（高速公路）

检查项目	编　号	检　查　内　容	总评分
			350
1. 综合评价（35）	1.1 行业管理★	①出台了与《公路安全保护条例》等国家法律法规相配套地方性法规或其他专项法规及规范性文件，按数量或类别进行评分，满分 3 分；②省级交通主管部门或高速公路管理机构制定了“十二五”省级高速公路养护发展专项规划或纲要，按数量或类别进行评分，满分 3 分；③针对部“十二五”重点养护管理工作制定了高速公路相关指导意见或实施方案，按数量或类别进行评分，满分 3 分；④高速公路责任主体明确，行业管理力度大，调控能力强，按优、良、一般进行评分，满分 3 分。	12
	1.2 发展指标	①高速公路平均 *PQI* 大于 90，按比例进行评分，满分 5 分；②高速公路现有危桥改造率 100%，当年新发现危桥处治率 100%，按比例进行评分，满分 5 分；③“十二五”年均高速公路实施大、中修工程（含预防性养护）的里程比重不少于 17%，按比例进行评分，满分 5 分。	15
	1.3 路容路貌	高速公路路况良好、设施齐全、路容整洁、绿化管护到位，基本实现畅、安、舒、美，按优、良、一般进行评分，满分 8 分。	8
2. 养护管理（80）	2.1 技术状况评定	①按照《公路安全保护条例》和《公路技术状况评定标准》等有关法律法规及技术规范规定的频率对高速公路技术状况进行检测和调查，落实了专项的检测经费，按检查情况评分，满分 6 分；②采用自动化检测设备进行检测，各项评定记录准确详实，并有相关检测结果和	20

续上表

检查项目	编号	检查内容	总评分 350
2. 养护管理（80）	2.1 技术状况评定	分析报告，按优、良、一般进行评分，满分6分；③能够对辖区内公路技术状况评定实施有效监管，充分利用公路技术状况评定结果加强养护管理、辅助编制养护计划等工作，按优、良、一般进行评分，满分8分。	20
	2.2 日常养护	①日常养护巡查制度得到有效落实，养护事件处置程序规范、措施得当、记录完整，按优、良、一般进行评分，满分6分；②采用有效方式加强监管，实现对辖区内高速公路小修保养工作的全面考核，按优、良、一般进行评分，满分6分；③病害处置及时，修复时限满足要求，作业规范，技术先进，按优、良、一般进行评分，满分8分。	20
	2.3 大中修养护工程	①按照省级养护工程管理办法规定，实现计划安排、设计、质量检测、验收评定等主要环节的规范管理，按检查情况评分，满分10分；②加强养护作业区现场监管，保障施工作业现场安全和车辆有序通行，按检查情况评分，满分8分。	18
	2.4 桥隧养护★	①认真落实桥梁工程养护管理办法和安全运行十项制度，按检查情况评分，满分10分；②部长大桥梁监测及后续整改情况，按检查情况评分，满分4分；③开展了隧道安全隐患专项治理行动，按优、良、一般进行评分，满分4分；④及时开展桥隧经常检查、定期检查和特殊检查，检查技术先进合理，检查记录规范完整，评定准确，管理规范，按检查情况评分，满分4分。	22

续上表

检查项目	编号	检查内容	总评分
			350
3. 路政管理（60）	3.1 基础建设★	①高速公路路政执法主体符合法规要求，按优、良、一般进行评分，满分 2 分；②路政执法经费列入年度预算，经费规模与执法人员数量、装备维护更新、路政任务相适应，按优、良、一般进行评分，满分 3 分；③路政队伍规范化建设进一步加强，规范执法、文明执法的能力与水平得到显著提高，健全并落实行政处罚自由裁量权制度，按检查情况评分，满分 3 分；④建立并应用了路政管理信息化系统，按优、良、一般进行评分，满分 5 分；⑤开展扎实有效的公路法律法规宣传活动，宣贯工作制度化，并取得明显效果，按优、良、一般进行评分，满分 2 分。	15
	3.2 路产保护★	①按照有关规定对公路进行监督巡查，做好巡查记录，建立路政与养护联合巡查与协作机制，提高管理效率，按检查情况评分，满分 4 分；②建立公路管理档案制度，路产登记规范有序，按优、良、一般进行评分，满分 3 分；③路政许可规范，对重大涉路工程许可进行安全技术评价，按检查情况评分，满分 4 分；④加强涉路工程许可监管，按优、良、一般进行评分，满分 3 分。	14
	3.3 路域环境	公路用地、建筑控制区、桥梁禁止采砂区等公路安全保护区监管有力，无违章建筑，无未经批准的非公路标志、涉路工程等违反保护区管理制度的行为，按检查情况评分，满分 10 分。	10
	3.4 治超管理★	①建立了政府主导、多部门协作的治超长效机制，坚持部门联动和区域联动，按优、良、一般进行评分，满分 3 分；②治超站规范化建设进一步加强，站点外观形象和站点名称符合规定，检测、执法处理、卸载、停车等基本功能区布局合理，按优、良、一般进行评分，满分	15

续上表

检查项目	编　号	检　查　内　容	总评分 350
3. 路政管理（60）	3.4 治超管理★	2 分；③治超执法与计重收费联动机制健全，加快推广高速公路入口称重阻截管理，按优、良、一般进行评分，满分 8 分；④实施不停车称重检测，按优、良、一般进行评分，满分 2 分。	15
	3.5 执法监督★	①公示路政执法信息，主动接受社会监督，按检查情况评分，满分 2 分；②举报渠道畅通，及时核查处理群众投诉问题，按优、良、一般进行评分，满分 2 分；③定期开展执法评议考核，并通报结果，按优、良、一般进行评分，满分 1 分；④督导检查制度健全，实现督查常态化、制度化，按优、良、一般进行评分，满分 1 分。	6
4. 收费管理（35）	4.1 联网及不停车收费★	①根据部关于电子不停车收费联网工作要求，制定了电子不停车收费联网实施方案，并按要求推进联网收费工作，按检查情况评分，满分 10 分；②符合国家行业技术标准，实现省内收费联网，按优、良、一般进行评分，满分 5 分。	15
	4.2 收费服务	①收费通道开放管理规范，制定了特殊情况下提高收费通行效率的制度，按检查情况评分，满分 1 分；②收费员着整洁制式服装、礼貌待人、用语规范文明，按优、良、一般进行评分，满分 2 分；③建立投诉与举报管理制度，对客户的投诉与举报进行快速、准确的记录，对客户投诉答复时间不超过 48 小时，客户投诉回复率达到 100%，按优、良、一般进行评分，满分 2 分。	5
	4.3 政策执行	①认真落实绿色通道、重大节假日小型客车免费通行、专项保障任务等相关政策，按优、良、一般进行评分，满分 4 分；②按部要求及时报送收费高速公路统计报表等资料，按检查情况评分，满分 3 分；③会同有关部门，大力开展专项整治，依法打击偷逃通行费，冲闯站卡等违法行为，按优、良、一般进行评分，满分 3 分。	10

续上表

检查项目	编号	检查内容	总评分
			350
4. 收费管理（35）	4.4 站务管理	①站容站貌整洁卫生、无杂物，工作、生活设施齐全完好，按优、良、一般进行评分，满分2分；②有处置突发事件的应急预案并定期演练，安全保障和监管措施有力，按优、良、一般进行评分，满分3分。	5
5. 路网服务与应急（75）	5.1 基础设施	①标志标线设置规范，指路标志体系设置完善，按检查情况评分，满分7分；②合理设置公路运行监控与信息发布设施，基本达到可视、可测、可控，建立了省级公路网管理与应急处置平台，按优、良、一般进行评分，满分8分。	15
	5.2 通行服务	①认真执行交通运输部信息报送制度，建立路网出行信息收集报送和发布机制，通过多种方式向公众提供出行信息服务，按检查情况评分，满分6分；②窗口单位服务规范，按检查情况评分，满分4分。	10
	5.3 应急体系★	①应急预案体系完善，专项预案和长大桥梁、隧道现场预案具备针对性和可操作性，建立健全预测预警、应急处置和信息发布等应急运行机制，建立预警信息快速通报与联动响应机制，应急演练正常化、制度化，按检查情况评分，满分10分；②国家区域性公路交通应急物资储备中心共建配合落实到位，按检查情况评分，满分5分。	15
	5.4 路网保通	①按照保畅优先原则，养护作业路段和时间安排合理，按检查情况评分，满分3分；②一般灾害情况下，高速公路应急抢通24小时内完成，按检查情况评分，满分2分。	5

续上表

检查项目	编　号	检　查　内　容	总评分
			350
5. 路网服务与应急（75）	5.5 服务区管理	①制定了服务区建设发展规划，及时调整完善服务区布局，标识齐全清晰，公共卫生间配比合理，按检查情况评分，满分 10 分；②运营管理制度健全，健全服务工作标准体系，明确管理单位和职责，设置服务监督公示，按检查情况评分，满分 5 分；③基本服务功能场所提供全天候服务，积极开展信息化建设，制定应急预案和重大节假日服务工作预案，按检查情况评分，满分 10 分；④服务区环境卫生整洁，按照实际需要配置保安和保洁人员，人流、车流引导有序，按检查情况评分，满分 5 分。	30
6. 技术保障（50）	6.1 信息化管理★	①及时开展高速公路基础数据库与电子地图更新完善工作，按检查情况评分，满分 4 分；②建立了数据资源共享机制，基于基础数据库，根据管理业务需求建立或整合了各专项管理系统，使用效果良好，按优、良、一般进行评分，满分 6 分。	10
	6.2 科学决策★	①建立了养护科学决策相关制度或规范，形成了较为完善的公路养护科学决策体系，路网级养护计划安排合理并在实践中得到应用，按优、良、一般进行评分，满分 8 分；②养护工程方案制定科学、合理，道路全寿命周期养护成本控制良好，按检查情况评分，满分 7 分。	15
	6.3 预防性养护★	①制定了预防性养护指导政策、技术标准，按数量和类别进行评分，满分 5 分；②预防性养护开展及时，年度资金投入稳定，积极开展后期跟踪评估以及技术总结，按检查情况评分，满分 10 分。	15
	6.4 路面材料循环利用	①高速公路路面旧材料回收率达到 100%，按比例进行评分，满分 3 分；②高速公路路面旧材料循环利用率，东部地区达到 95% 以上，中部地区达到 90% 以上，西部地区达到 85% 以上，按比例进行评分，满分 2 分。	5

续上表

检查项目	编号	检查内容	总评分 350
6. 技术保障（50）	6.5 技术研究与应用★	①注重养护管理新技术、新材料、新工艺和新设备研究并取得相应技术成果，按检查情况评分，满分2分；②积极推广"四新"技术应用，后期评价及时，效果良好，按检查情况评分，满分3分。	5
7. 其他（15）	7.1 参与检查情况	检查受检时组织、执行纪律等情况，按优、良、一般、差进行评分，满分5分。	5
	7.2 完成部交办工作情况	及时完成部交办工作，按优、良、一般进行评分，满分5分。	5
	7.3 社会舆论影响	有无与养护管理相关的社会影响较大的公共安全事件，按数量或严重程度进行评分，满分5分。	5

报送资料说明：对于管理规范化检查标准中标注★的，应将相关文件、资料作为重要资料提交。

水 运 工 程

中华人民共和国航道法

中华人民共和国主席令(第十七号) 2014.12.28

第一章 总 则

第一条 为了规范和加强航道的规划、建设、养护、保护,保障航道畅通和通航安全,促进水路运输发展,制定本法。

第二条 本法所称航道,是指中华人民共和国领域内的江河、湖泊等内陆水域中可以供船舶通航的通道,以及内海、领海中经建设、养护可以供船舶通航的通道。航道包括通航建筑物、航道整治建筑物和航标等航道设施。

第三条 规划、建设、养护、保护航道,应当根据经济社会发展和国防建设的需要,遵循综合利用和保护水资源、保护生态环境的原则,服从综合交通运输体系建设和防洪总体安排,统筹兼顾供水、灌溉、发电、渔业等需求,发挥水资源的综合效益。

第四条 国务院和有关县级以上地方人民政府应当加强对航道工作的领导,组织、协调、督促有关部门采取措施,保持和改善航道通航条件,保护航道安全,维护航道网络完整和畅通。

国务院和有关县级以上地方人民政府应当根据经济社会发展水平和航道建设、养护的需要,在财政预算中合理安排航道建设和养护资金。

第五条 国务院交通运输主管部门主管全国航道管理工作,并按照国务院的规定直接管理跨省、自治区、直辖市的重要干线航道和国际、国境河流航道等重要航道。

县级以上地方人民政府交通运输主管部门按照省、自治区、直辖市人民政府的规定主管所辖航道的管理工作。

国务院交通运输主管部门按照国务院规定设置的负责航道管理的机构和县级以上地方人民政府负责航道管理的部门或者机构(以下统称负责航道管理的部门),承担本法规定的航道管理工作。

第二章 航道规划

第六条 航道规划分为全国航道规划、流域航道规划、区域航道规划和省、自治区、直辖市航道规划。

航道规划应当包括航道的功能定位、规划目标、发展规划技术等级、规划实施步骤以及保障措施等内容。

航道规划应当符合依法制定的流域、区域综合规划,符合水资源规划、防洪规划和海洋功能区划,并与涉及水资源综合利用的相关专业规划以及依法制定的城乡规划、环境保护规划等其他相关规划和军事设施保护区划相协调。

第七条 航道应当划分技术等级。航道技术等级包括现状技术等级和发展规划技术等级。航道发展规划技术等级根据相关自然条件以及防洪、供水、水资源保护、生态环境保护要求和航运发展需求等因素评定。

第八条 全国航道规划由国务院交通运输主管部门会同国务院发展改革部门、国务院水行政主管部门等部门编制,报国务院批准公布。流域航道规划、区域航道规划由国务院交通运输主管部门编制并公布。

省、自治区、直辖市航道规划由省、自治区、直辖市人民政府交通运输主管部门会同同级发展改革部门、水行政主管部门等部门编制,报省、自治区、直辖市人民政府会同国务院交通运输主管部门批准公布。

编制航道规划应当征求有关部门和有关军事机关的意见,并依法进行环境影响评价。涉及海域、重要渔业水域的,应当有同级海洋主管部门、渔业行政主管部门参加。编制全国航道规划和流域航道规划、区域航道规划应当征求相关省、自治区、直辖市人民政府的意见。

流域航道规划、区域航道规划和省、自治区、直辖市航道规划应当符合全国航道规划。

第九条 依法制定并公布的航道规划应当依照执行;航道规划确需修改的,依照规划编制程序办理。

第三章 航 道 建 设

第十条 新建航道以及为改善航道通航条件而进行的航道工程建设,应当遵守法律、行政法规关于建设工程质量管理、安全管理和生态环境保护的规定,符合航道规划,执行有关的国家标准、行业标准和技术规范,依法办理相关手续。

第十一条 航道建设单位应当根据航道建设工程的技术要求,依法通过招标等方式选择具有相应资质的勘察、设计、施工和监理单位进行工程建设,对工程质量和安全进行监督检查,并对工程质量和安全负责。

从事航道工程建设的勘察、设计、施工和监理单位,应当依照法律、行政法规的规定取得相应的资质,并在其资质等级许可的范围内从事航道工程建设活动,依法对勘察、设计、施工、监理的质量和安全负责。

第十二条 有关县级以上人民政府交通运输主管部门应当加强对航道建设工程质量和安全的监督检查,保障航道建设工程的质量和安全。

第十三条 航道建设工程竣工后,应当按照国家有关规定组织竣工验收,经验收合格方可正式投入使用。

航道建设单位应当自航道建设工程竣工验收合格之日起六十日内,将竣工测量图报送负责航道管理的部门。沿海航道的竣工测量图还应当报送海军航海保证部门。

第十四条 进行航道工程建设应当维护河势稳定,符合防洪要求,不得危及依法建设的其他工程或者设施的安全。因航道工程建设损坏依法建设的其他工程或者设施的,航道建设单位应当予以修复或者依法赔偿。

第四章 航道养护

第十五条 国务院交通运输主管部门应当制定航道养护技术规范。

负责航道管理的部门应当按照航道养护技术规范进行航道养护,保证航道处于良好通航技术状态。

第十六条 负责航道管理的部门应当根据航道现状技术等级或者航道自然条件确定并公布航道维护尺度和内河航道图。

航道维护尺度是指航道在不同水位期应当保持的水深、宽度、弯曲半径等技术要求。

第十七条 负责航道管理的部门应当按照国务院交通运输主管部门的规定对航道进行巡查,发现航道实际尺度达不到航道维护尺度或者有其他不符合保证船舶通航安全要求的情形,应当进行维护,及时发布航道通告并通报海事管理机构。

第十八条 海事管理机构发现航道损毁等危及通航安全的情形,应当及时通报负责航道管理的部门,并采取必要的安全保障措施。

其他单位和人员发现航道损毁等危及通航安全的情形,应当及时报告负责航道管理的部门或者海事管理机构。

第十九条 负责航道管理的部门应当合理安排航道养护作业,避免限制通航的集中作业和在通航高峰期作业。

负责航道管理的部门进行航道疏浚、清障等影响通航的航道养护活动,或者确需限制通航的养护作业的,应当设置明显的作业标志,采取必要的安全措施,并提前通报海事管理机构,保证过往船舶通行以及依法建设的工程设施的安全。养护作业结束后,应当及时清除影响航道通航条件的作业标志及其他残留物,恢复正常通航。

第二十条 进行航道养护作业可能造成航道堵塞的,有关负责航道管理的部门应当会同海事管理机构事先通报相关区域负责航道管理的部门和海事管理机构,共同制定船舶疏导方案,并向社会公告。

第二十一条 因自然灾害、事故灾难等突发事件造成航道损坏、阻塞的,负责航道管理的部门应当按照突发事件应急预案尽快修复抢通;必要时由县级以上人民政府组织尽快修复抢通。

船舶、设施或者其他物体在航道水域中沉没,影响航道畅通和通航安全的,其所有人或者经营人应当立即报告负责航道管理的部门和海事管理机构,按照规定自行或者委托负责航道管理的部门或者海事管理机构代为设置标志,并应当在海事管理机构限定的时间内打捞清除。

第二十二条 航标的设置、养护、保护和管理,依照有关法律、行政法规和国家标准或者行业标准的规定执行。

第二十三条 部队执行任务、战备训练需要使用航道的,负责航道管理的部门应当给予必要的支持和协助。

第五章 航道保护

第二十四条 新建、改建、扩建(以下统称建设)跨越、穿越航道的桥梁、隧道、管道、缆线等建筑物、构筑物,应当符合该航道发展规划技术等级对通航净高、净宽、埋设深度等航道通航条件的要求。

第二十五条 在通航河流上建设永久性拦河闸坝,建设单位应当按照航道发展规划技术等级建设通航建筑物。通航建筑物应当与主体工程同步规划、同步设计、同步建设、同步验收、同步投入使用。

闸坝建设期间难以维持航道原有通航能力的,建设单位应当采取修建临时航道、安排翻坝转运等补救措施，所需费用由建设单位承担。

在不通航河流上建设闸坝后可以通航的，闸坝建设单位应当同步建设通航建筑物或者预留通航建筑物位置，通航建筑物建设费用除国家另有规定外，由交通运输主管部门承担。

通航建筑物的运行应当适应船舶通行需要，运行方案应当经负责航道管理的部门同意并公布。通航建筑物的建设单位或者管理单位应当按照规定维护保养通航建筑物，保持其正常运行。

第二十六条 在航道保护范围内建设临河、临湖、临海建筑物或者构筑物，应当符合该航道通航条件的要求。

航道保护范围由县级以上地方人民政府交通运输主管部门会同水行政主管部门或者流域管理机构、国土资源主管部门根据航道发展规划技术等级和航道保护实际需要划定，报本级人民政府批准公布。国务院交通运输主管部门直接管理的航道的航道保护范围，由国务院交通运输主管部门会同国务院水行政主管部门、国务院国土资源主管部门和有关省、自治区、直辖市人民政府划定公布。航道保护范围涉及海域、重要渔业水域的，还应当分别会同同级海洋主管部门、渔业行政主管部门划定。

第二十七条 建设本法第二十四条、第二十五条第一款、第二十六条第一款规定的工程（以下统称与航道有关的工程），除依照法律、行政法规或者国务院规定进行的防洪、供水等特殊工程外，不得因工程建设降低航道通航条件。

第二十八条 建设与航道有关的工程，建设单位应当在工程可行性研究阶段就建设项目对航道通航条件的影响作出评价，并报送有审核权的交通运输主管部门或者航道管理机构审核，但下列工程除外：

（一）临河、临湖的中小河流治理工程；

（二）不通航河流上建设的水工程；

（三）现有水工程的水毁修复、除险加固、不涉及通航建筑物和不改变航道原通航条件的更新改造等不影响航道通航条件的工程。

建设单位报送的航道通航条件影响评价材料不符合本法规定的，可以进行补充或者修改，重新报送审核部门审核。

未进行航道通航条件影响评价或者经审核部门审核认为建设项目不符合本法规定的，负责建设项目审批或者核准的部门不予批准、核准，建设单位不得建设。

第二十九条 国务院或者国务院有关部门批准、核准的建设项目，以及与国务院交通运输主管部门直接管理的航道有关的建设项目的航道通航条件影响评价，由国务院交通运输主管部门审核；其他建设项目的航道通航条件影响评价，按照省、自治区、直辖市人民政府的规定由县级以上地方人民政府交通运输主管部门或者航道管理机构审核。

第三十条 航道上相邻拦河闸坝之间的航道通航水位衔接，应当符合国家规定的通航标准和技术要求。位于航道及其上游支流上的水工程，应当在设计、施工和调度运行中统筹考虑下游航道设计最低通航水位所需的下泄流量，但水文条件超出实际标准的除外。

保障下游航道通航所需的最小下泄流量以及满足航道通航条件允许的水位变化的确定，应当征求负责航道管理的部门的意见。

水工程需大幅度减流或者大流量泄水的，应当提前通报负责航道管理的部门和海事管理机构，给船舶避让留出合理的时间。

第三十一条 与航道有关的工程施工影响航道正常功能的，负责航道管理的部门、海事管理机构应当根据需要对航标或者航道的位置、走向进行临时调整；影响消除后应当及时恢复。所需费用由建设单位承担，但因防洪抢险工程引起调整的除外。

第三十二条 与航道有关的工程竣工验收前，建设单位应当及时清除影响航道通航条件的临时设施及其残留物。

第三十三条 与航道有关的工程建设活动不得危及航道安全。

与航道有关的工程建设活动损坏航道的，建设单位应当予以修复或者依法赔偿。

第三十四条 在通航水域上建设桥梁等建筑物,建设单位应当按照国家有关规定和技术要求设置航标等设施,并承担相应费用。

桥区水上航标由负责航道管理的部门、海事管理机构负责管理维护。

第三十五条 禁止下列危害航道通航安全的行为:

(一)在航道内设置渔具或者水产养殖设施的;

(二)在航道和航道保护范围内倾倒砂石、泥土、垃圾以及其他废弃物的;

(三)在通航建筑物及其引航道和船舶调度区内从事货物装卸、水上加油、船舶维修、捕鱼等,影响通航建筑物正常运行的;

(四)危害航道设施安全的;

(五)其他危害航道通航安全的行为。

第三十六条 在河道内采砂,应当依照有关法律、行政法规的规定进行。禁止在河道内依法划定的砂石禁采区采砂、无证采砂、未按批准的范围和作业方式采砂等非法采砂行为。

在航道和航道保护范围内采砂,不得损害航道通航条件。

第三十七条 本法施行前建设的拦河闸坝造成通航河流断航,需要恢复通航且具备建设通航建筑物条件的,由发展改革部门会同水行政主管部门、交通运输主管部门提出恢复通航方案,报本级人民政府决定。

第六章 法律责任

第三十八条 航道建设、勘察、设计、施工、监理单位在航道建设活动中违反本法规定的,由县级以上人民政府交通运输主管部门依照有关招标投标和工程建设管理的法律、行政法规的规定处罚。

第三十九条 建设单位未依法报送航道通航条件影响评价材料而开工建设的,由有审核权的交通运输主管部门或者航道管理机;构责令停止建设,限期补办手续,处三万元以下的罚款;逾期不补办手续继续建设的,由有审核权的交通运输主管部门或者航道管理机构责令恢复原状,处二十万元以上五十万元以下的罚款。

报送的航道通航条件影响评价材料未通过审核,建设单位开工建设的,由有审核权的交通运输主管部门或者航道管理机构责令停止建设、恢复原状,处二十万元以上五十万元以下的罚款。

违反航道通航条件影响评价的规定建成的项目导致航道通航条件严重下降的,由前两款规定的交通运输主管部门或者航道管理机构责令限期采取补救措施或者拆除;逾期未采取补救措施或者拆除的,由交通运输主管部门或者航道管理机构代为采取补救措施或者依法组织拆除,所需费用由建设单位承担。

第四十条 与航道有关的工程的建设单位违反本法规定,未及时清除影响航道通航条件的临时设施及其残留物的,由负责航道管理的部门责令限期清除,处二万元以下的罚款;逾期仍未清除的,处三万元以上二十万元以下的罚款,并由负责航道管理的部门依法组织清除,所需费用由建设单位承担。

第四十一条 在通航水域上建设桥梁等建筑物,建设单位未按照规定设置航标等设施的,由负责航道管理的部门或者海事管理机构责令改正,处五万元以下罚款。

第四十二条 违反本法规定,有下列行为之一的,由负责航道管理的部门责令改正,对单位处五万元以下罚款,对个人处二千元以下罚款;造成损失的,依法承担赔偿责任:

(一)在航道内设置渔具或者水产养殖设施的;

(二)在航道和航道保护范围内倾倒砂石、泥土、垃圾以及其他废弃物的;

(三)在通航建筑物及其引航道和船舶调度区内从事货物装卸、水上加油、船舶维修、捕鱼等,影响通航建筑物正常运行的;

(四)危害航道设施安全的;

(五)其他危害航道通航安全的行为。

第四十三条 在河道内依法划定的砂石禁采区采砂、无证采砂、未按批准的范围和作业方式采砂等非法采砂的，依照有关法律、行政法规的规定处罚。

违反本法规定，在航道和航道保护范围内采砂，损害航道通航条件的，由负责航道管理的部门责令停止违法行为，没收违法所得，可以扣押或者没收非法采砂船舶，并处五万元以上三十万元以下罚款；造成损失的，依法承担赔偿责任。

第四十四条 违反法律规定，污染环境、破坏生态或者有其他环境违法行为的，依照《中华人民共和国环境保护法》等法律的规定处罚。

第四十五条 交通运输主管部门以及其他有关部门不依法履行本法规定的职责的，对直接负责的主管人员和其他直接责任人员依法给予处分。

负责航道管理的机构不依法履行本法规定的职责的，由其上级主管部门责令改正，对直接负责的主管人员和其他直接责任人员依法给予处分。

第四十六条 违反本法规定，构成违反治安管理行为的，依法给予治安管理处罚；构成犯罪的，依法追究刑事责任。

第七章 附 则

第四十七条 进出军事港口、渔业港口的专用航道不适用本法。专用航道由专用部门管理。

第四十八条 本法自2015年3月1日起施行。

关于修改《港口工程竣工验收办法》的决定

交通运输部令2014年第12号　2014.9.5

交通运输部决定对《港口工程竣工验收办法》(交通部令2005年第2号)作如下修改:

一、删除第六条第三款。

将第四款修改为:“国务院投资主管部门、省级人民政府投资主管部门审批、核准和省级交通运输主管部门审批的港口工程竣工验收,由省级交通运输主管部门负责。”

将第五款修改为:“其余港口工程由港口所在地港口行政管理部门负责竣工验收。”

二、将第十条修改为:“省级交通运输主管部门负责竣工验收的港口工程,由该港口所在地港口行政管理部门组织初步验收。初步验收合格后,由港口行政管理部门向省级交通运输主管部门提出竣工验收申请。”

三、将条文中所有“交通部”统一修改为“交通运输部”,“交通主管部门”统一修改为“交通运输主管部门”。

本决定自2014年9月5日起施行。

《港口工程竣工验收办法》根据本决定作相应修改,重新发布。

港口工程竣工验收办法

（2005 年 4 月 12 日交通部发布，根据 2014 年 9 月 5 日交通运输部《关于修改〈港口工程竣工验收办法〉的决定》修正）

第一条 为规范港口工程竣工验收工作，保证港口工程质量，保护人民生命和财产安全，根据《中华人民共和国港口法》，制定本办法。

第二条 本办法适用于新建和改建的港口工程竣工验收活动。

本办法所称港口工程竣工验收，是指港口工程完工后、投入使用前，对港口工程质量、执行国家和行业强制性标准情况、投资使用情况等事项的全面检查验收，以及对港口工程建设、设计、施工、监理等工作的综合评价。

第三条 港口工程竣工后，经验收合格方可投入使用。

第四条 港口工程竣工验收，应当遵循公开、公正、真实、科学的原则。

第五条 港口工程项目法人、设计、施工、监理等单位应当接受、配合竣工验收工作，提供的有关资料应当真实、有效。

第六条 港口工程竣工验收，实行统一管理、分级负责制度。

交通运输部统一管理全国港口竣工验收工作。

国务院投资主管部门、省级人民政府投资主管部门审批、核准和省级交通运输主管部门审批的港口工程竣工验收，由省级交通运输主管部门负责。

其余港口工程由港口所在地港口行政管理部门负责竣工验收。

以上负责港口工程竣工验收的部门统称为竣工验收部门。

第七条 港口工程进行竣工验收应当具备以下条件：

（一）港口工程有关合同约定的各项内容已基本完成，申请竣工验收的建设项目有尾留工程的，尾留工程不得影响建设项目的投产使用，尾留工程投资额可根据实际测算投资额或按照工程概算所列的投资额列入竣工决算报告，但不得超过工程总投资的5%。施工单位对工程质量自检合格，监理工程师对工程质量评定合格，项目法人组织设计、施工、监理、工程质量监督等单位进行的交工验收合格。

（二）主要工艺设备或设施通过调试具备生产条件。

（三）一般港口工程经过3个月试运行；设有系统装卸设备的矿石、煤炭、散粮、油气、集装箱码头等港口工程，经过6个月试运行，符合设计要求。

（四）环境保护设施、安全设施、消防设施已按照设计要求与主体工程同时建成，并通过有关部门的专项验收；航标设施以及其他辅助性设施已按照《港口法》的规定，与港口同时建设，并保证按期投入使用。

（五）竣工档案资料齐全，并通过专项验收。

（六）竣工决算报告编制完成，并通过审计。

（七）廉政建设合同已履行。

第八条　港口工程试运行前，项目法人应当向港口所在地港口行政管理部门办理港口工程试运行备案手续。试运行期满后应当及时办理港口工程竣工验收手续。

港口工程试运行期自港口工程试运行备案之日起开始计算。

第九条　港口工程符合竣工验收条件的，项目法人应当向港口所在地港口行政管理部门提出竣工验收申请。

对于一次设计、分期建成的港口工程，项目法人可以对已建成并符合竣工验收条件的部分港口工程提出分期竣工验收申请。

第十条　省级交通运输主管部门负责竣工验收的港口工程，由该港口所在地港口行政管理部门组织初步验收。初步验收合格后，由港口行政管理部门向省级交通运输主管部门提出竣工验收申请。

第十一条 港口工程竣工验收部门应当自收到竣工验收申请之日起5个工作日内对申请材料进行审查,对于不符合竣工验收条件的,应当及时退回并告知理由;对于符合竣工验收条件的,应当受理竣工验收申请。

港口工程竣工验收或者初步验收应当自受理之日起20个工作日内完成。20个工作日内不能完成的,经竣工验收部门负责人批准,可以延长10个工作日。

第十二条 港口工程竣工验收由竣工验收部门组织质量监督机构、当地海事管理机构、有关行政主管部门、有关专家组成竣工验收委员会实施。

港口工程项目法人、设计单位、监理单位、施工单位等应当参加竣工验收工作。

第十三条 港口工程竣工验收的主要依据是:

(一)按照国家有关规定应当具备的港口工程建设项目的审批、核准、备案文件;

(二)初步设计、施工图设计、变更设计及概算调整等文件;

(三)招标文件及合同文本;

(四)主要设备技术规格或说明书等;

(五)国家和交通运输部颁布的技术规范和标准及法律、法规、规章的相关规定。

第十四条 港口工程竣工验收的内容是:

(一)审查港口工程是否具备国家规定的审批文件及相关手续;

(二)检查港口工程实体质量;

(三)检查港口工程合同履约情况,审查有关竣工档案资料;

(四)检查国家和行业强制性标准执行情况;

(五)核定码头靠泊等级、吞吐能力以及进出港口的航道等级;

(六)检查环境保护、劳动安全卫生、消防、档案等专项验收情况;

（七）检查对港口工程竣工决算报告的审计情况；

（八）检查廉政建设合同执行情况；

（九）确定工程质量等级；

（十）对存在问题和尾留工程提出处理意见；

（十一）形成、通过并签署《港口工程竣工验收鉴定书》。

第十五条 对竣工验收合格的，港口工程竣工验收部门应当自《港口工程竣工验收鉴定书》签署之日起 10 个工作日内，签发《港口工程竣工验收证书》。

第十六条 竣工验收不合格的，项目法人应当按照竣工验收委员会提出的处理意见进行限期整改。

整改期满后，项目法人应当重新提出港口工程竣工验收申请。

第十七条 港口工程竣工验收完成后，应当在国家规定的时间内办理固定资产移交等相关手续。

第十八条 由省级交通运输主管部门和港口所在地港口行政管理部门负责竣工验收的，在竣工验收完成后，省级交通运输主管部门和港口所在地港口行政管理部门应当将竣工验收的有关情况向交通运输部备案。

第十九条 港口工程未经竣工验收或者竣工验收不合格的，不得投入使用，港口行政管理部门不予办理港口经营许可证。

第二十条 项目法人违反本办法规定，未经备案进行试运行的，由港口所在地港口行政管理部门责令停止试运行。

第二十一条 港口工程未经验收合格，擅自投入使用的，由港口所在地港口行政管理部门责令停止使用，限期改正，可以处 5 万元以下罚款。

第二十二条 竣工验收部门工作人员在竣工验收中滥用职权、徇私舞弊、索贿受贿的，依法给予行政处分；构成犯罪的，依法追究刑事责任。

第二十三条 竣工验收委员会成员在竣工验收中玩忽职守、徇私舞弊造成重大损失构成犯罪的，依法追究刑事责任。

第二十四条 利用世界银行、亚洲开发银行等国际金融组织或外国政府贷款、援助资金的港口工程,贷款方、资金提供方对工程竣工验收另有规定的,可以适用其规定,但不得违背中华人民共和国的法律、法规规定和社会公共利益。

第二十五条 《港口工程竣工验收鉴定书》和《港口工程竣工验收证书》应当按照交通运输部规定的统一格式印制。

第二十六条 本办法自2005年6月1日起施行,《交通部港口建设项目(工程)竣工验收办法》(交基发〔1995〕155号)同时废止。本办法施行前公布的有关规定与本办法有抵触的,自本办法施行之日起停止执行。

关于修改《航道工程竣工验收管理办法》的决定

交通运输部令2014年第13号　2014.9.5

交通运输部决定对《航道工程竣工验收管理办法》(交通部令2008年第1号)作如下修改:

一、将第五条第二款修改为:“交通运输部负责全国航道工程竣工验收工作的监督管理。”

将第三款修改为:“省级交通运输主管部门负责本行政区域内航道工程竣工验收工作的监督管理,具体负责由国务院投资主管部门、省级人民政府有关部门批准或者核准的航道工程的竣工验收工作。”

将第四款修改为:“设区的市和县级交通运输主管部门按照省级人民政府的有关规定负责本行政区域内航道工程竣工验收活动的监督管理。”

二、删除第九条。

三、将条文中所有“交通部”统一修改为“交通运输部”,“交通主管部门”统一修改为“交通运输主管部门”。

此外,对条文的序号作相应调整。

本决定自2014年9月5日起施行。

《航道工程竣工验收管理办法》根据本决定作相应修改,重新发布。

航道工程竣工验收管理办法

（2008年1月7日交通部发布，根据2014年9月5日交通运输部《关于修改〈航道工程竣工验收管理办法〉的决定》修正）

第一条 为加强航道工程建设管理，规范航道工程竣工验收工作，保证工程质量，根据《中华人民共和国航道管理条例》，制定本办法。

第二条 本办法适用于航道工程竣工验收工作。

本办法所称航道工程竣工验收工作是指航道工程完工后、正式交付使用前，对航道工程质量、国家和行业强制性标准执行情况、资金使用情况等事项的全面检查验收，以及对航道工程建设、设计、施工、监理等工作的综合评价。

第三条 航道工程经竣工验收合格后方可正式交付使用。

第四条 航道工程竣工验收工作，应当做到公正、科学、规范。

第五条 航道工程竣工验收工作，实行统一管理、分级负责。

交通运输部负责全国航道工程竣工验收工作的监督管理。

省级交通运输主管部门负责本行政区域内航道工程竣工验收工作的监督管理，具体负责由国务院投资主管部门、省级人民政府有关部门批准或者核准的航道工程的竣工验收工作。

设区的市和县级交通运输主管部门按照省级人民政府的有关规定负责本行政区域内航道工程竣工验收活动的监督管理。

以上负责航道工程竣工验收工作的部门统称为竣工验收部门。

第六条 航道工程竣工验收的主要依据是：

（一）国家和交通运输部颁布的相关法律、法规、规章；

（二）国家和交通运输部颁布的相关技术标准、规范；

（三）建设项目的批准、核准、备案文件；

（四）建设项目的初步设计文件、施工图设计文件、设计变更文件以及概算调整等文件；

（五）主要设备技术规格或者说明书；

（六）招标文件以及合同文本。

第七条 航道工程竣工验收应当具备以下条件：

（一）已按批准的建设规模、标准和内容建成，满足生产使用要求；申请竣工验收的航道建设工程有尾留工程的，尾留工程不得是主体工程，不得影响工程效果和工程正常运行，投资额不能超过工程总概算的5%；

（二）各单位工程和项目经工程质量监督机构检验合格；

（三）各单位工程交工验收合格；

（四）主要工艺设备或者设施调试以及联动测试均已完成，主要技术参数达到设计要求；

（五）航运枢纽工程阶段验收合格；

（六）需要实船适航检验的，已选用设计船型进行了实船适航检验，各项检验指标满足设计要求；

（七）工程试运行期满一年，运行情况正常；

（八）竣工档案资料齐全，通过有关专项验收；

（九）竣工决算报告已编制完成，并取得国家审计机构或者具有审计资格的中介机构出具的审计报告，且审计报告无保留意见；

（十）工程运行管理部门已落实；

（十一）竣工验收工作报告编制完成；

（十二）航运枢纽工程以及技术复杂的其他航道工程，已经竣工验收部门委托的有关单位初步验收合格。

第八条 航道工程应当在工程试运行期满后一年内申请竣工验收。对不能按期申请竣工验收的，应当向竣工验收部门提出延期申请，延长期限一般不得超过二年。

对延期后仍不能按期申请竣工验收的，竣工验收部门应当予以通报或者警告。

第九条 由省级交通运输主管部门负责竣工验收的航道工

程，项目单位可以向省级交通运输主管部门提出竣工验收申请，也可以向省级交通运输主管部门委托的部门提出竣工验收申请。

接受委托的部门应当在收到申请材料之日起5个工作日内，对航道工程是否符合竣工验收条件进行初审，提出初审意见，并应当在初审结束之日起5个工作日内将申请材料和初审意见报送省级交通运输主管部门。

第十条 竣工验收部门应当按照《交通行政许可实施程序规定》规范的程序和时限完成航道工程竣工验收工作。

第十一条 竣工验收部门应当根据航道工程项目的具体情况，邀请相关部门组成竣工验收委员会开展竣工验收工作。航运枢纽工程以及技术复杂的其他航道工程，应当邀请有关专家参加。

项目单位以及设计、施工、监理和运行管理等单位应当参加竣工验收工作。竣工验收部门还可以邀请有关地方政府部门、单位参加竣工验收工作。

第十二条 竣工验收委员会负责对工程实体质量以及建设情况进行全面检查，对建设项目进行综合评价，形成、通过并签署《航道工程竣工验收鉴定书》。

项目单位负责提交竣工报告、工程试运行报告、工程竣工财务决算和审计报告以及验收所需的其他资料，协助竣工验收委员会开展工作。

工程质量监督机构负责提交工程质量监督工作报告以及工程质量检验意见，配合竣工验收工作。设计、施工、监理单位负责提交各自的工作报告，提供相关资料，配合竣工验收工作。

第十三条 航道工程项目单位、质量监督机构、设计单位、施工单位、监理单位应当对所提交资料的完整性、真实性和有效性负责。

第十四条 航道工程竣工验收主要内容是：

（一）检查工程的批准、核准、备案等文件是否齐全；

（二）检查工程是否按批准的规模、标准、内容全部建成；

（三）检查国家和行业强制性标准的执行情况；

（四）检查工程招投标以及合同履约情况；

（五）检查工程交工验收情况；

（六）检查工程实体质量以及工程效果；

（七）检查航运枢纽工程的阶段验收情况；

（八）检查工程试运行情况；

（九）检查专项验收情况；

（十）检查工程竣工决算报告的审计情况；

（十一）对存在的问题和尾留工程提出处理意见。

第十五条 航道工程竣工验收合格的，竣工验收部门应当自《航道工程竣工验收鉴定书》签署之日起10个工作日内，签发《航道工程竣工验收证书》。

由省级交通运输主管部门负责竣工验收的航道工程，省级交通运输主管部门应当自《航道工程竣工验收证书》签发之日起20个工作日内将有关验收资料报交通运输部备案。

第十六条 航道工程竣工验收不合格的，项目单位应当按照竣工验收委员会提出的处理意见进行限期整改。整改期满后，项目单位应当重新提出竣工验收申请。

第十七条 航道工程竣工验收完成后，应当按国家有关规定办理档案、固定资产交付使用等相关手续。

第十八条 航道工程未经竣工验收合格，擅自投入使用的，由县级以上交通运输主管部门责令限期改正，可以处3万元以下罚款。

第十九条 竣工验收部门的工作人员在竣工验收工作中滥用职权、徇私舞弊、索贿受贿的，依法给予行政处分；构成犯罪的，依法追究刑事责任。

第二十条 县级以上交通运输主管部门应当建立工程竣工验收举报制度。任何单位和个人发现工程竣工验收中有违法行为的，应当向上级交通运输主管部门举报。

第二十一条 本办法下列用语的含义是：

（一）航道工程是指航道整治、航道疏浚和航运枢纽、过船建筑物等航道设施以及其他航道附属设施的新建、扩建和改建工程。

(二)阶段验收是指航运枢纽工程建设进入截流、水库蓄水、通航、机组启动等关键阶段前进行的验收。

(三)工程试运行期是指航道主体工程交工验收合格后,至竣工验收之前,检验工程效果和运行能力的阶段。工程试运行期自航道主体工程最后一个单位工程交工验收合格之日起算。

第二十二条 利用世界银行、亚洲开发银行等国际金融组织或者外国政府贷款、援助资金的航道工程,贷款方、资金提供方对工程竣工验收另有规定的,可以适用其规定,但不得违背中华人民共和国法律、法规的规定和社会公共利益。

在国际、国界河流上从事航道工程竣工验收活动适用本办法,但我国缔结的政府间协议另有规定的,按照有关协议执行。

第二十三条 《航道工程竣工验收证书》、《航道工程竣工验收鉴定书》应当按照交通运输部规范的统一格式印制。

第二十四条 本办法自2008年3月1日起施行。

水运工程设计和施工企业信用评价办法(试行)

交水发〔2014〕113号　2014.5.28

第一条　为加强水运建设市场管理,维护公平有序的市场秩序,规范水运工程设计和施工企业信用评价工作,根据《中华人民共和国港口法》、《中华人民共和国招标投标法》、《建设工程质量管理条例》和《建设工程安全生产管理条例》等有关法律法规和规定,制定本办法。

第二条　本办法所称水运工程设计和施工企业信用评价,是指省级以上交通运输主管部门及部属单位按照本办法规定的评价标准和方法,对水运工程设计和施工企业在水运建设市场中从业行为进行的信用评价。

本办法所称部属单位是指交通运输部海事局、救助打捞局、长江航务管理局及长江口航道管理局,长江南京以下深水航道建设工程指挥部参照部属单位开展评价工作。

第三条　本办法所称水运工程设计企业是指具有水运行业设计资质及参与水运工程设计活动并具有工程设计综合资质的企业,水运工程施工企业是指具有港口与航道工程施工总承包资质及相关专业承包资质的企业。从业行为是指企业参与依法招标水运工程建设项目的投标、履约等市场行为。

第四条　水运工程设计和施工企业信用评价应遵循公开、公平、公正、科学、有效的原则。

第五条　水运工程设计和施工企业信用评价工作实行统一管理、分级负责。

第六条　交通运输部负责全国水运工程设计和施工企业信用评价的监督管理工作。主要职责是:

（一）制定全国水运工程设计和施工企业信用评价标准和方法；

（二）指导省级交通运输主管部门和部属单位的信用评价管理工作；

（三）对国务院有关部门许可资质的水运工程设计和施工企业进行全国汇总评价。

第七条 省级交通运输主管部门负责本行政区域内水运工程设计和施工企业信用评价的监督管理工作。主要职责是：

（一）制定本行政区域水运工程设计和施工企业信用评价实施细则；

（二）组织实施所管理水运工程建设项目的水运工程设计和施工企业信用评价工作；

（三）对所管理水运工程建设项目的设计和施工企业进行省级综合评价，并将国务院有关部门许可资质的水运工程设计、施工企业信用评价结果报交通运输部。

第八条 部属单位对本系统、本单位所管理水运工程建设项目的设计和施工企业进行信用综合评价，并将国务院有关部门许可资质的水运工程设计、施工企业信用评价结果报交通运输部。

第九条 水运工程设计和施工企业信用评价工作实行定期评价和动态管理相结合的方式。

定期评价周期为1年，评价期为每年1月1日至12月31日。

对存在严重失信行为、按规定直接进行定级的企业实行动态管理。

第十条 水运工程设计和施工企业信用评价内容包括投标行为、履约行为和其他信用行为。

第十一条 水运工程设计和施工企业信用评价采用综合评分制，总分为100分。

对企业失信行为按照《水运工程设计企业信用行为评定标准》、《水运工程施工企业信用行为评定标准》（以下简称《评定标准》,见附件1、附件2)进行扣分。

对在抢险救灾、应急保障、国防战备等任务中受到省部级以上行政机关表彰的企业,以及承担的水运工程建设项目获得国家科技进步奖(二等奖以上)、国家优质工程奖、詹天佑奖、鲁班奖的企业,给予适当加分奖励。

水运工程设计和施工企业信用评价评分计算按照《水运工程设计和施工企业信用评价评分计算方法》(以下简称《计算方法》,见附件3)执行。

第十二条 水运工程设计和施工企业信用评价等级分为AA、A、B、C、D五个等级,各信用等级对应的企业综合评分X分别为:

AA级:95分$\leqslant X \leqslant$100分,信用好;

A级:85分$\leqslant X <$95分,信用较好;

B级:75分$\leqslant X <$85分,信用一般;

C级:60分$\leqslant X <$75分,信用较差;

D级:$X <$60分,信用差。

信用评价结果实行告知和公示制度。信用评价结果应在交通运输主管部门网站上公开。

第十三条 水运工程设计和施工企业信用行为评分的依据为:

(一)交通运输主管部门及其港航管理部门、部属单位、水运工程质量安全监督机构等的督查、检查结果或通报、决定等;

(二)招标人、项目法人(建设单位)、监理单位等管理工作中形成的文件;

(三)举报、投诉或质量、安全事故调查处理结果;

(四)司法判决、裁定、认定及审计意见等;

(五)省级以上水运工程建设市场信用信息管理系统发布的信息;

(六)其他有关信用信息。

第十四条 投标行为由招标人进行评价;履约行为由项目法

人(建设单位)进行初步评价,对于通过招标方式选定的特许经营项目投资人依法自行提供设计、施工的,其履约行为由特许经营权出让人或委托机构进行初步评价;其他信用行为由省级交通运输主管部门确定的管理部门(机构)或部属单位进行评价。

各评价人对相应的评价结果负责,并应将评价结果书面告知被评价人。被评价人对评价结果有异议的,可在收到评价结果后的5个工作日内向评价人申诉;对申诉处理结果仍有异议的,可按照职责分工向交通运输主管部门或部属单位申诉。

第十五条 水运工程设计和施工企业信用评价程序与分工:

(一)投标行为评价。招标人应在签订承包合同后的15日内对参与投标且存在失信行为的水运工程设计和施工企业按照《评定标准》和《计算方法》进行评价,将评价结果书面告知被评价人,并按职责分工报交通运输主管部门或部属单位。

联合体有投标失信行为的,其各方均按同一标准进行评价。

(二)履约行为评价。项目法人(建设单位)结合建设管理工作,对水运工程设计和施工企业按照《评定标准》和《计算方法》进行评价,将评价结果书面告知被评价人,并于每年的1月31日前将上一年度的评价结果报省级交通运输主管部门确定的管理部门(机构)审核或部属单位。审核完成后,管理部门(机构)将审核结果报省级交通运输主管部门。审核期不超过30日。

审核部门根据职责分工,对项目法人(建设单位)作出的履约行为评价进行审核确认,如有调整,必须对调整内容进行说明。

对当年组织交工验收的工程项目,项目法人(建设单位)应在交工验收完成后一个月内完成履约行为评价。

联合体有不良履约行为的,其各方均按同一标准进行评价。

(三)其他信用行为评价。省级交通运输主管部门确定的管理部门(机构)或部属单位按照《评定标准》和《计算方法》进行评价,将评价结果书面告知被评价人。

省级交通运输主管部门确定的管理部门(机构)于每年的1月31日前将上一年度的评价结果报省级交通运输主管部门。

（四）省级综合评价。省级交通运输主管部门、部属单位根据投标行为、履约行为以及其他信用行为的评价结果，按照《评定标准》和《计算方法》进行综合评价，并将评价结果进行公示、公告。公示期不少于10日。

省级交通运输主管部门、部属单位应于每年的3月31日前完成上一年度省级综合评价工作，并于4月15日前将国务院有关部门许可资质的水运工程设计和施工企业的评价结果报交通运输部。

（五）全国汇总评价。交通运输部根据省级综合评价结果，按照《评定标准》和《计算方法》进行汇总评价，并将评价结果进行公示、公告。公示期不少于10日。每年的6月30日前完成全国汇总评价工作。

连续两年仅在一个省份或一个部属单位从业的水运工程设计和施工企业，其全国汇总评价等级最高为A级。

第十六条 省级交通运输主管部门和部属单位应当按照《评定标准》，及时将发生严重失信行为的水运工程设计和施工企业直接定为D级，并自确定信用等级之日起15日内将评价结果报交通运输部。

在两个以上省份或部属单位信用评价等级为D级的，则该企业全国汇总评价直接定为D级。

对受到行政处罚的企业，其定为D级的时限不得低于行政处罚期限。

第十七条 水运工程设计和施工企业对综合评价结果有异议的，可在公示期限内向公示部门提出申诉或举报。公示部门收到申诉或举报后，应及时组织核查，在30个工作日内将处理结果告知申诉人或举报人。

第十八条 水运工程设计和施工企业信用评价结果有效期1年，下一年度在该省份或部属单位无信用评价结果的，其在该省份或部属单位信用评价等级可延续1年。延续1年后仍无信用评价结果的，按照初次进入该省份或部属单位确定，但不得高于其在该省份或部属单位原评价等级的上一等级。

第十九条 省级综合评价结果应用于本省行政区域或部属单位内。

水运工程设计和施工企业初次进入某省份或部属单位从业时,其信用等级按照全国汇总评价结果确定。无全国汇总评价结果,且在其他省份或部属单位无严重失信行为的企业,信用等级可按A级对待;若有严重失信行为的,可参照相关省份或部属单位信用评价结果确定其信用等级。

第二十条 省级交通运输主管部门和部属单位对评为AA级和连续两年评为A级的水运工程设计、施工企业,可在投标、履约保证金、质量保证金等方面给予一定的优惠;对信用评价等级为C级或D级的企业,要加强投标资格审查,并对其履约行为进行重点监管。

第二十一条 水运工程设计和施工企业应按规定及时在水运工程建设市场信用信息系统录入和更新企业基本信息,对于未按规定填报、变更信用信息,或填报、变更信用信息存在造假行为的企业,将按照《评定标准》进行扣分。

第二十二条 招标人、项目法人(建设单位)应当建立信用信息管理台账,按时对水运工程设计和施工企业进行信用评价。信用评价工作中不得弄虚作假或以信用评价要挟企业、谋取私利。存在违规行为的,将按有关规定进行处理。

第二十三条 交通运输主管部门、部属单位及其确定的信用管理机构应建立健全信用评价工作管理和监督制度,建立信用信息档案,加强对信用评价工作的监督检查。对发现的违规行为,应当责令相关当事人限期改正。

交通运输主管部门、部属单位及有关管理机构工作人员在信用评价工作中不得徇私舞弊、以权谋私或弄虚作假。存在违规行为的,将按有关规定进行处理。

对部属单位在信用评价中发生的应扣分而不扣分等违规行为,交通运输部责令其纠正,或在全国汇总评价中直接定级。

第二十四条 省级交通运输主管部门和交通运输部海事局、救助打捞局、长江航务管理局应依据本办法制定信用评价实施细则，并报交通运输部备案。

第二十五条 本办法自2014年9月1日起施行。

附件1

水运工程设计企业信用行为评定标准

评定内容	行为代码		失信行为	行为等级和扣分标准
投标行为（满分15分，扣完为止）	严重失信行为	SYSJ1－1－1	涂改、伪造、出借、转让资质证书	直接定为D级
		SYSJ1－1－2	以他人名义投标或者以其他方式弄虚作假，骗取中标	直接定为D级
		SYSJ1－1－3	超越本单位资质等级承揽工程	直接定为D级
		SYSJ1－1－4	投标人之间相互串通投标	直接定为D级
		SYSJ1－1－5	向招标人或者评标委员会成员行贿谋取中标	直接定为D级
	一般失信行为	SYSJ1－2－1	资格预审申请文件或投标文件存在严重造假行为，事实认定清楚	8分/次
		SYSJ1－2－2	中标后无正当理由放弃中标	5分
		SYSJ1－2－3	捏造事实、伪造材料或者以非法手段取得证明材料，进行虚假、恶意投诉	5分/次
		SYSJ1－2－4	其他被认定的失信行为	1～3分/次
履约行为（满分70分，扣完为止）	严重失信行为	SYSJ2－1－1	向他人转让中标项目，或将中标项目肢解后分别向他人转让项目	直接定为D级
		SYSJ2－1－2	因设计原因引起重大质量事故（二级以上）或重大以上等级安全责任事故	直接定为D级

续上表

评定内容	行为代码		失信行为	行为等级和扣分标准
履约行为（满分70分，扣完为止）	设计服务（满分30分，扣完为止）	SYSJ2－2－1	未按投标书承诺的条件配备项目负责人或未经项目法人同意更换	5分/人次
		SYSJ2－2－2	在设计变更中与他人串通谋取非法利益	8分/次
		SYSJ2－2－3	未按投标书承诺的条件配备专业负责人或未经项目法人同意更换	3分/人次
		SYSJ2－2－4	指定建筑材料、建筑构配件、设备等生产厂、供应商	3分/次
		SYSJ2－2－5	未按合同承诺提供设计服务引起工期延误	3分/次
		SYSJ2－2－6	未按投标书承诺的条件配备设计代表或未经项目法人同意更换	2分/人次
		SYSJ2－2－7	未按合同承诺按时提交设计文件	1～2分
		SYSJ2－2－8	设计文件签署不全	1～2分
	质量安全（满分35分，扣完为止）	SYSJ2－3－1	因设计原因引起较大安全责任事故	15分/次
		SYSJ2－3－2	因设计原因引起一般安全责任事故	10分/次
		SYSJ2－3－3	因设计原因引起重大（二级以下）、一般以上质量事故	5分/次
		SYSJ2－3－4	未按照工程建设强制性标准进行设计，或擅自降低设计标准	5分/次
		SYSJ2－3－5	因设计原因发生重大设计变更导致工程建设费用增加或工期延误较多	5分/次
		SYSJ2－3－6	因设计原因发生质量问题或严重质量缺陷	2～3分/次

续上表

评定内容	行为代码		失信行为	行为等级和扣分标准
履约行为（满分70分，扣完为止）	社会责任（满分5分，扣完为止）	SYSJ2 -4 -1	未经专利权人许可实施其专利的，或假冒他人专利	1～2分/次
		SYSJ2 -4 -2	因设计原因造成环境污染	1～3分
	其他	SYSJ2 -5 -1	其他被认定的失信行为	1～3分
其他信用行为（满分15分，在总分中扣除，扣完为止）	严重失信行为	SYSJ3 -1 -1	被司法机关认定有行贿、受贿行为，并构成犯罪	直接定为D级
		SYSJ3 -1 -2	企业在资质申请、延续、变更中存在造假行为	直接定为D级
		SYSJ3 -1 -3	与招标人串通投标	直接定为D级
		SYSJ3 -1 -4	与招标人订立背离合同实质性内容的其他协议	直接定为D级
	一般失信行为	SYSJ3 -2 -1	未按规定填报或变更信用信息	3分/次
		SYSJ3 -2 -2	填报或变更信用信息存在造假行为	5分/次
		SYSJ3 -2 -3	弄虚作假或以不正当手段骗取较高信用等级	5分/次
		SYSJ3 -2 -4	被省级以上交通运输主管部门或部属单位通报批评	5分/次
		SYSJ3 -2 -5	被市级交通运输主管部门通报批评	2分
		SYSJ3 -2 -6	其他被认定的失信行为	1～4分

注：1.“其他被认定的失信行为”是指由省级以上交通运输主管部门或部属单位依据法律法规认定的企业其他失信行为。

2. SYSJ2 -1 -2、SYSJ2 -3 -1、SYSJ2 -3 -2、SYSJ2 -3 -3、SYSJ2 -3 -6 应依据有关部门的事故调查处理结果认定。质量事故、

安全事故的等级划分标准执行《生产安全事故报告和调查处理条例》(国务院第 493 号令)、《水运工程质量事故等级划分及事故报告》(水运质监字(1999)404 号)等。

3. SYSJ2 - 2 - 1、SYSJ2 - 2 - 3 主要包括以下情形:

(1)配备的项目负责人或专业负责人低于投标承诺的条件(包括职称、业绩、资历等);

(2)配备的项目负责人或专业负责人不低于投标承诺的条件,但未经项目法人同意进行更换;

(3)配备的项目负责人或专业负责人不低于投标承诺的条件,虽经过项目法人同意进行更换,但同一岗位更换人次数达到两次以上,从第二次变更开始扣分。

4. SYSJ2 - 4 - 2 应依据有关部门的事故调查处理结果认定。环境污染事故的等级划分标准执行《突发环境事件信息报告办法》(环境保护部 2011 年第 17 号令)。

5. SYSJ3 - 1 - 1 是指在项目所在省份从事水运工程设计活动中发生的单位行贿、受贿行为。

6. SYSJ3 - 1 - 3、SYSJ3 - 1 - 4 发生在长江口航道管理局、长江南京以下深水航道建设工程指挥部管理的项目时,由交通运输部监督其直接定级。

7. SYSJ3 - 2 - 4、SYSJ3 - 2 - 5 当被省级(市级)以上交通运输主管部门或部属单位通报批评,涉及标准中的具体失信行为时,不重复扣分,按"就高不就低"原则执行。

8. 扣分"次"是指在评价期内发现的企业失信行为次数。企业失信行为能够整改的,整改期内不重复扣分,整改期满后,未整改或再次发生同一失信行为,可再次扣分;无法整改的,同一事件不重复扣分。

附件2

水运工程施工企业信用行为评定标准

评定内容	行为代码		失信行为	行为等级和扣分标准
投标行为（满分15分，扣完为止）	严重失信行为	SYSG1 –1 –1	改、伪造、出借、转让资质证书	直接定为D级
		SYSG1 –1 –2	以他人名义投标或者以其他方式弄虚作假，骗取中标	直接定为D级
		SYSG1 –1 –3	超越本单位资质等级承揽工程	直接定为D级
		SYSG1 –1 –4	投标人之间相互串通投标	直接定为D级
		SYSG1 –1 –5	向招标人或者评标委员会成员行贿谋取中标	直接定为D级
	一般失信行为	SYSG1 –2 –1	资格预审申请文件或投标文件存在严重造假行为，事实认定清楚	8分/次
		SYSGI –2 –2	中标后无正当理由放弃中标	5分
		SYSG1 –2 –3	捏造事实、伪造材料或者以非法手段取得证明材料，进行虚假、恶意投诉	5分/次
		SYSG1 –2 –4	其他被认定的失信行为	1～3分/次
履约行为（满分70分，扣完为止）	严重失信行为	SYSG2 –1 –1	向他人转让中标项目，或将中标项目肢解后分别向他人转让项目	直接定为D级
		SYSG2 –1 –2	发生重大质量事故（二级以上）或重大以上等级安全生产责任事故	直接定为D级
		SYSG2 –1 –3	发生重大质量事故或较大以上等级安全生产责任事故隐瞒不报、谎报或拖延报告期限	直接定为D级

续上表

评定内容	行为代码		失信行为	行为等级和扣分标准
履约行为（满分70分，扣完为止）	人员设备到位情况（满分5分，扣完为止）	SYSG2－2－1	项目经理、技术负责人未按投标承诺的条件配备或未经项目法人批准擅自更换	2分/人次
		SYSG2－2－2	关键施工机械、设备未按投标承诺或工程需要到位，影响工程施工	1分/台(艘)次
	质量进度与费用管理（满分40分，扣完为止）	SYSG2－3－1	将承包工程违法分包	10分/次
		SYSG2－3－2	由于施工企业原因导致合同终止	10分/次
		SYSG2－3－3	未按照强制性标准进行施工	5分/次
		SYSG2－3－4	因施工原因发生重大设计变更导致工程建设费用增加或工期延误较多	5分/次
		SYSG2－3－5	使用未经检验或检验不合格的建筑材料、建筑构配件和设备	5分/次
		SYSG2－3－6	施工过程中偷工减料	5分/次
		SYSG2－3－7	发生重大(二级)以下、一般以上质量事故	5分/次
		SYSG2－3－8	不按照设计图纸施工或施工方案未经审查批准擅自开工	3～5分/次
		SYSG2－3－9	发生质量问题或严重质量缺陷	3分/次
		SYSG2－3－10	工程变更中存在弄虚作假	3分/次
		SYSG2－3－11	内业资料造假	2分/次

续上表

评定内容	行为代码		失信行为	行为等级和扣分标准
履约行为（满分70分，扣完为止）	质量进度与费用管理（满分40分，扣完为止）	SYSG2－3－12	因施工原因造成工程进度滞后于合同工期	2分
		SYSG2－3－13	不履行保修义务或者拖延履行保修义务	3分
		SYSG2－3－14	挪用工程款	3分/次
		SYSG2－3－15	未按规定配备质量管理人员	1分/人次
	安全生产（满分20分，扣完为止）	SYSG2－4－1	发生较大安全生产责任事故	15分/次
		SYSG2－4－2	发生一般安全生产责任事故	10分/次
		SYSG2－4－3	施工期间发生工程安全事件，拒绝或消极抢险	5分/次
		SYSG2－4－4	现场管理混乱，存在重大安全隐患	2分/次
		SYSG2－4－5	对重大危险源未监控，或者未制定应急预案以及未开展应急预案演练	1分/次
		SYSG2－4－6	挪用安全防护文明施工措施费用	1分/次
		SYSG2－4－7	未按规定配备安全生产管理人员	1分/人次
		SYSG2－4－8	特种作业人员未持有效证件上岗	1分/人次
		SYSG2－4－9	特种设备未经检验或检验不合格投入使用	2分/台次
		SYSG2－4－10	适航证书与施工作业区域不符	1分/艘次

续上表

评定内容	行为代码		失信行为	行为等级和扣分标准
履约行为（满分70分，扣完为止）	社会责任（满分5分，扣完为止）	SYSG2－5－1	恶意拖欠农民工工资，造成不良影响	5分/次
		SYSG2－5－2	施工产生的废渣随意丢弃，废水随意排放，造成环境污染事故	1～3分/次
	其他	SYSG2－6	其他被认定的失信行为	1～5分
其他信用行为（满分15分，在总分中扣除，扣完为止）	严重失信行为	SYSG3－1－1	被司法机关认定有行贿、受贿行为，并构成犯罪	直接定为D级
		SYSG3－1－2	企业在资质申请、延续、变更中存在造假行为	直接定为D级
		SYSG3－1－3	与招标人串通投标	直接定为D级
		SYSG3－1－4	与招标人订立背离合同实质性内容的其他协议	直接定为D级
	一般失信行为	SYSG3－2－1	未按规定填报或变更信用信息	3分/次
		SYSG3－2－2	填报或变更信用信息存在造假行为	5分/次
		SYSG3－2－3	弄虚作假或以不正当手段骗取较高信用等级	5分/次
		SYSG3－2－4	被省级以上交通运输主管部门或部属单位通报批评	5分/次
		SYSG3－2－5	被市级交通运输主管部门通报批评	2分/次
		SYSG3－2－6	拒绝参与政府部门组织的应急抢险任务	5分/次
		SYSG3－2－7	其他被认定的失信行为	1～4分

注：1. “其他被认定的失信行为”是指由省级以上交通运输主管部门或部属单位依据法律法规认定的企业其他失信行为。

2. SYSG2－1－2、SYSG2－1－3、SYSG2－3－7、SYSG2－4－1、SYSG2－4－2 应依据有关部门的事故调查处理结果认定。质量事故、安全事故的等级划分标准执行《生产安全事故报告和调查处理条例》（国务院第 493 号令）、《水运工程质量事故等级划分及事故报告》（水运质监字〔1999〕404 号）等。

3. SYSG2－2－1 主要包括以下情形：

（1）配备的项目经理、技术负责人低于投标承诺的条件（包括职称、业绩、资历等）；

（2）配备的项目经理、技术负责人不低于投标承诺的条件，但未经项目法人同意进行更换；

（3）配备的项目经理、技术负责人不低于投标承诺的条件，虽经过项目法人同意进行更换，但同一岗位更换人次数达到两次以上，从第二次变更开始扣分。

4. SYSG2－2－2 中的工程需要的关键施工机械、设备是指外部条件未发生重大变化，为满足合理施工需要应配备的关键施工机械、设备。

5. SYSG2－5－2 应依据有关部门的事故调查处理结果认定。环境污染事故的等级划分标准执行《突发环境事件信息报告办法》（环境保护部 2011 年第 17 号令）。

6. SYSG3－1－1 是指在项目所在省份从事水运工程施工活动中发生的单位行贿、受贿行为。

7. SYSG3－1－3、SYSG3－1－4 发生在长江口航道管理局、长江南京以下深水航道建设工程指挥部管理的项目时，由交通运输部监督其直接定级。

8. SYSG3－2－4、SYSG3－2－5 当被省级（市级）以上交通运输主管部门或部属单位通报批评，涉及标准中的具体失信行为时，不重复扣分，按“就高不就低”原则执行。

9. 扣分“次”是指在评价期内发现的企业失信行为次数。企业失信行为能够整改的，整改期内不重复扣分，整改期满后，未整改或再次发生同一失信行为，可再次扣分；无法整改的，同一事件不重复扣分。

附件3

水运工程设计和施工企业信用评价评分计算方法

一、单个标段评价

1. 企业投标行为信用评价得分：

$$T_i = 15 - \sum_{i=1}^{n} A_i$$

式中：T_i——企业在某标段投标行为信用评价得分，$T_i \geqslant 0$；

i——该标段投标失信行为项次；

A_i——投标失信行为对应的扣分。

如果企业无失信行为，则不进行评价。

2. 企业履约行为信用评价得分：

$$L_i = 70 - \sum_{i=1}^{n} B_i$$

式中：L_i——企业在某标段履约行为信用评价得分，$L_i \geqslant 0$；

i——该标段履约失信行为项次；

B_i——履约失信行为对应的扣分。

二、省级综合评价

企业在评价期内某省份或部属单位投标行为评价得分和履约行为评价得分。

1. 企业投标行为评价得分：

$$T = \frac{1}{n}\sum_{i=1}^{n} T_i$$

式中：n——投标存在失信行为的标段数，若 $n > 2$，则 $T = 0$；若企业无失信行为，则 $T = 15$。

2. 企业履约行为评价得分：

$$L = \frac{1}{m}\sum_{i=1}^{n} L_i$$

式中:m——履约标段数。

3. 企业其他行为信用评价得分:

$$Q = 15 - F_k$$

式中:Q——其他信用行为得分;

F_k——其他信用失信行为的扣分值。

4. 企业在从业省份或部属单位信用行为综合评分:

$$X_s = (T + L + Q)a + xb + yc + J$$

式中:X_s——从业企业在该省或部属单位评价期内信用评价得分;

T——企业投标行为评价得分;

L——企业履约行为评价得分;

Q——其他信用行为评价得分;

a——当年权重系数,取值70%;

x——前一年度信用得分。当前一年度信用评价等级直接定为D级的,信用得分按50分计;

b——前一年度信用分权重系数,取值20%;

y——前两年度信用得分。当前两年度信用评价等级直接定为D级的,信用得分按50分计;

c——前两年度信用分权重系数,取值10%;

J——根据本办法第十一条规定给予的加分。

说明:

1. 企业当年无履约行为、仅有投标行为但无失信行为的,不进行综合评价。

2. 企业当年无履约行为、仅有投标行为且有失信行为的,进行综合评价,L按65分取值。

3. 企业当年无投标行为但有履约行为的,T按15分取值。

4. 企业第一年参加信用评价时,$a = 100\%$,第二年参加信用评价时,$a = 80\%$、$b = 20\%$。

5. 对在抢险救灾、应急保障、国防战备等任务中受到省部级以上行政机关表彰的企业,以及承担的水运工程建设项目获得国家科技进步奖(二等奖以上)、国家优质工程奖、詹天佑奖、鲁班奖的企业，在表彰或获奖年度的评价周期内，由工程所在地省份或部属单位给予 1 分/次（项）的加分奖励，累计不超过 3 分，加分后信用评价总分不超过 100 分。

三、全国汇总评价

$$X_g = \frac{1}{m}\sum_{s=1}^{m} X_s + J$$

式中：X_g——从业企业在评价期内全国汇总评价得分；

m——省级综合评价的省份数量和部属单位数量之和，若 $m=1$，计算出 $X_g \geqslant 95$ 时，则全国汇总评价得分按 94 分计；

J——据本办法第十一条规定给予的加分。

说明：

1. 同一评价期内，在一个省份或部属单位信用评价等级直接定为 D 级的，则该企业在该省或部属单位信用评价得分按 50 分计。在两个以上省份或部属单位信用评价等级为 D 级的，则该企业全国汇总评价直接定为 D 级，信用评价得分按 50 分计。

2. 对在抢险救灾、应急保障、国防战备等任务中受到部级以上行政机关表彰的企业，以及承担的水运工程建设项目获得国家科技进步奖（二等奖以上）、国家优质工程奖、詹天佑奖、鲁班奖的企业，在表彰或获奖年度的评价周期内，给予 0.5 分/次（项）的加分奖励，累计不超过 2 分，加分后信用评价总分不超过 100 分。

内河乡镇渡口建设有关技术标准暂行规定

交水发〔2014〕206 号　2014.10.8

第一章　总　　则

第一条　为规范我国内河乡镇渡口建设技术标准，提高内河渡口标准化建设水平，为人民群众的出行提供更加安全便捷的渡运服务设施，特就内河乡镇渡口建设有关技术标准作出暂行规定。

第二条　本规定所称内河乡镇渡口，是指建在我国乡镇和农村内陆水域，由乡镇、村集体或者个人运营，专供渡船渡运人员、货物、车辆的渡口。以下简称乡镇渡口。

第二章　分类标准

第三条　乡镇渡口应选取年均渡运量或单日最大渡运量作为分类指标，其取值应符合下列规定：

（一）一类渡口：年均渡运量在 10 万人次以上或单日最大渡运量在 1000 人次以上的乡镇渡口。

（二）二类渡口：年均渡运量在 5 万～10 万人次或单日最大渡运量在 400～1000 人次的乡镇渡口。

（三）三类渡口：年均渡运量在 2 万～5 万人次或单日最大渡运量在 200～400 人次的乡镇渡口。

（四）四类渡口：年均渡运量在 2 万人次以下或单日最大渡运量在 200 人次以下的乡镇渡口。

第三章　设计水位

第四条　乡镇渡口设计高水位应根据河流水文特性、综合利用的要求等情况综合确定，并应符合下列规定：

（一）平原河流、河网地区渡口设计高水位按照洪水频率法计算确定。一类渡口洪水重现期取 20 年一遇，二类渡口取 10 年一遇，三类渡口取 5 年一遇，四类渡口取 3 年一遇。

（二）山区河流渡口设计高水位按照洪水频率法计算确定。一类渡口洪水重现期取 10 年一遇，二类、三类渡口取 5 年一遇，四类渡口取 3 年一遇，特殊情况可按多年历时保证率取值。

（三）湖区、运河渡口设计高水位应根据所处河流的类别和综合利用的要求按有关规定确定。

（四）枢纽上游河段渡口设计高水位可根据枢纽坝前正常蓄水位或设计挡水位时的沿程回水曲线确定，并应计入河床可能淤积引起的水位抬高值；当该值低于“平原河流、河网地区、山区河流”规定的值时，取较大值；枢纽下游河段渡口设计高水位可按“平原河流、河网地区、山区河流”的规定确定，并应考虑枢纽运行对河段的冲淤影响。

（五）封冻河流渡口设计高水位可根据所处河流的类别、枢纽运行的相关规定确定。计算多年历时保证率时，通航期应以全年总天数减去封冻和流冰的天数。

（六）潮汐影响不明显的感潮河段渡口，设计高水位应按“平原河流、河网地区”的规定确定；潮汐影响明显的感潮河段渡口的设计高水位可按现行行业标准《海港水文规范》（JTS 145）的有关规定确定。

第五条　乡镇渡口设计低水位应符合下列规定：

（一）等级航道内的渡口设计低水位与所在航道的设计最低通航水位一致。

（二）等级航道外的渡口设计低水位可采用所处河流的常年枯水位。

（三）库区渡口设计低水位应采用水库死水位和最低运行水位中的低值。

第六条 缺乏水文资料时，乡镇渡口的设计水位可根据经验确定。

第四章 选址要求

第七条 乡镇渡口选址应根据相关规划要求和当地自然条件进行科学论证分析确定，并应符合下列规定：

（一）设置在方便人员出行、疏散的地点。

（二）选择在水流平顺、水深适当、坡岸稳定、视野开阔、适宜靠泊的地点。

（三）远离危险物品生产、储存、堆放场所，满足危险物品安全距离的规定。

（四）充分考虑现有及规划的水库、闸坝、桥梁等建筑物和水上、水下作业行为对河床冲淤和航行安全产生的不利影响。

第五章 建设内容

第八条 乡镇渡口建设内容一般包括码头、道路（引道）、标志牌、候船室（亭）等基本设施和必要的安全设施。

第九条 根据水位变幅、坡道长短等条件，码头可由斜坡道、趸船（平台）、跳板（钢引桥）、系缆设施等组成。其中，斜坡道为渡口码头的基本结构，起止范围为设计低水位至设计高水位以上0.1～0.5m，宽度不小于1.5m；其他结构可根据具体需要设置，具体要求和技术规定按现行行业标准《斜坡码头及浮码头设计与施工规范》（JTJ 294）执行。

若渡运量较大或有农用车渡运需求的，应设置人车分流设施，斜坡道宜适当加宽、放缓。

第十条 连接渡口的道路应与邻近的公路相连接，其宽度应不小于码头斜坡道的宽度。道路路面类型应根据渡运量、农用车对道路的使用要求及当地自然条件、筑路材料等进行选择。一类、二类渡口道路宜采用现行行业标准《河港工程总体设计规范》（JTJ 212）规定中的高级或次高级路面，三类、四类渡口可采用中级路面。

第十一条 渡口应设置标志牌、警戒水位线和停航封渡水位线。梯级河段和库区的渡口还应当设置警戒控制流量标识和停航封渡控制流量标识。标志牌应位置醒目、用语简洁、表述规范、字迹清晰。标识内容包括渡口公示、渡口守则、渡口警示、乘客须知、渡口指示、渡运安全等。

第十二条 候船室（亭）应设置在趸船或设计高水位以上的陆域。一类、二类渡口的候船室面积分别不小于60m^2、30m^2，并应考虑渡工休息室；三类、四类渡口应设置候船亭，面积根据实际情况确定。

第十三条 渡口应设置防护栏、安全网、救生、消防、应急等安全防护设施。一类、二类渡口应设置视频监控系统，三类、四类渡口可视实际情况设置视频监控系统。

第十四条 一类、二类渡口应配备必要的卫生间、饮水、垃圾回收等服务设施，三类、四类渡口可视实际情况考虑。

第六章　附　　则

第十五条 本规定自2014年10月8日起施行。

第十六条 本规定由交通运输部水运局负责解释。

港口生产作业

关于修改《港口经营管理规定》的决定

交通运输部令2014年第22号　2014.12.23

交通运输部决定对《港口经营管理规定》(交通运输部令2009年第13号)作如下修改:

一、将第八条修改为:“从事港口理货,应当具备下列条件:

(一)申请人是依法在国内登记注册的企业法人;

(二)港口理货经营地域为申请人所在地的行政区域;

(三)有与经营范围、规模相适应的组织机构和管理人员、理货人员,有固定的办公场所和经营设施,有业务章程、理货规程和管理制度;

(四)具有符合相关通用要求的质量管理体系;

(五)具备与港口理货业务相适应的,能与港航电子数据交换中心和电子口岸顺利进行数据传输的理货信息系统和技术装备。”

二、将第十一条第二款修改为:“从事港口理货业务的,应当提供上述(一)(二)项规定的材料和证明符合第八条规定条件的其他文件和材料。”

三、将第十三条修改为:“申请从事港口理货,应当向港口所在地的省级交通运输主管部门提出书面申请并提交第十一条第二款规定的相关文件资料。省级交通运输主管部门在收到申请和相关材料后,可根据需要征求相关港口行政管理部门意见。相关港口行政管理部门应当在7个工作日内提出反馈意见。省级交通运输主管部门应当在受理申请人的申请之日起20个工作日内作出许可或者不许可的决定。予以许可的,核发《港口经营许可证》,并通过信息网络或者报刊公布;不予许可的应当将不予许可的决定及理由书面通知申请人。省级交通运输主管部门在作出许可决定的同时,应当将许可情况通知相关港口行政管理部门。”

四、将第十四条中的“交通运输部”修改为“省级交通运输主管部门”。

五、将第十五条删除。

六、将第三十七条第二款修改为:“有前款第(三)项行为,情节严重的,由港口所在地的省级交通运输主管部门吊销港口理货业务经营许可证,并以适当方式向社会公布。”

七、将第四十七条修改为:“港口引航适用《船舶引航管理规定》(交通部令 2001 年第 10 号)。从事危险货物港口作业的,应当同时遵守《港口危险货物安全管理规定》(交通运输部令 2012 年第 9 号)。”

此外,对条文序号作相应调整。

本决定自 2014 年 12 月 23 日起施行。

《港口经营管理规定》根据本决定作相应修正,重新发布。

港口经营管理规定

（2009 年 11 月 6 日交通运输部发布，根据 2014 年 12 月 23 日交通运输部《关于修改〈港口经营管理规定〉的决定》修正）

第一章　总　　则

第一条　为规范港口经营行为，维护港口经营秩序，依据《中华人民共和国港口法》和其他有关法律、法规，制定本规定。

第二条　本规定适用于港口经营及相关活动。

第三条　本规定下列用语的含义是：

（一）港口经营，是指港口经营人在港口区域内为船舶、旅客和货物提供港口设施或者服务的活动，主要包括下列各项：

1. 为船舶提供码头、过驳锚地、浮筒等设施；

2. 为旅客提供候船和上下船舶设施和服务；

3. 为委托人提供货物装卸（含过驳）、仓储、港内驳运、集装箱堆放、拆拼箱以及对货物及其包装进行简单加工处理等；

4. 为船舶进出港、靠离码头、移泊提供顶推、拖带等服务；

5. 为委托人提供货物交接过程中的点数和检查货物表面状况的理货服务；

6. 为船舶提供岸电、燃物料、生活品供应、船员接送及船舶污染物（含油污水、残油、洗舱水、生活污水及垃圾）接收、围油栏供应服务等船舶港口服务；

7. 从事港口设施、设备和港口机械的租赁、维修业务。

（二）港口经营人，是指依法取得经营资格从事港口经营活动的组织和个人。

（三）港口设施，是指为从事港口经营而建造和设置的建（构）筑物。

第四条 交通运输部负责全国港口经营行政管理工作。

省、自治区、直辖市人民政府交通运输(港口)主管部门负责本行政区域内的港口经营行政管理工作。

省、自治区、直辖市人民政府、港口所在地设区的市(地)、县人民政府确定的具体实施港口行政管理的部门负责该港口的港口经营行政管理工作。本款上述部门统称港口行政管理部门。

第五条 国家鼓励港口经营性业务实行多家经营、公平竞争。港口经营人不得实施垄断行为。任何组织和部门不得以任何形式实施地区保护和部门保护。

第二章 资质管理

第六条 从事港口经营,应当申请取得港口经营许可。

实施港口经营许可,应当遵循公平、公正和公开透明的原则,不得收取费用,并应当接受社会监督。

第七条 从事港口经营(港口理货、船舶污染物接收除外),应当具备下列条件:

(一)有固定的经营场所。

(二)有与经营范围、规模相适应的港口设施、设备,其中:

1. 码头、客运站、库场、储罐、污水处理设施等固定设施应当符合港口总体规划和法律、法规及有关技术标准的要求;

2. 为旅客提供上、下船服务的,应当具备至少能遮蔽风、雨、雪的候船和上、下船设施;

3. 为国际航线船舶服务的码头(包括过驳锚地、浮筒),应当具备对外开放资格;

4. 为船舶提供码头、过驳锚地、浮筒等设施的,应当有相应的船舶污染物、废弃物接收能力和相应污染应急处理能力,包括必要的设施、设备和器材。

(三)有与经营规模、范围相适应的专业技术人员、管理人员。

(四)有健全的经营管理制度和安全管理制度以及生产安全

事故应急预案。

第八条 从事港口理货,应当具备下列条件:

(一)申请人是依法在国内登记注册的企业法人;

(二)港口理货经营地域为申请人所在地的行政区域;

(三)有与经营范围、规模相适应的组织机构和管理人员、理货人员,有固定的办公场所和经营设施,有业务章程、理货规程和管理制度;

(四)具有符合相关通用要求的质量管理体系;

(五)具备与港口理货业务相适应的,能与港航电子数据交换中心和电子口岸顺利进行数据传输的理货信息系统和技术装备。

第九条 从事船舶污染物接收经营,应当具备下列条件:

(一)有固定的经营场所;

(二)配备海务、机务、环境工程专职管理人员至少各一名,专职管理人员应当具有3年以上相关专业从业资历;

(三)有健全的经营管理制度和安全管理制度以及生产安全事故应急预案;

(四)使用船舶从事船舶污染物接收的,应当拥有至少一艘不低于300总吨的适应船舶污染物接收的中国籍船舶;使用港口接收设施从事船舶污染物接收的,港口接收设施应处于良好状态;使用车辆从事船舶污染物接收的,应当拥有至少一辆垃圾接收、清运专用车辆。

第十条 从事港口装卸和仓储业务的经营人不得兼营理货业务。理货业务经营人不得兼营港口货物装卸经营业务和仓储经营业务。

第十一条 申请从事港口经营,应当提交下列相应文件和资料:

(一)港口经营业务申请书;

(二)经营管理机构的组成及其办公用房的所有权或者使用权证明;

(三)港口码头、库场、储罐、污水处理等固定设施符合国家有

关规定的竣工验收证(明)书及港口岸线使用批准文件;

(四)使用港作船舶的,港作船舶的船舶证书;

(五)负责安全生产的主要管理人员通过安全生产法律法规要求的培训证明材料;

(六)证明符合第七条规定条件的其他文件和资料。

从事港口理货业务的,应当提供上述(一)(二)项规定的材料和证明符合第八条规定条件的其他文件和材料。

从事船舶污染物接收经营的,应当提供上述(一)(二)项规定的材料和证明符合第九条规定条件的其他文件和材料。

第十二条 申请从事港口经营(申请从事港口理货除外),申请人应当向港口行政管理部门提出书面申请和第十一条第一款、第三款规定的相关文件资料。港口行政管理部门应当自受理申请之日起30个工作日内作出许可或者不许可的决定。符合资质条件的,由港口行政管理部门发给《港口经营许可证》,并通过信息网络或者报刊公布;不符合条件的,不予行政许可,并应当将不予许可的决定及理由书面通知申请人。《港口经营许可证》应当明确港口经营人的名称与办公地址、法定代表人、经营项目、经营地域、主要设施设备、发证日期、许可证有效期和证书编号。

《港口经营许可证》的有效期为3年。

第十三条 申请从事港口理货,应当向港口所在地的省级交通运输主管部门提出书面申请并提交第十一条第二款规定的相关文件资料。省级交通运输主管部门在收到申请和相关材料后,可根据需要征求相关港口行政管理部门意见。相关港口行政管理部门应当在7个工作日内提出反馈意见。省级交通运输主管部门应当在受理申请人的申请之日起20个工作日内作出许可或者不许可的决定。予以许可的,核发《港口经营许可证》,并通过信息网络或者报刊公布;不予许可的应当将不予许可的决定及理由书面通知申请人。省级交通运输主管部门在作出许可决定的同时,应当将许可情况通知相关港口行政管理部门。

第十四条 省级交通运输主管部门和港口行政管理部门对申

请人提出的港口经营许可申请，应当根据下列情况分别做出处理：

（一）申请事项依法不需要取得行政许可的，应当即时告知申请人不受理；

（二）申请事项依法不属于省级交通运输主管部门或者港口行政管理部门职权范围的，应当即时告知申请人向有关行政机关申请；

（三）申请材料存在可以当场更正的错误的，应当允许申请人当场更正；

（四）申请材料不齐全或者不符合法定形式的，应当当场或者在5日内一次告知申请人需要补正的全部内容，逾期不告知的，自收到申请材料之日起即为受理；

（五）申请事项属于省级交通运输主管部门或者港口行政管理部门职权范围，申请材料齐全、符合法定形式，或者申请人按照要求提交全部补正申请材料的，应当受理经营业务许可申请。

受理或者不受理经营业务许可申请，应当出具加盖许可机关专用印章和注明日期的书面凭证。

第十五条 港口经营人应当按照港口行政管理部门许可的经营范围从事港口经营活动。

第十六条 港口经营人变更经营范围的，应当就变更事项按照本规定第十二条或者第十三条规定办理许可手续，并到工商部门办理相应的变更登记手续。

港口经营人变更企业法定代表人或者办公地址的，应当向港口行政管理部门备案并换发《港口经营许可证》。

第十七条 港口经营人应当在《港口经营许可证》有效期届满之日30日以前，向《港口经营许可证》发证机关申请办理延续手续。

申请办理《港口经营许可证》延续手续，应当提交下列材料：

（一）《港口经营许可证》延续申请；

（二）除本规定第十一条第一款第（一）（二）项之外的其他证明材料。

第十八条　港口经营人停业或者歇业，应当提前30个工作日告知原许可机关。原许可机关应当收回并注销其《港口经营许可证》，并以适当方式向社会公布。

第三章　经 营 管 理

第十九条　港口行政管理部门及相关部门应当保证港口公用基础设施的完好、畅通。

港口经营人应当按照核定的功能使用和维护港口经营设施、设备，并使其保持正常状态。

第二十条　港口经营人变更或者改造码头、堆场、仓库、储罐和污水垃圾处理设施等固定经营设施，应当依照有关法律、法规和规章的规定履行相应手续。依照有关规定无需经港口行政管理部门审批的，港口经营人应当向港口行政管理部门备案。

第二十一条　从事港口旅客运输服务的经营人，应当采取必要措施保证旅客运输的安全、快捷、便利，保证旅客基本生活用品的供应，保持良好的候船条件和环境。

第二十二条　港口经营人应当优先安排抢险、救灾和国防建设急需物资的港口作业。

政府在紧急情况下征用港口设施，港口经营人应当服从指挥。港口经营人因此而产生费用或者遭受损失的，下达征用任务的机关应当依法给予相应的经济补偿。

第二十三条　在旅客严重滞留或者货物严重积压阻塞港口的紧急情况下，港口行政管理部门应当采取措施进行疏港。港口所在地的市、县人民政府认为必要时，可以直接采取措施，进行疏港。港口内的单位、个人及船舶、车辆应当服从疏港指挥。

第二十四条　港口行政管理部门应当依法制定可能危及社会公共利益的港口危险货物事故应急预案、重大生产安全事故的旅客紧急疏散和救援预案以及预防自然灾害预案，建立健全港口重大生产安全事故的应急救援体系。

港口行政管理部门按照前款规定制定的各项预案应当予以公布，并报送交通运输部和上级交通运输（港口）主管部门备案。

第二十五条 港口经营人应当依照有关法律、法规和交通运输部有关港口安全作业的规定，加强安全生产管理，完善安全生产条件，建立健全安全生产责任制等规章制度，确保安全生产。

港口经营人应当依法制定本单位的危险货物事故应急预案、重大生产安全事故的旅客紧急疏散和救援预案以及预防自然灾害预案，并保障组织实施。

港口经营人按照前款规定制定的各项预案应当报送港口行政管理部门和港口所在地海事管理机构备案。

第二十六条 港口经营人从事港口经营业务，应当遵守有关法律、法规和规章的规定，依法履行合同约定的义务，为客户提供公平、良好的服务。

第二十七条 港口经营人应当遵守国家有关港口经营价格和收费的规定，应当在其经营场所公布经营服务收费项目和收费标准，使用国家规定的港口经营票据。

第二十八条 港口经营人不得采取不正当手段，排挤竞争对手，限制或者妨碍公平竞争；不得对具有同等条件的服务对象实行歧视；不得以任何手段强迫他人接受其提供的港口服务。

第二十九条 港口经营人应当按照有关规定及时足额交纳港口行政性收费。

港口经营人的合法权益受法律保护。任何单位和个人不得向港口经营人摊派或者违法收取费用。

港口经营人有权拒绝违反规定收取或者摊派的各种费用。

第三十条 港口行政管理部门应当依法做好港口行政性收费的征管工作，保证港口行政性收费征收到位，并及时足额解缴。

港口行政性收费实行专户管理，专款专用。

第三十一条 港口经营人应当按照国家有关规定，及时向港口行政管理部门如实提供港口统计资料及有关信息。

各级交通运输（港口）主管部门和港口行政管理部门应当按照有关规定向交通运输部和上级交通运输（港口）主管部门报送港口统计资料和相关信息，并结合本地区的实际建设港口管理信息系统。

上述部门的工作人员应当为港口经营人保守商业秘密。

第四章 监督检查

第三十二条 港口行政管理部门应当依法对港口安全生产情况和本规定执行情况实施监督检查，并将检查的结果向社会公布。港口行政管理部门应当对旅客集中、货物装卸量较大或者特殊用途的码头进行重点巡查。检查中发现安全隐患的，应当责令被检查人立即排除或者限期排除。

各级交通运输（港口）主管部门应当加强对港口行政管理部门实施《中华人民共和国港口法》和本规定的监督管理，切实落实法律规定的各项制度，及时纠正行政执法中的违法行为。

第三十三条 港口行政管理部门的监督检查人员依法实施监督检查时，有权向被检查单位和有关人员了解情况，并可查阅、复制有关资料。

监督检查人员应当对检查中知悉的商业秘密保密。

监督检查人员实施监督检查，应当两个人以上，并出示执法证件。

第三十四条 监督检查人员应当将监督检查的时间、地点、内容、发现的问题及处理情况作出书面记录，并由监督检查人员和被检查单位的负责人签字；被检查单位的负责人拒绝签字的，监督检查人员应当将情况记录在案，并向港口行政管理部门报告。

第三十五条 被检查单位和有关人员应当接受港口行政管理部门依法实施的监督检查，如实提供有关情况和资料，不得拒绝检查或者隐匿、谎报有关情况和资料。

第五章　法律责任

第三十六条　有下列行为之一的，由港口行政管理部门责令停止违法经营，没收违法所得；违法所得10万元以上的，并处违法所得2倍以上5倍以下罚款；违法所得不足10万元的，处5万元以上20万元以下罚款：

（一）未依法取得港口经营许可证，从事港口经营的；

（二）未经依法许可，经营港口理货业务的；

（三）港口理货业务经营人兼营货物装卸经营业务、仓储经营业务的。

有前款第（三）项行为，情节严重的，由港口所在地的省级交通运输主管部门吊销港口理货业务经营许可证，并以适当方式向社会公布。

第三十七条　经检查或者调查证实，港口经营人在取得经营许可后又不符合本规定第七、八、九条规定一项或者几项条件的，由港口行政管理部门责令其停止经营，限期改正；逾期不改正的，由作出行政许可决定的行政机关吊销《港口经营许可证》，并以适当方式向社会公布。

第三十八条　港口经营人不优先安排抢险物资、救灾物资、国防建设急需物资的作业的，由港口行政管理部门责令改正；造成严重后果的，吊销《港口经营许可证》，并以适当方式向社会公布。

第三十九条　港口经营人违反本规定第二十五条关于安全生产规定的，由港口行政管理部门或者其他依法负有安全生产监督管理职责的部门依法给予处罚；情节严重的，由港口行政管理部门吊销《港口经营许可证》；构成犯罪的，依法追究刑事责任。

第四十条　港口经营人违反本规定第二十七条、第二十八条规定，港口行政管理部门应当进行调查，并协助相关部门进行处理。

第四十一条　港口经营人违反本规定第三十一条规定不及时

和不如实向港口行政管理部门提供港口统计资料及有关信息的，由港口行政管理部门按照有关法律、法规的规定予以处罚。

第四十二条 港口行政管理部门不依法履行职责，有下列行为之一的，对直接负责的主管人员和其他直接责任人员依法给予行政处分；构成犯罪的，依法追究刑事责任：

（一）对不符合法定条件的申请人给予港口经营许可的；

（二）发现取得经营许可的港口经营人不再具备法定许可条件而不及时吊销许可证的；

（三）不依法履行监督检查职责，对未经依法许可从事港口经营的行为，不遵守安全生产管理规定的行为，危及港口作业安全的行为，以及其他违反本法规定的行为，不依法予以查处的。

第四十三条 港口行政管理部门违法干预港口经营人的经营自主权的，由其上级行政机关或者监察机关责令改正。向港口经营人摊派财物或者违法收取费用的，责令退回；情节严重的，对直接负责的主管人员和其他直接责任人员依法给予行政处分。

第六章 附 则

第四十四条 《港口经营许可证》的式样由交通运输部统一规定，由省级交通运输（港口）主管部门负责印制。

第四十五条 港口行政管理部门按照《中华人民共和国港口法》制定的港口章程应当在公布的同时送上级交通运输（港口）主管部门和交通运输部备案。

第四十六条 港口引航适用《船舶引航管理规定》（交通部令2001年第10号）。从事危险货物港口作业的，应当同时遵守《港口危险货物安全管理规定》（交通运输部令2012年第9号）。

第四十七条 本规定由交通运输部负责解释。

第四十八条 本规定自2010年3月1日起施行。2003年12月26日交通部发布的《港口经营管理规定》（交通部令2004年第4号）同时废止。

交通运输部 国家发展改革委关于放开港口竞争性服务收费有关问题的通知

交水发〔2014〕253号 2014.11.22

各省、自治区、直辖市交通运输厅(委)、发展改革委、物价局,有关港口、航运企业,中国船东协会、港口协会、船舶代理及无船承运人协会、引航协会、理货协会,交通运输部长江、珠江航务管理局:

为贯彻落实党的十八届三中全会精神,发挥市场对资源配置的决定性作用,促进我国港口事业持续健康发展,更好地保障国民经济和对外贸易平稳运行,决定进一步完善港口收费政策,对竞争性服务收费标准实行市场调节。现将有关事项通知如下:

一、放开港口劳务性和船舶供应服务收费标准

集装箱、外贸散杂货装卸作业,国际客运码头作业等劳务性收费,以及船舶垃圾处理、供水等服务收费,由现行分别实行政府指导价、政府定价统一改为市场调节,由港口经营人、船舶供应服务企业根据市场供求和竞争状况、生产经营成本自主制定收费标准,堆存保管费继续实行市场调节价。

二、规范劳务性收费计费方式

对内外贸集装箱、散杂货装卸作业费(不含堆存保管费),国际客运码头作业费等各类劳务性收费,由现行按作业环节单独设项收费改为包干收费,综合计收港口作业包干费。国际客运码头作业包干费统一由国际客运和旅游客运运营企业支付,不得再向旅客收取。

三、简化港口收费项目

港口作业包干计费范围为集装箱、散杂货在港口作业的全部过程。港口经营人应当将下列收费项目对应作业或者服务纳入包干范围一并计费:外贸散杂货装卸费,内外贸集装箱装卸包干费,集装箱铁路线使用费,集装箱货车取送费,集装箱汽车装卸、搬移、翻装费,集装箱火车、驳船装卸费,集装箱拆、装箱包干费,起重船、起重机、吸扬机使用费,起货机工力费,拆包和倒包费,灌包和缝包费,分票费,挑样费,一般扫舱和拆隔舱板费,装卸用防雨设备、防雨罩使用费,装卸及其他作业工时费,岸机使用费,国际客运、旅游客运码头服务费,港站使用服务费,行李代理费,行李装卸费和迎送旅客码头票费。内贸散杂货港口作业包干费继续按照《关于调整港口内贸收费规定和标准的通知》(交水发〔2005〕234 号)规定执行。港口经营人不得在港口作业包干费、堆存保管费以外,对任何集装箱、散杂货港口作业单独设项、另行收费。

四、加强港口收费行为监管

港口经营人、船舶供应服务企业应当建立服务、收费目录清单制度,在其经营场所显著位置公示收费项目、对应服务内容和收费标准,接受社会监督。自主制定、调整收费标准时,要充分考虑用户承受能力,至少于执行前 1 个月对外公布,并采取书面、电话、短信息、电子邮件等多种方式通知用户,确保用户周知。要严格执行国家价格政策,坚持用户自愿原则,不得采取强制服务强行收费、价格歧视、价格欺诈等不正当手段,损害用户合法权益。要切实加强内部管理,自觉规范经营和价格行为,努力降低经营成本,为用户提供更优质、更低廉、更透明的服务。中国港口协会要在交通运输部、国家发展改革委工作指导下,制定港口行业服务标准和价格自律规范,引导企业合法经营、有序竞争,维护行业正常价格秩序。

各级交通运输、价格主管部门要按照各自法定职责加强对港口经营人、船舶供应服务企业的指导、监督,加强价格监督检查,依法查处企业各类违法违规收费行为,切实保护用户合法权益。

五、完善港口收费规则

交通运输部商国家发展改革委,按照本通知规定内容统一我国港口内贸、外贸收费规定，研究制定《中华人民共和国港口收费规则》，另行公布。

本通知自 2015 年 1 月 1 日起执行。《交通部关于修订公布国际客运、旅游船舶和旅客码头收费试行办法的通知》（交运字〔1991〕433 号）、《交通部、国家计委关于发布 <国内水路集装箱港口收费办法> 的通知》（交水发〔2000〕156 号）同时废止，凡与本通知相抵触的有关规定，以本通知为准。

交通运输部关于明确港口收费有关问题的通知

交水发〔2014〕255 号　2014.12.18

各省、自治区、直辖市交通运输厅(委),长江、珠江航务管理局,有关港口、航运企业,中国船东协会、港口协会、引航协会、理货协会、船舶代理和无船承运人协会:

根据《交通运输部　国家发展改革委关于放开港口竞争性服务收费有关问题的通知》(交水发〔2014〕253 号)要求,为便于港口收费的实际操作,现将有关问题明确如下:

一、港口经营人在向多数用户普遍提供的服务作业基础上,按照部分用户需求,增减作业环节或者服务内容时,可以根据实际作业环节、服务内容差异,分别制定不同的港口作业包干费收费标准,按规定公示后执行。同一批货物或集装箱港口作业包干费由两个及以上付费人共同支付时,港口经营人可按照向不同付费人提供的服务作业,对港口作业包干费进行分摊,并分别向相应付费人收费。同一批货物或集装箱港口作业包干费对应服务作业由港口经营人与其他作业方共同完成时,港口经营人及相关作业方应综合考虑所有服务作业内容,联合向付费人一次报价、收费,包干费收入可由港口经营人与相关作业方按各自服务作业内容协商分配。

二、船舶垃圾处理、供水等服务收费范围包括供水、供油、供电、垃圾接收处理、污油水接收处理服务收取的费用。

三、装载一般货物的内贸集装箱、商品箱货物港务费仍分别按

8 元/20 英尺集装箱、16 元/40 英尺集装箱的标准收取；装载一级危险货物的内贸集装箱、冷藏箱（重箱）货物港务费仍分别按 16 元/20 英尺集装箱、32 元/40 英尺集装箱的标准收取。内贸全集装箱船开关舱作业费仍按每块舱盖 45 元的标准收取。

运 输 管 理

国务院关于促进海运业健康发展的若干意见

国发〔2014〕32 号　2014.8.15

各省、自治区、直辖市人民政府,国务院各部委、各直属机构:

海运业是经济社会发展重要的基础产业,在维护国家海洋权益和经济安全、推动对外贸易发展、促进产业转型升级等方面具有重要作用。近年来,我国海运业发展迅速,成就显著。同时也要看到,当前海运业发展还不能完全适应经济社会发展的需要,仍然存在战略定位和发展目标不清晰、体制机制不顺、结构不合理、配套措施不完善、运营管理水平不高、核心竞争力较弱等问题。加快推动海运业健康发展,对稳增长、促改革、调结构、惠民生具有重要意义。为进一步做好相关工作,现提出以下意见:

一、总体要求

(一)指导思想。以邓小平理论、"三个代表"重要思想、科学发展观为指导,深入贯彻党的十八大和十八届二中、三中全会精神,认真落实党中央、国务院的各项决策部署,坚持把改革创新贯穿于海运业发展的各领域各环节,以科学发展为主题,以转变发展方式为主线,以促进海运业健康发展、建设海运强国为目标,以培育国际竞争力为核心,为保障国家经济安全和海洋权益、提升综合国力提供有力支撑。

(二)基本原则。

保障经济安全、维护国家利益。站在维护国家利益的高度,高度重视,统筹谋划,综合施策,建立保障有力的海运船队,服务经济社会发展全局,保障国家经济安全。

深化改革、优化结构。深化海运业体制机制改革,完善海运企业法人治理结构，创新发展模式，优化组织结构、运力结构和运输结构，促进海运业可持续发展。

企业主体、政府引导。遵循海运业发展规律，充分发挥市场在资源配置中的决定性作用，更好发挥政府作用，借鉴国际经验，完善海运业发展相关配套政策，培育和提升核心竞争力。

全面推进、协同发展。充分发挥各方面积极性，形成合力，深化海运业与相关产业的合作，营造协同互补、互利共赢的发展环境。

（三）发展目标。按照全面建成小康社会的要求，到2020年，基本建成安全、便捷、高效、绿色、具有国际竞争力的现代海运体系，适应国民经济安全运行和对外贸易发展需要。

——保障经济社会发展。全球海运服务不断拓展，船队规模和港口布局规划适度超前，重点物资运输保障能力显著提高，在综合交通运输体系中的比较优势进一步发挥。

——国际竞争力明显提升。海运服务贸易出口额明显增加，进出口平衡发展，海运服务贸易规模位居世界前列；形成具有较强国际竞争力的品牌海运企业、港口建设和运营商、全球物流经营主体，基本建成具有国际影响力的航运中心。

——在国际海运事务中的地位不断提高。

二、重点任务

（四）优化海运船队结构。建设规模适度、结构合理、技术先进的专业化船队。大力发展节能环保、经济高效船舶，积极发展原油、液化天然气、集装箱、滚装、特种运输船队，提高集装箱班轮运输国际竞争力。有序发展干散货运输船队和邮轮经济，巩固干散货运输国际优势地位，培育区域邮轮运输品牌。

（五）完善全球海运网络。优化港口和航线布局，积极参与国际海运事务及相关基础设施投资、建设和运营，扩大对外贸易合作。加强重要国际海运通道保障能力建设，完善煤炭、石油、矿石、集装箱、粮食等主要货类运输系统，大力发展铁水联运、江海联运，推进深水航道和集疏运体系建设。

（六）推动海运企业转型升级。完善海运企业治理结构，转变发展理念，创新技术、产品和服务。加快兼并重组，促进规模化、专业化经营，提升抗风险能力和国际竞争力。在做强做优海运主业的同时，适度开展多元化经营。实施“走出去”战略，鼓励中资海运企业对外投资和跨国经营。有序发展中小海运企业，促进就业。

（七）大力发展现代航运服务业。推动传统航运服务业转型升级，加快发展航运金融、航运交易、信息服务、设计咨询、科技研发、海事仲裁等现代航运服务业。建立市场化运作的海运发展基金。创新航运保险，降低融资成本，分散风险。

（八）深化海运业改革开放。深化国有海运企业改革，积极发展国有资本、民营资本等交叉持股、融合发展的混合所有制海运企业。坚持规则平等、权利平等、机会平等，引导和鼓励符合条件的民营企业从事海运业务。稳步推进对外开放，在风险可控前提下，在中国（上海）自由贸易试验区稳妥开展外商成立独资船舶管理公司、控股合资海运公司等试点。

（九）提升海运业国际竞争力。引导要素和产业集聚，加快建设国际海运交易和定价中心，打造国际航运中心。积极参与相关国际组织工作，提高参与制定国际公约、规则、标准和规范的能力和水平，树立负责任的海运大国形象。深化双边、多边合作，维护我海运和海员权益。建设国际一流的船舶检验和海运科研教育机构。

（十）推进安全绿色发展。强化安全意识，健全规章制度，落实责任，加大隐患排查力度。完善海运突发事件应急体系建设，提高安全监管和突发事件应急处置能力，着力提升海（水）上搜救、海上溢油等监测与处置能力，进一步理顺安全监管体制。加强船舶能源消耗和污染物排放管理，推动节能减排技术和清洁能源在海运业的推广应用，优化用能结构。

三、保障措施

（十一）健全运输保障机制。加强海运企业与货主的紧密合作、优势互补，推动签订长期合同，有序发展以资本为纽带的合资经营,形成风险共担、互利共赢的稳定关系。加强部门协调配合,提高原油、铁矿石、液化天然气、煤炭、粮食等重点物资的承运保障能力。

(十二)发挥财税政策支持作用。整合各种专项资金,推动运力结构调整、节能减排和运输效能提升。借鉴海运业发达国家经验,研究完善涉及国际海运的财税政策。加大现行财税政策执行力度,确保落实到位。

(十三)加强和改进行业管理。加快推动海运业立法,强化顶层设计和战略研究,完善船舶技术政策和标准规范,做好监测预警、监督检查和应急处置等工作。完善统一开放、竞争有序的市场体系,引导运力有序投放和合理增长。强化诚信管理体系建设,提高服务质量。清理规范行政审批事项,优化流程,提高效率。规范海员劳务市场和派遣机构管理,健全海员权益保障机制。加快建设进出境船舶联合查验单一窗口系统,推进口岸通行便利化。

(十四)强化科技创新和人才队伍建设。加大对海运业科技、教育、信息化建设等方面的投入,切实提高自主创新能力和教育水平。构建海运业综合信息服务平台,推进资源共享,提高智能化水平。完善海运业人才培养体制机制,加强海员特别是高级海员队伍建设,大力培养专业化、国际化海运人才。

四、组织实施

(十五)有关地区和部门要按照本意见的要求,实事求是,因地制宜,切实加强对推动海运业健康发展各项工作的组织领导。要统筹谋划,突出重点,落实责任,加强协调配合,形成合力。要尽快制定具体实施方案,完善和细化相关政策措施,扎实做好各项工作,确保取得实效。

贯彻落实《国务院关于促进海运业健康发展的若干意见》的实施方案

交水发〔2014〕208 号　2014.10.8

国务院《关于促进海运业健康发展的若干意见》(国发〔2014〕32 号,以下简称《海运意见》)确立了海运业在经济社会发展中重要的基础产业地位,明确提出到 2020 年基本建成安全、便捷、高效、绿色、具有国际竞争力的现代海运体系的发展目标。为积极推进海运强国建设,按照依法落实、开放性落实、创造性落实的要求,深入贯彻《海运意见》,现提出如下实施方案:

一、加快海运结构调整

(一)着力建设现代化海运船队。

1. 认真落实老旧运输船舶和单壳油轮提前报废更新实施方案,加快淘汰一批老旧运输船舶和单壳油轮,鼓励建造符合国际新规范和新标准的船舶。(交通运输部水运局、海事局牵头,财务审计司、国际合作司配合,2015 年完成)

2. 严格执行船舶强制报废制度,完善船舶技术政策和标准规范,大力发展节能环保、经济高效船舶。鼓励符合条件的国内航运企业和船舶从事国际运输,加强国内沿海客船、危险品船运力调控,引导运力有序投放和合理增长。促进干支线运输联动发展,完善集装箱运输服务网络,提高集装箱班轮运输国际竞争力。(交通运输部水运局、海事局牵头,2016 年取得阶段性成果)

3. 在天津、上海、福建、海南等地开展邮轮运输创新试点示范工作,拓展邮轮航线,逐步发展中资邮轮运力,培育本土邮轮运输品牌。到 2020 年,邮轮航线、航班显著增加,形成 2 ~ 3 个有影响力的

邮轮母港。（交通运输部水运局牵头，2016 年取得阶段性成果）

（二）优化市场主体结构。

4. 引导鼓励符合条件的民营企业从事海运业务，有序发展中小海运企业，支持民营企业、中小海运企业合作发展和联合、联盟经营。完善市场准入和退出机制，采取综合调控手段，促进客船、危险品运输企业结构优化。（交通运输部水运局牵头，持续实施）

5. 加强与相关主管部门的沟通协调，研究出台相关制度和办法，推动海运企业兼并重组，促进专业化、规模化经营。支持海运企业在做强做优海运主业的同时，适度开展多元化经营，拓展服务产业链，平抑海运市场大幅波动风险，构建有效的风险防范体系。（交通运输部水运局牵头，法制司、海事局等配合，2015 年取得阶段性成果）

二、加快航运服务业转型升级

（三）大力发展现代航运服务业。

6. 研究制定航运服务业发展意见，推动传统航运服务业转型升级，加快发展现代航运服务业。（交通运输部水运局牵头，政策研究室、规划司等配合，2014 年完成）

7. 规范船舶管理、船舶代理等服务业发展，提升传统航运服务业发展质量。优化航运交易服务机构区域布局，推进航运交易信息共享，编制发布运价指数、船舶交易价格指数等指数。推动建立一批有影响力的航运研究咨询机构，支持航运法律服务机构和仲裁机构发展。（交通运输部水运局牵头，规划司、科技司等配合，2016 年取得阶段性成果）

8. 推动金融保险机构加大对航运业支持力度，积极发展船舶融资租赁，鼓励海运企业参与组建船舶融资租赁公司，支持保险企业开展航运保险业务。（交通运输部水运局牵头，财务审计司配合，2015 年取得阶段性成果）

（四）加快建设国际航运中心。

9. 引导港航及相关行业集聚，完善组合港协调机制，推进建立国际航运发展综合试验区，打造国际航运中心。（交通运输部水运

局牵头,法制司、国际司、海事局等配合,2016 年取得阶段性成果)

10. 鼓励开展航运发展政策、航运金融保险创新。支持建立市场化运作的海运发展基金,推动制定有竞争力的航运融资政策措施,完善国际船舶登记、船舶融资租赁、船舶保险与责任担保制度。在风险可控的前提下,积极探索开展航运衍生品交易,建设海运交易平台和相关信息服务平台,完善信息发布机制,提高海运交易和定价的国际影响力。(交通运输部水运局、海事局牵头,法制司、财务审计司、国际司等配合,2016 年取得阶段性成果)

(五)推进口岸便利化。

11. 推动港口管理部门、海事管理机构与其他口岸部门建立信息互换、监管互认、执法互助合作机制,健全与海关总署、质检总局的合作机制。推进港航电子数据交换(EDI)中心和交通电子口岸建设,加快建设进出境船舶联合查验单一窗口系统。(交通运输部水运局、海事局牵头,科技司、公安局等配合,2016 年取得阶段性成果)

三、积极推进港口升级和现代物流发展

(六)加强港口基础设施建设。

12. 完善全国沿海港口布局规划和主要港口总体规划,优化煤炭、石油、矿石、集装箱、粮食等主要货类运输系统,引导液化天然气(LNG)、商品汽车及邮轮等码头合理布局。(交通运输部规划司牵头,水运局配合,2016 年取得阶段性成果)

13. 有序推进沿海新港区开发和港口重点项目建设,鼓励发展公用码头,加强深水航道、防波堤、锚地等公共设施建设,建立区域港口航道、锚地共享公用机制。(交通运输部规划司、水运局牵头,海事局配合,2016 年取得阶段性成果)

14. 加强港口集疏运体系建设,加快主要集装箱港区疏港专用公路建设,推进港口铁路集疏运通道及场站建设。(交通运输部规划司、水运局、公路局牵头,持续实施)

(七)完善港口服务功能体系。

15. 积极拓展港口服务功能,引导港口企业由主要提供装卸仓

储服务向提供装卸仓储服务和现代港口服务并重转变。鼓励有条件的港口依托主业发展物料供应、中转配送、流通加工服务，拓展港口物流地产，培育电子商务服务。2020年基本建成现代港口服务体系。（交通运输部水运局牵头，2017年取得阶段性成果）

16. 推进港口收费市场化改革，放开竞争性环节收费，修订港口收费规则。（交通运输部水运局牵头，财务审计司配合，2015年完成）

（八）促进现代物流发展。

17. 鼓励港航企业与公路、铁路、航空运输企业深化合作，培育多式联运经营人，推进“门到门”、“一票到底”的一体化运输模式。（交通运输部水运局、运输司牵头，持续实施）

18. 制定完善联运单证、标准和集装箱铁水联运规则，大力发展铁水联运、江海联运、滚装甩挂运输，推广应用江海直达船型和联运设施，提高集装箱、大宗物资、商品汽车等联运能力。（交通运输部水运局、运输司牵头，海事局配合，2015年取得阶段性成果）

19. 大力发展以港口为枢纽的物流业务，开展冷链、汽车、化工等专业物流业务，积极推进与港口衔接的物流园区、保税区、内陆“无水港”的建设。（交通运输部水运局、规划司牵头，运输司配合，持续实施）

四、构建改革开放新优势

（九）深化海运改革开放。

20. 加强与相关主管部门的沟通协调，推动海运企业健全现代企业制度，深化国有海运企业改革，积极发展混合所有制海运企业。（交通运输部水运局牵头，政策研究室配合，持续实施）

21. 在中国（上海）自由贸易试验区稳妥开展外商成立独资船舶管理公司、控股合资海运公司、海员外派机构等对外开放试点，总结评估效果并形成可复制、可推广的经验，建立海运领域外商投资准入前国民待遇加负面清单管理模式。（交通运输部水运局、海事局牵头，法制司、国际合作司配合，2015年完成）

（十）加快构建全球海运网络。

22. 支持符合条件的中资海运企业对外投资和跨国经营，与资源能源企业、制造企业合作拓展海外业务。（交通运输部水运局、国际司牵头，2017 年取得阶段性成果）

23. 争取利用国家相关专项资金和金融机构的支持，积极参与国际相关基础设施的投资建设和运营，构建海上支点和服务网络，形成具有较强国际竞争力的港口建设和运营商、全球物流经营人。（交通运输部国际司牵头，水运局配合，2017 年取得阶段性成果）

24. 积极推进海上丝绸之路建设，加大重要国际海运通道和北极事务的研究和参与力度，支持企业参与北极航线的运行，加强国际海运保障能力建设。（交通运输部国际司牵头，规划司、水运局、科技司、搜救中心、海事局、救捞局等配合，2017 年取得阶段性成果）

（十一）提升海运国际竞争力。

25. 积极参与相关国际组织工作，提高参与制定国际公约、规则、标准和规范的能力和水平，推进国内海运标准规范的国际化工作，树立负责任的海运大国形象。（交通运输部国际合作司、水运局、海事局牵头，法制司、科技司、搜救中心等配合，2018 年取得阶段性成果）

26. 深化双边、多边海运海事领域国际合作，积极开展海运会谈，维护我国海运和海员合法权益。（交通运输部国际合作司、水运局、海事局牵头，搜救中心配合，2017 年取得阶段性成果）

五、努力提升运输服务保障能力

（十二）健全运输合作机制。

27. 推动海运企业与货主紧密合作，签订长期运输合同，以资本为纽带合资合作经营；推进我国货主、贸易商积极签署海运国际贸易合同，促进海运服务贸易进出口平衡发展。支持船东协会与货主协会、货代协会等相关协会加强协调，促进企业间紧密合作。（交通运输部水运局牵头，2015 年取得阶段性成果）

28. 加强与相关主管部门的沟通协调，研究出台意见，支持海运企业与货主、贸易商建立长效合作机制和相互约束机制，建立相应的监督考核机制。（交通运输部水运局牵头，政策研究室、法制司配合，2015 年完成）

（十三）强化重点物资运输保障。

29. 加强与相关主管部门的沟通协调，完善重点物资运输保障机制，建立必要的运力储备，强化运输组织协调，及时、优先保障重点物资、紧急物资运输，提高原油、铁矿石、液化天然气、煤炭、粮食等重点物资的承运保障能力。（交通运输部水运局牵头，2015 年取得阶段性成果）

六、积极推进海运安全绿色发展

（十四）健全海运安全应急保障体系。

30. 健全规章制度，推进并规范海运企业安全管理体系建设或安全生产标准化工作。（交通运输部海事局、安全质量司牵头，2015 年取得阶段性成果）

31. 加大安全隐患排查力度，深入开展危险品运输、中韩客货班轮运输等专项整治。（交通运输部水运局牵头，安全质量司、海事局配合，2015 年完成）

32. 对列入“黑名单”的船舶、老旧运输船舶进出我国港口进一步加强港口国监督检查。进一步完善安全监管体制机制，推进船舶定线制，加强安全监管与救助打捞能力建设。（交通运输部海事局牵头，规划司、人事教育司、水运局、安全质量司、救捞局配合，2016 年取得阶段性成果）

33. 加强海运应急体系建设，完善应急预案和应急管理体制机制，强化监测、预测、预警和应急演练等工作，加强专业和社会应急救援力量以及应急装备、应急物资储备建设，着力提升海上搜救、海上溢油和危化品泄露等监测与处置能力。（搜救中心牵头，规划司、水运局、国际合作司、公安局、海事局、救捞局配合，2016 年取得阶段性成果）

（十五）积极建设绿色海运。

34. 落实水运节能减排方案，健全船舶能源消耗管理体系，完

善海运节能减排监测、考核制度。（交通运输部法制司、水运局、海事局牵头，规划司、国际司配合，2016 年取得阶段性成果）

35. 优化海运业用能结构，加快清洁能源在海运业的推广应用，开展 LNG 动力船舶、港口设备等清洁能源试点示范工作，继续推进主要港口码头船舶岸电设施工程的实施。（交通运输部法制司、水运局、海事局牵头，规划司、科技司配合，2015 年取得阶段性成果）

36. 加强绿色海运标准体系建设，制定完善船舶能效规范、清洁能源动力船舶检验规范等标准规范。（交通运输部科技司、水运局、海事局牵头，国际合作司配合，2016 年取得阶段性成果）

37. 健全防治船舶污染管理体系，实施船舶污染排放限值标准，加强船舶防污设施建设。（交通运输部海事局牵头，水运局、国际合作司配合，2015 年取得阶段性成果）

七、加强和改进行业管理

（十六）完善政策法规体系。

38. 抓紧评估完善老旧运输船舶提前报废更新政策，争取政策延续实施。（交通运输部水运局牵头，财务审计司配合，2014 年完成）

39. 加强与相关主管部门的沟通协调，推动促进海运业发展的各类专项资金的整合完善，配合有关部门，研究完善海员个人所得税、海运企业税收制度等国际海运财税政策体系。地方交通运输主管部门要加强与同级财政、发展改革等部门的协调，争取出台促进本地区海运业健康发展的财税政策。（交通运输部财务审计司牵头，水运局、海事局配合，2015 年完成或与财税改革同步）

40. 研究推动《海上交通安全法》、《港口法》和《国际海运条例》等相关法规的制修订工作。（交通运输部法制司牵头，水运局、海事局配合，2018 年完成）

（十七）改进提升行政管理服务水平。

41. 强化海运顶层设计，研究制定海运发展战略。（交通运输部水运局牵头、规划司、搜救中心等配合，2016 年完成）

42.深化海运行政审批制度改革，推进网上审批和备案，建立海运海事管理权力清单制度。（交通运输部法制司、水运局、海事局牵头，2015年完成）

43.加强海运市场监测，定期公布市场分析报告。建立健全服务质量评价体系，完善客货运服务规范。（交通运输部水运局牵头，2016年取得阶段性成果）

44.规范海运行政事业性收费，清理不合理的相关服务收费，公布收费项目清单。（交通运输部财务审计司、水运局、海事局、国际合作司牵头，2015年完成）

（十八）完善统一开放、竞争有序的市场体系。

45.加强海运企业经营资质、安全资质的监管，建立健全经营资质监督检查和预警制度。强化海运市场信用体系建设，建立守信激励、失信惩戒机制。（交通运输部水运局、海事局牵头，法制司配合，2015年完成）

46.严肃查处垄断经营、不正当竞争、无证无照经营等违法违规行为，创新完善集装箱运价备案等市场监管制度，坚决遏制以低于正常合理水平运价提供服务等妨碍公平竞争的行为。支持协会等中介组织采取维护市场秩序、促进运力有序发展等加强自律的措施。（交通运输部水运局牵头，法制司配合，2016年取得阶段性成果）

47.积极推进海运行政执法、监管职能改革，建立健全港航、海事管理部门协同监管机制。（交通运输部法制司、水运局、海事局、公安局牵头，2016年完成）

八、强化科技信息和人才保障

（十九）加快海运科技进步。

48.强化海运科技创新，鼓励以企业为主体、产学研协同创新，大力开展船舶节能减排、危险品和客滚运输安全营运等专项技术研发，推广应用船舶先进适用技术与产品。（交通运输部水运局、科技司牵头，法制司、规划司、搜救中心、海事局配合，2016年取得阶段性成果）

49. 加大对海运应用基础研究、科研基地建设和科技信息资源共享平台建设的投入。(交通运输部规划司、科技司牵头,持续实施)

50. 加强船舶检验机构质量管理和考核,加快船舶检验技术创新和服务创新,建设国际一流的船舶检验机构。(交通运输部海事局牵头,中国船级社配合,2017 年取得阶段性成果)

51. 加强航海院校和科研院所建设,深化航海及相关领域理论和应用基础研究,打造国际一流的海运教育和科研机构。(交通运输部人教司、科技司牵头,规划司、水运局、海事局配合,2017 年取得阶段性成果)

(二十)努力提升信息化水平。

52. 加强物联网、云计算、卫星导航、船舶自动识别系统(AIS)等技术在海运领域的应用发展,推进集装箱海铁联运、远洋运输管理物联网应用示范工程建设,提升信息化、智能化水平。(交通运输部水运局、海事局、规划司牵头,科技司、公安局、搜救中心配合,2016 年取得阶段性成果)

53. 加快建设水路运输建设综合管理信息系统、长江危险化学品动态监管信息平台等综合信息服务平台,逐步建成全国港口、航道、船舶、船员和企业数据库。(交通运输部水运局、海事局牵头,规划司、安全质量司、科技司配合,2016 年完成)

54. 加快建设东北亚物流信息平台,促进国际海运信息共享。(交通运输部规划司、国际司牵头,水运局、科技司配合,2016 年取得阶段性成果)

(二十一)加强人才队伍建设。

55. 完善海运业职业资格制度,探索建立符合国际化要求的海运人才培养模式。(交通运输部人事教育司、水运局、海事局牵头,2016 年取得阶段性成果)

56. 加快发展海员现代职业教育,加强船员适任性技能训练,健全覆盖全国的船员考试评估基地。规范海员劳务市场和派遣机构管理,健全海员权益保障机制,建立海员诚信管理体系。(交通运输部海事局、人事教育司牵头,2016 年取得阶段性成果)

57. 加大海运科技人才、专业人才的选拔和培养力度，重点引进和培养航运法律、航运金融、海事仲裁、航运经纪、邮轮服务等复合型人才。（交通运输部人事教育司、科技司牵头，水运局、海事局配合，2016 年取得阶段性成果）

58. 加强港航、海事管理队伍建设，推进执法队伍专业化、规范化。（交通运输部水运局、海事局、法制司、人事教育司牵头，2016 年取得阶段性成果）

九、切实强化组织实施

（二十二）加强领导，落实责任。

59. 有关交通运输主管部门要紧密结合本地实际，会同有关部门加快制定分工方案，细化任务措施，明确重点工作分工和进度安排。落实责任，建立年度监督考核机制，加强监督检查，确保各项工作落到实处。各有关省级交通运输主管部门应于每年年底前将落实情况报部。（交通运输部办公厅、水运局牵头，持续实施）

（二十三）营造氛围，形成合力。

60. 有关交通运输主管部门要制定海运宣传方案，加强对《海运意见》精神和海运业发展的宣传报道。结合“航海日”活动，共同营造航海文化。建立工作协调机制，加强协作配合，凝聚各方面促进海运健康发展的共识和力量。（交通运输部水运局、政策研究室牵头，持续实施）

关于修改《水路旅客运输规则》的决定

交通运输部令 2014 年第 1 号　2014.1.2

交通运输部决定对《水路旅客运输规则》(交水发〔1995〕1178 号)作如下修改:

一、将第十八条“儿童身高超过 1.1 米但不超过 1.4 米者,应购买半价票,超过 1.4 米者,应购买全价票。”修改为:“儿童身高超过 1.2 米但不超过 1.5 米者,应购买半价票,超过 1.5 米者,应购买全价票。”

二、将第二十五条“每一成人旅客可免费携带身高不超过 1.1 米的儿童一名。”修改为:“每一成人旅客可免费携带身高不超过 1.2 米的儿童一名。”

本决定自 2014 年 1 月 16 日起施行。

《水路旅客运输规则》根据本决定作相应修改,重新发布。

水路旅客运输规则

（1995年12月12日交水发〔1995〕1178号发布，根据1997年8月26日发布的《交通部关于补充和修改〈水路旅客运输规则〉的通知》进行第一次修正，根据2014年1月2日发布的《关于修改<水路旅客运输规则>的决定》进行第二次修正）

第一章　总　　则

第一条　为了明确水路旅客运输中承运人、港口经营人、旅客之间的权利和责任的界限，维护水路旅客运输合同、行李运输合同和港口作业、服务合同当事人的合法权益，依据国家有关法律、法规，制订本规则。

第二条　本规则适用于中华人民共和国沿海、江河、湖泊以及其他通航水域中一切从事水路旅客运输（含旅游运输，下同）、行李运输及其有关的装卸作业。

军事运输、集装箱运输、滚装运输，除另有规定者外，均适用本规则。

第三条　水路旅客运输合同、行李运输合同应本着自愿的原则签订；港口作业、服务合同应本着平等互利、协商一致的原则签订。

第四条　水路旅客运输工作，应贯彻"安全第一，正点运行，以客为主，便利旅客"的客运方针，遵循"全面服务，重点照顾"的服务原则。

第五条　本规则下列用语的含义是：

（一）"水路旅客运输合同"，是指承运人以适合运送旅客的船舶经水路将旅客及其自带行李从一港运送至另一港，由旅客支付票款的合同。

（二）“水路行李运输合同”，是指承运人收取运费，负责将旅客托运的行李经水路由一港运送至另一港的合同。

（三）“港口作业、服务合同”（以下简称“作业合同”），是指港口经营人收取港口作业费，负责为承运人承运的旅客和行李提供候船、集散服务和装卸、仓储、驳运等作业的合同。

（四）“旅客”，是指根据水路旅客运输合同运送的人；经承运人同意，根据水路货物运输合同，随船护送货物的人，视为旅客。

（五）“行李”，是指根据水路旅客运输合同或水路行李运输合同由承运人载运的任何物品和车辆。

（六）“自带行李”，是指旅客自行携带、保管的行李。

（七）“托运行李”，是指根据水路行李运输合同由承运人运送的行李。

（八）“承运人”，是指本人或者委托他人以本人名义与旅客签订水路旅客运输合同和水路行李运输合同的人。

（九）“港口经营人”，是指与承运人订立作业合同的人。

（十）“客运记录”，是指在旅客运输中发生意外或特殊情况所作记录的文字材料。它是客船与客运站有关客运业务移交的凭证。

第二章　运输合同及作业合同的订立

第六条　旅客运输合同成立的凭证为船票，合同双方当事人——旅客和承运人买、卖船票后合同即成立。

第七条　船票应具备下列基本内容：

（一）承运人名称；

（二）船名、航次；

（三）起运港（站、点）（以下简称“起运港”）和到达港（站、点）（以下简称“到达港”）；

（四）舱室等级、票价；

（五）乘船日期、开船时间；

（六）上船地点（码头）。

第八条 旅客运输的运送期间，自旅客登船时起至旅客离船时止。船票票价含接送费用的，运送期间并包括承运人经水路将旅客从岸上接到船上和从船上送到岸上的期间，但是不包括旅客在港站内、码头上或者在港口其他设施内的时间。

旅客的自带行李，运送期间同前款规定。

第九条 行李运输合同成立的凭证为行李运单，合同双方当事人——旅客和承运人即时清结费用，填制行李运单后合同即成立。

第十条 行李运单应具备下列基本内容：

（一）承运人名称；

（二）船名、航次、船票号码；

（三）旅客姓名、地址、电话号码、邮政编码；

（四）行李名称；

（五）件数、重量、体积（长、宽、高）；

（六）包装；

（七）标签号码；

（八）起运港、到达港、换装港；

（九）运费、装卸费；

（十）特约事项。

第十一条 旅客的托运行李的运送期间，自旅客将行李交付承运人或港口经营人时起至承运人或港口经营人交还旅客时止。

第十二条 承运人为履行运输合同，需要港口经营人提供泊位、候船、驳运、仓储设施，托运行李作业、旅客上下船、候船服务及其他工作等，应由承运人与港口经营人签订作业合同。

第十三条 作业合同的基本形式为中、长期（季、年）和航次合同。

第十四条 作业合同应具备下列基本内容：

（一）承运人和港口经营人名称；

（二）码头、仓库、候船室、驳运船舶名称；

（三）托运行李作业，包括行李保管、装卸、搬运；

（四）候船服务，包括问询，寄存，船期、运行时刻公告，票价表，茶水，卫生间；

（五）旅客上下船服务；

（六）特约事项。

第十五条 水路旅客运输合同、行李运输合同和作业合同的基本格式由交通运输部统一规定。交通运输部直属航运企业可自行印制水路运输合同、行李运输合同和作业合同；其他航运企业使用的合同由企业所在省（自治区、直辖市）交通主管部门印制、管理。

第三章 旅客运输合同的履行

第一节 船 票

第十六条 船票是水路旅客运输合同成立的证明，是旅客乘船的凭证。

第十七条 船票分全价票和半价票。

第十八条 儿童身高超过1.2米但不超过1.5米者，应购买半价票，超过1.5米者，应购买全价票。

第十九条 革命伤残军人凭中华人民共和国民政部制发的革命伤残军人证，应给予优待购买半价票。

第二十条 没有工资收入的大、中专学生和研究生，家庭居住地和院校不在同一城市，自费回家或返校时，凭附有加盖院校公章的减价优待证的学生证每年可购买往返2次院校与家庭所在地港口间的学生减价票（以下简称“学生票”）。学生票只限该航线的最低等级。

学生回家或返校，途中有一段乘坐其他交通工具的，经确认后，也可购买学生票。

应届毕业生从院校回家，凭院校的书面证明可购买一次学生票。新生入学凭院校的录取通知书，可购买一次从接到录取通知书的地点至院校所在地港口的学生票。

第二十一条 船票在承运人或其代理人所设的售票处发售，在未设站的停靠点，由客船直接发售。

第二十二条 要求乘船的人凭介绍信，可以一次购买或预订同一船名、航次、起讫港的团体票，团体票应在10张以上。

售票处发售团体票时，应在船票上加盖团体票戳记。

第二十三条 包房、包舱、包船按下列规定办理：

(一)包房，由售票处办理；

(二)包舱，经承运人同意后，由售票处办理；

(三)包船，由承运人办理。

包用人在办理包房、包舱、包船时，应预付全部票价款。

第二节 旅客的权利和责任

第二十四条 旅客应按所持船票指定的船名、航次、日期和席位乘船。

重病人或精神病患者，应有人护送。

第二十五条 每一成人旅客可免费携带身高不超过1.2米的儿童一人。超过一人时，应按超过的人数购买半价票。

第二十六条 旅客漏船，如能赶到另一中途港乘上原船，而原船等级席位又未售出时，可乘坐原等级席位，否则，逐级降等乘坐，票价差额款不退。

第二十七条 每一旅客可免费携带总重量20千克(免费儿童减半)，总体积0.3立方米的行李。

每一件自带行李，重量不得超过20千克；体积不得超过0.2立方米；长度不得超过1.5米(杆形物品2米)。

残疾旅客乘船，另可免费携带随身自用的非机动残疾人专用车一辆。

第二十八条 旅客可携带下列物品乘船：

(一)气体打火机5个，安全火柴20小盒。

(二)不超过20毫升的指甲油、去污剂、染发剂，不超过100

毫升的酒精、香水、冷烫精，不超过300毫升的家用卫生杀虫剂、空气清新剂。

（三）军人、公安人员和猎人佩带的枪支和子弹（应有持枪证明）。

第二十九条　除本规则另有规定者外，下列物品不准旅客携带上船：

（一）违禁品或易燃、易爆、有毒、有腐蚀性、有放射性以及有可能危及船上人身和财产安全的其他危险品；

（二）各种有臭味、恶腥味的物品；

（三）灵柩、尸体、尸骨。

第三十条　旅客违反本规则第二十九条规定，造成损害的，应当负赔偿责任。

第三十一条　旅客自带行李超过免费规定的，应办理托运。经承运人同意的，也可自带上船，但应支付行李运费。

对超过免费规定的整件行李，计费时不扣除免费重量、体积和长度。

第三十二条　旅客可携带下列活动物乘船：

（一）警犬、猎犬（应有证明）；

（二）供科研或公共观赏的小动物（蛇除外）；

（三）鸡、鸭、鹅、兔、仔猪（10千克以下）、羊羔、小狗、小猫、小猴等家禽家畜。

第三十三条　旅客携带的活动物，应符合下列条件，否则不得携带上船：

（一）警犬、猎犬应有笼咀牵绳；

（二）供科研或公共观赏的小动物，应装入笼内，笼底应有垫板；

（三）家禽家畜应装入容器。

第三十四条　旅客携带的活动物，由旅客自行看管，不得带入客房（舱），不得放出喂养。

第三十五条　旅客携带的活动物，应按行李运价支付运费。

第三十六条 旅客携带活动物的限量,由承运人自行制订。

第三节 承运人的权利和责任

第三十七条 承运人应按旅客运输合同所指定的船名、航次、日期和席位运送旅客。

第三十八条 承运人在旅客上船前、下船后和在客船航行途中应对旅客所持的船票进行查验,并作出查验记号。

第三十九条 查验船票的内容如下:

(一)乘船人是否持有效船票;

(二)持用优待票的旅客是否有优待证明;

(三)超限自带行李是否已按规定付运费。

第四十条 乘船人无票在船上主动要求补票,承运人应向其补收自乘船港(不能证实时,自客船始发港)至到达港的全部票价款,并核收补票手续费。

在途中,承运人查出无票或持用失效船票或伪造、涂改船票者,除向乘船人补收自乘船港(不能证实时,自客船始发港)至到达港的全部票价款外,应另加收相同区段最低等级票价的100%的票款,并核收补票手续费。

第四十一条 在到达港,承运人查出无票或持用失效船票或伪造、涂改船票者,应向乘船人补收自客船始发港至到达港最低等级票价的400%的票款,并核收补票手续费。

第四十二条 在乘船港,承运人查出应购买全价票而购买半价票的儿童,应另售给全价票,原半价票给予退票,免收退票费。

第四十三条 在途中或到达港,承运人查出儿童未按规定购买船票的,应按下列规定处理:

(一)应购半价票而未购票的,补收半价票款,并核收补票手续费;

(二)应购全价票而购半价票的,补收全价票与半价票的票价差额款,并核收补票手续费;

（三）应购全价票而未购票的，应按本规则第四十条、第四十一条规定办理。

第四十四条　在途中或到达港，承运人查出持用优待票乘船的旅客不符合优待条件时，应向旅客补收自乘船港至到达港的全部票价款，并核收补票手续费。原船票作废。

第四十五条　旅客在检票后遗失船票，应按本规则第四十条规定在船上补票。

旅客补票后如在离船前找到原船票，可办理其所补船票的退票手续，并支付退票费。

旅客在离船后找到原船票，不能退票。

旅客在到达港出站前遗失船票，应按本规则第四十一条规定办理。

第四十六条　在乘船港，由于承运人或其代理人的责任使旅客降等级乘船时，承运人应将旅客的原船票收回，另换新票，退还票价差额款，免收退票费。

在途中，由于承运人或其代理人的责任使旅客降等级乘船时，承运人应填写客运记录，交旅客至到达港办理退还票价差额款的手续。

第四十七条　由于承运人或其代理人的责任使旅客升等级乘船时，承运人不应向旅客收取票价差额款。

第四十八条　旅客误乘客船时，除按本规则第四十条第一款的规定处理外，旅客可凭客船填写的客运记录，到下船港办理原船票的退票手续，并支付退票费。

第四十九条　旅客因病或临产必须在中途下船的，由承运人填写客运记录，交旅客至下船港办理退票手续，将旅客所持船票票价与旅客已乘区段票价的差额退还旅客，并向旅客核收退票费。

患病或临产旅客的护送人，也可按前款规定办理退票。

第五十条　承运人可以在任何时间、任何地点将旅客违反本规则第二十九条规定随身携带的违禁品、危险品卸下、销毁或者使之不能为害，或者送交有关部门，而不负赔偿责任。

第四节 合同的变更和解除

第五十一条 在乘船港不办理船票的签证改乘手续。旅客要求变更乘船的班次、舱位等级或行程时,应先行退票并支付退票费,再另行购票。

第五十二条 旅客在旅行途中要求延程时,承运人应向旅客补收从原到达港至新到达港的票价款,并核收补票手续费。客船满员时,不予延程。

第五十三条 对超程乘船的旅客(误乘者除外),承运人应向旅客补收超程区段最低等级票价的200%的票款,并核收补票手续费。

第五十四条 旅客在船上要求升换舱位等级时,承运人应向旅客补收升换区段所升等级同原等级票价的差额款,并核收补票手续费。

持用学生票的学生在船上要求升换舱位等级时,承运人应向其补收升换等级区段所升等级全票票价与学生票票价的差额款,并核收补票手续费。

第五十五条 持低等级半价票的儿童可与持高等级船票的成人共用一个铺位。如持低等级船票的成人与持高等级半价票的儿童共用一个铺位,由承运人对成人补收高等级与低等级票价的差额款,并核收补票手续费,儿童的半价票差额款不退,且不另供铺位。

第五十六条 在乘船港,旅客可在规定时限内退票,但应支付退票费。

超过本规则第五十七条规定的退票时限,不能退票。

第五十七条 在乘船港退票的时限规定为:

(一)内河航线在客船开航以前;沿海航线在客船规定开航时间2小时以前;

(二)团体票在客船规定开航时间24小时以前。

第五十八条 除本规则另有规定的外,旅客在中途港、到达港和船上不能退票。

第五十九条 包房、包舱、包船的包用人可在规定的时限内要求退包,但应支付退包费。

超过本规则第六十条规定的退包时限,不能退包。

第六十条 退包的时限规定为:

(一)包房、包舱退包,在客船规定开航时间24小时以前;

(二)包船退包,在客船计划开航时间24小时以前。

第六十一条 下列原因造成的退票或退包,承运人不得向旅客收取退票费或退包费:

(一)不可抗力;

(二)承运人或其代理人的责任。

第六十二条 在春运等客运繁忙季节,承运人可以暂停办理退票。

第四章 行李运输合同的履行

第一节 旅客的权利和责任

第六十三条 行李运单是水路行李运输合同成立的证明,行李运单的提单联是旅客提取行李的凭证。

第六十四条 除法律、行政法规限制运输的物品,以及本规则有特别规定不能办理托运的物品外,其他物品均可办理行李托运。

第六十五条 在客船和港口条件允许或行李包装适合运输的情况下,家用电器、精密仪器、玻璃器皿及陶瓷制品等可办理托运。

第六十六条 下列物品不能办理托运:

(一)违禁品或易燃、易爆、有毒、有腐蚀性、有放射性以及有可能危及船上人身和财产安全的其他危险品;

(二)污秽品、易于损坏和污染其他行李和船舶设备的物品;

(三)货币、金银、珠宝、有价证券或其他贵重物品;

(四)活动物、植物;

(五)灵柩、尸体、尸骨。

第六十七条　托运的行李，每件重量不得超过50千克，体积不得超过0.5立方米，长度不得超过2.5米。

第六十八条　托运行李的包装应符合下列条件：

（一）行李的包装应完整、牢固、捆绑结实，适合运输；

（二）旅行包、手提袋和能加锁的箱类，应加锁；

（三）包装外部不拴挂其他物品；

（四）纸箱应有适当的内包装；

（五）易碎品、精密仪器及家用电器，应使用硬质材料包装，内部衬垫密实稳妥，并在明显处标明“不准倒置”等警示标志；

（六）胶片应使用金属容器包装。

第六十九条　旅客应在托运行李的外包装上写明姓名和起讫港名。

第七十条　旅客违反本规则第六十六条规定，致使行李损坏，承运人不负赔偿责任；造成客船及他人的损失时，应由旅客负责赔偿。

第七十一条　旅客遗失行李运单时，如能说明行李的特征和内容，并提出对行李拥有权的有力依据，经承运人确认后，可凭居民身份证并开具收据领取行李，原行李运单即行作废。

旅客遗失行李运单，在提出声明前，如行李已被他人冒领，承运人不负赔偿责任。

第二节　承运人的权利和责任

第七十二条　承运人应提供足够的适合运输的行李舱，将旅客托运的行李及时、安全地运到目的港。

第七十三条　托运的行李，应与旅客同船运送。如来不及办理当班客船的托运手续时，经旅客同意，承运人也可给予办理下一班次客船的托运手续。

第七十四条　承运人对托运的行李，必要时可要求旅客开包查验，符合运输规定时，再办理托运手续，如旅客拒绝查验，则不予承运。

第七十五条 行李承运后至交付前，包装破损或松散时，承运人应负责修补，所需费用由责任方负担。

第七十六条 承运人查出在已经托运的行李中夹有违禁品或易燃、易爆、有毒、有腐蚀性、有放射性以及有可能危及船上人身和财产安全的其他危险品时，除按本规则第五十条规定处理外，对行李的运杂费还应按下列规定处理：

（一）在起运港，运杂费不退；

（二）在船上或卸船港，应加收一次运杂费。

第七十七条 承运人查出托运的行李中夹带易于损坏和污染物品时，应按下列规定办理：

（一）在起运港，立即停止运输，并通知旅客进行处理，运杂费不退；

（二）在船上或卸船港，由承运人采取处理措施，除所需费用由旅客负担外，另加收一次运杂费。

第七十八条 承运的行李未能按规定的时间运到，旅客前来提取时，承运人应在行李运单上加盖“行李未到”戳记，并记录到达后的通知方法，行李到达后，应立即通知旅客。

第七十九条 托运的行李自运到后的第三日起计收保管费。

第八十条 行李在交付时，承运人应会同旅客对行李进行查验，经查验无误后再办理提取手续。

第八十一条 行李自运到之日起10天后旅客还未提取时，承运人应尽力查找物主；如超过60天仍无人提取时，即确定为无法交付物品。

第八十二条 对无法交付物品，承运人应按下列规定处理：

（一）一般物品，依法申请拍卖或交信托商店作价收购；

（二）没有变卖价值的物品，适当处理；

（三）军用品、危险品、法律和行政法规限制运输的物品、历史文物、机要文件及有价证券等，无偿移交当地主管部门处理。

第八十三条 无法交付物品处理后所得款额，应扣除保管费和处理费用，剩余款额由承运人代为保管3个月。在保管期内，旅客要求归还余款时，应出具证明，经确认后方可归还；逾期无人提取时，应上缴国库。

第三节　合同的变更和解除

第八十四条　行李在装船前，旅客要求变更托运，应先解除托运，另行办理托运手续。

第八十五条　行李在装船前，旅客要求解除托运，承运人应将行李运单收回，加盖“变更托运”戳记，退还运杂费，核收行李变更手续费，并自托运之日起计收保管费。

第八十六条　行李装船后，不能办理变更、解除托运手续。如旅客要求由到达港运回原托运港或运至另一港，可委托承运人在到达港代办行李运回或运至另一港的手续，预付第二程运杂费（多退少补），其第一程交付的运杂费不退，并核收代办托运手续费。

第五章　作业合同的履行

第一节　承运人的责任

第八十七条　制订旅客运输计划、客船班期时刻表。

承运人应于每月的二十五日前向港口经营人提供次月客船班期时刻表。

客船班期时刻表一经发布，不得随意改动，确需变更时，应事先与港口经营人联系，并对外发出变更通知。

第八十八条　客船班期时刻表的编制，应考虑到与其他交通工具的衔接，对重点停靠港口，客船的到发时间应便利旅客中转和食宿安排。

第八十九条　客船应按班期时刻表正点运行。

客船因故晚点，应将准确的到港时间及时通知客运站，并按客运站重新对外公布的时间开船。

第九十条　承运人应负责旅客自登上客船（或舷梯）至离船（或舷梯）期间的安全。

承运人对旅客自带行李的安全责任期间同前款规定。

第九十一条 承运人应负责对托运行李自装入客船行李舱至卸出行李舱期间的安全质量。

第九十二条 客船应配合客运站做好客梯、安全网的搭拴工作。由于客梯、安全网搭拴不牢(在客船一边)造成旅客伤亡的,由客船负责。

旅客翻越栏杆(或船舷)下船,造成伤亡的,由客船负责。

第二节 港口经营人的责任

第九十三条 港口经营人应按承运人提供的客船班期时刻表安排客船泊位。

客船靠泊的码头应相对固定。

第九十四条 港口经营人对客船的行李和货物装卸应予优先安排。如遇客船晚点,应尽力压缩客船的停港时间。

客船晚点时,客运站应及时公告。

第九十五条 港口经营人应负责旅客自进入候船室至登上客船(或舷梯)前或自离开客船(或舷梯)至出站期间的安全。

港口经营人对旅客自带行李的安全责任同前款规定。

第九十六条 港口经营人应负责行李自办理托运手续至装入客船行李舱或自客船行李舱卸出至交付旅客期间的安全质量。

第九十七条 客运站应配备旅客上下船客梯和安全网,并负责搭栓工作。

由于客梯和安全网搭拴不牢(在码头、囤船一边)造成旅客伤亡的,由客运站负责。

旅客翻越栏杆(或船舷)上船造成伤亡的,由客运站负责。

第九十八条 旅客上下船应与行李、货物(车辆)装卸作业隔开,不得交叉作业。

第三节 合同的变更和解除

第九十九条 作业合同凡发生下列情况之一者,允许变更或

解除,但不能因此损害国家利益和社会公共利益:

(一)当事人双方经协商同意;

(二)由于不可抗力致使合同的全部义务不能履行;

(三)由于另一方在合同约定的期限内没有履行合同。

属于前款第二项或第三项规定的情况的,当事人一方有权通知另一方变更或解除合同。因变更、解除合同使一方遭受损失的,除依法可以免除责任的以外,应由责任方负责赔偿。

当事人一方发生合并或分立时,由合并或分立后的当事人承担或分别承担履行合同的义务,享受应有的权利。

变更或解除作业合同,应采用书面形式。

第一百条 中、长期作业合同的解除,应提前一个月由合同当事人双方协商确定后,合同方可解除。

航次作业合同的解除,应提前一天由合同当事人双方协商确定后,合同方可解除。

第六章 代理业务

第一百零一条 承运人可以将售票及客运业务委托港口经营人或其他代理人办理。

第一百零二条 售票代理的范围:售票及其流量流向统计。

第一百零三条 客运业务代理范围:

(一)办理行李托运和交付手续;

(二)办理退票及包房、包舱退包手续;

(三)其他业务:制作客船航次上客报告单、客位通报;检票、验票、补票、补收运费;危险品查堵及处理;遗失物品、无法交付物品管理;旅客和行李发生意外情况的处理等。

第一百零四条 售票代理人和客运业务代理人,在委托代理权限内,以承运人的名义办理售票和客运有关业务,并按规定收取代理费,不得违反本规则有关规定向旅客收取其他费用。

第一百零五条 承运人和代理人确定代理事项后,应在平等互利、协商一致的原则下签订委托代理合同。

第七章　客运费用

第一节　票价、行李运价

第一百零六条　船票票价根据航区特点、船舶类型、舱室设备等情况，由航运企业制定，报省级以上交通和物价主管部门审批。

第一百零七条　半价票分别按各等级舱室票价的50%计算。

第一百零八条　学生票票价按该航线最低等级票价的50%计算。

第一百零九条　船票票价以元为单位，元以下的尾数进整到元。

第一百一十条　行李运价，由省级以上交通主管部门确定。

第一百一十一条　交通部直属航运企业的行李运价为：

每100千克行李运价，按同航线散席船票基准票价的100%计算。

其他航运企业的行李运价，可参照前款办法制定。

第二节　行李运费的计算

第一百一十二条　行李运费，按行李的计费重量和行李运价计算。

第一百一十三条　行李运费以元为单位，不足1元的尾数按1元进整。

第一百一十四条　行李计费重量按《行李计费重量表》确定。

第一百一十五条　空容器（包括木箱）内放有物品时，如整件实重大于空容器的计费重量，则以整件实重为其计费重量；如空容器的计费重量大于整件实重时，则以空容器的计费重量为其计费重量。

第一百一十六条　行李的计费重量以千克为单位。不足1千克的尾数按1千克进整。

第一百一十七条 行李自带、托运、装卸、搬运等发生的费用，均按计费重量计费。

第一百一十八条 行李运费发生多收或少收时，可在 30 天内由承运人予以多退少补，逾期不再退补。

第三节 包房、包舱、包船运费的计算

第一百一十九条 包房、包舱运费，按所包客房、客舱的载客定额和其等级舱室票价计算。

第一百二十条 包船运费由以下两部分组成：

(一)客舱部分按所包客船乘客定额和各等级舱室票价计算；

(二)货舱部分按货舱、行李舱、邮件舱的载货定额(行李舱、邮件舱以其容积，按 1.133 立方米为 1 定额载重吨换算)和规定的客货轮货运运价计算。

包船期间的调船费和空驶费，分别按调船、空驶里程包船运费的 50% 计算。

包船因旅客上下船或行李、货物装卸发生的滞留费，由航运企业自行规定。

第四节 客运杂费

第一百二十一条 退票、退包费规定为：

(一)退票费，散席按每人每张每 10 元票价核收 1 元，不足 10 元按 10 元计算；卧席按每人每张 10 元票价核收 2 元，不足 10 元按 10 元计算。

(二)包房、包舱的退包费，按包房、包舱运价的 10% 计算，尾数不足 1 元的按 1 元计收。

(三)包船的退包费，在客船计划开航 72 小时以前退包，为包船运价的 10%；在 72 小时以内，48 小时以前退包，为包船运价的 20%；在 48 小时以内、24 小时以前退包，为包船运价的 30%。

第一百二十二条 其他杂费规定为：

(一)补票、补收运费、发售联运票手续费，每人每票 1 元；

（二）行李变更手续费，每人每票2元；

（三）送票费、码头票费、寄存费、保管费、自带行李搬运费、行李标签费，由各港航企业制订，报当地物价部门批准。

港航企业不得向旅客收取本条规定费目以外的杂费。

第一百二十三条 补票、补收运费的手续费及行李变更手续费的收入归办理方所得。

退票费全部归承运人所得。

第五节 港口作业费

第一百二十四条 港口作业费按下列规定计算：

（一）港口作业费分两部分：

1. 旅客运输作业费，按船票票款（扣除旅客港务费、客运附加费等）的4%计算；

2. 行李运输作业费，按行李运费的4%计算，由起运港统一结算，然后按起运港3%、到达港1%解缴。

（二）旅客港务费，每张船票1元。

（三）船舶的港口费用，按交通部或各地港口费收规则的规定计算。

第一百二十五条 托运的行李每装或卸（包括驳运）客船一次每50千克（不足50千克按50千克计算）收费2元。

第六节 代理费

第一百二十六条 售票代理费，按代售船票票款（扣除旅客港务费、客运附加费）的1%计算。

第一百二十七条 行李托运或交付手续的代理费，分别按托运运费收入的1%计算。

第一百二十八条 超限自带行李收费代理费，按自带行李运费收入的2%计算。

第一百二十九条 其他客运业务代理费，按船票票款（扣除旅客港务费、客运附加费等）的2%计算。

第一百三十条 退票代理费，按退票费的50%计算。

第八章 运输发生意外情况的处理

第一节 客船停止航行的处理

第一百三十一条 由于不可抗力或承运人的责任造成客船停止航行时，承运人对旅客和行李的安排应按下列规定办理：

（一）在乘船（起运）港，退还全部船票票款和行李的运费；

（二）在中途停止航行，旅客要求中止旅行或提取行李时，退还未乘（运）区段的票款或运费；

（三）旅客要求从中途停止航行地点返回原乘船港或将行李运回原起运港，应免费运回，退还全部船票票款或行李运费。如在返回途中旅客要求下船或提取行李时，应将旅客所持船票票价或行李运单运价与自原乘船（起运）港至下船（卸船）港的船票票价或行李运价的差额款退还旅客。

第一百三十二条 由于不可抗力或承运人的责任造成客船停止航行，承运人安排旅客改乘其他客船时所发生的票价差额款，按多退少不补的原则办理。

第二节 旅客发生疾病、伤害或死亡的处理

第一百三十三条 旅客在船上发生疾病或遭受伤害时，客船应尽力照顾和救护，必要时填写客运记录，将旅客移交前方港处理。

第一百三十四条 旅客在船上死亡，客船应填写客运记录，将死亡旅客移交前方港会同公安部门处理。

第一百三十五条 旅客在船上发生病危、伤害、死亡或失踪的，客船填写的客运记录应详细写明当事人的姓名、性别、年龄或特征，通信地址及有关情况；准确记录事发的时间、地点及经过情况；如实报告客船所采取的措施及结果。

客运记录应取得两人以上的旁证；经过医生治疗的，应附有医

生的“诊治记录”,并由旅客本人或同行人签字。

第三节　行李事故处理

第一百三十六条　在行李运送期间,发生行李灭失、短少、损坏等情况,承运人或港口经营人应编制行李运输事故记录。

行李运输事故记录必须在交接的当时编制,事后任何一方不得再行要求补编。

第一百三十七条　行李运输事故按其发生情况分为下列四类:

(一)灭失:托运的行李未按规定时间运到,承运人查找时间超过30天仍未找到的,即确定为行李灭失。

(二)短少:件数短少。

(三)损坏:湿损、破损、污损、折损等。

(四)其他。

第一百三十八条　旅客对其托运行李发生事故要求赔偿时,应填写行李赔偿要求书。提出赔偿的时效为旅客在离船或者行李交还或者应当交还之日起15天内,过期不能再要求赔偿。

旅客未按照前款规定及时提交行李赔偿要求书的,除非提出反证,视为已经完整无损地收到行李。

行李交还时,旅客已经会同承运人对行李进行联合检查或者检验的,无需提交行李赔偿要求书。

第一百三十九条　承运人从接到行李的赔偿要求书之日起,应在30天内答复赔偿要求人:

(一)确定承运人或港口经营人不负赔偿责任时,应当填发拒绝赔偿通知书,赔偿要求人提出的单证文件不予退还;

(二)确定承运人或港口经营人应负赔偿责任时,应当填发承认赔偿通知书,赔偿要求人提出的单证文件不予退还。

第四节　赔偿责任

第一百四十条　在本规则第八条、第十一条规定的旅客及其行李的运送期间,因承运人或港口经营人的过失,造成旅客人身伤亡或行李灭失、损坏的,承运人或港口经营人应当负赔偿责任。

旅客的人身伤亡或自带行李的灭失、损坏,是由于客船的沉没、碰撞、搁浅、爆炸、火灾所引起或者是由于客船的缺陷所引起的,承运人除非提出反证,应当视为其有过失。

旅客托运的行李的灭失或损坏、不论由于何种事故引起的,承运人或港口经营人除非提出反证,应当视为其有过失。

对本规则第三十二条规定旅客携带的活动物发生灭失的,按照本条第1、2、3款规定处理。

第一百四十一条　经承运人或港口经营人证明,旅客的人身伤亡,是由于旅客本人的过失或者旅客和承运人或港口经营人的共同过失造成的,可以免除或者相应减轻承运人或港口经营人的赔偿责任。

第一百四十二条　因疾病、自杀、斗殴或犯罪行为而死亡或受伤者,以及非承运人或港口经营人过失造成的失踪者,承运人或港口经营人不承担赔偿责任。

由前款原因所发生的打捞、救助、医疗、通信及船舶临时停靠港口的费用和一切善后费用,由旅客本人或所在单位或其亲属负担。

第一百四十三条　旅客的行李有下列情况的,承运人或港口经营人不负赔偿责任:

(一)不可抗力造成的损失;

(二)物品本身的自然性质引起的损耗、变质;

(三)本规则第二十九条、第六十六条所规定不准携带或托运的物品发生灭失、损耗、变质。

第一百四十四条　在行李运送期间,因承运人或港口经营人过失造成行李损坏的,承运人或港口经营人应负责整修,如损坏程度已失去原来使用价值,应按规定进行赔偿。

第一百四十五条　承运人或港口经营人对灭失的托运行李赔偿后,还应向旅客退还全部运杂费,并收回行李运单。

灭失的行李,赔偿后又找到的,承运人或港口经营人应通知索赔人前来领取。如索赔人同意领取时,则应撤销赔偿手续,收回赔偿款额和已退还的全部运杂费。

灭失的行李赔偿后部分找到的,可参照本条第 2 款精神办理。

第一百四十六条 如发现索赔人有以少报多、以次充好等行为时,应追回多赔款额。

第九章 运输、作业合同争议的处理

第一百四十七条 承运人、港口经营人以及旅客在履行水路旅客运输合同、水路行李运输合同以及作业合同中发生纠纷时,应协商解决。协商不成时,可向仲裁机构申请仲裁,也可以直接向人民法院起诉。

第十章 附 则

第一百四十八条 各省、自治区、直辖市交通主管部门和各水系航务管理部门可根据本规则,结合本地区的实际情况制定补充规定或实施细则,报交通部备案。

第一百四十九条 本规则由交通部负责解释。

第一百五十条 本规则自 1996 年 6 月 1 日起施行。1980 年 11 月 1 日起施行的《水路旅客运输规则》、《水路旅客运输管理规程》及其有关补充规定同时废止。

国内水路运输管理规定

交通运输部令 2014 年第 2 号　2014.1.3

第一章　总　　则

第一条　为规范国内水路运输市场管理，维护水路运输经营活动各方当事人的合法权益，促进水路运输事业健康发展，依据《国内水路运输管理条例》制定本规定。

第二条　国内水路运输管理适用本规定。

本规定所称水路运输，是指始发港、挂靠港和目的港均在中华人民共和国管辖的通航水域内使用船舶从事的经营性旅客运输和货物运输。

第三条　水路运输按照经营区域分为沿海运输和内河运输，按照业务种类分为货物运输和旅客运输。

货物运输分为普通货物运输和危险货物运输。危险货物运输分为包装、散装固体和散装液体危险货物运输。散装液体危险货物运输包括液化气体船运输、化学品船运输、成品油船运输和原油船运输。普通货物运输包含拖航。

旅客运输包括普通客船运输、客货船运输和滚装客船运输。

第四条　交通运输部主管全国水路运输管理工作，并按照本规定具体实施有关水路运输管理工作。

县级以上地方人民政府交通运输主管部门主管本行政区域的水路运输管理工作。县级以上地方人民政府负责水路运输管理的部门或者机构（以下统称水路运输管理部门）具体实施水路运输管理工作。

第二章　水路运输经营者

第五条　申请经营水路运输业务，除个人申请经营内河普通货物运输业务外，申请人应当符合下列条件：

（一）具备企业法人资格。

（二）有明确的经营范围，包括经营区域和业务种类。经营水路旅客班轮运输业务的，还应当有班期、班次以及拟停靠的码头安排等可行的航线营运计划。

（三）有符合本规定要求的船舶，且自有船舶运力应当符合附件1的要求。

（四）有符合本规定要求的海务、机务管理人员。

（五）有符合本规定要求的与其直接订立劳动合同的高级船员。

（六）有健全的安全管理机构及安全管理人员设置制度、安全管理责任制度、安全监督检查制度、事故应急处置制度、岗位安全操作规程等安全管理制度。

第六条　个人只能申请经营内河普通货物运输业务，并应当符合下列条件：

（一）经工商行政管理部门登记的个体工商户。

（二）有符合本规定要求的船舶，且自有船舶运力不超过600总吨。

（三）有安全管理责任制度、安全监督检查制度、事故应急处置制度、岗位安全操作规程等安全管理制度。

第七条　水路运输经营者投入运营的船舶应当符合下列条件：

（一）与水路运输经营者的经营范围相适应。从事旅客运输的，应当使用普通客船、客货船和滚装客船（统称为客船）运输；从事散装液体危险货物运输的，应当使用液化气体船、化学品船、成品油船和原油船（统称为危险品船）运输；从事普通货物运输、包装危险货物运输和散装固体危险货物运输的，可以使用普通货船运输。

（二）持有有效的船舶所有权登记证书、船舶国籍证书、船舶检验证书以及按照相关法律、行政法规规定证明船舶符合安全与防污染和入级检验要求的其他证书。

（三）符合交通运输部关于船型技术标准、船龄以及节能减排的要求。

第八条 除个体工商户外，水路运输经营者应当配备满足下列要求的专职海务、机务管理人员：

（一）海务、机务管理人员数量满足附件2的要求。

（二）海务、机务管理人员的从业资历与其经营范围相适应：

1. 经营普通货船运输的，应当具有不低于大副、大管轮的从业资历；

2. 经营客船、危险品船运输的，应当具有船长、轮机长的从业资历。

（三）海务、机务管理人员所具备的业务知识和管理能力与其经营范围相适应，身体条件与其职责要求相适应。

第九条 除个体工商户外，水路运输经营者按照有关规定应当配备的高级船员中，与其直接订立一年以上劳动合同的高级船员的比例应当满足下列要求：

（一）经营普通货船运输的，高级船员的比例不低于25%。

（二）经营客船、危险品船运输的，高级船员的比例不低于50%。

第十条 交通运输部具体实施下列水路运输经营许可：

（一）省际客船运输、省际危险品船运输的经营许可。

（二）外商投资企业的经营许可。

（三）国务院国有资产监督管理机构履行出资人职责的水路运输企业及其控股公司的经营许可。

省级人民政府水路运输管理部门具体实施省际普通货船运输的经营许可。省内水路运输经营许可的具体权限由省级人民政府交通运输主管部门决定，向社会公布。但个人从事内河省际、省内普通货物运输的经营许可由设区的市级人民政府水路运输管理部门具体实施。

第十一条 申请经营水路运输业务或者变更水路运输经营范围，应当向其所在地设区的市级人民政府水路运输管理部门提交申请书和证明申请人符合本规定要求的相关材料。

第十二条 受理申请的水路运输管理部门不具有许可权限的，当场核实申请材料中的原件与复印件的内容一致后，在5个工作日内提出初步审查意见并将全部申请材料转报至具有许可权限的部门。

第十三条 具有许可权限的部门，对符合条件的，应当在20个工作日内作出许可决定，向申请人颁发《国内水路运输经营许可证》，并向其投入运营的船舶配发《船舶营业运输证》。申请经营水路旅客班轮运输业务的，还应当向申请人颁发该班轮航线运营许可证件。不符合条件的，不予许可，并书面通知申请人不予许可的理由。

《国内水路运输经营许可证》和《船舶营业运输证》应当通过全国水路运政管理信息系统核发，并逐步实现行政许可网上办理。

第十四条 除购置或者光租已取得相应水路运输经营资格的船舶外，水路运输经营者新增客船、危险品船运力，应当经其所在地设区的市级人民政府水路运输管理部门向具有许可权限的部门提出申请。

具有许可权限的部门根据运力运量供求情况对新增运力申请予以审查。根据运力供求情况需要对新增运力予以数量限制时，依据经营者的经营规模、管理水平、安全记录、诚信经营记录等情况，公开竞争择优作出许可决定。

水路运输经营者新增普通货船运力，应当在船舶开工建造后15个工作日内向所在地设区的市级人民政府水路运输管理部门备案。

第十五条 交通运输部在特定的旅客班轮运输和散装液体危

险货物运输航线、水域出现运力供大于求状况,可能影响公平竞争和水路运输安全的情形下,可以决定暂停对特定航线、水域的旅客班轮运输和散装液体危险货物运输新增运力许可。

暂停新增运力许可期间,对暂停范围内的新增运力申请不予许可,对申请投入运营的船舶,不予配发《船舶营业运输证》,但暂停决定生效前已取得新增运力批准且已开工建造、购置或者光租的船舶除外。

第十六条 交通运输部对水路运输市场进行监测,分析水路运输市场运力状况,定期公布监测结果。

对特定的旅客班轮运输和散装液体危险货物运输航线、水域暂停新增运力许可的决定,应当依据水路运输市场监测分析结果作出。

采取暂停新增运力许可的运力调控措施,应当符合公开、公平、公正的原则,在开始实施的60日前向社会公告,说明采取措施的理由以及采取措施的范围、期限等事项。

第十七条 《国内水路运输经营许可证》的有效期为5年。《船舶营业运输证》的有效期按照交通运输部的有关规定确定。水路运输经营者应当在证件有效期届满前的30日内向原许可机关提出换证申请。原许可机关应当依照本规定进行审查,符合条件的,予以换发。

第十八条 发生下列情况后,水路运输经营者应当在15个工作日内以书面形式向原许可机关备案,并提供相关证明材料:

(一)法定代表人或者主要股东发生变化。

(二)固定的办公场所发生变化。

(三)海务、机务管理人员发生变化。

(四)与其直接订立一年以上劳动合同的高级船员的比例发生变化。

(五)经营的船舶发生重大以上安全责任事故。

(六)委托的船舶管理企业发生变更或者委托管理协议发生变化。

第十九条 水路运输经营者终止经营的，应当自终止经营之日起15个工作日内向原许可机关办理注销手续，交回许可证件。

已取得《船舶营业运输证》的船舶报废、转让或者变更经营者，应当自发生上述情况之日起15个工作日内向原许可机关办理《船舶营业运输证》注销、变更手续。

第三章 水路运输经营行为

第二十条 水路运输经营者应当保持相应的经营资质条件，按照《国内水路运输经营许可证》核定的经营范围从事水路运输经营活动。

已取得省际水路运输经营资格的水路运输经营者和船舶，可凭省际水路运输经营资格从事相应种类的省内水路运输，但旅客班轮运输除外。

已取得沿海水路运输经营资格的水路运输经营者和船舶，可在满足航行条件的情况下，凭沿海水路运输经营资格从事相应种类的内河运输。

第二十一条 水路运输经营者不得出租、出借水路运输经营许可证件，或者以其他形式非法转让水路运输经营资格。

第二十二条 从事水路运输的船舶应当随船携带《船舶营业运输证》，不得转让、出租、出借或者涂改。《船舶营业运输证》遗失或者损毁的，应当及时向原配发机关申请补发。

第二十三条 水路运输经营者应该按照《船舶营业运输证》标定的载客定额、载货定额和经营范围从事旅客和货物运输，不得超载。

水路运输经营者使用客货船或者滚装客船载运危险货物时，不得载运旅客，但按照相关规定随船押运货物的人员和滚装车辆的司机除外。

第二十四条 水路运输经营者不得擅自改装客船、危险品船增加载客定额、载货定额或者变更从事散装液体危险货物运输的种类。

第二十五条 水路运输经营者应当使用规范的、符合有关法律法规和交通运输部规定的客票和运输单证。

第二十六条 水路旅客运输业务经营者应当拒绝携带国家规定的危险物品及其他禁止携带的物品的旅客乘船。船舶开航后发现旅客随船携带有危险物品及其他禁止携带的物品的,应当妥善处理,旅客应当予以配合。

第二十七条 水路旅客班轮运输业务经营者应当自取得班轮航线经营许可之日起60日内开航,并在开航的15日前通过媒体并在该航线停靠的各客运站点的明显位置向社会公布所使用的船舶、班期、班次、票价等信息,同时报原许可机关备案。

旅客班轮应当按照公布的班期、班次运行。变更班期、班次、票价的,水路旅客班轮运输业务经营者应当在变更的15日前向社会公布,并报原许可机关备案。停止经营部分或者全部班轮航线的,经营者应当在停止经营的30日前向社会公布,并报原许可机关备案。

第二十八条 水路货物班轮运输业务经营者应当在班轮航线开航的7日前,向社会公布所使用的船舶以及班期、班次和运价,并报原许可机关备案。

货物班轮运输应当按照公布的班期、班次运行;变更班期、班次、运价或者停止经营部分或者全部班轮航线的,水路货物班轮运输业务经营者应当在变更或者停止经营的7日前向社会公布,并报原许可机关备案。

第二十九条 水路旅客运输业务经营者应当以公布的票价销售客票,不得对相同条件的旅客实施不同的票价,不得以搭售、现金返还、加价等不正当方式变相变更公布的票价并获取不正当利益,不得低于客票载明的舱室或者席位等级安排旅客。

第三十条 水路运输经营者从事水路运输经营活动,应当依法经营,诚实守信,禁止以不合理的运价或者其他不正当方式、不规范行为争抢客源、货源及提供运输服务。

水路旅客运输业务经营者为招揽旅客发布信息,必须真实、准确,不得进行虚假宣传,误导旅客,对其在经营活动中知悉的旅客个人信息,应当予以保密。

第三十一条 水路旅客运输业务经营者应当就运输服务中的下列事项,以明示的方式向旅客作出说明或者警示:

(一)不适宜乘坐客船的群体。

(二)正确使用相关设施、设备的方法。

(三)必要的安全防范和应急措施。

(四)未向旅客开放的经营、服务场所和设施、设备。

(五)可能危及旅客人身、财产安全的其他情形。

第三十二条 水路运输经营者应当依照法律、行政法规和国家有关规定,优先运送处置突发事件所需物资、设备、工具、应急救援人员和受到突发事件危害的人员,重点保障紧急、重要的军事运输。

水路运输经营者应当服从交通运输主管部门对关系国计民生物资紧急运输的统一组织协调,按照要求优先、及时运输。

水路运输经营者应当按照交通运输主管部门的要求建立运输保障预案,并建立应急运输、军事运输和紧急运输的运力储备。

第三十三条 水路运输经营者应当按照国家统计规定报送运输经营统计信息。

第四章 外商投资企业和外国籍船舶的特别规定

第三十四条 外商投资企业申请从事水路运输,除满足本规定第五条规定的经营资质条件外,还应当符合下列条件:

(一)拟经营的范围内,国内水路运输经营者无法满足需求。

(二)应当具有经营水路运输业务的良好业绩和运营记录。

第三十五条 交通运输部可以根据国内水路运输实际情况,决定是否准许外商投资企业经营国内水路运输。

经批准取得水路运输经营许可的外商投资企业外方投资者或

者外方投资股比等事项发生变化的,应当报原许可机关批准。原许可机关发现外商投资企业不再符合本规定要求的,应当撤销其水路运输经营资质。

第三十六条 符合下列情形并经交通运输部批准,水路运输经营者可以租用外国籍船舶在中华人民共和国港口之间从事不超过两个连续航次或者期限为30日的临时运输:

(一)没有满足所申请的运输要求的中国籍船舶。

(二)停靠的港口或者水域为对外开放的港口或者水域。

第三十七条 租用外国籍船舶从事临时运输的水路运输经营者,应当向交通运输部提交申请书、运输合同、拟使用的外籍船舶及船舶登记证书、船舶检验证书等相关证书和能够证明符合本规定规定情形的相关材料。申请书应当说明申请事由、承运的货物、运输航次或者期限、停靠港口。

交通运输部应当自受理申请之日起20个工作日内,对申请事项进行审核。对符合规定条件的,作出许可决定并且颁发许可文件;对不符合条件的,不予许可,并书面通知申请人不予许可的理由。

第三十八条 临时从事水路运输的外国籍船舶,应当遵守水路运输管理的有关规定,按照批准的范围和期限进行运输。

第五章 监督检查

第三十九条 交通运输部和水路运输管理部门依照有关法律、法规和本规定对水路运输市场实施监督检查。

第四十条 对水路运输市场实施监督检查,可以采取下列措施:

(一)向水路运输经营者了解情况,要求其提供有关凭证、文件及其他相关材料。

(二)对涉嫌违法的合同、票据、账簿以及其他资料进行查阅、复制。

（三）进入水路运输经营者从事经营活动的场所、船舶实地了解情况。

水路运输经营者应当配合监督检查，如实提供有关凭证、文件及其他相关资料。

第四十一条 水路运输管理部门对水路运输市场依法实施监督检查中知悉的被检查单位的商业秘密和个人信息应当依法保密。

第四十二条 实施现场监督检查的，应当当场记录监督检查的时间、内容、结果，并与被检查单位或者个人共同签署名章。被检查单位或者个人不签署名章的，监督检查人员对不签署的情形及理由应当予以注明。

第四十三条 水路运输管理部门在监督检查中发现水路运输经营者不符合本规定要求的经营资质条件的，应当责令其限期整改，并在整改期限结束后对该经营者整改情况进行复查，并作出整改是否合格的结论。

对运力规模达不到经营资质条件的整改期限最长不超过6个月，其他情形的整改期限最长不超过3个月。水路运输经营者在整改期间已开工建造但尚未竣工的船舶可以计入自有船舶运力。

第四十四条 水路运输管理部门应当建立健全水路运输市场诚信监督管理机制和服务质量评价体系，建立水路运输经营者诚信档案，记录水路运输经营者及从业人员的诚信信息，定期向社会公布监督检查结果和经营者的诚信档案。

水路运输管理部门应当建立水路运输违法经营行为社会监督机制，公布投诉举报电话、邮箱等，及时处理投诉举报信息。

水路运输管理部门应当将监督检查中发现或者受理投诉举报的经营者违法违规行为及处理情况、安全责任事故情况等记入诚信档案。违法违规情节严重可能影响经营资质条件的，对经营者给予提示性警告。不符合经营资质条件的，按照本规定第四十三条的规定处理。

第四十五条 水路运输管理部门应当与当地海事管理机构建

立联系机制，按照《国内水路运输管理条例》的要求，做好《船舶营业运输证》查验处理衔接工作，及时将本行政区域内水路运输经营者的经营资质保持情况通报当地海事管理机构。

海事管理机构应当将有关水路运输船舶重大以上安全事故情况及结论意见及时书面通知该船舶经营者所在地设区的市级人民政府水路运输管理部门。水路运输管理部门应当将其纳入水路运输经营者诚信档案。

第六章　法律责任

第四十六条　水路运输经营者未按照本规定要求配备海务、机务管理人员的，由其所在地县级以上人民政府水路运输管理部门责令改正，处1万元以上3万元以下的罚款。

第四十七条　水路运输经营者或其船舶在规定期限内，经整改仍不符合本规定要求的经营资质条件的，由其所在地县级以上人民政府水路运输管理部门报原许可机关撤销其经营许可或者船舶营运证件。

第四十八条　从事水路运输经营的船舶超出《船舶营业运输证》核定的经营范围，或者擅自改装客船、危险品船增加《船舶营业运输证》核定的载客定额、载货定额或者变更从事散装液体危险货物运输种类的，按照《国内水路运输管理条例》第三十四条第一款的规定予以处罚。

第四十九条　水路运输经营者违反本规定，有下列行为之一的，由其所在地县级以上人民政府水路运输管理部门责令改正，处2000元以上1万元以下的罚款；一年内累计三次以上违反的，处1万元以上3万元以下的罚款：

(一)未履行备案义务。

(二)未以公布的票价或者变相变更公布的票价销售客票。

(三)进行虚假宣传，误导旅客或者托运人。

(四)以不正当方式或者不规范行为争抢客源、货源及提供运输服务扰乱市场秩序。

（五）使用的运输单证不符合有关规定。

第五十条 水路运输经营者拒绝管理部门根据本规定进行的监督检查或者隐匿有关资料或瞒报、谎报有关情况的，由其所在地县级以上人民政府水路运输管理部门予以警告，并处2000元以上1万元以下的罚款。

第五十一条 违反本规定的其他规定应当进行处罚的，按照《国内水路运输管理条例》执行。

第七章　附　　则

第五十二条 本规定下列用语的定义：

（一）自有船舶，是指水路运输经营者将船舶所有权登记为该经营者且归属该经营者的所有权份额不低于51%的船舶。

（二）班轮运输，是指在固定港口之间按照预定的船期向公众提供旅客、货物运输服务的经营活动。

第五十三条 依法设立的水路运输行业组织可以依照法律、行政法规和章程的规定，制定行业经营规范和服务标准，组织开展职业道德教育和业务培训，对其会员的经营行为和服务质量进行自律性管理。

水路运输行业组织可以建立行业诚信监督、约束机制，提高行业诚信水平。对守法经营、诚实信用的会员以及从业人员，可以给予表彰、奖励。

第五十四条 经营内地与香港特别行政区、澳门特别行政区，以及大陆地区与台湾地区之间的水路运输，不适用于本规定。

在香港特别行政区、澳门特别行政区进行船籍登记的船舶临时从事内地港口之间的运输，在台湾地区进行船籍登记的船舶临时从事大陆港口之间的运输，参照适用本规定关于外国籍船舶的有关规定。

第五十五条 载客12人以下的客船运输、乡镇客运渡船运输以及与外界不通航的公园、封闭性风景区内的水上旅客运输不适用本规定。

第五十六条 本规定自2014年3月1日起施行。2008年5月26日交通运输部以交通运输部令2008年第2号公布的《国内水路运输经营资质管理规定》、1987年9月22日交通部以(87)交河字680号文公布、1998年3月6日以交水发〔1998〕107号文修改、2009年6月4日交通运输部以交通运输部令2009年第6号修改的《水路运输管理条例实施细则》、1990年9月28日交通部以交通部令1990年第22号公布、2009年交通运输部令2009年第7号修改的《水路运输违章处罚规定》同时废止。

国内水路运输辅助业管理规定

交通运输部令2014年第3号　2014.1.2

第一章　总　　则

第一条　为规范国内水路运输辅助业务经营行为，维护水路运输市场秩序，促进水路运输事业健康发展，依据《国内水路运输管理条例》制定本规定。

第二条　国内水路运输辅助业务管理适用本规定。

本规定所称水路运输辅助业务，包括船舶管理、船舶代理、水路旅客运输代理、水路货物运输代理等水路运输辅助性业务经营活动。

第三条　交通运输部主管全国水路运输辅助业务管理工作。

县级以上人民政府交通运输主管部门主管本行政区域内的水路运输辅助业务管理工作。县级以上人民政府负责水路运输管理的部门或者机构（以下统称水路运输管理部门）具体实施水路运输辅助业务管理工作。

第四条　经营水路运输辅助业务，应当守法经营、公平竞争、诚实守信。

第二章　水路运输辅助业务经营者

第五条　申请经营船舶管理业务，申请人应当符合下列条件：

（一）具备企业法人资格；

（二）有符合本规定要求的海务、机务管理人员；

（三）有健全的安全管理机构和安全管理人员设置制度、安全管理责任制度、安全监督检查制度、事故应急处置制度、岗位安全操作规程等安全管理制度，以及与其申请管理的船舶种类相适应的船舶安全与防污染管理体系；

（四）法律、行政法规规定的其他条件。

第六条 船舶管理业务经营者应当配备满足下列要求的专职海务、机务管理人员：

（一）船舶管理业务经营者应当至少配备海务、机务管理人员各1人，配备的具体数量应当符合附件规定的要求；

（二）海务、机务管理人员的从业资历与其经营范围相适应，具有与管理的船舶种类和航区相对应的船长、轮机长的从业资历；

（三）海务、机务管理人员所具备的船舶安全管理、船舶设备管理、航海保障、应急处置等业务知识和管理能力与其经营范围相适应，身体条件与其职责要求相适应。

第七条 申请经营船舶管理业务或者变更船舶管理业务经营范围，应当向其所在地设区的市级人民政府水路运输管理部门提交申请书和证明申请人符合本规定要求的相关材料。

第八条 设区的市级人民政府水路运输管理部门收到申请后，应当依法核实或者要求申请人补正材料。并在受理申请之日起5个工作日内提出初步审查意见并将全部申请材料转报至省级人民政府水路运输管理部门。

省级人民政府水路运输管理部门应当依法对申请者的经营资质条件进行审查。符合条件的，应当在20个工作日内作出许可决定，向申请人颁发《国内船舶管理业务经营许可证》；不符合条件的，不予许可，并书面通知申请人不予许可的理由。

《国内船舶管理业务经营许可证》应当通过全国水路运政管理信息系统核发，并逐步实现行政许可网上办理。

第九条 《国内船舶管理业务经营许可证》的有效期为5年。船舶管理业务经营者应当在证件有效期届满前的30日内向原许可机关提出换证申请。原许可机关应当依照本规定进行审查，符合条件的,予以换发。

第十条 发生下列情况后,船舶管理业务经营者应当在 15 个工作日内以书面形式向原许可机关备案,并提供相关证明材料:

(一)法定代表人或者主要股东发生变化;

(二)固定的办公场所发生变化;

(三)海务、机务管理人员发生变化;

(四)管理的船舶发生重大以上安全责任事故;

(五)接受管理的船舶或者委托管理协议发生变化。

第十一条 船舶管理业务经营者终止经营的,应当自终止经营之日起 15 个工作日内向原许可机关办理注销手续,交回许可证件。

第十二条 从事船舶代理、水路旅客运输代理、水路货物运输代理业务,应当自工商行政管理部门准予设立登记之日起 15 个工作日内,向其所在地设区的市级人民政府水路运输管理部门办理备案手续,并递交下列材料:

(一)备案申请表;

(二)《企业法人营业执照》复印件;

(三)法定代表人身份证明材料。

设区的市级人民政府水路运输管理部门应当建立档案,及时向社会公布备案情况。

第十三条 从事船舶代理、水路旅客运输代理、水路货物运输代理业务经营者的名称、固定办公场所及联系方式、法定代表人、经营范围等事项发生变更或者终止经营的,应当在变更或者终止经营之日起 15 个工作日内办理变更备案。

第三章 水路运输辅助业务经营活动

第十四条 船舶管理业务经营者应当保持相应的经营资质条件,按照《国内船舶管理业务经营许可证》核定的经营范围从事船舶管理业务。

第十五条 船舶管理业务经营者不得出租、出借船舶管理业务经营许可证件，或者以其他形式非法转让船舶管理业务经营资格。

第十六条 船舶管理业务经营者接受委托提供船舶管理服务，应当与委托人订立书面协议，载明委托双方当事人的权利义务。

船舶管理业务经营者应当将船舶管理协议报其所在地和船籍港所在地县级以上人民政府水路运输管理部门备案。

第十七条 船舶管理业务经营者应当按照国家有关规定和船舶管理协议约定，负责船舶的海务、机务和安全与防污染管理。

船舶管理业务经营者应当保持安全和防污染管理体系的有效性，履行有关船舶安全与防污染管理义务。

船舶管理经营业务经营者，应当委派其海务、机务管理人员定期登船检查船舶的安全技术性能、船员操作技能等情况，并在航海日志上作相应记录。普通货船的检查间隔不长于6个月，客船和危险品船的检查间隔不长于3个月。

第十八条 船舶管理业务经营者应当在船舶发生安全和污染责任事故的3个工作日内，将事故情况向其所在地县级以上人民政府水路运输管理部门报告。在事故调查部门查明事故原因后的5个工作日内，将事故调查的结论性意见向其所在地县级以上人民政府水路运输管理部门书面报告。

第十九条 船舶代理、水路旅客运输代理、水路货物运输代理业务经营者接受委托提供代理服务，应当与委托人订立书面合同，按照国家有关规定和合同约定办理代理业务。

第二十条 港口经营人不得为船舶所有人、经营人以及货物托运人、收货人指定水路运输辅助业务经营者，提供船舶、水路货物运输代理等服务。

第二十一条 港口经营人应当接受船舶所有人、经营人以及货物托运人、收货人自行办理船舶或者货物进出港口手续，并给予便利。

第二十二条 水路运输辅助业务经营者不得有以下行为：

(一)以承运人的身份从事水路运输经营活动；

(二)为未依法取得水路运输业务经营许可或者超越许可范围的经营者提供水路运输辅助服务；

(三)未订立书面合同、强行代理或者代办业务；

(四)滥用优势地位,限制委托人选择其他代理或者船舶管理服务提供者；

(五)发布虚假信息招揽业务；

(六)以不正当方式或者不规范行为提供其他水路运输辅助服务,扰乱市场秩序；

(七)法律、行政法规禁止的其他行为。

第二十三条 水路旅客运输代理业务经营者应当在售票场所和售票网站的明显位置公布船舶、班期、班次、票价等信息。

水路旅客运输代理业务经营者应当以水路旅客运输业务经营者公布的票价销售客票,不得对相同条件的旅客实施不同的票价,不得以搭售、现金返还、加价等不正当方式变相变更公布的票价并获取不正当利益。

第二十四条 水路运输辅助业务经营者应当使用规范的、符合有关法律法规和交通运输部规定的客票和运输单证。

第二十五条 水路运输辅助业务经营者开展业务活动应当建立业务记录和管理台账,按照规定报送统计信息。

第二十六条 水路运输辅助业务经营者对其在经营活动中知悉的商业秘密和个人信息,应当予以保密。

第四章 监督管理

第二十七条 交通运输部和水路运输管理部门应当依照有关法律、法规和本规定对水路运输辅助业务经营活动和经营资质实施监督管理。

第二十八条 对水路运输辅助业实施监督检查,可以采取下

列措施:

(一)向水路运输辅助业务经营者了解情况,要求提供有关凭证、文件及其他相关材料;

(二)对涉嫌违法的合同、票据、账簿以及其他资料进行查阅、复制;

(三)进入水路运输辅助业务经营者从事经营活动的场所实地了解情况。

水路运输辅助业务经营者应当配合监督检查,如实提供有关凭证、文件及其他相关资料。

第二十九条 水路运输管理部门在监督检查中,对知悉的被检查单位的商业秘密和个人信息应当依法保密。

第三十条 实施现场监督检查的,应当当场记录监督检查的时间、内容、结果,并与被检查单位或者个人共同签署名章。被检查单位或者个人不签署名章的,监督检查人员对不签署的情形及理由应当予以注明。

第三十一条 水路运输管理部门在监督检查中发现船舶管理业务经营者不符合本规定要求的经营资质条件的,应当责令其限期整改,整改期限最长不超过3个月,并在整改期限结束后对该经营者整改情况进行复查,并作出整改是否合格的结论。

第三十二条 水路运输管理部门应当建立健全水路运输辅助业务经营者诚信监督管理机制和服务质量评价体系,建立水路运输辅助业务经营者诚信档案,记录水路运输辅助业务经营者及从业人员的诚信信息,定期向社会公布监督检查结果和经营者的诚信档案。

水路运输管理部门应当建立水路运输辅助业违法经营行为社会监督机制,公布投诉举报电话、邮箱等,及时处理投诉举报信息。

水路运输管理部门应当将监督检查中发现或者受理投诉举报的经营者违法违规行为及处理情况、安全责任事故情况等记入诚信档案。违法违规情节严重的,对经营者给予提示性警告。船舶管理业务经营者不符合经营资质条件的,按照本规定第三十一条的规定处理。

第三十三条 水路运输管理部门应当与当地海事管理机构建立联系机制,及时将本行政区域内船舶管理业务经营者的经营资质保持情况通报当地海事管理机构。

海事管理机构应当将有关船舶管理业务经营者管理的船舶发生重大以上安全事故情况及结论意见、重大违法违规、未履行或者未完全履行安全管理责任等安全管理相关情况及时书面通知该船舶管理经营者所在地设区的市级人民政府水路运输管理部门。所在地水路运输管理部门应当将其纳入船舶管理业务经营者诚信档案。

第五章 法律责任

第三十四条 船舶管理业务经营者未按照本规定要求配备相应海务、机务管理人员的,由其所在地县级以上人民政府水路运输管理部门责令改正,处1万元以上3万元以下的罚款。

第三十五条 船舶管理业务经营者与委托人订立虚假协议或者名义上接受委托实际不承担船舶海务、机务管理责任的,由经营者所在地县级以上人民政府水路运输管理部门责令改正,并按《国内水路运输管理条例》第三十七条关于非法转让船舶管理业务经营资格的有关规定进行处罚。

第三十六条 水路运输辅助业务经营者违反本规定,有下列行为之一的,由其所在地县级以上人民政府水路运输管理部门责令改正,处2000元以上1万元以下的罚款;一年内累计三次以上违反本规定的,处1万元以上3万元以下的罚款:

(一)未履行备案或者报告义务;

(二)为未依法取得水路运输业务经营许可或者超越许可范围的经营者提供水路运输辅助服务;

(三)与船舶所有人、经营人、承租人未订立船舶管理协议或者协议未对船舶海务、机务管理责任做出明确规定；

（四）未订立书面合同、强行代理或者代办业务；

（五）滥用优势地位，限制委托人选择其他代理或者船舶管理服务提供者；

（六）进行虚假宣传，误导旅客或者委托人；

（七）以不正当方式或者不规范行为争抢客源、货源及提供其他水路运输辅助服务，扰乱市场秩序；

（八）未在售票场所和售票网站的明显位置公布船舶、班期、班次、票价等信息；

（九）未以公布的票价或者变相变更公布的票价销售客票；

（十）使用的运输单证不符合有关规定；

（十一）未建立业务记录和管理台账。

第三十七条 水路运输辅助业务经营者拒绝管理部门根据本规定进行的监督检查、隐匿有关资料或者瞒报、谎报有关情况的，由其所在地县级以上人民政府水路运输管理部门责令改正，拒不改正的处2000元以上1万元以下的罚款。

第三十八条 港口经营人为船舶所有人、经营人以及货物托运人、收货人指定水路运输辅助业务经营者，提供船舶、水路货物运输代理等服务的，由其所在地县级以上人民政府水路运输管理部门责令改正，拒不改正的处1万元以上3万元以下的罚款。

第三十九条 违反本规定的其他规定应当进行处罚的，按照《国内水路运输管理条例》执行。

第六章 附 则

第四十条 依法设立的水路运输辅助业务行业组织可以依照法律、行政法规和章程的规定，制定水路运输辅助业经营规范和服务标准，组织开展职业道德教育和业务培训，对其会员的经营行为和服务质量进行自律性管理。

水路运输辅助业务行业组织可以建立行业诚信监督、约束机制，提高行业诚信水平。对守法经营、诚实信用的会员以及从业人员，可以给予表彰、奖励。

第四十一条 本规定自2014年3月1日起施行。2009年4月20日交通运输部以交通运输部令2009年第5号发布的《中华人民共和国水路运输服务业管理规定》和2009年1月5日交通运输部以交通运输部令2009年第1号发布的《国内船舶管理业规定》同时废止。

交通运输部关于实施国内水路运输及辅助业管理规定有关事项的通知

交水发〔2014〕141 号　2014.7.15

各省、自治区、直辖市交通运输厅(委),天津市交通运输和港口管理局,各中央国有航运企业集团总公司:

《国内水路运输管理规定》和《国内水路运输辅助业管理规定》(以下简称两个《规定》)已于 2014 年 1 月 3 日分别以交通运输部令第 2 号和第 3 号发布,自 2014 年 3 月 1 日起施行。为做好两个《规定》的实施工作,现将有关事项通知如下:

一、充分认识两个《规定》的重要意义

两个《规定》是依据《国内水路运输管理条例》(以下简称《水条》)的有关规定,在调整和完善《国内水路运输经营资质管理规定》(交通运输部令 2008 年第 2 号)、《国内船舶管理业规定》(交通部令 2001 年第 3 号)等规定的基础上制订的,充分体现了转变政府职能、简化行政审批、提高行政效能的要求,对加强水路运输市场准入管理、规范水路运输经营行为、维护水路运输市场秩序、促进水路运输行业健康发展具有十分重要的意义。

两个《规定》进一步落实了国内水路运输的经营资质条件,在《水条》取消和下放了一些行政许可事项的基础上,简化了行政审批程序,完善了对经营资质和经营行为的监督检查制度,强化了对水路运输经营活动的监管措施,是实施国内水路运输市场管理的重要依据,为促进经营者依法经营、诚信守信提供了制度保障。

各级水路运输管理部门要准确把握两个《规定》的主要内容,积极组织开展宣传,做好两个《规定》的实施工作。

二、明确职责，强化管理

（一）明确水路运输管理职责。各级水路运输管理部门要严格履行《水条》和两个《规定》赋予的管理职责。各省级水路运输管理部门根据《水条》和两个《规定》确定的原则并结合当地实际，明确省、市、县级水路运输管理部门的职责。

各级交通运输主管部门应当按照一个管理事项由一个部门或机构负责的原则，明确本级具体负责水路运输管理的部门和职责，向社会公布，并向上一级水路运输管理部门备案。原则上，设立水路运输管理机构的，由水路运输管理机构负责本地区国内水路运输的具体管理工作，交通运输主管部门加强对水路运输管理机构的宏观管理和指导监督。

（二）严格市场准入管理与服务。水路运输管理部门要严格按照两个《规定》要求和有关政策，切实加强市场准入事项管理，进一步增强服务意识，简化审批环节，提高办事效率，减轻企业负担。水路运输管理部门应当通过网站等方式向社会公开行政许可事项受理的部门、程序、时限和办事指南、联系方式、监督电话，受理程序与审核要求要规范统一。已经取消的行政许可事项要加强经营行为的监管。由审批改为备案的事项原则上不出具备案证书，在政务公开网站上公布备案的信息并以适当方式告知申请人已经按规定履行备案义务。

（三）加强经营资质核查。水路运输管理部门应当建立、健全经营资质监督检查和预警制度，加强本行政区域内水路运输经营资质的核查和监督。对经营资质水平下降或者违法违规情节严重可能影响经营资质条件的国内水路运输经营者，应当建立重点跟踪名单，加强核查，及时警示或者整改。

（四）加强市场经营行为的监督检查，依法查处违规违法行为，维护市场公平竞争环境。水路运输管理部门要按照《水条》和两个《规定》，建立与工商行政、商务、价格、海事等管理部门或机构的监督管理协调机制，开展国内水路运输市场经营行为的日常监督检查，依法查处违法违规行为，建立和完善水路运输市场诚信监督管理制度,加强水路运输经营者诚信信息采集、评估和公开工作。水路运输管理部门在市场监督检查工作中,要规范行政行为,完善监督检查记录,建立监督检查档案,定期向社会公告监督检查结果。

(五)加强法制建设和运政队伍建设。开展法规文件修订完善工作。水路运输管理部门要对照《水条》和两个《规定》,清理、修订地方法规、规章和规范性文件,完善管理制度,并结合地方实际制定具体的管理办法。水路运输管理部门要加强运政管理人员的培训,建立完善规范、透明、高效、廉洁的工作流程和制度,不断提升运政队伍的监管能力和服务能力,主动接受社会监督。

三、需要进一步明确的事项

(一)部长江、珠江水系派出机构的管理职责。长江、珠江航务管理局要继续按照部有关规定,分别承担两个《规定》明确由部具体实施的长江、珠江水系水路运输和辅助业市场管理职责。

(二)现有水路运输和船舶管理业务经营者达到两个《规定》要求的经营资质条件的时限。2014 年 3 月 1 日前已经取得经营许可的水路运输经营者和船舶管理业务经营者,应当在 2015 年 3 月 1 日前符合除自有船舶运力以外的其他经营资质条件。客船、危险品船运输经营者,应当在 2017 年 3 月 1 日前符合规定要求的自有船舶运力条件;普通货船运输经营者,应当在 2018 年 3 月 1 日前符合规定要求的自有船舶运力条件。

同时经营油船和化学品船运输或者同时经营客货船、滚装客船运输的,自有船舶运力可以合并计算,但每一船舶种类应当至少拥有一艘。省际与省内、沿海与内河、长江与西江水域的自有船舶运力应当分别计算。融资租赁船舶自有船舶运力认定按照《交通运输部关于实施融资租赁船舶运力认定政策的公告》(交通运输部公告 2013 年第 81 号)执行。船舶所有人在共有船舶中所占份额低于 51% 的,不计入其自有船舶运力。

(三)市场调控政策。继续执行省际客船、危险品船运输市场宏观调控政策和规范货主船队管理政策。取消《关于暂停批准新的经营者从事船舶管理业的公告》(交通运输部公告 2010 年第 27 号)和《交通运输部关于进一步加强船舶管理市场管理的通知》(交水发〔2012〕429 号)对新增船舶管理业务经营者市场准入的限制。

(四)市场准入管理。需境外购置或者光租普通货船的水路运输经营者,在确定购置或光租意向后,应按照新增普通货船运力方式向水路运输管理部门备案。为便于管理,减少许可证件种类,水路旅客班轮运输许可事项记入《国内水路运输经营许可证》,不另外核发水路旅客班轮航线运营许可证件。经营水路货物班轮运输业务的,在《国内水路运输经营许可证》的经营范围中注明。

水路运输经营者应当配备的海务、机务管理人员数量应与其全部经营(含光租、被委托经营)的船舶相适应,但船舶安全与防污染管理已委托船舶管理企业管理的船舶除外。海务、机务管理人员应当与企业签订一年以上全日制用工劳动合同,在合同期限内不得在船上或者其他企业从事任何形式的兼职。

水路运输经营者应当配备的高级船员数量是指其经营管理的所有船舶(含其被委托经营和已委托船舶管理的船舶)的船舶最低安全配员证书要求应当配备的高级船员之和。水路运输经营者与船员服务机构存在控股关系或者为同一控股股东的,该船员服务机构为其配备的高级船员可以视同与该经营者直接订立劳动合同的高级船员,但该船员服务机构与其配备的高级船员应当订立一年以上劳动合同。船长计入高级船员。

取得与其经营范围相一致的交通运输企业安全生产标准化达标证书或者安全与防污染符合证明(DOC)的申请人,可以视同其有健全的安全管理制度。

核定船舶管理业务经营者的经营范围时,涉及海务、机务管理和安全与防污染管理事项的,应统一表述为"经营区域"+"船舶种类"+"海务、机务管理和安全与防污染管理"。船舶管理业务经营者应当使用相关行业组织或者协会公布的船舶管理合同范本。

已取得省际经营资格的水路运输经营者和船舶,可从事相应种类的各地的省内水路运输,但省际内河运输船舶跨水系经营省际和省内运输,需符合经营区域有关标准船型指标体系和船舶安全航行的要求。

(五)委托经营管理的普通货船,委托经营管理合同有效期届满后应转为成立水路运输企业经营或者光租给水路运输经营者经营,其中委托合同有效期在 2014 年底前届满且短期内难以满足条件的,可限期不迟于 2015 年底前转为成立水路运输企业经营或者光租给水路运输经营者经营。严禁水路运输经营者以欺骗手段接受船舶挂靠。

(六)证书管理。为保持证书管理的连续性,避免浪费和方便企业,已经核发的《水路运输许可证》和《水路运输服务许可证》可以继续使用至有效期届满后。《水路运输许可证》、《水路运输服务许可证》、《船舶营业运输证》、《船舶营运证注销证明书》的式样暂时不变,《水路运输许可证》、《水路运输服务许可证》的名称应分别变更为《国内水路运输经营许可证》和《国内船舶管理业务经营许可证》,证书中引用的法规名称相应调整。

(七)国务院国有资产监督管理机构履行出资人职责的企业及其控股公司的水路运输及船舶管理业务经营许可申请和《船舶营业运输证》申领的,申请人应当通过其集团总公司向交通运输部提出申请。

(八)租用外国籍船舶临时从事国内水路运输的水路运输经营,应当具有与租用的船舶拟从事的水路运输相一致或者类似的经营资格,符合《国内水路运输管理规定》规定的条件。租用的外国籍船舶的船龄不得超过《老旧运输船舶管理规定》的报废船龄。

交通运输部在收到租用外国籍船舶临时从事水路运输的申请后,经初步审核符合条件的,应向社会公示,公示期为 10 个工作日。外国籍船舶临时从事水路运输可以不核发《船舶营业运输证》。

（九）货物班轮运输备案管理。集装箱班轮运输实施备案管理，不再核发外贸集装箱内支线登记证书和内外贸集装箱同船运输试点备案证书。水路运输经营者应当在开辟集装箱班轮航线的7日前向社会公布所使用的船舶以及班期、班次和运价，并向水路运输管理部门告知性备案。备案管理办法另行公布。

（十）水路运输或者辅助业务经营者筹建。2014年3月1日前已经按照有关规定核准筹建的企业，应当按照筹建批准文件的要求在筹建期内开业。在工商管理部门实行“先照后证”登记制度改革后，不再办理筹建审批，符合两个《规定》要求的全部申请条件和市场调控等政策的，直接申请开业。

（十一）建立和完善水路运政信息系统。为提升行业管理信息化水平，提高行政许可效率，强化行业监管，交通运输部已建立全国水路运政管理信息系统并将不断完善功能。今后《国内水路运输经营许可证》、《船舶营业运输证》等证书应通过该信息系统编号、核发和管理。水路运输经营者报送《国内水路运输管理规定》第十八条所列备案事项，也应当通过该信息系统办理。

该信息系统将与两个《规定》同步实施，各地水路运输管理部门要根据自身情况，做好各项筹备和实施工作。鼓励有条件的地区开展网上受理、审批和备案。

（十二）《国内水路运输管理规定》附件1中所指长江、西江分别是指长江干线和西江航运干线。船舶类型以船舶检验证书记载为准。其中，普通客船包含高速客船、客渡船、（涉外）旅游客船、客船等；客滚船包括载运12名及以上司乘人员、旅客的汽车、火车轮渡船；成品油船包含沥青船。个体工商户只能经营内河普通货船运输，且自有和光租的内河普通货船的总吨之和不得超过600总吨。

（十三）省、自治区、直辖市内封闭通航水域经营旅客运输和纳入城市公共交通系统的轮渡的管理办法，由所在地省级交通运输主管部门规定，向社会公布。

四、《船舶营业运输证》配发和申领

《船舶营业运输证》是船舶从事国内水路运输经营活动的有效证件。水路运输经营者申领营运证件时，应按《国内水路运输管理规定》第七条要求提交相关证明材料(含国内水路运输经营许可证书、船舶国籍证书、所有权证书、船舶检验证书、按规定适用的船舶入级证书、船舶安全管理证书等)。有下列情况之一的，还需提交相应材料：

(一)购置或者光租已取得相应水路运输经营资格的船舶，需提交《船舶营业运输证》注销证明文件或者法院拍卖证明文件。

(二)新增(含境外购置、光租外国籍船舶后登记为中国籍船舶、国内外新建造、中国籍国际航行船舶转入国内运输、省内营运船舶转入省际运输)客船、危险品船运力的，需提交新增运力批准文件；新增普通货船的，需提交运力备案文件。

(三)从事水路旅客运输的，需提交经营人投保的承运人责任保险或相应的财务担保证明。

(四)船舶委托海务、机务以及安全与防污染管理的，需提交与船舶管理业务经营者签订的船舶管理协议、船舶管理业务经营者的《国内船舶管理业务经营许可证》、符合证明和船舶安全管理证书。

(五)应当符合交通运输部关于船舶船型技术标准以及节能减排要求的，还需提交相应的证书或者证明文件。证书或者证明文件应当注明符合的标准船型主尺度要求或者节能减排的等级。

申请材料符合条件的，具有证书配发权限的部门应当在5个工作日内向申请人配发《船舶营业运输证》。

《船舶营业运输证》有效期为5年，但是不得超过船舶按照《老旧运输船舶管理规定》应当强制报废的船龄。其中，委托安全代管的船舶，不超过船舶安全管理证书及安全代管协议的有效期；达到特检船龄的船舶不超过适航证书或者货船、客船构造安全证书的有效期；光船租赁的船舶，不超过光船租赁登记有效期，委托经营管理的船舶不超过委托经营管理合同的有效期。

《船舶营业运输证》记载事项变更或者遗失、灭失、损毁的，水路运输经营者应当自发生上述情况之日起 15 个工作日内，申请变更、换发、补发《船舶营业运输证》。申请换发、变更《船舶营业运输证》，应当交验原《船舶营业运输证》或者《船舶营业运输证》注销证明文件。不能提交的，应当说明理由。

外商投资国际海运业管理规定

交通运输部令2014年第8号　2014.4.23

(2004年2月25日交通部、商务部发布,根据2014年4月23日交通运输部、商务部《关于修改〈外商投资国际海运业管理规定〉的决定》修正)

第一条　为规范对外商在中国境内设立外商投资企业从事国际海上运输业务以及与国际海上运输相关的辅助性经营业务的管理,保护中外投资者的合法权益,根据《中华人民共和国国际海运条例》(以下简称《海运条例》)和中华人民共和国外商投资的有关法律、行政法规,制定本规定。

第二条　外商在中国境内投资经营国际海上运输业务以及与国际海上运输相关的辅助性经营业务(以下简称国际海运业),适用本规定。

第三条　中华人民共和国交通运输部和商务部及其授权的部门负责外商在中华人民共和国境内投资设立经营国际海运业的外商投资企业的审批和管理工作。

第四条　依照本规定经批准,允许外商采用以下形式投资经营国际海运业:

(一)设立中外合资、中外合作企业经营国际船舶运输、国际船舶代理、国际船舶管理、国际海运货物装卸、国际海运集装箱站和堆场业务;

(二)设立中外合资、中外合作、外商独资企业经营国际海运货物仓储业务;

(三)设立中外合资、中外合作、外商独资企业为投资者拥有或者经营的船舶提供日常业务服务。

第五条 设立外商投资国际船舶运输企业,需符合如下条件:

(一)有与经营国际海上运输业务相适应的船舶,其中必须有中国籍船舶;

(二)投入运营的船舶符合国家规定的海上交通安全技术标准;

(三)有提单、客票或者多式联运单证;

(四)有具备交通运输部规定的从业资格的高级业务管理人员;

(五)以中外合资或中外合作企业形式设立,外商的出资比例不得超过49%;

(六)企业的董事长和总经理,由投资各方协商后由中方指定;

(七)法律、行政法规规定的其他条件。

第六条 设立外商投资企业经营国际船舶运输业务,应当首先根据《海运条例》及《中华人民共和国海运条例实施细则》(以下简称《海运条例实施细则》)的规定向交通运输部提出申请,经交通运输部许可后,申请人应根据国家外商投资法律、行政法规的规定,凭交通运输部的许可文件向所在地省级人民政府商务主管部门提交本规定第十五条规定的文件,到所在地省级人民政府商务主管部门办理外商投资企业的设立审批手续,取得《外商投资企业批准证书》。

申请人应当持交通运输部的许可文件和所在地省级人民政府商务主管部门颁发的《外商投资企业批准证书》等有关文件,依法向工商行政管理机关办理工商登记,领取营业执照。

外商投资国际船舶运输企业依法设立后,申请人应当持工商行政管理机关颁发的营业执照向交通运输部申领《国际船舶运输经营许可证》,取得许可证书后方可从事国际船舶运输经营活动。

第七条 设立外商投资国际船舶代理企业,需符合如下条件:

(一)高级业务管理人员中至少 2 人具有 3 年以上从事国际

海上运输经营活动的经历。高级业务管理人员是指具有中级或中级以上职称、在国际海运企业或者国际海运辅助企业任部门经理以上职务的中国公民。

(二)有固定的营业场所和必要的营业设施,包括具有同港口和海关等部门进行电子数据交换的能力。

(三)以中外合资或中外合作企业形式设立,外商出资比例不得超过49%。

(四)法律、行政法规规定的其他条件。

第八条 设立外商投资企业经营国际船舶代理业务,应当首先根据《海运条例》及《海运条例实施细则》的规定向交通运输部提出申请,经交通运输部许可后,申请人应根据国家外商投资法律、行政法规的规定,凭交通运输部的许可文件向所在地省级人民政府商务主管部门提交本规定第十五条规定的文件,到所在地省级人民政府商务主管部门办理外商投资企业的设立审批手续,取得《外商投资企业批准证书》。

申请人应当持交通运输部的许可文件和所在地省级人民政府商务主管部门颁发的《外商投资企业批准证书》等有关文件,依法向工商行政管理机关办理工商登记,领取营业执照。

外商投资国际船舶代理企业依法设立后,申请人应当持工商行政管理机关颁发的营业执照向交通运输部申领《国际船舶代理经营资格登记证》,取得资格登记证后方可从事国际船舶代理经营活动。

第九条 设立外商投资国际船舶管理企业,需具备下列条件:

(一)高级业务管理人员中至少2人具有3年以上从事国际海上运输经营活动的经历;

(二)有持有与所管理船舶种类和航区相适应的船长、轮机长适任证书的人员;

(三)有与国际船舶管理业务相适应的设备、设施。

第十条 设立外商投资企业经营国际船舶管理业务,应当根据《海运条例》及《海运条例实施细则》的规定向交通运输部提出申请,经交通运输部许可后,申请人凭交通运输部的许可文件并提交本规定第十五条规定的材料,根据国家有关外商投资的法律、行政法规的规定向企业所在地省级人民政府商务主管部门办理《外商投资企业批准证书》。

外商投资国际船舶管理企业依法设立后,申请人应当持工商行政管理机关颁发的营业执照向企业所在地的省级人民政府交通运输主管部门申领《国际海运辅助业经营资格登记证》,取得登记证书后方可从事国际船舶管理经营活动。

第十一条 设立外商投资企业经营国际海运集装箱站和堆场业务、国际海运货物仓储,应当根据《海运条例》及《海运条例实施细则》的规定向交通运输部提出申请,经交通运输部许可后,申请人凭交通运输部的许可文件并提交本规定第十五条规定的材料,根据国家有关外商投资的法律、行政法规的规定向企业所在地省级人民政府商务主管部门办理《外商投资企业批准证书》。

外商投资国际海运集装箱站和堆场企业、国际海运货物仓储企业依法设立后,申请人应当持工商行政管理机关颁发的营业执照向企业所在地的省级人民政府交通运输主管部门申领《国际海运辅助业经营资格登记证》,取得登记证书后方可从事相关业务。

外商投资设立国际海运货物装卸企业,依照国家有关规定办理。

第十二条 对已经设立的外商投资企业申请增加经营国际海运或国际海运辅助性业务,应当按照本规定中设立相关外商投资国际海运企业的程序办理相应手续。

已经设立的外商投资国际海运企业设立分支机构,应当按照有关外商投资法律、行政法规的规定和《海运条例》及《海运条例实施细则》的规定分别到交通运输部和所在地省级人民政府商务主管部门办理相应手续。

已经设立的外商投资国际海运企业的合营合同、公司章程中有关出资、股权结构、经营范围等重要内容进行变更的,应当按照有关外商投资法律、行政法规的规定到所在地省级人民政府商务主管部门办理相关手续。变更《海运条例实施细则》第二十一条规定事项的，应当向交通运输部备案。

第十三条 外国航运公司可以设立中外合资、中外合作、外商独资企业，为投资者拥有或者经营的船舶提供承揽货物、代签提单、代结运费、代签服务合同等日常业务服务，其申请设立程序依照交通运输部与商务部联合发布的外商独资船务公司审批管理的有关规定办理。

第十四条 在中国境内的外商投资企业经营无船承运业务，应依照《海运条例》及《海运条例实施细则》的规定，向交通运输部申请登记取得《无船承运业务经营资格登记证》，并依照外商投资的有关法律、行政法规的规定，到所在地省级人民政府商务主管部门办理审批手续。

第十五条 申请人向交通运输部提出申请，应当提交《海运条例》及《海运条例实施细则》规定的材料；向所在地省级人民政府商务主管部门提出申请的，应向审批机关提交如下材料：

(一)申请书；

(二)可行性研究报告；

(三)合营合同和合营公司章程(独资企业只报送章程)；

(四)投资者注册登记证明文件及资信证明文件；

(五)拟设立企业董事长和总经理的身份证明；

(六)法律、行政法规要求的其他文件。

第十六条 中国香港特别行政区、澳门特别行政区和台湾地区的投资者在中国其他省、自治区和直辖市投资设立国际海运及其国际海运辅助企业，参照本规定办理。

第十七条 经国务院批准的《内地与香港关于建立更紧密经贸关系的安排》、《内地与澳门关于建立更紧密经贸关系的安排》及其补充协议，以及《海峡两岸海运协议》、《海峡两岸经济合作框架协议》、《海峡两岸服务贸易协议》及相关补充协议另有规定的，从其规定。

第十八条 本规定由交通运输部和商务部负责解释。

第十九条 本规定自2004年6月1日起施行。

关于修改《老旧运输船舶管理规定》的决定

交通运输部令2014年第14号　2014.9.5

交通运输部决定对《老旧运输船舶管理规定》作如下修改：

一、将第一条修改为："为加强老旧运输船舶管理，优化水路运力结构，提高船舶技术水平，保障水路运输安全，促进水路运输事业健康发展，根据《国内水路运输管理条例》，制定本规定。"

二、将第七条第一款修改为："根据本规定和其他有关规定，交通运输部对全国老旧运输船舶的市场准入和营运进行管理，县级以上地方人民政府交通运输主管部门或者负责水路运输管理的机构（以下统称水路运输管理部门）实施本行政区域的老旧运输船舶的市场准入和营运管理工作。"

三、在第十一条后增加一条："根据运力供求情况和保障运输安全的需要，交通运输部可以决定在特定的旅客运输航线和散装液体危险货物运输航线、水域暂停购置或者光租外国籍一、二、三类船舶从事水路运输。"

四、将第十二条第（一）项修改为："（一）购置或者光租外国籍一、二、三类船舶前，应当按照国家有关规定向设区的市级人民政府水路运输管理部门提出增加运力的申请，并报经具有许可权限的部门批准；购置或者光租外国籍四、五类船舶，应当按有关规定在签订购置或者光租意向后15个工作日内向所在地设区的市级人民政府水路运输管理部门备案。"

将第（四）项修改为："（四）购置外国籍船舶或者以光船租赁条件租赁外国籍船舶取得船舶国籍证书或者光船租赁登记证明书

及临时船舶国籍证书后,经营国内水路运输的,应当按有关规定申领并取得船舶营运证;经营国际运输的,于投入运营前15日向交通运输部备案。交通运输部应当自收到备案材料之日起3日内出具备案证明书。”

五、将第十五条修改为:“交通运输部和水路运输管理部门应当按国家有关水路运输经营管理规定和本规定对经营水路运输的申请进行审核,符合条件的,发给船舶营运证或者国际船舶备案证明书。”

六、将第十七条第一款修改为:“改建一、二、三类老旧运输船舶,应当按运力变更的规定报原许可机关批准。”

七、将第二十九条修改为:“船舶报废后,其船舶营运证或者国际船舶备案证明书自报废之日起失效,船舶所有人或者经营人应在船舶报废之日起十五日内将船舶营运证或者国际船舶备案证明书交回原发证机关予以注销。其船舶检验证书由原发证机关加注‘不得从事水路运输’字样。”

八、将第三十三条修改为:“老旧运输船舶所有人或者经营人违反本规定第十三条第(四)项的规定,使用未取得船舶营运证的船舶从事水路运输的,按《国内水路运输管理条例》第三十四条第一款的规定给予行政处罚。”

九、将第三十四条修改为:“违反本规定第三十条的规定,未将报废船舶的船舶营运证或者国际船舶备案证明书交回原发证机关的,责令改正,可以处1000元以下的罚款。”

十、将第二十一条第二款中的“交通运输主管部门”修改为“水路运输管理部门”,第二十六条第二款、第三十二条中的“县级以上人民政府交通运输主管部门”修改为“交通运输部和水路运输管理部门”,第三十六条中的“交通运输主管部门”修改为“交通运输部和水路运输管理部门”。

十一、将第二十五条、第二十六条第一款中的“批准其经营水路运输的交通运输主管部门”修改为“船舶营运证或者国际船舶备案证明书的发证机关”。

此外,对条文序号作相应调整。

本决定自2014年9月5日起施行。

《老旧运输船舶管理规定》根据本决定作相应修正,重新发布。

老旧运输船舶管理规定

(2006 年 7 月 5 日交通部发布,根据 2009 年 11 月 30 日交通运输部《关于修改〈老旧运输船舶管理规定〉的决定》第一次修正,根据 2014 年 9 月 5 日交通运输部《关于修改〈老旧运输船舶管理规定〉的决定》第二次修正)

第一章　总　　则

第一条　为加强老旧运输船舶管理,优化水路运力结构,提高船舶技术水平,保障水路运输安全,促进水路运输事业健康发展,根据《国内水路运输管理条例》,制定本规定。

第二条　本规定适用于拥有中华人民共和国国籍,从事水路运输的海船和河船。

第三条　本规定中下列用语的含义是:

(一)船龄,是指船舶自建造完工之日起至现今的年限;

(二)购置、光租外国籍船船龄,是指船舶自建造完工之日起至国务院商务主管部门或其授权的部门和机构签发的《机电产品进口许可证》或《自动进口许可证》签发之日的年限;

(三)老旧运输船舶,是指船龄在本规定第四条、第五条规定的最低船龄以上的运输船舶;

(四)报废船舶,是指永久不能从事水路运输的船舶;

(五)废钢船,是指永久不能从事水路运输的钢质船舶;

(六)单壳油船,是指未设有符合国内船舶检验规范规定的双层底舱和双层边舱的油船(含油驳)。

第四条　老旧海船分为以下类型:

(一)船龄在 10 年以上的高速客船,为一类老旧海船;

(二)船龄在 10 年以上的客滚船、客货船、客渡船、客货渡船

(包括旅客列车轮渡)、旅游船、客船,为二类老旧海船;

(三)船龄在12年以上的油船(包括沥青船)、散装化学品船、液化气船,为三类老旧海船;

(四)船龄在18年以上的散货船、矿砂船,为四类老旧海船;

(五)船龄在20年以上的货滚船、散装水泥船、冷藏船、杂货船、多用途船、集装箱船、木材船、拖轮、推轮、驳船等,为五类老旧海船。

第五条 老旧河船分为以下类型:

(一)船龄在10年以上的高速客船,为一类老旧河船;

(二)船龄在10年以上的客滚船、客货船、客渡船、客货渡船(包括旅客列车轮渡)、旅游船、客船,为二类老旧河船;

(三)船龄在16年以上的油船(包括沥青船)、散装化学品船、液化气船,为三类老旧河船;

(四)船龄在18年以上的散货船、矿砂船,为四类老旧河船;

(五)船龄在20年以上的货滚船、散装水泥船、冷藏船、杂货船、多用途船、集装箱船、木材船、拖轮、推轮、驳船(包括油驳)等,为五类老旧河船。

第六条 国家对老旧运输船舶实行分类技术监督管理制度,对已达到强制报废船龄的运输船舶实施强制报废制度。

第七条 根据本规定和其他有关规定,交通运输部对全国老旧运输船舶的市场准入和营运进行管理,县级以上地方人民政府交通运输主管部门或者负责水路运输管理的机构(以下统称水路运输管理部门)实施本行政区域的老旧运输船舶的市场准入和营运管理工作。

海事管理机构根据有关法律、行政法规和本规定对老旧运输船舶实施安全监督管理。

第二章 船舶购置、光租、改建管理

第八条 购置外国籍船舶或者以光船租赁条件租赁外国籍船

舶从事水路运输，船舶必须符合本规定附录规定的购置、光租外国籍船舶的船龄要求，其船体、主要机电设备和安全、防污染设备等应当符合船舶法定检验技术规则。

购置、光租外国籍油船，其船体应当符合《经1978年议定书修订的1973年国际防止船舶造成污染公约》附则Ⅰ《防止油类污染规则》规定的要求。

第九条 本规定所称购置外国籍船舶、以光船租赁条件租赁外国籍船舶，包括已经从国外购置或者以光船租赁条件租赁，但尚未在中国取得合法船舶检验证书、船舶国籍证书的外国籍船舶，以及通过拍卖方式购置的外国籍船舶。

第十条 任何组织和个人不得购置外国籍废钢船从事水路运输，也不得以光船租赁条件租赁外国籍废钢船从事水路运输。

第十一条 超过本规定报废船龄的外国籍船舶不得从事国内水路运输。

第十二条 根据运力供求情况和保障运输安全的需要，交通运输部可以决定在特定的旅客运输航线和散装液体危险货物运输航线、水域暂停购置或者光租外国籍一、二、三类船舶从事水路运输。

第十三条 购置外国籍船舶或者以光船租赁条件租赁外国籍船舶改为中国籍船舶经营水路运输，购置人、承租人应当了解船舶的船龄和技术状况，并按下列程序办理有关手续：

（一）购置或者光租外国籍一、二、三类船舶前，应当按照国家有关规定向设区的市级人民政府水路运输管理部门提出增加运力的申请，并报经具有许可权限的部门批准；购置或者光租外国籍四、五类船舶，应当按有关规定在签订购置或者光租意向后15个工作日内向所在地设区的市级人民政府水路运输管理部门备案。

（二）购置外国籍船舶或者以光船租赁条件租赁外国籍船舶后，应依法向海事管理机构认可的船舶检验机构申请初次检验，取得其签发的船舶检验证书。

（三）购置外国籍船舶或者以光船租赁条件租赁外国籍船舶取得船舶检验证书后，应依法向海事管理机构申请船舶登记、光船租赁登记，取得其签发的船舶所有权登记证书、船舶国籍证书或者光船租赁登记证明书及临时船舶国籍证书。

（四）购置外国籍船舶或者以光船租赁条件租赁外国籍船舶取得船舶国籍证书或者光船租赁登记证明书及临时船舶国籍证书后，经营国内水路运输的，应当按有关规定申领并取得船舶营运证；经营国际运输的，于投入运营前15日向交通运输部备案。交通运输部应当自收到备案材料之日起3日内出具备案证明书。

第十四条 船舶检验机构应当严格按照有关船舶法定检验技术规则和本规定对购置的外国籍船舶或者以光船租赁条件租赁的外国籍船舶进行检验。

第十五条 船舶登记机关应当严格按照有关船舶登记规定和本规定对购置的外国籍船舶或者以光船租赁条件租赁的外国籍船舶进行登记。

第十六条 交通运输部和水路运输管理部门应当按国家有关水路运输经营管理规定和本规定对经营水路运输的申请进行审核，符合条件的，发给船舶营运证或者国际船舶备案证明书。

第十七条 四类、五类船舶不得改为一类、二类、三类船舶从事水路运输，三类船舶之间不得相互改建从事水路运输。

第十八条 改建一、二、三类老旧运输船舶，应当按运力变更的规定报原许可机关批准。

改建老旧运输船舶，必须向海事管理机构认可的船舶检验机构申请建造检验。

船舶检验机构对改建的老旧运输船舶签发船舶检验证书，应当注明改建日期，但不得改变船舶建造日期。

第十九条 老旧运输船舶经过改建，与改建前不属本规定的同一船舶类型的，其特别定期检验船龄、强制报废船龄适用于改建后老旧运输船舶类型的规定。

第三章　船舶营运管理

第二十条　船舶所有人或者经营人应采取有效措施，加强老旧运输船舶的跟踪管理，适当缩短船舶设备检修、养护检查周期和各种电气装置的绝缘电阻测量周期，严禁失修失养。

第二十一条　船舶所有人或者经营人改变老旧运输船舶的用途或航区，必须向海事管理机构认可的船舶检验机构申请临时检验，核定载重线和乘客定额、船舶构造及设备的安全性能，必要时重新丈量总吨位和净吨位。

第二十二条　从事国内运输的老旧运输船舶办理进出港口签证，除应当向海事管理机构交验有关安全证书外，还应当交验船舶营运证。

对未按国家规定交验有效船舶证件的老旧运输船舶，海事管理机构不得为其办理进出港口签证；对未交验船舶营运证的，还应将有关情况通知所在地水路运输管理部门。

第二十三条　海事管理机构应当对从事国际运输的中国籍老旧运输船舶和进出我国港口的达到本规定老旧船舶年限的外国籍运输船舶加强监督检查。

第二十四条　对处于不适航状态或者有其他妨碍、可能妨碍水上交通安全的老旧运输船舶，海事管理机构依照有关法律、行政法规的规定禁止其进港、离港，或责令其停航、改航、驶向指定地点。

第二十五条　船舶所有人或者经营人应当按照国家有关规定，向海事管理机构认可的船舶检验机构申请对营运中的老旧运输船舶定期检验。经检验不合格的，不得经营水路运输。

第二十六条　老旧运输船舶达到本规定附录规定的特别定期检验的船龄，继续经营水路运输的，船舶所有人或经营人应当在达到特别定期检验船龄的前后半年内向海事管理机构认可的船舶检验机构申请特别定期检验，取得相应的船舶检验证书，并报船舶营运证或者国际船舶备案证明书的发证机关备案。

第二十七条 经特别定期检验合格、继续经营水路运输的老旧运输船舶，船舶所有人或者经营人应当自首次特别定期检验届满一年后每年申请一次特别定期检验，取得相应的船舶检验证书，并报船舶营运证或者国际船舶备案证明书的发证机关备案。

交通运输部和水路运输管理部门发现老旧运输船舶的技术状况可能影响航行安全的，应当通知海事管理机构。

老旧运输船舶的技术状况可能影响航行安全的，海事管理机构应当责成船舶所有人或经营人向船舶检验机构申请临时检验。

第二十八条 未按本规定第二十六条、第二十七条的规定申请特别定期检验或者经特别定期检验不合格的老旧运输船舶，应予以报废。

第二十九条 达到本规定附录规定的强制报废船龄的船舶，应予以报废。

船舶检验证书、船舶营运证的有效期最长不得超过本规定附录规定的船舶强制报废船龄的日期。

第三十条 船舶报废后，其船舶营运证或者国际船舶备案证明书自报废之日起失效，船舶所有人或者经营人应在船舶报废之日起十五日内将船舶营运证或者国际船舶备案证明书交回原发证机关予以注销。其船舶检验证书由原发证机关加注“不得从事水路运输”字样。

第三十一条 禁止使用已经报废的船舶从事水路运输。

禁止使用报废船舶的设备及其他零部件拼装运输船舶从事水路运输。

第三十二条 报废船舶改作趸船、水上娱乐设施以及其他非运输设施，应符合国家有关规定。

第四章 监督和处罚

第三十三条 交通运输部和水路运输管理部门、海事管理机构应当按照有关法律、行政法规、规章的规定，对老旧运输船舶进行监督检查。

老旧运输船舶所有人或者经营人应当接受交通运输部和水路运输管理部门、海事管理机构依法进行的监督检查，如实提交有关证书、资料或者情况，不得拒绝、隐匿或者弄虚作假。

第三十四条 老旧运输船舶所有人或者经营人违反本规定第十三条第（四）项的规定，使用未取得船舶营运证的船舶从事水路运输的，按《国内水路运输管理条例》第三十四条第一款的规定给予行政处罚。

第三十五条 违反本规定第三十条的规定，未将报废船舶的船舶营运证或者国际船舶备案证明书交回原发证机关的，责令改正，可以处1000元以下的罚款。

第三十六条 船舶所有人或者经营人违反本规定有关船舶登记、检验规定的，由海事管理机构按有关法律、行政法规、规章规定给予行政处罚。

第三十七条 通运输部和水路运输管理部门、海事管理机构的工作人员玩忽职守、徇私舞弊、滥用职权的，依法给予行政处分。

第五章 附 则

第三十八条 为满足保护国家利益和加强安全管理的需要，交通运输部可以对本规定的有关船龄进行临时调整。

第三十九条 为保护水域环境，对已投入营运但未达到强制报废船龄的单壳油船实行限期淘汰。具体时间和实施范围由交通运输部另行公布。

第四十条 仅从事水上工程作业的船舶，以及仅从事港区内作业的拖船、工作船等船舶，不适用本规定。

以上船舶和其他非营运船舶从事水路运输时，适用本规定。

第四十一条 对从事中国港口至外国港口间运输的一、二类船舶，需要对船龄作出限制规定的，由双边商定。

第四十二条 本规定由交通运输部负责解释。

第四十三条 本规定自2006年8月1日起施行。2001年4月9日交通部公布的《老旧运输船舶管理规定》(交通部令2001年第2号)同时废止。

内河运输船舶标准化管理规定

交通运输部令2014年第23号　2014.12.24

第一条　为加强内河运输船舶标准化管理，提高内河运输船舶技术水平，优化内河运输船舶结构，防止船舶污染环境，提高运输效能，促进水路运输事业的发展，根据《国内水路运输管理条例》，制定本规定。

第二条　本规定适用于中华人民共和国境内江河、湖泊、水库及其他内河通航水域从事运输的船舶，但在与外界不通航的封闭性水域内从事运输的船舶除外。

第三条　交通运输部主管全国内河运输船舶标准化管理工作。

县级以上地方人民政府交通运输主管部门主管本行政区域的内河运输船舶标准化管理工作。县级以上地方人民政府交通运输主管部门或者负责水路运输管理的机构（以下统称负责水路运输管理的部门）具体实施内河运输船舶标准化管理工作。

海事管理机构根据有关法律、行政法规和本规定对内河运输船舶检验、交通安全及防止污染水域实行监督管理。

第四条　交通运输部运用经济、技术政策等措施，支持和鼓励采用先进适用的水路运输船舶和技术；对正在使用的不符合新标准的船舶、不符合安全环保新规范的船舶、限制过闸船舶和限制在特定通航水域航行的船舶，可以采取资金补贴等措施，引导和鼓励进行更新、改建；需要采取限期淘汰等措施的，应当对船舶所有人给予补偿。

第五条　禁止水泥质船舶、木质船舶、挂桨机船在京杭运河、川江和三峡库区水域从事内河运输。

任何组织和个人不得新建、改建挂桨机船在长江干线、珠江干线、黑龙江干线及太湖水域从事内河运输。

任何组织和个人不得新建、改建水泥质船舶、总长5米以上的木质船舶、总长20米以上的挂桨机船舶从事内河运输。

第六条 新建、改建内河运输船舶,应当符合交通运输部制定的内河运输船舶标准船型指标体系中的强制性要求。

第七条 新建、改建内河客船、危险品船增加运力的,应当按交通运输部有关规定向设区的市级人民政府水路运输管理部门提出申请,并报具有许可权限的部门批准。

新建、改建内河普通货船增加运力的,应当在船舶开工建造15个工作日内向所在地设区的市级人民政府水路运输管理部门备案。

对符合条件的内河运输船舶,由规定的发证机关配发《船舶营业运输证》,并注明船舶营运区域和船舶符合交通运输部制定的内河运输船舶标准船型指标体系中的强制性要求。

第八条 新建、改建内河运输船舶,应当按国家有关规定向海事管理机构认可的船舶检验机构申请建造检验,取得船舶检验证书。

船舶检验机构应当按照交通运输部制定的内河运输船舶标准船型指标体系和国家其他有关规定进行建造检验,对符合有关规定的,签发船舶检验证书。不符合内河运输船舶标准船型指标体系中强制性要求的,不予签发船舶检验证书。

第九条 新建、改建内河运输船舶取得船舶检验证书后,应当按国家有关规定向海事管理机构申请船舶登记,取得法定的船舶登记证书。不符合内河运输船舶标准船型指标体系中强制性要求、未取得船舶检验证书的,应当不予登记。

第十条 对按照国家规定要求应当改建而未改建的内河运输船舶,其《船舶营业运输证》的配发机关应当对其配发的《船舶营业运输证》予以收回。

第十一条 对不符合内河运输船舶标准船型指标体系中的强制性要求的新建、改建内河运输船舶,航道管理机构应当不予办理通过船闸、升船机等通航设施的手续,海事管理机构应当依据有关规定加强对船舶的现场监管。

第十二条 内河运输船舶所有人、船舶经营人应当按照国家有关规定，向海事管理机构认可的船舶检验机构对营运中的水泥质船舶、木质船舶和挂桨机船舶申请定期检验。经检验不合格的，不得从事内河运输。

第十三条 对已经投入营运的水泥质船舶、木质船舶、挂桨机船舶实行限期淘汰制度，具体时间、航区另行公布。

任何组织和个人不得使用交通运输部明文规定已经淘汰的水泥质船舶、木质船舶、挂桨机船舶从事内河运输。

第十四条 交通运输部和负责水路运输管理的部门应当依照有关法规、规章的规定，对内河运输船舶标准化进行监督检查。

第十五条 内河运输船舶所有人、船舶经营人、船舶管理人应当接受交通运输部和负责水路运输管理的部门依法进行的监督检查，如实提交有关证书、资料或者情况，不得拒绝、隐匿或者弄虚作假。

第十六条 违反本规定，由负责水路运输管理的部门按照《国内水路运输管理条例》的相关规定给予行政处罚。

违反有关内河船舶检验管理和安全监督管理的规定，由海事管理机构按有关法规、规章给予行政处罚。

第十七条 交通运输部和负责水路运输管理的部门、海事管理机构的工作人员玩忽职守、徇私舞弊、滥用职权的，由所在单位或者上级机关依法依规追究法律责任。

第十八条 本规定自2015年4月1日起施行。2001年10月11日以交通部令2001年第8号公布的《内河运输船舶标准化管理规定》同时废止。

交通运输部关于促进我国邮轮运输业持续健康发展的指导意见

交水发〔2014〕68号　2014.3.7

各省、自治区、直辖市交通运输厅(局、委),天津市、上海市交通运输和港口管理局,部属各单位,部内各单位:

随着我国经济社会的发展和居民消费水平的提高,邮轮旅游已成为新型消费方式,具有广阔发展前景。邮轮运输是邮轮经济的核心,在邮轮产业发展中具有关键性作用。发展邮轮运输业对促进国家海洋经济和旅游业发展战略的实施具有重要意义;有利于培育新的经济增长点,推动区域经济发展;有利于适应人民群众日益增长的物质文化需求,促进旅游业发展;有利于有效推动水运转型升级,拓展港航现代服务功能,提升现代服务业发展水平。为大力促进邮轮运输业持续健康发展,提出以下指导意见。

一、总体要求

(一)指导思想。

深入贯彻落实党的十八大和十八届三中全会精神,满足人民群众日益增长的邮轮旅游需求;以邮轮运输带动邮轮经济发展,将邮轮经济打造成新的经济增长点;遵循市场发展规律,积极开拓国际市场,不断开发国内市场;完善服务功能,提升服务质量,增强国际竞争力,促进邮轮运输业持续健康发展。

(二)基本原则。

以人为本,服务经济。以邮轮旅客需求为出发点,提供高效、便捷、舒适的服务。积极培育市场,延伸产业链,壮大邮轮经济规模,推动区域经济发展。

市场主导,政府引导。充分发挥市场配置资源的决定性作用,突出企业的市场主体地位。更好地发挥政府的市场引导作用,创造良好的发展环境。

试点示范,探索创新。鼓励各地积极利用已有的基础和发展优势,开展试点工作,先行先试,以点带面,创新体制机制,探索适合我国邮轮运输业发展的模式。

科学发展,安全绿色。建立健全法规体系,规范市场行为,提升管理的科学化水平。强化安全管理,鼓励技术创新,促进节能减排,推进平安交通、绿色交通发展。

(三)发展目标。

到2020年,东北亚、东南亚、台湾海峡、南海诸岛等邮轮航线、航班显著增加,沿海邮轮运输市场初步形成,旅客数量高速增长,预计2020年邮轮旅客数量达到450万人,与2013年相比年均增长33%,成为亚太地区最具活力和最大的邮轮市场;邮轮运力适应发展需要,邮轮船队初具规模;邮轮港口布局合理,设施功能完善,形成2~3个具有影响力的邮轮母港;邮轮旅客服务功能不断拓展,物流配送等配套功能齐全,服务水平达到国际标准;邮轮产业链不断延伸,邮轮经济规模不断扩大,对经济社会的贡献显著增强。

二、主要任务

(四)积极培育邮轮市场。

大力开发邮轮航线。进一步拓展东北亚、东南亚等邮轮目的地,打造精品航线。结合台湾海峡、南海诸岛及其他国内沿海旅游资源开发,依托各地自然风光、历史古迹、民族民俗文化、爱国教育等特色,积极设计和开发内涵丰富、主题鲜明的邮轮产品,打造具有特色的邮轮航线和邮轮目的地。探索开辟无目的地邮轮航线,积极开辟洲际及环球邮轮航线。

大力拓展客源市场。根据我国居民消费理念和水平,研究设计符合我国旅客需求的邮轮旅游产品。相关部门、企业及行业协会应加强合作,广泛开展邮轮旅游宣传推介、文化推广和体验活动,提升居民对邮轮旅游的认知度,逐步培育海洋文化,倡导文明出游；积极研究出台吸引国际邮轮访问的扶持政策，采取“走出去与引进来”的邮轮市场开发策略，更多的吸引国外邮轮旅客到我国观光，不断扩大国内和国际客源市场。

优化市场主体结构。鼓励多元资本进入邮轮运输业，通过中资与外资企业开展合资合作等方式，扶持中资邮轮企业起步发展；鼓励通过新建、购置或租赁船舶等多种方式，逐步发展中资邮轮运力，积极发展邮轮船队，优先发展中资邮轮从事沿海运输；支持外资邮轮公司在我国开辟国际航线，经批准可开展我国沿海港口多点挂靠业务。引导外资邮轮公司与我国企业加强合作，鼓励我国企业为其提供邮轮维修、船供、物流配送等相关服务，提高对中国邮轮经济的贡献度。

（五）完善邮轮港口功能。

完善港口功能布局。完善邮轮港口布局规划，形成布局合理、层次分明、功能完善的母港、始发港、访问港邮轮港口体系。将具有广阔的客源腹地，丰富的邮轮始发航线，完善的城市配套设施，能够同时靠泊多艘大型邮轮，并能吸引邮轮公司设立亚太地区总部或中国地区总部的港口，逐步建成区域性邮轮母港。

有序推进港口设施建设。突出港口的功能性、实用性和服务性。按照运输需求，有序推进邮轮码头建设，合理控制建设标准和规模；鼓励通过老港区功能调整、改造现有设施以满足邮轮靠泊要求；地方人民政府应加大邮轮码头及周边地区公共交通设施建设，为旅客提供便利的交通服务。

提高港口运营效率。借鉴国际经验，研究探索方便旅客出入境的管理模式。积极协调有关部门，为旅客出行、通关提供高效、便捷的服务。支持邮轮码头在非邮轮停靠期拓展其他港口业务，提高码头使用效率，降低运营成本。

（六）加强邮轮运输行业监管。

引入竞争机制，打破市场垄断，防止恶性竞争，形成统一开放、竞争有序的市场体系。加强邮轮运输市场监督管理，建立监督机制，依法查处违规行为，维护旅客权益。充分利用信息技术，提升管理水平。充分发挥行业协会在服务标准建立、诚信体系建设、信息发布、行业自律等方面的作用。

(七)提升邮轮服务水平。

提升邮轮运输服务水平。建立和完善邮轮运输服务标准体系,全面提升邮轮运输服务质量。根据中外旅客文化习惯、消费特征,优化邮轮休闲、娱乐、运动等服务功能,提供个性化、差异化和多元化的旅游休闲服务。

提高邮轮配套服务质量。构建集邮轮航线、产品销售、教育培训、咨询服务等于一体的邮轮信息网络,实现信息共享。完善城市配套服务体系,并结合美丽中国和生态文明建设,为旅客创造环境优美、卫生安全、诚信规范的舒适旅游环境。为邮轮合理配备和使用拖轮,并优先引航。

(八)促进邮轮经济发展。

做大做强核心产业。邮轮运输是邮轮经济的核心和支撑,应当大力发展邮轮公司和船队,支持发展中资方便旗邮轮,积极参与市场竞争。提升邮轮供给配送能力,壮大邮轮物流产业规模。大力提升邮轮供油、供水等配套服务能力;吸引国际邮轮公司扩大对中国食品、酒店用品及其他商品等采购规模;积极发展邮轮保税仓储,吸引邮轮全球采购商品在我国港口集中配送。鼓励有条件的地区发展邮轮维修保养、设计建造等业务。

带动相关产业发展。大力推动邮轮港口城市服务业发展,提升城市商贸、餐饮、娱乐、休闲及购物等配套服务能力,带动城市经济发展,提升城市竞争力。促进邮轮运输与航空、铁路、公路等其他运输方式的有效衔接,扩大辐射范围,拉动运输需求增长,提升运输服务能力。鼓励有条件的省市发展邮轮相关金融、法律、保险、理赔、培训、咨询等业务,拓展邮轮增值服务。完善我国邮轮产业链,壮大邮轮经济规模,提升对我国经济社会发展的贡献度。

(九)推动平安绿色发展。

不断加强安全保障能力。港航企业应健全安全管理制度,加强员工培训,切实落实安全责任。有关部门应加强安全监管,不断完善安全监管、搜救和防污染设施装备建设，提升大规模人命救助、防污应急等保障能力。各级交通运输主管部门及港航企业应建立邮轮突发事件应急预案。

促进节能环保和技术创新。港航企业应优先选用技术先进、能耗低、安全环保的设施设备；鼓励使用清洁燃料；新建邮轮码头、船舶宜使用岸电，鼓励改造现有邮轮码头、船舶使用岸电。依托科技创新，不断改善和提升港口、船舶及配套设施的技术水平，提升港口、船舶的污水、垃圾处理能力。

（十）加快邮轮人才培养。

通过引进、合作交流、联合办学、教育培训等方式加大培养邮轮运输业发展所亟需的邮轮设计、检验、海员、海乘、邮轮经营管理、邮轮旅游销售、法律咨询服务等多种类、多层面专业人才，为邮轮运输业持续健康发展提供人才保障。加快制定相关培训标准，完善考核体系，建立人才培养机制。

三、保障措施

（十一）强化组织协调。

各级交通运输主管部门应充分认识邮轮运输业在邮轮产业发展中的关键作用，重视和加强组织协调工作，推动建立口岸管理部门间的协调机制，形成合力，强化服务，共同推进邮轮产业持续健康发展。

（十二）创新政策法规。

各有关单位要结合本地区、本部门实际，积极争取政策支持。重点是完善与国际接轨的口岸管理、财税政策。与相关部门共同研究推广国际邮轮补给出口退税政策。配合相关部门积极争取国际旅客的“过境免签”政策，吸引国际邮轮访问我国。在市场培育期，经批准，港澳地区、中国（上海）自由贸易试验区和其他试验区注册的内地资本邮轮企业所属的方便旗邮轮，可从事两岸四地运输和其他国内运输。调整进口二手邮轮和进出中国港口邮轮的船龄限制条件。提出调整邮轮码头收费政策意见。制定邮轮运营、邮轮统计以及邮轮运输安全监督等管理办法。

（十三）制定规划标准。

研究制定邮轮运输业发展规划，引导邮轮运输业科学发展。建立邮轮运输和港口服务标准，逐步与国际标准接轨。制定邮轮码头设计规范和邮轮设计、建造和检验规范，保证邮轮码头和船舶的质量，从源头保障邮轮运输的平安发展。

（十四）开展试点示范。

通过试点，研究制定经营沿海、无目的地和两岸四地邮轮航线的市场准入条件；按照国际惯例，推进邮轮船票销售和凭票上船制度的建立。鼓励企业探索建立邮轮产业发展基金，创新邮轮运输业发展融资模式。建立邮轮运输突发事件应急保障体系。

（十五）加强国内外交流合作。

加强国内沿海港口的交流合作，实现信息共享，建立区域互动、优势互补的联动机制。积极搭建国内外邮轮运输交流合作平台，引导港航企业加强国际交流合作，拓展合作领域，学习、借鉴发达国家邮轮运输业的发展经验，积极推动我国邮轮运输业走向国际。

内河示范船技术评估和认定办法

交水发〔2014〕144号 2014.7.18

第一章 总 则

第一条 为确保内河示范船建造符合国家鼓励发展方向，根据财政部、交通运输部《关于印发<内河船型标准化补贴资金管理办法>的通知》（财建〔2014〕61号，以下简称《办法》）有关规定，制订本办法。

第二条 本办法适用于新建内河液化天然气（LNG）动力示范船和高能效示范船的技术评估和认定工作。

第三条 各级交通运输主管部门根据职责分工，负责内河示范船技术评估和认定的监督管理工作。

交通运输部认可的技术评估认定单位具体实施技术评估和认定，出具技术评估意见和技术认定意见。

第二章 技术评估认定内容和条件

第四条 液化天然气（LNG）动力示范船技术评估和认定的主要内容包括液化天然气替代率、氮氧化物和甲烷的排放水平。经评估和认定合格的，应满足下列条件：

（一）液化天然气双燃料发动机在75%额定功率下，液化天然气替代率应不低于65%。液化天然气替代率按以下公式计算，以发动机制造厂商提供的经船舶检验机构认可的台架试验报告为准。

$Td = (Bc - Bo)/Bc \times 100\%$,其中:

Td(%)是指液化天然气替代率;

Bc(kg/h)是指纯柴油模式下的油耗量;

Bo(kg/h)是指双燃料模式下的油耗量。

(二)在制造厂商声明的最高替代率条件下,发动机(含后处理装置)各工况的氮氧化物排放量,按 NOx 总加权排放量计算,应在附件 1 规定的限值标准内。

(三)具有有效的天然气供给控制系统减少甲烷排放的技术方案,包括喷射系统稳定性、蒸发气体控制技术和后处理方案等可行性。

第五条 高能效示范船技术评估和认定的主要内容是船舶能效设计指数(EEDI)值与《办法》附件 3《内河高能效示范船 EEDI 基线要求》的符合性。经评估和认定合格的,应满足下列条件:

(一)船舶设计阶段的 EEDI 值符合《内河高能效示范船 EEDI 基线要求》的要求。

(二)船舶建造完工后的 EEDI 值符合《内河高能效示范船 EEDI 基线要求》的要求。

第三章 技术评估和认定程序

第六条 申请新建 LNG 动力示范船和高能效示范船的,在船舶设计完成后,向技术评估认定单位提交申请书(附件 2)和符合本办法要求的相关材料(附件 3)。

其中申请新建高能效示范船的,需取得中国船级社签发的船舶能效设计指数(EEDI)前期验证报告。

第七条 技术评估认定单位对申请人提供的材料进行审核,符合要求的,出具技术评估意见。对采用同一技术方案的首制船或对评估内容有重大异议的,可以要求申请人提供相关补充证明材料,确有需要的,采取专家评审等方式进行评估。

第八条 船舶建造完工后,申请人向技术评估认定单位提交以下材料：

1. 船舶检验机构签发的船舶检验证书、图纸审批批文或审图意见书；

2. 技术方案和主要设计图纸等资料；

3. 船舶检验机构对液化天然气动力系统的审批意见以及对液化天然气动力系统的专项检验报告（适用于LNG动力示范船）；

4. 天然气发动机的产品证书、《国际防止发动机大气污染证书》和经船舶检验机构认可的相关台架试验报告（适用于LNG动力示范船）；

5. 中国船级社签发的EEDI最终验证报告（适用于高能效船舶）。

第九条 技术评估认定单位对申请人提供的申请材料进行审核，符合要求的，出具技术认定意见。确有需要的，可组织相关单位进行现场核查。

第四章 附 则

第十条 申请人应向技术评估认定单位提交完整、真实的材料，认真配合技术评估认定单位开展相关工作，接受交通运输主管部门的管理和核查。

第十一条 技术评估认定单位应出具客观公正的技术评估意见和技术认定意见，保守申请人的技术或商业秘密，及时将技术评估和认定结果书面通知申请人所在地的省级交通运输主管部门，并按季度将汇总情况书面通知水系派出机构。

第十二条 船舶检验机构应按照通过评估的技术方案进行审图和实施船舶建造检验。

第十三条 通过评估的技术方案发生重大变更的，应按规定重新申请评估。

第十四条 依据《办法》的规定，在政府补贴资金发放后，地方交通运输主管部门应在网上向社会公开示范船的技术方案和设计图纸。示范船技术方案和设计图纸涉及知识产权的,应先征得知识产权所有人的同意。

第十五条 签发 EEDI 前期验证和最终验证报告不收取费用。

第十六条 本办法实施后,国家有关内河船舶强制技术标准高于本办法要求的,内河示范船应适用新的技术标准。

第十七条 本办法自发布之日起实施。

附件 1

NOx 排放量限值标准

发动机转速 n (r/min)	NOx 排放最高限值 (g/kW·h)
$n<130$	14.4
$130 \leq n < 2000$	$44 \times n^{-0.2}$
$n \geq 2000$	7.7

附件2

内河示范船技术评估和认定申请书

申请人名称:__________________(签章)

申 请 日 期:__________________

一、基本情况

<table>
<tr><td colspan="2">申请人名称</td><td colspan="2"></td></tr>
<tr><td colspan="2">水路运输经营许可证编号</td><td colspan="2"></td></tr>
<tr><td colspan="2">联系人</td><td colspan="2"></td></tr>
<tr><td colspan="2">联系人电话</td><td colspan="2"></td></tr>
<tr><td colspan="2">传真</td><td colspan="2"></td></tr>
<tr><td colspan="4">拟新建示范船基本情况</td></tr>
<tr><td>示范船类型</td><td colspan="3">□ 液化天然气(LNG)动力示范船
□ 高能效示范船</td></tr>
<tr><td>设计单位</td><td colspan="3"></td></tr>
<tr><td>建造单位</td><td colspan="3"></td></tr>
<tr><td>主机生产厂家</td><td colspan="3"></td></tr>
<tr><td>艘　数</td><td></td><td>拟经营航区</td><td></td></tr>
<tr><td>船舶种类</td><td></td><td>船舶总吨</td><td></td></tr>
<tr><td>总　　长</td><td></td><td>总　　宽</td><td></td></tr>
<tr><td>型　　深</td><td></td><td>主机型号</td><td></td></tr>
<tr><td>单机功率</td><td></td><td>额定转速</td><td></td></tr>
<tr><td>设计航速</td><td></td><td>主机台数</td><td></td></tr>
</table>

注:同一类型、同一技术方案船舶使用同一申请书;LNG 动力示范船技术方案说明由申请新建 LNG 动力示范船的申请人填写。

二、LNG 动力示范船技术方案说明

(一)船舶主机在75%额定功率下LNG综合替代率(适用于双燃料)

指　　标	数　　值
纯柴油模式下的油耗量 Bc(kg/h)	
双燃料模式下的油耗量 Bo(kg/h)	
替代率 Td(%)	
是否满足要求	
注:Td = (Bc - Bo)/Bc × 100%;主机在75%额定功率(MCR)下,船舶LNG替代率应不低于65%。	
情况说明:	

（二）氮氧化物（NO_x）排放水平

工　　况	厂家声明 LNG 最高替代率	台架试验 NO_x 排放值(g/kW·h)	加权因数
25%额定功率,63%转速,厂家声明 LNG 最高替代率工况			0.15
50%额定功率,80%转速,厂家声明 LNG 最高替代率情况			0.15
75%额定功率,91%转速,厂家声明 LNG 最高替代率情况			0.5
100%额定功率,100%转速,厂家声明 LNG 最高替代率情况			0.2
适用的 NO_x 排放限值			
NO_x 实际排放值			
是否满足排放限值标准			
情况说明：			

（三）液化天然气供给控制系统减少甲烷排放技术方案

评 估 项 目	技术方案（单选）	可行	不可行
液化天然气（LNG）喷射系统类型	□单点		
	□多点		
蒸发气体控制技术方案介绍	（内容可附后）		
后处理技术方案介绍	（内容可附后）		
情况说明：			

附件3

液化天然气(LNG)动力示范船技术评估资料清单

1. 拟采用的船舶主机、辅机技术参数资料(产品说明书)。
2. 储气罐、气化撬的技术参数资料(产品说明书)。
3. LNG供气系统管线技术参数(材质、规格等)。
4. 安全报警系统技术说明书。
5. 天然气供气控制元件(ECU)技术参数。
6. 防爆灯具、机舱抽风机的技术参数。
7. 其他情况说明。

交通运输部关于加快现代航运服务业发展的意见

交水发〔2014〕262 号　2014.12.26

各省、自治区、直辖市交通运输厅(局、委),中国船东、港口、船舶代理和无船承运人协会,部属各单位,部内各司局、驻部监察局:

为进一步贯彻落实《国务院关于促进海运业健康发展的若干意见》(国发〔2014〕32 号)、《国务院关于依托黄金水道推动长江经济带发展的指导意见》(国发〔2014〕39 号),加快现代航运服务业发展,提出以下意见:

一、总体要求

(一)指导思想。

深入贯彻党的十八大和十八届三中、四中全会精神,深化改革,创新体制机制,扩大开放,完善政策法规,以航运业发展需求为导向,加快船舶管理、船舶代理、水路客货运代理等传统航运服务业转型升级,积极培育航运金融、航运电商服务等航运服务新业态,以航运中心和自由贸易试验区为重要载体,更好地促进海运业和内河航运健康发展,切实提升现代航运服务业水平和国际竞争力。

(二)基本原则。

——市场主导,政府引导。发挥市场在资源配置中的决定性作用,强化企业主体作用,鼓励和支持各种所有制企业根据市场需求,积极开展服务创新;更好发挥政府作用,营造促进现代航运服务业健康发展的政策法规环境,简政放权,激发社会活力。

——合理布局,集聚发展。强化顶层设计,积极示范探索,以航运中心和自由贸易试验区建设为平台,推动现代航运服务业要素集聚,促进现代航运服务业与关联产业的联动发展。

——对标国际,转型升级。对照国际运行规则,借助信息技术和金融服务手段,提升船舶管理、船舶代理、水路客货运代理等服务水平,提高航运交易、保险、经纪等服务能力,加快构建与国际接轨的现代航运服务体系。

——加强监管,规范服务。坚持制度改革和政策创新相结合,加强事中事后监管,更好发挥政府、中介组织对市场行为的规范作用,努力营造统一开放、竞争有序的市场环境。

(三)总体目标。

到2020年,基本形成功能齐备、服务优质、高效便捷、竞争有序的现代航运服务业体系。现代航运服务业发展与我国航运业转型升级相适应,航运中心的航运服务功能进一步完善,现代航运服务业综合竞争力和服务经济社会发展的能力进一步提升。

二、主要任务

(四)促进传统航运服务业转型升级。鼓励企业加强理念创新和自身能力建设,利用现代信息技术手段,加强与相关服务业融合,创新商业模式,优化产品和服务。进一步简政放权,下放理货、无船承运等审批权限,激发市场活力。深化对外开放,完善外商独资从事船舶管理等配套政策。全面推进船舶管理、船舶代理、水路客货运代理等传统航运服务业的转型升级。

(五)提升航运交易服务能力。加强船舶交易市场管理,合理确定服务机构的区域布局,规范服务收费行为和标准。加强航运业与电子商务、金融服务业务的融合,拓展航运交易功能,完善航运交易信息服务,创新航运交易服务产品,降低交易成本,提高服务效率。

(六)创新航运金融保险服务。积极发展多种航运融资方式,拓宽社会资本投资航运业渠道。支持船舶融资租赁业务发展,鼓励航运金融产品创新,拓展航运金融服务功能。支持保险企业开展航运保险业务,丰富航运保险产品,协调推动出台便利船舶理赔措施,引导港航企业开展自保、互保业务,加强与保险机构合作,构建和完善多种形式的航运保险体系。

（七）强化航运法律服务能力。完善航运法律服务体系，支持航运法律咨询等服务机构发展，为航运企业提供高水平的航运法律服务。支持中国海事仲裁委员会拓展服务领域，逐步建立权威公正的仲裁员队伍和符合国际惯例的仲裁程序，发挥本土仲裁机构在国际海事仲裁中的作用。借鉴国际经验，建立高效规范的海事理赔机制，提升海事理赔水平。依托各地海事法院的专业优势，延伸海事法律咨询服务。

（八）提高航运信息服务能力。充分利用现代信息技术，健全航运信息公开机制，建立航运市场监测和风险预警机制。加快便利运输电子口岸信息平台建设，实现港航企业、货主、口岸监管部门之间的信息共享，促进运输便利化。支持和鼓励形成一批有影响力的国内航运咨询和研究机构，发挥行业智库的作用。

（九）增强运价指数服务功能。完善运价指数的编制和发布机制，形成具有国际影响力的运价指数体系，有效引导航运业的市场预期。支持航运交易服务机构与金融机构合作，在风险可控前提下，探索开展运价衍生品交易新业态的实践，为航运业提供风险管理工具，拓展现代航运服务业功能。

（十）强化船舶技术服务。进一步提高船舶检验机构技术和服务水平，增强国际竞争力，促进船舶节能减排、安全运营。继续推进“阳光引航”，提升引航服务水平。充分利用船舶工业新材料、新技术、新工艺，提高船舶及其设备的维修服务能力。为航运业优化运力结构和安全绿色发展，提供技术保障。

（十一）提升船员劳务服务能力。完善船员教育、培训、考试相关政策措施，提高船员培养质量。重点支持中西部地区积极发展船员教育培训。进一步规范船员劳务市场，建立和完善船员劳务纠纷协调解决机制，引导船员有序流动。加强船员外派工作，促进船员就业，规范船员外派机构的管理，加强保护船员的合法权益，提升我国船员在国际船员劳务市场的竞争力。

（十二）完善现代航运服务业市场监管体系。进一步转变政府职能，简政放权，推进行业管理由注重事前审批向注重事中、事后监管转变。实行现代航运服务业的市场准入负面清单管理。建立和完善市场行为规范和服务标准，运用信息公示、信息共享和信用约束手段，提高监管效能。充分发挥相关行业协会的协调和自律作用，形成自律机制，维护行业公平竞争秩序。

（十三）深化国际交流与合作。支持航运服务企业深化与国际专业服务机构的合作，积极拓展国际航运服务市场，提高国际竞争力。充分利用双边、多边国际合作机制，积极参与国际航运服务业相关标准、规则的制修订，促进国际交流与合作，增强国际话语权和影响力。

（十四）完善航运中心服务功能。积极创造条件，吸引国际一流的航运人才及服务机构入驻，促进现代航运服务业要素进一步集聚和功能提升，打造服务全国、面向国际的上海国际航运中心。同时以现代航运服务业为重要抓手，充分发挥区位优势，形成天津、大连、厦门等区域航运中心。加快武汉、重庆长江区域航运中心的形成，并与上海国际航运中心联动发展，更好服务长江经济带建设。

三、保障措施

（十五）加强组织领导。各级交通运输主管部门要高度重视，加强组织领导，明确责任分工，精心组织实施，加快推进现代航运服务业发展。建立健全与相关部门的联动工作机制，加强对现代航运服务业发展的指导、协调和服务，营造良好的发展环境。

（十六）强化法制保障。制修订《国际海运条例》等法规和规章，完善我国航运法律体系，积极推进与国际法律制度接轨，为现代航运服务业发展提供法制保障。研究建立航运信用管理体系，规范航运服务经营行为。

（十七）注重人才培养。鼓励和支持我国高等院校开展航运服务专业教育，重点培养航运金融、航运保险、航运经纪、海事法律等领域的专业性和复合型人才。努力加强与国外高等院校和研究咨询机构的合作，着力培训和引进航运服务业紧缺人才。

（十八）加强宣传引导。充分发挥媒体的舆论导向作用，大力宣传现代航运服务业发展取得的成效，及时总结推广创新发展经验，发挥示范带动效应，扩大行业影响。

（十九）加强监测评估。增强基础数据收集分析能力，开展相关监测预警研究，加强市场运行分析，为现代航运服务业科学发展提供决策依据。

各部门、各单位要根据本意见的要求，结合实际，统筹安排，实化措施，共同推进现代航运服务业的健康发展。

外商投资道路运输业管理规定

交通运输部令 2014 年第 4 号　2014.1.11

交通运输部、商务部决定对《外商投资道路运输业管理规定》（交通部、对外经济贸易合作部令 2001 年第 9 号）作如下修改：

一、将条文中所有“交通主管部门”统一修改为“交通运输主管部门”，所有“对外贸易经济主管部门”统一修改为“商务主管部门”，将第四条、第十四条、第十八条中“国务院交通主管部门”修改为“省级交通运输主管部门”，将第四条中“国务院对外贸易经济主管部门”修改为“省级商务主管部门”，将第十八条中“对外贸易经济部门或其授权部门”修改为“商务主管部门”。

二、删除第九条第（二）项，将第（三）项修改为第（二）项，将“国务院交通主管部门”修改为“省级交通运输主管部门”。

三、将第十一条修改为“省级商务主管部门收到申请材料后，在 45 日内作出是否批准的书面决定。符合规定的，颁发或者变更外商投资企业批准证书；不符合规定的，退回申请，书面通知申请人并说明理由。”

四、将第十七条修改为“申请延长经营期限的外商投资道路运输企业，应当在经营期满 6 个月前向企业所在地的省级交通运输主管部门提出申请，并上报企业经营资质（质量信誉）考核记录等有关材料，由省级交通运输主管部门商商务主管部门后批复。”

五、在第十九条后增加一条作为第二十条：“省级交通运输主管部门应当于每年 3 月 31 日前将本省上年度外商投资审批情况报交通运输部。”

此外，对条文的顺序作相应的调整和修改。

本决定自2014年1月11日起施行。

《外商投资道路运输业管理规定》根据本决定作相应的修改，重新发布。

外商投资道路运输业管理规定

（2001年11月20日交通部、外贸部发布，根据2014年1月11日交通运输部、商务部《关于修改〈外商投资道路运输业管理规定〉的决定》修正）

第一条 为促进道路运输业的对外开放和健康发展，规范外商投资道路运输业的审批管理，根据《中华人民共和国中外合资经营企业法》、《中华人民共和国中外合作经营企业法》、《中华人民共和国外资企业法》以及有关法律、行政法规的规定，制定本规定。

第二条 外商在中华人民共和国境内投资道路运输业适用本规定。

本规定所称道路运输业包括道路旅客运输、道路货物运输、道路货物搬运装卸、道路货物仓储和其他与道路运输相关的辅助性服务及车辆维修。

第三条 允许外商采用以下形式投资经营道路运输业：

（一）采用中外合资形式投资经营道路旅客运输；

（二）采用中外合资、中外合作形式投资经营道路货物运输、道路货物搬运装卸、道路货物仓储和其他与道路运输相关的辅助性服务及车辆维修；

（三）采用独资形式投资经营道路货物运输、道路货物搬运装卸、道路货物仓储和其他与道路运输相关的辅助性服务及车辆维修。

本条第（三）项所列道路运输业务对外开放时间由国务院商务主管部门和交通运输主管部门另行公布。

第四条 外商投资道路运输业的立项及相关事项应当经省级交通运输主管部门批准。

外商投资设立道路运输企业的合同和章程应当经省级商务主管部门批准。

第五条 外商投资道路运输业应当符合国务院交通运输主管部门制定的道路运输发展政策和企业资质条件，并符合拟设立外商投资道路运输企业所在地的交通运输主管部门制定的道路运输业发展规划的要求。

投资各方应当以自有资产投资并具有良好的信誉。

第六条 外商投资从事道路旅客运输业务，还应当符合以下条件：

（一）主要投资者中至少一方必须是在中国境内从事5年以上道路旅客运输业务的企业；

（二）外资股份比例不得多于49%；

（三）企业注册资本的50%用于客运基础设施的建设与改造；

（四）投放的车辆应当是中级及以上的客车。

第七条 设立外商投资道路运输企业，应当向拟设企业所在地的市（设区的市，下同）级交通运输主管部门提出立项申请，并提交以下材料：

（一）申请书，内容包括投资总额、注册资本和经营范围、规模、期限等；

（二）项目建议书；

（三）投资者的法律证明文件；

（四）投资者资信证明；

（五）投资者以土地使用权、设施和设备等投资的，应提供有效的资产评估证明；

（六）审批机关要求的其他材料。

拟设立中外合资、中外合作企业，除应当提交上述材料以外，还应当提交合作意向书；

提交的外文资料须同时附中文翻译件。

第八条 外商投资企业扩大经营范围从事道路运输业，外商投资道路运输企业扩大经营范围或者扩大经营规模超出原核定标准的,外商投资道路运输企业拟合并、分立、迁移和变更投资主体、注册资本、投资股比,应由该企业向其所在地的市级交通运输主管部门提出变更申请并提交以下材料:

(一)申请书;

(二)企业法人营业执照复印件;

(三)外商投资企业批准证书复印件;

(四)外商投资企业立项批件复印件;

(五)资信证明。

第九条 交通运输主管部门按下列程序对外商投资道路运输业立项和变更申请进行审核和审批:

(一)市级交通运输主管部门自收到申请材料之日起15个工作日内,依据本规定提出初审意见,并将初审意见和申请材料报省级交通运输主管部门;

(二)省级交通运输主管部门自收到前项材料之日起30个工作日内,对申请材料进行审核。符合规定的,颁发立项批件或者变更批件;不符合规定的,退回申请,书面通知申请人并说明理由。

第十条 申请人收到批件后,应当在30日内持批件和以下材料向省级商务主管部门申请颁发或者变更外商投资企业批准证书:

(一)申请书;

(二)可行性研究报告;

(三)合同、章程(外商独资道路运输企业只需提供章程);

(四)董事会成员及主要管理人员名单及简历;

(五)工商行政管理部门出具的企业名称预核准通知书;

(六)投资者所在国或地区的法律证明文件及资信证明文件;

(七)审批机关要求的其他材料。

第十一条 省级商务主管部门收到申请材料后,在45日内作出是否批准的书面决定。符合规定的,颁发或者变更外商投资企业批准证书;不符合规定的,退回申请,书面通知申请人并说明理由。

第十二条　申请人在收到外商投资企业批准证书后，应当在30日内持立项批件和批准证书向拟设立企业所在地省级交通运输主管部门申请领取道路运输经营许可证，并依法办理工商登记后，方可按核定的经营范围从事道路运输经营活动。

第十三条　申请人收到变更的外商投资企业批准证书后，应当在30日内持变更批件、变更的外商投资企业批准证书和其他相关的申请材料向省级交通运输主管部门和工商行政管理部门办理相应的变更手续。

第十四条　申请人在办理完有关手续后，应将企业法人营业执照、外商投资企业批准证书以及道路运输经营许可证影印件报省级交通运输主管部门备案。

第十五条　取得外商投资道路运输业立项批件后18个月内未完成工商注册登记手续的，立项批件自行失效。

第十六条　外商投资道路运输企业的经营期限一般不超过12年。但投资额中有50%以上的资金用于客货运输站场基础设施建设的，经营期限可为20年。

经营业务符合道路运输产业政策和发展规划，并且经营资质（质量信誉）考核合格的外商投资道路运输企业，经原审批机关批准，可以申请延长经营期限，每次延长的经营期限不超过20年。

第十七条　申请延长经营期限的外商投资道路运输企业，应当在经营期满6个月前向企业所在地的省级交通运输主管部门提出申请，并上报企业经营资质（质量信誉）考核记录等有关材料，由省级交通运输主管部门商商务主管部门后批复。

第十八条　外商投资道路运输企业停业、歇业或终止，应当及时到省级交通运输主管部门、商务主管部门和工商行政管理部门办理相关手续。

第十九条　香港特别行政区、澳门特别行政区和台湾省的投资者以及海外华侨在中国内地投资道路运输业参照适用本规定。

第二十条　省级交通运输主管部门应当于每年3月31日前

将本省上年度外商投资审批情况报交通运输部。

第二十一条 本规定自2001年11月20日起施行。交通部1993年颁布的《中华人民共和国交通部外商投资道路运输业立项审批暂行规定》(交运发〔1993〕1178号)同时废止。

道路运输车辆动态监督管理办法

交通运输部令2014年第5号　2014.1.28

第一章　总　　则

第一条　为加强道路运输车辆动态监督管理，预防和减少道路交通事故，依据《中华人民共和国安全生产法》、《中华人民共和国道路交通安全法实施条例》、《中华人民共和国道路运输条例》等有关法律法规，制定本办法。

第二条　道路运输车辆安装、使用具有行驶记录功能的卫星定位装置（以下简称卫星定位装置）以及相关安全监督管理活动，适用本办法。

第三条　本办法所称道路运输车辆，包括用于公路营运的载客汽车、危险货物运输车辆、半挂牵引车以及重型载货汽车（总质量为12吨及以上的普通货运车辆）。

第四条　道路运输车辆动态监督管理应当遵循企业监控、政府监管、联网联控的原则。

第五条　道路运输管理机构、公安机关交通管理部门、安全监管部门依据法定职责，对道路运输车辆动态监控工作实施联合监督管理。

第二章　系统建设

第六条　道路运输车辆卫星定位系统平台应当符合以下标准要求：

（一）《道路运输车辆卫星定位系统平台技术要求》（JT/T 796）；

（二）《道路运输车辆卫星定位系统终端通信协议及数据格式》（JT/T 808）；

（三）《道路运输车辆卫星定位系统平台数据交换》（JT/T 809）。

第七条 在道路运输车辆上安装的卫星定位装置应符合以下标准要求：

（一）《道路运输车辆卫星定位系统车载终端技术要求》（JT/T 794）；

（二）《道路运输车辆卫星定位系统终端通信协议及数据格式》（JT/T 808）；

（三）《机动车运行安全技术条件》（GB 7258）；

（四）《汽车行驶记录仪》（GB/T 19056）。

第八条 道路运输车辆卫星定位系统平台和车载终端应当通过有关专业机构的标准符合性技术审查。对通过标准符合性技术审查的系统平台和车载终端，由交通运输部发布公告。

第九条 道路旅客运输企业、道路危险货物运输企业和拥有50辆及以上重型载货汽车或者牵引车的道路货物运输企业应当按照标准建设道路运输车辆动态监控平台，或者使用符合条件的社会化卫星定位系统监控平台（以下统称监控平台），对所属道路运输车辆和驾驶员运行过程进行实时监控和管理。

第十条 道路运输企业新建或者变更监控平台，在投入使用前应当通过有关专业机构的系统平台标准符合性技术审查，并向原发放《道路运输经营许可证》的道路运输管理机构备案。

第十一条 提供道路运输车辆动态监控社会化服务的，应当向省级道路运输管理机构备案，并提供以下材料：

（一）组织机构代码证、营业执照；

（二）服务格式条款、服务承诺；

（三）履行服务能力的相关证明材料；

（四）通过系统平台标准符合性技术审查的证明材料。

第十二条 旅游客车、包车客车、三类以上班线客车和危险货物运输车辆在出厂前应当安装符合标准的卫星定位装置。重型载货汽车和半挂牵引车在出厂前应当安装符合标准的卫星定位装置，并接入全国道路货运车辆公共监管与服务平台（以下简称道路货运车辆公共平台）。

车辆制造企业为道路运输车辆安装符合标准的卫星定位装置后，应当随车附带相关安装证明材料。

第十三条 道路运输经营者应当选购安装符合标准的卫星定位装置的车辆，并接入符合要求的监控平台。

第十四条 道路运输企业应当在监控平台中完整、准确地录入所属道路运输车辆和驾驶人员的基础资料等信息，并及时更新。

第十五条 道路旅客运输企业和道路危险货物运输企业监控平台应当接入全国重点营运车辆联网联控系统（以下简称联网联控系统），并按照要求将车辆行驶的动态信息和企业、驾驶人员、车辆的相关信息逐级上传至全国道路运输车辆动态信息公共交换平台。

道路货运企业监控平台应当与道路货运车辆公共平台对接，按照要求将企业、驾驶人员、车辆的相关信息上传至道路货运车辆公共平台，并接收道路货运车辆公共平台转发的货运车辆行驶的动态信息。

第十六条 道路运输管理机构在办理营运手续时，应当对道路运输车辆安装卫星定位装置及接入系统平台的情况进行审核。

第十七条 对新出厂车辆已安装的卫星定位装置，任何单位和个人不得随意拆卸。除危险货物运输车辆接入联网联控系统监控平台时按照有关标准要求进行相应设置以外，不得改变货运车辆车载终端监控中心的域名设置。

第十八条 道路运输管理机构负责建设和维护道路运输车辆动态信息公共服务平台，落实维护经费，向地方人民政府争取纳入年度预算。道路运输管理机构应当建立逐级考核和通报制度，保证联网联控系统长期稳定运行。

第十九条 道路运输管理机构、公安机关交通管理部门、安全监管部门间应当建立信息共享机制。

公安机关交通管理部门、安全监管部门根据需要可以通过道路运输车辆动态信息公共服务平台,随时或者定期调取系统数据。

第二十条 任何单位、个人不得擅自泄露、删除、篡改卫星定位系统平台的历史和实时动态数据。

第三章 车辆监控

第二十一条 道路运输企业是道路运输车辆动态监控的责任主体。

第二十二条 道路旅客运输企业、道路危险货物运输企业和拥有50辆及以上重型载货汽车或牵引车的道路货物运输企业应当配备专职监控人员。专职监控人员配置原则上按照监控平台每接入100辆车设1人的标准配备,最低不少于2人。

监控人员应当掌握国家相关法规和政策,经运输企业培训、考试合格后上岗。

第二十三条 道路货运车辆公共平台负责对个体货运车辆和小型道路货物运输企业(拥有50辆以下重型载货汽车或牵引车)的货运车辆进行动态监控。道路货运车辆公共平台设置监控超速行驶和疲劳驾驶的限值,自动提醒驾驶员纠正超速行驶、疲劳驾驶等违法行为。

第二十四条 道路运输企业应当建立健全动态监控管理相关制度,规范动态监控工作:

(一)系统平台的建设、维护及管理制度;

(二)车载终端安装、使用及维护制度;

(三)监控人员岗位职责及管理制度;

(四)交通违法动态信息处理和统计分析制度;

(五)其他需要建立的制度。

第二十五条 道路运输企业应当根据法律法规的相关规定以及车辆行驶道路的实际情况，按照规定设置监控超速行驶和疲劳驾驶的限值，以及核定运营线路、区域及夜间行驶时间等，在所属车辆运行期间对车辆和驾驶员进行实时监控和管理。

设置超速行驶和疲劳驾驶的限值，应当符合客运驾驶员 24 小时累计驾驶时间原则上不超过 8 小时，日间连续驾驶不超过 4 小时，夜间连续驾驶不超过 2 小时，每次停车休息时间不少于 20 分钟，客运车辆夜间行驶速度不得超过日间限速 80% 的要求。

第二十六条 监控人员应当实时分析、处理车辆行驶动态信息，及时提醒驾驶员纠正超速行驶、疲劳驾驶等违法行为，并记录存档至动态监控台账；对经提醒仍然继续违法驾驶的驾驶员，应当及时向企业安全管理机构报告，安全管理机构应当立即采取措施制止；对拒不执行制止措施仍然继续违法驾驶的，道路运输企业应当及时报告公安机关交通管理部门，并在事后解聘驾驶员。

动态监控数据应当至少保存 6 个月，违法驾驶信息及处理情况应当至少保存 3 年。对存在交通违法信息的驾驶员，道路运输企业在事后应当及时给予处理。

第二十七条 道路运输经营者应当确保卫星定位装置正常使用，保持车辆运行实时在线。

卫星定位装置出现故障不能保持在线的道路运输车辆，道路运输经营者不得安排其从事道路运输经营活动。

第二十八条 任何单位和个人不得破坏卫星定位装置以及恶意人为干扰、屏蔽卫星定位装置信号，不得篡改卫星定位装置数据。

第二十九条 卫星定位系统平台应当提供持续、可靠的技术服务，保证车辆动态监控数据真实、准确，确保提供监控服务的系统平台安全、稳定运行。

第四章 监督检查

第三十条 道路运输管理机构应当充分发挥监控平台的作

用，定期对道路运输企业动态监控工作的情况进行监督考核，并将其纳入企业质量信誉考核的内容，作为运输企业班线招标和年度审验的重要依据。

第三十一条 公安机关交通管理部门可以将道路运输车辆动态监控系统记录的交通违法信息作为执法依据，依法查处。

第三十二条 安全监管部门应当按照有关规定认真开展事故调查工作，严肃查处违反本办法规定的责任单位和人员。

第三十三条 道路运输管理机构、公安机关交通管理部门、安全监管部门监督检查人员可以向被检查单位和个人了解情况，查阅和复制有关材料。被监督检查的单位和个人应当积极配合监督检查，如实提供有关资料和说明情况。

道路运输车辆发生交通事故的，道路运输企业或者道路货运车辆公共平台负责单位应当在接到事故信息后立即封存车辆动态监控数据，配合事故调查，如实提供肇事车辆动态监控数据；肇事车辆安装车载视频装置的，还应当提供视频资料。

第三十四条 鼓励各地利用卫星定位装置，对营运驾驶员安全行驶里程进行统计分析，开展安全行车驾驶员竞赛活动。

第五章 法律责任

第三十五条 道路运输管理机构对未按照要求安装卫星定位装置，或者已安装卫星定位装置但未能在联网联控系统（重型载货汽车和半挂牵引车未能在道路货运车辆公共平台）正常显示的车辆，不予发放或者审验《道路运输证》。

第三十六条 违反本办法的规定，道路运输企业有下列情形之一的，由县级以上道路运输管理机构责令改正。拒不改正的，处3000元以上8000元以下罚款：

（一）道路运输企业未使用符合标准的监控平台、监控平台未接入联网联控系统、未按规定上传道路运输车辆动态信息的；

（二）未建立或者未有效执行交通违法动态信息处理制度、对驾驶员交通违法处理率低于90%的；

（三）未按规定配备专职监控人员的。

第三十七条 违反本办法的规定，道路运输经营者使用卫星定位装置出现故障不能保持在线的运输车辆从事经营活动的，由县级以上道路运输管理机构责令改正。拒不改正的，处800元罚款。

第三十八条 违反本办法的规定，有下列情形之一的，由县级以上道路运输管理机构责令改正，处2000元以上5000元以下罚款：

（一）破坏卫星定位装置以及恶意人为干扰、屏蔽卫星定位装置信号的；

（二）伪造、篡改、删除车辆动态监控数据的。

第三十九条 违反本办法的规定，发生道路交通事故的，具有第三十六条、第三十七条、第三十八条情形之一的，依法追究相关人员的责任；构成犯罪的，依法追究刑事责任。

第四十条 道路运输管理机构、公安机关交通管理部门、安全监管部门工作人员执行本办法过程中玩忽职守、滥用职权、徇私舞弊的，给予行政处分；构成犯罪的，依法追究刑事责任。

第六章 附 则

第四十一条 在本办法实施前已经进入运输市场的重型载货汽车和半挂牵引车，应当于2015年12月31日前全部安装、使用卫星定位装置，并接入道路货运车辆公共平台。

农村客运车辆动态监督管理可参照本办法执行。

第四十二条 本办法自2014年7月1日起施行。

交通运输部　公安部　国家安全监管总局关于认真贯彻落实《道路运输车辆动态监督管理办法》的通知

交运发〔2014〕117 号　2014.6.10

各省、自治区、直辖市、新疆生产建设兵团交通运输厅（局、委）、公安厅（局）、安全生产监督管理局：

《道路运输车辆动态监督管理办法》（交通运输部、公安部、国家安全监管总局 2014 年第 5 号令，以下简称《办法》）已于 2014 年 1 月 28 日公布，自 2014 年 7 月 1 日起施行。为认真贯彻《办法》，确保《办法》各项规定落到实处，现将有关要求通知如下：

一、充分认识《办法》的重要意义

近年来，交通运输、公安、安全监管部门大力推进道路运输车辆动态监管工作，各地道路运输企业积极运用动态监控系统，加强对所属车辆和驾驶员的动态管理，进一步提高企业安全管理水平，不仅在预防和减少道路交通事故方面发挥了重要作用，而且有力地促进了道路运输管理方式和发展方式的转变。

《办法》在总结近年来道路运输车辆动态监控工作经验基础上，全面系统地规范了道路运输车辆动态监管工作，为做好动态监管工作提供了基本制度保障，是指导动态监管工作的纲领性文件。当前，做好《办法》的贯彻实施工作具有重大的现实意义：一是督促企业完善监控管理制度，规范企业监控行为，有利于进一步提高企业安全管理水平，促进企业安全生产主体责任落实；二是通过进一步明确各部门监管责任，强化监管手段，加大执法处罚力度，有利于政府各监管部门形成监管合力；三是通过规范卫星定位装置和系统平台的安装和使用行为，保持车辆运行实时在线，有利于更好地发挥动态监控系统对车辆运营过程的监督作用，有效防范车辆超速行驶和驾驶员疲劳驾驶等违法行为，进一步预防和减少道路交通事故。

各级交通运输、公安、安全监管部门要站在贯彻落实科学发展观、保障道路运输安全的高度，充分认识和理解贯彻落实《办法》的重要意义，进一步提高贯彻实施《办法》的自觉性和责任感，制定切实可行的工作方案和具体措施，确保《办法》的各项规定和要求落到实处。

二、严格落实道路运输企业监控主体责任

道路运输企业是车辆动态监控的责任主体。企业自建监控平台或使用社会化监控平台，都要严格落实道路运输车辆动态监控的主体责任。

各级交通运输部门要督促道路旅客运输企业、道路危险货物运输企业和拥有50辆及以上重型载货汽车或者半挂牵引车的道路货物运输企业建设或使用社会化的监控平台，建立健全动态监控制度，规范和细化操作环节，明确岗位职责。按照要求配备专职监控人员，并对监控人员进行培训和考核，考核合格后方可上岗。按要求上传车辆行驶动态信息和企业、驾驶人员、车辆的相关信息。接受管理部门监管平台的监管，接收相关信息。“两客一危”重点营运车辆必须全部纳入企业监控和政府监管平台。要尽快实现车辆动态监控系统与道路运政管理信息系统的信息共享，凡车辆、驾驶人员等信息能够从运政信息系统中直接获取的，道路运输管理机构不得要求运输经营者再重复填报。

各级交通运输部门要督促有关企业加强对卫星定位装置和监控平台的日常维护和技术保障，保持系统设备完好，确保卫星定位装置与监控平台、监控平台与联网联控系统或道路货运车辆公共平台对接畅通，实现车辆运行期间的实时监控和管理，及时发现和纠正营运驾驶员违法行为，规范驾驶行为，消除安全隐患。要督促道路客运企业对所属班线客运车辆运行线路进行实地考察，根据道路限速和实际路况合理设置车辆行驶速度限值，实现系统平台向驾驶员自动提醒。对旅游客车、包车客车、三类及以上班线客车和危险货物运输车辆在安排运输任务前,要检查卫星定位装置及连接情况,不能有效接入系统的,不得安排运输任务。

三、严格落实政府主管部门监督检查责任

各地道路运输管理机构、公安机关交通管理等部门要建立健全信息共享机制,加强部门协作,联合开展督导检查。《办法》实施前,重点检查运输企业是否按照《办法》规定使用卫星定位装置、监控平台等;《办法》实施后,重点排查平台接入及使用中存在的突出问题,保证车载终端完好适用、平台连接畅通、驾驶员违法行为能够得到提醒、警告、处理,依法查处违反《办法》规定的责任单位和人员。要充分利用动态监控系统开展事故调查工作,发生事故后,相关部门要及时调取道路运输企业或道路货运车辆公共平台负责单位封存的事故车辆动态监控数据,对于没有落实动态监控制度而对事故负有责任的道路运输企业、服务商及责任人员,依法依规追究责任,构成犯罪的,依法追究刑事责任。

各地道路运输管理机构要建立健全联网联控系统运行维护与考核机制,落实逐级考核制度,通过检查监控平台的数据记录进行量化分析、考核,其考核结果应纳入企业信誉质量考核范畴,并与运输企业班线招标和年度审验直接挂钩。

各级交通运输、公安、安全监管部门不得为道路运输经营者指定卫星定位装置厂家及产品,不得要求重复安装卫星定位装置,不得通过行政手段指定提供社会化卫星定位系统监控平台的服务商(以下简称服务商),不得要求服务商层层备案。

各级道路运输管理机构要积极申请将政府监管平台建设、运营与维护费用纳入财政预算,不得向运输经营者收取服务费用。

中国交通通信信息中心(以下简称通信中心)要按照《办法》要求,完善车载终端和系统平台标准符合性技术审查制度,建立卫星定位装置和系统平台动态核查机制与公告退出机制,定期组织开展产品检用一致性抽查。凡是发现与符合性审查不一致的产品,从公告目录中撤销。

交通运输部、公安部、国家安全监管总局将对各地贯彻实施情况进行督导检查。

四、合理设置过渡期

对在《办法》实施前已经进入道路运输市场的重型载货汽车和半挂牵引车，各地应合理制订安装计划，采取有效措施，确保于2015年12月31日前全部安装、使用卫星定位装置，并接入道路货运车辆公共平台。对前期已接入重点营运车辆联网联控系统的重型载货汽车和半挂牵引车，要抓紧从原系统中转入道路货运车辆公共平台。

旅游客车、包车客车、三类及以上班线客车和危险货物运输车辆、重型载货汽车和半挂牵引车要在出厂前安装符合标准的卫星定位装置。自2015年1月1日起，没有在出厂前安装的，道路运输管理机构不予发放《道路运输证》。

自2014年7月1日起，新进入道路运输市场的重型载货汽车或半挂牵引车要接入道路货运车辆公共平台。拥有50辆及以上重型载货汽车或者半挂牵引车的道路货物运输企业于2015年12月31日前，要具备通过符合性审查的监控平台并有效接入道路货运车辆公共平台，各地规定的期限早于2015年12月31日的，按照当地规定期限执行。

2015年12月31日前，对违反本《办法》的重型载货汽车或半挂牵引车运输经营者，由县级以上道路运输管理机构责令整改，暂不实施处罚。

五、做好宣贯工作

一是要精心组织。各地要结合本地实际，研究切实可行的宣贯方案，制定宣贯培训计划；要通过广播、电视、报纸等媒体和行业信息平台，特别是要充分利用客运车辆上的车载视频，开展多渠道、多形式的宣贯活动，为《办法》的贯彻实施营造良好的舆论氛围和社会环境。

二是要突出重点。各地要针对不同的对象，突出重点人员和内容，分类组织宣贯，确保相关人员准确理解、全面掌握《办法》的主要内容。对于道路运输企业主要负责人、安全管理人员、动态监控人员，要把《办法》对道路运输经营者关于动态监控的各项要求作为学习宣传的重点内容，增强贯彻执行《办法》的自觉性和主动性。对于有关管理部门的工作人员，特别是相关的执法人员，要突出《办法》中有关管理部门的职责、处罚规定等内容，提高执法人员依法行政意识和执法水平。

三是分层培训。交通运输部将在近期牵头组织专题培训班，集中对省级管理部门及部分运输企业负责人进行宣贯培训。同时，交通运输部委托通信中心作为技术支持单位开展相关服务，重点针对卫星定位装置的生产企业和提供道路运输车辆动态监控社会化服务商，开展《办法》的宣贯活动，各地要按照要求，认真组织相关人员参加。在此基础上，各地要根据实际，广泛开展对其他各类人员的宣贯及培训工作，确保各级有关管理部门、道路运输企业的相关人员都能够熟悉或了解《办法》的内容和要求。

出租汽车经营服务管理规定

交通运输部令2014年第16号　2014.9.30

第一章　总　　则

第一条　为规范出租汽车经营服务行为,保障乘客、驾驶员和出租汽车经营者的合法权益,促进出租汽车行业健康发展,根据国家有关法律、行政法规,制定本规定。

第二条　从事出租汽车经营服务,应当遵守本规定。

第三条　出租汽车是城市交通的组成部分,应当与城市经济社会发展相适应,与公共交通等客运服务方式协调发展,满足人民群众个性化出行需要。

第四条　出租汽车应当依法经营,诚实守信,公平竞争,优质服务。

第五条　国家鼓励出租汽车实行规模化、集约化、公司化经营。

第六条　交通运输部负责指导全国出租汽车管理工作。

县级以上地方人民政府交通运输主管部门在本级人民政府的领导下负责组织领导本行政区域内的出租汽车管理工作。

县级以上道路运输管理机构(含出租汽车管理机构,下同)负责具体实施出租汽车管理工作。

第七条　县级以上地方人民政府交通运输主管部门应当根据经济社会发展和人民群众出行需要,按照出租汽车功能定位,制定出租汽车发展规划,并报经同级人民政府批准后实施。

第二章　经营许可

第八条　申请出租汽车经营的,应当根据经营区域向相应的

设区的市级或者县级道路运输管理机构提出申请,并符合下列条件:

(一)有符合机动车管理要求并满足以下条件的车辆或者提供保证满足以下条件的车辆承诺书:

1. 符合国家、地方规定的出租汽车技术条件;

2. 有按照第十三条规定取得的出租汽车车辆经营权。

(二)有取得符合要求的从业资格证件的驾驶人员。

(三)有健全的经营管理制度、安全生产管理制度和服务质量保障制度。

(四)有固定的经营场所和停车场地。

第九条 申请人申请出租汽车经营时,应当提交以下材料:

(一)《出租汽车经营申请表》(见附件1);

(二)投资人、负责人身份、资信证明及其复印件,经办人的身份证明及其复印件和委托书;

(三)出租汽车车辆经营权证明及拟投入车辆承诺书(见附件2),包括车辆数量、座位数、类型及等级、技术等级;

(四)聘用或者拟聘用驾驶员从业资格证及其复印件;

(五)出租汽车经营管理制度、安全生产管理制度和服务质量保障制度文本;

(六)经营场所、停车场地有关使用证明等。

第十条 设区的市级或者县级道路运输管理机构对出租汽车经营申请予以受理的,应当自受理之日起20日内作出许可或者不予许可的决定。

第十一条 设区的市级或者县级道路运输管理机构对出租汽车经营申请作出行政许可决定的,应当出具《出租汽车经营行政许可决定书》(见附件3),明确经营范围、经营区域、车辆数量及要求、出租汽车车辆经营权期限等事项,并在10日内向被许可人发放《道路运输经营许可证》。

设区的市级或者县级道路运输管理机构对不符合规定条件的申请作出不予行政许可决定的,应当向申请人出具《不予行政许可可决定书》。

第十二条　县级以上道路运输管理机构应当按照当地出租汽车发展规划,综合考虑市场实际供需状况、出租汽车运营效率等因素,科学确定出租汽车运力规模,合理配置出租汽车的车辆经营权。

第十三条　国家鼓励通过服务质量招投标方式配置出租汽车的车辆经营权。

设区的市级或者县级道路运输管理机构应当根据投标人提供的运营方案、服务质量状况或者服务质量承诺、车辆设备和安全保障措施等因素,择优配置出租汽车的车辆经营权,向中标人发放车辆经营权证明,并与中标人签订经营协议。

第十四条　出租汽车车辆经营权的经营协议应当包括以下内容:

(一)出租汽车车辆经营权的数量、使用方式、期限等;

(二)出租汽车经营服务标准;

(三)出租汽车车辆经营权的变更、终止和延续等;

(四)履约担保;

(五)违约责任;

(六)争议解决方式;

(七)双方认为应当约定的其他事项。

在协议有效期限内,确需变更协议内容的,协议双方应当在共同协商的基础上签订补充协议。

第十五条　被许可人应当按照《出租汽车经营行政许可决定书》和经营协议,投入符合规定数量、座位数、类型及等级、技术等级等要求的车辆。原许可机关核实符合要求后,为车辆配发《道路运输证》。

投入运营的出租汽车车辆应当安装符合技术标准的计价器、具有行驶记录功能的车辆卫星定位装置、应急报警装置,按照要求喷涂车身颜色和标识,设置有中英文"出租汽车"字样的顶灯和能显示空车、暂停运营、电召等运营状态的标志,按照规定在车辆醒目位置标明运价标准、乘客须知、经营者名称和服务监督电话。

第十六条 出租汽车车辆经营权不得超过规定的期限，具体期限由设区的市级或者县级交通运输主管部门报本级人民政府根据投入车辆的车型和报废周期等因素确定。

第十七条 出租汽车车辆经营权因故不能继续经营的，授予车辆经营权的道路运输管理机构可优先收回。在车辆经营权有效期限内，需要变更车辆经营权经营主体的，应当到原许可机关办理变更许可手续。道路运输管理机构在办理车辆经营权变更许可手续时，应当按照第八条的规定，审查新的车辆经营权经营主体的条件，提示车辆经营权期限等相关风险，并重新签订经营协议，经营期限为该车辆经营权的剩余期限。

第十八条 出租汽车经营者在车辆经营权期限内，不得擅自暂停或者终止经营。需要变更许可事项或者暂停、终止经营的，应当提前30日向原许可机关提出申请，依法办理相关手续。出租汽车经营者终止经营的，应当将相关的《道路运输经营许可证》和《道路运输证》等交回原许可机关。

出租汽车经营者取得经营许可后无正当理由超过180天不投入符合要求的车辆运营或者运营后连续180天以上停运的，视为自动终止经营，由原许可机关收回相应的出租汽车车辆经营权。

出租汽车经营者合并、分立或者变更经营主体名称的，应当到原许可机关办理变更许可手续。

第十九条 出租汽车车辆经营权到期后，出租汽车经营者拟继续从事经营的，应当在车辆经营权有效期届满60日前，向原许可机关提出申请。原许可机关应当根据《出租汽车服务质量信誉考核办法》规定的出租汽车经营者服务质量信誉考核等级，审核出租汽车经营者的服务质量信誉考核结果，并按照以下规定处理：

（一）考核等级在经营期限内均为AA级及以上的，应当批准其继续经营；

（二）考核等级在经营期限内有A级的，应当督促其加强内部管理，整改合格后准许其继续经营；

（三）考核等级在经营期限内有 B 级或者一半以上为 A 级的，可视情适当核减车辆经营权；

（四）考核等级在经营期限内有一半以上为 B 级的，应当收回车辆经营权，并按照第十三条的规定重新配置车辆经营权。

第二十条 县级以上道路运输管理机构应当按照出租汽车发展规划，发展多样化、差异性的预约出租汽车经营服务。

预约出租汽车的许可，按照本章的有关规定执行，并在《出租汽车经营行政许可决定书》、《道路运输经营许可证》、《道路运输证》中注明，预约出租汽车的车身颜色和标识应当有所区别。

第三章 运营服务

第二十一条 出租汽车经营者应当为乘客提供安全、便捷、舒适的出租汽车服务。

鼓励出租汽车经营者使用节能环保车辆和为残疾人提供服务的无障碍车辆。

第二十二条 出租汽车经营者应当遵守下列规定：

（一）在许可的经营区域内从事经营活动，超出许可的经营区域的，起讫点一端应当在许可的经营区域内；

（二）保证营运车辆性能良好；

（三）按照国家相关标准运营服务；

（四）保障聘用人员合法权益，依法与其签订劳动合同或者经营合同；

（五）加强从业人员管理和培训教育；

（六）不得将出租汽车交给未经从业资格注册的人员运营。

第二十三条 出租汽车运营时，车容车貌、设施设备应当符合以下要求：

（一）车身外观整洁完好，车厢内整洁、卫生，无异味；

（二）车门功能正常，车窗玻璃密闭良好，无遮蔽物，升降功能有效；

（三）座椅牢固无塌陷，前排座椅可前后移动，靠背倾度可调，安全带和锁扣齐全、有效；

（四）座套、头枕套、脚垫齐全；

（五）计价器、顶灯、运营标志、服务监督卡（牌）、车载信息化设备等完好有效。

第二十四条 出租汽车驾驶员应当按照国家出租汽车服务标准提供服务，并遵守下列规定：

（一）做好运营前例行检查，保持车辆设施、设备完好，车容整洁，备齐发票、备足零钱；

（二）衣着整洁，语言文明，主动问候，提醒乘客系好安全带；

（三）根据乘客意愿升降车窗玻璃及使用空调、音响、视频等服务设备；

（四）乘客携带行李时，主动帮助乘客取放行李；

（五）主动协助老、幼、病、残、孕等乘客上下车；

（六）不得在车内吸烟，忌食有异味的食物；

（七）随车携带道路运输证、从业资格证，并按规定摆放、粘贴有关证件和标志；

（八）按照乘客指定的目的地选择合理路线行驶，不得拒载、议价、途中甩客、故意绕道行驶；

（九）在机场、火车站、汽车客运站、港口、公共交通枢纽等客流集散地载客时应当文明排队，服从调度，不得违反规定在非指定区域揽客；

（十）未经乘客同意不得搭载其他乘客；

（十一）按规定使用计价器，执行收费标准并主动出具有效车费票据；

（十二）遵守道路交通安全法规，文明礼让行车。

第二十五条 出租汽车驾驶员遇到下列特殊情形时，应当按照下列方式办理：

（一）乘客对服务不满意时，虚心听取批评意见；

（二）发现乘客遗失财物，设法及时归还失主；无法找到失主

的,及时上交出租汽车企业或者有关部门处理,不得私自留存;

(三)发现乘客遗留可疑危险物品的,立即报警。

第二十六条 出租汽车乘客应当遵守下列规定:

(一)不得携带易燃、易爆、有毒等危害公共安全的物品乘车;

(二)不得携带宠物和影响车内卫生的物品乘车;

(三)不得向驾驶员提出违反道路交通安全法规的要求;

(四)不得向车外抛洒物品,不得破坏车内设施设备;

(五)醉酒者或者精神病患者乘车的,应当有陪同(监护)人员;

(六)遵守电召服务规定,按照约定的时间和地点乘车;

(七)按照规定支付车费。

第二十七条 乘客要求去偏远、冷僻地区或者夜间要求驶出城区的,驾驶员可以要求乘客随同到就近的有关部门办理验证登记手续;乘客不予配合的,驾驶员有权拒绝提供服务。

第二十八条 出租汽车运营过程中有下列情形之一的,乘客有权拒绝支付费用:

(一)驾驶员不按照规定使用计价器,或者计价器发生故障时继续运营的;

(二)驾驶员不按照规定向乘客出具相应车费票据的;

(三)驾驶员因发生道路交通安全违法行为接受处理,不能将乘客及时送达目的地的;

(四)驾驶员拒绝按规定接受刷卡付费的。

第二十九条 出租汽车电召服务应当符合下列要求:

(一)根据乘客通过电信、网络等方式提出的预约要求,按照约定时间和地点提供出租汽车运营服务;

(二)出租汽车电召服务平台应当提供24小时不间断服务;

(三)电召服务人员接到乘客预约后,应当按照乘客需求及时调派出租汽车;

(四)出租汽车驾驶员接受电召任务后,应当按照约定时间到达约定地点。乘客未按约定候车时,驾驶员应当与乘客或者电召服务人员联系确认；

（五）乘客上车后，驾驶员应当向电召服务人员发送乘客上车确认信息。

第三十条 预约出租汽车驾驶员只能通过预约方式为乘客提供运营服务，在规定的地点待客，不得巡游揽客。

第三十一条 出租汽车经营者应当自觉接受社会监督，公布服务监督电话，指定部门或者人员受理投诉。

出租汽车经营者应当建立24小时服务投诉值班制度，接到乘客投诉后，应当及时受理，10日内处理完毕，并将处理结果告知乘客。

第四章 运营保障

第三十二条 设区的市级或者县级交通运输主管部门应当在本级人民政府的领导下，会同有关部门合理规划、建设出租汽车综合服务区、停车场、停靠点等，并设置明显标识。

出租汽车综合服务区应当为进入服务区的出租汽车驾驶员提供餐饮、休息等服务。

第三十三条 设区的市级或者县级交通运输主管部门应当配合有关部门，按照有关规定，并综合考虑出租汽车行业定位、运营成本、经济发展水平等因素合理制定运价标准，并适时进行调整。

设区的市级或者县级交通运输主管部门应当配合有关部门合理确定出租汽车电召服务收费标准，并纳入出租汽车专用收费项目。

第三十四条 出租汽车经营者应当建立健全和落实安全生产管理制度，依法加强管理，履行管理责任，提升运营服务水平。

第三十五条 出租汽车经营者应当按照有关法律法规的规定保障驾驶员的合法权益，规范与驾驶员签订的劳动合同或者经营合同。

出租汽车经营者应当通过建立替班驾驶员队伍、减免驾驶员休息日经营承包费用等方式保障出租汽车驾驶员休息权。

第三十六条 出租汽车经营者应当合理确定承包、管理费用，不得向驾驶员转嫁投资和经营风险。

出租汽车经营者应当规范内部收费行为，按规定合理收取费用，向驾驶员公开收费项目、收费标准，提供收费票据。

第三十七条 出租汽车经营者应当建立车辆技术管理制度，按照车辆维护标准定期维护车辆。

第三十八条 出租汽车经营者应当按照《出租汽车驾驶员从业资格管理规定》，对驾驶员等从业人员进行培训教育和监督管理，按照规范提供服务。驾驶员有私自转包经营等违法行为的，应当予以纠正；情节严重的，可按照约定解除合同。

第三十九条 出租汽车经营者应当制定包括报告程序、应急指挥、应急车辆以及处置措施等内容的突发公共事件应急预案。

第四十条 出租汽车经营者应当按照县级以上道路运输管理机构要求，及时完成抢险救灾等指令性运输任务。

第四十一条 各地应当根据实际情况发展出租汽车电召服务，采取多种方式建设出租汽车电召服务平台，推广人工电话召车、手机软件召车、网络约车等出租汽车电召服务，建立完善电召服务管理制度。

出租汽车经营者应当根据实际情况建设或者接入出租汽车电召服务平台，提供出租汽车电召服务。

第五章 监督管理

第四十二条 县级以上地方人民政府交通运输主管部门及设区的市级或者县级道路运输管理机构应当加强对出租汽车经营行为的监督检查，会同有关部门纠正、制止非法从事出租汽车经营及其他违法行为，维护出租汽车市场秩序。

第四十三条 县级以上道路运输管理机构应当对出租汽车经营者履行经营协议情况进行监督检查，并按照规定对出租汽车经营者和驾驶员进行服务质量信誉考核。

第四十四条 出租汽车不再用于经营的,设区的市级或者县级道路运输管理机构应当组织对出租汽车配备的运营标志和专用设备进行回收处置。

第四十五条 设区的市级或者县级道路运输管理机构应当建立投诉举报制度,公开投诉电话、通信地址或者电子邮箱,接受乘客、驾驶员以及经营者的投诉和社会监督。

设区的市级或者县级道路运输管理机构受理的投诉,应当在10日内办结;情况复杂的,应当在30日内办结。

第四十六条 设区的市级或者县级交通运输主管部门应当对完成政府指令性运输任务成绩突出,经营管理、品牌建设、文明服务成绩显著,有拾金不昧、救死扶伤、见义勇为等先进事迹的出租汽车经营者和驾驶员,予以表彰和奖励。

第六章　法律责任

第四十七条 违反本规定,有下列行为之一的,由县级以上道路运输管理机构责令改正,并处以5000元以上20000元以下罚款。构成犯罪的,依法追究刑事责任:

(一)未取得出租汽车经营许可,擅自从事出租汽车经营活动的;

(二)起讫点均不在许可的经营区域从事出租汽车经营活动的;

(三)使用未取得道路运输证的车辆,擅自从事出租汽车经营活动的;

(四)使用失效、伪造、变造、被注销等无效道路运输证的车辆从事出租汽车经营活动的。

第四十八条 出租汽车经营者违反本规定,有下列行为之一的,由县级以上道路运输管理机构责令改正,并处以10000元以上20000元以下罚款。构成犯罪的,依法追究刑事责任:

（一）擅自暂停、终止全部或者部分出租汽车经营的；

（二）出租或者擅自转让出租汽车车辆经营权的；

（三）出租汽车驾驶员转包经营未及时纠正的；

（四）不按照规定保证车辆技术状况良好的；

（五）未向出租汽车驾驶员公开收费项目、收费标准的；

（六）不按照规定配置出租汽车相关设备的；

（七）不按照规定建立并落实投诉举报制度的。

第四十九条 出租汽车驾驶员违反本规定，有下列情形之一的，由县级以上道路运输管理机构责令改正，并处以警告或者 50 元以上 200 元以下罚款：

（一）拒载、议价、途中甩客或者故意绕道行驶的；

（二）未经乘客同意搭载其他乘客的；

（三）不按照规定使用计价器、违规收费的；

（四）不按照规定出具相应车费票据的；

（五）不按照规定携带道路运输证、从业资格证的；

（六）不按照规定使用出租汽车相关设备的；

（七）接受出租汽车电召任务后未履行约定的；

（八）不按照规定使用文明用语，车容车貌不符合要求的。

第五十条 出租汽车驾驶员违反本规定，有下列情形之一的，由县级以上道路运输管理机构责令改正，并处以 500 元以上 2000 元以下罚款：

（一）在机场、火车站、汽车客运站、港口、公共交通枢纽等客流集散地不服从调度私自揽客的；

（二）转让、倒卖、伪造出租汽车相关票据的；

（三）驾驶预约出租汽车巡游揽客的。

第五十一条 道路运输管理机构的工作人员违反本规定，有下列情形之一的，依照有关规定给予行政处分；构成犯罪的，依法追究刑事责任：

（一）未按规定的条件、程序和期限实施行政许可的；

（二）参与或者变相参与出租汽车经营的；

（三）发现违法行为不及时查处的；

（四）索取、收受他人财物，或者谋取其他利益的；

（五）其他违法行为。

第五十二条 地方性法规、政府规章对出租汽车经营违法行为需要承担的法律责任与本规定有不同规定的，从其规定。

第七章 附 则

第五十三条 本规定中下列用语的含义：

（一）"出租汽车经营服务"，是指可在道路上巡游揽客，喷涂、安装出租汽车标识，以七座及以下乘用车和驾驶劳务为乘客提供出行服务，并按照乘客意愿行驶，根据行驶里程和时间计费的经营活动；

（二）"预约出租汽车经营服务"，是指以七座及以下乘用车通过预约方式承揽乘客，并按照乘客意愿行驶、提供驾驶劳务，根据行驶里程、时间或者约定计费的经营活动；

（三）"出租汽车电召服务"，是指根据乘客通过电讯、网络等方式提出的预约要求，按照约定时间和地点提供出租汽车运营服务；

（四）"拒载"，是指在道路上空车待租状态下，出租汽车驾驶员在得知乘客去向后，拒绝提供服务的行为；或者出租汽车驾驶员未按承诺提供电召服务的行为；

（五）"绕道行驶"，是指出租汽车驾驶员未按合理路线行驶的行为；

（六）"议价"，是指出租汽车驾驶员与乘客协商确定车费的行为；

（七）"甩客"，是指在运营途中，出租汽车驾驶员无正当理由擅自中断载客服务的行为。

第五十四条 本规定自2015年1月1日起施行。

附件1

出租汽车经营申请表	受理申请机关专用

说明：

1. 本表根据《出租汽车经营服务管理规定》制作，申请从事出租汽车经营应当按照《出租汽车经营服务管理规定》第二章的有关规定向相应道路运输管理机构提出申请，填写本表，并同时提交其他相关材料（材料要求见第4页）。

2. 本表可向各级道路运输管理机构免费索取，也可自行从交通运输部网站（www.mot.gov.cn）下载打印。

3. 本表需用钢笔填写或者计算机打印，请用正楷，要求字迹工整。

申请人基本信息

申请人名称 ______________________

要求填写企业（公司）全称或者企业预先核准全称、个体经营者姓名

负责人姓名 ____________ 经办人姓名 ____________

通信地址 ______________________

____

邮　　编 ____________ 电　　话 ____________

手　　机 ____________ 电子邮箱 ____________

申请许可内容　　请在□内划√

首次申请出租汽车经营许可或者申请扩大出租汽车经营范围，请选择

拟申请的经营范围

出租汽车经营 □　　预约出租汽车经营 □

如申请扩大出租汽车经营范围，请选择现有的出租汽车经营范围

出租汽车经营 □　　预约出租汽车经营 □

第1页　共4页

营运车辆信息

拟购置营运车辆情况

序号	厂牌型号	数量	座位数(个)	车辆类型及等级	车辆技术等级	备注
1						
2						
3						
4						
5						
合计						

表格不够,可另附表填写

如申请扩大经营范围,请填写"现有营运车辆情况"表

现有营运车辆情况

序号	道路运输证号	厂牌型号	座位数(个)	车辆类型及等级	车辆技术等级	购置时间
1						
2						
3						
4						
5						
合计						

表格不够,可另附表填写

第2页　共4页

聘用或者拟聘用出租汽车驾驶员情况

序号	姓名	性别	年龄	取得相应驾驶证时间	从业资格证类型	从业资格证号
1						
2						
3						
4						
5						
6						
7						
8						
9						
10						
11						
12						
13						
14						
15						
16						
17						
18						
19						
20						
21						
22						
23						
24						
25						
26						
27						
28						
29						
30						

表格不够，可另附表填写

第 3 页　共 4 页

申请材料核对表　请在□内划√

1.《出租汽车经营申请表》(本表) □

2. 投资人、负责人身份、资信证明及其复印件,经办人的身份证明及其复印件和委托书 □

3. 拟投入车辆承诺书,包括车辆数量、座位数、类型及等级、技术等级 □

4. 聘用或者拟聘用驾驶员从业资格证及其复印件 □

5. 出租汽车经营管理制度文本 □

6. 安全生产管理制度文本 □

7. 服务质量保障制度文本 □

8. 经营场所、停车场地有关使用证明 □

只有上述材料齐全有效后,你的申请才能受理

声明:

我声明本表及其他相关材料中提供的信息均真实可靠。

我知悉如此表中有故意填写的虚假信息,我取得的出租汽车经营许可将被撤销。

我承诺将遵守国家有关法律、行政法规及其他相关规章的规定。

负责人签名 ________　日期 ________

负责人职位 ________

第4页　共4页

附件 2

拟投入车辆承诺书

________________：

按照《出租汽车经营服务管理规定》要求，________________计划从事出租汽车运营，现承诺如该申请获得许可，将按附表填报的数量、座位数、类型及等级、技术等级等要求，在 180 天内购置车辆并投入运营。如违反承诺，将自愿放弃出租汽车车辆经营权。

承诺人印章(签字)：

年 月 日

附表：拟投入车辆情况

序号	厂牌型号	数量	座位数(个)	车辆类型及等级	车辆技术等级	备注
1						
2						
3						
4						
5						
合计						

附件3

出租汽车经营行政许可决定书

编号：

________________：

你于________年____月____日提出____________________申请。

经审查，你的申请符合____________________的规定，决定准予出租汽车经营行政许可。请按下列要求从事出租汽车经营活动：

经营范围：____

经营区域：____

车辆数量及要求：__________________________________

出租汽车车辆经营权期限：__________________________

请于________年____月____日去________________领取《道路运输经营许可证》，并于________年____月____日前按上述要求落实拟投入车辆承诺书，然后办理相关手续。在确定的时间内未按经营协议及本许可要求落实拟投入车辆承诺书的，将撤销本经营许可。

（印章）

年　　月　　日

交通运输部关于印发交通运输服务监督电话“12328”实施方案的通知

交运发〔2014〕29 号　2014.1.15

各省、自治区、直辖市、新疆生产建设兵团交通运输厅(局、委),天津、上海市交通运输和港口管理局:

为深入贯彻落实党的十八大精神,改进提升交通运输服务水平,交通运输部于 2013 年 8 月印发了《交通运输部关于改进提升交通运输服务的若干指导意见》(交运发〔2013〕514 号),将“开通全国交通运输服务监督电话”作为便民利民的一项重要抓手和交通运输部群众路线教育实践活动在“建设群众满意交通”方面要办的十件实事之一。工业和信息化部于 12 月 26 日核配“12328”为交通运输服务监督电话专用号码。为做好全国交通运输服务监督电话(以下简称“12328 电话”)系统开通建设工作,制定本实施方案。

一、开通建设交通运输服务监督电话的重要意义

全面推进 12328 电话建设应用,是新形势下加快构建安全可靠、便捷畅通、经济高效、绿色低碳交通运输服务体系的重大决策,是交通运输部门改进提升服务、加强社会监督的重要抓手,是倾听民声、畅通民意、排解民忧的重要渠道,是满足人民群众对交通运输服务新需求、新期待的重要行动。深入做好这项工作,有利于整合现有资源,加快推进综合运输服务监督体系建设;有利于加快推进交通运输部门职能转变,建设人民满意的服务型政府;有利于密切联系群众,接受群众监督,树立以人为本、优质服务的行业形象。

二、总体要求

（一）总体目标。

紧紧围绕经济社会发展和人民群众对交通运输服务的新需求和新期待，构建以地方为主、联网运行的12328电话系统，畅通服务监督、投诉举报、咨询服务渠道，实现交通运输服务监督“一号通”，使交通运输服务范围进一步扩大，服务能力进一步增强，服务水平进一步提升，人民群众的认可度和满意度进一步提高。2014年6月底前，部分省份完成12328电话系统建设；2014年底前，全国地市级以上城市基本开通12328电话。

（二）基本原则。

——统筹规划，地方为主。强化顶层设计，全国整体推进。统一开发基础通用性软件系统，免费复制推广供各地使用，降低建设难度，节约建设投资，缩短建设周期。充分发挥地方主体作用，建设、运营、维护好12328电话系统，切实保障服务能力和服务水平。

——资源整合，信息共享。加强资源整合，充分利用各地现有服务监督电话系统，制定统一的数据采集、交换标准，依托交通运输行业信息系统资源，避免重复投入和资金浪费。加快构建全国统一、运行规范的12328电话系统，使处理投诉举报、提供咨询服务等能力显著提升。

——示范引领，分步实施。突出重点，远近结合，通过典型示范，建立12328电话标准规范、工作制度、考核办法，及时总结经验，加快推广应用。先期开通12328电话号码，加快完善公路、水路行业的各项服务功能，逐步实现与铁路、民航、邮政等行业的自动转接、处理。

三、建设方案

（一）功能定位。

12328电话为交通运输行业统一的社会公益性服务监督电话，主要功能包括交通运输行业服务监督、投诉举报、咨询服务等，业务领域主要覆盖道路运输、公路、水路等行业。12328电话服务范围不包含经营性业务。

水上遇险求救电话直接转接至“12395”。铁路、民航、邮政等行业的服务监督、投诉举报、咨询服务，不直接受理业务，告知相应的电话号码；条件成熟后实现转接、处理功能。

（二）系统框架。

12328电话建设包括电话管理系统和呼叫中心。

电话管理系统分部、省、市三级联网运行，实现业务受理、工单流转、统计分析、综合考评等功能。

呼叫中心分散部署，负责话务受理。地级以上城市建设统一的呼叫中心。省级交通运输主管部门根据本地区实际情况，界定省级呼叫中心与市级呼叫中心业务边界，视情开展省级呼叫中心建设；不具备在地市级部署建设呼叫中心条件的省份，可先期建设省级统一的呼叫中心。交通运输部不设呼叫中心。

系统框架见图1。

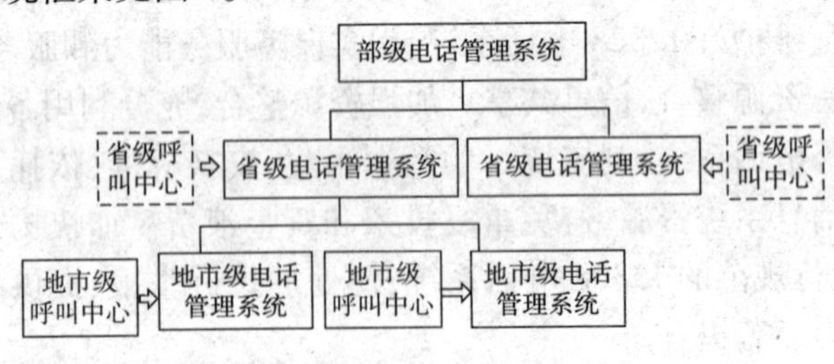

图1　12328电话系统框架

（三）建设内容。

——部级层面：开发部、省、市三级基础通用性软件系统，建设部级服务监督、跨省业务处理、统计分析应用平台和部级基础知识库。

——省级层面：建设省级服务监督、跨市业务处理、统计分析应用平台，建设与部级基础知识库同步的省级特色知识库，根据当地实际情况新建或改造呼叫中心。

——市级层面：建设市级服务监督、业务处理、统计分析应用平台，建设与部、省级知识库同步的市级特色知识库。新建或改造市级呼叫中心，或配合省级呼叫中心配置远程座席终端。

(四)职责分工。

——交通运输部主要负责全国12328电话系统的统筹协调、业务指导,制定服务标准规范,组织开发基础通用性软件系统,处理流转的跨省的服务监督、投诉举报。

——省(区、市)交通运输厅(局、委)主要负责本地区12328电话的省级业务以及本地区各地市12328电话的监督考核、统计分析、协调指导,处理流转跨地市的以及部交转的服务监督、投诉举报,上报、流转跨省的服务监督、投诉举报。

——地市级交通运输局主要负责处理本地区12328电话业务和省级流转的服务监督和投诉举报业务,上报、流转跨地市的服务监督、投诉举报。

(五)建设思路。

交通运输部统一组织开发基础通用性软件系统,免费推广供各地使用。各地可在此基础上自行开发个性化功能模块。各省份根据部的统一部署,原则上在本地区统一组织、同步建设12328电话系统。12328号码启用后,各地原有号码设置过渡期,通过语音提示进行引导。

充分利用交通运输部门现有的服务监督电话资源,以利旧形式纳入12328系统建设,以系统接口方式实现信息对接,确保满足各地个性需求以及业务连续性。有多个服务监督电话呼叫中心的,应整合升级为一个呼叫中心。没有呼叫中心的,可按统一标准租用或新建。

各地应科学预测本地区业务量,确定呼叫中心的中继线路和座席数量,确保满足社会服务监督、投诉举报、咨询服务的需要,同时预留未来业务发展空间。

四、主要任务

(一)健全组织机构。

12328电话实施工作坚持统一组织、分工负责的原则。交通运输部建立交通运输服务监督电话协调处理工作机制,部机关有关司局负责各自领域工作,处理相应的服务监督和投诉举报。

省、市两级交通运输主管部门应分别指定一机构或部门专门负责本行政区域交通运输服务监督电话实施工作，并积极协调当地机构编制、财政部门，申请设立负责交通运输服务监督电话处理工作的专门工作机构，落实人员编制和工作经费，完善资源保障机制。

（二）落实建设资金。

省、市两级交通运输主管部门负责筹措本地区12328电话系统建设、运行、维护的费用。12328电话系统建设，纳入交通运输行业信息化建设统筹考虑。

（三）建设系统平台。

按照“统一标准、统一平台”的要求，建立完善的系统平台。实现12328电话系统部、省、市三级联网，保证部与地方之间、各地之间、系统与其他业务系统之间的工单自动流转，实现信息互通与数据共享。依托政府门户网站，推进信息公开，提高信息透明度，保障公众知情权。建立短信投诉受理和处理结果告知平台，方便公众查询使用和双向互动。

（四）规范业务流程。

1. 市级业务流程。（1）属于能直接处理的，由话务员回答。（2）属于本级的投诉举报，由话务员工单记录，通过工单流转系统自动流转到业务部门处理。业务部门将处理结果及时反馈投诉举报人，并在电话管理系统予以记录；需要马上处理的，由电话处理中心同时告知交通运输相关管理部门处理。（3）属于非本级、非本区域业务的，由话务员告知相应区域电话或者工单记录，并由本级电话处理中心流转至上级电话处理中心。（4）属于铁路、民航、邮政等行业服务监督、投诉举报、咨询服务的，由话务员直接告知相应的服务监督电话号码。

2. 省级业务流程。省级电话处理中心收到流转工单，应当分送给交通运输厅相关业务部门或职能局处理，并由相关业务部门或职能局将处理结果及时反馈电话呼叫人，并在电话管理系统予以记录。省级呼叫中心的业务流程参照市级业务流程办理。

3. 部级业务流程。交通运输部收到电话流转工单后，按照职责分工，分送各有关司局，由各司局将电话投诉处理纳入日常工作，安排专人及时处理并反馈。

（五）健全工作机制。

建立完善服务监督、投诉举报、咨询服务的受理处置、信息安全、保密审查、人员队伍管理及人才培训等日常管理工作制度。落实 12328 电话管理工作要求，建立资源整合、多级联动的协作机制。完善 12328 电话业务流程规范，建立信息管理制度，确保信息流转顺畅。制定 12328 电话系统工作纪律、绩效考核、奖励办法等制度。各地要结合本地实际，进一步完善工作制度，确保各项工作要求落实到位。

五、保障措施

（一）加强组织领导。

各地要高度重视 12328 电话系统建设工作，成立 12328 电话建设领导小组和工作组，加强组织领导，明确责任分工，细化工作方案，精心组织实施，形成"统一领导、分工负责、各司其职、全面推进"的工作格局，确保实施方案落实到位。

（二）加强沟通协调。

各地交通运输主管部门要加强与有关部门的协调，落实机构编制及运行经费等。要加强与电信运营商的沟通，降低电话接入和转接费用，降低运行成本。参与 12328 电话系统建设和应用的各有关部门要密切配合，实现业务部门和技术部门之间、系统使用单位和建设维护部门之间相互协作、明确分工。

（三）强化监督考核。

各地要按照实施方案要求，对本地区 12328 电话建设各项任务落实情况进行检查，保证机构设置合理、经费投入到位。各地要制定完善 12328 电话使用、管理等考核办法，建立奖惩机制，将 12328 电话应用落到实处，使 12328 电话真正成为交通运输行业的服务窗口和为民办实事的有效手段。

（四）加强宣传引导。

各地要根据部统一安排制定宣传活动方案，通过政府门户网站、媒体宣传等方式，多途径、多方位做好 12328 电话号码宣传工作，提高公众对 12328 电话的认知度，提升 12328 电话的社会影响。中国交通通信信息中心会同交通运输部科学研究院作为技术支持单位，要定期组织电话管理系统技术及使用培训，加强经验交流，提升管理人员和话务员的服务能力。

12328 交通运输服务监督电话管理办法

交运发〔2014〕249 号　2014.12.10

第一章　总　　则

第一条　为加强 12328 交通运输服务监督电话(以下简称 12328 电话)管理,保障 12328 电话畅通高效运行,提升交通运输行业治理能力和公共服务水平,根据有关法律、行政法规,制定本办法。

第二条　本办法所称 12328 电话,是为自然人、法人或者其他组织提供的交通运输行业社会公益性服务监督电话,用于受理公路、水路、道路运输(含城市客运)、海上搜救、海事、救助打捞等业务领域的投诉举报、信息咨询、意见建议。

第三条　各级交通运输主管部门及其内设机构、直属单位、派出机构对 12328 电话的管理工作,适用本办法。

铁路、民航、邮政的服务电话以及高速公路救援、水上遇险求救等应急救助电话的管理工作,按照其相关办法执行。

第四条　12328 电话管理工作应当遵循下列原则:

(一)统一领导、分级负责、属地管理;

(二)依靠群众、服务群众、方便群众;

(三)依法、及时、高效。

第五条　交通运输部负责全国 12328 电话管理工作。

省级交通运输主管部门负责组织领导、统筹实施本行政区域内的 12328 电话管理工作。

设区的市级交通运输主管部门(以下简称市级交通运输主管

部门）具体负责12328电话管理工作。

第六条 各省、市级交通运输主管部门应当根据本地区实际，组建12328交通运输服务监督电话中心或者委托相应的企事业单位（以下简称12328服务中心），具体承办12328电话运行管理与服务工作。

各省、市级交通运输主管部门应当分别成立以主要负责人为组长的12328电话管理工作小组，加强对本行政区域12328电话管理工作的组织领导和统筹协调。

12328服务中心依据本办法规定负责开展本行政区域内12328电话的呼叫受理、业务转办、跟踪回访以及统计分析等工作。

第七条 各级交通运输主管部门应当将12328电话管理纳入日常工作，并将12328电话系统建设、运行管理经费，以及向社会力量购买服务的费用纳入财政预算。

第八条 各级交通运输主管部门应当加强信息化建设，建立和完善12328电话管理信息系统，逐步实现12328电话信息的互联互通，提高12328电话运行效率和管理水平。

第九条 12328服务中心应当建立12328电话管理工作制度，制定服务规范和操作规程，加强对人员的培训与考核，提高人员业务素质，提供文明优质服务。

第二章 受 理

第十条 12328服务中心应当按照统一受理、即时答复、分类转办、适时跟踪、办结归档、抽查回访的基本流程，开展12328电话业务。

第十一条 12328服务中心实行24小时人工座席和自动语音服务。

市级12328服务中心统一受理本行政区域的12328电话业务；暂不具备条件的，可以由省级12328服务中心集中受理。

第十二条 12328服务中心应当如实填写电话记录,对于能即时予以答复的电话业务,应当即时办理。

第十三条 12328服务中心对于不能即时答复的,应当根据电话内容,对12328电话业务进行审核分类,并在3个工作日内予以转办。

对于涉及两个以上行政区域管理职责的电话业务,或者本级12328服务中心无法予以转办的,应当报请上级12328服务中心或者共同的上级交通运输主管部门协调转办。

第十四条 有下列情形之一的,12328服务中心应当及时告知来电人不予受理,并说明理由:

(一)不涉及交通运输主管部门及其内设机构、直属单位、派出机构职责范围的;

(二)投诉举报没有明确的对象、事实和理由的;

(三)已经人民法院,仲裁、复议机构受理和处理的;

(四)涉及国家秘密、商业秘密和个人隐私的;

(五)法律、行政法规规定不予受理的其他事项。

第十五条 鼓励各地通过12328服务中心协同受理涉及铁路、民航、邮政领域的电话业务;暂不具备条件的,12328服务中心接到涉及铁路、民航、邮政领域的电话业务,应当即时告知相应的服务电话或者实施自动转接。

12328服务中心接到涉及高速公路救援和水上遇险求救的应急救助电话,应当即时告知相应电话号码,并协助联系有关救助部门。

12328服务中心还应当受理由其他社会公益服务电话系统转来的,且属于12328电话受理范围的事项。

第三章 办 理

第十六条 各级交通运输主管部门及其内设机构、直属单位、派出机构和有关企事业单位(以下统称承办单位),应当依照本办法规定接收并办理12328电话转办业务。

第十七条 各级交通运输主管部门应当与本行政区域内交通运输主管部门的内设机构、直属单位、派出机构建立12328电话业务协同办理工作机制，按照“谁主管、谁负责、谁答复”的原则，明确本行政区域12328电话业务承办单位和责任人。

涉及多个承办单位职责的12328电话业务，由12328服务中心报请本级交通运输主管部门协调解决。

第十八条 承办单位应当与相关来电人主动沟通联络，及时办理职责范围内的12328电话转办业务；不属于职责范围内的，应当在2个工作日内退回，并说明理由。

第十九条 12328电话业务办理工作实行限时办结制：

（一）对于信息咨询类事项，承办单位应当在接到转办事项之日起5个工作日内回复办理意见；

（二）对于意见建议类事项，承办单位应当在接到转办事项之日起10个工作日内回复办理意见；

（三）对于投诉举报类事项，承办单位应当在接到转办事项之日起30个工作日内回复办理意见。

法律、行政法规另有规定的，从其规定。

第二十条 有下列情形之一的，经承办单位主要负责人批准后，可以延长办理期限，但延长时间不得超过30个工作日：

（一）情形复杂，涉及多方主体的；

（二）调查取证困难的；

（三）需要专业鉴定的；

（四）其他需要延长办理期限的情形。

对于延长办理期限的，承办单位应当提前反馈12328服务中心，告知来电人并说明理由。

第二十一条 12328服务中心应当对未回复办理意见的转办事项进行跟踪；对于回复办理期限届满仍未办结的，应当提醒承办单位，并报请本级交通运输主管部门协调处理。

第二十二条 12328服务中心可以通过12328电话、网站、微信、移动客户端(APP)等多种渠道,为来电人提供12328电话受理、办理流程的信息查询。

第二十三条 12328电话转办处理工作实行逐件回复制。承办单位应当将12328电话转办事项的办理结果及时回复来电人,采取电话、书面或者其他适当的通信联络方式,适时征询来电人对办理结果的意见。回复内容主要包括转办事项基本情况、办理过程、处理依据等内容。无法与来电人取得联系的情形除外。

承办单位还应当将办理结果和回复情况及时反馈12328服务中心。

第二十四条 12328服务中心应当对承办单位反馈的办理结果进行程序性确认,予以归档。录音资料存档期限不少于一年,文字资料存档期限不少于五年。

第四章 统计报送

第二十五条 12328服务中心应当根据本办法第二条规定的业务领域,从投诉举报、信息咨询、意见建议三个方面,对12328电话业务的数量、增幅变化以及即时答复率、限时办结率、抽查回访率、群众满意率等情况进行统计分析,并深度挖掘各业务领域的难点、焦点和热点问题,形成12328电话统计分析报告和专题报告。

第二十六条 12328服务中心应当按照月度、年度报送统计分析报告,并视情报送专项报告:

(一)月度统计分析报告,于次月10日前同时上报本级和上级交通运输主管部门;

(二)年度统计分析报告,于次年1月15日前同时上报本级和上级交通运输主管部门;

(三)对于12328电话反映出的行业难点、焦点和热点问题,或者当日12328电话受理的重大紧急事项,应当形成专项报告,及时上报本级和上级交通运输主管部门。

第二十七条 12328服务中心应当依托12328电话管理信息

系统，优化12328电话业务统计分析功能，逐步实现统计分析报告的信息化自动报送。

第二十八条 交通运输主管部门收到12328电话统计分析报告或者专项报告后，应当及时将统计分析情况通报至本行政区域12328电话业务的承办单位，共同分析规律性、普遍性问题，查找苗头性、倾向性问题，研究完善政策措施，提升交通运输服务能力和服务水平。

第二十九条 交通运输主管部门应当与本行政区域12328电话业务的承办单位建立应急联动响应机制，针对12328电话反映的重大紧急事项，按照有关应急预案的要求和程序，及时采取预防预警和处置措施，维护交通运输行业稳定发展大局。

第五章 监督考核

第三十条 各级交通运输主管部门应当加强对本行政区域12328电话管理工作的业务指导和监督。

上级交通运输主管部门应当对下级交通运输主管部门开展的12328电话管理工作进行监督。

各级交通运输主管部门还应当对其内设机构、直属单位和派出机构的12328电话业务办理情况进行监督检查。

第三十一条 各级交通运输主管部门应当制定12328电话运行管理考核办法，加强对12328服务中心和承办单位受理、办理情况的考核管理，提升12328电话管理工作效率、业务办理质量和群众满意度。

第三十二条 12328服务中心应当对承办单位反馈的办理结果进行抽查回访，听取来电人对承办单位工作效率、回复情况、处理结果和满意程度的评价意见，并将评价意见定期报送同级交通运输主管部门。

第三十三条 各级交通运输主管部门应当定期通报12328电话运行管理考核结果。考核结果应当作为承办单位绩效考核、评先推优等工作的依据,并作为交通运输相关企事业单位信誉考核、资质审核、资源配置等工作的参考依据。

第三十四条 各级交通运输主管部门应当建立12328电话管理工作奖惩机制。对于成绩突出的单位和个人,可以给予表扬。

违反本办法,对12328电话业务办理不力且造成不良社会影响的单位和个人,依法给予行政处分。

第六章 附 则

第三十五条 拨打12328电话由主叫支付通信费用。12328电话不收取信息服务费用。

第三十六条 通过网站、微信、微博、短信、移动客户端(APP)、电子邮件、传真等其他渠道,转由12328服务中心受理的投诉举报、信息咨询、意见建议,参照本办法执行。

第三十七条 各省、市级交通运输主管部门可以结合本地区实际,制定具体的实施办法。

第三十八条 本办法由交通运输部运输司负责解释。

第三十九条 本办法自2015年1月1日起施行。

交通运输部关于发布第48批高级客车类型划分及等级评定表的通知

交运发〔2014〕71号　2014.3.12

各省、自治区、直辖市、新疆生产建设兵团交通运输厅(局、委),天津市、上海市交通运输和港口管理局:

根据《营运客车类型划分及等级评定规则》(交公路发〔2002〕590号)规定,现发布第48批《高级客车类型划分及等级评定表》,请认真贯彻执行。

附件:1. 第48批高级客车类型划分及等级评定表

2. 关于《高级客车类型划分及等级评定表》的说明

3. 企业名称与厂家简称对照表

附件1

第48批高级客车类型划分及等级评定表

技术参数 \ 厂家/车型	金华青年 JNP6126 BNV3	金华青年 JNP6126 BNV2	金华青年 JNP6126 BNV1	登达汽车 SGK6110 KN14	登达汽车 SGK6900 KN10
评定类型及等级	大型高三级	大型高二级	大型高一级	大型高一级	中型高一级
车身长度(mm)	12000	12000	12000	10990	8970
座位数+司机+导游 ≤	45+1+1	47+1+1	49+1+1	47+1+1	37+1+1
额定功率(kW) ≥	276	247	247	206	170
比功率(kW/t) ≥	15	13.5	12	12	13
匀速车内噪声[dB(A)] ≤	66	69	72	72	72
发动机位置	后	后	后	后	后
乘客门位置	前中	前中	前中	前中	前
车身全承载式结构	装置	装置	—	—	—
车内通道宽(mm) ≥	350	350	350	350	350
悬架类型	A	A	A	B	B
盘式制动器	装置	装置	装置	装置	装置
ABS(一类)	装置	装置	装置	装置	装置
蹄片间隙自调装置	装置	装置	装置	装置	装置
缓速器	装置	装置	装置	装置	—
底盘自动润滑系统	装置	装置	—	—	—
节能风扇散热系统	装置	装置	装置	装置	装置
后置发动机舱温度报警系统和自动灭火装置	装置	装置	装置	装置	装置
无内胎子午线轮胎	装置	装置	装置	装置	装置
胎压监测报警系统	装置	—	—	—	—
轮胎爆胎应急安全装置	—	—	—	—	—
座间距(同向)(mm) ≥	780	760	720	720	720
座垫宽(mm) ≥	450	440	440	440	440
座椅深(mm) ≥	440	440	440	440	440
靠背高(mm) ≥	720	720	680	680	680
靠背角度可调(15°~30°)	装置	装置	装置	装置	装置
扶手(靠通道处)	可调	可调	可调	可调	可调
座椅脚蹬	可调	可调	可调	可调	—
座椅横移(向通道)(mm) ≥	60	60	60	60	60
座椅汽车安全带	装置	装置	装置	装置	装置
空气调节装置	冷暖	冷暖	冷暖	冷暖	冷暖
空气净化装置	装置	装置	—	—	—
卫生间(位置)	中	中	—	—	—
CAN 总线	装置	装置	—	—	—
车桥随动转向	—	—	—	—	—
影音播放及麦克风设备	装置	装置	装置	装置	装置
卫星定位系统	装置	装置	装置	装置	装置
人均行李舱容积(m^3/人) ≥	0.095	0.085	0.075	0.065	0.045
行李舱总容积(m^3) ≤	9.40	8.78	8.09	6.72	3.66
特殊结构说明	天然气	天然气	天然气	天然气	天然气

续上表

技术参数 \ 车型 \ 厂家	登达汽车 SGK6900K10	中通客车 LCK6128HQD2	中通客车 LCK6118HQ1	中通客车 LCK6119HQB1	中通客车 LCK6880HD1
评定类型及等级	中型高一级	大型高二级	大型高一级	大型高一级	中型高一级
车身长度(mm)	8970	11990	11300	10800	8750
座位数+司机+导游 ≤	37+1+1	49(47)+1+1	49(47、47)+1+1	51(49)+1+1	35(33)+1+1
额定功率(kW) ≥	162	243	220	199	162
比功率(kW/t) ≥	13	13.5	12	12	13
匀速车内噪声[dB(A)] ≤	72	69	72	72	72
发动机位置	后	后	后	后	后
乘客门位置	前	前中(前后)*	前(前中、前后)*	前(前中)*	前(前中)*
车身全承载式结构	—	装置	—	—	—
车内通道宽(mm) ≥	350	350	350	350	350
悬架类型	B	B	B	B	B
盘式制动器	装置	装置	装置	装置	装置
ABS(一类)	装置	装置	装置	装置	装置
蹄片间隙自调装置	装置	装置	装置	装置	装置
缓速器	—	装置	装置	装置	—
底盘自动润滑系统	—	装置	—	—	—
节能风扇散热系统	装置	装置	装置	装置	装置
后置发动机舱温度报警系统和自动灭火装置	装置	装置	装置	装置	装置
无内胎子午线轮胎	装置	装置	装置	装置	装置
胎压监测报警系统	—	—	—	—	—
轮胎爆胎应急安全装置	—	—	—	装置	—
座间距(同向)(mm) ≥	720	760	720	720	720
座垫宽(mm) ≥	440	440	440	440	440
座椅深(mm) ≥	440	440	440	440	440
靠背高(mm) ≥	680	720	680	680	680
靠背角度可调	装置	装置	装置	装置	装置
扶手(靠通道处)	可调	可调	可调	可调	可调
座椅脚蹬	—	可调	可调	可调	—
座椅横移(向通道)(mm) ≥	60	60	60	60	60
座椅汽车安全带	装置	装置	装置	装置	装置
空气调节装置	冷暖	冷暖	冷暖	冷暖	冷暖
空气净化装置	—	装置	—	—	—
卫生间(位置)	—	中(后)*	—	—	—
CAN 总线	—	装置	—	—	—
车桥随动转向	—	—	—	—	—
影音播放及麦克风设备	装置	装置	装置	装置	装置
卫星定位系统	装置	装置	装置	装置	装置
人均行李舱容积(m^3/人) ≥	0.09	0.17	0.15	0.13	0.09
行李舱总容积(m^3) ≤	3.66	9.16	8.08	7.29	3.47
特殊结构说明				低驾驶区	

续上表

技术参数 \ 厂家 / 车型	上汽商用车 SH6503A2D4	上汽商用车 SH6592A2D4	上汽商用车 SH6491B1G	东风柳汽 LZ6502B Q7LEN	东风襄阳 DFA6505 W5BDA
评定类型及等级	小型高二级	小型高二级	小型高一级	小型高一级	小型高一级
车身长度(mm)	4950/5160	5700/5910	4890/4990	5115	5000
座位数＋司机＋导游 ≤	8＋1	8＋1	8＋1	8＋1	10＋1＋1
额定功率(kW) ≥	100	100	114	81.58	96
比功率(kW/t) ≥	21	21	19	19	19
匀速车内噪声[dB(A)] ≤	70	70	72	72	72
发动机位置	前	前	前	前	前
乘客门位置	前中	前中	前中	前中	前中
车身全承载式结构	—	—	—	—	—
车内通道宽(mm) ≥	300	300	300	300	300
悬架类型	C	C	C	C	C
盘式制动器	装置	装置	装置	装置	装置
ABS(一类)	装置	装置	装置	装置	装置
蹄片间隙自调装置	装置	装置	装置	装置	装置
缓速器	—	—	—	—	—
底盘自动润滑系统	—	—	—	—	—
节能风扇散热系统	—	—	—	—	—
后置发动机舱温度报警系统和自动灭火装置	—	—	—	—	—
无内胎子午线轮胎	装置	装置	装置	装置	装置
胎压监测报警系统	—	—	—	—	—
轮胎爆胎应急安全装置	—	—	—	—	—
座间距(同向)(mm) ≥	680	680	670	670	670
座垫宽(mm) ≥	440	440	440	440	440
座椅深(mm) ≥	440	440	440	440	440
靠背高(mm) ≥	720	720	680	680	680
靠背角度可调	装置	装置	装置	装置	装置
扶手(靠通道处)	可调	可调	可调	可调	可调
座椅脚蹬	—	—	—	—	—
座椅横移(向通道)(mm) ≥	—	—	—	—	—
座椅汽车安全带	装置	装置	装置	装置	装置
空气调节装置	冷暖	冷暖	冷暖	冷暖	冷暖
空气净化装置	—	—	—	—	—
卫生间(位置)	—	—	—	—	—
CAN 总线	—	—	—	—	—
车桥随动转向	—	—	—	—	—
影音播放及麦克风设备	装置	装置	装置	装置	装置
卫星定位系统	—	—	—	—	—
人均行李舱容积(m^3/人) ≥	—	—	—	—	—
行李舱总容积(m^3) ≤	—	—	—	—	—
特殊结构说明					

续上表

技术参数 \ 车型 \ 厂家	厦门金龙 XMQ6101B YD4B	厦门金龙 XMQ6115 AYD3B1	厦门金龙 XMQ6115A YD4B1	厦门金龙 XMQ6113B YD4B	厦门金龙 XMQ6901A YD4B
评定类型及等级	大型高二级	大型高二级	大型高二级	大型高二级	中型高二级
车身长度(mm)	10490	11500	11500	10950	8995
座位数+司机+导游 ≤	37(37)+1+1	43+1+1	45(43、43)+1+1	43(41、41)+1+1	37(35)+1+1
额定功率(kW) ≥	191	221	221	220	184
比功率(kW/t) ≥	13.5	13.5	13.5	13.5	14
匀速车内噪声[dB(A)] ≤	69	69	69	69	70
发动机位置	后	后	后	后	后
乘客门位置	前(前中)*	前中	前(前中、前后)*	前(前中、前后)*	前(前中)*
车身全承载式结构	装置	装置	装置	装置	—
车内通道宽(mm) ≥	350	350	350	350	350
悬架类型	B	B	B	B	B
盘式制动器	装置	装置	装置	装置	装置
ABS(一类)	装置	装置	装置	装置	装置
蹄片间隙自调装置	装置	装置	装置	装置	装置
缓速器	装置	装置	装置	装置	装置
底盘自动润滑系统	装置	装置	装置	装置	装置
节能风扇散热系统	装置	装置	装置	装置	装置
后置发动机舱温度报警系统和自动灭火装置	装置	装置	装置	装置	装置
无内胎子午线轮胎	装置	装置	装置	装置	装置
胎压监测报警系统	—	—	—	—	—
轮胎爆胎应急安全装置	—	—	—	—	—
座间距(同向)(mm) ≥	760	760	760	760	750
座垫宽(mm) ≥	440	440	440	440	440
座椅深(mm) ≥	440	440	440	440	440
靠背高(mm) ≥	720	720	720	720	720
靠背角度可调	装置	装置	装置	装置	装置
扶手(靠通道处)	可调	可调	可调	可调	可调
座椅脚蹬	可调	可调	可调	可调	可调
座椅横移(向通道)(mm) ≥	60	60	60	60	60
座椅汽车安全带	装置	装置	装置	装置	装置
空气调节装置	冷暖	冷暖	冷暖	冷暖	冷暖
空气净化装置	装置	装置	装置	装置	—
卫生间(位置)	中	中	后(中、后)*	后(中、后)*	—
CAN 总线	装置	装置	装置	装置	—
车桥随动转向	—	—	—	—	—
影音播放及麦克风设备	装置	装置	装置	装置	装置
卫星定位系统	装置	装置	装置	装置	装置
人均行李舱容积(m^3/人) ≥	0.15	0.17	0.17	0.15	0.10
行李舱总容积(m^3) ≤	6.10	8.04	8.42	7.10	4.07
特殊结构说明					

续上表

技术参数 \ 厂家 / 车型	厦门金龙 XMQ6901A YD4B1	厦门金龙 XMQ6901A YD4C	厦门金龙 XMQ6901A YN5C	厦门金龙 XMQ6879A YN5C	厦门金旅 XML6902J 15NE
评定类型及等级	中型高二级	中型高一级	中型高一级	中型高一级	中型高二级
车身长度(mm)	8995	8995	8995	8745	8995
座位数+司机+导游 ≤	21(21)+1+1	37(35)+1+1	37(35)+1+1	35(33)+1+1	37(35)+1+1
额定功率(kW) ≥	184	184	191	166	191
比功率(kW/t) ≥	14	13	13	13	14
匀速车内噪声[dB(A)] ≤	70	72	72	72	70
发动机位置	后	后	后	后	后
乘客门位置	前(前中)*	前(前中)*	前(前中)*	前(前中)*	前(前中)*
车身全承载式结构	—	—	—	—	—
车内通道宽(mm) ≥	350	350	350	350	350
悬架类型	B	B、C	B、C	B、C	B
盘式制动器	装置	装置	装置	装置	装置
ABS(一类)	装置	装置	装置	装置	装置
蹄片间隙自调装置	装置	装置	装置	装置	装置
缓速器	装置	—	—	—	装置
底盘自动润滑系统	装置	—	—	—	装置
节能风扇散热系统	装置	装置	装置	装置	装置
后置发动机舱温度报警系统和自动灭火装置	装置	装置	装置	装置	装置
无内胎子午线轮胎	装置	装置	装置	装置	装置
胎压监测报警系统	—	—	—	—	—
轮胎爆胎应急安全装置	—	—	—	—	—
座间距(同向)(mm) ≥	750	720	720	720	750
座垫宽(mm) ≥	440	440	440	440	440
座椅深(mm) ≥	440	440	440	440	440
靠背高(mm) ≥	720	680	680	680	720
靠背角度可调	装置	装置	装置	装置	装置
扶手(靠通道处)	可调	可调	可调	可调	可调
座椅脚蹬	可调	—	—	—	可调
座椅横移(向通道)(mm) ≥	60	60	60	60	60
座椅汽车安全带	装置	装置	装置	装置	装置
空气调节装置	冷暖	冷暖	冷暖	冷暖	冷暖
空气净化装置	—	—	—	—	—
卫生间(位置)	—	—	—	—	—
CAN 总线	—	—	—	—	—
车桥随动转向	—	—	—	—	—
影音播放及麦克风设备	装置	装置	装置	装置	装置
卫星定位系统	装置	装置	装置	装置	装置
人均行李舱容积(m^3/人) ≥	0.10	0.09	0.045	0.045	0.05
行李舱总容积(m^3) ≤	2.31	3.66	3.66	3.46	4.07
特殊结构说明			天然气	天然气	天然气

续上表

技术参数 \ 车型 \ 厂家	厦门金旅	厦门金旅	厦门金旅	厦门金旅	厦门金旅
	XML6532JA8	XML6532J15	XML6502JA8	XML6472J15	XML6502J15
评定类型及等级	小型高一级	小型高一级	小型高一级	小型高一级	小型高一级
车身长度(mm)	5330	5330	5030	4720	5030
座位数+司机+导游 ≤	8+1	8+1	8+1	8+1	8+1
额定功率(kW) ≥	70	78	70	78	78
比功率(kW/t) ≥	19	19	19	19	19
匀速车内噪声[dB(A)] ≤	72	72	72	72	78
发动机位置	前	前	前	前	前
乘客门位置	前中	前中	前中	前中	前中
车身全承载式结构	—	—	—	—	—
车内通道宽(mm) ≥	300	300	300	300	300
悬架类型	C	C	C	C	C
盘式制动器	装置	装置	装置	装置	装置
ABS(一类)	装置	装置	装置	装置	装置
蹄片间隙自调装置	装置	装置	装置	装置	装置
缓速器	—	—	—	—	—
底盘自动润滑系统	—	—	—	—	—
节能风扇散热系统	—	—	—	—	—
后置发动机舱温度报警系统和自动灭火装置	—	—	—	—	—
无内胎子午线轮胎	装置	装置	装置	装置	装置
胎压监测报警系统	—	—	—	—	—
轮胎爆胎应急安全装置	—	—	—	—	—
座间距(同向)(mm) ≥	670	670	670	670	670
座垫宽(mm) ≥	440	440	440	440	440
座椅深(mm) ≥	440	440	440	440	440
靠背高(mm) ≥	680	680	680	680	680
靠背角度可调	装置	装置	装置	装置	装置
扶手(靠通道处)	可调	可调	可调	可调	可调
座椅脚蹬	—	—	—	—	—
座椅横移(向通道)(mm) ≥	—	—	—	—	—
座椅汽车安全带	装置	装置	装置	装置	装置
空气调节装置	冷暖	冷暖	冷暖	冷暖	冷暖
空气净化装置	—	—	—	—	—
卫生间(位置)	—	—	—	—	—
CAN 总线	—	—	—	—	—
车桥随动转向	—	—	—	—	—
影音播放及麦克风设备	装置	装置	装置	装置	装置
卫星定位系统	—	—	—	—	—
人均行李舱容积(m^3/人) ≥	—	—	—	—	—
行李舱总容积(m^3) ≤	—	—	—	—	—
特殊结构说明					

续上表

技术参数 \ 厂家 / 车型	厦门金旅 XML6532E58	上海申龙 SLK6118L5C	上海申龙 SLK6129D5A	上海申龙 SLK6128L5B	上海申龙 SLK6118L5B
评定类型及等级	小型高一级	大型高三级	大型高三级	大型高二级	大型高二级
车身长度(mm)	5280	10995	11995	11995	10995
座位数+司机+导游 ≤	8+1	41+1+1	53+1+1	47+1+1	41+1+1
额定功率(kW) ≥	87	243	276	243	228
比功率(kW/t) ≥	19	15	15	13.5	13.5
匀速车内噪声[dB(A)] ≤	72	66	66	69	69
发动机位置	前	后	后	后	后
乘客门位置	前中	前中	前中	前中	前中
车身全承载式结构	—	装置	装置	装置	装置
车内通道宽(mm) ≥	300	350	350	350	350
悬架类型	C	A	A	B	B
盘式制动器	装置	装置	装置	装置	装置
ABS(一类)	装置	装置	装置	装置	装置
蹄片间隙自调装置	装置	装置	装置	装置	装置
缓速器	—	装置	装置	装置	装置
底盘自动润滑系统	—	装置	装置	装置	装置
节能风扇散热系统	—	装置	装置	装置	装置
后置发动机舱温度报警系统和自动灭火装置	—	装置	装置	装置	装置
无内胎子午线轮胎	装置	装置	装置	装置	装置
胎压监测报警系统	—	装置	装置	—	—
轮胎爆胎应急安全装置	—	—	装置	—	—
座间距(同向)(mm) ≥	670	780	780	760	760
座垫宽(mm) ≥	440	450	450	440	440
座椅深(mm) ≥	440	440	440	440	440
靠背高(mm) ≥	680	720	720	720	720
靠背角度可调(15°~30°)	装置	装置	装置	装置	装置
扶手(靠通道处)	可调	可调	可调	可调	可调
座椅脚蹬	—	可调	可调	可调	可调
座椅横移(向通道)(mm) ≥	60	60	60	60	60
座椅汽车安全带	装置	装置	装置	装置	装置
空气调节装置	冷暖	冷暖	冷暖	冷暖	冷暖
空气净化装置	—	装置	装置	装置	装置
卫生间(位置)	—	中	中	中	中
CAN 总线	—	装置	装置	装置	装置
车桥随动转向	—	—	—	—	—
影音播放及麦克风设备	装置	装置	装置	装置	装置
卫星定位系统	—	装置	装置	装置	装置
人均行李舱容积(m^3/人) ≥	—	0.17	0.19	0.17	0.15
行李舱总容积(m^3) ≤	—	7.67	11.08	8.79	6.77
特殊结构说明			低驾驶区		

续上表

技术参数 \ 厂家 / 车型	上海申龙 SLK6129D5AN5	上海申龙 SLK6118L5A	南京金龙 NJL6107YA4	南京金龙 NJL6107YA	南京金龙 NJL6600YF
评定类型及等级	大型高一级	大型高一级	大型高一级	大型高一级	小型高一级
车身长度(mm)	11995	10995	10420	10420	5960
座位数+司机+导游 ≤	53+1+1	49(47)+1+1	45(43)+1+1	43+1+1	15+1+1
额定功率(kW) ≥	247	199	180	180	92
比功率(kW/t) ≥	12	12	12	12	19
匀速车内噪声[dB(A)] ≤	72	72	72	72	72
发动机位置	后	后	后	后	前
乘客门位置	前中	前(前中)*	前(前中)*	前中	前中
车身全承载式结构	—	—	—	—	—
车内通道宽(mm) ≥	350	350	350	350	300
悬架类型	B	B	B	B	C
盘式制动器	装置	装置	装置	装置	装置
ABS(一类)	装置	装置	装置	装置	装置
蹄片间隙自调装置	装置	装置	装置	装置	装置
缓速器	装置	装置	装置	装置	—
底盘自动润滑系统	—	—	—	—	—
节能风扇散热系统	装置	装置	装置	装置	—
后置发动机舱温度报警系统和自动灭火装置	装置	装置	装置	装置	—
无内胎子午线轮胎	装置	装置	装置	装置	装置
胎压监测报警系统	—	—	—	—	—
轮胎爆胎应急安全装置	装置	—	—	—	—
座间距(同向)(mm) ≥	720	720	720	720	670
座垫宽(mm) ≥	440	440	440	440	440
座椅深(mm) ≥	440	440	440	440	440
靠背高(mm) ≥	680	680	680	680	680
靠背角度可调(15°~30°)	装置	装置	装置	装置	装置
扶手(靠通道处)	可调	可调	可调	可调	可调
座椅脚蹬	可调	可调	可调	可调	—
座椅横移(向通道)(mm) ≥	60	60	60	60	—
座椅汽车安全带	装置	装置	装置	装置	装置
空气调节装置	冷暖	冷暖	冷暖	冷暖	冷暖
空气净化装置	—	—	—	—	—
卫生间(位置)	—	—	—	—	—
CAN 总线	—	—	—	—	—
车桥随动转向	—	—	—	—	—
影音播放及麦克风设备	装置	装置	装置	装置	装置
卫星定位系统	装置	装置	装置	装置	—
人均行李舱容积(m^3/人) ≥	0.075	0.13	0.13	0.13	—
行李舱总容积(m^3) ≤	8.74	7.01	6.44	6.15	—
特殊结构说明	低驾天然气				

续上表

技术参数 \ 厂家 / 车型	苏州金龙 KLQ6148 KAE43	苏州金龙 KLQ6109 KAE41	苏州金龙 KLQ6109 KAC51	苏州金龙 KLQ6112 HDE41	苏州金龙 KLQ6112 HQC51
评定类型及等级	特大型高三级	大型高一级	大型高一级	大型高一级	大型高一级
车身长度(mm)	13700	10490	10490	10740	10990
座位数＋司机＋导游 ≤	53＋1＋1	45(43、43)＋1＋1	45(43、43)＋1＋1	51(49、49)＋1＋1	49(47、45)＋1＋1
额定功率(kW) ≥	325	180	191	199	199
比功率(kW/t) ≥	13	12	12	12	12
匀速车内噪声[dB(A)] ≤	66	72	72	72	72
发动机位置	后	后	后	后	后
乘客门位置	前中	前(前中、前后)*	前(前中、前后)*	前(前中、前后)*	前(前中、前后)*
车身全承载式结构	装置	—	—	—	—
车内通道宽(mm) ≥	350	350	350	350	350
悬架类型	A	B	B	B	B
盘式制动器	装置	装置	装置	装置	装置
ABS(一类)	装置	装置	装置	装置	装置
蹄片间隙自调装置	装置	装置	装置	装置	装置
缓速器	装置	装置	装置	装置	装置
底盘自动润滑系统	装置	—	—	—	—
节能风扇散热系统	装置	装置	装置	装置	装置
后置发动机舱温度报警系统和自动灭火装置	装置	装置	装置	装置	装置
无内胎子午线轮胎	装置	装置	装置	装置	装置
胎压监测报警系统	装置	—	—	—	—
轮胎爆胎应急安全装置	装置	—	—	装置	—
座间距(同向)(mm) ≥	780	720	720	720	720
座垫宽(mm) ≥	450	440	440	440	440
座椅深(mm) ≥	440	440	440	440	440
靠背高(mm) ≥	720	680	680	680	680
靠背角度可调	装置	装置	装置	装置	装置
扶手(靠通道处)	可调	可调	可调	可调	可调
座椅脚蹬	可调	可调	可调	可调	可调
座椅横移(向通道)(mm) ≥	60	60	60	60	60
座椅汽车安全带	装置	装置	装置	装置	装置
空气调节装置	冷暖	冷暖	冷暖	冷暖	冷暖
空气净化装置	装置	—	—	—	—
卫生间(位置)	中	—	—	—	—
CAN 总线	装置	—	—	—	—
车桥随动转向	装置	—	—	—	—
影音播放及麦克风设备	装置	装置	装置	装置	装置
卫星定位系统	装置	装置	装置	装置	装置
人均行李舱容积(m^3/人) ≥	0.17	0.13	0.065	0.13	0.065
行李舱总容积(m^3) ≤	9.91	6.44	6.43	7.29	7.01
特殊结构说明			天然气	低驾驶区	天然气

续上表

技术参数 \ 厂家 / 车型	苏州金龙 KLQ6115 HTAC51	苏州金龙 KLQ6115 HTAE41	苏州金龙 KLQ6112 HDC51	苏州金龙 KLQ6852 KAC52	苏州金龙 KLQ6902 KAC52
评定类型及等级	大型高一级	大型高一级	大型高一级	中型高二级	中型高二级
车身长度(mm)	10990	10990	10740	8545	8995
座位数＋司机＋导游≤	49(47、45)＋1＋1	49(47、45)＋1＋1	51(49、49)＋1＋1	31(29)＋1＋1	37(35)＋1＋1
额定功率(kW) ≥	199	191	199	166	191
比功率(kW/t) ≥	12	12	12	14	14
匀速车内噪声[dB(A)] ≤	72	72	72	70	70
发动机位置	后	后	后	后	后
乘客门位置	前(前中、前后)*	前(前中、前后)*	前(前中、前后)*	前(前中)*	前(前中)*
车身全承载式结构	—	—	—	—	—
车内通道宽(mm) ≥	350	350	350	350	350
悬架类型	B	B	B	B	B
盘式制动器	装置	装置	装置	装置	装置
ABS(一类)	装置	装置	装置	装置	装置
蹄片间隙自调装置	装置	装置	装置	装置	装置
缓速器	装置	装置	装置	装置	装置
底盘自动润滑系统	—	—	—	装置	装置
节能风扇散热系统	装置	装置	装置	装置	装置
后置发动机舱温度报警系统和自动灭火装置	装置	装置	装置	装置	装置
无内胎子午线轮胎	装置	装置	装置	装置	装置
胎压监测报警系统	—	—	—	—	—
轮胎爆胎应急安全装置	—	—	装置	—	—
座间距(同向)(mm) ≥	720	720	720	750	750
座垫宽(mm) ≥	440	440	440	440	440
座椅深(mm) ≥	440	440	440	440	440
靠背高(mm) ≥	680	680	680	720	720
靠背角度可调	装置	装置	装置	装置	装置
扶手(靠通道处)	可调	可调	可调	可调	可调
座椅脚蹬	可调	可调	可调	可调	可调
座椅横移(向通道)(mm)≥	60	60	60	60	60
座椅汽车安全带	装置	装置	装置	装置	装置
空气调节装置	冷暖	冷暖	冷暖	冷暖	冷暖
空气净化装置	—	—	—	—	—
卫生间(位置)	—	—	—	—	—
CAN 总线	—	—	—	—	—
车桥随动转向	—	—	—	—	—
影音播放及麦克风设备	装置	装置	装置	装置	装置
卫星定位系统	装置	装置	装置	装置	装置
人均行李舱容积(m^3/人) ≥	0.065	0.13	0.065	0.05	0.05
行李舱总容积(m^3) ≤	7.01	7.01	7.29	3.41	4.07
特殊结构说明	天然气		低驾天然气	天然气	天然气

续上表

技术参数 \ 车型 \ 厂家	苏州金龙 KLQ6902 KAC52A	苏州金龙 KLQ6802 KAE41	苏州金龙 KLQ6852 KAE41	苏州金龙 KLQ6852 KAC51	苏州金龙 KLQ6882 KAC51
评定类型及等级	中型高二级	中型高一级	中型高一级	中型高一级	中型高一级
车身长度(mm)	8995	8000	8545	8545	8765
座位数＋司机＋导游 ≤	21(21)＋1＋1	31(29)＋1＋1	33(31)＋1＋1	33(31)＋1＋1	35(33)＋1＋1
额定功率(kW) ≥	191	147	147	155	166
比功率(kW/t) ≥	14	13	13	13	13
匀速车内噪声[dB(A)] ≤	70	72	72	72	72
发动机位置	后	后	后	后	后
乘客门位置	前(前中)*	前(前中)*	前(前中)*	前(前中)*	前(前中)*
车身全承载式结构	—	—	—	—	—
车内通道宽(mm) ≥	350	350	350	350	350
悬架类型	B	B	B	B	B
盘式制动器	装置	装置	装置	装置	装置
ABS(一类)	装置	装置	装置	装置	装置
蹄片间隙自调装置	装置	装置	装置	装置	装置
缓速器	装置	—	—	—	—
底盘自动润滑系统	装置	—	—	—	—
节能风扇散热系统	装置	装置	装置	装置	装置
后置发动机舱温度报警系统和自动灭火装置	装置	装置	装置	装置	装置
无内胎子午线轮胎	装置	装置	装置	装置	装置
胎压监测报警系统	—	—	—	—	—
轮胎爆胎应急安全装置	—	—	—	—	—
座间距(同向)(mm) ≥	750	720	720	720	720
座垫宽(mm) ≥	440	440	440	440	440
座椅深(mm) ≥	440	440	440	440	440
靠背高(mm) ≥	720	680	680	680	680
靠背角度可调	装置	装置	装置	装置	装置
扶手(靠通道处)	可调	可调	可调	可调	可调
座椅脚蹬	可调	—	—	—	—
座椅横移(向通道)(mm) ≥	60	60	60	60	60
座椅汽车安全带	装置	装置	装置	装置	装置
空气调节装置	冷暖	冷暖	冷暖	冷暖	冷暖
空气净化装置	—	—	—	—	—
卫生间(位置)	—	—	—	—	—
CAN 总线	—	—	—	—	—
车桥随动转向	—	—	—	—	—
影音播放及麦克风设备	装置	装置	装置	装置	装置
卫星定位系统	装置	装置	装置	装置	装置
人均行李舱容积(m^3/人) ≥	0.05	0.06	0.09	0.045	0.045
行李舱总容积(m^3) ≤	2.31	2.05	3.27	3.27	3.47
特殊结构说明	天然气			天然气	天然气

续上表

技术参数 \ 车型 \ 厂家	苏州金龙 KLQ6902KAC51	苏州金龙 KLQ6882KAE41	苏州金龙 KLQ6902KAE41	苏州金龙 KLQ6802KAC51	九龙汽车 HKL6600A
评定类型及等级	中型高一级	中型高一级	中型高一级	中型高一级	小型高一级
车身长度(mm)	8995	8765	8995	8000	5990
座位数+司机+导游 ≤	37(35)+1+1	35(33)+1+1	37(35)+1+1	31(29)+1+1	15+1+1
额定功率(kW) ≥	176	162	162	140	120
比功率(kW/t) ≥	13	13	13	13	19
匀速车内噪声[dB(A)] ≤	72	72	72	72	72
发动机位置	后	后	后	后	前
乘客门位置	前(前中)*	前(前中)*	前(前中)*	前(前中)*	前中
车身全承载式结构	—	—	—	—	—
车内通道宽(mm) ≥	350	350	350	350	300
悬架类型	B	B	B	B	C
盘式制动器	装置	装置	装置	装置	装置
ABS(一类)	装置	装置	装置	装置	装置
蹄片间隙自调装置	装置	装置	装置	装置	装置
缓速器	—	—	—	—	—
底盘自动润滑系统	—	—	—	—	—
节能风扇散热系统	装置	装置	装置	装置	—
后置发动机舱温度报警系统和自动灭火装置	装置	装置	装置	装置	—
无内胎子午线轮胎	装置	装置	装置	装置	装置
胎压监测报警系统	—	—	—	—	—
轮胎爆胎应急安全装置	—	—	—	—	—
座间距(同向)(mm) ≥	720	720	720	720	670
座垫宽(mm) ≥	440	440	440	440	440
座椅深(mm) ≥	440	440	440	440	440
靠背高(mm) ≥	680	680	680	680	680
靠背角度可调	装置	装置	装置	装置	装置
扶手(靠通道处)	可调	可调	可调	可调	可调
座椅脚蹬	—	—	—	—	—
座椅横移(向通道)(mm) ≥	60	60	60	60	—
座椅汽车安全带	装置	装置	装置	装置	装置
空气调节装置	冷暖	冷暖	冷暖	冷暖	冷暖
空气净化装置	—	—	—	—	—
卫生间(位置)	—	—	—	—	—
CAN 总线	—	—	—	—	—
车桥随动转向	—	—	—	—	—
影音播放及麦克风设备	装置	装置	装置	装置	装置
卫星定位系统	装置	装置	装置	装置	—
人均行李舱容积(m^3/人) ≥	0.045	0.09	0.09	0.03	—
行李舱总容积(m^3) ≤	3.66	3.47	3.66	2.05	—
特殊结构说明	天然气			天然气	

续上表

技术参数 \ 车型 \ 厂家	安徽安凯 HFF6120 K35D3E4	安徽安凯 HFF6120 K01D3E4	安徽安凯 HFF6120 K01D2E4	安徽安凯 HFF6120 K35D2E4	安徽安凯 HFF6120 K10C2E5
评定类型及等级	大型高三级	大型高三级	大型高二级	大型高二级	大型高二级
车身长度(mm)	12000	12000	12000	12000	12000
座位数+司机+导游 ≤	47+1+1	53+1+1	53+1+1	47+1+1	47+1+1
额定功率(kW) ≥	265	265	265	265	247
比功率(kW/t) ≥	15	15	13.5	13.5	13.5
匀速车内噪声[dB(A)] ≤	66	66	69	69	69
发动机位置	后	后	后	后	后
乘客门位置	前中	前中	前中	前中	前中
车身全承载式结构	装置	装置	装置	装置	装置
车内通道宽(mm) ≥	350	350	350	350	350
悬架类型	A	A	B	B	B
盘式制动器	装置	装置	装置	装置	装置
ABS(一类)	装置	装置	装置	装置	装置
蹄片间隙自调装置	装置	装置	装置	装置	装置
缓速器	装置	装置	装置	装置	装置
底盘自动润滑系统	装置	装置	装置	装置	装置
节能风扇散热系统	装置	装置	装置	装置	装置
后置发动机舱温度报警系统和自动灭火装置	装置	装置	装置	装置	装置
无内胎子午线轮胎	装置	装置	装置	装置	装置
胎压监测报警系统	装置	装置	—	—	—
轮胎爆胎应急安全装置	—	装置	装置	—	—
座间距(同向)(mm) ≥	780	780	760	760	760
座垫宽(mm) ≥	450	450	440	440	440
座椅深(mm) ≥	440	440	440	440	440
靠背高(mm) ≥	720	720	720	720	720
靠背角度可调(15°~30°)	装置	装置	装置	装置	装置
扶手(靠通道处)	可调	可调	可调	可调	可调
座椅脚蹬	可调	可调	可调	可调	可调
座椅横移(向通道)(mm) ≥	60	60	60	60	60
座椅汽车安全带	装置	装置	装置	装置	装置
空气调节装置	冷暖	冷暖	冷暖	冷暖	冷暖
空气净化装置	装置	装置	装置	装置	装置
卫生间(位置)	中	中	中	中	中
CAN 总线	装置	装置	装置	装置	装置
车桥随动转向	—	—	—	—	—
影音播放及麦克风设备	装置	装置	装置	装置	装置
卫星定位系统	装置	装置	装置	装置	装置
人均行李舱容积(m^3/人) ≥	0.19	0.19	0.17	0.17	0.085
行李舱总容积(m^3) ≤	9.82	11.01	9.91	8.79	8.79
特殊结构说明		低驾驶区	低驾驶区		天然气

续上表

技术参数 \ 厂家 / 车型	安徽安凯 HFF6121 K06C1E5	安徽安凯 HFF6126 FSC1	安徽安凯 HFF6120 K10C1E5	安徽安凯 HFF6121 K06D1E4	安徽安凯 HFF6126 FS1
评定类型及等级	大型高一级	大型高一级	大型高一级	大型高一级	大型高一级
车身长度(mm)	12000	11990	12000	12000	11990
座位数＋司机＋导游 ≤	53(53)+1+1	49(49)+1+1	49(49)+1+1	53(53)+1+1	49(49)+1+1
额定功率(kW) ≥	247	247	247	243	243
比功率(kW/t) ≥	12	12	12	12	12
匀速车内噪声[dB(A)] ≤	72	72	72	72	72
发动机位置	后	后	后	后	后
乘客门位置	前(前中)*	前(前中)*	前(前中)*	前(前中)*	前(前中)*
车身全承载式结构	—	—	—	—	—
车内通道宽(mm) ≥	350	350	350	350	350
悬架类型	B	B	B	B	B
盘式制动器	装置	装置	装置	装置	装置
ABS(一类)	装置	装置	装置	装置	装置
蹄片间隙自调装置	装置	装置	装置	装置	装置
缓速器	装置	装置	装置	装置	装置
底盘自动润滑系统	—	—	—	—	—
节能风扇散热系统	装置	装置	装置	装置	装置
后置发动机舱温度报警系统和自动灭火装置	装置	装置	装置	装置	装置
无内胎子午线轮胎	装置	装置	装置	装置	装置
胎压监测报警系统	—	—	—	—	—
轮胎爆胎应急安全装置	装置	—	—	装置	—
座间距(同向)(mm) ≥	720	720	720	720	720
座垫宽(mm) ≥	440	440	440	440	440
座椅深(mm) ≥	440	440	440	440	440
靠背高(mm) ≥	680	680	680	680	680
靠背角度可调(15°~30°)	装置	装置	装置	装置	装置
扶手(靠通道处)	可调	可调	可调	可调	可调
座椅脚蹬	可调	可调	可调	可调	可调
座椅横移(向通道)(mm) ≥	60	60	60	60	60
座椅汽车安全带	装置	装置	装置	装置	装置
空气调节装置	冷暖	冷暖	冷暖	冷暖	冷暖
空气净化装置	—	—	—	—	—
卫生间(位置)	—	—	—	—	—
CAN 总线	—	—	—	—	—
车桥随动转向	—	—	—	—	—
影音播放及麦克风设备	装置	装置	装置	装置	装置
卫星定位系统	装置	装置	装置	装置	装置
人均行李舱容积(m^3/人) ≥	0.075	0.075	0.075	0.15	0.15
行李舱总容积(m^3) ≤	8.75	8.09	8.09	8.75	8.09
特殊结构说明	低驾天然气	天然气	天然气	低驾驶区	

续上表

技术参数 \ 车型 \ 厂家	安徽安凯	安徽安凯	江淮瑞风	江淮瑞风	江淮瑞风
	HFF6111 K06C1E5	HFF6901 K08C2E5	HFC6510 A3C7R3F	HFC6510 A1C7R3F	HFC6510 K1C7R3F
评定类型及等级	大型高一级	中型高二级	小型高一级	小型高一级	小型高一级
车身长度(mm)	10700	8990	5075	5075	5090
座位数+司机+导游 ≤	51(49)+1+1	22+1	8+1	8+1	8+1
额定功率(kW) ≥	199	170	100	110	102
比功率(kW/t) ≥	12	14	19	19	19
匀速车内噪声[dB(A)] ≤	72	70	72	72	72
发动机位置	后	后	前	前	前
乘客门位置	前(前中)*	前	前中	前中	前中
车身全承载式结构	—	—	—	—	—
车内通道宽(mm) ≥	350	350	300	300	300
悬架类型	B	B	C	C	C
盘式制动器	装置	装置	装置	装置	装置
ABS(一类)	装置	装置	装置	装置	装置
蹄片间隙自调装置	装置	装置	装置	装置	装置
缓速器	装置	装置	—	—	—
底盘自动润滑系统	—	装置	—	—	—
节能风扇散热系统	装置	装置	—	—	—
后置发动机舱温度报警系统和自动灭火装置	装置	装置	—	—	—
无内胎子午线轮胎	装置	装置	装置	装置	装置
胎压监测报警系统	—	—	—	—	—
轮胎爆胎应急安全装置	装置	—	—	—	—
座间距(同向)(mm) ≥	720	750	670	670	670
座垫宽(mm) ≥	440	440	440	440	440
座椅深(mm) ≥	440	440	440	440	440
靠背高(mm) ≥	680	720	680	680	680
靠背角度可调(15°~30°)	装置	装置	装置	装置	装置
扶手(靠通道处)	可调	可调	可调	可调	可调
座椅脚蹬	可调	可调	—	—	—
座椅横移(向通道)(mm) ≥	60	60	—	—	—
座椅汽车安全带	装置	装置	装置	装置	装置
空气调节装置	冷暖	冷暖	冷暖	冷暖	冷暖
空气净化装置	—	—	—	—	—
卫生间(位置)	—	—	—	—	—
CAN 总线	—	—	—	—	—
车桥随动转向	—	—	—	—	—
影音播放及麦克风设备	装置	装置	装置	装置	装置
卫星定位系统	装置	装置	—	—	—
人均行李舱容积(m^3/人) ≥	0.065	0.05	—	—	—
行李舱总容积(m^3) ≤	7.29	2.42	—	—	—
特殊结构说明	低驾天然气	天然气			

续上表

技术参数 \ 车型 \ 厂家	福田汽车	福田汽车	福田汽车	福田汽车	福田汽车
车型	BJ6549 BDPVA-BA	BJ6549 BDPXA-EA	BJ6549 BDPXA-E9	BJ6546 MD2BA-XA	BJ6546 B1DWA-XG
评定类型及等级	小型高一级	小型高一级	小型高一级	小型高一级	小型高一级
车身长度(mm)	5380	5380	5380	5320	5320
座位数+司机+导游 ≤	8+1	8+1	8+1	8+1	10+1+1
额定功率(kW) ≥	118	100	100	65	95
比功率(kW/t) ≥	19	19	19	19	19
匀速车内噪声[dB(A)] ≤	72	72	72	72	72
发动机位置	中	中	中	前	前
乘客门位置	前中	前中	前中	前中	前中
车身全承载式结构	—	—	—	—	—
车内通道宽(mm) ≥	300	300	300	300	300
悬架类型	C	C	C	C	C
盘式制动器	装置	装置	装置	装置	装置
ABS(一类)	装置	装置	装置	装置	装置
蹄片间隙自调装置	装置	装置	装置	装置	装置
缓速器	—	—	—	—	—
底盘自动润滑系统	—	—	—	—	—
节能风扇散热系统	—	—	—	—	—
后置发动机舱温度报警系统和自动灭火装置	—	—	—	—	—
无内胎子午线轮胎	装置	装置	装置	装置	装置
胎压监测报警系统	—	—	—	—	—
轮胎爆胎应急安全装置	—	—	—	—	—
座间距(同向)(mm) ≥	670	670	670	670	670
座垫宽(mm) ≥	440	440	440	440	440
座椅深(mm) ≥	440	440	440	440	440
靠背高(mm) ≥	680	680	680	680	680
靠背角度可调(15°~30°)	装置	装置	装置	装置	装置
扶手(靠通道处)	可调	可调	可调	可调	可调
座椅脚蹬	—	—	—	—	—
座椅横移(向通道)(mm) ≥	—	—	—	—	—
座椅汽车安全带	装置	装置	装置	装置	装置
空气调节装置	冷暖	冷暖	冷暖	冷暖	冷暖
空气净化装置	—	—	—	—	—
卫生间(位置)	—	—	—	—	—
CAN 总线	—	—	—	—	—
车桥随动转向	—	—	—	—	—
影音播放及麦克风设备	装置	装置	装置	装置	装置
卫星定位系统	—	—	—	—	—
人均行李舱容积(m^3/人) ≥	—	—	—	—	—
行李舱总容积(m^3) ≤	—	—	—	—	—
特殊结构说明					

续上表

技术参数 \ 车型 \ 厂家	福田汽车 BJ6546 B1DWA-XH	福田汽车 BJ6546 B1DDA-XB	福田汽车 BJ6526 B1DWA-XC	福田汽车 BJ6546 B1DDA	福田汽车 BJ6546 B1DWA-XE
评定类型及等级	小型高一级	小型高一级	小型高一级	小型高一级	小型高一级
车身长度(mm)	5320	5320	5235	5320	5320
座位数+司机+导游 ≤	10+1+1	10+1+1	8+1+1	10+1+1	10+1+1
额定功率(kW) ≥	76	70	95	70	95
比功率(kW/t) ≥	19	19	19	19	19
匀速车内噪声[dB(A)] ≤	72	72	72	72	72
发动机位置	前	前	前	前	前
乘客门位置	前中	前中	前中	前中	前中
车身全承载式结构	—	—	—	—	—
车内通道宽(mm) ≥	300	300	300	300	300
悬架类型	C	C	C	C	C
盘式制动器	装置	装置	装置	装置	装置
ABS(一类)	装置	装置	装置	装置	装置
蹄片间隙自调装置	装置	装置	装置	装置	装置
缓速器	—	—	—	—	—
底盘自动润滑系统	—	—	—	—	—
节能风扇散热系统	—	—	—	—	—
后置发动机舱温度报警系统和自动灭火装置	—	—	—	—	—
无内胎子午线轮胎	装置	装置	装置	装置	装置
胎压监测报警系统	—	—	—	—	—
轮胎爆胎应急安全装置	—	—	—	—	—
座间距(同向)(mm) ≥	670	670	670	670	670
座垫宽(mm) ≥	440	440	440	440	440
座椅深(mm) ≥	440	440	440	440	440
靠背高(mm) ≥	680	680	680	680	680
靠背角度可调(15°~30°)	装置	装置	装置	装置	装置
扶手(靠通道处)	可调	可调	可调	可调	可调
座椅脚蹬	—	—	—	—	—
座椅横移(向通道)(mm) ≥	—	—	—	—	—
座椅汽车安全带	装置	装置	装置	装置	装置
空气调节装置	冷暖	冷暖	冷暖	冷暖	冷暖
空气净化装置	—	—	—	—	—
卫生间(位置)	—	—	—	—	—
CAN 总线	—	—	—	—	—
车桥随动转向	—	—	—	—	—
影音播放及麦克风设备	装置	装置	装置	装置	装置
卫星定位系统	—	—	—	—	—
人均行李舱容积(m^3/人) ≥	—	—	—	—	—
行李舱总容积(m^3) ≤	—	—	—	—	—
特殊结构说明					

续上表

技术参数 \ 车型 \ 厂家	福田汽车	北京北方	北京北方	河南少林	河南少林
	BJ6549 BDPDA-AB	BFC6112 ANG2	BFC6112 ANG1	SLG6128 C4ZR	SLG6107 C4ZR
评定类型及等级	小型高一级	大型高二级	大型高一级	大型高一级	大型高一级
车身长度(mm)	5380	10990	10990	11995	10495
座位数+司机+导游 ≤	8+1	43+1+1	47+1+1	49+1+1	43+1+1
额定功率(kW) ≥	96	206	199	247	180
比功率(kW/t) ≥	19	13.5	12	12	12
匀速车内噪声[dB(A)] ≤	72	69	72	72	72
发动机位置	中	后	后	后	后
乘客门位置	前中	前中	前中	前中	前中
车身全承载式结构	—	装置	—	—	—
车内通道宽(mm) ≥	300	350	350	350	350
悬架类型	C	A	A	B	B
盘式制动器	装置	装置	装置	装置	装置
ABS(一类)	装置	装置	装置	装置	装置
蹄片间隙自调装置	装置	装置	装置	装置	装置
缓速器	—	装置	装置	装置	装置
底盘自动润滑系统	—	装置	—	—	—
节能风扇散热系统	—	装置	装置	装置	装置
后置发动机舱温度报警系统和自动灭火装置	—	装置	装置	装置	装置
无内胎子午线轮胎	装置	装置	装置	装置	装置
胎压监测报警系统	—	—	—	—	—
轮胎爆胎应急安全装置	—	—	—	—	—
座间距(同向)(mm) ≥	670	760	720	720	720
座垫宽(mm) ≥	440	440	440	440	440
座椅深(mm) ≥	440	440	440	440	440
靠背高(mm) ≥	680	720	680	680	680
靠背角度可调(15°~30°)	装置	装置	装置	装置	装置
扶手(靠通道处)	可调	可调	可调	可调	可调
座椅脚蹬	—	可调	可调	可调	可调
座椅横移(向通道)(mm) ≥	—	60	60	60	60
座椅汽车安全带	装置	装置	装置	装置	装置
空气调节装置	冷暖	冷暖	冷暖	冷暖	冷暖
空气净化装置	—	装置	—	—	—
卫生间(位置)	—	中	—	—	—
CAN 总线	—	装置	—	—	—
车桥随动转向	—	—	—	—	—
影音播放及麦克风设备	装置	装置	装置	装置	装置
卫星定位系统	—	装置	装置	装置	装置
人均行李舱容积(m^3/人) ≥		0.075	0.065	0.15	0.13
行李舱总容积(m^3) ≤		7.10	6.72	8.09	6.15
特殊结构说明		天然气	天然气		

续上表

技术参数 \ 厂家 / 车型	河南少林 SLG6810T5ER	河南少林 SLG6900T5ER	郑州宇通 ZK6146HNQY5E	郑州宇通 ZK6132HNQ1E	郑州宇通 ZK6132HNQ1Y
评定类型及等级	中型高一级	中型高一级	特大型高二级	特大型高二级	特大型高一级
车身长度(mm)	8120	8995	13670	12990	12990
座位数＋司机＋导游 ≤	31＋1＋1	35＋1＋1	61＋1＋1	55(51)＋1＋1	55(55)＋1＋1
额定功率(kW) ≥	140	176	276	276	257
比功率(kW/t) ≥	13	13	12	12	11
匀速车内噪声[dB(A)] ≤	72	72	69	69	72
发动机位置	后	后	后	后	后
乘客门位置	前	前	前中	前中(前后)*	前中(前后)*
车身全承载式结构	—	—	装置	装置	—
车内通道宽(mm) ≥	350	350	350	350	350
悬架类型	B	B	B	B	B
盘式制动器	装置	装置	装置	装置	装置
ABS(一类)	装置	装置	装置	装置	装置
蹄片间隙自调装置	装置	装置	装置	装置	装置
缓速器	—	—	装置	装置	装置
底盘自动润滑系统	—	—	装置	装置	装置
节能风扇散热系统	装置	装置	装置	装置	装置
后置发动机舱温度报警系统和自动灭火装置	装置	装置	装置	装置	装置
无内胎子午线轮胎	装置	装置	装置	装置	装置
胎压监测报警系统	—	—	装置	装置	—
轮胎爆胎应急安全装置	—	—	装置	装置	装置
座间距(同向)(mm) ≥	720	720	760	760	740
座垫宽(mm) ≥	440	440	440	440	440
座椅深(mm) ≥	440	440	440	440	440
靠背高(mm) ≥	680	680	720	720	680
靠背角度可调(15°～30°)	装置	装置	装置	装置	装置
扶手(靠通道处)	可调	可调	可调	可调	可调
座椅脚蹬	—	—	可调	可调	可调
座椅横移(向通道)(mm) ≥	60	60	60	60	60
座椅汽车安全带	装置	装置	装置	装置	装置
空气调节装置	冷暖	冷暖	冷暖	冷暖	冷暖
空气净化装置	—	—	装置	装置	—
卫生间(位置)	—	—	中	中(后)*	—
CAN 总线	—	—	装置	装置	—
车桥随动转向	—	—	装置	装置	装置
影音播放及麦克风设备	装置	装置	装置	装置	装置
卫星定位系统	装置	装置	装置	装置	装置
人均行李舱容积(m^3/人) ≥	0.045	0.045	0.075	0.075	0.065
行李舱总容积(m^3) ≤	3.07	3.47	10.07	9.08	7.87
特殊结构说明	天然气	天然气	低驾天然气	天然气	天然气

续上表

技术参数 \ 车型 \ 厂家	郑州宇通 ZK6146 HNQY5Y	郑州宇通 ZK6118 HQY3S	郑州宇通 ZK6110 HQA3A	郑州宇通 ZK6119 HNQ5S	郑州宇通 ZK6122 HNQ5E
评定类型及等级	特大型高一级	大型高三级	大型高三级	大型高三级	大型高二级
车身长度(mm)	13670	11290	10800	11300	12000
座位数+司机+导游 ≤	63+1+1	45(45)+1+1	39+1+1	41(39)+1+1	47(45)+1+1
额定功率(kW) ≥	276	276	220	236	247
比功率(kW/t) ≥	11	15	15	15	13.5
匀速车内噪声[dB(A)] ≤	72	66	66	66	69
发动机位置	后	后	后	后	后
乘客门位置	前中	前中(前后)*	前中	前中(前后)*	前中(前后)*
车身全承载式结构	—	装置	装置	装置	装置
车内通道宽(mm) ≥	350	350	350	350	350
悬架类型	B	A	A	A	B
盘式制动器	装置	装置	装置	装置	装置
ABS(一类)	装置	装置	装置	装置	装置
蹄片间隙自调装置	装置	装置	装置	装置	装置
缓速器	装置	装置	装置	装置	装置
底盘自动润滑系统	装置	装置	装置	装置	装置
节能风扇散热系统	装置	装置	装置	装置	装置
后置发动机舱温度报警系统和自动灭火装置	装置	装置	装置	装置	装置
无内胎子午线轮胎	装置	装置	装置	装置	装置
胎压监测报警系统	—	装置	装置	装置	—
轮胎爆胎应急安全装置	装置	装置	装置	装置	—
座间距(同向)(mm) ≥	740	780	780	780	760
座垫宽(mm) ≥	440	450	450	450	440
座椅深(mm) ≥	440	440	440	440	440
靠背高(mm) ≥	680	720	720	720	720
靠背角度可调(15°~30°)	装置	装置	装置	装置	装置
扶手(靠通道处)	可调	可调	可调	可调	可调
座椅脚蹬	可调	可调	可调	可调	可调
座椅横移(向通道)(mm) ≥	60	60	60	60	60
座椅汽车安全带	装置	装置	装置	装置	装置
空气调节装置	冷暖	冷暖	冷暖	冷暖	冷暖
空气净化装置	—	装置	装置	装置	装置
卫生间(位置)	—	中(后)*	中	中(后)*	中(后)*
CAN 总线	—	装置	装置	装置	装置
车桥随动转向	装置	—	—	—	—
影音播放及麦克风设备	装置	装置	装置	装置	装置
卫星定位系统	装置	装置	装置	装置	装置
人均行李舱容积(m^3/人) ≥	0.065	0.19	0.17	0.095	0.085
行李舱总容积(m^3) ≤	9.01	9.41	7.29	4.28	8.79
特殊结构说明	低驾天然气	低驾驶区		天然气	天然气

续上表

技术参数 \ 厂家 / 车型	郑州宇通 ZK6122 HNQ15E	郑州宇通 ZK6122 HNQ16E	郑州宇通 ZK6119 HQ2E	郑州宇通 ZK6119 HNQ5E	郑州宇通 ZK6908 HNQ2E
评定类型及等级	大型高二级	大型高二级	大型高二级	大型高二级	大型高二级
车身长度(mm)	11600	11600	11300	11300	9020
座位数 + 司机 + 导游 ≤	47(43) + 1 + 1	45(43) + 1 + 1	43 + 1 + 1	43(41) + 1 + 1	21(21) + 1 + 1
额定功率(kW) ≥	247	247	220	220	176
比功率(kW/t) ≥	13.5	13.5	13.5	13.5	13.5
匀速车内噪声[dB(A)] ≤	69	69	69	69	69
发动机位置	后	后	后	后	后
乘客门位置	前中(前后)*	前中(前后)*	前中	前中(前后)*	前(前中)*
车身全承载式结构	装置	装置	装置	装置	装置
车内通道宽(mm) ≥	350	350	350	350	350
悬架类型	B	B	B	B	B
盘式制动器	装置	装置	装置	装置	装置
ABS(一类)	装置	装置	装置	装置	装置
蹄片间隙自调装置	装置	装置	装置	装置	装置
缓速器	装置	装置	装置	装置	装置
底盘自动润滑系统	装置	装置	装置	装置	装置
节能风扇散热系统	装置	装置	装置	装置	装置
后置发动机舱温度报警系统和自动灭火装置	装置	装置	装置	装置	装置
无内胎子午线轮胎	装置	装置	装置	装置	装置
胎压监测报警系统	—	—	—	—	—
轮胎爆胎应急安全装置	—	—	—	—	—
座间距(同向)(mm) ≥	760	760	760	760	760
座垫宽(mm) ≥	440	440	440	440	440
座椅深(mm) ≥	440	440	440	440	440
靠背高(mm) ≥	720	720	720	720	720
靠背角度可调(15°~30°)	装置	装置	装置	装置	装置
扶手(靠通道处)	可调	可调	可调	可调	可调
座椅脚蹬	可调	可调	可调	可调	可调
座椅横移(向通道)(mm) ≥	60	60	60	60	60
座椅汽车安全带	装置	装置	装置	装置	装置
空气调节装置	冷暖	冷暖	冷暖	冷暖	冷暖
空气净化装置	装置	装置	装置	装置	装置
卫生间(位置)	中(后)*	中(后)*	中	中(后)*	中
CAN 总线	装置	装置	装置	装置	装置
车桥随动转向	—	—	—	—	—
影音播放及麦克风设备	装置	装置	装置	装置	装置
卫星定位系统	装置	装置	装置	装置	装置
人均行李舱容积(m^3/人) ≥	0.085	0.085	0.17	0.085	0.065
行李舱总容积(m^3) ≤	8.79	8.42	8.04	8.04	3.00
特殊结构说明	天然气	天然气		天然气	天然气

续上表

厂家 / 车型 / 技术参数	郑州宇通 ZK6109H1Y	郑州宇通 ZK6119HNQ5Y	郑州宇通 ZK6107H3Y	郑州宇通 ZK6996H1Y	郑州宇通 ZK6120HQR41
评定类型及等级	大型高一级	大型高一级	大型高一级	大型高一级	大型高一级
车身长度(mm)	10390	11300	10490	9949	12000
座位数＋司机＋导游 ≤	45(43)＋1＋1	49(47)＋1＋1	45(43)＋1＋1	43(41)＋1＋1	49(49、49)＋1＋1
额定功率(kW) ≥	180	206	180	176	247
比功率(kW/t) ≥	12	12	12	12	12
匀速车内噪声[dB(A)] ≤	72	72	72	72	72
发动机位置	后	后	后	后	后
乘客门位置	前(前中)*	前(前中)*	前(前中)*	前(前中)*	前(前中、前后)*
车身全承载式结构	—	—	—	—	—
车内通道宽(mm) ≥	350	350	350	350	350
悬架类型	B	B	B	B	B
盘式制动器	装置	装置	装置	装置	装置
ABS(一类)	装置	装置	装置	装置	装置
蹄片间隙自调装置	装置	装置	装置	装置	装置
缓速器	装置	装置	装置	装置	装置
底盘自动润滑系统	—	—	—	—	—
节能风扇散热系统	装置	装置	装置	装置	装置
后置发动机舱温度报警系统和自动灭火装置	装置	装置	装置	装置	装置
无内胎子午线轮胎	装置	装置	装置	装置	装置
胎压监测报警系统	—	—	—	—	—
轮胎爆胎应急安全装置	—	—	—	—	—
座间距(同向)(mm) ≥	720	720	720	720	720
座垫宽(mm) ≥	440	440	440	440	440
座椅深(mm) ≥	440	440	440	440	440
靠背高(mm) ≥	680	680	680	680	680
靠背角度可调(15°~30°)	装置	装置	装置	装置	装置
扶手(靠通道处)	可调	可调	可调	可调	可调
座椅脚蹬	可调	可调	可调	可调	可调
座椅横移(向通道)(mm) ≥	60	60	60	60	60
座椅汽车安全带	装置	装置	装置	装置	装置
空气调节装置	冷暖	冷暖	冷暖	冷暖	冷暖
空气净化装置	—	—	—	—	—
卫生间(位置)	—	—	—	—	—
CAN 总线	—	—	—	—	—
车桥随动转向	—	—	—	—	—
影音播放及麦克风设备	装置	装置	装置	装置	装置
卫星定位系统	装置	装置	装置	装置	装置
人均行李舱容积(m^3/人) ≥	0.13	0.075	0.13	0.11	0.15
行李舱总容积(m^3) ≤	6.44	8.09	6.44	5.20	8.09
特殊结构说明		天然气			

续上表

技术参数 \ 车型 \ 厂家	郑州宇通 ZK6107 H2Y	郑州宇通 ZK6808 HQ1E	郑州宇通 ZK6866 H1E	郑州宇通 ZK6876 H1E	郑州宇通 ZK6750 D1
评定类型及等级	大型高一级	中型高二级	中型高二级	中型高二级	中型高一级
车身长度(mm)	10490	8045	8599	8749	7490
座位数+司机+导游 ≤	45(43)+1+1	21(21)+1+1	33(31)+1+1	35(33)+1+1	25+1+1
额定功率(kW) ≥	199	147	162	162	118
比功率(kW/t) ≥	12	14	14	14	13
匀速车内噪声[dB(A)] ≤	72	70	70	70	72
发动机位置	后	后	后	后	前
乘客门位置	前(前中)*	前(前中)*	前(前中)*	前(前中)*	中
车身全承载式结构	—	—	—	—	—
车内通道宽(mm) ≥	350	350	350	350	350
悬架类型	B	B	B	B	B
盘式制动器	装置	装置	装置	装置	装置
ABS(一类)	装置	装置	装置	装置	装置
蹄片间隙自调装置	装置	装置	装置	装置	装置
缓速器	装置	装置	装置	装置	—
底盘自动润滑系统	—	装置	装置	装置	—
节能风扇散热系统	装置	装置	装置	装置	装置
后置发动机舱温度报警系统和自动灭火装置	装置	装置	装置	装置	—
无内胎子午线轮胎	装置	装置	装置	装置	装置
胎压监测报警系统	—	—	—	—	—
轮胎爆胎应急安全装置	—	—	—	—	—
座间距(同向)(mm) ≥	720	750	750	750	720
座垫宽(mm) ≥	440	440	440	440	440
座椅深(mm) ≥	440	440	440	440	440
靠背高(mm) ≥	680	720	720	720	680
靠背角度可调(15°~30°)	装置	装置	装置	装置	装置
扶手(靠通道处)	可调	可调	可调	可调	可调
座椅脚蹬	可调	可调	可调	可调	—
座椅横移(向通道)(mm) ≥	60	60	60	60	60
座椅汽车安全带	装置	装置	装置	装置	装置
空气调节装置	冷暖	冷暖	冷暖	冷暖	冷暖
空气净化装置	—	—	—	—	—
卫生间(位置)	—	—	—	—	—
CAN 总线	—	—	—	—	—
车桥随动转向	—	—	—	—	—
影音播放及麦克风设备	装置	装置	装置	装置	装置
卫星定位系统	装置	装置	装置	装置	装置
人均行李舱容积(m^3/人) ≥	0.13	0.10	0.10	0.10	—
行李舱总容积(m^3) ≤	6.44	2.31	3.63	3.85	—
特殊结构说明					

续上表

技术参数 \ 车型 \ 厂家	郑州宇通 ZK6866 H1Y	郑州宇通 ZK6866 H2Y	郑州宇通 ZK6876 H2Y	郑州宇通 ZK6816 H2Y	郑州宇通 ZK6908 HNQ2Y
评定类型及等级	中型高一级	中型高一级	中型高一级	中型高一级	中型高一级
车身长度(mm)	8599	8599	8749	8079	8995
座位数+司机+导游 ≤	35(33)+1+1	21(21)+1+1	21(21)+1+1	21(21)+1+1	37(35)+1+1
额定功率(kW) ≥	147	147	147	147	176
比功率(kW/t) ≥	13	13	13	13	13
匀速车内噪声[dB(A)] ≤	72	72	72	72	72
发动机位置	后	后	后	后	后
乘客门位置	前(前中)*	前(前中)*	前(前中)*	前(前中)*	前(前中)*
车身全承载式结构	—	—	—	—	—
车内通道宽(mm) ≥	350	350	350	350	350
悬架类型	B	B	B	B	B
盘式制动器	装置	装置	装置	装置	装置
ABS(一类)	装置	装置	装置	装置	装置
蹄片间隙自调装置	装置	装置	装置	装置	装置
缓速器	—	—	—	—	—
底盘自动润滑系统	—	—	—	—	—
节能风扇散热系统	装置	装置	装置	装置	装置
后置发动机舱温度报警系统和自动灭火装置	装置	装置	装置	装置	装置
无内胎子午线轮胎	装置	装置	装置	装置	装置
胎压监测报警系统	—	—	—	—	—
轮胎爆胎应急安全装置	—	—	—	—	—
座间距(同向)(mm) ≥	720	720	720	720	720
座垫宽(mm) ≥	440	440	440	440	440
座椅深(mm) ≥	440	440	440	440	440
靠背高(mm) ≥	680	680	680	680	680
靠背角度可调(15°~30°)	装置	装置	装置	装置	装置
扶手(靠通道处)	可调	可调	可调	可调	可调
座椅脚蹬	—	—	—	—	—
座椅横移(向通道)(mm) ≥	60	60	60	60	60
座椅汽车安全带	装置	装置	装置	装置	装置
空气调节装置	冷暖	冷暖	冷暖	冷暖	冷暖
空气净化装置	—	—	—	—	—
卫生间(位置)	—	—	—	—	—
CAN 总线	—	—	—	—	—
车桥随动转向	—	—	—	—	—
影音播放及麦克风设备	装置	装置	装置	装置	装置
卫星定位系统	装置	装置	装置	装置	装置
人均行李舱容积(m^3/人) ≥	0.09	0.09	0.09	0.09	0.045
行李舱总容积(m^3) ≤	3.47	2.08	2.08	2.08	3.66
特殊结构说明					天然气

续上表

技术参数＼车型＼厂家	郑州宇通	郑州宇通	江铃全顺	江铃全顺	江铃全顺
	ZK6888 H1Y	ZK6858 HNQ2Y	JX6471TY-M4	JX6471TY-L4	JX6471TY-M3
评定类型及等级	中型高一级	中型高一级	小型高一级	小型高一级	小型高一级
车身长度(mm)	8774	8543	4666	4666	4666
座位数＋司机＋导游 ≤	35(33)＋1＋1	33(31)＋1＋1	10＋1＋1	10＋1＋1	10＋1＋1
额定功率(kW) ≥	162	155	80	80	85
比功率(kW/t) ≥	13	13	19	19	19
匀速车内噪声[dB(A)] ≤	72	72	72	72	72
发动机位置	后	后	前	前	前
乘客门位置	前(前中)*	前(前中)*	前中	前中	前中
车身全承载式结构	—	—	—	—	—
车内通道宽(mm) ≥	350	350	300	300	300
悬架类型	B	B	C	C	C
盘式制动器	装置	装置	装置	装置	装置
ABS(一类)	装置	装置	装置	装置	装置
蹄片间隙自调装置	装置	装置	装置	装置	装置
缓速器	—	—	—	—	—
底盘自动润滑系统	—	—	—	—	—
节能风扇散热系统	装置	装置	—	—	—
后置发动机舱温度报警系统和自动灭火装置	装置	装置	—	—	—
无内胎子午线轮胎	装置	装置	装置	装置	装置
胎压监测报警系统	—	—	—	—	—
轮胎爆胎应急安全装置	—	—	—	—	—
座间距(同向)(mm) ≥	720	720	670	670	670
座垫宽(mm) ≥	440	440	440	440	440
座椅深(mm) ≥	440	440	440	440	440
靠背高(mm) ≥	680	680	680	680	680
靠背角度可调(15°～30°)	装置	装置	装置	装置	装置
扶手(靠通道处)	可调	可调	可调	可调	可调
座椅脚蹬	—	—	—	—	—
座椅横移(向通道)(mm) ≥	60	60	—	—	—
座椅汽车安全带	装置	装置	装置	装置	装置
空气调节装置	冷暖	冷暖	冷暖	冷暖	冷暖
空气净化装置	—	—	—	—	—
卫生间(位置)	—	—	—	—	—
CAN 总线	—	—	—	—	—
车桥随动转向	—	—	—	—	—
影音播放及麦克风设备	装置	装置	装置	装置	装置
卫星定位系统	装置	装置	—	—	—
人均行李舱容积(m^3/人) ≥	0.09	0.045	—	—	—
行李舱总容积(m^3) ≤	3.47	3.27	—	—	—
特殊结构说明		天然气			

续上表

技术参数 \ 厂家 / 车型	江铃全顺 JX6541 TY-M4	江铃全顺 JX6541 TY-H3	江铃全顺 JX6541 TY-H4	江铃全顺 JX6541 TY-M3	江铃全顺 JX6601 TY-H3
评定类型及等级	小型高一级	小型高一级	小型高一级	小型高一级	小型高一级
车身长度(mm)	5418	5418	5418	5418	5968
座位数+司机+导游 ≤	13+1+1	13+1+1	13+1+1	13+1+1	16+1
额定功率(kW) ≥	80	85	80	85	85
比功率(kW/t) ≥	19	19	19	19	19
匀速车内噪声[dB(A)] ≤	72	72	72	72	72
发动机位置	前	前	前	前	前
乘客门位置	前中	前中	前中	前中	前
车身全承载式结构	—	—	—	—	—
车内通道宽(mm) ≥	300	300	300	300	300
悬架类型	C	C	C	C	C
盘式制动器	装置	装置	装置	装置	装置
ABS(一类)	装置	装置	装置	装置	装置
蹄片间隙自调装置	装置	装置	装置	装置	装置
缓速器	—	—	—	—	—
底盘自动润滑系统	—	—	—	—	—
节能风扇散热系统	—	—	—	—	—
后置发动机舱温度报警系统和自动灭火装置	—	—	—	—	—
无内胎子午线轮胎	装置	装置	装置	装置	装置
胎压监测报警系统	—	—	—	—	—
轮胎爆胎应急安全装置	—	—	—	—	—
座间距(同向)(mm) ≥	670	670	670	670	670
座垫宽(mm) ≥	440	440	440	440	440
座椅深(mm) ≥	440	440	440	440	440
靠背高(mm) ≥	680	680	680	680	680
靠背角度可调(15°~30°)	装置	装置	装置	装置	装置
扶手(靠通道处)	可调	可调	可调	可调	可调
座椅脚蹬	—	—	—	—	—
座椅横移(向通道)(mm) ≥	—	—	—	—	—
座椅汽车安全带	装置	装置	装置	装置	装置
空气调节装置	冷暖	冷暖	冷暖	冷暖	冷暖
空气净化装置	—	—	—	—	—
卫生间(位置)	—	—	—	—	—
CAN 总线	—	—	—	—	—
车桥随动转向	—	—	—	—	—
影音播放及麦克风设备	装置	装置	装置	装置	装置
卫星定位系统	—	—	—	—	—
人均行李舱容积(m^3/人) ≥	—	—	—	—	—
行李舱总容积(m^3) ≤	—	—	—	—	—
特殊结构说明					

续上表

技术参数 \ 厂家 / 车型	江铃全顺 JX6601 TY-H4	江铃全顺 JX6601 TY-M3	江铃全顺 JX6601 TY-S3	江铃全顺 JX6601 TY-M4	精功镇江 ZJZ6128P2
评定类型及等级	小型高一级	小型高一级	小型高一级	小型高一级	大型高一级
车身长度(mm)	5968	5968	5968	5968	11990
座位数+司机+导游 ≤	16+1	16+1	16+1	16+1	49+1+1
额定功率(kW) ≥	80	85	85	80	228
比功率(kW/t) ≥	19	19	19	19	12
匀速车内噪声[dB(A)] ≤	72	72	72	72	72
发动机位置	前	前	前	前	后
乘客门位置	前	前中	前中	前中	前中
车身全承载式结构	—	—	—	—	—
车内通道宽(mm) ≥	300	300	300	300	350
悬架类型	C	C	C	C	B
盘式制动器	装置	装置	装置	装置	装置
ABS(一类)	装置	装置	装置	装置	装置
蹄片间隙自调装置	装置	装置	装置	装置	装置
缓速器	—	—	—	—	装置
底盘自动润滑系统	—	—	—	—	—
节能风扇散热系统	—	—	—	—	装置
后置发动机舱温度报警系统和自动灭火装置	—	—	—	—	装置
无内胎子午线轮胎	装置	装置	装置	装置	装置
胎压监测报警系统	—	—	—	—	—
轮胎爆胎应急安全装置	—	—	—	—	—
座间距(同向)(mm) ≥	670	670	670	670	720
座垫宽(mm) ≥	440	440	440	440	440
座椅深(mm) ≥	440	440	440	440	440
靠背高(mm) ≥	680	680	680	680	680
靠背角度可调(15°~30°)	装置	装置	装置	装置	装置
扶手(靠通道处)	可调	可调	可调	可调	可调
座椅脚蹬	—	—	—	—	可调
座椅横移(向通道)(mm) ≥	—	—	—	—	60
座椅汽车安全带	装置	装置	装置	装置	装置
空气调节装置	冷暖	冷暖	冷暖	冷暖	冷暖
空气净化装置	—	—	—	—	—
卫生间(位置)	—	—	—	—	—
CAN 总线	—	—	—	—	—
车桥随动转向	—	—	—	—	—
影音播放及麦克风设备	装置	装置	装置	装置	装置
卫星定位系统	—	—	—	—	装置
人均行李舱容积(m^3/人) ≥	—	—	—	—	0.15
行李舱总容积(m^3) ≤	—	—	—	—	8.09
特殊结构说明					

续上表

技术参数 \ 厂家 / 车型	亚星客车 YBL6148 H3QCP1	亚星客车 YBL6148 H3QJ1	亚星客车 YBL6148 H2QCP1	亚星客车 YBL6148 H1QCP1	亚星客车 YBL6148 H1QJ1
评定类型及等级	特大型 高三级	特大型 高三级	特大型 高二级	特大型 高一级	特大型 高一级
车身长度(mm)	13680	13680	13680	13680	13680
座位数+司机+导游 ≤	53(53)+1+1	53(53)+1+1	57(53)+1+1	59(57)+1+1	59(57)+1+1
额定功率(kW) ≥	294	294	294	294	276
比功率(kW/t) ≥	13	13	12	11	11
匀速车内噪声[dB(A)] ≤	66	66	69	72	72
发动机位置	后	后	后	后	后
乘客门位置	前中(前后)*	前中(前后)*	前中(前后)*	前中(前后)*	前中(前后)*
车身全承载式结构	装置	装置	装置	—	—
车内通道宽(mm) ≥	350	350	350	350	350
悬架类型	A	A	B	B	B
盘式制动器	装置	装置	装置	装置	装置
ABS(一类)	装置	装置	装置	装置	装置
蹄片间隙自调装置	装置	装置	装置	装置	装置
缓速器	装置	装置	装置	装置	装置
底盘自动润滑系统	装置	装置	装置	装置	装置
节能风扇散热系统	装置	装置	装置	装置	装置
后置发动机舱温度报警系统和自动灭火装置	装置	装置	装置	装置	装置
无内胎子午线轮胎	装置	装置	装置	装置	装置
胎压监测报警系统	装置	装置	装置	—	—
轮胎爆胎应急安全装置	装置	装置	装置	装置	装置
座间距(同向)(mm) ≥	780	780	760	740	740
座垫宽(mm) ≥	450	450	440	440	440
座椅深(mm) ≥	440	440	440	440	440
靠背高(mm) ≥	720	720	720	680	680
靠背角度可调	装置	装置	装置	装置	装置
扶手(靠通道处)	可调	可调	可调	可调	可调
座椅脚蹬	可调	可调	可调	可调	可调
座椅横移(向通道)(mm) ≥	60	60	60	60	60
座椅汽车安全带	装置	装置	装置	装置	装置
空气调节装置	冷暖	冷暖	冷暖	冷暖	冷暖
空气净化装置	装置	装置	装置	—	—
卫生间(位置)	中(后)*	中(后)*	中(后)*	—	—
CAN 总线	装置	装置	装置	—	—
车桥随动转向	装置	装置	装置	装置	装置
影音播放及麦克风设备	装置	装置	装置	装置	装置
卫星定位系统	装置	装置	装置	装置	装置
人均行李舱容积(m^3/人) ≥	0.085	0.17	0.075	0.065	0.13
行李舱总容积(m^3) ≤	9.91	9.91	9.41	8.44	8.44
特殊结构说明	天然气		天然气	天然气	

续上表

技术参数＼车型＼厂家	亚星客车 YBL6128 H3QCP	亚星客车 YBL6128 H3QJ	亚星客车 YBL6125 H3QJ2	亚星客车 YBL6121 H1QCP	亚星客车 YBL6110 H1QJ1
评定类型及等级	大型高三级	大型高三级	大型高三级	大型高一级	大型高一级
车身长度(mm)	12000	12000	12000	12000	10690
座位数＋司机＋导游 ≤	47(45)＋1＋1	47(45)＋1＋1	53(53、49)＋1＋1	49(49、49)＋1＋1	45(43)＋1＋1
额定功率(kW) ≥	294	276	276	220	199
比功率(kW/t) ≥	15	15	15	12	12
匀速车内噪声[dB(A)] ≤	66	66	66	72	72
发动机位置	后	后	后	后	后
乘客门位置	前中(前后)*	前中(前后)*	前(前中、前后)*	前(前中、前后)*	前(前中)*
车身全承载式结构	装置	装置	装置	—	—
车内通道宽(mm) ≥	350	350	350	350	350
悬架类型	A	A	A	B	B
盘式制动器	装置	装置	装置	装置	装置
ABS(一类)	装置	装置	装置	装置	装置
蹄片间隙自调装置	装置	装置	装置	装置	装置
缓速器	装置	装置	装置	装置	装置
底盘自动润滑系统	装置	装置	装置	—	—
节能风扇散热系统	装置	装置	装置	装置	装置
后置发动机舱温度报警系统和自动灭火装置	装置	装置	装置	装置	装置
无内胎子午线轮胎	装置	装置	装置	装置	装置
胎压监测报警系统	装置	装置	装置	—	—
轮胎爆胎应急安全装置	—	—	装置	—	—
座间距(同向)(mm) ≥	780	780	780	720	720
座垫宽(mm) ≥	450	450	450	440	440
座椅深(mm) ≥	440	440	440	440	440
靠背高(mm) ≥	720	720	720	680	680
靠背角度可调	装置	装置	装置	装置	装置
扶手(靠通道处)	可调	可调	可调	可调	可调
座椅脚蹬	可调	可调	可调	可调	可调
座椅横移(向通道)(mm) ≥	60	60	60	60	60
座椅汽车安全带	装置	装置	装置	装置	装置
空气调节装置	冷暖	冷暖	冷暖	冷暖	冷暖
空气净化装置	装置	装置	装置	—	—
卫生间(位置)	中(后)*	中(后)*	中(后)*	—	—
CAN 总线	装置	装置	装置	—	—
车桥随动转向	—	—	—	—	—
影音播放及麦克风设备	装置	装置	装置	装置	装置
卫星定位系统	装置	装置	装置	装置	装置
人均行李舱容积(m^3/人) ≥	0.095	0.19	0.19	0.075	0.13
行李舱总容积(m^3) ≤	9.82	9.82	11.08	8.09	6.44
特殊结构说明	天然气		低驾驶区	天然气	

续上表

技术参数 \ 车型 \ 厂家	亚星客车 YBL6125H1QCP2	亚星客车 YBL6118H1QCP1	亚星客车 YBL6118H1QCP2	亚星客车 YBL6118H1QJ2	亚星客车 YBL6118H1QJ1
评定类型及等级	大型高一级	大型高一级	大型高一级	大型高一级	大型高一级
车身长度(mm)	12000	10750	11490	11490	10750
座位数+司机+导游 ≤	53(53、53)+1+1	51(49、49)+1+1	53(53、53)+1+1	53(53、53)+1+1	51(49、49)+1+1
额定功率(kW) ≥	280	199	220	220	199
比功率(kW/t) ≥	12	12	12	12	12
匀速车内噪声[dB(A)] ≤	72	72	72	72	72
发动机位置	后	后	后	后	后
乘客门位置	前(前中、前后)*	前(前中、前后)*	前(前中、前后)*	前(前中、前后)*	前(前中、前后)*
车身全承载式结构	—	—	—	—	—
车内通道宽(mm) ≥	350	350	350	350	350
悬架类型	B	B	B	B	B
盘式制动器	装置	装置	装置	装置	装置
ABS(一类)	装置	装置	装置	装置	装置
蹄片间隙自调装置	装置	装置	装置	装置	装置
缓速器	装置	装置	装置	装置	装置
底盘自动润滑系统	—	—	—	—	—
节能风扇散热系统	装置	装置	装置	装置	装置
后置发动机舱温度报警系统和自动灭火装置	装置	装置	装置	装置	装置
无内胎子午线轮胎	装置	装置	装置	装置	装置
胎压监测报警系统	—	—	—	—	—
轮胎爆胎应急安全装置	装置	装置	装置	装置	装置
座间距(同向)(mm) ≥	720	720	720	720	720
座垫宽(mm) ≥	440	440	440	440	440
座椅深(mm) ≥	440	440	440	440	440
靠背高(mm) ≥	680	680	680	680	680
靠背角度可调	装置	装置	装置	装置	装置
扶手(靠通道处)	可调	可调	可调	可调	可调
座椅脚蹬	可调	可调	可调	可调	可调
座椅横移(向通道)(mm) ≥	60	60	60	60	60
座椅汽车安全带	装置	装置	装置	装置	装置
空气调节装置	冷暖	冷暖	冷暖	冷暖	冷暖
空气净化装置	—	—	—	—	—
卫生间(位置)	—	—	—	—	—
CAN 总线	—	—	—	—	—
车桥随动转向	—	—	—	—	—
影音播放及麦克风设备	装置	装置	装置	装置	装置
卫星定位系统	装置	装置	装置	装置	装置
人均行李舱容积(m^3/人) ≥	0.075	0.065	0.075	0.15	0.13
行李舱总容积(m^3) ≤	8.75	7.29	8.75	8.75	7.29
特殊结构说明	低驾天然气	低驾天然气	低驾天然气	低驾驶区	低驾驶区

续上表

技术参数 \ 厂家 / 车型	亚星客车 YBL6127H1QCP	亚星客车 YBL6111H1QCP	亚星客车 YBL6106H1QCP	亚星客车 YBL6110H1QCP1	亚星客车 YBL6117H1QCP	烟台舒驰 YTK6891HE
评定类型及等级	大型高一级	大型高一级	大型高一级	大型高一级	大型高一级	中型高一级
车身长度(mm)	12000	10990	10490	10690	10690	8940
座位数+司机+导游 ≤	49(49)+1+1	49(47)+1+1	45(43)+1+1	45(43)+1+1	45(43)+1+1	37+1+1
额定功率(kW) ≥	220	199	176	199	199	176
比功率(kW/t) ≥	12	12	12	12	12	13
匀速车内噪声[dB(A)] ≤	72	72	72	72	72	72
发动机位置	后	后	后	后	后	后
乘客门位置	前(前中)*	前(前中)*	前(前中)*	前(前中)*	前(前中)*	前
车身全承载式结构	—	—	—	—	—	—
车内通道宽(mm) ≥	350	350	350	350	350	350
悬架类型	B	B	B	B	B	B
盘式制动器	装置	装置	装置	装置	装置	装置
ABS(一类)	装置	装置	装置	装置	装置	装置
蹄片间隙自调装置	装置	装置	装置	装置	装置	装置
缓速器	装置	装置	装置	装置	装置	—
底盘自动润滑系统	—	—	—	—	—	—
节能风扇散热系统	装置	装置	装置	装置	装置	装置
后置发动机舱温度报警系统和自动灭火装置	装置	装置	装置	装置	装置	装置
无内胎子午线轮胎	装置	装置	装置	装置	装置	装置
胎压监测报警系统	—	—	—	—	—	—
轮胎爆胎应急安全装置	—	—	—	—	—	—
座间距(同向)(mm) ≥	720	720	720	720	720	720
座垫宽(mm) ≥	440	440	440	440	440	440
座椅深(mm) ≥	440	440	440	440	440	440
靠背高(mm) ≥	680	680	680	680	680	680
靠背角度可调	装置	装置	装置	装置	装置	装置
扶手(靠通道处)	可调	可调	可调	可调	可调	可调
座椅脚蹬	可调	可调	可调	可调	可调	—
座椅横移(向通道)(mm) ≥	60	60	60	60	60	60
座椅汽车安全带	装置	装置	装置	装置	装置	装置
空气调节装置	冷暖	冷暖	冷暖	冷暖	冷暖	冷暖
空气净化装置	—	—	—	—	—	—
卫生间(位置)	—	—	—	—	—	—
CAN 总线	—	—	—	—	—	—
车桥随动转向	—	—	—	—	—	—
影音播放及麦克风设备	装置	装置	装置	装置	装置	装置
卫星定位系统	装置	装置	装置	装置	装置	装置
人均行李舱容积(m^3/人) ≥	0.075	0.065	0.065	0.065	0.065	0.09
行李舱总容积(m^3) ≤	8.09	7.01	6.44	6.44	6.44	3.66
特殊结构说明	天然气	天然气	天然气	天然气	天然气	

*注释:()表示可选配置,9m 以上客车选装单门状态时应安装外推式逃生窗,逃生窗布置和数量应符合 GB 7258、GB 13094 的要求。

附件 2

关于《高级客车类型划分及等级评定表》的说明

一、车型的技术参数及服务装备，详见交通运输部网站（http://www.moc.gov.cn）信息查询中客车等级查询系统。

二、车辆各项技术参数及服务装备均须符合评定表中的要求，只要有一项低于相应类型及等级的标准限制，在核发《道路运输证》时就不能核定为该类别及等级。确需降级的，由地市级道路运输管理机构对该车型进行现场核查和实测，确认符合标准后，才予以降级。高级客车等级只能下降一个等级。

三、评定表中各车型的技术参数及服务装备等均以新出厂的车辆为依据，所有内容均经过现场核查或实测。对于在用营运客车，还应根据车辆的实际技术状况进行等级评定。

四、对已评定类型及等级的客车因改装（改造），引起评定表中所列技术参数及服务装备变化的，须重新核定等级。

五、评定表中划“—”的为该等级车型该项技术参数或服务装备不要求。

附件3

企业名称与厂家简称对照表

序 号	申报企业名称	厂 家 简 称
1	北京北方华德尼奥普兰客车股份有限公司	北京北方
2	北汽福田汽车股份有限公司	福田汽车
3	金龙联合汽车工业(苏州)有限公司	苏州金龙
4	扬州亚星客车股份有限公司	亚星客车
5	江苏九龙汽车制造有限公司	九龙汽车
6	金华青年汽车制造有限公司	金华青年
7	郑州宇通客车股份有限公司	郑州宇通
8	河南少林汽车股份有限公司	河南少林
9	安徽安凯汽车股份有限公司	安徽安凯
10	安徽江淮汽车股份有限公司	江淮瑞风
11	中通客车控股股份有限公司	中通客车
12	厦门金龙联合汽车工业有限公司	厦门金龙
13	厦门金龙旅行车有限公司	厦门金旅
14	江铃汽车股份有限公司	江铃全顺
15	上汽商用车有限公司	上汽商用车
16	上海申龙客车有限公司	上海申龙
17	南京金龙客车制造有限公司	南京金龙
18	精功镇江汽车制造有限公司	精功镇江
19	江苏登达汽车有限公司	登达汽车
20	东风柳州汽车有限公司	东风柳汽
21	东风襄阳旅行车有限公司	东风襄阳
22	烟台舒驰客车有限责任公司	烟台舒驰

交通运输部关于发布第49批高级客车类型划分及等级评定表的通知

交运发〔2014〕128号　2014.6.29

各省、自治区、直辖市、新疆生产建设兵团交通运输厅(局、委),天津市交通运输和港口管理局:

根据《营运客车类型划分及等级评定规则》(交公路发〔2002〕590号)规定,现发布第49批《高级客车类型划分及等级评定表》,请认真贯彻执行。

附件:1. 第49批高级客车类型划分及等级评定表

2. 关于《高级客车类型划分及等级评定表》的说明

3. 企业名称与厂家简称对照表

附件1

第49批高级客车类型划分及等级评定表

技术参数 \ 车型 \ 厂家	江淮客车	安徽安凯	安徽安凯	安徽安凯	安徽安凯
车型	HK6789H1	HFF6113 K06C2E5	HFF6113 K06C1E5	HFF6111 K06D1E4	HFF6850 K57C1E5B
评定类型及等级	中型高一级	大型高二级	大型高一级	大型高一级	中型高一级
车身长度(mm)	7805	11290	11290	10700	8515
座位数+司机+导游 ≤	21+1+1	47(47)+1+1	53(53、51)+1+1	51(49)+1+1	33+1+1
额定功率(kW) ≥	132	247	247	199	155
比功率(kW/t) ≥	13	13.5	12	12	13
匀速车内噪声[dB(A)] ≤	72	69	72	72	72
发动机位置	后	后	后	后	后
乘客门位置	前	前中(前后)*	前(前中、前后)*	前(前中)*	前
车身全承载式结构	—	装置	—	—	—
车内通道宽(mm) ≥	350	350	350	350	350
悬架类型	B	B	B	B	B
盘式制动器	装置	装置	装置	装置	装置
ABS(一类)	装置	装置	装置	装置	装置
蹄片间隙自调装置	装置	装置	装置	装置	装置
缓速器	—	装置	装置	装置	—
底盘自动润滑系统	—	装置	—	—	—
节能风扇散热系统	装置	装置	装置	装置	装置
后置发动机舱温度报警系统和自动灭火装置	装置	装置	装置	装置	装置
无内胎子午线轮胎	装置	装置	装置	装置	装置
胎压监测报警系统	—	—	—	—	—
轮胎爆胎应急安全装置	—	—	—	—	—
座间距(同向)(mm) ≥	720	760	720	720	720
座垫宽(mm) ≥	440	440	440	440	440
座椅深(mm) ≥	440	440	440	440	440
靠背高(mm) ≥	680	720	680	680	680
靠背角度可调(15°~30°)	装置	装置	装置	装置	装置
扶手(靠通道处)	可调	可调	可调	可调	可调
座椅脚蹬	—	可调	可调	可调	—
座椅横移(向通道)(mm) ≥	60	60	60	60	60
座椅汽车安全带	装置	装置	装置	装置	装置
空气调节装置	冷暖	冷暖	冷暖	冷暖	冷暖
空气净化装置	—	装置	—	—	—
卫生间(位置)	—	中(后)*	—	—	—
CAN 总线	—	装置	—	—	—
车桥随动转向	—	—	—	—	—
影音播放及麦克风设备	装置	装置	装置	装置	装置
卫星定位系统	装置	装置	装置	装置	装置
人均行李舱容积(m^3/人) ≥	0.06	0.085	0.075	0.13	0.045
行李舱总容积(m^3) ≤	1.39	8.79	8.75	7.29	3.67
特殊结构说明		低驾天然气	低驾天然气	低驾驶区	天然气

续上表

厂家 / 车型 / 技术参数	安徽安凯 HFF6900K08C1E5B	中通客车 LCK6118HQN1	中通客车 LCK6119HQBNA1	中通客车 LCK6119HQBA1	中通客车 LCK6829HN1
评定类型及等级	中型高一级	大型高一级	大型高一级	大型高一级	中型高一级
车身长度(mm)	8990	11300	11400	11400	8210
座位数+司机+导游 ≤	37+1+1	49(47、47)+1+1	53(53、51)+1+1	53(53、51)+1+1	33(29)+1+1
额定功率(kW) ≥	170	206	247	243	140
比功率(kW/t) ≥	13	12	12	12	13
匀速车内噪声[dB(A)] ≤	72	72	72	72	72
发动机位置	后	后	后	后	后
乘客门位置	前	前(前中、前后)*	前(前中、前后)*	前(前中、前后)*	前(前中)*
车身全承载式结构	—	—	—	—	—
车内通道宽(mm) ≥	350	350	350	350	350
悬架类型	B	B	B	B	B
盘式制动器	装置	装置	装置	装置	装置
ABS(一类)	装置	装置	装置	装置	装置
蹄片间隙自调装置	装置	装置	装置	装置	装置
缓速器	—	装置	装置	装置	—
底盘自动润滑系统	—	—	—	—	—
节能风扇散热系统	装置	装置	装置	装置	装置
后置发动机舱温度报警系统和自动灭火装置	装置	装置	装置	装置	装置
无内胎子午线轮胎	装置	装置	装置	装置	装置
胎压监测报警系统	—	—	—	—	—
轮胎爆胎应急安全装置	—	—	—	—	—
座间距(同向)(mm) ≥	720	720	720	720	720
座垫宽(mm) ≥	440	440	440	440	440
座椅深(mm) ≥	440	440	440	440	440
靠背高(mm) ≥	680	680	680	680	680
靠背角度可调	装置	装置	装置	装置	装置
扶手(靠通道处)	可调	可调	可调	可调	可调
座椅脚蹬	—	可调	可调	可调	—
座椅横移(向通道)(mm) ≥	60	60	60	60	60
座椅汽车安全带	装置	装置	装置	装置	装置
空气调节装置	冷暖	冷暖	冷暖	冷暖	冷暖
空气净化装置	—	—	—	—	—
卫生间(位置)	—	—	—	—	—
CAN 总线	—	—	—	—	—
车桥随动转向	—	—	—	—	—
影音播放及麦克风设备	装置	装置	装置	装置	装置
卫星定位系统	装置	装置	装置	装置	装置
人均行李舱容积(m^3/人) ≥	0.045	0.075	0.075	0.15	0.045
行李舱总容积(m^3) ≤	3.67	8.09	8.75	8.75	3.27
特殊结构说明	天然气	天然气	低驾天然气	低驾驶区	天然气

续上表

技术参数 \ 厂家 / 车型	中通客车 LCK6829H1	烟台舒驰 YTK6800HE	东风柳汽 LZ6510 VQ16MN	东风柳汽 LZ6510 VQ16M	桂林客车 GL6118 HCD1
评定类型及等级	中型高一级	中型高一级	小型高一级	小型高一级	大型高一级
车身长度(mm)	8210	8000	5115	5115	10810
座位数+司机+导游 ≤	33(29)+1+1	23+1+1	8+1	7+1	51(49、49)+1+1
额定功率(kW) ≥	147	125	83	83	220
比功率(kW/t) ≥	13	13	19	19	12
匀速车内噪声[dB(A)] ≤	72	72	72	72	72
发动机位置	后	后	前	前	后
乘客门位置	前(前中)*	前	前中	前中	前(前中、前后)*
车身全承载式结构	—	—	—	—	—
车内通道宽(mm) ≥	350	350	300	300	350
悬架类型	B	B	C	C	B
盘式制动器	装置	装置	装置	装置	装置
ABS(一类)	装置	装置	装置	装置	装置
蹄片间隙自调装置	装置	装置	装置	装置	装置
缓速器	—	—	—	—	装置
底盘自动润滑系统	—	—	—	—	—
节能风扇散热系统	装置	装置	—	—	装置
后置发动机舱温度报警系统和自动灭火装置	装置	装置	—	—	装置
无内胎子午线轮胎	装置	装置	装置	装置	装置
胎压监测报警系统	—	—	—	—	—
轮胎爆胎应急安全装置	—	—	—	—	—
座间距(同向)(mm) ≥	720	720	670	670	720
座垫宽(mm) ≥	440	440	440	440	440
座椅深(mm) ≥	440	440	440	440	440
靠背高(mm) ≥	680	680	680	680	680
靠背角度可调	装置	装置	装置	装置	装置
扶手(靠通道处)	可调	可调	可调	可调	可调
座椅脚蹬	—	—	—	—	可调
座椅横移(向通道)(mm) ≥	60	60	—	—	60
座椅汽车安全带	装置	装置	装置	装置	装置
空气调节装置	冷暖	冷暖	冷暖	冷暖	冷暖
空气净化装置	—	—	—	—	—
卫生间(位置)	—	—	—	—	—
CAN 总线	—	—	—	—	—
车桥随动转向	—	—	—	—	—
影音播放及麦克风设备	装置	装置	装置	装置	装置
卫星定位系统	装置	装置	—	—	装置
人均行李舱容积(m^3/人) ≥	0.09	0.06	—	—	0.13
行李舱总容积(m^3) ≤	3.27	1.52	—	—	7.29
特殊结构说明					低驾驶区

续上表

技术参数 \ 厂家 / 车型	桂林客车 GL6122HKD2	桂林客车 GL6122HCD3	桂林客车 GL6129 HCNE1	贵州万达 WD6800 HDA1	南京金龙 NJL6116YA
评定类型及等级	大型高一级	大型高一级	大型高一级	中型高一级	大型高一级
车身长度(mm)	11600	11600	12000	8050	10780
座位数＋司机＋导游 ≤	49(49、49)＋1＋1	53(53、53)＋1＋1	53(53)＋1＋1	31＋1＋1	51(49)＋1＋1
额定功率(kW) ≥	228	243	276	147	228
比功率(kW/t) ≥	12	12	12	13	12
匀速车内噪声[dB(A)] ≤	72	72	72	72	72
发动机位置	后	后	后	后	后
乘客门位置	前(前中、前后)*	前(前中、前后)*	前(前中)*	前	前(前中)*
车身全承载式结构	—	—	—	—	—
车内通道宽(mm) ≥	350	350	350	350	350
悬架类型	B	B	B	B	B
盘式制动器	装置	装置	装置	装置	装置
ABS(一类)	装置	装置	装置	装置	装置
蹄片间隙自调装置	装置	装置	装置	装置	装置
缓速器	装置	装置	装置	—	装置
底盘自动润滑系统	—	—	—	—	—
节能风扇散热系统	装置	装置	装置	装置	装置
后置发动机舱温度报警系统和自动灭火装置	装置	装置	装置	装置	装置
无内胎子午线轮胎	装置	装置	装置	装置	装置
胎压监测报警系统	—	—	—	—	—
轮胎爆胎应急安全装置	—	—	—	—	—
座间距(同向)(mm) ≥	720	720	720	720	720
座垫宽(mm) ≥	440	440	440	440	440
座椅深(mm) ≥	440	440	440	440	440
靠背高(mm) ≥	680	680	680	680	680
靠背角度可调	装置	装置	装置	装置	装置
扶手(靠通道处)	可调	可调	可调	可调	可调
座椅脚蹬	可调	可调	可调	—	可调
座椅横移(向通道)(mm) ≥	60	60	60	60	60
座椅汽车安全带	装置	装置	装置	装置	装置
空气调节装置	冷暖	冷暖	冷暖	冷暖	冷暖
空气净化装置	—	—	—	—	—
卫生间(位置)	—	—	—	—	—
CAN 总线	—	—	—	—	—
车桥随动转向	—	—	—	—	—
影音播放及麦克风设备	装置	装置	装置	装置	装置
卫星定位系统	装置	装置	装置	装置	装置
人均行李舱容积(m^3/人) ≥	0.15	0.15	0.075	0.09	0.13
行李舱总容积(m^3) ≤	8.09	8.75	8.75	3.07	7.29
特殊结构说明		低驾驶区	低驾天然气		低驾驶区

续上表

技术参数 \ 车型 \ 厂家	依维柯 NJ6744LC1	依维柯 NJ6604LC2	依维柯 NJ6604PC1	苏州金龙 KLQ6802 KAE41A	苏州金龙 KLQ6902 KAE41A
评定类型及等级	中型高一级	小型高二级	小型高一级	中型高一级	中型高一级
车身长度(mm)	7445	5990	5990	8000	8995
座位数+司机+导游 ≤	22+1	16+1+1	17+1+1	21(21)+1+1	21(21)+1+1
额定功率(kW) ≥	100	100	100	147	162
比功率(kW/t) ≥	13	21	19	13	13
匀速车内噪声[dB(A)] ≤	72	70	72	72	72
发动机位置	中	前	前	后	后
乘客门位置	前	前	中	前(前中)*	前(前中)*
车身全承载式结构	—	—	—	—	—
车内通道宽(mm) ≥	350	300	300	350	350
悬架类型	C	C	C	B	B
盘式制动器	装置	装置	装置	装置	装置
ABS(一类)	装置	装置	装置	装置	装置
蹄片间隙自调装置	装置	装置	装置	装置	装置
缓速器	—	—	—	—	—
底盘自动润滑系统	—	—	—	—	—
节能风扇散热系统	装置	—	—	装置	装置
后置发动机舱温度报警系统和自动灭火装置	—	—	—	装置	装置
无内胎子午线轮胎	装置	装置	装置	装置	装置
胎压监测报警系统	—	—	—	—	—
轮胎爆胎应急安全装置	—	—	—	—	—
座间距(同向)(mm) ≥	720	680	670	720	720
座垫宽(mm) ≥	440	440	440	440	440
座椅深(mm) ≥	440	440	440	440	440
靠背高(mm) ≥	680	720	680	680	680
靠背角度可调	装置	装置	装置	装置	装置
扶手(靠通道处)	可调	可调	可调	可调	可调
座椅脚蹬	—	—	—	—	—
座椅横移(向通道)(mm) ≥	60	—	—	60	60
座椅汽车安全带	装置	装置	装置	装置	装置
空气调节装置	冷暖	冷暖	冷暖	冷暖	冷暖
空气净化装置	—	—	—	—	—
卫生间(位置)	—	—	—	—	—
CAN 总线	—	—	—	—	—
车桥随动转向	—	—	—	—	—
影音播放及麦克风设备	装置	装置	装置	装置	装置
卫星定位系统	装置	—	—	装置	装置
人均行李舱容积(m^3/人) ≥	—	—	—	0.06	0.09
行李舱总容积(m^3) ≤	—	—	—	1.39	2.08
特殊结构说明					

续上表

技术参数 \ 车型 \ 厂家	苏州金龙 KLQ6112 LDC51	苏州金龙 KLQ6125 HAC51	东风特种 EQ6122 LHT3	东风特种 EQ6123 LHT3	东风特种 EQ6800 LHTN
评定类型及等级	大型高一级	大型高一级	大型高三级	大型高三级	中型高一级
车身长度(mm)	11360	11650	12000	12000	8040
座位数+司机+导游 ≤	53(53、51)+1+1	49(49、47)+1+1	45+1+1	49+1+1	31+1+1
额定功率(kW) ≥	247	236	276	276	140
比功率(kW/t) ≥	12	12	15	15	13
匀速车内噪声[dB(A)] ≤	72	72	66	66	72
发动机位置	后	后	后	后	后
乘客门位置	前(前中、前后)*	前(前中、前后)*	前中	前中	前
车身全承载式结构	—	—	装置	装置	—
车内通道宽(mm) ≥	350	350	350	350	350
悬架类型	B	B	A	A	B
盘式制动器	装置	装置	装置	装置	装置
ABS(一类)	装置	装置	装置	装置	装置
蹄片间隙自调装置	装置	装置	装置	装置	装置
缓速器	装置	装置	装置	装置	—
底盘自动润滑系统	—	—	装置	装置	—
节能风扇散热系统	装置	装置	装置	装置	装置
后置发动机舱温度报警系统和自动灭火装置	装置	装置	装置	装置	装置
无内胎子午线轮胎	装置	装置	装置	装置	装置
胎压监测报警系统	—	—	装置	装置	—
轮胎爆胎应急安全装置	—	—	—	—	—
座间距(同向)(mm) ≥	720	720	780	780	720
座垫宽(mm) ≥	440	440	450	450	440
座椅深(mm) ≥	440	440	440	440	440
靠背高(mm) ≥	680	680	720	720	680
靠背角度可调(15°~30°)	装置	装置	装置	装置	装置
扶手(靠通道处)	可调	可调	可调	可调	可调
座椅脚蹬	可调	可调	可调	可调	—
座椅横移(向通道)(mm) ≥	60	60	60	60	60
座椅汽车安全带	装置	装置	装置	装置	装置
空气调节装置	冷暖	冷暖	冷暖	冷暖	冷暖
空气净化装置	—	—	装置	装置	—
卫生间(位置)	—	—	中	中	—
CAN 总线	—	—	装置	装置	—
车桥随动转向	—	—	—	—	—
影音播放及麦克风设备	装置	装置	装置	装置	装置
卫星定位系统	装置	装置	装置	装置	装置
人均行李舱容积(m^3/人) ≥	0.075	0.075	0.19	0.19	0.045
行李舱总容积(m^3) ≤	8.75	8.09	9.41	10.24	3.07
特殊结构说明	低驾天然气	天然气		低驾驶区	天然气

续上表

技术参数 \ 车型 \ 厂家	东风客车 EQ6121L4D1	上海申龙 SLK6902 S5AN5	上海申龙 SLK6872 S5AN5	上海申龙 SLK6802 S5AN5	奇瑞商用车 SQR6544 H13
评定类型及等级	大型高二级	中型高一级	中型高一级	中型高一级	小型高一级
车身长度(mm)	12000	8975	8720	7995	5410
座位数+司机+导游 ≤	47+1+1	37(35)+1+1	35(33)+1+1	31(29)+1+1	13+1+1
额定功率(kW) ≥	259	191	166	140	120
比功率(kW/t) ≥	13.5	13	13	13	19
匀速车内噪声[dB(A)] ≤	69	72	72	72	72
发动机位置	后	后	后	后	前
乘客门位置	前中	前(前中)*	前(前中)*	前(前中)*	前中
车身全承载式结构	装置	—	—	—	—
车内通道宽(mm) ≥	350	350	350	350	300
悬架类型	B	B	B	B	C
盘式制动器	装置	装置	装置	装置	装置
ABS(一类)	装置	装置	装置	装置	装置
蹄片间隙自调装置	装置	装置	装置	装置	装置
缓速器	装置	—	—	—	—
底盘自动润滑系统	装置	—	—	—	—
节能风扇散热系统	装置	装置	装置	装置	—
后置发动机舱温度报警系统和自动灭火装置	装置	装置	装置	装置	—
无内胎子午线轮胎	装置	装置	装置	装置	装置
胎压监测报警系统	—	—	—	—	—
轮胎爆胎应急安全装置	—	—	—	—	—
座间距(同向)(mm) ≥	760	720	720	720	670
座垫宽(mm) ≥	440	440	440	440	440
座椅深(mm) ≥	440	440	440	440	440
靠背高(mm) ≥	720	680	680	680	680
靠背角度可调(15°~30°)	装置	装置	装置	装置	装置
扶手(靠通道处)	可调	可调	可调	可调	可调
座椅脚蹬	可调	—	—	—	—
座椅横移(向通道)(mm) ≥	60	60	60	60	—
座椅汽车安全带	装置	装置	装置	装置	装置
空气调节装置	冷暖	冷暖	冷暖	冷暖	冷暖
空气净化装置	装置	—	—	—	—
卫生间(位置)	中	—	—	—	—
CAN 总线	装置	—	—	—	—
车桥随动转向	—	—	—	—	—
影音播放及麦克风设备	装置	装置	装置	装置	装置
卫星定位系统	装置	装置	装置	装置	—
人均行李舱容积(m^3/人) ≥	0.17	0.045	0.045	0.03	—
行李舱总容积(m^3) ≤	8.79	3.66	3.47	2.05	—
特殊结构说明		天然气	天然气	天然气	

续上表

技术参数 \ 车型 \ 厂家	郑州宇通 ZK6132 HNQ1S	郑州宇通 ZK6122 HQ1S	郑州宇通 ZK6119 HQ3E	郑州宇通 ZK6119 HNQ9E	郑州宇通 ZK6116 H1Y
评定类型及等级	特大型高三级	大型高三级	大型高二级	大型高二级	大型高一级
车身长度(mm)	12990	12000	11300	10990	10990
座位数＋司机＋导游 ≤	53(49)＋1＋1	47(45)＋1＋1	43(41)＋1＋1	41(39)＋1＋1	49(47)＋1＋1
额定功率(kW) ≥	276	276	220	220	191
比功率(kW/t) ≥	13	15	13.5	13.5	12
匀速车内噪声[dB(A)] ≤	66	66	69	69	72
发动机位置	后	后	后	后	后
乘客门位置	前中(前后)*	前中(前后)*	前中(前后)*	前中(前后)*	前(前中)*
车身全承载式结构	装置	装置	装置	装置	—
车内通道宽(mm) ≥	350	350	350	350	350
悬架类型	A	A	B	B	B
盘式制动器	装置	装置	装置	装置	装置
ABS(一类)	装置	装置	装置	装置	装置
蹄片间隙自调装置	装置	装置	装置	装置	装置
缓速器	装置	装置	装置	装置	装置
底盘自动润滑系统	装置	装置	装置	装置	—
节能风扇散热系统	装置	装置	装置	装置	装置
后置发动机舱温度报警系统和自动灭火装置	装置	装置	装置	装置	装置
无内胎子午线轮胎	装置	装置	装置	装置	装置
胎压监测报警系统	装置	装置	—	—	—
轮胎爆胎应急安全装置	装置	—	—	—	—
座间距(同向)(mm) ≥	780	780	760	760	720
座垫宽(mm) ≥	450	450	440	440	440
座椅深(mm) ≥	440	440	440	440	440
靠背高(mm) ≥	720	720	720	720	680
靠背角度可调	装置	装置	装置	装置	装置
扶手(靠通道处)	可调	可调	可调	可调	可调
座椅脚蹬	可调	可调	可调	可调	可调
座椅横移(向通道)(mm) ≥	60	60	60	60	60
座椅汽车安全带	装置	装置	装置	装置	装置
空气调节装置	冷暖	冷暖	冷暖	冷暖	冷暖
空气净化装置	装置	装置	装置	装置	—
卫生间(位置)	中(后)*	中(后)*	中(后)*	中(后)*	—
CAN 总线	装置	装置	装置	装置	—
车桥随动转向	装置	—	—	—	—
影音播放及麦克风设备	装置	装置	装置	装置	装置
卫星定位系统	装置	装置	装置	装置	装置
人均行李舱容积(m^3/人) ≥	0.085	0.19	0.17	0.075	0.13
行李舱总容积(m^3) ≤	9.91	9.82	8.04	6.77	7.01
特殊结构说明	天然气			天然气	

续上表

技术参数 \ 厂家 \ 车型	郑州宇通 ZK6998 HNQ1Y	郑州宇通 ZK6107 HNQ5Y	郑州宇通 ZK6110 HNQ5Y	郑州宇通 ZK6110 HN5Y	郑州宇通 ZK6107 HN1Y
评定类型及等级	大型高一级	大型高一级	大型高一级	大型高一级	大型高一级
车身长度(mm)	9945	10490	10800	10800	10490
座位数+司机+导游 ≤	43(41)+1+1	45(43)+1+1	47(45、43)+1+1	47(45、43)+1+1	45(43)+1+1
额定功率(kW) ≥	191	191	191	199	191
比功率(kW/t) ≥	12	12	12	12	12
匀速车内噪声[dB(A)] ≤	72	72	72	72	72
发动机位置	后	后	后	后	后
乘客门位置	前(前中)*	前(前中)*	前(前中、前后)*	前(前中、前后)*	前(前中)*
车身全承载式结构	—	—	—	—	—
车内通道宽(mm) ≥	350	350	350	350	350
悬架类型	B	B	B	B	B
盘式制动器	装置	装置	装置	装置	装置
ABS(一类)	装置	装置	装置	装置	装置
蹄片间隙自调装置	装置	装置	装置	装置	装置
缓速器	装置	装置	装置	装置	装置
底盘自动润滑系统	—	—	—	—	—
节能风扇散热系统	装置	装置	装置	装置	装置
后置发动机舱温度报警系统和自动灭火装置	装置	装置	装置	装置	装置
无内胎子午线轮胎	装置	装置	装置	装置	装置
胎压监测报警系统	—	—	—	—	—
轮胎爆胎应急安全装置	—	—	—	—	—
座间距(同向)(mm) ≥	720	720	720	720	720
座垫宽(mm) ≥	440	440	440	440	440
座椅深(mm) ≥	440	440	440	440	440
靠背高(mm) ≥	680	680	680	680	680
靠背角度可调	装置	装置	装置	装置	装置
扶手(靠通道处)	可调	可调	可调	可调	可调
座椅脚蹬	可调	可调	可调	可调	可调
座椅横移(向通道)(mm) ≥	60	60	60	60	60
座椅汽车安全带	装置	装置	装置	装置	装置
空气调节装置	冷暖	冷暖	冷暖	冷暖	冷暖
空气净化装置	—	—	—	—	—
卫生间(位置)	—	—	—	—	—
CAN 总线	—	—	—	—	—
车桥随动转向	—	—	—	—	—
影音播放及麦克风设备	装置	装置	装置	装置	装置
卫星定位系统	装置	装置	装置	装置	装置
人均行李舱容积(m^3/人) ≥	0.055	0.065	0.065	0.065	0.065
行李舱总容积(m^3) ≤	5.20	6.44	6.72	6.72	6.44
特殊结构说明	天然气	天然气	天然气	天然气	天然气

续上表

技术参数 \ 厂家 / 车型	郑州宇通 ZK6122 HQE1Y	郑州宇通 ZK6906 H1E	郑州宇通 ZK6908 H1Y	郑州宇通 ZK6906 H1Y	广汽客车 GZ6750F
评定类型及等级	大型高一级	中型高二级	中型高一级	中型高一级	中型高一级
车身长度(mm)	11600	8995	8995	8995	7490
座位数+司机+导游 ≤	49(49、47)+1+1	37(35)+1+1	37(35)+1+1	37(35)+1+1	22+1
额定功率(kW) ≥	221	176	176	176	95
比功率(kW/t) ≥	12	14	13	13	13
匀速车内噪声[dB(A)] ≤	72	70	72	72	72
发动机位置	后	后	后	后	后
乘客门位置	前(前中、前后)*	前(前中)*	前(前中)*	前(前中)*	中
车身全承载式结构	—	—	—	—	—
车内通道宽(mm) ≥	350	350	350	350	350
悬架类型	B	B	B	B	B
盘式制动器	装置	装置	装置	装置	装置
ABS(一类)	装置	装置	装置	装置	装置
蹄片间隙自调装置	装置	装置	装置	装置	装置
缓速器	装置	装置	—	—	—
底盘自动润滑系统	—	装置	—	—	—
节能风扇散热系统	装置	装置	装置	装置	装置
后置发动机舱温度报警系统和自动灭火装置	装置	装置	装置	装置	装置
无内胎子午线轮胎	装置	装置	装置	装置	装置
胎压监测报警系统	—	—	—	—	—
轮胎爆胎应急安全装置	—	—	—	—	—
座间距(同向)(mm) ≥	720	750	720	720	720
座垫宽(mm) ≥	440	440	440	440	440
座椅深(mm) ≥	440	440	440	440	440
靠背高(mm) ≥	680	720	680	680	680
靠背角度可调	装置	装置	装置	装置	装置
扶手(靠通道处)	可调	可调	可调	可调	可调
座椅脚蹬	可调	可调	—	—	—
座椅横移(向通道)(mm) ≥	60	60	60	60	60
座椅汽车安全带	装置	装置	装置	装置	装置
空气调节装置	冷暖	冷暖	冷暖	冷暖	冷暖
空气净化装置	—	—	—	—	—
卫生间(位置)	—	—	—	—	—
CAN 总线	—	—	—	—	—
车桥随动转向	—	—	—	—	—
影音播放及麦克风设备	装置	装置	装置	装置	装置
卫星定位系统	装置	装置	装置	装置	装置
人均行李舱容积(m^3/人) ≥	0.15	0.10	0.09	0.09	—
行李舱总容积(m^3) ≤	8.09	4.07	3.66	3.66	—
特殊结构说明					

续上表

技术参数 \ 车型 \ 厂家	金华青年	佛山飞驰	厦门金旅	厦门金龙	厦门金龙
	JNP6100M	FSQ6106 DN	XML6807 J98	XMQ6140 FYD4C	XMQ6129 DY4A
评定类型及等级	大型高二级	大型高一级	中型高二级	特大型高一级	大型高三级
车身长度(mm)	10000	10500	8030	13700	11950
座位数+司机+导游 ≤	37+1+1	45(43)+1+1	29(27)+1+1	63+1+1	45+1+1
额定功率(kW) ≥	191	191	162	275	276
比功率(kW/t) ≥	13.5	12	14	11	15
匀速车内噪声[dB(A)] ≤	69	72	70	72	66
发动机位置	后	后	后	后	后
乘客门位置	前中	前(前中)*	前(前中)*	前中	前中
车身全承载式结构	装置	—	—	装置	装置
车内通道宽(mm) ≥	350	350	350	350	350
悬架类型	B	B	B	B	A
盘式制动器	装置	装置	装置	装置	装置
ABS(一类)	装置	装置	装置	装置	装置
蹄片间隙自调装置	装置	装置	装置	装置	装置
缓速器	装置	装置	装置	装置	装置
底盘自动润滑系统	装置	—	装置	装置	装置
节能风扇散热系统	装置	装置	装置	装置	装置
后置发动机舱温度报警系统和自动灭火装置	装置	装置	装置	装置	装置
无内胎子午线轮胎	装置	装置	装置	装置	装置
胎压监测报警系统	—	—	—	—	装置
轮胎爆胎应急安全装置	—	—	—	装置	—
座间距(同向)(mm) ≥	760	720	750	740	780
座垫宽(mm) ≥	440	440	440	440	450
座椅深(mm) ≥	440	440	440	440	440
靠背高(mm) ≥	720	680	720	680	720
靠背角度可调(15°~30°)	装置	装置	装置	装置	装置
扶手(靠通道处)	可调	可调	可调	可调	可调
座椅脚蹬	可调	可调	可调	可调	可调
座椅横移(向通道)(mm) ≥	60	60	60	60	60
座椅汽车安全带	装置	装置	装置	装置	装置
空气调节装置	冷暖	冷暖	冷暖	冷暖	冷暖
空气净化装置	装置	—	—	—	装置
卫生间(位置)	中	—	—	—	中
CAN 总线	装置	—	—	—	装置
车桥随动转向	—	—	—	装置	—
影音播放及麦克风设备	装置	装置	装置	装置	装置
卫星定位系统	装置	装置	装置	装置	装置
人均行李舱容积(m^3/人) ≥	0.13	0.065	0.10	0.13	0.19
行李舱总容积(m^3) ≤	5.29	6.44	3.19	9.01	9.41
特殊结构说明		天然气		低驾驶区	

续上表

技术参数 \ 车型 \ 厂家	厦门金龙 XMQ6129 DYN5A	厦门金龙 XMQ6129 CYN5A	厦门金龙 XMQ6129 DYN5B	厦门金龙 XMQ6111 CYN5C	厦门金龙 XMQ6821 CYD4B
评定类型及等级	大型高三级	大型高三级	大型高二级	大型高一级	中型高二级
车身长度(mm)	12000	12000	12000	10995	8210
座位数+司机+导游 ≤	45+1+1	47(47、45)+1+1	47+1+1	49(47)+1+1	31(29)+1+1
额定功率(kW) ≥	276	276	276	236	162
比功率(kW/t) ≥	15	15	13.5	12	14
匀速车内噪声[dB(A)] ≤	66	66	69	72	70
发动机位置	后	后	后	后	后
乘客门位置	前中	前(前中、前后)*	前中	前(前中)*	前(前中)*
车身全承载式结构	装置	装置	装置	—	—
车内通道宽(mm) ≥	350	350	350	350	350
悬架类型	A	A	B	B	B
盘式制动器	装置	装置	装置	装置	装置
ABS(一类)	装置	装置	装置	装置	装置
蹄片间隙自调装置	装置	装置	装置	装置	装置
缓速器	装置	装置	装置	装置	装置
底盘自动润滑系统	装置	装置	装置	—	装置
节能风扇散热系统	装置	装置	装置	装置	装置
后置发动机舱温度报警系统和自动灭火装置	装置	装置	装置	装置	装置
无内胎子午线轮胎	装置	装置	装置	装置	装置
胎压监测报警系统	装置	装置	—	—	—
轮胎爆胎应急安全装置	—	—	—	—	—
座间距(同向)(mm) ≥	780	780	760	720	750
座垫宽(mm) ≥	450	450	440	440	440
座椅深(mm) ≥	440	440	440	440	440
靠背高(mm) ≥	720	720	720	680	720
靠背角度可调	装置	装置	装置	装置	装置
扶手(靠通道处)	可调	可调	可调	可调	可调
座椅脚蹬	可调	可调	可调	可调	可调
座椅横移(向通道)(mm) ≥	60	60	60	60	60
座椅汽车安全带	装置	装置	装置	装置	装置
空气调节装置	冷暖	冷暖	冷暖	冷暖	冷暖
空气净化装置	装置	装置	装置	—	—
卫生间(位置)	中	后(中、后)*	中	—	—
CAN总线	装置	装置	装置	—	—
车桥随动转向	—	—	—	—	—
影音播放及麦克风设备	装置	装置	装置	装置	装置
卫星定位系统	装置	装置	装置	装置	装置
人均行李舱容积(m^3/人) ≥	0.095	0.095	0.085	0.065	0.10
行李舱总容积(m^3) ≤	9.41	9.82	8.79	7.01	3.41
特殊结构说明	天然气	天然气	天然气	天然气	

续上表

技术参数 \ 车型 \ 厂家	厦门金龙 XMQ6871CYD4B	厦门金龙 XMQ6901AYN5B	厦门金龙 XMQ6871CYD4C	厦门金龙 XMQ6871CYN5C	厦门金龙 XMQ6771CYD4C
评定类型及等级	中型高二级	中型高二级	中型高一级	中型高一级	中型高一级
车身长度(mm)	8745	8995	8745	8745	7710
座位数＋司机＋导游 ≤	35(33)＋1＋1	37(35)＋1＋1	35(33)＋1＋1	35(33)＋1＋1	29(27)＋1＋1
额定功率(kW) ≥	180	191	162	166	132
比功率(kW/t) ≥	14	14	13	13	13
匀速车内噪声[dB(A)] ≤	70	70	72	72	72
发动机位置	后	后	后	后	后
乘客门位置	前(前中)*	前(前中)*	前(前中)*	前(前中)*	前(前中)*
车身全承载式结构	—	—	—	—	—
车内通道宽(mm) ≥	350	350	350	350	350
悬架类型	B	B	B	B	B
盘式制动器	装置	装置	装置	装置	装置
ABS(一类)	装置	装置	装置	装置	装置
蹄片间隙自调装置	装置	装置	装置	装置	装置
缓速器	装置	装置	—	—	—
底盘自动润滑系统	装置	装置	—	—	—
节能风扇散热系统	装置	装置	装置	装置	装置
后置发动机舱温度报警系统和自动灭火装置	装置	装置	装置	装置	装置
无内胎子午线轮胎	装置	装置	装置	装置	装置
胎压监测报警系统	—	—	—	—	—
轮胎爆胎应急安全装置	—	—	—	—	—
座间距(同向)(mm) ≥	750	750	720	720	720
座垫宽(mm) ≥	440	440	440	440	440
座椅深(mm) ≥	440	440	440	440	440
靠背高(mm) ≥	720	720	680	680	680
靠背角度可调	装置	装置	装置	装置	装置
扶手(靠通道处)	可调	可调	可调	可调	可调
座椅脚蹬	可调	可调	—	—	—
座椅横移(向通道)(mm) ≥	60	60	60	60	60
座椅汽车安全带	装置	装置	装置	装置	装置
空气调节装置	冷暖	冷暖	冷暖	冷暖	冷暖
空气净化装置	—	—	—	—	—
卫生间(位置)	—	—	—	—	—
CAN 总线	—	—	—	—	—
车桥随动转向	—	—	—	—	—
影音播放及麦克风设备	装置	装置	装置	装置	装置
卫星定位系统	装置	装置	装置	装置	装置
人均行李舱容积(m^3/人) ≥	0.10	0.05	0.09	0.045	0.06
行李舱总容积(m^3) ≤	3.85	4.07	3.47	3.47	1.91
特殊结构说明		天然气		天然气	

续上表

技术参数 \ 车型 \ 厂家	厦门金龙 XMQ6821 CYD4C	厦门金龙 XMQ6821 CYD4C1	厦门金龙 XMQ6821 CYN5C	厦门金龙 XMQ6821 CYN5C1	厦门金龙 XMQ6771 CYN5C
评定类型及等级	中型高一级	中型高一级	中型高一级	中型高一级	中型高一级
车身长度(mm)	8210	8210	8210	8210	7710
座位数＋司机＋导游 ≤	33(31)＋1＋1	21(21)＋1＋1	33(31)＋1＋1	21(21)＋1＋1	29(27)＋1＋1
额定功率(kW) ≥	162	162	140	140	140
比功率(kW/t) ≥	13	13	13	13	13
匀速车内噪声[dB(A)] ≤	72	72	72	72	72
发动机位置	后	后	后	后	后
乘客门位置	前(前中)*	前(前中)*	前(前中)*	前(前中)*	前(前中)*
车身全承载式结构	—	—	—	—	—
车内通道宽(mm) ≥	350	350	350	350	350
悬架类型	B	B	B	B	B
盘式制动器	装置	装置	装置	装置	装置
ABS(一类)	装置	装置	装置	装置	装置
蹄片间隙自调装置	装置	装置	装置	装置	装置
缓速器	—	—	—	—	—
底盘自动润滑系统	—	—	—	—	—
节能风扇散热系统	装置	装置	装置	装置	装置
后置发动机舱温度报警系统和自动灭火装置	装置	装置	装置	装置	装置
无内胎子午线轮胎	装置	装置	装置	装置	装置
胎压监测报警系统	—	—	—	—	—
轮胎爆胎应急安全装置	—	—	—	—	—
座间距(同向)(mm) ≥	720	720	720	720	720
座垫宽(mm) ≥	440	440	440	440	440
座椅深(mm) ≥	440	440	440	440	440
靠背高(mm) ≥	680	680	680	680	680
靠背角度可调	装置	装置	装置	装置	装置
扶手(靠通道处)	可调	可调	可调	可调	可调
座椅脚蹬	—	—	—	—	—
座椅横移(向通道)(mm) ≥	60	60	60	60	60
座椅汽车安全带	装置	装置	装置	装置	装置
空气调节装置	冷暖	冷暖	冷暖	冷暖	冷暖
空气净化装置	—	—	—	—	—
卫生间(位置)	—	—	—	—	—
CAN 总线	—	—	—	—	—
车桥随动转向	—	—	—	—	—
影音播放及麦克风设备	装置	装置	装置	装置	装置
卫星定位系统	装置	装置	装置	装置	装置
人均行李舱容积(m^3/人) ≥	0.09	0.09	0.045	0.045	0.03
行李舱总容积(m^3) ≤	3.27	2.08	3.27	2.08	1.91
特殊结构说明			天然气	天然气	天然气

续上表

技术参数 \ 车型 \ 厂家	厦门金龙 XMQ6600BED4C	厦门金龙 XMQ6530CEG5C	厦门金龙 XMQ6531CEG5C	厦门金龙 XMQ6501CEG5C	厦门金龙 XMQ6552LEG4C
评定类型及等级	小型高一级	小型高一级	小型高一级	小型高一级	小型高一级
车身长度(mm)	5998	5340	5340	5040	5470
座位数+司机+导游 ≤	15+1+1	10+1	8+1	8+1	12+1+1
额定功率(kW) ≥	105	81	81	81	110
比功率(kW/t) ≥	19	19	19	19	19
匀速车内噪声[dB(A)] ≤	72	72	72	72	72
发动机位置	前	前	前	前	前
乘客门位置	前中	前中	前中	前中	前中
车身全承载式结构	—	—	—	—	—
车内通道宽(mm) ≥	300	300	300	300	300
悬架类型	C	C	C	C	C
盘式制动器	装置	装置	装置	装置	装置
ABS(一类)	装置	装置	装置	装置	装置
蹄片间隙自调装置	装置	装置	装置	装置	装置
缓速器	—	—	—	—	—
底盘自动润滑系统	—	—	—	—	—
节能风扇散热系统	—	—	—	—	—
后置发动机舱温度报警系统和自动灭火装置	—	—	—	—	—
无内胎子午线轮胎	装置	装置	装置	装置	装置
胎压监测报警系统	—	—	—	—	—
轮胎爆胎应急安全装置	—	—	—	—	—
座间距(同向)(mm) ≥	670	670	670	670	670
座垫宽(mm) ≥	440	440	440	440	440
座椅深(mm) ≥	440	440	440	440	440
靠背高(mm) ≥	680	680	680	680	680
靠背角度可调(15°~30°)	装置	装置	装置	装置	装置
扶手(靠通道处)	可调	可调	可调	可调	可调
座椅脚蹬	—	—	—	—	—
座椅横移(向通道)(mm) ≥	—	—	—	—	—
座椅汽车安全带	装置	装置	装置	装置	装置
空气调节装置	冷暖	冷暖	冷暖	冷暖	冷暖
空气净化装置	—	—	—	—	—
卫生间(位置)	—	—	—	—	—
CAN 总线	—	—	—	—	—
车桥随动转向	—	—	—	—	—
影音播放及麦克风设备	装置	装置	装置	装置	装置
卫星定位系统	—	—	—	—	—
人均行李舱容积(m^3/人) ≥	—	—	—	—	—
行李舱总容积(m^3) ≤	—	—	—	—	—
特殊结构说明					

续上表

技术参数 \ 车型 \ 厂家	上汽商用车 SH6571 A4D5	上汽商用车 SH6501 A4D5	上汽商用车 SH6601 A4D4	上汽商用车 SH6521 C1－9A	上汽商用车 SH6601 A4D5
评定类型及等级	小型高二级	小型高二级	小型高一级	小型高一级	小型高一级
车身长度(mm)	5700	4950	5995	5168	5995
座位数＋司机＋导游 ≤	13(13)＋1＋1	10(10)＋1＋1	16(16)＋1＋1	7＋1＋1	16(16)＋1＋1
额定功率(kW) ≥	100	100	100	165	100
比功率(kW/t) ≥	21	21	19	19	19
匀速车内噪声[dB(A)] ≤	70	70	72	72	72
发动机位置	前	前	前	前	前
乘客门位置	前(前中)*	前中	前(前中)*	前中	前(前中)*
车身全承载式结构	—	—	—	—	—
车内通道宽(mm) ≥	300	300	300	300	300
悬架类型	C	C	C	C	C
盘式制动器	装置	装置	装置	装置	装置
ABS(一类)	装置	装置	装置	装置	装置
蹄片间隙自调装置	装置	装置	装置	装置	装置
缓速器	—	—	—	—	—
底盘自动润滑系统	—	—	—	—	—
节能风扇散热系统	—	—	—	—	—
后置发动机舱温度报警系统和自动灭火装置	—	—	—	—	—
无内胎子午线轮胎	装置	装置	装置	装置	装置
胎压监测报警系统	—	—	—	—	—
轮胎爆胎应急安全装置	—	—	—	—	—
座间距(同向)(mm) ≥	680	680	670	670	670
座垫宽(mm) ≥	440	440	440	440	440
座椅深(mm) ≥	440	440	440	440	440
靠背高(mm) ≥	720	720	680	680	680
靠背角度可调(15°~30°)	装置	装置	装置	装置	装置
扶手(靠通道处)	可调	可调	可调	可调	可调
座椅脚蹬	—	—	—	—	—
座椅横移(向通道)(mm) ≥	—	—	—	—	—
座椅汽车安全带	装置	装置	装置	装置	装置
空气调节装置	冷暖	冷暖	冷暖	冷暖	冷暖
空气净化装置	—	—	—	—	—
卫生间(位置)	—	—	—	—	—
CAN 总线	—	—	—	—	—
车桥随动转向	—	—	—	—	—
影音播放及麦克风设备	装置	装置	装置	装置	装置
卫星定位系统	—	—	—	—	—
人均行李舱容积(m^3/人) ≥	—	—	—	—	—
行李舱总容积(m^3) ≤	—	—	—	—	—
特殊结构说明					

续上表

技术参数 \ 车型 \ 厂家	上汽商用车 SH6521 C1－9	华晨金杯 SY6521 X2S1BGY	华晨金杯 SY6521 D4S1BGY	华晨金杯 SY6513 X4S3BHY	华晨金杯 SY6513 X2S1BHC
评定类型及等级	小型高一级	小型高一级	小型高一级	小型高一级	小型高一级
车身长度（mm）	5168	5235	5235	5070（5020）	5070（5020）
座位数＋司机＋导游 ≤	7＋1＋1	7＋1＋1	7＋1＋1	8＋1＋1	8＋1
额定功率（kW） ≥	165	78	78	81	78
比功率（kW/t） ≥	19	19	19	19	19
匀速车内噪声［dB（A）］ ≤	72	72	72	72	72
发动机位置	前	前	前	前	前
乘客门位置	前中	前中	前中	前中	前中
车身全承载式结构	—	—	—	—	—
车内通道宽（mm） ≥	300	300	300	300	300
悬架类型	C	C	C	C	C
盘式制动器	装置	装置	装置	装置	装置
ABS（一类）	装置	装置	装置	装置	装置
蹄片间隙自调装置	装置	装置	装置	装置	装置
缓速器	—	—	—	—	—
底盘自动润滑系统	—	—	—	—	—
节能风扇散热系统	—	—	—	—	—
后置发动机舱温度报警系统和自动灭火装置	—	—	—	—	—
无内胎子午线轮胎	装置	装置	装置	装置	装置
胎压监测报警系统	—	—	—	—	—
轮胎爆胎应急安全装置	—	—	—	—	—
座间距（同向）（mm） ≥	670	670	670	670	670
座垫宽（mm） ≥	440	440	440	440	440
座椅深（mm） ≥	440	440	440	440	440
靠背高（mm） ≥	680	680	680	680	680
靠背角度可调（15°～30°）	装置	装置	装置	装置	装置
扶手（靠通道处）	可调	可调	可调	可调	可调
座椅脚蹬	—	—	—	—	—
座椅横移（向通道）（mm）≥	—	—	—	—	—
座椅汽车安全带	装置	装置	装置	装置	装置
空气调节装置	冷暖	冷暖	冷暖	冷暖	冷暖
空气净化装置	—	—	—	—	—
卫生间（位置）	—	—	—	—	—
CAN 总线	—	—	—	—	—
车桥随动转向	—	—	—	—	—
影音播放及麦克风设备	装置	装置	装置	装置	装置
卫星定位系统	—	—	—	—	—
人均行李舱容积（m^3/人） ≥	—	—	—	—	—
行李舱总容积（m^3） ≤	—	—	—	—	—
特殊结构说明					

续上表

技术参数 \ 车型 \ 厂家	丹东黄海 DD6118 C01	江铃全顺 JX6473 PY－L5	江铃全顺 JX6543 PY－M5	江铃全顺 JX6502 Y－L5	江铃全顺 JX6582 TY－M5
评定类型及等级	大型高一级	小型高一级	小型高一级	小型高一级	小型高一级
车身长度(mm)	10990	4666	5418	4963	5780
座位数＋司机＋导游 ≤	49(47)＋1＋1	10＋1＋1	13＋1＋1	10＋1＋1	12＋1＋1
额定功率(kW) ≥	199	100	100	93	115
比功率(kW/t) ≥	12	19	19	19	19
匀速车内噪声[dB(A)] ≤	72	72	72	72	72
发动机位置	后	前	前	前	前
乘客门位置	前(前中)*	前中	前中	前中	前中
车身全承载式结构	—	—	—	—	—
车内通道宽(mm) ≥	350	300	300	300	300
悬架类型	B	C	C	C	C
盘式制动器	装置	装置	装置	装置	装置
ABS(一类)	装置	装置	装置	装置	装置
蹄片间隙自调装置	装置	装置	装置	装置	装置
缓速器	装置	—	—	—	—
底盘自动润滑系统	—	—	—	—	—
节能风扇散热系统	装置	—	—	—	—
后置发动机舱温度报警系统和自动灭火装置	装置	—	—	—	—
无内胎子午线轮胎	装置	装置	装置	装置	装置
胎压监测报警系统	—	—	—	—	—
轮胎爆胎应急安全装置	—	—	—	—	—
座间距(同向)(mm) ≥	720	670	670	670	670
座垫宽(mm) ≥	440	440	440	440	440
座椅深(mm) ≥	440	440	440	440	440
靠背高(mm) ≥	680	680	680	680	680
靠背角度可调(15°～30°)	装置	装置	装置	装置	装置
扶手(靠通道处)	可调	可调	可调	可调	可调
座椅脚蹬	可调	—	—	—	—
座椅横移(向通道)(mm) ≥	60	—	—	—	—
座椅汽车安全带	装置	装置	装置	装置	装置
空气调节装置	冷暖	冷暖	冷暖	冷暖	冷暖
空气净化装置	—	—	—	—	—
卫生间(位置)	—	—	—	—	—
CAN 总线	—	—	—	—	—
车桥随动转向	—	—	—	—	—
影音播放及麦克风设备	装置	装置	装置	装置	装置
卫星定位系统	装置	—	—	—	—
人均行李舱容积(m^3/人) ≥	0.13	—	—	—	—
行李舱总容积(m^3) ≤	7.01	—	—	—	—
特殊结构说明					

续上表

技术参数 \ 车型 \ 厂家	福田汽车 BJ6129 U8BTB－3	福田汽车 BJ6113 U8MCB－1	河南少林 SLG6900 C4FR	河北长安 SC6551B4	河北长安 SC6551A4
评定类型及等级	大型高一级	大型高一级	中型高一级	小型高一级	小型高一级
车身长度(mm)	12000	10990	8995	5495	5495
座位数＋司机＋导游 ≤	49(49)＋1＋1	49(47)＋1＋1	35＋1＋1	12＋1＋1	12＋1＋1
额定功率(kW) ≥	247	191	180	120	120
比功率(kW/t) ≥	12	12	13	19	19
匀速车内噪声[dB(A)] ≤	72	72	72	72	72
发动机位置	后	后	后	前	前
乘客门位置	前(前中)*	前(前中)*	前	前中	前中
车身全承载式结构	—	—	—	—	—
车内通道宽(mm) ≥	350	350	350	300	300
悬架类型	B	B	B	C	C
盘式制动器	装置	装置	装置	装置	装置
ABS(一类)	装置	装置	装置	装置	装置
蹄片间隙自调装置	装置	装置	装置	装置	装置
缓速器	装置	装置	—	—	—
底盘自动润滑系统	—	—	—	—	—
节能风扇散热系统	装置	装置	装置	—	—
后置发动机舱温度报警系统和自动灭火装置	装置	装置	装置	—	—
无内胎子午线轮胎	装置	装置	装置	装置	装置
胎压监测报警系统	—	—	—	—	—
轮胎爆胎应急安全装置	—	—	—	—	—
座间距(同向)(mm) ≥	720	720	720	670	670
座垫宽(mm) ≥	440	440	440	440	440
座椅深(mm) ≥	440	440	440	440	440
靠背高(mm) ≥	680	680	680	680	680
靠背角度可调(15°～30°)	装置	装置	装置	装置	装置
扶手(靠通道处)	可调	可调	可调	可调	可调
座椅脚蹬	可调	可调	—	—	—
座椅横移(向通道)(mm) ≥	60	60	60	—	—
座椅汽车安全带	装置	装置	装置	装置	装置
空气调节装置	冷暖	冷暖	冷暖	冷暖	冷暖
空气净化装置	—	—	—	—	—
卫生间(位置)	—	—	—	—	—
CAN 总线	—	—	—	—	—
车桥随动转向	—	—	—	—	—
影音播放及麦克风设备	装置	装置	装置	装置	装置
卫星定位系统	装置	装置	装置	—	—
人均行李舱容积(m^3/人) ≥	0.075	0.065	0.09	—	—
行李舱总容积(m^3) ≤	8.09	7.01	3.47	—	—
特殊结构说明	天然气	天然气			

续上表

技术参数 \ 车型 \ 厂家	亚星客车 YBL6148 H2QJ1	亚星客车 YBL6138 H2QJ1	亚星客车 YBL6138 H1QCP1	亚星客车 YBL6125 H2QCP2	亚星客车 YBL6125 H2QJ2
评定类型及等级	特大型高二级	特大型高二级	特大型高一级	大型高二 级	大型高二级
车身长度(mm)	13680	12990	12990	12000	12000
座位数＋司机＋导游 ≤	57(53)＋1＋1	53(51)＋1＋1	55(55)＋1＋1	53(53、51)＋1＋1	53(53、51)＋1＋1
额定功率(kW) ≥	276	280	280	280	247
比功率(kW/t) ≥	12	12	11	13.5	13.5
匀速车内噪声[dB(A)] ≤	69	69	72	69	69
发动机位置	后	后	后	后	后
乘客门位置	前中(前后)*	前中(前后)*	前中(前后)*	前(前中、前后)*	前(前中、前后)*
车身全承载式结构	装置	装置	装置	装置	装置
车内通道宽(mm) ≥	350	350	350	350	350
悬架类型	B	B	B	B	B
盘式制动器	装置	装置	装置	装置	装置
ABS(一类)	装置	装置	装置	装置	装置
蹄片间隙自调装置	装置	装置	装置	装置	装置
缓速器	装置	装置	装置	装置	装置
底盘自动润滑系统	装置	装置	装置	装置	装置
节能风扇散热系统	装置	装置	装置	装置	装置
后置发动机舱温度报警系统和自动灭火装置	装置	装置	装置	装置	装置
无内胎子午线轮胎	装置	装置	装置	装置	装置
胎压监测报警系统	装置	装置	—	—	—
轮胎爆胎应急安全装置	装置	装置	装置	装置	装置
座间距(同向)(mm) ≥	760	装置	装置	760	760
座垫宽(mm) ≥	440	760	740	440	440
座椅深(mm) ≥	440	440	440	440	440
靠背高(mm) ≥	720	440	440	720	720
靠背角度可调	装置	720	680	装置	装置
扶手(靠通道处)	可调	装置	装置	装置	装置
座椅脚蹬	可调	可调	可调	可调	可调
座椅横移(向通道)(mm) ≥	60	可调	可调	60	60
座椅汽车安全带	装置	60	60	装置	装置
空气调节装置	冷暖	装置	装置	冷暖	冷暖
空气净化装置	装置	冷暖	冷暖	装置	装置
卫生间(位置)	中(后)*	中(后)*	—	中(后)*	中(后)*
CAN 总线	装置	装置	—	装置	装置
车桥随动转向	装置	装置	装置	—	—
影音播放及麦克风设备	装置	装置	装置	装置	装置
卫星定位系统	装置	装置	装置	装置	装置
人均行李舱容积(m^3/人) ≥	0.15	0.075	0.065	0.085	0.17
行李舱总容积(m^3) ≤	9.41	4.54	4.08	9.91	9.91
特殊结构说明		天然气	天然气	低驾天然气	低驾驶区

续上表

技术参数 \ 车型 \ 厂家	亚星客车	亚星客车	亚星客车	亚星客车	亚星客车
	YBL6101 H1QCP	YBL6935 H1QCP	YBL6935 H1QJ	YBL6115 H1QJ	YBL6111 H1QJ1
评定类型及等级	大型高一级	大型高一级	大型高一级	大型高一级	大型高一级
车身长度(mm)	10080	9345	9345	11490	10990
座位数+司机+导游 ≤	43(41)+1+1	39(37)+1+1	39(37)+1+1	49(49、47)+1+1	49(47)+1+1
额定功率(kW) ≥	176	176	180	220	199
比功率(kW/t) ≥	12	12	12	12	12
匀速车内噪声[dB(A)] ≤	72	72	72	72	72
发动机位置	后	后	后	后	后
乘客门位置	前(前中)*	前(前中)*	前(前中)*	前(前中、前后)*	前(前中)*
车身全承载式结构	—	—	—	—	—
车内通道宽(mm) ≥	350	350	350	350	350
悬架类型	B	B	B	B	B
盘式制动器	装置	装置	装置	装置	装置
ABS(一类)	装置	装置	装置	装置	装置
蹄片间隙自调装置	装置	装置	装置	装置	装置
缓速器	装置	装置	装置	装置	装置
底盘自动润滑系统	—	—	—	—	—
节能风扇散热系统	装置	装置	装置	装置	装置
后置发动机舱温度报警系统和自动灭火装置	装置	装置	装置	装置	装置
无内胎子午线轮胎	装置	装置	装置	装置	装置
胎压监测报警系统	—	—	—	—	—
轮胎爆胎应急安全装置	—	—	—	—	—
座间距(同向)(mm) ≥	720	720	720	720	720
座垫宽(mm) ≥	440	440	440	440	440
座椅深(mm) ≥	440	440	440	440	440
靠背高(mm) ≥	680	680	680	680	680
靠背角度可调	装置	装置	装置	装置	装置
扶手(靠通道处)	可调	可调	可调	可调	可调
座椅脚蹬	可调	可调	可调	可调	可调
座椅横移(向通道)(mm) ≥	60	60	60	60	60
座椅汽车安全带	装置	装置	装置	装置	装置
空气调节装置	冷暖	冷暖	冷暖	冷暖	冷暖
空气净化装置	—	—	—	—	—
卫生间(位置)	—	—	—	—	—
CAN 总线	—	—	—	—	—
车桥随动转向	—	—	—	—	—
影音播放及麦克风设备	装置	装置	装置	装置	装置
卫星定位系统	装置	装置	装置	装置	装置
人均行李舱容积(m^3/人) ≥	0.065	0.055	0.11	0.15	0.13
行李舱总容积(m^3) ≤	3.07	4.72	4.72	8.09	7.01
特殊结构说明	天然气	天然气			

续上表

技术参数 \ 车型 \ 厂家	亚星客车 YBL6905H2QCP	亚星客车 YBL6885H1QCP	亚星客车 YBL6885H1QJ	亚星客车 YBL6855H1QCP
评定类型及等级	中型高二级	中型高一级	中型高一级	中型高一级
车身长度(mm)	8995	8795	8795	8545
座位数+司机+导游 ≤	37+1+1	35+1+1	35+1+1	35+1+1
额定功率(kW) ≥	191	176	162	176
比功率(kW/t) ≥	14	13	13	13
匀速车内噪声[dB(A)] ≤	70	72	72	72
发动机位置	后	后	后	后
乘客门位置	前	前	前	前
车身全承载式结构	—	—	—	—
车内通道宽(mm) ≥	350	350	350	350
悬架类型	B	B	B	B
盘式制动器	装置	装置	装置	装置
ABS(一类)	装置	装置	装置	装置
蹄片间隙自调装置	装置	装置	装置	装置
缓速器	装置	—	—	—
底盘自动润滑系统	装置	—	—	—
节能风扇散热系统	装置	装置	装置	装置
后置发动机舱温度报警系统和自动灭火装置	装置	装置	装置	装置
无内胎子午线轮胎	装置	装置	装置	装置
胎压监测报警系统	—	—	—	—
轮胎爆胎应急安全装置	—	—	—	—
座间距(同向)(mm) ≥	750	720	720	720
座垫宽(mm) ≥	440	440	440	440
座椅深(mm) ≥	440	440	440	440
靠背高(mm) ≥	720	680	680	680
靠背角度可调	装置	装置	装置	装置
扶手(靠通道处)	可调	可调	可调	可调
座椅脚蹬	可调	—	—	—
座椅横移(向通道)(mm) ≥	60	60	60	60
座椅汽车安全带	装置	装置	装置	装置
空气调节装置	冷暖	冷暖	冷暖	冷暖
空气净化装置	—	—	—	—
卫生间(位置)	—	—	—	—
CAN 总线	—	—	—	—
车桥随动转向	—	—	—	—
影音播放及麦克风设备	装置	装置	装置	装置
卫星定位系统	装置	装置	装置	装置
人均行李舱容积(m^3/人) ≥	0.05	0.045	0.09	0.045
行李舱总容积(m^3) ≤	4.07	3.47	3.47	3.47
特殊结构说明	天然气	天然气		天然气

续上表

技术参数 \ 车型 \ 厂家	亚星客车 YBL6805 H1QCP	常隆客车 YS6702A	常隆客车 YS6602A	亚星客车 YBL6805 H1QCP1
评定类型及等级	中型高一级	中型高一级	小型高一级	中型高一级
车身长度(mm)	8045	7045	5995	8045
座位数+司机+导游 ≤	31+1+1	19+1+1	16+1+1	21+1+1
额定功率(kW) ≥	147	100	95	147
比功率(kW/t) ≥	13	13	19	13
匀速车内噪声[dB(A)] ≤	72	72	72	72
发动机位置	后	中	前	后
乘客门位置	前	中	中	前
车身全承载式结构	—	—	—	—
车内通道宽(mm) ≥	350	350	300	350
悬架类型	B	C	C	B
盘式制动器	装置	装置	装置	装置
ABS(一类)	装置	装置	装置	装置
蹄片间隙自调装置	装置	装置	装置	装置
缓速器	—	—	—	—
底盘自动润滑系统	—	—	—	—
节能风扇散热系统	装置	装置	—	装置
后置发动机舱温度报警系统和自动灭火装置	装置	—	—	装置
无内胎子午线轮胎	装置	装置	装置	装置
胎压监测报警系统	—	—	—	—
轮胎爆胎应急安全装置	—	—	—	—
座间距(同向)(mm) ≥	720	720	670	720
座垫宽(mm) ≥	440	440	440	440
座椅深(mm) ≥	440	440	440	440
靠背高(mm) ≥	680	680	680	680
靠背角度可调	装置	装置	装置	装置
扶手(靠通道处)	可调	可调	可调	可调
座椅脚蹬	—	—	—	—
座椅横移(向通道)(mm) ≥	60	60	—	60
座椅汽车安全带	装置	装置	装置	装置
空气调节装置	冷暖	冷暖	冷暖	冷暖
空气净化装置	—	—	—	—
卫生间(位置)	—	—	—	—
CAN 总线	—	—	—	—
车桥随动转向	—	—	—	—
影音播放及麦克风设备	装置	装置	装置	装置
卫星定位系统	装置	装置	—	装置
人均行李舱容积(m^3/人) ≥	0.045	—	—	0.045
行李舱总容积(m^3) ≤	3.07	—	—	2.08
特殊结构说明	天然气			天然气

*注释:( )表示可选配置,9m 以上客车选装单门状态时应安装外推式逃生窗,逃生窗布置和数量应符合 GB 7258、GB 13094 的要求。

附件 2

关于《高级客车类型划分及等级评定表》的说明

一、评定表中各车型的技术参数及服务装备，详见中国商用车辆网（http://www.ztauto.com）客车等级查询系统。

二、车辆各项技术参数及服务装备均须符合评定表中的要求，只要有一项低于相应类型及等级的标准限制，在核发《道路运输证》时就不能核定为该类别及等级。确需降级的，由地市级道路运输管理机构对该车型进行现场核查和实测，确认符合标准后，才予以降级。高级客车等级只能下降一个等级。

三、评定表中各车型的技术参数及服务装备等均以新出厂的车辆为依据，所有内容均经过现场核查或实测。对于在用营运客车，还应根据车辆的实际技术状况进行等级评定。

四、对已评定类型及等级的客车因改装（改造），引起评定表中所列技术参数及服务装备变化的，须重新核定等级。

五、评定表中划“—”的为该等级车型该项技术参数或服务装备不要求。

附件3

企业名称与厂家简称对照表

序　号	申报企业名称	厂家简称
1	北汽福田汽车股份有限公司	福田汽车
2	金龙联合汽车工业(苏州)有限公司	苏州金龙
3	扬州亚星客车股份有限公司	亚星客车
4	南京金龙客车制造有限公司	南京金龙
5	南京依维柯汽车有限公司	依维柯
6	江苏常隆客车有限公司	常隆客车
7	郑州宇通客车股份有限公司	郑州宇通
8	河南少林汽车股份有限公司	河南少林
9	安徽安凯汽车股份有限公司	安徽安凯
10	安徽江淮客车有限公司	江淮客车
11	中通客车控股股份有限公司	中通客车
12	烟台舒驰客车有限责任公司	烟台舒驰
13	厦门金龙联合汽车工业有限公司	厦门金龙
14	厦门金龙旅行车有限公司	厦门金旅
15	江铃汽车股份有限公司	江铃全顺
16	上汽商用车有限公司	上汽商用车
17	上海申龙客车有限公司	上海申龙
18	东风特种汽车有限公司	东风特种
19	东风汽车有限公司	东风客车
20	东风柳州汽车有限公司	东风柳汽
21	桂林客车工业集团有限公司	桂林客车
22	佛山市飞驰汽车制造有限公司	佛山飞驰
23	广州汽车集团客车有限公司	广汽客车
24	沈阳华晨金杯汽车有限公司	华晨金杯
25	金华青年汽车制造有限公司	金华青年
26	丹东黄海汽车有限责任公司	丹东黄海
27	奇瑞商用车(安徽)有限公司	奇瑞商用车
28	奇瑞万达贵州客车股份有限公司	贵州万达
29	河北长安汽车有限公司	河北长安

交通运输部关于发布第50批高级客车类型划分及等级评定表的通知

交运发〔2014〕221号　2014.11.3

各省、自治区、直辖市、新疆生产建设兵团交通运输厅(局、委):

根据《营运客车类型划分及等级评定规则》(交公路发〔2002〕590号)规定,现发布第50批《高级客车类型划分及等级评定表》,请认真贯彻执行。

附件:1.第50批高级客车类型划分及等级评定表

2.关于《高级客车类型划分及等级评定表》的说明

3.企业名称与厂家简称对照表

附件1

第50批高级客车类型划分及等级评定表

技术参数 \ 厂家 / 车型	苏州金龙 KLQ6142 DAE42	苏州金龙 KLQ6125 HAE41	苏州金龙 KLQ6125 TAE41	苏州金龙 KLQ6122 ZAC51	苏州金龙 KLQ6112 LDE41
评定类型及等级	特大型 高二级	大型高一级	大型高一级	大型高一级	大型高一级
车身长度(mm)	13700	11650	12000	12000	11360
座位数+司机+导游 ≤	61+1+1	49(49、47)+1+1	49(49,49)+1+1	49(49,49)+1+1	53(53、51)+1+1
额定功率(kW) ≥	294	243	206	221	243
比功率(kW/t) ≥	12	12	12	12	12
匀速车内噪声[dB(A)] ≤	69	72	72	72	72
发动机位置	后	后	后	后	后
乘客门位置	前中	前(前中、前后)*	前(前中、前后)*	前(前中、前后)*	前(前中、前后)*
车身全承载式结构	装置	—	—	—	—
车内通道宽(mm) ≥	350	350	350	350	350
悬架类型	B	B	B	B	B
盘式制动器	装置	装置	装置	装置	装置
ABS(一类)	装置	装置	装置	装置	装置
蹄片间隙自调装置	装置	装置	装置	装置	装置
缓速器	装置	装置	装置	装置	装置
底盘自动润滑系统	装置	—	—	—	—
节能风扇散热系统	装置	装置	装置	装置	装置
后置发动机舱温度报警系统和自动灭火装置	装置	装置	装置	装置	装置
无内胎子午线轮胎	装置	装置	装置	装置	装置
胎压监测报警系统	装置	—	—	—	—
轮胎爆胎应急安全装置	装置	—	—	—	—
座间距(同向)(mm) ≥	760	720	720	720	720
座垫宽(mm) ≥	440	440	440	440	440
座椅深(mm) ≥	440	440	440	440	440
靠背高(mm) ≥	720	680	680	680	680
靠背角度可调(15°~30°)	装置	装置	装置	装置	装置
扶手(靠通道处)	可调	可调	可调	可调	可调
座椅脚蹬	可调	可调	可调	可调	可调
座椅横移(向通道)(mm) ≥	60	60	60	60	60
座椅汽车安全带	装置	装置	装置	装置	装置
空气调节装置	冷暖	冷暖	冷暖	冷暖	冷暖
空气净化装置	装置	—	—	—	—
卫生间(位置)	中	—	—	—	—
CAN 总线	装置	—	—	—	—
车桥随动转向	装置	—	—	—	—
影音播放及麦克风设备	装置	装置	装置	装置	装置
卫星定位系统	装置	装置	装置	装置	装置
人均行李舱容积(m^3/人) ≥	0.17	0.15	0.15	0.075	0.15
特殊结构说明	低驾驶区			天然气	低驾驶区

续上表

技术参数 \ 车型 \ 厂家	苏州金龙 KLQ6125 HTAE41	苏州金龙 KLQ6995 KAE41	苏州金龙 KLQ6902 KAE42	苏州金龙 KLQ6882 KAE42	苏州金龙 KLQ6882 KAC52
评定类型及等级	大型高一级	大型高一级	中型高二级	中型高二级	中型高二级
车身长度(mm)	11650	9945	8995	8765	8765
座位数+司机+导游 ≤	49(49、47)+1+1	43(41)+1+1	37(35)+1+1	35(33)+1+1	35(33)+1+1
额定功率(kW) ≥	199	177	180	162	176
比功率(kW/t) ≥	12	12	14	14	14
匀速车内噪声[dB(A)] ≤	72	72	70	70	70
发动机位置	后	后	后	后	后
乘客门位置	前(前中、前后)*	前(前中)*	前(前中)*	前(前中)*	前(前中)*
车身全承载式结构	—	—	—	—	—
车内通道宽(mm) ≥	350	350	350	350	350
悬架类型	B	B	B	B	B
盘式制动器	装置	装置	装置	装置	装置
ABS(一类)	装置	装置	装置	装置	装置
蹄片间隙自调装置	装置	装置	装置	装置	装置
缓速器	装置	装置	装置	装置	装置
底盘自动润滑系统	—	—	装置	装置	装置
节能风扇散热系统	装置	装置	装置	装置	装置
后置发动机舱温度报警系统和自动灭火装置	装置	装置	装置	装置	装置
无内胎子午线轮胎	装置	装置	装置	装置	装置
胎压监测报警系统	—	—	—	—	—
轮胎爆胎应急安全装置	—	—	—	—	—
座间距(同向)(mm) ≥	720	720	750	750	750
座垫宽(mm) ≥	440	440	440	440	440
座椅深(mm) ≥	440	440	440	440	440
靠背高(mm) ≥	680	680	720	720	720
靠背角度可调(15°~30°)	装置	装置	装置	装置	装置
扶手(靠通道处)	可调	可调	可调	可调	可调
座椅脚蹬	可调	可调	可调	可调	可调
座椅横移(向通道)(mm) ≥	60	60	60	60	60
座椅汽车安全带	装置	装置	装置	装置	装置
空气调节装置	冷暖	冷暖	冷暖	冷暖	冷暖
空气净化装置	—	—	—	—	—
卫生间(位置)	—	—	—	—	—
CAN 总线	—	—	—	—	—
车桥随动转向	—	—	—	—	—
影音播放及麦克风设备	装置	装置	装置	装置	装置
卫星定位系统	装置	装置	装置	装置	装置
人均行李舱容积(m^3/人) ≥	0.15	0.11	0.10	0.10	0.05
特殊结构说明					天然气

续上表

技术参数 \ 车型 \ 厂家	苏州金龙	苏州金龙	苏州金龙	郑州宇通	一汽无锡
车型	KLQ6852 KAE42	KLQ6540HV	KLQ6542QE4	ZK6908HQ2E	CA6111 LRD82
评定类型及等级	中型高二级	小型高一级	小型高一级	大型高二级	大型高一级
车身长度(mm)	8545	5380	5380	9020	10850
座位数+司机+导游 ≤	33(31)+1+1	14+1	14+1	21(21)+1+1	45+1+1
额定功率(kW) ≥	162	100	110	180	179
比功率(kW/t) ≥	14	19	19	13.5	12
匀速车内噪声[dB(A)] ≤	70	72	72	69	72
发动机位置	后	前	前	后	后
乘客门位置	前(前中)*	前中	前中	前(前中)*	前
车身全承载式结构	—	—	—	装置	—
车内通道宽(mm) ≥	350	300	300	350	350
悬架类型	B	C	C	B	B
盘式制动器	装置	装置	装置	装置	装置
ABS(一类)	装置	装置	装置	装置	装置
蹄片间隙自调装置	装置	装置	装置	装置	装置
缓速器	装置	—	—	装置	装置
底盘自动润滑系统	装置	—	—	装置	—
节能风扇散热系统	装置	—	—	装置	装置
后置发动机舱温度报警系统和自动灭火装置	装置	—	—	装置	装置
无内胎子午线轮胎	装置	装置	装置	装置	装置
胎压监测报警系统	—	—	—	—	—
轮胎爆胎应急安全装置	—	—	—	—	—
座间距(同向)(mm) ≥	750	670	670	760	720
座垫宽(mm) ≥	440	440	440	440	440
座椅深(mm) ≥	440	440	440	440	440
靠背高(mm) ≥	720	680	680	720	680
靠背角度可调(15°~30°)	装置	装置	装置	装置	装置
扶手(靠通道处)	可调	可调	可调	可调	可调
座椅脚蹬	可调	—	—	可调	可调
座椅横移(向通道)(mm) ≥	60	—	—	60	60
座椅汽车安全带	装置	装置	装置	装置	装置
空气调节装置	冷暖	冷暖	冷暖	冷暖	冷暖
空气净化装置	—	—	—	装置	—
卫生间(位置)	—	—	—	中	—
CAN 总线	—	—	—	装置	—
车桥随动转向	—	—	—	—	—
影音播放及麦克风设备	装置	装置	装置	装置	装置
卫星定位系统	装置	—	—	装置	装置
人均行李舱容积(m^3/人) ≥	0.10	—	—	0.13	0.13
特殊结构说明					

续上表

技术参数 \ 厂家 / 车型	广汽日野（沈阳） SFQ6125PTLN	江西江铃 JX6602VDF1	福建奔驰 FA6523H	福建奔驰 FA6522D	厦门金旅 XML6807J35N
评定类型及等级	大型高二级	小型高一级	小型高一级	小型高一级	中型高一级
车身长度(mm)	12000	5990	5223	5223	8030
座位数+司机+导游 ≤	47+1+1	16+1+1	8+1	8+1	31(29)+1+1
额定功率(kW) ≥	259	103	165	110	140
比功率(kW/t) ≥	13.5	19	19	19	13
匀速车内噪声[dB(A)] ≤	69	72	72	72	72
发动机位置	后	前	前	前	后
乘客门位置	前中	中	前中	前中	前(前中)*
车身全承载式结构	装置	—	—	—	—
车内通道宽(mm) ≥	350	300	300	300	350
悬架类型	B	C	C	C	B
盘式制动器	装置	装置	装置	装置	装置
ABS(一类)	装置	装置	装置	装置	装置
蹄片间隙自调装置	装置	装置	装置	装置	装置
缓速器	装置	—	—	—	—
底盘自动润滑系统	装置	—	—	—	—
节能风扇散热系统	装置	—	—	—	装置
后置发动机舱温度报警系统和自动灭火装置	装置	—	—	—	装置
无内胎子午线轮胎	装置	装置	装置	装置	装置
胎压监测报警系统	—	—	—	—	—
轮胎爆胎应急安全装置	—	—	—	—	—
座间距(同向)(mm) ≥	760	670	670	670	720
座垫宽(mm) ≥	440	440	440	440	440
座椅深(mm) ≥	440	440	440	440	440
靠背高(mm) ≥	720	680	680	680	680
靠背角度可调(15°~30°)	装置	装置	装置	装置	装置
扶手(靠通道处)	可调	可调	可调	可调	可调
座椅脚蹬	可调	—	—	—	—
座椅横移(向通道)(mm) ≥	60	—	—	—	60
座椅汽车安全带	装置	装置	装置	装置	装置
空气调节装置	冷暖	冷暖	冷暖	冷暖	冷暖
空气净化装置	装置	—	—	—	—
卫生间(位置)	中	—	—	—	—
CAN 总线	装置	—	—	—	—
车桥随动转向	—	—	—	—	—
影音播放及麦克风设备	装置	装置	装置	装置	装置
卫星定位系统	装置	—	—	—	装置
人均行李舱容积(m^3/人) ≥	0.17	—	—	—	0.045
特殊结构说明					天然气

续上表

技术参数 \ 车型 \ 厂家	厦门金龙 XMQ6111 CYN5B	厦门金龙 XMQ6111 CYD4B	厦门金龙 XMQ6101 CYD4C	厦门金龙 XMQ6101 CYN5C	厦门金龙 XMQ6111 CYD4C
评定类型及等级	大型高二级	大型高二级	大型高一级	大型高一级	大型高一级
车身长度(mm)	10995	10995	9995	9995	10995
座位数+司机+导游 ≤	41(41)+1+1	41(41)+1+1	43(41)+1+1	43(41)+1+1	49(47)+1+1
额定功率(kW) ≥	236	221	206	206	206
比功率(kW/t) ≥	13.5	13.5	12	12	12
匀速车内噪声[dB(A)] ≤	69	69	72	72	72
发动机位置	后	后	后	后	后
乘客门位置	前(前中)*	前(前中)*	前(前中)*	前(前中)*	前(前中)*
车身全承载式结构	装置	装置	—	—	—
车内通道宽(mm) ≥	350	350	350	350	350
悬架类型	B	B	B	B	B
盘式制动器	装置	装置	装置	装置	装置
ABS(一类)	装置	装置	装置	装置	装置
蹄片间隙自调装置	装置	装置	装置	装置	装置
缓速器	装置	装置	装置	装置	装置
底盘自动润滑系统	装置	装置	—	—	—
节能风扇散热系统	装置	装置	装置	装置	装置
后置发动机舱温度报警系统和自动灭火装置	装置	装置	装置	装置	装置
无内胎子午线轮胎	装置	装置	装置	装置	装置
胎压监测报警系统	—	—	—	—	—
轮胎爆胎应急安全装置	—	—	—	—	—
座间距(同向)(mm) ≥	760	760	720	720	720
座垫宽(mm) ≥	440	440	440	440	440
座椅深(mm) ≥	440	440	440	440	440
靠背高(mm) ≥	720	720	680	680	680
靠背角度可调(15°~30°)	装置	装置	装置	装置	装置
扶手(靠通道处)	可调	可调	可调	可调	可调
座椅脚蹬	可调	可调	可调	可调	可调
座椅横移(向通道)(mm) ≥	60	60	60	60	60
座椅汽车安全带	装置	装置	装置	装置	装置
空气调节装置	冷暖	冷暖	冷暖	冷暖	冷暖
空气净化装置	装置	装置	—	—	—
卫生间(位置)	中	中	—	—	—
CAN 总线	装置	装置	—	—	—
车桥随动转向	—	—	—	—	—
影音播放及麦克风设备	装置	装置	装置	装置	装置
卫星定位系统	装置	装置	装置	装置	装置
人均行李舱容积(m^3/人) ≥	0.075	0.15	0.11	0.055	0.13
特殊结构说明	天然气			天然气	

续上表

技术参数 \ 车型 \ 厂家	厦门金龙	厦门金龙	厦门金龙	中联重科	中联重科
	XMQ6871 CYD5C	XMQ6600 AEG4C	XMQ6593 KED4C	HNQ6127M2	HNQ6127M
评定类型及等级	中型高一级	小型高一级	小型高一级	大型高二级	大型高一级
车身长度(mm)	8745	5998	5945	12000	12000
座位数+司机+导游 ≤	35(33)+1+1	15+1+1	13+1+1	47+1+1	49+1+1
额定功率(kW) ≥	180	120	105	243	243
比功率(kW/t) ≥	13	19	19	13.5	12
匀速车内噪声[dB(A)] ≤	72	72	72	69	72
发动机位置	后	前	前	后	后
乘客门位置	前(前中)*	前中	前中	前中	前(前中)*
车身全承载式结构	—	—	—	装置	—
车内通道宽(mm) ≥	350	300	300	350	350
悬架类型	B	C	C	B	B
盘式制动器	装置	装置	装置	装置	装置
ABS(一类)	装置	装置	装置	装置	装置
蹄片间隙自调装置	装置	装置	装置	装置	装置
缓速器	—	—	—	装置	装置
底盘自动润滑系统	—	—	—	装置	—
节能风扇散热系统	装置	—	—	装置	装置
后置发动机舱温度报警系统和自动灭火装置	装置	—	—	装置	装置
无内胎子午线轮胎	装置	装置	装置	装置	装置
胎压监测报警系统	—	—	—	—	—
轮胎爆胎应急安全装置	—	—	—	—	—
座间距(同向)(mm) ≥	720	670	670	760	720
座垫宽(mm) ≥	440	440	440	440	440
座椅深(mm) ≥	440	440	440	440	440
靠背高(mm) ≥	680	680	680	720	680
靠背角度可调(15°~30°)	装置	装置	装置	装置	装置
扶手(靠通道处)	可调	可调	可调	可调	可调
座椅脚蹬	—	—	—	可调	可调
座椅横移(向通道)(mm) ≥	60	—	—	60	60
座椅汽车安全带	装置	装置	装置	装置	装置
空气调节装置	冷暖	冷暖	冷暖	冷暖	冷暖
空气净化装置	—	—	—	装置	—
卫生间(位置)	—	—	—	中	—
CAN 总线	—	—	—	装置	—
车桥随动转向	—	—	—	—	—
影音播放及麦克风设备	装置	装置	装置	装置	装置
卫星定位系统	装置	—	—	装置	装置
人均行李舱容积(m^3/人) ≥	0.09	—	—	0.17	0.15
特殊结构说明					

续上表

技术参数 厂家/车型	北京北方	北京北方	北京北方	北京北方	北京北方
	BFC6105T2	BFC6105TNG2	BFC6105TNG1	BFC6901NG2	BFC6901NG1
评定类型及等级	大型高二级	大型高二级	大型高一级	中型高二级	中型高一级
车身长度(mm)	10490	10490	10490	8995	8995
座位数+司机+导游 ≤	37+1+1	37+1+1	43+1+1	37+1+1	37+1+1
额定功率(kW) ≥	199	199	199	176	176
比功率(kW/t) ≥	13.5	13.5	12	14	13
匀速车内噪声[dB(A)] ≤	69	69	72	70	72
发动机位置	后	后	后	后	后
乘客门位置	前中	前中	前中	前	前
车身全承载式结构	装置	装置	—	—	—
车内通道宽(mm) ≥	350	350	350	350	350
悬架类型	A	A	A	A	A
盘式制动器	装置	装置	装置	装置	装置
ABS(一类)	装置	装置	装置	装置	装置
蹄片间隙自调装置	装置	装置	装置	装置	装置
缓速器	装置	装置	装置	装置	—
底盘自动润滑系统	装置	装置	—	装置	—
节能风扇散热系统	装置	装置	装置	装置	装置
后置发动机舱温度报警系统和自动灭火装置	装置	装置	装置	装置	装置
无内胎子午线轮胎	装置	装置	装置	装置	装置
胎压监测报警系统	—	—	—	—	—
轮胎爆胎应急安全装置	—	—	—	—	—
座间距(同向)(mm) ≥	760	760	720	750	720
座垫宽(mm) ≥	440	440	440	440	440
座椅深(mm) ≥	440	440	440	440	440
靠背高(mm) ≥	720	720	680	720	680
靠背角度可调(15°~30°)	装置	装置	装置	装置	装置
扶手(靠通道处)	可调	可调	可调	可调	可调
座椅脚蹬	可调	可调	可调	可调	—
座椅横移(向通道)(mm) ≥	60	60	60	60	60
座椅汽车安全带	装置	装置	装置	装置	装置
空气调节装置	冷暖	冷暖	冷暖	冷暖	冷暖
空气净化装置	装置	装置	—	—	—
卫生间(位置)	中	中	—	—	—
CAN 总线	装置	装置	—	—	—
车桥随动转向	—	—	—	—	—
影音播放及麦克风设备	装置	装置	装置	装置	装置
卫星定位系统	装置	装置	装置	装置	装置
人均行李舱容积(m^3/人) ≥	0.15	0.075	0.065	0.05	0.045
特殊结构说明		天然气	天然气	天然气	天然气

续上表

技术参数 \ 车型 \ 厂家	福田汽车 BJ6549 B1PXA－EA	福田汽车 BJ6489 BDPVA－AC	福田汽车 BJ6489 BDPDA－DD	福田汽车 BJ6113 U8MHB－2	豪沃客车 JK6117H5A
评定类型及等级	小型高一级	小型高一级	小型高一级	大型高一级	大型高一级
车身长度(mm)	5380	4840	4840	10990	10990
座位数＋司机＋导游 ≤	12＋1＋1	8＋1	8＋1	49(47)＋1＋1	49(47)＋1＋1
额定功率(kW) ≥	100	95	70	206	206
比功率(kW/t) ≥	19	19	19	12	12
匀速车内噪声[dB(A)] ≤	72	72	72	72	72
发动机位置	中	中	中	后	后
乘客门位置	前中	前中	前中	前(前中)*	前(前中)*
车身全承载式结构	—	—	—	—	—
车内通道宽(mm) ≥	300	300	300	350	350
悬架类型	C	C	C	B	B
盘式制动器	装置	装置	装置	装置	装置
ABS(一类)	装置	装置	装置	装置	装置
蹄片间隙自调装置	装置	装置	装置	装置	装置
缓速器	—	—	—	装置	装置
底盘自动润滑系统	—	—	—	—	—
节能风扇散热系统	—	—	—	装置	装置
后置发动机舱温度报警系统和自动灭火装置	—	—	—	装置	装置
无内胎子午线轮胎	装置	装置	装置	装置	装置
胎压监测报警系统	—	—	—	—	—
轮胎爆胎应急安全装置	—	—	—	—	—
座间距(同向)(mm) ≥	670	670	670	720	720
座垫宽(mm) ≥	440	440	440	440	440
座椅深(mm) ≥	440	440	440	440	440
靠背高(mm) ≥	680	680	680	680	680
靠背角度可调(15°～30°)	装置	装置	装置	装置	装置
扶手(靠通道处)	可调	可调	可调	可调	可调
座椅脚蹬	—	—	—	可调	可调
座椅横移(向通道)(mm) ≥	—	—	—	60	60
座椅汽车安全带	装置	装置	装置	装置	装置
空气调节装置	冷暖	冷暖	冷暖	冷暖	冷暖
空气净化装置	—	—	—	—	—
卫生间(位置)	—	—	—	—	—
CAN 总线	—	—	—	—	—
车桥随动转向	—	—	—	—	—
影音播放及麦克风设备	装置	装置	装置	装置	装置
卫星定位系统	—	—	—	装置	装置
人均行李舱容积(m^3/人) ≥	—	—	—	0.13	0.13
特殊结构说明					

续上表

厂家 技术参数 车型	烟台舒驰	东风柳汽	东风柳汽	西安西沃	西安西沃
	YTK6808HET	LZ6502BQ7LE	LZ6512AQ3S	XW6123CH	XW6122DC
评定类型及等级	中型高一级	小型高一级	小型高一级	大型高三级	大型高一级
车身长度(mm)	8030	5115	5115	12000	12000
座位数+司机+导游 ≤	25+1	6+1	6+1	45+1+1	49+1+1
额定功率(kW) ≥	118	81.58	89	261	213
比功率(kW/t) ≥	13	19	19	15	12
匀速车内噪声[dB(A)] ≤	72	72	72	66	72
发动机位置	后	前	前	后	后
乘客门位置	前	前中	前中	前中	前中
车身全承载式结构	—	—	—	装置	—
车内通道宽(mm) ≥	350	300	300	350	350
悬架类型	B	C	C	A	B
盘式制动器	装置	装置	装置	装置	装置
ABS(一类)	装置	装置	装置	装置	装置
蹄片间隙自调装置	装置	装置	装置	装置	装置
缓速器	—	—	—	装置	装置
底盘自动润滑系统	—	—	—	装置	—
节能风扇散热系统	装置	—	—	装置	装置
后置发动机舱温度报警系统和自动灭火装置	装置	—	—	装置	装置
无内胎子午线轮胎	装置	装置	装置	装置	装置
胎压监测报警系统	—	—	—	装置	—
轮胎爆胎应急安全装置	—	—	—	—	—
座间距(同向)(mm) ≥	720	670	670	780	720
座垫宽(mm) ≥	440	440	440	450	440
座椅深(mm) ≥	440	440	440	440	440
靠背高(mm) ≥	680	680	680	720	680
靠背角度可调(15°~30°)	装置	装置	装置	装置	装置
扶手(靠通道处)	可调	可调	可调	可调	可调
座椅脚蹬	—	—	—	可调	可调
座椅横移(向通道)(mm) ≥	60	—	—	60	60
座椅汽车安全带	装置	装置	装置	装置	装置
空气调节装置	冷暖	冷暖	冷暖	冷暖	冷暖
空气净化装置	—	—	—	装置	—
卫生间(位置)	—	—	—	中	—
CAN 总线	—	—	—	装置	—
车桥随动转向	—	—	—	—	—
影音播放及麦克风设备	装置	装置	装置	装置	装置
卫星定位系统	装置	—	—	装置	装置
人均行李舱容积(m^3/人) ≥	0.045	—	—	0.19	0.15
特殊结构说明	天然气				

续上表

技术参数 \ 车型 \ 厂家	西安西沃 XW6123CFA	西安西沃 XW6123CK	西安西沃 XW6110AC	西安西沃 XW6110AB	西安西沃 XW6900AL
评定类型及等级	大型高一级	大型高一级	大型高一级	大型高一级	中型高一级
车身长度(mm)	12000	12000	10820	10820	8995
座位数+司机+导游 ≤	49+1+1	49+1+1	45+1+1	45+1+1	37+1+1
额定功率(kW) ≥	247	261	209	199	191
比功率(kW/t) ≥	12	12	12	12	13
匀速车内噪声[dB(A)] ≤	72	72	72	72	72
发动机位置	后	后	后	后	后
乘客门位置	前中	前中	前后	前后	前
车身全承载式结构	—	—	—	—	—
车内通道宽(mm) ≥	350	350	350	350	350
悬架类型	B	B	B	B	B
盘式制动器	装置	装置	装置	装置	装置
ABS(一类)	装置	装置	装置	装置	装置
蹄片间隙自调装置	装置	装置	装置	装置	装置
缓速器	装置	装置	装置	装置	—
底盘自动润滑系统	—	—	—	—	—
节能风扇散热系统	装置	装置	装置	装置	装置
后置发动机舱温度报警系统和自动灭火装置	装置	装置	装置	装置	装置
无内胎子午线轮胎	装置	装置	装置	装置	装置
胎压监测报警系统	—	—	—	—	—
轮胎爆胎应急安全装置	—	—	—	—	—
座间距(同向)(mm) ≥	720	720	720	720	720
座垫宽(mm) ≥	440	440	440	440	440
座椅深(mm) ≥	440	440	440	440	440
靠背高(mm) ≥	680	680	680	680	680
靠背角度可调(15°~30°)	装置	装置	装置	装置	装置
扶手(靠通道处)	可调	可调	可调	可调	可调
座椅脚蹬	可调	可调	可调	可调	—
座椅横移(向通道)(mm) ≥	60	60	60	60	60
座椅汽车安全带	装置	装置	装置	装置	装置
空气调节装置	冷暖	冷暖	冷暖	冷暖	冷暖
空气净化装置	—	—	—	—	—
卫生间(位置)	—	—	—	—	—
CAN 总线	—	—	—	—	—
车桥随动转向	—	—	—	—	—
影音播放及麦克风设备	装置	装置	装置	装置	装置
卫星定位系统	装置	装置	装置	装置	装置
人均行李舱容积(m^3/人) ≥	0.15	0.15	0.13	0.13	0.045
特殊结构说明					天然气

续上表

技术参数 \ 厂家 / 车型	江淮星锐 HFC6491 K1M1DF	安徽安凯 HFF6121 K06C2E5	安徽安凯 HFF6113 K06D2E4	安徽安凯 HFF6123 KC1E5	安徽安凯 HFF6113 K06D1E4
评定类型及等级	小型高一级	大型高二级	大型高二级	大型高一级	大型高一级
车身长度(mm)	4900	12000	11290	12000	11290
座位数＋司机＋导游 ≤	8＋1	53(51)＋1＋1	47(47)＋1＋1	49＋1＋1	53(53、51)＋1＋1
额定功率(kW) ≥	102	247	243	236	221
比功率(kW/t) ≥	19	13.5	13.5	12	12
匀速车内噪声[dB(A)] ≤	72	69	69	72	72
发动机位置	前	后	后	后	后
乘客门位置	前中	前中(前后)*	前中(前后)*	前中	前(前中、前后)*
车身全承载式结构	—	装置	装置	—	—
车内通道宽(mm) ≥	300	350	350	350	350
悬架类型	C	B	B	B	B
盘式制动器	装置	装置	装置	装置	装置
ABS(一类)	装置	装置	装置	装置	装置
蹄片间隙自调装置	装置	装置	装置	装置	装置
缓速器	—	装置	装置	装置	装置
底盘自动润滑系统	—	装置	装置	—	—
节能风扇散热系统	—	装置	装置	装置	装置
后置发动机舱温度报警系统和自动灭火装置	—	装置	装置	装置	装置
无内胎子午线轮胎	装置	装置	装置	装置	装置
胎压监测报警系统	—	—	—	—	—
轮胎爆胎应急安全装置	—	—	—	—	—
座间距(同向)(mm) ≥	670	760	760	720	720
座垫宽(mm) ≥	440	440	440	440	440
座椅深(mm) ≥	440	440	440	440	440
靠背高(mm) ≥	680	720	720	680	680
靠背角度可调(15°～30°)	装置	装置	装置	装置	装置
扶手(靠通道处)	可调	可调	可调	可调	可调
座椅脚蹬	—	可调	可调	可调	可调
座椅横移(向通道)(mm) ≥	—	60	60	60	60
座椅汽车安全带	装置	装置	装置	装置	装置
空气调节装置	冷暖	冷暖	冷暖	冷暖	冷暖
空气净化装置	—	装置	装置	—	—
卫生间(位置)	—	中(后)*	中(后)*	—	—
CAN 总线	—	装置	装置	—	—
车桥随动转向	—	—	—	—	—
影音播放及麦克风设备	装置	装置	装置	装置	装置
卫星定位系统	—	装置	装置	装置	装置
人均行李舱容积(m^3/人) ≥	—	0.085	0.17	0.075	0.15
特殊结构说明		低驾天然气	低驾驶区	天然气	低驾驶区

续上表

技术参数 \ 车型 \ 厂家	安徽安凯	安徽安凯	金华青年	上海申龙	上海申龙
	HFF6850 K57D1E4B	HFF6900 K08D1E4B	JNP6128M1	SLK6108 S5A	SLK6108 S5AN5
评定类型及等级	中型高一级	中型高一级	大型高一级	大型高一级	大型高一级
车身长度(mm)	8515	8990	12000	10300	10300
座位数+司机+导游 ≤	33+1+1	37+1+1	49(49)+1+1	45(43)+1+1	45(43)+1+1
额定功率(kW) ≥	162	176	228	176	191
比功率(kW/t) ≥	13	13	12	12	12
匀速车内噪声[dB(A)] ≤	72	72	72	72	72
发动机位置	后	后	后	后	后
乘客门位置	前	前	前中(前后)*	前(前中)*	前(前中)*
车身全承载式结构	—	—	—	—	—
车内通道宽(mm) ≥	350	350	350	350	350
悬架类型	B	B	B	B	B
盘式制动器	装置	装置	装置	装置	装置
ABS(一类)	装置	装置	装置	装置	装置
蹄片间隙自调装置	装置	装置	装置	装置	装置
缓速器	—	—	装置	装置	装置
底盘自动润滑系统	—	—	—	—	—
节能风扇散热系统	装置	装置	装置	装置	装置
后置发动机舱温度报警系统和自动灭火装置	装置	装置	装置	装置	装置
无内胎子午线轮胎	装置	装置	装置	装置	装置
胎压监测报警系统	—	—	—	—	—
轮胎爆胎应急安全装置	—	—	—	—	—
座间距(同向)(mm) ≥	720	720	720	720	720
座垫宽(mm) ≥	440	440	440	440	440
座椅深(mm) ≥	440	440	440	440	440
靠背高(mm) ≥	680	680	680	680	680
靠背角度可调(15°~30°)	装置	装置	装置	装置	装置
扶手(靠通道处)	可调	可调	可调	可调	可调
座椅脚蹬	—	—	可调	可调	可调
座椅横移(向通道)(mm) ≥	60	60	60	60	60
座椅汽车安全带	装置	装置	装置	装置	装置
空气调节装置	冷暖	冷暖	冷暖	冷暖	冷暖
空气净化装置	—	—	—	—	—
卫生间(位置)	—	—	—	—	—
CAN 总线	—	—	—	—	—
车桥随动转向	—	—	—	—	—
影音播放及麦克风设备	装置	装置	装置	装置	装置
卫星定位系统	装置	装置	装置	装置	装置
人均行李舱容积(m^3/人) ≥	0.09	0.09	0.15	0.13	0.065
特殊结构说明					天然气

续上表

技术参数 \ 厂家 / 车型	上汽商用车	上汽商用车	上汽商用车	上汽商用车	上汽商用车
	SH6524C1G	SH6523C1G	SH6524C1	SH6523C1	SH6521C3
评定类型及等级	小型高一级	小型高一级	小型高一级	小型高一级	小型高一级
车身长度(mm)	5168	5168	5168	5168	5168
座位数+司机+导游 ≤	7+1+1	7+1+1	7+1+1	7+1+1	8+1+1
额定功率(kW) ≥	105	95	105	85	165
比功率(kW/t) ≥	19	19	19	19	19
匀速车内噪声[dB(A)] ≤	72	72	72	72	72
发动机位置	前	前	前	前	前
乘客门位置	前中	前中	前中	前中	前中
车身全承载式结构	—	—	—	—	—
车内通道宽(mm) ≥	300	300	300	300	300
悬架类型	C	C	C	C	C
盘式制动器	装置	装置	装置	装置	装置
ABS(一类)	装置	装置	装置	装置	装置
蹄片间隙自调装置	装置	装置	装置	装置	装置
缓速器	—	—	—	—	—
底盘自动润滑系统	—	—	—	—	—
节能风扇散热系统	—	—	—	—	—
后置发动机舱温度报警系统和自动灭火装置	—	—	—	—	—
无内胎子午线轮胎	装置	装置	装置	装置	装置
胎压监测报警系统	—	—	—	—	—
轮胎爆胎应急安全装置	—	—	—	—	—
座间距(同向)(mm) ≥	670	670	670	670	670
座垫宽(mm) ≥	440	440	440	440	440
座椅深(mm) ≥	440	440	440	440	440
靠背高(mm) ≥	680	680	680	680	680
靠背角度可调(15°~30°)	装置	装置	装置	装置	装置
扶手(靠通道处)	可调	可调	可调	可调	可调
座椅脚蹬	—	—	—	—	—
座椅横移(向通道)(mm)≥	—	—	—	—	—
座椅汽车安全带	装置	装置	装置	装置	装置
空气调节装置	冷暖	冷暖	冷暖	冷暖	冷暖
空气净化装置	—	—	—	—	—
卫生间(位置)	—	—	—	—	—
CAN 总线	—	—	—	—	—
车桥随动转向	—	—	—	—	—
影音播放及麦克风设备	装置	装置	装置	装置	装置
卫星定位系统	—	—	—	—	—
人均行李舱容积(m^3/人) ≥	—	—	—	—	—
特殊结构说明					

续上表

技术参数 \ 厂家 / 车型	亚星商用车 YBL6591QE	亚星客车 YBL6138 H3QCP2	亚星客车 YBL6148 H2QCP2	亚星客车 YBL6138 H2QCP2	亚星客车 YBL6148 H1QCP2
评定类型及等级	小型高一级	特大型高三级	特大型高二级	特大型高二级	特大型高一级
车身长度(mm)	5915	12990	13680	12990	13680
座位数+司机+导游 ≤	15+1(14+1+1)	57(53)+1+1	61(57)+1+1	57(55)+1+1	65(63)+1+1
额定功率(kW) ≥	100	294	294	294	294
比功率(kW/t) ≥	19	13	12	12	11
匀速车内噪声[dB(A)] ≤	72	66	69	69	72
发动机位置	前	后	后	后	后
乘客门位置	前(前中)*	前中(前后)*	前中(前后)*	前中(前后)*	前中(前后)*
车身全承载式结构	—	装置	装置	装置	装置
车内通道宽(mm) ≥	300	350	350	350	350
悬架类型	C	A	A	A	A
盘式制动器	装置	装置	装置	装置	装置
ABS(一类)	装置	装置	装置	装置	装置
蹄片间隙自调装置	装置	装置	装置	装置	装置
缓速器	—	装置	装置	装置	装置
底盘自动润滑系统	—	装置	装置	装置	装置
节能风扇散热系统	—	装置	装置	装置	装置
后置发动机舱温度报警系统和自动灭火装置	—	装置	装置	装置	装置
无内胎子午线轮胎	装置	装置	装置	装置	装置
胎压监测报警系统	—	装置	装置	装置	—
轮胎爆胎应急安全装置	—	装置	装置	装置	装置
座间距(同向)(mm) ≥	670	780	760	760	740
座垫宽(mm) ≥	440	450	440	440	440
座椅深(mm) ≥	440	440	440	440	440
靠背高(mm) ≥	680	720	720	720	680
靠背角度可调(15°~30°)	装置	装置	装置	装置	装置
扶手(靠通道处)	可调	可调	可调	可调	可调
座椅脚蹬	—	可调	可调	可调	可调
座椅横移(向通道)(mm) ≥	—	60	60	60	60
座椅汽车安全带	装置	装置	装置	装置	装置
空气调节装置	冷暖	冷暖	冷暖	冷暖	冷暖
空气净化装置	—	装置	装置	装置	—
卫生间(位置)	—	中(后)*	中(后)*	中(后)*	—
CAN 总线	—	装置	装置	装置	—
车桥随动转向	—	装置	装置	装置	装置
影音播放及麦克风设备	装置	装置	装置	装置	装置
卫星定位系统	—	装置	装置	装置	装置
人均行李舱容积(m^3/人) ≥	—	0.085	0.075	0.075	0.065
特殊结构说明		低驾天然气	低驾天然气	低驾天然气	低驾天然气

续上表

技术参数 厂家/车型	亚星客车 YBL6138H1QCP2	亚星客车 YBL6121H2QCP	亚星客车 YBL6121H2QJ	亚星客车 YBL6127H1QJ	亚星客车 YBL6117H1QJ
评定类型及等级	特大型高一级	大型高二级	大型高二级	大型高一	大型高一级
车身长度(mm)	12990	12000	12000	12000	10690
座位数+司机+导游 ≤	61(59)+1+1	47(45)+1+1	47(45)+1+1	49(49)+1+1	45(43)+1+1
额定功率(kW) ≥	294	247	247	220	199
比功率(kW/t) ≥	11	13.5	13.5	12	12
匀速车内噪声[dB(A)] ≤	72	69	69	72	72
发动机位置	后	后	后	后	后
乘客门位置	前中(前后)*	前中(前后)*	前中(前后)*	前(前中)*	前(前中)*
车身全承载式结构	装置	装置	装置	—	—
车内通道宽(mm) ≥	350	350	350	350	350
悬架类型	A	B	B	B	B
盘式制动器	装置	装置	装置	装置	装置
ABS(一类)	装置	装置	装置	装置	装置
蹄片间隙自调装置	装置	装置	装置	装置	装置
缓速器	装置	装置	装置	装置	装置
底盘自动润滑系统	装置	装置	装置	—	—
节能风扇散热系统	装置	装置	装置	装置	装置
后置发动机舱温度报警系统和自动灭火装置	装置	装置	装置	装置	装置
无内胎子午线轮胎	装置	装置	装置	装置	装置
胎压监测报警系统	—	—	—	—	—
轮胎爆胎应急安全装置	装置	—	—	—	—
座间距(同向)(mm) ≥	740	760	760	720	720
座垫宽(mm) ≥	440	440	440	440	440
座椅深(mm) ≥	440	440	440	440	440
靠背高(mm) ≥	680	720	720	680	680
靠背角度可调(15°~30°)	装置	装置	装置	装置	装置
扶手(靠通道处)	可调	可调	可调	可调	可调
座椅脚蹬	可调	可调	可调	可调	可调
座椅横移(向通道)(mm) ≥	60	60	60	60	60
座椅汽车安全带	装置	装置	装置	装置	装置
空气调节装置	冷暖	冷暖	冷暖	冷暖	冷暖
空气净化装置	—	装置	装置	—	—
卫生间(位置)	—	中(后)*	中(后)*	—	—
CAN 总线	—	装置	装置	—	—
车桥随动转向	装置	—	—	—	—
影音播放及麦克风设备	装置	装置	装置	装置	装置
卫星定位系统	装置	装置	装置	装置	装置
人均行李舱容积(m^3/人) ≥	0.065	0.085	0.17	0.15	0.13
特殊结构说明	低驾天然气	天然气			

续上表

技术参数 \ 厂家 / 车型	亚星客车 YBL6805H1QJ1	亚星客车 YBL6758H1QJ	亚星客车 YBL6758H1QCP1	亚星客车 YBL6758H1QCP	丹东黄海 DD6128C01
评定类型及等级	中型高一级	中型高一级	中型高一级	中型高一级	大型高一级
车身长度(mm)	8045	7495	7495	7495	11985
座位数+司机+导游 ≤	21+1+1	29+1+1	21+1+1	29+1+1	49(49)+1+1
额定功率(kW) ≥	147	132	132	132	247
比功率(kW/t) ≥	13	13	13	13	12
匀速车内噪声[dB(A)] ≤	72	72	72	72	72
发动机位置	后	后	后	后	后
乘客门位置	前	前	前	前	前(前中)*
车身全承载式结构	—	—	—	—	—
车内通道宽(mm) ≥	350	350	350	350	350
悬架类型	B	B	B	B	B
盘式制动器	装置	装置	装置	装置	装置
ABS(一类)	装置	装置	装置	装置	装置
蹄片间隙自调装置	装置	装置	装置	装置	装置
缓速器	—	—	—	—	装置
底盘自动润滑系统	—	—	—	—	—
节能风扇散热系统	装置	装置	装置	装置	装置
后置发动机舱温度报警系统和自动灭火装置	装置	装置	装置	装置	装置
无内胎子午线轮胎	装置	装置	装置	装置	装置
胎压监测报警系统	—	—	—	—	—
轮胎爆胎应急安全装置	—	—	—	—	—
座间距(同向)(mm) ≥	720	720	720	720	720
座垫宽(mm) ≥	440	440	440	440	440
座椅深(mm) ≥	440	440	440	440	440
靠背高(mm) ≥	680	680	680	680	680
靠背角度可调(15°~30°)	装置	装置	装置	装置	装置
扶手(靠通道处)	可调	可调	可调	可调	可调
座椅脚蹬	—	—	—	—	可调
座椅横移(向通道)(mm) ≥	60	60	60	60	60
座椅汽车安全带	装置	装置	装置	装置	装置
空气调节装置	冷暖	冷暖	冷暖	冷暖	冷暖
空气净化装置	—	—	—	—	—
卫生间(位置)	—	—	—	—	—
CAN 总线	—	—	—	—	—
车桥随动转向	—	—	—	—	—
影音播放及麦克风设备	装置	装置	装置	装置	装置
卫星定位系统	装置	装置	装置	装置	装置
人均行李舱容积(m^3/人) ≥	0.09	—	—	—	0.15
特殊结构说明			天然气	天然气	

续上表

技术参数 \ 车型 \ 厂家	一汽客车 CA6900LRD21	长春华奥 CCA6100L01	桂林客车 GL6122HCD1	桂林客车 GL6122HKD1
评定类型及等级	中型高一级	大型高一级	大型高二级	大型高二级
车身长度(mm)	8995	10420	11600	11600
座位数 + 司机 + 导游 ≤	37 + 1 + 1	41 + 1 + 1	47 + 1 + 1	45 + 1 + 1
额定功率(kW) ≥	165	180	243	228
比功率(kW/t) ≥	13	12	13.5	13.5
匀速车内噪声[dB(A)] ≤	72	72	69	69
发动机位置	后	后	后	后
乘客门位置	前	前中	前中	前中
车身全承载式结构	—	—	装置	装置
车内通道宽(mm) ≥	350	350	350	350
悬架类型	B	B	B	B
盘式制动器	装置	装置	装置	装置
ABS(一类)	装置	装置	装置	装置
蹄片间隙自调装置	装置	装置	装置	装置
缓速器	—	装置	装置	装置
底盘自动润滑系统	—	—	装置	装置
节能风扇散热系统	装置	装置	装置	装置
后置发动机舱温度报警系统和自动灭火装置	装置	装置	装置	装置
无内胎子午线轮胎	装置	装置	装置	装置
胎压监测报警系统	—	—	—	—
轮胎爆胎应急安全装置	—	—	—	—
座间距(同向)(mm) ≥	720	720	760	760
座垫宽(mm) ≥	440	440	440	440
座椅深(mm) ≥	440	440	440	440
靠背高(mm) ≥	680	680	720	720
靠背角度可调(15°~30°)	装置	装置	装置	装置
扶手(靠通道处)	可调	可调	可调	可调
座椅脚蹬	—	可调	可调	可调
座椅横移(向通道)(mm) ≥	60	60	60	60
座椅汽车安全带	装置	装置	装置	装置
空气调节装置	冷暖	冷暖	冷暖	冷暖
空气净化装置	—	—	装置	装置
卫生间(位置)	—	—	中	中
CAN 总线	—	—	装置	装置
车桥随动转向	—	—	—	—
影音播放及麦克风设备	装置	装置	装置	装置
卫星定位系统	装置	装置	装置	装置
人均行李舱容积(m^3/人) ≥	0.09	0.13	0.17	0.17
特殊结构说明			低驾驶区	

* 注释:()表示可选配置,9m 以上客车选装单门状态时应安装外推式逃生窗,逃生窗布置和数量应符合 GB 7258、GB 13094 的要求;另,所有客车的行李舱最大内高不得超过 1.3m。

附件2

关于《高级客车类型划分及等级评定表》的说明

一、评定表中各车型的技术参数及服务装备，详见交通运输部网站(http://www.moc.gov.cn)信息查询中客车等级查询系统。

二、车辆各项技术参数及服务装备均须符合评定表中的要求，只要有一项低于相应类型及等级的标准限制，在核发《道路运输证》时就不能核定为该类别及等级。确需降级的，由地市级道路运输管理机构对该车型进行现场核查和实测，确认符合标准后，才予以降级。高级客车等级只能下降一个等级。

三、评定表中各车型的技术参数及服务装备等均以新出厂的车辆为依据，所有内容均经过现场核查或实测。对于在用营运客车，还应根据车辆的实际技术状况进行等级评定。

四、对已评定类型及等级的客车因改装(改造)，引起评定表中所列技术参数及服务装备变化的，须重新核定等级。

五、评定表中划"—"的为该等级车型该项技术参数或服务装备不要求。

附件 3

企业名称与厂家简称对照表

序　号	申报企业名称	厂 家 简 称
1	北汽福田汽车股份有限公司	福田汽车
2	北京北方华德尼奥普兰客车股份有限公司	北京北方
3	扬州亚星客车股份有限公司	亚星客车
4	扬州亚星商用车有限公司	亚星商用车
5	金龙联合汽车工业(苏州)有限公司	苏州金龙
6	一汽客车(无锡)有限公司	一汽无锡
7	郑州宇通客车股份有限公司	郑州宇通
8	安徽安凯汽车股份有限公司	安徽安凯
9	安徽江淮汽车股份有限公司	江淮星锐
10	金华青年汽车制造有限公司	金华青年
11	中国重汽集团济南豪沃客车有限公司	豪沃客车
12	烟台舒驰客车有限责任公司	烟台舒驰
13	厦门金龙联合汽车工业有限公司	厦门金龙
14	厦门金龙旅行车有限公司	厦门金旅
15	福建奔驰汽车工业有限公司	福建奔驰
16	上汽商用车有限公司	上汽商用车
17	上海申龙客车有限公司	上海申龙
18	西安西沃客车有限公司	西安西沃
19	湖南中联重科车桥有限公司	中联重科
20	东风柳州汽车有限公司	东风柳汽
21	桂林客车工业集团有限公司	桂林客车
22	广汽日野(沈阳)汽车有限公司	广汽日野(沈阳)
23	丹东黄海汽车有限责任公司	丹东黄海
24	一汽客车有限公司	一汽客车
25	长春华奥汽车制造有限公司	长春华奥
26	江铃集团晶马汽车有限公司	江西江铃

交通运输部办公厅关于印发道路危险货物运输从业人员从业资格考试大纲、培训教学大纲和培训教学计划的通知

交办运〔2014〕131 号　2014.6.29

各省、自治区、直辖市、新疆生产建设兵团交通运输厅(局、委),天津市交通运输和港口管理局:

为贯彻落实《道路危险货物运输管理规定》(交通运输部令 2013 年第 2 号),进一步做好道路危险货物运输从业人员从业资格考试和培训工作,提高道路危险货物运输从业人员素质,保障道路危险货物运输和人民生命财产安全,经交通运输部同意,现将《道路危险货物运输从业人员从业资格考试大纲》、《道路危险货物运输从业人员培训教学大纲》和《道路危险货物运输从业人员培训教学计划》印发给你们,请遵照执行。2007 年发布的《道路危险货物运输从业人员资格考试大纲》和 2005 年发布的《道路危险货物运输从业人员培训教学计划与教学大纲》同时废止。

道路危险货物运输从业人员从业资格考试大纲

为加强道路危险货物运输从业人员从业资格管理，提高道路危险货物运输从业人员综合素质，根据《中华人民共和国道路运输条例》、《危险化学品安全管理条例》、《道路危险货物运输管理规定》等有关法律、行政法规及规章，制定本大纲。

一、适用范围

申请道路危险货物运输从业人员从业资格证件的人员，包括驾驶人员、押运人员和装卸管理人员。

二、执行主体

道路危险货物运输从业人员从业资格考试由设区的市级人民政府交通运输主管部门，按照交通运输部《道路运输从业人员管理规定》和本考试大纲的要求组织实施。

三、考试分类、方式及合格标准

（一）考试分类。

从业资格考试分三类：

1. 道路危险货物运输驾驶人员从业资格考试；

2. 道路危险货物运输押运人员从业资格考试；

3. 道路危险货物运输装卸管理人员从业资格考试。

（二）考试方式。

道路危险货物运输从业人员从业资格考试为理论知识考试，采用闭卷方式，并逐步实行计算机系统随机抽题考试。每套试题分为判断题、单项选择题两种类型，共100题，其中，判断题和单项选择题各50题，每题1分。试题内容比例，其中法律法规等基础知识题占30%，专业知识题占70%。

（三）考试时间、分值及合格标准。

理论考试时间为60分钟，满分100分，每题1分，90分及以上合格。

（四）成绩确认及有效期。

考试成绩必须由两名考核员签字确认，考试成绩在考试结束后10日内公布。考试成绩有效期为1年。

四、考试内容及要求

（一）道路危险货物运输驾驶人员从业资格考试内容及要求。

1. 掌握道路危险货物运输相关法律、法规常识；

2. 了解社会责任及职业道德；

3. 掌握常见危险货物分类和相关特性；

4. 了解道路危险货物运输包装常识；

5. 掌握道路危险货物运输车辆基本要求；

6. 熟悉危险源的识别与防御性驾驶知识；

7. 掌握道路危险货物运输安全及事故应急处置；

8. 掌握低碳、节能、环保等新技术应用；

*9. 熟悉爆炸品运输安全及事故的应急处置；

#10. 熟悉剧毒化学品运输安全及事故的应急处置。

（二）道路危险货物运输押运人员从业资格考试内容及要求。

1. 掌握道路危险货物运输相关法律、法规常识；

2. 了解社会责任及职业道德；

3. 掌握常见危险货物分类和相关特性；

4. 了解道路危险货物运输包装常识和装卸基本常识；

5. 掌握道路危险货物运输押运知识；

6. 了解道路危险货物运输车辆基本要求；

7. 掌握道路危险货物运输安全及事故应急处置；

*8. 熟悉爆炸品运输安全及事故的应急处置；

#9. 熟悉剧毒化学品运输安全及事故的应急处置。

（三）道路危险货物运输装卸管理人员从业资格考试内容及要求。

1. 掌握道路危险货物运输相关法律、法规常识；

2. 了解社会责任及职业道德；

3. 掌握常见危险货物分类和相关特性；

4. 掌握道路危险货物装卸安全知识和包装常识；

5. 了解道路危险货物运输车辆基本要求；

6. 熟悉道路危险货物运输安全及事故应急处置；

*7. 掌握爆炸品运输装卸安全及事故的应急处置；

#8. 掌握剧毒化学品运输装卸安全及事故的应急处置。

注:爆炸品运输从业人员应考带 * 内容;剧毒化学品运输从业人员应考带#内容。

五、考试内容及分值分配

(一)道路危险货物运输驾驶人员从业资格考试内容及分值分配。

考 试 项 目	考 试 内 容	分值分配(分)	
		判断题	选择题
1. 危险货物运输相关法律、法规常识	道路危险货物运输行政法规、规章: 1.《中华人民共和国道路运输条例》中与危险货物运输的相关部分 2.《危险化学品安全管理条例》(国务院第591号令) 3.《道路危险货物运输管理规定》(交通运输部2013年第2号令)	6	6
	4.《中华人民共和国安全生产法》规定的从业人员应有的权利、应尽的义务及所承担的责任 5.《中华人民共和国道路交通安全法》及实施条例中危险货物运输车辆、驾驶人员相关规定,危险货物运输驾驶员违法行为所应承担的责任	2	2
	道路危险货物运输技术标准: 6.《危险货物分类和品名编号》(GB 6944)中对危险货物的定义、分类及编号方式等 7.《危险货物品名表》(GB 12268)	2	2

续上表

考试项目	考试内容	分值分配(分)	
		判断题	选择题
1. 危险货物运输相关法律、法规常识	8.《汽车运输危险货物规则》(JT 617) 9.《汽车运输、装卸危险货物作业规程》JT 618)	2	2
2. 社会责任与职业道德	1. 危险货物运输驾驶员的社会责任 2. 危险货物运输驾驶员的职业道德 3. 危险货物运输驾驶员的行为要求	3	3
3. 常见危险货物的分类和相关特性(爆炸品运输从业人员应考带*内容;剧毒化学品运输从业人员应考带#内容)	常见危险货物分类和特性	8	8
	*爆炸品特性	(8)	(8)
	#剧毒化学品特性	(8)	(8)
4. 危险货物运输包装常识	1. 危险货物运输包装基本要求 2. 危险货物运输包装的基本分类及其所适用的危险货物	2	2
	3. 危险货物运输包装储运图示标志的分类及含义	3	3
	4. 危险货物运输包装标志的分类及使用要求		
	5.《道路危险货物运输车辆的标志》(GB 13392)中有关道路危险货物运输车辆标志的分类、材质、图形和悬挂位置等要求	2	2
5. 危险货物运输车辆技术要求	1. 道路危险货物运输车辆类型和基本要求	2	2
	2.《营运车辆综合性能要求和检测方法》(GB 18565)中对道路危险货物运输专用车辆技术性能的要求 3.《营运车辆技术等级划分和评定要求》(JT/T 198)中对道路危险货物运输专用车辆技术等级的要求	2	2
	4. 道路危险货物运输车辆安全设施	2	2

续上表

考试项目	考试内容	分值分配(分)	
		判断题	选择题
5. 危险货物运输车辆技术要求	5. 汽车维护基本常识 6. 低碳、节能与环保技术 7. 汽车新技术应用	3	3
	8. 道路危险货物运输工、属具的要求	1	1
6. 安全意识与安全行车	1. 道路危险货物运输安全驾驶 2. 危险源识别与防御性驾驶	3	3
7. 危险货物运输安全及事故应急处置(爆炸品运输从业人员应考带＊内容;剧毒化学品运输从业人员应考带#内容)	1. 压缩气体和液化气体运输安全及事故应急处置	7	7
	2. 易燃液体运输安全及事故应急处置		
	3. 易燃固体、易于自燃的物质、遇水放出易燃气体的物质运输安全及事故应急处置		
	4. 氧化性物质和有机过氧化物运输安全及事故应急处置		
	5. 毒性物质和感染性物质运输安全及事故应急处置		
	6. 腐蚀性物质运输安全及事故应急处置		
	＊爆炸品运输安全及事故应急处置	(7)	(7)
	#剧毒化学品运输安全及事故应急处置	(7)	(7)

(二)道路危险货物运输押运人员从业资格考试内容及分值分配。

考试项目	考试内容	分值分配(分)	
		判断题	选择题
1. 危险货物运输相关法律、法规常识	道路危险货物运输行政法规、规章: 1.《中华人民共和国道路运输条例》中与危险货物运输的相关部分 2.《危险化学品安全管理条例》(国务院第591号令) 3.《道路危险货物运输管理规定》(交通运输部2013年第2号令)	6	6

续上表

考试项目	考试内容	分值分配(分)	
		判断题	选择题
1. 危险货物运输相关法律、法规常识	4.《中华人民共和国安全生产法》规定的从业人员应有的权利、应尽的义务及所承担的责任 5.《中华人民共和国道路交通安全法》及实施条例中相关规定,危险货物运输违法行为所应承担的责任	2	2
	道路危险货物运输技术标准: 6.《危险货物分类和品名编号》(GB 6944)中对危险货物定义、分类及编号方式等 7.《危险货物品名表》(GB 12268)	2	2
	8.《汽车运输危险货物规则》(JT 617) 9.《汽车运输、装卸危险货物作业规程》(JT 618)	2	2
2. 社会责任与职业道德	1. 危险货物运输押运人员的社会责任 2. 危险货物运输押运人员的职业道德 3. 危险货物运输押运人员的行为要求	3	3
3. 常见危险货物的分类和相关特性(爆炸品运输从业人员应考带 * 内容;剧毒化学品运输从业人员应考带#内容)	常见危险货物分类和特性	8	8
	* 爆炸品特性	(8)	(8)
	#剧毒化学品特性	(8)	(8)
4. 危险货物运输包装常识与装卸安全知识	1. 危险货物运输包装基本要求 2. 危险货物运输包装的基本分类及其所适用的危险货物	2	2
	3. 危险货物运输包装储运图示标志的分类及含义	1	1
	4. 危险货物运输包装标志的分类及使用要求	2	2
	5.《道路危险货物运输车辆的标志》(GB 13392)中有关道路危险货物运输车辆标志的分类、材质、图形和悬挂位置等要求	1	1

续上表

<table>
<tr><th rowspan="2">考 试 项 目</th><th rowspan="2">考 试 内 容</th><th colspan="2">分值分配(分)</th></tr>
<tr><th>判断题</th><th>选择题</th></tr>
<tr><td>4. 危险货物运输包装常识与装卸安全知识</td><td>6. 装卸机具的基本要求(包括安全性能、技术性能和安全操作规程)
7. 道路危险货物运输装卸过程的安全要求</td><td>2</td><td>2</td></tr>
<tr><td rowspan="3">5. 危险货物运输押运安全知识</td><td>1. 道路危险货物运输押运人员职责和技能要求</td><td>3</td><td>3</td></tr>
<tr><td>2. 道路危险货物运输押运安全要求(包括出车前准备、运输过程安全要求)</td><td>2</td><td>2</td></tr>
<tr><td>3. 各类危险货物押运安全要求</td><td>2</td><td>2</td></tr>
<tr><td rowspan="3">6. 危险货物运输车辆技术要求</td><td>1. 道路危险货物运输车辆类型和基本要求</td><td>2</td><td>2</td></tr>
<tr><td>2. 道路危险货物运输车辆的安全设施</td><td>1</td><td>1</td></tr>
<tr><td>3.《营运车辆综合性能要求和检测方法》(GB 18565)中对道路危险货物运输专用车辆技术性能的要求
4.《营运车辆技术等级划分和评定要求》(JT/T 198)中对道路危险货物运输专用车辆技术等级的要求</td><td>2</td><td>2</td></tr>
<tr><td rowspan="8">7. 危险货物运输安全及事故应急处置(爆炸品运输从业人员应考带＊内容;剧毒化学品运输从业人员应考带#内容)</td><td>1. 压缩气体和液化气体运输安全及事故应急处置</td><td rowspan="6">7</td><td rowspan="6">7</td></tr>
<tr><td>2. 易燃液体运输安全及事故应急处置</td></tr>
<tr><td>3. 易燃固体、易于自燃的物质、遇水放出易燃气体的物质运输安全及事故应急处置</td></tr>
<tr><td>4. 氧化性物质和有机过氧化物运输安全及事故应急处置</td></tr>
<tr><td>5. 毒性物质和感染性物质运输安全及事故应急处置</td></tr>
<tr><td>6. 腐蚀性物质运输安全及事故应急处置</td></tr>
<tr><td>＊爆炸品运输安全及事故应急处置</td><td>(7)</td><td>(7)</td></tr>
<tr><td>#剧毒化学品运输安全及事故应急处置</td><td>(7)</td><td>(7)</td></tr>
</table>

（三）道路危险货物运输装卸管理人员从业资格考试内容及分值分配。

<table>
<tr><th rowspan="2">考试项目</th><th rowspan="2">考试内容</th><th colspan="2">分值分配(分)</th></tr>
<tr><th>判断题</th><th>选择题</th></tr>
<tr><td rowspan="4">1. 危险货物运输相关法律、法规常识</td><td>道路危险货物运输行政法规、规章：
1.《中华人民共和国道路运输条例》中与危险货物运输的相关部分
2.《危险化学品安全管理条例》(国务院第591号令)
3.《道路危险货物运输管理规定》(交通运输部2013年第2号令)</td><td>6</td><td>6</td></tr>
<tr><td>4.《中华人民共和国安全生产法》规定的从业人员应有的权利、应尽的义务及所承担的责任
5.《中华人民共和国道路交通安全法》及实施条例中相关规定，危险货物运输违法行为所应承担的责任</td><td>2</td><td>2</td></tr>
<tr><td>道路危险货物运输技术标准：
6.《危险货物分类和品名编号》(GB 6944)中对危险货物的定义、分类及编号方式等
7.《危险货物品名表》(GB 12268)</td><td>2</td><td>2</td></tr>
<tr><td>8.《汽车运输危险货物规则》(JT617)
9.《汽车运输、装卸危险货物作业规程》(JT 618)</td><td>2</td><td>2</td></tr>
<tr><td>2. 社会责任及职业道德</td><td>1. 危险货物运输装卸管理人员的社会责任
2. 危险货物运输装卸管理人员的职业道德
3. 危险货物运输装卸管理人员的行为要求</td><td>3</td><td>3</td></tr>
<tr><td rowspan="3">3. 常见危险货物的分类和相关特性(爆炸品运输从业人员应考带＊内容；剧毒化学品运输从业人员应考带#内容)</td><td>常见危险货物分类和特性</td><td>8</td><td>8</td></tr>
<tr><td>＊爆炸品特性</td><td>(8)</td><td>(8)</td></tr>
<tr><td>#剧毒化学品特性</td><td>(8)</td><td>(8)</td></tr>
<tr><td rowspan="2">4. 危险货物运输包装常识</td><td>1. 危险货物运输包装基本要求
2. 危险货物运输包装的基本分类及其所适用的危险货物</td><td>2</td><td>2</td></tr>
<tr><td>3. 危险货物运输包装储运图示标志的分类及含义</td><td>2</td><td>2</td></tr>
</table>

续上表

考试项目	考试内容	分值分配(分)	
		判断题	选择题
4. 危险货物运输包装常识	4. 危险货物运输包装标志的分类及使用要求	2	2
	5.《道路危险货物运输车辆的标志》(GB 13392)中有关道路危险货物运输车辆标志的分类、材质、图形和悬挂位置等要求	1	1
5. 危险货物运输装卸安全基本知识	1. 装卸管理人员的基本要求	3	3
	2. 装卸机具的基本要求(包括安全性能、技术性能和安全操作规程)	3	3
	3. 道路危险货物运输装卸过程的安全要求	3	3
	4. 道路危险货物运输工、属具的要求	2	2
6. 危险货物运输车辆技术要求	1. 道路危险货物运输车辆类型和基本要求	2	2
	2. 道路危险货物运输车辆的安全设施	1	1
	3.《营运车辆综合性能要求和检测方法》(GB 18565)中对道路危险货物运输专用车辆技术性能的要求 4.《营运车辆技术等级划分和评定要求》(JT/T 198)中对道路危险货物运输专用车辆技术等级的要求	2	2
7. 危险货物运输安全及事故应急处置(爆炸品运输从业人员应考带＊内容;剧毒化学品运输从业人员应考带#内容)	1. 压缩气体和液化气体运输安全及事故应急处置	7	7
	2. 易燃液体运输安全及事故应急处置		
	3. 易燃固体、易于自燃的物质、遇水放出易燃气体的物质运输安全及事故应急处置		
	4. 氧化性物质和有机过氧化物运输安全及事故应急处置		
	5. 毒性物质和感染性物质运输安全及事故应急处置		
	6. 腐蚀性物质运输安全及事故应急处置		
	＊爆炸品运输安全及事故应急处置	(7)	(7)
	#剧毒化学品运输安全及事故应急处置	(7)	(7)

道路危险货物运输从业人员
培训教学大纲

第一篇　法律法规及技术标准篇

第一章　概述

教学要求:了解道路危险货物运输的重要性。

第二章　职业道德与道路危险货物运输法规及技术标准简介

教学要求:

1. 了解道路危险货物运输从业人员社会责任与职业道德内容、要求及有关行政法规体系和主要要求。

2. 了解道路危险货物运输有关技术标准体系和主要要求。

教学内容:

第一节　道路危险货物运输从业人员社会责任与职业道德

第二节　道路危险货物运输行政法规

第三节　道路危险货物运输技术标准

第三章　道路危险货物运输管理

教学要求:

1. 了解道路危险货物运输企业资质要求。

2. 了解道路危险货物运输管理的特点。

3. 了解道路危险货物运输管理的内容。

4. 了解道路危险货物运输行业管理的内容。

5. 了解道路危险货物运输管理人员的基本要求。

教学内容:

第一节　道路危险货物运输企业资质要求

第二节　道路危险货物运输管理的特点

第三节　道路危险货物运输企业管理的内容

第四节　道路危险货物运输行业管理的内容

第五节　道路危险货物运输管理人员的基本要求

第四章　危险货物的分类与相关特性

教学要求：

1. 了解货物物理及化学特性。

2. 熟悉危险货物分类及品名编号。

3. 熟悉各类危险货物定义及特性。

教学内容：

第一节　货物物理及化学特性

第二节　危险货物分类及品名编号

第三节　各类危险货物定义及特性

第五章　《危险货物品名表》及其适用

教学要求：

1. 熟悉《危险货物品名表》的结构和作用。

2. 熟悉危险货物运输的限制。

3. 了解危险货物运输适用(《道路危险货物运输管理规定》)的免除。

教学内容：

第一节　《危险货物品名表》的结构和作用

第二节　危险货物运输的限制与相关免除

第六章　危险货物运输包装常识

教学要求：

1. 了解危险货物运输包装基本要求。

2. 了解危险货物运输包装分类。

3. 熟悉危险货物运输包装标志。

4. 了解危险货物运输包装英文标识。

教学内容：

第一节　危险货物运输包装基本要求

第二节　危险货物运输包装分类

第三节　危险货物运输包装标志

第四节　危险货物运输包装英文标识

第七章　道路危险货物运输托运及承运

教学要求：

1. 熟悉道路危险货物运输托运人责任。
2. 掌握道路危险货物运输承运人责任。
3. 熟悉道路危险货物运输受理。
4. 熟悉道路危险货物运输相关文件。

教学内容：

第一节　道路危险货物运输托运人责任

第二节　道路危险货物运输承运人责任

第三节　道路危险货物运输受理

第四节　道路危险货物运输相关文件

第八章　道路危险货物运输安全及应急预案

教学要求：

1. 掌握道路危险货物安全运输的方法及危险源的识别。
2. 了解制订事故应急预案的原则。
3. 了解制订事故应急预案的基本指导思想。
4. 了解制订事故应急预案的基本要求和基本内容。

教学内容：

第一节　道路危险货物安全运输的方法及危险源的识别

第二节　制订事故应急预案的原则、基本指导思想

第三节　制订事故应急预案的基本要求和基本内容

* **第九章**　爆炸品特性及安全运输

教学要求：

1. 爆炸品物理及化学特性。
2. 爆炸品分类。
3. 爆炸品定义及特性。

教学内容：

第一节　爆炸品物理及化学特性

第二节　爆炸品分类

第三节　爆炸品定义及特性

第四节　爆炸品运输安全及应急处置

#第十章　剧毒化学品特性及安全运输

教学要求：

1. 剧毒化学品物理及化学特性。
2. 剧毒化学品分类及品名编号。
3. 剧毒化学品定义及特性。

教学内容：

第一节　剧毒化学品物理及化学特性

第二节　剧毒化学品分类及品名编号

第三节　剧毒化学品定义及特性

第四节　剧毒化学品运输安全及应急处置

第二篇　驾驶人员篇

第一章　道路危险货物运输驾驶人员基本要求

教学要求：

熟悉道路危险货物运输驾驶人员职业基本要求。

教学内容：

第一节　道路危险货物运输驾驶人员社会责任与职业道德

第二节　道路危险货物运输驾驶人员基本要求

第二章　道路危险货物运输车辆基本要求

教学要求：

1. 了解道路危险货物运输车辆类型和基本要求。
2. 了解道路危险货物运输车辆安全设施。

教学内容：

第一节　道路危险货物运输车辆车型基本要求

第二节　道路危险货物运输车辆维护基本常识

第三章　道路危险货物运输安全及事故应急措施

教学要求：

1. 熟悉道路危险货物运输安全及事故应急措施。

2. 掌握常运危险货物安全及事故应急措施。

3. 低碳、环保、节能等新技术应用。

教学内容：

第一节　压缩气体和液化气体运输安全及应急措施

第二节　易燃液体运输安全及应急措施

第三节　易燃固体、易于自燃的物质、遇水放出易燃气体的物质运输安全及应急措施

第四节　氧化性物质和有机过氧化物运输安全及应急措施

第五节　毒性物质和感染性物质运输安全及应急措施

第六节　腐蚀性物质运输安全及应急措施

第七节　杂项危险物质和物品运输安全及应急处置

第八节　低碳、环保、节能等新技术应用

第四章　道路危险货物运输事故典型案例分析

教学要求：

1. 了解典型案例发生的基本过程、原因分析。

2. 了解典型案例给予的经验与教训。

3. 危险源的识别与防御性驾驶。

教学内容：

第一节　典型案例发生的基本过程、原因分析、经验与教训

第二节　危险源的识别与防御性驾驶

第三篇　押运人员篇

第一章　道路危险货物运输押运人员基本要求

教学要求：

了解道路危险货物运输押运人员职业道德及基本要求。

教学内容：

第一节　道路危险货物运输押运人员职业道德

第二节　道路危险货物运输押运人员基本要求

第二章 道路危险货物运输押运过程安全及事故应急处置

教学要求：

1. 掌握各类道路危险货物运输押运过程安全及事故应急处置。

2. 掌握着火防范措施、医疗急救常识。

3. 掌握危险化学品事故的报告和上报程序。

教学内容：

第一节 道路危险货物运输押运安全基本要求

第二节 道路运输各类危险货物押运安全要求

第三节 道路危险货物运输押运事故应急措施

第四节 常见火灾事故及其防范措施

第五节 医疗急救常识

第六节 道路危险货物运输事故的报告和上报程序

第三章 道路危险货物运输押运事故典型案例分析

教学要求：

1. 了解典型案例发生的基本过程、原因分析。

2. 了解典型案例给予的经验与教训。

教学内容：

典型案例发生的基本过程、原因分析、经验与教训。

第四篇 装卸管理人员篇

第一章 道路危险货物运输装卸管理人员基本要求

教学要求：

1. 了解道路危险运输装卸管理人员职业道德内容及基本要求。

2. 了解道路危险货物运输装卸概念、地位、特点、分类以及汽车运输装卸作业的机械化、自动化。

第二章 道路危险货物运输装卸条件及基本要求

教学要求：

1. 了解道路运输装卸机具及设备条件。

2. 熟悉道路运输装卸危险货物基本要求。

教学内容：

第一节 道路运输装卸管理人员要求及车辆条件

第二节 道路运输装卸机具及设备条件

第三节 道路运输装卸危险货物基本要求

第三章 道路危险货物运输装卸安全及事故应急措施

教学要求：

掌握各类道路危险货物运输及散装危险货物装卸安全及事故应急措施。

教学内容：

第一节 道路运输各类危险货物装卸安全及事故应急措施

第二节 道路运输散装危险货物和集装箱危险货物的装卸安全

第四章 道路危险货物运输典型事故案例分析

教学要求：

1. 了解典型案例发生的基本过程、原因分析。

2. 了解典型案例给予的经验与教训。

教学内容：

典型案例发生的基本过程、原因分析、经验与教训。

第五篇 新技术应用推广篇

教学要求：

了解在道路危险货物运输行业中常用的一些先进技术和产品。

教学内容：

1. 汽车制动防抱死系统(ABS)新技术。

2. 缓速器。

3. 废气涡轮增压技术。

4. 高压共轨技术。

5. 卫星定位系统。

爆炸品运输从业人员应学习带 * 内容;剧毒化学品运输从业人员应学习带#内容。

道路危险货物运输从业人员培训教学计划

一、培训目的

通过培训，使道路危险货物运输从业人员了解我国道路危险货物运输的法律、法规和技术标准方面的基本知识；熟悉所运危险货物的安全知识；掌握常见危险货物的基本知识；熟练使用道路危险货物运输应急预案。

二、课程设置及要求

(一)课程内容。

1. 法律、法规及技术标准篇。

(1)概述。

(2)社会责任与职业道德。

(3)道路危险货物运输法规及技术标准简介。

(4)道路危险货物运输管理。

(5)危险货物的分类与相关特性。

(6)《危险货物品名表》及其适用。

(7)危险货物包装常识。

(8)道路危险货物运输托运及承运。

(9)道路危险货物运输事故应急预案。

*(10)爆炸品特性及运输管理。

#(11)剧毒化学品特性及运输管理。

2. 驾驶人员篇。

(1)道路危险货物运输驾驶人员基本要求。

(2)道路危险货物运输车辆基本要求。

(3)道路危险货物运输安全及事故应急处置。

(4)道路危险货物运输事故典型案例分析。

(5)低碳、环保、节能新技术应用。

(6)危险源辨识与防御性驾驶。

(7)汽车维护基本常识。

3. 押运人员篇。

(1)道路危险货物运输押运人员基本要求。

(2)道路危险货物运输押运安全及事故应急处置。

(3)道路危险货物运输押运安全及事故典型案例分析。

4. 装卸管理人员篇。

(1)道路危险货物运输装卸管理人员基本要求。

(2)道路危险货物运输装卸条件及基本要求。

(3)道路危险货物运输装卸作业安全及事故应急处置。

(4)道路危险货物运输装卸事故典型案例分析。

5. 新技术应用推广篇。

(1)ABS 系统新技术。

(2)缓速器。

(3)废气涡轮增压技术。

(4)高压共轨技术。

(5)卫星定位系统。

(二)基本要求。

1. 驾驶、押运和装卸管理人员要熟知道路危险货物运输特点和职业道德;熟知道路危险货物运输基础知识;重点了解道路危险货物运输有关法规、标准和包装常识;了解道路危险货物运输管理知识;掌握常见的危险货物相关特性;掌握《危险货物品名表》及其适用;掌握道路危险货物运输的托运与承运;掌握道路危险货物运输事故应急预案的事项。

2. 驾驶人员要掌握道路危险货物运输车辆基本要求;熟知道路危险货物运输安全及事故应急措施。

3. 押运人员要掌握道路危险货物押运过程基本要求;熟知道路危险货物押运过程安全及事故应急措施。

4. 装卸管理人员要掌握危险货物装卸机具基本要求;熟知各类危险货物装卸作业安全及事故应急措施。装卸管理人员要熟知危险货物装卸作业安全及事故应急措施；熟知危险货物运输车辆及设备特殊要求和危险货物运输及装卸安全。

5. 了解在道路危险货物运输行业中常用的一些先进技术和产品。

三、课时安排

篇　章	内　　容	驾驶人员	押运人员	装卸管理人员
第一篇	**法律法规及技术标准篇**	18	18	18
第一章	概述	8	8	8
第二章	职业道德与道路危险货物运输法规及技术标准简介			
第三章	道路危险货物运输管理	2	2	2
第四章	危险货物的分类与相关特性	2	2	2
第五章	《危险货物品名表》及其适用	2	2	2
第六章	危险货物运输包装常识	1	1	1
第七章	道路危险货物运输托运及承运	2	2	2
第八章	道路危险货物运输管理应急预案	1	1	1
*第九章	爆炸品特性及运输管理	2	2	2
#第十章	剧毒化学品特性及运输管理	2	2	2
第二篇	**驾驶人员篇**	14		
第一章	道路危险货物运输驾驶人员基本要求	2		
第二章	道路危险货物运输车辆基本要求及汽车维护基本常识	3		
第三章	低碳、环保、节能等新技术应用	2		
第四章	危险源的识别与防御性驾驶。	2		
第五章	道路危险货物运输安全及事故应急处置	2		
第六章	道路危险货物运输事故典型案例分析	3		

续上表

<table>
<tr><th>篇　章</th><th>内　　容</th><th>驾驶人员</th><th>押运人员</th><th>装卸管理人员</th></tr>
<tr><td>第三篇</td><td>押运人员篇</td><td></td><td>14</td><td></td></tr>
<tr><td>第一章</td><td>道路危险货物运输押运人员基本要求</td><td></td><td>4</td><td></td></tr>
<tr><td>第二章</td><td>道路危险货物运输押运过程安全及事故应急处置</td><td></td><td>5</td><td></td></tr>
<tr><td>第三章</td><td>道路危险货物运输押运过程事故典型案例分析</td><td></td><td>5</td><td></td></tr>
<tr><td>第四篇</td><td>装卸管理人员篇</td><td></td><td></td><td>14</td></tr>
<tr><td>第一章</td><td>道路危险货物运输装卸管理人员基本要求</td><td rowspan="2"></td><td rowspan="2"></td><td rowspan="2">6</td></tr>
<tr><td>第二章</td><td>道路危险货物运输装卸条件及基本要求</td></tr>
<tr><td>第三章</td><td>道路危险货物运输装卸作业安全及事故应急处置</td><td rowspan="2"></td><td rowspan="2"></td><td rowspan="2">8</td></tr>
<tr><td>第四章</td><td>道路危险货物运输装卸典型事故案例分析</td></tr>
<tr><td colspan="2">学时小计</td><td>32</td><td>32</td><td>32</td></tr>
</table>

注:爆炸品运输从业人员应学习带＊内容;剧毒化学品运输从业人员应学习带#内容。

农村道路旅客运输班线通行条件审核规则

交运发〔2014〕258号　2014.12.24

第一条　为进一步规范农村道路旅客运输(以下简称“农村客运”)发展,保障农村客运安全,根据《中华人民共和国公路法》、《中华人民共和国道路交通安全法》和《中华人民共和国道路运输条例》及相关标准规范,制定本规则。

第二条　本规则适用于新增农村客运班线通行条件审核工作。

第三条　开通农村客运班线,应当符合《道路旅客运输及站场管理规定》规定的条件,并开展农村客运班线通行条件审核工作,确保安全运行。

农村客运班线通行条件主要包括农村客运班线途经公路的技术条件、公路安全设施状况、中途停靠站点情况、车辆技术要求及相互匹配情况。

第四条　各县级交通运输部门应当报请同级人民政府同意,联合有关部门建立农村客运班线通行条件审核机制,共同制定农村客运班线通行条件审核细则,联合开展农村客运班线通行条件审核工作,科学设置中途停靠站点,公布农村客运班线信息,并明确配套支持政策,确保农村客运班线安全运行、持续服务。

对需途径等外公路的农村客运班线,还应当征求等外公路所在地乡镇人民政府的意见,对途经的客车车型、载客人数、通行时间、运行限速等提出限制性要求。

第五条　经竣(交)工验收合格,有合格的工程验收档案,路线技术指标符合行业标准规范要求的等级公路,可通行符合《营运车辆综合性能要求和检验方法》(GB 18565)要求的对应车长的营运客车。

(一)二级及以上公路,可通行各系列营运客车。

(二)设计速度为40公里/小时的三级公路,可通行车长不超过12米的营运客车。

(三)设计速度为30公里/小时的三级公路和双车道四级公路,可通行车长不超过7米的营运客车。

(四)单车道四级公路,可通行车长不超过6米的营运客车。

第六条 对等外公路确需开通农村客运班线或农村客运班线需途经等外公路的,营运客车应当为符合《营运车辆综合性能要求和检验方法》(GB 18565)和《乡村公路营运客车结构和性能通用要求》(JT/T 616)要求且车长小于6米的车辆,途经的农村公路应当满足《关于印发农村公路建设指导意见的通知》(交公路发〔2004〕372号)中《农村公路建设暂行技术要求》的规定。

第七条 农村客运线路途径的受限路段单车道隧道净高不应当小于3.5米,行车道宽度不应当小于4.0米;与单车道路基连接时,洞口两端应当按规定设置错车道。

第八条 农村客运线路途经的桥梁技术状况不得低于《公路桥梁技术状况评定标准》(JTG/T H21)规定的三类桥梁。

第九条 农村客运线路途径的农村公路受限路段尤其是起始点,应当增设必要的警示、警告等公路安全设施。

第十条 本规则要求的农村公路的有关技术指标由县级交通运输主管部门依据公路工程竣(交)工资料或施工图认定。

第十一条 本规则由交通运输部运输司负责解释。

第十二条 本规则自2015年1月1日施行。

交通运输部关于开展城乡道路客运一体化发展水平评价有关工作的通知

交运发〔2014〕259号　2014.12.24

各省、自治区、直辖市、新疆生产建设兵团交通运输厅(局、委):

为进一步推动城乡道路客运一体化发展,按照《关于积极推进城乡道路客运一体化发展的意见》(交运发〔2011〕490号)要求,交通运输部决定部署开展城乡道路客运一体化发展水平评价工作。现将有关事项通知如下:

一、建立完善城乡道路客运一体化发展水平评价机制

开展城乡道路客运一体化发展水平评价工作是科学评价城乡道路客运一体化发展成效的重要手段。各省级交通运输主管部门要高度重视,加快建立完善城乡道路客运一体化发展水平评价机制,保障评价工作规范有序推进;要加强组织领导,明确职责分工,确定具体开展评价工作的责任部门和人员;要坚持客观公正、统一协调、突出重点、综合评价的原则,科学开展城乡道路客运一体化发展水平评价工作。

城乡道路客运一体化发展水平评价对象为设区的市(州、盟)的城市市区和县级行政区(包括县级市、县、自治县、旗、自治旗、特区、林区,不包括市辖区)。设区的市(州、盟)城市市区按照一个主体进行整体评价,由城市交通运输主管部门具体组织实施;县级行政区以行政区域为一个主体进行整体评价,由县级交通运输主管部门具体组织实施。省级交通运输主管部门要制定本辖区城乡道路客运一体化发展水平评价实施办法,并加强监督检查,确保评价结果真实可靠。

二、统一城乡道路客运一体化发展水平评价指标体系和评价规范

为科学指导各地开展城乡道路客运一体化发展水平评价工作,交通运输部研究制定了《城乡道路客运一体化发展水平评价指标体系》(见附件1)和《城乡道路客运一体化发展水平评价规范》(见附件2),确定了建制村公路通畅率等8项指标,明确了各评价指标的评价内容、计算方法和数据来源。各省级交通运输主管部门要认真组织《城乡道路客运一体化发展水平评价指标体系》和《城乡道路客运一体化发展水平评价规范》的宣贯培训,指导和督促各地严格按照相关要求,科学规范开展城乡道路客运一体化发展水平评价工作。

三、规范城乡道路客运一体化发展水平评价程序

城乡道路客运一体化评价等级分为五级,即AAAAA级、AAAA级、AAA级、AA级和A级。城乡道路客运一体化发展水平评价工作每两年开展一次,评价周期为每双年的1月1日至12月31日,评价工作时段为每单年的3月1日至6月30日。评价工作按以下程序实施:

(一)自我评价。有关市县交通运输主管部门于每单年的3月1日开始,按照本通知和本省(区、市)的实施办法,对照《城乡道路客运一体化发展水平评价规范》对本地区上一评价周期的城乡道路客运一体化发展各项指标进行自我评价、计算评价分值,完成评价报告,并于3月30日前汇总至上一级交通运输主管部门;直辖市市区和辖区内县级行政区的评价报告由直辖市交通运输主管部门完成下述程序后,报交通运输部。

(二)实地核查。接到市县报送的城乡道路客运一体化发展水平评价报告的有关交通运输主管部门,应组织对有关市县城乡道路客运一体化发展水平进行实地审核,核定评价分值并进行公示,公示时间不少于5个工作日。经公示无异议后,于5月15日前将有关市县城乡道路客运一体化发展水平评价报告汇总至省级交通运输主管部门。

（三）实地抽查。省级交通运输主管部门对辖区内所有市县的城乡道路客运一体化发展水平评价结果进行汇总和抽查复核，抽查比例不低于市县数的5%，确定各市县城乡道路客运一体化发展水平等级，并将各市县的评价分值和AAAAA级、AAAA级市县名单进行公示，公示时间不少于5个工作日。经公示无异议后，于6月30日前，将城乡道路客运一体化发展水平评价报告（含辖区内所有市县的评价分值、等级、辖区综合水平和各级别市县比例）报交通运输部（同时将电子版发至ysskyc@mot.gov.cn）。

（四）情况通报。交通运输部对省级交通运输主管部门上报的城乡道路客运一体化发展水平评价报告进行汇总后，通报各省级交通运输主管部门，并抄送各省级人民政府。

四、建立城乡道路客运一体化工作激励机制

交通运输部将深化城乡道路客运一体化发展水平评价结果应用，组织开展城乡道路客运一体化试点工程，在农村公路安保工程、农村客运场站等基础设施建设和其他政策安排上向城乡道路客运一体化发展水平高或推进成效明显的市县倾斜；对城乡道路客运一体化工作成果突出的省（区、市）予以通报表扬；对城乡道路客运一体化工作进展缓慢的省（区、市）进行约谈。省级交通运输主管部门要将评价结果抄报辖区内市县人民政府，依据本辖区城乡道路客运一体化发展水平评价情况，对工作突出的市县予以通报表扬，并在省级交通固定资产年度投资计划上优先安排相关交通基础设施建设和改造项目；对城乡道路客运一体化工作进展缓慢的市县进行约谈。

附件：1. 城乡道路客运一体化发展水平评价指标体系

2. 城乡道路客运一体化发展水平评价规范

附件1

城乡道路客运一体化发展水平评价指标体系

序　号	指　标　名　称
1	建制村公路通畅率
2	建制村通客车率
3	城乡道路客运车辆公交化比率
4	城乡道路客运车辆交通责任事故万车死亡率
5	城乡道路客运基础设施一体化水平
6	城乡道路客运信息服务一体化水平
7	城乡道路客运发展政策一体化水平
8	加分项

附件2

城乡道路客运一体化发展水平评价规范

一、县市评价指标内容、计算方法及数据来源

(一)建制村公路通畅率(P1)

1. 评价内容:行政区域内已通畅建制村数量占行政区内建制村总数的比例(单位:%)。该指标满分为100分,P1数值达100%时得满分,每降低1%(不足1%时四舍五入,下同)扣2分,扣完为止。行政区内没有建制村的,该项指标默认满分。

其中,已通畅建制村,指凡在通达基础上,由路面类型为有铺装路面(沥青混凝土、水泥混凝土路面)、简易铺装路面(沥青贯入式、沥青碎石、沥青表面处治路面)和其他硬化路面[石质路面(含弹石、条石等)、混凝土预制块路面、砖铺路面等]的通达路线连通的建制村。

2. P1计算方法:

$$建制村公路通畅率=\frac{已通畅建制村数量}{建制村总数}\times100\%$$

3. 数据来源:交通运输综合统计报表。

(二)建制村通客车率(P2)

1. 评价内容:行政区内通客运车辆的建制村数占行政区建制村总数的比例情况(单位:%)。该指标满分为200分,P2数值达100%时得满分,每降低1%扣4分,扣完为止。行政区内没有建制村的,该项指标默认满分。

其中,通客运车辆的建制村数是指行政区内距离道路客运班车、公交化运营车辆或者城市公交运行起点、终点、中途停靠站点在2公里以内的建制村数。

2. P2计算方法:

$$建制村通客车率=\frac{通客运车辆的建制村数}{建制村总数}\times100\%$$

3. 数据来源:道路运输统计报表。

(三)城乡道路客运车辆公交化比率(P3)

1. 评价内容:行政区内城市公交车辆和公交化运营的农村客运车辆数之和,占行政区内所有城乡道路客运车辆数的比例(单位:%)。该指标满分为150分,P3数值达100%时得满分,每降低1%扣2分,扣完为止。行政区内全域都开通了城市公交的,该项指标默认满分。

其中,城乡道路客运车辆包括城市公交车辆和农村客运车辆(下同);公交化运营的农村客运车辆是满足以下条件的农村客运车辆:(1)票价标准低于普通农村客运班线的15%以上;(2)有确定的首末班发车时间,线路日均发班次不低于6班;(3)停靠途经建制村,在沿途停靠站点设置站牌并公布班次信息;(4)全部农村客运车辆或在该条农村客运班线内统一服务标准、车型配置、外观标志和车内配套设施。

2. 指标P3计算方法:

$$\text{城乡道路客运车辆公交化比率} = \frac{\text{城市公交车辆数} + \text{公交化运营的农村客运车辆数}}{\text{城乡道路客运车辆数}}$$

3. 数据来源:由交通运输主管部门统计提供。

(四)城乡道路客运车辆交通责任事故万车死亡率(P4)

1. 评价内容:评价期内,行政区内城乡道路客运车辆发生的交通责任事故(负同等及以上责任的交通事故)死亡人数,与辖区内城乡道路客运车辆数之比(单位:人/万车)。该指标满分为100分,P4数值为0时得满分,每增加1人/万车扣1分,扣完为止。

2. 指标P4计算方法:

$$\text{城乡道路客运车辆交通责任事故万车死亡率} = \frac{\text{城乡道路客运车辆交通责任事故死亡人数}}{\text{城乡道路客运车辆数}/10000}$$

3. 数据来源:由交通运输主管部门统计提供。

（五）城乡道路客运基础设施一体化水平（P5）

1. 评价内容：P5 指标包括三项内容，满分 150 分，行政区全面满足要求时得满分。对于行政区内全域都开通了城市公交的，该指标默认为满分。

（1）新建、改扩建农村公路项目与农村客运站点（包括简易站、招呼站、候车亭等，下同）同步设计、同步建设、同步交付使用。该项满分为 50 分，每一个新建、改扩建农村公路项目不满足扣 5 分，扣完为止。

（2）建制村 2 公里范围内建成了农村客运站点。该项满分为 50 分，每一个建制村不满足扣 2 分，扣完为止。

（3）市县城区内三级以上等级道路客运站场与城市公交站点的换乘距离小于 300m。该项满分为 50 分，每一个三级以上等级道路客运站场不满足扣 20 分，扣完为止。没有三级以上等级道路客运站场或没有开通城市公交的均为 0 分。

2. 评价依据：市县级交通运输主管部门提供的有关资料文件（需附加在评价报告内并提供给上级交通运输主管部门）。

（六）城乡道路客运信息服务一体化水平（P6）

1. 评价内容：P6 指标包括四项内容，满分 150 分，行政区全面满足要求时得满分。

（1）城乡道路客运信息通过互联网对外动态发布。该项满分为 30 分。

（2）市县城区内三级以上等级道路客运站公布可换乘的城市公交线路信息。该项满分为 30 分。没有三级以上等级道路客运站或没有开通城市公交的均为 0 分。

（3）开通了统一的交通运输服务监督电话，并保持良好运转。该项满分为 40 分。

（4）行政区全面实现道路客运联网售票或网络售票。该项满分为 50 分。

2. 评价依据：由市县级交通运输主管部门提供的有关资料文件（需附加在评价报告内并提供给上级交通运输主管部门）。

（七）城乡道路客运发展政策一体化水平（P7）

1. 评价内容：P7 指标包括四项内容，满分 150 分，行政区全面满足要求时得满分。对于行政区内全域都开通了城市公交的，该项指标默认满分。

（1）市县级行政区域建立了“一城一交”的综合交通管理体制和城乡道路客运一体化多部门联合推进机制。该项满分为 30 分。

（2）市县级人民政府编制了市县级行政区城乡道路客运一体化发展规划及场站专项规划，主要指标纳入城乡规划统筹实施。该项满分为 30 分。

（3）市县级人民政府统一了公交化运行的农村客运与城市公交在税费、财政补贴等方面的政策。该项满分为 40 分。

（4）市县级人民政府出台了支持城乡道路客运一体化发展的政策，包括交通基础设施用地安排，道路通行管理，以及场站建设、车辆购置、票价优惠、政策性亏损的财政补贴等方面。该项满分为 50 分。

2. 评价依据：由市县级交通运输主管部门提供的有关资料文件（需附加在评价报告内并提供给上级交通运输主管部门）。

（八）加分项（P8）

1. 评价内容：P8 指标包括四项内容，满分为 200 分，加满为止。

（1）建制村公路通畅率比上一年度每增加 1%，加 10 分。

（2）建制村通客车率比上一年度每增加 1%，加 10 分。

（3）城乡道路客运公交化比率比上一年度每增加 1%，加 10 分。

（4）新建道路客运站场和城市公共交通场站一体化设计、施工的城市综合客运枢纽，每一个加 20 分。

2. 评价依据：由市县级交通运输主管部门提供的本年度及上一年度有关资料文件（需附加在评价报告内并提供给上级交通运输主管部门）。

二、市县评价结果分级

市县城乡道路客运一体化评价总分为 1000 分（不含加分），评价结果分 5 个等级，分级标准见表 1。

市县城乡道路客运一体化评价结果分级表(分值含加分) 表1

分值	900 分以上	800~899 分	600~799 分	500~599 分	500 分以下
分级	AAAAA	AAAA	AAA	AA	A

三、省(区、市)评价内容、计算方法

1. 评价内容:省(区、市)城乡道路客运一体化发展综合分值(单位:分),省(区、市)城乡道路客运一体化发展各级别市县比例(单位:%)。

2. 计算方法:

$$\text{省(区、市)城乡道路客运一体化发展综合分值}=\frac{\sum\text{市县城乡道路客运一体化发展水平评价分值}}{\text{省(区、市)所辖市县总数}}$$

$$\text{省(区、市)城乡道路客运一体化发展 AAAAA 级市县比例}=\frac{\text{省(区、市)辖区内 AAAAA 级市县数量}}{\text{省(区、市)所辖市县总数}}\times 100\%$$

(其他级别市县比例计算方法参照 AAAAA 级)

全国重点营运车辆联网联控系统考核管理办法

交运发〔2014〕267 号　2014. 12. 31

第一章　总　　则

第一条　为加强全国重点营运车辆动态监管工作,规范道路运输车辆动态监督管理行为,落实道路运输企业监控主体责任,提升道路运输安全管理水平,依据《道路运输车辆动态监督管理办法》(交通运输部、公安部、国家安全监管总局 2014 年第 5 号令)及有关规定,制定本办法。

第二条　本办法所称重点营运车辆是指旅游客车、包车客车、三类以上班线客车和危险货物运输车辆。

本办法所称全国重点营运车辆联网联控系统(以下简称联网联控系统)是指由各级道路运输管理机构和相关企业建立的依托卫星定位系统技术的营运车辆动态监管、监控体系。联网联控系统包括全国道路运输车辆动态信息公共服务平台(以下简称全国平台)、地方政府管理部门(省级、地市级、县级)监管平台、道路运输企业监控平台、社会化监控平台。

联网联控系统各级各类平台的考核管理应遵守本办法。

第二章　考核内容

第三条　根据联网联控系统平台各方管理职责,按照分类考核的原则,制定平台运行情况的考核指标、道路运输管理机构考核内容和道路运输企业考核内容。

第四条 基于平台运行情况的考核指标包括:

(一)车辆入网率:截至某一统计时点至少一次向上级平台传输动态信息的车辆数占本辖区内或本企业重点营运车辆总数的比率。

(二)车辆上线率:指统计期间内向上级平台正常上传数据的车辆数占本辖区内或本企业重点营运车辆入网数的比率。

(三)平台断线率:指统计期间内下级平台与上级平台之间数据传输中断时间总和占统计期间总时长(以分钟为单位)的比率。

(四)数据不合格率:指统计期间内下级平台上传的车辆数据存在车牌号、车牌颜色、时间、经度、纬度、速度、方向、海拔等不合格数据的条数占上报条数的比率。

(五)车辆在线时长率:指统计期间内车辆在线时间总和(以分钟为单位)占统计期间运营总时长的比率。车辆运营总时长可从客运联网售票系统、客运站电子报班系统、旅游包车管理系统、危险化学品电子运单系统及其他信息系统中统计获取;车辆在线总时长可从联网联控系统统计获取。

(六)平台查岗响应率:指统计期间内政府监管平台不定期向企业监控平台下发查岗指令,监控人员在收到查岗指令后及时(5分钟之内)响应,查岗响应次数占查岗次数的比率。查岗次数每天不低于一次。

(七)超速车辆率:指统计期间内按照公安交通管理部门设定的车辆限速标准,上报超速信息的车辆数占本单位统计期间内上线重点营运车辆数的比率。

(八)超速车辆处理率:指统计期间内上报超速信息并得到企业及时处理的车辆数占本单位上报超速信息的重点营运车辆数的比率。

(九)疲劳驾驶车辆率:指统计期间内按照公安交通管理部门设定的驾驶员连续驾驶时间限制标准,上报疲劳驾驶信息的车辆数占本单位统计期间内上线重点营运车辆数的比率。

（十）疲劳驾驶车辆处理率：指统计期间内上报疲劳驾驶信息并得到企业及时处理的车辆数占本单位上报疲劳驾驶信息重点营运车辆数的比率。

（十一）车辆实时在线率：指某一统计时点实时连接并正常上传动态信息的车辆数占本辖区或本企业重点营运车辆入网数的比率。

第五条 对各级道路运输管理机构考核内容包括：

（一）制度建设情况，辖区联网联控系统管理规章制度的制定情况，监管平台的运行维护管理制度；故障处理应急预案、运行维护考核管理办法、逐级考核和通报制度等制定情况。

（二）监管平台运行情况，包括：车辆入网率、车辆上线率、平台断线率、数据不合格率、车辆实时在线率（该指标作为参考指标）。

（三）监管平台运行维护经费预算的落实情况。

（四）保障监管平台长期稳定运行的其他措施。

第六条 对道路运输企业考核内容包括：

（一）制度建设情况，包括：本企业监控平台的建设、使用和管理工作，监控平台运行维护管理与考核办法；卫星定位装置的安装、使用及维护制度；监控人员岗位职责及管理制度；交通违法动态信息处理和统计分析制度；突发事件应急处理制度等。

（二）监控人员的配备情况，包括：人员配备数量情况，人员教育培训情况，工作岗位职责和工作流程的执行情况。

（三）车辆实时监控情况，包括车辆入网率、车辆上线率、车辆在线时长率、超速车辆率、超速车辆处理率、疲劳驾驶车辆率、疲劳驾驶车辆处理率。

（四）监控平台运行情况，包括：平台断线率、数据不合格率、平台查岗响应率。

（五）车辆数据保存情况，违法驾驶及处理信息存档情况（其中动态监控数据应当至少保存 6 个月，违法驾驶信息及处理情况应当至少保存 3 年）。

第三章 职责分工

第七条 交通运输部负责联网联控系统全国平台及省级监管平台考核管理工作。

第八条 中国交通通信信息中心负责联网联控系统全国平台的运行维护及省级监管平台运行考核指标的统计工作。

第九条 各级道路运输管理机构组织本辖区内联网联控系统的考核管理工作,负责组织实施对下级监管平台的考核管理;地市、县级道路运输管理机构负责对辖区道路运输企业监控平台的考核管理,履行安全监管责任。

第四章 考核程序及考核结果应用

第十条 考核周期分为月度、年度,月度考核按自然月进行,年度考核周期为每年1月1日至12月31日。考核采取系统自动统计分析为主、现场情况勘察为辅的形式。

第十一条 各级各类平台考核实行计分制。道路运输企业有下列情形之一的,考核结果记为0分;道路运输管理机构具有第二种情形的,考核结果记为0分:

(一)破坏卫星定位装置以及恶意人为干扰、屏蔽卫星定位装置信号的。

(二)伪造、篡改、删除车辆动态监控数据的。

第十二条 建立各级各类平台考核结果定期通报制度。

交通运输部对省级监管平台考核结果予以通报,并抄送各省、自治区、直辖市交通运输厅(局、委)。

省级道路运输管理机构对地市级监管平台考核结果予以通报,并抄送各地市交通运输主管部门。

对运输企业的考核结果由负责其考核管理的道路运输管理机构通过网站等形式予以公告。

被考核单位对考核结果如有异议,可向考核单位申诉,由考核单位进行核查,考核结果有误的,应及时更正。

第十三条 道路运输管理机构考核结果应作为部门评优、年度目标考核的依据。

第十四条 道路运输企业考核结果纳入企业质量信誉考核的内容,作为运输企业班线招标和年度审验的重要依据。

第十五条 对道路运输管理机构、道路运输企业考核中发现的问题要及时整改。

第五章 附　　则

第十六条 各省、自治区、直辖市交通运输主管部门可结合本办法及实际情况制定辖区内政府监管平台、运输企业监控平台及社会化监控平台的考核办法。

各地道路运输管理机构可根据当地实际情况对运营商服务质量进行考核。

第十七条 农村客运车辆由各省根据实际情况选择参照执行。

第十八条 本办法由交通运输部负责解释。

第十九条 本办法自发布之日起施行。

附件:1. 全国重点营运车辆联网联控系统月度考核表（道路运输管理机构）

2. 全国重点营运车辆联网联控系统年度考核表（道路运输管理机构）

3. 全国重点营运车辆联网联控系统月度考核表（道路运输企业）

4. 全国重点营运车辆联网联控系统年度考核表（道路运输企业）

附件1

全国重点营运车辆联网联控系统月度考核表(道路运输管理机构)

考核项目	考核内容	分值	计分标准	得分
平台运行情况	车辆入网率	25	入网率×25; 入网率低于80%的,不得分	
	车辆上线率	25	上线率×25	
	平台断线率	25	25-断线率×5×100; 断线率大于等于5%的,不得分	
	数据不合格率	25	25-不合格率×5×100; 不合格率高于5%的,不得分	
	车辆实时在线率		参考指标,不计分	

注:①因部级平台或网络运营商而造成断线的,不计为断线时长。

②平台上传的车辆数据存在车牌号、车牌颜色、日期时间、经度、纬度、速度、方向、海拔、车辆状态、报警状态等错误信息的,数据判断为不合格。具体参照《JT/T 809—2011》4.5.8 相关信息数据体结构之规则。

③数据合理参考范围:

日期时间:≤当前时间;

经度范围:73°33′E 至 135°05′E;

纬度范围:3°51′N 至 53°33′N;

速度:0~160km/h 之间;

海拔:-200~6500m 之间

附件2

全国重点营运车辆联网联控系统年度考核表(道路运输管理机构)

考核项目	考核内容	分值	计分标准	得分
制度建设情况	联网联控系统管理办法; 应急处置办法; 违规行为处理制度	20	联网联控系统管理办法并执行,4分; 建立管理制度并落实,4分; 建立应急处置办法并执行,4分; 制定违规行为处理制度并落实,4分; 制定逐级考核和通报制度并落实,4分	
监管平台运行情况	月度平台运行情况平均值	60	各月考核结果平均值×60%	
维护经费落实情况	运行维护经费落实情况	15	落实,计15分; 未落实,不得分	
保障监管平台长期稳定运行的其他措施		5	根据实际情况酌情计分,满分5分	

附件3

全国重点营运车辆联网联控系统月度考核表(道路运输企业)

考核项目	考核内容	分值	计分标准	得分
车辆实时监控情况	车辆入网率	10	入网率×10;入网率低于95%的,不得分	
	车辆上线率	15	上线率×15	
	车辆在线时长率	20	在线时长率×20	
	超速车辆率	10	10－超速车辆率×10	
	超速报警车辆处理率	5	处理率×5	
	疲劳驾驶车辆率	10	10－疲劳车辆驾驶率×10	
	疲劳驾驶车辆处理率	5	处理率×5	
平台运行情况	平台断线率	15	15－断线率×3×100; 断线率大于等于于5%的,不得分	
	数据不合格率	5	5－不合格率×1×100; 数据不合格率高于5%的,不得分。	
	平台查岗响应率	5	响应率×5	

注:①对道路运输企业的考核各指标分值各省级道路运输管理机构根据本省(部分指标是否可实现)实际情况重新设定。

②平台上传的车辆数据存在车牌号、车牌颜色、日期时间、经度、纬度、速度、方向、海拔、车辆状态、报警状态等错误信息的,数据判断为不合格。具体参照《JT/T 809—2011》4.5.8 相关信息数据体结构之规则。

③数据合理参考范围:

日期时间:≤当前时间;

经度范围:73°33′E 至 135°05′E;

纬度范围:3°51′N 至 53°33′N;

速度:0～160km/h 之间;

海拔:－200～6500m 之间

附件 4

全国重点营运车辆联网联控系统
年度考核表(道路运输企业)

考核项目	考　核　内　容	分值	计　分　标　准	得分
制度建设情况	监控平台运行维护管理与考核办法; 卫星定位装置的安装、使用及维护制度; 监控人员岗位职责及管理制度; 交通违法动态信息处理和统计分析制度; 应急突发事件处理制度等	15	监控平台运行维护管理与考核办法建立,并执行的 3 分,否则不得分	
			卫星定位装置的安装、使用及维护制度建立,并执行的 3 分,否则不得分	
			监控人员岗位职责及管理制度建立,并执行的 3 分,否则不得分	
			交通违法动态信息处理和统计分析制度建立,并执行的 3 分,否则不得分	
			应急突发事件处理制度等;建立,并执行的 3 分,否则不得分	
监控人员的配备情况	平台人员配备及教育培训情况	10	人员配备数量符合规定,且进行人员教育培训,有培训记录的 5 分,否则不得分	
			工作岗位职责清晰,有工作流程且执行的 5 分,否则不得分	
车辆实时监控情况	月度平台运行情况平均值	40	各月考核结果计分之和的月平均值 ×40%	
监控平台运行情况	月度平台运行情况平均值	30	各月考核结果计分之和的月平均值 ×30%	
车辆数据保存情况	对违法驾驶信息及处理情况要留存在案,其中动态监控数据应当至少保存 6 个月,违法驾驶信息及处理情况应当至少保存 3 年	5	动态监控数据按要求保存完整的 3 分,违法驾驶信息及处理情况按要求保存完整的 2 分	

海 事 救 捞

内河渡口渡船安全管理规定

交通运输部令2014年第9号　2014.6.18

第一章　总　　则

第一条　为加强内河渡口渡船安全管理，维护渡运秩序，保障人民群众生命、财产安全，根据《中华人民共和国内河交通安全管理条例》，制定本规定。

第二条　中华人民共和国内河水域的渡口渡船相关活动及安全监督管理适用本规定。

第三条　交通运输部主管全国内河交通安全管理工作。

县级地方人民政府依据《中华人民共和国内河交通安全管理条例》，负责设置和撤销渡口的审批，建立、健全渡口安全管理责任制，指定负责渡口和渡运安全管理的部门。乡镇人民政府依据《中华人民共和国内河交通安全管理条例》和国务院相关规定履行乡镇渡口渡船的安全管理职责。

县级人民政府指定的部门在职责范围内负责对渡口和渡运实施安全管理。

各级海事管理机构依据各自职责对所辖内河水域内渡船的水上交通安全实施监督管理。

第四条　县级以上地方人民政府应当加强对内河渡口渡船安全管理工作的组织领导。

渡口渡船安全管理坚持安全第一、预防为主、各负其责、服务民生的原则。

第二章　渡　　口

第五条　县级人民政府在审批渡口的设置和撤销时应当充分考虑安全因素，明确渡运水域范围、渡运路线、渡运时段、渡口位置等主要内容。审批前应当征求渡口所在地海事管理机构的意见，涉及公路管理职责的，还应当征求公路管理机构的意见。

渡运水域涉及两个或者两个以上县级行政区域的，由渡口相关的人民政府协调处理，并征求相应的海事管理机构意见。

严禁非法设置渡口。

第六条　渡口的设置应当具备下列安全条件：

（一）选址应当在水流平缓、水深足够、坡岸稳定、视野开阔、适宜船舶停靠的地点，并且与危险物品生产、堆放场所之间的距离符合危险品管理相关规定；

（二）具备货物装卸、旅客上下的安全设施；

（三）配备必要的救生设备和专门管理人员。

新建、改建国道、省道，原则上不设置渡口。县道、乡道设置和撤销渡口应当征求公路管理机构的意见。

在通航密集区内有可供人、车通行桥梁、隧道的，应当避免在桥梁、隧道临近范围内设置渡口，但市区河道两岸供市民出行、上下班的渡口除外。

第七条　渡口应当根据其渡运对象的种类、数量、水域情况和过渡要求，合理设置码头、引道，配置必要的指示标志、船岸通信和船舶助航、消防、安全救生等设施。渡口引道的宽度、纵坡和码头的设置应当满足相应的技术标准。

以渡运乘客为主的渡口应当有可供乘客安全上下的坡道，客运量较大的且具有相应陆域条件的渡口应当建有乘客候船亭等设施。

以渡运货车为主的渡口，应当安装、使用地磅等称重设备，如实记录称重情况。有条件的渡口，应当设置电子监控设施。

经批准运输超长、超宽、超高物品的车辆或者重型车辆过渡，应当采取有效保护措施后方可过渡，但超过渡船限载、限高、限宽、限长标准的车辆，不得渡运。渡运危险货物车辆的，渡口应当设置危险货物车辆专用通道。

第八条 设置和使用缆渡，不得影响他船航行。

第九条 渡口运营人应当在渡口明显位置设置公告牌，标明渡口名称、渡口区域、渡运路线、渡口守则、渡运安全注意事项以及安全责任单位和责任人、监督电话等内容。

梯级河段、库区下游以及水位变化较大的渡口水域，渡口应当标识警戒水位线和停航封渡水位线。

第十条 渡口运营人应当加强对渡口安全设施和渡船渡运的安全管理，根据国家有关规定建立渡口、渡船安全管理制度，落实安全管理责任制。

第十一条 在法定或者传统节日、重大集会、集市、农忙、学生放学放假等渡运高峰期间，县级人民政府应当加强组织协调。渡口运营人应当根据乘客、车辆的流量和渡运安全管理的需要，安排相应专门人员现场维持渡口渡运秩序与安全。

第十二条 渡口运营人应当结合船舶条件、气象条件和通航状况合理调度和使用渡船，不得指挥渡船违章作业、冒险航行。

第十三条 县级人民政府指定的部门应当加强对渡口运营人的安全教育和培训，并负责渡口工作人员的培训、考试、合格证书颁发。

渡口运营人应当对渡口工作人员、渡船船员、渡工定期开展安全教育培训。

第十四条 渡口运营人应当督促渡船清点并如实记录每航次渡船载客数量及车辆驾驶员等随船过渡人员，并开展定期或者不定期核查。

第十五条 日渡运量超过 300 人次渡口的运营人及载客定额超过 12 人的渡船应当编制渡口渡船安全应急预案，每月至少组织一次船岸应急演习。

日渡运量较少的渡口及载客定额12人以下的渡船，应当制定应急措施，每季度至少组织一次演练。

第三章 渡船和渡船船员、渡工

第十六条 海事管理机构负责渡船的登记、检验、发证工作。

渡船应当按照相关规定取得船舶检验证书和船舶登记证书。渡船检验证书应当标明船舶抗风等级。20米以上的渡船，应当持有船舶检验机构签发的载客定额证书；20米以下的渡船应当在相关证书中签注载客定额。船长小于15米的渡船按照省级交通运输主管部门制定的检验规则进行检验。省级交通运输主管部门未规定检验规则的，参照海事管理机构制定的《内河小型船舶法定检验技术规则》检验发证。

第十七条 渡船应当悬挂符合国家规定的渡船识别标志，并在明显位置标明载客（车）定额、抗风等级以及旅客乘船安全须知等有关安全注意事项。

第十八条 渡船夜航应当按照《内河船舶法定检验技术规则》、《内河小型船舶法定检验技术规则》配备夜间航行设备和信号设备。高速客船从事渡运服务以及不具备夜航技术条件的渡船，不得夜航。

第十九条 新建、改建渡船应当满足交通运输部或者省级交通运输主管部门公布的标准船型要求。

第二十条 渡船应当定期维护保养，确保处于适航状态，并按期申请检验。逾期未检验或者检验不合格的，不得从事渡运。

对船体或者车辆甲板出现局部严重变形的渡船，应当申请船舶检验机构按照实际装载情况进行强度复核。船龄十年以上未达到特别定期检验船龄要求的渡船应当在定期检验时着重加强对船体强度、稳性等方面的检验。

第二十一条 渡船载运危险货物或者载运装载危险货物的车辆的，应当持有船舶载运危险货物适装证书。

第二十二条 渡船应当按照规定配备消防救生设备，放置在易取处，保持其随时可用，并在规定的场所明显标识存放位置，张贴消防救生演示图和标示应急通道。

第二十三条 禁止水泥船、排筏、农用船舶、渔业船舶或者报废船舶从事渡运。

第二十四条 渡船船员应当按照相关规定具备船员资格，持有相应船员证书。

载客12人以下的渡船可仅配备渡工。渡工应当经过驾驶技术和安全培训，考核合格后取得海事管理机构颁发的渡工证书，方可驾驶渡船。

渡船船员、渡工每年应当参加由渡口运营人、乡镇人民政府或者相关主管部门组织的至少4小时的安全培训。

第二十五条 渡运时，船员、渡工应当遵守下列规定：

（一）遵守渡口、渡船管理制度和值班规定，按照水上交通安全操作规则操纵、控制和管理渡船；

（二）掌握渡船的适航状况，了解渡运水域的通航环境，以及有关水文、气象等必要的信息；

（三）不得酒后驾驶，不得疲劳值班；

（四）发现或者发生影响渡运安全的突发事件，应当及时报告并尽力救助遇险人员。

第四章 渡运安全

第二十六条 渡船应当在渡运水域内按照核定的渡运路线航行。

在渡运水域内不得从事水上过驳、采砂、捕捞、养殖、设置永久性固定设施等可能危及渡船航行安全的作业或者活动。

第二十七条 渡船航行，应当以安全航速行驶，加强瞭望，谨慎操作，使用有效方式发布船舶动态和表明避让意图，主动避让过往船舶，不得抢航或者强行横越。

顺航道行驶的船舶驶近渡运水域时，应当加强瞭望，谨慎驾驶，采取有效措施协助避让。

第二十八条　渡船载客、载货应当符合乘客定额、装载技术要求及载重线规定，不得超载。渡运水域的水位超过警戒水位线但未达到停航封渡水位线的，渡船载客、载货数量不得超过核定的乘客定额和载重量的80%。

渡船应当按照规定控制荷载分布，保证装载平衡和稳性，采取安全措施防止车辆及货物移位。

第二十九条　渡船载客应当设置载客处所，实行车客分离。按照上船时先车后人、下船时先人后车的顺序上下船舶。

车辆渡运时除驾驶员外车内禁止留有人员。

乘客与大型牲畜不得混载。

第三十条　乘客、车辆过渡，应当遵守渡口渡船安全管理规定，听从渡口渡船工作人员指挥。

车辆在渡口区域内应当低速行驶，在指定的地点候渡，不得争道抢渡。制动、转向系统不良和有其他故障影响安全行车的车辆，不得驶上渡船。

第三十一条　装载危险货物的车辆过渡时，车辆驾驶员或者押运人员应当向渡口运营人主动告知所装载危险货物的种类和危害特征，以及需要采取的安全措施。

渡船载运装载危险货物车辆，应当检查车辆是否持有与运输的危险货物类别、项别或者品名相符的《道路运输证》。车辆所载货物应当与船舶适装证书相符。渡船应当按照有关规定对危险货物积载隔离。

渡船不得同时渡运旅客和危险货物。渡船载运装载危险货物的车辆时，除船员以外，随车人员总数不得超过12人。

严禁任何人隐瞒、伪装、偷运各种危险品、污染危害性货物过渡。

渡船不得运输法律、法规以及交通运输部规定禁止运输的货物，不得载运装载有危险货物而未持有相应《道路运输证》的车辆。

第三十二条 有下列情形之一的,渡船不得开航:

(一)风力超过渡船抗风等级、能见度不良、水位超过停航封渡水位线等可能危及渡运安全的恶劣天气、水文条件的;

(二)渡船超载或者积载不当可能危及渡运安全的;

(三)渡船存在可能影响航行安全的缺陷,且未按规定纠正的;

(四)发现易燃、易爆等危险品和乘客同船混载,或者装运危险品的车辆和客运车辆同船混载的;

(五)发生乘客打架斗殴、寻衅滋事等可能危及渡运安全的;

(六)渡船船员、渡工配备不符合规定要求的。

第三十三条 渡船发生水上险情的,应当立即进行自救,并报告当地人民政府或者海事管理机构。当地人民政府和海事管理机构接到报告后,应当依照职责,组织搜寻救助。

渡口渡船应当服从指挥,在不危及自身安全的情况下,积极参与水上搜寻救助。

第三十四条 水电站、水库等管理单位因蓄放水作业可能导致渡口水位急剧变化影响渡运安全的,应当事先向当地海事管理机构通报水情信息。当地海事管理机构接到水情信息后应当及时通报相关渡口运营人。

第五章 监督检查

第三十五条 县级以上地方人民政府及其指定的有关部门、乡镇渡口所在地乡镇人民政府应当建立渡口渡运安全检查制度,并组织落实。在监督检查中发现渡口存在安全隐患的,应当责令立即消除安全隐患或者限期整改。

第三十六条 县级人民政府指定的有关部门应当督促指导渡运量较大且具备一定条件的乡镇渡口所在地乡镇人民政府建立乡镇渡口渡船签单发航制度,真实、准确地记录乘员数量及核查人、车、畜积载和开航条件等内容。

签单人员应当如实记录渡运情况,不得弄虚作假;发现渡运安全隐患或者违法行为,可能危及渡运安全时,应当报告乡镇人民政府。

乡镇人民政府应当定期对签单发航制度的实施情况进行检查。

第三十七条 渡口运营人应当建立渡口渡船安全渡运的安全管理制度,并组织开展内部安全检查。

第三十八条 海事管理机构应当建立渡船安全监督管理制度。

在监督管理中发现渡船存在重大安全隐患的,应当责令立即消除安全隐患或者限期整改,并及时通报当地县级以上人民政府及其相关部门。

第三十九条 鼓励运用视频监控等先进技术手段对渡运安全进行安全管理和监督检查。

第四十条 渡口运营人和渡船船员、渡工应当主动协助配合监督检查,不得拒绝、妨碍和阻挠。

第六章 法律责任

第四十一条 违反第五条规定未经批准擅自设置或者撤销渡口的,由渡口所在地县级人民政府指定的部门责令限期改正;逾期不改正的,予以强制拆除或者恢复,因强制拆除或者恢复发生的费用分别由设置人、撤销人承担。

第四十二条 违反第二十五条规定,渡船船员、渡工酒后驾船的,由海事管理机构对船员予以警告,情节严重的处500元以下罚款,并对渡船所有人或者经营人处2000元以下罚款。

第四十三条 违反第二十一条、第三十一条规定,有以下违法行为的,由海事管理机构责令改正,并对渡船所有人或者经营人处2000元以下的罚款:

(一)渡船未持有相应的危险货物适装证书载运危险货物的;

(二)渡船未持有相应的危险货物适装证书载运装载危险货物车辆的;

(三)渡船载运应当持有而未持有《道路运输证》的车辆的;

(四)渡船同时载运旅客和危险货物过渡的。

第四十四条 违反第十八条规定,渡船不具备夜航条件擅自夜航的,由海事管理机构责令改正,并可对渡船所有人或者经营人处以2000元以下罚款。

第四十五条 违反第二十九条规定,渡船混载乘客与大型牲畜的,由海事管理机构对渡船所有人或者经营人予以警告,情节严重的;处1000元以下罚款。

第四十六条 违反第三十二条第(一)项规定擅自开航的,由海事管理机构责令改正,并根据情节轻重对渡船所有人或者经营人处10000元以下罚款。

第四十七条 违反第三十二条第(五)项规定,发生乘客打架斗殴、寻衅滋事等可能危及渡运安全的情形,渡船擅自开航的,由海事管理机构对渡船所有人或者经营人处以500元以下罚款。

第四十八条 对违反本规定的其他违法行为,本规定未作规定的,按照相关法规、规章予以处罚。

第四十九条 主管机关工作人员滥用职权、玩忽职守导致严重失职的,由所在单位或者上级机关给予行政处分;构成犯罪的,依法追究刑事责任。

第七章 附 则

第五十条 本规定下列用语的含义:

(一)渡口,是指在中华人民共和国江河、湖泊、水库、运河等内河水域设在两岸专供渡船渡运人员、车辆、货物的场所和设施,包括渡运所需的码头、水域及为渡运服务的其他设施。

(二)乡镇渡口,是指设于农村或者集镇,由乡镇、村集体或者个人运营,为当地群众生产生活服务的渡口。

（三）渡船，是指往返于内河渡口之间，按照核定的航线渡运乘客、车辆和货物的船舶。

（四）缆渡，是指利用横跨两岸的缆索将渡船固定在渡运水域，依靠人力或者其他动力牵引、推动渡船过渡的方式。

（五）渡口运营人是指负责渡口营运和安全管理的经营人或者管理人。

第五十一条 本规定自2014年8月1日起施行。《公路渡口管理规定》（交通部令〔1990〕11号）自本规定施行之日起同时废止。

关于修改《中华人民共和国船舶最低安全配员规则》的决定

交通运输部令2014年第10号　2014.9.5

交通运输部决定对《中华人民共和国船舶最低安全配员规则》(交通部令2004年第7号)作如下修改:

增加一条,作为第十条:“中国籍船舶配备外国籍船员应当符合以下规定:

(一)在中国籍船舶上工作的外国籍船员,应当依照法律、行政法规和国家其他有关规定取得就业许可;

(二)外国籍船员持有合格的船员证书,且所持船员证书的签发国与我国签订了船员证书认可协议;

(三)雇佣外国籍船员的航运公司已承诺承担船员权益维护的责任。”

此外,对条文的序号作相应调整。

本决定自2014年9月5日起施行。

《中华人民共和国船舶最低安全配员规则》根据本决定作相应修改,重新发布。

中华人民共和国船舶最低安全配员规则

（2004年6月30日交通部发布，根据2014年9月5日交通运输部《关于修改〈中华人民共和国船舶最低安全配员规则〉的决定》修正）

第一章　总　　则

第一条　为确保船舶的船员配备，足以保证船舶安全航行、停泊和作业，防治船舶污染环境，依据《中华人民共和国海上交通安全法》、《中华人民共和国内河交通安全管理条例》和中华人民共和国缔结或者参加的有关国际条约，制定本规则。

第二条　中华人民共和国国籍的机动船舶的船员配备和管理，适用本规则。

本规则对外国籍船舶作出规定的，从其规定。

军用船舶、渔船、体育运动船艇以及非营业的游艇，不适用本规则。

第三条　中华人民共和国海事局是船舶安全配员管理的主管机关。各级海事管理机构依照职责负责本辖区内的船舶安全配员的监督管理工作。

第四条　本规则所要求的船舶安全配员标准是船舶配备船员的最低要求。

第五条　船舶所有人（或者其船舶经营人、船舶管理人，下同）应当按照本规则的要求，为所属船舶配备合格的船员，但是并不免除船舶所有人为保证船舶安全航行和作业增加必要船员的责任。

第二章　最低安全配员原则

第六条　确定船舶最低安全配员标准应综合考虑船舶的种类、吨位、技术状况、主推进动力装置功率、航区、航程、航行时间、通航环境和船员值班、休息制度等因素。

第七条　船舶在航行期间,应配备不低于按本规则附录一、附录二、附录三所确定的船员构成及数量。高速客船的船员最低安全配备应符合交通部颁布的《高速客船安全管理规则》(交通部令1996年第13号)的要求。

第八条　本规则附录一、附录二、附录三列明的减免规定是根据各类船舶在一般情况下制定的,海事管理机构在核定具体船舶的最低安全配员数额时,如认为配员减免后无法保证船舶安全时,可不予减免或者不予足额减免。

第九条　船舶所有人可以根据需要增配船员,但船上总人数不得超过经中华人民共和国海事局认可的船舶检验机构核定的救生设备定员标准。

第三章　最低安全配员管理

第十条　中国籍船舶配备外国籍船员应当符合以下规定:

(一)在中国籍船舶上工作的外国籍船员,应当依照法律、行政法规和国家其他有关规定取得就业许可;

(二)外国籍船员持有合格的船员证书,且所持船员证书的签发国与我国签订了船员证书认可协议;

(三)雇佣外国籍船员的航运公司已承诺承担船员权益维护的责任。

第十一条　中国籍船舶应当按照本规则的规定,持有海事管理机构颁发的《船舶最低安全配员证书》。

在中华人民共和国内水、领海及管辖海域的外国籍船舶,应当按照中华人民共和国缔结或者参加的有关国际条约的规定，持有其船旗国政府主管机关签发的《船舶最低安全配员证书》或者等效文件。

第十二条 船舶所有人应当在申请船舶国籍登记时，按照本规则的规定，对其船舶的最低安全配员如何适用本规则附录相应标准予以陈述，并可以包括对减免配员的特殊说明。

海事管理机构应当在依法对船舶国籍登记进行审核时，核定船舶的最低安全配员，并在核发船舶国籍证书时，向当事船舶配发《船舶最低安全配员证书》。

第十三条 在境外建造或者购买并交接的船舶，船舶所有人应持船舶买卖合同或者建造合同及交接文件、船舶技术和其他相关资料的副本（复印件）到所辖的海事管理机构办理《船舶最低安全配员证书》。

第十四条 海事管理机构核定船舶最低安全配员时，除查验有关船舶证书、文书外，可以就本规则第六条所述的要素对船舶的实际状况进行现场核查。

第十五条 船舶在航行、停泊、作业时，必须将《船舶最低安全配员证书》妥善存放在船备查。

船舶不得使用涂改、伪造以及采用非法途径或者舞弊手段取得的《船舶最低安全配员证书》。

第十六条 船舶所有人应当按照本规则的规定和《船舶最低安全配员证书》载明的船员配备要求，为船舶配备合格的船员。

第十七条 船舶所有人应当在《船舶最低安全配员证书》有效期截止前1年以内，或者在船舶国籍证书重新核发或者相关内容发生变化时，凭原证书到船籍港的海事管理机构办理换发证书手续。

第十八条 证书污损不能辨认的，视为无效，船舶所有人应当向所辖的海事管理机构申请换发。证书遗失的，船舶所有人应当书面说明理由，附具有关证明文件，到船籍港的海事管理机构办理补发证书手续。

换发或者补发的《船舶最低安全配员证书》的有效期，不超过原发的《船舶最低安全配员证书》的有效期。

第十九条 船舶状况发生变化需改变证书所载内容时，船舶所有人应当到船籍港的海事管理机构重新办理《船舶最低安全配员证书》。

第二十条 在特殊情况下，船舶需要在船籍港以外换发或者补发《船舶最低安全配员证书》，经船籍港海事管理机构同意，船舶当时所在港口的海事管理机构可以按照本规定予以办理并通报船籍港海事管理机构。

第四章 监督检查

第二十一条 中国籍、外国籍船舶在办理进、出港口或者口岸手续时，应当交验《船舶最低安全配员证书》。

第二十二条 中国籍、外国籍船舶在停泊期间，均应配备足够的掌握相应安全知识并具有熟练操作能力，能够保持对船舶及设备进行安全操纵的船员。

无论何时，500 总吨及以上（或者 750 千瓦及以上）海船、600 总吨及以上（或者 441 千瓦及以上）内河船舶的船长和大副，轮机长和大管轮不得同时离船。

第二十三条 船舶未持有《船舶最低安全配员证书》或者实际配员低于《船舶最低安全配员证书》要求的，对中国籍船舶，海事管理机构应当禁止其离港直至船舶满足本规则要求；对外国籍船舶，海事管理机构应当禁止其离港，直至船舶按照《船舶最低安全配员证书》的要求配齐人员，或者向海事管理机构提交由其船旗国主管当局对其实际配员作出的书面认可。

第二十四条 对违反本规则的船舶和人员，依法应当给予行政处罚的，由海事管理机构依据有关法律、行政法规和规章的规定给予相应的处罚。

第二十五条 海事管理机构的工作人员滥用职权、徇私舞弊、玩忽职守的，由所在单位或者上级机关给予行政处分；构成犯罪的，依法追究刑事责任。

第五章　附　　则

第二十六条　《船舶最低安全配员证书》由中华人民共和国海事局统一印制。

《船舶最低安全配员证书》的编号应与船舶国籍证书的编号一致。《船舶最低安全配员证书》有效期的截止日期与船舶国籍证书有效期的截止日期相同。

第二十七条　本规则附录一、附录二、附录三的内容，可由中华人民共和国海事局根据有关法律、行政法规和相关国际公约进行修改。

第二十八条　本规则自2004年8月1日起施行。

关于修改《中华人民共和国船舶污染海洋环境应急防备和应急处置管理规定》的决定

交通运输部令 2014 年第 11 号　2014.9.5

交通运输部决定对《中华人民共和国船舶污染海洋环境应急防备和应急处置管理规定》(交通运输部令 2013 年第 19 号)作如下修改:

将第十一条修改为:"中国籍船舶所有人、经营人、管理人应当按照国家海事管理机构制定的应急预案编制指南,制定或者修订防治船舶及其有关作业活动污染海洋环境的应急预案,并报海事管理机构批准。

港口、码头、装卸站的经营人以及有关作业单位应当制定防治船舶及其有关作业活动污染海洋环境的应急预案,并报海事管理机构和环境保护主管部门备案。

船舶以及有关作业单位应当按照制定的应急预案定期组织应急演练,根据演练情况对应急预案进行评估,按照实际需要和情势变化,适时修订应急预案,并对应急预案的演练情况、评估结果和修订情况如实记录。"

本决定自 2014 年 9 月 5 日起施行。

《中华人民共和国船舶污染海洋环境应急防备和应急处置管理规定》根据本决定作相应修改,重新发布。

中华人民共和国船舶污染海洋环境应急防备和应急处置管理规定

（2011年1月27日交通运输部发布，根据2013年12月24日交通运输部《关于修改〈中华人民共和国船舶污染海洋环境应急防备和应急处置管理规定〉的决定》第一次修正，根据2014年9月5日交通运输部《关于修改〈中华人民共和国船舶污染海洋环境应急防备和应急处置管理规定〉的决定》第二次修正）

第一章　总　　则

第一条　为提高船舶污染事故应急处置能力，控制、减轻、消除船舶污染事故造成的海洋环境污染损害，依据《中华人民共和国防治船舶污染海洋环境管理条例》等有关法律、行政法规和中华人民共和国缔结或者加入的有关国际条约，制定本规定。

第二条　在中华人民共和国管辖海域内，防治船舶及其有关作业活动污染海洋环境的应急防备和应急处置，适用本规定。

船舶在中华人民共和国管辖海域外发生污染事故，造成或者可能造成中华人民共和国管辖海域污染的，其应急防备和应急处置，也适用本规定。

本规定所称“应急处置”是指在发生或者可能发生船舶污染事故时，为控制、减轻、消除船舶造成海洋环境污染损害而采取的响应行动；“应急防备”是指为应急处置的有效开展而预先采取的相关准备工作。

第三条　交通运输部主管全国防治船舶及其有关作业活动污染海洋环境的应急防备和应急处置工作。

国家海事管理机构负责统一实施船舶及其有关作业活动污染海洋环境应急防备和应急处置工作。

沿海各级海事管理机构依照各自职责负责具体实施防治船舶及其有关作业活动污染海洋环境的应急防备和应急处置工作。

第四条 船舶及其有关作业活动污染海洋环境应急防备和应急处置工作应当遵循统一领导、综合协调、分级负责、属地管理、责任共担的原则。

第二章 应急能力建设和应急预案

第五条 国家防治船舶及其有关作业活动污染海洋环境应急能力建设规划，应当根据全国防治船舶及其有关作业活动污染海洋环境的需要，由国务院交通运输主管部门组织编制，报国务院批准后公布实施。

沿海省级防治船舶及其有关作业活动污染海洋环境应急能力建设规划，应当根据国家防治船舶及其有关作业活动污染海洋环境应急能力建设规划和本地实际情况，由沿海省、自治区、直辖市人民政府组织编制并公布实施。

沿海市级防治船舶及其有关作业活动污染海洋环境应急能力建设规划，应当根据所在地省级人民政府防治船舶及其有关作业活动污染海洋环境应急能力建设规划和本地实际情况，由沿海设区的市级人民政府组织编制并公布实施。

编制防治船舶及其有关作业活动污染海洋环境应急能力建设规划，应当对污染风险和应急防备需求进行评估，合理规划应急力量建设布局。

沿海各级海事管理机构应当积极协助、配合相关地方人民政府完成应急能力建设规划的编制工作。

第六条 交通运输部、沿海设区的市级以上地方人民政府应当根据相应的防治船舶及其有关作业活动污染海洋环境应急能力建设规划，建立健全船舶污染事故应急防备和应急反应机制，建立专业应急队伍，建设船舶污染应急专用设施、设备和器材储备库。

第七条 沿海各级海事管理机构应当根据防治船舶及其有关作业活动污染海洋环境的需要，会同海洋主管部门建立健全船舶及其有关作业活动污染海洋环境的监测、监视机制，加强对船舶及其有关作业活动污染海洋环境的监测、监视。

港口、码头、装卸站以及从事船舶修造的单位应当配备与其装卸货物种类和吞吐能力或者修造船舶能力相适应的污染监视设施和污染物接收设施，并使其处于良好状态。

第八条 港口、码头、装卸站以及从事船舶修造、打捞、拆解等作业活动的单位应当按照交通运输部的要求制定有关安全营运和防治污染的管理制度，按照国家有关防治船舶及其有关作业活动污染海洋环境的规范和标准，配备必需的防治污染设备和器材，确保防治污染设备和器材符合防治船舶及其有关作业活动污染海洋环境的要求。

第九条 港口、码头、装卸站以及从事船舶修造、打捞、拆解等作业活动的单位应当编写报告，评价其具备的船舶污染防治能力是否与其装卸货物种类、吞吐能力或者船舶修造、打捞、拆解活动所必需的污染监视监测能力、船舶污染物接收处理能力以及船舶污染事故应急处置能力相适应。

交通运输主管部门依法开展港口、码头、装卸站的验收工作时应当对评价报告进行审查，确认其具备与其所从事的作业相应的船舶污染防治能力。

第十条 交通运输部应当根据国家突发公共事件总体应急预案，制定国家防治船舶及其有关作业活动污染海洋环境的专项应急预案。

沿海省、自治区、直辖市人民政府应当根据国家防治船舶及其有关作业活动污染海洋环境的专项应急预案，制定省级防治船舶及其有关作业活动污染海洋环境应急预案。

沿海设区的市级人民政府应当根据所在地省级防治船舶及其有关作业活动污染海洋环境的应急预案，制定市级防治船舶及其有关作业活动污染海洋环境应急预案。

交通运输部、沿海设区的市级以上地方人民政府应当定期组织防治船舶及其有关作业活动污染海洋环境应急预案的演练。

第十一条 中国籍船舶所有人、经营人、管理人应当按照国家海事管理机构制定的应急预案编制指南，制定或者修订防治船舶及其有关作业活动污染海洋环境的应急预案，并报海事管理机构批准。

港口、码头、装卸站的经营人以及有关作业单位应当制定防治船舶及其有关作业活动污染海洋环境的应急预案，并报海事管理机构和环境保护主管部门备案。

船舶以及有关作业单位应当按照制定的应急预案定期组织应急演练，根据演练情况对应急预案进行评估，按照实际需要和情势变化，适时修订应急预案，并对应急预案的演练情况、评估结果和修订情况如实记录。

第十二条 中国籍船舶防治污染设施、设备和器材应当符合国家有关标准，并按照国家有关要求通过型式和使用性能检验，其生产、供应单位应当将其所生产、销售的设施、设备和器材的种类及其检验证书向国家海事管理机构备案。

国家海事管理机构应当及时将符合国家有关标准的船舶防治污染设施、设备和器材及其生产单位向社会公布。

第三章 船舶污染清除单位

第十三条 船舶污染清除单位是指按照本规定取得相应资质并与船舶签订污染清除协议，为船舶提供污染事故应急防备和应急处置服务的单位。

根据服务区域和污染清除能力的不同，船舶污染清除单位的能力等级由高到低分为四级，其中：

（一）一级单位能够在我国管辖海域为船舶提供溢油和其他散装液体污染危害性货物泄漏污染事故应急服务；

（二）二级单位能够在距岸 20 海里以内的我国管辖海域为船

舶提供溢油和其他散装液体污染危害性货物泄漏污染事故应急服务;

(三)三级单位能够在港区水域为船舶提供溢油应急服务;

(四)四级单位能够在港区水域内的一个作业区、独立码头附近水域为船舶提供溢油应急服务。

第十四条 从事船舶污染清除的单位应当具备以下条件,并经海事管理机构批准:

(一)应急清污能力符合《船舶污染清除单位应急清污能力要求》的规定;

(二)制定的污染清除作业方案符合防治船舶及其有关作业活动污染海洋环境的要求;

(三)污染物处理方案符合国家有关防治污染规定。

第十五条 申请取得船舶污染清除作业资质的单位应当向当地直属海事管理机构提交证明符合第十四条规定条件的申请材料。

直属海事管理机构受理申请后,应当对申请单位是否具备本规定十四条规定的条件进行现场核验。

对申请等级为二级、三级、四级的单位,直属海事管理机构应当自受理之日起30日内作出批准或者不予批准的决定,并将能力等级为二级的单位,向国家海事管理机构备案。

对申请等级为一级的单位,直属海事管理机构应当将现场核验报告报国家海事管理机构。国家海事管理机构应当自直属海事管理机构受理申请之日起30日内作出批准或者不予批准的决定。

对予以批准的船舶污染清除单位,海事管理机构应当发给《船舶污染清除单位资质证书》;对不予批准的,应当书面通知申请人并说明理由。

第十六条 《船舶污染清除单位资质证书》应当载明船舶污染清除单位的名称、法定代表人姓名、地址、能力等级、服务区域、有效期限以及其他有关事项。《船舶污染清除单位资质证书》的有效期为3年。

船舶污染清除单位应当在资质证书载明的能力等级和服务区域内提供服务。

直属海事管理机构应当及时将本辖区内取得资质的船舶污染清除单位的名称、等级和服务区域向社会公布。

第十七条 《船舶污染清除单位资质证书》记载事项发生变更的，船舶污染清除单位应当向原发证海事管理机构申请办理变更手续。

变更能力等级和服务区域的，应当按照本规定重新提出申请。

第十八条 船舶污染清除单位应当在《船舶污染清除单位资质证书》有效期届满之日 30 日以前，向原发证海事管理机构申请办理《船舶污染清除单位资质证书》延续手续。相关海事管理机构应当自受理延续申请之日起 30 日内，做出批准或者不予批准的决定。

第十九条 有下列情形之一的，相关海事管理机构应当办理《船舶污染清除单位资质证书》注销手续：

（一）船舶污染清除单位自行申请注销的；

（二）法人依法终止的；

（三）《船舶污染清除单位资质证书》被依法撤销或者吊销的。

第二十条 船舶污染清除单位应当于每年 1 月 31 日前将下列情况向发证海事管理机构备案：

（一）上一年度参与船舶污染事故应急处置工作情况；

（二）船舶污染清除设施、设备、器材和应急人员情况；

（三）上年度船舶污染清除协议的签订和履行情况。

第四章　船舶污染清除协议的签订

第二十一条 载运散装油类货物的船舶，其经营人应当在船舶进港前或者港外装卸、过驳作业前，按照以下要求与相应的船舶污染清除单位签订船舶污染清除协议：

（一）600 总吨以下仅在港区水域航行或作业的船舶，应当与四级以上等级的船舶污染清除单位签订船舶污染清除协议；

（二）600 总吨以上 2000 总吨以下仅在港区水域航行或作业的船舶，应当与三级以上等级的船舶污染清除单位签订船舶污染清除协议；

（三）2000 总吨以上仅在港区水域航行或作业的船舶以及所有进出港口和从事过驳作业的船舶应当与二级以上等级的船舶污染清除单位签订船舶污染清除协议。

第二十二条 载运油类之外的其他散装液体污染危害性货物的船舶，其经营人应当在船舶进港前或者港外装卸、过驳作业前，按照以下要求与相应的船舶污染清除单位签订船舶污染清除协议：

（一）进出港口的船舶以及在距岸 20 海里之内的我国管辖水域从事过驳作业的船舶应当与二级以上等级的船舶污染清除单位签订船舶污染清除协议；

（二）在距岸 20 海里以外的我国管辖水域从事过驳作业的载运其他散装液体污染危害性货物的船舶应当与一级船舶污染清除单位签订船舶污染清除协议。

第二十三条 1 万总吨以上的载运非散装液体污染危害性货物的船舶，其经营人应当在船舶进港前或者港外装卸、过驳作业前，按照以下要求与相应的船舶污染清除单位签订船舶污染清除协议：

（一）进出港口的 2 万总吨以下的船舶应当与四级以上等级的船舶污染清除单位签订船舶污染清除协议；

（二）进出港口的 2 万总吨以上 3 万总吨以下的船舶应当与三级以上等级的船舶污染清除单位签订船舶污染清除协议；

（三）进出港口的 3 万总吨以上的船舶以及在我国管辖水域从事过驳作业的船舶应当与二级以上等级的船舶污染清除单位签订船舶污染清除协议。

第二十四条 与一级、二级船舶污染清除单位签订污染清除协议的船舶划分标准由国家海事管理机构确定。

第二十五条　国家海事管理机构应当制定并公布船舶污染清除协议样本,明确协议双方的权利和义务。

船舶和污染清除单位应当按照国家海事管理机构公布的协议样本签订船舶污染清除协议。

第二十六条　船舶应当将所签订的船舶污染清除协议留船备查,并在办理船舶进出港口手续或者作业申请时向海事管理机构出示。

船舶发现船舶污染清除单位存在违反本规定的行为,或者未履行船舶污染清除协议的,应当向船舶污染清除单位所在地的直属海事管理机构报告。

第五章　应急处置

第二十七条　船舶发生污染事故或者可能造成海洋环境污染的,船舶及有关作业单位应当立即启动相应的应急预案,按照有关规定的要求就近向海事管理机构报告,通知签订船舶污染清除协议的船舶污染清除单位,并根据应急预案采取污染控制和清除措施。

船舶在终止清污行动前应当向海事管理机构报告,经海事管理机构同意后方可停止应急处置措施。

第二十八条　船舶污染清除单位接到船舶污染事故通知后,应当根据船舶污染清除协议及时开展污染控制和清除作业,并及时向海事管理机构报告污染控制和清除工作的进展情况。

第二十九条　接到船舶造成或者可能造成海洋环境污染的报告后,海事管理机构应当立即核实有关情况,并加强监测、监视。

发生船舶污染事故的,海事管理机构应当立即组织对船舶污染事故的等级进行评估,并按照应急预案的要求进行报告和通报。

第三十条　发生船舶污染事故后,应当根据《中华人民共和国防治船舶污染海洋环境管理条例》的规定,成立事故应急指挥机构。事故应急指挥机构应当根据船舶污染事故的等级和特点,启动相应的应急预案，有关部门、单位应当在事故应急指挥机构的统一组织和指挥下，按照应急预案的分工，开展相应的应急处置工作。

第三十一条 发生船舶污染事故或者船舶沉没，可能造成中华人民共和国管辖海域污染的，有关沿海设区的市级以上地方人民政府、海事管理机构根据应急处置的需要，可以征用有关单位和个人的船舶、防治污染设施、设备、器材以及其他物资。有关单位和个人应当予以配合。

有关单位和个人所提供的船舶和防治污染设施、设备、器材应当处于良好可用状态，有关物资质量符合国家有关技术标准、规范的要求。

被征用的船舶和防治污染设施、设备、器材以及其他物资使用完毕或者应急处置工作结束，应当及时返还。船舶和防治污染设施、设备、器材以及其他物资被征用或者征用后毁损、灭失的，应当给予补偿。

第三十二条 发生船舶污染事故，海事管理机构可以组织并采取海上交通管制、清除、打捞、拖航、引航、护航、过驳、水下抽油、爆破等必要措施。采取上述措施的相关费用由造成海洋环境污染的船舶、有关作业单位承担。

需要承担前款规定费用的船舶，应当在开航前缴清有关费用或者提供相应的财务担保。

本条规定的财务担保应当由境内银行或者境内保险机构出具。

第三十三条 船舶发生事故有沉没危险时，船员离船前，应当按照规定采取防止溢油措施，尽可能关闭所有货舱（柜）、油舱（柜）管系的阀门，堵塞货舱（柜）、油舱（柜）通气孔。

船舶沉没的，其所有人、经营人或者管理人应当及时向海事管理机构报告船舶燃油、污染危害性货物以及其他污染物的性质、数量、种类及装载位置等情况，委托具有资质的船舶污染清除单位采取污染监视和控制措施，并在必要的时候采取抽出、打捞等措施。

第三十四条 船舶应当在污染事故清除作业结束后,对污染清除行动进行评估,并将评估报告报送当地直属海事管理机构,评估报告至少应当包括下列内容:

(一)事故概况和应急处置情况;

(二)设施、设备、器材以及人员的使用情况;

(三)回收污染物的种类、数量以及处置情况;

(四)污染损害情况;

(五)船舶污染应急预案存在的问题和修改情况。

事故应急指挥机构应当在污染事故清除作业结束后,组织对污染清除作业的总体效果和污染损害情况进行评估,并根据评估结果和实际需要修订相应的应急预案。

第六章 法律责任

第三十五条 海事管理机构应当建立、健全防治船舶污染应急防备和处置的监督检查制度,对船舶以及有关作业单位的防治船舶污染能力以及污染清除作业实施监督检查,并对监督检查情况予以记录。

海事管理机构实施监督检查时,有关单位和个人应当予以协助和配合,不得拒绝、妨碍或者阻挠。

第三十六条 海事管理机构发现船舶及其有关作业单位和个人存在违反本规定行为的,应当责令改正;拒不改正的,海事管理机构可以责令停止作业、强制卸载,禁止船舶进出港口、靠泊、过境停留,或者责令停航、改航、离境、驶向指定地点。

第三十七条 违反本规定的规定,船舶未制定防治船舶及其有关作业活动污染海洋环境应急预案,或者应急预案未报海事管理机构批准的,由海事管理机构处 2 万元以下的罚款;港口、码头、装卸站的经营人未制定防治船舶及其有关作业活动污染海洋环境应急预案的,由海事管理机构予以警告,或者责令限期改正。

第三十八条 违反本规定的规定,船舶和有关作业单位未配备防污设施、设备、器材的,或者配备的防污设施、设备、器材不符合国家有关规定和标准的,由海事管理机构予以警告,或者处2万元以上10万元以下的罚款。

第三十九条 违反本规定的规定,有下列情形之一的,由海事管理机构处1万元以上5万元以下的罚款:

(一)载运散装液体污染危害性货物的船舶和1万总吨以上的其他船舶,其经营人未按照规定签订污染清除作业协议的;

(二)未取得污染清除作业资质的单位擅自签订污染清除作业协议并从事污染清除作业的。

第四十条 违反本规定的规定,有下列情形之一的,由海事管理机构处2万元以上10万元以下的罚款:

(一)船舶沉没后,其所有人、经营人未及时向海事管理机构报告船舶燃油、污染危害性货物以及其他污染物的性质、数量、种类及装载位置等情况的;

(二)船舶沉没后,其所有人、经营人未及时采取措施清除船舶燃油、污染危害性货物以及其他污染物的。

第四十一条 违反本规定的规定,发生船舶污染事故,船舶、有关作业单位迟报、漏报事故的,对船舶、有关作业单位,由海事管理机构处5万元以上25万元以下的罚款;对直接负责的主管人员和其他直接责任人员,由海事管理机构处1万元以上5万元以下的罚款;直接负责的主管人员和其他直接责任人员属于船员的,给予暂扣适任证书或者其他有关证件3个月至6个月的处罚。瞒报、谎报事故的,对船舶、有关作业单位,由海事管理机构处25万元以上50万元以下的罚款;对直接负责的主管人员和其他直接责任人员,由海事管理机构处5万元以上10万元以下的罚款;直接负责的主管人员和其他直接责任人员属于船员的,并处给予吊销适任证书或者其他有关证件的处罚。

第四十二条 违反本规定的规定,发生船舶污染事故,船舶、有关作业单位未立即启动应急预案的,对船舶、有关作业单位,由海事管理机构处2万元以上10万元以下的罚款;对直接负责的主管人员和其他直接责任人员，由海事管理机构处1万元以上2万元以下的罚款；直接负责的主管人员和其他直接责任人员属于船员的，并处给予暂扣适任证书或者其他适任证件1个月至3个月的处罚。

第七章 附 则

第四十三条 本规定所称“以上”、“以内”包括本数，“以下”、“以外”不包括本数。

第四十四条 本规定自2011年6月1日起施行。

水上交通事故统计办法

交通运输部令2014年第15号　2014.9.30

第一条　为保障水上交通事故统计资料准确、及时，提高水上交通安全管理水平，依据《中华人民共和国统计法》、《中华人民共和国海上交通安全法》、《中华人民共和国水污染防治法》、《防治船舶污染海洋环境管理条例》和《中华人民共和国内河交通安全管理条例》等法律法规，制定本办法。

第二条　中华人民共和国管辖水域内发生的水上交通事故及中国籍船舶在中华人民共和国管辖水域以外发生的水上交通事故的统计和上报，适用本办法。

本办法所称水上交通事故，是指船舶在航行、停泊、作业过程中发生的造成人员伤亡、财产损失、水域环境污染损害的意外事件。

第三条　交通运输部主管全国水上交通事故的统计管理工作。

县级以上地方人民政府交通运输主管部门主管本行政区域内登记注册的水路运输经营者所属船舶发生的水上交通事故的统计工作。

交通运输部在中央管理水域设立的直属海事管理机构和省、自治区、直辖市人民政府在中央管理水域以外的其他水域设立的海事管理机构依照职责分工负责辖区内发生的水上交通事故的统计工作。直属海事管理机构负责中国籍船舶在中华人民共和国管辖水域以外发生的水上交通事故的统计工作。

第四条　县级以上地方人民政府交通运输主管部门、海事管理机构及航运企业、船舶应当遵守统计法律、行政法规和本办法，健全和落实水上交通事故统计工作责任制度，如实提供水上交通事故统计资料，准确、及时地完成水上交通事故统计工作。

第五条 水上交通事故按照下列分类进行统计：

（一）碰撞事故；

（二）搁浅事故；

（三）触礁事故；

（四）触碰事故；

（五）浪损事故；

（六）火灾、爆炸事故；

（七）风灾事故；

（八）自沉事故；

（九）操作性污染事故；

（十）其他引起人员伤亡、直接经济损失或者水域环境污染的水上交通事故。

第六条 水上交通事故按照人员伤亡、直接经济损失或者水域环境污染情况等要素，分为以下等级：

（一）特别重大事故，指造成30人以上死亡（含失踪）的，或者100人以上重伤的，或者船舶溢油1000吨以上致水域污染的，或者1亿元以上直接经济损失的事故；

（二）重大事故，指造成10人以上30人以下死亡（含失踪）的，或者50人以上100人以下重伤的，或者船舶溢油500吨以上1000吨以下致水域污染的，或者5000万元以上1亿元以下直接经济损失的事故；

（三）较大事故，指造成3人以上10人以下死亡（含失踪）的，或者10人以上50人以下重伤的，或者船舶溢油100吨以上500吨以下致水域污染的，或者1000万元以上5000万元以下直接经济损失的事故；

（四）一般事故，指造成1人以上3人以下死亡（含失踪）的，或者1人以上10人以下重伤的，或者船舶溢油1吨以上100吨以下致水域污染的，或者100万元以上1000万元以下直接经济损失的事故；

（五）小事故，指未达到一般事故等级的事故。

第七条　统计水上交通事故，应当符合以下基本计算方法：

（一）重伤人数参照国家有关人体伤害鉴定标准确定；

（二）死亡（含失踪）人数按事故发生后 7 日内的死亡（含失踪）人数进行统计；

（三）船舶溢油数量按实际流入水体的数量进行统计；

（四）除原油、成品油以外的其他污染危害性物质泄漏按直接经济损失划分事故等级；

（五）船舶沉没或者全损按发生沉没或者全损的船舶价值进行统计；

（六）直接经济损失按水上交通事故对船舶和其他财产造成的直接损失进行统计，包括船舶救助费、打捞费、清污费、污染造成的财产损失、货损、修理费、检（查勘）验费等；船舶全损时，直接经济损失还应包括船舶价值；

（七）一件事故造成的人员死亡失踪、重伤、水域环境污染和直接经济损失如同时符合 2 个以上等级划分标准的，按最高事故等级进行统计。

第八条　两艘以上船舶之间发生撞击造成损害的，按碰撞事故统计，计算方法如下：

（一）事故件数统计为一件；每艘当事船舶的事故件数按照占本次事故当事船舶总数的比例进行统计；

（二）伤亡人数、沉船艘数、船舶溢油数量、直接经济损失按发生伤亡、沉船、溢油及受损失的船舶方进行统计；

（三）事故等级按照所有当事船舶的人员伤亡、船舶溢油数量或者直接经济损失确定。

船舶发生碰撞事故，一方当事船舶逃逸，事故件数按照另一方单方事故进行统计，事故等级暂按另一方船舶的人员伤亡、船舶溢油数或者直接经济损失确定。查获逃逸船舶的，每艘当事船舶的事故件数应当重新计算；事故等级及统计要素有变化的，事故统计数据应当予以更正。

第九条 船舶搁置在浅滩上，造成停航或者损害的，按搁浅事故统计。搁浅造成船舶停航 7 日以上，但造成损害未达到一般事故等级标准的，按一般等级事故统计；造成损害在一般事故等级标准以上的，按第六条的规定进行统计。

船舶发生事故后为减少损失主动抢滩的，事故种类按照搁浅前的事故种类、损失按最终造成的损失进行统计。

第十条 船舶触碰礁石，或者搁置在礁石上，造成损害的，按触礁事故统计。触礁事故等级的计算方法参照搁浅事故等级的计算方法。

第十一条 船舶触碰岸壁、码头、航标、桥墩、浮动设施、钻井平台等水上水下建筑物或者沉船、沉物、木桩、鱼栅等碍航物并造成损害，按触损事故统计。船舶本身和岸壁、码头、航标、桥墩、钻井平台、浮动设施、鱼栅等水上水下建筑物的人员伤亡和损失，均应当列入触碰事故的伤亡和直接经济损失。

第十二条 船舶因其他船舶兴波冲击造成损害，按浪损事故统计，其事故等级的计算方法参照船舶碰撞事故等级的计算方法。

第十三条 船舶因自然或者人为因素致使船舶失火或者爆炸造成损害，按火灾、爆炸事故统计。

第十四条 船舶遭受较强风暴袭击造成损失，按风灾事故统计，一艘船舶计为一件事故。

第十五条 船舶因超载、积载或者装载不当、操作不当、船体进水等原因或者不明原因造成船舶沉没、倾覆、全损，按自沉事故统计，但其他事故造成的船舶沉没除外。

第十六条 船舶因发生碰撞、搁浅、触礁、触碰、浪损、火灾、爆炸、风灾及自沉事故造成水域环境污染的，按照造成水域污染的事故种类统计。

船舶造成的前款规定情形之外的水域环境污染，按照操作性污染事故统计。

第十七条 影响适航性能的机件或者重要属具的损坏或者灭失，以及在船人员工伤、意外落水等事故，按照“其他引起人员伤亡、直接经济损失、水域环境污染的水上交通事故”统计。

第十八条 船舶因外来原因使舱内进水、失去浮力，导致货舱或者驳船的甲板、机动船最高一层连续甲板浸没二分之一以上，按沉没统计。

船舶因外来原因造成严重损害，推定为船舶全损的，按沉船统计。

10 米以下的船舶发生沉没或者推定全损，不计入沉船或者全损艘数和吨位。

第十九条 船舶附属艇、筏发生的水上交通事故按其所属船舶事故统计。

第二十条 船舶因发生交通事故需要在国外进行修理的，实际修船费用按照中国人民银行公布的同期人民币与外汇比价折合人民币计算。

第二十一条 水上交通事故应当按月度、年度进行统计，并按下列时间报送：

（一）月度统计期为每月 1 日至月末，于次月 5 日前上报；

（二）年度统计期为每年 1 月 1 日至 12 月 31 日，于次年 1 月 15 日前上报。

第二十二条 在统计期内发生但尚未调查处理完毕的水上交通事故，统计时难以确定船舶溢油数量、直接经济损失的，先按初步核定值统计，待水上交通事故调查处理完毕后再按确定的数据予以更正。

第二十三条 省、自治区、直辖市人民政府交通主管部门、海事管理机构应当按照统计报表制度对水上交通事故进行分类统计，其中“一般事故”等级以上的统计报表按照统计报表制度逐级上报至交通运输部海事局。

第二十四条 船舶在中国管辖水域内发生水上交通事故，应当按有关规定及时向事故发生地海事管理机构报告。同时，中国籍船舶的所有人、经营人或者管理人应当向登记注册地人民政府交通运输主管部门报告。

中国籍船舶在中国管辖水域以外发生水上交通事故，中国籍船舶所有人、经营人或者管理人应当在事故发生后24小时内向船籍港海事管理机构报告。

第二十五条 相关单位应当使用计算机信息系统等现代化手段进行水上交通事故信息采集、统计和上报工作。

第二十六条 水上交通事故统计资料，应当按照信息公开的相关规定予以公布。

交通运输主管部门、海事管理机构的工作人员违反本办法，虚报、瞒报、伪造、拒报、屡次迟报水上交通事故统计资料，根据情节轻重，依法给予行政处分。

第二十七条 船舶在船厂修造期间发生的事故不作为水上交通事故统计。

在船人员自杀或者他杀事件，不作为水上交通事故。

第二十八条 本办法中所称的“以上”包含本数，“以下”不含本数。

第二十九条 本办法自2015年1月1日起施行。2002年8月26日交通部第5号令发布的《水上交通事故统计办法》同时废止。

长江江苏段船舶定线制规定(2013)

交海发〔2014〕33号　2014.1.20

第一章　总　　则

第一条　为维护长江江苏段水上交通秩序,改善通航环境,提高交通效率,保障航行安全,促进航运发展,根据《中华人民共和国内河交通安全管理条例》等有关法律、法规及有关国际公约,制定本规定。

第二条　凡航行于长江江苏段通航水域的船舶,均应遵守本规定。

下列船舶因工作需要可不按规定的航路行驶:

(一)正在执行公务的船舶;

(二)在核定水域内在航施工的工程船舶;

(三)进行海难救助的船舶;

(四)经主管机关批准的船舶。

第三条　长江江苏段通航水域全程实行船舶定线制。

船舶定线制遵循大船小船分流、避免航路交叉、各自靠右航行及过错责任原则。

第四条　中华人民共和国江苏海事局及其分支机构是实施本规定的主管机关。

第二章　航道、航路

第五条　深水航道。

深水航道一般设置在深泓附近,两侧界限分别用左侧侧面标、右侧侧面标标志标示(深水航道设置标准和尺度见附件1),主要供大型船舶使用。深水航道设标由航道管理部门实施。

第六条 通航分道及分隔带(线)。

在深水航道内设置的上、下行通航分道和分隔带分别占航标标示航道宽度的五分之二、五分之二、五分之一。

在不具备设置分隔带条件的深水航道内,分隔线为深水航道的中心线。

第七条 推荐航路。

推荐航路设置在深水航道侧面标的外侧水域,供小型船舶使用。

在具备设置推荐航路条件的水域,黑浮联线外侧设置上行船舶推荐航路;红浮联线外侧设置下行船舶推荐航路(推荐航路设置标准和尺度见附件2)。

第八条 定线制实施水域需要采取单向航行控制的,由主管机关以航行通(警)告形式发布。

第九条 深水航道的维护水深由航道管理部门公布。

第三章 航 行

第十条 船舶在任何时候均应以安全航速行驶,防止发生事故。

在不危及他船或设施安全的情况下,船舶正常航行时最高航速不得超过15节(约28千米/小时),最低航速不得低于4节(约7.5千米/小时)。船舶在泰州长江公路大桥桥区水域下界浮以下通航分道内正常航行时最低航速不得低于6节(约11千米/小时)。

严禁船舶停车淌航。

第十一条 船舶必须在规定的通航分道或航路内行驶。

在船舶交通管理系统覆盖水域内航行时,应按规定向主管机关设置的船舶交通管理中心报告。船舶经过船位报告线时,应进行船位报告;船舶经过船位核对点时,应进行动态报告(船位报告线及船位核对点见附件3)。

第十二条 在深水航道内,所有船舶一律按各自靠右的航行原则沿规定的通航分道行驶,并尽可能远离分隔带或分隔线。

船舶因实施追越需要短时间占用分隔带水域时,应在确保安全的情况下谨慎进行。

第十三条 大型船舶、高速船应在规定的通航分道内行驶。

航速低于主管机关规定的通航分道内最低航速要求的大型船舶,应进入推荐航路航行;因深水航道外侧未设置推荐航路或船舶吃水原因不能进入推荐航路航行时,应尽可能沿通航分道右侧边缘行驶。

第十四条 小型船舶必须按规定的推荐航路行驶。

未设推荐航路的航段,小型船舶应沿通航分道右侧边缘行驶。

第十五条 大型船舶在经过通航条件受到限制的水域前,或自身操纵能力受到限制时,应向主管机关设置的船舶交通管理中心报告,在无碍他船行驶且采取必要的安全措施后,可选择航路行驶,驶过后应及时恢复到规定的通航分道内行驶。

第十六条 船舶驶经福姜沙南水道、尹公洲航段,应遵守主管机关颁布的单向航行控制的有关规定(见附件4)。

第十七条 船舶驶经桥区水域,应遵守桥区水域通航规定(见附件5)。

第十八条 船舶驶经白茆沙北水道、福姜沙北水道、福姜沙中水道、太平洲捷水道、仪征捷水道、宝塔水道、乌江水道等水域,应遵守上述航路的专门规定(见附件6)。

第十九条 船舶进出常熟港、营船港、天生港、江都港等专用航道及京杭运河小型船舶(队)上行专用航路时,应遵守上述专用航道的专门规定(见附件7)。

第二十条 横江渡轮和靠离码头、进出锚地、水上服务区(见附件8)、汊河口及支流河口等需横越通航分道、推荐航路的船舶,应当注意航道情况和周围环境,在无碍他船安全行驶的情况下,尽可能与通航分道、推荐航路成直角就近进行。

船舶因靠离码头需要，在无碍他船安全行驶的情况下，事先向主管机关设置的船舶交通管理中心报告，征得同意后可选择航路行驶。

第四章 停　　泊

第二十一条 大型船舶必须在主管机关公布的锚地或停泊区(见附件9)内停泊。

第二十二条 小型船舶停泊应优先选择锚地、停泊区(海轮锚地或海轮停泊区除外)水域，也可根据需要在规定航路以外选择安全的水域，但应尽可能远离通航分道、推荐航路。

第二十三条 船舶如遇有恶劣天气、船舶失控等特殊情况需紧急抛锚时，应尽可能让出通航分道、推荐航路。

第五章 避　　让

第二十四条 船舶会让时，应优先遵守下列关于船舶避让的特别规定：

(一)未按规定在通航分道、推荐航路内行驶的船舶，应主动避让在规定的通航分道、推荐航路内正常行驶的船舶；

(二)进出汉河口、支流及专用航道的船舶，应主动避让在规定的通航分道、推荐航路内正常行驶的船舶；

(三)横江渡轮和靠离码头、进出锚地、水上服务区的船舶，应主动避让在规定的通航分道、推荐航路内正常行驶的船舶。

第二十五条 沿规定通航分道、推荐航路行驶的船舶，在经过桥区水域、渡口渡运水域(见附件10)、码头、锚地、水上服务区、支流河口、汉河口及施工作业区水域之前，应保持高度警惕，加强瞭望，谨慎驾驶，注意横越船动态，并提前采取减速、停车等有效措施协助避让。

第六章　责　　任

第二十六条　违反本规定进入深水航道行驶的小型船舶，与在深水航道内正常行驶的船舶发生事故时，小型船舶应负主要责任或全部责任。

第二十七条　违反本规定，逆通航分道或推荐航路交通流行驶的船舶与在通航分道、推荐航路内正常行驶的船舶发生碰撞事故时，逆交通流行驶的船舶应负主要责任或全部责任。

第二十八条　违反本规定，随意横越通航分道、推荐航路的船舶，与在通航分道、推荐航路内正常行驶的船舶发生碰撞事故时，横越船应负主要责任或全部责任。

第二十九条　横江渡轮和靠离码头、进出锚地、水上服务区、汊河口、支流河口、专用航道等需要横越通航分道、推荐航路的船舶，未按本规定主动避让在通航分道、推荐航路内正常行驶的船舶导致发生碰撞事故时，横越船应负主要责任。

第三十条　违反本规定随意停泊导致发生事故的，停泊船应负主要责任或全部责任。

第七章　附　　则

第三十一条　本规定附件与本规定具有同等法律效力，若本规定的附件有变动，由主管机关以航行通告的形式发布。

第三十二条　本规定附件中为现行航道维护尺度。当航道维护尺度变化调整时，应以航道部门公布的维护尺度为准。

第三十三条　本规定及其附件中下列用语的含义是：

（一）“长江江苏段通航水域”是指长江上界南岸慈湖河口（31°46′30″N/118°29′48″E）与北岸乌江河口（31°50′42″N/118°29′24″E）联线，下界浏河口下游的浏黑屋（31°30′52″N/121°18′54″E）与崇明岛施翘河下游的施信杆（31°37′34″N/121°22′30″E）联线间主管机关公布的可供船舶航行的水域。

（二）“航道左侧”是指面向长江下游方向，左手一侧为航道左侧。“航道右侧”是指面向长江下游方向，右手一侧为航道右侧。

（三）“大型船舶”是指船长80米及以上的船舶、船队（吊拖船队除外）。

（四）“小型船舶”是指“大型船舶”之外的船舶、船队。

（五）“横越”是指船舶横向或斜向驶过规定通航分道、推荐航路，或横向越过沿通航分道、推荐航路行驶船舶船首方向的过程和行为。

（六）“水上服务区”是指主管机关划定的可为船舶提供加油（气）、加水、补给等服务的水域。

（七）“高速船”是指静水航速大于35千米/小时（约19节）的船舶。

（八）“障碍性桥梁”是指在通航水域内设置有碍航性构筑物（不包括桥面）的桥梁。“非障碍性桥梁”是指在通航水域内未设置有碍航性构筑物（不包括桥面）的桥梁。

第三十四条 本规定系特别规定，涉及航行、停泊与避让的其他规定与本规定有冲突时，按本规定执行。未尽事宜，按照有关法律、法规执行。

第三十五条 本规定由中华人民共和国交通运输部发布，自2014年4月1日起施行。2005年10月1日起施行的《长江江苏段船舶定线制规定(2005)》同时废止。

附件1

深水航道设置标准和尺度

一、浏河口至荡茜闸通航水域：深水航道以500米航道宽度、12.5米水深（理论最低潮面）为标准。

二、荡茜闸至龙爪岩通航水域：深水航道以500米航道宽度、10.5米水深（理论最低潮面）为标准。

三、龙爪岩至鹅鼻嘴通航水域：深水航道以500米航道宽度（不足500米的以实际航宽，但最窄处不得低于200米）、10.5米水深（理论最低潮面）为标准。

四、鹅鼻嘴至燕子矶通航水域：深水航道以500米航道宽度（不足500米的以实际航宽，但最窄处不得低于200米），每年5月1日至10月31日以实际水深10.8米（每年11月1日至次年4月30日以实际水深10.5米）水深为标准。

五、燕子矶以上通航水域：深水航道以500米航道宽度（不足500米的以实际航宽，但最窄处不得低于200米），每年6月1日至9月30日以实际水深10.5米（每年10月1日至次年5月31日以实际水深9.0米）水深为标准。

六、设标原则：

（一）深水航道原则上顺直双侧设标，并在关键转向点航标上加装信息助航装置。

（二）口岸直水道十四圩以下至浏河口（辖区下界）航段航标间距（单侧标间距）不大于2600米；口岸直水道十四圩至慈湖河口（辖区上界）航段航标间距（单侧标间距）不大于3000米。

附件2

推荐航路设置标准和尺度

一、浏河口(辖区下界)至泰州长江公路大桥桥区水域下界浮航段推荐航路。

浏河口(辖区下界)至泰州长江公路大桥桥区水域下界浮航段(福姜沙航段除外)设置船舶上、下行推荐航路。上行推荐航路在深水航道的北侧(黑浮联线外侧),航路宽度为200米,水深5.0米;下行推荐航路在深水航道的南侧(红浮联线外侧),航路宽度为200米,水深5.0米。长江#80红浮至#83红浮联线外侧航路宽度为100米,水深5.0米。

福姜沙中水道为上、下行小型船舶、船队航路。航路宽度为150米,水深4.5米。

二、泰州长江公路大桥桥区水域下界浮至慈湖河口(辖区上界)航段推荐航路。

泰州长江公路大桥桥区水域下界浮至慈湖河口(辖区上界)航段不设置下行推荐航路。

泰州长江公路大桥桥区水域下界浮至慈湖河口(辖区上界)上行推荐航路的设置航段为:三江营河口至尹公洲下洲头(长江#103黑浮)之间、瓜洲河口(长江#112黑浮)至栖霞油轮锚地下端(长江#130黑浮)之间黑浮外侧水域,航路宽度为200米,水深为5.0米。

三、在推荐航路中航路宽度不足200米且存在丁坝、浅滩等碍航物的水域,设置相应的示位标,并由航道管理部门公布实际宽度和水深。

附件 3

长江江苏段船位报告线及船位核对点

（一）报告线

上行船			下行船		
报告线位置	受话机关	频道	报告线位置	受话机关	频道
浏黑屋与崇明岛施信杆联线（长江#1 浮联线）	南通 VTS 中心	10	慈湖河口与乌江河口联线（长江#158 浮）	南京 VTS 中心	11

（二）船位核对点

上行船			下行船		
船位核对点位置	受话机关	频道	船位核对点位置	受话机关	频道
长江#15 浮	南通 VTS 中心	10	长江#150 红浮、长江 # 144 红浮；长江#125 红浮	南京 VTS 中心	11 或 10
长江#37 浮；长江#42 浮；福姜沙北水道 FB #4 浮	张家港 VTS 中心	10	新河口塔形沿岸标与长江# 119 黑浮联线	镇江 VTS 中心	09 或 10
长江#58 浮或长江福北# 14 浮	江阴 VTS 中心	09	润扬长江公路大桥	镇江 VTS 中心	09 或 10
长江#71 浮；T#5 浮	泰州 VTS 中心	10	长江 #91- 1 浮；长江#87 浮	泰州 VTS 中心	10

续上表

上行船			下行船		
船位核对点位置	受话机关	频道	船位核对点位置	受话机关	频道
长江# 91-1黑浮与长江#92红浮联线	镇江VTS中心	09或10	长江#71浮	江阴VTS中心	09
马鞍矶塔形示位标与马鞍矶水塔联线	镇江VTS中心	09或10	福姜沙南水道#58浮；福姜沙中水道FB#14浮；福姜沙北水道FB#14浮	张家港VTS中心	10
长江#119黑浮；长江#140黑浮	南京VTS中心	10	十一圩河口与小李港河口联线(长江#36浮联线)；长江#20浮	南通VTS中心	11

附件4

福姜沙南水道、尹公洲航段单向航路控制规定

一、福姜沙南水道单向航路控制规定

（一）受控对象

3000总吨及以上船舶；拖带量3000载重吨及以上的船队。

（二）受控航段

1. 长江#44红浮与长江#44黑浮联线至长江#46黑浮与德积示位标联线之间水域；

2. 长江#48黑浮与孚宝码头前沿垂直线至长江#52黑浮与江海粮油水塔联线之间水域；

3. 长江#55黑浮与巫山港河口联线至长江#57黑浮与长山油库码头下端联线之间水域。

（三）船舶等让水域

1. 上行船舶等让水域

（1）长江#41黑浮与长江#41红浮联线至长江#43黑浮与长江#43红浮联线之间水域；

（2）长江#46黑浮与德积示位标联线至长江#48黑浮与孚宝码头前沿垂直线之间水域；

（3）长江#52黑浮与江海粮油水塔联线至长江#55黑浮与巫山港河口联线之间水域。

2. 下行船舶等让水域

（1）江阴大桥至长江#59左右通航浮与长江#59红浮联线之间水域；

（2）长江#55黑浮与巫山港河口联线至长江#52黑浮与江海粮油水塔联线之间水域；

（3）长江#46黑浮与德积示位标联线至长江#48黑浮与孚宝码头前沿垂直线之间水域。

（四）等让原则

逆流船舶等让顺流船舶、拟驶进的船舶等让正在驶出的船舶、拟始发的船舶等让正在通过该水域的船舶。

（五）通过限制

不受福姜沙中水道、福姜沙北水道维护水深限制的船舶，不得选择福姜沙南水道过境通过。

二、尹公洲航段单向航路控制规定

（一）受控对象

3000 总吨及以上船舶；拖带量 3000 载重吨及以上的船队。

（二）受控航段

1. 长江#105-1 红浮与长江#105-1 黑浮联线至长江#104 红浮与对岸垂直线之间水域；

2. 长江#100 黑浮与长江#100 红浮联线至长江#101 黑浮与#101红浮联线之间水域。

（三）船舶等让水域

上下行船舶应在单向航行控制段外附近的安全水域等让。

（四）等让原则

逆流船舶等让顺流船舶、拟驶进的船舶等让正在驶出的船舶。

附件 5

长江江苏段桥区水域通航规定

1. 通过桥区水域的船舶,应当根据桥梁的通航净空尺度留足安全系数。

2. 通过桥区水域的船舶,应当具有良好的操纵性能,并在通过桥区水域前做好下列准备工作:

(1)对舵、锚、主辅机、航行信号、船队系缆、拖带设备及应急设备等进行严格检查,保持良好技术状态,落实安全措施,确保安全通过;

(2)加强瞭望,尽早与过往船舶取得联系,明确各自动向及会让意图;

(3)必要时,安排拖轮在桥区水域护航。

3. 下列船舶通过桥区水域前应当按规定向主管机关设置的船舶交通管理中心报告船舶动态:

(1)国际航行船舶;

(2)客船;

(3)1000 总吨及以上国内航行海船及载运危险货物船舶;

(4)1600 总吨及以上其他内河船舶或主机功率 1500 千瓦及以上拖轮船队(港作拖轮除外):

(5)载运或者拖带超重、超长、超高、超宽、半潜的物体的船舶;

(6)试航船舶。

4. 机动船进入桥区水域前,应当鸣放声号一长声,发现桥区水域航道、航标等异常或者本船船位不正,不能确保安全通过时,不得通过桥区水域。

5. 船舶通过障碍性桥梁桥区水域时,应当由船长指挥操作,同时,轮机长应当在机舱值守。

船舶在通过非障碍性桥梁桥区水域时,可以由船长或者船长指定的驾引人员指挥操作;船舶操纵困难时,必须由船长亲自指挥操作,必要时,轮机长应当在机舱值守。

6. 船舶通过桥区水域时,应当保持具有足够舵效的安全航速。

船舶抵达桥区水域上界和下界线时,逆流最高航速不得超过 8 节,顺流最高航速不得超过 11 节,进入桥区水域后,采用安全航速,谨慎通过。

7. 江面视距不足 1500 米,禁止船舶通过长江桥区水域。

风力达到七级以上时,禁止船队通过桥区水域。

装载爆炸品的船舶、试航船舶禁止夜间通过桥区水域。

8. 船舶在桥区水域航行时,禁止下列行为:

(1)淌航;

(2)并绑航行;

(3)掉头、横越;

(4)穿越非通航桥孔;

(5)试航船舶进行效用试验;

(6)船舶在通过障碍性桥梁桥区水域时,追越或者并列行驶(船舶通过南京长江第二大桥南汊桥、南京长江第四大桥、润扬长江公路大桥南汊悬索桥、泰州长江公路大桥、江阴长江公路大桥、苏通长江公路大桥主通航孔桥区水域时,在确保安全的情况下,可以追越);

(7)其他影响桥梁水域通航安全的行为。

9. 船舶靠离桥区水域内的码头、泊位时,应当加强瞭望,谨慎驾驶,并主动避让在规定的航路内正常行驶的船舶。

船舶在桥区水域内的码头、泊位停靠,不得超过核定的靠泊宽度。停靠、作业期间,应当确保系泊牢固,并加强值班。

10. 船舶在桥区水域内发生异常情况,危及或者可能危及船舶和桥梁安全时,应当采取有效应急措施,并立即向主管机关设置的船舶交通管理中心报告。

船舶发现桥区水域内存在异常情况,应当及时向主管机关设置的船舶交通管理中心报告。

附件 6

长江江苏段汊河、捷水道航路规定

一、白茆沙北水道船舶航路规定

(一)水域范围:上界为长江#14 左右通航浮与长江#15 黑浮联线;下界为长江#3 黑浮与长江#4 左右通航浮联线。

(二)维护水深:实际水深 4.5 米。

(三)航行原则:按各自靠右航行原则实行分道通航。

(四)通过限制:船舶应根据航道部门公布的航道设标维护水深,结合潮汐、本船吃水实际情况,在保障足够富余水深前提下选择通过。

二、福姜沙北水道船舶航路规定

(一)水域范围:上界限为长江#59 左右通航浮与 FB#15 黑浮的联线,下界限为长江#38-1 左右通航浮与 FB#1 黑浮联线。

(二)维护水深:理论最低潮面下 8.0 米。

(三)航行原则:按各自靠右航行原则实行分道通航。

(四)通过限制:如皋港下示位标至焦港河口航段实行单向航行控制。

1. 受控对象:3000 总吨及以上或 3000 载重吨及以上船队。

2. 受控航段:如皋港下示位标至焦港河口之间水域。

3. 等让水域:上行船舶在如皋港闸以下航段;下行船舶在焦港河口以上航段。

4. 等让原则:逆流船舶等让顺流船舶,拟始发的船舶等让正在通过该水域的船舶。

三、福姜沙中水道船舶航路规定

(一)水域范围:上界为 FB#12-1 左右通航浮与 FB#13 红浮联线;下界为长江#45 左右通航浮与 F#1 黑浮联线。

(二)维护水深:实际水深 4.5 米。

（三）航行原则：按各自靠右航行原则实行分道通航。

（四）通过限制：船舶应根据航道部门公布的航道设标维护水深，在确保安全的前提下通过。正常情况下，不受福姜沙中水道维护水深限制的船舶，不得选择福南水道或福姜沙北水道过境通过。

四、太平洲捷水道船舶航路规定

（一）水域范围：上界为五峰山岸咀与蒋家港三角测点联线；下界为太平洲捷水道下左右通航浮。

（二）航行原则：按各自靠右航行原则实行分道通航。新洲左右汊实行单向通航，新洲左汊为上行船舶航道，新洲右汊为下行船舶航道。

（三）通过限制：船舶应根据航道部门公布的航道维护水深，在确保安全的前提下通过。

五、仪征捷水道船舶航路规定

（一）水域范围：上界为仪征捷水道上口；下界为仪征捷水道下口。

（二）维护水深：4.5 米。

（三）航行原则：仪征捷水道全航段为上行船舶航道，实行单向通行。

禁止下行船舶通过该水道，进入作业的船舶除外。

（四）通过限制：供上行小型船舶通过和上行船队选择通过。

六、宝塔水道船舶航路规定

（一）水域范围：上界为八卦洲洲头西方角三角测点 270 度端线处，下界为天河口三角测点 90 度端线处。

（二）维护水深：西方角至南化 5 号泊位为上段，维护水深为 7.1 米，宽度为 150 米；南化 5 号泊位至扬子 10 号泊位为中段，维护水深 4.5 米，宽度 100 米；扬子 10 号泊位至天河口为下段，维护水深 10.5 米，宽度 150 米。

（三）航行原则：按各自靠右航行原则实行分道通航。

（四）通过限制：宝塔水道内扬子石化航道实行单向航行控制。

1. 水域范围：上界为北岸马汊河口处，下界为宝塔水道下界处。

2. 受控船舶：5000 总吨（735 千瓦）及以上船舶（队）、油船、化学品船舶、液化气船舶及其他需要控制的船舶。

3. 等让水域：驶入受控船舶在长江#136 黑浮下 2000 米北岸一侧航道内；驶出受控船舶在扬子石化码头（靠泊在扬子石化码头的船舶）和扬子 8 号码头对开航道内。

4. 通信联系：上行驶入受控船舶在南京长江四桥桥梁水域、下行驶入受控船舶在南京长江第二大桥南汊桥处、下行驶出受控船舶在预计驶出宝塔水道下界前 1 小时，向主管机关设置的船舶交通管理中心报告并经批准，同时用甚高频无线电话及其他一切有效方式与相关船舶联系，确认安全后方可进出。

5. 等让原则：驶入受控船舶等候驶出受控船舶，准备开航的受控船舶等候正在通过该水域的受控船舶。

七、乌江水道船舶航路规定

（一）水域范围：上界为乌江河口至慈湖河口联线；下界为大箭山塔形侧面岸标与乌江下左右通航浮联线。

（二）维护水深：设标宽度为 200 米，不足 200 米的以实际航道宽度为准，但不小于 150 米。一般情况下同侧相邻航标间距不大于 3000 米，航道设标维护水深 4.5 米（按航道管理部门公布的航道维护水深为准）。

（三）航行原则：乌江水道全航段为上行船舶单向航道，实行单向通行。

（四）通过限制：船舶应根据航道部门公布的航道设标维护水深，结合潮汐、本船吃水实际情况，在保障足够富余水深前提下选择上行通过。

附件 7

长江江苏段专用航道航路规定

一、常熟港专用航道航路规定（原华润、亚太航道和2009年开辟的下端进港航道）

（一）水域范围

上界为徐六泾验潮站与苏桥#5红浮联线，下界为太海汽渡太仓港池上端与长江#13左右通航浮联线。

（二）维护水深

上段常浒河口至常电煤码头下角维护水深理论最低潮面下10.5米，航宽300米；中段常电煤码头下角至金泾塘口，维护水深理论最低潮面下7米，航宽200米；下段金泾塘口以下1公里至新泾口上，维护水深理论最低潮面下8米、航宽200米。

（三）航行原则

按各自靠右航行原则实行分道通航。

（四）通过限制

1. 受控船舶：2000总吨以上危险品船舶、100米以上的其他船舶进出该水道，应事先经主管机关批准。

2. 专用航道内苏通大桥通航孔上游1000米、下游1000米航道水域范围内，受控船舶航行参照大桥主通航孔相关规定。

二、永钢专用航道航路规定

（一）水域范围

上界为永钢#9浮对标联线，下界为永钢#1浮对标联线。

（二）维护水深

维护水深理论最低潮面下6.0米，航宽200米。

（三）航行原则

按各自靠右航行原则实行分道通航。

（四）通过限制

10000 总吨及以上船舶、1000 总吨以上危险品船进出该水道，应事先经主管机关批准。

（五）控制规定

1. 受控船舶：5000 总吨以上船舶，客船、化学品船舶、液化气船舶及其他需要控制的船舶。

2. 等让水域：驶入受控船舶在永钢#1 浮下游航路，驶出受控船舶在永钢#4 浮上游航路。

3. 通信联系：受控船舶在到达等待点前 1 小时，向辖区 VTS 中心报告并经批准，同时应使用甚高频无线电话及其他一切有效手段与相关船舶联系，确认安全后方可进出。

4. 等让原则：驶入受控船舶等候驶出受控船舶，逆流受控船舶等候顺流受控船舶，进出锚地的受控船舶等候正在通过该水域的受控船舶。

三、营船港专用航道航路规定

（一）水域范围

（狼山沙北槽）上界 Y# 12 红浮，下界为苏桥#5 左右通航浮与 Y#1 黑浮联线。

（二）维护水深

1. 苏通大桥上 2 公里至南农闸维护水深，理论最低潮面下 10.5 米，航宽 260 米。

2. 南农闸至新开闸维护水深，理论最低潮面下 8.0 米，航宽 260 米。

3. 新开闸至通钢 5 号维护水深，理论最低潮面下 5.0 米，航宽 150 米。

4. 通钢 5 号至 Y# 12 红浮维护自然水深。

（三）航行原则

按各自靠右航行原则实行分道通航。

（四）控制规定

1. 受控船舶：3000 总吨（735 千瓦）或长度 100 米及以上船舶

(队)、化学品船舶、液化气船舶及其他需要控制的船舶。

2. 等让水域:驶入受控船舶在营#2 红浮下;驶出受控船舶在营#4 红浮上。

3. 通信联系:受控船舶在到达等待点前1小时,向主管机关报告并经批准,同时应使用甚高频无线电话及其他一切有效方式与相关船舶联系,确认安全后方可进出。

4. 等让原则:驶入受控船舶等候驶出受控船舶,上行受控船舶等候下行受控船舶,准备开航的受控船舶等候正在通过该水域的受控船舶。

四、天生港专用航道航路规定

(一)水域范围

(横港沙北槽)上界为小李港河口,下界为通吕河口。

(二)维护水深

1. 通吕河口至通沙汽渡维护水深9.0米,航宽150米;

2. 通沙汽渡至天生港电厂维护水深5.0米,航宽150米;

3. 天生港电厂至小李港维护水深3.2米,航宽150米;

以上维护水深均为理论最低潮面下。

(三)航行原则

按各自靠右航行原则实行分道通航。

(四)控制规定

1. 受控船舶:3000总吨(735千瓦)或长度100米及以上船舶(队)、化学品船舶、液化气船舶及其他需要控制的船舶。

2. 等让水域:驶入受控船舶在天#2 红浮以下水域;驶出受控船舶在天#4 红浮以上水域。

3. 通信联系:受控船舶在到达等待点前1小时,向主管机关报告并经批准,同时使用甚高频无线电话及其他一切有效方式与相关船舶联系,确认安全后方可进出。

4. 等让原则:驶入受控船舶等候驶出受控船舶,逆流受控船舶等候顺流受控船舶,准备开航的受控船舶等候正在通过该水域的受控船舶。

五、江都港专用航道船舶航路规定

(一)水域范围

三江营河口至八江口之间通航水域。

(二)维护水深

维护水深3.6米,具体以航道部门公布的为准。

(三)航行原则

按各自靠右航行原则实行分道通航。

(四)控制规定

三江营河口至扬州沿江高等级公路夹江特大桥上游2000米水域内禁止锚泊。

六、京杭运河小型船舶(队)上行专用航路规定

(一)水域范围

京杭运河谏壁河口至六圩河口水域深水航道下行通航分道红浮联线外侧。

(二)维护水深

维护水深4.5米,航路宽度100米。长江#104红浮与#105红浮联线外侧宽度不足100米。

(三)航行原则

上行小型船舶(队)应沿红浮联线外侧水域谨慎航行,尽可能远离沿下行通航分道正常行驶的船舶。

(四)通过限制

仅限于从京杭运河谏壁河口驶出拟上行的小型船舶(队)。

附件8

长江江苏段水上服务区一览表

（以下位置坐标采用北京2000大地坐标系航海用途等同WGS84坐标系。）

编号	服务区位置	加油趸船名称	加油趸船坐标	经营单位	联系电话
No.5	南通水道,长江#31黑浮至长江#32黑浮左侧	通油趸5	32°01′05″N,120°45′27″E	中石化江苏江阴石油分公司	0510－86855092 13506284040
		博丰油趸1号	32°01′04″N,120°46′37″E	南通博丰船舶燃料有限公司	0513－85113535
		长轮29009	32°01′04″N,120°46′47″E	中国石化长江燃料有限公司	0510－86100237
		中燃油趸20号	32°01′02″N,120°47′04″E	南通中燃船舶燃料有限公司	0513－83524665
		通油趸4	32°01′14″N,120°47′07″E	中石化江苏江阴石油分公司	0510－86855092 13506284040
No.6	浏海沙水道,长江#36－1黑浮至长江#37黑浮左侧	通油趸3号	32°00′09″N,120°38′23″E	中石化江苏江阴石油分公司	13806169550
		中燃油趸6	32°00′08″N,120°38′36″E	南京中燃船舶燃料有限公司	13912972250
		泰富油趸3	32°00′08″N,120°38′53″E	江苏中油泰富石油有限公司	13962473558
No.7（要搬迁）	福姜沙北水道,FB#13黑浮左侧	泰州趸油6号	31°59′37″N,120°20′24″E	中石化江苏江阴石油分公司	0523－6611225
		泰州趸油7号	31°59′47″N,120°20′43″E	中石化江苏江阴石油分公司	0523－6611225

续上表

编号	服务区位置	加油趸船名称	加油趸船坐标	经营单位	联系电话
No.8	江阴水道,长江#61黑浮至长江#70黑浮左侧	长轮 26026	31°56′41″N,120°14′50″E	中国石化长江燃料有限公司	0510－86100237
		中燃油趸 11 号	31°57′21″N,120°07′18″E	南京中燃船舶燃料有限公司	025－83347751
		中燃油趸 9 号	31°57′22″N,120°07′13″E	南京中燃船舶燃料有限公司	025－83347751
		长轮 26038	31°57′03″N,120°08′54″E	中国石化长江燃料有限公司	0510－86100237
		泰富油趸 5 号	31°57′47″N,120°04′56″E	江苏中油泰富石油有限公司	0512－58281070
		江阴趸 001	31°57′49″N,120°04′45″E	中石化江苏江阴石油分公司	0510－86852008
No.9	泰兴水道,常州危险品锚地下游600 米,74号黑浮左侧	长轮 26039	32°00′22″N,119°59′00″E	中国石化长江燃料有限公司	13914197032
		长轮 26007	32°00′19″N,119°59′05″E	中国石化长江燃料有限公司	13914197032
		中燃油趸 7 号	32°00′03″N,119°59′21″E	南京中燃船舶燃料有限公司	15995098708 15051814537
		中燃油趸 8 号	32°00′00″N,119°59′25″E	南京中燃船舶燃料有限公司	15995098708 15051814537
		常石供油 2 号	31°58′55″N,120°00′52″E	中石化江苏江阴石油分公司	13914528283
		泰州趸油 3 号	31°58′52″N,120°00′56″E	中石化江苏江阴石油分公司	13914528283
No.10	口岸直水道长江#87红浮至长江#88红浮右侧	长轮 26035	32°16′48″N,119°50′33″E	中国石化长江燃料有限公司	13952943423
		泰州趸油 5 号	32°17′30″N,119°49′54″E	中石化江苏江阴石油分公司	13505123956

续上表

编号	服务区位置	加油趸船名称	加油趸船坐标	经营单位	联系电话
No. 10	泰兴水道,T#1 黑浮左侧	中燃油趸 13 号	32°06′40″N, 119°55′30″E	南京中燃船舶燃料有限公司	13584000198
No. 12	丹徒直水道,长江#96 黑浮至长江#99 黑浮左侧	长轮 26034	32°13′03″N, 119°39′33″E	中国石化长江燃料有限公司	13952841789
		长轮 26018	32°13′04″N, 119°39′34″E	中国石化长江燃料有限公司	13952841789
		中油苏趸 3 号	32°12′48″N, 119°39′13″E	中石油天然气服务公司 镇江分公司	18361601188
		中燃油趸 4 号	32°12′47″N, 119°39′27″E	南京中燃船舶燃料有限公司	15050869025
		中燃油趸 15 号	32°12′44″N, 119°39′23″E	南京中燃船舶燃料有限公司	15050869025
		镇油趸 2	32°13′20″N, 119°39′57″E	中石化江苏江阴石油分公司	13615192008
No. 14	焦山水道,长江#108 黑浮至长江#109 黑浮左侧	长轮 26037	32°16′23″N, 119°29′14″E	中国石化长江燃料有限公司	13511694303 0511－85021303
		长轮 26036	32°16′22″N, 119°29′19″E	中国石化长江燃料有限公司	13511694303 0511－85021303
		泰富油趸 1 号	32°16′27″N, 119°28′51″E	江苏中油泰富石油有限公司	13952593278 0512－58281070
		镇油趸 4	32°16′27″N, 119°28′34″E	中石油江苏水上销售分公司	13615192008
		镇油趸 1	32°16′26″N, 119°28′29″E	中石油江苏水上销售分公司	13852606799 0510－86851125
No. 15	焦山水道,长江#111 黑	扬石趸 1	32°15′14″N, 119°24′18″E	中石化江苏江阴石油分公司	13641580615 0510－86851125

续上表

编号	服务区位置	加油趸船名称	加油趸船坐标	经营单位	联系电话
No. 15	浮至长江#112 黑浮左侧	泰富油趸 2 号	32°15 ′09″N, 119°24′11″E	江苏中油泰富石油有限公司	13952593378 0512－58281070
		中燃油趸 10 号	32°14′59″N, 119°24′01″E	南京中燃船舶燃料有限公司	13511751835 13951867090
No. 17	仪征捷水道	镇油趸 3 号	32°14′48″N, 119°10′34″E	中石化江苏江阴石油分公司	13615192008
		长轮 26029	32°14′18″N, 119°19′45″E	中国石化长江燃料有限公司	13952847538 13952806913
		长轮 26046	32°14′17″N, 119°19′50″E	中国石化长江燃料有限公司	13952847538 13952806913
No. 18	龙潭水道,长江#125 黑浮至长江#126 黑浮左侧	中燃油趸 5 号	32°14′25″N, 119°04′21″E	南京中燃船舶燃料有限公司	025－83347752
		中燃油趸 19 号	32°14′21″N, 119°04′16″E	南京中燃船舶燃料有限公司	025－83347752
		宁石趸 6 号	32°14′13″N, 119°04′06″E	中石化江苏江阴石油分公司	13812179190
		宁石趸 7 号	32°14′10″N, 119°04′02″E	中石化江苏江阴石油分公司	13812179190
		华燃油趸 1	32°14′37″N, 119°04′40″E	南京华燃船舶燃料有限公司	13805178907
		中燃油趸 12 号	32°14′51″N, 119°4′34″E	南京中燃船舶燃料有限公司	025－83347763
		长江油 9	32°15′0″N, 119°4′ 23″E	江苏金汇通港口服务有限公司	13805158988
No. 19	龙潭水道,长江#129 黑浮至长江#131 黑浮左侧	长轮 26051	32°11′12″N, 118°59′31″E	中国石化长江燃料有限公司	13505142080
		长轮 26031	32°11′12″N, 118°59′35″E	中国石化长江燃料有限公司	13505142080

续上表

编号	服务区位置	加油趸船名称	加油趸船坐标	经营单位	联系电话
No. 19	龙潭水道,长江#129黑浮至长江#131黑浮左侧	长轮 37011	32°11′12″N,118°59′35″E	中国石化长江燃料有限公司	13505142080
		中油苏趸 02 号	32°11′18″N,119°00′30″E	中石油江苏水上销售分公司	15651775828
		兆基油 518	32°11′33″N,119°01′30″E	兆基实业有限公司	13305192258
		兆基油 1998	32°11′36″N,119°01′36″E	兆基实业有限公司	13305192258
		兆基油 1918	32°11′37″N,119°01′39″E	兆基实业有限公司	13305192258
No. 21	草鞋峡水道,长江#139黑浮至长江#140黑浮左侧	宁石趸 3	32°09′24″N,118°48′16″E	中石化江苏江阴石油分公司	13812179190
		宁石趸 4	32°09′22″N,118°48′13″E	中石化江苏江阴石油分公司	13812179190
		宁石趸 5	32°09′19″N,118°48′08″E	中石化江苏江阴石油分公司	13812179190
		长轮 26027	32°09′00″N,118°47′44″E	中国石化长江燃料有限公司	13505142080
		长轮 26049	32°09′03″N,118°47′46″E	中国石化长江燃料有限公司	13505142080
		长轮 37010	32°09′05″N,118°47′48″E	中国石化长江燃料有限公司	13505142080
		长轮 26048	32°09′08″N,118°47′52″E	中国石化长江燃料有限公司	13505142080
		宁石趸 1 号	32°03′15″N,118°40′53″E	中石化江苏江阴石油分公司	13601522626

续上表

编号	服务区位置	加油趸船名称	加油趸船坐标	经营单位	联系电话
No. 22	南京水道,长江#144黑浮至#146黑浮左侧	宁石趸8号	32°03′21″N,118°40′55″E	中石化江苏江阴石油分公司	13601522626
		中燃油趸3号	32°02′39″N,118°40′40″E	南京中燃船舶燃料有限公司	13655198642
		中燃油趸2号	32°02′39″N,118°40′41″E	南京中燃船舶燃料有限公司	13655198642
		中燃油趸1号	32°02′32″N,118°40′38″E	南京中燃船舶燃料有限公司	13655198642
		雨航油趸	32°02′53″N,118°40′44″E	中石化燃料江苏分公司	13605140219
		中润8	32°02′50″N,118°40′41″E	中石化佳庆江苏燃料销售有限公司	13601540219
No. 24	南京水道大胜关桥区#7白浮至#8号白浮左侧	锦江油趸2	31°56′59″N,118°36′38″E	中海油南京顺海水上供油有限公司	13851401777
	南京水道长江#150红浮对开北岸	长轮37012	31°56′24″N,118°35′36″E	中国石化长江燃料有限公司	13951774623
		长轮26050	31°56′22″N,118°35′32″E	中国石化长江燃料有限公司	13951774623
		长轮26032	31°56′23″N,118°35′35″E	中国石化长江燃料有限公司	13951774623
No. 26	乌江水道#2红浮左侧	苏油趸2号	31°51′54″N,118°31′00″E	中石油江苏水上销售分公司	15651775828

附件9

长江江苏段锚地及停泊区一览表

一、锚地

编号	名称	位　　置	尺度(米)	用途	调度单位和联系电话
No.1甲	太仓危险品锚地	浏河水道,长江#1黑浮至长江#2黑浮左侧	长1600,宽800	供危险品船锚泊	太仓港政管理局 0512-53186529
No.1乙	太仓浏河锚地	浏河水道,长江#2黑浮至白北#1黑浮左侧	长4430,上宽1000,下宽1580	供大型海轮锚泊	太仓港政管理局 0512-53186529
No.1	太仓港海轮锚地	浏河水道,长江#6黑浮至长江#7黑浮左侧	长4000,宽1100	供海轮锚泊	太仓港政管理局 0512-53186529
No.2甲	白茆沙锚地	白茆沙水道,长江#9黑浮至长江#12黑浮左侧	长6900,宽700~1100	供海轮锚泊	常熟市港口管理局 0512-52695041、52698868
No.2	常熟海轮锚地	白茆沙水道,长江B#12黑浮至桥#2黑浮左侧	长5500,宽700	供海轮锚泊	常熟市港口管理局 0512-52695041、52698868
No.3	常熟港过驳锚地	东沙公用航道右侧	长4000,宽700	供待泊及过驳	常熟市港口管理局 0512-52695041、52698868
No.4	南通危险品锚地	通州沙东水道,长江#23至#24黑浮左侧	长2492,宽872	供危险品船锚泊	南通海事局 0513-81150062

续上表

编号	名称	位　　置	尺度(米)	用途	调度单位和联系电话
No. 5	南通联检锚地	通州沙东水道，长江#25 黑浮至#26黑浮左侧	长3600，宽600～860	供海轮锚泊	南通海事局 0513－81150062
No. 6	南通港2号乙锚地	南通水道，长江#28 红浮右侧	长2200，宽900	供长江驳船锚泊	南通海事局 0513－81150062
No. 7	南通港2号甲锚地	南通水道，长江#29 红浮至#31 红浮右侧	长4480，宽870～1400	供长江驳船锚泊	南通海事局 0513－81150062
No. 8	南通海轮临时过驳锚地	南通水道，长江#32 红浮至长江#33红浮右侧	长1600，宽400～800	供海轮锚泊、过驳	南通海事局 0513－81150062
No. 9	张家港(通沙)海轮锚地	南通水道，长江#33 红浮至长江#34红浮右侧	长2000，宽600	供海轮锚泊	张家港海事局 0512－58330432
No. 11	张家港危险品锚地	浏海沙水道，长江#39 黑浮至#41黑浮左侧	长3350，宽550	供危险品船舶锚泊	张家港海事局 0512－58330432
No. 11 甲	张家港海轮锚地	浏海沙水道，长江#40 至#41 红浮右侧	上游侧：长 800，宽192；下游侧：长2260，宽192	供海轮系泊	张家港海事局 0512－58330432
No. 12	12 号海轮锚地	福北水道，福北#10-1 红浮至#12红浮右侧	长3300，宽650	供海轮锚泊	江阴海事局 0510－80671206

续上表

编号	名称	位　　置	尺度(米)	用途	调度单位 和联系电话
No. 13	福中锚地	长江 FB#13 红浮至 FB#14 红浮右侧	长 1500，宽 350	供船舶锚泊	张家港海事局 0512－58330432
No. 15	江阴锚地	江阴水道，长江#63 黑浮至长江#64黑浮左侧	长 2000，宽 500	供大型船舶锚泊	江阴海事局 0510－80671206
No. 16 甲	常州危险品锚地	泰兴水道，长江#75 黑浮左侧	长 1500，宽 600	供危险品船锚泊	常州港兴船舶服务有限公司 0519－85776520、13616129292
No. 16	常州港海轮锚地	泰兴水道，长江#76 黑浮左侧	长 2200，宽 700	供海轮锚泊	常州港兴船舶服务有限公司 0519－85776520、13616129292
No. 17	泰州海轮锚地	T#4 红浮至 T#2 红浮右侧	长 6230，宽 440～650	供海轮锚泊	泰州市轮船运输总公司 0523－86050800
No. 18 甲	镇江危险品锚地	口岸直水道，长江#92-1 红浮至#93 红浮右侧	长 2000，宽 450	供危险品船锚泊	镇江海事局 0511－85286914
No. 18	镇江海轮锚地	口岸直水道，长江#93 至#94 红浮右侧	长 2600，宽 300～600	供海轮锚泊	镇江海事局 0511－85286914
No. 19	镇江定易洲锚地	焦山水道，长江#110 红浮至#111 红浮右侧	长 3400，宽 350	供长江驳船锚泊	镇江海事局 0511－85286914

续上表

编号	名称	位　置	尺度(米)	用途	调度单位和联系电话
No. 20	南京港联检锚地	仪征水道,长江#120红浮至#122红浮右侧	长3000,宽400	供大型船舶锚泊、检疫	南京轮驳公司 025－58583491
No. 21	仪征油轮锚地	仪征水道,长江#122红浮至#123红浮右侧	上段长1900,宽230～350 下段长1700,宽400	供油轮锚泊油驳作业	南京港股份有限公司 13512533332
No. 22	仪化锚地	龙潭水道,长江#126黑浮至#127黑浮左侧	长900端宽200,250	供小型船舶锚泊	中国石化仪征化纤股份有限公司物流公司 0514－83231649
No. 23	乌鱼洲锚地	龙潭水道,长江#127黑浮至#129黑浮左侧	长3290,上宽190米,中宽500,下宽500	供海轮系泊、锚泊	中国石化仪征化纤股份有限公司物流公司 025－58582633
No. 24	栖霞山扩建锚地	龙潭水道,长江#130黑浮至#131黑浮左侧	长1660,上宽650,下宽92	油驳、锚泊	南京轮驳公司 025－58583491
No. 25	栖霞山油运锚地	龙潭水道,长江#133黑浮至#134黑浮左侧	长3060,宽600～685	油轮、油驳	南京轮驳公司 025－58583491
No. 26	新生圩锚地	草鞋峡捷水道,长江#137黑浮至138黑浮左侧	长1360,宽150	供海轮系泊	南京轮驳公司 025－58583491
No. 27	上元门锚地	草鞋峡水道上元门港区前沿	长1700,宽400	供驳船及小型船锚泊	南京港口集团 025－58582633

续上表

编号	名称	位　　置	尺度(米)	用途	调度单位和联系电话
No. 28	梅子洲锚地	南京水道梅子洲与潜洲间	长 2000，端宽 270 ~ 300	供驳船及小型船锚泊	南京轮驳公司 025 - 58583491
No. 29	梅中锚地	南京水道长江#145 至#146 红浮右侧	长 2000，宽 400	供驳船及小型船锚泊	南京轮驳公司 025 - 58583491

二、停泊区

名称	位　　置	尺度(米)	用　　途
停 1	长江白北#1 黑浮至白北#2 黑浮左侧	长 3000 宽 600	供大型船舶停泊
停 2	长江#7 黑浮至长江#8-1 黑浮左侧	长 4000 宽 500	供大型船舶停泊
停 3	白北#10 黑浮至白北#11 黑浮左侧(渡运水域除外)	长 2500 宽 800	供大型船舶停泊
停 5	长江#22 红浮至长江#24 红浮右侧	长 4000 宽 400	供小型船舶停泊
停 6	长江#21-1 黑浮至长江#23 黑浮左侧	长 3000 宽 800	供大型船舶停泊
停 7	长江#34 红浮至长江#35 红浮右侧	长 2000 宽 400	供大型船舶停泊
停 8 - 1	长江#36 至#36-1 黑浮左侧	长 800 宽 500	供小型船舶系泊
停 8 - 2	长江#35 黑浮下游左侧	长 1100 宽 130	供大型船舶系泊(建设中)
停 10	长江#51 黑浮至长江#52 黑浮左侧	长 1400 宽 300	供小型危险品船舶停泊
停 11	长江#54 黑浮至长江#56 黑浮左侧	长 3000 宽 400	供小型船舶停泊

续上表

名称	位　　置	尺度(米)	用　　途
停 12	福北水道福北#6 红浮至福北#8 红浮联线右侧	长 800 宽 200	供小型船舶停泊
停 14	长江#64 黑浮至长江#65 黑浮左侧	长 3000 宽 600	供大型船舶停泊
停 15	长江#66 黑浮至长江#67 黑浮左侧	长 2600 宽 600	供大型船舶停泊
停 19	长江#77 黑浮至 T#1 黑浮左侧	长 4600 宽 600	供大型船舶停泊
停 22	太平洲捷水道上口左岸航道外水域	长 2000 宽 400	供小型船舶停泊
停 23	和畅洲左汊上口左岸水域	长 1800 宽 400	供小型船舶停泊
停 24	长江#118 黑浮至长江#119 黑浮左侧	长 2000 宽 500	供大型船舶停泊
停 25	仪征捷水道上口 Y3 红浮右侧	长 2200 宽 400	供小型船舶停泊
停 27	宝塔水道下口左岸航道外水域	长 1400 宽 400	供小型船舶停泊
停 28	宝塔水道扬子码头对开	长 2000 宽 400	供小型油船停泊
停 30	南京水道九袱洲沿岸距江浦水厂取水口上 1500 米以上水域	长 1500 宽 400	供小型船舶停泊
停 31	9424 原料码头对开航道外水域	长 800 宽 300	供小型船舶停泊
停 32	长江#92-1 红浮至#92 红浮右侧附近水域	长 1500 宽 400	供大型海轮停泊

附件 10

长江江苏段渡口渡运水域一览表

序号	渡口名称	渡　　线	渡运水域范围	渡口警示牌	备　　注
1	板桥汽渡	南北渡口中心点联线	上界:南岸凤翔码头与北岸七坝三角测点联线; 下界:长江#149 红浮与黑浮联线	设在北岸渡口剪票口大门平台上,牌面 6.7 米 × 10.5 米,显示"渡运区域,谨慎驾驶!"红色大字,夜间投光灯照明	
2	宁浦客渡	长江#142 红浮下 100 米与北岸渡口中心点联线	上界:北岸宁港工程码头与南岸油运公司#1 码头连线; 下界:北岸北杆三角测点上 400 米与南京港客运站码头联线	暂未设置	
3	燕八客渡	南北渡口中心点联线	上界:燕子矶架空过江电缆; 下界:南京二桥	暂未设置	

续上表

序号	渡口名称	渡　　线	渡运水域范围	渡口警示牌	备　　注
4	高资汽渡	南北渡口中心点联线	上界:北岸南新圩三角测点上2300米与南岸高资水塔联线; 下界:北岸南新圩三角测点上400米与南岸船山矿大楼联线	暂未设置	
5	镇扬汽渡	南北渡口中心点联线	上界:润扬大桥北汊桥下1200米与南岸长江#113红浮联线; 下界:瓜洲水塔与南岸龙门口塔形沿岸标联线	暂未设置	
6	孩溪汽渡	南北渡口中心点联线	上界:北岸江心洲水塔与南岸仲家村测点联线; 下界:长江#100红浮与#100黑浮联线	暂未设置	
7	大港汽渡	南北渡口中心点联线	上界:北岸东还原测点下1000米与南岸大港三期散货码头上端联线; 下界:长江#98黑浮与南岸大港塔形岸标联线	暂未设置	

续上表

序号	渡口名称	渡　　线	渡运水域范围	渡口警示牌	备　　注
8	扬高汽渡	南北渡口中心点联线	上界:高港水泵房码头与南岸二墩港河口上400米联线; 下界:北岸船厂水塔与南岸扬中水厂专用浮联线	设在北岸渡口旁海员俱乐部楼顶,牌面7米×16.8米,显示"渡运区域,谨慎驾驶!"红色大字,夜间投光灯照明	
9	七圩—圩塘汽渡	南北渡口中心点联线	上界:长江#72红浮与黑浮联线上游300米; 下界:长江#71红浮与黑浮联线上游800米	设在北岸七圩雷达站铁塔上,垂直显示"渡运区域,谨慎驾驶!"红色大字,每个字2.4米×1.8米,夜间LED显示	
10	利港—夹港汽渡	南北渡口中心点联线	上界:长江#68黑浮与南岸利电烟(下)联线; 下界:长江#67红浮与黑浮联线	暂未设置	
11	黄田港—八圩汽渡	南北渡口中心点联线	上界:长江#62红浮与黑浮联线; 下界:北岸金泰水塔与南岸江阴船厂码头联线	暂未设置	两道汽渡合并为一个渡运水域
12	九圩—韭菜港汽渡	南北渡口中心点联线			

续上表

序号	渡口名称	渡　　线	渡运水域范围	渡口警示牌	备　　注
13	江阴火车轮渡	南北渡口中心点联线	上界:北岸小桥港与南岸肖山水文站联线; 下界:江阴危险品锚地上界浮与南岸大河港联线	南岸渡口上游、北岸渡口下游设有警示牌,显示“渡运区域,谨慎驾驶!”红色大字	
14	双山客渡	南北渡口中心点联线	上界:长江#55 黑浮与南岸巫山三角测点联线; 下界:双山架空过江电缆	设在北岸渡口江堤边,总高 30 米,牌面 10 米×15 米,显示“渡运区域,谨慎驾驶!”红色大字	
15	皋张汽渡	南岸浦项码头上端点与北岸渡口中心点联线	上界:张家港锚地(No:11)下界浮与南岸七圩三角测点联线; 下界:长江#38-1 左右通航浮与大新#1 浮联线	设在如皋渡口上游侧,牌面 8.8 米×13 米,显示“渡运区域,谨慎驾驶!”红色大字,夜间投光灯照明	汽渡在大新专用航道、福北水道航行应避免横越顺航道船船头
16	通沙汽渡	南北渡口中心点联线	上界:天#3 红浮经通锚#1 浮与通沙锚#1 浮联线; 下界:天#1 黑浮经长江#30 左右通航浮与南岸登全圩三角测点联线	设在北岸渡口四层楼上,牌面 10 米×8 米,显示“渡运区域,谨慎驾驶!”红色大字,夜间投光灯照明	

续上表

序号	渡口名称	渡　　线	渡运水域范围	渡口警示牌	备　　注
17	通常汽渡	南北渡口中心点联线	上界：港德码头上端点经长江#20黑浮与常水#2专用浮联线； 下界：苏通大桥桥#5左右通航浮与南岸兴华码头下端点联线	设在北岸渡口下游侧，总高28米，牌面8米×12.2米，显示“渡运区域，谨慎驾驶！”红色大字，夜间投光灯照明	
18	海太汽渡	南北渡口中心点联线	上界：长江#14红浮与B#12黑浮联线； 下界：长江B#11黑浮经#13黑浮与南岸联线	设在南岸渡口处，总高30米，牌面10米×15米，显示“渡运区域，谨慎驾驶！”字，夜间LED显示	

船舶油污损害赔偿基金征收使用管理办法实施细则

交财审发〔2014〕96号　2014.4.16

第一条　为贯彻执行《船舶油污损害赔偿基金征收使用管理办法》(以下简称《办法》),加强征收使用管理工作,根据《办法》有关规定,结合船舶油污损害赔偿基金(以下简称"基金")的征收使用管理实际情况,制定本细则。

第二条　《办法》第二条所称"海上运输",是指运输航程全部或者部分经过中华人民共和国管辖海域的运输。

第三条　《办法》第十六条第二项所称"索赔人",是指遭受船舶油污损害,申请基金赔偿或补偿的单位和个人。

第四条　《办法》第十七条第一项所称"应急处置费用"是指为防止或者减少船舶油污损害,按照船舶污染事故应急指挥机构指令采取的应急处置措施而产生的费用。

第二项所称"控制或清除污染措施费用"是指为防止或者减少船舶油污损害,采取合理的预防、控制或清除污染措施所产生的费用。

第三项所称"直接经济损失"是指渔业、旅游业等单位或者个人遭受的,与船舶油污事故有直接因果关系的财产价值的实际损失。

第四项所称"所产生的费用"是指已实际采取的合理恢复措施发生的费用。

第五条　《办法》第十八条所称"船舶油污事故",是指船舶泄漏持久性油类物质、非持久性油类物质、燃油等及其残余物造成的油污损害,或者虽未泄漏但形成严重和紧迫油污损害威胁的一个或者一系列事件。一系列事件因同一原因而发生的，视为同一事故。

第六条 除《办法》第九条规定外，具有以下情形之一的，也不征收基金：

（一）经中华人民共和国管辖水域直接出口境外的持久性油类物质；

（二）船舶加装的自用燃油、润滑油；

（三）包装运输的持久性油类物质；

（四）政府抢险救灾、援助和我国军用的持久性油类物质。

第七条 在境内的同一货物所有人接收中转运输的持久性油类物质，货物所有人应当在第一卸货港缴纳基金，中转运输的货物能够提交同一货物所有人的证明材料和基金缴纳证明的，不再缴纳基金。所有人发生变更且又经海上运输的，还应当按照规定缴纳基金。

第八条 货物所有人或其代理人应当持有效单证缴纳基金。从境外经海上运输到中华人民共和国管辖水域的持久性油类物质，以提单、海运单或者提货单记载的重量为准。在境内运输的，以水路货物运单或者调拨单记载的重量为准；没有水路货物运单或者调拨单的，以船载污染危害性货物适运申报单记载的重量为准。

第九条 每单持久性油类物质的最低收费额为1元，尾数不足1元的不计收。

第十条 船舶油污损害赔偿基金的收缴管理，按照《财政部关于确认交通运输部收入收缴管理制度改革有关事宜的通知》（财库〔2012〕185号）的有关规定执行。

第十一条 多征、多缴基金的，按以下规定办理退付：

（一）征收单位发现多征的，由海事管理机构提出申请并附相关证明材料，经交通运输部审核后报财政部，财政部按照有关规定审核并办理退付。

（二）货物所有人或代理人发现多缴，要求退付的，由货物所有人或代理人向负责基金征缴的海事管理机构提出申请并附相关证明材料，海事管理机构按其隶属关系报经交通运输部审核后，由交通运输部报财政部，财政部按照有关规定审核并办理退付。

第十二条 船舶油污事故造成中华人民共和国内水、领海、毗连区、专属经济区、大陆架以及管辖的其他海域海洋环境油污损害，符合《办法》第十五条规定的，可以申请由基金赔偿或补偿。

前款所称内水是指中华人民共和国领海基线向内陆一侧的所有海域，包括沿海港口水域。

第十三条 当年基金支出预算不足以全部支付索赔案件应付金额的，船舶油污损害赔偿基金管理委员会秘书处应当按照船舶油污损害赔偿基金管理委员会作出赔偿或补偿决定的时间顺序依次赔偿或补偿，时间顺序相同的按比例赔偿或补偿，赔偿或补偿不足的部分纳入下一年度基金支出预算。

第十四条 海事管理机构应当明确负责基金征收、管理和稽查的工作部门，并公开本机构基金的征收地点、联系电话、监督电话等。

第十五条 货物所有人或其代理人对运输的油类物质是否属于持久性油类物质有异议的，应当向海事管理机构提交具有资质的检验、检测机构出具的报告。

第十六条 海事管理机构应当对货物所有人或其代理人基金缴讫情况进行检查，货物所有人或其代理人、港口经营人、货物承运人等有关单位或者个人应当予以配合，不得拒绝、隐瞒、妨碍或者阻挠。

第十七条 交通运输部海事局负责制定《船舶油污损害赔偿基金征收管理工作规程》、《船舶油污损害赔偿基金理赔导则》和《船舶油污损害赔偿基金索赔指南》，并报交通运输部、财政部备案。

第十八条 本细则自颁发之日起施行。

第十九条 本细则由交通运输部、财政部负责解释。

安全质量监督与应急

交通移动应急通信指挥平台管理办法

交公路发〔2014〕136号　2014.7.9

第一章　总　　则

第一条　为加强交通移动应急通信指挥平台的管理,提高公路交通突发事件应急通信保障能力,根据《中华人民共和国突发事件应对法》、《中华人民共和国公路法》、《公路安全保护条例》等规定,制定本办法。

第二条　本办法所称交通移动应急通信指挥平台(以下简称移动应急平台),由联网指挥系统、通信网络系统和应急通信车系统构成,具备联网运行、通信传输、指挥调度、综合保障等功能,为公路交通突发事件应对工作提供通信保障,并实现部省两级交通运输应急处置平台的互联互通。

移动应急平台为水路等其他交通突发事件应对工作以及交通战备工作提供通信保障的,参照本办法的规定执行。

第三条　本办法适用于移动应急平台的联网运行、应急指挥、运维保障、培训演练、监督检查等工作。

第四条　移动应急平台的管理,应当遵循部省共管、联网运行、平急结合、协调联动的原则。

移动应急平台的建设、运行和管理工作由交通运输部公路局负责归口管理。交通运输部路网监测与应急处置中心(以下简称部路网中心)负责移运应急平台的联网运行、指挥调度、监督检查等工作,中国交通通信信息中心(以下简称部通信信息中心)负责移动应急平台的集中运维、技术支持等工作。

省级交通运输主管部门负责应急通信车系统的管理工作。应急通信车系统的自检维护、系统维护、培训演练、技术支持等具体工作,可委托省级公路管理机构、路网中心或者交通通信信息中心(以下统称应急通信车系统管理部门和技术支持单位)负责。

第五条 省级交通运输主管部门应当统筹安排移动应急平台的联网运行、运维保障、培训演练和通信传输所需专项经费,为移动应急平台有效运行提供保障。

第六条 应急通信车系统使用统一代号,代号为“天鹰”,具体编号规则由部通信信息中心负责编制。

应急通信车系统包括大、中、小三种型号,有效使用年限原则上为8年。应急通信车系统应当通过联网指挥系统统一在线运行,新交付使用的应急通信车系统经并网后方可投入运行。

第七条 省级交通运输主管部门可以根据本地区的实际情况,将应急救援、路政巡查、路况检测等移动指挥车辆纳入移动应急平台联网运行管理范畴。

第八条 省级以上交通运输主管部门应当采取定期检查、不定期抽查等方式加强对移动应急平台管理工作的监督检查,并将检查结果予以通报。

第二章 联网运行

第九条 部路网中心、部通信信息中心、应急通信车系统管理部门和技术支持单位应当建立联网运行工作机制,并通过联网指挥系统建立例会点名和呼叫测试制度,定期通报其运行和工作情况。

例会点名和呼叫测试由部路网中心会同部通信信息中心组织实施,每月不少于1次。

第十条 应急通信车系统管理部门和技术支持单位负责应急通信车系统联网运行的执行工作,主要包括日常联络呼叫、任务执行、台账管理、车辆存放等,并于每年2月底前将年度运行计划报部路网中心备案。

第十一条 应急通信车系统管理部门可以将应急通信车日常使用与路政巡查、高速公路车辆救援等工作相结合，使其经常保持出勤运行状态。

应急通信车系统管理部门和技术支持单位应当根据年度运行计划开展相关工作，并按照统一的台账管理制度和信息报送机制，定期上报应急通信车系统的使用、维护和更新情况。

第十二条 联网指挥系统应当符合下列要求：

（一）车辆位置报送频率达到15分钟/每次，车辆轨迹保存期限不少于30日；

（二）视频传输具备同时接入8路高清或者标清视频会议画面，或者4套应急通信车现场视频画面功能；

（三）语音通信具备公网移动、固定电话、对空通信、海事卫星电话、VOIP网络电话、短波和超短波电台等传输模式及语音综合指挥调度功能；

（四）北斗导航卫星报文传输具备3套以上应急通信车系统之间的位置信息、报文信息的实时交互共享功能；

（五）预案管理具备公路突发事件应急预案电子化功能以及应急物资统一调度功能；

（六）台账管理具备车辆出勤、维修、保养等运行与维护记录管理功能。

第十三条 通信网络系统包括交通应急VSAT（国内甚小口径终端地球站）宽带卫星通信网、国际海事卫星通信网、有线和无线语音通信网、第三代（3G）和第四代（4G）移动通信网等，并具备以下支持多套应急通信车系统信息的同时接入能力：

（一）交通应急VSAT宽带卫星通信网，支持3路双向2MHz带宽的卫星通信链路同时接入；

（二）国际海事卫星通信网，支持4路以上双向256kbps带宽的卫星通信链路同时接入；

（三）交通运输部行业信息专网，支持4套以上应急通信车系统信息同时接入。

第十四条 应急通信车系统应当具备海事卫星、VSAT 卫星和公网移动通信等远程通信功能，以及超短波、微波和 WIFI 网络等应急现场通信功能，并符合下列要求：

（一）海事卫星终端的共享通信最高速率达到 432kbps 且保障通信速率达到 256kbps，VSAT 终端的带宽传输能力达到 2MHz（双向），北斗导航卫星的短报文传输时效小于 5 分钟，VOIP 网络电话具备语音和传真的传输能力；

（二）超短波通信覆盖范围达到 5000 米，微波通信覆盖范围达到 2000 米，WIFI 网络覆盖范围达到 300 米；

（三）具备与其他相同标准化接口和通信协议通信网络间的互联互通功能；

（四）具备在环境恶劣、资源短缺情况下短报文、语音的基本通信功能。

第十五条 应急通信车系统应当具备现场音频、视频等信息的采集、接入、存储等功能，并符合下列要求：

（一）具备固定式和移动式音频、视频采集手段，支持标清视频图像采集、存储，现场视频记录时间不少于 12 小时；

（二）具备和部省两级公路网监测与应急处置平台信息交互能力，获取相关行业信息功能；

（三）具备接收电视、广播、互联网等公众信息功能；

（四）具备现场指挥协同与决策支持能力；

（五）具备高清视频会商、语音综合调度、报文处理、现场广播等功能；

（六）满足五组以上应急救援队伍与应急通信指挥间的位置、文字信息交互能力；

（七）具备应急救援力量位置服务、专家会商、应急预案管理和现场资源调配等功能。

第十六条 应急通信车系统应当具备自主供电、现场照明，以及会商、办公和休息场所等综合保障功能，并符合下列要求：

（一）外部工作温度在－20℃～55℃之间，储存温度在－40℃～6 5℃之间，相对湿度在40%～98%之间；

（二）车内工作温度在0℃～40℃之间，储存温度在－20℃～65℃之间，相对湿度在40%～85%之间；

（三）供配电方式包括市电接入、发电机发电、UPS不间断电源续航等；其中，市电接入和发电机发电具备自动切换功能，发电机连续发电时间不少于8小时，UPS不间断电源续航持续运行时间不少于30分钟。

第三章　应急指挥

第十七条　移动应急平台应急指挥按照《公路交通突发事件应急预案》等规定采取分级分类管理。

Ⅰ级、Ⅱ级公路交通突发事件预警、响应的应急通信保障按照本办法的规定执行。Ⅱ级以下公路交通突发事件预警、响应的应急通信保障参照本办法的规定执行。

第十八条　交通运输部负责Ⅰ级公路交通突发事件应急预警、响应的启动和实施，统一调配和使用各地应急通信车系统。部路网中心负责移动应急平台的应急指挥调度工作，部通信信息中心负责应急指挥调度的技术保障工作。应急通信车系统管理部门和技术支持单位应当按照交通运输部的统一指令开展应急通信保障工作。

省级交通运输主管部门负责Ⅱ级公路交通突发事件应急预警、响应的启动和实施，统一调配和使用辖区内应急通信车系统，并向部路网中心备案。需要通信保障或者跨省域联动支持的，向部路网中心提出请求，由部路网中心负责协调相邻地区应急通信车系统提供跨省域联动支持，部通信信息中心负责跨省域应急通信保障与技术支持工作。

第十九条　移动应急平台应急指挥的预警、响应级别和工作模式应当根据公路交通突发事件的预警、响应级别变化等因素，及时调整，确保应急指挥科学有效。

除Ⅰ级公路交通突发事件应急预警、响应外，交通运输部可以根据需要，对已启动的Ⅱ级公路交通突发事件应急预警、响应进行重点跟踪；有下列情形之一的，按照Ⅰ级公路交通突发事件应急预警、响应程序启动移动应急平台的应急指挥程序：

（一）对可能发展为Ⅰ级公路交通突发事件应急预警、响应的；

（二）引起公众和媒体特别关注的；

（三）国务院部署由交通运输部负责协助处置的。

第二十条 Ⅰ级公路交通突发事件应急预警、响应启动后，在交通运输部应急领导小组的领导下，按照下列程序开展移动应急平台应急指挥工作：

（一）部路网中心、部通信信息中心以及突发事件相关应急通信车系统管理部门和技术支持单位应当立即启动统一应急指挥工作模式，执行24小时值班制度，按照有关预案开展应急通信保障工作；

（二）突发事件相关省域内所有应急通信率系统应当在1小时内完成应急启动工作，工作人员进入待命工作状态，并向部路网中心、通信中心报告地理位置和技术准备情况；

（三）部通信信息中心应当在1小时内启动应急通情保障工作，技术保障人员进入待命工作状态，并向部路网中心报告通信保障与技术准备情况；

（四）待命工作期间，移动应急平台各系统之间应当保持通信实时畅通，必要时开启视频会议系统，随时开展应急会商和信息传输工作；

（五）应急通信车应当按照部路网中心的指令要求，前往突发事件现场，并根据需要将沿途实时视频画面传输至部路网中心，在无公网状态下应当适时启动卫星通信系统，确保沿途通信传输正常；

（六）到达指定地点后，应急通信车应当立即将现场视频画面和救援抢险信息传输至部路网中心和相关省段路网中心，并按照指令要求开启视频会议系统；

（七）移动应急平台各系统应当处于24小时待命状态，不得擅自关闭系统。

第二十一条 Ⅱ级应急预警、响应启动后，省级交通运输主管部门在本级人民政府应急领导小组的领导下，开展移动应急平台应急指挥工作。

第二十二条 Ⅰ级或者Ⅱ级应急预警、响应终止后，部路网中心、部通信信息中心、应急通信车系统管理部门和技术支持单位应当分别按照交通运输部或者省级交通运输主管部门统一指令要求，恢复移动应急平台日常运行模式，并做好总结与评估工作。

第四章 运维保障

第二十三条 应急通信车系统管理部门和技术支持单位应当认真做好应急通信车系统的自检维护和系统维护工作，配合部通信信息中心开展移动应急平台的集中运维工作并提供必要的运维条件。

应急通信车系统的自检维护工作主要包括车辆底盘及供配电系统的检测、保养和维修，车辆油料供应等，系统维护工作主要包括应急通信车系统的定期维护、升级与更新、故障处理等。

移动应急平台的集中运维工作主要包括联网指挥系统的定期维护、升级与更新，通信网络系统设备维护，卫星通信资源维护与管理，以及全国备品备件库管理等。

第二十四条 移动应急平台运行维护工作应当符合以下要求：

（一）联网指挥系统的软件升级和更新由部通信信息中心按季度巡检计划进行，升级和更新内容包括地理信息数据、数据库基础数据以及软件功能等；

（二）应急通信车系统的自检维护和系统维护由应急通信车

系统管理部门和技术支持单位按照工作计划执行,故障排除由应急通信车系统技术支持单位按照实际情况进行;

(三)应急通信车系统车辆底盘保养由应急通信车系统技术支持单位按照各类车型厂家的要求定期完成;

(四)应急通信车系统所缴纳的交强险、车辆保险和财产险等保险由应急通信车系统管理部门按照车辆、系统资产估值足额按时缴纳。

第二十五条 应急通信车系统管理部门和技术支持单位应当根据应急通信车系统的型号规格,安排相应的存放车库,并配备下列设施和物资:

(一)存放车库设施包括库内外照明、防雨、防尘、防冻、防火、高低温温度调节等设施设备;

(二)存放车库接入至少1路市电电路以及公网、交通专网的有线和无线网络;

(三)按照车辆类型常年储备足量的油料,以及车辆轮胎、防滑链、电气工具、吊装工具、车辆维修工具等;

(四)按照车辆类型常年储备食品、饮用水、衣物和救援药品等。

第二十六条 移动应急平台的集中运维、通信传输费用由各移动应急通信车系统管理部门按照合理分摊原则承担。

第二十七条 应急通信车系统管理部门和技术支持单位应当明确车辆驾驶、系统操作、通信保障、网络维护、后勤保障等不同工作岗位的职责,并结合当地实际,按照不同车型的标准配备相应的专业人员。

第五章 培训演练

第二十八条 部路网中心、部通信信息中心、应急通信车系统管理部门和技术支持单位应当将培训演练工作纳入年度运行计划,并将实施情况列入台账管理,汇总备案。

第二十九条 移动应急平台的培训由部通信信息中心定期组织。公路交通突发事件多发地区,可适当增加培训次数。

培训内容包括软硬件系统操作、通信网络接入、日常维护等。

第三十条 移动应急平台的跨省域应急演练活动由部路网中心、部通信信息中心联合组织实施,每年演练不少于1次。移动应急平台的省域内应急演练活动由应急通信车系统管理部门和技术支持单位组织实施。

演练内容包括突发事件的预报预警、现场指挥、辅助决策和统一调度,应急通信车的机动测试、装备保障,以及通信网络系统的快速响应、互联互通等。

第六章 附 则

第三十一条 应急通信车系统整体报废与更新的具体管理办法,由交通运输部另行制定。

第三十二条 本办法自2014年7月9日起施行。

公路水运工程质量安全督查办法

交安监发〔2014〕122号　2014.6.16

第一章　总　　则

第一条　为进一步规范公路水运工程建设质量与安全监督抽查工作,提高督查的科学性,促进质量与安全管理水平提升,根据《建设工程质量管理条例》、《建设工程安全生产管理条例》以及《公路水运工程质量监督规定》和《公路水运工程安全生产监督管理办法》,制定本办法。

第二条　本办法适用于交通运输部组织的公路水运在建国家重点工程的质量安全督查活动。

第三条　质量安全督查,是交通运输行业实施公路水运工程建设质量、安全生产监督管理的重要方式。通过督查,了解工程建设质量安全状况及监管情况,总结工作经验,指导公路水运工程建设质量和安全生产管理和监督工作。

第四条　督查依据:

(一)国家和行业有关公路水运工程质量安全法律法规、政策、部门规章和规范性文件;

(二)有关技术标准及强制性条文;

(三)项目施工图设计文件及有关合同文件。

第五条　质量安全督查实行督查组负责制,督查组由部安全与质量监督管理司组织有关人员组成。督查组成员对督查记录及意见署名并负责。

第六条　督查工作应坚持严肃、科学、客观、公正的原则。督查组成员应自觉遵守各项廉政规定。

第二章　督查方式和内容

第七条　质量安全督查分为综合督查和专项督查，可采取明察、暗访等方式组织，具体督查可采取查看现场、查阅资料、询问核查、随机抽检等方式进行。

第八条　综合督查是指对公路水运工程建设的质量安全监管情况、在建项目工程建设质量安全状况的抽查。

质量安全监管情况抽查，主要是抽查省级交通运输主管部门对有关工程质量安全政策、法规的贯彻落实情况和工程质量安全监管工作、专项活动等的开展情况。

在建项目工程建设质量安全状况抽查，主要是抽查项目建设、设计、监理、施工等主要参建单位的工程质量安全管理行为、施工工艺及现场安全生产状况、工程实体质量情况及质量安全专项活动开展情况等。

督查指标项、标准或要求等见附件1～附件5，项目工程建设质量安全督查计分方法见附件6。

第九条　专项督查是指根据国家统一部署、行业监管工作需要或突出的质量问题和安全隐患所采取的有针对性的抽查，具体工作方式和程序可根据工作需要确定。

第三章　综合督查要求

第十条　部根据公路水运工程建设总体情况，制订年度综合督查省份计划。每年督查省份不少于12个。

第十一条　公路水运工程具体督查项目可根据工程类别、建设规模、工程进度等情况由督查组赴现场前随机确定，每个督查省份不少于2个公路水运工程督查项目，每个督查项目抽查宜不少于3个合同段或在建规模的30%。

第十二条 综合督查按下列程序进行:

(一)省级交通运输主管部门介绍工程建设质量安全总体情况、监管工作情况、经验和做法、存在问题及下一步工作措施及近两年发生的工程建设质量安全事故及处理情况;

(二)项目法人(以下统称建设单位)介绍督查项目工程质量安全管理工作情况;

(三)提问与解答;

(四)督查组随机确定抽查合同段;

(五)查阅资料、查看工地现场,抽检工程实体质量;

(六)督查组评议,对区域和项目进行质量安全评价,对重大工程质量安全隐患的原因进行分析;

(七)督查组反馈督查意见。

第十三条 督查项目确定后,项目建设单位应向督查组提交下列资料:

(一)项目基本情况;

(二)项目施工平面布置(示意)图,图中应标注主体工程施工与监理合同段划分(里程桩号)及主要结构物、施工项目部、监理驻地、拌和场、试验室位置等;

(三)交通运输主管部门、项目监督机构组织的监督抽查中发现的工程建设质量安全主要问题清单及整改落实情况。

第四章 综合督查结果处理

第十四条 督查组应及时向督查省份交通运输主管部门反馈督查意见,针对督查发现的问题提出整改要求和建议。发现影响主要结构安全的隐患或重大质量缺陷的,应视其影响建议该工序或单位工程或标段停工,由相关主管单位督促查明原因、予以整改,同时应追究有关单位和人员的责任。

第十五条 督查组完成督查工作后,部安全与质量监督管理司应于10个工作日内印发督查意见。省级交通运输主管部门应及时督促整改落实,并书面反馈整改落实情况。

第十六条 督查组发现项目的建设、设计、监理或施工等单位(下称参建单位)质量安全管理存在明显缺陷,或任一参建单位质量安全管理行为督查指标项有2项及以上得分为0分的,可建议省级交通运输主管部门对该项目实行挂牌督办,对相应的施工工艺和现场安全、工程实体质量进行深入检查,对存在的问题督促整改到位,并将相关单位的有关问题纳入信用评价。

第十七条 督查组发现被抽查合同段施工工艺和现场安全存在严重不规范或督查指标项有2项及以上得分为0分的,可建议该工序或作业区停工,并由相关主管单位对相应管理行为和工程实体质量进行深入检查,督促整改完善。

第十八条 被抽查合同段工程实体质量关键指标抽检不合格的,可建议该单位工程或合同段停工,并由建设单位组织查明原因、提出措施、督促整改,经项目监督机构复查合格后复工。同时,相关主管单位应追究有关单位与人员责任并纳入信用评价。

第十九条 督查项目有2个及以上工序、作业区、单位工程或合同段停工整改的,督查组应建议该项目停工,全面整改,深入排查质量安全问题和隐患,完善管理机制和控制措施,经省级交通运输主管部门验收确认合格后复工。

第二十条 对于督查发现标准规范使用有误、强制性标准未能执行、工程实体质量和现场安全存在重大隐患,或质量安全综合督查评分排名靠后的项目或参建单位,我部将其列入重点监管名单并予以通报。

第二十一条 对质量安全管理存在违法违规、工程质量安全存在严重缺陷或重大隐患的责任单位,由省级交通运输主管部门依法给予相应行政处罚,并按规定进行信用评价和记录。

第二十二条 督查评价表、实体抽检数据等现场记录、评价资料应由督查组织单位统一整理保存,一般保存3年。

第五章　附　　则

第二十三条　各省级交通运输主管部门可参照本办法制定本地区的公路水运工程建设质量与安全督查办法或细则。

第二十四条　本办法由交通运输部负责解释。

第二十五条　本办法自发布之日起施行,《公路水运工程质量安全督查办法》(交质监发〔2008〕52 号)同时废止。

附件 1

公路、水运工程项目质量安全管理行为督查表

参建单位	督查内容（分值）	序号	督查指标项（分值）	标准或要求
建设单位	管理体系（15 分）	1	目标和制度(5 分)	质量、安全管理目标明确、合理，制度健全。
		2	机构与职责(10 分)	质量安全管理机构和岗位职责明确，责任落实。
	保障条件（45 分）	3	基础条件(25 分)	质量监督手续完善，安全生产条件已备案审查，已开展安全风险管理，编制应急预案。
		4	合同管理(20 分)	质量安全目标、保障条件和责任条款明确；工期按批复文件执行；工程款、监理费、安全生产费用、工程变更等管理要求明确、规范。
	管理效能（20 分）	5	质量安全管控（20 分）	有效开展项目自查，掌握质量、安全状况，管理措施有效、针对性强。
	质量安全问题、隐患与事故处理（20 分）	6	问题整改(10 分)	对交通运输主管部门、质量安全监管机构检查出的质量安全问题、整改要求，及时组织整改到位。
		7	隐患与事故处理（10 分）	按照职责权限和有关制度，对质量安全重大隐患或事故及时报告、组织处理并督促整改、责任落实到位。
设计单位	勘察设计工作质量（100 分）	8	工作质量(40 分)	设计符合工程实际，无重大错、漏、碰现象，无设计深度不足导致的补充勘察或重大设计变更；设计服务工作到位、高效。
		9	变更管理(35 分)	设计变更合理，办理及时，程序规范。
		10	风险预控(25 分)	开展设计风险评估，对项目安全生产管理有指导作用。

续上表

参建单位	督查内容（分值）	序号	督查指标项（分值）	标准或要求
监理单位	机构建设（20分）	11	主要人员履约及责任制落实（10分）	现场主要监理人员符合投标(文件)承诺,持证上岗,按规定进行从业登记。质量安全责任逐级落实到人。
		12	试验室建设(10分)	人员、设备、环境符合投标(文件)承诺和相关要求,工作规范。
	监理工作（80分）	13	监理计划和细则（15分）	监理计(规)划和细则、安全监理计划等具有针对性和可操作。
		14	监理抽检与验证（15分）	抽检、验证程序规范、频率符合要求,资料真实、完整、可靠,归档及时、规范。
		15	旁站巡视(15分)	按规定旁站和巡视,记录准确、详细、连续。
		16	监理指令(15分)	指令闭合,要求准确。施工组织设计及专项施工方案审查程序规范,审批及时。
		17	隐蔽工程交验及中间交验评定（20分）	验收及评定及时、规范,资料真实可信。
施工单位	机构建设（10分）	18	制度与职责(10分)	管理制度完善,机构健全,现场主要人员符合投标(文件)承诺;质量安全责任明确,落实到人。
	施工组织（25分）	19	施工组织设计及专项施工方案（10分）	符合工程实际,具有针对性和可操作性,按规定程序审查、审批;大型临时工程设计方案、计算资料齐全、校验审核程序规范。
		20	大型设备机(5分)	安全检验证书齐全、有效,日常管理规范。
		21	分包管理(5分)	审查严格,管理规范。
		22	施工技术交底（5分）	制度健全、内容明确,交到一线人员,记录详实。

续上表

参建单位	督查内容（分值）	序号	督查指标项（分值）	标准或要求
施工单位	质量管理（25 分）	23	基准测量(5 分)	人员资格、设备检定符合要求，报告审核程序规范。
		24	原材料及产品（10 分）	原材料、产品出厂合格证齐全；自验规定健全，程序规范。
		25	施工自检(10 分)	体系健全，管理规范，数据和报告客观、真实、完整。
	安全管理（25 分）	26	风险防控(10 分)	按规定开展施工安全风险评估，专项方案、应急预案编制及时并按规定审查和实施。有效开展安全隐患排查和平安工地建设等各项工作。
		27	安全投入(15 分)	安全专项费用使用规范，安全投入满足施工需要。
	质量安全问题、隐患与事故处理（15 分）	28	问题整改(10 分)	对交通运输主管部门、质监机构、建设和监理单位检查(监理指令)提出的质量安全问题举一反三，对照要求及时整改落实到位。
		29	隐患与事故处理（5 分）	按照相关规定，对质量安全重大隐患或事故及时上报，及时进行处理、整改和责任落实。
		得分		

注：1. 督查采用扣分制，抽查指标项可在规定分值内扣分。

2. 各单位得分为 1.00 减去各抽查指标项的扣分值。

附件2

公路工程项目施工工艺及现场安全督查表

督查内容(分值)		序号	督检指标项(分值)	标准和要求
基本条件(100分)		1	场地建设(50分)	选址及场地布置符合安全、文明施工要求。料场、拌和站符合要求;便桥、便道设置合理。安全标示齐全,危险品、消防、临时用电管理规范。
		2	设备机具(50分)	用电规范,安全标示、防护装置齐全。起重、升降等特种设备按规定检验或验收合格,操作人员持证上岗。
路基工程(100分)		3	开挖与填筑(40分)	路堑开挖规范有序;路堤分层填筑、压实,填料符合设计要求。
		4	高边坡施工(30分)	高边坡、滑坡体、危石段设置风险源告知和警示牌,脚手架搭设正确、防护有效,避免立体交叉作业。靠近交通要道作业时设置隔离措施,爆破施工、开挖或装运作业规范。
		5	防排水(10分)	临时与永久防排水设施完善、合理。
		6	小型结构(20分)	材料满足要求,砌筑、勾缝密实牢固,墙背填土及压实规范。小桥涵混凝土、沉降缝、墩台、梁板、防水等符合要求。
路面工程(100分)	沥青面层(45分)	7	混合料土生产(20分)	设备工作正常,材料符合要求,混合料配比、生产温度控制准确,拌制均匀。
		8	铺筑施工(25分)	设备工作正常,摊铺温度、宽度、施工气候条件满足要求。缓慢、匀速压实,压实温度适宜。层间无污染,黏结牢固、有效。

续上表

督查内容(分值)		序号	督检指标项(分值)	标准和要求
路面工程(100分)	水泥混凝土面层(45分)	9	混凝土生产(15分)	设备工作正常,材料符合要求,拌制均匀,配比控制准确。
		10	铺筑施工(20分)	施工气候条件适宜,设备工作正常,混凝土和易性好,运送、摊铺及时,匀速、连续摊铺,振捣充分,结合面处理规范。
		11	养生与切缝(10分)	养生及时、充分,养生方法规范。切缝及时,灌缝工艺规范。
	半刚性基层底基层(30分)	12	混合料生产(10分)	设备工作正常,材料符合要求,配比控制准确,拌制均匀。
		13	铺筑施工(10分)	机具设备充足,工作正常,生产能力匹配,摊铺规范,施工条件满足要求。压实厚度、含水量适宜,压实及时,压实功充足。
		14	养生(10分)	养生及时,养生时间充足,养生方法规范。
	施工(25分)	15	施工安全(25分)	施工区域交通管制,机具操作人员具有安全操作技能。
桥梁工程(100分)		16	安全防护(10分)	个人防护用品质量符合要求,防护用品使用规范。高空、水下等危险作业区域安全防护、救生措施和警示标志齐全,临边防护齐全并设置止落板和防落网。
		17	支架及脚手架(10分)	管材有出厂合格证,架体搭设规范,按规定预压、验收后使用。高大架体搭设和拆除有专项方案及防倾倒措施。
		18	构件预制(20分)	钢筋加工安装规范;原材料及混合料质量符合要求;模板安装稳固、严密;保护层厚度控制方法得当;大型模板支撑体系有安装拆除专项方案及防倾倒措施。混凝土养生规范。预应力锚夹具、连接器符合规定;张拉及灌浆工艺规范,符合要求。

续上表

督查内容(分值)	序号	督检指标项(分值)	标准和要求
桥梁工程(100分)	19	下部结构施工(15分)	基础施工作业位置安全,开挖、警示标志设置符合规定,回填及时。扩大基础、桩基础周边防护、孔内通风符合要求;深度5m以上基坑应按专项设计实施支护。基础、墩、台、盖梁等混凝土施工规范。桩基成孔记录完整,按规定检测桩身完整性。
	20	上部结构施工(15分)	梁板安装平整,预留钢筋规整,横向联系可靠、混凝土密实,负弯矩区预应力施加有效。临边、临空按规定设置防护围栏及安全网。防水处理有效,混凝土铺装施工及养生规范。跨线桥下须防护。
	21	现浇梁板(15分)	原材料及混合料质量符合要求。混凝土配合比控制准确,施工、养生规范,按规定埋设预埋件。支架基础处理良好,支架经过预压。
	22	拱桥施工(10分)	原材料及混合料质量符合要求。施工顺序及合拢温度满足设计及规范要求,工人操作、拱背填土及压实作业规范,拱架基础处理良好并按规范制作,落架科学。
	23	支座及伸缩缝安装(5分)	支座、伸缩缝材质、规格满足规范或设计要求,经检验确认合格。支座垫石混凝土平整密实,支座定位准确,安装规范。伸缩缝安装牢固可靠,稳固混凝土密实且表面平整。

续上表

督查内容(分值)	序号	督检指标项(分值)	标准和要求
隧道工程(100分)	24	管理要求(10分)	设立门禁系统和值班制度。洞口排水系统完善。危险作业区域安全防护措施齐全,人员防护措施齐备;按规定设置逃生通道、通风设备、防坠设施、消防及通信器材,用电和照明规范。
	25	开挖(20分)	开挖方案合理,超前支护符合要求,监控量测及时有效。长大隧道和不良地质隧道应采用超前地质预报。严控超欠挖。
	26	初期支护(20分)	材料满足设计和规范要求。支护及时,锁脚锚杆等施工工艺规范,渗漏水处理得当,喷射混凝土外观质量好。
	27	仰拱施工(10分)	仰拱开挖到位,回填符合设计和规范要求,封闭及时。
	28	二次衬砌(25分)	与掌子面距离符合设计,材料满足设计和规范要求,防水板、止水条(带)按设计要求施工,混凝土施工规范。
	29	施工环境(15分)	通风、照明和防尘方案齐备,施工中相关条件满足安全施工需要。瓦斯隧道预防措施有效,瓦斯监测与预警、进洞前专项检查落实到位,采用防爆型机具、器材,现场消防设施齐备。
得　　分			

注:1. 一般情况下,高速公路为沥青路面或者水泥混凝土路面。

2. 督查采用扣分制,各抽查指标项分值减去扣分为该项得分,各项得分之和除以其分值之和再乘以100为该施工单位工艺和现场安全得分。

附件3

公路工程项目实体质量督查表

督查内容		序号	抽检指标项	检测方法和频率	评价方法和标准
路基工程	土石方	1	压实度△	采用灌砂法，每个标段随机选取3个薄弱测点。	按检评标准规定值计算合格率。
路基工程	土石方	2	路床弯沉	采用落锤式弯沉仪或自动化检测设备检测，每个标段随机抽查1公里，检测不少于50个测点；随机检测时测点数不少于50个。	连续检测：代表值大于设计值为不合格，评0分；代表值小于设计值，按单点大于L+2S为不合格，计算总合格率。 随机检测：按单点大于L+2S为不合格，计算总合格率。
路面工程	面层	3	沥青层压实度	采用表干密度法检测，每个标段随机取芯3个。	按单点值大于等于最大理论密度的92%（SMA为94%）或试验室标准密度的96%（SMA为98%）为合格，计算合格率。
路面工程	面层	4	厚度△	每个标段随机取芯3个；或每标段采用雷达随机抽查500m，每20m一个测点。	按单点总厚度大（等）于设计值的95%，上面层厚度大（等）于设计值的90%时为合格，计算合格率。
路面工程	基层底基层	5	厚度△	采用取芯方法，每个标段随机取芯3个。	按单点厚度大（等）于设计值－15mm为合格，计算合格率。
路面工程	基层底基层	6	整体性△		芯样完整为合格，计算合格率。

续上表

<table>
<tr><th colspan="2">督查内容</th><th>序号</th><th>抽检指标项</th><th>检测方法和频率</th><th>评价方法和标准</th></tr>
<tr><td rowspan="5">桥梁工程</td><td rowspan="5">上、下部结构</td><td>7</td><td>混凝土强度△</td><td>采用回弹法，每个标段抽查墩柱及梁板等主要构件 3 个，每个构件 3 个测区。</td><td>强度推定值大于设计强度为合格，计算合格率。也可利用标养试件统计评价。</td></tr>
<tr><td>8</td><td>钢筋保护层厚度△</td><td rowspan="2">采用电磁方法检测，每标段抽查墩柱、现浇和预制梁板等构件各 2 个，每构件布置 1m×2m 测区并检测 10 点。</td><td>按统计方法评定，特征值与设计值比值介于 0.9～1.3 的为合格，计算合格率。</td></tr>
<tr><td>9</td><td>钢筋位置△</td><td>按检评标准的允许偏差计算合格率。</td></tr>
<tr><td>10</td><td>构件几何尺寸</td><td>用钢尺和激光测距仪检测，每标段抽查墩柱和梁板各 2 个构件，其中：
墩柱沿高度每间隔 1m 测 2 个正交直径，测 3 组数据，圆柱墩可测周长换算为直径。
梁、板按图纸测量顶、底板轴线梁长，两端轴线梁高，梁宽根据梁长按等分点至少测 3 个断面。</td><td rowspan="2">按检评标准的允许偏差，计算合格率。</td></tr>
<tr><td>11</td><td>预应力管道布置</td><td>预制（现浇）梁、板按图纸核查两端（端头）预应力管道位置及间距。
有横、竖向预应力的，选悬臂端 3～5m 记录横向、竖向预应力管道位置及间距。
已合龙的，从跨中横向轴线向任意一侧 3～5m 记录横、竖向预应力管道位置及间距。</td></tr>
</table>

续上表

督查内容		序号	抽检指标项	检测方法和频率	评价方法和标准
桥梁工程	上、下部结构	12	裂缝宽度	用读数显微镜或裂缝宽度测试仪测量,抽查3个构件。单个构件10条以内的裂缝全部记录;10条以上的记录总数,并选择10条长度最长及宽度超过前10条的5条裂缝,记录长度及最大表口宽度。	按《工程建设标准强制性条文》(公路工程部分)有关标准评价,如有超出本项计0分。
隧道工程	支护	13	锚杆安装间距△	随机抽查5~10对同类型锚杆,尺量每对锚杆的间距。	按实测值不大于设计值为合格,计算合格率。
		14	锚杆抗拔力	随机抽查5~10根同类型锚杆。	按检评标准的规定值评价,计算合格率。
		15	钢支撑安装间距△	随机连续抽查5~10榀钢支撑,尺量相邻两榀同一高度的间距。	
		16	钢筋网网格间距	随机选择已安装完成钢筋网片一处,尺量5~10个网眼间距。	
	防排水	17	防水板焊接或黏结缝宽△	随机选防水板搭接1处,尺量10点缝宽。	按检评标准的规定值评价,计算合格率。

续上表

督查内容		序号	抽检指标项	检测方法和频率	评价方法和标准
隧道工程	衬砌	18	混凝土强度△	采用回弹法，随机选择28d＜龄期≤60d的衬砌混凝土3模，在每模混凝土的任意一侧边墙布置4个进行测区检测。	推定值大于设计为合格，每模为一评价单元，计算评价单元合格率。
		19	厚度	选取衬砌施工缝端头处混凝土侧面用尺量厚度，从拱顶中线起每2m检查1点。	按单点值不小于设计值为合格，计算合格率。
		20	衬砌钢筋主筋间距△	随机选取20m长区段2处或以上，每处随机用尺量5点。	按检评标准的规定值评价，计算合格率。
	隧道路面	21	混凝土整平层或基层厚度	随机选取施工节段2处，每处随机用尺量混凝土侧面厚度5~10点。	按单点值不小于设计值为合格，计算合格率。
交通安全设施		22	构件基底厚度	采用板厚千分尺、超声波测厚仪和磁性测厚仪，每个标段抽取3段100m，每段测试20点。	4(0，+0.22)mm，3(0，+0.18)mm，4.5(−0.25，+0.5)mm，计算合格率。
		23	构件防腐层厚度	采用磁性测厚仪，每个标段抽取3段100m，每段测试20点。	≥85μm，计算合格率。
		24	护栏横梁中心高度	采用水平尺和钢卷尺，每标段随机抽测50点。	±20mm，计算合格率。

续上表

督查内容	序号	抽检指标项	检测方法和频率	评价方法和标准
交通安全设施	25	护栏立柱埋入深度△	采用直尺，每个标段抽取 5 根施工完的立柱实测。	符合设计规定为合格，计算合格率。
得分				

注:1. 各抽检指标项均以其实测合格率乘以 100 为该项得分。

2. 实体质量督查评分以各项评分的平均值计，表中所列项带"△"的均为必查项。

3. 督查专家可根据工程情况随机指定抽检原材料种类及实测指标项。

附件4

水运工程项目施工工艺及现场安全督查表

检查内容（分值）	序号	抽检指标项（分值）	标准和要求
临时设施及施工机具、设备（100分）	1	施工场地布设（30分）	施工现场“三区”选址及场地布设满足安全生产、文明施工和消防要求，标示标牌清晰，交通顺畅，实施封闭管理。
			施工临时用电设计、铺设符合规范要求；危险品的存放、使用、管理等符合规范要求。
			原材料存放场地硬化，材料分类堆存，标识清晰；有防雨、防潮、防倾覆措施。
	2	主要施工船舶、设备（30分）	施工船舶和设备按合同约定进场，证书齐全，检验合格，性能良好；安全管理制度健全，安全防护和应急物资配备满足要求。
			施工作业船舶和设备的配员符合要求，人员资格证书齐全、有效。
			船舶水上作业规范，设备操作符合要求。
	3	大型临时设施（40分）	临时码头、水上作业平台、便桥等应编制专项施工方案，并进行必要的稳定性观测。
			拌和站设置合理，搅拌机操作平台稳固，有防雨措施；拌和楼等高大设备应合理设置缆风绳及防雷装置。
			临水、临边和高处作业等安全防护措施设置规范，警示标志标牌齐全。

续上表

检查内容（分值）	序号	抽检指标项（分值）	标准和要求
基础施工（100分）	4	桩基（30分）	沉桩区域设置安全警示标志，沉桩设备安全防护措施有效，使用的吊桩绳扣、滑车、索具满足安全要求。
			沉桩施工顺序正确，先削坡后沉桩；贯入度、桩尖高程、垂直度、桩位、拼接桩接头处理等满足设计与规范要求，及时夹桩，无拉桩纠偏现象。
			灌注桩成孔尺度、终孔土质、沉渣厚度等控制措施合理；钢筋笼控制偏位及上浮措施有效；桩顶浮浆和松散混凝土凿除干净。
			异常桩按要求处理。
	5	基槽和岸坡开挖（20分）	深度超过5m的基坑应按照专项支护设计实施支护，并开展变形监测；基坑临边防护和排（降）水措施得当，坑边堆物符合规范要求。
			水下基槽基底土质符合设计要求，开挖的断面尺寸不小于设计规定；超深、超宽偏差符合规范要求。
			陆上基底土质和边坡坡度符合设计要求；位置及高程偏差符合规范规定，槽底超挖补填规范；基槽底层若受水浸泡或受冻应进行处理。
	6	抛石基床（15分）	抛石前应对基槽尺寸、高程及回淤沉积物进行检查；块石规格、级配和质量符合设计要求。
			夯实方法、遍数应符合设计和规范规定；爆夯满足设计和工艺控制指标；基床夯实验收平均沉降量符合规范要求。
			火药、雷管等爆破物的使用和管理符合规范要求。

续上表

检查内容（分值）	序号	抽检指标项（分值）	标准和要求
基础施工（100分）	7	软土地基加固（15分）	塑料排水板偏位、回带长度、板底高程、外露长度控制等符合设计与规范要求。
			挤密砂（碎石）桩和砂井的灌砂率、灌砂或灌石量、底高程、顶部处理等符合规范规定。
			真空预压最终稳定真空度及卸载条件符合设计要求；堆载预压分期、分级加载和卸载应符合设计和规范要求。
			振冲留振时间、振冲点位置符合设计要求；强夯夯能、夯击次数、遍数及间歇时间符合设计要求。
	8	航道整治工程基础（20分）	陆上基础临时排水符合要求；回填分层厚度符合设计要求。
			砌筑和勾缝组砌形式符合设计要求；砂浆饱满，勾缝密实牢固。
			软体排不得铺设在松散或淤泥质土质基层上；铺设方法、设备精度满足设计要求和施工需要；软体排搭接宽度满足要求。
结构施工（100分）	9	混凝土（30分）	配合比设计符合要求，商品混凝土配合比设计符合水运工程检验标准要求，配合比报告审核符合要求。
			混凝土浇筑过程坍落度、含气量、试块留置符合规范要求；振捣、凿毛、养护等满足精细化施工要求。
			水上现浇混凝土乘潮水施工时应提前编制专项施工方案、施工缝留置及处理符合规范要求。

续上表

检查内容（分值）	序号	抽检指标项（分值）	标准和要求
结构施工（100分）	10	钢筋模版（20分）	钢筋加工制作、加工、焊接、连接和安装符合要求；预应力筋张拉、放松、锚固、灌浆、封锚符合规范要求；垫块使用符合要求。
			钢筋作业设备应按规定进行维护、校验和标定，操作规程齐全，安全防护措施有效；钢筋冷拉或对焊应设立警戒区及警告标志。
			大型模板支撑体系和高大脚手架应编制安装、拆除专项方案；模板和支架具有足够的强度、刚度和稳定性，拼缝平顺、严密，按规定预压、验收后使用；模板和脚手管的存放、保养措施得当。
			脱模剂涂刷、底模拆除时间、拉杆切割和孔眼封堵满足要求。
			氧气瓶、乙炔瓶的存放、使用符合规范要求。
	11	混凝土构件安装（15分）	构件存放符合要求；起吊强度满足设计要求；大型构件应编制吊运方案。
			沉箱出运按规定对气囊额定工作压力、牵引设施、移运通道等进行试验或检查；浮运前，对吃水、压载、浮游进行验算；移运和安装前，划定作业区，布设警戒线。
			沉箱等大型构件安装后及时进行稳定回填；梁、板等构件安装时铺垫砂浆饱满，加固及时；沉井下沉时，混凝土强度满足设计要求；下沉均匀，井体无裂缝，封底接缝无渗水。

续上表

检查内容（分值）	序号	抽检指标项（分值）	标准和要求
结构施工（100分）	12	钢结构（10分）	钢结构焊接前进行焊接工艺评定；螺栓连接的初拧和终拧扭矩符合要求；螺栓穿入方向应一致，外露丝扣不少于2扣。
			涂装除锈、油漆涂刷遍数和厚度符合要求；防尘措施满足要求。
			有毒、有害及强腐蚀性涂装材料安全防护符合要求；涂装过程消防措施到位。
	13	航道整治建筑物及驳岸（25分）	坝体抛筑定位准确，抛填均匀；坝面构件安装块体完整，摆放均匀，数量符合设计要求；坝面混凝土浇注和养护符合要求；铺砌平整，勾缝饱满，组砌形式满足设计要求。
			砌筑挡墙分段合理，接缝平顺，沉降缝及排水处理良好；砌筑紧密，填缝饱满，组砌形式满足设计要求；板桩挡土墙契合良好，入土深度符合设计和规范要求。
			土工织物拼幅、搭接及缝接满足设计要求和规范规定；防老化措施有效；倒滤层分层、级配和铺设范围满足设计要求。
			护坡砌块铺砌平整、砌筑紧密，组砌形式符合设计及规范要求；明沟排水畅通。
			陆用施工机械上驳船应制定专项施工方案，并附具船舶稳定性和结构强度验算结果，船上施工设备稳固措施有效，作业符合安全要求。

续上表

检查内容（分值）	序号	抽检指标项（分值）	标准和要求
疏浚炸礁吹填（100分）	14	疏浚（20分）	测量定位准确；运输抛卸和管道输送满足要求。
	15	炸礁（40分）	爆破参数满足施工组织设计要求；炸药和雷管的使用和管理符合规范要求；按要求进行工序检查，设置水上警戒线，公布警戒时间。
	16	吹填及围埝（40分）	围埝基底处理满足设计要求，抛填程序和速率满足设计要求；倒滤层分段、分层施工的接茬处理满足设计要求。
试验检测和测量（100分）	17	试验检测（30分）	检验批次符合规定，试样具有代表性；检测报告数据真实，报告出具规范。
	18	测量放样（20分）	GPS等测量仪器检定符合要求；工程测量控制点验收资料完整，施工测量基线和水准点验收记录完整，程序符合要求，过程记录和计算书完整。
	19	位移观测（30分）	观测方案科学合理，布点及时，连续记录，定期分析。
	20	地基基础现场监测（20分）	监测点布设符合要求，受损点恢复及时；监测数据真实，频率符合规范要求；分析细致，结论准确，报告及时。
得分			

注：得分计算公式：

$F = f_1 \times 20\% + f_2 \times 25\% + f_3 \times 35\% + f_4 \times 10\% + f_5 \times 10\%$

其中，F：总得分；

f_1：“临时设施及施工机具、设备”得分；

f_2：“基础施工”得分；

f_3：“结构施工”得分；

f_4：“疏浚、炸礁与吹填”得分；

f_5：“试验检测和测量”得分。

附件 5

水运工程项目实体质量督查表

督查内容	序号	抽检指标项	标准和评价方法
原材料	1	常用原材料	原材料质量证明材料齐全,进场复检、检验批次及频率符合规范要求;现场随机抽检钢筋、水泥、砂、石、土工织物、排布、加筋条等常用原材料。
	2	石料	查看石料风化状况及石料大小规格,随机抽检石料强度,低于设计要求值为不合格,计算合格率。
	3	钢丝网格、铰链排和充填袋等	按相关检验标准规定的允许偏差和检验方法抽测,计算合格率。
混凝土结构	4	混凝土抗压强度▲	采用超声回弹法或取芯法检测,强度低于设计值为不合格,计算测点合格率。
	5	钢筋保护层厚度▲	按检验标准规定允许偏差值和检验方法抽测,超出标准允许值为不合格,计算合格率,低于80%或偏差值超过最大限值1.5倍,计0分。
	6	混凝土表面缺陷及修补	视露筋、空洞、缝隙夹渣等严重缺陷和蜂窝、麻面、砂斑、砂线等一般缺陷超标状况,确定得分。
	7	尺寸偏差	按检验标准规定的允许偏差和检验方法抽测,计算合格率。
	8	接茬及接缝	检查现浇混凝土与构件接茬以及分层浇注施工缝连接、错牙情况,确定得分。
	9	钢筋绑扎与装设	按检验标准规定允许偏差值和检验方法,抽测钢筋骨架外轮廓尺寸、间距、弯起点位置、箍筋等,计算合格率。

续上表

督查内容	序号	抽检指标项	标准和评价方法
混凝土结构	10	表面平整度	按检验标准规定允许偏差值和检验方法抽测，计算合格率。
	11	预制构件尺寸及重量▲	现场抽查预制构件的外形尺寸，抽查压载块等预制构件重量，计算合格率。
桩基	12	承载力	按设计及规范要求进行承载力检测，未检测，得0分；承载力检测未达设计要求，未处理，得0分。
	13	完整性	按设计及规范要求检测，按Ⅰ类和Ⅱ类桩占应检桩数的比例计算合格率；Ⅱ类桩比例超过桩总数的10%，扣2分，超过30%得0分，中间内插记分。有Ⅲ、Ⅳ类桩不得分。
	14	正位率	按检验标准规定允许偏差值和检验方法，现场抽测或查阅测量资料，计算合格率。发现有因过大偏位而调整上部结构的，酌情扣分。
	15	不合格桩处理	未处理得0分；处理不及时，扣30%；未按设计方案处理，扣40%；签认手续不齐全，扣30%。
	16	桩顶破损及桩头凿除修补	现场查看，确定得分。
混凝土预制构件安装	17	安装偏差	按检验标准规定的允许偏差和检验方法，抽测沉箱临水面错台、接缝宽度，抽测梁板轴线、搁置长度、支垫处理，抽测半圆体、挡浪墙等其他大型预制构件安装缝宽、错牙等，计算合格率。
	18	构件碰损及修补	检查构件成品保护情况，针对碰损数量及修补状况，确定得分。

续上表

督查内容	序号	抽检指标项	标准和评价方法
沉降缝、伸缩缝及止水	19	缝宽及顺直	按检验标准规定允许偏差值和检验方法抽测，计算合格率。
	20	沉降缝、伸缩缝止水▲	抽测止水安装位置偏差，与混凝土结合是否严密，确定得分。在缝内、缝宽两侧50mm及钢筋净保护层范围内打眼、割口或用钉子固定止水带，得0分。
裂缝	21	裂缝宽度▲	裂缝控制等级为一级的构件出现裂缝时，得0分；其他裂缝控制等级的构件，采用常规检测方法对裂缝宽度进行检测，根据检测结果及裂缝表现特征确定得分。
预埋件	22	位置	检查平面位置、与混凝土面高差，是否有漏埋、补埋，确定得分。
钢（铁）结构	23	防腐涂层厚度	按检验标准规定允许偏差值和检验方法抽测，计算合格率。
	24	焊缝质量	检查焊缝探伤报告和表面缺陷，确定得分。
护岸	25	厚度▲	按检验标准规定允许偏差值和检验方法抽查，计算合格率。
	26	表面平整度	
软体排	27	软体排缝制偏差	按检验标准规定允许偏差和检验方法，抽测排体幅长、宽、加筋带间距、系结条间距等，计算合格率。
	28	压载物厚度或数量▲	按检验标准规定的允许偏差和检验方法，抽测散抛石压载厚度、系结压载物脱落个数，计算合格率。

续上表

督查内容	序号	抽检指标项	标准和评价方法
块石（混凝土）护面	29	厚度▲	按检验标准规定的相应允许偏差和检验方法抽测，计算合格率。
	30	平整度	按检验标准规定的相应允许偏差和检验方法抽测，计算合格率。
	31	混凝土强度	采用取芯法或超声回弹法抽测，低于设计值为不合格，计算测点合格率。
其他	32	回填料压实度	按检验标准规定允许偏差值和检验方法抽测，计算合格率。
	33	小型预制件铺砌	按检验标准规定允许偏差抽测平整度、缝宽，计算合格率。
得分			

注：1. 检测数量：在现场存放和使用中的原材料视情况部分抽取检测，并以现场存料为一批，按检验标准的抽样组批原则抽检；对具备检测条件的预制和现浇构件，按相关检测规程和检验标准随机抽样检测，港口工程中的沉箱、胸墙、挡浪墙等大型构件，宜取一件（段），梁、板等构件宜取不少于两件；船闸工程中的边墩、闸墙、闸底板宜各不少于1段；航道整治工程宜取1～2个施工分段。出现不合格指标时加倍检测，加倍检测不合格的，该指标得0分。

2. 表中所列项带“▲”的均为必查项。

3. 每个抽检指标满分为10分；各实测实量抽检指标合格率达到80%以上乘以10为该项评分，合格率低于60%为0分，合格率在60%和80%之间内插记分；工程实体质量督查最终得分以实得分除以应得分乘100计。

附件6

督查项目工程建设质量安全督查计分方法

1. 项目质量安全管理行为督查评分 M：

$$M=0.2\times A+\frac{0.1\times(B_1+B_2+\cdots+B_n)}{n}+\frac{0.25\times(C_1+C_2+\cdots+C_n)}{n}+\frac{0.45\times(C_1+C_2+\cdots+C_n)}{n}$$

其中：A、B、C、D 分别为建设单位、设计单位、监理单位、施工单位的安全生产管理行为评分，n 为督查的相应合同段数量。

2. 项目施工工艺和现场安全督查评分 T：

$$T=100\times\frac{\frac{\frac{\frac{t_1}{T_1}+t_2}{T_2}+\cdots+t_n}{T_n}}{n}$$

其中：t_n 为督查合同段施工工艺和现场安全所抽查内容的得分；T_n 为督查合同段施工工艺和现场安全所抽查内容的应得分值。

3. 项目工程实体质量督查评分 Q：

采用被抽查合同段工程实体质量督查得分的加权平均值计。即：

$$Q=\frac{\sum_{i=1}^{n}L_n\times f_n}{\sum_{i=1}^{n}f_n}$$

其中：L_n 为合同段工程实体质量得分，按实体质量督查内容中各抽查指标项得分的平均值计算；f_n 为合同段的合同额。

4. 项目工程质量安全督查综合评分 P（满分100分）：

$$P=\frac{M+T+Q}{3}$$

交通运输部关于加强危险品运输安全监督管理的若干意见

交安监发〔2014〕211号　2014.10.13

各省、自治区、直辖市、新疆生产建设兵团交通运输厅(局、委),中远、中海、招商局、中交建设、中外运长航集团,部属各单位:

近年来,危险品运输安全生产重特大事故时有发生,特别是山西"3·1"特别重大道路交通危化品燃爆事故、浙江杭州桐庐县境内化学品泄漏事故以及湖南"7·19"特别重大道路交通运输事故,引起了党中央国务院高度重视和社会广泛关注。为坚决遏制危险品运输安全生产事故的发生,现就加强危险品运输安全监督管理提出以下意见:

一、严格危险品运输市场准入

(一)严格企业准入管理。严格危险品运输资质许可,认真审核申请企业的安全生产和经营条件。一是2015年底前,暂停审批道路危险品运输企业。做好"挂而不管、以包代管、包而不管"安全责任不落实车辆的清理,实现道路危险品运输企业全部车辆公司化经营。二是2017年底前,暂停审批内河水路油品、化学品运输单船公司。三是严格新建、改建、扩建的港口危险品罐区(储罐)、库(堆)场、危险品码头和输送管线项目的安全设施设计审查和验收,凡未通过安全生产条件审查的,一律不得开工;未通过项目验收、取得危险品码头作业附证的,一律不得运营生产。落实工程质量安全终身责任制。四是危险品运输企业未取得安全生产标准化达标证书的,限期予以整改,并根据相关法律、法规规定对仍未达标的企业不得新增运力和扩大经营范围;水路危险品运输企业未按规定取得 DOC 证书的,不得从事运输经营。

(二)严格运输工具准入管理。一是严格道路危险品运输车辆准入前材料审核和年度审验,禁止不合格车辆准入。二是自2015年1月1日起,无紧急切断装置且无安全技术检验合格证明的液体危险品罐车,根据相关法律、法规规定不予通过年审,并注销其道路运输证。三是加强危险品运输船舶准入,严格船舶检验,未取得船舶检验证书的,不得从事运输经营。四是逐步淘汰"两横一纵两网十八线"的内河单壳散装液体危险品运输船舶,自2016年1月1日起,长江干线全面禁止单壳化学品船、600载重吨以上的单壳油船进入,危险品运输船舶船型标准化率达到70%。

(三)严格从业人员准入管理。一是严把道路水路危险品运输从业人员考试与证件发放关,严禁考试和发证过程中弄虚作假、徇私舞弊等行为,一经发现严肃处理。二是从事道路危险品运输的驾驶员、押运员,从事水路危险品运输的船员、装卸管理人员、申报人员、集装箱装箱检查员必须持相应的资格证上岗。三是按照有关规定建立和落实道路运输(危险品)经理人从业资格制度和专职安全管理人员制度。四是严格驾驶员从业资格管理,及时掌握驾驶员的违章、事故记录及诚信考核、继续教育等情况,对于记分周期内扣满12分的驾驶员,要根据相关法律、法规规定吊销其从业资格证件,三年内不予重新核发。

二、强化危险品运输安全监督管理

(四)加强危险品运输作业过程监督管理。一是严格危险货物车辆联网联控系统的接入管理,凡应接入而尚未接入的车辆、已装监控系统但不能正常使用的车辆以及故意损毁、屏蔽系统的,责令其整顿,未按要求进行整改的,按照《安全生产法》和《道路运输车辆动态监督管理办法》的相关规定予以从严处罚。二是港口危险品罐区(储罐)、库(堆)场、危险品码头应按相关规定配备消防、防雷电、防静电、防污染等相关设施设备,并做到监测监控全覆盖,安排专人实时监控。三是加强船舶载运危险品进出港口申报管理,加强对进入船舶交通管理中心控制水域的载运危险品船舶的跟踪监管。严格按照国家规定禁止通过内河封闭水域运输剧毒化学品以及国家规定禁止通过内河运输的其他危险品；除上述以外的内河水域，禁止运输国家规定禁止通过内河运输的剧毒化学品以及其他危险品。四是从事危险品运输的企业要严格执行相关法律法规，按照运输车船的核定载质量（重量）装载危险品，不得超载、谎报和瞒报。

（五）加强危险品运输督查检查。一是定期深入企业、深入基层、深入现场开展督查检查，重点检查企业安全生产主体责任和基层一线安全生产措施落实等情况。二是严格查处危险货物托运人未依法将危险货物委托具备危险货物运输资质的企业（车船）承运危险货物的行为。三是严格按照相关法律法规和交通运输安全生产约谈、重点监管名单、挂牌督办等相关规定，严厉查处违法违规从事危险品运输的企业、车船和从业人员，对未按约谈、挂牌督办要求整改的或纳入重点监管名单仍然违法违规运输的应依法依规严肃处理并从严追究责任。

（六）深化危险品运输安全专项整治行动。针对道路水路危险品运输、港口危险品罐区和油气输送管线等重点领域，开展危险品专项整治行动，建立健全隐患排查治理体系，对重大隐患实行挂牌督办，凡整改仍达不到要求的，根据相关法律、法规规定停产停业整顿。严厉打击危险品运输非法违规行为，重点打击无证经营、越范围经营、超速超载、疲劳驾驶、非法改装和非法夹带危险品运输等行为。

三、推进危险品运输安全生产风险管控

（七）开展危险品运输风险防控。一是建立安全生产风险管理制度，开展风险源辨识、评估，确定风险等级，制定具体控制措施。二是细化落实重大风险源安全管控责任制，建立风险源数据库，并按照有关规定做好重大风险源报备工作，实时掌握重大风险源变化情况，采取有针对性的管控措施，实现全过程控制。

（八）加强危险品运输事故应急处置。一是各级交通运输管理部门要完善道路水路危险品运输事故应急预案，纳入地方政府事故应急处置体系,建立应急联动机制,并按规定开展应急演练。二是危险品运输企业要编制具体的危险品运输事故应急预案和操作手册,并发放到相关车船和一线从业人员。三是加强应急救援能力建设,配备应急装备设施和物资,加强专兼职应急救援力量建设,有条件的应建立专业应急救援队伍。

四、加强从业人员培训和监管队伍建设

(九)强化从业人员教育培训。一是督促企业健全并落实安全教育培训制度,切实抓好从业人员岗前培训、在岗培训和继续教育。二是重点要强化危险品运输企业主要负责人、安全管理人员、驾驶员(船员)、装卸管理人员、押运人员等人员的教育培训。三是各级交通运输管理部门要严格执行考培分离制度,严把考试发证质量关,凡符合考试条件要求的可不通过培训直接考试。

(十)加强危险品运输安全监管队伍建设。一是各级交通运输管理部门、特别是负有港口危险品罐区监管职责的管理部门,要加强危险品运输安全监管队伍建设,配备具有专业知识的监管人员。二是部、省交通运输管理部门要建立危险品运输安全生产专家库,让专家参与技术咨询、督促检查和参谋决策等工作。

五、严肃危险品运输安全生产事故调查处理

(十一)加大事故查处力度。一是切实做好水上危险品运输安全生产事故调查处理工作,依法严格追究相关责任单位、责任人的责任。加强对事故调查处置情况的监督,确保事故调查处理从严、据实、及时结案。二是积极主动参与和协助公安、安监等部门做好危险品道路运输、港口储运和装卸作业等安全生产事故的调查处理工作。

(十二)加强事故的警示教育。一是按时上报危险品运输事故信息,及时发布事故警示通报。二是加强事故统计、分析,深度剖析典型事故案例,总结事故教训;举一反三,制定有效措施,防范类似事故再次发生。

六、建立危险品运输安全生产长效机制

(十三)加强危险品运输安全生产法规建设。一是认真梳理并进一步完善危险品运输安全生产法规制度,及时废止不必要的法规。二是各地交通运输管理部门和海事管理机构要结合当地的实际情况,加强与地方人大、政府及相关部门的沟通协调,加快危险品运输相关法规的制修订工作。

(十四)加强危险品运输安全生产技术和信息化应用。一是充分发挥全国道路危险品运输联网联控信息系统的管控作用,提高联网联控系统在过程管理、监管执法、信息共享等方面的应用水平。二是加快推进长江危险品运输、港口危险品码头和港口危险品罐区监测监控等信息系统建设和完善。三是加强物联网、车联网、船联网等关键技术在危险品运输安全监督管理工作中的应用,加大危险品运输防泄漏、应急处置等关键技术研发和应用力度,积极引导使用安全技术性能高的运输工具和设施装备。四是建设全国重点监管企业、车船、人员信息数据库;积极推进道路水路危险品运输重要信息与路网、通航信息以及相关重要监督管理信息跨区域、跨部门的共享。

(十五)加强区域和相关部门协作配合。加强与公安、安监、环保、海关、质检等相关部门和周边地区的沟通协作、密切配合,进一步建立健全协调联动工作机制和应急反应机制,特别要在当地政府统一领导下,加强对港口危险品罐区、库(堆)场和油气输送管线,道路危化品和烟花爆竹等易燃易爆物品以及剧毒和放射性物质运输等领域的联合执法,切实解决危险品运输安全生产方面存在的深层次问题。

交通运输部　国土资源部　国家铁路局
关于加强铁路公路水路沿线及在建工程
地质灾害防范工作的通知

交应急发〔2014〕150号　2014.7.29

各省、自治区、直辖市、新疆生产建设兵团交通运输厅(局、委),国土资源主管部门,各铁路监督管理局,长江、珠江航务管理局:

今年以来,我国多地遭受持续强降雨,部分地区发生山体滑坡、泥石流等地质灾害,严重影响到交通运输安全和人民群众生命财产安全。为此,国务院领导多次作出批示,要求严加防范强降雨引发的山体滑坡、塌方等地质灾害,确保铁路、公路、水运等交通运输安全。为贯彻落实领导同志批示精神,加强汛期对铁路、公路、水路运输地质灾害隐患的监测预警,保障交通运输安全及在建工程安全,各级交通运输主管部门、国土资源主管部门和铁路监管部门要切实做好以下工作:

一、建立预警信息互通机制

各级国土资源主管部门要加强地质灾害预报,及时发布铁路、公路及水路航道沿线地质灾情动态监测结果。对可能发生的坍塌、滑坡、泥石流等严重影响交通运输安全的地质灾害,做到早预报,及时发布预警信息。

铁路、公路、水路各有关单位和部门,要密切关注气象和地质灾害预警信息,加强与当地气象、水文、国土资源等部门的联系与协作,建立信息互通机制,加强会商沟通,保证防灾信息共享。要重点督促地质条件恶劣、偏远山区、信息传递不便的相关单位,设专人接收预警信息,密切监视局地的雨情水情和台风潮水等汛情变化,提前采取应对措施。

二、积极采取检查防范措施

各级交通运输主管部门和铁路监管部门，要进一步督促铁路、公路、水路在建工程项目的建设单位和施工企业，对施工工地进行隐患检查，针对强降雨可能引发的洪涝以及滑坡、泥石流等地质灾害完善相关预案，并积极采取防范措施；要对地质灾害危险区的部分工程项目加强督查，如检查山岭重丘区在建铁路、公路和高填深挖路段、桥梁和隧道工程作业区域、施工驻地和临时工棚、取弃土场、材料堆场等处所的防范洪涝、地质灾害设施和措施。新开工项目人员驻地的选址要避开地质不良和可能被洪水冲毁的区域；对易发生灾情的工程和可能出现险情的作业区域和施工驻地等，要提前进行风险评估，采取有效防范措施，做好应对险情和灾情的各项对策。

各级交通运输主管部门和铁路监管部门要会同各级国土资源主管部门，根据当地地质灾害预警信息，开展专项检查，对检查中发现的问题要责令及时整改，对一时难以整改到位的项目必须停工整顿。

三、全面做好隐患排查治理

各级交通运输主管部门和铁路监管部门，要督促路段（航段）管辖单位加强对铁路、公路和水路沿线地质灾害巡查监测工作。路段（航段）管辖单位要对地质灾害隐患进行专项检查、登记造册，确定"地质灾害隐患点"。对危险性较大的地质灾害隐患点，设置相应的警示标志，加强监测预警，采取有效措施确保车船通行安全，责任落实到人，有序开展治理。各级交通运输主管部门、铁路监管部门及国土资源主管部门要及时提供必要的指导和技术支持。

四、科学开展应急处置工作

铁路、公路、水路沿线及在建工程发生地质灾害险情后，在各级地方政府的统一领导下，铁路、公路、水路相关部门和单位要依靠国土资源主管部门技术支持，迅速组织专业力量开展应急救援工作，防止次生灾害的进一步发生，并做好后续的灾情评估工作。

行政审批制度改革

交通运输部关于加快转变政府职能深化行政审批制度改革的意见

交法发〔2014〕178号　2014.9.3

各省、自治区、直辖市、新疆生产建设兵团交通运输厅（局、委），部属各单位、部内各单位：

按照《中共中央关于全面深化改革重大问题的决定》精神和国务院关于加快政府职能转变的要求，结合交通运输工作实际，现就深化行政审批制度改革，加快交通运输部门职能转变，服务交通运输科学发展提出以下意见。

一、指导思想

深入贯彻落实党的十八大、十八届二中、三中全会精神，以建设人民满意的法治和服务型政府部门为目标，以推动交通运输转型升级发展为主线，以深化行政审批制度改革为突破口，围绕使市场在资源配置中起决定性作用和更好发挥政府作用，推动交通运输政府部门职能向创造良好发展环境、提供优质公共服务、维护公平正义转变，形成权界清晰、结构合理、权责一致、运转高效、法治保障的交通运输政府部门机构和职能体系，提升交通运输治理能力和水平，为实现"四个交通"发展提供保障。

二、基本原则

（一）简政放权。充分尊重市场在资源配置中的决定性作用，最大限度减少交通运输部门对微观经济事务的管理，把该放的权力放到位，科学设置交通运输和建设市场准入门槛，充分释放市场主体发展活力和创造力，切实增强交通运输发展的内生动力。

（二）创新管理。推进交通运输管理理念、体制机制、政策标准、监管方式的创新，强化综合管理和协调职能，改善和加强事中事后监管，推进交通运输市场监管程序化、规范化、制度化，切实改变重审批、轻监管的状况，更好发挥交通运输政府部门作用，把该管的事情管住、管好。

（三）服务发展。把服务经济社会发展和人民群众交通运输需求作为加快交通运输部门职能转变的根本出发点和落脚点，切实增强服务意识，强化公共服务职能，将服务理念贯穿到交通运输规划、建设、养护、运输、管理等各个环节，努力提高交通运输服务的均等化、便捷化、安全化水平。

（四）依法行政。坚持运用法治思维和法治方法，把行政权力纳入法治轨道，做到职权法定、依法履职，做到不缺位、不越位、不错位，实现从全能型、权力型、管制型政府部门向效能型、责任型、服务型政府部门的根本转变。

三、主要任务

（一）加大行政审批事项取消和下放力度。

1. 精简和下放行政审批事项。对于市场竞争机制能够有效调节、公民法人或者其他组织能够自律管理、采取事后监督等管理方式能够解决的经济活动，应当取消审批。进一步开放交通运输建设市场，扩大企业和个人投资自主权，减少投资项目审批。科学界定运输市场准入门槛，减少运输生产经营活动审批事项和运输主体资质资格许可。交通运输部要在已取消下放审批事项的基础上，进一步加大取消下放力度，完成取消下放数量达到全部审批事项二分之一的目标任务。地方交通运输部门要根据部的要求和地方人民政府的统一安排加大简政放权力度，切实做好地方设定的行政审批事项的改革工作。

2. 向基层下放管理权限。法律法规、国务院文件规定由县级以上地方交通运输部门实施或直接面向基层和群众、由基层交通运输部门就近实施更为方便有效的行政审批事项，特别是对由下级交通运输部门负责受理、审核，上级交通运输部门批准发证的项目，要按照事权财权一致、方便申请人、便于监管的原则，创造条件逐步交由基层交通运输部门组织实施。

3. 做好取消下放审批事项承接落实工作。对于国务院、地方人民政府决定取消的行政审批事项，各级交通运输部门要依法停止审批。上级交通运输部门对于下放到下级交通运输部门管理的审批事项，要主动与承接单位衔接协调，制订承接方案，明确权限责任，规范管理措施。对于上级交通运输部门取消和下放的审批事项，下级交通运输部门要认真做好落实和承接工作，通过明确审批单位、统一审批标准、规范审批流程、加强监督检查等措施，确保取消的事项不再实施，下放的事项承接到位。

4. 大力减少工商登记前置审批。以调整规制、促进就业创业创新为目标，按照"先照后证"的原则，通过修订相关法律法规规章，将"国际海上运输业务及海运辅助业务经营审批"等工商登记前置审批事项改为后置，减少前置性审批，推行企业主体资格和经营资格相对分离，充分落实企业投资自主权，推进投资创业便利化。

5. 禁止变相审批。各级交通运输部门要严格规章和规范性文件管理，严禁以"红头文件"等方式设定审批事项，严禁以各种形式变相设置审批事项。严禁以事前备案、出具备案证明、登记、注册、年检、监制、认定、认证、审定、达标考核等形式或者以非行政许可审批名义变相设定行政许可；严禁借实施行政审批变相收费或者违法设定收费项目；严禁将属于行政管理的事项转为有关事业单位、行业协会和中介组织的服务事项，搞变相审批、有偿服务；严禁以加强事中事后监管为名，变相恢复、上收已取消和下放的行政审批事项。

（二）健全行政审批管理制度。

1. 建立行政审批事项目录清单公开制度。各级交通运输部门要全面核查现行有效行政审批事项底数，按照依法设定、科学分类、统一规范、动态管理的要求，建立交通运输行政审批事项目录清单公开制度。不得在目录之外针对公民、法人或者其他组织实施行政审批。对已纳入目录的行政审批事项，要明确事项名称、审批依据、实施机关等要素和内容。做好目录清单的编制公布、动态管理工作，调整变动行政审批事项，要同步调整行政审批事项目录清单。

2. 推行行政管理权力清单制度。清理规范交通运输行政权力，推行交通运输部门权力管理清单制度。当前，以推行行政审批权力清单制度为切入点，逐步扩大至包括行政审批在内的所有行政权力领域。行政审批权力清单制度一般应包括现行审批事项及审批流程图、取消下放审批事项的后续监管措施、交通运输行政管理与服务创新事项目录、规章和规范性文件清理计划安排等内容。完善决策科学、执行坚决、流程优化、监督有力的行政权力运行机制。

3. 严格新增行政审批事项。严格行政许可的设定标准、审查程序。对已设定的行政许可，要加强跟踪评估、监督管理，切实防止行政审批事项边减边增、明减暗增。今后，原则上不再新设行政审批事项。确需新设的，从严把握设定标准，加强合法性、必要性和合理性审查论证，按程序报经相关部门审查批准后，列入行政审批事项目录。

（三）规范行政审批运行机制。

1. 规范行政审批行为。对继续实施的行政审批事项，精简审批环节，根据审批事项的性质、特点和复杂程度，制定具体的操作规程。严格界定行政审批过程中受理、审查、决定、公告、发证等审批环节的岗位职责、审批权限、时限要求。对技术性和专业性强的审批事项，要制定详细的审批流程和技术要求。对许可事项实行案件化管理，建立许可事项文书档案，严格按照法定条件对审批事项进行审查，严格规范行政审批自由裁量权，不得随意扩大或缩小审批权限、变更审批标准。

2. 优化行政审批流程。减少前置审批条件，取消没有法定依据、自行设定的前置审批条件和重复性的前置预审，最大限度减少预审。对保留的行政审批事项进行流程再造，对内容相近、重复设置的行政审批环节予以合并。逐步减少逐级报批设置，实现审批权科学确定和“谁审批、谁负责”。完善部门协商办理机制，通过实行同步受理、牵头协同、信息共享、资料互认等方式，尽最大限度简化审批手续、缩短审查时限，方便行政相对人，提高审批效率和服务水平。

3. 创新行政审批服务方式。建立健全行政审批公开制度，进一步推进行政审批网上办理，实行网上公开申报、受理、咨询和办复，编制标准化的办事指南和审批业务手册并予以公开，为群众办事提供更多便利。继续完善窗口办事制度，推行“一个窗口受理、一次性告知、一条龙服务、一站式办公”的行政审批运行模式，实现“流转性窗口”向“职能型机构”的转变，实现审批服务体系化、窗口办事人性化、审批执法协同化、事项管理法制化。

4. 加强对行政审批权力运行的监督问责。各级交通运输部门要将职能转变、行政审批改革工作纳入绩效考核、年度考核和执法评议考核的范围，明确考核标准，严格评估考核。进一步强化行政问责，建立行政审批工作中的过错认定标准和责任追究机制，对行政审批进行全程监督，对违法行政、滥用职权、失职渎职等行为，严格依法依规追究有关领导和工作人员的责任，确保审批规范有序运行。

（四）加强事中事后监管。

1. 加强市场监督执法。建立科学监管的规则和方法，完善以随机抽查为重点的日常监督检查制度。完善行政执法程序，细化执法流程，明确执法步骤、环节和时限，严格依照法定程序执法。以规范执法程序为核心，统一执法文书。健全行政执法取证规则，规范取证活动。完善交通运输行政处罚行政裁量权基准制度，细化、量化行政裁量权，公开裁量范围、种类和幅度，严格限定和合理规范裁量权的行使。积极推行行政指导、行政合同、行政奖励及行政和解等非强制手段，大力提倡采用当事人最容易接受或者对当事人造成负面影响最小的方式实现监管目的。

2. 强化依据标准监管。加快健全交通运输标准体系，围绕综合运输、现代物流、工程建设、城市客运、安全应急、节能环保、网络安全和信息化等重点领域开展标准的制修订工作，推进国家标准、行业标准、地方标准、企业标准的协调发展和有效实施。健全交通运输标准审查评估机制,加强标准的实施监督。

3. 广泛运用科技手段实施监管。加大成熟适用科技手段在交通运输管理中的应用力度,提升管理效率。加强现场电子取证和检测设施建设,充分利用信息网络技术实现在线即时监管,积极推广非现场执法方式。充分运用移动执法、电子案卷等手段,提高执法效能。探索利用物联网技术,改善交通运输监管。充分利用和整合各地各系统已有的信息资源,建设跨区域执法信息共享平台,健全信息共享机制,推动系统内各管理部门监管信息的归集应用和全面共享,实现各地区、各系统执法联动和区域协作。

4. 建立守信激励和失信惩戒机制。建立和完善交通运输信用考核评价标准,创新信用考核评价机制,健全信用考核评议体系。建立信用档案制度,向社会公开信用信息,将交通运输企业和从业人员的信用信息作为实施行政管理的重要参考。根据企业和从业人员信用状况实行分类分级、动态监管,实施"重点监管名单"、"安全生产挂牌督办"等制度。对守信企业和从业人员实行简化程序等"绿色通道"支持激励政策,鼓励和支持各单位在采购交通运输服务、招标投标、人员招聘等方面给予信用考核等级高的企业和从业人员优惠政策。对失信企业和从业人员在经营、投融资、工程招投标、政府采购、从业任职资格、获得荣誉等方面依法予以限制性政策,对严重违法失信企业和从业人员依法实行市场退出和市场禁入制度,逐步建立跨地区跨行业信用奖惩联动机制。

5. 完善综合管理。各级交通运输部门要更多运用经济手段、法律手段并辅之以必要的行政手段处理问题、化解争议,充分运用柔性管理、动态管理、事中事后监督等手段实施有效管理,切实从注重"管制"转移到"管理与服务并重"上来,为公众提供安全可靠、便捷畅通、经济高效和绿色低碳的交通运输服务。部和省级交通运输主管部门要进一步转变管理方式,最大限度从微观事务和直接管理中解脱出来,加强间接管理和综合管理,重点攻关影响交通运输行业发展的重大问题和人民群众关心的热点问题,把工作重心放在战略规划、政策法规和标准规范上，做好顶层设计、把好发展方向、明确规则指引。

（五）优化职能配置。

1. 加强机构设置管理。各级交通运输主管部门要按照转变政府职能、行政审批事项调整后确定的职责情况，对职责重新进行梳理，建立完善有效履职机制。要积极协调机构编制管理等部门，以职责的科学配置为基础，从有效履行行政职能的需求出发，调整优化机构设置和机构编制结构，做到职责明确、分工合理、机构精简，决策和执行相协调。要按照同一件事情由一个机构负责的原则，综合设置内设机构和直属机构，加大机构和职责整合力度。

2. 理顺部门层级关系。顺应行政权力下放、管理重心下移的要求，进一步理清部、省、市、县交通运输管理部门的事权范围，构建分工合理、权责一致的交通运输政府部门层级关系。市级以上交通运输部门要重点履行好统筹协调、制订政策、监督指导等方面的职能；区县级交通运输部门侧重于行政执行职能，加强综合管理，强化公共服务。进一步理顺交通运输主管部门与各门类管理机构、各门类管理机构与执法机构、执法机构之间的管理关系，建立健全协调配合机制，切实解决多头管理、重复处罚、执法扰民等问题。进一步理顺条块管理模式，条与块之间要形成各司其责、相互配合、良性互动、形成合力的关系。

3. 统筹推进相关改革。积极稳妥地推进交通运输事业单位分类改革，加快推进政企分开、政资分开、政事分开、政府部门与市场中介组织分开，坚决破除制约行业发展的体制机制障碍。进一步推进交通运输行政执法体制改革，明确执法机构性质，强化执法机构和职能整合，规范执法经费来源。鼓励各地按照决策权、执行权、监督权相对分开又相互制约的原则，进一步推进综合执法、统一执法、联合执法、路警共建等多种形式的交通运输行政执法体制改革。

（六）促进法治政府部门建设。

1. 强化各级领导干部法治意识。坚持和完善各级交通运输部门领导干部集体学法、法制讲座、法律培训制度，将转变政府职能和深化行政审批制度改革纳入领导干部学法必修课程，强化领导干部权限意识、规则意识、程序意识、责任意识。改革和完善党政领导班子和领导干部政绩考核指标体系，把依法行政工作成效作为考核评价领导班子的重要内容，把是否遵守法律、依法办事作为考察识别干部的重要内容。

2. 加强制度建设。巩固转变政府职能和深化行政审批制度改革的成果，应及时按照立法程序修订完善现有法律法规，科学合理界定交通运输政府部门的职责权限，明晰行政权力的边界，创新交通运输管理方式和管理机制。统筹考虑地方交通运输立法和部行政审批制度改革的关系，做好部职能下放后地方承接相应职能的立法工作。加快完善综合运输法规体系，针对交通运输管理中的薄弱环节和突出矛盾，统筹立、改、废工作，努力提高立法质量，着力建设完善统一的制度体系。

3. 加强对行政权力的监督制约。建立有效的科学民主决策机制，规范行政决策程序，扩大行政决策公众参与度，坚持重大行政决策合法性审查和集体讨论决定制度。健全交通运输政府部门信息公开工作机制，深化信息公开内容，拓宽政府信息公开渠道。健全交通运输政府部门层级监督制度，综合运用听取和审议专项工作报告、执法评议考核、计划预算审查、规范性文件备案审查、询问和质询等形式，增强层级监督的针对性和实效性。更加重视舆论监督，对人民群众检举、新闻媒体反映的问题，应当认真调查、核实，及时依法作出处理，并通报处理结果。

四、工作要求

1. 加强组织领导。转变政府职能和深化行政审批制度改革是一项系统工程，各地、各单位要高度重视、统一思想、狠抓落实，力求取得实效。各级交通运输主管部门要建立健全领导和协调机制，加强统筹协调、督促落实，明确职责分工。各地、各系统要根据本意见，紧密结合实际，制定实施方案和年度工作要点，明确职能转变的目标要求、主要任务和工作重点，落实到具体的时间节点和责任人,确保按要求完成任务。

2. 注重调查研究。各地、各单位要在广泛深入调查研究基础上明确思路、抓住重点、创新机制、稳步推进。各地、各系统要围绕转变哪些职能、如何转变职能、如何加强后续监管等关键问题,进一步加强调查研究。要在深入调研的基础上,加快制定相关的配套制度,推进管理方法、运行手段和监督程序的改革创新。要重视研究解决改革中出现的新情况,正确引导舆论,扩大社会参与,增强改革动力。

3. 搞好督促检查。各级交通运输部门要对转变政府职能和深化行政审批制度改革建立考核制度,加强实施效果的动态跟踪和阶段性评估,切实落实责任。定期组织开展专项督查活动,检查发现工作中存在的问题和薄弱环节,及时总结经验,督促改进工作。要将转变政府职能和深化行政审批制度改革考评结果纳入交通运输部门重点工作任务目标考核和绩效考核体系,作为领导干部选拔任用、培养管理、激励约束的重要依据。

关于建立水运和海事管理权力清单制度的公告

交通运输部公告第48号　2014.9.4

为贯彻落实国务院关于深化行政审批制度改革的要求,加快政府职能转变,创新管理方式,推进水运和海事管理权力运行的公开、透明与规范,我部决定在水运和海事领域建立管理权力清单制度。建立管理权力清单制度以便利行政相对人为宗旨,以服务创新为引领,坚持公开晒权、坚持规范行权、坚持简政放权,努力做到将权力关进制度的笼子,让权力在阳光下运行,实现加强对自身约束和接受社会监督的目的。现将水运和海事管理权力清单制度向社会予以公告:

一、水运和海事行政审批事项及审批流程(见附件1)

由我部及部直属有关单位实施的水运和海事领域行政审批事项共40项。审批事项及流程图包含了事项名称、受理方式、办理期限、受理部门、许可机关、审批流程、提交材料目录等内容。通过对审批事项目录化管理,从工作机制上杜绝审批权力随意设置问题;通过公开审批流程,最大限度方便群众办事;通过对审批事项开展实施监督检查,及时发现和纠正行政权力实施过程中存在的问题。

二、2013年—2014年7月行政审批项目取消下放后的后续监管措施(见附件2)

从2013年以来,按照国务院的有关决定,我部共取消和下放了19项水运和海事行政审批事项,并相应明确了后续监管措施。在有关领域将实行宽进严管,通过备案、现场监管等方式强化监督,确保既放得开、又管得住,更好规范水运市场秩序,维护水运市场良好的发展环境。

三、水运和海事行政管理服务创新目录(见附件3)

水运和海事行政管理服务创新目录中包括14项服务创新事项。我部将通过简政放权和管理方式创新,充分发挥市场配置资源的决定性作用,进一步激发市场主体的活力,推动交通运输经济更有效率、更加公平、更可持续发展。

四、规章、规范性文件清理安排(见附件4)

取消下放的行政审批项目和实现管理创新事项涉及17件规章和21件规范性文件的修订。我部将根据对外公布的时间安排,组织开展全面清理工作,对涉及的规章和规范性文件及时修订和废止,确保行政审批事项和管理创新依法进行。

建立和公布水运和海事管理权力清单制度尚在试行阶段,我部将会根据国务院行政审批制度改革的部署安排,并结合实际工作相应进行动态调整和修改完善。若有意见和建议,请与我部联系。联系方式:电子邮箱 jtysbfzc@ mot. gov. cn.

附件:1. 水运和海事行政审批事项及审批流程(共40项)

2. 2013年—2014年7月行政审批项目取消下放后的后续监管措施

3. 水运和海事行政管理服务创新目录

4. 规章、规范性文件清理安排

附件1

水运和海事行政审批事项及审批流程(共40项)

行政审批事项编码：15001

行政审批事项名称：经营港口理货业务许可

一、受理方式：书面

二、办理期限：20个工作日

三、受理部门：交通运输部水运局

四、许可机关：交通运输部

五、审批流程：

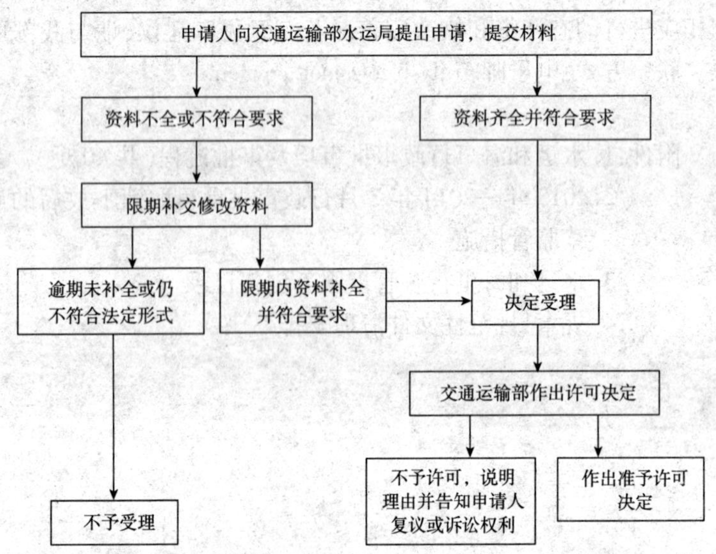

六、提交材料目录：

1. 港口经营业务申请书；

2. 经营管理结构的组成及其办公用房的所有权或者使用权证明；

3. 理货人员名录以及表明理货员身份的相应证明。

行政审批事项编码：15002

行政审批事项名称：新增客船、危险品船投入运营审批

一、受理方式：书面

二、办理期限：30 个工作日

三、受理部门：设区的市级人民政府水路运输管理部门

四、许可机关：交通运输部

五、审批流程：

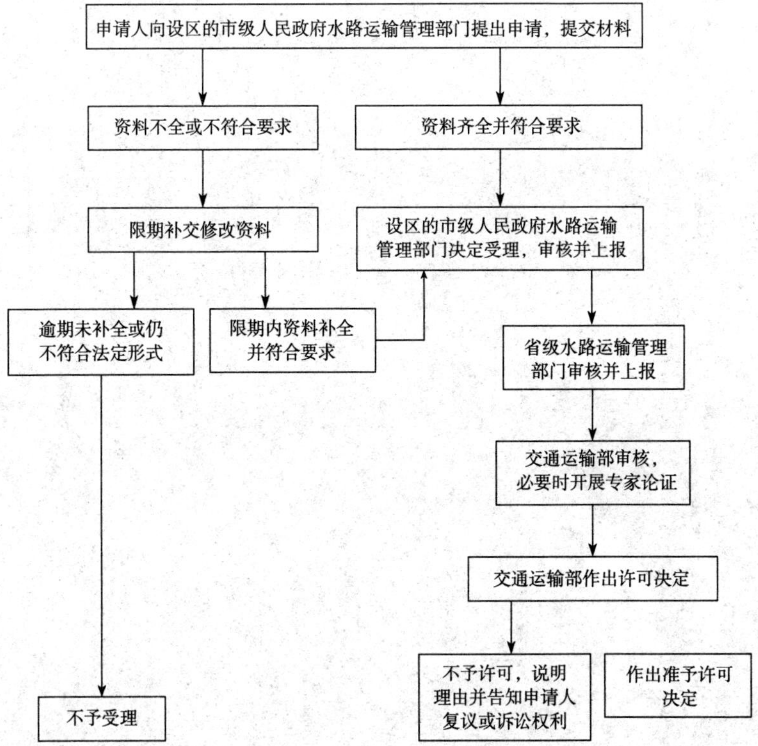

六、提交材料目录：

1. 申请书；

2. 可行性分析报告；

3. 企业管理水平及安全生产情况证明材料；

4. 货源落实情况证明材料；

5. 资金来源及落实情况材料；

6.（新增客船的）有关航线计划及已经落实船舶靠泊、旅客上下船所必需的服务设施的证明文件；

7. 新增船舶的主要技术参数，或拟投入运营船舶的有效船舶资料；

8.《国内水路运输经营许可证》（副本）及其复印件。

行政审批事项编码:15003

行政审批事项名称:船舶进出港口审批

一、受理方式:书面

二、办理期限:国际航行船舶1个工作日,国内航行船舶当场办理

三、受理部门:基层海事处或分支海事局(未设置基层海事处)

四、许可机关:基层海事处或分支海事局(未设置基层海事处)负责国内航行船舶,分支海事局负责国际航行船舶

五、审批流程:当场审批

六、提交材料目录:

(一)国际航行船舶

1. 总申报单;

2. 船舶概况表;

3. 货物申报单;

4. 船员名单;

5. 旅客名单;

6. 危险货物舱单;

7. 落实护航措施的证明;

8. 经其他查验单位签署的《船舶出口岸手续联系单》;

9. 如果采取了禁止船舶航行的司法或者行政强制措施,则应提交该强制措施已经依法解除的通知;

10. 船舶安全检查记录簿及其复印件(中国籍船舶)。

(二)国内航行船舶

1.《船舶签证簿》;

2. 船舶电子信息卡;

3. 船舶国籍证书;

4. 船舶检验证书;

5. 船舶最低安全配员证书;

6. 船员适任证书;

7. 防止油污证书(适用的船舶);

8. 船舶安全管理证书和公司安全管理体系符合证明副本（适用的船舶）；

9. 船旗国监督检查记录簿；

10. 燃油污染损害民事责任保险或其他财务保证证书（适用的船舶）；

11. 船舶港务费缴纳或者免于缴纳证明；

12. 经批准的船舶载运危险货物申报单（适用的船舶）；

13. 船舶营运证；

14. 委托证明及委托人和被委托人身份证明及其复印件。

前款第（3）项至第（8）项所列证书信息已经由海事管理机构在船舶签证簿内记载或者存储在船舶电子信息卡且有效的，可以免于提交。

行政审批事项编码:15004

行政审批事项名称:船舶污染港区水域作业审批

一、受理方式:书面

二、办理期限:1 个工作日

三、受理部门:基层海事处或分支海事局(未设置基层海事处)

四、许可机关:基层海事处或分支海事局(未设置基层海事处)

五、审批流程:当场审批

六、提交材料目录:

(一)船舶、码头、设施使用化学消油剂

1. 水域的污染情况,包括污染物的种类、数量、污染范围等;

2. 拟使用化学消油剂的品种型号及使用说明材料;

3. 说明申请使用化学消油剂的使用区域和污染情况、使用方法、使用时间、计划用量、使用理由和对使用效果的预测的材料;

4. 安全、防污染保障措施及应急预案。

(二)船舶在沿海港口使用焚烧炉

1. 船舶垃圾焚烧炉型式认可证书及其复印件;

2. 船舶防污染证书(IOPP、IAPP)及其复印件;

3. 船舶储存设备不能满足下一航次需要的情况说明;

4. 安全、防污染保障措施及应急预案。

(三)船舶在港区水域洗舱、清舱、驱气

1. 安全作业方案、保障措施和应急预案;

2. 使用的设备清单和相应的检验证明;

3. 申请原油洗舱的,还应提交《国际防止船舶污染证书》或《防止船舶污染证书》及其附件和复印件。

(四)船舶在港区水域排放压载水、洗舱水、残油、含油污水

1. 安全作业方案、保障措施和应急预案;

2. 接收作业单位的资质证明;

3. 来自疫区的,提交经检验检疫部门处理的证明材料;

4. 污染物种类、数量、接收设施、方式、设备和地点。

（五）沿海港口船舶舷外拷铲及油漆作业

安全作业方案、保障措施和应急预案。

（六）船舶冲洗沾有污染物、有毒有害物质的甲板

1. 防污措施及应急预案；

2. 关于污染物、有害有毒物质的说明（包括物质名称、数量、污染物回收情况、作业地点等）。

行政审批事项编码：15005

行政审批事项名称：船舶载运危险货物和污染危害性货物进出港口审批

一、受理方式：书面

二、办理期限：1个工作日（航次申报）或3个工作日（定期申报）

三、受理部门：基层海事处或分支海事局（未设置基层海事处）

四、许可机关：基层海事处或分支海事局（未设置基层海事处）

五、审批流程：当场审批

六、提交材料目录：

1. 危险货物和污染危害性货物申报单；

2. 船舶适装证书、（国际）防止油污证书、船舶适航证书复印件、油污损害民事责任保险或其他财务保证证书、燃油污染损害民事责任保险或其他财务保证证书、列明实际装载情况的清单或舱单或积载图、货物安全技术说明书等（如适用）；

3. 装载包装危险货物的，需提供包装或中型散装容器检验合格证明书或压力容器或大宗包装检验合格证明书；

4. 使用集装箱装运危险货物的，需提供集装箱检查员签名确认的《集装箱装箱证明书》；

5. 使用可移动罐柜、多单元气体容器、公路罐车、铁路罐车装运危险货物的，应提交罐柜或罐体检验合格证明书；

6. 装载放射性物品、民用爆炸品、感染性物质、危险废弃物等需要国家有关主管机关部门依法批准后方可载运的货物，应当提交有效的批准文件，放射性物质还应提交放射性核素剂量证明、放射性强度检测证明；

7. 货物需要添加抑制剂或者稳定剂的，应提交添加的抑制剂或稳定剂的名称、数量、温度要求、有效期及超过有效期时应采取的措施；

8. 装运限量或可免除量危险货物的，还应提交《限量/可免除量危险货物证明》；

9. 托运危险性质或污染危害性质不明的货物，或《国际海运危险货物规则》和《危险货物品名表》(GB 12268)中未列名的危险货物,或《国际海运固体散装货物规则》中未列名的固体散装货物,或《国际散装化学品船舶构造与设备规则》中未列名的或新的散装液体化学品,或《国际散装液化气体船舶构造与设备规则》中未列名的或新的散装液化气体的,应提交相应检测、评估机构出具的检测鉴定报告,并提交出具报告的检测、评估机构的相关检测或实验的资质证明材料;

10. 按规定可按非危险货物出运的危险货物需提供相应的免除证书或证明;

11. 载运危险货物的船舶在运输途中发生过意外情况的,应当在《船舶装载危险货物申报单》备注栏内扼要注明所发生的意外情况的原因,已采取的控制措施和目前状况等实际情况,并于抵港后送交详细报告;

12. 委托申报的还应提交委托证明及委托人和被委托人身份证明及其复印件。

行政审批事项编码:15006

行政审批事项名称:沿海水域划定禁航区和安全作业区审批

一、受理方式:书面

二、办理期限:20 个工作日

三、受理部门:分支海事局(职责范围内的安全作业区);直属海事局(跨分支局辖区的安全作业区);部海事局(禁航区)

四、许可机关:分支海事局负责职责范围内的安全作业区,直属海事局负责跨分支局辖区的安全作业区;部海事局负责禁航区。

五、审批流程:

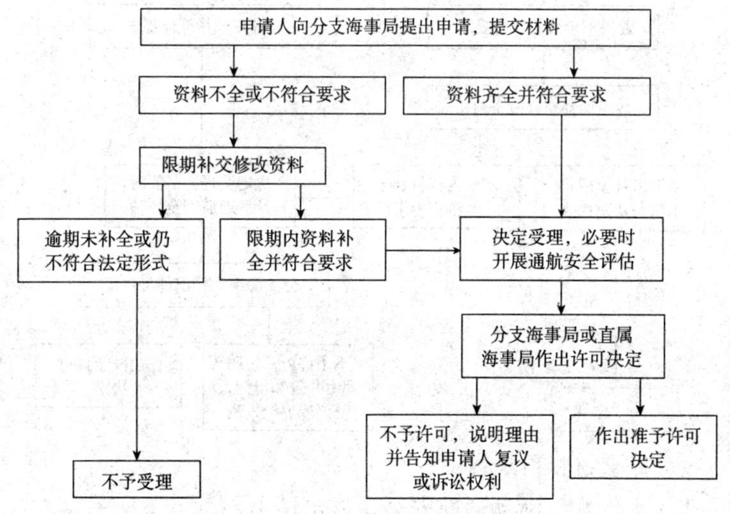

六、提交材料目录:

1.《禁航区和安全作业区划定申请书》;

2. 有关主管部门关于作业或活动的批准文件及其复印件(必要时);

3. 禁航理由、时间、水域、活动内容;

4. 已制定安全及防污染措施的证明材料;

5. 已通过评审的通航安全评估报告(必要时);

6. 航行通(警)告发布申请(必要时);

7. 委托证明及委托人和被委托人身份证明及其复印件(委托时)。

行政审批事项编码：15007

行政审批事项名称：打捞或者拆除沿海水域内沉船沉物审批

一、受理方式：书面

二、办理期限：20 个工作日

三、受理部门：分支海事局

四、许可机关：分支海事局

五、审批流程：

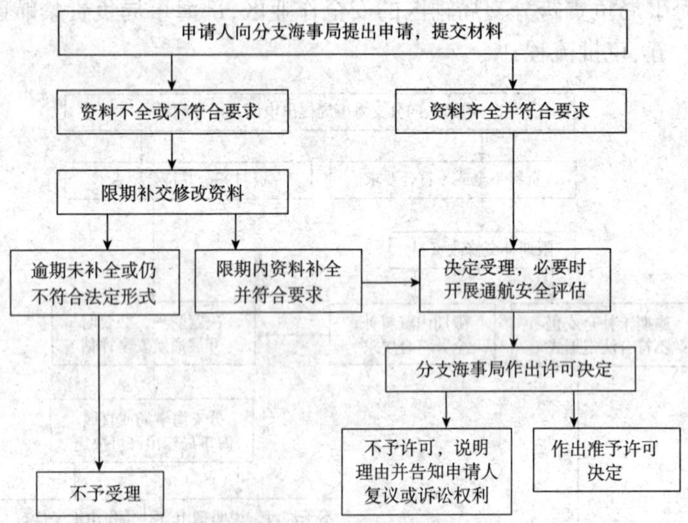

六、提交材料目录：

1.《水上水下活动通航安全审核申请书》；

2. 施工作业单位的能力证明文件及其复印件；

3. 与施工作业有关的合同或协议书及其复印件；

4. 船舶污染损害责任、沉船打捞责任保险文书或财务担保证明及其复印件（紧急清障时可事后补办）；

5. 打捞作业计划和方案；已建立安全及防污染责任制、保障措施和应急预案的证明材料；

6. 施工作业船舶的船舶证书和船员适任证书及其复印件；

7. 沉船所有权证书或相关证明及其复印件；

8. 已通过评审的通航安全评估报告(必要时);

9. 航行通(警)告发布申请(必要时);

10. 专项维护申请(必要时);

11. 文物行政主管部门的批准文件(必要时);

12. 委托证明及委托人和被委托人身份证明及其复印件(委托时)。

行政审批事项编码：15008

行政审批事项名称:船舶安全检验证书核发

一、受理方式:书面

二、办理期限:7 个工作日

三、受理部门:海事管理机构或其认可的船舶检验机构

四、许可机关:海事管理机构或其认可的船舶检验机构

五、审批流程:

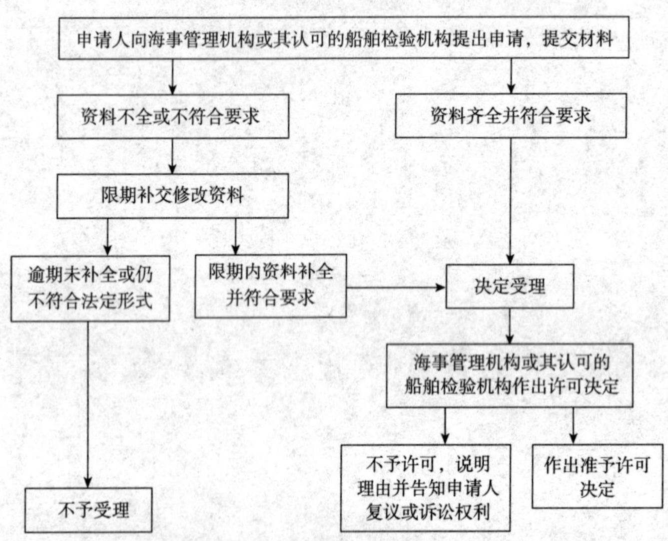

六、提交材料目录:

1. 申请书;

2. 船舶的图纸、图表、说明书、计算书和其他技术文件;

3. 船舶所有权证书、国籍证书等相关证书;

4. 船舶相关文件、记录簿、操作手册等。

行政审批事项编码:15009

行政审批事项名称:海员证核发

一、受理方式:书面

二、办理期限:7 个工作日

三、受理部门:直属海事局

四、许可机关:直属海事局

五、审批流程:

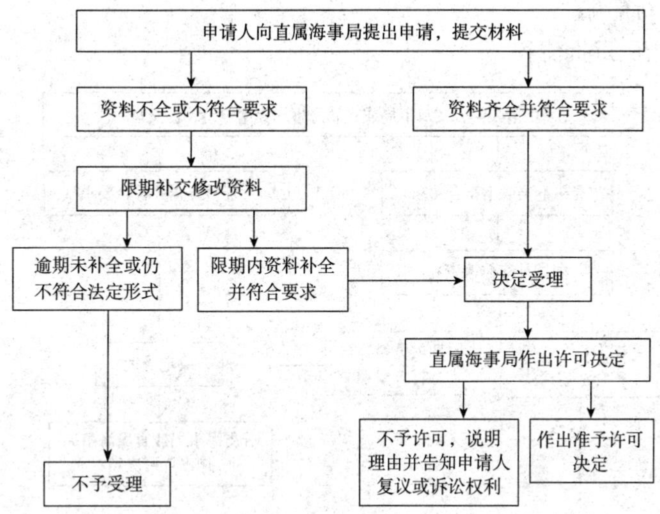

六、提交材料目录:

1.《海员证申请表》;

2. 办理海员证批件;

3.《船员服务簿》及其复印件(海船船员免于提供);

4.《内河船员体格检查表》(海船船员免于提供);

5. 合法有效的劳动合同或管理协议及其复印件;

6. 政审批件或公安机关出具的无法律、行政法规规定的禁止公民出境的情形的证明;

7. 适任证书或证明文件及其复印件(仅限于船长、驾驶员,无限航区船员免于提供)。

行政审批事项编码:15010

行政审批事项名称:船舶国籍证书核发

一、受理方式:书面

二、办理期限:7 个工作日

三、受理部门:分支海事局(国内航行船舶)或直属海事局(国际航行船舶)

四、许可机关:分支海事局(国内航行船舶)或直属海事局(国际航行船舶)

五、审批流程:

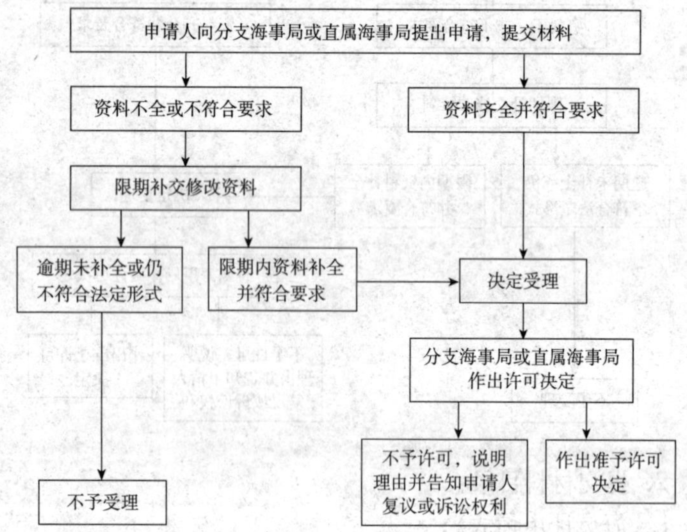

六、提交材料目录:

1.《船舶所有权/国籍登记申请书》;

2. 船舶所有权登记证书及其复印件(和所有权登记同时申请时可免);

3. 船舶所有人、经营人的合法身份证明及其复印件;

4. 委托经营的有关协议(适用于委托经营船舶);

5. 原船舶登记机关出具的注销船舶国籍证明书或者将于重新登记时立即注销原国籍的证明书(适用于已登记过的船舶);

6. 法定的船舶检验机构签发的船舶检验证书簿或其他有效船舶技术证书；

7. 委托书及被委托人身份证明及其复印件（适用于委托他人办理时）；

8. 船舶经营人的营业执照和组织机构代码证；

申请临时船舶国籍除应提交上述 1、3、5、6、7、8 以及 4 吋或 5 吋船舶招牌 5 张（正横 2 张、侧艏 1 张、正艉 1 张、烟囱 1 张）外，还应提交：

9. 光船租赁合同或光船租赁登记证书(适用于光租外国籍船舶)；

10. 海关完税单及其复印件（适用于光租外国籍船舶）；

11. 经核准的船舶名称核定使用通知书（必要时）；

12. 船舶建造合同或船舶所有权取得证明文件及其复印件（适用于新建船舶试航）；

13. 船舶建造合同和交接文件（适用于异地建造船舶）。与所有权登记同时申请时可以免相同的材料。

行政审批事项编码:15011

行政审批事项名称:从事海员外派业务审批

一、受理方式:书面

二、办理期限:30 个工作日

三、受理部门:直属海事局

四、许可机关:直属海事局

五、审批流程:

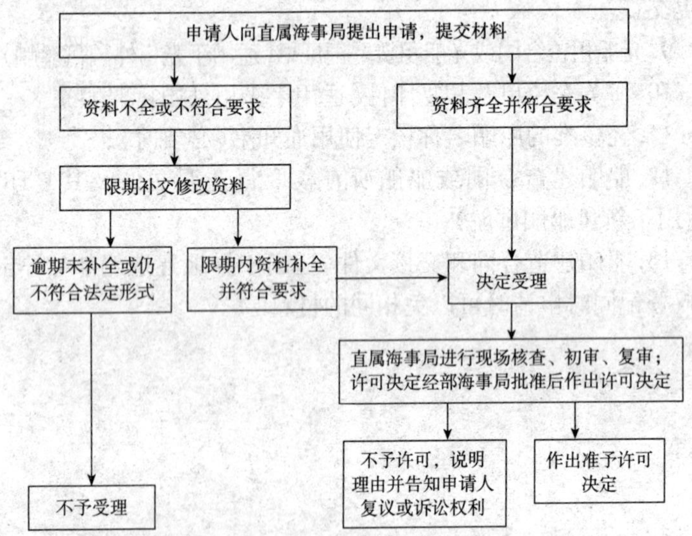

六、提交材料目录:

1. 从事海员外派活动的申请文书(包括《从事海员外派活动的申请书》和《海员外派机构资质申请表》);

2. 企业法人营业执照或者事业单位法人证书、组织机构代码证复印件(加盖公章),同时出具原件;

3. 经营场所产权证明或者固定场所租赁证明;

4. 具有处理海员外派相关法律事务能力、进行外派海员任职前培训和岗位技能训练能力的证明材料;

5. 专职管理人员任职资格证书复印件及专职业务人员的学历证书复印件,同时出具原件;

6. 机构的组织结构、人员组成、职责等情况的说明文件；

7. 海员外派相关管理制度文件；

8. 自有外派海员的名册及劳动合同、缴纳社会保险等证明材料；

9. 已按照海事管理机构要求足额缴纳海员外派备用金的有效证明；

10. 其他相关证明材料（如：经批准设立的外商投资职业介绍机构或者中外合资人才中介机构拟开展招聘海员出境业务，还应当提交外商投资企业批准证书和外商投资企业营业执照复印件；《海员外派机构资质管理实施意见》中规定的其他证明材料）。

行政审批事项编码:15012

行政审批事项名称:从事海船船员服务业务审批

一、受理方式:书面

二、办理期限:30 个工作日

三、受理部门:直属海事局

四、许可机关:部海事局(甲级)或直属海事局(乙级)

五、审批流程:

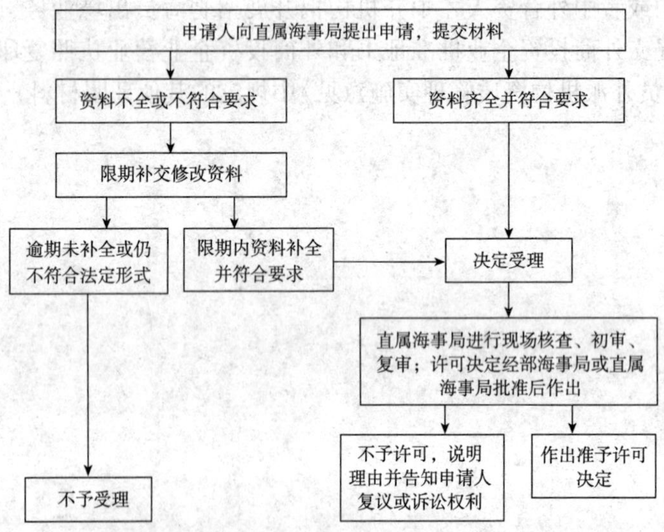

六、提交材料目录:

1.《船员服务机构申请表》;

2. 企业法人营业执照及其复印件;

3. 专职管理人员的船员适任证书及其复印件或者相关证明材料;

4. 拟设立机构的人员组成、职责等情况的说明材料;

5. 船员服务相关管理制度文件;

6. 其他相关证明材料(如:专职管理人员和专职业务人员与单位签订的劳动合同复印件、固定办公场所的房屋所有权登记或租赁登记证书复印件等)。

行政审批事项编码:15013

行政审批事项名称:培训机构从事船员、引航员培训业务审批

一、受理方式:书面

二、办理期限:30 个工作日

三、受理部门:直属海事局或者受委托的省级地方海事局

四、许可机关:部海事局

五、审批流程:

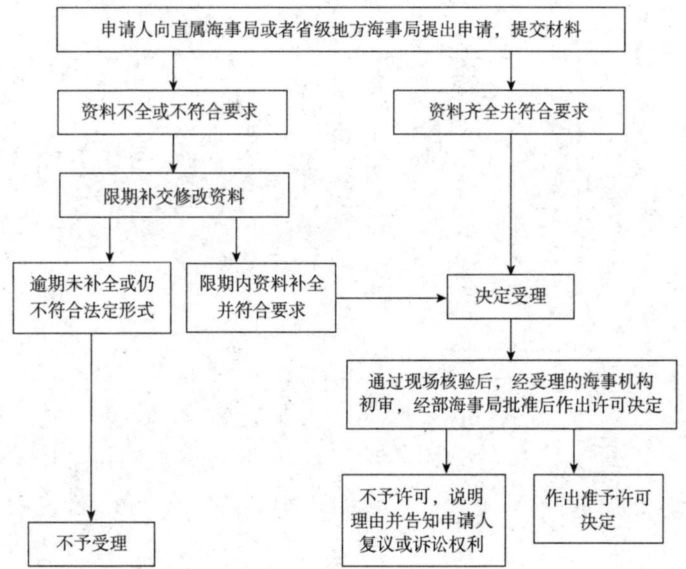

六、提交材料目录:

1.《船员培训机构资质审批申请表》;

2. 培训机构的法人代码证;

3. 培训场地、设施、设备的情况说明;

4. 教学人员的学历、专业、职称、教学经历、船上服务资历、所持证书等情况说明及证明材料;

5. 管理人员的情况说明;

6. 法规、技术资料的配备情况说明;

7. 船员培训管理制度、安全防护制度;

8. 船员培训质量控制体系文件；

9. 其他有关材料及其复印件(如所申请开展的船员培训项目、规模的可行性评估报告等)。

行政审批事项编码：15014

行政审批事项名称:航运公司安全营运与防污染能力符合证明核发

一、受理方式:书面

二、办理期限:20 个工作日

三、受理部门:

分支海事局或直属港口海事局负责受理辖区内国际和国内航运公司《符合证明》申请,地方海事局负责受理辖区内国内航运公司《符合证明》申请。

分支海事局或直属港口海事局负责受理辖区内航运公司所属部分国内航行船舶《船舶安全管理证书》申请,地方海事局负责受理辖区内航运公司所属部分国内航行船舶《船舶安全管理证书》申请,海事管理机构委托的船舶检验机构负责受理国际航行船舶《船舶安全管理证书》申请和部分经其检验的国内航行船舶《船舶安全管理证书》申请。

四、许可机关:

直属海事局负责签发辖区内国内航运公司《符合证明》,部海事局负责签发国际航运公司和地方海事局辖区内的国内航运公司《符合证明》。

部海事局负责签发地方海事局辖区内的国内航运公司所属部分国内航行船舶《船舶安全管理证书》,直属海事局负责签发辖区内的国内航运公司所属部分国内航行船舶《船舶安全管理证书》,海事管理机构委托的船舶检验机构负责签发国际航行船舶《船舶安全管理证书》和部分经其检验的国内航行船舶《船舶安全管理证书》。

五、审批流程：

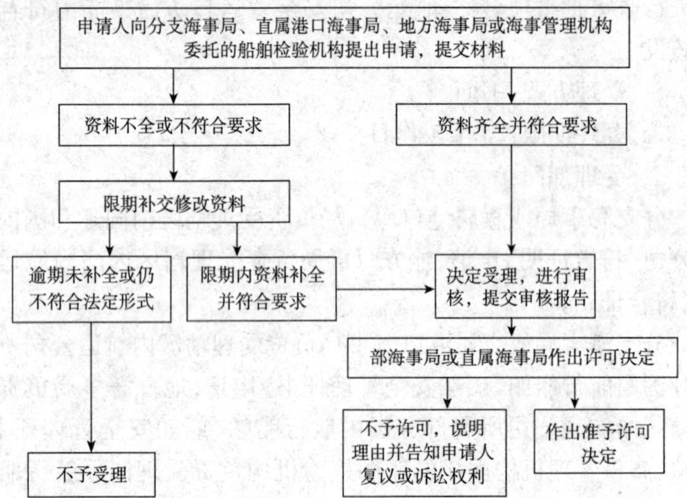

六、提交材料目录：

（一）《符合证明》签发

1. 安全管理体系发证申请；

2. 安全管理手册；

3. 安全管理体系文件清单；

4. 安全管理体系有效性评价报告；

5. 船舶管理协议及复印件（申请人管理其他船舶所有人的船舶）；

6. 公司所属或管理的所有船舶的清单；

7.《临时符合证明》复印件（如已经取得）；

8. 法人或其下属单位或其任务形式的组成部分的证明材料及复印件。

（二）《船舶安全管理证书》签发

1. 安全管理体系发证申请；

2. 与该船有关的安全管理体系文件清单；

3. 安全管理体系在船上运行以来的有效性评价或管理复查的报告；

4. 公司《符合证明》复印件。

行政审批事项编码：15015

行政审批事项名称:船员适任证书核发

一、受理方式:书面

二、办理期限:20 个工作日

三、受理部门:直属海事局

四、许可机关:部海事局

五、审批流程:

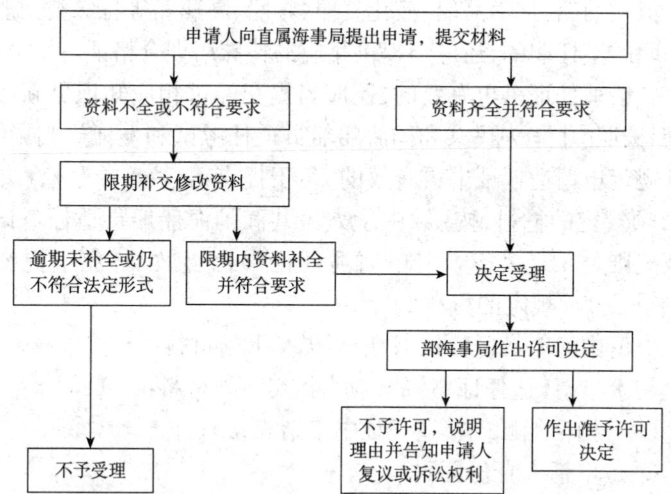

六、提交材料目录:

申请海船船员适任证书的,应当提交下列材料:

(一)海船船员适任证书申请表;

(二)船员服务簿;

(三)海船船员健康证书;

(四)身份证件;

(五)符合海事管理机构要求的照片;

(六)岗位适任培训证明或者航海教育毕业证书;

(七)船上见习记录簿;

(八)现持有的适任证书;

(九)专业技能适任培训合格证;

（十）适任考试的合格证明。

持有三副、三管轮适任证书申请二副、二管轮适任证书者，免于向海事管理机构提交第（六）、（七）、（九）、（十）项规定的材料；

按照规定免于船上见习者，免于向海事管理机构提交第（七）项规定的材料；

初次申请海船船员适任证书者，免于向海事管理机构提交第（八）项规定的材料。

拟在油船、化学品船、液化气船、客船、高速船等特殊类型船舶上任职的上任职的，还应当提供相应的特殊培训合格证。

申请适任证书再有效的，还应当提交经过相应知识更新的材料，但按照《中华人民共和国海船船员适任考试和发证规则》第十五条规定申请适任证书再有效的，免于提交第（六）、（七）、（九）、（十）项规定的材料，按照《中华人民共和国海船船员适任考试和发证规则》第十六条规定申请适任证书再有效的，免于提交第（六）、（九）项规定的材料。

申请内河船员适任证书，应当提交下列材料：

初次申请《适任证书》的，应当提交下列材料：

（一）内河船舶船员适任证书申请表；

（二）申请人身份证明；

（三）船员服务簿；

（四）最近1年内的县级以上医疗机构出具的符合内河船舶船员适任岗位健康标准的体检证明；

（五）符合发证机构要求规格、数量的照片；

（六）内河船舶船员适任培训证明；

（七）内河船舶船员适任考试成绩证明。

曾经在军事船舶或者渔业船舶上担任驾驶部、轮机部职务的船员，以及曾经在海船上担任船长或者驾驶部职务并持有有效的《海船船员适任证书》的船员，并具备下列条件的，可以向任何有相应类别《适任证书》发证权限的发证机构提交第（一）、（二）、（三）、（四）、（五）、（七）项规定的材料，以及其在军事船舶、渔业

船舶或者海船上的服务资历、任职表现和安全记录证明,申请相应的《适任证书》:

(一)拟申请证书类别和职务资格不高于其在军事船舶、渔业船舶或者海船上相应的证书类别和职务资格;

(二)符合国家海事管理机构规定的内河船舶船员适任岗位健康标准;

(三)在军事船舶、渔业船舶或者海船上的水上服务资历能够与本规则附件规定的水上服务资历相适应,且任职表现和安全记录良好;

(四)通过国家海事管理机构规定科目的内河船舶船员适任考试。

曾经在海船上担任轮机部职务的船员,具备本款第(一)、(二)、(三)项规定条件的,可以凭有效的《海船船员适任证书》直接申请对应的《适任证书》。

申请适任航区(线)扩大或者延伸的,应当向负责相应航区(线)发证工作的发证机构提交初次申请材料中的第(一)、(二)、(七)项规定的材料。

申请《适任证书》重新签发的,应当向原发证机构提交如下材料(初次申请《适任证书》材料中的第(一)、(二)、(三)、(四)、(五)项规定的材料):

(一)内河船舶船员适任证书申请表;

(二)申请人身份证明;

(三)船员服务簿;

(四)最近1年内的县级以上医疗机构出具的符合内河船舶船员适任岗位健康标准的体检证明;

(五)符合发证机构要求规格、数量的照片;

需要通过内河船舶船员实际操作考试的,还应当提交相应的考试成绩证明。

申请《适任证书》补发的,应当向原发证机构提交下列材料:

(一)内河船舶船员适任证书申请表;

（二）申请人身份证明；

（三）在发行范围覆盖原《适任证书》适用航区（线）范围的报纸上所登载的《适任证书》遗失声明（《适任证书》遗失申请补发时适用）；

（四）原《适任证书》原件（《适任证书》损坏申请补发时适用）。

行政审批事项编码:15016

行政审批事项名称:船员服务簿签发

一、受理方式:书面

二、办理期限:10 个工作日

三、受理部门:分支海事局

四、许可机关:分支海事局

五、审批流程:

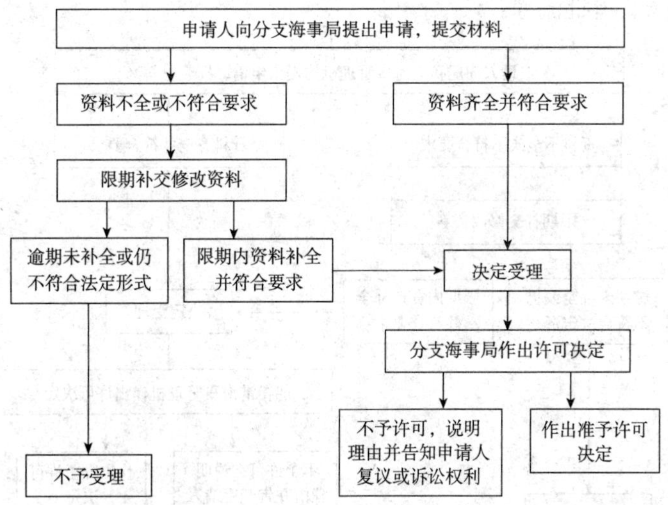

六、提交材料目录:

1.《船员注册申请表》;

2. 有效身份证件及其复印件;

3. 近期直边正面 5 厘米免冠白底彩色照片 2 张;

4. 海船船员或内河船舶船员的基本安全培训合格证及其复印件;

5. 船员健康证书或体检证明;

6. 其他有关材料及其复印件(如培训证明、毕业证书、适任证书、遗失公告等);

7. 申请注册国际航行船舶船员的,还应当提供船员专业外语考试合格证明及复印件。

行政审批事项编码：15017

行政审批事项名称：船舶所有人、经营人或者管理人防治船舶污染海洋环境应急预案审批

一、受理方式：书面

二、办理期限：20 个工作日

三、受理部门：船籍港海事管理机构

四、许可机关：船籍港海事管理机构

五、审批流程：

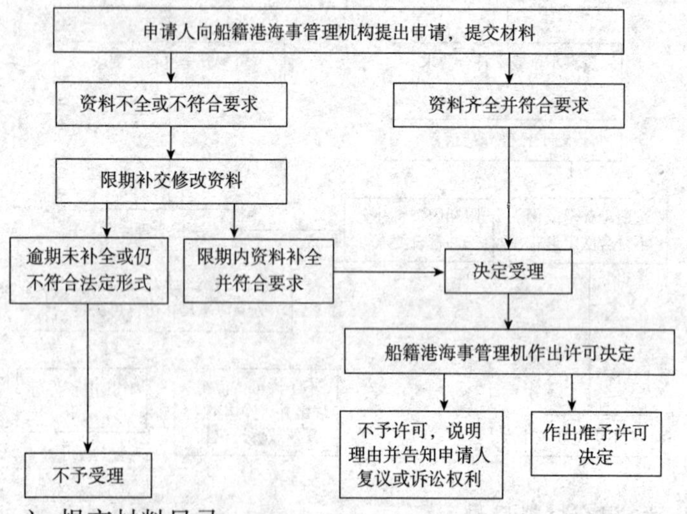

六、提交材料目录：

1. 申请书；

2. 船舶国籍证书复印件；

3. 编制的应急计划文本（一式三份），其中至少有一份证书、图表是原件或清晰复印件；

4. 国际防止油污证书及其复印件。散装液体化学品船舶的所有人、管理人和经营人还应提交（国际）散装运输危险化学品适装证书或（国际）防止散装运输有毒液体物质污染证书及其复印件；

5. 委托证明及委托人和被委托人身份证明及其复印件（委托时）。

行政审批事项编码：15018

行政审批事项名称：船舶污染物接收单位从事船舶垃圾、残油、含油污水、含有毒有害物质污水接收作业审批

一、受理方式：书面

二、办理期限：即时办结

三、受理部门：基层海事处或分支海事局（未设置基层海事处）

四、许可机关：基层海事处或分支海事局（未设置基层海事处）

五、审批流程：当场办理

六、提交材料目录：

1.《防污作业申请书》（一式两份）；

2. 已制定安全作业方案、保障措施和应急计划的证明材料。

行政审批事项编码：15019

行政审批事项名称：船舶污染物清除作业单位资质认定

一、受理方式：书面

二、办理期限：30 个工作日

三、受理部门：直属海事局

四、许可机关：部海事局负责一级船舶污染清除单位资质审批，直属海事局负责二、三、四级船舶污染清除单位的资质审批。

五、审批流程：

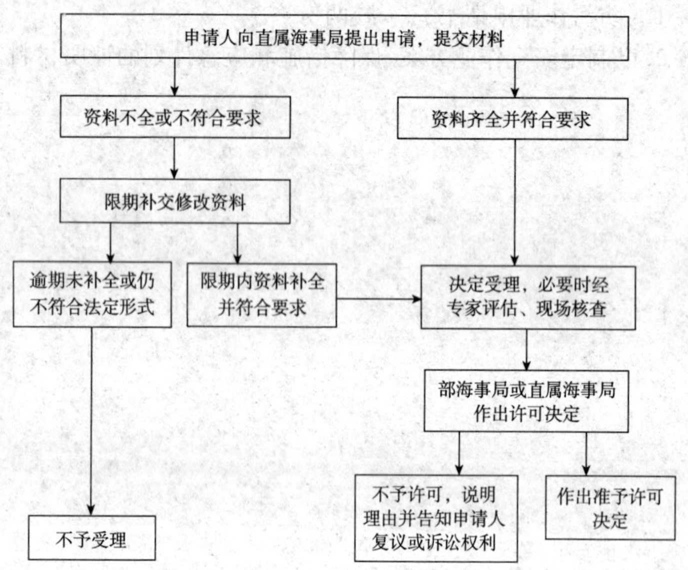

六、提交材料目录：

1. 申请书；

2. 注册登记法人单位的证明；

3. 证明符合《船舶污染清除单位应急清污能力要求》的相关材料；

4. 经备案的防治船舶及其关作业活动污染海洋环境应急预案；

5. 符合防治船舶及其关作业活动污染海洋环境要求的污染物清除作业方案；

6. 污染物处理方案符合国家有关防治污染规定的相关材料；

7. 安全营运和防治污染管理制度。

行政审批事项编码：15020

行政审批事项名称：船舶油污损害民事责任保险证书或者财务保证证书核发

一、受理方式：书面

二、办理期限：7 个工作日

三、受理部门：直属海事局

四、许可机关：部海事局

五、审批流程：

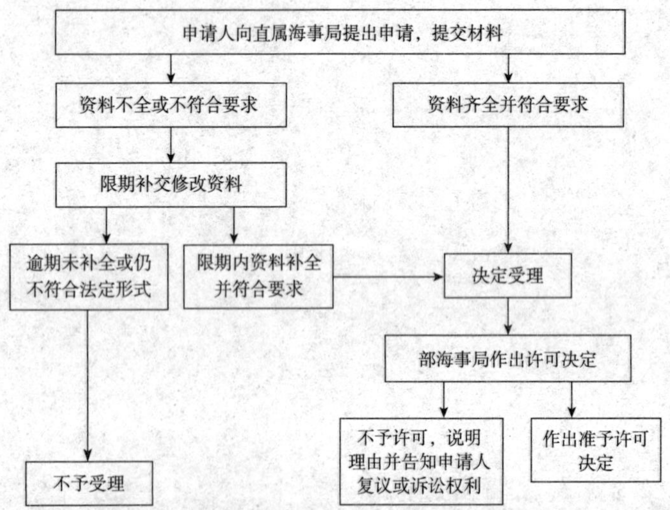

六、提交材料目录：

1.《船舶防污文书申请书》；

2. 油污和其他保赔责任险或其他财务保证有效单据；

3. 船舶国籍证书及其复印件。

行政审批事项编码：15022

行政审批事项名称：船舶进行散装液体污染危害性货物水上过驳作业审批

一、受理方式：书面

二、办理期限：1 个工作日（单航次）或 7 个工作日（多航次）

三、受理部门：分支海事局或直属海事局

四、许可机关：直属海事局负责船龄超过 15 年的非中国籍船舶参与的过驳作业许可，分支海事局负责其他过驳作业许可。

五、审批流程：

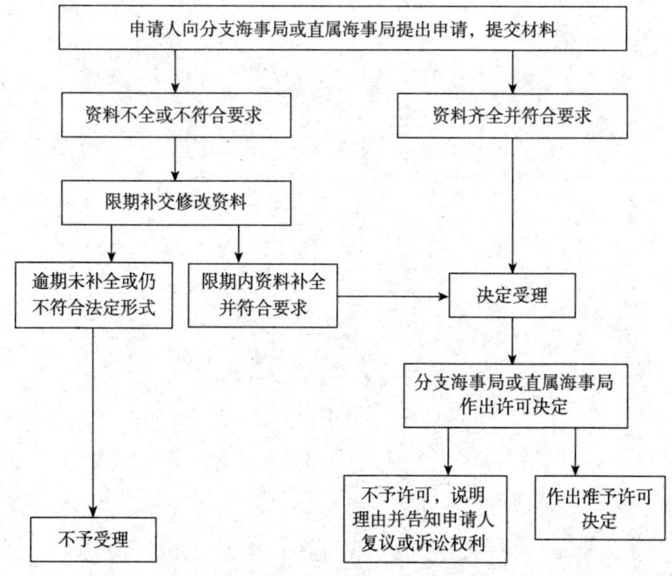

六、提交材料目录：

1. 船舶作业申请书，内容包括作业船舶资料、联系人、联系方式、作业时间、作业地点、过驳种类和数量等基本情况；

2. 船舶作业方案、拟采取的监护和防治污染措施；

3. 船舶作业应急预案；

4. 对船舶作业水域通航安全和污染风险的分析报告；

5. 与具有相应资质的污染清除作业单位签订的污染清除作业协议；

6. 以过驳方式进行油料供受作业的，应当提交本条第1款第1、2、3、5项规定的材料。

行政审批事项编码:15023

行政审批事项名称:港口内进行采掘、爆破等活动的许可

一、受理方式:书面

二、办理期限:20 个工作日

三、受理部门:分支海事局,直属海事局

四、许可机关:分支海事局负责辖区内或直属海事局指定管辖的许可,直属海事局负责跨分支局辖区的许可

五、审批流程:

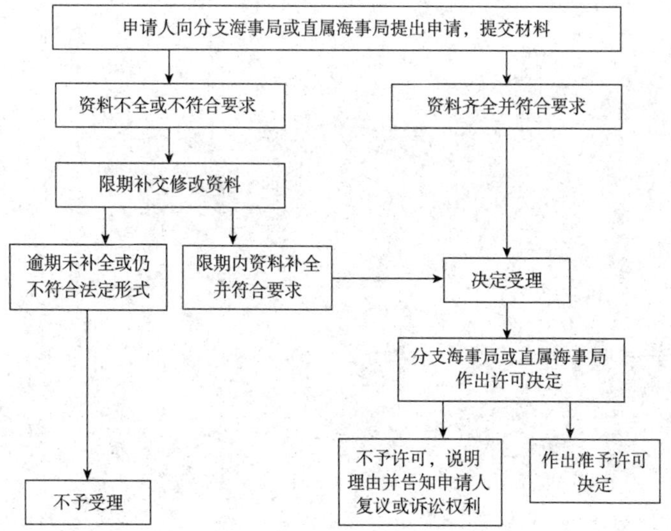

六、提交材料目录:

1.《水上水下活动通航安全审核申请书》;

2. 港口行政管理部门、公安部门对爆破作业的同意文书或意见及其复印件(必要时);

3. 采掘、爆破作业方案(必要时须经经过专家评审);已建立安全及防污染责任制、保障措施和应急预案的证明材料;

4. 与采掘、爆破作业有关的合同或协议书及其复印件;

5. 采掘、爆破作业单位的资质认证文书及其复印件;

6. 施工作业船舶的船舶证书和船员适任证书及其复印件（如施工船舶不在本辖区可暂不提供原件）；

7. 专项维护申请（必要时）；

8. 已通过评审的通航安全评估报告（必要时）；

9. 航行通（警）告发布申请（必要时）；

10. 委托证明及委托人和被委托人身份证明及其复印件（委托时）。

行政审批事项编码:15024

行政审批事项名称:通航水域岸线安全使用和水上水下活动许可

一、受理方式:书面

二、办理期限:20 个工作日

三、受理部门:分支海事局、直属海事局、部海事局

四、许可机关:分支海事局负责辖区内和直属海事局指定管辖的许可,直属海事局负责国务院及有关部门、省级政府及有关部门批准的、跨分支海事局辖区的以及部海事局指定管辖的许可,部海事局负责跨直属海事局辖区的许可

五、审批流程:

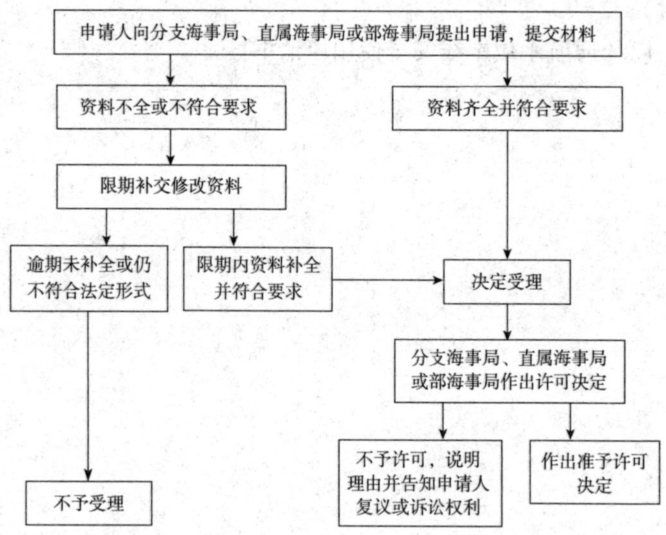

六、提交材料目录:

1.《水上水下活动通航安全审核申请书》;

2. 有关主管部门对该项目的批准文件及其复印件(需办理批准手续的项目);

3. 与通航安全有关的技术资料及施工作业图纸;

4. 施工方案(必要时须经过专家评审);已建立安全及防污染责任制、保障措施和应急预案的证明材料;

5. 与施工作业有关的合同或协议书及其复印件(必要时);

6. 施工作业单位的资质认证文书及其复印件;

7. 施工作业船舶的船舶证书和船员适任证书及其复印件(如施工船舶不在本辖区可不提供原件);

8. 已通过评审的通航安全影响论证报告或评估报告(必要时);

9. 航行通(警)告发布申请(必要时);

10. 专项维护申请(必要时);

11. 委托证明及委托人和被委托人身份证明及其复印件(委托时);

12.《通航水域岸线安全使用申请书》。

行政审批事项编码：15027

行政审批事项名称：国际海上运输业务及海运辅助业务经营审批

一、受理方式：书面

二、办理期限：国际船舶运输业务应当自受理申请之日起 30 日内审核完毕。国际班轮运输资格审批应当自收到申请之日起 30 日内审核完毕。无船承运业务应当自收到申请并交纳保证金等相关材料之日起 15 日内审核完毕。

三、受理部门：交通运输部水运局

四、许可机关：交通运输部

五、审批流程：

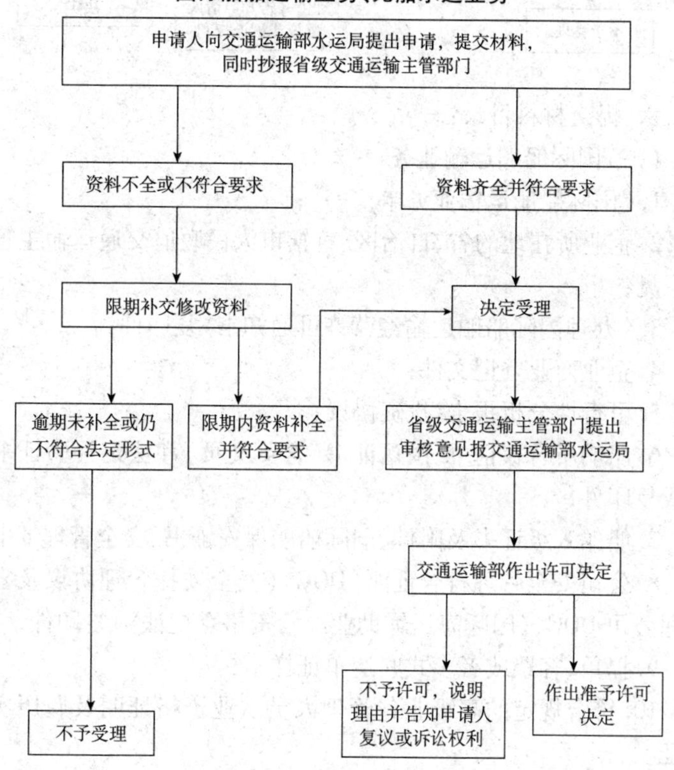

国际班轮运输业务

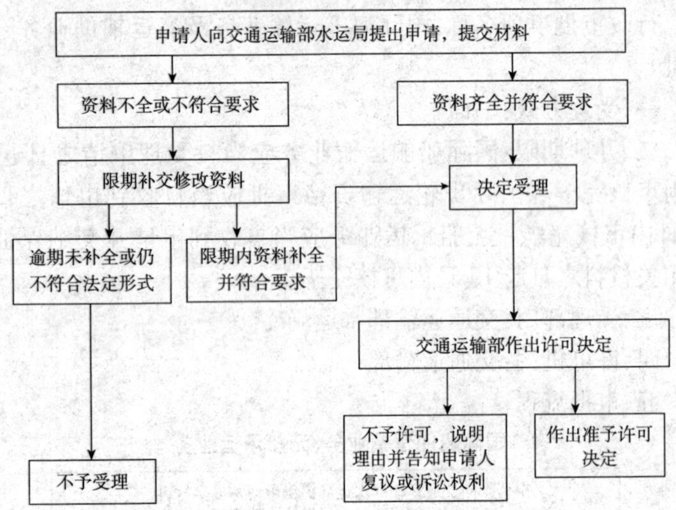

六、提交材料目录：

（一）国际船舶运输业务

1.《国际船舶运输业务申请书》；

2. 企业所在地的省、自治区、直辖市人民政府交通运输主管部门意见；

3.《办理国际船舶运输经营许可通知书》复印件；

4. 企业商业登记文件；

5. 可行性分析报告、投资协议；

6. 船舶所有权证书、国籍证书（含英文页）和法定检验证书副本或复印件；

7. 船舶入级证书及附件、国际船舶保安证书、安全管理证书；

8. 公司安全管理符合证明（DOC）（安全委托管理协议及安全管理公司 DOC、《国际海运辅助业经营资格登记证》）复印件；

9. 提单、客票或者多式联运单证样本；

10. 符合规定的高级业务管理人员从业资格证明及履历实体公证。

（二）国际班轮运输业务

1. 申请书。

如果申请人为境外公司，须由注册在境内的国际船舶代理企业（工商营业执照经营范围是包含“国际船舶代理”，并在中国船舶代理协会履行了备案手续）出具转报函，以及申请人委托该国际船舶代理企业代为办理申请手续的委托书。

2. 国际船舶运输经营者商业登记证明文件、主要出资人名单及身份证件复印件。

境内公司提供工商营业执照复印件，境外公司提供商业登记文件复印件的公证认证原件。

3. 经营者的主要管理人员的姓名及其身份证明。

4. 运营船舶资料。

航线投船船舶国籍证书（Certificate of Registry）复印件。如果航线投船为租赁船舶，须提供租船合同复印件。

航线投船船舶保安证书（International Ship Security Certificate）、船舶入级证书（Certificate of Class）、安全管理证书（Safety Management Certificate）、DOC（Document of Compliance）复印件。

申请经营涉及旅客运输的国际班轮运输业务，还须提供航线投船客船安全证书（Passenger Ship Safety Certificate）及附件P（FORMP）复印件、申请人具备符合法律要求数额的旅客伤害赔偿能力证明；如船舶委托其他公司代为管理，须提供船舶安全管理协议中文或英文复印件。

5. 拟开航的航线、班期及沿途停泊港口。

6. 运价本。

7. 提单、客票或者多式联运单证。

（三）无船承运业务

1. 申请书（需加盖公司公章，法人签字）；

2. 可行性分析报告（需加盖公司公章，法人签字）；

3. 企业商业登记文件；

4. 提单格式样本(2 套);

5. 以交纳保证金方式申请资格的,应提交保证金已交存的银行凭证复印件(交存 80 万人民币保证金);

6. 以保证金责任保险方式申请资格的,应提交保险机构签发的保险单和保险费缴费发票;

7. 以保证金保函方式申请资格的,应提交担保机构的从业证明文件、担保机构签发的保函。

行政审批事项编码:15028

行政审批事项名称:船舶进入或穿越禁航区审批

一、受理方式:书面

二、办理期限:3 个工作日

三、受理部门:直属海事局

四、许可机关:直属海事局

五、审批流程:

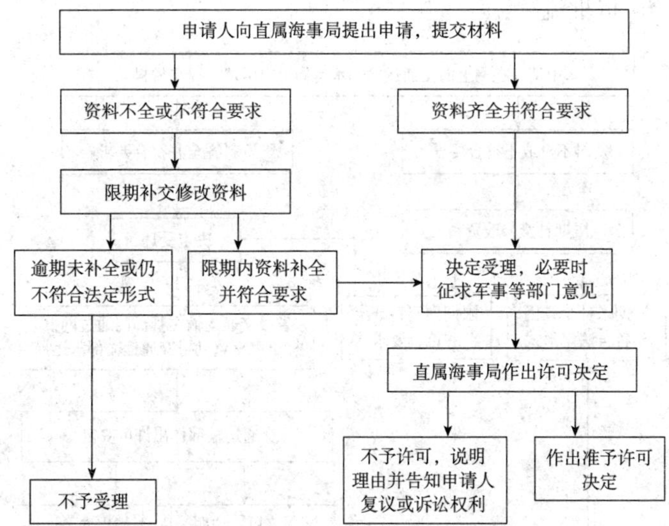

六、提交材料目录:

1.《船舶进入或穿越禁航区申请书》(一式两份);

2. 船舶航行的路线和航行时间说明;

3. 船舶概况(船舶尺度、吃水、载货载客情况等);

4. 已制定保障安全、防治污染和保护禁航区的措施和应急预案的证明材料;

5. 专项维护申请(必要时);

6. 军事部门同意进入或者穿越军事禁航区的书面文件及其复印件(必要时)。

行政审批事项编码：15029

行政审批事项名称:从事内地与台湾、港澳间海上运输业务许可(从事大陆与台湾海上运输业务许可)

一、受理方式:网上

二、办理期限:30 个工作日

三、受理部门:交通运输部水运局

四、许可机关:交通运输部

五、审批流程:

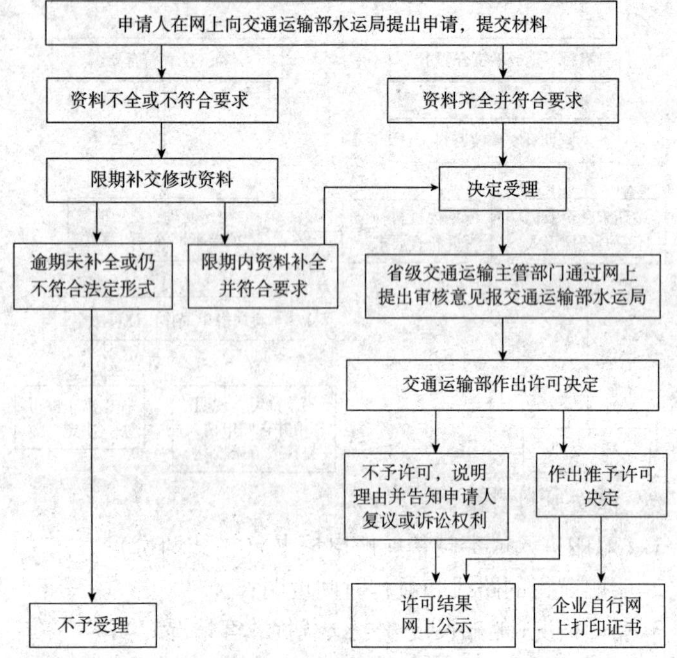

六、提交材料目录:

1. 申请书(须经公司法定代表人签署);

2. 营业执照复印件和公司旗标识彩色图案;

3. 公司安全管理符合证明(DOC)证书复印件;

4. 船舶资料(包括:船舶登记证书、船检证书、安全管理证书

等复印件;使用期租或光租船舶的,应提交船舶租赁合同复印件;两岸资本证明材料);

5. 提单样本;从事集装箱班轮运输的,应提交航线挂港、班期和运价本;从事旅客运输的,还应提交客票样本;

6. 交通运输部要求的其他文件。

行政审批事项编码：15029

行政审批事项名称：从事内地与台湾、港澳间海上运输业务许可（从事内地与港澳间海上运输业务许可）

一、受理方式：书面

二、办理期限：30 个工作日

三、受理部门：省级交通运输主管部门

四、许可机关：交通运输部

五、审批流程：

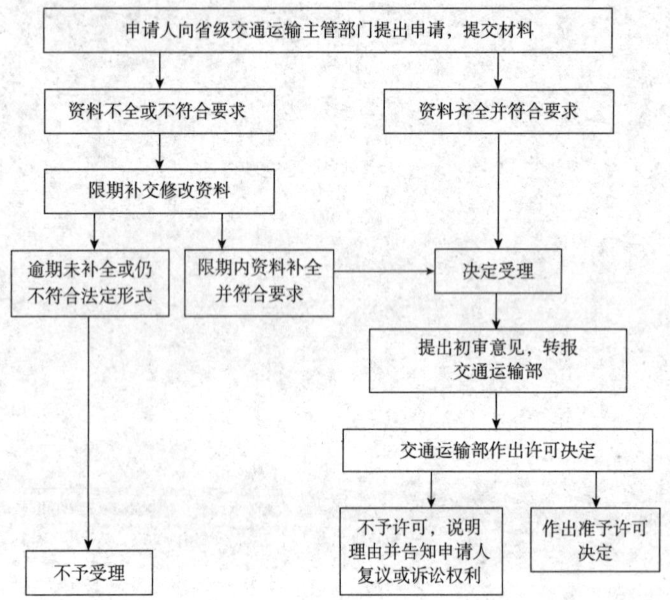

六、提交材料目录：

1. 申请书；

2. 申请人的企业商业登记文件；

3. 港澳航线水路运输批件；

4. 可行性分析报告、投资协议、验资报告；

5. 运输合同或协议。

行政审批事项编码:15030

行政审批事项名称:水运工程监理甲级企业资质认定

一、受理方式:书面

二、办理期限:20 个工作日

三、受理部门:交通运输部质监总站

四、许可机关:交通运输部

五、审批流程:

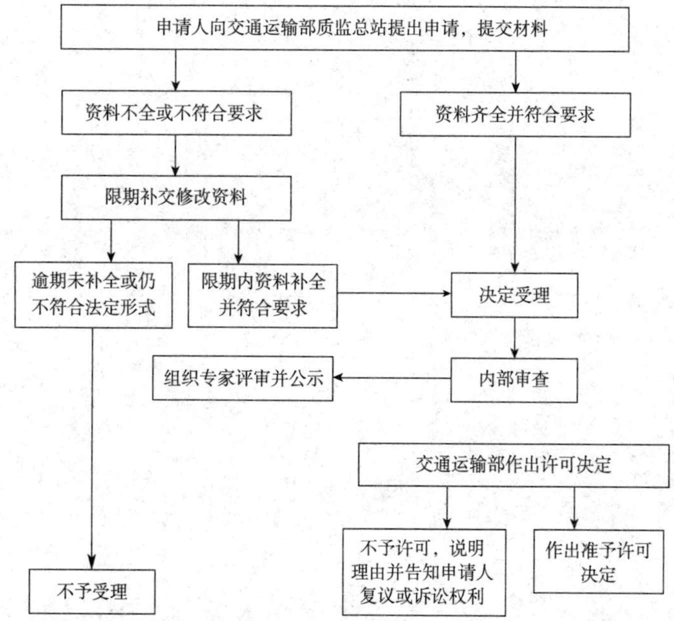

六、提交材料目录:

1.《公路水运工程监理企业资质申请表》;

2.《企业法人营业执照》(复印件)或者工商行政管理部门核发的企业名称预登记证明;

3. 验资报告;

4. 企业章程和制度;

5. 监理人员的监理工程师资格证书和中级职称以上人员职称证书(复印件);

6. 主要成员从事公路水运工程监理或者其他工作经历的业绩证明；

7. 主要试验检测仪器设备和装备证明。

行政审批事项编码:15031

行政审批事项名称:设立引航及验船机构审批(设立引航机构审批)

一、受理方式:书面

二、办理期限:20 个工作日

三、受理部门:交通运输部水运局

四、许可机关:交通运输部

五、审批流程:

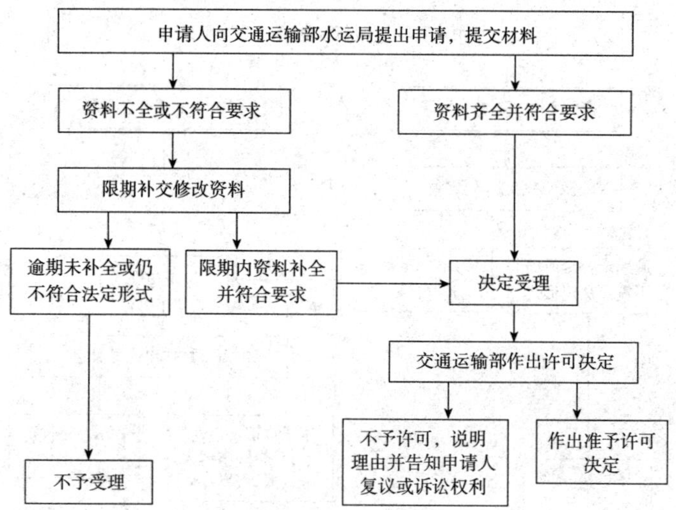

六、提交材料目录:

1. 地方港口主管部门商海事管理机构提出的申请书;

2. 引航机构的设置方案(含引航员的配备情况)和引航具体范围;

3. 省级港口主管部门审核意见。

行政审批事项编码：15031

行政审批事项名称：设立引航及验船机构审批（设立验船机构审批）

一、受理方式：书面

二、办理期限：20 个工作日

三、受理部门：部海事局

四、许可机关：部海事局

五、审批流程：

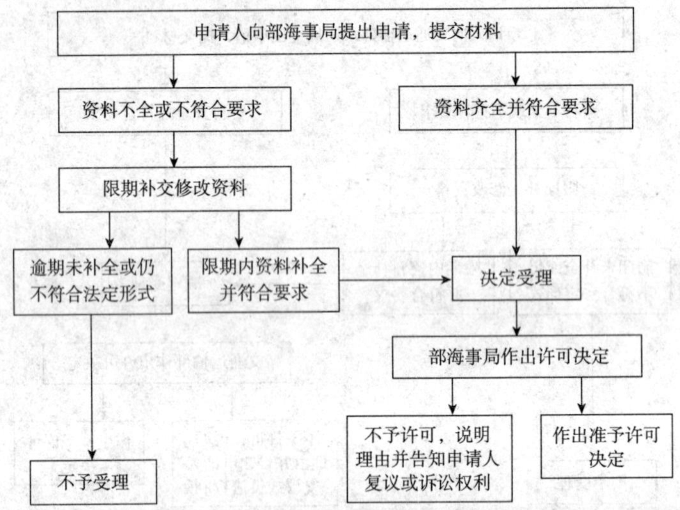

六、提交材料目录：

1. 公司筹建报告；

2. 船旗国政府法定检验业务的授权文件；

3. 验船公司筹建计划；

4. 拟设立验船公司、分支机构（如适用）所在地及其负责的检验区域和拟开展的船舶检验业务范围说明书或其他解释性材料；

5. 筹建人员名单、简历、有效身份文件、任职资格证明及相应外国船舶检验机构筹建验船公司授权书；

6. 外国船舶检验机构所在国家或地区有关政府主管机关出具

的该机构开业合法证明及同意其拟在中国境内设立验船公司的法律文书；

7. 机构注册资金证明；

8. 机构质量管理体系文件；

9. 经营场所使用证明；

10. 主管机关要求提交的其他材料。

行政审批事项编码：15032

行政审批事项名称：国际船舶及港口设施保安证书核发（国际船舶保安证书核发）

一、受理方式：书面

二、办理期限：20 个工作日

三、受理部门：海事管理机构认可的船舶检验机构

四、许可机关：海事管理机构认可的船舶检验机构

五、审批流程：

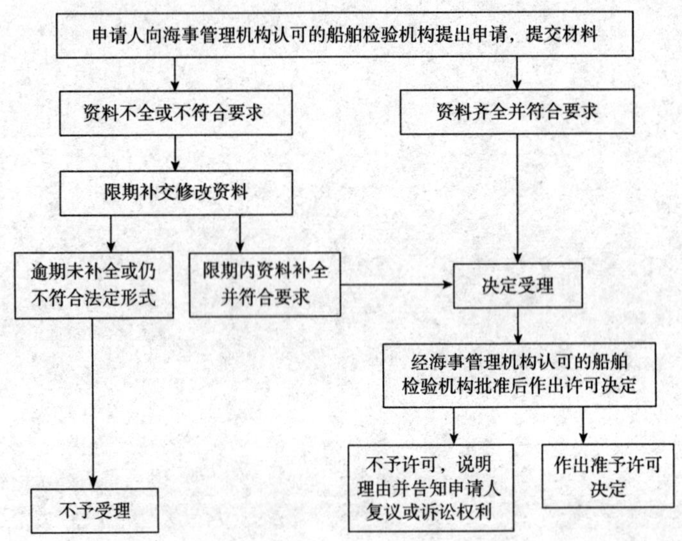

六、提交材料目录：

1. 船舶保安认证申请书；

2. 申请人的身份证明及委托文件；

3. 经批准的《船舶保安计划》和核验报告及复印件；

4. 船舶国籍证书和《连续概要记录》及复印件；

5. 船舶配备的保安员证书及其复印件。

行政审批事项编码:15032

行政审批事项名称:国际船舶及港口设施保安证书核发(港口设施保安证书核发)

一、受理方式:书面

二、办理期限:20 个工作日

三、受理部门:交通运输部水运局

四、许可机关:交通运输部

五、审批流程:

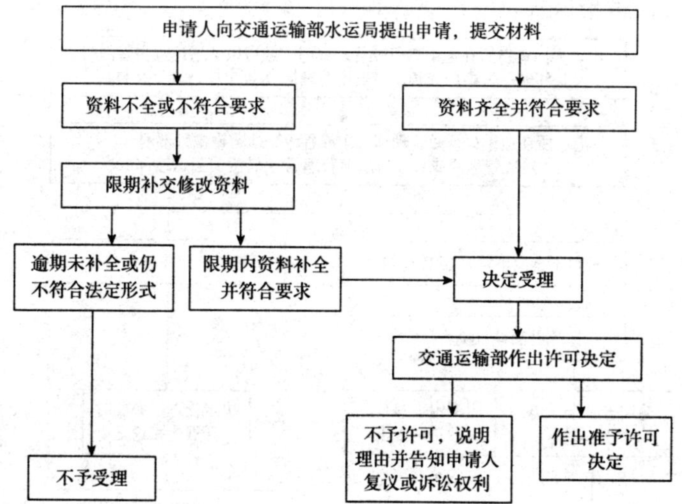

六、提交材料目录:

1. 申请书;

2.《港口设施保安评估报告》;

3.《港口设施保安计划》;

4. 所在地港口行政部门对《港口设施保安计划》落实情况的检查意见。

行政审批事项编码:15033

行政审批事项名称：国家重点水运建设项目设计文件审查

一、受理方式:书面

二、办理期限:20 个工作日

三、受理部门:港口工程由港口所在地港口行政管理部门受理;航道工程由航道所在地省级交通运输主管部门受理,位于长江干线项目由长江航务管理局或长江口航道管理局受理

四、许可机关:交通运输部

五、审批流程:

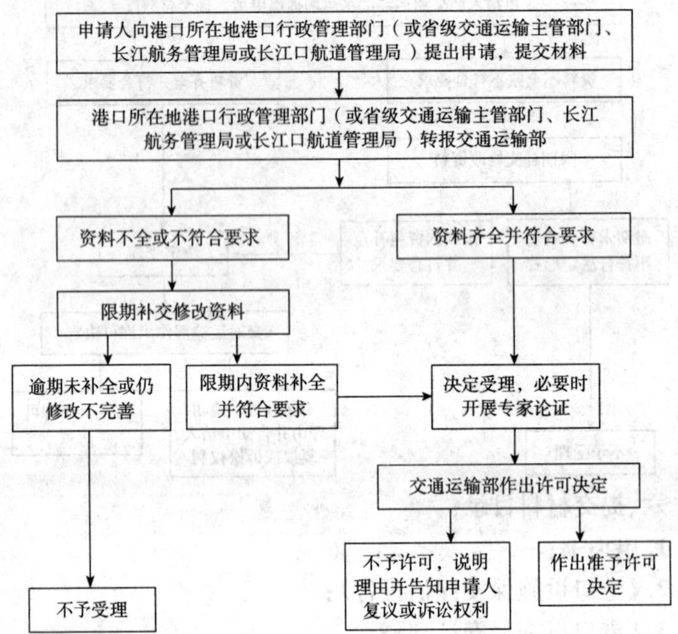

六、提交材料目录:

(一)港口工程

1. 申请文件一式两份;

2. 初步设计文件一式两份和相应的电子版本一份;

3. 港口建设项目批准或者核准、备案文件(包括工程可行性研究报告)的复印件一份。

(二)航道工程

1. 行政许可申请书；

2. 初步设计文件一式五份及其电子文件；

3. 经批准的可行性研究报告或经核准的项目申请报告复印件；

4. 审批部门根据项目需要要求提供的其他材料。

行政审批事项编码：15034

行政审批事项名称：省际旅客、危险品货物水路运输许可

一、受理方式：书面

二、办理期限：30 个工作日

三、受理部门：设区的市级人民政府水路运输管理部门

四、许可机关：交通运输部

五、审批流程：

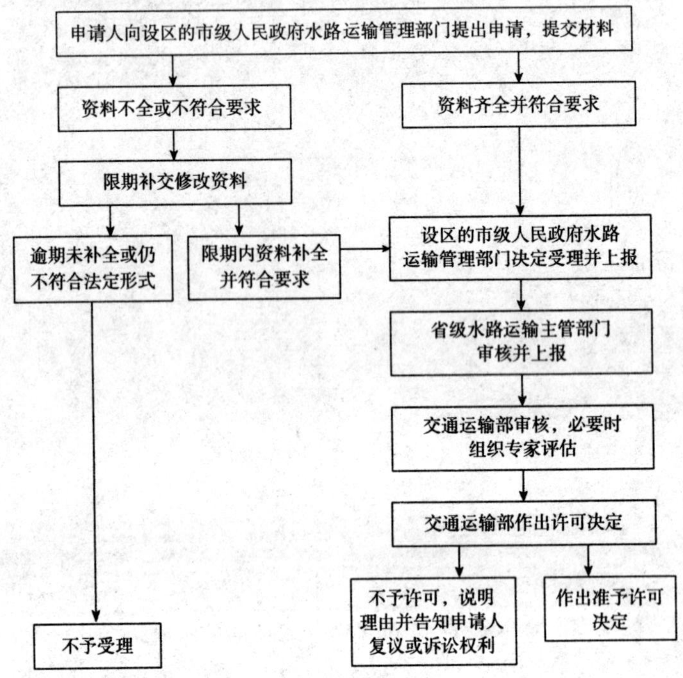

六、提交材料目录：

1. 申请书；

2. 企业资格证明材料；

3. 企业股东证明材料；

4. 组织机构及海务、机务管理人员证明材料；

5. 船舶所有权证书、国籍证书、检验证书（入级证书）、最低配员证书和安全管理证书等船舶证书；

6. 高级船员比例证明材料；

7. 安全管理制度文本；

8. 营运计划、经营范围及客货源证明材料；

9. 法律法规要求的其他材料。

行政审批事项编码：15035

行政审批事项名称：外资企业、中外合资经营企业、中外合作经营企业经营中华人民共和国沿海、江河、湖泊及其他通航水域水路运输审批

一、受理方式：书面

二、办理期限：30个工作日

三、受理部门：设区的市级人民政府水路运输管理部门

四、许可机关：交通运输部

五、审批流程：

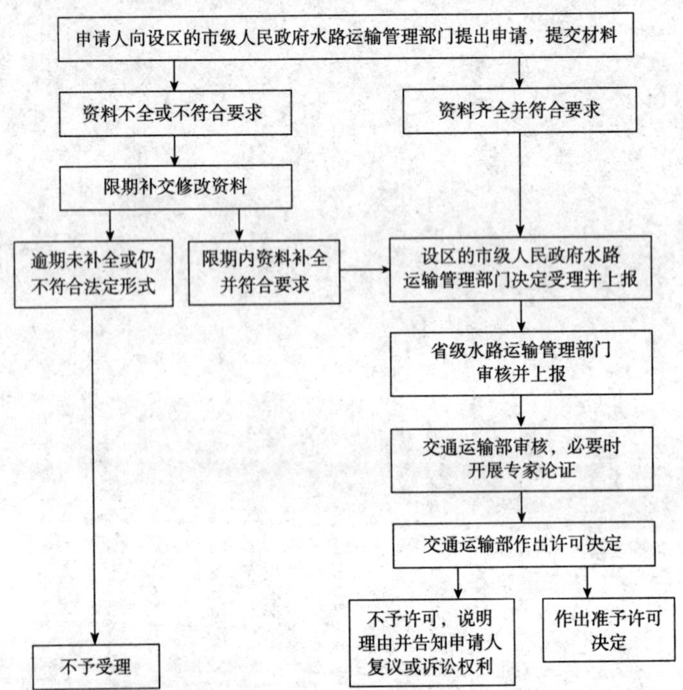

六、提交材料目录：

1. 申请书；

2. 企业资格证明材料；

3. 企业股东证明材料；

4. 组织机构及海务、机务管理人员证明材料；

5. 船舶所有权证书、国籍证书、检验证书（入级证书）、最低配员证书和安全管理证书等船舶证书；

6. 高级船员比例证明材料；

7. 安全管理制度文本；

8. 营运计划、经营范围及客货源证明材料；

9. 法律法规要求的其他材料。

行政审批事项编码：15036

行政审批事项名称：外国籍船舶经营国内港口之间的海上运输和拖航审批

一、受理方式：书面

二、办理期限：30 个工作日

三、受理部门：设区的市级人民政府水路运输管理部门

四、许可机关：交通运输部

五、审批流程：

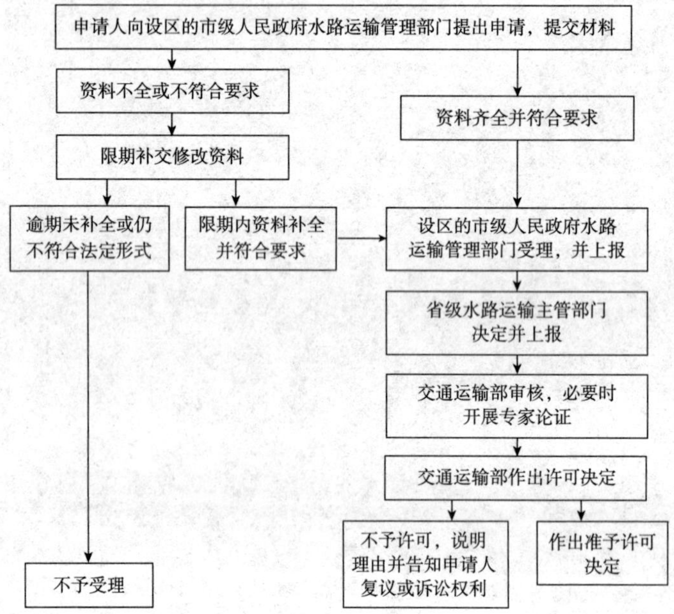

六、提交材料目录：

1. 申请书；

2. 与货主签订的运输合同及其复印件，承运人非该船舶所有人的还应提供租船合同及其复印件；

3. 船舶国籍证书、所有权证书和处于适航状态的证明材料；

4. 法律法规要求的其他材料。

行政审批事项编码：15037

行政审批事项名称：危险化学品水路运输人员（申报人员、集装箱现场检查员）资格认可

一、受理方式：书面

二、办理期限：20个工作日

三、受理部门：直属海事局

四、许可机关：部海事局

五、审批流程：

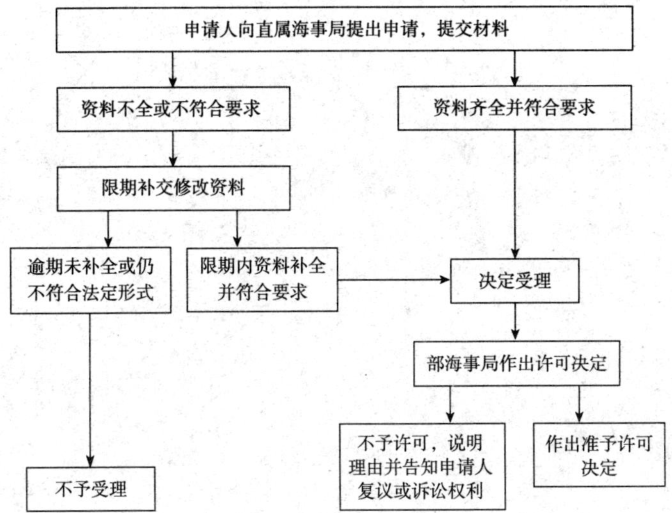

六、提交材料目录：

1.《申报员/装箱检查员注册登记申请书》；

2. 申报员/装箱检查员合格证明；

3. 人员与所属单位签订的合法有效的劳动合同；

4. 人员身份证件复印件；

5. 执业单位营业执照和组织机构代码证；

6. 执业单位内部工作程序和管理制度；

7. 执业单位安全诚信承诺书；

8. 执业单位从事国际航行船舶申报的，还应当提交国际船舶

代理的相关备案证明材料；

9. 执业单位或培训机构出具的能够证明其已接受过满足《国际海运危险货物运输规则》培训要求的证明材料复印件；

10. 首次申请申报员/装箱检查员注册的，还应当提交申报/装箱业务实习证明材料。

行政审批事项编码：15040

行政审批事项名称：外国籍船舶进入或临时进入非对外开放水域许可

一、受理方式：书面

二、办理期限：20 个工作日

三、受理部门：直属海事局

四、许可机关：交通运输部

五、审批流程：

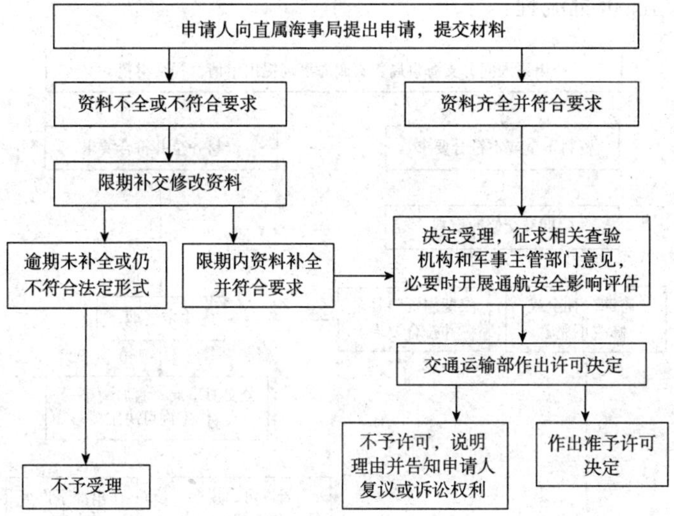

六、提交材料目录：

1. 书面申请，口岸位置、开放内容、开放范围、开放时间、经济效益等相关资料和安全措施、管理制度，说明口岸列入国家发展规划和计划情况及船舶拟进入非对外开放水域（港口）的必要性；

2. 当地口岸查验机构、军事主管部门、地方人民政府的同意意见；

3. 满足水上交通安全和防污染、应急、保安要求的证明文件；

4. 水域（港口）通航状况专家评估意见（必要时）。

行政审批事项编码:15041

行政审批事项名称:大型设施、移动式平台、超限物体水上拖带审批

一、受理方式:书面

二、办理期限:5 个工作日

三、受理部门:分支海事局、直属海事局

四、许可机关:分支海事局负责辖区内或直属海事局指定管辖的许可,直属海事局负责跨分支海事局辖区的许可

五、审批流程:

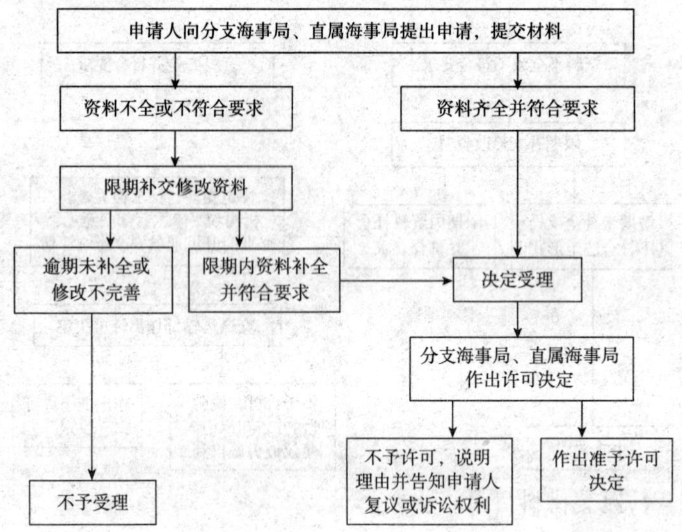

六、提交材料目录:

(一)沿海

1.《海上拖带大型设施和移动式平台申请书》;

2. 船检部门为大型设施和移动式平台拖带航行出具的拖航检验证明及其复印件;

3. 大型设施和移动式平台的技术资料;

4. 拖带计划、拖带方案;已制定安全与防污染保障措施和应急预案的证明材料;

5. 已通过评审的通航安全评估报告(必要时);

6. 拖轮船舶证书、船员适任证书及其复印件;

7. 航行通(警)告发布申请(必要时);

8. 专项护航申请(必要时);

9. 委托证明及委托人和被委托人身份证明及其复印件(委托时)。

(二)内河

1.《内河载运或拖带超吃水、超长、超高、超宽、半潜物体申请书》;

2. 拖轮及超吃水、超长、超高、超宽、半潜物体的技术资料;

3. 载运或拖带方案;已制定安全与防污染保障措施和应急预案的证明材料;

4. 船舶证书、船员适任证书及其复印件;

5. 已通过评审的拖带作业安全评估报告;

6. 航行通(警)告发布申请(必要时);

7. 专项护航申请(必要时);

8. 委托证明及委托人和被委托人身份证明及其复印件(委托时)。

行政审批事项编码：15042

行政审批事项名称：外国籍船舶或飞机从事海上搜救审批

一、受理方式：书面

二、办理期限：第一时间内

三、受理部门：部海事局

四、许可机关：部海事局

五、审批流程：第一时间审批（征求军事等部门意见）

六、提交材料目录：

1. 外籍船舶或飞机入境从事海上搜救申请；

2. 搜救计划及入境必要性说明；

3. 搜救范围（必要时附图）；

4. 遇难船舶、人员情况；

5. 搜救船舶、飞机概况及搜救人员情况；

6. 军事主管机关的批准文件（必要时）。

行政审批事项编码：15043

行政审批事项名称：专用航标的设置、撤除、位移和其他状况改变审批（沿海）

一、受理方式：书面

二、办理期限：20 个工作日

三、受理部门：具有航标管理职权的直属海事局

四、许可机关：部海事局或具有航标管理职权的直属海事局

五、审批流程：

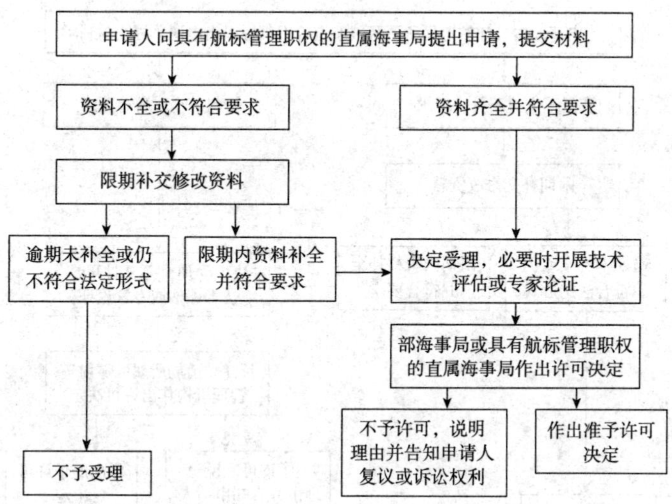

六、提交材料目录：

1.《航标管理机关以外的单位设置、撤除沿海航标申请表》；

2. 航标设计文件、图纸资料，航标配布图；

3. 最新的大比例尺测量图纸或清障扫海报告（必要时）；

4. 航标设计、施工单位资格证书及其复印件；

5. 使用土地（海域）批文或证件及其复印件（必要时）；

6. 航标养护方案（必要时）；

7. 航标设计、施工方案技术评估或专家论证报告及其复印件（必要时）；

8. 航行通（警）告发布申请（必要时）。

行政审批事项编码：15043

行政审批事项名称：专用航标的设置、撤除、位移和其他状况改变审批（长江）

一、受理方式：书面

二、办理期限：20个工作日

三、受理部门：长江航道局所属区域航道管理机构

四、许可机关：长江航道局所属区域航道管理机构

五、审批流程：

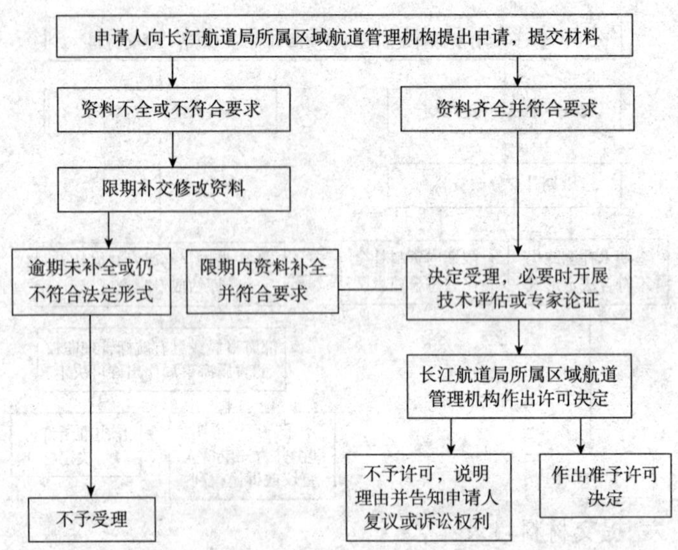

六、提交材料目录：

1. 设置、撤除专用航标申请书及申请人相关证明材料；

2. 航标设计文件、图纸资料，航标配布图；

3. 航标设计、施工单位资格证书及其复印件；

4. 航标设计、施工方案技术评估或专家论证意见（必要时）。

行政审批事项编码:15044

行政审批事项名称:内河运输危险化学品船舶污染损害责任保险证书或者财务担保证明核发

一、受理方式:书面

二、办理期限:20 个工作日

三、受理部门:船籍港海事管理机构

四、许可机关:船籍港海事管理机构

五、审批流程:

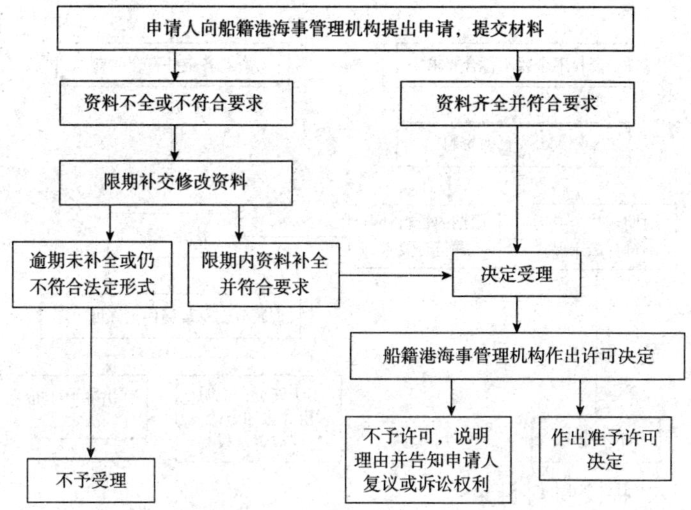

六、提交材料目录:

1.《船舶防污文书申请书》;

2. 油污和其他保赔责任险或其他财务保证有效单据;

3. 船舶国籍证书及其复印件。

行政审批事项编码:15050

行政审批事项名称:引航员任职资格审批

一、受理方式:书面

二、办理期限:15 个工作日

三、受理部门:直属分支海事局

四、许可机关:直属分支海事局

五、审批流程:

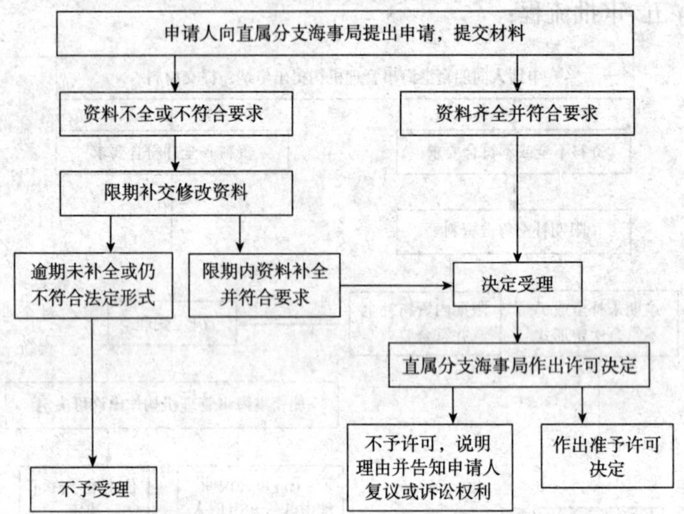

六、提交材料目录:

1.《引航员任职资格证书申请表》;

2. 近期直边正面 5 厘米免冠白底彩色照片 2 张;

3.《引航员服务簿》或引航资历证明及其复印件;

4. 航海类教育的毕业证书或结业证明或学籍证明及其复印件(必要时);

5. 其他有关材料及其复印件(如遗失公告或毁损报告、成绩通知单等)。

附件2

2013年—2014年7月行政审批项目取消下放后的后续监管措施

<table>
<tr><th>序号</th><th>已取消下放的行政审批事项名称</th><th>取消下放时间</th><th>取消下放后的管理机构及管理方式</th><th>后续监管措施</th></tr>
<tr><td>1</td><td>国际船舶代理业务审批</td><td>2013年5月15日</td><td>取消审批改为备案</td><td>1.委托船代协会受理,企业备案。每季度将备案情况进行总结报部,在部网站公布备案企业名单。
2.鼓励举报等社会监督行为。督促企业及时完成备案手续,并与口岸查验部门通报信息,予以必要监管</td></tr>
<tr><td>2</td><td>国际船舶运输经营者之间兼并、收购审核</td><td>2013年5月15日</td><td>取消审批</td><td>纳入国务院商务主管部门对企业之间的兼并、收购行为反垄断审查统一管理,由商务部在对国际船舶运输经营者之间的兼并、收购进行反垄断审查时,我部提出意见</td></tr>
<tr><td>3</td><td>省际普通货物水路运输许可</td><td>2014年1月28日</td><td>下放至省级人民政府交通运输主管部门许可</td><td>通过全国联网的系统,对省际普通货物水路运输许可证统一编号,规范地方审批过程,保证公开透明,并加强检查</td></tr>
<tr><td>4</td><td>水运工程监理乙级企业资质认定</td><td rowspan="2">2014年2月15日</td><td rowspan="2">下放至省级交通运输主管部门认定</td><td rowspan="2">1.指导地方贯彻执行好《公路水运工程监理企业资质管理规定》(交通运输部令2014年第7号),严格按规定的标准认定监理资质。
2.做好年度水运工程监理信用评价工作,加强动态管理。
3.在全国水运建设市场检查、水运工程质量与安全督查工作中,加大对监理单位履约行为的监督力度</td></tr>
<tr><td>5</td><td>水运机电工程专项监理企业资质认定</td></tr>
</table>

续上表

序号	已取消下放的行政审批事项名称	取消下放时间	取消下放后的管理机构及管理方式	后续监管措施
6	国家重点水运建设项目竣工验收	2014年7月22日	下放至省级人民政府交通运输主管部门许可	1. 加强工程设计及设计变更审查和工程建设过程管理。 2. 加大项目监管力度，对已经竣工验收项目进行必要核查
7	承担船舶油污损害民事责任保险的商业性保险机构和互助性保险机构的确定	2013年5月15日	取消审批，由海事管理机构核查	1. 各级海事管理机构，应当加强对船舶油污损害民事保险证书、保险单证或其他财务担保证明的查验。 2. 对保险机构在船舶发生污染事故后未按照规定向所承保船舶赔付的，自发现之年次年起三年内，海事管理机构在受理船舶油污损害民事责任保险证书申请时不接受其签发的船舶油污损害民事责任保险单证或者其他财务保证证明，并由国家海事管理机构向社会公布该保险机构名称，将相关信息通报保监会
8	船舶修造水上拆解地点确定	2013年5月15日	取消审批，由海事管理机构核查	1. 加强对船舶修造、水上上拆解等活动的监督管理，督促有关作业单位落实主体责任，遵守相关操作规程，采取必要的水上交通安全和防治污染措施。 2. 加强对船舶修造、水上拆解等作业过程中防污染措施的落实和产生的污染物的清除处理情况的抽查和现场核实，做到作业前、作业中、作业完成后各至少检查一次。对于不符合水上交通安全和防治污染要求的，要采取停止作业，限期或强制清除遗留物，消除对通航环境的影响等措施；对于已经造成污染的要责令其立即清除，并按照相关规定进行处罚

续上表

序号	已取消下放的行政审批事项名称	取消下放时间	取消下放后的管理机构及管理方式	后续监管措施
9	从事内河船舶船员服务业务审批	2013年5月15日	取消审批,向海事管理机构备案	1. 实施备案管理,核查企业法人营业执照复印件、场地证明、人员资质证明和相应的管理制度。 2. 在备案信息后1个月内对该服务机构进行一次全面检查;对于不符合备案条件要求或船员服务机构未及时备案的,由海事管理机构向社会通报,并降低其信用等级。 3. 海事管理机构,应对从事内河船舶船员服务业务的服务机构每12个月至少进行一次全面检查,确保服务机构具备相应从业能力
10	港口、码头、装卸站以及从事船舶修造、打捞、拆解等作业活动的单位船舶防治污染能力专项验收	2013年11月8日	取消审批,由海事管理机构核查	1. 保留相应的船舶污染防治能力的要求,纳入交通运输主管部门组织的港口、码头、装卸站等的验收。海事机构参加验收工作,审查港口、码头、装卸站以及从事船舶修造、打捞、拆解等作业活动单位编写的评价报告,确认其船舶污染防治能力是否与其装卸货物种类、吞吐能力或者船舶修造、打捞、拆解活动所必需的污染监视监测能力、船舶污染物接收处理能力以及船舶污染事故应急处置能力相适应。 2. 海事管理机构加强对单位配备必需的防治污染设备和器材以及开展相关作业活动的情况进行监督检查。重点加强对其船舶污染防治能力评价报告及污染监视监测能力、船舶污染物接收处理能力、船舶污染事故应急处置能力的监督检查。 3. 港口、码头、装卸站以及相关作业单位未配备防治污染设备、器材的,或者配备的防污设施、设备、器材不符合国家有关规定和标准的,海事管理机构依法予以处罚

续上表

序号	已取消下放的行政审批事项名称	取消下放时间	取消下放后的管理机构及管理方式	后续监管措施
11	船舶货物污染危害性质评估机构认定	2013年11月8日	取消审批,由海事管理机构核查	1. 加强对载运污染危害性质货物船舶的现场检查,重点核查船舶技术条件是否满足船载污染危害货物船舶载运技术条件确定的货物安全运输和污染防治有关要求。 2. 制定污染危害货物分类和船舶载运条件确定的技术管理要求,规范货物安全运输和污染危害评估行为。 3. 拟交付船舶运输污染危害特性不明的货物,应委托具备相应资质的技术机构对拟交付船舶运输的货物实施检测,确定其船舶载运的技术条件。 4. 海事管理机构在日常监管中,对未按照"污染危害货物分类和船舶载运条件确定的技术管理要求"开展检测评估或出具评估报告不符合国际公约、规则和相关法律、法规或标准规定的,应不予认可。 5. 对船载货物污染危害性质评估机构不按"污染危害货物分类和船舶载运条件确定的技术管理要求"开展评估鉴定的,由国家海事管理机构每年度向社会公布,并将相关机构情况通报授予其资质的管理机构按照有关规定予以处理。 6. 在办理船舶载运危险货物和污染危害性货物申报手续时,申请人应当提交相应检测、评估机构出具的检测鉴定报告,并提交出具报告的检测、评估机构的相关检测或实验的资质证明材料
12	船舶化学品安全运输条件评估机构认定	2013年11月8日	取消审批,由海事管理机构核查	1. 加强对载运化学品货物船舶现场检查,重点核查船舶技术条件是否满足船载污染危害货物船舶载运技术条件确定的货物安全运输和污染防治有关要求。 2. 制定危险化学品鉴定和船舶载运

续上表

序号	已取消下放的行政审批事项名称	取消下放时间	取消下放后的管理机构及管理方式	后续监管措施
12	船舶化学品安全运输条件评估机构认定	2013年11月8日	取消审批，由海事管理机构核查	条件确定的技术管理要求，规范货物安全运输条件评估行为。 3. 拟交付船舶运输安全危害性不明的货物，应委托具备相应资质的技术机构对拟交付船舶运输的货物实施检测，获取与货物安全运输特性相关检测数据，确定其船舶载运的技术条件。 4. 海事管理机构在日常监管中，根据“危险化学品鉴定和船舶载运条件确定的技术管理要求”对技术机构开展危险化学品鉴定与危险化学品船舶载运技术条件确定的评估状况进行审核。 5. 对船载危险化学品安全运输条件评估机构不按“危险化学品鉴定和船舶载运条件确定的技术管理要求”开展评估鉴定的，由海事管理机构每年度向社会公布，并将相关机构情况通报授予其资质的管理机构按照有关规定予以处理。 6. 在办理船舶载运危险货物和污染危害性货物申报手续时，申请人应当提交相应检测、评估机构出具的检测鉴定报告，并提交出具报告的检测、评估机构的相关检测或实验的资质证明材料
13	船舶污染事故技术鉴定机构认定	2013年11月8日	取消审批，由海事管理机构核查	1. 鉴定机构出具的鉴定报告应附有鉴定机构的资质证明，海事管理机构应当核查其是否具备相应资质。 2. 对船舶污染事故技术鉴定机构认定的鉴定结论与实际情况不符的，由国家海事管理机构每年度向社会公布，并将相关机构情况通报授予其资质的管理机构按照有关规定予以处理

续上表

序号	已取消下放的行政审批事项名称	取消下放时间	取消下放后的管理机构及管理方式	后续监管措施
14	船员资格临时特免证明签发	2013年11月8日	取消审批，海事管理机构主动服务	出具特免证明的海事管理机构，应当跟踪了解持有特免证明的当事船舶航行动态。由当事船舶抵达中国第一个港口的海事管理机构收回特免证明，并及时通知出具特免证明的海事管理机构
15	引航员注册审批	2013年11月8日	取消审批，由海事管理机构核查	1. 由引航机构根据报备的引航员名单到所在地海事管理机构领取船员服务簿。 2. 海事管理机构应每年对辖区引航机构进行一次全面检查，每季度进行一次抽查，督促引航机构如实记录引航资历和安全记录
16	雇用外国籍船员在中国籍船舶上任职审批	2014年1月28日	取消审批，由海事管理机构核查	1. 雇用外国籍船员在中国籍船舶上任职的，应到直属海事管理机构进行备案，由直属海事管理机构对雇佣外国籍船员是否符合相关要求进行查验、核实；在中国籍船舶上任职的外国籍船员还应持有中华人民共和国海事局认可的船员适任资格证书，以及持有船员所属国签发的海员身份证件。 2. 加强对雇用外国籍船员船舶的安全检查，对初次在中国籍船舶上任职的外国籍船员核查是否能够熟练交流和工作配合
17	有关作业单位防治船舶及其有关作业活动污染海洋环境应急预案审批	2014年1月28日	取消审批，由海事管理机构核查	1. 海事管理机构加强应急预案编制情况、应急演练开展和记录的检查。 2. 海事管理机构发现有关作业单位存在违反规定行为的，应当责令改正；拒不改正的，可以责令停止作业

续上表

序号	已取消下放的行政审批事项名称	取消下放时间	取消下放后的管理机构及管理方式	后续监管措施
18	引航员任职资格审批	2014年7月22日	下放至直属海事系统分支机构	通过船员注册时注明为引航员
19	从事海员外派业务审批	2014年7月22日	下放至直属海事管理机构	推进船员服务行业协会建设,发挥行业自律作用,引导诚信经营。实施信誉等级管理,健全监督检查机制

附件3

水运和海事行政管理服务创新目录

序号	项目名称	实施部门	设定依据	创新内容
1	进口游艇登记备案	水运局	《关于加强进口游艇管理的公告》(部2011年第55号公告)	年内取消备案。由海事管理机构和船舶检验部门在办理进口船舶登记和检验手续时对进口游艇船龄一并予以审核
2	集装箱班轮内支线航线登记	水运局	《关于进一步规范国内水路运输管理登记工作的通知》(交水发〔2002〕453号)第一部分	由发放登记证书改为网上告知性备案。由企业登录信息系统报备信息
3	国内新建普通货船运力登记	水运局	同上	由事前登记改为事后告知性备案,由企业新建船后报备
4	内外贸集装箱同船运输试点业务备案/中国籍国际航行船舶承运转关运输货物试点业务备案/港口企业从事内外贸集装箱同船运输或中国籍国际航行船舶承运转关运输货物试点业务备案	水运局	《关于开展内外贸同船运输以及中国籍国际航行船舶承运转关运输货物试点工作有关备案事项的通知》(交水发〔2005〕196号)第一部分	取消备案。由港航企业及船舶根据海关有关规定,向相应海关办理必要手续

续上表

序号	项目名称	实施部门	设定依据	创新内容
5	进口二手工程船舶登记	水运局	《关于规范进口二手工程船舶有关事宜的公告》（交通部2004年第27号）	年内取消登记。按照老旧运输船舶管理政策进行管理
6	两岸间集装箱班轮空箱调运备案	水运局	《关于公布进一步促进海峡两岸海上直航政策措施的公告》（交通运输部公告2009年第54号）	从审查性改为告知性备案，由企业空箱调运后15日内报备
7	国际集装箱班轮空箱调运备案	水运局	《关于同意国际班轮公司在我国沿海主要港口之间调运空集装箱的函》（厅水字〔2003〕222号）	年内取消备案
8	船舶交易服务机构汇总公布	水运局	《关于发布<船舶交易管理规定>的通知》（交水发〔2010〕120号）第四条：“省级交通运输主管部门应根据本地区船舶交易市场的布局安排，对符合上述条件的船舶交易服务机构予以公布，并报交通运输部汇总公布”	年内取消。由交通运输部汇总公布；企业直接到省级交通运输主管部门备案
9	外商投资港口经营人备案	水运局	《关于做好〈港口经营管理规定〉实施工作的通知》（交水发〔2010〕46号）第二条第（一）款	年内取消备案。由企业登录港口经营管理信息系统提供信息

续上表

序号	项目名称	实施部门	设定依据	创新内容
10	船舶名称核准	海事局	《中华人民共和国船舶登记条例》(国务院令第155号)第八条:中华人民共和国港务监督机构是船舶登记主管机关。各港的港务监督机构是具体实施船舶登记的机关。第十条第二款:船名由船籍港船舶登记机关核定	取消核准,改为明确禁止性要求
11	船舶识别号授号	海事局	《中华人民共和国船舶识别号管理规定》(交通运输部令2010年第4号) 关于印发《船舶识别号检验管理规定》的通知(海船检〔2011〕55号)	取消授号,改为船舶识别号发放
12	体检机构报备及健康证书核发	海事局	《中华人民共和国海船船员健康证书管理办法》(海船员〔2012〕231号)第十六条从事船员职业健康状况鉴定的体检机构应当向该机构所在地的直属海事管理机构报备以下材料	取消报备和核发,改为健康证书发放
13	培训计划备案	海事局	《中华人民共和国船员培训管理规则》(交通运输部令2013年第15号)第二十九条:培训机构应当在每期培训班开班3日前以书面或者电子方式将培训计划报海事管理机构备案。培训机构应当在每期培训班开班之日起3日内将学员名册向海事管理机构备案 《关于颁布 < 中华人民共和国海船水手、机工适任培训、考试和发证管理办法 > 的通知》(海船员〔2002〕27号)	取消事前备案,改为培训计划报告

续上表

序号	项目名称	实施部门	设定依据	创新内容
13	培训计划备案	海事局	《关于外派旅游客船服务员办理海员证有关问题的通知》(海船员〔2002〕457号) 《关于印发<内河散装液体货船船员特殊培训、考试和发证办法>的通知》(海船员〔2002〕519号) 《关于印发<内河客船船员特殊培训考试和发证办法>的通知》(海船员〔2003〕13号) 《关于印发<内河载运包装危险货物船舶船员特殊培训、考试和发证办法>的通知》(海船员〔2004〕10号) 关于颁布《中华人民共和国水上飞机驾驶员特殊培训、考试和发证办法(试行)》的通知(海船员〔2001〕365号)	取消事前备案,改为培训计划报告
14	船舶载运固体散装货物备案申报	海事局	《关于执行〈国际海运固体散装货物规则有关事项〉的通知》(海船舶〔2010〕662号) 1. 出口申报,拟载运固体散装货物的船舶或其代理人应在装货前24小时填写《船舶载运固体散装货物申报单》,向海事管理机构办理申报备案手续。 2. 进口申报,载运固体散装货物的船舶或其代理人应在船舶进港前24小时填写《船舶载运固体散装货物申报单》向海事管理机构办理申报备案手续	取消备案,改为船舶载运固体散装货物事前报告

附件4

规章、规范性文件清理安排

序号	取消、下放或转变管理方式事项名称	涉及规章、规范性文件名称	废止或修订情况	废止或修订计划
1	国际船舶代理业务审批	《国际海运条例实施细则》(交通部2003年第1号)	已修订,2013年第9号部令颁布	已修订
2	水运工程监理乙级企业资质认定	《公路水运工程监理企业资质管理规定》(交通部令2004年第5号)	已修订,2014年第7号部令颁布	已修订
3	水运机电工程专项监理企业资质认定			
4	进口游艇登记备案	《关于加强进口游艇管理的公告》(交通运输部2011年第55号公告)	修订	2014年12月
5	两岸间集装箱班轮空箱调运备案	《关于公布进一步促进海峡两岸海上直航政策措施的公告》(交通运输部公告2009年第54号)	修订	2014年12月
6	省际普通货物水路运输许可	《水路运输管理条例实施细则》(交通部(87)交河字680号发布,交水发〔1998〕107号修正)	已废止	已废止
		《国内水路运输经营资质管理规定》(交通运输部令2008年2号)		
7	集装箱班轮内支线航线、国内新建普通货船运力登记	《关于进一步规范国内水路运输管理登记工作的通知》(交水发〔2002〕453号)	废止	2014年3季度

续上表

序号	取消、下放或转变管理方式事项名称	涉及规章、规范性文件名称	废止或修订情况	废止或修订计划
8	内外贸集装箱同船运输试点业务备案	《关于开展内外贸同船运输以及中国籍国际航行船舶承运转关运输货物试点工作有关备案事项的通知》(交水发〔2005〕196号)	已废止	已废止
9	船舶交易服务机构汇总公布	《关于发布<船舶交易管理规定>的通知》(交水发〔2010〕120号)	修订	2014年12月
10	进口二手工程船舶登记	《关于规范进口二手工程船舶有关事宜的公告》(2004年第27号)	废止	2014年12月(与有关部门沟通一致后)
11	外商投资港口经营人备案	《关于做好<港口经营管理规定>实施工作的通知》(交水发〔2010〕46号)	修订	2014年12月
12	国家重点水运建设项目竣工验收	《港口工程竣工验收办法》(交通部令2005年第2号)	修订	2014年12月份
		《航道工程竣工验收管理办法》(交通部令2008年第1号)		
13	承担船舶油污损害民事责任保险的商业性保险机构和互助性保险机构的确定	《船舶油污损害民事责任保险实施办法》(交通运输部令2010年第3号)	已修订,2013年第11号部令颁布	已修订
14	船舶修造水上拆解地点确定	《船舶及其有关作业活动污染海洋环境防治管理规定》(交通运输部令2010年第7号)	已修订,2013年第12号部令颁布	已修订
		《交通部关于发布<中华人民共和国交通部拆解船舶监督管理规则>的通知》(交安监字〔1989〕723号)	删除	2014年12月份

续上表

序号	取消、下放或转变管理方式事项名称	涉及规章、规范性文件名称	废止或修订情况	废止或修订计划
14	船舶修造水上拆解地点确定	《关于印发<船舶定点拆解管理办法>的通知》(海船舶〔2010〕642 号)	删除	2014 年 12 月份
15	从事内河船舶船员服务业务审批	《船员服务管理规定》(交通运输部令 2008 年第 6 号)	已修订,2013 年第 10 号部令颁布	已修订
		《关于实施<中华人民共和国船员服务管理规定>有关事项的通知》(海船员〔2008〕555 号)	删除	2014 年 12 月份
		《关于船员服务机构管理有关事项的通知》(海船员〔2009〕134 号)	删除内河船员服务业务部分	2014 年 12 月份
		《关于深化海事行政执法政务公开工作的意见》(中华人民共和国海事局文件 海法规〔2010〕186 号)	删除内河船员服务业务部分	2014 年 12 月份
16	港口、码头、装卸站以及从事船舶修造、打捞、拆解等作业活动的单位防治船舶污染能力专项验收	《船舶污染海洋环境应急预备和应急处置管理规定》(交通运输部令 2011 年第 4 号)	已修订,2013 年第 19 号部令颁布	已修订
		《防治船舶污染海洋环境能力专项验收实施细则》(海船舶〔2011〕292 号)	修订	2014 年 12 月份
17	船舶货物污染危害性质评估机构认定	《船舶及其有关作业活动污染海洋环境防治管理规定》(交通运输部令 2010 年第 7 号)	已修订,2013 年第 17 号部令颁布	已修订
18	船舶化学品安全运输条件评估机构认定	未涉及相关规章、规范性文件。	—	—
19	船舶污染事故技术鉴定机构认定	《海上船舶污染事故调查处理规定》(交通运输部令 2011 年第 10 号)	已修订,2013 年第 16 号部令颁布	已修订

续上表

序号	取消、下放或转变管理方式事项名称	涉及规章、规范性文件名称	废止或修订情况	废止或修订计划
20	船员资格临时特免证明签发	《海船船员适任考试和发证规则》(交通运输部2011年第12号令)	已修订，2013年第18号部令颁布	已修订
		《中华人民共和国海事行政许可条件规定》(中华人民共和国交通部令2006年第1号)	由签发调整为出具	2014年12月份
		《关于深化海事行政执法政务公开工作的意见》(中华人民共和国海事局文件海法规〔2010〕186号)	由签发调整为出具	2014年12月份
21	引航员注册审批	《引航员注册与任职资格管理规定》(交通运输部令2008年第2号)	规章名称修订为《引航员管理办法》，2013年第20号部令颁布	已修订
		《关于深化海事行政执法政务公开工作的意见》(中华人民共和国海事局文件海法规〔2010〕186号)	调整为“持有船员服务簿”	2014年12月份
22	雇用外国籍船员在中国籍船舶上任职审批	《中华人民共和国海上海事行政处罚规定》(交通部令2003年第8号)	现场检查	2014年12月底前
		《中华人民共和国内河海事行政处罚规定》(交通部令2004年第13号)		
23	船舶识别号授号	《关于印发<船舶识别号检验管理规定>的通知》(海船检〔2011〕55号)	取消授号，改为船舶识别号发放	2014年12月底前

续上表

序号	取消、下放或转变管理方式事项名称	涉及规章、规范性文件名称	废止或修订情况	废止或修订计划
24	体检机构报备及健康证书核发	《中华人民共和国海船船员健康证书管理办法》(海船员〔2012〕231号)	取消报备和核发，改为健康证书发放	2014年12月底前
25	培训计划备案	《中华人民共和国船员培训管理规则》(交通运输部令2013年第15号)	取消事前备案，改为培训计划报告	2014年12月底前
		《关于颁布<中华人民共和国海船水手、机工适任培训、考试和发证管理办法>的通知》(海船员〔2002〕27号)		
		《关于外派旅游客船服务员办理海员证有关问题的通知》(海船员〔2002〕457号)		
		《关于印发<内河散装液体货船船员特殊培训、考试和发证办法>的通知》(海船员〔2002〕519号)		
		《关于印发<内河客船船员特殊培训考试和发证办法>的通知》(海船员〔2003〕13号)		
		关于印发《内河载运包装危险货物船舶船员特殊培训、考试和发证办法》的通知(海船员〔2004〕10号)		
		《关于颁布<中华人民共和国水上飞机驾驶员特殊培训、考试和发证办法(试行)>的通知》(海船员〔2001〕365号)		
26	船舶载运固体散装货物备案申报	《关于执行〈国际海运固体散装货物规则有关事项〉的通知》(海船舶〔2010〕662号)	取消事前备案，改为船舶载运固体散装货物报告	2014年12月底前

交通运输部关于建立管理权力清单制度的公告(试行)

交通运输部公告第61号　2014.11.26

为贯彻落实国务院关于深化行政审批制度改革的要求,加快政府职能转变,创新管理方式,推进交通运输部权力运行的公开、透明与规范,我部决定建立管理权力清单制度。建立管理权力清单制度以便利行政相对人为宗旨,以服务创新为引领,坚持公开晒权、坚持规范行权、坚持简政放权,努力做到将权力关进制度的笼子,让权力在阳光下运行,实现加强对自身约束和接受社会监督的目的。现将交通运输部管理权力清单制度向社会予以公告:

一、交通运输部行政审批事项及审批流程(见附件1)

由我部及部直属有关单位实施的行政审批事项共46项。审批事项及流程图包含了事项名称、受理方式、办理期限、受理部门、许可机关、审批流程、提交材料目录等内容。通过对审批事项目录化管理,从工作机制上杜绝审批权力随意设置问题;通过公开审批流程,最大限度方便群众办事;通过对审批事项开展实施监督检查,及时发现和纠正行政权力实施过程中存在的问题。

二、2013年—2014年11月行政审批项目取消下放后的后续监管措施(见附件2)

从2013年以来,按照国务院的有关决定,我部共取消和下放了26项行政审批事项,并相应明确了后续监管措施。在有关领域将实行宽进严管,通过备案、现场监管等方式强化监督,确保既放得开、又管得住,更好规范交通运输市场秩序,维护交通运输市场良好的发展环境。

三、行政管理服务创新目录(见附件3)

行政管理服务创新目录中包括14项服务创新事项。我部将通过简政放权和管理方式创新,充分发挥市场配置资源的决定性作用,进一步激发市场主体的活力,推动交通运输经济更有效率、更加公平、更可持续发展。

四、规章、规范性文件清理安排(见附件4)

取消下放的行政审批项目和实现管理创新事项涉及22件规章和29件规范性文件的修订。我部将根据对外公布的时间安排,组织开展全面清理工作,对涉及的规章和规范性文件及时修订和废止,确保行政审批事项和管理创新依法进行。

建立和公布交通运输部管理权力清单制度尚在试行阶段,我部将会根据国务院行政审批制度改革的部署安排,并结合实际工作相应进行动态调整和修改完善。若有意见和建议,请与我部联系。联系方式:电子邮箱 jtysbfzc@mot.gov.cn.

本公告公布之后,《关于建立水运和海事管理权力清单制度的公告》(第48号)即废止。

附件:1.行政审批事项及审批流程(共46项)

2.2013年—2014年11月行政审批项目取消下放后的后续监管措施

3.行政管理服务创新目录

4.规章、规范性文件清理安排

附件1

行政审批事项及审批流程(共46项)

行政审批事项编码：15002

行政审批事项名称:新增客船、危险品船投入运营审批

一、受理方式:书面

二、办理期限:30个工作日

三、受理部门:设区的市级人民政府水路运输管理部门

四、许可机关:交通运输部

五、审批流程:

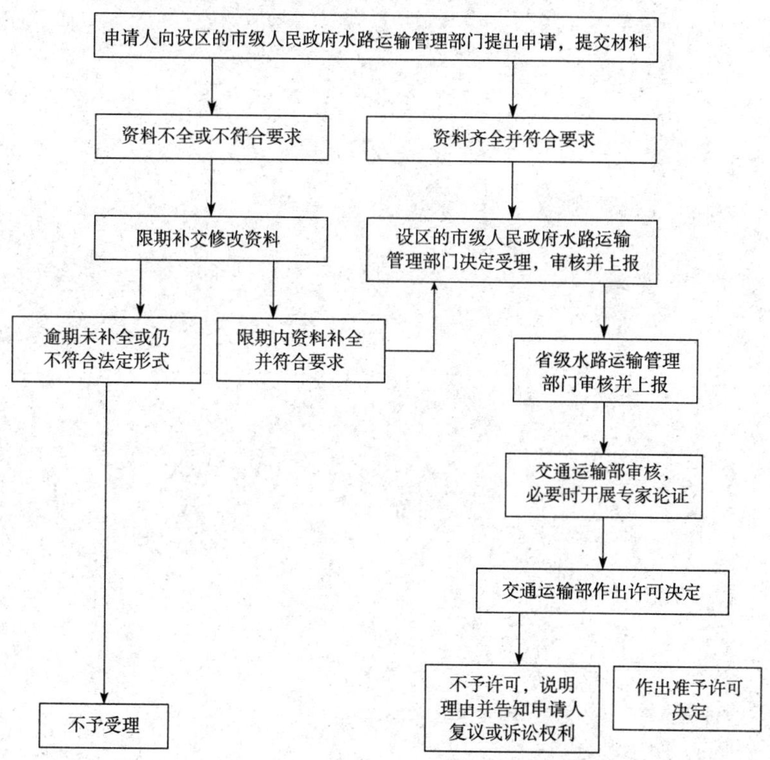

六、提交材料目录：

1. 申请书；

2. 可行性分析报告；

3. 企业管理水平及安全生产情况证明材料；

4. 货源落实情况证明材料；

5. 资金来源及落实情况材料；

6.（新增客船的）有关航线计划及已经落实船舶靠泊、旅客上下船所必需的服务设施的证明文件；

7. 新增船舶的主要技术参数，或拟投入运营船舶的有效船舶资料；

8.《国内水路运输经营许可证》（副本）及其复印件。

行政审批事项编码:15003

行政审批事项名称:船舶进出港口审批

一、受理方式:书面

二、办理期限:国际航行船舶1个工作日,国内航行船舶当场办理。

三、受理部门:基层海事处或分支海事局(未设置基层海事处)

四、许可机关:基层海事处或分支海事局(未设置基层海事处)负责国内航行船舶,分支海事局负责国际航行船舶

五、审批流程:当场审批

六、提交材料目录:

(一)国际航行船舶

1. 总申报单;

2. 船舶概况表;

3. 货物申报单;

4. 船员名单;

5. 旅客名单;

6. 危险货物舱单;

7. 落实护航措施的证明;

8. 经其他查验单位签署的《船舶出口岸手续联系单》;

9. 如果采取了禁止船舶航行的司法或者行政强制措施,则应提交该强制措施已经依法解除的通知;

10. 船舶安全检查记录簿及其复印件(中国籍船舶)。

(二)国内航行船舶

1.《船舶签证簿》;

2. 船舶电子信息卡;

3. 船舶国籍证书;

4. 船舶检验证书;

5. 船舶最低安全配员证书;

6. 船员适任证书;

7. 防止油污证书(适用的船舶);

8. 船舶安全管理证书和公司安全管理体系符合证明副本（适用的船舶）；

9. 船旗国监督检查记录簿；

10. 燃油污染损害民事责任保险或其他财务保证证书（适用的船舶）；

11. 船舶港务费缴纳或者免于缴纳证明；

12. 经批准的船舶载运危险货物申报单（适用的船舶）；

13. 船舶营运证；

14. 委托证明及委托人和被委托人身份证明及其复印件。

前款第（3）项至第（8）项所列证书信息已经由海事管理机构在船舶签证簿内记载或者存储在船舶电子信息卡且有效的，可以免于提交。

行政审批事项编码:15004

行政审批事项名称:船舶污染港区水域作业审批

一、受理方式:书面

二、办理期限:1 个工作日

三、受理部门:基层海事处或分支海事局(未设置基层海事处)

四、许可机关:基层海事处或分支海事局(未设置基层海事处)

五、审批流程:当场审批

六、提交材料目录:

(一)船舶、码头、设施使用化学消油剂

1. 水域的污染情况,包括污染物的种类、数量、污染范围等;

2. 拟使用化学消油剂的品种型号及使用说明材料;

3. 说明申请使用化学消油剂的使用区域和污染情况、使用方法、使用时间、计划用量、使用理由和对使用效果的预测的材料;

4. 安全、防污染保障措施及应急预案。

(二)船舶在沿海港口使用焚烧炉

1. 船舶垃圾焚烧炉型式认可证书及其复印件;

2. 船舶防污染证书(IOPP、IAPP)及其复印件;

3. 船舶储存设备不能满足下一航次需要的情况说明;

4. 安全、防污染保障措施及应急预案。

(三)船舶在港区水域洗舱、清舱、驱气

1. 安全作业方案、保障措施和应急预案;

2. 使用的设备清单和相应的检验证明;

3. 申请原油洗舱的,还应提交《国际防止船舶污染证书》或《防止船舶污染证书》及其附件和复印件。

(四)船舶在港区水域排放压载水、洗舱水、残油、含油污水

1. 安全作业方案、保障措施和应急预案;

2. 接收作业单位的资质证明;

3. 来自疫区的,提交经检验检疫部门处理的证明材料;

4. 污染物种类、数量、接收设施、方式、设备和地点。

(五)沿海港口船舶舷外拷铲及油漆作业

安全作业方案、保障措施和应急预案。

（六）船舶冲洗沾有污染物、有毒有害物质的甲板

1. 防污措施及应急预案；

2. 关于污染物、有害有毒物质的说明（包括物质名称、数量、污染物回收情况、作业地点等）。

行政审批事项编码:15005

行政审批事项名称:船舶载运危险货物和污染危害性货物进出港口审批

一、受理方式:书面

二、办理期限:1 个工作日(航次申报)或 3 个工作日(定期申报)

三、受理部门:基层海事处或分支海事局(未设置基层海事处)

四、许可机关:基层海事处或分支海事局(未设置基层海事处)

五、审批流程:当场审批

六、提交材料目录:

1. 危险货物和污染危害性货物申报单;

2. 船舶适装证书、(国际)防止油污证书、船舶适航证书复印件、油污损害民事责任保险或其他财务保证证书、燃油污染损害民事责任保险或其他财务保证证书、列明实际装载情况的清单或舱单或积载图、货物安全技术说明书等(如适用);

3. 装载包装危险货物的,需提供包装或中型散装容器检验合格证明书或压力容器或大宗包装检验合格证明书;

4. 使用集装箱装运危险货物的,需提供集装箱检查员签名确认的《集装箱装箱证明书》;

5. 使用可移动罐柜、多单元气体容器、公路罐车、铁路罐车装运危险货物的,应提交罐柜或罐体检验合格证明书;

6. 装载放射性物品、民用爆炸品、感染性物质、危险废弃物等需要国家有关主管机关部门依法批准后方可载运的货物,应当提交有效的批准文件,放射性物质还应提交放射性核素剂量证明、放射性强度检测证明;

7. 货物需要添加抑制剂或者稳定剂的,应提交添加的抑制剂或稳定剂的名称、数量、温度要求、有效期及超过有效期时应采取的措施;

8. 装运限量或可免除量危险货物的,还应提交《限量/可免除量危险货物证明》;

9. 托运危险性质或污染危害性质不明的货物,或《国际海运危险货物规则》和《危险货物品名表》(GB 12268)中未列名的危险货物,或《国际海运固体散装货物规则》中未列名的固体散装货物,或《国际散装化学品船舶构造与设备规则》中未列名的或新的散装液体化学品,或《国际散装液化气体船舶构造与设备规则》中未列名的或新的散装液化气体的,应提交相应检测、评估机构出具的检测鉴定报告,并提交出具报告的检测、评估机构的相关检测或实验的资质证明材料;

10. 按规定可按非危险货物出运的危险货物需提供相应的免除证书或证明;

11. 载运危险货物的船舶在运输途中发生过意外情况的,应当在《船舶装载危险货物申报单》备注栏内扼要注明所发生的意外情况的原因,已采取的控制措施和目前状况等实际情况,并于抵港后送交详细报告;

12. 委托申报的还应提交委托证明及委托人和被委托人身份证明及其复印件。

行政审批事项编码:15006

行政审批事项名称:沿海水域划定禁航区和安全作业区审批

一、受理方式:书面

二、办理期限:20 个工作日

三、受理部门:分支海事局(职责范围内的安全作业区);直属海事局(跨分支局辖区的安全作业区);部海事局(禁航区)

四、许可机关:分支海事局负责职责范围内的安全作业区,直属海事局负责跨分支局辖区的安全作业区;部海事局负责禁航区

五、审批流程:

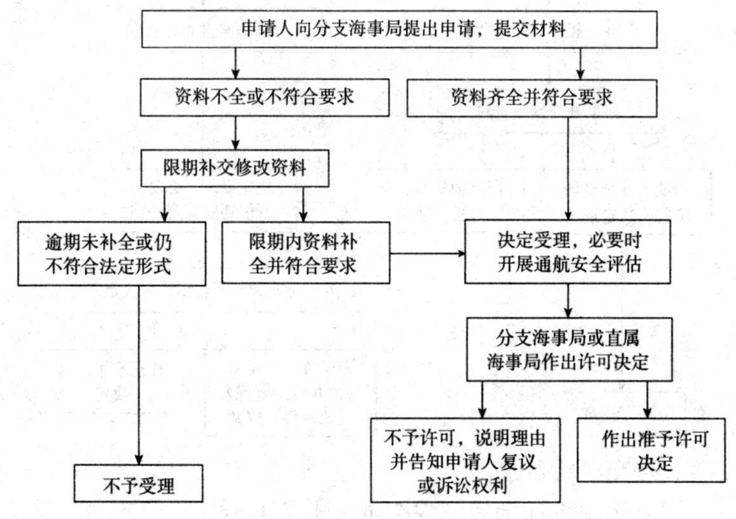

六、提交材料目录:

1.《禁航区和安全作业区划定申请书》;

2. 有关主管部门关于作业或活动的批准文件及其复印件(必要时);

3. 禁航理由、时间、水域、活动内容;

4. 已制定安全及防污染措施的证明材料;

5. 已通过评审的通航安全评估报告(必要时);

6. 航行通(警)告发布申请(必要时);

7. 委托证明及委托人和被委托人身份证明及其复印件(委托时)。

行政审批事项编码：15007

行政审批事项名称：打捞或者拆除沿海水域内沉船沉物审批

一、受理方式：书面

二、办理期限：20 个工作日

三、受理部门：分支海事局

四、许可机关：分支海事局

五、审批流程：

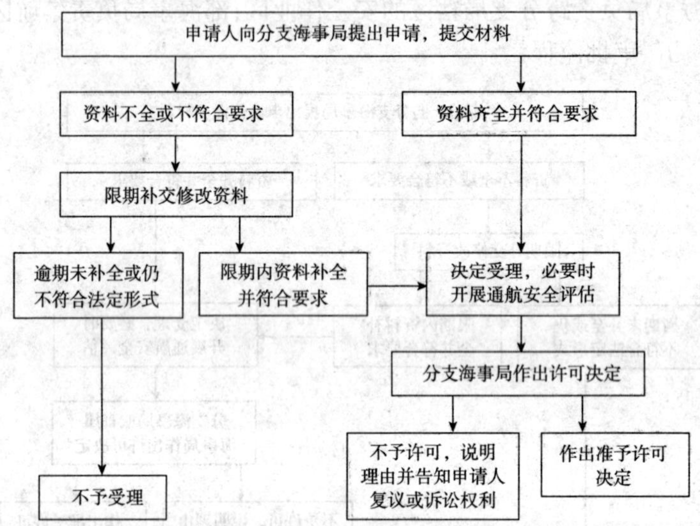

六、提交材料目录：

1.《水上水下活动通航安全审核申请书》；

2. 施工作业单位的能力证明文件及其复印件；

3. 与施工作业有关的合同或协议书及其复印件；

4. 船舶污染损害责任、沉船打捞责任保险文书或财务担保证明及其复印件（紧急清障时可事后补办）；

5. 打捞作业计划和方案；已建立安全及防污染责任制、保障措施和应急预案的证明材料；

6. 施工作业船舶的船舶证书和船员适任证书及其复印件；

7. 沉船所有权证书或相关证明及其复印件；

8. 已通过评审的通航安全评估报告(必要时);

9. 航行通(警)告发布申请(必要时);

10. 专项维护申请(必要时);

11. 文物行政主管部门的批准文件(必要时);

12. 委托证明及委托人和被委托人身份证明及其复印件(委托时)。

行政审批事项编码：15008

行政审批事项名称：船舶安全检验证书核发

一、受理方式：书面

二、办理期限：7 个工作日

三、受理部门：海事管理机构或其认可的船舶检验机构

四、许可机关：海事管理机构或其认可的船舶检验机构

五、审批流程：

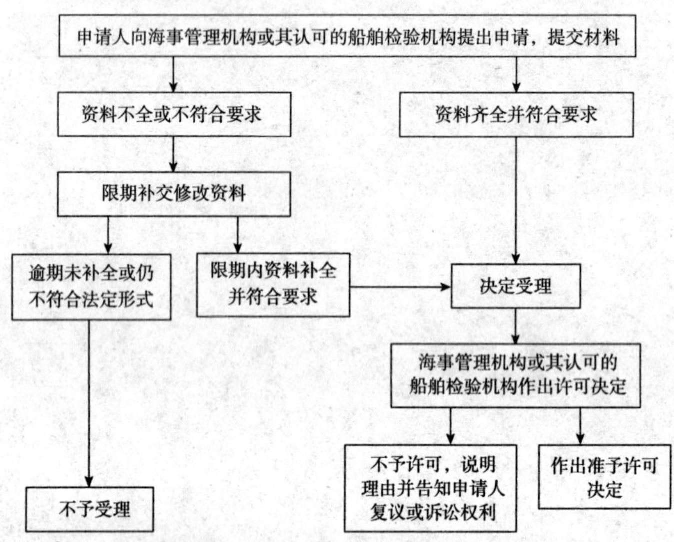

六、提交材料目录：

1. 申请书；
2. 船舶的图纸、图表、说明书、计算书和其他技术文件；
3. 船舶所有权证书、国籍证书等相关证书；
4. 船舶相关文件、记录簿、操作手册等。

行政审批事项编码:15009

行政审批事项名称:海员证核发

一、受理方式:书面

二、办理期限:7 个工作日

三、受理部门:直属海事局

四、许可机关:直属海事局

五、审批流程:

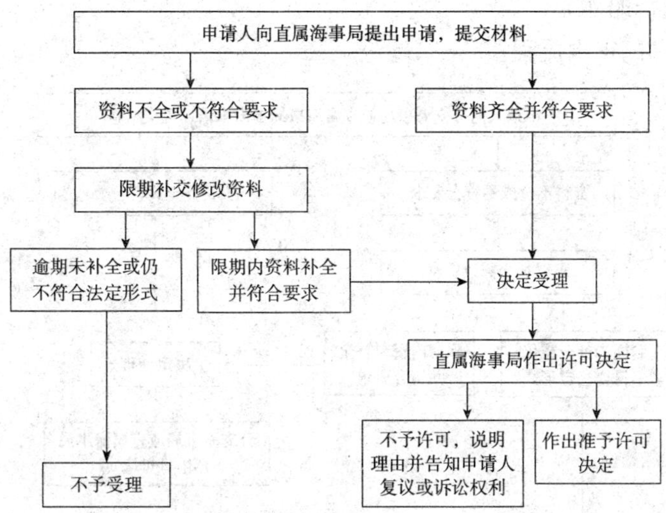

六、提交材料目录:

1.《海员证申请表》;

2.办理海员证批件;

3.《船员服务簿》及其复印件(海船船员免于提供);

4.《内河船员体格检查表》(海船船员免于提供);

5.合法有效的劳动合同或管理协议及其复印件;

6.政审批件或公安机关出具的无法律、行政法规规定的禁止公民出境的情形的证明;

7.适任证书或证明文件及其复印件(仅限于船长、驾驶员,无限航区船员免于提供)。

行政审批事项编码:15010

行政审批事项名称:船舶国籍证书核发

一、受理方式:书面

二、办理期限:7 个工作日

三、受理部门:分支海事局(国内航行船舶)或直属海事局(国际航行船舶)

四、许可机关:分支海事局(国内航行船舶)或直属海事局(国际航行船舶)

五、审批流程:

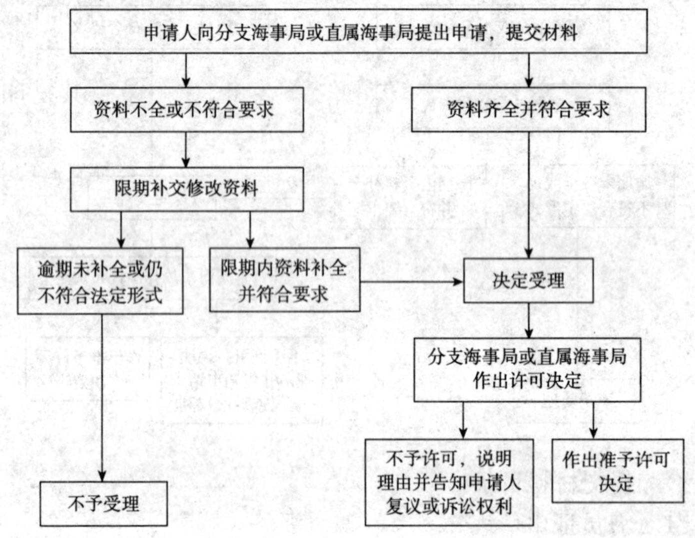

六、提交材料目录:

1.《船舶所有权/国籍登记申请书》;

2. 船舶所有权登记证书及其复印件(和所有权登记同时申请时可免);

3. 船舶所有人、经营人的合法身份证明及其复印件;

4. 委托经营的有关协议(适用于委托经营船舶);

5. 原船舶登记机关出具的注销船舶国籍证明书或者将于重新登记时立即注销原国籍的证明书(适用于已登记过的船舶);

6. 法定的船舶检验机构签发的船舶检验证书簿或其他有效船舶技术证书；

7. 委托书及被委托人身份证明及其复印件（适用于委托他人办理时）；

8. 船舶经营人的营业执照和组织机构代码证；

申请临时船舶国籍除应提交上述第1、3、5、6、7、8以及4吋或5吋船舶招牌5张（正横2张、侧艏1张、正艉1张、烟囱1张）外，还应提交：

9. 光船租赁合同或光船租赁登记证书（适用于光租外国籍船舶）；

10. 海关完税单及其复印件（适用于光租外国籍船舶）；

11. 经核准的船舶名称核定使用通知书（必要时）；

12. 船舶建造合同或船舶所有权取得证明文件及其复印件（适用于新建船舶试航）；

13. 船舶建造合同和交接文件（适用于异地建造船舶）。与所有权登记同时申请时可以免相同的材料。

行政审批事项编码:15011

行政审批事项名称:从事海员外派业务审批

一、受理方式:书面

二、办理期限:30 个工作日

三、受理部门:直属海事局

四、许可机关:直属海事局

五、审批流程:

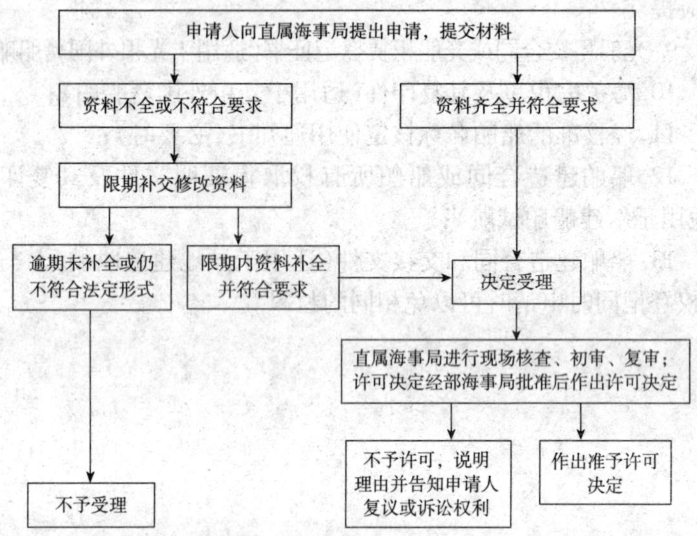

六、提交材料目录:

1. 从事海员外派活动的申请文书(包括《从事海员外派活动的申请书》和《海员外派机构资质申请表》);

2. 企业法人营业执照或者事业单位法人证书、组织机构代码证复印件(加盖公章),同时出具原件;

3. 经营场所产权证明或者固定场所租赁证明;

4. 具有处理海员外派相关法律事务能力、进行外派海员任职前培训和岗位技能训练能力的证明材料;

5. 专职管理人员任职资格证书复印件及专职业务人员的学历证书复印件,同时出具原件;

6. 机构的组织结构、人员组成、职责等情况的说明文件；

7. 海员外派相关管理制度文件；

8. 自有外派海员的名册及劳动合同、缴纳社会保险等证明材料；

9. 已按照海事管理机构要求足额缴纳海员外派备用金的有效证明；

10. 其他相关证明材料(如:经批准设立的外商投资职业介绍机构或者中外合资人才中介机构拟开展招聘海员出境业务,还应当提交外商投资企业批准证书和外商投资企业营业执照复印件;《海员外派机构资质管理实施意见》中规定的其他证明材料)。

行政审批事项编码:15012

行政审批事项名称:从事海船船员服务业务审批

一、受理方式:书面

二、办理期限:30 个工作日

三、受理部门:直属海事局

四、许可机关:部海事局(甲级)或直属海事局(乙级)

五、审批流程:

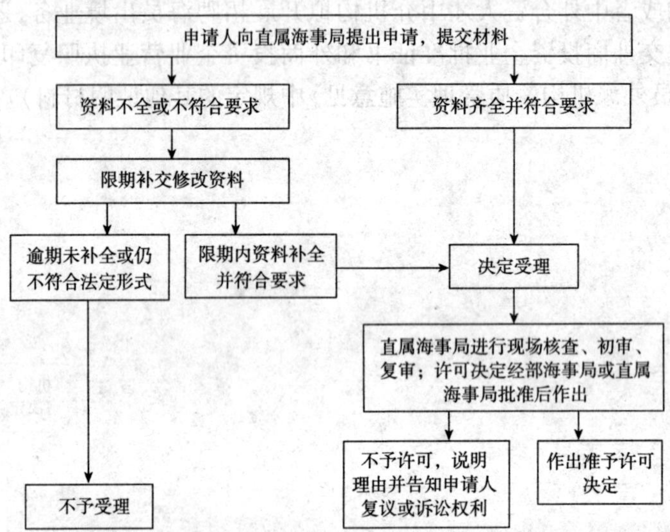

六、提交材料目录:

1.《船员服务机构申请表》;

2. 企业法人营业执照及其复印件;

3. 专职管理人员的船员适任证书及其复印件或者相关证明材料;

4. 拟设立机构的人员组成、职责等情况的说明材料;

5. 船员服务相关管理制度文件;

6. 其他相关证明材料(如:专职管理人员和专职业务人员与单位签订的劳动合同复印件、固定办公场所的房屋所有权登记或租赁登记证书复印件等)。

行政审批事项编码:15013

行政审批事项名称:培训机构从事船员、引航员培训业务审批

一、受理方式:书面

二、办理期限:30 个工作日

三、受理部门:直属海事局或者受委托的省级地方海事局

四、许可机关:部海事局

五、审批流程:

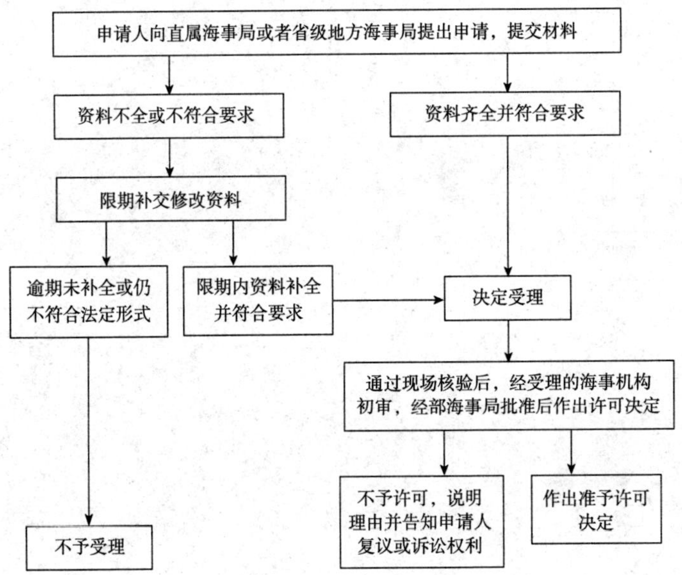

六、提交材料目录:

1.《船员培训机构资质审批申请表》;

2. 培训机构的法人代码证;

3. 培训场地、设施、设备的情况说明;

4. 教学人员的学历、专业、职称、教学经历、船上服务资历、所持证书等情况说明及证明材料;

5. 管理人员的情况说明;

6. 法规、技术资料的配备情况说明;

7. 船员培训管理制度、安全防护制度；

8. 船员培训质量控制体系文件；

9. 其他有关材料及其复印件（如所申请开展的船员培训项目、规模的可行性评估报告等）。

行政审批事项编码：15014

行政审批事项名称:航运公司安全营运与防污染能力符合证明核发

一、受理方式:书面

二、办理期限:20 个工作日

三、受理部门:

分支海事局或直属港口海事局负责受理辖区内国际和国内航运公司《符合证明》申请,地方海事局负责受理辖区内国内航运公司《符合证明》申请。

分支海事局或直属港口海事局负责受理辖区内航运公司所属部分国内航行船舶《船舶安全管理证书》申请,地方海事局负责受理辖区内航运公司所属部分国内航行船舶《船舶安全管理证书》申请,海事管理机构委托的船舶检验机构负责受理国际航行船舶《船舶安全管理证书》申请和部分经其检验的国内航行船舶《船舶安全管理证书》申请。

四、许可机关:

直属海事局负责签发辖区内国内航运公司《符合证明》,部海事局负责签发国际航运公司和地方海事局辖区内的国内航运公司《符合证明》。

部海事局负责签发地方海事局辖区内的国内航运公司所属部分国内航行船舶《船舶安全管理证书》,直属海事局负责签发辖区内的国内航运公司所属部分国内航行船舶《船舶安全管理证书》,海事管理机构委托的船舶检验机构负责签发国际航行船舶《船舶安全管理证书》和部分经其检验的国内航行船舶《船舶安全管理证书》。

五、审批流程：

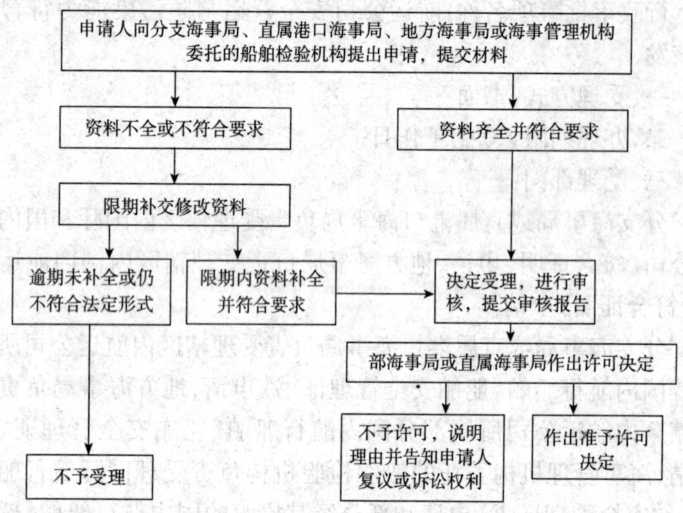

六、提交材料目录：

(一)《符合证明》签发

1. 安全管理体系发证申请；

2. 安全管理手册；

3. 安全管理体系文件清单；

4. 安全管理体系有效性评价报告；

5. 船舶管理协议及复印件(申请人管理其他船舶所有人的船舶)；

6. 公司所属或管理的所有船舶的清单；

7.《临时符合证明》复印件(如已经取得)；

8. 法人或其下属单位或其任务形式的组成部分的证明材料及复印件。

(二)《船舶安全管理证书》签发

1. 安全管理体系发证申请；

2. 与该船有关的安全管理体系文件清单；

3. 安全管理体系在船上运行以来的有效性评价或管理复查的报告；

4. 公司《符合证明》复印件。

行政审批事项编码:15015

行政审批事项名称:船员适任证书核发

一、受理方式:书面

二、办理期限:20 个工作日

三、受理部门:直属海事局或经授权的分支海事局

四、许可机关:直属海事局或经授权的分支海事局

五、审批流程:

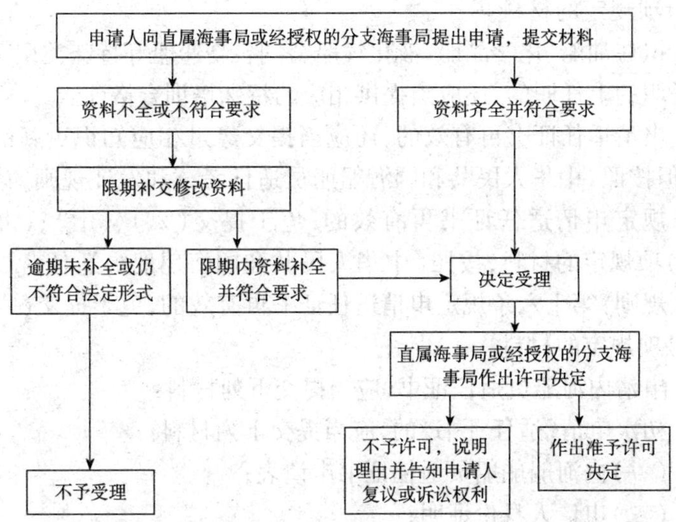

六、提交材料目录:

申请海船船员适任证书的,应当提交下列材料:

(一)海船船员适任证书申请表;

(二)船员服务簿;

(三)海船船员健康证书;

(四)身份证件;

(五)符合海事管理机构要求的照片;

(六)岗位适任培训证明或者航海教育毕业证书;

(七)船上见习记录簿;

(八)现持有的适任证书;

（九）专业技能适任培训合格证；

（十）适任考试的合格证明。

持有三副、三管轮适任证书，申请二副、二管轮适任证书者，免于向海事管理机构提交第（六）、（七）、（九）、（十）项规定的材料；

按照规定免于船上见习者，免于向海事管理机构提交第（七）项规定的材料；

初次申请海船船员适任证书者，免于向海事管理机构提交第（八）项规定的材料。

拟在油船、化学品船、液化气船、客船、高速船等特殊类型船舶上任职的上任职的，还应当提供相应的特殊培训合格证。

申请适任证书再有效的，还应当提交经过相应知识更新的材料，但按照《中华人民共和国海船船员适任考试和发证规则》第十五条规定申请适任证书再有效的，免于提交（六）、（七）、（九）、（十）项规定的材料，按照《中华人民共和国海船船员适任考试和发证规则》第十六条规定申请适任证书再有效的，免于提交（六）、（九）项规定的材料。

申请内河船员适任证书，应当提交下列材料：

初次申请《适任证书》的，应当提交下列材料：

（一）内河船舶船员适任证书申请表；

（二）申请人身份证明；

（三）船员服务簿；

（四）最近1年内的县级以上医疗机构出具的符合内河船舶船员适任岗位健康标准的体检证明；

（五）符合发证机构要求规格、数量的照片；

（六）内河船舶船员适任培训证明；

（七）内河船舶船员适任考试成绩证明。

曾经在军事船舶或者渔业船舶上担任驾驶部、轮机部职务的船员，以及曾经在海船上担任船长或者驾驶部职务并持有有效的《海船船员适任证书》的船员，并具备下列条件的，可以向任何有相应类别《适任证书》发证权限的发证机构提交第（一）、（二）、

（三）、（四）、（五）、（七）项规定的材料，以及其在军事船舶、渔业船舶或者海船上的服务资历、任职表现和安全记录证明，申请相应的《适任证书》：

（一）拟申请证书类别和职务资格不高于其在军事船舶、渔业船舶或者海船上相应的证书类别和职务资格；

（二）符合国家海事管理机构规定的内河船舶船员适任岗位健康标准；

（三）在军事船舶、渔业船舶或者海船上的水上服务资历能够与本规则附件规定的水上服务资历相适应，且任职表现和安全记录良好；

（四）通过国家海事管理机构规定科目的内河船舶船员适任考试。

曾经在海船上担任轮机部职务的船员，具备本款第（一）、（二）、（三）项规定条件的，可以凭有效的《海船船员适任证书》直接申请对应的《适任证书》。

申请适任航区（线）扩大或者延伸的，应当向负责相应航区（线）发证工作的发证机构提交初次申请材料中的第（一）、（二）、（七）项规定的材料。

申请《适任证书》重新签发的，应当向原发证机构提交如下材料（初次申请《适任证书》材料中的第（一）、（二）、（三）、（四）、（五）项规定的材料）：

（一）内河船舶船员适任证书申请表；

（二）申请人身份证明；

（三）船员服务簿；

（四）最近1年内的县级以上医疗机构出具的符合内河船舶船员适任岗位健康标准的体检证明；

（五）符合发证机构要求规格、数量的照片；

需要通过内河船舶船员实际操作考试的，还应当提交相应的考试成绩证明。

申请《适任证书》补发的，应当向原发证机构提交下列材料：

（一）内河船舶船员适任证书申请表；

（二）申请人身份证明；

（三）在发行范围覆盖原《适任证书》适用航区（线）范围的报纸上所登载的《适任证书》遗失声明（《适任证书》遗失申请补发时适用）；

（四）原《适任证书》原件（《适任证书》损坏申请补发时适用）。

行政审批事项编码:15016

行政审批事项名称:船员服务簿签发

一、受理方式:书面

二、办理期限:10 个工作日

三、受理部门:分支海事局

四、许可机关:分支海事局

五、审批流程:

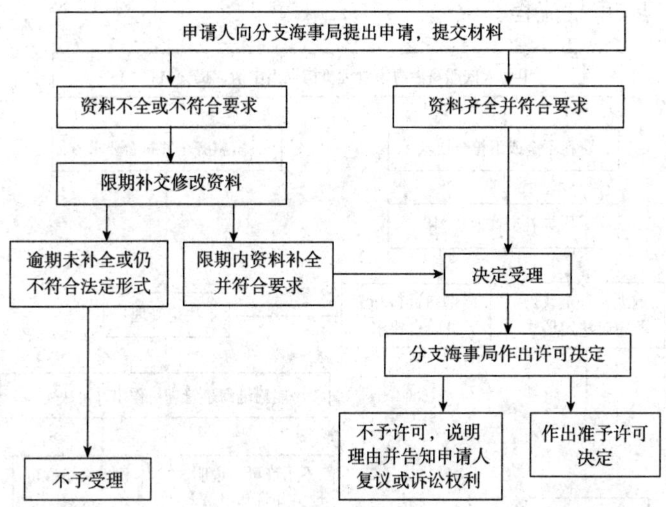

六、提交材料目录:

1.《船员注册申请表》;

2. 有效身份证件及其复印件;

3. 近期直边正面 5 厘米免冠白底彩色照片 2 张;

4. 海船船员或内河船舶船员的基本安全培训合格证及其复印件;

5. 船员健康证书或体检证明;

6. 其他有关材料及其复印件(如培训证明、毕业证书、适任证书、遗失公告等);

7. 申请注册国际航行船舶船员的,还应当提供船员专业外语考试合格证明及复印件。

行政审批事项编码：15017

行政审批事项名称：船舶所有人、经营人或者管理人防治船舶污染海洋环境应急预案审批

一、受理方式：书面

二、办理期限：20 个工作日

三、受理部门：船籍港海事管理机构

四、许可机关：船籍港海事管理机构

五、审批流程：

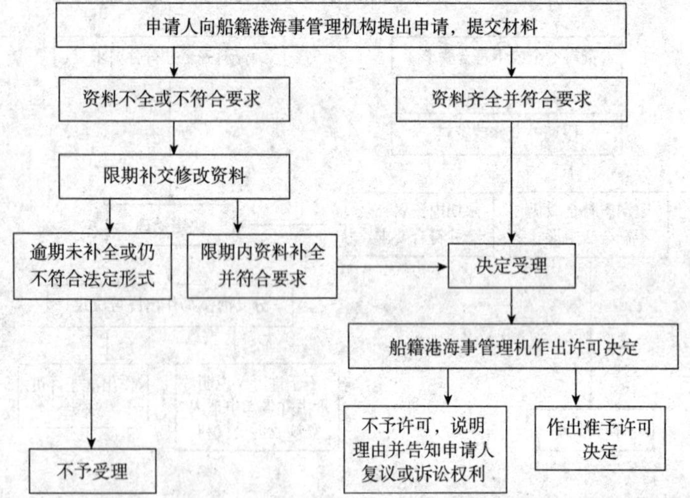

六、提交材料目录：

1. 申请书；

2. 船舶国籍证书复印件；

3. 编制的应急计划文本（一式三份），其中至少有一份证书、图表是原件或清晰复印件；

4. 国际防止油污证书及其复印件，散装液体化学品船舶的所有人、管理人和经营人还应提交（国际）散装运输危险化学品适装证书或（国际）防止散装运输有毒液体物质污染证书及其复印件；

5. 委托证明及委托人和被委托人身份证明及其复印件（委托时）。

行政审批事项编码：15018

行政审批事项名称：船舶污染物接收单位从事船舶垃圾、残油、含油污水、含有毒有害物质污水接收作业审批

一、受理方式：书面

二、办理期限：即时办结

三、受理部门：基层海事处或分支海事局（未设置基层海事处）

四、许可机关：基层海事处或分支海事局（未设置基层海事处）

五、审批流程：当场办理

六、提交材料目录：

1.《防污作业申请书》（一式两份）；

2. 已制定安全作业方案、保障措施和应急计划的证明材料。

行政审批事项编码：15019

行政审批事项名称：船舶污染物清除作业单位资质认定

一、受理方式：书面

二、办理期限：30 个工作日

三、受理部门：直属海事局

四、许可机关：部海事局负责一级船舶污染清除单位资质审批，直属海事局负责二、三、四级船舶污染清除单位的资质审批

五、审批流程：

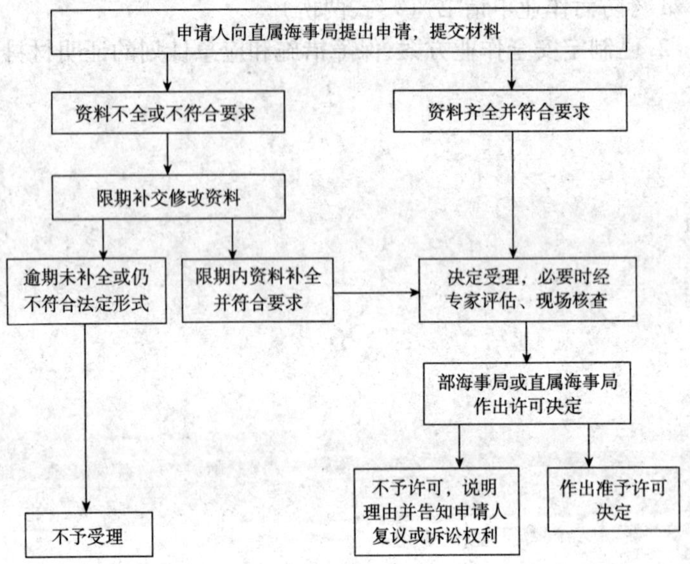

六、提交材料目录：

1. 申请书；

2. 注册登记法人单位的证明；

3. 证明符合《船舶污染清除单位应急清污能力要求》的相关材料；

4. 经备案的防治船舶及其关作业活动污染海洋环境应急预案；

5. 符合防治船舶及其关作业活动污染海洋环境要求的污染物清除作业方案；

6. 污染物处理方案符合国家有关防治污染规定的相关材料；

7. 安全营运和防治污染管理制度。

行政审批事项编码：15020

行政审批事项名称：船舶油污损害民事责任保险证书或者财务保证证书核发

一、受理方式：书面

二、办理期限：7 个工作日

三、受理部门：直属海事局

四、许可机关：部海事局

五、审批流程：

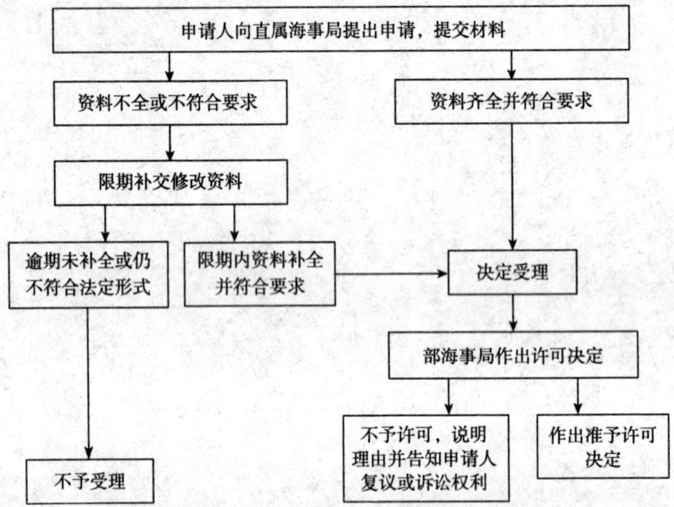

六、提交材料目录：

1.《船舶防污文书申请书》；

2. 油污和其他保赔责任险或其他财务保证有效单据；

3. 船舶国籍证书及其复印件。

行政审批事项编码：15021

行政审批事项名称:港口深水岸线使用审批

一、受理方式:书面

二、办理期限:20 个工作日

三、受理部门:港口所在地港口行政管理部门

四、许可机关:交通运输部

五、审批流程：

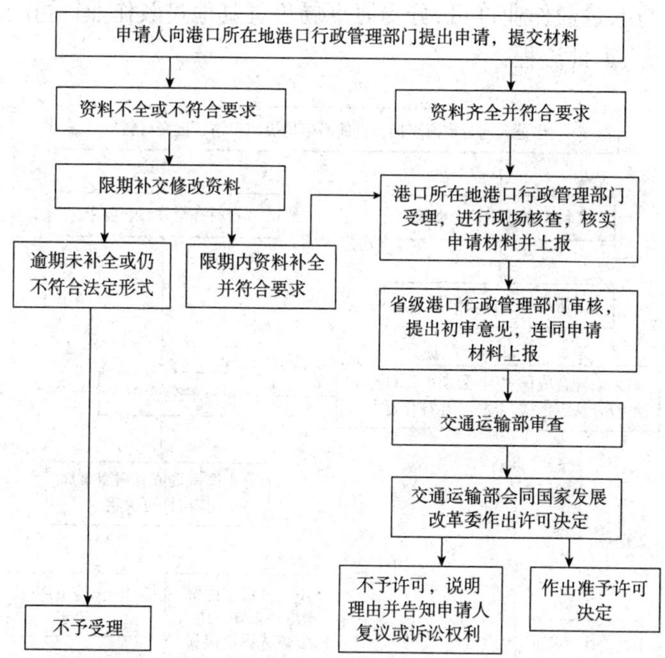

六、提交材料目录：

1. 港口岸线使用申请表；

2. 申请人情况及相关证明材料；

3. 建设项目工程可行性研究报告或项目申请报告；

4. 海事、航道部门关于建设项目的意见。

行政审批事项编码：15022

行政审批事项名称：船舶进行散装液体污染危害性货物水上过驳作业审批

一、受理方式：书面

二、办理期限：1 个工作日（单航次）或 7 个工作日（多航次）。

三、受理部门：分支海事局或直属海事局

四、许可机关：直属海事局负责船龄超过 15 年的非中国籍船舶参与的过驳作业许可，分支海事局负责其他过驳作业许可

五、审批流程：

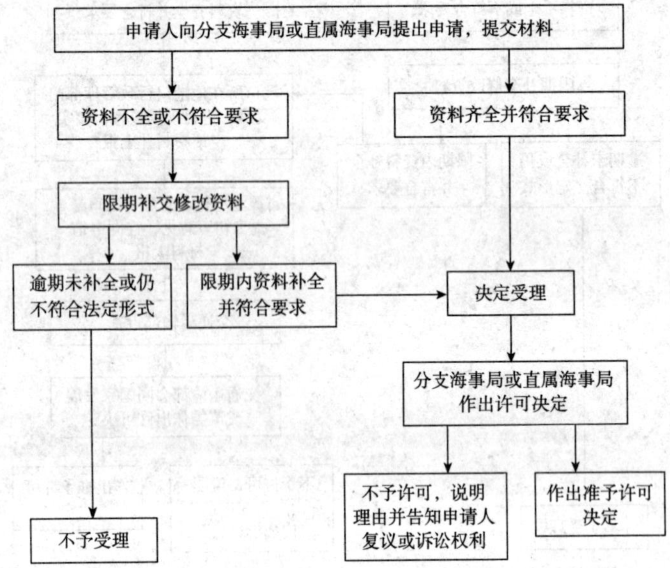

六、提交材料目录：

1. 船舶作业申请书，内容包括作业船舶资料、联系人、联系方式、作业时间、作业地点、过驳种类和数量等基本情况；

2. 船舶作业方案、拟采取的监护和防治污染措施；

3. 船舶作业应急预案；

4. 对船舶作业水域通航安全和污染风险的分析报告；

5. 与具有相应资质的污染清除作业单位签订的污染清除作业协议；

6. 以过驳方式进行油料供受作业的，应当提交本条第 1 款第 1、2、3、5 项规定的材料。

行政审批事项编码:15023

行政审批事项名称:港口内进行采掘、爆破等活动的许可

一、受理方式:书面

二、办理期限:20 个工作日

三、受理部门:分支海事局,直属海事局

四、许可机关:分支海事局负责辖区内或直属海事局指定管辖的许可,直属海事局负责跨分支局辖区的许可

五、审批流程:

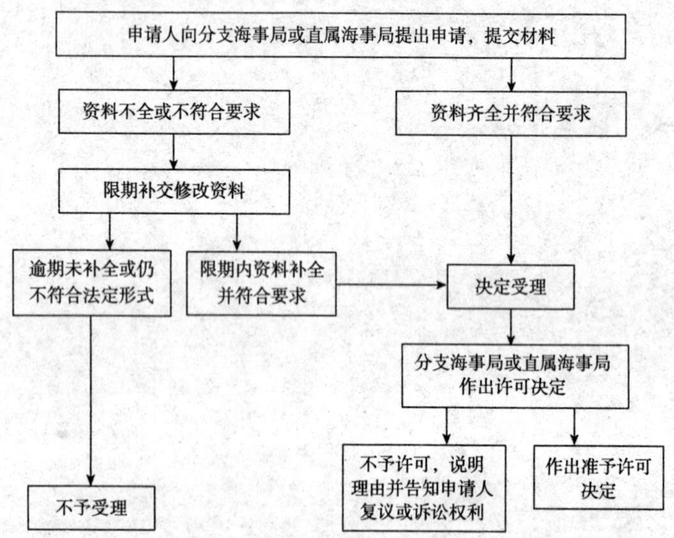

六、提交材料目录:

1.《水上水下活动通航安全审核申请书》;

2. 港口行政管理部门、公安部门对爆破作业的同意文书或意见及其复印件(必要时);

3. 采掘、爆破作业方案(必要时须经经过专家评审);已建立安全及防污染责任制、保障措施和应急预案的证明材料;

4. 与采掘、爆破作业有关的合同或协议书及其复印件;

5. 采掘、爆破作业单位的资质认证文书及其复印件;

6. 施工作业船舶的船舶证书和船员适任证书及其复印件（如施工船舶不在本辖区可暂不提供原件）；

7. 专项维护申请（必要时）；

8. 已通过评审的通航安全评估报告（必要时）；

9. 航行通（警）告发布申请（必要时）；

10. 委托证明及委托人和被委托人身份证明及其复印件（委托时）。

行政审批事项编码:15024

行政审批事项名称:通航水域岸线安全使用和水上水下活动许可

一、受理方式:书面

二、办理期限:20 个工作日

三、受理部门:分支海事局、直属海事局、部海事局

四、许可机关:分支海事局负责辖区内和直属海事局指定管辖的许可,直属海事局负责国务院及有关部门、省级政府及有关部门批准的、跨分支海事局辖区的以及部海事局指定管辖的许可,部海事局负责跨直属海事局辖区的许可

五、审批流程:

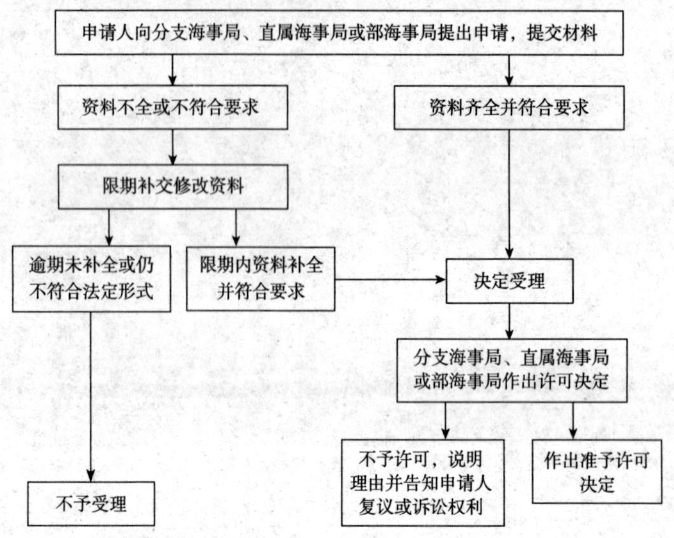

六、提交材料目录:

1.《水上水下活动通航安全审核申请书》;

2. 有关主管部门对该项目的批准文件及其复印件(需办理批准手续的项目);

3. 与通航安全有关的技术资料及施工作业图纸;

4. 施工方案(必要时须经过专家评审);已建立安全及防污染责任制、保障措施和应急预案的证明材料;

5. 与施工作业有关的合同或协议书及其复印件(必要时);

6. 施工作业单位的资质认证文书及其复印件;

7. 施工作业船舶的船舶证书和船员适任证书及其复印件(如施工船舶不在本辖区可不提供原件);

8. 已通过评审的通航安全影响论证报告或评估报告(必要时);

9. 航行通(警)告发布申请(必要时);

10. 专项维护申请(必要时);

11. 委托证明及委托人和被委托人身份证明及其复印件(委托时);

12.《通航水域岸线安全使用申请书》。

行政审批事项编码：15026

行政审批事项名称：公路、水运投资项目立项审批（公路建设项目立项审批）

一、受理方式：书面

二、办理期限：20 个工作日

三、受理部门：交通运输部综合规划司

四、许可机关：交通运输部

五、审批流程：

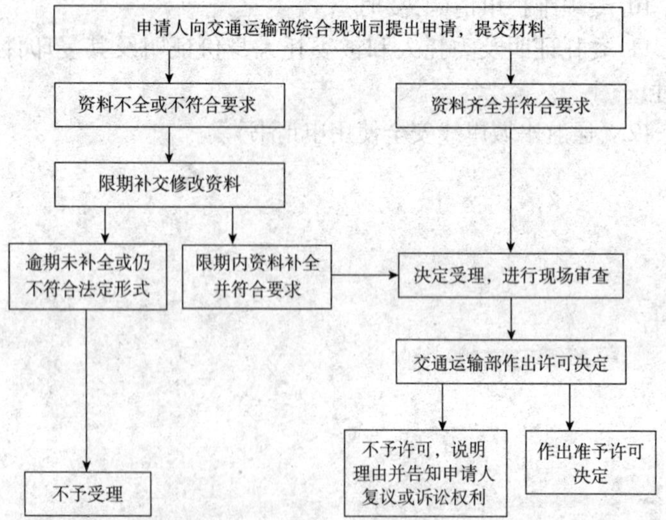

六、提交材料目录：

1. 项目承担单位情况及相关证明材料；
2. 建设项目工程可行性研究报告或项目申请报告；
3. 建设项目选址意见书；
4. 建设项目用地预审意见；
5. 环境影响评价报告批复。

行政审批事项编码:15026

行政审批事项名称:公路水运投资项目立项审批(界河航道维护船舶装备项目审批)

一、受理方式:书面

二、办理期限:20 个工作日

三、受理部门:交通运输部综合规划司

四、许可机关:交通运输部

五、审批流程:

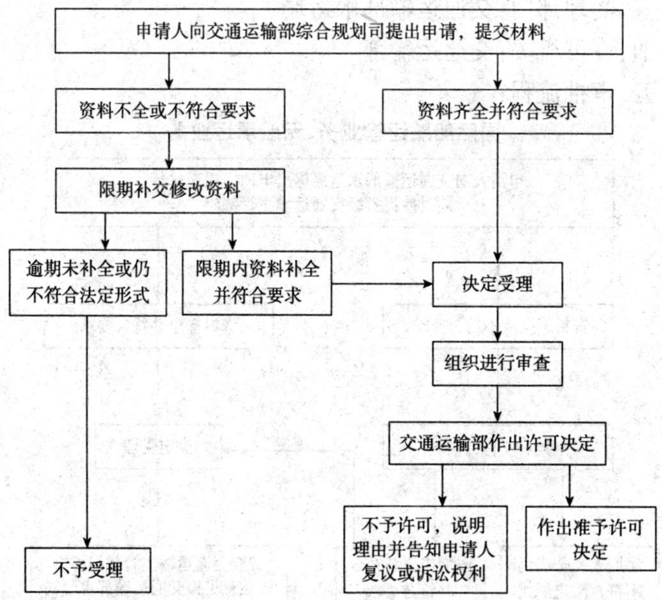

六、提交材料目录:

1. 项目立项请示文件;

2. 工程可行性研究报告。

行政审批事项编码：15027

行政审批事项名称：国际海上运输业务及海运辅助业务经营审批

一、受理方式：书面

二、办理期限：国际船舶运输业务应当自受理申请之日起30日内审核完毕，国际班轮运输资格审批应当自收到申请之日起30日内审核完毕，无船承运业务应当自收到申请并交纳保证金等相关材料之日起15日内审核完毕

三、受理部门：交通运输部水运局

四、许可机关：交通运输部

五、审批流程：

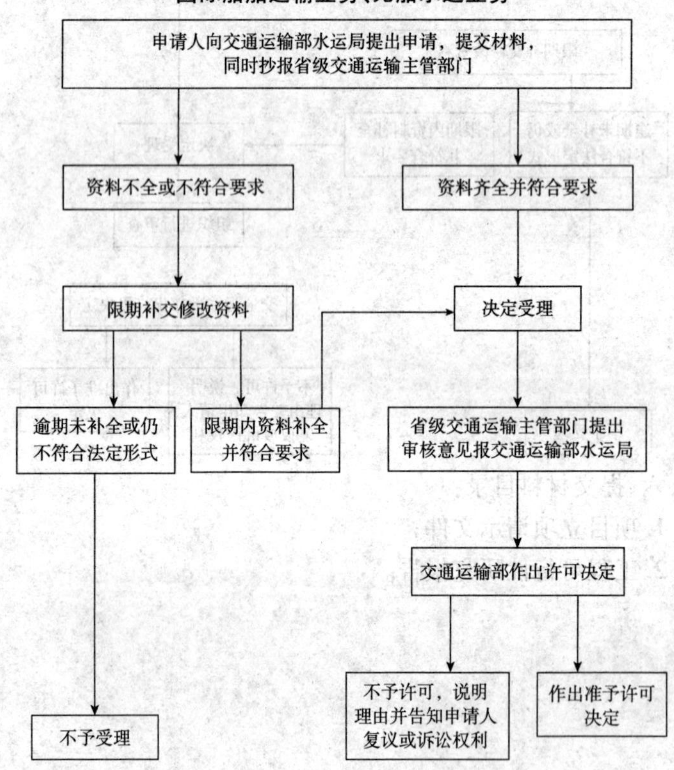

国际班轮运输业务

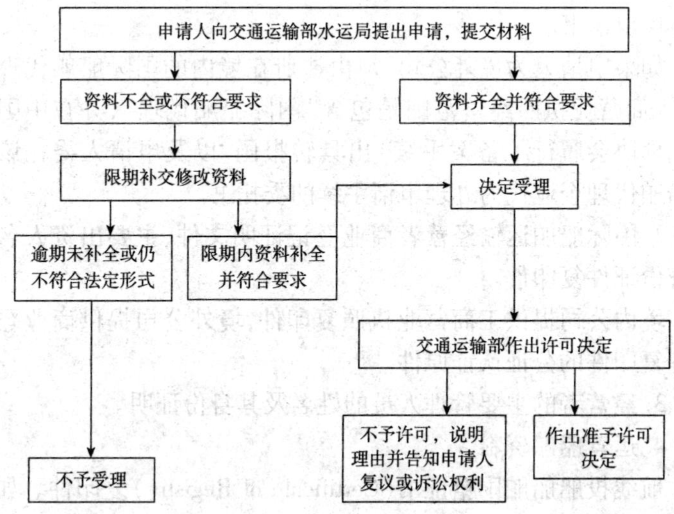

六、提交材料目录：

（一）国际船舶运输业务

1.《国际船舶运输业务申请书》；

2. 企业所在地的省、自治区、直辖市人民政府交通运输主管部门意见；

3.《办理国际船舶运输经营许可通知书》复印件；

4. 企业商业登记文件；

5. 可行性分析报告、投资协议；

6. 船舶所有权证书、国籍证书（含英文页）和法定检验证书副本或复印件；

7. 船舶入级证书及附件、国际船舶保安证书、安全管理证书；

8. 公司安全管理符合证明（DOC）（安全委托管理协议及安全管理公司 DOC、《国际海运辅助业经营资格登记证》）复印件；

9. 提单、客票或者多式联运单证样本；

10. 符合规定的高级业务管理人员从业资格证明及履历实体公证。

（二）国际班轮运输业务

1. 申请书。

如果申请人为境外公司，须由注册在境内的国际船舶代理企业（工商营业执照经营范围是包含“国际船舶代理”，并在中国船舶代理协会履行了备案手续）出具转报函，以及申请人委托该国际船舶代理企业代为办理申请手续的委托书。

2. 国际船舶运输经营者商业登记证明文件、主要出资人名单及身份证件复印件。

境内公司提供工商营业执照复印件，境外公司提供商业登记文件复印件的公证认证原件。

3. 经营者的主要管理人员的姓名及其身份证明。

4. 运营船舶资料。

航线投船船舶国籍证书（Certificate of Registry）复印件。如果航线投船为租赁船舶，须提供租船合同复印件。

航线投船船舶保安证书（International Ship Security Certificate）、船舶入级证书（Certificate of Class）、安全管理证书（Safety Management Certificate）、DOC（Document of Compliance）复印件。

申请经营涉及旅客运输的国际班轮运输业务，还须提供航线投船客船安全证书（Passenger Ship Safety Certificate）及附件 P（FORMP）复印件、申请人具备符合法律要求数额的旅客伤害赔偿能力证明；如船舶委托其他公司代为管理，须提供船舶安全管理协议中文或英文复印件。

5. 拟开航的航线、班期及沿途停泊港口。

6. 运价本。

7. 提单、客票或者多式联运单证。

（三）无船承运业务

1. 申请书（需加盖公司公章，法人签字）；

2. 可行性分析报告（需加盖公司公章，法人签字）；

3. 企业商业登记文件；

4. 提单格式样本(2 套)；

5. 以交纳保证金方式申请资格的，应提交保证金已交存的银行凭证复印件（交存80万人民币保证金）；

6. 以保证金责任保险方式申请资格的，应提交保险机构签发的保险单和保险费缴费发票；

7. 以保证金保函方式申请资格的，应提交担保机构的从业证明文件、担保机构签发的保函。

行政审批事项编码:15028

行政审批事项名称:船舶进入或穿越禁航区审批

一、受理方式:书面

二、办理期限:3 个工作日

三、受理部门:直属海事局

四、许可机关:直属海事局

五、审批流程:

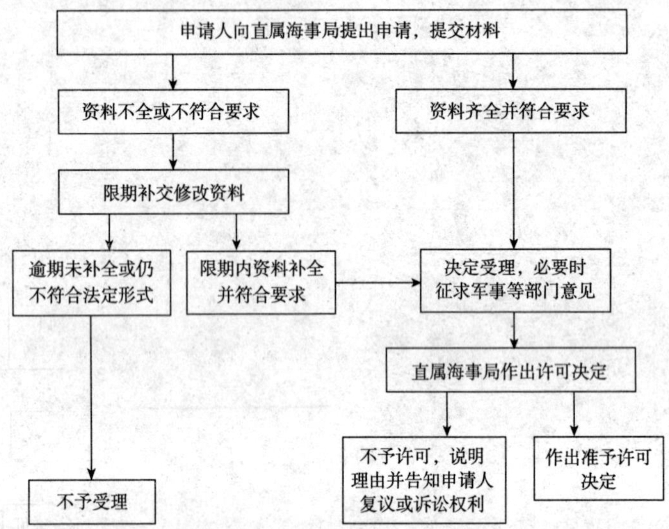

六、提交材料目录:

1.《船舶进入或穿越禁航区申请书》(一式两份);

2. 船舶航行的路线和航行时间说明;

3. 船舶概况(船舶尺度、吃水、载货载客情况等);

4. 已制定保障安全、防治污染和保护禁航区的措施和应急预案的证明材料;

5. 专项维护申请(必要时);

6. 军事部门同意进入或者穿越军事禁航区的书面文件及其复印件(必要时)。

行政审批事项编码：15029

行政审批事项名称：从事内地与台湾、港澳间海上运输业务许可（从事大陆与台湾海上运输业务许可）

一、受理方式：网上

二、办理期限：30 个工作日

三、受理部门：交通运输部水运局

四、许可机关：交通运输部

五、审批流程：

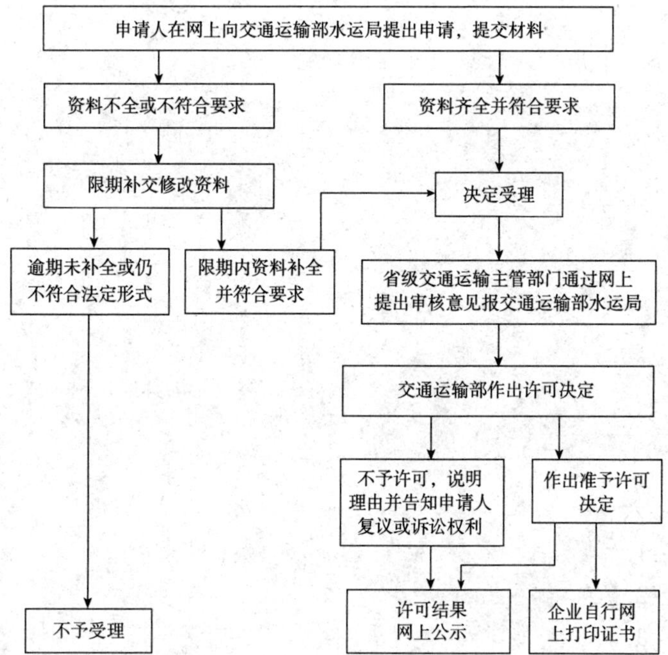

六、提交材料目录：

1. 申请书（须经公司法定代表人签署）；

2. 营业执照复印件和公司旗标识彩色图案；

3. 公司安全管理符合证明（DOC）证书复印件；

4. 船舶资料（包括：船舶登记证书、船检证书、安全管理证书等复印件；使用期租或光租船舶的，应提交船舶租赁合同复印件；两岸资本证明材料）；

5. 提单样本；从事集装箱班轮运输的，应提交航线挂港、班期和运价本；从事旅客运输的，还应提交客票样本；

6. 交通运输部要求的其他文件。

行政审批事项编码：15029

行政审批事项名称：从事内地与台湾、港澳间海上运输业务许可（从事内地与港澳间海上运输业务许可）

一、受理方式：书面

二、办理期限：30 个工作日

三、受理部门：省级交通运输主管部门

四、许可机关：交通运输部

五、审批流程：

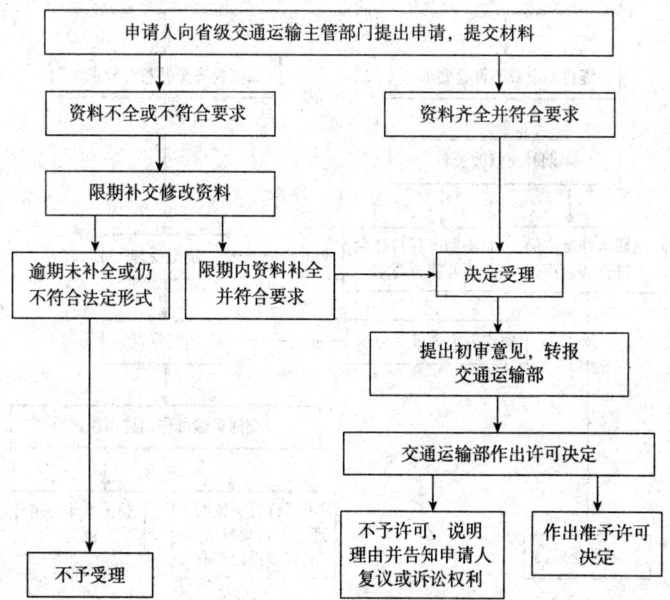

六、提交材料目录：

1. 申请书；

2. 申请人的企业商业登记文件；

3. 港澳航线水路运输批件；

4. 可行性分析报告、投资协议、验资报告；

5. 运输合同或协议。

行政审批事项编码:15030

行政审批事项名称:水运工程监理甲级企业资质认定

一、受理方式:书面

二、办理期限:20 个工作日

三、受理部门:交通运输部质监总站

四、许可机关:交通运输部

五、审批流程:

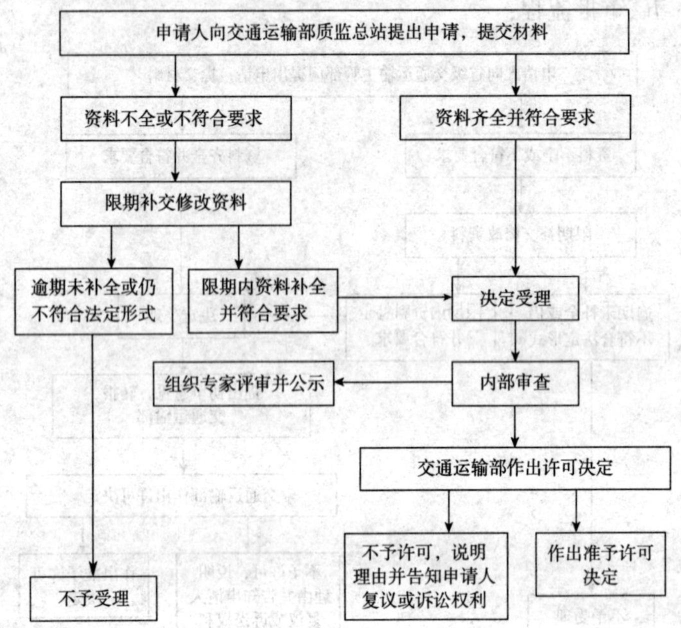

六、提交材料目录:

1.《公路水运工程监理企业资质申请表》;

2.《企业法人营业执照》(复印件)或者工商行政管理部门核发的企业名称预登记证明;

3. 验资报告;

4. 企业章程和制度;

5. 监理人员的监理工程师资格证书和中级职称以上人员职称证书(复印件);

6. 主要成员从事公路水运工程监理或者其他工作经历的业绩证明;

7. 主要试验检测仪器设备和装备证明。

行政审批事项编码:15031

行政审批事项名称:设立引航及验船机构审批(设立引航机构审批)

一、受理方式:书面

二、办理期限:20 个工作日

三、受理部门:交通运输部水运局

四、许可机关:交通运输部

五、审批流程:

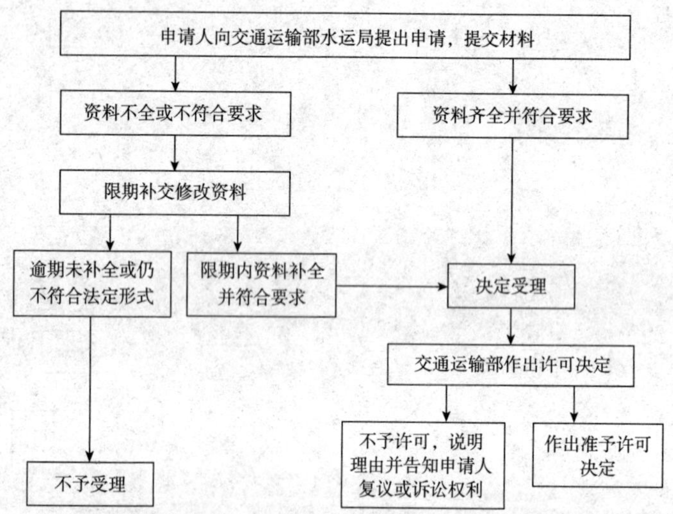

六、提交材料目录:

1. 地方港口主管部门商海事管理机构提出的申请书;

2. 引航机构的设置方案(含引航员的配备情况)和引航具体范围;

3. 省级港口主管部门审核意见。

行政审批事项编码：15031

行政审批事项名称：设立引航及验船机构审批（设立验船机构审批）

一、受理方式：书面

二、办理期限：20 个工作日

三、受理部门：部海事局

四、许可机关：部海事局

五、审批流程：

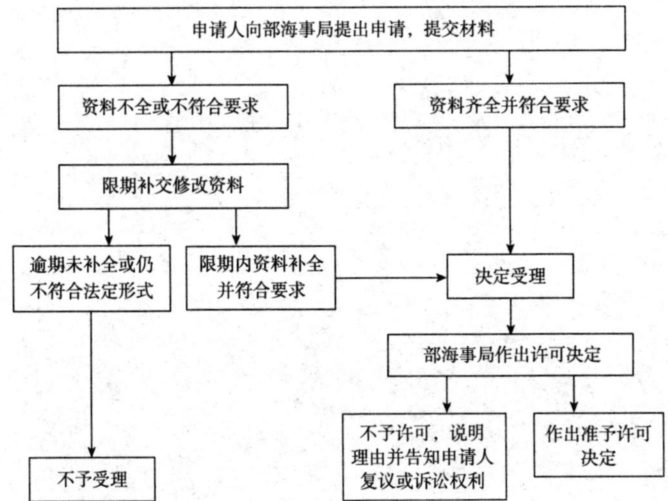

六、提交材料目录：

1. 公司筹建报告；

2. 船旗国政府法定检验业务的授权文件；

3. 验船公司筹建计划；

4. 拟设立验船公司、分支机构（如适用）所在地及其负责的检验区域和拟开展的船舶检验业务范围说明书或其他解释性材料；

5. 筹建人员名单、简历、有效身份文件、任职资格证明及相应外国船舶检验机构筹建验船公司授权书；

6. 外国船舶检验机构所在国家或地区有关政府主管机关出具

的该机构开业合法证明及同意其拟在中国境内设立验船公司的法律文书；

7. 机构注册资金证明；

8. 机构质量管理体系文件；

9. 经营场所使用证明；

10. 主管机关要求提交的其他材料。

行政审批事项编码：15032

行政审批事项名称：国际船舶及港口设施保安证书核发（国际船舶保安证书核发）

一、受理方式：书面

二、办理期限：20 个工作日

三、受理部门：海事管理机构认可的船舶检验机构

四、许可机关：海事管理机构认可的船舶检验机构

五、审批流程：

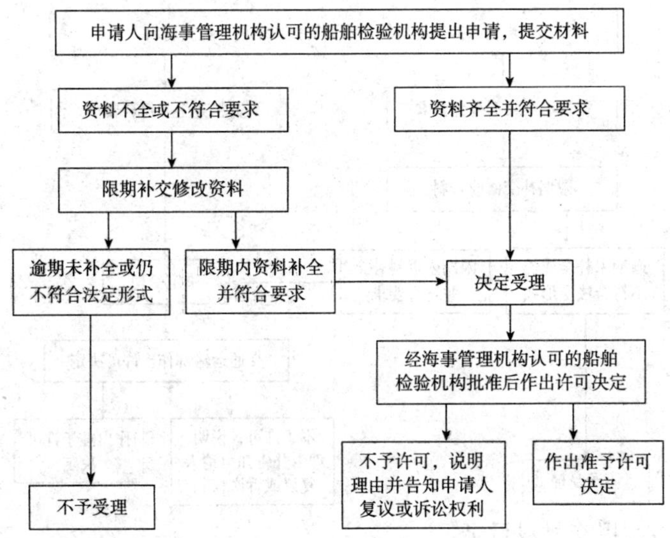

六、提交材料目录：

1. 船舶保安认证申请书；

2. 申请人的身份证明及委托文件；

3. 经批准的《船舶保安计划》和核验报告及复印件；

4. 船舶国籍证书和《连续概要记录》及复印件；

5. 船舶配备的保安员证书及其复印件。

行政审批事项编码:15032

行政审批事项名称:国际船舶及港口设施保安证书核发(港口设施保安证书核发)

一、受理方式:书面

二、办理期限:20 个工作日

三、受理部门:交通运输部水运局

四、许可机关:交通运输部

五、审批流程:

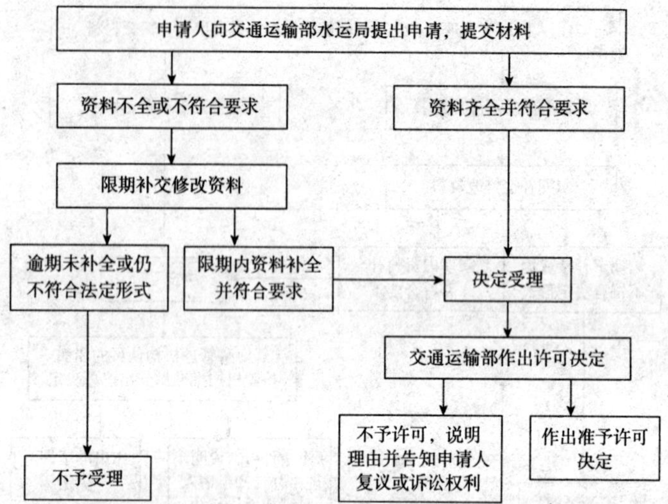

六、提交材料目录:

1. 申请书;

2.《港口设施保安评估报告》;

3.《港口设施保安计划》;

4. 所在地港口行政部门对《港口设施保安计划》落实情况的检查意见。

行政审批事项编码:15033

行政审批事项名称：国家重点水运建设项目设计文件审查

一、受理方式:书面

二、办理期限:20 个工作日

三、受理部门:港口工程由港口所在地港口行政管理部门受理;航道工程由航道所在地省级交通运输主管部门受理,位于长江干线项目由长江航务管理局或长江口航道管理局受理

四、许可机关:交通运输部

五、审批流程：

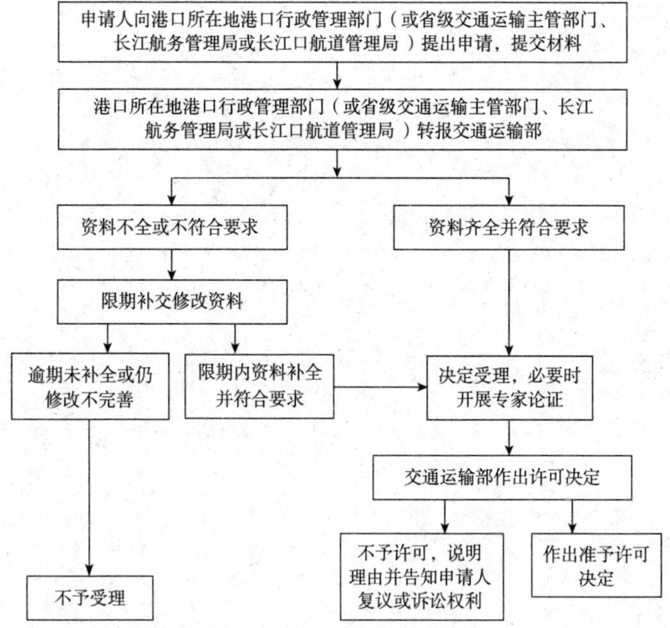

六、提交材料目录：

(一)港口工程

1. 申请文件一式两份；

2. 初步设计文件一式两份和相应的电子版本 1 份；

3. 港口建设项目批准或者核准、备案文件(包括工程可行性

研究报告)的复印件1份。

(二)航道工程

1. 行政许可申请书;

2. 初步设计文件一式五份及其电子文件;

3. 经批准的可行性研究报告或经核准的项目申请报告复印件;

4. 审批部门根据项目需要要求提供的其他材料。

行政审批事项编码：15034

行政审批事项名称：省际旅客、危险品货物水路运输许可

一、受理方式：书面

二、办理期限：30 个工作日

三、受理部门：设区的市级人民政府水路运输管理部门

四、许可机关：交通运输部

五、审批流程：

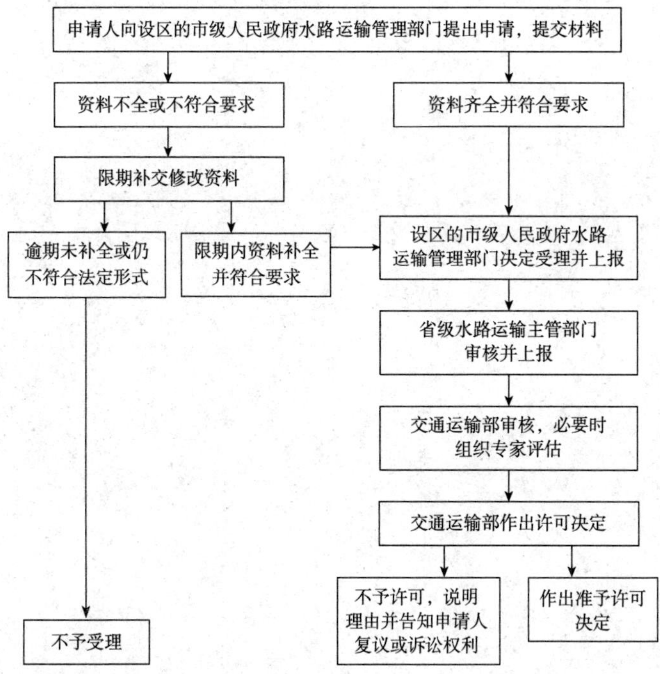

六、提交材料目录：

1. 申请书；

2. 企业资格证明材料；

3. 企业股东证明材料；

4. 组织机构及海务、机务管理人员证明材料；

5. 船舶所有权证书、国籍证书、检验证书（入级证书）、最低配

员证书和安全管理证书等船舶证书；

6. 高级船员比例证明材料；

7. 安全管理制度文本；

8. 营运计划、经营范围及客货源证明材料；

9. 法律法规要求的其他材料。

行政审批事项编码：15035

行政审批事项名称：外资企业、中外合资经营企业、中外合作经营企业经营中华人民共和国沿海、江河、湖泊及其他通航水域水路运输审批

一、受理方式：书面

二、办理期限：30 个工作日

三、受理部门：设区的市级人民政府水路运输管理部门

四、许可机关：交通运输部

五、审批流程：

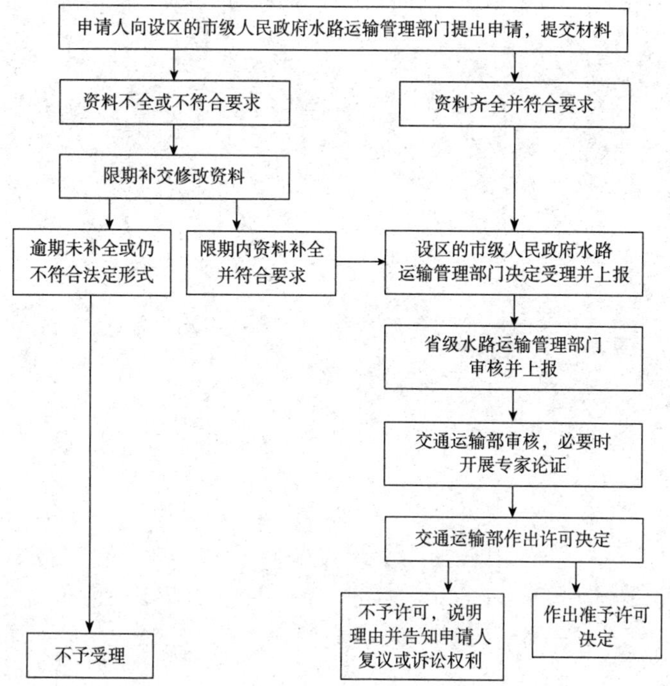

六、提交材料目录：

1. 申请书；

2. 企业资格证明材料；

3. 企业股东证明材料；

4. 组织机构及海务、机务管理人员证明材料；

5. 船舶所有权证书、国籍证书、检验证书(入级证书)、最低配员证书和安全管理证书等船舶证书；

6. 高级船员比例证明材料；

7. 安全管理制度文本；

8. 营运计划、经营范围及客货源证明材料；

9. 法律法规要求的其他材料。

行政审批事项编码：15036

行政审批事项名称：外国籍船舶经营国内港口之间的海上运输和拖航审批

一、受理方式：书面

二、办理期限：30 个工作日

三、受理部门：设区的市级人民政府水路运输管理部门

四、许可机关：交通运输部

五、审批流程：

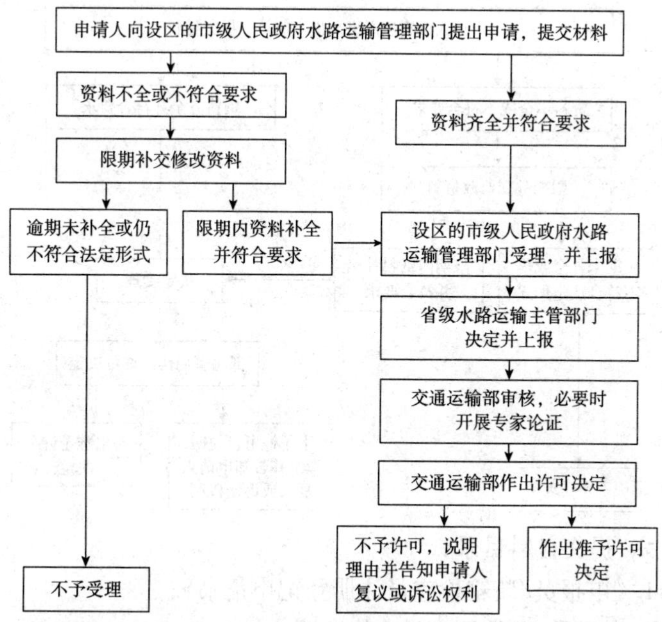

六、提交材料目录：

1. 申请书；

2. 与货主签订的运输合同及其复印件，承运人非该船舶所有人的还应提供租船合同及其复印件；

3. 船舶国籍证书、所有权证书和处于适航状态的证明材料；

4. 法律法规要求的其他材料。

行政审批事项编码：15037

行政审批事项名称：危险化学品水路运输人员（申报人员、集装箱现场检查员）资格认可

一、受理方式：书面

二、办理期限：20 个工作日

三、受理部门：直属海事局

四、许可机关：部海事局

五、审批流程：

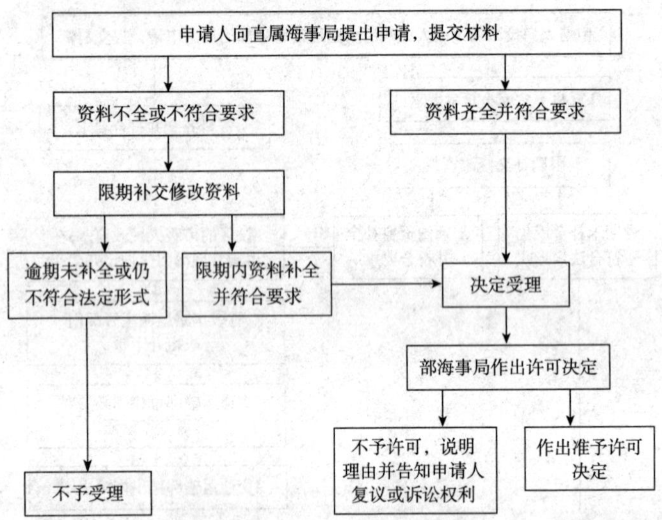

六、提交材料目录：

1.《申报员/装箱检查员注册登记申请书》；

2. 申报员/装箱检查员合格证明；

3. 人员与所属单位签订的合法有效的劳动合同；

4. 人员身份证件复印件；

5. 执业单位营业执照和组织机构代码证；

6. 执业单位内部工作程序和管理制度；

7. 执业单位安全诚信承诺书；

8. 执业单位从事国际航行船舶申报的，还应当提交国际船舶

代理的相关备案证明材料；

9. 执业单位或培训机构出具的能够证明其已接受过满足《国际海运危险货物运输规则》培训要求的证明材料复印件；

10. 首次申请申报员/装箱检查员注册的，还应当提交申报/装箱业务实习证明材料。

行政审批事项编码:15038

行政审批事项名称:交通系统无线电台审批

一、受理方式:书面

二、办理期限:20 个工作日

三、受理部门:交通运输部无线电管理领导小组办公室

四、许可机关:交通运输部

五、审批流程:

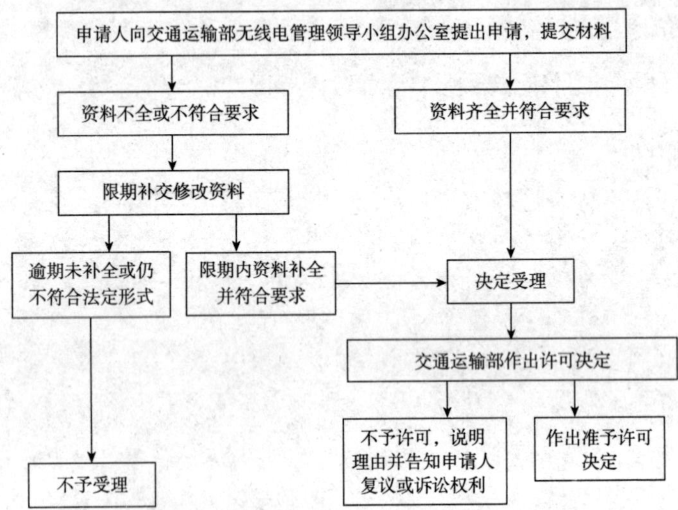

六、提交材料目录:

(一)电台频率指配审批

1. 频率申请文件;

2. 设台批准文件或有效无线电台执照的复印件;

3. 工可和初步设计文件及其批复;

4. 申请频率的技术方案、开放业务市场分析报告、应用系统使用证明;

5. 使用申请频率的无线电设备、无线设备及场地情况报告;

6. 电磁环境测试报告。

(二)电台呼号核配审批

1. 呼号申请表;

2. 陆地无线电台申请呼号应提供频率指配文件或有效电台执照复印件；

3. 船舶电台申请呼号应提供船舶所有权证书和购置证明复印件。

（三）船舶电台交通系统无线电台执照审批

1. 船舶电台执照申请书；

2. 船舶电台设备核定表（一式四份）；

3. 原执照原件（换发执照时）。

行政审批事项编码:15039

行政审批事项名称:国道收费权转让审批

一、受理方式:书面

二、办理期限:20 个工作日

三、受理部门:交通运输部财务审计司

四、许可机关:交通运输部

五、审批流程:

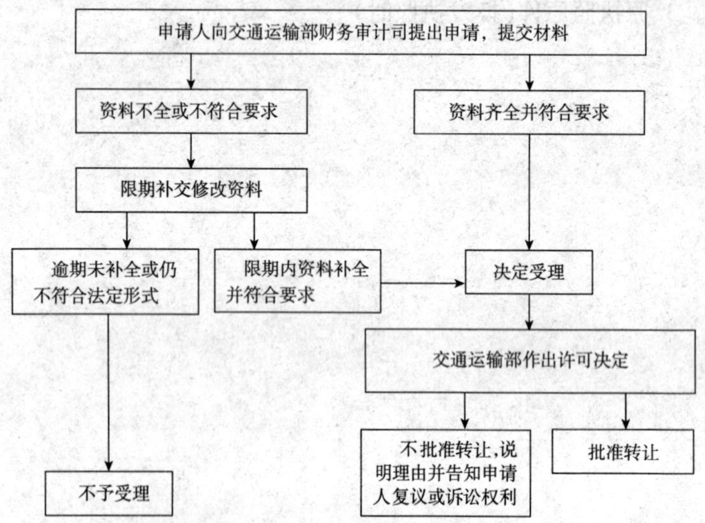

六、提交材料目录:

1. 国道收费权转让审批申请文件;

2. 转让立项审查意见;

3. 转让前期按照规定进行收费权价值评估的有关材料和资产评估报告的核准或者备案文件等;

4. 转让前期招标投标情况和受让方的确定情况;

5. 审计部门或者会计师事务所出具的受让方上年度会计报告和受让方的法人营业执照副本;

6. 转让尚未偿清国际金融组织或者外国政府贷款的收费公路权益的,应当按照国家相关规定在申请转让审批前经原利用国外

贷款审批部门同意,并提交经原利用国外贷款审批部门同意的文件;

7. 收费公路权益转让的受让方,应当按照国家有关投资管理的相关规定,在申请转让审批前,将投资项目申请报告报有相应管理权限的投资主管部门核准,并提交经核准的文件;

8. 转让收入的具体投向;

9. 公路收费权益管理情况;

10. 转让方、受让方签订的公路收费权益转让合同。

行政审批事项编码:15040

行政审批事项名称:外国籍船舶进入或临时进入非对外开放水域许可

一、受理方式:书面

二、办理期限:20 个工作日

三、受理部门:直属海事局

四、许可机关:交通运输部

五、审批流程:

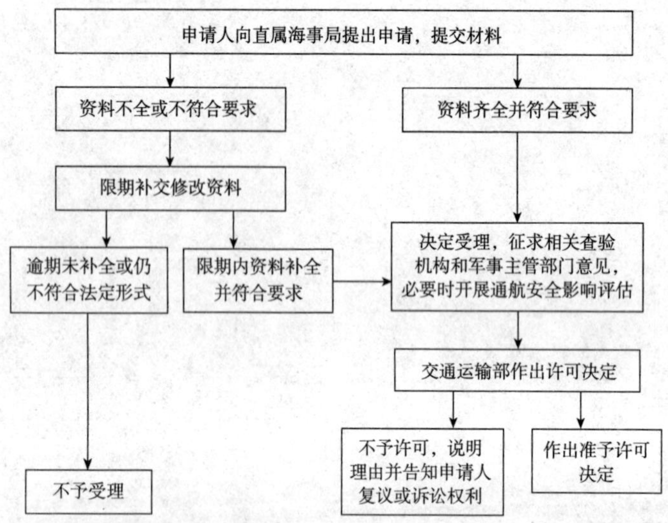

六、提交材料目录:

1. 书面申请,口岸位置、开放内容、开放范围、开放时间、经济效益等相关资料和安全措施、管理制度,说明口岸列入国家发展规划和计划情况及船舶拟进入非对外开放水域(港口)的必要性;

2. 当地口岸查验机构、军事主管部门、地方人民政府的同意意见;

3. 满足水上交通安全和防污染、应急、保安要求的证明文件;

4. 水域(港口)通航状况专家评估意见(必要时)。

行政审批事项编码:15041

行政审批事项名称:大型设施、移动式平台、超限物体水上拖带审批

一、受理方式:书面

二、办理期限:5 个工作日

三、受理部门:分支海事局、直属海事局

四、许可机关:分支海事局负责辖区内或直属海事局指定管辖的许可,直属海事局负责跨分支海事局辖区的许可

五、审批流程:

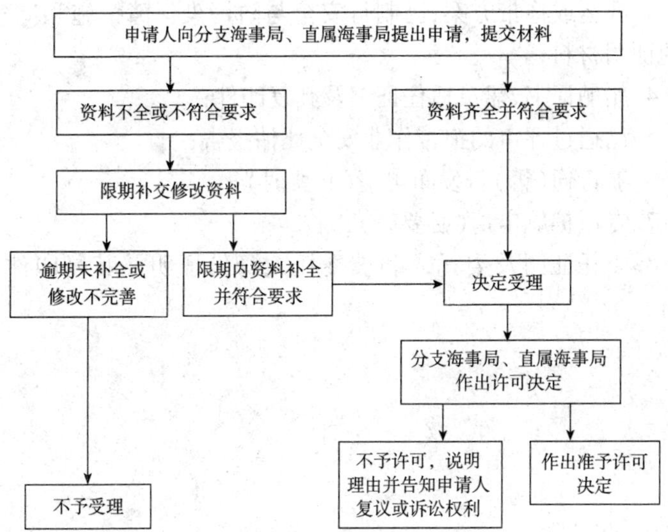

六、提交材料目录:

(一)沿海

1.《海上拖带大型设施和移动式平台申请书》;

2. 船检部门为大型设施和移动式平台拖带航行出具的拖航检验证明及其复印件;

3. 大型设施和移动式平台的技术资料;

4. 拖带计划、拖带方案;已制定安全与防污染保障措施和应急预案的证明材料;

5. 已通过评审的通航安全评估报告(必要时);

6. 拖轮船舶证书、船员适任证书及其复印件;

7. 航行通(警)告发布申请(必要时);

8. 专项护航申请(必要时);

9. 委托证明及委托人和被委托人身份证明及其复印件(委托时)。

(二)内河

1.《内河载运或拖带超吃水、超长、超高、超宽、半潜物体申请书》;

2. 拖轮及超吃水、超长、超高、超宽、半潜物体的技术资料;

3. 载运或拖带方案;已制订安全与防污染保障措施和应急预案的证明材料;

4. 船舶证书、船员适任证书及其复印件;

5. 已通过评审的拖带作业安全评估报告;

6. 航行通(警)告发布申请(必要时);

7. 专项护航申请(必要时);

8. 委托证明及委托人和被委托人身份证明及其复印件(委托时)。

行政审批事项编码：15042

行政审批事项名称:外国籍船舶或飞机从事海上搜救审批

一、受理方式:书面

二、办理期限:第一时间内

三、受理部门:部海事局

四、许可机关:部海事局

五、审批流程:第一时间审批(征求军事等部门意见)

六、提交材料目录：

1. 外籍船舶或飞机入境从事海上搜救申请；

2. 搜救计划及入境必要性说明；

3. 搜救范围(必要时附图)；

4. 遇难船舶、人员情况；

5. 搜救船舶、飞机概况及搜救人员情况；

6. 军事主管机关的批准文件(必要时)。

行政审批事项编码：15043

行政审批事项名称：专用航标的设置、撤除、位移和其他状况改变审批（沿海）

一、受理方式：书面

二、办理期限：20 个工作日

三、受理部门：具有航标管理职权的直属海事局

四、许可机关：部海事局或具有航标管理职权的直属海事局

五、审批流程：

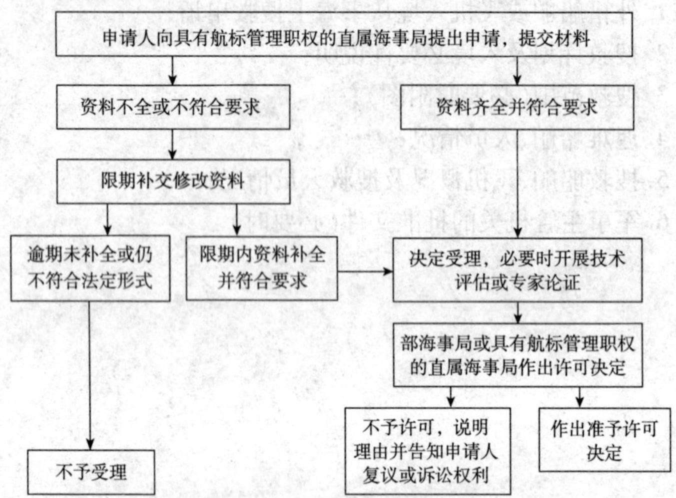

六、提交材料目录：

1.《航标管理机关以外的单位设置、撤除沿海航标申请表》；

2. 航标设计文件、图纸资料，航标配布图；

3. 最新的大比例尺测量图纸或清障扫海报告（必要时）；

4. 航标设计、施工单位资格证书及其复印件；

5. 使用土地（海域）批文或证件及其复印件（必要时）；

6. 航标养护方案（必要时）；

7. 航标设计、施工方案技术评估或专家论证报告及其复印件（必要时）；

8. 航行通（警）告发布申请（必要时）。

行政审批事项编码：15043

行政审批事项名称：专用航标的设置、撤除、位移和其他状况改变审批（长江）

一、受理方式：书面

二、办理期限：20个工作日

三、受理部门：长江航道局所属区域航道管理机构

四、许可机关：长江航道局所属区域航道管理机构

五、审批流程：

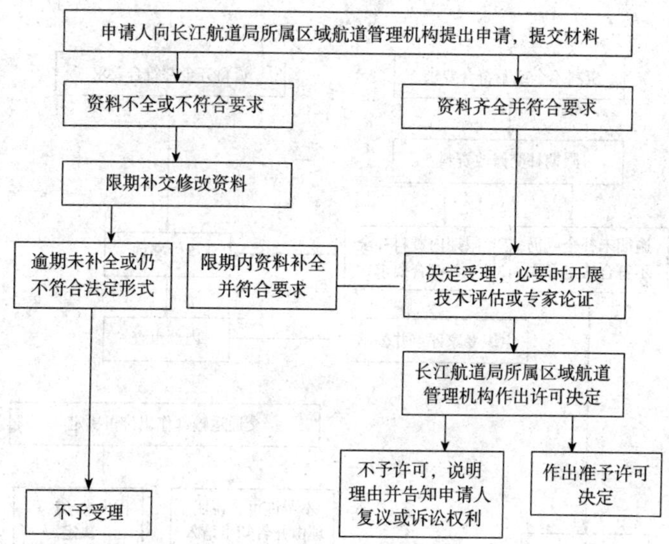

六、提交材料目录：

1. 设置、撤除专用航标申请书及申请人相关证明材料；

2. 航标设计文件、图纸资料，航标配布图；

3. 航标设计、施工单位资格证书及其复印件；

4. 航标设计、施工方案技术评估或专家论证意见（必要时）。

行政审批事项编码:15045

行政审批事项名称:公路工程监理企业资质认定

一、受理方式:书面

二、办理期限:20 个工作日

三、受理部门:交通运输部质监总站

四、许可机关:交通运输部

五、审批流程:

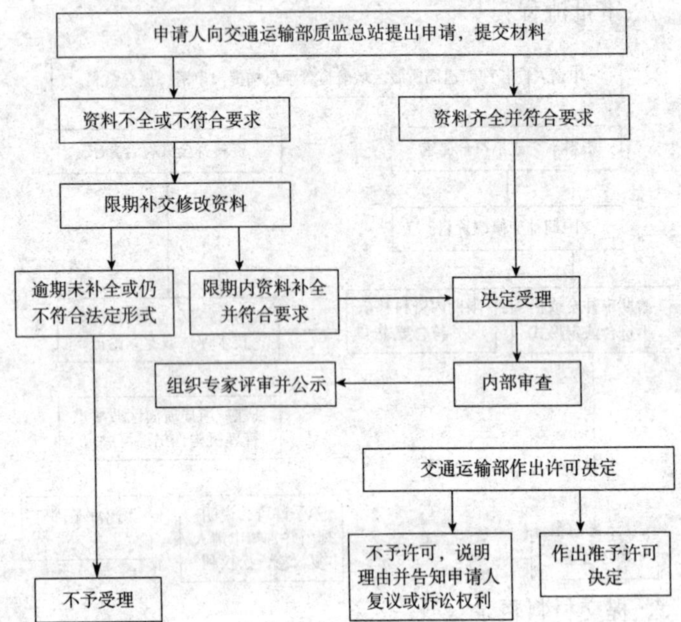

六、提交材料目录:

1.《公路水运工程监理企业资质申请表》;

2.《企业法人营业执照》(复印件)或者工商行政管理部门核发的企业名称预登记证明;

3. 验资报告;

4. 企业章程和制度;

5. 监理人员的监理工程师资格证书和中级职称以上人员职称证书(复印件);

6. 主要成员从事公路水运工程监理或者其他工作经历的业绩证明；

7. 主要试验检测仪器设备和装备证明。

行政审批事项编码:15046

行政审批事项名称:国家重点公路建设项目设计审批

一、受理方式:书面

二、办理期限:20 个工作日

三、受理部门:省级交通运输主管部门

四、许可机关:交通运输部

五、审批流程:

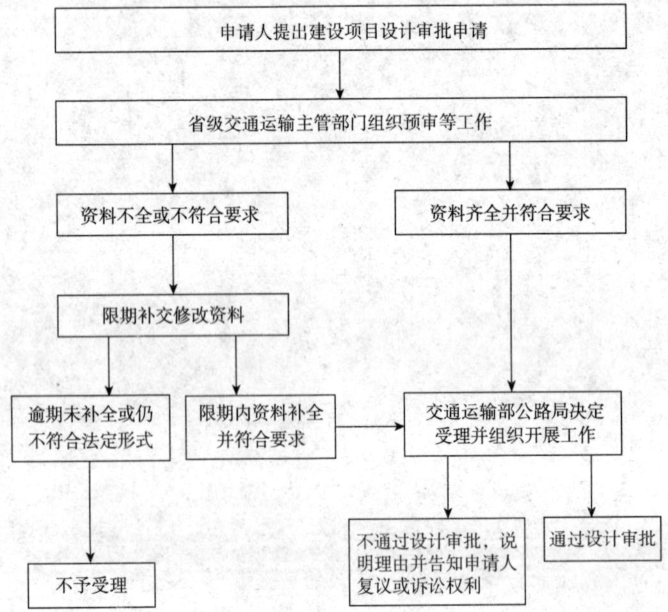

六、提交材料目录:

1. 申请人正式申请文件。

2. 省级交通主管部门的预审意见、外业验收意见和对地质勘察成果的专项验收意见。预审意见中应明确对重大问题的意见及建议概算总金额。需要在概算中列科研费的,需明确对拟安排科研项目的初步审核意见。

3. 初步设计文件(包括附件)。

4. 可行性研究报告批复(或项目申请报告核准文件),以及可研阶段各类专题批复的复印件。

5. 建设管理单位机构设置及主要管理人员情况等。

6. 审批部门根据项目特点和实际情况,要求提供的其他材料。

以上文件材料均需报送 2 套。

行政审批事项编码:15048

行政审批事项名称:国家重点公路建设项目竣工验收

一、受理方式:书面

二、办理期限:20 个工作日

三、受理部门:省级交通运输主管部门

四、许可机关:交通运输部

五、审批流程

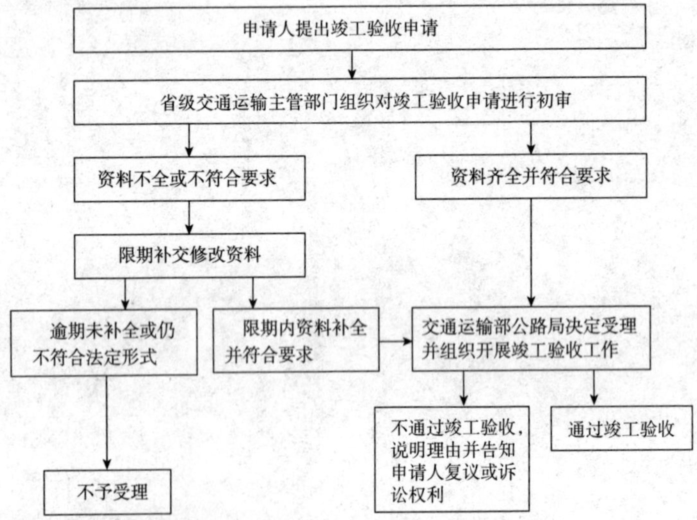

六、提交材料目录:

1. 申请人申请竣工验收的文件;

2. 交工验收报告;

3. 项目执行报告、设计工作报告、施工总结报告和监理工作报告及质量监督工作报告;

4. 项目基本建设程序的有关批复文件;

5. 档案、环保等单项验收意见;

6. 土地使用证或建设用地批复文件;

7. 竣工决算的核备意见、审计报告及认定意见;

8. 竣工验收质量鉴定报告。

行政审批事项编码:15050

行政审批事项名称:引航员任职资格审批

一、受理方式:书面

二、办理期限:15 个工作日

三、受理部门:直属分支海事局

四、许可机关:直属分支海事局

五、审批流程:

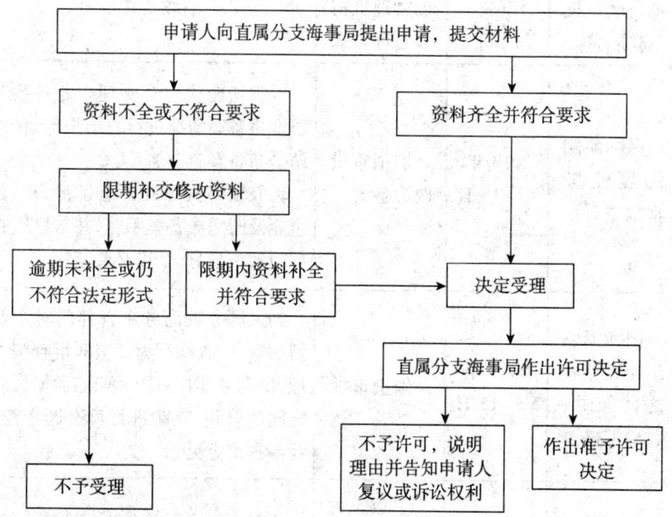

六、提交材料目录:

1.《引航员任职资格证书申请表》;

2. 近期直边正面 5 厘米免冠白底彩色照片 2 张;

3.《引航员服务簿》或引航资历证明及其复印件;

4. 航海类教育的毕业证书或结业证明或学籍证明及其复印件(必要时);

5. 其他有关材料及其复印件(如遗失公告或毁损报告、成绩通知单等)。

附件2

2013年—2014年11月行政审批项目取消下放后的后续监管措施

序号	已取消下放的行政审批事项名称	取消下放时间	取消下放后的管理机构及管理方式	后续监管措施
1	国际船舶代理业务审批	2013年5月15日	取消审批改为备案	1. 委托船代协会受理企业备案。每季度将备案情况进行总结报部，在部网站公布备案企业名单。 2. 鼓励举报等社会监督行为。督促企业及时完成备案手续，并与口岸查验部门通报信息，予以必要监管
2	国际船舶运输经营者之间兼并、收购审核	2013年5月15日	取消审批	纳入国务院商务主管部门对企业之间的兼并、收购行为反垄断审查统一管理，由商务部在对国际船舶运输经营者之间的兼并、收购进行反垄断审查时，我部提出意见
3	省际普通货物水路运输许可	2014年1月28日	下放至省级人民政府交通运输主管部门许可	通过全国联网的系统，对省际普通货物水路运输许可证统一编号，规范地方审批过程，保证公开透明，并加强检查
4	水运工程监理乙级企业资质认定	2014年2月15日	下放至省级交通运输主管部门认定	1. 指导地方贯彻执行好《公路水运工程监理企业资质管理规定》（交通运输部令2014年第7号），严格按规定的标准认定监理资质。 2. 做好年度水运工程监理信用评价工作，加强动态管理。 3. 在全国水运建设市场检查、水运工程质量与安全督查工作中，加大对监理单位履约行为的监督力度
5	水运机电工程专项监理企业资质认定	2014年2月15日	下放至省级交通运输主管部门认定	1. 指导地方贯彻执行好《公路水运工程监理企业资质管理规定》（交通运输部令2014年第7号），严格按规定的标准认定监理资质。 2. 做好年度水运工程监理信用评价工作，加强动态管理。 3. 在全国水运建设市场检查、水运工程质量与安全督查工作中，加大对监理单位履约行为的监督力度

续上表

序号	已取消下放的行政审批事项名称	取消下放时间	取消下放后的管理机构及管理方式	后续监管措施
6	国家重点水运建设项目竣工验收	2014年7月22日	下放至省级人民政府交通运输主管部门许可	1.加强工程设计及设计变更审查和工程建设过程管理。 2.加大项目监管力度,对已经竣工验收项目进行必要核查
7	承担船舶油污损害民事责任保险的商业性保险机构和互助性保险机构的确定	2013年5月15日	取消审批,由海事管理机构核查	1.各级海事管理机构应当加强对船舶油污损害民事保险证书、保险单证或其他财务担保证明的查验。 2.对保险机构在船舶发生污染事故后未按照规定向所承保船舶赔付的,自发现之年次年起三年内,海事管理机构在受理船舶油污损害民事责任保险证书申请时不接受其签发的船舶油污损害民事责任保险单证或者其他财务保证证明,并由国家海事管理机构向社会公布该保险机构名称,将相关信息通报保监会
8	船舶修造水上拆解地点确定	2013年5月15日	取消审批,由海事管理机构核查	1.加强对船舶修造、水上上拆解等活动的监督管理,督促有关作业单位落实主体责任,遵守相关操作规程,采取必要的水上交通安全和防治污染措施。 2.加强对船舶修造、水上拆解等作业过程中防污染措施的落实和产生的污染物的清除处理情况的抽查和现场核实,做到作业前、作业中、作业完成后各至少检查一次。对于不符合水上交通安全和防治污染要求的,要采取停止作业、限期或强制清除遗留物、消除对通航环境的影响等措施;对于已经造成污染的要责令其立即清除,并按照相关规定进行处罚

续上表

序号	已取消下放的行政审批事项名称	取消下放时间	取消下放后的管理机构及管理方式	后续监管措施
9	从事内河船舶船员服务业务审批	2013年5月15日	取消审批,向海事管理机构备案	1. 实施备案管理,核查企业法人营业执照复印件、场地证明、人员资质证明和相应的管理制度。 2. 在备案信息后1个月内对该服务机构进行一次全面检查。对于不符合备案条件要求或船员服务机构未及时备案的,由海事管理机构向社会通报,并降低其信用等级。 3. 海事管理机构应对从事内河船舶船员服务业务的服务机构每12个月至少进行一次全面检查,确保服务机构具备相应从业能力
10	港口、码头、装卸站以及从事船舶修造、打捞、拆解等作业活动的单位船舶防治污染能力专项验收	2013年11月8日	取消审批,由海事管理机构核查	1. 保留相应的船舶污染防治能力的要求,纳入交通运输主管部门组织的港口、码头、装卸站等的验收。海事机构参加验收工作,审查港口、码头、装卸站以及从事船舶修造、打捞、拆解等作业活动单位编写的评价报告,确认其船舶污染防治能力是否与其装卸货物种类、吞吐能力或者船舶修造、打捞、拆解活动所必需的污染监视监测能力、船舶污染物接收处理能力以及船舶污染事故应急处置能力相适应。 2. 海事管理机构加强对单位配备必需的防治污染设备和器材以及开展相关作业活动的情况进行监督检查。重点加强对其船舶污染防治能力评价报告及污染监视监测能力、船舶污染物接收处理能力、船舶污染事故应急处置能力的监督检查。 3. 港口、码头、装卸站以及相关作业单位未配备防治污染设备、器材的,或者配备的防污设施、设备、器材不符合国家有关规定和标准的,海事管理机构依法予以处罚

续上表

序号	已取消下放的行政审批事项名称	取消下放时间	取消下放后的管理机构及管理方式	后续监管措施
11	船舶货物污染危害性质评估机构认定	2013年11月8日	取消审批，由海事管理机构核查	1. 加强对载运污染危害性质货物船舶的现场检查，重点核查船舶技术条件是否满足船载污染危害货物船舶载运技术条件确定的货物安全运输和污染防治有关要求。 2. 制定污染危害货物分类和船舶载运条件确定的技术管理要求，规范货物安全运输和污染危害评估行为。 3. 拟交付船舶运输污染危害特性不明的货物，应委托具备相应资质的技术机构对拟交付船舶运输的货物实施检测，确定其船舶载运的技术条件。 4. 海事管理机构在日常监管中，对未按照"污染危害货物分类和船舶载运条件确定的技术管理要求"开展检测评估或出具评估报告不符合国际公约、规则和相关法律、法规或标准规定的，应不予认可。 5. 对船载货物污染危害性质评估机构不按"污染危害货物分类和船舶载运条件确定的技术管理要求"开展评估鉴定的，由国家海事管理机构每年度向社会公布，并将相关机构情况通报授予其资质的管理机构按照有关规定予以处理。 6. 在办理船舶载运危险货物和污染危害性货物申报手续时，申请人应当提交相应检测、评估机构出具的检测鉴定报告，并提交出具报告的检测、评估机构的相关检测或实验的资质证明材料
12	船舶化学品安全运输条件评估机构认定	2013年11月8日	取消审批，由海事管理机构核查	1. 加强对载运化学品货物船舶现场检查，重点核查船舶技术条件是否满足船载污染危害货物船舶载运技术条件确定的货物安全运输和污染防治有关要求。

续上表

序号	已取消下放的行政审批事项名称	取消下放时间	取消下放后的管理机构及管理方式	后续监管措施
12	船舶化学品安全运输条件评估机构认定	2013年11月8日	取消审批，由海事管理机构核查	2. 制定危险化学品鉴定和船舶载运条件确定的技术管理要求，规范货物安全运输条件评估行为。 3. 拟交付船舶运输安全危害性不明的货物，应委托具备相应资质的技术机构对拟交付船舶运输的货物实施检测，获取与货物安全运输特性相关检测数据，确定其船舶载运的技术条件。 4. 海事管理机构在日常监管中，根据“危险化学品鉴定和船舶载运条件确定的技术管理要求”对技术机构开展危险化学品鉴定与危险化学品船舶载运技术条件确定的评估状况进行审核。 5. 对船载危险化学品安全运输条件评估机构不按“危险化学品鉴定和船舶载运条件确定的技术管理要求”开展评估鉴定的，由海事管理机构每年度向社会公布，并将相关机构情况通报授予其资质的管理机构按照有关规定予以处理。 6. 在办理船舶载运危险货物和污染危害性货物申报手续时，申请人应当提交相应检测、评估机构出具的检测鉴定报告，并提交出具报告的检测、评估机构的相关检测或实验的资质证明材料
13	船舶污染事故技术鉴定机构认定	2013年11月8日	取消审批，由海事管理机构核查	1. 鉴定机构出具的鉴定报告应附有鉴定机构的资质证明，海事管理机构应当核查其是否具备相应资质。 2. 对船舶污染事故技术鉴定机构认定的鉴定结论与实际情况不符的，由国家海事管理机构每年度向社会公布，并将相关机构情况通报授予其资质的管理机构按照有关规定予以处理

续上表

序号	已取消下放的行政审批事项名称	取消下放时间	取消下放后的管理机构及管理方式	后续监管措施
14	船员资格临时特免证明签发	2013 年 11 月 8 日	取消审批，海事管理机构主动服务	出具特免证明的海事管理机构应当跟踪了解持有特免证明的当事船舶航行动态。由当事船舶抵达中国第一个港口的海事管理机构收回特免证明，并及时通知出具特免证明的海事管理机构
15	引航员注册审批	2013 年 11 月 8 日	取消审批，由海事管理机构核查。	1. 由引航机构根据报备的引航员名单到所在地海事管理机构领取船员服务簿。 2. 海事管理机构应每年对辖区引航机构进行 1 次全面检查，每季度进行一次抽查，督促引航机构如实记录引航资历和安全记录
16	雇用外国籍船员在中国籍船舶上任职审批	2014 年 1 月 28 日	取消审批，由海事管理机构核查	1. 雇用外国籍船员在中国籍船舶上任职的，应到直属海事管理机构进行备案，由直属海事管理机构对雇佣外国籍船员是否符合相关要求进行查验、核实，在中国籍船舶上任职的外国籍船员还应持有中华人民共和国海事局认可的船员适任资格证书，以及持有船员所属国签发的海员身份证件。 2. 加强对雇用外国籍船员船舶的安全检查，对初次在中国籍船舶上任职的外国籍船员核查是否能够熟练交流和工作配合
17	有关作业单位防治船舶及其有关作业活动污染海洋环境应急预案审批	2014 年 1 月 28 日	取消审批，由海事管理机构核查	1. 海事管理机构加强应急预案编制情况、应急演练开展和记录的检查。 2. 海事管理机构发现有关作业单位存在违反规定行为的，应当责令改正；拒不改正的，可以责令停止作业

续上表

序号	已取消下放的行政审批事项名称	取消下放时间	取消下放后的管理机构及管理方式	后续监管措施
18	引航员任职资格审批	2014年7月22日	下放至直属海事系统分支机构	通过船员注册时注明为引航员
19	从事海员外派业务审批	2014年7月22日	下放至直属海事管理机构	推进船员服务行业协会建设,发挥行业自律作用,引导诚信经营。实施信誉等级管理,健全监督检查机制
20	国家重点公路工程施工许可	2014年10月23日	下放至省级人民政府交通运输主管部门	1. 督促省级交通运输主管部门严格监管,避免未批先建、垫资施工及许可把关不严等问题。 2. 加强过程监督,结合公路建设市场督察等工作,对各地办理情况进行抽查,发现问题予以督促整改、发文通报或进行重点约谈
21	外商投资道路运输业立项审批	2013年11月8日	下放至省级人民政府交通运输行政主管部门	1. 对省级交通运输主管部门相关人员进行培训,指导其开展审批工作。 2. 要求各省将本省上年度外商投资道路运输业审批明细报部,由部统一进行研究分析,配合有关部门提出后续改革措施
22	内河运输危险化学品船舶污染损害责任保险证书或者财务担保证明核发	2014年10月23日	取消审批,由海事管理机构核查	1. 加强与保监会、保险公司、保赔协会合作,规范保单格式,满足海事执法监管现场检查需要。 2. 建立保险机构诚信管理制度。加大检查、抽查、违规惩处力度
23	船员适任证书核发	2014年10月23日	下放至直属海事系统分支机构	制定工作程序和标准,监督、指导基层海事管理机构履行好船员考试、发证工作

续上表

序号	已取消下放的行政审批事项名称	取消下放时间	取消下放后的管理机构及管理方式	后续监管措施
24	外商与中方打捞人合作打捞审批	2014年7月22日	取消审批	1.共同打捞作业的技术方案、施工方案以及沉船存油清除方案应当通过交通运输部组织的专家评估。共同打捞合同的履行和作业的实施应当接受交通运输部的监督检查。 2.中外合作打捞企业应当具备相应的打捞资质,即具备交通运输部认定的从事打捞作业的人员、船舶、设备、技术、资金、经营业绩以及管理水平等方面的综合能力
25	经营港口理货业务许可	2014年10月23日	下放至省级交通运输主管部门	1.要求我部已批准设立的港口理货公司,持港口经营许可证至所在地省级港口行政管理部门报备。 2.要求省级交通运输行政主管部门认真做好港口理货管理的承接工作,严格依照《港口经营管理规定》的许可条件开展港口理货公司许可工作。港口理货公司许可原则上不得再次下放。 3.要求省级交通运输行政主管部门要将港口理货公司许可情况抄报我部,并将信息录入港口经营管理信息系统
26	国家公路运输枢纽总体规划审批	2014年7月22日	省级人民政府视情况自行设定规划审批权限,具体由地方交通主管部门负责编制规划	1.制定投资计划管理办法,规范纳入部投资计划的枢纽站场项目选择要求、明确我部资金安排程序等。 2.对于安排车购税资金的项目,通过调研等进行后续督查,确保项目有序实施

附件3

行政管理服务创新目录

序号	项目名称	实施部门	设定依据	创新内容
				年内取消备案。
1	进口游艇登记备案	水运局	《关于加强进口游艇管理的公告》(部2011年第55号公告)	由海事管理机构和船舶检验部门在办理进口船舶登记和检验手续时对进口游艇船龄一并予以审核
2	集装箱班轮内支线航线登记	水运局	《关于进一步规范国内水路运输管理登记工作的通知》(交水发〔2002〕453号)第一部分	由发放登记证书改为网上告知性备案。由企业登录信息系统报备信息
3	国内新建普通货船运力登记	水运局	同上	由事前登记改为事后告知性备案,由企业新建船后报备
4	内外贸集装箱同船运输试点业务备案/中国籍国际航行船舶承运转关运输货物试点业务备案/港口企业从事内外贸集装箱同船运输或中国籍国际航行船舶承运转关运输货物试点业务备案	水运局	《关于开展内外贸同船运输以及中国籍国际航行船舶承运转关运输货物试点工作有关备案事项的通知》(交水发〔2005〕196号)第一部分	取消备案。由港航企业及船舶根据海关有关规定,向相应海关办理必要手续

续上表

序号	项目名称	实施部门	设定依据	创新内容
5	进口二手工程船舶登记	水运局	《关于规范进口二手工程船舶有关事宜的公告》(交通部2004年第27号)	年内取消登记。按照老旧运输船舶管理政策进行管理
6	两岸间集装箱班轮空箱调运备案	水运局	《关于公布进一步促进海峡两岸海上直航政策措施的公告》(交通运输部公告2009年第54号)	从审查性改为告知性备案,由企业空箱调运后15日内报备
7	国际集装箱班轮空箱调运备案	水运局	《关于同意国际班轮公司在我国沿海主要港口之间调运空集装箱的函》(厅水字〔2003〕222号)	年内取消备案
8	船舶交易服务机构汇总公布	水运局	《关于发布〈船舶交易管理规定〉的通知》(交水发〔2010〕120号)第四条:“省级交通运输主管部门应根据本地区船舶交易市场的布局安排,对符合上述条件的船舶交易服务机构予以公布,并报交通运输部汇总公布”	年内取消交通运输部汇总公布;企业直接到省级交通运输主管部门备案
9	外商投资港口经营人备案	水运局	《关于做好〈港口经营管理规定〉实施工作的通知》(交水发〔2010〕46号)第二条第(一)款	年内取消备案。由企业登录港口经营管理信息系统提供信息

续上表

序号	项目名称	实施部门	设定依据	创新内容
10	船舶名称核准	海事局	《中华人民共和国船舶登记条例》(国务院令第155号)第八条:中华人民共和国港务监督机构是船舶登记主管机关。各港的港务监督机构是具体实施船舶登记的机关。第十条第二款:船名由船籍港船舶登记机关核定	取消核准,改为明确禁止性要求
11	船舶识别号授号	海事局	《中华人民共和国船舶识别号管理规定》(交通运输部令2010年第4号) 《关于印发<船舶识别号检验管理规定>的通知》(海船检〔2011〕55号)	取消授号,改为船舶识别号发放
12	体检机构报备及健康证书核发	海事局	《中华人民共和国海船船员健康证书管理办法》(海船员〔2012〕231号)第十六条从事船员职业健康状况鉴定的体检机构应当向该机构所在地的直属海事管理机构报备以下材料	取消报备和核发,改为健康证书发放
13	培训计划备案	海事局	《中华人民共和国船员培训管理规则》(交通运输部令2013年第15号)第二十九条:培训机构应当在每期培训班开班3日前以书面或者电子方式将培训计划报海事管理机构备案。培训机构应当在每期培训班开班之日起3日内将学员名册向海事管理机构备案。 《关于颁布<中华人民共和国海船水手、机工适任培训、考试和发证管理办法>的通知》(海船员〔2002〕27号)	取消事前备案,改为培训计划报告

续上表

序号	项目名称	实施部门	设定依据	创新内容
13	培训计划备案	海事局	《关于外派旅游客船服务员办理海员证有关问题的通知》(海船员〔2002〕457 号)。 《关于印发 < 内河散装液体货船船员特殊培训、考试和发证办法 > 的通知》(海船员〔2002〕519 号)。 《关于印发 < 内河客船船员特殊培训考试和发证办法 > 的通知》(海船员〔2003〕13 号)。 《关于印发 < 内河载运包装危险货物船舶船员特殊培训、考试和发证办法 > 的通知》(海船员〔2004〕10 号)。 《关于颁布 < 中华人民共和国水上飞机驾驶员特殊培训、考试和发证办法(试行) > 的通知》(海船员〔2001〕365 号)	取消事前备案,改为培训计划报告
14	船舶载运固体散装货物备案申报	海事局	《关于执行〈国际海运固体散装货物规则有关事项〉的通知》(海船舶〔2010〕662 号) 1. 出口申报,拟载运固体散装货物的船舶或其代理人应在装货前 24 小时填写《船舶载运固体散装货物申报单》,向海事管理机构办理申报备案手续。 2. 进口申报,载运固体散装货物的船舶或其代理人应在船舶进港前 24 小时填写《船舶载运固体散装货物申报单》向海事管理机构办理申报备案手续。	取消备案,改为船舶载运固体散装货物事前报告

附件4

规章、规范性文件清理安排

<table>
<tr><th>序号</th><th>取消、下放或转变管理方式事项名称</th><th>涉及规章、规范性文件名称</th><th>废止或修订情况</th><th>废止或修订计划</th></tr>
<tr><td>1</td><td>国际船舶代理业务审批</td><td>《国际海运条例实施细则》(交通部2003年第1号)</td><td>已修订,2013年第9号部令颁布</td><td>已修订</td></tr>
<tr><td>2</td><td>水运工程监理乙级企业资质认定</td><td rowspan="2">《公路水运工程监理企业资质管理规定》(交通部令2004年第5号)</td><td rowspan="2">已修订,2014年第7号部令颁布</td><td rowspan="2">已修订</td></tr>
<tr><td>3</td><td>水运机电工程专项监理企业资质认定</td></tr>
<tr><td>4</td><td>进口游艇登记备案</td><td>《关于加强进口游艇管理的公告》(交通运输部2011年第55号公告)</td><td>已修订</td><td>已修订</td></tr>
<tr><td>5</td><td>两岸间集装箱班轮空箱调运备案</td><td>《关于公布进一步促进海峡两岸海上直航政策措施的公告》(交通运输部公告2009年第54号)</td><td>已修订</td><td>已修订</td></tr>
<tr><td rowspan="2">6</td><td rowspan="2">省际普通货物水路运输许可</td><td>《水路运输管理条例实施细则》(交通部(87)交河字680号发布,交水发〔1998〕107号修正)</td><td rowspan="2">已废止</td><td rowspan="2">已废止</td></tr>
<tr><td>《国内水路运输经营资质管理规定》(交通运输部令2008年2号)</td></tr>
<tr><td>7</td><td>集装箱班轮内支线航线、国内新建普通货船运力登记</td><td>《关于进一步规范国内水路运输管理登记工作的通知》(交水发〔2002〕453号)</td><td>已废止</td><td>已废止</td></tr>
</table>

续上表

序号	取消、下放或转变管理方式事项名称	涉及规章、规范性文件名称	废止或修订情况	废止或修订计划
8	内外贸集装箱同船运输试点业务备案	《关于开展内外贸同船运输以及中国籍国际航行船舶承运转关运输货物试点工作有关备案事项的通知》(交水发〔2005〕196 号)	已废止	已废止
9	船舶交易服务机构汇总公布	《关于发布 < 船舶交易管理规定 > 的通知》(交水发〔2010〕120 号)	已修订	已修订
10	进口二手工程船舶登记	《关于规范进口二手工程船舶有关事宜的公告》(2004 年第 27 号)	已废止	已废止
11	外商投资港口经营人备案	《关于做好 < 港口经营管理规定 > 实施工作的通知》(交水发〔2010〕46 号)	已修订	已修订
12	国家重点水运建设项目竣工验收	《港口工程竣工验收办法》(交通部令 2005 年第 2 号)	已修订	已修订
		《航道工程竣工验收管理办法》(交通部令 2008 年第 1 号)		
13	承担船舶油污损害民事责任保险的商业性保险机构和互助性保险机构的确定	《船舶油污损害民事责任保险实施办法》(交通运输部令 2010 年第 3 号)	已修订，2013 年第 11 号部令颁布	已修订
14	船舶修造水上拆解地点确定	《船舶及其有关作业活动污染海洋环境防治管理规定》(交通运输部令 2010 年第 7 号)	已修订，2013 年第 12 号部令颁布	已修订
		《交通部关于发布 < 中华人民共和国交通部拆解船舶监督管理规则 > 的通知》(交安监字〔1989〕723 号)	修订	2014 年 12 月份

续上表

序号	取消、下放或转变管理方式事项名称	涉及规章、规范性文件名称	废止或修订情况	废止或修订计划
14	船舶修造水上拆解地点确定	《关于印发 < 船舶定点拆解管理办法 > 的通知》（海船舶〔2010〕642 号）	已修订	已修订
15	从事内河船舶船员服务业务审批	《船员服务管理规定》（交通运输部令 2008 年第 6 号）	已修订，2013 年第 10 号部令颁布	已修订
		《关于实施 < 中华人民共和国船员服务管理规定 > 有关事项的通知》（海船员〔2008〕555 号）	修订	2014 年 12 月份
		《关于船员服务机构管理有关事项的通知》（海船员〔2009〕134 号）	删除内河船员服务业务部分	2014 年 12 月份
		《关于深化海事行政执法政务公开工作的意见》（中华人民共和国海事局文件 海法规〔2010〕186 号）	删除内河船员服务业务部分	2014 年 12 月份
16	港口、码头、装卸站以及从事船舶修造、打捞、拆解等作业活动的单位防治船舶污染能力专项验收	《船舶污染海洋环境应急预备和应急处置管理规定》（交通运输部令 2011 年第 4 号）	已修订，2013 年第 19 号部令颁布	已修订
		《防治船舶污染海洋环境能力专项验收实施细则》（海船舶〔2011〕292 号）	已修订	已修订
17	船舶货物污染危害性质评估机构认定	《船舶及其有关作业活动污染海洋环境防治管理规定》（交通运输部令 2010 年第 7 号）	已修订，2013 年第 17 号部令颁布	已修订
18	船舶化学品安全运输条件评估机构认定	未涉及相关规章、规范性文件	—	—
19	船舶污染事故技术鉴定机构认定	《海上船舶污染事故调查处理规定》（交通运输部令 2011 年第 10 号）	已修订，2013 年第 16 号部令颁布	已修订

续上表

序号	取消、下放或转变管理方式事项名称	涉及规章、规范性文件名称	废止或修订情况	废止或修订计划
20	船员资格临时特免证明签发	《海船船员适任考试和发证规则》(交通运输部2011年第12号令)	已修订，2013年第18号部令颁布	已修订
		《中华人民共和国海事行政许可条件规定》(中华人民共和国交通部令2006年第1号)	由签发调整为出具	2014年12月份
		《关于深化海事行政执法政务公开工作的意见》(中华人民共和国海事局文件海法规〔2010〕186号)	由签发调整为出具	2014年12月份
21	引航员注册审批	《引航员注册与任职资格管理规定》(交通运输部令2008年第2号)	规章名称修订为《引航员管理办法》，2013年第20号部令颁布	已修订
		《关于深化海事行政执法政务公开工作的意见》(中华人民共和国海事局文件海法规〔2010〕186号)	调整为“持有船员服务簿”	2014年12月份
22	雇用外国籍船员在中国籍船舶上任职审批	《中华人民共和国海上海事行政处罚规定》(交通部令2003年第8号)	现场检查	2014年12月底前
		《中华人民共和国内河海事行政处罚规定》(交通部令2004年第13号)		
23	船舶识别号授号	《关于印发<船舶识别号检验管理规定>的通知》(海船检〔2011〕55号)	取消授号，改为船舶识别号发放	2014年12月底前

续上表

序号	取消、下放或转变管理方式事项名称	涉及规章、规范性文件名称	废止或修订情况	废止或修订计划
24	体检机构报备及健康证书核发	《中华人民共和国海船船员健康证书管理办法》(海船员〔2012〕231 号)	取消报备和核发,改为健康证书发放	2014 年 12 月底前
25	培训计划备案	《中华人民共和国船员培训管理规则》(交通运输部令 2013 年第 15 号)	取消事前备案,改为培训计划报告	2014 年 12 月底前
		《关于颁布 <中华人民共和国海船水手、机工适任培训、考试和发证管理办法> 的通知》(海船员〔2002〕27 号)		
		《关于外派旅游客船服务员办理海员证有关问题的通知》(海船员〔2002〕457 号)		
		《关于印发 <内河散装液体货船船员特殊培训、考试和发证办法> 的通知》(海船员〔2002〕519 号)		
		《关于印发 <内河客船船员特殊培训考试和发证办法> 的通知》(海船员〔2003〕13 号)		
		《关于印发 <内河载运包装危险货物船舶船员特殊培训、考试和发证办法> 的通知》(海船员〔2004〕10 号)		
		《关于颁布 <中华人民共和国水上飞机驾驶员特殊培训、考试和发证办法(试行)> 的通知》(海船员〔2001〕365 号)		
26	船舶载运固体散装货物备案申报	《关于执行〈国际海运固体散装货物规则有关事项〉的通知》(海船舶〔2010〕662 号)	取消事前备案,改为船舶载运固体散装货物报告	2014 年 12 月底前

续上表

序号	取消、下放或转变管理方式事项名称	涉及规章、规范性文件名称	废止或修订情况	废止或修订计划
27	国家重点公路工程施工许可	《公路建设市场管理办法》(交通部令2004年第14号)	修订	2015年12月
		《关于实施公路建设项目施工许可工作的通知》(交公路发〔2005〕258号)	修订	
		《关于进一步加强公路工程施工许可管理工作的通知》(交公路发〔2007〕565号)	修订	
28	内河运输危险化学品船舶污染损害责任保险证书或者财务担保证明核发	《船舶载运危险货物安全监督管理规定》(中华人民共和国交通运输部令2012年第4号)第二十条	修订	2014年12月
		《关于实施<危险化学品安全管理条例>有关事项的通知》(海船舶〔2011〕865)号 第六部分	修订	
29	外商投资道路运输业立项审批	《外商投资道路运输业管理规定》(交通部、对外经济贸易合作部令2001年第9号)	已修订,2014年第4号部令颁布	已修订
30	国家公路运输枢纽总体规划审批	《公路运输枢纽总体规划编制办法》(交规划发〔2007〕365号)	废止	2015年5月
31	经营港口理货业务许可	《港口经营管理规定》(2009年第13号令)	修订	2015年6月
32	外商与中方打捞人合作打捞审批	《沉船沉物打捞单位资质管理规定》(交体法发〔1999〕3号)	修订	2014年12月

交通运输部关于取消和下放一批行政审批项目的公告

交通运输部公告2014年第8号　2014.2.25

根据《国务院关于取消和下放一批行政审批项目的决定》(国发〔2014〕5号),取消和下放了涉及我部的5项行政审批项目,现公告如下:

取消的行政审批项目(共2项):

1. 雇佣外国籍船员在中国籍船舶上任职审批;

2. 有关作业单位防治船舶及其有关作业活动污染海洋环境应急预案审批。

下放的行政审批项目(共3项):

1. 省际普通货物水路运输许可(下放至省级人民政府交通运输主管部门);

2. 水运工程监理乙级企业资质认定(下放至省级人民政府交通运输主管部门);

3. 水运机电工程专项监理企业资质认定(下放至省级人民政府交通运输主管部门)。

交通运输部关于取消和调整一批行政审批项目等事项的公告

交通运输部公告第42号　2014.8.15

根据《国务院关于取消和调整一批行政审批项目等事项的决定》(国发〔2014〕27号),取消和下放了涉及我部的5项行政审批项目,将涉及水路运输的4项工商登记前置审批事项改为后置审批,现公告如下:

取消的行政审批项目(共2项):

1. 外商与中方打捞人合作打捞审批;

2. 国家公路运输枢纽总体规划审批(备注:只取消交通运输部审批;地方人民政府交通运输行政主管部门的审批仍然保留)。

下放的行政审批项目(共3项):

1. 国家重点水运建设项目竣工验收,下放至省级人民政府交通运输行政主管部门;

2. 引航员任职资格审批,下放至直属海事系统分支机构;

3. 从事海员外派业务审批,下放至直属海事管理机构。

工商登记前置审批改为后置审批的项目(共4项):

1. 国际海上运输业务及海运辅助业务经营审批;

2. 国际船舶管理业务经营审批;

3. 国内水路运输、水路运输辅助业务经营审批;

4. 港口经营许可。

交通运输部关于取消和调整一批行政审批项目等事项的公告

交通运输部公告第68号　2014.12.8

根据《国务院关于取消和调整一批行政审批项目等事项的决定》(国发〔2014〕50号),取消和下放了涉及我部的4项行政审批项目,将涉及我部的8项工商登记审批事项由前置改为后置审批或明确为后置审批,现公告如下:

取消的行政审批项目(共1项):

内河运输危险化学品船舶污染损害责任保险证书或者财务担保证明核发。

下放的行政审批项目(共3项):

1. 经营港口理货业务许可,下放至省级人民政府交通运输行政主管部门;

2. 国家重点公路工程施工许可,下放至省级人民政府交通运输行政主管部门;

3. 船员适任证书核发,下放至省级及以下海事管理机构。

工商登记前置审批改为后置审批的项目(共5项):

1. 经营港口理货业务许可;

2. 从事国际道路运输审批;

3. 道路运输站(场)经营业务许可证核发;

4. 机动车维修经营业务许可证核发;

5. 机动车驾驶员培训业务许可证核发。

工商登记明确为后置审批的项目(共3项):

1. 从事内地与台湾、港澳间海上运输业务许可;

2. 设立引航及验船机构审批;

3. 从事海洋船舶船员服务业务审批。

行 风 建 设

交通运输部关于在全国交通运输行业开展向陈维同志学习的决定

交政研发〔2014〕190 号　2014.9.15

各省、自治区、直辖市、新疆生产建设兵团交通运输厅(局、委),有关中央交通运输企业,部属各单位,部管各社团,部内各单位:

陈维,女,1980 年 3 月出生,中共党员,高级工程师,上海海事局所属浦东海事局危管防污处副处长。2002 年 7 月浙江大学毕业进入上海海事局工作,从事水上危险品运输的安全监督管理工作。12 年来,陈维同志坚守着对交通海事事业的热爱、对人民群众安危的责任,秉承“多一点付出、多一点用心、多一点坚持、多一点创造”的精神,扎根海事危防一线,在平凡的岗位上做出了不平凡的业绩,为保障水上交通安全、保护水域环境清洁、服务经济社会发展、维护国家主权做出了积极贡献。她先后被授予“全国五一劳动奖章”、“全国先进工作者”、全国十大特别关注“最美青工”、第八届全国“人民满意的公务员”、“2013 年十大感动交通人物”、“上海市劳动模范”、上海市“十大杰出青年”等荣誉称号。以她的名字命名的“陈维海事危防监管创新工作室”先后被授予全国“巾帼文明岗”、“上海市劳模创新工作室”、上海市“青年五四奖章集体”。

陈维同志牢记宗旨,坚定理想信念,忠实履行职责,始终把人民群众的安危放在心上,把对事业的情、岗位的爱献给了交通海事事业。她时常冒严寒顶酷暑在码头上认真查验流程,利用业余时间走遍了外高桥港区的码头和堆场,查阅了数百篇国内外资料,筛查过滤 300 多万条货物信息,成功实施海事系统首次开箱查验,查处首例危险集装箱运输谎报瞒报行为。她提出实施的“担保放箱制”既确保了安全，也最大限度减少了当事人经济损失；为帮助港航企业了解、掌握危险货物知识，消除安全隐患，她通过多种媒介开展对外危险货物运输安全咨询，开通“陈维危防咨询电话热线”、开设“陈维说危防微博专栏”和开展现场技术培训，赢得了企业的称赞。她用自己的模范行动，诠释了全心全意为人民服务的根本宗旨。她立足岗位，勤奋好学、刻苦钻研，攻坚克难，攻克了船载危险货物集装箱谎报瞒报监管难题，创造性地开展海事危防监管工作，开创了船载危险货物集装箱运输现场监管新模式，在实践中摸索总结和编写了陈维“三步开箱查验法”、《船载危险货物集装箱开箱查验工作手册》，为集装箱开箱查验写进国务院行政法规提供了实践依据，促进了我国海事监管能力和水平的提升，展示了新时期国家公务人员勇于创新、孜孜以求的精神风貌和追求卓越、善做善成的职业追求。她践行法治，公正执法，廉洁自律，创造了开箱查验 709 次，查获 527 起涉及 802 个标准集装箱危险货物的谎报瞒报案件的优异成绩。面对违法行为，坚持原则，不徇私情，面对各种利益诱惑，她始终牢记法律尊严不容践踏，严守公正廉洁的底线，坚守“不该收的不收、不该拿的不拿、不该要的不要、不该留的不留”的“四不”规矩，模范践行了做“水上交通运输安全的忠诚护卫，真诚为民、服务港航、助力经济社会发展”的庄严承诺，维护了交通海事人的良好形象。

陈维同志是继杨庆文、高发明、姚泽炎、潘伟、吴斌、张兵、付杨波等先进典型之后，全国交通运输行业涌现出来的又一个行业重大先进典型，是新时期交通海事职工的优秀代表，是交通运输行业广大干部职工学习的榜样。她的先进事迹体现了爱国敬业、一心为民的理想信念，敬业奉献的高尚情操，勇攀高峰、不断探索、刻苦钻研的创新精神，诠释了社会主义核心价值观的深刻内涵，诠释了“艰苦奋斗、勇于创新、不畏艰险、默默奉献”的交通精神的时代价值，展示了交通运输部门在海洋管理中履职尽责、奋发有为、敢于担当、维护国家利益的良好形象，体现了交通运输职工强烈的服务意识和崇高的职业道德。为进一步在全行业培育社会主义核心价值观，践行行业核心价值体系，学习先进典型，弘扬新风正气，激励交通运输行业干部职工胸怀理想、坚定信念，恪尽职守、立足岗位，无私奉献，部决定，授予陈维同志“水上交通运输安全的忠诚护卫”光荣称号，并在全国交通运输行业开展向陈维同志学习活动，大力弘扬“多一点付出、多一点用心、多一点坚持、多一点创造”的“四个多一点”精神。

学习陈维同志，就是要学习她真诚为民、服务群众、无私奉献的公仆情怀，时刻牢记对党忠诚，做一颗永不生锈的“螺丝钉”；学习她对事业的无限忠诚，恪尽职守，爱岗敬业、求真务实的工作作风，学一行、爱一行、专一行、成一行，在平凡的岗位上建功立业；学习她践行法治、严于律己、廉洁公正的优秀品格，不断提升人民满意度，树立交通执法队伍良好社会形象；学习她攻坚克难、开拓创新的职业追求，敬业奉献、敢于担当，不畏艰难，不懈努力，用改革创新的精神加快推进“四个交通”发展，建设人民群众满意的交通。

各地区、各部门、各单位要充分认识开展向陈维同志学习的重要意义，深入开展向陈维同志学习活动，教育引导广大干部职工增强责任感、使命感和紧迫感，积极投身于交通运输深化改革的伟大实践，努力成为党和政府信赖、人民群众满意的交通人。要把学习活动与深入学习贯彻党的十八大，十八届三中全会精神和习近平总书记系列讲话精神紧密结合起来，不断增强加快推进“四个交通”发展的自觉性和主动性，更好地服务于国家治理体系和治理能力现代化；与贯彻中央培育和践行社会主义核心价值观要求结合起来，努力营造自觉践行社会主义核心价值观和交通运输行业核心价值体系的良好局面和社会氛围，引领行业发展方向，提升行业软实力；与开展党的群众路线教育实践活动结合起来，以陈维同志为镜，进一步查找思想上、作风上的差距和整改工作中的不足，从严从实推进整改落实，积极引导和激励广大交通运输干部职工学习先进、崇尚一流、争当先锋，不断增强责任感、使命感和紧迫感，加快职能转变，强化服务理念，在推进“四个交通”建设的伟大实践中建功立业。

附件：水上交通运输安全的忠诚护卫——陈维同志先进事迹

附件

水上交通运输安全的忠诚护卫
——陈维同志先进事迹

陈维同志是上海海事局所属浦东海事局危管防污处副处长。2002年7月到上海海事局工作,她凭着对交通海事事业的热爱、对人民群众安危的责任,秉承“多一点付出、多一点用心、多一点坚持、多一点创造”的“四个多一点”精神,十二载扎根于上海外高桥港区执法一线,从事海事船舶载运危险货物和船舶防污染管理工作,攻克了船载危险货物集装箱谎报瞒报监管这一业内难题。她实施开箱709次,查获527起涉及802个标准集装箱危险货物的谎报瞒报案件,开辟了船载危险货物集装箱运输现场监管新模式,为保障水上交通安全、服务经济社会发展、维护国家主权作出了积极贡献。

恪尽职守、践行法治,保障水上交通安全

“立党为公、执政为民”理念体现在海事工作中就是要维护水上交通安全、保护海洋环境清洁。陈维同志在船载危险货物安全管理领域勇于实践,履行着海事神圣职责。

由于危险货物运费高昂,一些不法企业想尽办法谎报瞒报,由此给人民群众生命财产带来了极大的威胁。长期以来,对船载危险货物集装箱谎报瞒报查验方法单一,面对数以万计的集装箱,如何有效甄别出谎报瞒报的危险货物,是业内普遍面临的难题。2002年11月,一艘外轮因装载的瞒报集装箱危险货物发生火灾引发爆炸,导致3名船员死亡,经济损失逾亿元,事故震惊全球。刚刚参加工作的陈维意识到,海事部门作为水上交通安全的监管者、人民生命财产安全的捍卫者,必须采取有效的监管措施,制止船载危险货物集装箱谎报瞒报的违法行为。其后两年多时间里,

她深入研究,积极探索,查阅了数百篇的国内外资料,分析了国内外相关案例。2005 年 4 月,通过历时 3 个月对 300 多万条货物信息的层层过滤、缜密推断和对开箱查验程序的周密设计,她成功实施了海事系统首次外贸开箱查验,查处首例危险货物集装箱运输谎报瞒报行为,实现了开箱查验“零”的突破,成为我国开箱查验船载危险品处治谎报瞒报行为的第一人。

在危险货物查验中,能够从生僻的货物名称、可疑的包装材质中辨别谎报瞒报的蛛丝马迹,靠的是精湛的专业知识和高度的责任感。在一次核查中,一单 1600 桶的名为“PONDFOS EC”的普通货物引起了陈维的注意。在与货主联系开箱查验过程中,对方矢口否认是危险货物,并声称如果影响货物正常运输,将追究陈维的责任。陈维同志并未因此而放弃,再次认真分析了货物名称后坚持开箱查验,经送权威部门检验,该货物实际是易燃剧毒品“敌敌畏乳油”,在装载或运输过程中,一旦泄露,后果将不堪设想。负责承运的船长说:“多亏海事部门的‘火眼金睛’,一旦装上船,那可是个定时炸弹啊!”

随后的多年里,陈维同志又先后查处了“303 立方米烟花爆竹假冒日用品案”、“12 万支气体打火机假冒普通货物案”等 527 起违法案件,危险品集装箱查实率高达 86.7%,不仅避免了数以亿计的经济损失,更是有力地保障了水域环境清洁和人民群众生命财产的安全。凭借一次次现场开箱查验的实践积累,陈维创造性总结出“三步开箱查验法”,她所编写的《船载危险货物集装箱开箱查验工作手册》已在全国海事系统普遍推广,开箱查验更是作为海事管理措施写入国务院《防治船舶污染海洋环境管理条例》、《危险化学品安全管理条例》两部行政法规。为同步掌握国际海事管理前沿技术,更好地服务于“海洋强国”建设,她坚持自学专业英语、化学、法律等学科知识,主动跟踪研究危防管理相关国际公约,带领陈维工作室成员积极参与国际海事组织环境保护委员会会议提案工作,并就我国实施《国际拆船公约》、《国际防止船舶造成污染公约》提出合理建议,得到了国际同行的高度认可。

2011 年以来，通过建立“海事—海关—码头”联动机制，实现信息沟通共享，陈维创造性实施进口开箱查验 58 次，查实谎报瞒报违法行为 43 件，涉及 75 个标准箱，成功将危险品货物集装箱运输监管从出口领域延伸至进口领域，实施进口集装箱开箱查验，为海事维护国家主权拓展了新领域。2013 年，德国汉堡水上警察局、美国海岸警卫队在浦东海事局考察交流过程中，认为陈维同志探索出的国际船载危险货物集装箱运输监管方法适应中国航运实际，对陈维查处发达国家出口的谎报瞒报案件感到震惊，对这一方法表示赞赏认同，并就加强交流合作达成了共识。

真诚为民、服务港航，助力经济社会发展

全心全意为人民服务是党的根本宗旨，提升交通运输服务水平，推进“四个交通”建设，为航运经济发展提供优质服务更是海事追求的目标。陈维同志将群众期盼牢记于心，解决突出问题，全力帮助港航经济的发展。

陈维深知通关效率是航运企业的经济生命线，她主动换位思考、提高监管效能，为企业缩短检查时间、保障生产效益。通过日积月累，她掌握了数以千计的危险货物成分知识，针对一些以“赛璐珞”制乒乓球为代表的常见危险货物，摸索形成了现场便捷检测方法。2006 年，她在全国海事系统率先提出实施“担保放箱制”，改变以往违法出运的集装箱在结案前不能离港的做法，娴熟运用政策法规，快速取证，准确处置，在保障安全的同时，减少监管措施对船期的影响。这一举措实施以来，仅因减少堆放、超期用箱等产生的费用，就为行政相对人节约近 400 万元。同样，为了保证船舶的作业和船期，8 小时之外的集装箱积载隔离核查、装箱查验、开箱查验，无论白天黑夜、刮风下雨，她随时待命及时查验，绝不因为海事监管影响港航单位生产作业。

规范船载危货集装箱运输的源头在企业。为帮助港航企业了解、掌握有关危货知识、消除安全隐患，陈维同志积极主动通过多种媒介开展对外危险货物运输安全咨询。她开通“陈维危防咨询

电话热线”,向辖区港航单位随时提供答疑解惑;定期从咨询中分析整理反复出现的问题,主动到辖区港航企业进行技术培训和案例讲解。近两年,她走访约谈400多家港航单位和货运企业,为1500余人次提供安全知识培训,开展热线咨询6100多次,赢得了港航企业的交口称赞. 2012年,开设“陈维说危防微博专栏”,更是拓展了服务行政相对人的新渠道。近年来,上海港危险货物主动申报量年均增长18.6%,危险货物运输行业的诚信自律得到了有力的促进。

2010年,在陈维的提议下,上海海事局成立了陈维海事危防监管创新工作室,承担国内集装箱吞吐量最大的单列港——外高桥港区船载危险货物监管和船舶防污染工作。通过实施“劳模带徒”、“导师带徒”等人才培养模式,陈维同志毫无保留地将工作技术、经验和体会传授给团队。他们将“构筑安全监管责任链、编织污染防治安全网”作为提高工作能效的重要手段,一方面严格现场监管,另一方面狠抓源头治理,开展《上海港船舶油污及化学品污染危险源研究》,全面排查辖区化学品污染危险源,梳理各单位、部门的责任环节,初步构建了水上污染防治社会化大格局。他们还将防控关口主动前移,将工作地点延伸至码头一线,实现了执法力量分布式配备,工作效率及质量得到有效提升。多年来,陈维工作室有效保障了辖区每年近2万艘次危险货物船舶、3500万多吨危险货物、35万多标准集装箱危险货物的安全运输。目前,陈维工作室已打造成上海海事局危防实训基地,培养输出了250余名危险品监管和防治船舶污染工作领域实用型人才。

勇于担当、严守清廉,“多一点”精神耀青春

交通海事人满怀海洋强国梦,守护蔚蓝海洋、维护国家权益,使命光荣,责任重大。陈维作为一名80后公务员,秉承“四个多一点”的精神,扎根基层一线十二载,务实创新、恪尽职守、廉洁公正,以自己的青春践行了人民公务员和当代劳模的崇高精神。

“人生道路是短暂的,青春年华尤为可贵。我为自己正经历

着这段黄金般的岁月而感到骄傲，同时，也时常思考该如何去经营这段青春岁月。”陈维常说。坚守在危防监管岗位上，她除了“看数据、点鼠标、按回车、定目标”数十万次的重复，还要面对大量更为艰辛的危险品现场监管作业。夏天，码头前沿常常高温达到40℃，地表温度达到60℃，常常一趟外勤就要湿透一身衣服。冬天，查验场地寒风凛冽，一套开箱查验程序全部完成往往耗时两三小时，回来后整个脚板都是麻木的，但她从没叫苦叫累。12年来，她养成了收集产品说明书的职业习惯，这些说明书成了她的“良师益友”，一有空就拿起来翻阅：新的化工合成品不断出现，它们是否属于危险品？属于几类危险品？她将这些“花花绿绿”的纸片中的信息，都输入电脑做成数据库，稍有空隙，就研究、琢磨、请教。

外高桥港区水域地处上海黄浦江、长江的交汇处，辖区周边既有为上海千万市民提供生产生活用水的青草沙水库，又有粮油、极地勘探码头，还有液化天然气等危险品码头，一旦发生危险品泄漏、船舶碰撞等险情和事故，必须迅速有效处置，否则后果不堪设想。在应急事故处置中，面对燃油、货物爆炸燃烧的危险，面对有毒、有害物质的威胁，陈维同志毫无惧色，勇敢冲在第一线。2013年3月25日凌晨1点45分，一艘装有易燃有毒液体“二甲苯”的轮船罐柜发生泄漏，周围还有其他危险货物，一旦发生燃烧或者大规模泄漏，极有可能船毁人亡，并将严重影响沿岸企业、居民的生产生活，带来的损失不可预计。上海海事局立即组织危防技术骨干前往处置，陈维主动请缨，带领同事上船实地查看泄漏情况，为制定科学的处置方案提供了第一手资料。3小时后，泄漏罐柜成功得到处置，船舶、港口化险为夷。

在日常工作中，个别企业通过种种手段与陈维拉关系、套近乎，希望陈维能够网开一面，面对诱惑，她始终牢记法律尊严不容践踏，严守公正廉洁的底线，坚守“不该收的不收、不该拿的不拿、不该要的不要、不该留的不留”的“四不”原则，遇到行政相对人快递调查材料时夹带的礼品，一律拒收或上交纪检部门；开箱查验取样时,对像打火机等日常用品除取样必需的数量外,多余的一概不拿;行政相对人来接受调查时递送的信封等,她坚决退回;在行政相对人索要个人联系方式时,她婉言谢绝仅告知办公电话。陈维说:“有些事情尽管很小、东西也不值多少钱,但我们不能让货主货代把我们看扁了。”

粒砂中看世界,滴水中见人生。陈维同志十数年如一日,把对事业的情、对岗位的爱都奉献给了交通事业,用点点滴滴绘就了平凡而又辉煌的工作业绩。

科技与教育

交通运输部关于科技创新促进交通运输安全发展的实施意见

交科技发〔2014〕126号　2014.6.24

各省、自治区、直辖市、新疆生产建设兵团交通运输厅(局、委),天津市交通运输和港口管理局,天津市市政公路管理局,有关交通运输企业,部属各单位,部内各单位:

为贯彻落实科学技术部、交通运输部关于科技创新促进平安交通发展两部会商相关精神和《交通运输部关于推进安全生产风险管理工作的意见》的有关要求,加强交通运输安全科技创新,集中攻克安全风险关键技术瓶颈,加快交通运输安全风险管理技术体系建设,提高风险防控和突发事件应对能力,促进交通运输安全发展,制定本实施意见。

一、总体要求

(一)指导思想。

深入贯彻党的十八大和十八届二中、三中全会精神,积极落实国务院关于进一步加强安全生产工作的各项要求,坚持开放创新和协同创新,以完善交通运输安全风险管理技术体系为主线,以技术研发与应用为支撑,以提升安全科技创新能力为基础,提高科技创新对促进安全发展的贡献率,显著提升交通运输安全与应急管理技术水平。

(二)基本原则。

——目标导向,协同推进。以提高交通运输安全水平为目标,以提升系统安全、设施安全和运输安全为主攻方向,协同各方力量开展科技攻关和成果推广,充分发挥各地交通运输主管部门的积极性和企业的主体作用,引导科研人员积极参与,形成交通运输管理部门、企事业单位和科研院校共同推进的工作局面。

——整体谋划,分步实施。以实施意见为指导,统一思想、明确目标、统筹安排。根据前期研究基础和应用水平,分区域、分领域、分阶段,科学组织、有序推进实施。

——重点突破,示范引领。针对交通运输安全发展薄弱环节和突出问题,集中力量开展安全风险管理技术体系研究和关键技术攻关,加强相关适用成果推广应用,开展典型示范,引领交通运输安全发展。

——立足当前,着眼长远。近期以试点示范为切入点,加快重点环节和领域安全风险管理技术体系的建立,着重解决制约安全发展的技术瓶颈。长期着眼于建立完善的安全风险管理技术体系,形成科技创新促进交通运输安全发展的长效机制。

(三)工作目标。

到2020年,交通运输安全关键技术创新取得新突破,先进、成熟、适用技术成果得到推广应用,安全风险管理技术体系基本建立,科技创新促进安全发展的工作机制更加完善,交通运输安全水平明显提高,应对突发事件能力显著提升,人员伤亡和经济损失显著降低,环境污染显著减轻,重大风险源可识、可防和基本可控。

二、重点任务

(四)加快完善安全风险管理技术体系。结合交通运输重点项目、重点企业和重点区域的生产活动,应用安全风险管理理论,开展风险辨识、风险评估、风险控制和应急保障等研究工作,形成一系列操作性强、可复制推广的指导行业安全发展的风险辨识手册、风险评估技术指南和应急预案,大力推进安全管理、技术、产品、工艺的标准体系建设,加快构建起涵盖系统安全、设施安全、运输安全的交通运输安全风险管理技术体系。

(五)加强交通运输系统安全技术攻关。为提升综合交通运输网络应对自然灾害和突发事件能力,提高交通运输系统可靠性,保障国家运输安全,重点研究自然灾害、突发事件对交通运输网络的影响机理与模拟仿真技术,路网对区域生态安全和环境影响的风险评估与防控技术，交通运输网络可靠性提升技术，灾害条件下综合交通运输网络应急体系布局及组织调度技术，交通运输网络安全风险预警和应急决策支持系统等。

（六）加强交通基础设施安全技术攻关。为提高交通基础设施建设和运营安全水平，重点开展施工过程安全风险控制技术研究，建筑信息模型（BIM）技术研究与应用，基于全寿命周期成本设计和可靠度设计技术研究，在役工程结构长期性能劣化规律研究，交通运输基础设施检测、安全性评估、灾变防治及修复、加固成套技术研究等。

（七）加强运输安全技术攻关。为提升交通运输安全水平及应急反应能力，重点研究人的交通出行行为、驾驶行为规律和主动安全技术，运输车辆、船舶监测和安全预警技术，危险货物运输及应急处置技术，城市客运网络运行仿真技术，城市客运网络监测、预警和应急处置技术，道路运输从业人员安全素质技能提升技术等。

（八）加强交通应急技术攻关。重点研究公路抢通保畅技术及装备，装配式应急桥梁技术，海面遇险目标快速搜寻技术，遇险船舶救助技术，大深度饱和潜水作业技术，大深度大吨位抢险打捞作业技术，深水沉船应急抽油技术及装备，深海探测技术及装备，危化品船舶应急处置技术等。

（九）加快科研成果推广应用。总结梳理先进、适用交通运输安全科技成果，促进国家相关科技成果在交通运输行业的转化应用，编制交通运输安全科技成果推广目录，发布技术汇编，促进科技成果公开共享。

（十）开展典型试点示范。依托典型项目、典型企业、典型区域，推广应用交通运输安全科技成果，研究编制交通运输安全风险辨识手册、评估指南、控制措施和应急预案，建立健全安全风险管理技术体系，形成安全科技创新典型示范效应。

（十一）加强安全科技创新能力建设。充分利用和整合现有资源，重点在系统安全、设施安全、运输安全和应急保障四个领域，加强研发平台建设，促进产学研协同创新，强化交通运输安全科技创新领军人才和创新型团队培养。

三、保障措施

（十二）加强组织协调。建立部省联动机制，各地交通运输主管部门要加强组织领导，建立健全工作协调机制，结合本地区实际，制定实施方案，明确目标，细化责任，落实措施，部将加强综合协调和跟踪督导。

（十三）确保资金投入。各地交通运输主管部门要拓展资金筹措渠道，争取财政资金支持。有关企业要加大安全科技投入，依靠科技创新提升安全生产水平。

（十四）加强宣传培训。开展安全风险管理的宣传、教育和培训，培育交通运输安全风险管理意识，营造安全风险管理氛围。

交通运输部关于发布《危险货物道路运输企业运输事故应急预案编制要求》等32项交通运输行业标准和部门计量检定规程的公告

交通运输部公告第31号　2014.6.27

《危险货物道路运输企业运输事故应急预案编制要求》等32项交通运输行业标准和部门计量检定规程(编号、名称和主要内容见附件),业经审查通过,现予发布,自2014年11月1日起实施。

发布的标准均为推荐性标准。标准和计量检定规程由人民交通出版社出版,并在中华人民共和国交通运输部网站及《交通标准化》刊物上公告。

附件:32项交通运输行业标准和部门计量检定规程的编号、名称、主要内容等一览表

附件

32 项交通运输行业标准和部门计量检定规程的编号、名称、主要内容等一览表

序号	标准编号	标准名称	主 要 内 容	代替标准号
1	JT/T 911—2014	危险货物道路运输企业运输事故应急预案编制要求	本标准规定了危险货物道路运输企业运输事故应急预案的编制步骤、预案内容以及文本格式与要求。 本标准适用于指导危险货物道路运输企业编制危险货物运输过程中事故应急预案	
2	JT/T 912—2014	危险货物道路运输企业安全生产管理制度编写要求	本标准规定了危险货物道路运输企业安全生产管理制度的编制要求、编制内容、编制步骤、格式及要求。 本标准适用于危险货物道路运输企业安全生产管理制度的编写。使用自备车辆为本单位服务的非经营性危险货物道路运输单位的安全生产管理参照执行	
3	JT/T 913—2014	危险货物道路运输企业安全生产责任制编写要求	本标准规定了危险货物道路运输企业安全生产责任制的编制要求、编制内容及格式和要求等。 本标准适用于危险货物道路运输企业安全生产责任制的编写。使用自备车辆为本单位服务的非经营性危险货物道路运输单位的安全生产管理参照执行	
4	JT/T 914—2014	危险货物道路运输企业安全生产档案管理技术要求	本标准规定了危险货物道路运输企业安全生产档案管理、档案分类、归档范围、立卷归档、电子档案的要求。 本标准适用于危险货物道路运输企业安全生产档案管理编制	

续上表

序号	标准编号	标准名称	主要内容	代替标准号
5	JT/T 915—2014	机动车驾驶员安全驾驶技能培训要求	本标准规定了机动车驾驶员安全驾驶技能要求及车辆安全检查能力、车辆基本操控能力、一般道路条件下的安全驾驶技能、复杂道路条件下的安全驾驶技能、紧急情况处置能力和事故现场处置能力的培训要求。 本标准适用于准驾车型为大型客车、牵引车、城市公交车、中型客车、大型货车、小型汽车、小型自动挡汽车的机动车驾驶员	
6	JT/T 916—2014	道路运输驾驶员特殊环境与情境下安全驾驶技能培训与评价方法	本标准规定了道路运输驾驶员在特殊环境与情境下的安全驾驶技能培训的设备要求、培训项目的场景要求及培训内容、培训要求和评价方法。 本标准适用于道路运输驾驶员在汽车驾驶培训模拟器上的驾驶技能培训与评价	
7	JT/T 917.1—2014	道路运输驾驶员技能和素质要求 第 1 部分：旅客运输驾驶员	JT/T 917 的本部分规定了道路旅客运输驾驶员的基本要求及应具备的专业知识和专业技能要求。 本部分适用于对班车客运、包车客运和旅游客运的驾驶员遴选、准入、管理及评价	
8	JT/T 917.2—2014	道路运输驾驶员技能和素质要求 第 2 部分：货物运输驾驶员	JT/T 917 的本部分规定了道路货物运输驾驶员的基本要求及应具备的专业知识和专业技能要求。 本部分适用于对道路普通货物运输、道路货物专用运输和道路大型物件运输的驾驶员遴选、准入、管理及评价	

续上表

序号	标准编号	标准名称	主要内容	代替标准号
9	JT/T 917.3—2014	道路运输驾驶员技能和素质要求 第3部分：出租汽车驾驶员	JT/T 917 的本部分规定了出租汽车驾驶员的基本要求及应具备的专业知识和专业技能要求。 本部分适用于对出租客运驾驶员遴选、准入、管理及评价	
10	JT/T 918—2014	高速公路信息通信系统联网技术要求	本标准规定了全国高速公路信息通信系统网络体系结构、联网技术要求和基础设施要求等。 本标准适用于全国高速公路信息通信系统联网的规划、设计、建设与运行维护。各省高速公路信息通信系统联网的规划、设计、建设与运行维护可参照本标准执行	
11	JT/T 919.1—2014	交通运输物流信息交换 第1部分:数据元	JT/T 919 的本部分规定了交通运输物流信息交换中主要数据元的分类、编码规则、表示规范,并给出了数据元集和代码集。 本部分适用于交通运输物流相关的公共信息平台、电子数据交换及物流信息系统等的设计、开发与应用	
12	JT/T 919.2—2014	交通运输物流信息交换 第2部分:道路运输电子单证	JT/T 919 的本部分规定了交通运输物流信息交换中有关道路运输电子单证的报文结构和报文属性以及普通运输电子单证、危险品道路运输电子路单和集装箱道路运输电子单证。 本部分适用于交通运输物流相关的公共信息平台、电子数据交换及物流信息系统等的设计、开发与应用	

续上表

序号	标准编号	标准名称	主要内容	代替标准号
13	JT/T 919.3—2014	交通运输物流信息交换 第3部分：物流站场（园区）电子单证	JT/T 919 的本部分规定了物流站场(园区)与其他企业间业务协作及与管理部门进行数据交换的报文结构和属性以及物流企业/站场(园区)基本信息、车辆卡注册信息、车辆园区登记信息等主要电子单证。 本部分适用于物流行业相关的公共信息平台、电子数据交换平台以及物流业务信息系统等的设计、开发与应用	
14	JT/T 920—2014	土壤液塑限检测仪	本标准规定了土壤液塑限检测仪的分类、型号与结构、技术要求、试验方法、检验规则、标志、包装、运输和储存。 本标准适用于土壤液塑限检测仪的生产和使用	
15	JT/T 921—2014	单轮式横向力系数测试仪	本标准规定了单轮式横向力系数测试仪的结构、工作环境条件、技术要求、试验方法、检验规则及标志、包装、运输和储存。 本标准适用于单轮式横向力系数测试仪的生产、检验和使用	
16	JT/T 922—2014	乳化沥青稀浆封层混合料稠度仪	本标准规定了乳化沥青稀浆封层混合料稠度仪的结构与材料、技术要求、试验方法、检验规则、标志和包装。 本标准适用于乳化沥青稀浆封层混合料稠度试验用的乳化沥青稀浆封层混合料稠度仪的生产、检验和使用	
17	JT/T 923—2014	乳化沥青微粒离子电荷试验仪	本标准规定了乳化沥青颗粒电荷试验仪的产品结构，技术要求，试验方法，检验规则、标志、包装、运输和储存。 本标准适用于测定各类乳化沥青电荷性质的乳化沥青微粒离子电荷试验仪的生产、检验和使用	

续上表

序号	标准编号	标准名称	主要内容	代替标准号
18	JT/T 924—2014	乳化沥青稳定性试验管	本标准规定了乳化沥青稳定性试验管的结构及尺寸、技术要求、试验方法、检验规则、标志、包装、运输和储存。 本标准适用于测定各类乳化沥青稳定性试验管的生产、检验和使用	
19	JT/T 925.1—2014	公路工程土工合成材料土工格栅第1部分:钢塑格栅	JT/T 927 的本部分规定了钢塑格栅的产品分类、规格型号及尺寸偏差、技术要求、试验方法、检验规则,以及标志、包装、运输和储存。 本部分适用于以高强钢丝、聚乙烯等高分子聚合物为主要原料,加入一定量的抗紫外线、防老化助剂及其他增强改性物质,经挤出、复合的钢塑条带经向、纬向整合熔接成型的钢塑格栅	
20	JT/T 926—2014	桥梁用黏滞流体阻尼器	本标准规定了桥梁用黏滞流体阻尼器产品的结构形式、规格和型号、技术要求、试验方法、检验规则、标志、包装、运输和储存等。 本标准适用于桥梁用黏滞流体阻尼器的生产和检验,不适用于拉索及调谐质量阻尼器用黏滞流体阻尼器	
21	JT/T 927—2014	桥梁双曲面球型减隔震支座	本标准规定了桥梁双曲面球型减隔震支座的分类、型号、结构形式和规格、技术要求、试验方法、检验规则、标志、包装、运输和储存等。 本标准适用于竖向承载力为1000~100000kN的桥梁双曲面球型减隔震支座	

续上表

序号	标准编号	标准名称	主 要 内 容	代替标准号
22	JT/T 928—2014	桥梁超高阻尼隔震橡胶支座	本标准规定了桥梁用超高阻尼隔震橡胶支座的产品分类、结构、规格和型号、技术要求、试验方法、检验规则、标志、包装、运输和储存等。 本标准适用于竖向承载力不大于21000kN,抗震设防烈度为水平峰值加速度0.4g及以下地震烈度区的各类桥梁工程的超高阻尼隔震橡胶支座	
23	JT/T 929—2014	潜水及水下作业入出水系统吊放装置	本标准规定了潜水及水下作业入出水系统吊放装置的结构和型号、技术要求、试验方法、检验规则以及标志、包装、运输和储存。 本标准适用于120m以浅工作水深的移动式潜水及水下作业入出水系统吊放装置	
24	JT/T 930—2014	潜水吊笼	本标准规定了潜水吊笼的结构和型号、技术要求、试验方法、检验规则以及标志、包装、运输和储存。 本标准适用于90m以浅工作水深的潜水吊笼	
25	JT/T 378—2014	汽车驾驶培训模拟器	本标准规定了汽车驾驶培训模拟器的分类、技术要求、试验方法、检验规则及标志、包装、运输和储存。 本标准适用于汽车驾驶培训模拟器的生产和检验	JT/T 378—2005
26	JT/T 442—2014	道路运输驾驶员适宜性检测评价方法	本标准规定了道路运输驾驶员适宜性检测项目与方法、检测环境要求以及评价指标。 本标准适用于道路运输驾驶员适宜性的检测与评价	JT/T 442—2001

续上表

序号	标准编号	标准名称	主要内容	代替标准号
27	JT/T 697.6—2014	交通信息基础数据元 第6部分：船员信息基础数据元	JT/T697的本部分规定了船员信息基础数据元编制原则和分类、船员信息基础数据元及数据元值域代码集。 本部分适用于交通运输行业建立船员数据库的主要技术指标和有关信息系统所涉及的船员数据的采集、交换与共享。其他涉及船员相关信息数据项需引用标准的信息系统或文件也可参照本部分执行	JT/T 697.6—2008
28	JT/T 860.3—2014	沥青混合料改性添加剂 第3部分:阻燃剂	JT/T 860的本部分规定了沥青混合料改性添加剂——阻燃剂的技术要求、试验方法、检验规则及标志、包装、运输和储存。 本部分适用于阻燃剂的生产、检验和使用	
29	JJG(交通) 113—2014	单轮式横向力系数测试仪	本规程适用于单轮式横向力系数测试仪的首次检定、后续检定和使用中的检查	
30	JJG(交通) 114—2014	乳化沥青稀浆封层混合料稠度仪	本规程适用于乳化沥青稀浆封层混合料稠度仪的首次检定、后续检定和使用中的检查	
31	JJG(交通) 115—2014	乳化沥青微粒离子电荷试验仪	本规程适用于乳化沥青微粒离子电荷试验仪的首次检定、后续检定和使用中的检查	
32	JJG(交通) 116—2014	乳化沥青稳定性试验管	本规程适用于乳化沥青稳定性试验管的首次检定、后续检定和使用中的检查	

交通运输行业科技创新人才推进计划管理办法

交科技发〔2014〕101 号　2014.5.5

第一章　总　　则

第一条　为规范和加强交通运输行业科技创新人才推进计划(以下简称“推进计划”)的管理工作,制定本办法。

第二条　推进计划的目标:

遴选出一批中青年科技创新领军人才、行业重点科研领域的优秀创新团队和具有示范带头作用的创新人才培养示范基地,通过创新体制机制、优化政策环境、强化保障措施等多种方式,集中各方力量加大对入选对象的支持,加强高层次创新型科技人才队伍建设,引领和带动各类科技人才的发展,为提高自主创新能力、建设创新型交通运输行业提供有力的人才支撑。支持总规模控制在 50 名中青年科技创新领军人才、25 个重点领域创新团队和 10 个创新人才培养示范基地。

第三条　推进计划的任务:

——中青年科技创新领军人才建设。培养一支瞄准科技发展前沿,能够引领行业科技创新发展方向,取得高水平创新成果,具有较大的创新发展潜力的领军人才队伍。

——重点领域创新团队建设。支持一批符合行业重点发展方向和长远需求,具有明确的研发目标和科研规划,团队创新业绩突出,具有持续创新能力和较好的发展前景的创新团队。

——创新人才培养示范基地建设。形成一系列在科研管理、人事制度、经费使用、考核评价、人员激励等方面勇于探索,各具特色的人才培养示范基地。

第四条 推进计划由部人才主管部门归口管理,由部科技主管部门负责组织实施。

第二章 申报条件

第五条 申报者应为从事交通运输领域科技研发的个人或单位,并需有推荐单位意见。推荐单位包括:各省级交通运输主管部门、中央管理的交通运输企业、部属单位、相关高等学校等。

第六条 中青年科技创新领军人才的申报者应具备以下基本条件:

1. 坚持科学精神,恪守科学道德,无学术不端行为。

2. 近5年主要精力放在科研一线从事研究开发工作,有明确的研究方向,具有较大的创新发展潜力。

3. 承担重大科研项目或重大建设项目的关键研发任务,近5年主持过国家或省部级科技项目。取得高水平创新成果,业绩突出,近5年曾获得过国家科技奖励或省部级科技奖励;并满足下列条件之一:发表论文被SCI、EI、ISTP收录;拥有发明专利授权;负责或参与过重要标准规范制修订;作为负责人开发了具有较强应用推广价值的新产品、新装备、新工艺、新材料。

4. 拥有博士学位或副高级(含)以上职称,年龄在50周岁以下。

5. 入选为海外引进人才的,须已回国工作两年以上(以与用人单位签署的正式工作协议或合同为依据),并保证在今后5年内每年在国内工作9个月以上。

第七条 重点领域创新团队的申报者应具备以下基本条件:

1. 所从事研究领域符合行业重点发展方向和长远需求,具有明确的研发目标和科研规划。

2. 承担重大科研项目或重大建设项目的关键研发任务，近5年以团队为核心牵头承担过2项(含)以上国家或省部级科技项目。

3. 团队创新业绩突出，具有持续创新能力和较好的发展前景，近5年核心成员曾获得过国家或3项(含)以上省部级科技奖励；并满足下列条件之一：发表论文被SCI、EI、ISTP收录；拥有发明专利授权；负责或参与过重要标准规范制修订；在该领域开发了具有较强应用推广价值的新产品、新装备、新工艺、新材料。

4. 团队结构稳定、合理，核心成员一般不少于5人，不超过15人，可跨单位协作。申报单位核心成员所占比例不低于50%，且不能作为核心成员同时申报其他创新团队。

5. 团队负责人应符合中青年科技创新领军人才的基本条件。

第八条 创新人才培养示范基地的申报者应具备以下基本条件：

1. 申报单位须具有独立法人资格。示范基地可为申报单位的内设机构。

2. 应有丰富的科技资源、较强的创新能力、较完备的人才培养条件和创新服务设施。

3. 建立了产学研紧密结合的人才培养模式和科教资源向社会开放共享的运行机制。

4. 在人才培养的体制机制改革方面积极探索，制度健全、成效明显，能够发挥较强的示范、辐射和带动作用。

第九条 推进计划评审注重结合国家及部重大科研项目，兼顾基础性研究，优先从国家及交通运输行业重点实验室、工程研究中心、协同创新平台等创新基地平台中推荐产生。

第十条 科研院所、高等学校等法人单位的主要负责人不得申报中青年科技创新领军人才。连续两次未入选的，再次申报需间隔1年。

第三章　推荐及评审程序

第十一条　推荐及评审工作按照公开、公平、公正的原则。充分发挥专家作用，择优支持，将业绩贡献、能力水平和发展潜力作为人才和团队遴选的核心标准；将人才培养的鲜明特色和示范带动意义作为基地遴选的核心标准。

第十二条　申报者须填写推荐表，申报单位严格按申报条件择优遴选，并在单位内部公示，公示期不少于5个工作日。

第十三条　各推荐单位要认真审核推荐对象的推荐材料，并签署推荐意见，统一将推荐材料报部科技主管部门。推荐材料内容不得涉密。

第十四条　部科技主管部门对推荐材料进行形式审查后，组织专家对推荐对象进行评审。推荐材料有以下情况之一者，不提交专家评审：

1. 申报对象不符合申报条件。

2. 推荐材料不符合填报要求。

3. 推荐材料未按规定时间提交等。

第十五条　根据专家评审意见，部科技主管部门会同人才主管部门提出拟入选对象，经批准后进行公示，公示期为10个工作日。公示无异议后列入推进计划。

第四章　实　　施

第十六条　建立部门工作协调机制。交通运输科技主管部门与人才主管部门应密切协作，及时沟通有关信息，研究制定相关举措，统筹推进相关工作。各单位也应结合自身实际，建立相应的工作协调机制。

第十七条　推进计划实行动态管理，有效期为5年。入选者如有违反科研道德规范、弄虚作假，或违法违纪的，经调查核实后撤销其资格。

第十八条 推进计划每年分别遴选约10名个人、5个团队和2个基地(根据当年申报对象情况适当调整)。

第十九条 入选推进计划的个人直接进入交通运输科技项目专家库。符合条件者,优先推荐入选部青年科技英才、十百千人才工程、科技领军人才。如入选者在有效期内调离原工作单位,需报部科技主管部门备案;入选部青年科技英才、十百千人才工程、科技领军人才的,应同时报部人才主管部门备案。

第二十条 科技部创新人才推进计划推荐人选,直接由推进计划人选中符合条件的择优产生。

第二十一条 对入选推进计划的个人、团队和基地,部积极支持其开展科研、学术交流活动;根据实际工作需要,优先安排参加国际会议、出国培训等。

第二十二条 推进计划入选的个人、团队的申报单位和推荐单位应积极落实所承诺的支持保障条件,为其提供良好的科研环境。

第五章 附 则

本办法由部科技主管部门会同人才主管部门负责解释,自2014年5月5日起施行。

附件:1. 交通运输行业中青年科技创新领军人才推荐表

2. 交通运输行业重点领域创新团队推荐表

3. 交通运输行业创新人才培养示范基地推荐表

附件 1

编号：________

交通运输行业中青年科技创新领军人才
推　荐　表

推荐人选：________________

申报单位：________________

技术职称：________________

技术领域：________________

推荐单位：________________

填表时间：　　　年　　　月　　　日

交通运输部　制

填 写 说 明

一、填写内容要求实事求是、内容翔实、文字精练。

二、涉密内容不得在推荐材料中体现。

三、技术领域从“公路工程”、“道路运输”、“水运工程”、“水路运输”、“城市交通(含轨道交通)”、“综合运输与物流”、“安全应急”、“节能环保”、“交通信息化”、“其他”中选择填写。

四、“学习经历”从大学填起。

五、“项目来源”主要是指项目的管理部门或委托单位,“计划名称”是指承担计划的名称,如“863 计划”、“国家自然基金项目”或“交通运输部科技项目计划”。

六、表中栏目没有内容一律填“无”。

七、“附件材料”按提纲提供齐全,不得缺项漏项。

八、“申报单位意见”要对公示时间、范围和结果情况进行说明。

九、填写打印《交通运输行业中青年科技创新领军人才推荐表》和附件材料,签字盖章后报交通运输部科技主管部门。

一、基本信息

<table>
<tr><td rowspan="13">推荐人选</td><td>姓　　名</td><td colspan="2"></td><td colspan="2">性　　别</td><td></td><td colspan="3">国　　籍</td><td colspan="2"></td></tr>
<tr><td>民　　族</td><td colspan="2"></td><td colspan="2">出生日期</td><td></td><td colspan="3">政治面貌</td><td colspan="2"></td></tr>
<tr><td>行政职务</td><td colspan="2"></td><td colspan="2">最高学历</td><td></td><td colspan="3">最高学位</td><td colspan="2"></td></tr>
<tr><td>职　　称</td><td colspan="2"></td><td colspan="2">证件类型</td><td></td><td colspan="3">证件号码</td><td colspan="2"></td></tr>
<tr><td>所从事专业或方向</td><td colspan="2"></td><td colspan="2">技术领域</td><td></td><td colspan="3">所获学术荣誉称号</td><td colspan="2"></td></tr>
<tr><td>主要研发类别</td><td colspan="5">□科学研究　　□技术开发
□其他____________</td><td colspan="3">已入选的人才计划</td><td colspan="2"></td></tr>
<tr><td>E-mail</td><td colspan="3"></td><td>电话</td><td colspan="2"></td><td colspan="3">从事科研工作年限</td><td></td></tr>
<tr><td rowspan="2">学习经历</td><td>国家</td><td colspan="2">院校</td><td>专业</td><td colspan="2">学历/学位</td><td colspan="3">起始时间</td><td>结束时间</td></tr>
<tr><td></td><td colspan="2"></td><td></td><td colspan="2"></td><td colspan="3"></td><td></td></tr>
<tr><td rowspan="2">工作经历</td><td>国家</td><td colspan="3">单位</td><td colspan="2">职务</td><td colspan="3">起始时间</td><td>结束时间</td></tr>
<tr><td></td><td colspan="3"></td><td colspan="2"></td><td colspan="3"></td><td></td></tr>
<tr><td rowspan="2">国内外科研组织及重要学术期刊任职情况</td><td colspan="6">组织或期刊名称</td><td colspan="3">职务</td><td>任期</td></tr>
<tr><td colspan="6"></td><td colspan="3"></td><td></td></tr>
<tr><td rowspan="6">申报单位</td><td>单位名称</td><td colspan="4"></td><td colspan="3">组织机构代码</td><td colspan="3"></td></tr>
<tr><td>单位类别</td><td colspan="4"></td><td colspan="3">主管部门</td><td colspan="3"></td></tr>
<tr><td>法定代表人</td><td colspan="4"></td><td colspan="3">所在地区</td><td colspan="3"></td></tr>
<tr><td>单位地址</td><td colspan="4"></td><td colspan="3">邮政编码</td><td colspan="3"></td></tr>
<tr><td>单位联系人</td><td colspan="4"></td><td colspan="3">联系电话</td><td colspan="3"></td></tr>
<tr><td>电子邮箱</td><td colspan="4"></td><td colspan="3">传真</td><td colspan="3"></td></tr>
</table>

二、近 5 年主要科研情况

1. 承担主要科研任务及重大建设项目的关键研发情况(不超过 10 项)							
序号	项 目 名 称	立项编号	经费(万元)	起止年月	项目来源	计划名称	担任角色

2. 获得主要科研学术奖励情况						
序号	获奖项 目 名 称	奖励名称	等级	排序	获奖时间	授予机构

3. 代表性论文(第一作者或“通信作者”的论文)(不超过 10 篇)						
序号	论文题目	所有作者(通信作者请标注 *)	期刊名称	年份、卷期及页码	是否被SCI、EI、ISTP 收录	影响因子

4. 重要专著情况				
序号	专著名称	出版社	发行国家和地区	年份

5. 发明专利授权情况

序号	专利名称	授权号	发明人排序	授权时间	授权国别或组织

6. 负责或参与过的重要标准制定情况（不超过10项）

序号	标准号	标准名称	类别（国标/行标/地标）	颁布/修订时间	本人排序

7. 在重要国际学术会议报告情况（不超过10篇）

序号	报告名称	会议名称	主办方	时间	地点	报告类别

8. 主要新产品/新装备/新工艺/新材料开发情况

序号	名称	创新性	开发阶段	功能、应用领域（限50字）	经济效益（限50字）

9. 其他重要成果及业绩、贡献(300 字以内)

三、推荐人选自我评价

主要包括研究能力、学术或技术水平、对所属技术领域和相关产业影响等方面的情况。(500 字以内)

四、当前研究基础及未来研究计划

请按以下提纲编写：

（一）当前研究基础（500 字以内）

1. 近 5 年相关研究方向的主要科研产出及成果转化应用情况；

2. 团队建设情况；

3. 现有的科研条件及环境。

（二）未来 5 年研究计划

1. 拟开展的研究在国内外同领域所处的地位（200 字以内）；

2. 研究主要内容和创新点（500 字以内）；

3. 开展的研究对支撑行业发展和带动相关领域技术进步的重要意义（300 字以内）；

4. 科研组织管理、国内外合作设想（200 字以内）；

5. 个人能力提升、人才培养和团队建设（200 字以内）；

6. 支撑保障条件需求（200 字以内）。

五、申报单位发展需求与推荐人选的相关性及申报单位提供的支持保障措施

请按以下提纲编写：

1. 申报单位在推荐人选所属学科和科研领域的布局及发展状况（200 字以内）；

2. 推荐人选对申报单位发展的作用（学科带动、科研水平提升、队伍建设等）（200 字以内）；

3. 申报单位对推荐人选的培养使用所提供的保障措施及落实计划（包括岗位设置、人才培养、科研场所、实验平台、资源共享、经费投入、项目倾斜、后勤保障等）（300 字以内）。

六、信息汇总表

姓名	年龄	工作单位	技术职称	从事专业或方向	近5年承担项目(项)			近5年获科技奖励情况(项)			论文(篇)		专著(本)	标准制定(项)			发明专利(项)	重要国际学术会议报告情况(次)	"四新"开发情况(项)
					国家级	交通运输部	省级	国家级	省部级	其他	SCI、EI、ISTP收录	核心期刊		国家标准	行业标准	地方标准			

注:汇总表要与推荐表中数据一致;"四新"指新产品/新装备/新工艺/新材料。

七、承诺与推荐意见

1. 推荐人选承诺
本人承诺推荐材料中所有信息真实可靠,若有失实和造假行为,本人愿承担一切责任! 签　　字: 年　　月　　日
2. 申报单位意见(对推荐人选相关陈述的真实性,以及支持保障措施的落实做出承诺,并完成公示无异议,明确是否同意推荐。)
法定代表人(签字/签章): (公　章) 年　　月　　日
3. 推荐单位意见(明确是否同意推荐并承诺相关支持措施)
(公　章) 年　　月　　日

八、附件材料

1. 相关方向最具代表性的论文全文(不超过3篇);

2. 科技奖励证书(不超过2项);

3. 承担的科研项目(不超过2项,提供反映项目名称、来源、经费和本人角色的任务书或合同的关键页);

4. 国际科研组织、重要学术期刊任职及重要学术会议大会报告等证明材料;

5. 成果开发、转化及应用推广及经济、社会效益等证明材料;

6. 海归引进人才回国证明材料(与用人单位签署的工作协议);

7. 电子版2寸近期免冠证件照片[JPG格式,按“姓名(单位.JPG)”规则命名,分辨率413*626以上,文件大小2M以下]。

附件 2

编号：________

交通运输行业重点领域创新团队
推　荐　表

团 队 名 称：________________

团队负责人：________________

技 术 领 域：________________

申 报 单 位：________________

推 荐 单 位：________________

填 表 时 间：　　年　　月　　日

交通运输部　制

填写说明

一、填写内容应实事求是、内容翔实、文字精练。

二、涉密内容不得在推荐材料中体现。

三、团队名称要体现具体研发方向，格式为"研究方向+创新团队"。

四、技术领域请从"公路工程"、"道路运输"、"水运工程"、"水路运输"、"城市交通（含轨道交通）"、"综合运输与物流"、"安全应急"、"节能环保"、"交通信息化"、"其他"中选择填写。

五、"学习经历"从大学填起。

六、"项目来源"主要是指项目的管理部门或委托单位，"计划名称"是指承担计划的名称，如"863计划"、"国家自然基金项目"或"交通运输部科技项目计划"。

七、表中栏目没有内容一律填"无"。

八、填写打印《交通运输行业重点领域创新团队推荐表》和附件材料，签字盖章后报交通运输部科技主管部门。

一、基本信息

（一）团队信息

<table>
<tr><td colspan="2">团队名称</td><td colspan="4"></td></tr>
<tr><td colspan="2">研究方向</td><td colspan="4"></td></tr>
<tr><td colspan="2">技术领域</td><td colspan="4"></td></tr>
<tr><td rowspan="2">依托项目</td><td>类　　别</td><td colspan="4">□重大科研项目　□重大建设项目　□其他________</td></tr>
<tr><td>名　　称</td><td colspan="2"></td><td>项目来源</td><td></td></tr>
<tr><td rowspan="6">依托单位</td><td>单位名称</td><td colspan="2"></td><td>组织机构代码</td><td></td></tr>
<tr><td>单位类别</td><td colspan="2"></td><td>主管部门</td><td></td></tr>
<tr><td>法定代表人</td><td colspan="2"></td><td>所在地区</td><td></td></tr>
<tr><td>单位地址</td><td colspan="2"></td><td>邮政编码</td><td></td></tr>
<tr><td rowspan="2">联 系 人</td><td rowspan="2"></td><td>手　　机</td><td></td><td>传　　真</td><td></td></tr>
<tr><td>电子邮箱</td><td></td><td>电　　话</td><td></td></tr>
</table>

（二）团队负责人信息

<table>
<tr><td>姓　名</td><td colspan="2"></td><td colspan="2">性　别</td><td></td><td>出生日期</td><td></td></tr>
<tr><td>行政职务</td><td colspan="2"></td><td colspan="2">最高学历</td><td></td><td>最高学位</td><td></td></tr>
<tr><td>技术职称</td><td colspan="2"></td><td colspan="2">证件类型</td><td></td><td>证件号码</td><td></td></tr>
<tr><td>现从事专业或方向</td><td colspan="2"></td><td colspan="2">所获最高学术荣誉</td><td></td><td>已入选的人才计划</td><td></td></tr>
<tr><td>电话/传真</td><td colspan="2"></td><td colspan="2">手　机</td><td></td><td>电子邮箱</td><td></td></tr>
<tr><td rowspan="2">学习经历</td><td>国家</td><td>院校</td><td>专业</td><td colspan="2">学历/学位</td><td>起始时间</td><td>结束时间</td></tr>
<tr><td></td><td></td><td></td><td colspan="2"></td><td></td><td></td></tr>
<tr><td rowspan="2">工作经历</td><td>国家</td><td colspan="2">单位</td><td colspan="2">职务</td><td>起始时间</td><td>结束时间</td></tr>
<tr><td></td><td colspan="2"></td><td colspan="2"></td><td></td><td></td></tr>
<tr><td rowspan="2">国内外科研组织及重要学术期刊任职情况（限5项）</td><td colspan="4">组织或期刊名称</td><td colspan="2">职务</td><td>任期</td></tr>
<tr><td colspan="4"></td><td colspan="2"></td><td></td></tr>
</table>

（三）团队成员情况

<table>
<tr><td rowspan="6">团队成员
共__人</td><td rowspan="2">年龄</td><td colspan="3">56 岁以上</td><td colspan="2">46～55 岁</td><td colspan="2">36～45 岁</td><td colspan="2">35 岁以下</td></tr>
<tr><td colspan="3"></td><td colspan="2"></td><td colspan="2"></td><td colspan="2"></td></tr>
<tr><td rowspan="2">职称</td><td colspan="3">正高</td><td colspan="2">副高</td><td colspan="2">中级</td><td colspan="2">其他</td></tr>
<tr><td colspan="3"></td><td colspan="2"></td><td colspan="2"></td><td colspan="2"></td></tr>
<tr><td rowspan="2">学历
学位</td><td colspan="3">博士</td><td colspan="2">硕士</td><td colspan="2">本科/学士</td><td colspan="2">其他</td></tr>
<tr><td colspan="3"></td><td colspan="2"></td><td colspan="2"></td><td colspan="2"></td></tr>
<tr><td rowspan="6">团队核
心成员
（5～15 人）</td><td>姓名</td><td>性别</td><td>出生日期</td><td colspan="2">证件类型</td><td>证件号码</td><td>学历/学位</td><td>职务/职称</td><td>现从事专业或研究方向</td><td>工作单位</td></tr>
<tr><td></td><td></td><td></td><td colspan="2"></td><td></td><td></td><td></td><td></td><td></td></tr>
<tr><td></td><td></td><td></td><td colspan="2"></td><td></td><td></td><td></td><td></td><td></td></tr>
<tr><td></td><td></td><td></td><td colspan="2"></td><td></td><td></td><td></td><td></td><td></td></tr>
<tr><td></td><td></td><td></td><td colspan="2"></td><td></td><td></td><td></td><td></td><td></td></tr>
<tr><td></td><td></td><td></td><td colspan="2"></td><td></td><td></td><td></td><td></td><td></td></tr>
</table>

二、团队近 5 年主要科研情况

<table>
<tr><td colspan="9">1. 承担主要科研任务及重大建设项目的关键研发情况</td></tr>
<tr><td></td><td>序号</td><td>项 目 名 称</td><td>立项编号</td><td>经费（万元）</td><td>起止年月</td><td>项目来源</td><td>计划名称</td><td>参与的团队成员</td></tr>
<tr><td rowspan="2">团队负责人主持的</td><td></td><td></td><td></td><td></td><td></td><td></td><td></td><td></td></tr>
<tr><td></td><td></td><td></td><td></td><td></td><td></td><td></td><td></td></tr>
<tr><td rowspan="4">团队核心成员主持的（每人不超过2项）</td><td></td><td></td><td></td><td></td><td></td><td></td><td></td><td></td></tr>
<tr><td></td><td></td><td></td><td></td><td></td><td></td><td></td><td></td></tr>
<tr><td></td><td></td><td></td><td></td><td></td><td></td><td></td><td></td></tr>
<tr><td></td><td></td><td></td><td></td><td></td><td></td><td></td><td></td></tr>
</table>

<table>
<tr><td colspan="8">2. 获得重要科研学术奖励情况</td></tr>
<tr><td></td><td>序号</td><td>获奖项 目 名 称</td><td>奖励名称</td><td>等级</td><td>授予机构</td><td>获奖时间</td><td>获奖人及排序</td></tr>
<tr><td rowspan="2">团队负责人</td><td></td><td></td><td></td><td></td><td></td><td></td><td></td></tr>
<tr><td></td><td></td><td></td><td></td><td></td><td></td><td></td></tr>
<tr><td rowspan="4">团队核心成员（每人不超过2项）</td><td></td><td></td><td></td><td></td><td></td><td></td><td></td></tr>
<tr><td></td><td></td><td></td><td></td><td></td><td></td><td></td></tr>
<tr><td></td><td></td><td></td><td></td><td></td><td></td><td></td></tr>
<tr><td></td><td></td><td></td><td></td><td></td><td></td><td></td></tr>
</table>

<table>
<tr><td colspan="8">3. 代表性论文（“第一作者”或“通信作者”的论文）</td></tr>
<tr><td></td><td>序号</td><td>论文名称</td><td>所有作者（通信作者请标注＊）</td><td>期刊名称</td><td>年份、卷期及页码</td><td>被 SCI、EI、ISTP 收录情况</td><td>影响因子</td></tr>
<tr><td rowspan="3">团队负责人（不超过 10 篇）</td><td></td><td></td><td></td><td></td><td></td><td></td><td></td></tr>
<tr><td></td><td></td><td></td><td></td><td></td><td></td><td></td></tr>
<tr><td></td><td></td><td></td><td></td><td></td><td></td><td></td></tr>
<tr><td rowspan="3">团队核心成员（每人不超过 2 篇）</td><td></td><td></td><td></td><td></td><td></td><td></td><td></td></tr>
<tr><td></td><td></td><td></td><td></td><td></td><td></td><td></td></tr>
<tr><td></td><td></td><td></td><td></td><td></td><td></td><td></td></tr>
</table>

<table>
<tr><td colspan="8">4. 发明专利授权情况</td></tr>
<tr><td></td><td>序号</td><td>专利名称</td><td>授权号</td><td>IPC 分类号</td><td>发明人排序</td><td>授权时间</td><td>授权国别或组织</td></tr>
<tr><td rowspan="3">团队负责人</td><td></td><td></td><td></td><td></td><td></td><td></td><td></td></tr>
<tr><td></td><td></td><td></td><td></td><td></td><td></td><td></td></tr>
<tr><td></td><td></td><td></td><td></td><td></td><td></td><td></td></tr>
<tr><td rowspan="3">团队核心成员（每人不超过 2 项）</td><td></td><td></td><td></td><td></td><td></td><td></td><td></td></tr>
<tr><td></td><td></td><td></td><td></td><td></td><td></td><td></td></tr>
<tr><td></td><td></td><td></td><td></td><td></td><td></td><td></td></tr>
</table>

5. 重要国际学术会议报告情况

	序号	报告名称	会议名称	主办方	时间	地点	报告类别	报告人
团队负责人								
团队核心成员（每人不超过2项）								

6. 重要著作情况

	序号	著作名称	出版社	作者	发行国家和地区	年份
团队负责人						
团队核心成员						

7. 负责或参与过的重要标准制定情况

	序号	标准号	标准名称	类别(国标/行标/地标)	颁布/修订时间	本人排序
团队负责人						
团队核心成员(每人不超过2项)						

8. 新产品/新装备/新工艺/新材料开发情况(不超过5项)

	序号	名称	创新性	开发阶段	功能、应用领域(限50字)	经济效益(限50字)
团队负责人						
团队核心成员(每人不超过2项)						

9. 其他重要成果及业绩、贡献(300 字以内)

三、团队及负责人自我评价

请按以下提纲编写:

(一)团队评价(主要包括团队形成背景、围绕整体研究方向核心成员的学科布局、任务分工及协同机制,研究能力、学术或技术水平、对支撑行业发展和带动相关领域技术进步等方面的情况,600 字以内)。

(二)团队负责人评价(主要包括研究能力、学术或技术水平、组织协调和团队管理能力、在支撑行业发展和带动相关领域技术进步等方面的情况,500 字以内)。

四、团队发展规划及基础情况

请按以下提纲编写：

（一）创新团队的现有基础

推动未来研究工作的现实基础（科研基础、科研条件等，600字以内）。

（二）未来五年的发展规划

1. 拟开展的研究在国内外同领域所处的地位（300字以内）；

2. 研究主要内容及创新点（500字以内）；

3. 对促进行业发展，提升行业相关领域科技创新能力和核心竞争力的意义（300字以内）；

4. 团队的组织管理、运行机制和国际合作（300字以内）；

5. 团队负责人能力提升、人才培养、团队建设等（200字以内）；

6. 支撑保障条件需求（200字以内）。

五、申报单位发展需求与推荐团队的相关性及申报单位提供的支持保障措施

请按以下提纲编写：

1. 申报单位在推荐团队所属技术领域的布局及发展状况（200字以内）；

2. 推荐团队对申报单位发展的作用（市场开拓、科研水平提升、队伍建设等）（200字以内）；

3. 申报单位对推荐团队建设和培养所提供的保障措施及落实计划（包括岗位设置、人才培养、科研场所、实验平台、招生计划、资源共享、经费投入、项目倾斜、后勤保障等）（300字以内）。

六、团队信息汇总表

团队名称	负责人		申报单位	近5年承担项目(项)			近5年获科技奖励情况(项)			论文(篇)		专著(本)	标准制定(项)			发明专利(项)	重要国际学术会议报告情况(次)	“四新”开发情况(项)
	姓名	年龄		国家级	交通运输部	省级	国家级	省部级	其他	SCI、EI、ISTP收录	核心期刊		国家标准	行业标准	地方标准			

注:汇总表要与推荐表中数据一致;承担项目、奖励、论文等填写团队总体情况;“四新”指新产品/新装备/新工艺/新材料。

七、承诺与推荐意见

<table>
<tr><td colspan="4">1. 团队负责人承诺</td></tr>
<tr><td colspan="4">本人代表团队承诺推荐材料中所有信息真实可靠，若有失实和造假行为，本人愿承担一切责任。

签　　字：
年　　月　　日</td></tr>
<tr><td colspan="4">2. 团队核心成员签字</td></tr>
<tr><td>序号</td><td>姓名</td><td>工作单位</td><td>签字</td></tr>
<tr><td></td><td></td><td></td><td></td></tr>
<tr><td></td><td></td><td></td><td></td></tr>
<tr><td></td><td></td><td></td><td></td></tr>
<tr><td></td><td></td><td></td><td></td></tr>
<tr><td></td><td></td><td></td><td></td></tr>
<tr><td colspan="4">3. 申报单位意见（对推荐团队相关陈述的真实性，以及支持保障措施的落实作出承诺，并完成公示无异议，明确是否同意推荐）</td></tr>
<tr><td colspan="4">法定代表人（签字/签章）：
（公　章）
年　　月　　日</td></tr>
<tr><td colspan="4">4. 推荐单位意见（明确是否同意推荐并承诺相关支持措施）</td></tr>
<tr><td colspan="4">（公　章）
年　　月　　日</td></tr>
</table>

八、附件材料

1. 团队成员(单位)之间的相关合作协议(跨单位合作的提供);

2. 相关方向最具代表性的论文(不超过5篇);

3. 科技奖励证书(不超过3项);

4. 承担的科研项目(不超过3项,提供反映项目名称、来源、经费和本人角色的任务书或合同的关键页);

5. 团队负责人的国际科研组织、重要学术期刊任职及重要学术会议大会报告等证明材料;

6. 成果开发、转化及应用推广及经济、社会效益等证明材料;

7. 海归引进人才回国证明材料(与用人单位签署的工作协议);

8. 团队负责人电子版2寸近期免冠证件照片[JPG格式,按"姓名(单位.JPG)"规则命名,分辨率413 * 626以上,文件大小2M以下]。

附件3

编号:________

交通运输行业创新人才培养示范基地
推　荐　表

申报单位:____________________

推荐单位:____________________

填表时间:　　年　　月　　日

交通运输部　制

填 写 说 明

一、填写内容应实事求是、内容翔实、文字精练。

二、涉密内容不得在推荐材料中体现。

三、“申报单位”须具有独立法人资格，“示范基地”可为申报单位的内设机构。

四、表中栏目没有内容一律填“无”。

五、填写打印《交通运输行业创新人才培养示范基地推荐表》和附件材料，签字盖章后报交通运输部科技主管部门。

一、基本信息

<table>
<tr><td colspan="8">1. 申报单位</td></tr>
<tr><td colspan="2">单位名称</td><td colspan="2"></td><td>法定代表人</td><td></td><td>组织机构代码</td><td></td></tr>
<tr><td colspan="2">单位地址</td><td colspan="4"></td><td>邮政编码</td><td></td></tr>
<tr><td colspan="2">主管部门或地方</td><td colspan="6"></td></tr>
<tr><td colspan="8">2. 示范基地</td></tr>
<tr><td rowspan="5">基本情况</td><td colspan="2">机构名称</td><td colspan="5"></td></tr>
<tr><td rowspan="2">负责人</td><td>姓　名</td><td></td><td>出生日期</td><td></td><td>职称</td><td></td></tr>
<tr><td>行政职务</td><td></td><td>电话</td><td></td><td>电子邮箱</td><td></td></tr>
<tr><td rowspan="2">联系人</td><td>姓　名</td><td></td><td>所在部门</td><td></td><td>行政职务</td><td></td></tr>
<tr><td>手　机</td><td></td><td>电话</td><td></td><td>传真</td><td></td></tr>
<tr><td rowspan="5">固定人员情况</td><td colspan="2">人员总数</td><td></td><td colspan="3">35 周岁以下人员</td><td></td></tr>
<tr><td colspan="2">R&D 人员</td><td>人年</td><td colspan="3">R&D 人员近三年增长率</td><td></td></tr>
<tr><td colspan="2">R&D 研究人员</td><td>人年</td><td colspan="3">R&D 研究人员近三年增长率</td><td></td></tr>
<tr><td colspan="2">正高级职称人员</td><td></td><td colspan="3">副高级职称人员</td><td></td></tr>
<tr><td colspan="2">博士学历人员</td><td></td><td colspan="3">硕士学历人员</td><td></td></tr>
<tr><td rowspan="4">人才专项支持数量</td><td colspan="2">国家“万人计划”</td><td></td><td colspan="3">科技部创新人才推进计划</td><td></td></tr>
<tr><td colspan="2">国家百千万人才工程</td><td></td><td colspan="3">全国工程勘查设计大师</td><td></td></tr>
<tr><td colspan="2">交通青年科技英才</td><td></td><td colspan="3">交通运输部十百千人才工程</td><td></td></tr>
<tr><td colspan="2">交通运输行业科技
创新人才推进计划</td><td></td><td colspan="3"></td><td></td></tr>
<tr><td rowspan="2">承担项目情况（近三年）</td><td colspan="2">主持国家科技
计划数量</td><td></td><td colspan="3">经费（万元）</td><td></td></tr>
<tr><td colspan="2">主持省部级科技
计划数量</td><td></td><td colspan="3">经费（万元）</td><td></td></tr>
</table>

<table>
<tr><td rowspan="2">学术获奖数量（近三年）</td><td>国际级科技奖项</td><td></td><td>国家级科技奖项</td><td></td></tr>
<tr><td>省部级科技奖项</td><td></td><td>其他重要奖项</td><td></td></tr>
<tr><td rowspan="2">创新机构数量</td><td>国家级实验室、工程中心</td><td></td><td>行业重点实验室、研发中心</td><td></td></tr>
<tr><td>省级重点实验室、研发（工程）中心</td><td></td><td></td><td></td></tr>
<tr><td rowspan="4">经费支出情况</td><td colspan="4">近3年经费支出情况</td></tr>
<tr><td></td><td>年</td><td>年</td><td>年</td></tr>
<tr><td>R&D经费（万元）</td><td></td><td></td><td></td></tr>
<tr><td>用于人才培养激励的专项经费（万元）</td><td></td><td></td><td></td></tr>
<tr><td rowspan="13">其他相关情况</td><td rowspan="2">在学学生数量（上年末）</td><td>博士</td><td>硕士</td><td>本科</td></tr>
<tr><td></td><td></td><td></td></tr>
<tr><td rowspan="2">毕业学生数量（上年度）</td><td>博士</td><td>硕士</td><td>本科</td></tr>
<tr><td></td><td></td><td></td></tr>
<tr><td colspan="4">近3年科研产出情况</td></tr>
<tr><td></td><td>年</td><td>年</td><td>年</td></tr>
<tr><td>SCI、EI、ISTP论文收录（篇）</td><td></td><td></td><td></td></tr>
<tr><td>专著（本）</td><td></td><td></td><td></td></tr>
<tr><td>授权专利（项）</td><td></td><td></td><td></td></tr>
<tr><td>技术标准（项）</td><td></td><td></td><td></td></tr>
<tr><td>成果转化或技术转让数量（项）</td><td></td><td></td><td></td></tr>
<tr><td>技术交易金额（万元）</td><td></td><td></td><td></td></tr>
</table>

二、基地建设方案

请按以下提纲编写：

（一）现有情况

1. 人才培养的现有基础条件和创新服务设施（1000 字以内）；

2. 人才培养具有特色的创新举措及其成效（2000 字以内）；

3. 人才培养方面存在的突出问题（500 字以内）；

4. 其他相关情况（500 字以内）。

（二）建设规划

1. 基地建设总体思路、目标、任务和部署安排（500 字以内）；

2. 结合自身特点和发展需求，在人才培养体制机制改革和政策创新方面的重点突破方向及主要做法（2000 字以内）；

3. 人才培养预期成效及示范作用，以及对申报单位发展、科技人才队伍建设、自主创新能力提升、科技进步、产业与经济发展等方面的促进带动作用（500 字以内）。

（三）支撑保障条件

1. 示范基地的组织领导、运行管理机制（500 字以内）；

2. 申报单位、主管部门、地方提供的政策、制度、经费、服务等方面的支持条件与支撑保障（500 字以内）。

三、承诺与推荐意见

<table>
<tr><td>1. 申报单位承诺
本单位承诺推荐材料中所有信息真实可靠，若有失实和造假行为，本单位愿承担一切责任。

法定代表人（签字/签章）：
（公　章）
年　　月　　日</td></tr>
<tr><td>2. 推荐单位意见（明确是否同意推荐，并对政策支持、保障条件等的落实作出承诺）

（公　章）
年　　月　　日</td></tr>
</table>

四、附件材料

<table>
<tr><td>人才选拔、培养、使用、评价、激励、服务等相关政策文件及其他相关证明材料复印件。</td></tr>
</table>

公路水路交通运输主要技术政策

交科技发〔2014〕165 号　2014. 8. 11

前　　言

交通运输是国民经济和社会发展的基础性、先导性产业和服务性行业，是技术应用与创新发展的重要领域。为推广先进成熟技术，鼓励应用已有一定基础、具有发展潜力的技术，推动技术更新换代，实现交通运输行业技术结构的调整和优化，推动行业提质增效升级，制定本技术政策。

当前，我国交通运输发展正处于重要战略机遇期和矛盾凸显期，需求总量不断增长，需求层次快速提升，资源环境约束加剧，基础设施建设和养护技术难度加大，行业管理效能和公共服务水平亟待提高，实现建设、养护、管理和运输服务协调发展的任务艰巨。制定和实施行业技术政策，采取引导、支持和鼓励性政策措施，促进现代科学技术成果在行业发展中的应用，对于提高行业技术水平，加快转变发展方式，实现行业科学发展，具有重要意义。

制定本技术政策的指导思想是：深入实施创新驱动发展战略，坚持"面向需求、面向世界、面向未来"，聚焦"综合交通、智慧交通、绿色交通、平安交通"发展，针对行业发展速度快、技术要求高的重点领域，系统总结技术发展新进展，注重把握科技发展新趋势，体现技术政策的时代性和系统性，促进科技成果更多更好地转化为现实生产力，为加快发展现代交通运输业提供有力的技术支撑。

技术政策分公路工程、水运工程、运输服务、城市交通、安全应急、节能环保和信息化7个领域，共计70条主要政策，侧重反映近年来各领域取得的应用面广、效益显著的新成果，兼顾当前和今后一个时期应大力发展的新技术。

一、公路工程

（一）公路设计与施工。

1. 鼓励应用公路勘察设计新技术，提升勘察设计水平。推广应用卫星数字地球、航测遥感影像、激光雷达扫描和便携数字摄影测量等技术，提高公路工程勘测的精度和效率。鼓励应用基于“遥感、地理信息系统和全球定位系统”（3S）的动态勘察设计技术、三维联动CAD设计系统和公路基础设施信息建模（BIM）技术与装备。鼓励在设计中应用三维动画、虚拟仿真和模拟驾驶检验等技术。

2. 鼓励应用路面新材料、新结构和新工艺，提高路面使用性能和耐久性。推广应用SBS、岩沥青、橡胶粉、温拌等改性沥青混合料，以及低标号、高模量沥青混合料和纤维水泥混凝土等新材料，鼓励应用高性能沥青路面和旋转压实沥青混合料配合比设计技术。鼓励应用路面结构全寿命周期设计理念，推广沥青路面多指标设计方法。推广应用柔性基层、抗裂半刚性基层、连续配筋水泥混凝土和复合式路面结构设计与施工技术。在多雨地区鼓励应用排水沥青路面，在水泥资源丰富的地区鼓励应用水泥混凝土路面。推广应用沙漠、冻土等特殊地质条件下路面修筑关键技术。推广应用沥青混合料拌和自动监控、路面施工质量检测与质量控制、路面施工交叉污染防控等技术。

3. 鼓励应用路基稳定和边坡处置技术，提高公路路基和边坡的稳定性与安全性。推广应用冻土、黄土、盐渍土、膨胀土、软土和岩溶等特殊地质条件下路基修筑关键技术。推广边坡工点的超前控制及动态设计，鼓励边坡支挡结构轻型化，推广应用路基工程标准化施工技术和台背回填质量控制技术。鼓励应用边坡工程与生态环境相协调的设计理念，加强不良地质的事前诊断和处治，鼓励实施路基与边坡的远程智能化监测，发展锚杆、锚索和复合地基等隐蔽工程的无损检测技术与装备。

（二）公路养护与管理。

4. 加强公路养护检测自动化、决策科学化、管理信息化，维护和提高路面性能，延长公路使用寿命。推广应用路面性能综合指标快速检测技术与装备，鼓励应用路基路面自动监测、无损检测与评价技术。推广应用路面预防性养护技术、材料循环利用技术、快速养护技术及新材料，加强公路附属设施的养护与管理，加强养护工程设计。发展公路养护智能化专业化机械设备。

（三）桥梁设计与施工。

5. 科学论证、合理选择桥梁建设方案，树立全寿命设计理念，重视桥梁耐久性设计，延长桥梁使用寿命。桥梁建设应因地制宜，合理确定桥位、跨径、净空和建设规模，优先选用成熟可靠的桥型方案。推广中小跨径桥梁标准化设计，重视桥梁关键构造设计，提高桥梁精细化设计水平。发展桥梁抗震、抗风、防船撞等防灾减灾技术。推广桥梁全寿命周期设计理念，加强耐久性设计。推广应用可检测、可维护和可更换设计技术。鼓励发展钢结构和钢混组合结构桥梁，重视新材料应用。鼓励应用桥梁现代化检测、监测和维护技术，提高桥梁施工与运营安全水平。

6. 推广应用先进成熟的桥梁施工工法和装备，提高桥梁施工技术与管理水平。推广应用先进可靠的新技术、新工艺和新装备，提高桥梁施工的精细化和标准化水平。鼓励桥梁预制构件的工厂化生产，推广应用预应力张拉、新型灌浆材料和灌浆智能控制技术，提升桥梁构建质量。鼓励应用桥梁隐蔽工程无损检测技术和施工过程质量检验与控制技术。重视大跨、高墩、深水基础、缆索吊装、连拱结构等关键施工环节在各种不利工况下的施工组织设计与预案措施研究，提高桥梁施工安全风险管控水平。

（四）桥梁养护与管理。

7. 重视桥梁结构监测和养护，提高桥梁结构长期使用性能。推广桥梁的日常检测和预防性养护，建立普通桥梁定期巡查和健康状况登记制度，加强大型、特大型桥梁养护对策研究，以及地处山洪、泥石流、地震高发区重要桥梁的保通应急预案研究。鼓励应用桥梁检测、评定、预防性养护与维修加固技术及装备,加强在役桥梁的结构动态监测,保障桥梁营运安全。推广应用桥梁典型病害防治技术,加强桥梁易损构件或部位的检(监)测和维护。

(五)隧道设计与施工。

8.科学选择隧道建设方案,推广应用隧道设计新技术,提高隧道设计水平和结构耐久性能。加强隧道地形选线、地质选线研究和综合地质勘察,统筹考虑自然条件、施工条件,以及隧道功能和运行安全需求,科学选择隧道建设方案。重视隧道动态反馈设计,鼓励应用隧道结构可维护性设计技术,加强隧道主体工程与通风、照明、供配电、监控、消防、救援等的协同设计。根据环境条件,推广应用隧道防冻保温技术,发展隧道抗减震技术和隧道节能技术。推广隧道标准化设计。

9.鼓励应用隧道施工新技术与装备,提高施工技术水平和机械化程度。推广应用隧道施工监控量测技术,提高超前地质预报能力。推广应用信息化技术,提高施工自动化水平和应急救援水平。鼓励应用新意法施工技术及其配套装备,加强围岩加固技术、地下水保护技术、新型防水材料及防水施工工艺等的研发和应用。提倡使用湿喷技术,限制使用干喷技术。发展水下隧道建设技术,推广应用隧道标准化施工与管理技术。

(六)隧道养护与管理。

10.重视隧道检测,加强隧道科学养护和运营管理,延长使用寿命,提高服务水平。发展隧道健康诊断和隧道预防性养护技术,鼓励应用隧道表观病害快速自动识别技术、衬砌结构快速无损检测技术、结构变形在线监测技术,以及不中断交通条件下隧道加固技术与装备。重视隧道机电设施养护与改造升级,提高隧道机电设施智能控制水平、监控水平和防灾救援能力。

二、水运工程

(七)港口建设与维护。

11.积极运用现代测量技术,提高水域勘察测绘水平。推广应用遥测、遥感和低空摄影测量等数字摄影测量技术，实现快速成图。鼓励应用水下航行器和三维仿真海图测绘技术。支持应用多波束、旁侧声纳水下地形测量及扫海技术。鼓励应用淤泥质海港浮泥淤积区双频适航水深测量技术。推广应用声学多普勒海流剖面仪、声学波浪仪、遥测波浪仪、光学浊度计、自动验潮仪等先进水文观测仪器设备，逐步取代直读式海流观测、目视波浪观测、现场采水样含沙量测和人工验潮等水文观测方法。推广应用激光探测技术及磁力探测技术。鼓励应用带波浪补偿的钻探设备、钻探平台，鼓励应用海床式静力触探设备。

12. 在水工建筑物设计中融入全寿命理念，完善可靠度设计方法，推广应用适用的结构型式。在水工建筑物设计中，积极引入全寿命周期设计理念，不断完善可靠性设计方法，鼓励应用虚拟仿真设计技术，加强深水恶劣条件下设计施工技术研究。推广应用大直径灌注桩、遮帘式板桩和分离卸荷式板桩等码头设计技术与施工工艺，推广码头结构标准化设计。鼓励应用箱筒型基础、半圆体等新型防波堤结构，推广应用防沙堤充填砂袋结构。在内河及大型库区，鼓励应用框架墩型结构、箱筒型结构及大跨结构体系。

13. 发展新型防护技术，提高水工建筑物结构耐久性。鼓励应用结构耐久性定量设计技术，推广应用绿色环保的新型结构防护技术。鼓励开发应用新型混凝土添加剂、制备高性能混凝土和超高性能混凝土。推广应用混凝土结构和钢结构电化学保护技术，推广应用耐腐蚀钢筋以及节能、环保、性能优良的土工合成材料，鼓励应用先进成熟的阳极材料、混凝土结构有机硅浸渍防腐蚀材料、钢结构新型涂层及矿脂包覆防腐材料。

14. 发展港口地基处理技术，提高地基加固效果和效率。推广应用疏浚淤泥质吹填土二次真空预压地基加固技术。在有条件的地区，推广应用真空预压、真空联合堆载预压、高真空击密等软基加固技术。鼓励应用超软土地基加固技术、水下真空预压和挤密砂桩地基加固技术。

15. 鼓励应用水工结构检测、诊断与加固改造技术，提升水工建筑物安全运行水平。鼓励应用水工建筑物耐久性评价技术、水下成像检测技术。推广应用无损检测技术,发展基于退化理论的剩余使用寿命预测模型,健全基于可靠度指标的评估标准体系,鼓励应用结构整体安全性在线监测、预警技术,鼓励开发恶劣条件下地基基础快速维修加固技术和限制条件下加固改造技术。推广已建海港工程外加电流阴极保护和电脱盐技术。鼓励应用水工结构物检测与健康诊断技术。积极发展快速荷载试验法、桩承载力自平衡试验法、桩底加载法等先进桩基检测技术。

(八)航道建设与维护。

16. 鼓励应用深水航道建设与维护技术,提高航道通过能力。发展航道淤积预报技术,提高航道的使用效率和维护水平。发展河口深水航道减淤技术。在粉沙质海岸航道建设与维护中,鼓励应用基于重现期理论的航道骤淤预报技术。在适宜地区推广应用复式航道建设技术。在淤泥质海岸,推广应用适航水深技术和走航式适航水深测量技术。鼓励应用通航水深、水文动态监测和预报技术。发展极端条件下波浪、潮流和泥沙综合观测技术。

17. 鼓励应用长河段系统治理技术,提高航运资源综合利用水平。鼓励长河段系统综合治理。发展大型水利枢纽运行、自然灾害等影响下航道整治技术。发展物理模型、数学模型、船舶操纵模拟和复合模型等模拟技术,提高长河段航道整治模拟技术水平。推广测试设备自动化,实现数据处理智能化及数据共享。

18. 加快发展通航枢纽建设与运行维护技术,提升船舶通过能力。加强双线或多线船闸平面布置与建设技术研究。推广应用潮汐河口地区船闸防咸技术和省水船闸设计技术。发展坝下不衔接段水位降落预报与整治技术。在枢纽运行管理中,发展调峰调度与坝下航段水位实时预报技术、船闸无人值守运行技术、船闸在线监测技术、升船机和多线多级船闸智能运营技术及多线梯级联合调度技术。鼓励应用船闸快速检修、检(监)测和故障分析等技术。加强碍航闸坝复航技术研究。

19. 应用先进实用航标技术,提高航道通航保障能力。推广可再生能源、长效油漆、喷砂除锈、发光二极管(LED)等新材料、新工艺、新技术在航标中的应用。推广应用航标遥测遥控系统,实现航标实时动态监控。推广应用虚拟航标和多功能航标技术,提高夜间、风浪、雾况等特殊气象条件下航标的导助航功能。

三、运输服务

(九)道路运输。

20. 创新道路客运运营组织与服务模式,满足多样化运输需求,提升客运服务品质。加强道路班线客运和城市公交资源整合,推进城乡道路客运一体化发展,鼓励条件适宜的农村客运和短途客运开展公交化运营。发展多样化农村客运组织方式。鼓励旅游客运与班线客运资源共享。加快发展汽车租赁网络化服务体系。推进公路客运联网售票发展。

21. 发展先进货运组织模式,提高货物运输效率。引导发展甩挂运输、零担快运、集装化运输等先进运输组织方式。重视发展特种货物运输、冷藏运输等专业化运输服务。鼓励货物运输集约化、规模化、网络化发展。加强货物运输基础数据采集与市场监测,提高道路货运经济运行分析能力。

22. 完善营运车辆技术标准,提高营运车辆专业化、标准化水平。鼓励发展城市配送、甩挂运输等专用运输车辆和标准车型,推进干线公路营运货车的厢式化、轻质化和标准化。加大电动、天然气车辆在城市公交、道路客货运输中的应用,加快充电、加气网点及配套设施建设。大力发展安全、经济、实用的农村客运车型。完善营运车辆安全性技术标准和汽车列车制动检测等技术,提升运输装备安全技术水平。

23. 加强车辆管理技术应用,提高车辆管理水平。加强车辆准入、在用车辆的维护与修理、安全节能技术要求、车辆综合性能检测和车辆退出等管理。鼓励应用车辆二级维护质量控制和评价技术,支持发展汽车排放系统的检测和维护(I/M)技术及装备。鼓励发展汽车综合性能检测技术及装备。支持建立检测、维修和监督技术体系,加强检测、维修企业及其所使用设备的管理。

（十）水路运输。

24. 推广应用港口装卸专业化、智能化技术，提高港口装卸效率。支持集装箱码头向智能化方向发展，鼓励应用集装箱码头自动化装卸与搬运工艺，鼓励集装箱物流全程实时在线监控。鼓励大宗干散货码头装卸作业专业化、自动化，鼓励开发环保型装卸工艺与装备技术。鼓励液体散货码头推广应用自动化装卸工艺。推广应用港口装卸输送设备变频驱动技术和港口机械在线健康监测技术。鼓励应用港口作业管控一体化技术、柔性工艺技术。支持发展港口节能减排工艺、装备和技术。

25. 推进内河船型标准化，提高船舶运输组织技术水平。支持基于船舶与船闸、航道协调发展的内河船型标准化，提高船舶技术水平。支持发展干支直达、江海直达、滚装运输及船队运输等组织方式。

26. 推广应用内河船舶物联网技术，提升航运智能化水平。推广应用船舶电子身份验证，鼓励发展船舶运行环境感知技术和基于感知数据的船舶适航预警技术，发展数字航道、智能航道技术。推广应用船—船、船—岸自动信息交换技术，促进跨区域管理数据交换和共享。鼓励应用内河电子巡航和电子航海技术。

（十一）综合运输。

27. 加强综合运输规划研究。推进建立科学的综合交通运输规划体系，发挥综合交通运输规划对资源配置的战略引导作用。发展综合交通运输规划理论、技术和方法，发展规划仿真技术，统筹交通运输、地区、人口、产业以及生态环境，优化综合运输结构，充分发挥各种运输方式的整体优势和组合效率，完善整体集散和通达功能。

28. 提高综合客运枢纽场站规划、设计和运营水平，提高场站整体服务质量与运营效率。积极推广立体换乘技术，集约利用土地，提高换乘效率。加快发展枢纽中各交通方式协同运营组织和安全、高效换乘组织。提高客运枢纽综合管控和信息服务水平，增强突发情况下的应急响应与疏散组织能力。加快综合客运枢纽功能、规模、换乘服务、信息服务、应急疏散等方面标准制定。

29. 提高综合货运枢纽的规划和设计水平，提高物流集散和功能辐射。发展区域型综合货运枢纽（物流园区），提升规划与设计水平。提高货运枢纽（物流园区）内外部交通组织的科学化水平，提高运输方式之间无缝衔接水平。鼓励建设具备多式联运功能的货运枢纽型物流园区，提高对外服务的辐射能力。鼓励专业性冷链物流园区、危险品物流园区的发展，建设专业物流园区的多式联运体系。

30. 积极推进旅客联程联运技术应用，提升服务效率和质量。鼓励发展多样化、个性化、一站式的旅客联程联运及延伸服务，发展多渠道购票、联网售票、多种支付方式及多种票制应用，鼓励发展衔接多种运输方式的旅程规划服务。鼓励发展面向旅客联程联运的不同交通方式运营同步化与协调调度，提高中转换乘引导水平，发展旅客与行李物品分离的联程联运服务。加强和规范联程联运的票据通用信息标准制定，逐步实现"一票式"旅客联运。

31. 鼓励货物高效集约的联运组织，提高货物多式联运转运效率。发展滚装运输、集装箱联运等多式联运运输组织形式。鼓励发展货物跟踪技术应用和物流信息资源共享，支持发展货运物流转运过程中的多式联运作业无缝衔接和一体化运输组织。加强和规范联运单证、多式联运运输装备、装载单元、换装设备等方面标准制定，逐步实现"一单制"货物联运。

32. 完善综合运输技术标准体系，加强重点领域标准制修订。建立综合运输标准体系，统筹各种运输方式的共性管理需求和技术需求，制定相关标准。加快城市客运、管理服务、安全应急等领域的技术标准制定，加强工程建设、养护管理、运输装备、信息化等领域关键标准的制修订。鼓励地方结合实际制定地方标准，支持地方制定严于国家和行业标准的地方标准。积极吸收地方标准相关内容，纳入国家和行业标准。

四、城市交通

（十二）城市公共交通。

33. 大力推进城市公共交通统筹规划，促进城市综合交通运输体系建设。落实国家新型城镇化和公交优先发展战略,加强城市公共交通与其他客运方式的统筹规划,强化城市公共交通规划与城市总体规划、控制性详细规划等的衔接。促进大容量快速公共交通线网、常规公共交通线网、慢行交通线网和枢纽场站在功能、结构及布局上的有机组合,全面提高城市公共交通系统整体效能。

34. 加强城市公共交通网络优化,提升城市公共交通网络运营和服务水平。提高城市、城际、城乡和镇村客运网络衔接水平,延伸城市公共交通服务。鼓励应用客流监测技术,发展适应不同城市规模和结构形态的城市公共交通网络优化模拟与评估技术,促进各层级多种交通方式线网的协调发展。

35. 推进多种交通方式的协同管理,促进城市交通资源的合理配置。加快发展城市客运系统综合评估评价技术,完善城市客运技术经济政策,有效评估服务质量,全面提升城市客运的管理和服务水平。提高城市公共交通区域内协同、跨区域和跨方式协同运营管理水平,提高面向重要时段、重大活动、突发事件的应急调度指挥能力。

36. 积极推广城市轨道交通网络化运营的先进技术,保障运营安全,提高服务水平。加强换乘节点客流疏导组织,提高多交路行车组织、列车过轨、共线运营等行车组织水平。鼓励探索网络化运营模式下轨道交通同站台换乘和上下交叉站台换乘等换乘模式,提高轨道交通运营效率。

37. 加强出租汽车运营管理与服务技术应用,提升出租汽车行业管理和服务水平。充分应用移动互联网和物联网等技术,提高出租汽车信息采集、行业管理、监控调度的信息化水平,促进多种出租汽车电召服务方式协调发展,加强出租汽车运输服务水平的监督和考评,满足出租汽车便利化服务的功能要求,提高服务质量。

(十三)城市配送。

38. 大力发展城市配送网络化建设,提高城市物流效率。推广应用共同配送、统一配送等先进的城市物流网络化配送组织模式。

推广标准化托盘、自动化搬运装卸工具、射频识别(RFID)、配送路径优化技术和配送车辆动态导航技术等在城市配送中的应用,降低物流运营成本,提高运转效率。

(十四)需求管理。

39.积极探索和应用需求管理措施,提高城市交通资源使用效率。发展城市交通系统运行状况信息采集、监测、发布、模拟以及状态评估和综合调度技术,强化城市交通综合管理。积极探索实施差别化停车收费、停车换乘、拥堵收费等需求管理措施,提高城市交通资源使用效能。

五、安全应急

40.加强交通运输系统安全、基础设施安全和运输组织安全风险管理,提高风险防控和突发事件应对能力。建立和完善涵盖风险辨识、评估、控制和应急的安全风险管理技术体系,加强安全检查、反恐、防恐技术应用,保障交通运输的人员安全、财产安全和环境安全。针对地质灾害多发区域、气象灾害多发区域、海洋灾害多发区域、生态与环境敏感区域等,开展交通运输系统的风险辨识、评估、预防以及提高应急保障能力工作。针对在建和在役公路、水路和城市交通基础设施进行风险辨识和风险评估,制定风险控制和应急保障方案。针对大规模群死群伤、危险品化学品爆炸泄漏等运输安全问题,进行风险辨识和风险评估,制定风险控制和应急保障方案。

(十五)公路。

41.完善公路安全评价机制,发展公路安全评价技术。完善公路建设项目安全评价机制,推广高速公路、国省干线公路的预可、工可和设计阶段的安全评价。推广工程建设的安全管理和公路施工企业的安全考评。

42.发展公路运营安全保障和应急处置技术,提高公路交通安全保障水平。加强公路交通安全事故多发因素的辨识与处置,发展公路基础设施安全监测。鼓励开展公路安全设施的全寿命周期有效性评价。建立健全应急指挥系统、应急预案,以及预警、预报和信息发布体系。

43. 加强道路运输安全监管，提高重点营运车辆的安全运营水平。推进卫星定位、视频监控传输技术在营运车辆运行和安全管理中的应用。建立联网联控系统运营的长效机制。推广应用营运驾驶员驾驶适宜性检测技术和装备，集成应用基于多源信息的营运驾驶员驾驶行为采集、建模、分析、评价和优化技术，提高营运驾驶员的安全意识和综合驾驶技能。推动道路运输企业广泛开展安全风险评价。

44. 提高公路交通应急物资管理的科学性，提升交通应急物资储备和应急能力。加快制定公路交通应急装备、物资储备需求标准，提高公路交通应急装备、物资储备管理的科学化水平，提升公路交通应急指挥调度水平和应急保障能力。支持建立统筹多种运输方式的应急机制。

（十六）水路。

45. 加强水运工程基础设施防灾减灾体系建设，提高灾害防御能力。推广数据自动采集、传输等遥测遥报技术在水文要素监测中的应用，完善基础设施风险评估体系，提高风险的辨识和评估水平。根据气候变化，对设计要素进行动态跟踪评价，保证水工结构的安全可靠。发展港口设施、装备抗震抗风设计技术。鼓励应用港口设施、装备灾后评估与寿命预测技术。

46. 大力发展水运安全防控与监测技术，提高水路客货运输安全监管水平。推广应用船舶操纵仿真、船舶交通管理系统（VTS）交通仿真技术，提升涉水项目通航安全适应性评估能力。鼓励滚装码头应用滚装运输车辆安检技术和小型乘用车辆安检技术。鼓励车客渡船、滚装船应用车辆绑扎稳固技术、车舱内火灾预警与自动灭火技术。支持港口推广应用智能化视频监控、自动闯入识别、危险品夹带检测报警等新技术、新装置。鼓励应用基于声发射检测的港口危险货物储罐在线监测技术。发展基于风险评估的港口区域重大危险源安全监管技术。支持发展客船、大型邮轮、大型油轮和液化天然气（LNG）船安全评估技术。

47. 积极发展危险货物运输事故应急处置技术，提高安全事故应急能力。努力提高港口危险货物事故和内河化学品船舶运输事故监测预警与应急处置能力。鼓励应用港口危险货物储罐和管道带压注剂堵漏技术，发展防雷电、除静电技术。鼓励应用港口危险货物堆场监控和监测技术。鼓励应用油品、化学危险品、有毒液体运输及泄漏的安全应急处置技术。加强危险化学品和运输船舶的联网联控，实现动态跟踪、实时监测和危险报警，完善应急体系、应急预案和应急物资储备。

48. 支持发展和应用先进成熟的新技术新装备，提高水上安全监管水平。支持船舶交通管理系统（VTS）、船舶自动识别系统（AIS）、闭路电视监控系统（CCTV）、甚高频通信（VHF）、卫星通信等通信、导航、定位技术发展。鼓励应用基于船舶交通管理系统和船舶自动识别系统数据的交通密度分布、航迹分布、交通拥挤度和交通危险度等自动分析、显示和发布技术，提高水上安全监管水平。

49. 鼓励应用先进救助打捞技术，提高深水救助打捞能力。支持发展基于北斗卫星导航系统的水上立体搜救体系。支持发展水上搜救远程视频监控和指挥通信技术、搜救船舶舰载直升机应用技术。支持发展侧扫声呐、多波束扫测系统、深拖设备、深水航行观察器（AOV）和无人潜水器（ROV）等深海扫测定位和搜寻打捞装备的研发和配备。鼓励应用无人飞机、无人艇等智能搜救设备。鼓励应用大深度饱和潜水成套技术、深水作业技术、夜间及复杂气象条件搜救模拟训练技术。鼓励发展深水机器人作业技术、大深度大吨位沉船打捞技术、深水沉船水下抽油（化学品）技术、深水探寻技术。发展具有自航运输能力和浮式装卸能力的海上多功能综合维修保障平台建设技术。

（十七）城市交通。

50. 提高城市公共汽电车和出租车安全预警、快速响应和处置能力。推广公共汽电车和出租车安全风险评估与管理。鼓励应用驾驶员疲劳预警等主动安全技术。鼓励开展公共汽电车应急预警和应急演练,提高应急处置能力。

51. 大力发展城市轨道交通运营安全保障技术,降低运营安全风险。加强城市轨道交通系统关键设施设备运行状态监测预警和检测。加强动态客流预测和监测,加强安全检查及反恐、防恐措施,努力提高城市轨道交通的安全保障水平。加强城市轨道交通系统风险评估与管理。提高应急协调、应急资源调度、大客流应急疏导的应急处置能力,强化应急演练。

六、节能环保

(十八)公路。

52. 提高路域生态环境保护与修复的规划、设计和施工技术水平,减小公路工程对沿线生态的影响。统筹公路设计、施工和路域植被恢复,鼓励应用综合措施节约用地、集约用地,加强生态敏感区、生态脆弱区及重要生态功能区的保护和修复,完善动植物保护技术。鼓励应用生态旅游公路景观设计技术及公路生态修复新材料、新技术。

53. 提高公路环境污染防治的规划、设计与管理技术水平,减少公路工程对环境的影响。鼓励应用低噪声路面、声屏障、隔声窗、地形利用等方法加强噪声治理。鼓励应用公路沿线设施节能减排、污水处理和资源循环利用技术。推广应用环境友好型除雪、除冰技术,加强对敏感水体路段的危化品运输事故风险预警与防控。完善公路交通环境污染防治标准体系,加强高速公路服务区污染防治。

54. 推广应用节电、节水、资源综合利用等节能环保公路建设技术,实现节能减排。推广应用沥青路面再生技术、水泥混凝土破碎再利用技术及工业废料、城市建筑垃圾等废物利用技术。鼓励静电集尘等空气净化技术在隧道通风系统中的应用,推进隧道智能型通风控制系统的发展。交通安全设施工程推广应用环保水性标线涂料和太阳能视线诱导设施。公路构筑物及沿线设施工程推广应用发光二极管(LED)等节能灯具,发展导光照明和智能照明控制系统等照明节能技术,以及太阳能、风能等清洁能源利用技术。鼓励应用合同能源管理等新型节能组织方式。

55. 加强公路建设项目环境监测与评价，提高环境因子在工程决策中的有效性。加强高速公路沿线敏感目标噪声、空气、水质的在线监测和生态环境质量调查，重视跨河和穿越水源地等路段的环境风险评估。发展高速公路环境监测网络，实现环境监测数据共享。推广应用遥感与系统分析技术、计算机模拟技术、实验室模拟技术、野外实验示踪技术等公路环境评价技术，加强公路网规划及建设项目环境影响评价。

56. 推进车辆节能减排，加强营运车辆污染防治。推动天然气、电动汽车、油电混合动力汽车等清洁能源、节能与新能源车辆在道路运输中的应用。加强车辆定期检测与维修保养，强化汽车排放检测和维护（I/M）。优化线路设计和车辆调度，减少车辆空驶，提高运输组织水平，提高能源利用效率。鼓励货车使用导流罩、侧裙、宽基轮胎等节能产品。鼓励应用发动机隔声技术、消声技术及绿色轮胎技术。鼓励应用颗粒捕集器、选择性催化还原、低温等离子体净化与纳米催化剂等技术治理汽车尾气。鼓励应用绿色维修技术。

（十九）水路。

57. 推进水运工程环保技术研发及应用，提高水运生态保护与恢复水平。在规划、选址、设计阶段，开展工程实施对水域生态系统影响研究，提高生态保护与修复的技术水平，最大限度降低工程实施水域环境变化对生态系统的影响，完善对珍稀水生动植物、鱼类“三场”的保护与修复技术。在工程实施中，推广应用生态型水工构筑物、生态型护岸、港湾生态环境整治与修复技术和滨海盐碱地绿化技术。鼓励应用人工鱼礁生态修复技术。加强航运枢纽鱼道设计技术研究。鼓励应用生态风险评估技术、生态补偿核算技术、流域和海洋生态系统服务功能评估技术，促进绿色生态港口和航道建设。加强特殊敏感、脆弱水域生态系统和环境的保护与生态修复，推进水域排放控制、生态保护评估技术和管控体系研究。

58. 推广应用节能新技术，提高港口装卸节能和用能效率及管理水平。推广应用港口大型起重机的能量回馈技术及变频技术、港口装卸设备的动态无功补偿与动态谐波治理技术、轮胎起重机的“油改电”技术。大宗散货码头鼓励应用带式输送机减电机节能运行技术和全变频调速节能技术。鼓励应用港口装卸设备实时在线能耗监测和管理技术。发展港口用电优化和港口微电网节能技术。

59. 加强港口大气污染综合防治,提高港口空气质量。鼓励应用散货码头堆场、装卸料环节的粉尘综合防治技术。发展原油、成品油码头油气回收技术,提高液体散货码头挥发气体回收水平。鼓励港区开展空气质量实时监测及粉尘污染源解析,提高空气污染防治水平。鼓励港区车辆、船舶使用液化天然气(LNG)等清洁燃料、电力驱动和油电混合动力技术,鼓励进出港及靠(锚)泊船舶使用低硫油、超低硫油燃料,鼓励靠泊船舶使用岸电。

60. 推进水运环保新技术应用,提高港口水生态环境治理水平。港口生产污水预处理鼓励综合应用斜板式处理技术和气浮处理技术,二级生物处理鼓励应用厌氧生物处理技术、厌氧和好氧相结合处理技术。港口污水深度处理推广应用吸附法、超滤工艺、反渗透工艺等技术。鼓励发展港口水上污染智能监测技术和装备。支持应用小型化、一体化、综合化污水处理装备。努力提高港口及到港船舶含油污水、危险化学品洗舱(罐)水的接收与处理水平。

61. 促进溢油和泄漏化学品回收装置成套化、智能化,提升溢油和泄漏化学品应急能力。推广应用溢油事故预测预警和损害评估技术,支持发展基于“遥感、地理信息系统和全球定位系统”(3S)的智能化溢油、漂移、扩散、跟踪分析决策支持系统。推广应用溢油快速鉴别技术,鼓励应用基于稳定同位素组成分析和油指纹库的鉴别方法。鼓励发展溢油回收处置技术及成套装备。鼓励发展岸滩溢油处置技术及装备,以及消除溢油长期生态影响的生物自然恢复技术,开发新型溢油回收船。推广应用多源卫星遥感信息资源,提高海上污染监测技术能力。支持发展溢油雷达监测技术、海底溢油探测技术，提高溢油高风险区域预警能力。发展对不同环境行为类型化学品泄漏的回收与应急处置技术。

62. 协同推进节能减排环保新技术在船舶上的应用，提高船舶绿色运行水平。支持发展液化天然气(LNG)、太阳能、风能等清洁能源和可再生能源船舶，支持港口发展向船舶供应液化天然气、低硫油和超低硫油燃料、电力的能力。鼓励应用内河宽浅船舶"舵球+舵附推力翼"节能附体组件技术。鼓励应用气模减阻等船舶航行减阻节能技术、船舶节能的余热发电和储能技术、营运船舶节能航行技术。鼓励应用内燃动力船舶尾气硫氧化物、氮氧化物后处理及预处理技术、船舶噪声控制技术。加强船舶压载水生物入侵防治和油水排放智能监控。

(二十)城市交通。

63. 推广应用城市交通节能环保先进实用技术，加快推进城市低碳交通体系建设。逐步推广应用双源无轨电车、油电混合动力公交车、纯电动公交车、液化天然气(LNG)车等新型替代燃料公交车辆。推广应用节能和清洁能源城市配送车辆。推广应用车辆油耗监测技术、驾驶行为评价技术和机动车模拟驾驶培训技术。推广应用城市轨道交通智能配电控制、列车再生制动等节能技术，以及轨道减震、隔振等环保技术。

七、信息化

(二十一)基础设施运行监测。

64. 鼓励应用信息感知技术，加强对交通基础设施运行监测和管理。发展性能适用、成本适中、绿色节能的传感技术及遥感技术，加强对高速公路、城市道路、国省干线公路重要路段、客货运枢纽、重点水域等基础设施运行状态的自动监测。加强对公路水路交通运行状态及运行环境的动态监测。加强对公路沿线及重点水域的气象与灾害自动监测与预警预报。

(二十二)运输组织与管理。

65. 鼓励应用自动跟踪、识别和移动互联网技术，提高运输组织与行业监管的智能化水平。积极推广应用北斗卫星定位系统。

推广应用二维码、射频识别(RFID)和集成电路(IC)卡,实现集装箱、重点货物、载运工具、票证的自动识别与管理。推广应用内河电子签证和内河航运电子报文,提高内河运输效率。鼓励应用放射性成像、扫描和字符识别等集装箱安全监测技术,加强集装箱运输安全管理。

(二十三)收费与支付。

66. 推广应用电子收费与支付技术,全面提高交通运输领域收费与支付的便捷性。发展自由流收费、停车场自动收费等技术,推进电子收费在城市交通中的应用,提高全国联网不停车收费服务水平。鼓励交通领域电子支付手段的创新和多样化,积极推进全国范围跨区域、跨领域的一卡通用、一卡多用。

(二十四)车(船)联网和主动安全。

67. 大力发展车(船)联网和主动安全技术,提升交通运输安全水平。发展车(船)之间、车路(船岸)之间的通信技术,提高运输协同组织和安全保障水平。鼓励应用北斗卫星定位终端、行驶记录仪、客流采集器、油耗监测、载荷监测等车(船)载一体化智能终端技术,推广应用车(船)在线故障诊断技术,发展驾驶员安全状态检测与督导技术,提高车(船)主动安全水平。

(二十五)信息服务。

68. 提升出行信息服务与物流信息服务水平。鼓励应用面向移动智能终端的数据通信和个性化信息推送技术,发展面向出行链的一体化出行服务集成技术,提升出行信息服务的便捷性、实用性和时效性。应用现代信息技术,推进物流信息共享,为物流资源的科学利用、行业监管能力提升与物流服务水平提高提供支撑。

(二十六)大数据技术应用。

69. 跟踪云计算及大数据科学与工程技术进展,提高行业服务水平与决策支持能力。加强交通运输领域大数据基础平台与数据共享平台建设,鼓励应用云计算和大数据处理技术,提高海量数据的实时处理能力,提高跨区域、大范围业务系统的服务水平,以及交通运输经济运行统计与分析、行业发展宏观决策水平。

（二十七）网络与信息安全。

70. 建设网络与信息安全体系，保障网络与信息安全。加强网络与信息安全规划研究，落实信息安全等级保护制度，提高对大型应用系统的安全保护，确保重要信息系统安全。加强商用密码技术在交通运输行业的应用，推广应用国产密码算法，建立密钥管理与认证服务体系，提高数据管理安全和数据交换安全水平，保障交通运输领域支付、信息报送及统计安全。重视网络与信息安全监测、应急处置和测评能力建设。积极推广使用国产硬件设备、国产操作系统和应用软件。

交通运输部关于加强和改进交通运输标准化工作的意见

交科技发〔2014〕169号　2014.8.13

各省、自治区、直辖市、新疆生产建设兵团交通运输厅(局、委),国家铁路局、中国民用航空局、国家邮政局,有关交通运输企业、高等学校,部管各社团,部属各单位,部内各单位:

为深化改革,进一步提高交通运输标准化工作水平,推进行业治理体系和治理能力现代化,提出以下意见。

一、总体要求

1. 指导思想。贯彻落实党的十八大、十八届三中全会精神,面向“四个交通”发展需求,全面深化标准化工作体制机制改革,加强标准化管理体系和技术体系建设,强化标准有效实施,为交通运输工程建设、产品和服务质量的提升提供保障。

2. 基本原则。

——深化改革、服务发展。深化管理体系改革,加强技术体系建设,推进强制性标准与推荐性标准分类管理,充分发挥标准对发展综合交通、转变政府职能、推动技术进步、优化产业结构、提升行业国际竞争力的促进作用。

——需求引领、重点突破。立足“四个交通”发展的阶段性需求,不断完善标准化发展规划,加快重点领域标准制修订,充分发挥标准在行业提质增效升级中的引领作用。

——政府主导、企业主体。政府加强标准化宏观管理和综合协调,发挥好对强制性标准和公益类推荐性标准的主导作用,发挥好企业在标准制定和应用中的主体作用。

——多方参与、协同推进。充分调动各方积极性,形成各级交通运输主管部门、企业、社会组织等的标准化工作合力,推进国家标准、行业标准、地方标准、企业标准的协调发展。

——尊重科学、重在实施。以科技进步和技术创新推动标准的升级,以标准促进科技成果的转化应用,完善标准实施监督机制,加强实施效果的评估。

3. 发展目标。经过 3 年努力,基本建成政府、企业、社会组织各司其职的标准化管理体系,各种交通运输方式标准有效衔接的机制健全顺畅;综合运输、安全应急、节能环保、管理服务等领域的标准化技术体系系统完善,标准质量和实施效果显著增强,标准与科技研发的结合更加紧密;国际标准化活动的参与度与话语权明显提升,标准化对交通运输科学发展的支撑和保障作用充分发挥。

二、深化体制改革,健全管理体系

4. 健全交通运输标准化组织机构。设立交通运输部标准化管理委员会,指导交通运输标准化工作,审议交通运输标准化战略、规划、政策、法规,审定交通运输标准化年度工作计划,协调衔接各种交通运输方式标准。

5. 改革政府部门标准化工作。政府加强对标准化工作的分类指导,加强强制性标准管理,完善推荐性标准体系,重点加强关键共性、基础性、公益性的推荐性标准管理。积极引用和有效使用标准,加强行业管理,做好市场监管和服务。

6. 发挥企业在标准化中的主体作用。鼓励企业制定和采用先进标准,通过提升企业标准化工作水平,提高企业竞争力。鼓励企业参与或承担国家和行业标准制修订工作。积极推进企业成立标准制修订联盟,制定联盟标准。

7. 支持社会组织开展标准化工作。积极鼓励社会组织在市场化程度高、技术创新活跃的专业领域,探索社会组织标准制修订模式和体制,稳步推进社会组织标准化工作健康发展,并逐步通过社会组织标准的增量带动政府推荐性标准的改革。

8. 加强专业标准化技术委员会管理。优化专业布局,减少职能交叉,完善考核评价机制。成立综合交通运输标准化技术委员会，广泛吸纳铁路、公路、水路、民航、邮政以及城市交通等领域的管理专家和技术专家参与，协调各种运输方式间的需要统一的技术、管理和服务要求，拟订相关标准。

三、围绕行业发展，完善技术体系

9. 完善交通运输技术标准体系。围绕发展需求，完善行业技术标准体系，实施动态管理。鼓励地方结合实际制定地方标准，对有国家或行业标准的，支持地方制定严于国家和行业标准的地方标准。制定国家标准、行业标准时，应积极吸纳地方标准相关内容。

10. 加强重点领域标准制定。各级交通运输主管部门要把标准化工作作为转变政府职能的重要抓手，在取消行政审批和许可的领域，需要加强监管的领域，抓紧制定和完善相关标准，加快综合运输、安全应急、节能环保、管理服务、城市客运等领域的技术标准制定。加强工程建设、养护管理、运输装备、信息化等领域关键标准的制修订。

11. 推进标准有效实施。加强标准宣贯、培训力度，通过质量监督抽查、产品质量认证、市场准入、工程验收管理、标准符合性审查等方式推进标准有效实施。健全交通运输标准审查评估机制，强化对标准协调性、规范性的审查，以及对标准实施效果的评估。加强标准的实施监督。继续推进企业安全生产标准化、运营服务标准化、公路施工标准化和船型标准化等工作。

12. 加强质量监督抽查。完善部级抽查、省级互查等多方参与、协同配合的工程质量安全督查机制，加强工程建设、养护、运营、管理全过程强制性标准实施情况的监督检查。建立产品质量监督抽查部省联动机制，扩大产品质量监督抽查种类和范围，加大行业产品质量监督抽查力度。研究探索服务质量监督抽查方法，逐步建立服务质量监督抽查机制。

13. 强化计量基础支撑作用。加强交通运输领域专业计量机构建设，加快急需的专业计量标准器具的研制和计量检定规程制修订。加强对质量检验机构的计量检定、校准工作的监督检查。

14. 推进交通运输产品与服务认证。建立健全行政监管、行业自律、社会监督相结合的认证管理模式，推动行业产品认证健康有序发展。强化行业重点监管产品的认证。提高自愿性产品认证在设计、招投标、工程建设等活动中的采信度。研究探索服务认证方法，逐步开展服务认证。

四、优化运行机制，提高质量水平

15. 加强标准制修订全过程管理。完善标准制定程序，及时披露标准制定过程信息，保证制定过程公开透明。优化标准审批流程，缩短制定周期。建立健全标准修订快速程序，加强标准维护更新。严格标准复审，保证标准的有效性和适用性。

16. 加大科技研发对标准的支撑。强化科技计划执行与标准制修订的互动。加大科技计划对标准研制的支持力度，鼓励有条件的科技项目成果转化形成标准。标准制修订要有效承接科技创新成果，提高标准的技术水平。

17. 加强标准国际化工作。积极参与国际标准化活动，提高国际标准制定的参与度和话语权。推动交通运输行业优势特色技术制定为国际标准。加强行业标准中外文版同步出版工作，推动中国标准的海外应用。

五、保障措施

18. 加强组织领导。各级交通运输主管部门要高度重视标准化工作，切实加强对标准化工作的组织领导，完善规章制度和工作程序，将标准化理念贯穿到交通运输工程建设、作业管理和运输服务等工作中。

19. 加强人才队伍建设。推动建立高素质的标准化人才队伍，积极开展教育与培训。研究建立激励机制，按照相关政策要求，将从事标准化工作的业绩与技术职称评定、个人荣誉与待遇挂钩，吸引优秀专业人才从事标准化工作。

20. 落实经费保障。积极争取国家和地方财政经费投入，将强制性标准和公益类推荐性标准制修订、标准实施监督等标准化工作纳入预算管理。鼓励和引导企业和社会组织加大标准化工作经费投入，积极参与标准化活动。

交通运输部办公厅关于印发道路用沥青等11类产品质量监督抽查实施规范(试行)的通知

交办科技〔2014〕117号　2014.6.10

各省自治区、直辖市、新疆生产建设兵团交通运输厅(局、委),天津市市政公路管理局,天津市交通运输和港口管理局,部属各单位,有关交通运输企业:

为进一步完善交通运输产品质量行业监督抽查制度,增强产品质量行业监督抽查工作的科学性、规范性和公开性,交通运输部组织编制了道路用沥青等11类产品质量监督抽查实施规范(试行),现印发给你们,请遵照执行。

附件:1. 道路用沥青产品质量监督抽查实施规范(试行)
2. 公路工程土工布产品质量监督抽查实施规范(试行)
3. 土工合成材料　土工织物产品质量监督抽查实施规范(试行)
4. 公路波形梁钢护栏产品质量监督抽查实施规范(试行)
5. 高密度聚乙烯硅芯塑料管产品质量监督抽查实施规范(试行)
6. 突起路标产品质量监督抽查实施规范(试行)
7. 附着式轮廓标产品质量监督抽查实施规范(试行)
8. 热熔型路面标线涂料产品质量监督抽查实施规范(试行)
9. 电子不停车收费设备产品质量监督抽查实施规范(试行)
10. 汽车举升机产品质量监督抽查实施规范(试行)
11. 机动车辆制动液产品质量监督抽查实施规范(试行)

附件1

道路用沥青产品质量监督抽查实施规范

(试行)

1 范围

本规范适用于交通运输部道路用沥青产品质量监督抽查,地方交通运输主管部门组织的监督抽查可参照执行。本规范内容包括产品种类、术语和定义、检验依据、抽样、检验要求、判定原则、异议处理复检、复查、附则及附录。

2 产品种类

本规范涉及两个产品种类,具体如下:

1)道路石油沥青(A级、B级);

2)聚合物改性沥青。

3 术语和定义

下列术语和定义适用于本规范。

3.1 道路石油沥青

道路石油沥青是原油加工过程中的一种产品,在常温下呈黑色或黑褐色黏稠的液体、半固体或固体,其性质和组成随原油来源和生产方法的不同而变化。

3.2 聚合物改性沥青

掺加高分子聚合物或者其他材料等外掺剂(改性剂)制成的

沥青结合料,从而使沥青或沥青混合料的性能得以改善。

3.3　复检

对检验结果有异议时,为了验证检验结果的有效性,重新进行试验。

3.4　复查

发现的问题处理后,重新进行的检验行为。

3.5　备用样品

复检时使用的样品。

4　检验依据

下列引用的文件,其最新版本或修改单均适用于本规范。

JTG F40　公路沥青路面施工技术规范

JTG E20　公路工程沥青及沥青混合料试验规程

交科技发〔2012〕32 号　交通运输产品质量行业监督抽查管理办法(试行)

5　抽样

5.1　抽样型号或规格

抽样产品应是《公路沥青路面施工技术规范》(JTG F40)中规定的沥青种类或型号规格。

5.2　抽样方法、基数及数量

5.2.1　抽样方法

在新建、改建及大修公路工程施工现场、部分生产单位沥青储存罐随机抽取正在使用或准备供应工程使用的产品,抽查的产品应具有生产企业的质量检验合格证明。抽样人员不应少于 2 人。

具体的抽样方法按照《公路工程沥青及沥青混合料试验规程》(JTG E20)规程中的“沥青取样法(T0601)”进行。

5.2.2　抽样基数和数量

(1)工程施工现场、沥青运输车(运输船)以及生产单位可加热的沥青储存罐一般最少罐容量为 30 吨左右,抽样时要求罐内沥青基数不得小于罐容量的1/3。

(2)沥青为桶装时,从沥青桶中抽样。其抽样数量按照表1的要求随机选取沥青桶数作为抽样基数。

选取沥青样品桶数量 表1

沥青桶总数	选取桶数	沥青桶总数	选取桶数
2~8	2	217~343	7
9~27	3	344~512	8
28~64	4	513~729	9
65~125	5	730~1000	10
126~216	6	1001~1331	11

抽样数量为一种样品两份,每份不得少于4kg,其中一份作为检验样品,另一份作为备用样品。盛样时采用合适大小的广口、密封带盖的金属容器(如锅、桶等)。对于抽出的样品按批进行唯一性编号。

5.3 样品处置

5.3.1 抽取的样品在抽样现场立即封样,封样时应有防拆封措施,以保证样品的真实性。样品应由检验机构的抽样人员负责携带或寄送。

5.3.2 在抽样和样品接收时,应对关键过程进行拍照,以保证对该过程的追溯性。

5.4 抽样单

5.4.1 抽样后,抽样人员应按《交通运输产品质量行业监督抽查管理办法(试行)》的规定填写抽样单。抽样单中的企业名称、规格型号、生产日期或批号、抽样基数、抽样数量、抽样日期、抽样地点、生产许可证(制造特许证)和认证证书等内容应逐项填写清楚。企业需要特别陈述的情况,在抽样单中予以说明。

5.4.2　在生产企业或经销企业内抽样时，抽样单应由抽样人员和被抽查企业人员共同签字确认，并加盖被抽查企业公章。抽样单一式三份，检验机构和被抽查企业各执一份，其余一份附于被抽查的样品包装中。

5.4.3　工程现场抽样应有检验机构、省级交通运输主管部门、工程建设单位、监理单位、施工单位、被抽查生产企业或经销企业的有关人员参加，抽样并确认后，在抽样单上签字。抽样单一式六份，检验机构、省级交通运输主管部门、建设单位、施工单位和被抽查生产企业各执一份，其余一份附于被抽查的样品包装中。生产企业人员不在工程现场时，由经销企业或施工单位人员将抽样单转交生产企业。

6　检验要求

6.1　检验项目

检验项目见表2。

检验项目　　表2

序号	检验项目		依据法律法规或标准	检测方法
1	A级、B级道路石油沥青	针入度100g,5s,25℃	JTG F40	JTG E20
		针入度指数PI		
		软化点TR&B		
		延度5cm/min,10℃、15℃		
		动力黏度(60℃)		
		蜡含量(蒸馏法)		
		闪点		
		溶解度		
		密度(15℃)		
		TFOT后：质量变化、残留针入度比、残留延度(10℃)		

续上表

序号	检验项目		依据法律法规或标准	检测方法
2	聚合物改性沥青	针入度100g,5s,25℃	JTG F40	JTG E20
		针入度指数PI		
		软化点TR&B		
		延度5cm/min,5℃		
		运动黏度(135℃)		
		弹性恢复(25℃)		
		闪点		
		溶解度		
		黏韧性、韧性		
		储存稳定性离析(48h软化点差)		
		TFOT(或RTFOT)后:质量变化、残留针入度比、残留延度(5℃)		

6.2 检验应注意的问题

6.2.1 检验原始记录应如实填写,保证真实、准确、清楚,不得随意涂改。确需更改的,更改处应经检验人员和报告签发人共同确认。

6.2.2 检验过程中遇有样品失效或检验仪器设备故障等情况致使检验无法进行时,应如实记录,并保留充分的证据。

6.2.3 检验机构检验后的试样应按规定进行保存,不合格的试样应拍照留存。

7 判定原则

任一检验项目不合格,判定被抽查产品不合格。

8 异议处理复检

8.1 对抽样过程有异议,认为抽取的样品不是本企业生产的,企业应提供由原所有参加抽样单位确认的抽样无效证明,由交通运输部核实确认并作相应处理。

8.2 对检验机构的检测数据有异议,企业可向交通运输部提出复检申请,对需要复检并具备检验条件的,交通运输部指定检验机构进行复检。申请企业可见证复检过程,复检仍不合格时,所有费用由企业承担。

8.3 复检采用备用样品检验。当复检结果仍不合格,维持原检验结果不变。当复检结果合格,以复检结果为准。

9 复查

企业完成整改后,可向交通运输部提出复查申请,交通运输部指定检验机构按原方案进行复查。当复查结果合格,以复查结果为准,但需注明为“复查合格”;当复查结果仍不合格,需注明“复查不合格”。

10 附则

本规范编写单位:交通运输部公路科学研究院(李福普、李健)。

本规范由交通运输部科技司管理。

附录:原始记录表

道路用沥青产品检测原始数据记录表

记录编号:　　　　　　　　　　　　共　　页　第　　页

<table>
<tr><td colspan="2">产品名称</td><td colspan="5"></td></tr>
<tr><td colspan="2">型号规格</td><td colspan="5"></td></tr>
<tr><td colspan="2">建设项目名称
(工程路线名称)</td><td colspan="5"></td></tr>
<tr><td colspan="2">工程部位(桩号)</td><td colspan="5"></td></tr>
<tr><td colspan="2">施工单位</td><td colspan="5"></td></tr>
<tr><td colspan="2">经销企业</td><td colspan="5"></td></tr>
<tr><td colspan="2">生产企业</td><td colspan="5"></td></tr>
<tr><td colspan="2">建设单位(业主)</td><td colspan="5"></td></tr>
<tr><td colspan="2">监理单位</td><td colspan="5"></td></tr>
<tr><td colspan="2">委托单位</td><td colspan="5"></td></tr>
<tr><td colspan="2">施工时间</td><td colspan="5"></td></tr>
<tr><td colspan="2">检测时间</td><td></td><td>检测类型</td><td></td><td>抽样地点</td><td></td></tr>
<tr><td colspan="2">检测依据</td><td colspan="5">1. 交通行业标准 JTG F40《公路沥青路面施工技术规范》;□
2. 交通行业标准 JTG E20《公路工程沥青及沥青混合料试验规程》。□</td></tr>
<tr><td colspan="2">检测环境条件</td><td colspan="3">温度:　　℃</td><td colspan="2">湿度:　　%R. H</td></tr>
<tr><td rowspan="10">检测用主要仪器</td><td>序号</td><td>名称</td><td>型号规格</td><td>设备编号</td><td>检测前情况</td><td>检测后情况</td></tr>
<tr><td>1</td><td>针入度仪</td><td></td><td></td><td></td><td></td></tr>
<tr><td>2</td><td>延度仪</td><td></td><td></td><td></td><td></td></tr>
<tr><td>3</td><td>软化点仪</td><td></td><td></td><td></td><td></td></tr>
<tr><td>4</td><td>毛细管黏度计</td><td></td><td></td><td></td><td></td></tr>
<tr><td>5</td><td>蜡含量测定仪</td><td></td><td></td><td></td><td></td></tr>
<tr><td>6</td><td>布氏旋转黏度计</td><td></td><td></td><td></td><td></td></tr>
<tr><td>7</td><td>闪点仪</td><td></td><td></td><td></td><td></td></tr>
<tr><td>8</td><td>薄膜烘箱/旋转薄膜烘箱</td><td></td><td></td><td></td><td></td></tr>
<tr><td>9</td><td>万能材料试验机</td><td></td><td></td><td></td><td></td></tr>
</table>

沥青针入度、延度、软化点、闪点、运动黏度试验原始数据记录表

记录编号：　　　　　　　　　　　　　　共　页　第　页

<table>
<tr><td colspan="7">样品名称：</td></tr>
<tr><td colspan="7">针入度试验　　　　　　　　　　试验温度：　℃</td></tr>
<tr><td colspan="2">次数</td><td>1</td><td>2</td><td>3</td><td colspan="2">4</td></tr>
<tr><td>测定值</td><td>0.1mm</td><td></td><td></td><td></td><td colspan="2"></td></tr>
<tr><td>平均</td><td>0.1mm</td><td colspan="5"></td></tr>
<tr><td colspan="7">针入度试验　　　　　　　　　　试验温度：　℃</td></tr>
<tr><td colspan="2">次数</td><td>1</td><td>2</td><td>3</td><td colspan="2">4</td></tr>
<tr><td>测定值</td><td>0.1mm</td><td></td><td></td><td></td><td colspan="2"></td></tr>
<tr><td>平均</td><td>0.1mm</td><td colspan="5"></td></tr>
<tr><td colspan="7">针入度试验　　　　　　　　　　试验温度：　℃</td></tr>
<tr><td colspan="2">次数</td><td>1</td><td>2</td><td>3</td><td colspan="2">4</td></tr>
<tr><td>测定值</td><td>0.1mm</td><td></td><td></td><td></td><td colspan="2"></td></tr>
<tr><td>平均</td><td>0.1mm</td><td colspan="5"></td></tr>
<tr><td colspan="2">针入度指数 PI</td><td colspan="5"></td></tr>
<tr><td colspan="7">延度试验　　　　　　　　　　试验温度：　℃</td></tr>
<tr><td colspan="2">试验次数</td><td>1</td><td>2</td><td>3</td><td colspan="2"></td></tr>
<tr><td>测定值</td><td>cm</td><td></td><td></td><td></td><td colspan="2"></td></tr>
<tr><td>平均</td><td>cm</td><td colspan="5"></td></tr>
<tr><td colspan="7">延度试验　　　　　　　　　　试验温度：　℃</td></tr>
<tr><td colspan="2">试验次数</td><td colspan="2">1</td><td colspan="2">2</td><td>3</td></tr>
<tr><td>测定值</td><td>cm</td><td colspan="2"></td><td colspan="2"></td><td></td></tr>
<tr><td>平均</td><td>cm</td><td colspan="5"></td></tr>
<tr><td colspan="2">软化点试验</td><td colspan="3">1</td><td colspan="2">2</td></tr>
<tr><td>测定值</td><td>℃</td><td colspan="2"></td><td colspan="2"></td><td></td></tr>
<tr><td>平均</td><td>℃</td><td colspan="5"></td></tr>
<tr><td colspan="7">闪点试验</td></tr>
<tr><td colspan="2">序号</td><td colspan="3">1</td><td colspan="2">2</td></tr>
<tr><td>测定值</td><td>℃</td><td colspan="2"></td><td colspan="2"></td><td></td></tr>
<tr><td>平均</td><td>℃</td><td colspan="5"></td></tr>
<tr><td>黏度</td><td>试验温度：　℃</td><td colspan="3">转子型号：</td><td colspan="2">转速：　rpm</td></tr>
<tr><td colspan="2">试验次数</td><td colspan="2">1</td><td colspan="2">2</td><td>3</td></tr>
<tr><td>测定值</td><td>Pa · s</td><td colspan="2"></td><td colspan="2"></td><td></td></tr>
<tr><td>平均</td><td>Pa · s</td><td colspan="5"></td></tr>
</table>

检测：______　______复核：______　日期：______

沥青薄膜加热试验原始数据记录表

记录编号： 共 页 第 页

样品名称：					
沥青薄膜加热试验					
质量变化					
盘号					
空盘质量	g				
盘＋沥青质量	g				
沥青质量	g				
老化后＋盘＋沥青质量	g				
老化后沥青质量变化	g				
质量变化	%				
平均	%				
老化后 ℃针入度	0.1mm				
平均	0.1mm				
残留针入度比	%				
老化后 ℃残留延度	cm				
平均残留延度	cm				
老化后 ℃残留延度	cm				
平均残留延度	cm				

检测：______ ______复核：______ 日期：______

沥青蜡含量试验原始数据记录表

记录编号： 共　　页　第　　页

样品名称：		
蜡含量试验		
曲颈甑＋烧杯质量	g	
曲颈甑＋烧杯质量＋沥青质量	g	
沥青质量	g	
瓶号		
空瓶质量	g	
瓶＋蒸馏分质量	g	
蒸馏分质量	g	
曲颈甑＋烧杯＋残渣质量	g	
残渣质量	g	
瓶号		
空瓶质量		
瓶＋蒸馏分质量		
蒸馏分质量		
瓶＋蜡质量		
蜡的质量		
蜡含量		
平　均		

检测：______ ______复核：______ 日期：______

沥青溶解度、密度试验原始数据记录表

记录编号：　　　　　　　　　　　　　　共　　页第　　页

样品名称：			
溶解度试验			
序号		1	2
瓶号			
空瓶质量	g		
瓶+沥青质量	g		
沥青试样质量	g		
称量瓶号			
称量瓶+滤纸	g		
瓶+滤纸+杂质	g		
杂质质量	g		
杂质含量	%		
溶解度	%		
平　均	%		
密度试验		试验温度：　℃	
瓶号			
空瓶质量	g		
瓶+水质量	g		
水质量	g		
瓶+沥青试样质量	g		
沥青试样质量	g		
瓶+水+沥青试样质量	g		
密　度	g/cm^3		
平　均	g/cm^3		

检测：______　______复核：______　日期：______

沥青离析、弹性恢复、黏韧性、韧性试验原始数据记录表

记录编号：　　　　　　　　　　　　　　　　　共　　页　第　　页

样品名称：

离析试验

序号		1				2			
		上		下		上		下	
测定值	℃								
平均	℃								
离析	℃								
平均	℃								

弹性恢复试验　　　　　　　　　　　　试验温度：　℃

序号		1	2	3
回弹量值	cm			
平均弹性恢复	%			

黏韧性试验

试验温度：　℃		拉伸速度：　mm/min		
序号		1	2	3
测定值	N·m			
平　均	N·m			

韧性试验

试验温度：　℃		拉伸速度：　mm/min		
序号		1	2	3
测定值	N·m			
平　均	N·m			

检测：______　______复核：______　日期：______

沥青旋转薄膜加热试验原始数据记录表

记录编号：　　　　　　　　　　　　　　　　　共　　页　第　　页

沥青名称：					
沥青旋转薄膜加热试验					
质 量 损 失					
盛 样 瓶 编 号					
空盛样瓶质量	g				
盛样瓶 + 沥青质量	g				
沥青质量	g				
老化后盛样瓶 + 沥青质量	g				
老化后沥青质量变化	g				
质量变化	%				
平　均	%				
老化后　　℃针入度	0.1mm				
平　均	0.1mm				
残留针入度比	%				
老化后　　℃残留延度	cm				
残留延度平均	cm				

检测:______　______复核:______　日期:______

沥青动力黏度试验原始数据记录表

记录编号：　　　　　　　　　　　　　　　　共　　页 第　　页

样品名称：				
沥青动力黏度试验			试验温度：　　℃	
编号				
测试段				
时间	s			
测试段系数	Pa · s/s			
动力黏度	Pa · s			
动力黏度均值	Pa · s			

检测：______　______复核：______　日期：______

附件 2

公路工程土工布产品质量监督抽查实施规范

（试行）

1 范围

本规范适用于交通运输部公路工程土工布产品质量监督抽查，地方交通运输主管部门组织的监督抽查可参照执行。本规范内容包括产品种类、术语和定义、检验依据、抽样、检验要求、判定原则、异议处理复检、复查、附则及附录。

2 产品种类

本规范涉及两个产品种类，具体如下：

1）有纺土工布；

2）无纺土工布。

3 术语和定义

下列术语和定义适用于本规范。

3.1 有纺土工布

有纺土工布是由至少两组平行的纱线组成，一组沿织机的纵向（织物行进方向）称经纱，另一组横向布置称为纬纱，用不同的编织设备和工艺将经纱与纬纱交织在一起织成的土工布。

3.2 无纺土工布

无纺土工布由长丝或短纤维经过不同的设备和工艺铺排成网状，再经过针刺等工艺让不同的纤维相互交织在一起，相互缠绕、固着使织物规格化，让织物柔软、丰满、厚实、硬挺，以达到不同的厚度满足使用要求的土工布。

3.3 复检

对检验结果有异议时，为了验证检验结果的有效性，重新进行试验。

3.4 复查

发现的问题处理后，重新进行的检验行为。

3.5 抽样单元

将总体进行划分后的每一部分。一个抽样单元可包含一个或多个个体；抽样单元由分立的个体组成或由一定数量的散料组成。

3.6 简单随机抽样

从总体中抽取 N 个抽样单元构成样本，使 N 个抽样单元可能组合都有相等被抽到概率的抽样。

4 检验依据

下列引用的文件，其最新版本或修改单均适用于本规范。

JT/T 514　公路工程土工合成材料　有纺土工织物

JT/T 667　公路工程土工合成材料　无纺土工织物

交科技发〔2012〕32 号　交通运输产品质量行业监督抽查管理办法（试行）

5 抽样

5.1 抽样型号或规格

抽样产品应是 JT/T 667 或 JT/T 514 标准中规定的规格型号。

5.2 抽样方法、基数及数量

5.2.1 抽样方法

在生产企业或经销企业抽检，以同一生产企业一年内生产的产品为一个整体，采取简单随机抽样的方法抽取同一生产企业一年内生产的产品，以不同规格型号的产品为一个抽样单元。抽查的产品应具有生产企业的质量检验合格证明。抽样人员不应少于 2 人。

对于工程现场抽检,为了保证用于公路建设中产品的质量合格,以每个施工单位现存(进场)的土工布为一个整体,以不同规格及不同生产班次的产品为一个抽样单元,要保证每个抽样单元均为一个检验批(也即要对所有抽样单元进行抽检),有下列情况之一的即为一个检验批。

a)不同规格型号;

b)相同规格型号,但不同生产班次。

5.2.2 抽样基数和数量

生产企业或经销企业抽检,以抽样单元为抽样基数,同一规格和同一生产工艺并稳定连续生产的一定数量产品为一个抽样单元,抽样单元的数量不超过500卷,产品抽样以一个抽样单元为一个检验批,在每批中抽取2卷进行检验。对于抽出的样品按批进行唯一性编号。

工程现场抽检,检验批的以每个抽样单元数量为抽样基数。每个检验批的最少抽检数量不少于$6m^2$,且要满足试验检测、存在异议时的再次检测及留样需求。对于抽出的样品进行唯一性编号。

5.3 样品处置

5.3.1 抽取的样品应在抽样现场进行标记并封存,对于非整卷取样的土工布样品,要进行纵横向(经纬向)、规格型号、生产厂家、唯一性编号的信息标记,并由抽检各方同时见证,签署封样单,现场封样。取土工布时避免撕扯、折叠,外层用干净的塑料或防水性材料包裹,并最终贴上封样单。样品应由检验机构的抽样人员负责携带或寄送。

5.3.2 在抽样和样品接收时,应对关键过程进行拍照,以保证对该过程的追溯性。

5.4 抽样单

5.4.1 抽样后,抽样人员应按《交通运输产品质量行业监督抽查管理办法(试行)》的规定填写抽样单。抽样单中的企业名称、规格型号、生产日期或批号、抽样基数、抽样数量、抽样日期、抽样地点、生产许可证(制造特许证)和认证证书等内容应逐项填写清楚。企业需要特别陈述的情况,在抽样单中予以说明。

5.4.2 在生产企业或经销企业内抽样时,抽样单应由抽样人员和被抽查企业人员共同签字确认,并加盖被抽查企业公章。抽样单一式三份,检验机构和被抽查企业各执一份,其余一份附于被抽查的样品包装中。

5.4.3 工程现场抽样应有检验机构、省级交通运输主管部门、工程建设单位、监理单位、施工单位、被抽查生产企业或经销企业的有关人员参加,抽样并确认后,在抽样单上签字。抽样单一式六份,检验机构、省级交通运输主管部门、建设单位、施工单位和被抽查生产企业各执一份,其余一份附于被抽查的样品包装中。生产企业人员不在工程现场时,由经销企业或施工单位人员将抽样单转交生产企业。

6 检验要求

6.1 检验项目

检验项目见表1。

检验项目 表1

序号	检验项目		依据法律法规或标准	检测方法
1	有纺土工布	标称纵、横向拉伸强度	JT/T 514	JT/T 514
		纵、横向拉伸断裂伸长率		
		CBR 顶破强度		
		纵、横向梯形撕破强度		
2	无纺土工布	纵、横向拉伸强度	JT/T 667	JT/T 667
		纵、横向拉伸断裂伸长率		
		CBR 顶破强度		
		纵、横向梯形撕破强度		

6.2 检验应注意的问题

6.2.1 检验原始记录应如实填写,保证真实、准确、清楚,不得随意涂改。确需更改的,更改处应经检验人员和报告签发人共同确认。

6.2.2　检验过程中遇有样品失效或检验仪器设备故障等情况致使检验无法进行时,应如实记录,并保留充分的证据。

6.2.3　检验机构检验后的试样应按规定进行保存,不合格的试样应拍照留存。

7　判定原则

任一检验项目不合格,判定被抽查产品不合格,批判定为不合格。

8　异议处理复检

8.1　对抽样过程有异议,认为抽取的样品不是本企业生产的,企业应提供由原所有参加抽样单位确认的抽样无效证明,由交通运输部核实确认并作相应处理。

8.2　对检验机构的检测数据有异议,企业可向交通运输部提出复检申请,对需要复检并具备检验条件的,交通运输部指定检验机构进行复检。申请企业可见证复检过程,复检仍不合格时,所有费用由企业承担。

8.3　复检应在原批双倍抽样并分成2组,按6规定的方法进行测试,并按7中的规定进行合格判定,两组均满足批合格要求时,批判定为合格。

9　复查

企业完成整改后,可向交通运输部提出复查申请,交通运输部指定检验机构按原方案进行复查。当复查结果合格,以复查结果为准,但需注明为“复查合格”;当复查结果仍不合格,需注明“复查不合格”。

10　附则

本规范编写单位:交通运输部公路科学研究院(田波、刘英)。

本规范由交通运输部科技司管理。

附录:原始记录表

公路工程土工布产品检测原始数据记录表

记录编号:　　　　　　　　　　　　　　　　共　　页第　　页

产品名称						
型号规格						
建设项目名称(工程路线名称)						
工程部位(桩号)						
施工单位						
经销企业						
生产企业						
建设单位(业主)						
监理单位						
委托单位						
施工时间						
检测时间		检测类型		抽样地点		
检测依据	1. 交通行业标准 JT/T 514《公路工程土工合成材料　有纺土工织物》;□ 2. 交通行业标准 JT/T 667《公路工程土工合成材料　无纺土工织物》。□					
检测环境条件	温度:　　℃		湿度:　　%R.H			
检测用主要仪器	序号	名称	型号规格	设备编号	检测前情况	检测后情况
	1	万能试验机				
	2	温湿度箱				

公路工程土工布产品检测原始数据记录表

记录编号：　　　　　　　　　　　　　　共　　页　第　　页

序号	检　测　项　目	检　测　数　据										平均值	检测结果
一、有纺土工布													
1	标称纵向拉伸强度(kN/m)												
2	标称横向拉伸强度(kN/m)												
3	纵向拉伸断裂伸长率(%)												
4	横向拉伸断裂伸长率(%)												
5	CBR 顶破强度(kN)												
6	纵向梯形撕破强度(kN)												
7	横向梯形撕破强度(kN)												
二、无纺土工布													
1	纵向拉伸强度(kN/m)												
2	横向拉伸强度(kN/m)												
3	纵向拉伸断裂伸长率(%)												
4	横向拉伸断裂伸长率(%)												
5	CBR 顶破强度(kN)												
6	纵向梯形撕破强度(kN)												
7	横向梯形撕破强度(kN)												

检测：________　________复核：______　日期：______

附件3

土工合成材料　土工织物产品质量监督抽查实施规范

（试行）

1　范围

本规范适用于交通运输部土工合成材料土工织物产品质量监督抽查，地方交通运输主管部门组织的监督抽查可参照执行。本规范内容包括产品种类、术语和定义、检验依据、抽样、检验要求、判定原则、异议处理复检、复查、附则及附录。

2　产品种类

本规范涉及三个产品种类，具体如下：

1）短纤针刺非织造土工布；

2）长丝纺粘针刺非织造土工布；

3）长丝机织土工布。

3　术语和定义

下列术语和定义适用于本规范。

3.1　短纤针刺非织造土工布

以合成短纤维为原料，干法成网经针刺加固而成的土工布。

3.2　长丝纺粘针刺非织造土工布

以聚合物为原料，经纺丝、铺网、针刺加固而成的土工布。

3.3 长丝机织土工布

以长丝合成纤维为原料织制而成的土工布。

3.4 复检

对检验结果有异议时,为了验证检验结果的有效性,重新进行试验。

3.5 复查

发现的问题处理后,重新进行的检验行为。

3.6 抽样单元

将总体进行划分后的每一部分。一个抽样单元可包含一个或多个个体;抽样单元由分立的个体组成或由一定数量的散料组成。

3.7 简单随机抽样

从总体中抽取 N 个抽样单元构成样本,使 N 个抽样单元可能组合都有相等被抽到概率的抽样。

4 检验依据

下列引用的文件,其最新版本或修改单均适用于本规范。

GB/T 17638 土工合成材料 短纤针刺非织造土工布

GB/T 17639 土工合成材料 长丝纺粘针刺非织造土工布

GB/T 17640 土工合成材料 长丝机织土工布

交科技发〔2012〕32 号 交通运输产品质量行业监督抽查管理办法(试行)

5 抽样

5.1 抽样型号或规格

抽样产品应是 GB/T 17638、GB/T 17639、GB/T 17640 标准中规定的规格型号。

5.2 抽样方法、基数及数量

5.2.1 抽样方法

在生产企业或经销企业抽检,以同一生产企业一年内生产的产品为一个整体,采取简单随机抽样的方法抽取同一生产企业一年内生产的产品,以不同规格型号的产品为一个抽样单元。抽查的产品应具有生产企业的质量检验合格证明。抽样人员不应少于2人。

对于工程现场抽检,为了保证用于公路建设中产品的质量合格,以每个施工单位现存(进场)的土工布为一个整体,以不同规格及不同生产班次的产品为一个抽样单元,要保证每个抽样单元均为一个检验批(也即要对所有抽样单元进行抽检),有下列情况之一的即为一个检验批。

1)不同规格型号;

2)相同规格型号,但不同生产班次。

5.2.2 抽样基数和数量

生产企业或经销企业抽检,以抽样单元为抽样基数,同一规格和同一生产工艺并稳定连续生产的一定数量产品为一个抽样单元,抽样单元的数量不超过500卷,产品抽样以一个抽样单元为一个检验批,在每批中抽取2卷进行检验。对于抽出的样品按批进行唯一性编号。

工程现场抽检,检验批的以每个抽样单元数量为抽样基数。每个检验批的最少抽检数量不少于$6m^2$,且要满足试验检测、存在异议时的再次检测及留样需求。对于抽出的样品进行唯一性编号。

5.3 样品处置

5.3.1 抽取的样品应在抽样现场进行标记并封存,对于非整卷取样的土工布样品,要进行纵横向(经纬向)、规格型号、生产厂家、唯一性编号的信息标记,并由抽检各方同时见证,签署封样单,现场封样。取土工布时避免撕扯、折叠,外层用干净的塑料或防水性材料包裹,并最终贴上封样单。样品应由检验机构的抽样人员负责携带或寄送。

5.3.2 在抽样和样品接收时,应对关键过程进行拍照,以保证对该过程的追溯性。

5.4 抽样单

5.4.1 抽样后,抽样人员应按《交通运输产品质量行业监督抽查管理办法(试行)》的规定填写抽样单。抽样单中的企业名称、规格型号、生产日期或批号、抽样基数、抽样数量、抽样日期、抽样地点、生产许可证(制造特许证)和认证证书等内容应逐项填写清楚。企业需要特别陈述的情况,在抽样单中予以说明。

5.4.2 在生产企业或经销企业内抽样时,抽样单应由抽样人员和被抽查企业人员共同签字确认,并加盖被抽查企业公章。抽样单一式三份,检验机构和被抽查企业各执一份,其余一份附于被抽查的样品包装中。

5.4.3 工程现场抽样应有检验机构、省级交通运输主管部门、工程建设单位、监理单位、施工单位、被抽查生产企业或经销企业的有关人员参加,抽样并确认后,在抽样单上签字。抽样单一式六份,检验机构、省级交通运输主管部门、建设单位、施工单位和被抽查生产企业各执一份,其余一份附于被抽查的样品包装中。生产企业人员不在工程现场时,由经销企业或施工单位人员将抽样单转交生产企业。

6 检验要求

6.1 检验项目

检验项目见表1。

检验项目 表1

序号	检验项目		依据法律法规或标准	检测方法
1	短纤针刺非织造土工布	纵、横向断裂强力	GB/T 17638	GB/T 17638
		纵、横向断裂伸长率		
		CBR 顶破强力		
		纵、横向撕破强力		
2	长丝纺粘针刺非织造土工布	纵、横向标准强度对应伸长率	GB/T 17639	GB/T 17639
		纵、横向断裂强度		
		CBR 顶破强力		
		纵、横向撕破强力		

续上表

序号	检　验　项　目		依据法律法规或标准	检测方法
3	长丝机织土工布	经、纬向断裂强度	GB/T 17640	GB/T 17640
		经、纬向标准强度对应伸长率		
		CBR 顶破强力		
		经、纬向撕破强力		

6.2　检验应注意的问题

6.2.1　检验原始记录应如实填写，保证真实、准确、清楚，不得随意涂改。确需更改的，更改处应经检验人员和报告签发人共同确认。

6.2.2　检验过程中遇有样品失效或检验仪器设备故障等情况致使检验无法进行时，应如实记录，并保留充分的证据。

6.2.3　检验机构检验后的试样应按规定进行保存，不合格的试样应拍照留存。

7　判定原则

任一检验项目不合格，判定被抽查产品不合格，批判定为不合格。

8　异议处理复检

8.1　对抽样过程有异议，认为抽取的样品不是本企业生产的，企业应提供由原所有参加抽样单位确认的抽样无效证明，由交通运输部核实确认并作相应处理。

8.2　对检验机构的检测数据有异议，企业可向交通运输部提出复检申请，对需要复检并具备检验条件的，交通运输部指定检验机构进行复检。申请企业可见证复检过程，复检仍不合格时，所有费用由企业承担。

8.3　复检应在原批双倍抽样并分成 2 组，按 6 规定的方法进行测试，并按 7 中的规定进行合格判定，两组均满足批合格要求时，批判定为合格。

9　复查

企业完成整改后，可向交通运输部提出复查申请，交通运输部指定检验机构按原方案进行复查。当复查结果合格，以复查结果为准，但需注明为“复查合格”；当复查结果仍不合格，需注明“复查不合格”。

10　附则

本规范编写单位：交通运输部公路科学研究院（田波、刘英）。

本规范由交通运输部科技司管理。

附录:原始记录表

土工合成材料 土工织物产品检测原始数据记录表

记录编号:　　　　　　　　　　　　　　　　共　　页　第　　页

<table>
<tr><td colspan="2">产品名称</td><td colspan="5"></td></tr>
<tr><td colspan="2">型号规格</td><td colspan="5"></td></tr>
<tr><td colspan="2">抽样编号</td><td colspan="5"></td></tr>
<tr><td colspan="2">建设项目名称
(工程路线名称)</td><td colspan="5"></td></tr>
<tr><td colspan="2">工程部位(桩号)</td><td colspan="5"></td></tr>
<tr><td colspan="2">施工单位</td><td colspan="5"></td></tr>
<tr><td colspan="2">经销企业</td><td colspan="5"></td></tr>
<tr><td colspan="2">生产企业</td><td colspan="5"></td></tr>
<tr><td colspan="2">建设单位(业主)</td><td colspan="5"></td></tr>
<tr><td colspan="2">监理单位</td><td colspan="5"></td></tr>
<tr><td colspan="2">委托单位</td><td colspan="5"></td></tr>
<tr><td colspan="2">施工时间</td><td colspan="5"></td></tr>
<tr><td colspan="2">检测时间</td><td></td><td>检测类型</td><td></td><td>抽样地点</td><td></td></tr>
<tr><td colspan="2">检测依据</td><td colspan="5">1. 国家标准 GB/T 17638《土工合成材料　短纤针刺非织造土工布》;□
2. 国家标准 GB/T 17639《土工合成材料　长丝纺粘针刺非织造土工布》;□
3. 国家标准 GB/T 17640《土工合成材料　长丝机织土工布》。□</td></tr>
<tr><td colspan="2">检测环境条件</td><td colspan="2">温度:　　℃</td><td colspan="3">湿度:　　%R. H</td></tr>
<tr><td rowspan="6">检测用主要仪器</td><td>序号</td><td>名称</td><td>型号规格</td><td>设备编号</td><td>检测前情况</td><td>检测后情况</td></tr>
<tr><td>1</td><td>万能试验机</td><td></td><td></td><td></td><td></td></tr>
<tr><td>2</td><td>温湿度箱</td><td></td><td></td><td></td><td></td></tr>
<tr><td></td><td></td><td></td><td></td><td></td><td></td></tr>
<tr><td></td><td></td><td></td><td></td><td></td><td></td></tr>
<tr><td></td><td></td><td></td><td></td><td></td><td></td></tr>
</table>

土工合成材料 土工织物产品检测原始数据记录表

记录编号：　　　　　　　　　　　　　　　　　　　共　　页　第　　页

序号	检测项目	检测数据	平均值	检测结果
一、短纤针刺非织造土工布				
1	纵向断裂强力(kN/m)			
2	横向断裂强力(kN/m)			
3	纵向断裂伸长率(%)			
4	横向断裂伸长率(%)			
5	CBR 顶破强力(kN)			
6	纵向撕破强力(kN)			
7	横向撕破强力(kN)			
二、长丝纺粘针刺非织造土工布				
1	纵向标准强度对应伸长率(%)			
2	横向标准强度对应伸长率(%)			
3	纵向断裂强度(kN/m)			
4	横向断裂强度(kN/m)			
5	CBR 顶破强力(kN)			
6	纵向撕破强力(kN)			
7	横向撕破强力(kN)			
三、长丝机织土工布				
1	经向断裂强度(kN/m)			
2	纬向断裂强度(kN/m)			
3	经向标准强度对应伸长率(%)			
4	纬向标准强度对应伸长率(%)			
5	CBR 顶破强力(kN)			
6	经向撕破强力(kN)			
7	纬向撕破强力(kN)			

检测：______　______复核：______　日期：______

附件4

公路波形梁钢护栏产品质量监督抽查实施规范

（试行）

1　范围

本规范适用于交通运输部公路波形梁钢护栏产品质量监督抽查，地方交通运输主管部门组织的监督抽查可参照执行。本规范内容包括产品种类、术语和定义、检验依据、抽样、检验要求、判定原则、异议处理复检、复查、附则及附录。

2　产品种类

本规范涉及六个产品种类，具体如下：

1）波形梁板；

2）立柱；

3）防阻块；

4）托架；

5）拼接螺栓；

6）连接螺栓。

3　术语和定义

下列术语和定义适用于本规范。

3.1　监督（核查）总体

被实施监督的单位产品的全体。

3.2　复验

由于操作、样品、设备等异常导致单次试验结果出现偏离时，依据原要求进行再次试验。

3.3　复检

对检验结果有异议时，为了验证检验结果的有效性，重新进行试验。

3.4　复查

发现的问题处理后，重新进行的检验行为。

3.5　备验样品

复验时使用的样品。

3.6　备用样品

复检时使用的样品。

4　检验依据

下列引用的文件，其最新版本或修改单均适用于本规范。

GB/T 18226　高速公路交通工程钢构件防腐技术条件

JT/T 281　公路波形梁钢护栏

JT/T 457　公路三波形梁钢护栏

JT/T 495　公路交通安全设施质量检验抽样及判定

交科技发〔2012〕32 号　交通运输产品质量行业监督抽查管理办法（试行）

5　抽样

5.1　抽样型号或规格

抽样产品应是 JT/T 281 或 JT/T 457 标准中规定的规格型号。

5.2　抽样方法、基数及数量

5.2.1　抽样方法

在工程现场、生产企业或经销企业随机抽取同一生产企业一年内生产的产品，抽查的产品应具有生产企业的质量检验合格证明。抽样人员不应少于 2 人。

5.2.2　抽样基数

5.2.2.1　批次划分

监督总体应大于250,螺栓产品不大于10000划分为一个批次,其他产品不大于1000组成一批,当超过时,将监督总体按前述要求均分为多个批。

5.2.2.2　批次抽样

随机抽取1~3批。

5.2.3　抽样数量

1)工程现场或经销企业抽样。

(1)对于螺栓批,当包装储存时,从总包数中随机抽取13包,每包中随机抽取3套,当不足13包时,适当增加每包中抽取的数量,保证样品数为39套;若非包装储存,随机抽取39套样品。其中32套作为检验样品,7套作为备验样品。按前述方法,再抽取78套作为备用样品。

(2)其余产品批随机抽取20件样品。

2)生产企业抽样。

(1)对于螺栓批,当包装储存时,从总包数中随机抽取19包,每包中随机抽取3套,当不足19包时,适当增加每包中抽取的数量,保证样品数为57套;若非包装储存,随机抽取57套样品。其中50套作为检验样品,7套作为备验样品。按前述方法,再抽取114套作为备用样品。

(2)其余产品批随机抽取32件样品。

3)对于抽出的样品按批进行唯一性编号。

5.3　样品处置

5.3.1　需在检验机构实验室进行检验的样品,应在抽样现场立即封样,封样时应有防拆封措施,以保证样品的真实性,并由检验机构的抽样人员负责携带或寄送。

5.3.2　在抽样和样品接收时,应对关键过程进行拍照,以保证对该过程的追溯性。

5.4　抽样单

5.4.1　抽样后,抽样人员应按《交通运输产品质量行业监督抽查管理办法（试行）》的规定填写抽样单。抽样单中的企业名称、规格型号、生产日期或批号、抽样基数、抽样数量、抽样日期、抽样地点、生产许可证（制造特许证）和认证证书等内容应逐项填写清楚。企业需要特别陈述的情况，在抽样单中予以说明。

5.4.2　在生产企业或经销企业内抽样时，抽样单应由抽样人员和被抽查企业人员共同签字确认，并加盖被抽查企业公章。抽样单一式三份，检验机构和被抽查企业各执一份，其余一份附于被抽查的样品包装中。

5.4.3　工程现场抽样应有检验机构、省级交通运输主管部门、工程建设单位、监理单位、施工单位、被抽查生产企业或经销企业的有关人员参加，抽样并确认后，在抽样单上签字。抽样单一式六份，检验机构、省级交通运输主管部门、建设单位、施工单位和被抽查生产企业各执一份，其余一份附于被抽查的样品包装中。生产企业人员不在工程现场时，由经销企业或施工单位人员将抽样单转交生产企业。

6　检验要求

6.1　检验项目

检验项目见表1。

检 验 项 目　　表1

<table>
<tr><th>序　号</th><th colspan="2">检　验　项　目</th><th>依据法律法规或标准</th></tr>
<tr><td rowspan="5">1</td><td rowspan="5">波形梁板</td><td>基底金属板厚</td><td rowspan="2">JT/T 281
JT/T 457</td></tr>
<tr><td>定尺长度</td></tr>
<tr><td>防腐层外观</td><td rowspan="3">JT/T 281
JT/T 457
GB/T 18226</td></tr>
<tr><td>防腐层厚度</td></tr>
<tr><td>防腐层附着性能</td></tr>
<tr><td rowspan="5">2</td><td rowspan="5">立柱</td><td>立柱壁厚</td><td rowspan="2">JT/T 281
JT/T 457</td></tr>
<tr><td>定尺长度</td></tr>
<tr><td>防腐层外观</td><td rowspan="3">JT/T 281
JT/T 457
GB/T 18226</td></tr>
<tr><td>防腐层厚度</td></tr>
<tr><td>防腐层附着性能</td></tr>
</table>

续上表

序　号	检　验　项　目		依据法律法规或标准
3	防阻块	基底金属板厚	JT/T 281 JT/T 457
		防腐层外观	JT/T 281 JT/T 457 GB/T 18226
		防腐层厚度	
		防腐层附着性能	
4	托架	基底金属板厚	JT/T 281 JT/T 457
		防腐层外观	JT/T 281 JT/T 457 GB/T 18226
		防腐层厚度	
		防腐层附着性能	
5	拼接螺栓	整体抗拉荷载	JT/T 281 JT/T 457
		防腐层外观	JT/T 281 JT/T 457 GB/T 18226
		防腐层厚度	
		防腐层附着性能	
6	连接螺栓	抗拉强度	JT/T 281 JT/T 457
		防腐层外观	JT/T 281 JT/T 457 GB/T 18226
		防腐层厚度	
		防腐层附着性能	

6.2　检测方法

6.2.1　基底金属板厚

用分度值不大于0.01mm的板厚千分尺量取板总厚度，磁性测厚仪（分度值不大于1μm）测量测点处板两侧涂层厚度，用总厚度减去两侧涂层厚度，得到基底金属板厚，每个构件测3处，取平均值。

6.2.2　立柱壁厚

用分度值不大于0.01mm的壁厚千分尺量取立柱总厚度，磁性测厚仪(分度值不大于1μm)测量测点处两侧涂层厚度，用总厚度减去两侧涂层厚度，得到立柱壁厚，每根测3处，取平均值。

6.2.3 定尺长度

用分度值不大于1mm的钢卷尺测量，每个构件测量3次，取平均值。

6.2.4 防腐层外观

目测检查。

6.2.5 防腐层厚度

6.2.5.1 单涂层

用分度值不大于1μm的磁性测厚仪进行测量。波形梁板在左、中、右三个断面上进行测量，每个断面正反面分别均布测试3个点，取18个测点的平均值。立柱、防阻块、托架测10点，取平均值，在能够测试构件正反面镀(涂)层时，测点正反面均分。拼接螺栓或连接螺栓在螺栓螺头、螺母外侧、垫圈平面部分处各测试3点，取9点的平均值作为结果。

6.2.5.2 双涂层

用分度值不大于1μm的磁性测厚仪测量总厚度，用脱塑剂去除测点处的塑层，并用磁性测厚仪测量镀锌层或镀铝层的厚度，总厚度减去镀铝层或镀锌层的厚度得到塑层的厚度。测点数量和分布同6.2.5.1，分别求取镀锌层或镀铝层、塑层厚度的平均值。

6.2.6 防腐层附着性能

6.2.6.1 镀锌层、镀铝层

用涂层附着力测定器测量。波形梁板、立柱、防阻块、托架镀锌构件以4mm的间隔平行打击5点，镀铝构件以4mm的间隔平行打击11点，检查镀层表面状态，打击点应离端部10mm以外，同一点不得打击两次。拼接螺栓或连接螺栓在螺栓螺头、螺母外侧、垫圈平面部分处各打击1点。

6.2.6.2 聚乙烯、聚氯乙烯塑层

在足够大的测试面上(其中螺栓在螺头部位)，用锋利的刀片在塑层上用力划两条距离3mm、长25mm（螺栓螺头部位不足25mm时，贯穿螺头即可）的平行线，然后与上述两条平行线的一端与之成直角再划一条刻痕，从此端剥离平行线之间的涂塑层。

6.2.6.3　聚酯塑层

当塑层厚度小于0.125mm时，用单刃切割刀具按切割间距为2mm在相互垂直的方向上各切割6条直线，形成网格。使用宽25mm的胶粘带，按均匀的速度拉出一段胶粘带，除去最前面的一段，然后剪下长约75mm的一段。把该胶粘带的中心放置在网格的上方，方向与一组切割线平行。然后用手指把胶粘带在网格上方的部位压平，并用手指尖用力蹭胶粘带，胶粘带长度至少超过网格20mm。5min后，拿住胶粘带悬空一端，并在尽可能接近60°的角度，在0.5～1s内平稳地撕离胶粘带。在试件上至少进行3个不同位置的试验。如果三次结果不一致，在三个以上不同的位置重复上述试验。对于螺栓，测试位置在螺头部位，每个螺栓只测试一个位置。

当塑层厚度大于0.125 mm时，在试样上划两条长40 mm的线（螺栓螺头部位不足40mm时，贯穿螺头即可），两条线相交于中部成30°～40°的锐角。所划线要直，要划透涂塑层。如果未穿透涂塑层，则换一处重新进行，不能在原划痕上继续刻划。试验后，观察刻痕边缘涂塑层脱落情况。

6.2.7　整体抗拉荷载

用精度不低于1级的材料力学试验机，以20MPa/s的拉伸速度使用图1所示的模具和装配方式进行拉伸。

6.2.8　抗拉强度

用精度不低于1级的材料力学试验机，将连接螺栓的螺栓加工成柱状试样，装配到力学试验机上，以1kN/s的拉伸速度进行拉伸。

6.3　检验应注意的问题

6.3.1　检验原始记录应如实填写，保证真实、准确、清楚，不得随意涂改。确需更改的，更改处应经检验人员和报告签发人共同确认。

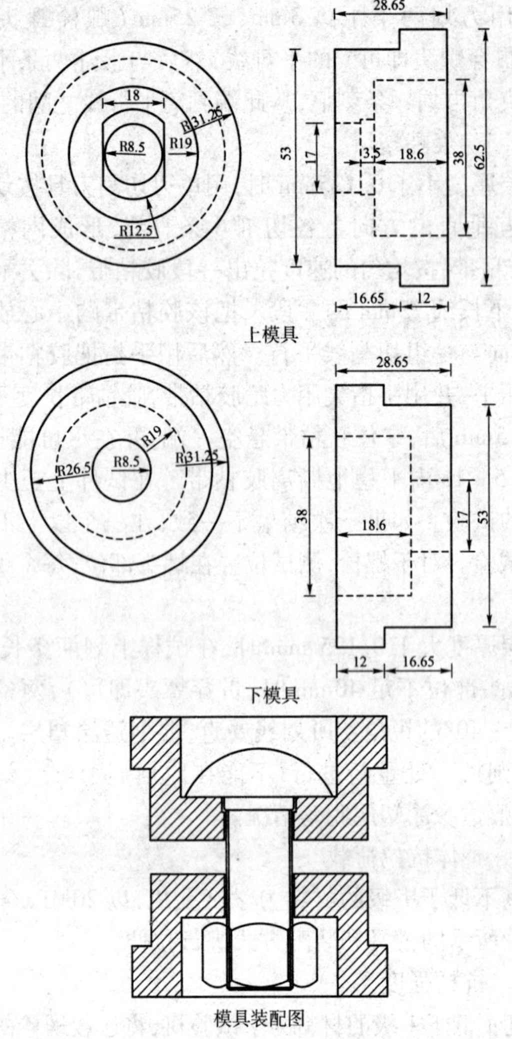

图1　模具和装配方式

6.3.2　检验过程中遇有样品失效或检验仪器设备故障等情况致使检验无法进行时，应如实记录，并保留充分的证据。

6.3.3　检验机构检验后的实验室试样应按规定进行保存，不合格的试样应拍照留存。

7 判定原则

任一检验项目不合格,则样品判定为不合格。螺栓不合格样品数大于3时,则批判定为不合格;其余产品不合格样品数大于2时,批判定为不合格。

8 异议处理复检

8.1 对抽样过程有异议,认为抽取的样品不是本企业生产的,企业应提供由原所有参加抽样单位确认的抽样无效证明,由交通运输部核实确认并作相应处理。

8.2 对检验机构的检测数据有异议,企业可向交通运输部提出复检申请,对需要复检并具备检验条件的,交通运输部指定检验机构进行复检。申请企业可见证复检过程,复检仍不合格时,所有费用由企业承担。

8.3 复检应在原批按5.2的规定双倍抽取样品或采用备用样品,将抽取的样品或备用样品均分为2组,按6.2规定的方法进行测试,并按7规定的方法进行判定,两组均满足批合格要求时,批判定为合格。

9 复查

企业完成整改后,可向交通运输部提出复查申请,交通运输部指定检验机构按原方案进行复查。当复查结果合格,以复查结果为准,但需注明为"复查合格";当复查结果仍不合格,需注明"复查不合格"。

10 附则

本规范编写单位:交通运输部公路科学研究院(韩文元、郭东华)。

本规范由交通运输部科技司管理。

附录:原始记录表

公路波形梁钢护栏产品检测原始数据记录表

记录编号:　　　　　　　　　　　　　　　　　　共　　页　第　　页

<table>
<tr><td colspan="3">产品名称</td><td colspan="5"></td></tr>
<tr><td colspan="3">型号规格</td><td colspan="5"></td></tr>
<tr><td colspan="3">建设项目名称
(工程路线名称)</td><td colspan="5"></td></tr>
<tr><td colspan="3">工程部位(桩号)</td><td colspan="5"></td></tr>
<tr><td colspan="3">施工单位</td><td colspan="5"></td></tr>
<tr><td colspan="3">经销企业</td><td colspan="5"></td></tr>
<tr><td colspan="3">生产企业</td><td colspan="5"></td></tr>
<tr><td colspan="3">建设单位(业主)</td><td colspan="5"></td></tr>
<tr><td colspan="3">监理单位</td><td colspan="5"></td></tr>
<tr><td colspan="3">委托单位</td><td colspan="5"></td></tr>
<tr><td colspan="3">施工时间</td><td colspan="5"></td></tr>
<tr><td colspan="3">检测时间</td><td></td><td>检测类型</td><td></td><td>抽样地点</td><td></td></tr>
<tr><td colspan="3">检测依据</td><td colspan="5">1. 交通行业标准 JT/T 281《公路波形梁钢护栏》;□
2. 交通行业标准 JT/T 457《公路三波形梁钢护栏》;□
3. 交通行业标准 JT/T 495《公路交通安全设施质量检验抽样及判定》;□
4. 国家标准 GB/T 18226《高速公路交通工程钢构件防腐技术条件》。□</td></tr>
<tr><td colspan="3">检测环境条件</td><td colspan="2">温度:　　℃</td><td colspan="3">湿度:　　%R.H</td></tr>
<tr><td rowspan="7">检测用主要仪器</td><td>序号</td><td colspan="2">名称</td><td>型号规格</td><td>设备编号</td><td>检测前情况</td><td>检测后情况</td></tr>
<tr><td>1</td><td colspan="2">钢卷尺</td><td></td><td></td><td></td><td></td></tr>
<tr><td>2</td><td colspan="2">电子涂层测厚仪</td><td></td><td></td><td></td><td></td></tr>
<tr><td>3</td><td colspan="2">板厚千分尺</td><td></td><td></td><td></td><td></td></tr>
<tr><td>4</td><td colspan="2">壁厚千分尺</td><td></td><td></td><td></td><td></td></tr>
<tr><td>5</td><td colspan="2">涂层附着力测定器</td><td></td><td></td><td></td><td></td></tr>
<tr><td>6</td><td colspan="2">电子万能试验机</td><td></td><td></td><td></td><td></td></tr>
</table>

公路波形梁钢护栏产品检测原始数据记录表

记录编号：　　　　　　　　　　　　　　　　　　　　　　　　　　共　　页　第　　页

项目名称：	检测地点（桩号）：		测试构件名称：□护栏板　□立柱　□防阻块　□托架	
检测项目	检测值或观测情况			
1　构件编号				
2.1　板厚/壁厚（含涂层）（mm）				
2.2　测点处防腐层厚度（μm）				
2.3　测点处防腐层厚度平均值（μm）				
2.4　板厚/壁厚（基底层）（mm）	检测结果：	检测结果：	检测结果：	检测结果：
3.1　防腐层总厚度（μm）				
3.2　□锌　□铝层测点厚度（μm）				
3.3　总厚度平均值（μm）				
3.4　□锌　□铝层厚度（μm）				
3.5　涂塑层厚度（μm）				
4　定尺长度（mm）				
5　防腐层外观				
6　防腐层附着性能				

检测：＿＿＿＿　＿＿＿＿　复核：＿＿＿＿　日期：＿＿＿＿

公路波形梁钢护栏产品检测原始数据记录表

记录编号：　　　　　　　　　　　　　　　　　　　　　　　　　　共　　页　　第　　页

项目名称：		检测地点（桩号）：					测试构件名称：□连接螺栓　□拼接螺栓			
检测项目		检测值或观测情况								
1　构件编号										
2　防腐层外观										
3　防腐层附着性能										
4.1　防腐层总厚度（μm）	螺头									
	螺母									
	垫圈									
4.2　□锌　□铝层测点厚度（μm）	螺头									
	螺母									
	垫圈									
4.3　总厚度平均值（μm）										
4.4　□锌　□铝层厚度（μm）										
4.5　涂塑层厚度（μm）										
5　整体抗拉荷载（kN）										
6　抗拉强度（MPa）										
1　构件编号										
2　防腐层外观										
3　防腐层附着性能										

续上表

<table>
<tr><td colspan="2">项目名称：</td><td colspan="13">检测地点（桩号）：</td><td colspan="14">测试构件名称：□连接螺栓　□拼接螺栓</td></tr>
<tr><td colspan="2">检测项目</td><td colspan="27">检测值或观测情况</td></tr>
<tr><td rowspan="3">4.1　防腐层总厚度（μm）</td><td>螺头</td><td></td><td></td><td></td><td></td><td></td><td></td><td></td><td></td><td></td><td></td><td></td><td></td><td></td><td></td><td></td><td></td><td></td><td></td><td></td><td></td><td></td><td></td><td></td><td></td><td></td><td></td><td></td></tr>
<tr><td>螺母</td><td></td><td></td><td></td><td></td><td></td><td></td><td></td><td></td><td></td><td></td><td></td><td></td><td></td><td></td><td></td><td></td><td></td><td></td><td></td><td></td><td></td><td></td><td></td><td></td><td></td><td></td><td></td></tr>
<tr><td>垫圈</td><td></td><td></td><td></td><td></td><td></td><td></td><td></td><td></td><td></td><td></td><td></td><td></td><td></td><td></td><td></td><td></td><td></td><td></td><td></td><td></td><td></td><td></td><td></td><td></td><td></td><td></td><td></td></tr>
<tr><td rowspan="3">4.2　□锌　□铝层测点厚度（μm）</td><td>螺头</td><td></td><td></td><td></td><td></td><td></td><td></td><td></td><td></td><td></td><td></td><td></td><td></td><td></td><td></td><td></td><td></td><td></td><td></td><td></td><td></td><td></td><td></td><td></td><td></td><td></td><td></td><td></td></tr>
<tr><td>螺母</td><td></td><td></td><td></td><td></td><td></td><td></td><td></td><td></td><td></td><td></td><td></td><td></td><td></td><td></td><td></td><td></td><td></td><td></td><td></td><td></td><td></td><td></td><td></td><td></td><td></td><td></td><td></td></tr>
<tr><td>垫圈</td><td></td><td></td><td></td><td></td><td></td><td></td><td></td><td></td><td></td><td></td><td></td><td></td><td></td><td></td><td></td><td></td><td></td><td></td><td></td><td></td><td></td><td></td><td></td><td></td><td></td><td></td><td></td></tr>
<tr><td colspan="2">4.3　总厚度平均值（μm）</td><td colspan="3"></td><td colspan="3"></td><td colspan="3"></td><td colspan="3"></td><td colspan="3"></td><td colspan="3"></td><td colspan="3"></td><td colspan="3"></td><td colspan="3"></td></tr>
<tr><td colspan="2">4.4　□锌　□铝层厚度（μm）</td><td colspan="3"></td><td colspan="3"></td><td colspan="3"></td><td colspan="3"></td><td colspan="3"></td><td colspan="3"></td><td colspan="3"></td><td colspan="3"></td><td colspan="3"></td></tr>
<tr><td colspan="2">4.5　涂塑层厚度（μm）</td><td colspan="3"></td><td colspan="3"></td><td colspan="3"></td><td colspan="3"></td><td colspan="3"></td><td colspan="3"></td><td colspan="3"></td><td colspan="3"></td><td colspan="3"></td></tr>
<tr><td colspan="2">5　整体抗拉荷载（kN）</td><td colspan="3"></td><td colspan="3"></td><td colspan="3"></td><td colspan="3"></td><td colspan="3"></td><td colspan="3"></td><td colspan="3"></td><td colspan="3"></td><td colspan="3"></td></tr>
<tr><td colspan="2">6　抗拉强度（MPa）</td><td colspan="3"></td><td colspan="3"></td><td colspan="3"></td><td colspan="3"></td><td colspan="3"></td><td colspan="3"></td><td colspan="3"></td><td colspan="3"></td><td colspan="3"></td></tr>
</table>

检测：________　________　复核：________　日期：________

附件 5

高密度聚乙烯硅芯塑料管产品质量监督抽查实施规范

（试行）

1　范围

本规范适用于交通运输部高密度聚乙烯硅芯塑料管（简称硅芯管）产品质量监督抽查，地方交通运输主管部门组织的监督抽查可参照执行。本规范内容包括产品种类、术语和定义、检验依据、抽样、检验要求、判定原则、异议处理复检、复查、附则及附录。

2　产品种类

本规范涉及二个产品种类，具体如下：

1）硅芯管；

2）管接头。

3　术语和定义

下列术语和定义适用于本规范。

3.1　监督（核查）总体

被实施监督的单位产品的全体。

3.2　复检

对检验结果有异议时，为了验证检验结果的有效性，重新进行试验。

3.3　复查

发现的问题处理后，重新进行的检验行为。

4　检验依据

下列引用的文件，其最新版本或修改单均适用于本规范。

GB/T 8804.3　热塑性塑料管材拉伸性能测定　第3部分：聚烯烃管材

JT/T 495　公路交通安全设施质量检验抽样及判定

JT/T 496　公路地下通信管道　高密度聚乙烯硅芯塑料管

交科技发〔2012〕32号　交通运输产品质量行业监督抽查管理办法(试行)

5　抽样

5.1　抽样型号或规格

抽样产品应是JT/T 496标准中规定的规格型号。

5.2　抽样方法、基数及数量

5.2.1　抽样方法

在工程现场、生产企业或经销企业随机抽取同一生产企业半年内生产的产品，抽查的产品应具有生产企业的质量检验合格证明。抽样人员不应少于2人。

5.2.2　抽样基数和数量

5.2.2.1　硅芯管

1)对现场产品以"盘"为单位确定批量；

2)批量不大于250盘时，按表1抽样；

3)大于250盘且不大于1000盘时，工程现场或经销企业抽样时，抽取20盘，生产企业抽样时，抽取32盘；

4)大于1000盘时，将监督总体按3)要求(批量大于250盘且不大于1000盘)均分为多个批，并按3)的要求随机抽取1~3批；

5)每盘截取1m×8根检验样品，其中至少一盘应从中间截取样品；

6)对于抽出的样品按批进行唯一性编号。

批量不大于250盘时的抽样方案　　表1

批量(盘)		3~10	15	20	25	30	35	40	45	50	60	70	80
样本数	生产企业	3	4	5	6	7	8	9	10	11	14	16	18
	工程现场或经销企业	3	3	3	3	3	4	4	5	5	6	7	8
批量(盘)		90	100	110	120	130	140	150	170	190	210	230	250
样本数	生产企业	19	21	25	25	30	30	35	35	40	45	50	60
	工程现场或经销企业	9	10	11	12	13	14	15	17	19	20	25	25

5.2.2.2 管接头

管接头样品抽取数量为6套。对于抽出的样品按批进行唯一性编号。

5.3　样品处置

5.3.1　抽取的样品在抽样现场立即封样,封样时应有防拆封措施,以保证样品的真实性。样品应由检验机构的抽样人员负责携带或寄送。

5.3.2　在抽样和样品接收时,应对关键过程进行拍照,以保证对该过程的追溯性。

5.4　抽样单

5.4.1　抽样后,抽样人员应按《交通运输产品质量行业监督抽查管理办法(试行)》的规定填写抽样单。抽样单中的企业名称、规格型号、生产日期或批号、抽样基数、抽样数量、抽样日期、抽样地点、生产许可证(制造特许证)和认证证书等内容应逐项填写清楚。企业需要特别陈述的情况,在抽样单中予以说明。

5.4.2　在生产企业或经销企业内抽样时,抽样单应由抽样人员和被抽查企业人员共同签字确认,并加盖被抽查企业公章。抽样单一式三份,检验机构和被抽查企业各执一份,其余一份附于被抽查的样品包装中。

5.4.3　工程现场抽样应有检验机构、省级交通运输主管部门、工程建设单位、监理单位、施工单位、被抽查生产企业或经销企业的有关人员参加，抽样并确认后，在抽样单上签字。抽样单一式六份，检验机构、省级交通运输主管部门、建设单位、施工单位和被抽查生产企业各执一份，其余一份附于被抽查的样品包装中。生产企业人员不在工程现场时，由经销企业或施工单位人员将抽样单转交生产企业。

6 检验要求

6.1 检验项目

检验项目见表2。

检 验 项 目 表2

序　号	检　验　项　目	依据法律法规或标准
1	外观质量	JT/T 496
2	结构尺寸	JT/T 496
3	环刚度	JT/T 496
4	拉伸强度	JT/T 496
5	断裂伸长率	JT/T 496
6	静态内壁摩擦系数	JT/T 496
7	耐落锤冲击性能	JT/T 496
8	与管接头连接力	JT/T 496
9	耐水压密封性能	JT/T 496

6.2 检测方法

6.2.1 外观质量

在正常光线下，用肉眼直接观察。外观颜色应均匀一致；内外壁实体应平整、均匀、光滑，无塌陷、坑凹、孔洞、撕裂痕迹及杂质麻点等缺陷；截面无气泡、裂痕；硅芯管内壁紧密熔结、无脱开现象。外壁上产品标识完整、清楚。

6.2.2 结构尺寸

内径用分度值为0.02 mm 的游标卡尺或分度值为0.01mm 的

数显卡尺测量。测量壁厚时要充分注意量具施加到试样上的力值对测量结果的影响,宜用分度值不大于 0.01m 的壁厚千分尺测量。椭圆度测试方法如下:

取一段长度为 500mm 的硅芯管试样,并在标准状态下恢复 24h。当用于测量生产线上的硅芯管的椭圆度时,应在硅芯管导出装置之前截取样品。连续缓慢地转动试样,在试样中部一固定圆周上,用上述游标卡尺或数显卡尺进行一系列的外径测定,以便测出该断面最大和最小外径,应取五个断面进行测量,每次测量间距 50mm,取五次测量结果的算术平均值为最大和最小平均外径的测量结果。按公式(1)计算平均外径:

$$平均外径 = \frac{(最大平均外径 + 最小平均外径)}{2} \tag{1}$$

按公式(2)计算椭圆度:

$$椭圆度 = 100 \times \frac{(最大平均外径 - 最小平均外径)}{平均外径} \tag{2}$$

6.2.3 环刚度

从 3 根管材上各取 1 根 200mm ±5mm 管段为试样,试样两端垂直切平,分别放置在精度不低于 1 级的材料力学试验机的试验平台上开展试验,试验速度为(5 ±1)mm/min。当试样在垂直方向的外径变形量为原内径的 5% 时,记录试样所受负荷,试验结果按式(3)计算:

$$S = \frac{\dfrac{0.0186 + 0.025 \times Y_i}{d_i} \times F_i}{Y_i \times L} \tag{3}$$

式中:S——试样的环刚度(kN/m^2);

Y_i——变形量,相对应于试样内径垂直方向 5% 变形时的变形量(m);

d_i——试样内径(m);

F_i——相对于管材 5% 变形时的力值(kN);

L——试样长度(m)。

取三个试样的试验结果的算术平均值为测量结果。

6.2.4　拉伸强度、断裂伸长率

试样形状应符合 GB/T 8804.3《热塑性塑料管材 拉伸性能测定 第3部分:聚烯烃管材》中类型2的规定,用冲裁的方法从管材上截取5个试样。分别夹持在精度不低于1级的材料力学试验机上,装配上精度不低于1级的引伸计,拉伸速度为100mm/min,直至将试样拉断。取5次有效试验的算术平均值为测试结果。

6.2.5　静态内壁摩擦系数

将长度500mm的硅芯管放置在静摩擦系数测定仪的测试斜面上,硅芯管的母线与斜面中心线平行并与斜面紧固,将静摩擦系数测定仪配套的标准试棒放置在硅芯管内,长度方向与硅芯管轴线平行,试棒露出硅芯管的距离大于20mm。用静摩擦系数测定仪的升降装置将斜面缓慢升起,直到试棒向下滑动为止,记下抬升角度,并按公式(4)计算摩擦系数。如此共试验9次,每次都应将硅芯管旋转一个角度,取9次的算术平均值作为测试结果。

$$\mu = tg\alpha \tag{4}$$

式中:α——抬升角度(°);

μ——静态内壁摩擦系数。

6.2.6　耐落锤冲击性能

取20段长度为150mm的完整硅芯管试样,试样两端应垂直切平、无破裂、无裂缝等缺陷,每次试验取一个试样放在试验机冲击平台上,锤头的冲头形状和尺寸如图1所示。

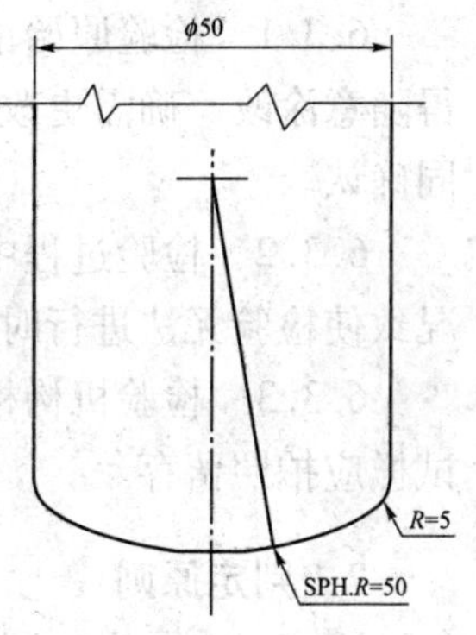

图1　锤头尺寸图

1)常温冲击试验

在温度23℃ ±2℃,落锤高度2m,锤头直径50mm、质量15.3kg的条件下进行冲击,每个试样冲击一次,试样不破裂或裂纹宽度不大于0.8mm为合格,10个试样9个以上试样合格为常温落锤冲击试验合格。

2)低温冲击试验

将试样放在温度 -20℃ ±2℃的试验箱中恒温保持5h,每次取出一个试样,在30s内按照常温冲击试验规定的方法进行试验,10个试样9个以上试样合格为低温落锤冲击试验合格。

6.2.7 与管接头连接力

取两段长度为200mm的完整硅芯管,用管接头按生产企业提供的工具和方法连接好组成试样,用专用卡具将该试样夹持到精度不低于1级的材料力学试验上,拉伸速度为100mm/min,直至管连接头被拉破裂或硅芯管被拉出时,读取试验的最大拉伸负荷为试验结果。如此共进行3组试验,取3次试验结果的算术平均值为测试结果。

6.2.8 耐水压密封性能

取两段长度为1000mm的完整硅芯管试样,用硅芯管专用连接头按生产企业提供的工具和方法连接好,一端用管塞密封好,另一端连接专用卡具注水,水温20℃ ±2℃,压力50kPa条件下,保持24h,试样的连接头、管塞均不渗漏为合格。若出现渗漏,应加倍进行试验,两次都合格才能判为合格,否则,耐水压密封试验不合格。

6.3 检验应注意的问题

6.3.1 检验原始记录应如实填写,保证真实、准确、清楚,不得随意涂改。确需更改的,更改处应经检验人员和报告签发人共同确认。

6.3.2 检验过程中遇有样品失效或检验仪器设备故障等情况致使检验无法进行时,应如实记录,并保留充分的证据。

6.3.3 检验机构检验后的试样应按规定进行保存,不合格的试样应拍照留存。

7 判定原则

7.1 样品的合格判定

任一检验项目不合格,则样品(盘)判定为不合格。

7.2 批的合格判定

7.2.1 批量不大于250盘

当样本数小于10时,不合格盘数大于0,则批判定为不合格;当样本数不小于10时,不合格盘数大于1,批判定为不合格。

7.2.2 批量大于250盘

不合格盘数大于2时,批判定为不合格。

8 异议处理复检

8.1 对抽样过程有异议,认为抽取的样品不是本企业生产的,企业应提供由原所有参加抽样单位确认的抽样无效证明,由交通运输部核实确认并作相应处理。

8.2 对检验机构的检测数据有异议,企业可向交通运输部提出复检申请,对需要复检并具备检验条件的,交通运输部指定检验机构进行复检。申请企业可见证复检过程,复检仍不合格时,所有费用由企业承担。

8.3 复检应在原批中按5.2的规定从每盘上双倍抽取试样数。将试样均分为2组,按6.2规定的方法进行测试,并按7中的规定进行合格判定,两组均满足批合格要求时,批判定为合格。

9 复查

企业完成整改后,可向交通运输部提出复查申请,交通运输部指定检验机构按原方案进行复查。当复查结果合格,以复查结果为准,但需注明为“复查合格”;当复查结果仍不合格,需注明“复查不合格”。

10 附则

本规范编写单位:交通运输部公路科学研究院(韩文元、郭东华)。

本规范由交通运输部科技司管理。

附录:原始记录表

高密度聚乙烯硅芯塑料管(硅芯管)产品检测原始数据记录表

记录编号:　　　　　　　　　　　　　　　　　　共　页　第　页

<table>
<tr><td>产品名称</td><td colspan="6"></td></tr>
<tr><td>型号规格</td><td colspan="6"></td></tr>
<tr><td>建设项目名称
(工程路线名称)</td><td colspan="6"></td></tr>
<tr><td>工程部位(桩号)</td><td colspan="6"></td></tr>
<tr><td>施工单位</td><td colspan="6"></td></tr>
<tr><td>经销企业</td><td colspan="6"></td></tr>
<tr><td>生产企业</td><td colspan="6"></td></tr>
<tr><td>建设单位(业主)</td><td colspan="6"></td></tr>
<tr><td>监理单位</td><td colspan="6"></td></tr>
<tr><td>委托单位</td><td colspan="6"></td></tr>
<tr><td>施工时间</td><td colspan="6"></td></tr>
<tr><td>检测时间</td><td colspan="2"></td><td>检测类型</td><td></td><td>抽样地点</td><td></td></tr>
<tr><td>检测依据</td><td colspan="6">1. 交通行业标准 JT/T 496《公路地下通信管道　高密度聚乙烯硅芯塑料管》;□
2. 交通行业标准 JT/T 495《公路交通安全设施质量检验抽样及判定》。□</td></tr>
<tr><td>检测环境条件</td><td colspan="3">温度:　　℃</td><td colspan="3">湿度:　　%R.H</td></tr>
<tr><td rowspan="9">检测用主要仪器</td><td>序号</td><td>名称</td><td>型号规格</td><td>设备编号</td><td>检测前情况</td><td>检测后情况</td></tr>
<tr><td>1</td><td>数显卡尺</td><td></td><td></td><td></td><td></td></tr>
<tr><td>2</td><td>钢板尺</td><td></td><td></td><td></td><td></td></tr>
<tr><td>3</td><td>壁厚千分尺</td><td></td><td></td><td></td><td></td></tr>
<tr><td>4</td><td>电子万能材料试验机</td><td></td><td></td><td></td><td></td></tr>
<tr><td>5</td><td>全自动落锤冲击试验机</td><td></td><td></td><td></td><td></td></tr>
<tr><td>6</td><td>微机控制管材耐压爆破试验机</td><td></td><td></td><td></td><td></td></tr>
<tr><td>7</td><td>静摩擦系数测定仪</td><td></td><td></td><td></td><td></td></tr>
<tr><td>8</td><td>高低温湿热试验箱</td><td></td><td></td><td></td><td></td></tr>
</table>

高密度聚乙烯硅芯塑料管(硅芯管)产品检测原始数据记录表

记录编号：　　　　　　　　　　　　　　　　　　共　　页　第　　页

序号	检测项目		检测值或观测情况			平均值	检测结果
1	外观质量	外观					
		出厂标志					
2	结构尺寸						
2.1	内径(mm)						
2.2	壁厚(mm)						
2.3	椭圆度	绕盘状况					
		最大外径 D(mm)					
		最小外径 D'(mm)					
		椭圆度(%)					
3	静态内壁摩擦系数	α					
		$\mathrm{tg}\alpha$					
4	拉伸强度(MPa)						
5	断裂伸长率(%)						
6	环刚度	试样内径 d_i(m)	$\times 10^{-3}$	$\times 10^{-3}$	$\times 10^{-3}$	$\times 10^{-3}$	$\times 10^{-3}$
		$\Delta y = 5\% d_i$(m)	$\times 10^{-3}$	$\times 10^{-3}$	$\times 10^{-3}$	$\times 10^{-3}$	$\times 10^{-3}$
		试样长度 L(m)	$\times 10^{-3}$	$\times 10^{-3}$	$\times 10^{-3}$	$\times 10^{-3}$	$\times 10^{-3}$
		所受负荷 F(kN)					
		环刚度 S(kN/m^2)					
7	耐落锤冲击试验	常温(23℃ ±2℃)					
		低温(-20℃ ±2℃)					
8	耐水压密封性能						
9	与管接头连接力(N)						

检测：＿＿＿　＿＿＿复核：＿＿＿　日期：＿＿＿

附件 6

突起路标产品质量监督抽查实施规范

（试行）

1　范围

本规范适用于交通运输部突起路标产品质量监督抽查，地方交通运输主管部门组织的监督抽查可参照执行。本规范内容包括产品种类、术语和定义、检验依据、抽样、检验要求、判定原则、异议处理复检、复查、附则及附录。

2　产品种类

本规范涉及三个产品种类，具体如下：

1）A1 类突起路标；

2）A2 类突起路标；

3）A3 类突起路标。

3　术语和定义

下列术语和定义适用于本规范。

3.1　A1 类突起路标

由工程塑料或金属等材料基体和微棱镜逆反射器组成的逆反射突起路标。

3.2　A2 类突起路标

由工程塑料或金属等材料基体和定向透镜逆反射器组成的逆

反射突起路标。

3.3　A3 类突起路标

由钢化玻璃基体和金属反射膜组成的一体化全向透镜逆反射突起路标。

3.4　监督(核查)总体

被实施监督的单位产品的全体。

3.5　复验

由于操作、样品、设备等异常导致单次试验结果出现偏离时，依据原要求进行再次试验。

3.6　复检

对检验结果有异议时，为了验证检验结果的有效性，重新进行试验。

3.7　复查

发现的问题处理后，重新进行的检验行为。

3.8　备验样品

复验时使用的样品。

4　检验依据

下列引用的文件，其最新版本或修改单均适用于本规范。

GB/T 3978　标准照明体和几何条件

GB/T 3979　物体色的测量方法

GB/T 10125　人造气氛腐蚀试验 盐雾试验

GB/T 24725　突起路标

GB/T 26377　逆反射测量仪

JT/T 495　公路交通安全设施质量检验抽样及判定

JT/T 692　夜间条件下逆反射体色度性能测试方法

交科技发〔2012〕32 号　交通运输产品质量行业监督抽查管理办法(试行)

5 抽样

5.1 抽样型号或规格

抽样产品应是 GB/T 24725 标准中规定的规格型号。

5.2 抽样方法、基数及数量

5.2.1 抽样方法

在工程现场、生产企业或经销企业随机抽取同一生产企业半年内生产的产品,抽查的产品应具有生产企业的质量检验合格证明。抽样人员不应少于 2 人。

5.2.2 抽样基数和数量

1)监督总体不大于 250 时,同一批原材料和同一工艺生产的白色或黄色突起路标作为一批,按表 1 抽取检验样品,有条件时,至少抽取 1 只作为备验样品;

2)监督总体大于 250 时,同一批原材料和同一工艺生产的白色或黄色突起路标按不大于 10000 划分为一个批次,当超过时,将监督总体均分为多个批,随机抽取 1 ~ 3 批。工程现场或经销企业抽样时,每批抽取突起路标 35 只,其中 32 只作为检验样品,3 只作为备验样品;生产企业抽样时,每批抽取 53 只,其中 50 只作为检验样品,3 只作为备验样品;

3)对于抽出的样品按批进行唯一性编号。

批量不大于 250 时的抽样方案 表 1

批量		3 ~ 10	15	20	25	30	35	40	45	50	60	70	80
样本数	生产企业	3	4	5	6	7	8	9	10	11	14	16	18
	工程现场或经销企业	3	3	3	3	3	4	4	5	5	6	7	8
批量		90	100	110	120	130	140	150	170	190	210	230	250
样本数	生产企业	19	21	25	25	30	30	35	35	40	45	50	60
	工程现场或经销企业	9	10	11	12	13	14	15	17	19	20	25	25

5.3 样品处置

5.3.1 抽取的样品在抽样现场立即封样,封样时应有防拆封措施,以保证样品的真实性。样品应由检验机构的抽样人员负责携带或寄送。

5.3.2 在抽样和样品接收时,应对关键过程进行拍照,以保证对该过程的追溯性。

5.4 抽样单

5.4.1 抽样后,抽样人员应按《交通运输产品质量行业监督抽查管理办法(试行)》的规定填写抽样单。抽样单中的企业名称、规格型号、生产日期或批号、抽样基数、抽样数量、抽样日期、抽样地点、生产许可证(制造特许证)和认证证书等内容应逐项填写清楚。企业需要特别陈述的情况,在抽样单中予以说明。

5.4.2 在生产企业或经销企业内抽样时,抽样单应由抽样人员和被抽查企业人员共同签字确认,并加盖被抽查企业公章。抽样单一式三份,检验机构和被抽查企业各执一份,其余一份附于被抽查的样品包装中。

5.4.3 工程现场抽样应有检验机构、省级交通运输主管部门、工程建设单位、监理单位、施工单位、被抽查生产企业或经销企业的有关人员参加,抽样并确认后,在抽样单上签字。抽样单一式六份,检验机构、省级交通运输主管部门、建设单位、施工单位和被抽查生产企业各执一份,其余一份附于被抽查的样品包装中。生产企业人员不在工程现场时,由经销企业或施工单位人员将抽样单转交生产企业。

6 检验要求

6.1 检验项目

检验项目见表2。

检 验 项 目 表2

<table>
<tr><th>序 号</th><th colspan="2">检 验 项 目</th><th>依据法律法规或标准</th></tr>
<tr><td>1</td><td colspan="2">外观质量</td><td rowspan="10">GB/T 24725</td></tr>
<tr><td>2</td><td colspan="2">结构尺寸</td></tr>
<tr><td rowspan="2">3</td><td rowspan="2">色度性能</td><td>表面色</td></tr>
<tr><td>逆反射色</td></tr>
<tr><td>4</td><td colspan="2">逆反射性能</td></tr>
<tr><td>5</td><td colspan="2">抗压荷载[a]</td></tr>
<tr><td>6</td><td colspan="2">整体抗冲击性能[a]</td></tr>
<tr><td>7</td><td colspan="2">逆反射器抗冲击性能[a]</td></tr>
<tr><td>8</td><td colspan="2">耐盐雾腐蚀性能[a]</td></tr>
<tr><td>9</td><td colspan="2">标识</td></tr>
<tr><td colspan="4">a 原则上，抽查时，从四项中任选一项指标进行检验，需增加检验项目时，按 5.2.2 增加抽样数量。</td></tr>
</table>

6.2 检测方法

6.2.1 外观质量

一般项目检查在白天环境照度大于 150lx 的条件下目测检验；对于逆反射器的均匀性，可在一个暗室通道中用手电筒和眼睛形成的近似逆反射条件目视检查。

6.2.2 结构尺寸

长度尺寸（边长或直径、高度）用分度值不高于 0.02mm 的游标卡尺测量，面向行车方向坡度角用分度值不高于 2′的万能角尺或标准角规测量，每个参数测量 3 次，取算术平均值为测量结果。

6.2.3 表面色

采用 GB/T 3978 中规定的标准 D_{65} 光源，在 45/0 的照明观测条件下，按 GB/T 3979 规定的方法测量突起路标基体的表面色，也可用符合上述光源和照明观测条件的色差仪在被测样品的顶部或其他平缓部位直接读取色品坐标和亮度因数。

6.2.4　逆反射色

采用 GB/T 3978 中规定的标准 A 光源，在 0/0.2 照明观测条件下，按 JT/T 692 规定执行。

6.2.5　逆反射性能

用符合 GB/T 26377 规定的突起路标发光强度系数测量仪直接测量。

6.2.6　抗压荷载

将样品放置在 23℃ ±2℃ 的条件下进行 4h 的状态调节。在精度不低于 1 级的具有位移控制功能的材料力学试验机下压平台中心上放置一个厚度为 13mm、比被测样品基底大的钢板，将样品基底放置在钢板中心上。在被测样品顶部放置一块厚度为 9.5mm、邵氏硬度为 A60、尺寸大于被测样品受压面积的弹性橡胶垫。另一块厚度为 13mm、比被测样品大的钢板放置在弹性橡胶垫上。调整钢板、被测样品、弹性垫，使被测样品置于试验机上下压头的轴线上，开启试验机，以 2.5mm/min 的速率对试验样品进行加载，直到样品出现裂纹等破坏现象或样品产生明显变形（大于 3.3mm）时为止，记录此时的最大力值为试验结果。

6.2.7　整体抗冲击性能

在坚固、平整的水平面上放置一厚度不小于 13mm、面积大于突起路标下表面的钢板，将突起路标置于钢板上，用质量为 1040g ±10g 的实心钢球，在突起路标正上方 1m 的高度自由落下，冲击点为突起路标上表面的中心。试验后，以冲击点为圆心，直径 12mm 区域外不应有任何形式的破损。

6.2.8　逆反射器抗冲击性能

将 GB/T 24725 中 6.7 规定的样品架放置在诸如混凝土地板之类的坚固表面上，试验前先用一个被测突起路标对样品架进行预调整，使其方便地将该组被测样品的逆反射面保持在水平位置上，以减少后续试验过程中的调整时间。将样品放置在电热鼓风烘箱中，在 55℃ 的条件下保持 1h，将样品取出，迅速放置在样品架上。在样品保持高温的条件下，用 GB/T 24725 中 6.7 规定的冲击锤头，在457mm的高度自由落下，冲击样品逆反射面的中心部位，冲击只能进行一次，不能进行二次冲击。检查被测样品逆反射面的碎裂、剥落和分层状况，用分度值不高于0.02mm的游标卡尺测量裂纹的长度，并作相应记录。

注：如果试验用电热鼓风烘箱容积足够大，可将样品预先固定在保持架上，同时放入烘箱在线测试。

6.2.9 耐盐雾腐蚀性能

按GB/T 10125中有关中性盐雾试验的规定，每24h为一周期，每周期连续喷雾，共试验六个周期144h。试验结束后，用流动水冲洗掉样品表面的盐沉积物，再用蒸馏水漂洗干净，并用软布擦干，立即检查样品试验后的状态，试样不应有变色或被侵蚀的痕迹，不得有其他损坏现象。突起路标基体及逆反射器应无变色、侵蚀、溶液渗入等现象。

6.2.10 标识

目测检查，应有永久性的产品标识。

6.3 检验应注意的问题

6.3.1 检验原始记录应如实填写，保证真实、准确、清楚，不得随意涂改。确需更改的，更改处应经检验人员和报告签发人共同确认。

6.3.2 检验过程中遇有样品失效或检验仪器设备故障等情况致使检验无法进行时，应如实记录，并保留充分的证据。

6.3.3 检验机构检验后的试样应按规定进行保存，不合格的试样应拍照留存。

6.3.4 在完成表2中1～4检验项目后，再进行耐盐雾腐蚀性能、整体抗冲击性能、逆反射器抗冲击性能和抗压荷载检验。

7 判定原则

任一检验项目不合格，则样品判定为不合格。监督总体不大于250时，当样本数小于10时，不合格数大于0，则批判定为不合格；当样本数不小于10时，不合格数大于1，批判定为不合格。监督总体大于250时,不合格样品数大于3时,批判定为不合格。

8 异议处理复检

8.1 对抽样过程有异议,认为抽取的样品不是本企业生产的,企业应提供由原所有参加抽样单位确认的抽样无效证明,由交通运输部核实确认并作相应处理。

8.2 对检验机构的检测数据有异议,企业可向交通运输部提出复检申请,对需要复检并具备检验条件的,交通运输部指定检验机构进行复检。申请企业可见证复检过程,复检仍不合格时,所有费用由企业承担。

8.3 复检应在原批按5.2的规定双倍抽取样品数。将抽取的样品均分为2组,按6.2规定的方法进行测试,并按7规定的方法进行判定,两组均满足批合格要求时,批判定为合格。

9 复查

企业完成整改后,可向交通运输部提出复查申请,交通运输部指定检验机构按原方案进行复查。当复查结果合格,以复查结果为准,但需注明为"复查合格";当复查结果仍不合格,需注明"复查不合格"。

10 附则

本规范编写单位:交通运输部公路科学研究院(韩文元、陆宇红)。

本规范由交通运输部科技司管理。

附录:原始记录表

突起路标产品检测原始数据记录表

记录编号:　　　　　　　　　　　　　　　　　　共　　页　第　　页

<table>
<tr><td colspan="2">产品名称</td><td colspan="5"></td></tr>
<tr><td colspan="2">型号规格</td><td colspan="5"></td></tr>
<tr><td colspan="2">建设项目名称
(工程路线名称)</td><td colspan="5"></td></tr>
<tr><td colspan="2">工程部位(桩号)</td><td colspan="5"></td></tr>
<tr><td colspan="2">施工单位</td><td colspan="5"></td></tr>
<tr><td colspan="2">经销企业</td><td colspan="5"></td></tr>
<tr><td colspan="2">生产企业</td><td colspan="5"></td></tr>
<tr><td colspan="2">建设单位(业主)</td><td colspan="5"></td></tr>
<tr><td colspan="2">监理单位</td><td colspan="5"></td></tr>
<tr><td colspan="2">委托单位</td><td colspan="5"></td></tr>
<tr><td colspan="2">施工时间</td><td colspan="5"></td></tr>
<tr><td colspan="2">检测时间</td><td></td><td>检测类型</td><td></td><td>抽样地点</td><td></td></tr>
<tr><td colspan="2">检测依据</td><td colspan="5">1. 国家标准 GB/T 24725《突起路标》;□
2. 交通行业标准 JT/T 495《公路交通安全设施质量检验抽样及判定》。□</td></tr>
<tr><td colspan="2">检测环境条件</td><td colspan="2">温度:　　℃</td><td colspan="2">湿度:　　% R. H</td><td>照度:　　lx</td></tr>
<tr><td rowspan="12">检测用主要仪器</td><td>序号</td><td>名称</td><td>型号规格</td><td>设备编号</td><td>检测前情况</td><td>检测后情况</td></tr>
<tr><td>1</td><td>游标卡尺</td><td></td><td></td><td></td><td></td></tr>
<tr><td>2</td><td>钢 板 尺</td><td></td><td></td><td></td><td></td></tr>
<tr><td>3</td><td>亮 度 计</td><td></td><td></td><td></td><td></td></tr>
<tr><td>4</td><td>亮 度 计</td><td></td><td></td><td></td><td></td></tr>
<tr><td>5</td><td>色匹配箱</td><td></td><td></td><td></td><td></td></tr>
<tr><td>6</td><td>色彩色差计</td><td></td><td></td><td></td><td></td></tr>
<tr><td>7</td><td>突起路标测量仪</td><td></td><td></td><td></td><td></td></tr>
<tr><td>8</td><td>突起路标抗冲击测定器</td><td></td><td></td><td></td><td></td></tr>
<tr><td>9</td><td>电子万能材料试验机</td><td></td><td></td><td></td><td></td></tr>
<tr><td>10</td><td>气流式盐雾腐蚀试验箱</td><td></td><td></td><td></td><td></td></tr>
<tr><td>11</td><td>逆反射器抗冲击性能测定器</td><td></td><td></td><td></td><td></td></tr>
</table>

突起路标产品检测原始数据记录表

记录编号：　　　　　　　　　　　　　　　　　　共　　页 第　　页

序号	检测项目			检测值或观测情况						
				1#	2#	3#	4#	5#	6#	7#
1	标识									
2	外观质量									
3	结构尺寸	边长或直径(mm)								
		面向行车方向坡度								
		高度 H(mm)								
4	色度性能	白色壳体	色品坐标							
			亮度因数							
		黄色壳体	色品坐标							
			亮度因数							
		白色逆反射器								
		黄色逆反射器								
5	白色反射器发光强度系数 mcd/lx	$\alpha=0.2°$	$\beta_2=0°$							
			$\beta_2=+20°$							
			$\beta_2=-20°$							
		$\alpha=0.33°$	$\beta_2=+5°$							
			$\beta_2=-5°$							
		$\alpha=1°$	$\beta_2=+10°$							
			$\beta_2=-10°$							
		$\alpha=2°$	$\beta_2=+15°$							
			$\beta_2=-15°$							

续上表

序号	检 测 项 目			检测值或观测情况						
				1#	2#	3#	4#	5#	6#	7#
5	白色反射器发光强度系数 mcd/lx	$\alpha=0.2^\circ$	$\beta_2=0^\circ$							
			$\beta_2=+20^\circ$							
			$\beta_2=-20^\circ$							
		$\alpha=0.33^\circ$	$\beta_2=+5^\circ$							
			$\beta_2=-5^\circ$							
		$\alpha=1^\circ$	$\beta_2=+10^\circ$							
			$\beta_2=-10^\circ$							
		$\alpha=2^\circ$	$\beta_2=+15^\circ$							
			$\beta_2=-15^\circ$							
6	整体抗冲击性能									
7	逆反射器抗冲击性能									
8	抗压荷载(kN)									
9	耐盐雾腐蚀性能									

检测:______ ______复核:______ 日期:______

附件7

附着式轮廓标产品质量监督抽查实施规范

（试行）

1　范围

本规范适用于交通运输部附着式轮廓标产品质量监督抽查，地方交通运输主管部门组织的监督抽查可参照执行。本规范内容包括术语和定义、检验依据、抽样、检验要求、判定原则、异议处理复检、复查、附则及附录。

2　术语和定义

下列术语和定义适用于本规范。

2.1　附着式轮廓标

沿道路两侧边缘设置的、用于指示道路前进方向和边界的、具有逆反射性能的、附着于构造物上的交通安全设施。

2.2　监督（核查）总体

被实施监督的单位产品的全体。

2.3　复验

由于操作、样品、设备等异常导致单次试验结果出现偏离时，依据原要求进行再次试验。

2.4　复检

对检验结果有异议时，为了验证检验结果的有效性，重新进行试验。

2.5　复查

发现的问题处理后，重新进行的检验行为。

2.6　备验样品

复验时使用的样品。

3　检验依据

下列引用的文件,其最新版本或修改单均适用于本规范。

GB/T 3978　标准照明体和几何条件

GB/T 3979　物体色的测量方法

GB/T 24970　轮廓标

JT/T 495　公路交通安全设施质量检验抽样及判定

交科技发〔2012〕32 号　交通运输产品质量行业监督抽查管理办法(试行)

4　抽样

4.1　抽样型号或规格

抽样产品应是 GB/T 24970 标准中规定的规格型号。

4.2　抽样方法、基数及数量

4.2.1　抽样方法

在工程现场、生产企业或经销企业随机抽取同一生产企业半年内生产的产品,抽查的产品应具有生产企业的质量检验合格证明。抽样人员不应少于 2 人。

4.2.2　抽样基数和数量

1)监督总体不大于 250 时,同一批原材料和同一工艺生产的白色或黄色轮廓标作为一批,按表 1 抽取检验样品,有条件时,至少抽取 1 只作为备验样品;

2)监督总体大于 250,同一批原材料和同一工艺生产的白色或黄色轮廓标按不大于 10000 划分为一个批次,当超过时,将监督总体均分为多个批,随机抽取 1 ~ 3 批。工程现场或经销企业抽样时,每批抽取轮廓标 35 只,其中 32 只作为检验样品,3 只作为备验样品;生产企业抽样时,每批抽取 53 只,其中 50 只作为检验样品,3 只作为备验样品;

3）对于抽出的样品按批进行唯一性编号。

批量不大于250时的抽样方案 表1

批量		3~10	15	20	25	30	35	40	45	50	60	70	80
样本数	生产企业	3	4	5	6	7	8	9	10	11	14	16	18
	工程现场或经销企业	3	3	3	3	3	4	4	5	5	6	7	8
批量		90	100	110	120	130	140	150	170	190	210	230	250
样本数	生产企业	19	21	25	25	30	30	35	35	40	45	50	60
	工程现场或经销企业	9	10	11	12	13	14	15	17	19	20	25	25

4.3 样品处置

4.3.1 抽取的样品在抽样现场立即封样，封样时应有防拆封措施，以保证样品的真实性。样品应由检验机构的抽样人员负责携带或寄送。

4.3.2 在抽样和样品接收时，应对关键过程进行拍照，以保证对该过程的追溯性。

4.4 抽样单

4.4.1 抽样后，抽样人员应按《交通运输产品质量行业监督抽查管理办法（试行）》的规定填写抽样单。抽样单中的企业名称、规格型号、生产日期或批号、抽样基数、抽样数量、抽样日期、抽样地点、生产许可证（制造特许证）和认证证书等内容应逐项填写清楚。企业需要特别陈述的情况，在抽样单中予以说明。

4.4.2 在生产企业或经销企业内抽样时，抽样单应由抽样人员和被抽查企业人员共同签字确认，并加盖被抽查企业公章。抽样单一式三份，检验机构和被抽查企业各执一份，其余一份附于被抽查的样品包装中。

4.4.3 工程现场抽样应有检验机构、省级交通运输主管部门、工程建设单位、监理单位、施工单位、被抽查生产企业或经销企业的有关人员参加，抽样并确认后，在抽样单上签字。抽样单一式六份,检验机构、省级交通运输主管部门、建设单位、施工单位和被抽查生产企业各执一份,其余一份附于被抽查的样品包装中。生产企业人员不在工程现场时,由经销企业或施工单位人员将抽样单转交生产企业。

5 检验要求

5.1 检验项目

检验项目见表2。

检验项目 表2

序号	检验项目	依据法律法规或标准
1	色度性能(表面色和逆反射色)	GB/T 24970
2	发光强度系数[a]	GB/T 24970
3	逆反射系数[b]	GB/T 24970
4	密封性能[c]	GB/T 24970
5	耐盐雾腐蚀性能[c]	GB/T 24970

a 逆反射材料为微棱镜型或玻璃珠型反射器时适用;

b 逆反射材料为反光膜时适用;

c 原则上,抽查时,从这两项中任选一项指标进行检验,需增加检验项目时,按4.2.2增加抽样数量。

5.2 检测方法

5.2.1 色度性能

表面色采用GB/T 3978规定的D_{65}标准照明体及45/0的照明观测条件,按GB/T 3979规定的方法,测出试样光谱的反射比,然后计算出该颜色的色品坐标,在同样条件下,分别测出试样和标准漫反射白板的光亮度,两者之比值即为亮度因数。或用直读式色差计直接测得各种颜色的色品坐标和亮度因数。

逆反射色采用GB/T 3978规定的标准A光源、照明观测条件为:视场角为0.1°~1°,入射角为0°,观测角为0.2°。按GB/T 3978规定的方法,测出反射器试样光谱的反射比,然后计算出该颜色的色品坐标。或用非接触式亮度计直接测得各种颜色的色品坐标。

5.2.2　发光强度系数

用 GB/T 24970 规定的绝对逆反射系统进行测试。

5.2.3　逆反射系数

标准样板对逆反射测量仪进行校准后,用逆反射测量仪对试样进行测试。其中,逆反射测量仪应具有观测角 0.2°、0.5°、1°,入射角 -4°、15°、30°的测试条件。

5.2.4　密封性能

将产品试样或反射器试样放入温度为 50℃ ±3℃、深度为 200mm ±30mm 的水中,使逆反射表面向上,浸泡 15min 之后,在 10s 内,迅速将试件取出并立即放入温度为 5℃ ±3℃、同样深度的水中,再浸泡 15min。重复上述试验三次,使试样总计经受四个热冷循环的浸泡。然后取出试样,揩干其表面的水分。目测进行检查。

5.2.5　耐盐雾腐蚀性能

把化学纯的氯化钠溶于蒸馏水,配制成 5% ±0.1%(质量比)的盐溶液(pH 值在 6.5 ~7.2 之间),使该盐溶液在盐雾箱内连续雾化,箱内温度保持 35℃ ±2℃。试样受试面与垂直方向成 30°角,相邻两样品保持一定的间隙,行间距不小于 75mm,产品试样或反光膜试样在盐雾空间连续暴露 120h。试验结束后,用流动水轻轻洗掉试样表面的盐沉积物,再用蒸馏水漂洗,然后置于标准测试条件下恢复 2h,最后对样品用四倍放大镜进行全面检查。目测进行检查。

5.3　检验应注意的问题

5.3.1　检验原始记录应如实填写,保证真实、准确、清楚,不得随意涂改。确需更改的,更改处应经检验人员和报告签发人共同确认。

5.3.2　检验过程中遇有样品失效或检验仪器设备故障等情况致使检验无法进行时,应如实记录,并保留充分的证据。

5.3.3　检验机构检验后的试样应按规定进行保存,不合格的试样应拍照留存。

5.3.4 在完成表2中1~3检验项目后，再进行反射器的密封性能、耐盐雾腐蚀性能检验。

6 判定原则

任一检验项目不合格，则样品判定为不合格。监督总体不大于250时，当样本数小于10时，不合格数大于0，则批判定为不合格；当样本数不小于10时，不合格数大于1，批判定为不合格。监督总体大于250时，不合格样品数大于3时，批判定为不合格。

7 异议处理复检

7.1 对抽样过程有异议，认为抽取的样品不是本企业生产的，企业应提供由原所有参加抽样单位确认的抽样无效证明，由交通运输部核实确认并作相应处理。

7.2 对检验机构的检测数据有异议，企业可向交通运输部提出复检申请，对需要复检并具备检验条件的，交通运输部指定检验机构进行复检。申请企业可见证复检过程，复检仍不合格时，所有费用由企业承担。

7.3 复检应在原批按4.2的规定双倍抽取样品数。将抽取的样品均分为2组，按5.2规定的方法进行测试，并按6规定的方法进行判定，两组均满足批合格要求时，批判定为合格。

8 复查

企业完成整改后，可向交通运输部提出复查申请，交通运输部指定检验机构按原方案进行复查。当复查结果合格，以复查结果为准，但需注明为“复查合格”；当复查结果仍不合格，需注明“复查不合格”。

9 附则

本规范编写单位：交通运输部公路科学研究院（韩文元、郭东华）。

本规范由交通运输部科技司管理。

附录:原始记录表

附着式轮廓标产品检测原始数据记录表

记录编号:　　　　　　　　　　　　　　　　共　页　第　页

<table>
<tr><td colspan="3">产品名称</td><td colspan="5"></td></tr>
<tr><td colspan="3">型号规格</td><td colspan="5"></td></tr>
<tr><td colspan="3">建设项目名称
(工程路线名称)</td><td colspan="5"></td></tr>
<tr><td colspan="3">工程部位(桩号)</td><td colspan="5"></td></tr>
<tr><td colspan="3">施工单位</td><td colspan="5"></td></tr>
<tr><td colspan="3">经销企业</td><td colspan="5"></td></tr>
<tr><td colspan="3">生产企业</td><td colspan="5"></td></tr>
<tr><td colspan="3">建设单位(业主)</td><td colspan="5"></td></tr>
<tr><td colspan="3">监理单位</td><td colspan="5"></td></tr>
<tr><td colspan="3">委托单位</td><td colspan="5"></td></tr>
<tr><td colspan="3">施工时间</td><td colspan="5"></td></tr>
<tr><td colspan="3">检测时间</td><td></td><td>检测类型</td><td></td><td>抽样地点</td><td></td></tr>
<tr><td colspan="3">检测依据</td><td colspan="5">1. 国家标准 GB/T 24970《轮廓标》;□
2. 交通行业标准 JT/T 495《公路交通安全设施质量检验抽样及判定》。□</td></tr>
<tr><td colspan="3">检测环境条件</td><td colspan="2">温度:　℃</td><td colspan="3">湿度:　%R. H</td></tr>
<tr><td rowspan="10">检测用主要仪器</td><td>序号</td><td>名称</td><td>型号规格</td><td>设备编号</td><td>检测前情况</td><td>检测后情况</td><td></td></tr>
<tr><td>1</td><td>非接触式亮度计</td><td></td><td></td><td></td><td></td><td></td></tr>
<tr><td>2</td><td>色彩色差计</td><td></td><td></td><td></td><td></td><td></td></tr>
<tr><td>3</td><td>标准 A 光源</td><td></td><td></td><td></td><td></td><td></td></tr>
<tr><td>4</td><td>逆反射测试系统</td><td></td><td></td><td></td><td></td><td></td></tr>
<tr><td>5</td><td>轮廓标密封性能测定仪</td><td></td><td></td><td></td><td></td><td></td></tr>
<tr><td>6</td><td>气流式盐雾腐蚀试验箱</td><td></td><td></td><td></td><td></td><td></td></tr>
<tr><td></td><td></td><td></td><td></td><td></td><td></td><td></td></tr>
<tr><td></td><td></td><td></td><td></td><td></td><td></td><td></td></tr>
<tr><td></td><td></td><td></td><td></td><td></td><td></td><td></td></tr>
</table>

附着式轮廓标产品检测原始数据记录表

记录编号：　　　　　　　　　　　　　　　　共　页　第　页

序号	检测项目			检测值或观测情况						
				1#	2#	3#	4#	5#	6#	7#
1	色度性能	白色壳体	x							
			y							
			亮度因数							
		黄色壳体	x							
			y							
			亮度因数							
		白色反射体	x							
			y							
			亮度因数							
		黄色反射体	x							
			y							
			亮度因数							
2	白色反射器发光强度系数 cd/lx	$\alpha=0.2°$	$\beta_2=0°$							
			$\beta_2=+10°$							
			$\beta_2=-10°$							
			$\beta_2=+20°$							
			$\beta_2=-20°$							
		$\alpha=0.5°$	$\beta_2=0°$							
			$\beta_2=+10°$							
			$\beta_2=-10°$							
			$\beta_2=+20°$							
			$\beta_2=-20°$							
	黄色反射器发光强度系数 cd/lx	$\alpha=0.2°$	$\beta_2=0°$							
			$\beta_2=+10°$							
			$\beta_2=-10°$							
			$\beta_2=+20°$							
			$\beta_2=-20°$							
		$\alpha=0.5°$	$\beta_2=0°$							
			$\beta_2=+10°$							
			$\beta_2=-10°$							
			$\beta_2=+20°$							
			$\beta_2=-20°$							

续上表

序号	检测项目			检测值或观测情况						
				1#	2#	3#	4#	5#	6#	7#
3	色反射膜逆反射系数 cd/($lx \cdot m^2$)	$\alpha = 0.2°$	$\beta_2 = -4°$							
			$\beta_2 = 15°$							
			$\beta_2 = 30°$							
		$\alpha = 0.33°$	$\beta_2 = -4°$							
			$\beta_2 = 15°$							
			$\beta_2 = 30°$							
		$\alpha = 1°$	$\beta_2 = -4°$							
			$\beta_2 = 15°$							
			$\beta_2 = 30°$							
	黄色反射膜逆反射系数 cd/($lx \cdot m^2$)	$\alpha = 0.2°$	$\beta_2 = -4°$							
			$\beta_2 = 15°$							
			$\beta_2 = 30°$							
		$\alpha = 0.33°$	$\beta_2 = -4°$							
			$\beta_2 = 15°$							
			$\beta_2 = 30°$							
		$\alpha = 1°$	$\beta_2 = -4°$							
			$\beta_2 = 15°$							
			$\beta_2 = 30°$							
4	密封性能									
5	耐盐雾腐蚀性能									

检测：______ ______复核：______ 日期：______

附件8

热熔型路面标线涂料产品质量监督抽查实施规范

（试行）

1 范围

本规范适用于交通运输部热熔型路面标线涂料产品质量监督抽查，地方交通运输主管部门组织的监督抽查可参照执行。本规范内容包括术语和定义、检验依据、抽样、检验要求、判定原则、异议处理复检、复查、附则及附录。

2 术语和定义

下列术语和定义适用于本规范。

2.1 监督（核查）总体

被实施监督的单位产品的全体。

2.2 复检

对检验结果有异议时，为了验证检验结果的有效性，重新进行试验。

2.3 复查

发现的问题处理后，重新进行的检验行为。

2.4 备用样品

复检时使用的样品。

3 检验依据

下列引用的文件，其最新版本或修改单均适用于本规范。

GB/T 1768　色漆和清漆 耐磨性的测定 旋转橡胶砂轮法

GB/T 9284　色漆和清漆用漆基软化点测定法（环球法）

JT/T 280　路面标线涂料

JT/T 495　公路交通安全设施质量检验抽样及判定

交科技发〔2012〕32号　交通运输产品质量行业监督抽查管理办法（试行）

4　抽样

4.1　抽样型号或规格

抽样产品应是JT/T 280标准中规定的规格型号。

4.2　抽样方法、基数及数量

4.2.1　抽样方法

在工程现场、生产企业或经销企业随机抽取同一生产企业半年内生产的产品，抽查的产品应具有生产企业的质量检验合格证明。抽样人员不应少于2人。

4.2.2　抽样基数和数量

1）对现场产品以"袋"为单位确定批量；

2）批量不大于250袋时，按表1抽样；

3）大于250袋且不大于1000袋时，工程现场或经销企业抽样时，抽取20袋，生产企业抽样时，抽取32袋；

4）大于1000袋时，将监督总体按3）的要求（批量大于250袋且不大于1000袋）均分为多个批，并按3）的要求随机抽取1～3批；

5）每袋按四分法抽取1kg样品进行封样作为检验样品，同时从中抽取两份各1kg样品进行封样作为备用样品；

6）对于抽出的样品按批进行唯一性编号。

批量不大于250袋时的抽样方案　表1

批量（袋）		3～10	15	20	25	30	35	40	45	50	60	70	80
样本数	生产企业	3	4	5	6	7	8	9	10	11	14	16	18
	工程现场或经销企业	3	3	3	3	3	4	4	5	5	6	7	8

续上表

批量(袋)		90	100	110	120	130	140	150	170	190	210	230	250
样本数	生产企业	19	21	25	25	30	30	35	35	40	45	50	60
	工程现场或经销企业	9	10	11	12	13	14	15	17	19	20	25	25

4.3 样品处置

4.3.1 抽取的样品在抽样现场立即封样,封样时应有防拆封措施,以保证样品的真实性。样品应由检验机构的抽样人员负责携带或寄送。

4.3.2 在抽样和样品接收时,应对关键过程进行拍照,以保证对该过程的追溯性。

4.4 抽样单

4.4.1 抽样后,抽样人员应按《交通运输产品质量行业监督抽查管理办法(试行)》的规定填写抽样单。抽样单中的企业名称、规格型号、生产日期或批号、抽样基数、抽样数量、抽样日期、抽样地点、生产许可证(制造特许证)和认证证书等内容应逐项填写清楚。企业需要特别陈述的情况,在抽样单中予以说明。

4.4.2 在生产企业或经销企业内抽样时,抽样单应由抽样人员和被抽查企业人员共同签字确认,并加盖被抽查企业公章。抽样单一式三份,检验机构和被抽查企业各执一份,其余一份附于被抽查的样品包装中。

4.4.3 工程现场抽样应有检验机构、省级交通运输主管部门、工程建设单位、监理单位、施工单位、被抽查生产企业或经销企业的有关人员参加,抽样并确认后,在抽样单上签字。抽样单一式六份,检验机构、省级交通运输主管部门、建设单位、施工单位和被抽查生产企业各执一份,其余一份附于被抽查的样品包装中。生产企业人员不在工程现场时,由经销企业或施工单位人员将抽样单转交生产企业。

5 检验要求

5.1 检验项目

检验项目见表2。

检 验 项 目 表2

序 号	检 验 项 目	依据法律法规或标准
1	抗压强度	JT/T 280
2	色度性能	JT/T 280
3	耐磨性	JT/T 280
4	玻璃珠含量	JT/T 280
5	软化点	JT/T 280

5.2 检测方法

5.2.1 抗压强度

将熔融试样注在制样器1(图1)的模腔(约20mm×20mm×20mm)中,冷却至室温。用稍加热的刮刀削掉端头表面的突出部分,用100号砂纸将各面磨平。放置24h后用游标卡尺测量(精确至0.1mm),供作试块。制备试块三个,在标准试验条件下放置24h后,分别放在精度不低于1级的小吨位压力试验机球形支座的基板上,调整试块位置及球形支座,使试块与压片的中心线在同一垂线上,并使试块面与加压面保持平行;启动压力机,以30mm/min的速度加载,压至出现明显屈服点;或当脆性材料无明显屈服点时,压至试块破裂;或当柔性材料无明显屈服点时,压至试块高度20%时。按式(1)计算抗压强度,试验后取其平均值。

$$R_t = \frac{P}{A} \tag{1}$$

式中:R_t——抗压强度,MPa;

P——屈服荷载(或破裂时的荷载,或压下试块高度20%时的荷载),N;

A——加压前断面面积,mm^2。

突起型热熔路面标线涂料在 50℃ ±2℃时的抗压强度试验，将试块在 50℃ ±2℃烘箱内恒温 4h 后，立即分别从烘箱内取出按前述方法测试抗压强度。

图1　制样器1

5.2.2　色度性能

将试样涂布在一平面上，使其流平，涂面向上放置 24h 后；在涂面上任取三点，用 D65 光源 45/0 色度计测定其色品坐标和亮度因数。

5.2.3　耐磨性

首先在制样器 2（见图 2）的模腔涂上一薄层甘油，待干后，将熔融试样注入内腔，使其流平（如不能流平，可将试模先预热），并趁热软时在中心处开一直径为 7mm 左右的试孔。同一试样应制成三块试板，将试板放置在玻璃板上，在标准试验条件下放置 24h 后。使用 GB/T 1768 规定的漆膜磨耗仪，载重 1000g，用橡胶砂轮对试板预磨 50 转，然后称量试板的质量，之后磨耗 200 转，称量磨耗后试板的质量，计算试板的磨损量。取 3 块试板的磨损量作为测试结果。

5.2.4　玻璃珠含量

精确称取约 30 g（精确至 0.01g）的试样放在三角烧瓶中；加入醋酸乙酯与二甲苯，比例为 1∶1 的混合溶剂约 150mL 在不断搅拌下溶解树脂等成分，玻璃珠沉淀后，将悬浮液流出；再加入 500mL 上述混合溶剂，使其溶解，并使其流出，此操作反复进行三次后，加入 50mL 丙酮清洗后流出悬浮液；将三角烧瓶置于沸腾水浴中，加热至几乎不再残留有剩余溶剂，冷却至室温；加入约 100mL 的稀硫酸或稀硫酸和稀盐酸（1∶1）的混合液，用表面

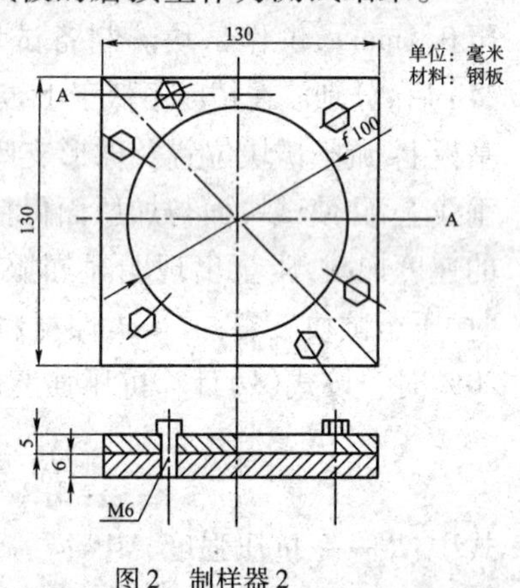

图2　制样器2

皿作盖在沸腾水浴中加热约30min，冷却至室温后使悬浮液流出；然后加入300mL水搅拌，玻璃珠沉淀后，使液体流出，再用水反复清洗5～6次；最后加入95%的乙醇50mL清洗，使洗液流出；将三角烧瓶置于沸腾的水浴中，加热至几乎不再残留有乙醇为止，将其移至已知重量的表面皿中，如烧瓶中有残留玻璃珠，可用少量水清洗倒入表面皿中，并使水流出；将表面皿放置在保持105℃～110℃的烘箱中加热1h，取出表面皿放在干燥器中冷却至室温后称重（精确至0.01g）；同时做三个平行试验。按式(2)求出玻璃珠含量。试验后取其平均值。如原试样中有石英砂，应在称重前经玻璃珠选形器除去石英砂。

$$A = \frac{B}{S} \times 100 \qquad (2)$$

式中：A——玻璃珠含量，%；

B——玻璃珠质量，g；

S——试样质量，g。

5.2.5　软化点

按GB/T 9284的规定，将待测试样固定在水平圆环内，在甘油浴中加热，测试其在钢球作用下从圆环下落25mm时的温度。

5.3　检验应注意的问题

5.3.1　检验原始记录应如实填写，保证真实、准确、清楚，不得随意涂改。确需更改的，更改处应经检验人员和报告签发人共同确认。

5.3.2　检验过程中遇有样品失效或检验仪器设备故障等情况致使检验无法进行时，应如实记录，并保留充分的证据。

5.3.3　检验机构检验后的试样应按规定进行保存，不合格的试样应拍照留存。

6　判定原则

6.1　样品的合格判定

任一检验项目不合格，则样品（袋）判定为不合格。

6.2　批的合格判定

6.2.1　批量不大于250袋

当样本数小于10时,不合格袋数大于0,则批判定为不合格;当样本数不小于10时,不合格袋数大于1,批判定为不合格。

6.2.2　批量大于250袋

不合格袋数大于2时,批判定为不合格。

7　异议处理复检

7.1　对抽样过程有异议,认为抽取的样品不是本企业生产的,企业应提供由原所有参加抽样单位确认的抽样无效证明,由交通运输部核实确认并作相应处理。

7.2　对检验机构的检测数据有异议,企业可向交通运输部提出复检申请,对需要复检并具备检验条件的,交通运输部指定检验机构进行复检。申请企业可见证复检过程,复检仍不合格时,所有费用由企业承担。

7.3　复检采用备用样品。将备用样品分成2组,按5.2规定的方法进行测试。并按6中的规定进行合格判定,两组均满足批合格要求时,批判定为合格。

8　复查

企业完成整改后,可向交通运输部提出复查申请,交通运输部指定检验机构按原方案进行复查。当复查结果合格,以复查结果为准,但需注明为"复查合格";当复查结果仍不合格,需注明"复查不合格"。

9　附则

本规范编写单位:交通运输部公路科学研究院(韩文元、陆宇红)。

本规范由交通运输部科技司管理。

附录:原始记录表

热熔型路面标线涂料产品检测原始数据记录表

记录编号：　　　　　　　　　　　　　　　　　　共　　页 第　　页

<table>
<tr><td colspan="2">产品名称</td><td colspan="5"></td></tr>
<tr><td colspan="2">型号规格</td><td colspan="5"></td></tr>
<tr><td colspan="2">建设项目名称
（工程路线名称）</td><td colspan="5"></td></tr>
<tr><td colspan="2">工程部位(桩号)</td><td colspan="5"></td></tr>
<tr><td colspan="2">施工单位</td><td colspan="5"></td></tr>
<tr><td colspan="2">经销企业</td><td colspan="5"></td></tr>
<tr><td colspan="2">生产企业</td><td colspan="5"></td></tr>
<tr><td colspan="2">建设单位(业主)</td><td colspan="5"></td></tr>
<tr><td colspan="2">监理单位</td><td colspan="5"></td></tr>
<tr><td colspan="2">委托单位</td><td colspan="5"></td></tr>
<tr><td colspan="2">施工时间</td><td colspan="5"></td></tr>
<tr><td colspan="2">检测时间</td><td></td><td>检测类型</td><td></td><td>抽样地点</td><td></td></tr>
<tr><td colspan="2">检测依据</td><td colspan="5">1. 交通行业标准 JT/T280《路面标线涂料》;□
2. 交通行业标准 JT/T 495《公路交通安全设施质量检验抽样及判定》。□</td></tr>
<tr><td colspan="2">检测环境条件</td><td colspan="2">温度：　℃</td><td colspan="3">湿度：　%R. H</td></tr>
<tr><td rowspan="9">检测用主要仪器</td><td>序号</td><td>名称</td><td>型号规格</td><td>设备编号</td><td>检测前情况</td><td>检测后情况</td></tr>
<tr><td>1</td><td>游标卡尺</td><td></td><td></td><td></td><td></td></tr>
<tr><td>2</td><td>色彩色差计</td><td></td><td></td><td></td><td></td></tr>
<tr><td>3</td><td>漆膜磨耗仪</td><td></td><td></td><td></td><td></td></tr>
<tr><td>4</td><td>电子天平</td><td></td><td></td><td></td><td></td></tr>
<tr><td>5</td><td>电子万能试验机</td><td></td><td></td><td></td><td></td></tr>
<tr><td>6</td><td>电热鼓风干燥箱</td><td></td><td></td><td></td><td></td></tr>
<tr><td></td><td></td><td></td><td></td><td></td><td></td></tr>
<tr><td></td><td></td><td></td><td></td><td></td><td></td></tr>
</table>

热熔型路面标线涂料产品检测原始数据记录表

记录编号：　　　　　　　　　　　　　　共　页　第　页

序号	检 测 项 目			检测数据			平均值	检测结果
				1	2	3		
1	亮度因数	白色						
		黄色						
2	色品坐标	白色	x					
			y					
		黄色	x					
			y					
3	23℃ ±1℃	屈服荷载(kN)						
		抗压强度(MPa)						
	50℃ ±2℃	屈服荷载(kN)						
		抗压强度(MPa)						
4	磨前(g)							
	磨后(g)							
	耐磨性(200转/1000减重,mg)							
5	清洗前	瓶重(g)						
		瓶+料(g)						
		料重(g)						
	清洗后	瓶+料(g)						
		珠重(g)						
	玻璃珠含量(%)							
6	软化点							

检测：______ ______复核：______ 日期：______

附件9

电子不停车收费设备产品质量监督抽查实施规范

（试行）

1　范围

本规范适用于交通运输部电子不停车收费设备产品质量监督抽查，地方交通运输主管部门组织的监督抽查可参照执行。本规范内容包括产品种类、术语和定义、检验依据、抽样、检验要求、判定原则、异议处理复检、复查、附则及附录。

2　产品种类

本规范涉及两个产品种类，具体如下：

1）电子不停车收费路侧单元（RSU）；

2）电子不停车收费车载单元（OBU）。

3　术语和定义

下列术语和定义适用于本规范。

3.1　复检

对检验结果有异议时，为了验证检验结果的有效性，重新进行试验。

3.2　复查

发现的问题处理后，重新进行的检验行为。

4 检验依据

下列引用的文件,其最新版本或修改单均适用于本规范。

GB/T 20851.1 电子收费 专用短程通信 第1部分:物理层

GB/T 20851.2 电子收费 专用短程通信 第2部分:数据链路层

GB/T 20851.3 电子收费 专用短程通信 第3部分:应用层

GB/T 20851.4 电子收费 专用短程通信 第4部分:设备应用

GB/T 20851.5 电子收费 专用短程通信 第5部分:物理层主要参数测试方法

交通运输部2011年第13号公告 收费公路联网电子不停车收费技术要求

交科技发〔2012〕32号 交通运输产品质量行业监督抽查管理办法(试行)

5 抽样

5.1 抽样型号或规格

抽样产品应是按照GB/T 20851系列国家标准生产的规格型号。

5.2 抽样方法、基数及数量

5.2.1 抽样方法

在工程现场、生产企业或经销企业随机抽取同一生产企业半年内生产的产品,抽查的产品应具有生产企业的质量检验合格证明。抽样人员不应少于2人。

5.2.2 抽样基数和数量

5.2.2.1 电子不停车收费路侧单元(RSU)

每种型号RSU的核查总体一般不超过250,按表1抽取样本数。对于抽出的样品按批进行唯一性编号。

RSU 抽 样 方 案 表 1

总体数量范围(个)	样本数(个)	总体数量范围(个)	样本数(个)
0 ~ 70	3	151 ~ 190	9
71 ~ 90	4	191 ~ 210	10
91 ~ 110	5	211 ~ 230	11
111 ~ 130	6	231 ~ 250	12
131 ~ 150	7		

5.2.2.2 电子不停车收费车载单元(OBU)

每种型号 OBU 的核查总体可能有较大差异,且有可能超过 250,按表 2 抽取样本数。对于抽出的样品按批进行唯一性编号。

OB 抽 样 方 案 表 2

总体数量范围(个)	样本数(个)	总体数量范围(个)	样本数(个)
0 ~ 70	3	191 ~ 210	10
71 ~ 90	4	211 ~ 230	11
91 ~ 110	5	231 ~ 250	12
111 ~ 130	6	251 ~ 500	13
131 ~ 150	7	501 ~ 1000	20
151 ~ 190	9	1000 以上	32

5.3 样品处置

5.3.1 抽取的样品在抽样现场立即封样,封样时应有防拆封措施,以保证样品的真实性。样品应由检验机构的抽样人员负责携带或寄送。

5.3.2 在抽样和样品接收时,应对关键过程进行拍照,以保证对该过程的追溯性。

5.4 抽样单

5.4.1 抽样后,抽样人员应按《交通运输产品质量行业监督抽查管理办法(试行)》的规定填写抽样单。抽样单中的企业名称、规格型号、生产日期或批号、抽样基数、抽样数量、抽样日期、抽样地点、生产许可证(制造特许证)和认证证书等内容应逐项填写清楚。企业需要特别陈述的情况，在抽样单中予以说明。

5.4.2 在生产企业或经销企业内抽样时，抽样单应由抽样人员和被抽查企业人员共同签字确认，并加盖被抽查企业公章。抽样单一式三份，检验机构和被抽查企业各执一份，其余一份附于被抽查的样品包装中。

5.4.3 工程现场抽样应有检验机构、省级交通运输主管部门、工程建设单位、监理单位、施工单位、被抽查生产企业或经销企业的有关人员参加，抽样并确认后，在抽样单上签字。抽样单一式六份，检验机构、省级交通运输主管部门、建设单位、施工单位和被抽查生产企业各执一份，其余一份附于被抽查的样品包装中。生产企业人员不在工程现场时，由经销企业或施工单位人员将抽样单转交生产企业。

6 检验要求

6.1 检验项目

6.1.1 电子不停车收费路侧单元(RSU)

电子不停车收费路侧单元的检验项目见表3。

RSU 检 验 项 目 表3

序 号	检 验 项 目	依据法律法规或标准	检 测 方 法
1	载波频率	GB/T 20851.1	GB/T 20851.5
2	频率容限	GB/T 20851.1	GB/T 20851.5
3	等效全向辐射功率	GB/T 20851.1	GB/T 20851.5
4	调制系数	GB/T 20851.1	GB/T 20851.5
5	占用带宽	GB/T 20851.1	GB/T 20851.5
6	前导码	GB/T 20851.1	GB/T 20851.5
7	互操作性	GB/T 20851.2 GB/T 20851.3 GB/T 20851.4	GB/T 20851.5

6.1.2　电子不停车收费车载单元(OBU)

电子不停车收费车载单元的检验项目见表4。

OB 检 验 项 目　　　　表4

序　号	检 验 项 目	依据法律法规或标准	检 测 方 法
1	载波频率	GB/T 20851.1	GB/T 20851.5
2	频率容限	GB/T 20851.1	GB/T 20851.5
3	调制系数	GB/T 20851.1	GB/T 20851.5
4	占用带宽	GB/T 20851.1	GB/T 20851.5
5	位速率	GB/T 20851.1	GB/T 20851.5
6	协议符合性	GB/T 20851.2 GB/T 20851.3 GB/T 20851.4	GB/T 20851.5
7	互操作性	GB/T 20851.2 GB/T 20851.3 GB/T 20851.4	GB/T 20851.5
8	工作温度	GB/T 20851.4	GB/T 20851.5

6.2　检验应注意的问题

6.2.1　检验原始记录应如实填写,保证真实、准确、清楚,不得随意涂改。确需更改的,更改处应经检验人员和报告签发人共同确认。

6.2.2　检验过程中遇有样品失效或检验仪器设备故障等情况致使检验无法进行时,应如实记录,并保留充分的证据。

6.2.3　检验机构检验后的试样应按规定进行保存,不合格的试样应拍照留存。

7　判定原则

7.1　样品的合格判定

任一检验项目不合格,则样品判定为不合格。

7.2　批的合格判定

7.2.1　批量不大于250个

任一样品不合格,则批判定为不合格。

7.2.2　批量大于250个

不合格样品个数大于等于2,则批判定为不合格。

8　异议处理复检

8.1　对抽样过程有异议,认为抽取的样品不是本企业生产的,企业应提供由原所有参加抽样单位确认的抽样无效证明,由交通运输部核实确认并作相应处理。

8.2　对检验机构的检测数据有异议,企业可向交通运输部提出复检申请,对需要复检并具备检验条件的,交通运输部指定检验机构进行复检。申请企业可见证复检过程,复检仍不合格时,所有费用由企业承担。

8.3　复检应在原批双倍抽样并分成2组,按6规定的方法进行测试。并按7中的规定进行合格判定,两组均满足批合格要求时,批判定为合格。

9　复查

企业完成整改后,可向交通运输部提出复查申请,交通运输部指定检验机构按原方案进行复查。当复查结果合格,以复查结果为准,但需注明为“复查合格”;当复查结果仍不合格,需注明“复查不合格”。

10　附则

本规范编写单位:交通运输部公路科学研究院(田晓庄、刘鸿伟)。

本规范由交通运输部科技司管理。

附录:原始记录表

电子不停车收费设备产品检测原始数据记录表

记录编号:　　　　　　　　　　　　　　　　　共　　页　第　　页

<table>
<tr><td>产品名称</td><td colspan="5"></td></tr>
<tr><td>型号规格</td><td colspan="5"></td></tr>
<tr><td>建设项目名称
(工程路线名称)</td><td colspan="5"></td></tr>
<tr><td>工程部位(桩号)</td><td colspan="5"></td></tr>
<tr><td>施工单位</td><td colspan="5"></td></tr>
<tr><td>经销企业</td><td colspan="5"></td></tr>
<tr><td>生产企业</td><td colspan="5"></td></tr>
<tr><td>建设单位(业主)</td><td colspan="5"></td></tr>
<tr><td>监理单位</td><td colspan="5"></td></tr>
<tr><td>委托单位</td><td colspan="5"></td></tr>
<tr><td>施工时间</td><td colspan="5"></td></tr>
<tr><td>检测时间</td><td></td><td>检测类型</td><td></td><td>抽样地点</td><td></td></tr>
<tr><td>检测依据</td><td colspan="5">1. 国家标准 GB/T 20851.1《电子收费 专用短程通信 第1部分:物理层》;□
2. 国家标准 GB/T 20851.2《电子收费 专用短程通信 第2部分:数据链路层》;□
3. 国家标准 GB/T 20851.3《电子收费 专用短程通信 第3部分:应用层》;□
4. 国家标准 GB/T 20851.4《电子收费 专用短程通信 第4部分:设备应用》;□
5. 国家标准 GB/T 20851.5《电子收费 专用短程通信 第5部分:物理层主要参数测试方法》;□
6. 交通运输部 2011 年第 13 号公告《收费公路联网电子不停车收费技术要求》。□</td></tr>
</table>

续上表

<table>
<tr><td colspan="2">检测环境条件</td><td colspan="2">温度：　　℃</td><td colspan="3">湿度：　　%R. H</td></tr>
<tr><td colspan="2">样品天线增益</td><td colspan="2">发射天线：信道 0：
信道 1：</td><td colspan="3">接收天线：信道 0：
信道 1：</td></tr>
<tr><td rowspan="10">检测用主要仪器</td><td>序号</td><td>名称</td><td>型号规格</td><td>设备编号</td><td>检测前情况</td><td>检测后情况</td></tr>
<tr><td>1</td><td>功率计</td><td></td><td></td><td></td><td></td></tr>
<tr><td>2</td><td>频率计</td><td></td><td></td><td></td><td></td></tr>
<tr><td>3</td><td>微波信号源</td><td></td><td></td><td></td><td></td></tr>
<tr><td>4</td><td>频谱分析仪</td><td></td><td></td><td></td><td></td></tr>
<tr><td>5</td><td>矢量信号分析仪</td><td></td><td></td><td></td><td></td></tr>
<tr><td>6</td><td>数字示波器</td><td></td><td></td><td></td><td></td></tr>
<tr><td>7</td><td>测试天线</td><td></td><td></td><td></td><td></td></tr>
<tr><td>8</td><td>DSRC 综合测试仪</td><td></td><td></td><td></td><td></td></tr>
<tr><td>9</td><td>DSRC 信号监听仪</td><td></td><td></td><td></td><td></td></tr>
</table>

电子不停车收费路侧单元产品检测原始数据记录表

记录编号：　　　　　　　　　　　　　　共　　页　第　　页

检 测 项 目	检　测　值	备　　注
1. 载波频率(GHz)		
2. 频率容限(ppm)		
3. 等效全向辐射功率(W)		
4. 调制系数		
5. 占用带宽(MHz)		
6. 前导码		
7. 互操作性		

检测：______ ______复核：______ 日期：______

电子不停车收费车载单元产品检测原始数据记录表

记录编号：　　　　　　　　　　　　　　　　　　共　　页　第　　页

检 测 项 目		检 测 值	备 注
1. 载波频率(GHz)			
2. 频率容限(ppm)			
3. 调制系数			
4. 占用带宽(MHz)			
5. 位速率(kbps)			
6. 协议符合性			
7. 互操作性			
8. 工作温度(ppm)	8.1 +70℃		
	8.2 −25℃		

检测：______ ______复核：______ 日期：______

附件10

汽车举升机产品质量监督抽查实施规范

（试行）

1 范围

本规范适用于交通运输部组织的汽车举升机产品质量监督抽查，地方交通运输主管部门组织的监督抽查可参照执行。本规范内容包括产品种类、术语和定义、检验依据、抽样、检验要求、判定原则、异议处理复检、复查、附则及附录。

2 产品种类

本规范涉及四个产品种类，具体如下：

1）剪式举升机；

2）单柱举升机；

3）两柱举升机；

4）四柱举升机。

具体分类见表1。

汽车举升机产品类别 表1

产品名称	额定举升质量
剪式举升机	≤3000 kg
	≤12000 kg
	≤20000 kg
单柱举升机	≤3000 kg
	≤12000 kg
	≤20000 kg

续上表

产品名称	额定举升质量
两柱举升机	≤3000 kg
	≤12000 kg
	≤20000 kg
四柱举升机	≤3000 kg
	≤12000 kg
	≤20000 kg

3 术语和定义

下列术语和定义适用于本规范。

3.1 复检

对检验结果有异议时,为了验证检验结果的有效性,重新进行试验。

3.2 复查

发现的问题处理后,重新进行的检验行为。

3.3 备用样品

复检时使用的样品。

4 检验依据

下列引用的文件,其最新版本或修改单均适用于本规范。

JT/T 155 汽车举升机

交科技发〔2012〕32 号 交通运输产品质量行业监督抽查管理办法(试行)

5 抽样

5.1 抽样型号或规格

抽样产品应是同类别、同型号或同规格产品。

5.2 抽样方法、基数及数量

5.2.1 抽样方法

在工程现场、生产企业或经销企业随机抽取同一生产企业一年内生产的产品,抽查的产品应具有生产企业的质量检验合格证明。抽样人员不应少于 2 人。

5.2.2　抽样基数和数量

(1)对于整机样品,抽样基数不少于3台,抽样1台。

(2)对于同类型、同型号或同规格的链条样品,抽样基数不少于5根,抽样2根(各1m)。所抽取的样品中,其中1根样品用作检验样品,1根样品作为备用样品。

(3)对于同类型、同型号或同规格的钢丝绳样品,抽样基数不少于8根,抽样4根(各1m,其中2根带绳端和固定装置)。所抽取的样品中,2根样品用作检验样品,2根样品作为备用样品。

(4)对于抽出的样品按批进行唯一性编号。

5.3　样品处置

5.3.1　抽取的样品在抽样现场立即封样,封样时应有防拆封措施,以保证样品的真实性,并对抽取样品进行拍照记录。

5.3.2　需现场安装检测的样品(整机),由生产企业或销售企业负责按照产品标准或使用说明书的要求进行整机安装、调试。

5.3.3　需送至检验机构进行检验的样品(链条、钢丝绳等主要零部件),应由检验机构的抽样人员负责携带或寄送。

5.3.4　在抽样和样品接收时,应对关键过程进行拍照,以保证对该过程的追溯性。

5.4　抽样单

5.4.1　抽样后,抽样人员应按《交通运输产品质量行业监督抽查管理办法(试行)》的规定填写抽样单。抽样单中的企业名称、规格型号、生产日期或批号、抽样基数、抽样数量、抽样日期、抽样地点和认证证书等内容应逐项填写清楚。企业需要特别陈述的情况,在抽样单中予以说明。

5.4.2　在生产企业或经销企业内抽样时,抽样单应由抽样人员和被抽查企业人员共同签字确认,并加盖被抽查企业公章。抽样单一式三份,检验机构和被抽查企业各执一份,其余一份附于被抽查的样品包装中。

6　检验要求

6.1　检验项目

检验项目见表2。

检 验 项 目 表2

<table>
<tr><th>序号</th><th colspan="3">检 验 项 目</th><th>依据法律法规或标准</th><th>检测方法</th></tr>
<tr><td rowspan="2">1</td><td rowspan="2">主要零部件要求</td><td colspan="2">钢丝绳(安全系数、破断拉力)</td><td rowspan="17">JT/T 155</td><td rowspan="17">JT/T 155</td></tr>
<tr><td colspan="2">链条(安全系数)</td></tr>
<tr><td>2</td><td colspan="3">焊接[a]</td></tr>
<tr><td rowspan="23">3</td><td rowspan="23">整机性能</td><td colspan="2">同步装置</td></tr>
<tr><td rowspan="5">电气系统</td><td>电气系统保护装置</td></tr>
<tr><td>安全电压</td></tr>
<tr><td>操作装置</td></tr>
<tr><td>绝缘电阻</td></tr>
<tr><td>接地电阻[b]</td></tr>
<tr><td rowspan="4">安全装置</td><td>防下降安全装置</td></tr>
<tr><td>安全自锁和失效保护装置</td></tr>
<tr><td>保险装置</td></tr>
<tr><td>机械锁止装置</td></tr>
<tr><td>技术参数</td><td>升降速度</td></tr>
<tr><td rowspan="4">运行</td><td>无负荷运行</td></tr>
<tr><td>满载运行状况</td></tr>
<tr><td>液压系统</td></tr>
<tr><td>操作装置、安全装置有效性</td><td rowspan="9">JT/T 155</td><td rowspan="9">JT/T 155</td></tr>
<tr><td rowspan="2">温升</td><td>液压式 油温</td></tr>
<tr><td>机械式 传动部件表面温度</td></tr>
<tr><td colspan="2">下沉量</td></tr>
<tr><td rowspan="3">相对位移量</td><td>无负荷状态相对位移量</td></tr>
<tr><td>额定举升质量状态相对位移量</td></tr>
<tr><td>120%额定举升质量状态相对位移量</td></tr>
<tr><td rowspan="2">耐负荷稳定性</td><td>120%耐负荷稳定性</td></tr>
<tr><td>150%耐负荷稳定性</td></tr>
<tr><td colspan="6">a JT/T 155—2004 5.2.2 条除外；
b 检查有无接地装置及标志。</td></tr>
</table>

6.2　检验应注意的问题

6.2.1　整机性能检测时，应注意加载安全和操作安全，必要时，可由企业质量检验人员或相关技术人员配合。

6.2.2　检验过程中遇有样品失效或检验仪器设备故障等情况致使检验无法进行时，应如实记录，并保留充分的证据。

6.2.3　对于不适用的检验项目应在检验记录表中表示。检验原始记录应如实填写，保证真实、准确、清楚，不得随意涂改。确需更改的，更改处应经检验人员和报告签发人共同确认。

6.2.4　检验机构检验后的试样应按规定进行保存，不合格的试样应拍照留存。

7　判定原则

任一检验项目不合格，判定被抽查产品不合格。

8　异议处理复检

8.1　对抽样过程有异议，认为抽取的样品不是本企业生产的，企业应提供由原所有参加抽样单位确认的抽样无效证明，由交通运输部核实确认并作相应处理。

8.2　对检验机构的检测数据有异议，企业可向交通运输部提出复检申请，对需要复检并具备检验条件的，交通运输部指定检验机构进行复检。申请企业可见证复检过程，复检仍不合格时，所有费用由企业承担。

8.3　对于整机样品，应随机抽取与不合格产品同类别、同型号或同规格产品1台，按照标准要求进行全项检验；对于钢丝绳、链条等重要零部件，应对备用样品进行检测。

8.4　当复检结果仍不合格，维持原检验结果不变。当复检结果合格，以复检结果为准。

9　复查

企业完成整改后，可向交通运输部提出复查申请，交通运输部指定检验机构按原方案进行复查。当复查结果合格,以复查结果为准,但需注明为“复查合格”;当复查结果仍不合格,需注明“复查不合格”。

10　附则

本规范编写单位:交通运输部公路科学研究院(仝晓平、刘元鹏)。

本规范由交通运输部科技司管理。

附录:原始记录表

汽车举升机产品检测原始数据记录表

记录编号:　　　　　　　　　　　　　　　　　　　共　　页　第　　页

<table>
<tr><td colspan="2">产品名称</td><td colspan="6"></td></tr>
<tr><td colspan="2">型号规格</td><td colspan="6"></td></tr>
<tr><td colspan="2">建设项目名称
(工程路线名称)</td><td colspan="6"></td></tr>
<tr><td colspan="2">工程部位(桩号)</td><td colspan="6"></td></tr>
<tr><td colspan="2">施工单位</td><td colspan="6"></td></tr>
<tr><td colspan="2">经销企业</td><td colspan="6"></td></tr>
<tr><td colspan="2">生产企业</td><td colspan="6"></td></tr>
<tr><td colspan="2">建设单位(业主)</td><td colspan="6"></td></tr>
<tr><td colspan="2">监理单位</td><td colspan="6"></td></tr>
<tr><td colspan="2">委托单位</td><td colspan="6"></td></tr>
<tr><td colspan="2">施工时间</td><td colspan="6"></td></tr>
<tr><td colspan="2">检测时间</td><td colspan="2"></td><td>检测类型</td><td></td><td>抽样地点</td><td></td></tr>
<tr><td colspan="2">检测依据</td><td colspan="6">交通行业标准 JT/T 155《汽车举升机》。□</td></tr>
<tr><td colspan="2">检测环境条件</td><td colspan="3">温度:　　℃</td><td colspan="3">湿度:　　%R.H</td></tr>
<tr><td rowspan="7">检测用主要仪器</td><td>序号</td><td colspan="2">名称</td><td>型号规格</td><td>设备编号</td><td>检测前情况</td><td>检测后情况</td></tr>
<tr><td>1</td><td colspan="2">电子秒表</td><td></td><td></td><td></td><td></td></tr>
<tr><td>2</td><td colspan="2">声级计</td><td></td><td></td><td></td><td></td></tr>
<tr><td>3</td><td colspan="2">数字温度计</td><td></td><td></td><td></td><td></td></tr>
<tr><td>4</td><td colspan="2">水准仪</td><td></td><td></td><td></td><td></td></tr>
<tr><td>5</td><td colspan="2">绝缘电阻表</td><td></td><td></td><td></td><td></td></tr>
<tr><td>6</td><td colspan="2">电液伺服万能材料试验机</td><td></td><td></td><td></td><td></td></tr>
</table>

汽车举升机产品检测原始数据记录表

记录编号：　　　　　　　　　　　　　　　　共　　页　第　　页

序号	检测项目			检测数据			平均值	检测结果
1	主要零部件要求	钢丝绳	安全系数					
			破断拉力					
		链条(安全系数)						
2	焊接							
3	整机性能	同步装置						
		电气系统	电气系统保护装置					
			安全电压					
			操作装置					
			绝缘电阻(MΩ)					
			接地电阻					
		安全装置	防下降安全装置					
			安全自锁和失效保护装置					
			保险装置					
			机械锁止装置					
		技术参数	升降速度(mm/s)					
		运行	无负荷运行					
			满载运行状况					
			液压系统					
			操作装置、安全装置有效性					
		温升	液压式　油温(℃)					
			机械式　传动部件表面温度(℃)					
		下沉量(mm)						
		相对位移量	无负荷状态相对位移量(mm)					
			额定举升质量状态相对位移量(mm)					
			120%额定举升质量状态相对位移量(mm)					
		耐负荷稳定性	120%耐负荷稳定性					
			150%耐负荷稳定性					

检测：______　______　复核：______　日期：______

附件 11

机动车辆制动液产品质量监督抽查实施规范

（试行）

1　范围

本规范适用于交通运输部机动车辆制动液产品质量监督抽查，地方交通运输主管部门组织的监督抽查可参照执行。本规范内容包括产品种类、术语和定义、检验依据、抽样、检验要求、判定原则、异议处理复检、复查、附则及附录。

2　产品种类

机动车辆制动液产品包括用于机动车辆液压制动和液压离合系统的非石油基制动液，涉及四个产品种类，具体如下：

1）HZY3；

2）HZY4；

3）HZY5；

4）HZY6。

分别对应国际标准 ISO4925：2005 中 Class3、Class4、Class5.1、Class6，其中 HZY3、HZY4、HZY5 对应于美国交通运输部制动液类型的 DOT3、DOT4、DOT5.1。

3　术语和定义

下列术语和定义适用于本规范。

3.1　制动液

机动车辆液压制动和液压离合系统所采用的传递压力的工作介质。

3.2　复检

对检验结果有异议时,为了验证检验结果的有效性,重新进行试验。

3.3　复查

发现的问题处理后,重新进行的检验行为。

3.4　备用样品

复检时使用的样品。

4　检验依据

下列引用的文件,其最新版本或修改单均适用于本规范。

GB 12981　机动车辆制动液

GB/T 265　石油产品运动黏度测定法和动力黏度计算法

SH/T 0430　剎车液平衡回流沸点测定法

交科技发〔2012〕32号　交通运输产品质量行业监督抽查管理办法(试行)

5　抽样

5.1　抽样型号或规格

抽样产品应是GB 12981标准中规定的同一型号、同一规格、同一批次产品。

5.2　抽样方法、基数及数量

5.2.1　抽样方法

在生产企业或经销企业随机抽取同一生产企业有效期内生产的产品,抽查的产品应具有生产企业的质量检验合格证明。抽样人员不应少于2人。

5.2.2　抽样基数

在生产企业抽样时,抽样基数应不少于100kg;在经销企业抽样时,抽样基数应不少于4L。

5.2.3　抽样数量

同型号、同规格、同批次的产品中抽取总量不小于4L的样品,平均分成两份,一份作为检验样品,另一份作为备用样品。对于抽取的样品按批进行唯一性编号。

5.3 样品处置

5.3.1 抽取的样品在抽样现场立即封样,封样时应有防拆封措施,以保证样品的真实性。样品应由检验机构的抽样人员负责携带或寄送。

5.3.2 在抽样和样品接收时,应对关键过程进行拍照,以保证对该过程的追溯性。

5.4 抽样单

5.4.1 抽样后,抽样人员应按《交通运输产品质量行业监督抽查管理办法(试行)》的规定填写抽样单。抽样单中的企业名称、规格型号、生产日期或批号、抽样基数、抽样数量、抽样日期、抽样地点、生产许可证和认证证书等内容应逐项填写清楚。企业需要特别陈述的情况,在抽样单中予以说明。

5.4.2 在生产企业或经销企业内抽样时,抽样单应由抽样人员和被抽查企业人员共同签字确认,并加盖被抽查企业公章。抽样单一式三份,检验机构和被抽查企业各执一份,其余一份附于被抽查的样品包装中。

6 检验要求

6.1 检验项目

检验项目见表1。

检 验 项 目 表1

序 号	检 验 项 目	依据法律法规或标准	检 测 方 法
1	外观	GB 12981	目测
2	运动黏度		GB/T 265
3	平衡回流沸点		SH/T 0430
4	湿平衡回流沸点		GB 12981 附录 C
5	pH 值		GB 12981 附录 D
6	腐蚀性		GB 12981 附录 F
7	蒸发性能		GB 12981 附录 H
8	橡胶适应性		GB 12981 附录 K

6.2 检测方法

6.2.1 外观

将一定量试样倒入干净透明的试管中，目测液体是否清亮透明，是否有沉淀、悬浮物等杂质。

6.2.2 运动黏度

在一恒定的温度下，测定一定体积的样品在重力作用下流过一个标记好的玻璃毛细黏度计的时间，黏度计的毛细黏度常数与流动时间的乘积，即为该温度下测定样品的运动黏度。

6.2.3 平衡回流沸点

将60mL试样在100mL烧瓶内与大气压平衡，并在一定的回流速度下沸腾，用校正到标准大气压的温度作为平衡回流沸点。

6.2.4 湿平衡回流沸点

在60mL制动液样品中加入2.1mL蒸馏水，混合均匀后，测定其平衡回流沸点。

6.2.5 pH值

将制动液样品与乙醇—蒸馏水混合物等体积混合均匀后，室温下，采用校正后满量程(0～14)的复合电极，测量混合后液体的pH值，作为制动液样品的pH值。

6.2.6 腐蚀性

将规定的金属片磨光、清洗、称量后，以一定形式组合，放入腐蚀试验杯内的皮碗上，加入含水制动液，淹没试片，加盖后放入100℃烘箱中，保持120h，取出冷却后，按产品标准要求分别对金属片、皮碗及制动液进行有关检验。

6.2.7 蒸发性能

将规定量的制动液样品在100℃下恒温168h，根据恒温前后的质量变化，计算蒸发损失质量百分数，然后检查残液中有无砂粒或磨蚀物，并测定在-5℃下的流动性。

6.2.8 橡胶适应性

将橡胶皮碗或橡胶件浸入制动液样品中，在120℃下保持70h

后，按照产品标准要求分别对外观、根径变化、硬度变化、体积变化等进行检验。

6.3　检验应注意的问题

6.3.1　检验原始记录应如实填写，保证真实、准确、清楚，不得随意涂改。确需更改的，更改处应经检验人员和报告签发人共同确认。

6.3.2　检验过程中遇有样品失效或检验仪器设备故障等情况致使检验无法进行时，应如实记录，并保留充分的证据。

6.3.3　检验机构检验后的试样应按规定进行保存，不合格的试样应拍照留存。

7　判定原则

任一检验项目不合格，判定被抽查产品不合格。

8　异议处理复检

8.1　对抽样过程有异议，认为抽取的样品不是本企业生产的，企业应提供由原所有参加抽样单位确认的抽样无效证明，由交通运输部核实确认并作相应处理。

8.2　对检验机构的检测数据有异议，企业可向交通运输部提出复检申请，对需要复检并具备检验条件的，交通运输部指定检验机构进行复检。申请企业可见证复检过程，复检仍不合格时，所有费用由企业承担。

8.3　复检采用备用样品检验。当复检结果仍不合格，维持原检验结果不变。当复检结果合格，以复检结果为准。

9　复查

企业完成整改后，可向交通运输部提出复查申请，交通运输部指定检验机构按原方案进行复查。当复查结果合格，以复查结果为准，但需注明为“复查合格”；当复查结果仍不合格，需注明“复查不合格”。

10 附则

本规范编写单位:交通运输部公路科学研究院(唐林、王静)。

本规范由交通运输部科技司管理。

附录:原始记录表

机动车辆制动液产品检测原始数据记录表

记录编号: 共　　页 第　　页

<table>
<tr><td>产品名称</td><td colspan="6"></td></tr>
<tr><td>型号规格</td><td colspan="6"></td></tr>
<tr><td>建设项目名称
(工程路线名称)</td><td colspan="6"></td></tr>
<tr><td>工程部位(桩号)</td><td colspan="6"></td></tr>
<tr><td>施工单位</td><td colspan="6"></td></tr>
<tr><td>经销企业</td><td colspan="6"></td></tr>
<tr><td>生产企业</td><td colspan="6"></td></tr>
<tr><td>建设单位(业主)</td><td colspan="6"></td></tr>
<tr><td>监理单位</td><td colspan="6"></td></tr>
<tr><td>委托单位</td><td colspan="6"></td></tr>
<tr><td>施工时间</td><td colspan="6"></td></tr>
<tr><td>检测时间</td><td colspan="2"></td><td>检测类型</td><td></td><td>抽样地点</td><td></td></tr>
<tr><td>检测依据</td><td colspan="6">1. 国家标准 GB 12981《机动车辆制动液》;□
2. 国家标准 GB/T 265《石油产品运动黏度测定法和动力黏度计算法》;□
3. 石油化工行业标准 SH/T 0430《刹车液平衡回流沸点测定法》。□</td></tr>
<tr><td>检测环境条件</td><td colspan="3">温度: ℃</td><td colspan="3">湿度: %R. H</td></tr>
<tr><td rowspan="7">检测用主要仪器</td><td>序号</td><td>名称</td><td>型号规格</td><td>设备编号</td><td>检测前情况</td><td>检测后情况</td></tr>
<tr><td>1</td><td>平衡回流沸点测定仪</td><td></td><td></td><td></td><td></td></tr>
<tr><td>2</td><td>石油产品运动黏度仪</td><td></td><td></td><td></td><td></td></tr>
<tr><td>3</td><td>pH 计</td><td></td><td></td><td></td><td></td></tr>
<tr><td>4</td><td>精密天平</td><td></td><td></td><td></td><td></td></tr>
<tr><td>5</td><td>鼓风干燥箱</td><td></td><td></td><td></td><td></td></tr>
<tr><td>6</td><td>橡塑邵尔硬度计</td><td></td><td></td><td></td><td></td></tr>
</table>

机动车辆制动液产品检测原始数据记录表

记录编号：　　　　　　　　　　　　　　　　共　　页　第　　页

序号	检测项目			检测数据					平均值	检测结果
1	外观									
2	运动黏度（mm^2/s）	100℃								
		-40℃								
3	平衡回流沸点（℃）									
4	湿平衡回流沸点（℃）									
5	pH 值									
6	腐蚀性	金属片外观								
		金属片质量变化（mg/cm^2）	镀锡铁皮							
			钢							
			铝							
			铸铁							
			紫铜							
			黄铜							
			锌							
		试液性能	外观							
			pH 值							
			沉淀物（%）							
		橡胶皮碗	外观							
			硬度降低值							
			根径增值（mm）							
			体积增加值（%）							
7	蒸发性能		质量变化（%）							
			残余物性质							
			残余物倾点							

续上表

<table>
<tr><td>序号</td><td colspan="3">检 测 项 目</td><td colspan="5">检 测 数 据</td><td>平均值</td><td>检测结果</td></tr>
<tr><td rowspan="7">8</td><td rowspan="7">橡胶适应性</td><td rowspan="4">丁苯橡胶皮碗</td><td>根径增值(mm)</td><td></td><td></td><td></td><td></td><td></td><td></td><td></td></tr>
<tr><td>硬度降低值</td><td></td><td></td><td></td><td></td><td></td><td></td><td></td></tr>
<tr><td>体积增加值(%)</td><td></td><td></td><td></td><td></td><td></td><td></td><td></td></tr>
<tr><td>外观</td><td colspan="5"></td><td></td><td></td></tr>
<tr><td rowspan="3">三元乙丙橡胶试件</td><td>硬度降低值</td><td></td><td></td><td></td><td></td><td></td><td></td><td></td></tr>
<tr><td>体积增加值(%)</td><td></td><td></td><td></td><td></td><td></td><td></td><td></td></tr>
<tr><td>外观</td><td colspan="5"></td><td></td><td></td></tr>
</table>

检测:______ ______复核:______ 日期:______

铁路与邮政管理

铁路运输企业准入许可办法

交通运输部令2014年第19号　2014.12.8

第一章　总　　则

第一条　为维护社会资本投资建设经营铁路的合法权益，规范铁路运输市场秩序，保障公众生命财产安全，依据《中华人民共和国行政许可法》、《铁路安全管理条例》等法律、行政法规和国家有关规定，制定本办法。

第二条　在中华人民共和国境内依法登记注册的企业法人，从事铁路旅客、货物公共运输营业的，应当向国家铁路局提出申请，经审查合格取得铁路运输许可证。

涉及地方铁路运营事项的，国家铁路局应当邀请申请企业所在地省、自治区、直辖市人民政府有关部门参与审查。

第三条　本办法所称铁路运输许可的范围分别为高速铁路旅客运输、城际铁路旅客运输、普通铁路旅客运输、铁路货物运输。

第四条　拥有铁路基础设施所有权的企业，有权自主决定铁路运输经营方式，包括独立、合作、委托以及其他合法经营方式。

第五条　铁路运输企业应当落实安全生产主体责任，承担铁路公益性运输义务。鼓励铁路运输企业之间开放合作，公平竞争，共同维护运输市场秩序，保障铁路网畅通和铁路运输安全。

第二章　许 可 条 件

第六条　申请企业应当具备下列条件：

（一）拥有符合规划和国家标准的铁路基础设施的所有权或者使用权；

（二）拥有符合国家标准、行业标准以及满足运输规模需要数量的机车车辆的所有权或者使用权。但仅有铁路基础设施使用权的，应当拥有机车车辆的所有权；

（三）生产作业和管理人员符合铁路运输岗位标准、具备相应从业资格，且其数量满足运输规模需要；

（四）具有符合法律法规规定的安全生产管理机构或者安全管理人员，以及安全生产管理制度和应急预案；

（五）具有铁路运输相关的组织管理办法、服务质量标准、生产作业规范；

（六）法律法规和规章规定的其他条件。

第七条 拟从事高速铁路旅客运输的申请企业，铁路运输相关业务的负责人应当具有铁路运输管理工作 10 年以上经历，专业技术管理的负责人应当具有铁路运输本专业工作 8 年以上经历。

拟从事城际铁路旅客运输和普通铁路旅客运输的申请企业，铁路运输相关业务的负责人应当具有铁路运输管理工作 8 年以上经历，专业技术管理的负责人应当具有铁路运输本专业工作 5 年以上经历。

拟从事铁路货物运输的申请企业，铁路运输相关业务的负责人应当具有铁路运输管理工作 5 年以上经历，专业技术管理的负责人应当具有铁路运输本专业工作 3 年以上经历。办理危险货物或者特种货物运输的，相关设备设施应当符合相应货物运输的安全要求，相关生产作业和管理人员应当符合相应岗位标准和岗位培训要求。

在最近 2 年内因生产安全事故受到行政处分的，不得担任铁路运输相关业务的负责人和专业技术管理的负责人。

第八条 拥有铁路基础设施所有权的申请企业，可以通过合作、委托等经营方式满足本办法第六条、第七条规定的其他条件。

第三章　许可程序

第九条　申请企业应当按照本办法第三条、第六条、第七条、第八条规定的许可范围和许可条件提出申请。一次申请多项许可范围的,可以合并申请。

第十条　申请企业应当提交以下材料,并对材料的真实性、有效性和合法性负责:

(一)国家铁路局行政许可申请书;

(二)企业法人营业执照副本及复印件;

(三)申请企业基本情况;

(四)企业法定代表人的身份证明及履历表;

(五)铁路运输相关业务的负责人、专业技术管理的负责人的身份证明及履历表;

(六)主要生产作业人员的配备情况、资格情况;

(七)安全生产管理机构设置情况、安全生产管理人员配备情况、安全生产管理制度和应急预案情况;

(八)铁路运输相关的组织管理办法、服务质量标准、生产作业规范情况;

(九)铁路建设项目立项的批准(核准、备案)文件、铁路竣工验收(初步验收)和运营安全评估合格的报告复印件;

(十)机车车辆数量满足运输规模需要的测算依据;

(十一)相关所有权、使用权以及合作协议等证明材料;

(十二)法律法规和规章规定的其他材料。

国家铁路局应当明确铁路运输许可申请材料的具体要求,并提供相应的文本格式。

第十一条　国家铁路局对申请企业提出的行政许可申请,应当根据下列情况分别作出处理:

(一)申请材料存在可以当场更正的错误的,应当允许申请企业当场更正;

（二）申请材料不齐全或者不符合法定形式的，应当当场或者自收到申请材料之日起5个工作日内一次告知申请企业需要补正的全部内容，逾期不告知的，自收到申请材料之日起即为受理；

（三）申请材料齐全、符合法定形式，或者申请企业按照要求提交全部补正申请材料的，应当受理行政许可申请。

受理或者不予受理行政许可申请，应当出具加盖国家铁路局行政许可专用章和注明日期的书面凭证。

第十二条 国家铁路局应当审查申请企业提交的材料，必要时对申请企业进行实地核查及组织鉴定、专家评审。

审查合格的，作出准予行政许可的书面决定；审查不合格的，作出不予行政许可的书面决定，说明理由并告知申请企业享有依法申请行政复议或者提起行政诉讼的权利。

第十三条 国家铁路局自受理申请之日起20个工作日内作出行政许可决定。20个工作日内不能作出决定的，经国家铁路局负责人批准，可以延长10个工作日，并将延长期限的理由告知申请企业。组织鉴定、专家评审所需时间不计算在上述期限之内。

作出准予行政许可决定的，应当自作出决定之日起10个工作日内向申请企业颁发铁路运输许可证。

第十四条 铁路运输许可证应当载明被许可企业名称、住所、证书编号、许可范围、发证日期、有效起始日期、有效期等内容。

第十五条 铁路运输许可证有效期为20年，被许可企业应当于有效期届满前60日，向国家铁路局提出延续申请。

申请材料包括国家铁路局行政许可申请书、近3年许可条件保持情况的报告。

国家铁路局应当根据被许可企业的申请，在铁路运输许可证有效期届满前作出是否准予延续的决定；逾期未做决定的，视为准予延续。

第十六条 被许可企业的名称、住所发生变化的，被许可企业应当于变化事项发生后20个工作日内，向国家铁路局提出变更申请。

申请材料包括国家铁路局行政许可申请书、变更事项说明、新的企业法人营业执照副本及复印件。

第十七条 被许可企业合并、分立或者变更经营方式、许可范围，导致许可条件发生重大变化的，应当于相关法律文书生效之日起20个工作日内向国家铁路局重新申请许可。

企业合并、分立的，申请材料除本办法第十条规定的材料外，还应当提交企业合并、分立的协议复印件或者有关批准文件复印件。

第十八条 被许可企业应当自取得铁路运输许可之日起1年内开展相应的铁路运输营业，并于开业后20个工作日内书面告知国家铁路局。因特殊情况需延期开业的，应当向国家铁路局提出书面说明，经同意可延期1年。

被许可企业在取得铁路运输许可证1年内未开业且未延期，或者延期期限内仍未开业的，已取得的铁路运输许可证自动失效。

第十九条 被许可企业应当按照许可范围开展铁路运输营业，并保证其运输条件持续符合许可条件。

第二十条 被许可企业未经国家铁路局批准，不得擅自停业、歇业。

被许可企业因特殊情况需停业、歇业的，应当提前90日向国家铁路局提出书面申请，并提前60日向社会公告，按有关规定妥善处理相关运输业务。

第二十一条 铁路运输许可证遗失、损毁或者灭失的，被许可企业应当及时在公共媒体上发布公告、声明作废，并向国家铁路局申请补办许可证。

申请材料包括国家铁路局行政许可申请书、公共媒体上发布公告的证明、企业法人营业执照副本及复印件。

第四章 监督管理

第二十二条 国家铁路局依据职责和权限，依法对被许可企业从事许可事项活动情况、许可条件保持情况以及遵守铁路行业管理相关规定等实施监督检查,受理相关投诉举报,查处违法违规行为。

国家铁路局实施许可监督检查,不得妨碍被许可企业正常的生产活动,不得谋取非法利益,不得泄露被许可企业的商业秘密。

被许可企业应当接受和配合监督检查,提供有关资料,不得隐瞒情况或者提供虚假情况。

第二十三条 监督检查可以采取下列措施:

(一)进入被许可企业有关部门、生产营业场所;

(二)询问被许可企业有关工作人员,要求其对检查事项作出说明;

(三)查阅、复制有关文件、资料;

(四)纠正违反法律、法规、规章及有关标准、规范的行为。

第二十四条 被许可企业应当于每年3月31日前,将上一年度企业运输年度报告报国家铁路局备案。运输年度报告备案内容主要包括本企业运输业务及公益性运输完成情况、运输安全状况及其他许可条件保持情况等。

第二十五条 被许可企业不得涂改、倒卖、出租、出借或者以其他形式非法转让铁路运输许可证。

第二十六条 申请企业隐瞒有关情况或者提供虚假材料申请铁路运输许可的,国家铁路局不予受理或者不予许可,并给予警告,申请企业在1年内不得再次申请铁路运输许可。

第二十七条 铁路运输许可的撤销、注销,由国家铁路局按照法律、行政法规的规定办理。

被许可企业以欺骗、贿赂等不正当手段取得行政许可的,应当予以撤销,申请企业在3年内不得再次申请铁路运输许可。

第二十八条 国家铁路局工作人员办理行政许可、实施监督检查过程中滥用职权、玩忽职守、徇私舞弊、收受贿赂,构成犯罪的,依法追究刑事责任;尚不构成犯罪的,依法给予行政处分。

第二十九条 被许可企业违反法律法规和本办法规定的,国家铁路局应当责令限期改正,依法给予行政处罚;构成犯罪的,依法追究刑事责任。

第五章　附　　则

第三十条　本办法中下列用语的含义:

(一)铁路基础设施是指场站设施、线桥隧涵、牵引供电、通信信号、信息系统等铁路设备设施的总称。

(二)铁路运输相关业务、专业,包括安全管理、调度指挥、行车组织、客运组织、货运组织,机车、车辆、线桥隧涵、牵引供电、通信信号、信息系统的运用以及维修养护。

第三十一条　本办法自2015年1月1日起施行。在本办法施行前已经审批设立并开展运输经营的铁路企业,参照本办法执行。中国铁路总公司及所属企业按照《国务院关于组建中国铁路总公司有关问题的批复》(国函〔2013〕47号)的规定执行。

铁路旅客车票实名制管理办法

交通运输部令2014年第20号　2014.12.8

第一条　为了保障铁路旅客生命财产安全，维护旅客运输秩序，根据《铁路安全管理条例》，制定本办法。

第二条　在中华人民共和国境内实施铁路旅客车票（以下简称车票）实名购买、查验活动适用本办法。

本办法所称车票包括纸质车票、铁路电子客票、铁路乘车卡及其他符合规定的乘车凭证。车票实名购买是指购票人凭乘车人的有效身份证件购买车票或者铁路运输企业凭乘车人的有效身份证件销售车票。车票实名查验是指铁路运输企业对实行车票实名购买的车票记载的身份信息与乘车人及其有效身份证件原件（以下简称"票、人、证"）进行一致性核对的行为。

车票实名购买和实名查验统称为车票实名制管理。

第三条　快速及以上等级旅客列车和相关车站实行车票实名制管理，儿童票除外。其他旅客列车和车站需实行车票实名制管理的范围由铁路运输企业根据运输安全需要确定并公告。

第四条　铁路运输企业应当依法加强车票实名制管理工作，根据本办法制定车票实名制管理制度并在服务场所内公告相关规定，通过多种方式提前向社会公告实行车票实名制管理的车站及列车，完善作业程序，落实作业标准，保障运输安全。

第五条　实行实名购买车票的，购票人应当提供乘车人的有效身份证件原件或者复印件。

通过互联网、电话等方式实名购票的，购票人应当提供真实准确的乘车人有效身份证件信息；取票时，应当提供乘车人的有效身份证件原件或者复印件。

不能提供有效身份证件原件或者复印件的，铁路运输企业有权拒绝销售车票。

第六条 实行车票实名制管理的车站及列车，乘车人进站乘车时应当出示车票和本人有效身份证件原件。铁路运输企业应当对车票记载的身份信息、乘车人及其有效身份证件原件进行核对，对拒不提供本人有效身份证件原件或者票、人、证不一致的，以及使用铁路电子客票或者铁路乘车卡，人、证不一致的，铁路运输企业有权拒绝其进站乘车。

第七条 无法出示有效身份证件原件的旅客，应当到公安机关办理旅客进站乘车的临时身份证明。铁路运输企业应当为公安机关办理旅客临时身份证明提供场所及必要办公条件。

第八条 实行车票实名制管理所需的有效身份证件应当符合法律、行政法规和国家有关规定，具体种类由铁路运输企业向社会公布。

第九条 铁路运输企业应当为车票实名制管理提供必要的场地、作业条件和身份证件识读等设备，积极推进管理和技术创新，采取互联网、电话等新型售票方式，逐步配备自助售票、取票和自动检票、查验等设备，为旅客实名购票、乘车提供便利。

第十条 铁路运输企业登记、查验旅客身份信息，应当符合法律、行政法规和国家有关规定要求。

铁路运输企业及其工作人员对实施车票实名制管理所获得的旅客身份信息及乘车信息应当予以保密。

第十一条 铁路运输企业应当加强车票实名制管理相关人员的培训和相关系统及设备的管理，确保人员培训到位，系统安全运行，设备正常使用。

第十二条 铁路运输企业应当针对客流高峰、恶劣气象及设备、系统、网络故障等特殊情况下车票实名制管理的特点，制订有效的应急预案。

第十三条 铁路运输企业在实行车票实名制管理过程中，发现扰乱站车秩序或者危及人身安全的行为，应当制止并报告公安机关。

第十四条 铁路监管部门应当对铁路运输企业落实车票实名制管理制度情况加强监督检查,依法查处违法违规行为。

第十五条 铁路运输企业及其工作人员违反有关车票实名制管理规定的,铁路监管部门应当责令改正。

第十六条 铁路运输企业工作人员窃取、泄露旅客身份信息的,由公安机关依法处罚;构成犯罪的,依法追究刑事责任。

第十七条 铁路监管部门的工作人员对实名制管理情况实施监督检查、处理投诉举报时,应当恪尽职守,廉洁自律,秉公执法。对失职、渎职、滥用职权、玩忽职守的,依法给予行政处分;构成犯罪的,依法追究刑事责任。

第十八条 本办法自 2015 年 1 月 1 日起施行。

铁路旅客运输安全检查管理办法

交通运输部令2014年第21号　2014.12.8

第一条　为了保障铁路运输安全和旅客生命财产安全，加强和规范铁路旅客运输安全检查工作，根据《中华人民共和国铁路法》、《铁路安全管理条例》等法律、行政法规和国家有关规定，制定本办法。

第二条　本办法所称铁路旅客运输安全检查是指铁路运输企业在车站、列车对旅客及其随身携带、托运的行李物品进行危险物品检查的活动。

前款所称危险物品是指易燃易爆物品、危险化学品、放射性物品和传染病病原体及枪支弹药、管制器具等可能危及生命财产安全的器械、物品。禁止或者限制携带物品的种类及其数量由国家铁路局会同公安部规定并发布。

第三条　铁路运输企业应当在车站和列车等服务场所内，通过多种方式公告禁止或者限制携带物品种类及其数量。

第四条　铁路运输企业是铁路旅客运输安全检查的责任主体，应当按照法律、行政法规、规章和国家铁路局有关规定，组织实施铁路旅客运输安全检查工作，制定安全检查管理制度，完善作业程序，落实作业标准，保障旅客运输安全。

第五条　铁路运输企业应当在铁路旅客车站和列车配备满足铁路运输安全检查需要的设备，并根据车站和列车的不同情况，制定并落实安全检查设备的配备标准，使用符合国家标准、行业标准和安全、环保等要求的安全检查设备，并加强设备维护检修，保障其性能稳定，运行安全。

第六条　铁路运输企业应当在铁路旅客车站和列车配备满足

铁路运输安全检查需要的人员，并加强识别和处置危险物品等相关专业知识培训。从事安全检查的人员应当统一着装，佩戴安全检查标志，依法履行安全检查职责，爱惜被检查的物品。

第七条 旅客应当接受并配合铁路运输企业的安全检查工作。拒绝配合的，铁路运输企业应当拒绝其进站乘车和托运行李物品。

第八条 铁路运输企业可以采取多种方式检查旅客及其随身携带或者托运的物品。

对旅客进行人身检查时，应当依法保障旅客人身权利不受侵害；对女性旅客进行人身检查，应当由女性安全检查人员进行。

第九条 安全检查人员发现可疑物品时可以当场开包检查。开包检查时，旅客应当在场。

安全检查人员认为不适合当场开包检查或者旅客申明不宜公开检查的，可以根据实际情况，移至适当场合检查。

第十条 铁路运输企业应当采取有效措施，加强旅客车站安全管理，为安全检查提供必要的场地和作业条件，提供专门处置危险物品的场所。

第十一条 铁路运输企业应当制定并实施应对客流高峰、恶劣气象及设备故障等突发情况下的安全检查应急措施，保证安全检查通道畅通。

第十二条 铁路运输企业在旅客进站或托运人托运前查出的危险物品，或旅客携带禁止携带物品、超过规定数量的限制携带物品的，可由旅客或托运人选择交送行人员带回或自弃交车站处理。

第十三条 对怀疑为危险物品，但受客观条件限制又无法认定其性质的，旅客或托运人又不能提供该物品性质和可以经旅客列车运输的证明时，铁路运输企业有权拒绝其进站乘车或托运。

第十四条 安全检查中发现携带枪支弹药、管制器具、爆炸物品等危险物品，或者旅客声称本人随身携带枪支弹药、管制器具、爆炸物品等危险物品的，铁路运输企业应当交由公安机关处理，并采取必要的先期处置措施。

第十五条 列车上发现的危险物品应当妥善处置,并移交前方停车站。鞭炮、发令纸、摔炮、拉炮等易爆物品应当立即浸湿处理。

第十六条 铁路运输企业在安全检查过程中,对扰乱安全检查工作秩序、妨碍安全检查人员正常工作的,应当予以制止;不听劝阻的,交由公安机关处理。

第十七条 公安机关应当按照职责分工,维护车站、列车等铁路场所和铁路沿线的治安秩序。

旅客违法携带、夹带管制器具或者违法携带、托运烟花爆竹、枪支弹药等危险物品或者其他违禁物品的,由公安机关依法给予治安管理处罚;构成犯罪的,依法追究刑事责任。

第十八条 铁路监管部门应当对铁路运输企业落实旅客运输安全检查管理制度情况加强监督检查,依法查处违法违规行为。

第十九条 铁路运输企业及其工作人员违反有关安全检查管理规定的,铁路监管部门应当责令改正。

第二十条 铁路监管部门的工作人员对旅客运输安全检查情况实施监督检查、处理投诉举报时,应当恪尽职守,廉洁自律,秉公执法。对失职、渎职、滥用职权、玩忽职守的,依法给予行政处分;构成犯罪的,依法追究刑事责任。

第二十一条 随旅客列车运输的包裹的安全检查,参照本办法执行。

第二十二条 本办法自 2015 年 1 月 1 日起施行。

邮政行政执法监督办法

交通运输部令2014年第18号　2014.12.7

第一章　总　　则

第一条　为加强邮政行政执法监督，及时查处和纠正邮政行政执法中的违法、不当和不作为行为，保证邮政法律、法规及规章的正确实施，维护公民、法人和其他组织的合法权益，制定本办法。

第二条　国务院邮政管理部门和省、自治区、直辖市邮政管理机构对本级内部执法机构和下级邮政管理部门的行政执法实施监督适用本办法。

第三条　邮政行政执法监督工作应当坚持教育与惩处、监督检查与改进工作相结合，遵循依法、客观、公正、公开和有错必纠的原则。

第四条　调查处理邮政行政执法中的违法、不当和不作为行为，应当做到事实清楚、证据确凿、手续完备、程序合法、定性准确、处理恰当。

第五条　公民、法人或者其他组织对邮政管理部门违法、不当和不作为的具体行政行为，可以依法申请行政复议或者提起行政诉讼，有权向邮政管理部门举报。因邮政管理部门的具体行政行为损害其合法权益的，可以依法要求行政赔偿。

第六条　国务院邮政管理部门应当对在邮政行政执法监督工作中作出突出成绩的单位和个人给予表彰。

第二章　监督机构及其职责

第七条　国务院邮政管理部门和省、自治区、直辖市邮政管理机构的法制工作机构(以下简称邮政行政执法监督机构)具体负责组织邮政行政执法监督工作,并协助监察部门实施责任追究。

国务院邮政管理部门和省、自治区、直辖市邮政管理机构的执法机构具体承担邮政行政执法业务指导和督促工作。

第八条 邮政行政执法监督机构承担以下职责:

(一)负责制订邮政行政执法监督工作制度;

(二)监督检查邮政管理部门的行政执法情况,并对存在的问题提出意见和建议;

(三)查处举报和监督检查发现的违法、不当和不作为行为,实施行政执法通报制度;

(四)负责邮政行政执法和监督人员的资格管理工作;

(五)定期报告监督工作情况;

(六)配合监察部门追究邮政管理部门及其行政执法人员的行政执法责任;

(七)办理上级机关交办的行政执法监督事项;

(八)法律、法规规定的其他行政执法监督职责。

第九条 国务院邮政管理部门和省、自治区、直辖市邮政管理机构应当配备行政执法监督人员。

行政执法监督人员应当持有国务院邮政管理部门颁发的邮政行政执法监督证件。

第三章 监督范围和方式

第十条 邮政行政执法监督的范围包括下列事项:

(一)邮政法律、法规、规章和规范性文件执行情况;

(二)行政执法主体、行政执法程序是否合法;

(三)行政处罚、行政许可、行政强制等具体行政行为是否合法、适当;

(四)行政执法文书使用是否合法、规范;

(五)行政执法中是否存在不作为、滥用职权、玩忽职守、越权执法等行为；

（六）行政复议和行政应诉情况；

（七）行政执法责任制的落实情况；

（八）执法风纪遵守情况；

（九）其他应当监督检查的情况。

第十一条 实行行政执法检查制度。邮政行政执法监督机构采用明查与暗访、综合检查与专项检查、常规检查与突击检查等方式，定期或者不定期组织对同级执法机构和下级邮政管理部门执法情况进行检查。

第十二条 实行行政执法工作情况年度报告制度。下级邮政管理部门应当将行政执法上一年度工作情况，在每年3月15日前向上一级邮政管理部门书面报告。

行政执法年度报告，包括执法制度和执法队伍建设，行政许可、行政强制、行政处罚以及落实行政执法责任制情况，执法中存在的问题和改进的措施等事项。

第十三条 行政处罚、行政许可、行政强制等行政执法活动应当依照法定程序进行，形成的检查记录、证据材料、执法文书等应当按照规定的标准进行收集、整理、立卷、归档，并按照档案管理规定实行集中统一管理。

第十四条 实行行政执法案卷评查制度。邮政行政执法监督机构应当定期组织对下级邮政管理部门和同级执法机构的行政处罚、行政许可、行政强制等行政执法进行案卷评查，对评查发现的问题，应当及时纠正。

第十五条 实行规范行政处罚裁量权制度。邮政管理部门应当依法制定行政处罚裁量基准和适用规则，定期对规范行政处罚裁量权工作情况开展评估。

第十六条 公民、法人或者其他组织认为邮政管理部门的行政执法行为违法、不当或者存在不作为的，可以向邮政管理部门举报。

第十七条 实行行政执法通报制度。对于查处的违法、不当和不作为案件，在邮政管理部门内部予以通报。

第十八条 实行行政执法案例指导制度。国务院邮政管理部门法制工作机构应当定期组织发布具有典型性或者指导意义的案例,为完善裁量基准和指导行政执法提供参照。

第十九条 实行行政执法责任制度。各级邮政管理部门应当梳理执法依据,根据执法岗位配置情况,分解执法职责,确定执法责任,规范执法程序。

各级邮政管理部门应当将梳理确认后的行政执法主体、行政执法依据、行政执法职责、行政执法岗位、行政执法程序、监督举报方式等向社会公布。

上级邮政管理部门对下级邮政管理部门定期开展邮政行政执法评议考核,并予以公布。具体办法由国务院邮政管理部门制定。

第二十条 实行行政执法人员资格制度。邮政行政执法人员从事行政执法工作,应当取得国务院邮政管理部门颁发的邮政行政执法证件。具体办法由国务院邮政管理部门规定。

第二十一条 实行行政执法案件信息公开制度。各级邮政管理部门应当按照国务院邮政管理部门规定向社会公开行政执法案件信息。

第二十二条 实行行政执法风纪监督制度。各级邮政管理部门对行政执法人员遵守执法纪律情况和着装、仪容、风纪、举止、执法用语规范情况进行监督。

第二十三条 邮政管理部门应当建立健全网上邮政行政执法监督系统和行政权力事项动态管理系统,运用信息化手段对行政执法行为实施监督。

第四章 监督程序和处理

第二十四条 邮政行政执法监督机构应当根据邮政法律、法规、规章和规范性文件的实施情况,制定邮政行政执法监督计划和工作方案,确定监督检查的目的、对象、要求、内容、时间、方法和步骤等。

第二十五条　对国家权力机关、人民政府或者上级邮政管理部门交办的行政执法监督事项，邮政管理部门应当依照本办法组织专项邮政行政执法监督检查并报告结果。

邮政管理部门可以根据公民、法人或者其他组织的举报和新闻媒体反映的情况，依照本办法适时组织专项邮政行政执法监督检查。

第二十六条　开展行政执法监督调查活动时，应当有两名以上行政执法监督人员，并出示邮政行政执法监督证件。

第二十七条　行政执法监督事项涉及国家秘密、商业秘密的，应当依法履行保密义务。

第二十八条　邮政行政执法监督机构在监督检查中发现或者受理举报后认为下级邮政管理部门、同级执法机构的行政执法行为涉嫌违法、不当或者存在不作为的，应当自发现或者受理举报之日起七日内立案调查，或者由国务院邮政管理部门指令省、自治区、直辖市邮政管理机构调查。

第二十九条　调查处理工作应当在立案之日起两个月内完成，情节复杂或者有其他特殊原因的，经本级邮政管理部门负责人批准可以适当延长时间，但最长不得超过三个月。

第三十条　国务院邮政管理部门和省、自治区、直辖市邮政管理机构作出监督处理决定前，应当告知被监督的邮政管理部门、行政执法人员作出决定的事实、理由、依据和依法享有的权利，并充分听取被监督的邮政管理部门、行政执法人员的陈述和申辩。

第三十一条　国务院邮政管理部门和省、自治区、直辖市邮政管理机构作出行政执法监督处理决定，应当制作《邮政行政执法监督处理决定书》。

《邮政行政执法监督处理决定书》应当载明以下内容：

（一）被监督的邮政管理部门的名称；

（二）认定的事实和理由；

（三）处理的决定和依据；

（四）执行处理决定的方式和期限；

（五）作出处理决定的邮政管理部门名称和日期，并加盖印章。

第三十二条 指令省、自治区、直辖市邮政管理机构调查的，应当制作《邮政行政执法监督调查处理通知书》。省、自治区、直辖市邮政管理机构应当在收到《邮政行政执法监督调查处理通知书》之日起七日内立案调查，自作出处理决定之日起十日内将处理结果报上级邮政管理部门。

第三十三条 邮政行政执法监督机构实施行政执法监督，可以采取以下措施：

（一）询问邮政管理部门负责人及其行政执法人员，询问行政相对人或者其他知情人，并制作笔录；

（二）查阅和复制行政执法案卷、账目、票据和凭证；

（三）以拍照、录音、录像、抽样等方式收集证据；

（四）暂扣行政执法证件；

（五）听取汇报，召开座谈会、论证会；

（六）暂扣、封存可以证明存在违法或者不当行政执法行为的文书及其他有关材料；

（七）责令被监督的单位和人员在案件调查期间不得转移或者擅自处理涉案财物。

第三十四条 邮政行政执法监督人员在执行监督任务，开展调查活动时，被检查、调查单位和个人应当主动接受并予以配合。

第三十五条 被监督的邮政管理部门有下列情形之一的，应当责令其限期履行：

（一）违法决定终止行政处罚调查的；

（二）违法决定终止执行行政处罚决定的；

（三）无正当理由不履行法定职责的；

（四）无正当理由拖延履行法定职责的。

第三十六条 具体行政执法行为有下列情形之一的，应当责令被监督的邮政管理部门以书面形式予以补正或者更正：

（一）未说明理由且事后补充说明理由，当事人、利害关系人没有异议的；

(二)文字表述错误或者计算错误的；

(三)未载明决定作出日期的；

(四)程序存在其他瑕疵，但未对公民、法人和其他组织合法权益造成影响的；

(五)需要补正或者更正的其他情形。

第三十七条 具体行政执法行为有下列情形之一的，应当撤销：

(一)主要事实不清、证据不足的；

(二)适用依据错误的；

(三)违反法定程序的，但可以补正或者更正的除外；

(四)超越或者滥用职权的；

(五)具体行政行为明显不当的；

(六)法律、法规规定的其他应当撤销的情形。

第三十八条 撤销具体行政执法行为，不适用以下情形：

(一)撤销可能对公共利益造成重大损害的；

(二)法律、法规规定的其他不予撤销的情形。

行政执法行为不予撤销的，被监督的邮政管理部门应当自行采取补救措施。

第三十九条 具体行政执法行为有下列情形之一的，应当确认违法：

(一)不履行法定职责，且责令其履行已无实际意义的；

(二)行政执法行为违法，但不具有可撤销内容的；

(三)行政执法行为违法，依法不予撤销的；

(四)其他应当确认违法的情形。

第四十条 国务院邮政管理部门和省、自治区、直辖市邮政管理机构决定撤销或者确认具体行政执法行为违法的，可以责令被监督的邮政管理部门在一定期限内重新作出具体行政行为。

第四十一条 被监督的邮政管理部门对行政执法监督处理决定不服的，可以在收到处理决定之日起三十日内向作出处理决定的邮政管理部门申请复查。

作出处理决定的邮政管理部门应当在收到复查申请之日起十五日内作出复查决定。

第四十二条 行政执法监督过程中，行政相对人对具体行政行为申请行政复议或者提起行政诉讼的，应当中止行政执法监督程序。待行政复议或者行政诉讼结束后，再行恢复行政执法监督程序。

第五章 行政执法责任追究

第四十三条 本办法所称行政执法过错责任，是指邮政管理部门的工作人员在行政执法过程中，因故意或者重大过失，违法执法、不当执法或者不履行法定职责，给国家或者行政相对人的利益造成损害的行为应当承担的责任。

第四十四条 区分以下情况，确定行政执法过错责任人：

（一）直接做出过错行为的工作人员是行政执法过错责任人，经审核、批准做出的，审核人、批准人同为过错责任人；

（二）因具体工作人员隐瞒事实、隐匿证据或者提供虚假情况等行为造成审核人、批准人的审核、批准失误或者不当的，具体工作人员是行政执法过错责任人；

（三）因审核人的故意行为造成批准人失误或者不当的，审核人是行政执法过错责任人；

（四）审核人变更具体工作人员的正确意见，批准人批准该审核意见，出现行政执法过错的，审核人、批准人是行政执法过错责任人；

（五）批准人变更具体工作人员和审核人的正确意见，出现行政执法过错的，批准人是行政执法过错责任人；

（六）集体讨论决定而导致的行政执法过错，决策人为行政执法过错主要责任人，参加讨论的其他人员为次要责任人，提出并坚持正确意见的人员不承担责任；

（七）因不作为发生行政执法过错的，根据岗位责任确定行政执法过错责任人。

第四十五条　对行政执法过错行为不及时报告、虚报、瞒报甚至包庇、纵容的，邮政管理部门主要负责人应当承担责任。

第四十六条　因行政复议机关的有关人员过错造成行政复议案件认定事实错误、适用法律不当的，行政复议机关的有关人员承担行政执法过错责任。

第四十七条　追究行政执法过错责任，主要采取以下方式：

（一）责令书面检查；

（二）通报批评；

（三）暂扣或者吊销行政执法证件或者调离行政执法工作岗位；

（四）警告、记过、记大过、降级、撤职、开除等行政处分；

（五）因故意或者重大过失的行政执法过错引起行政赔偿的，承担全部或者部分赔偿责任；

（六）涉嫌犯罪的，移送司法机关处理。

以上所列行政执法过错责任追究方式，可视情节单独或者合并使用。

第四十八条　有下列情形之一的，可以从轻、减轻或者免除过错行为人的行政执法过错责任：

（一）行政执法过错行为情节轻微，未造成不良影响的；

（二）因无法预见的客观因素导致过错行为人的行政执法过错的；

（三）过错行为人在其过错行为被监督检查发现前主动承认错误，或者在过错行为发生后能主动纠正进行补救的。

第四十九条　有下列情形之一的，应当从重处理：

（一）不配合有关部门调查，或者阻挠行政执法过错责任追究的；

（二）对举报人、控告人或者案件调查人员进行打击报复的；

（三）一年内发生两次行政执法过错的；

（四）执法过程中有索贿受贿、敲诈勒索、徇私舞弊等行为的；

（五）因行政执法过错给他人造成严重损害，或者造成严重不良影响的。

第五十条　国务院邮政管理部门和省、自治区、直辖市邮政管理机构作出行政执法监督处理决定后，由其邮政行政执法监督机构将案卷移送本级内部监察部门。监察部门根据本办法第四十三条至第四十九条的规定确定行政执法过错责任人，并依照《中华人民共和国行政监察法》、《中华人民共和国公务员法》等有关规定给予行政处分。

第六章　法律责任

第五十一条　邮政管理部门及其执法机构有下列情形之一的，责令限期改正，并视情况予以通报批评；情节严重或者拒不改正的，对单位负责人和直接责任人依法给予行政处分：

（一）未按规定执行行政执法工作情况年度报告制度的；

（二）安排不具备行政执法资格的人员从事行政执法活动的；

（三）拒绝、阻挠行政执法监督或者拒不执行行政执法监督处理决定的；

（四）不按照上级邮政管理部门部署组织实施行政执法监督检查的；

（五）未按规定建立和实行行政执法案卷评查制度的；

（六）不执行行政执法责任制的；

（七）违法拒绝受理举报或者对举报查处不力的；

（八）法律、法规规定的其他情形。

第五十二条　发现行政执法人员有下列行为之一的，可暂扣、吊销其行政执法证件，给予批评教育、离岗培训、调离执法岗位等处理，并依法给予行政处分；涉嫌构成犯罪的，移送司法机关依法追究刑事责任：

（一）使用无效行政执法证件或者私印、伪造、变造行政执法证件的；

(二)将行政执法证件交给他人使用的；

(三)未出具财政部门统一制发的专用票据的；

(四)非法收费或者截留、坐支、私分罚没财物的；

(五)擅自使用罚没物品或者由于管理不善致使罚没物品严重受损或者灭失的；

(六)法律、法规、规章和国务院邮政管理部门规定的其他情形。

第五十三条 邮政行政执法行为对公民、法人或者其他组织的合法权益造成损害，经邮政行政执法监督程序确认违法的，邮政管理部门应当依法给予行政赔偿。

邮政管理部门赔偿后，应当依照《中华人民共和国国家赔偿法》的规定向行政执法过错人员追偿。

第五十四条 国务院邮政管理部门和省、自治区、直辖市邮政管理机构在实施行政执法监督过程中，发现下级邮政管理部门和本级内部执法机构的行政执法行为违法、不当或者行政不作为较多的，或者行政执法评议考核结果满意度较低的，可以约谈该邮政管理部门或者内部执法机构的负责人。

第五十五条 邮政行政执法监督机构及其行政执法监督人员有下列情形之一的，由本级邮政管理部门对邮政行政执法监督机构给予通报批评，对有关责任人员依法给予行政处分；涉嫌犯罪的，移送司法机关依法处理：

(一)利用行政执法监督为个人谋取私利的；

(二)失职或者越权，造成严重后果的；

(三)拒不履行法定职责的；

(四)涂改、转借行政执法监督证件的；

(五)有其他违法行为的。

第七章　附　　则

第五十六条 本办法自2015年1月1日起实施。

其　他

全国人民代表大会常务委员会关于修改《中华人民共和国安全生产法》的决定

中华人民共和国主席令（第十三号） 2014.8.31

第十二届全国人民代表大会常务委员会第十次会议决定对《中华人民共和国安全生产法》作如下修改：

一、将第三条修改为："安全生产工作应当以人为本，坚持安全发展，坚持安全第一、预防为主、综合治理的方针，强化和落实生产经营单位的主体责任，建立生产经营单位负责、职工参与、政府监管、行业自律和社会监督的机制。"

二、将第四条修改为："生产经营单位必须遵守本法和其他有关安全生产的法律、法规，加强安全生产管理，建立、健全安全生产责任制和安全生产规章制度，改善安全生产条件，推进安全生产标准化建设，提高安全生产水平，确保安全生产。"

三、将第七条修改为："工会依法对安全生产工作进行监督。

生产经营单位的工会依法组织职工参加本单位安全生产工作的民主管理和民主监督，维护职工在安全生产方面的合法权益。生产经营单位制定或者修改有关安全生产的规章制度，应当听取工会的意见。"

四、将第八条修改为："国务院和县级以上地方各级人民政府应当根据国民经济和社会发展规划制定安全生产规划，并组织实施。安全生产规划应当与城乡规划相衔接。

国务院和县级以上地方各级人民政府应当加强对安全生产工作的领导，支持、督促各有关部门依法履行安全生产监督管理职责，建立健全安全生产工作协调机制，及时协调、解决安全生产监督管理中存在的重大问题。

乡、镇人民政府以及街道办事处、开发区管理机构等地方人民政府的派出机关应当按照职责，加强对本行政区域内生产经营单位安全生产状况的监督检查，协助上级人民政府有关部门依法履行安全生产监督管理职责。”

五、将第九条修改为：“国务院安全生产监督管理部门依照本法，对全国安全生产工作实施综合监督管理；县级以上地方各级人民政府安全生产监督管理部门依照本法，对本行政区域内安全生产工作实施综合监督管理。

国务院有关部门依照本法和其他有关法律、行政法规的规定，在各自的职责范围内对有关行业、领域的安全生产工作实施监督管理；县级以上地方各级人民政府有关部门依照本法和其他有关法律、法规的规定，在各自的职责范围内对有关行业、领域的安全生产工作实施监督管理。

安全生产监督管理部门和对有关行业、领域的安全生产工作实施监督管理的部门，统称负有安全生产监督管理职责的部门。”

六、增加一条，作为第十二条：“有关协会组织依照法律、行政法规和章程，为生产经营单位提供安全生产方面的信息、培训等服务，发挥自律作用，促进生产经营单位加强安全生产管理。”

七、将第十二条改为第十三条，修改为：“依法设立的为安全生产提供技术、管理服务的机构，依照法律、行政法规和执业准则，接受生产经营单位的委托为其安全生产工作提供技术、管理服务。

生产经营单位委托前款规定的机构提供安全生产技术、管理服务的，保证安全生产的责任仍由本单位负责。”

八、将第十七条改为第十八条，增加一项，作为第三项：“组织制定并实施本单位安全生产教育和培训计划”。

九、增加一条，作为第十九条：“生产经营单位的安全生产责任制应当明确各岗位的责任人员、责任范围和考核标准等内容。

生产经营单位应当建立相应的机制，加强对安全生产责任制落实情况的监督考核，保证安全生产责任制的落实。”

十、将第十八条改为第二十条，增加一款，作为第二款：“有关生产经营单位应当按照规定提取和使用安全生产费用，专门用于改善安全生产条件。安全生产费用在成本中据实列支。安全生产费用提取、使用和监督管理的具体办法由国务院财政部门会同国务院安全生产监督管理部门征求国务院有关部门意见后制定。”

十一、将第十九条改为第二十一条，修改为：“矿山、金属冶炼、建筑施工、道路运输单位和危险物品的生产、经营、储存单位，应当设置安全生产管理机构或者配备专职安全生产管理人员。

前款规定以外的其他生产经营单位，从业人员超过一百人的，应当设置安全生产管理机构或者配备专职安全生产管理人员；从业人员在一百人以下的，应当配备专职或者兼职的安全生产管理人员。”

十二、增加一条，作为第二十二条：“生产经营单位的安全生产管理机构以及安全生产管理人员履行下列职责：

（一）组织或者参与拟订本单位安全生产规章制度、操作规程和生产安全事故应急救援预案；

（二）组织或者参与本单位安全生产教育和培训，如实记录安全生产教育和培训情况；

（三）督促落实本单位重大危险源的安全管理措施；

（四）组织或者参与本单位应急救援演练；

（五）检查本单位的安全生产状况，及时排查生产安全事故隐患，提出改进安全生产管理的建议；

（六）制止和纠正违章指挥、强令冒险作业、违反操作规程的行为；

（七）督促落实本单位安全生产整改措施。”

十三、增加一条，作为第二十三条：“生产经营单位的安全生产管理机构以及安全生产管理人员应当恪尽职守，依法履行职责。

生产经营单位作出涉及安全生产的经营决策，应当听取安全生产管理机构以及安全生产管理人员的意见。

生产经营单位不得因安全生产管理人员依法履行职责而降低其工资、福利等待遇或者解除与其订立的劳动合同。

危险物品的生产、储存单位以及矿山、金属冶炼单位的安全生产管理人员的任免,应当告知主管的负有安全生产监督管理职责的部门。"

十四、将第二十条改为第二十四条,第二款修改为:"危险物品的生产、经营、储存单位以及矿山、金属冶炼、建筑施工、道路运输单位的主要负责人和安全生产管理人员,应当由主管的负有安全生产监督管理职责的部门对其安全生产知识和管理能力考核合格。考核不得收费。"

增加一款,作为第三款:"危险物品的生产、储存单位以及矿山、金属冶炼单位应当有注册安全工程师从事安全生产管理工作。鼓励其他生产经营单位聘用注册安全工程师从事安全生产管理工作。注册安全工程师按专业分类管理,具体办法由国务院人力资源和社会保障部门、国务院安全生产监督管理部门会同国务院有关部门制定。"

十五、将第二十一条改为第二十五条,修改为:"生产经营单位应当对从业人员进行安全生产教育和培训,保证从业人员具备必要的安全生产知识,熟悉有关的安全生产规章制度和安全操作规程,掌握本岗位的安全操作技能,了解事故应急处理措施,知悉自身在安全生产方面的权利和义务。未经安全生产教育和培训合格的从业人员,不得上岗作业。

生产经营单位使用被派遣劳动者的,应当将被派遣劳动者纳入本单位从业人员统一管理,对被派遣劳动者进行岗位安全操作规程和安全操作技能的教育和培训。劳务派遣单位应当对被派遣劳动者进行必要的安全生产教育和培训。

生产经营单位接收中等职业学校、高等学校学生实习的,应当对实习学生进行相应的安全生产教育和培训,提供必要的劳动防护用品。学校应当协助生产经营单位对实习学生进行安全生产教育和培训。

生产经营单位应当建立安全生产教育和培训档案,如实记录安全生产教育和培训的时间、内容、参加人员以及考核结果等情况。"

十六、将第二十五条改为第二十九条，修改为："矿山、金属冶炼建设项目和用于生产、储存、装卸危险物品的建设项目，应当按照国家有关规定进行安全评价。"

十七、将第二十七条改为第三十一条，修改为："矿山、金属冶炼建设项目和用于生产、储存、装卸危险物品的建设项目的施工单位必须按照批准的安全设施设计施工，并对安全设施的工程质量负责。

矿山、金属冶炼建设项目和用于生产、储存危险物品的建设项目竣工投入生产或者使用前，应当由建设单位负责组织对安全设施进行验收；验收合格后，方可投入生产和使用。安全生产监督管理部门应当加强对建设单位验收活动和验收结果的监督核查。"

十八、将第三十条改为第三十四条，修改为："生产经营单位使用的危险物品的容器、运输工具，以及涉及人身安全、危险性较大的海洋石油开采特种设备和矿山井下特种设备，必须按照国家有关规定，由专业生产单位生产，并经具有专业资质的检测、检验机构检测、检验合格，取得安全使用证或者安全标志，方可投入使用。检测、检验机构对检测、检验结果负责。"

十九、将第三十一条改为第三十五条，修改为："国家对严重危及生产安全的工艺、设备实行淘汰制度，具体目录由国务院安全生产监督管理部门会同国务院有关部门制定并公布。法律、行政法规对目录的制定另有规定的，适用其规定。

省、自治区、直辖市人民政府可以根据本地区实际情况制定并公布具体目录，对前款规定以外的危及生产安全的工艺、设备予以淘汰。

生产经营单位不得使用应当淘汰的危及生产安全的工艺、设备。"

二十、增加一条，作为第三十八条："生产经营单位应当建立健全生产安全事故隐患排查治理制度，采取技术、管理措施，及时发现并消除事故隐患。事故隐患排查治理情况应当如实记录，并向从业人员通报。

县级以上地方各级人民政府负有安全生产监督管理职责的部门应当建立健全重大事故隐患治理督办制度，督促生产经营单位消除重大事故隐患。”

二十一、将第三十五条改为第四十条，修改为：“生产经营单位进行爆破、吊装以及国务院安全生产监督管理部门会同国务院有关部门规定的其他危险作业，应当安排专门人员进行现场安全管理，确保操作规程的遵守和安全措施的落实。”

二十二、将第三十八条改为第四十三条，修改为：“生产经营单位的安全生产管理人员应当根据本单位的生产经营特点，对安全生产状况进行经常性检查；对检查中发现的安全问题，应当立即处理；不能处理的，应当及时报告本单位有关负责人，有关负责人应当及时处理。检查及处理情况应当如实记录在案。

生产经营单位的安全生产管理人员在检查中发现重大事故隐患，依照前款规定向本单位有关负责人报告，有关负责人不及时处理的，安全生产管理人员可以向主管的负有安全生产监督管理职责的部门报告，接到报告的部门应当依法及时处理。”

二十三、将第四十一条改为第四十六条，第二款修改为：“生产经营项目、场所发包或者出租给其他单位的，生产经营单位应当与承包单位、承租单位签订专门的安全生产管理协议，或者在承包合同、租赁合同中约定各自的安全生产管理职责；生产经营单位对承包单位、承租单位的安全生产工作统一协调、管理，定期进行安全检查，发现安全问题的，应当及时督促整改。”

二十四、将第四十三条改为第四十八条，增加一款，作为第二款：“国家鼓励生产经营单位投保安全生产责任保险。”

二十五、增加一条，作为第五十八条：“生产经营单位使用被派遣劳动者的，被派遣劳动者享有本法规定的从业人员的权利，并应当履行本法规定的从业人员的义务。”

二十六、将第五十三条改为第五十九条，修改为：“县级以上地方各级人民政府应当根据本行政区域内的安全生产状况，组织有关部门按照职责分工，对本行政区域内容易发生重大生产安全事故的生产经营单位进行严格检查。

安全生产监督管理部门应当按照分类分级监督管理的要求，制定安全生产年度监督检查计划，并按照年度监督检查计划进行监督检查，发现事故隐患，应当及时处理。”

二十七、将第五十六条改为第六十二条，第一款修改为：“安全生产监督管理部门和其他负有安全生产监督管理职责的部门依法开展安全生产行政执法工作，对生产经营单位执行有关安全生产的法律、法规和国家标准或者行业标准的情况进行监督检查，行使以下职权：

（一）进入生产经营单位进行检查，调阅有关资料，向有关单位和人员了解情况；

（二）对检查中发现的安全生产违法行为，当场予以纠正或者要求限期改正；对依法应当给予行政处罚的行为，依照本法和其他有关法律、行政法规的规定作出行政处罚决定；

（三）对检查中发现的事故隐患，应当责令立即排除；重大事故隐患排除前或者排除过程中无法保证安全的，应当责令从危险区域内撤出作业人员，责令暂时停产停业或者停止使用相关设施、设备；重大事故隐患排除后，经审查同意，方可恢复生产经营和使用；

（四）对有根据认为不符合保障安全生产的国家标准或者行业标准的设施、设备、器材以及违法生产、储存、使用、经营、运输的危险物品予以查封或者扣押，对违法生产、储存、使用、经营危险物品的作业场所予以查封，并依法作出处理决定。”

二十八、增加一条，作为第六十七条：“负有安全生产监督管理职责的部门依法对存在重大事故隐患的生产经营单位作出停产停业、停止施工、停止使用相关设施或者设备的决定，生产经营单位应当依法执行，及时消除事故隐患。生产经营单位拒不执行，有发生生产安全事故的现实危险的，在保证安全的前提下，经本部门主要负责人批准，负有安全生产监督管理职责的部门可以采取通知有关单位停止供电、停止供应民用爆炸物品等措施，强制生产经营单位履行决定。通知应当采用书面形式，有关单位应当予以配合。

负有安全生产监督管理职责的部门依照前款规定采取停止供电措施，除有危及生产安全的紧急情形外，应当提前二十四小时通知生产经营单位。生产经营单位依法履行行政决定、采取相应措施消除事故隐患的，负有安全生产监督管理职责的部门应当及时解除前款规定的措施。”

二十九、增加一条，作为第七十五条：“负有安全生产监督管理职责的部门应当建立安全生产违法行为信息库，如实记录生产经营单位的安全生产违法行为信息；对违法行为情节严重的生产经营单位，应当向社会公告，并通报行业主管部门、投资主管部门、国土资源主管部门、证券监督管理机构以及有关金融机构。”

三十、增加一条，作为第七十六条：“国家加强生产安全事故应急能力建设，在重点行业、领域建立应急救援基地和应急救援队伍，鼓励生产经营单位和其他社会力量建立应急救援队伍，配备相应的应急救援装备和物资，提高应急救援的专业化水平。

国务院安全生产监督管理部门建立全国统一的生产安全事故应急救援信息系统，国务院有关部门建立健全相关行业、领域的生产安全事故应急救援信息系统。”

三十一、增加一条，作为第七十八条：“生产经营单位应当制定本单位生产安全事故应急救援预案，与所在地县级以上地方人民政府组织制定的生产安全事故应急救援预案相衔接，并定期组织演练。”

三十二、将第六十九条改为第七十九条，修改为：“危险物品的生产、经营、储存单位以及矿山、金属冶炼、城市轨道交通运营、建筑施工单位应当建立应急救援组织；生产经营规模较小的，可以不建立应急救援组织，但应当指定兼职的应急救援人员。

危险物品的生产、经营、储存、运输单位以及矿山、金属冶炼、城市轨道交通运营、建筑施工单位应当配备必要的应急救援器材、设备和物资，并进行经常性维护、保养，保证正常运转。”

三十三、将第七十二条改为第八十二条，第一款修改为："有关地方人民政府和负有安全生产监督管理职责的部门的负责人接到生产安全事故报告后，应当按照生产安全事故应急救援预案的要求立即赶到事故现场，组织事故抢救。"

增加二款，作为第二款、第三款："参与事故抢救的部门和单位应当服从统一指挥，加强协同联动，采取有效的应急救援措施，并根据事故救援的需要采取警戒、疏散等措施，防止事故扩大和次生灾害的发生，减少人员伤亡和财产损失。

事故抢救过程中应当采取必要措施，避免或者减少对环境造成的危害。"

三十四、将第七十三条改为第八十三条，修改为："事故调查处理应当按照科学严谨、依法依规、实事求是、注重实效的原则，及时、准确地查清事故原因，查明事故性质和责任，总结事故教训，提出整改措施，并对事故责任者提出处理意见。事故调查报告应当依法及时向社会公布。事故调查和处理的具体办法由国务院制定。

事故发生单位应当及时全面落实整改措施，负有安全生产监督管理职责的部门应当加强监督检查。"

三十五、将第七十七条改为第八十七条，第一款增加一项，作为第四项："在监督检查中发现重大事故隐患，不依法及时处理的"。

增加一款，作为第二款："负有安全生产监督管理职责的部门的工作人员有前款规定以外的滥用职权、玩忽职守、徇私舞弊行为的，依法给予处分；构成犯罪的，依照刑法有关规定追究刑事责任。"

三十六、将第七十九条改为第八十九条，修改为："承担安全评价、认证、检测、检验工作的机构，出具虚假证明的，没收违法所得；违法所得在十万元以上的，并处违法所得二倍以上五倍以下的罚款；没有违法所得或者违法所得不足十万元的，单处或者并处十万元以上二十万元以下的罚款；对其直接负责的主管人员和其他直接责任人员处二万元以上五万元以下的罚款;给他人造成损害的,与生产经营单位承担连带赔偿责任;构成犯罪的,依照刑法有关规定追究刑事责任。

对有前款违法行为的机构,吊销其相应资质。”

三十七、将第八十条改为第九十条,修改为:“生产经营单位的决策机构、主要负责人或者个人经营的投资人不依照本法规定保证安全生产所必需的资金投入,致使生产经营单位不具备安全生产条件的,责令限期改正,提供必需的资金;逾期未改正的,责令生产经营单位停产停业整顿。

有前款违法行为,导致发生生产安全事故的,对生产经营单位的主要负责人给予撤职处分,对个人经营的投资人处二万元以上二十万元以下的罚款;构成犯罪的,依照刑法有关规定追究刑事责任。”

三十八、将第八十一条改为第九十一条,修改为:“生产经营单位的主要负责人未履行本法规定的安全生产管理职责的,责令限期改正;逾期未改正的,处二万元以上五万元以下的罚款,责令生产经营单位停产停业整顿。

生产经营单位的主要负责人有前款违法行为,导致发生生产安全事故的,给予撤职处分;构成犯罪的,依照刑法有关规定追究刑事责任。

生产经营单位的主要负责人依照前款规定受刑事处罚或者撤职处分的,自刑罚执行完毕或者受处分之日起,五年内不得担任任何生产经营单位的主要负责人;对重大、特别重大生产安全事故负有责任的,终身不得担任本行业生产经营单位的主要负责人。”

三十九、增加一条,作为第九十二条:“生产经营单位的主要负责人未履行本法规定的安全生产管理职责,导致发生生产安全事故的,由安全生产监督管理部门依照下列规定处以罚款:

(一)发生一般事故的,处上一年年收入百分之三十的罚款;

(二)发生较大事故的,处上一年年收入百分之四十的罚款;

(三)发生重大事故的,处上一年年收入百分之六十的罚款;

（四）发生特别重大事故的，处上一年年收入百分之八十的罚款。”

四十、增加一条，作为第九十三条：“生产经营单位的安全生产管理人员未履行本法规定的安全生产管理职责的，责令限期改正；导致发生生产安全事故的，暂停或者撤销其与安全生产有关的资格；构成犯罪的，依照刑法有关规定追究刑事责任。”

四十一、将第八十二条改为第九十四条，修改为：“生产经营单位有下列行为之一的，责令限期改正，可以处五万元以下的罚款；逾期未改正的，责令停产停业整顿，并处五万元以上十万元以下的罚款，对其直接负责的主管人员和其他直接责任人员处一万元以上二万元以下的罚款：

（一）未按照规定设置安全生产管理机构或者配备安全生产管理人员的；

（二）危险物品的生产、经营、储存单位以及矿山、金属冶炼、建筑施工、道路运输单位的主要负责人和安全生产管理人员未按照规定经考核合格的；

（三）未按照规定对从业人员、被派遣劳动者、实习学生进行安全生产教育和培训，或者未按照规定如实告知有关的安全生产事项的；

（四）未如实记录安全生产教育和培训情况的；

（五）未将事故隐患排查治理情况如实记录或者未向从业人员通报的；

（六）未按照规定制定生产安全事故应急救援预案或者未定期组织演练的；

（七）特种作业人员未按照规定经专门的安全作业培训并取得相应资格，上岗作业的。”

四十二、将第八十三条改为第九十五条、第九十六条，修改为：

第九十五条　生产经营单位有下列行为之一的，责令停止建设或者停产停业整顿，限期改正；逾期未改正的，处五十万元以上一百万元以下的罚款，对其直接负责的主管人员和其他直接责任

人员处二万元以上五万元以下的罚款;构成犯罪的,依照刑法有关规定追究刑事责任:

(一)未按照规定对矿山、金属冶炼建设项目或者用于生产、储存、装卸危险物品的建设项目进行安全评价的;

(二)矿山、金属冶炼建设项目或者用于生产、储存、装卸危险物品的建设项目没有安全设施设计或者安全设施设计未按照规定报经有关部门审查同意的;

(三)矿山、金属冶炼建设项目或者用于生产、储存、装卸危险物品的建设项目的施工单位未按照批准的安全设施设计施工的;

(四)矿山、金属冶炼建设项目或者用于生产、储存危险物品的建设项目竣工投入生产或者使用前,安全设施未经验收合格的。

第九十六条　生产经营单位有下列行为之一的,责令限期改正,可以处五万元以下的罚款;逾期未改正的,处五万元以上二十万元以下的罚款,对其直接负责的主管人员和其他直接责任人员处一万元以上二万元以下的罚款;情节严重的,责令停产停业整顿;构成犯罪的,依照刑法有关规定追究刑事责任:

(一)未在有较大危险因素的生产经营场所和有关设施、设备上设置明显的安全警示标志的;

(二)安全设备的安装、使用、检测、改造和报废不符合国家标准或者行业标准的;

(三)未对安全设备进行经常性维护、保养和定期检测的;

(四)未为从业人员提供符合国家标准或者行业标准的劳动防护用品的;

(五)危险物品的容器、运输工具,以及涉及人身安全、危险性较大的海洋石油开采特种设备和矿山井下特种设备未经具有专业资质的机构检测、检验合格,取得安全使用证或者安全标志,投入使用的;

(六)使用应当淘汰的危及生产安全的工艺、设备的。”

四十三、将第八十四条改为第九十七条,修改为:“未经依法批准,擅自生产、经营、运输、储存、使用危险物品或者处置废弃危险物品的，依照有关危险物品安全管理的法律、行政法规的规定予以处罚；构成犯罪的，依照刑法有关规定追究刑事责任。”

四十四、将第八十五条改为第九十八条，修改为：“生产经营单位有下列行为之一的，责令限期改正，可以处十万元以下的罚款；逾期未改正的，责令停产停业整顿，并处十万元以上二十万元以下的罚款，对其直接负责的主管人员和其他直接责任人员处二万元以上五万元以下的罚款；构成犯罪的，依照刑法有关规定追究刑事责任：

（一）生产、经营、运输、储存、使用危险物品或者处置废弃危险物品，未建立专门安全管理制度、未采取可靠的安全措施的；

（二）对重大危险源未登记建档，或者未进行评估、监控，或者未制定应急预案的；

（三）进行爆破、吊装以及国务院安全生产监督管理部门会同国务院有关部门规定的其他危险作业，未安排专门人员进行现场安全管理的；

（四）未建立事故隐患排查治理制度的。”

四十五、增加一条，作为第九十九条：“生产经营单位未采取措施消除事故隐患的，责令立即消除或者限期消除；生产经营单位拒不执行的，责令停产停业整顿，并处十万元以上五十万元以下的罚款，对其直接负责的主管人员和其他直接责任人员处二万元以上五万元以下的罚款。”

四十六、将第八十六条改为第一百条，修改为：“生产经营单位将生产经营项目、场所、设备发包或者出租给不具备安全生产条件或者相应资质的单位或者个人的，责令限期改正，没收违法所得；违法所得十万元以上的，并处违法所得二倍以上五倍以下的罚款；没有违法所得或者违法所得不足十万元的，单处或者并处十万元以上二十万元以下的罚款；对其直接负责的主管人员和其他直接责任人员处一万元以上二万元以下的罚款；导致发生生产安全事故给他人造成损害的，与承包方、承租方承担连带赔偿责任。

生产经营单位未与承包单位、承租单位签订专门的安全生产管理协议或者未在承包合同、租赁合同中明确各自的安全生产管理职责，或者未对承包单位、承租单位的安全生产统一协调、管理的，责令限期改正，可以处五万元以下的罚款，对其直接负责的主管人员和其他直接责任人员可以处一万元以下的罚款；逾期未改正的，责令停产停业整顿。”

四十七、增加一条，作为第一百零五条：“违反本法规定，生产经营单位拒绝、阻碍负有安全生产监督管理职责的部门依法实施监督检查的，责令改正；拒不改正的，处二万元以上二十万元以下的罚款；对其直接负责的主管人员和其他直接责任人员处一万元以上二万元以下的罚款；构成犯罪的，依照刑法有关规定追究刑事责任。”

四十八、将第九十一条改为第一百零六条，修改为：“生产经营单位的主要负责人在本单位发生生产安全事故时，不立即组织抢救或者在事故调查处理期间擅离职守或者逃匿的，给予降级、撤职的处分，并由安全生产监督管理部门处上一年年收入百分之六十至百分之一百的罚款；对逃匿的处十五日以下拘留；构成犯罪的，依照刑法有关规定追究刑事责任。

生产经营单位的主要负责人对生产安全事故隐瞒不报、谎报或者迟报的，依照前款规定处罚。”

四十九、增加一条，作为第一百零九条：“发生生产安全事故，对负有责任的生产经营单位除要求其依法承担相应的赔偿等责任外，由安全生产监督管理部门依照下列规定处以罚款：

（一）发生一般事故的，处二十万元以上五十万元以下的罚款；

（二）发生较大事故的，处五十万元以上一百万元以下的罚款；

（三）发生重大事故的，处一百万元以上五百万元以下的罚款；

（四）发生特别重大事故的，处五百万元以上一千万元以下的罚款；情节特别严重的，处一千万元以上二千万元以下的罚款。”

五十、将第九十四条改为第一百一十条，修改为："本法规定的行政处罚，由安全生产监督管理部门和其他负有安全生产监督管理职责的部门按照职责分工决定。予以关闭的行政处罚由负有安全生产监督管理职责的部门报请县级以上人民政府按照国务院规定的权限决定；给予拘留的行政处罚由公安机关依照治安管理处罚法的规定决定。"

五十一、增加一条，作为第一百一十三条："本法规定的生产安全一般事故、较大事故、重大事故、特别重大事故的划分标准由国务院规定。

国务院安全生产监督管理部门和其他负有安全生产监督管理职责的部门应当根据各自的职责分工，制定相关行业、领域重大事故隐患的判定标准。"

五十二、对部分条文作了以下修改：

（一）将第一条中的"为了加强安全生产监督管理"修改为"为了加强安全生产工作"，"促进经济发展"修改为"促进经济社会持续健康发展"。

（二）在第二条中的"民用航空安全"后增加"以及核与辐射安全、特种设备安全"。

（三）将第十一条中的"提高职工的安全生产意识"修改为"增强全社会的安全生产意识"。

（四）将第二十三条第一款中的"取得特种作业操作资格证书"修改为"取得相应资格"。

（五）将第二十三条第二款、第三十三条第二款、第六十六条、第七十六条中的"负责安全生产监督管理的部门"修改为"安全生产监督管理部门"。

（六）将第二十六条第二款中的"矿山建设项目和用于生产、储存危险物品的建设项目"修改为"矿山、金属冶炼建设项目和用于生产、储存、装卸危险物品的建设项目"。

（七）将第三十四条第二款、第八十八条第二项中的"封闭、堵塞"修改为"锁闭、封堵"。

（八）将第四十二条中的"重大生产安全事故"修改为"生产安全事故"，将第六十八条中的"特大生产安全事故应急救援预案"修改为"生产安全事故应急救援预案"。

（九）将第四十三条、第四十四条第一款、第四十八条中的"工伤社会保险"修改为"工伤保险"。

（十）将第三章章名修改为"从业人员的安全生产权利义务"。

（十一）将第五十四条中的"依照本法第九条规定对安全生产负有监督管理职责的部门（以下统称负有安全生产监督管理职责的部门）"修改为"负有安全生产监督管理职责的部门"。

（十二）将第六十七条中的"安全生产宣传教育"修改为"安全生产公益宣传教育"。

（十三）将第七十条第二款、第七十一条、第九十二条中的"拖延不报"修改为"迟报"。

（十四）将第七十七条、第七十八条、第九十二条中的"行政处分"修改为"处分"。

（十五）将第八十七条、第八十八条中的"责令限期改正"修改为"责令限期改正，可以处五万元以下的罚款，对其直接负责的主管人员和其他直接责任人员可以处一万元以下的罚款"。

（十六）删去第八十八条中的"造成严重后果"，删去第九十条中的"造成重大事故"。

本决定自2014年12月1日起施行。

《中华人民共和国安全生产法》根据本决定作相应修改，重新公布。

全国人民代表大会常务委员会关于修改《中华人民共和国行政诉讼法》的决定

中华人民共和国主席令(第十五号)　2014.11.1

第十二届全国人民代表大会常务委员会第十一次会议决定对《中华人民共和国行政诉讼法》作如下修改：

一、将第一条修改为："为保证人民法院公正、及时审理行政案件，解决行政争议，保护公民、法人和其他组织的合法权益，监督行政机关依法行使职权，根据宪法，制定本法。"

二、第二条增加一款，作为第二款："前款所称行政行为，包括法律、法规、规章授权的组织作出的行政行为。"

三、增加一条，作为第三条："人民法院应当保障公民、法人和其他组织的起诉权利，对应当受理的行政案件依法受理。

行政机关及其工作人员不得干预、阻碍人民法院受理行政案件。

被诉行政机关负责人应当出庭应诉。不能出庭的，应当委托行政机关相应的工作人员出庭。"

四、将第十一条改为第十二条，将第一款修改为："人民法院受理公民、法人或者其他组织提起的下列诉讼：

（一）对行政拘留、暂扣或者吊销许可证和执照、责令停产停业、没收违法所得、没收非法财物、罚款、警告等行政处罚不服的；

（二）对限制人身自由或者对财产的查封、扣押、冻结等行政强制措施和行政强制执行不服的；

（三）申请行政许可，行政机关拒绝或者在法定期限内不予答复，或者对行政机关作出的有关行政许可的其他决定不服的；

（四）对行政机关作出的关于确认土地、矿藏、水流、森林、山岭、草原、荒地、滩涂、海域等自然资源的所有权或者使用权的决定不服的；

（五）对征收、征用决定及其补偿决定不服的；

（六）申请行政机关履行保护人身权、财产权等合法权益的法定职责，行政机关拒绝履行或者不予答复的；

（七）认为行政机关侵犯其经营自主权或者农村土地承包经营权、农村土地经营权的；

（八）认为行政机关滥用行政权力排除或者限制竞争的；

（九）认为行政机关违法集资、摊派费用或者违法要求履行其他义务的；

（十）认为行政机关没有依法支付抚恤金、最低生活保障待遇或者社会保险待遇的；

（十一）认为行政机关不依法履行、未按照约定履行或者违法变更、解除政府特许经营协议、土地房屋征收补偿协议等协议的；

（十二）认为行政机关侵犯其他人身权、财产权等合法权益的。”

五、将第十四条改为第十五条，修改为：“中级人民法院管辖下列第一审行政案件：

（一）对国务院部门或者县级以上地方人民政府所作的行政行为提起诉讼的案件；

（二）海关处理的案件；

（三）本辖区内重大、复杂的案件；

（四）其他法律规定由中级人民法院管辖的案件。”

六、将第十七条改为第十八条，修改为：“行政案件由最初作出行政行为的行政机关所在地人民法院管辖。经复议的案件，也可以由复议机关所在地人民法院管辖。

经最高人民法院批准，高级人民法院可以根据审判工作的实际情况，确定若干人民法院跨行政区域管辖行政案件。”

七、将第二十条改为第二十一条，修改为：“两个以上人民法院都有管辖权的案件，原告可以选择其中一个人民法院提起诉讼。

原告向两个以上有管辖权的人民法院提起诉讼的,由最先立案的人民法院管辖。”

八、将第二十一条改为第二十二条,修改为:“人民法院发现受理的案件不属于本院管辖的,应当移送有管辖权的人民法院,受移送的人民法院应当受理。受移送的人民法院认为受移送的案件按照规定不属于本院管辖的,应当报请上级人民法院指定管辖,不得再自行移送。”

九、将第二十三条改为第二十四条,修改为:“上级人民法院有权审理下级人民法院管辖的第一审行政案件。

下级人民法院对其管辖的第一审行政案件,认为需要由上级人民法院审理或者指定管辖的,可以报请上级人民法院决定。”

十、将第二十四条改为第二十五条,将第一款修改为:“行政行为的相对人以及其他与行政行为有利害关系的公民、法人或者其他组织,有权提起诉讼。”

十一、将第二十五条改为第二十六条,将第二款修改为:“经复议的案件,复议机关决定维持原行政行为的,作出原行政行为的行政机关和复议机关是共同被告;复议机关改变原行政行为的,复议机关是被告。”

增加一款,作为第三款:“复议机关在法定期限内未作出复议决定,公民、法人或者其他组织起诉原行政行为的,作出原行政行为的行政机关是被告;起诉复议机关不作为的,复议机关是被告。”

将第四款改为第五款,修改为:“行政机关委托的组织所作的行政行为,委托的行政机关是被告。”

将第五款改为第六款,修改为:“行政机关被撤销或者职权变更的,继续行使其职权的行政机关是被告。”

十二、将第二十六条改为第二十七条,修改为:“当事人一方或者双方为二人以上,因同一行政行为发生的行政案件,或者因同类行政行为发生的行政案件、人民法院认为可以合并审理并经当事人同意的,为共同诉讼。”

十三、增加一条，作为第二十八条："当事人一方人数众多的共同诉讼，可以由当事人推选代表人进行诉讼。代表人的诉讼行为对其所代表的当事人发生效力，但代表人变更、放弃诉讼请求或者承认对方当事人的诉讼请求，应当经被代表的当事人同意。"

十四、将第二十七条改为第二十九条，修改为："公民、法人或者其他组织同被诉行政行为有利害关系但没有提起诉讼，或者同案件处理结果有利害关系的，可以作为第三人申请参加诉讼，或者由人民法院通知参加诉讼。

人民法院判决第三人承担义务或者减损第三人权益的，第三人有权依法提起上诉。"

十五、将第二十九条改为第三十一条，修改为："当事人、法定代理人，可以委托一至二人作为诉讼代理人。

下列人员可以被委托为诉讼代理人：

（一）律师、基层法律服务工作者；

（二）当事人的近亲属或者工作人员；

（三）当事人所在社区、单位以及有关社会团体推荐的公民。"

十六、将第三十条改为第三十二条，修改为："代理诉讼的律师，有权按照规定查阅、复制本案有关材料，有权向有关组织和公民调查，收集与本案有关的证据。对涉及国家秘密、商业秘密和个人隐私的材料，应当依照法律规定保密。

当事人和其他诉讼代理人有权按照规定查阅、复制本案庭审材料，但涉及国家秘密、商业秘密和个人隐私的内容除外。"

十七、将第三十一条改为第三十三条，修改为："证据包括：

（一）书证；

（二）物证；

（三）视听资料；

（四）电子数据；

（五）证人证言；

（六）当事人的陈述；

(七)鉴定意见;

(八)勘验笔录、现场笔录。

以上证据经法庭审查属实,才能作为认定案件事实的根据。”

十八、将第三十二条改为第三十四条,增加一款,作为第二款:“被告不提供或者无正当理由逾期提供证据,视为没有相应证据。但是,被诉行政行为涉及第三人合法权益,第三人提供证据的除外。”

十九、将第三十三条改为第三十五条,修改为:“在诉讼过程中,被告及其诉讼代理人不得自行向原告、第三人和证人收集证据。”

二十、增加三条,作为第三十六条、第三十七条、第三十八条:

“第三十六条　被告在作出行政行为时已经收集了证据,但因不可抗力等正当事由不能提供的,经人民法院准许,可以延期提供。

原告或者第三人提出了其在行政处理程序中没有提出的理由或者证据的,经人民法院准许,被告可以补充证据。

第三十七条　原告可以提供证明行政行为违法的证据。原告提供的证据不成立的,不免除被告的举证责任。

第三十八条　在起诉被告不履行法定职责的案件中,原告应当提供其向被告提出申请的证据。但有下列情形之一的除外:

(一)被告应当依职权主动履行法定职责的;

(二)原告因正当理由不能提供证据的。

在行政赔偿、补偿的案件中,原告应当对行政行为造成的损害提供证据。因被告的原因导致原告无法举证的,由被告承担举证责任。”

二十一、将第三十四条改为两条,作为第三十九条、第四十条,修改为:

“第三十九条　人民法院有权要求当事人提供或者补充证据。

第四十条　人民法院有权向有关行政机关以及其他组织、公民调取证据。但是，不得为证明行政行为的合法性调取被告作出行政行为时未收集的证据。”

二十二、增加一条，作为第四十一条：“与本案有关的下列证据，原告或者第三人不能自行收集的，可以申请人民法院调取：

（一）由国家机关保存而须由人民法院调取的证据；

（二）涉及国家秘密、商业秘密和个人隐私的证据；

（三）确因客观原因不能自行收集的其他证据。”

二十三、增加一条，作为第四十三条：“证据应当在法庭上出示，并由当事人互相质证。对涉及国家秘密、商业秘密和个人隐私的证据，不得在公开开庭时出示。

人民法院应当按照法定程序，全面、客观地审查核实证据。对未采纳的证据应当在裁判文书中说明理由。

以非法手段取得的证据，不得作为认定案件事实的根据。”

二十四、将第三十七条改为第四十四条，修改为：“对属于人民法院受案范围的行政案件，公民、法人或者其他组织可以先向行政机关申请复议，对复议决定不服的，再向人民法院提起诉讼；也可以直接向人民法院提起诉讼。

法律、法规规定应当先向行政机关申请复议，对复议决定不服再向人民法院提起诉讼的，依照法律、法规的规定。”

二十五、将第三十八条改为第四十五条，修改为：“公民、法人或者其他组织不服复议决定的，可以在收到复议决定书之日起十五日内向人民法院提起诉讼。复议机关逾期不作决定的，申请人可以在复议期满之日起十五日内向人民法院提起诉讼。法律另有规定的除外。”

二十六、将第三十九条改为第四十六条，修改为：“公民、法人或者其他组织直接向人民法院提起诉讼的，应当自知道或者应当知道作出行政行为之日起六个月内提出。法律另有规定的除外。

因不动产提起诉讼的案件自行政行为作出之日起超过二十年,其他案件自行政行为作出之日起超过五年提起诉讼的,人民法院不予受理。"

二十七、增加一条,作为第四十七条:"公民、法人或者其他组织申请行政机关履行保护其人身权、财产权等合法权益的法定职责,行政机关在接到申请之日起两个月内不履行的,公民、法人或者其他组织可以向人民法院提起诉讼。法律、法规对行政机关履行职责的期限另有规定的,从其规定。

公民、法人或者其他组织在紧急情况下请求行政机关履行保护其人身权、财产权等合法权益的法定职责,行政机关不履行的,提起诉讼不受前款规定期限的限制。"

二十八、将第四十条改为第四十八条,修改为:"公民、法人或者其他组织因不可抗力或者其他不属于其自身的原因耽误起诉期限的,被耽误的时间不计算在起诉期限内。

公民、法人或者其他组织因前款规定以外的其他特殊情况耽误起诉期限的,在障碍消除后十日内,可以申请延长期限,是否准许由人民法院决定。"

二十九、将第四十一条改为第四十九条,将第一项修改为:"(一)原告是符合本法第二十五条规定的公民、法人或者其他组织;"

三十、增加一条,作为第五十条:"起诉应当向人民法院递交起诉状,并按照被告人数提出副本。

书写起诉状确有困难的,可以口头起诉,由人民法院记入笔录,出具注明日期的书面凭证,并告知对方当事人。"

三十一、将第四十二条改为两条,作为第五十一条、第五十二条,修改为:

"第五十一条　人民法院在接到起诉状时对符合本法规定的起诉条件的,应当登记立案。

对当场不能判定是否符合本法规定的起诉条件的,应当接收起诉状,出具注明收到日期的书面凭证,并在七日内决定是否立案。不符合起诉条件的,作出不予立案的裁定。裁定书应当载明不予立案的理由。原告对裁定不服的,可以提起上诉。

起诉状内容欠缺或者有其他错误的,应当给予指导和释明,并一次性告知当事人需要补正的内容。不得未经指导和释明即以起诉不符合条件为由不接收起诉状。

对于不接收起诉状、接收起诉状后不出具书面凭证,以及不一次性告知当事人需要补正的起诉状内容的,当事人可以向上级人民法院投诉,上级人民法院应当责令改正,并对直接负责的主管人员和其他直接责任人员依法给予处分。

第五十二条　人民法院既不立案,又不作出不予立案裁定的,当事人可以向上一级人民法院起诉。上一级人民法院认为符合起诉条件的,应当立案、审理,也可以指定其他下级人民法院立案、审理。"

三十二、增加一条,作为第五十三条:"公民、法人或者其他组织认为行政行为所依据的国务院部门和地方人民政府及其部门制定的规范性文件不合法,在对行政行为提起诉讼时,可以一并请求对该规范性文件进行审查。

前款规定的规范性文件不含规章。"

三十三、将第七章分为五节,增加节名,规定:"第一节　一般规定",内容为第五十四条至第六十六条;"第二节　第一审普通程序",内容为第六十七条至第八十一条;"第三节　简易程序",内容为第八十二条至第八十四条;"第四节　第二审程序",内容为第八十五条至第八十九条;"第五节　审判监督程序",内容为第九十条至第九十三条。

三十四、将第四十三条改为第六十七条,将第一款修改为:"人民法院应当在立案之日起五日内,将起诉状副本发送被告。被告应当在收到起诉状副本之日起十五日内向人民法院提交作出行政行为的证据和所依据的规范性文件,并提出答辩状。人民法院应当在收到答辩状之日起五日内,将答辩状副本发送原告。"

三十五、将第四十四条改为第五十六条,修改为:“诉讼期间,不停止行政行为的执行。但有下列情形之一的,裁定停止执行:

(一)被告认为需要停止执行的;

(二)原告或者利害关系人申请停止执行,人民法院认为该行政行为的执行会造成难以弥补的损失,并且停止执行不损害国家利益、社会公共利益的;

(三)人民法院认为该行政行为的执行会给国家利益、社会公共利益造成重大损害的;

(四)法律、法规规定停止执行的。

当事人对停止执行或者不停止执行的裁定不服的,可以申请复议一次。”

三十六、将第四十五条改为第五十四条,增加一款,作为第二款:“涉及商业秘密的案件,当事人申请不公开审理的,可以不公开审理。”

三十七、将第四十七条改为第五十五条,将第四款修改为:“院长担任审判长时的回避,由审判委员会决定;审判人员的回避,由院长决定;其他人员的回避,由审判长决定。当事人对决定不服的,可以申请复议一次。”

三十八、增加一条,作为第五十七条:“人民法院对起诉行政机关没有依法支付抚恤金、最低生活保障金和工伤、医疗社会保险金的案件,权利义务关系明确、不先予执行将严重影响原告生活的,可以根据原告的申请,裁定先予执行。

当事人对先予执行裁定不服的,可以申请复议一次。复议期间不停止裁定的执行。”

三十九、将第四十八条改为第五十八条,修改为:“经人民法院传票传唤,原告无正当理由拒不到庭,或者未经法庭许可中途退庭的,可以按照撤诉处理;被告无正当理由拒不到庭,或者未经法庭许可中途退庭的,可以缺席判决。”

四十、将第四十九条改为第五十九条,修改为:“诉讼参与人或者其他人有下列行为之一的,人民法院可以根据情节轻重,予以训诫、责令具结悔过或者处一万元以下的罚款、十五日以下的拘留；构成犯罪的，依法追究刑事责任：

（一）有义务协助调查、执行的人，对人民法院的协助调查决定、协助执行通知书，无故推拖、拒绝或者妨碍调查、执行的；

（二）伪造、隐藏、毁灭证据或者提供虚假证明材料，妨碍人民法院审理案件的；

（三）指使、贿买、胁迫他人作伪证或者威胁、阻止证人作证的；

（四）隐藏、转移、变卖、毁损已被查封、扣押、冻结的财产的；

（五）以欺骗、胁迫等非法手段使原告撤诉的；

（六）以暴力、威胁或者其他方法阻碍人民法院工作人员执行职务，或者以哄闹、冲击法庭等方法扰乱人民法院工作秩序的；

（七）对人民法院审判人员或者其他工作人员、诉讼参与人、协助调查和执行的人员恐吓、侮辱、诽谤、诬陷、殴打、围攻或者打击报复的。

人民法院对有前款规定的行为之一的单位，可以对其主要负责人或者直接责任人员依照前款规定予以罚款、拘留；构成犯罪的，依法追究刑事责任。

罚款、拘留须经人民法院院长批准。当事人不服的，可以向上一级人民法院申请复议一次。复议期间不停止执行。”

四十一、将第五十条改为第六十条，修改为：“人民法院审理行政案件，不适用调解。但是，行政赔偿、补偿以及行政机关行使法律、法规规定的自由裁量权的案件可以调解。

调解应当遵循自愿、合法原则，不得损害国家利益、社会公共利益和他人合法权益。”

四十二、增加一条，作为第六十一条：“在涉及行政许可、登记、征收、征用和行政机关对民事争议所作的裁决的行政诉讼中，当事人申请一并解决相关民事争议的，人民法院可以一并审理。

在行政诉讼中，人民法院认为行政案件的审理需以民事诉讼的裁判为依据的，可以裁定中止行政诉讼。”

四十三、将第五十三条改为第六十三条第三款,修改为:“人民法院审理行政案件,参照规章。”

四十四、增加两条,作为第六十四条、第六十五条:

“第六十四条　人民法院在审理行政案件中,经审查认为本法第五十三条规定的规范性文件不合法的,不作为认定行政行为合法的依据,并向制定机关提出处理建议。

第六十五条　人民法院应当公开发生法律效力的判决书、裁定书,供公众查阅,但涉及国家秘密、商业秘密和个人隐私的内容除外。”

四十五、将第五十四条改为四条,作为第六十九条、第七十条、第七十二条、第七十七条,修改为:

“第六十九条　行政行为证据确凿,适用法律、法规正确,符合法定程序的,或者原告申请被告履行法定职责或者给付义务理由不成立的,人民法院判决驳回原告的诉讼请求。

第七十条　行政行为有下列情形之一的,人民法院判决撤销或者部分撤销,并可以判决被告重新作出行政行为:

(一)主要证据不足的;

(二)适用法律、法规错误的;

(三)违反法定程序的;

(四)超越职权的;

(五)滥用职权的;

(六)明显不当的。

第七十二条　人民法院经过审理,查明被告不履行法定职责的,判决被告在一定期限内履行。

第七十七条　行政处罚明显不当,或者其他行政行为涉及对款额的确定、认定确有错误的,人民法院可以判决变更。

人民法院判决变更,不得加重原告的义务或者减损原告的权益。但利害关系人同为原告,且诉讼请求相反的除外。”

四十六、增加七条,作为第七十三条、第七十四条、第七十五条、第七十六条、第七十八条、第七十九条、第八十条:

“第七十三条　人民法院经过审理，查明被告依法负有给付义务的，判决被告履行给付义务。

第七十四条　行政行为有下列情形之一的，人民法院判决确认违法，但不撤销行政行为：

（一）行政行为依法应当撤销，但撤销会给国家利益、社会公共利益造成重大损害的；

（二）行政行为程序轻微违法，但对原告权利不产生实际影响的。

行政行为有下列情形之一，不需要撤销或者判决履行的，人民法院判决确认违法：

（一）行政行为违法，但不具有可撤销内容的；

（二）被告改变原违法行政行为，原告仍要求确认原行政行为违法的；

（三）被告不履行或者拖延履行法定职责，判决履行没有意义的。

第七十五条　行政行为有实施主体不具有行政主体资格或者没有依据等重大且明显违法情形，原告申请确认行政行为无效的，人民法院判决确认无效。

第七十六条　人民法院判决确认违法或者无效的，可以同时判决责令被告采取补救措施；给原告造成损失的，依法判决被告承担赔偿责任。

第七十八条　被告不依法履行、未按照约定履行或者违法变更、解除本法第十二条第一款第十一项规定的协议的，人民法院判决被告承担继续履行、采取补救措施或者赔偿损失等责任。

被告变更、解除本法第十二条第一款第十一项规定的协议合法，但未依法给予补偿的，人民法院判决给予补偿。

第七十九条　复议机关与作出原行政行为的行政机关为共同被告的案件，人民法院应当对复议决定和原行政行为一并作出裁判。

第八十条　人民法院对公开审理和不公开审理的案件，一律公开宣告判决。

当庭宣判的，应当在十日内发送判决书；定期宣判的，宣判后立即发给判决书。

宣告判决时，必须告知当事人上诉权利、上诉期限和上诉的人民法院。”

四十七、将第五十六条改为第六十六条，修改为：“人民法院在审理行政案件中，认为行政机关的主管人员、直接责任人员违法违纪的，应当将有关材料移送监察机关、该行政机关或者其上一级行政机关；认为有犯罪行为的，应当将有关材料移送公安、检察机关。

人民法院对被告经传票传唤无正当理由拒不到庭，或者未经法庭许可中途退庭的，可以将被告拒不到庭或者中途退庭的情况予以公告，并可以向监察机关或者被告的上一级行政机关提出依法给予其主要负责人或者直接责任人员处分的司法建议。”

四十八、将第五十七条改为第八十一条，修改为：“人民法院应当在立案之日起六个月内作出第一审判决。有特殊情况需要延长的，由高级人民法院批准，高级人民法院审理第一审案件需要延长的，由最高人民法院批准。”

四十九、增加三条，作为第八十二条、第八十三条、第八十四条：

“第八十二条　人民法院审理下列第一审行政案件，认为事实清楚、权利义务关系明确、争议不大的，可以适用简易程序：

（一）被诉行政行为是依法当场作出的；

（二）案件涉及款额二千元以下的；

（三）属于政府信息公开案件的。

除前款规定以外的第一审行政案件，当事人各方同意适用简易程序的，可以适用简易程序。

发回重审、按照审判监督程序再审的案件不适用简易程序。

第八十三条　适用简易程序审理的行政案件，由审判员一人独任审理，并应当在立案之日起四十五日内审结。

第八十四条　人民法院在审理过程中，发现案件不宜适用简易程序的，裁定转为普通程序。”

五十、将第五十九条改为第八十六条，修改为：“人民法院对上诉案件，应当组成合议庭，开庭审理。经过阅卷、调查和询问当事人，对没有提出新的事实、证据或者理由，合议庭认为不需要开庭审理的，也可以不开庭审理。”

五十一、增加一条，作为第八十七条：“人民法院审理上诉案件，应当对原审人民法院的判决、裁定和被诉行政行为进行全面审查。”

五十二、将第六十条改为第八十八条，修改为：“人民法院审理上诉案件，应当在收到上诉状之日起三个月内作出终审判决。有特殊情况需要延长的，由高级人民法院批准，高级人民法院审理上诉案件需要延长的，由最高人民法院批准。”

五十三、将第六十一条改为第八十九条，修改为：“人民法院审理上诉案件，按照下列情形，分别处理：

（一）原判决、裁定认定事实清楚，适用法律、法规正确的，判决或者裁定驳回上诉，维持原判决、裁定；

（二）原判决、裁定认定事实错误或者适用法律、法规错误的，依法改判、撤销或者变更；

（三）原判决认定基本事实不清、证据不足的，发回原审人民法院重审，或者查清事实后改判；

（四）原判决遗漏当事人或者违法缺席判决等严重违反法定程序的，裁定撤销原判决，发回原审人民法院重审。

原审人民法院对发回重审的案件作出判决后，当事人提起上诉的，第二审人民法院不得再次发回重审。

人民法院审理上诉案件，需要改变原审判决的，应当同时对被诉行政行为作出判决。”

五十四、将第六十二条改为第九十条，修改为：“当事人对已经发生法律效力的判决、裁定,认为确有错误的,可以向上一级人民法院申请再审,但判决、裁定不停止执行。”

五十五、增加一条,作为第九十一条:“当事人的申请符合下列情形之一的,人民法院应当再审:

(一)不予立案或者驳回起诉确有错误的;

(二)有新的证据,足以推翻原判决、裁定的;

(三)原判决、裁定认定事实的主要证据不足、未经质证或者系伪造的;

(四)原判决、裁定适用法律、法规确有错误的;

(五)违反法律规定的诉讼程序,可能影响公正审判的;

(六)原判决、裁定遗漏诉讼请求的;

(七)据以作出原判决、裁定的法律文书被撤销或者变更的;

(八)审判人员在审理该案件时有贪污受贿、徇私舞弊、枉法裁判行为的。”

五十六、将第六十三条改为第九十二条,修改为:“各级人民法院院长对本院已经发生法律效力的判决、裁定,发现有本法第九十一条规定情形之一,或者发现调解违反自愿原则或者调解书内容违法,认为需要再审的,应当提交审判委员会讨论决定。

最高人民法院对地方各级人民法院已经发生法律效力的判决、裁定,上级人民法院对下级人民法院已经发生法律效力的判决、裁定,发现有本法第九十一条规定情形之一,或者发现调解违反自愿原则或者调解书内容违法的,有权提审或者指令下级人民法院再审。”

五十七、将第六十四条改为第九十三条,修改为:“最高人民检察院对各级人民法院已经发生法律效力的判决、裁定,上级人民检察院对下级人民法院已经发生法律效力的判决、裁定,发现有本法第九十一条规定情形之一,或者发现调解书损害国家利益、社会公共利益的,应当提出抗诉。

地方各级人民检察院对同级人民法院已经发生法律效力的判决、裁定,发现有本法第九十一条规定情形之一,或者发现调解书损害国家利益、社会公共利益的,可以向同级人民法院提出检察建议,并报上级人民检察院备案;也可以提请上级人民检察院向同级人民法院提出抗诉。

各级人民检察院对审判监督程序以外的其他审判程序中审判人员的违法行为,有权向同级人民法院提出检察建议。"

五十八、将第六十五条改为三条,作为第九十四条、第九十五条、第九十六条,修改为:

"第九十四条　当事人必须履行人民法院发生法律效力的判决、裁定、调解书。

第九十五条　公民、法人或者其他组织拒绝履行判决、裁定、调解书的,行政机关或者第三人可以向第一审人民法院申请强制执行,或者由行政机关依法强制执行。

第九十六条　行政机关拒绝履行判决、裁定、调解书的,第一审人民法院可以采取下列措施:

(一)对应当归还的罚款或者应当给付的款额,通知银行从该行政机关的账户内划拨;

(二)在规定期限内不履行的,从期满之日起,对该行政机关负责人按日处五十元至一百元的罚款;

(三)将行政机关拒绝履行的情况予以公告;

(四)向监察机关或者该行政机关的上一级行政机关提出司法建议。接受司法建议的机关,根据有关规定进行处理,并将处理情况告知人民法院;

(五)拒不履行判决、裁定、调解书,社会影响恶劣的,可以对该行政机关直接负责的主管人员和其他直接责任人员予以拘留;情节严重,构成犯罪的,依法追究刑事责任。"

五十九、增加一条,作为第一百零一条:"人民法院审理行政案件,关于期间、送达、财产保全、开庭审理、调解、中止诉讼、终结诉讼、简易程序、执行等,以及人民检察院对行政案件受理、审理、裁判、执行的监督,本法没有规定的,适用《中华人民共和国民事诉讼法》的相关规定。"

六十、将本法相关条文中的“具体行政行为”修改为“行政行为”。

六十一、将第四十六条改为第六十八条，第五十五条改为第七十一条。删去第三十五条、第九章的章名、第六十七条、第六十八条、第六十九条、第七十二条。

本决定自2015年5月1日起施行。

《中华人民共和国行政诉讼法》根据本决定作相应修改，重新公布。

国务院关于修改部分行政法规的决定

国务院令第653号　2014.7.29

为了依法推进行政审批制度改革和政府职能转变，发挥好地方政府贴近基层的优势，促进和保障政府管理由事前审批更多地转为事中事后监管，进一步激发市场活力、发展动力和社会创造力，根据2014年1月28日国务院公布的《国务院关于取消和下放一批行政审批项目的决定》，国务院对取消和下放的行政审批项目涉及的行政法规进行了清理。经过清理，国务院决定：对21部行政法规的部分条款予以修改。

一、将《国务院关于通用航空管理的暂行规定》第八条修改为："经营通用航空业务的企业，可以承担中国境外通用航空业务，但是应当按照国家有关规定办理相关手续。"

二、将《高等教育自学考试暂行条例》第六条第三款第三项修改为："制定高等教育自学考试开考专业的规划，审批开考本科专业"。

第十一条修改为："高等教育自学考试开考专科新专业，由省考委确定；开考本科新专业，由省考委组织有关部门和专家进行论证，并提出申请，报全国考委审批。"

三、删去《中华人民共和国船舶登记条例》第七条第一款。

删去第五十三条中的"擅自雇用外国籍船员或者"。

四、将《中华人民共和国植物新品种保护条例》第二十六条中的"向审批机关登记"修改为"按照职责分工向省级人民政府农业、林业行政部门登记"。

五、删去《矿产资源勘查区块登记管理办法》第十三条第一款中的"经评估确认的"。

第十三条第二款修改为："国家出资勘查形成的探矿权价款，由具有矿业权评估资质的评估机构进行评估；评估报告报登记管理机关备案。"

第三十八条修改为："中外合作勘查矿产资源的，中方合作者应当在签订合同后，将合同向原发证机关备案。"

删去第四十条。

六、删去《矿产资源开采登记管理办法》第十条第一款中的"经评估确认的"。

第十条第二款修改为："国家出资勘查形成的采矿权价款，由具有矿业权评估资质的评估机构进行评估；评估报告报登记管理机关备案。"

第二十九条修改为："中外合作开采矿产资源的，中方合作者应当在签订合同后，将合同向原发证机关备案。"

七、将《探矿权采矿权转让管理办法》第九条第二款修改为："国家出资勘查形成的探矿权、采矿权价款，由具有矿业权评估资质的评估机构进行评估；评估报告报探矿权、采矿权登记管理机关备案。"

八、将《中华人民共和国土地管理法实施条例》第十七条第二款修改为："在土地利用总体规划确定的土地开垦区内，开发未确定土地使用权的国有荒山、荒地、荒滩从事种植业、林业、畜牧业、渔业生产的，应当向土地所在地的县级以上地方人民政府土地行政主管部门提出申请，按照省、自治区、直辖市规定的权限，由县级以上地方人民政府批准。"

删去第十七条第三款。

第十七条第四款改为第三款，并将其中的"县级以上人民政府"修改为"县级以上地方人民政府"。

九、将《中华人民共和国人民币管理条例》第十三条修改为："除中国人民银行指定的印制人民币的企业外，任何单位和个人不得研制、仿制、引进、销售、购买和使用印制人民币所特有的防伪材料、防伪技术、防伪工艺和专用设备。有关管理办法由中国人民银行另行制定。”

十、删去《中华人民共和国电信条例》第十九条第二款。

第二十一条第一款中的“未经国务院信息产业主管部门批准”修改为“遵守网间互联协议和国务院信息产业主管部门的相关规定,保障网间通信畅通”。

第二十三条修改为:“电信资费实行市场调节价。电信业务经营者应当统筹考虑生产经营成本、电信市场供求状况等因素,合理确定电信业务资费标准。”

删去第二十四条。

第二十五条改为第二十四条,修改为:“国家依法加强对电信业务经营者资费行为的监管,建立健全监管规则,维护消费者合法权益。”

第二十六条改为第二十五条,删去第一款。

第四十一条改为第四十条,删去第三项。

十一、删去《出版管理条例》第三十五条第一款。

第四十条中的“印刷或者复制单位、发行单位”修改为“印刷或者复制单位、发行单位或者个体工商户”。

第六十五条增加一项,作为第六项:“印刷或者复制单位、发行单位或者个体工商户印刷或者复制、发行伪造、假冒出版单位名称或者报纸、期刊名称的出版物的”。

十二、将《安全生产许可证条例》第二条第一款、第十一条、第十二条中的“民用爆破器材”修改为“民用爆炸物品”。

第五条修改为:“省、自治区、直辖市人民政府民用爆炸物品行业主管部门负责民用爆炸物品生产企业安全生产许可证的颁发和管理,并接受国务院民用爆炸物品行业主管部门的指导和监督。”

十三、将《反兴奋剂条例》第十一条第一款中的“还应当取得进口准许证”修改为“还应当取得省、自治区、直辖市人民政府食品药品监督管理部门颁发的进口准许证”。

第十一条第二款中的“国务院食品药品监督管理部门”修改

为"省、自治区、直辖市人民政府食品药品监督管理部门"。

十四、将《兽药管理条例》第七条第二款修改为:"研制新兽药,应当进行安全性评价。从事兽药安全性评价的单位应当遵守国务院兽医行政管理部门制定的兽药非临床研究质量管理规范和兽药临床试验质量管理规范。"

第七条增加一款,作为第三款:"省级以上人民政府兽医行政管理部门应当对兽药安全性评价单位是否符合兽药非临床研究质量管理规范和兽药临床试验质量管理规范的要求进行监督检查,并公布监督检查结果。"

十五、将《易制毒化学品管理条例》第十条第一款中的"国务院食品药品监督管理部门"修改为"省、自治区、直辖市人民政府食品药品监督管理部门"。

十六、将《放射性同位素与射线装置安全和防护条例》第六条第一款修改为:"除医疗使用Ⅰ类放射源、制备正电子发射计算机断层扫描用放射性药物自用的单位外,生产放射性同位素、销售和使用Ⅰ类放射源、销售和使用Ⅰ类射线装置的单位的许可证,由国务院环境保护主管部门审批颁发。"

第六条第二款修改为:"除国务院环境保护主管部门审批颁发的许可证外,其他单位的许可证,由省、自治区、直辖市人民政府环境保护主管部门审批颁发。"

十七、将《民用爆炸物品安全管理条例》第二条第三款、第四条、第十二条第一款、第十五条、第十九条第一款、第二十四条第一款、第二十五条第一款、第四十三条、第四十四条、第四十五条、第四十九条、第五十三条、第五十四条中的"国防科技工业主管部门"修改为"民用爆炸物品行业主管部门"。

第十二条增加一款,作为第三款:"民用爆炸物品生产企业持《民用爆炸物品生产许可证》到工商行政管理部门办理工商登记,并在办理工商登记后 3 日内,向所在地县级人民政府公安机关备案。"

第十三条修改为:"取得《民用爆炸物品生产许可证》的企业

应当在基本建设完成后，向省、自治区、直辖市人民政府民用爆炸物品行业主管部门申请安全生产许可。省、自治区、直辖市人民政府民用爆炸物品行业主管部门应当依照《安全生产许可证条例》的规定对其进行查验，对符合条件的，核发《民用爆炸物品安全生产许可证》。民用爆炸物品生产企业取得《民用爆炸物品安全生产许可证》后，方可生产民用爆炸物品。"

十八、将《中华人民共和国外资银行管理条例》第五十九条修改为："外资银行营业性机构已经或者可能发生信用危机，严重影响存款人和其他客户合法权益的，国务院银行业监督管理机构可以依法对该外资银行营业性机构实行接管或者促成机构重组。"

十九、将《中华人民共和国船员条例》第十二条修改为："中国籍船舶的船长应当由中国籍船员担任。"

删去第六十条第二项中的"或者高级船员"。

二十、将《证券公司监督管理条例》第十三条第一款修改为："证券公司增加注册资本且股权结构发生重大调整，减少注册资本，变更业务范围或者公司章程中的重要条款，合并、分立，设立、收购或者撤销境内分支机构，在境外设立、收购、参股证券经营机构，应当经国务院证券监督管理机构批准。"

第十六条第一款修改为："国务院证券监督管理机构应当对下列申请进行审查，并在下列期限内，作出批准或者不予批准的书面决定：(一)对在境内设立证券公司或者在境外设立、收购或者参股证券经营机构的申请，自受理之日起6个月；(二)对增加注册资本且股权结构发生重大调整，减少注册资本，合并、分立或者要求审查股东、实际控制人资格的申请，自受理之日起3个月；(三)对变更业务范围、公司章程中的重要条款或者要求审查高级管理人员任职资格的申请，自受理之日起45个工作日；(四)对设立、收购、撤销境内分支机构，或者停业、解散、破产的申请，自受理之日起30个工作日；(五)对要求审查董事、监事任职资格的申请，自受理之日起20个工作日。"

删去第二十四条第一款中的"和境内分支机构负责人"。

第四十七条修改为:“证券公司使用多个客户的资产进行集合投资,应当符合法律、行政法规和国务院证券监督管理机构的有关规定。”

第八十一条修改为:“证券公司或者其境内分支机构超出国务院证券监督管理机构批准的范围经营业务的,依照《证券法》第二百一十九条的规定处罚。”

删去第九十三条中的“经国务院证券监督管理机构批准”。

二十一、删去《防治船舶污染海洋环境管理条例》第十四条第一款中的“以及有关作业单位”。

第十四条第二款修改为:“港口、码头、装卸站的经营人以及有关作业单位应当制定防治船舶及其有关作业活动污染海洋环境的应急预案,并报海事管理机构和环境保护主管部门备案。”

此外,对相关行政法规的条文顺序作了相应调整。

本决定自公布之日起施行。

国务院关于取消和下放一批行政审批项目的决定

国发〔2014〕5号　2014.1.28

各省、自治区、直辖市人民政府,国务院各部委、各直属机构:

经研究论证,国务院决定,再取消和下放64项行政审批项目和18个子项。另建议取消和下放6项依据有关法律设立的行政审批项目,国务院将依照法定程序提请全国人民代表大会常务委员会修订相关法律规定。

各地区、各部门要抓紧做好取消和下放管理层级行政审批项目的落实和衔接工作,并切实加强事中事后监管。要继续大力推进行政审批制度改革,使简政放权成为持续的改革行动。要健全监督制约机制,加强对行政审批权运行的监督,不断提高政府管理科学化、规范化水平。

附件:国务院决定取消和下放管理层级的行政审批项目目录(64项,另有18个子项)

附件

国务院决定取消和下放管理层级的行政审批项目目录

（64项，另有18个子项）

序号	项目名称	审批部门	其他共同审批部门	设定依据	处理决定	备注
1	利用互联网实施远程高等学历教育的教育网校审批	教育部	无	《国务院对确需保留的行政审批项目设定行政许可的决定》（国务院令第412号）	取消	
2	国家重点学科审批	教育部	无	《教育部关于加强国家重点学科建设的意见》（教研〔2006〕2号） 《教育部关于印发〈国家重点学科建设与管理暂行办法〉的通知》（教研〔2006〕3号）	取消	
3	电信业务资费标准审批	工业和信息化部	无	《中华人民共和国电信条例》（国务院令第291号） 《国家计委 信息产业部关于印发〈电信资费审批备案程序规定（试行）〉的通知》（计价格〔2002〕1489号）	取消	

续上表

序号	项目名称	审批部门	其他共同审批部门	设定依据	处理决定	备注
4	基础电信和跨地区增值电信业务经营许可证备案核准	工业和信息化部	无	《国务院对确需保留的行政审批项目设定行政许可的决定》(国务院令第412号) 《电信业务经营许可管理办法》(工业和信息化部令2009年第5号)	取消	原由省、自治区、直辖市电信管理机构实施
5	民用爆炸物品安全生产许可	工业和信息化部	无	《安全生产许可证条例》(国务院令第397号) 《民用爆炸物品安全管理条例》(国务院令第466号)	下放至省级人民政府民用爆炸物品行业主管部门	
6	计算机信息系统集成企业资质认定	工业和信息化部	无	《国务院对确需保留的行政审批项目设定行政许可的决定》(国务院令第412号)	取消	
7	计算机信息系统集成项目经理人员资质评定	工业和信息化部	无	原信息产业部《关于发布〈计算机信息系统集成项目经理资质管理办法(试行)〉的通知》(信部规〔2002〕382号)	取消	
8	信息系统工程监理单位资质认证和监理工程师资格认定	工业和信息化部	无	《国务院对确需保留的行政审批项目设定行政许可的决定》(国务院令第412号)	取消	

续上表

序号	项目名称	审批部门	其他共同审批部门	设定依据	处理决定	备注
9	外国组织或者人员运用电子监测设备在我国境内进行电波参数测试审批	工业和信息化部	无	《中华人民共和国无线电管理条例》(国务院令第128号)	取消	今后禁止开展此类活动
10	核材料国内运输免检通行许可	公安部	无	《国务院对确需保留的行政审批项目设定行政许可的决定》(国务院令第412号)	取消	通过其他方式管理
11	司法部所属院校设置和调整专业目录外的专业审批	司法部	无	《国务院办公厅关于保留部分非行政许可审批项目的通知》(国办发〔2004〕62号)	取消	
12	财政部负责的会计从业资格认定	财政部	无	《中华人民共和国会计法》 《会计从业资格管理办法》(财政部令2005年第26号)	下放至省级人民政府财政部门	
13	金融资产管理公司债权转股权方案和协议审核	财政部	国务院国资委	《国家经贸委、中国人民银行关于实施债权转股权若干问题的意见》(国经贸产业〔1999〕727号)	取消	

续上表

序号	项目名称	审批部门	其他共同审批部门	设定依据	处理决定	备注
13	金融资产管理公司债权转股权方案和协议审核	财政部	国务院国资委	《金融资产管理公司条例》(国务院令第297号) 《国务院关于第六批取消和调整行政审批项目的决定》(国发〔2012〕52号)	取消	
14	1994年前签订合同或立项的房地产项目首次免征土地增值税审批	财政部	税务总局	财政部、税务总局《关于对一九九四年一月一日前签订开发及转让合同的房地产征免土地增值税的通知》(财法字〔1995〕7号)	取消	
15	建设项目施工和地质勘查需要临时使用国有土地或者农民集体所有土地审批	国土资源部	无	《中华人民共和国土地管理法》	取消	仅取消国土资源部该审批事项,县级以上地方人民政府土地行政主管部门此项审批依然保留
16	中外合作勘查、开采矿产资源前置性审查	国土资源部	无	《矿产资源勘查区块登记管理办法》(国务院令第240号) 《矿产资源开采登记管理办法》(国务院令第241号)	取消	
17	地质调查备案核准	国土资源部	无	《矿产资源勘查区块登记管理办法》(国务院令第240号)	取消	

续上表

序号	项目名称	审批部门	其他共同审批部门	设定依据	处理决定	备注
18	土地开垦区内开发未确定使用权的国有土地从事生产审查	国土资源部	无	《中华人民共和国土地管理法》 《中华人民共和国土地管理法实施条例》(国务院令第256号)	下放至省级人民政府土地行政主管部门	
19	在国家地质公园地质遗迹保护区外的园区进行矿产资源勘查、开发和工程建设活动审批	国土资源部	无	《国土资源部关于发布〈国家地质公园规划编制技术要求〉的通知》(国土资发〔2010〕89号)	取消	仅取消国土资源部该审批事项,地方政府此项审批依然保留
20	矿业权投放计划审批	国土资源部	无	《国土资源部关于开展煤炭矿业权审批管理改革试点的通知》(国土资发〔2010〕143号) 《国土资源部关于加快推进整装勘查实现找矿重大突破的通知》(国土资发〔2012〕140号)	取消	
21	省级土地整治规划审核	国土资源部	无	《国土资源部、财政部关于加快编制和实施土地整治规划大力推进高标准基本农田建设的通知》(国土资发〔2012〕63号)	取消	

续上表

序号	项目名称	审批部门	其他共同审批部门	设定依据	处理决定	备注
22	中国温泉之乡（城、都）命名审批	国土资源部	无	《国土资源部办公厅关于申报中国温泉之乡（城、都）的通知》（国土资厅发〔2010〕49号）	取消	
23	煤炭矿业权审批管理改革试点省煤炭矿业权审批项目备案核准	国土资源部	无	《国土资源部关于开展煤炭矿业权审批管理改革试点的通知》（国土资发〔2010〕143号）	取消	
24	进入环境保护部门管理的国家级自然保护区实验区参观、旅游审批	环境保护部	无	《中华人民共和国自然保护区条例》（国务院令第167号）	取消	
25	环境保护（污染治理）设施运营单位甲级资质认定	环境保护部	无	《国务院对确需保留的行政审批项目设定行政许可的决定》（国务院令第412号） 《环境污染治理设施运营资质许可管理办法》（环境保护部令2012年第20号） 《国务院关于第六批取消和调整行政审批项目的决定》（国发〔2012〕52号）	取消	
26	雇用外国籍船员在中国籍船舶上任职审批	交通运输部	无	《中华人民共和国船舶登记条例》（国务院令第155号）	取消	

续上表

序号	项目名称	审批部门	其他共同审批部门	设定依据	处理决定	备注
27	生产建设项目水土保持监测单位资质认定	水利部	无	《中华人民共和国水土保持法》 《生产建设项目水土保持监测资质管理办法》(水利部令2011年第45号)	取消	
28	占用农业灌溉水源、灌排工程设施审批	水利部	无	《国务院对确需保留的行政审批项目设定行政许可的决定》(国务院令第412号)	取消	仅取消水利部审批权,地方各级人民政府水行政主管部门审批权仍然保留
29	在草原上修建直接为草原保护和畜牧业生产服务的工程设施使用七十公顷以上草原审批	农业部	无	《中华人民共和国草原法》 《草原征占用审核审批管理办法》(农业部令2006年第58号)	下放至省级人民政府农业主管部门	
30	兽药安全性评价单位资格认定	农业部	无	《兽药管理条例》(国务院令第404号)	取消	
31	商业银行、信用社代理乡镇国库业务审批	中国人民银行	无	《国务院对确需保留的行政审批项目设定行政许可的决定》(国务院令第412号)	取消	中国人民银行及其分支行实施的此项审批均取消
32	研制、仿制、引进、销售、购买和使用印制人民币所特有的防伪材料、防伪技术、防伪工艺和专用设备审批	中国人民银行	无	《中华人民共和国人民币管理条例》(国务院令第280号)	取消	有关事项由中国人民银行指定中国印钞造币总公司独家实施

续上表

序号	项目名称	审批部门	其他共同审批部门	设定依据	处理决定	备注
33	对外提供印制人民币的特殊材料、技术、工艺、专用设备审批	中国人民银行	无	《中华人民共和国人民币管理条例》(国务院令第280号)	取消	有关事项由中国人民银行指定中国印钞造币总公司独家实施
34	扣缴税款登记核准	税务总局	无	《中华人民共和国税收征收管理法实施细则》(国务院令第362号)	取消	各级主管税务机关实施的此项审批均取消
35	房地产开发企业计税成本对象确定核准	税务总局	无	《国家税务总局关于印发〈房地产开发经营业务企业所得税处理办法〉的通知》(国税发〔2009〕31号)	取消	各级主管税务机关实施的此项审批均取消
36	非居民企业股权转让选择特殊性税务处理核准	税务总局	无	《国家税务总局关于加强非居民企业股权转让所得企业所得税管理的通知》(国税函〔2009〕698号)	取消	各级主管税务机关实施的此项审批均取消
37	奥林匹克标志备案核准	工商总局	无	《奥林匹克标志保护条例》(国务院令第345号)	取消	
38	奥林匹克标志使用许可合同备案核准	工商总局	无	《奥林匹克标志保护条例》(国务院令第345号)	取消	
39	世界博览会标志备案核准	工商总局	无	《世界博览会标志保护条例》(国务院令第422号)	取消	

续上表

序号	项目名称	审批部门	其他共同审批部门	设定依据	处理决定	备注
40	出版物总发行单位设立审批	新闻出版广电总局	无	《出版管理条例》(国务院令第343号公布,第594号修订)	取消	
41	从事出版物总发行业务的单位变更《出版物经营许可证》登记事项,或者兼并、合并、分立审批	新闻出版广电总局	无	《出版管理条例》(国务院令第343号公布,第594号修订)	取消	
42	运动员交流协议批准	体育总局	无	《全国运动员注册与交流管理办法(试行)》(体竞字〔2003〕82号)	取消	
43	经营第一类中的药品类易制毒化学品审批	食品药品监管总局	无	《易制毒化学品管理条例》(国务院令第445号)	下放至省级人民政府食品药品监管部门	
44	蛋白同化制剂、肽类激素进口准许证核发	食品药品监管总局	无	《反兴奋剂条例》(国务院令第398号)	下放至省级人民政府食品药品监管部门	

续上表

序号	项目名称	审批部门	其他共同审批部门	设定依据	处理决定	备注
45	营造林工程监理员职业资格审核	国家林业局	无	《中华人民共和国劳动法》 《劳动和社会保障部办公厅关于加强职业技能鉴定质量管理有关工作的通知》(劳社厅发〔2003〕18 号) 《劳动和社会保障部办公厅关于印发第八批林木种苗工等 65 个国家职业标准的通知》(劳社厅发〔2004〕1 号)	下放至省级人民政府林业主管部门	
46	外资银行营业性机构停业后申请复业审批	银监会	无	《中华人民共和国外资银行管理条例》(国务院令第 478 号)	取消	
47	外国银行分行动用生息资产审批	银监会	无	《国务院对确需保留的行政审批项目设定行政许可的决定》(国务院令第 412 号) 《中华人民共和国外资银行管理条例实施细则》(银监会令 2006 年第 6 号)	取消	
48	外资金融机构由总行或联行转入信贷资产审批	银监会	无	《国务院对确需保留的行政审批项目设定行政许可的决定》(国务院令第 412 号)	取消	

续上表

序号	项目名称	审批部门	其他共同审批部门	设定依据	处理决定	备注
49	证券公司借入次级债审批	证监会	无	《证券公司监督管理条例》(国务院令第522号)	取消	
50	境外期货业务持证企业年度外汇风险敞口核准	证监会	无	《国务院对确需保留的行政审批项目设定行政许可的决定》(国务院令第412号)	取消	
51	证券公司专项投资审批	证监会	无	《证券公司监督管理条例》(国务院令第522号)	取消	
52	保险公估从业人员资格核准	保监会	无	《国务院对确需保留的行政审批项目设定行政许可的决定》(国务院令第412号)	取消	
53	保险从业人员资格核准	保监会	无	《国务院对确需保留的行政审批项目设定行政许可的决定》(国务院令第412号) 《国务院关于第六批取消和调整行政审批项目的决定》(国发〔2012〕52号)	取消	《国务院关于第六批取消和调整行政审批项目的决定》(国发〔2012〕52号)已将此项审批下放至保监会派出机构，此次予以取消
54	国内通用航空企业承担境外通用航空业务审批	中国民航局	无	《国务院关于通用航空管理的暂行规定》(国发〔1986〕2号)	取消	

续上表

序号	项目名称	审批部门	其他共同审批部门	设定依据	处理决定	备注
55	境内航空公司之间、境内航空公司与境外航空公司之间的代号共享等商务合作审批	中国民航局	无	《国务院对确需保留的行政审批项目设定行政许可的决定》(国务院令第412号)	取消	
56	飞行签派员训练机构审批	中国民航局	无	《国务院对确需保留的行政审批项目设定行政许可的决定》(国务院令第412号)	下放至民航地区管理局	
57	民用航空器部件修理人员资格认定	中国民航局	无	《国务院对确需保留的行政审批项目设定行政许可的决定》(国务院令第412号) 《国务院关于第六批取消和调整行政审批项目的决定》(国发〔2012〕52号)	取消	《国务院关于第六批取消和调整行政审批项目的决定》(国发〔2012〕52号)已取消此项审批中的部分事项，此次全部取消
58	国外(境外)民用航空器维修人员资格认定	中国民航局	无	《国务院对确需保留的行政审批项目设定行政许可的决定》(国务院令第412号)	取消	中国民航局及其地区管理局实施的此项审批均取消
59	民用航空器外国驾驶员、领航员、飞行机械员、飞行通信员执照认可	中国民航局	无	《国务院对确需保留的行政审批项目设定行政许可的决定》(国务院令第412号)	下放至民航地区管理局	

续上表

序号	项目名称	审批部门	其他共同审批部门	设定依据	处理决定	备注
60	空勤人员和空中交通管制员体检合格认定	中国民航局	无	《中华人民共和国民用航空法》	下放至民航地区管理局	
61	特殊经济区域区内机构结汇、购付汇核准与外汇登记	国家外汇局	无	《国务院对确需保留的行政审批项目设定行政许可的决定》(国务院令第412号) 《国务院关于第六批取消和调整行政审批项目的决定》(国发〔2012〕52号)	取消	原由国家外汇局分支局实施,《国务院关于第六批取消和调整行政审批项目的决定》(国发〔2012〕52号)已取消此项审批中的部分事项,此次全部取消
62	金融机构的外方投资者收益汇出或者购汇汇出核准	国家外汇局	无	《国务院对确需保留的行政审批项目设定行政许可的决定》(国务院令第412号) 《国务院关于第六批取消和调整行政审批项目的决定》(国发〔2012〕52号)	取消	原由国家外汇局分支局实施,《国务院关于第六批取消和调整行政审批项目的决定》(国发〔2012〕52号)已取消此项审批中的部分事项,此次全部取消
63	境内机构非贸易购付汇真实性审核	国家外汇局	无	《国务院对确需保留的行政审批项目设定行政许可的决定》(国务院令第412号)	取消	原由国家外汇局分支局实施

续上表

序号	项目名称	审批部门	其他共同审批部门	设定依据	处理决定	备注
64	机构外汇资金境内划转核准	国家外汇局	无	《国务院对确需保留的行政审批项目设定行政许可的决定》(国务院令第412号) 《国务院关于第六批取消和调整行政审批项目的决定》(国发〔2012〕52号)	取消	原由国家外汇局分支局实施,《国务院关于第六批取消和调整行政审批项目的决定》(国发〔2012〕52号)已取消此项审批中的部分事项,此次全部取消
65	高等学校设置和调整第二学士学位专业审批	教育部	无	《国务院对确需保留的行政审批项目设定行政许可的决定》(国务院令第412号)	取消	此为"高等学校设置、调整管理权限范围外的本科专业、第二学士学位专业和国家控制的其他专业审批"项目的子项
66	高等教育自学考试专科专业审批	教育部	无	《国务院关于发布〈高等教育自学考试暂行条例〉的通知》(国发〔1988〕15号)	下放至省级人民政府教育行政部门	此为"省级自学考试机构开考高等教育自学考试专业审批"项目的子项
67	医疗使用的I类放射源单位、制备正电子发射计算机断层扫描(PET)用放射性药物(自用)单位的辐射安全许可证核发	环境保护部	无	《放射性同位素与射线装置安全和防护条例》(国务院令第449号)	下放至省级人民政府环境保护主管部门	此为"生产放射性同位素、销售和使用Ⅰ类放射源和Ⅰ类射线装置单位许可证核发"项目的子项

续上表

序号	项目名称	审批部门	其他共同审批部门	设定依据	处理决定	备注
68	省际普通货物水路运输许可	交通运输部	无	《国内水路运输管理条例》(国务院令第625号)	下放至省级人民政府交通运输主管部门	此为“国内水路运输、水路运输业务经营审批”项目的子项
69	有关作业单位防治船舶及其有关作业活动污染海洋环境应急预案审批	交通运输部	无	《防治船舶污染海洋环境管理条例》(国务院令第561号)	取消	此为“船舶所有人、经营人或者管理人以及有关作业单位防治船舶及其有关作业活动污染海洋环境应急预案审批”项目的子项
70	水运工程监理乙级企业资质认定	交通运输部	无	《建设工程质量管理条例》(国务院令第279号) 《公路水运工程监理企业资质管理规定》(交通部令2004年第5号)	下放至省级人民政府交通运输主管部门	此2项为“水运工程监理企业资质认定”项目的子项
71	水运机电工程专项监理企业资质认定					
72	向国外申请农业植物新品种权审批	农业部	无	《中华人民共和国植物新品种保护条例》(国务院令第213号公布,第635号修订)	下放至省级人民政府农业主管部门	此为“向国外申请农业植物新品种权及向外国人转让申请权或者品种权审批”项目的子项

续上表

序号	项目名称	审批部门	其他共同审批部门	设定依据	处理决定	备注
73	食用菌菌种进出口审批	农业部	无	《中华人民共和国种子法》 《食用菌菌种管理办法》(农业部令2006年第62号)	下放至省级人民政府农业主管部门	此2项为“向境外提供种质资源和进出口农作物种子、草种、食用菌菌种审批”项目的子项
74	草种进出口审批		无	《中华人民共和国种子法》 《草种管理办法》(农业部令2006年第56号)		
75	中央在京直属企业所属远洋渔业船员注册	农业部	无	《中华人民共和国船员条例》(国务院令第494号) 《中华人民共和国海洋渔业船员发证规定》(农业部令2006年第61号)	取消	此3项为“中央在京直属企业所属远洋渔业船舶渔业船员注册、适任证书核发及服务机构、一级培训机构资格认定”项目的子项
76	渔业船员一级培训机构资格认定		无	《中华人民共和国船员条例》(国务院令第494号)	取消	
77	渔业船员服务机构资格认定		无	《中华人民共和国船员条例》(国务院令第494号)	取消	

续上表

序号	项目名称	审批部门	其他共同审批部门	设定依据	处理决定	备注
78	食用菌菌种质量检验机构资格认定	农业部	无	《中华人民共和国种子法》 《食用菌菌种管理办法》(农业部令2006年第62号)	下放至省级人民政府农业主管部门	此2项为"农作物种子、草种、食用菌菌种质量检验机构及检验员资格认定"项目的子项
79	草种质量检验机构资格认定		无	《中华人民共和国种子法》 《草种管理办法》(农业部令2006年第56号)		
80	特种设备改造单位许可	质检总局	无	《中华人民共和国特种设备安全法》 《特种设备安全监察条例》(国务院令第373号公布,第549号修订)	下放至省级人民政府质量技术监督部门	此为"特种设备生产单位许可"项目的子项
81	特种设备安全管理类人员资格认定	质检总局	无	《中华人民共和国特种设备安全法》 《特种设备安全监察条例》(国务院令第373号公布,第549号修订) 《国务院对确需保留的行政审批项目设定行政许可的决定》(国务院令第412号)	下放至省级人民政府质量技术监督部门	此2项为"特种设备安全管理人员、检验、检测人员和作业人员(限于氧舱维护管理人员、客运索道作业人员、大型游乐设施管理安装人员)资格认定"项目的子项
82	特种设备安全操作类作业人员资格认定		无			

国务院关于取消和调整一批行政审批项目等事项的决定

国发〔2014〕27 号　2014.7.22

各省、自治区、直辖市人民政府，国务院各部委、各直属机构：

经研究论证，国务院决定，取消和下放 45 项行政审批项目，取消 11 项职业资格许可和认定事项，将 31 项工商登记前置审批事项改为后置审批。另建议取消和下放 7 项依据有关法律设立的行政审批事项，将 5 项依据有关法律设立的工商登记前置审批事项改为后置审批，国务院将依照法定程序提请全国人民代表大会常务委员会修订相关法律规定。《国务院关于取消和下放 50 项行政审批项目等事项的决定》（国发〔2013〕27 号）和《国务院关于取消和下放一批行政审批项目的决定》（国发〔2013〕44 号）中提出的涉及修改法律的行政审批项目，有 8 项国务院已按照法定程序提请全国人民代表大会常务委员会修改了相关法律，现一并予以公布。

附件：1. 国务院决定取消和下放管理层级的行政审批项目目录（共计 53 项）
2. 国务院决定取消的职业资格许可和认定事项目录（共计 11 项）
3. 国务院决定改为后置审批的工商登记前置审批事项目录（共计 31 项）

附件1

国务院决定取消和下放管理层级的行政审批项目目录

（共计53项）

序号	项目名称	审批部门	其他共同审批部门	设定依据	处理决定	备注
1	高等学校博士学科点专项科研基金审批	教育部	无	《高等学校博士学科点专项科研基金管理办法》（财教〔2002〕123号）	取消	
2	高等学校新农村发展研究院审批	教育部	科技部	《教育部　科技部关于开展高等学校新农村发展研究院建设工作的通知》（教技〔2012〕1号）	取消	
3	设立互联网域名注册服务机构审批	工业和信息化部	无	《国务院对确需保留的行政审批项目设定行政许可的决定》（国务院令第412号）	下放至省级通信管理局	
4	无线电设备发射特性核准检测机构认定	工业和信息化部	无	《国务院对确需保留的行政审批项目设定行政许可的决定》（国务院令第412号）	取消	
5	中央医药储备资金安排和动用审批	工业和信息化部	无	《国务院办公厅关于保留部分非行政许可审批项目的通知》（国办发〔2004〕62号） 《国务院办公厅关于印发工业和信息化部主要职责内设机构和人员编制规定的通知》（国办发〔2008〕72号）	取消	

续上表

序号	项目名称	审批部门	其他共同审批部门	设定依据	处理决定	备注
6	港澳台律师事务所驻内地或大陆代表机构设立许可	司法部	无	《外国律师事务所驻华代表机构管理条例》(国务院令第338号) 《香港、澳门特别行政区律师事务所驻内地代表机构管理办法》(司法部令2002年第70号)	下放至省级人民政府司法行政主管部门	
7	港澳台律师事务所驻内地或大陆代表机构派驻代表执业许可	司法部	无	《外国律师事务所驻华代表机构管理条例》(国务院令第338号) 《香港、澳门特别行政区律师事务所驻内地代表机构管理办法》(司法部令2002年第70号)	下放至省级人民政府司法行政主管部门	
8	以折股方式缴纳探矿权采矿权价款审批	财政部	国土资源部	《以折股方式缴纳探矿权采矿权价款管理办法(试行)》(财建〔2006〕695号) 《财政部、国土资源部关于探矿权采矿权有偿取得制度改革有关问题的补充通知》(财建〔2008〕22号)	取消	今后不得以折股方式缴纳探矿权采矿权价款
9	跨省、自治区、直辖市销售的矿泉水的注册登记	国土资源部	无	《国土资源部关于开展矿泉水注册登记工作的通知》(国土资发〔2003〕327号)	取消	

续上表

序号	项目名称	审批部门	其他共同审批部门	设定依据	处理决定	备注
10	外商与中方打捞人合作打捞审批	交通运输部	无	《关于外商参与打捞中国沿海水域沉船沉物管理办法》(国务院令第102号)	取消	
11	国家重点水运建设项目竣工验收	交通运输部	无	《中华人民共和国港口法》《港口工程竣工验收办法》(交通部令2005年第2号)	下放至省级人民政府交通运输行政主管部门	
12	国家公路运输枢纽总体规划审批	交通运输部	无	《公路运输枢纽总体规划编制办法》(交规划发〔2007〕365号)	取消	只取消交通运输部审批,地方人民政府交通运输行政主管部门的审批仍然保留
13	引航员任职资格审批	交通运输部	无	《中华人民共和国船员条例》(国务院令第494号)《中华人民共和国引航员管理办法》(交通运输部令2013年第20号)	下放至直属海事系统分支机构	
14	从事海员外派业务审批	交通运输部	无	《对外劳务合作管理条例》(国务院令第620号)《中华人民共和国海员外派管理规定》(交通运输部令2011年第3号)	下放至直属海事管理机构	

续上表

序号	项目名称	审批部门	其他共同审批部门	设定依据	处理决定	备注
15	江河故道、旧堤、原有工程设施等填堵、占用、拆毁审批	水利部	无	《中华人民共和国河道管理条例》（国务院令第3号）	取消	
16	大型灌区续建配套和节水改造项目年度投资计划审批	水利部	无	《国务院办公厅关于保留部分非行政许可审批项目的通知》（国办发〔2004〕62号）	取消	
17	节水灌溉增效示范项目年度投资计划审批	水利部	无	《国务院办公厅关于保留部分非行政许可审批项目的通知》（国办发〔2004〕62号）	取消	
18	牧区草原生态保护水资源保障项目年度计划审批	水利部	无	《国家发展改革委、水利部关于改进中央补助地方小型水利项目投资管理方式的通知》（发改农经〔2009〕1981号）	取消	
19	大型灌溉排水泵站更新改造项目年度计划审批	水利部	无	《大型排涝泵站更新改造项目建设管理办法》（发改投资〔2007〕1907号） 《关于印发全国大型灌溉排水泵站更新改造方案的通知》（发改农经〔2011〕1075号）	取消	
20	全国水电农村电气化建设项目年度计划审批	水利部	无	《关于下达农村小水电项目2012年中央预算内投资计划的通知》（发改投资〔2012〕799号）	取消	

续上表

序号	项目名称	审批部门	其他共同审批部门	设定依据	处理决定	备注
21	小水电代燃料生态保护工程年度计划审批	水利部	无	《关于下达农村小水电项目2012年中央预算内投资计划的通知》(发改投资〔2012〕799号)	取消	
22	水土保持生态建设项目年度计划审批	水利部	无	《水土保持工程建设管理办法》(发改投资〔2011〕1703号)	取消	
23	建设项目水资源论证机构资质认定	水利部	无	《国务院对确需保留的行政审批项目设定行政许可的决定》(国务院令第412号)	取消	
24	鼓励类外商投资企业项目确认审批	商务部	发展改革委	《国务院关于调整进口设备税收政策的通知》(国发〔1997〕37号) 《国家计委、国家经贸委、外经贸部、海关总署关于落实国务院调整进口设备税收政策有关问题的通知》(计规划〔1998〕250号)	取消	
25	人体器官移植医师执业资格认定	国家卫生计生委	无	《卫生部办公厅关于对人体器官移植技术临床应用规划及拟批准开展人体器官移植医疗机构和医师开展审定工作的通知》(卫办医发〔2007〕38号)	下放至省级人民政府卫生计生行政主管部门	

续上表

序号	项目名称	审批部门	其他共同审批部门	设定依据	处理决定	备注
26	报关单修改、撤销审批	海关总署	无	《中华人民共和国海关法》	取消	
27	报关员资格核准	海关总署	无	《中华人民共和国海关法》	取消	
28	享受小型微利企业所得税优惠的核准	税务总局	无	《国家税务总局关于小型微利企业预缴企业所得税有关问题的公告》(税务总局公告2012年第14号)	取消	
29	对吸纳下岗失业人员达到规定条件的服务型、商贸企业和对下岗失业人员从事个体经营减免税的审批	税务总局	无	《财政部　国家税务总局关于支持和促进就业有关税收政策的通知》(财税〔2010〕84号) 《国家税务总局、财政部、人力资源社会保障部、教育部关于支持和促进就业有关税收政策具体实施问题的公告》(税务总局公告2010年第25号)	取消	
30	制造、销售和进口国务院规定废除的非法定计量单位的计量器具和国务院禁止使用的其他计量器具审批	质检总局	无	《中华人民共和国计量法》	下放至省级人民政府计量行政主管部门	

续上表

序号	项目名称	审批部门	其他共同审批部门	设定依据	处理决定	备注
31	电子出版物出版单位与境外机构合作出版电子出版物审批	新闻出版广电总局	无	《国务院对确需保留的行政审批项目设定行政许可的决定》(国务院令第412号)	取消	
32	电影制片单位设立、变更、终止审批	新闻出版广电总局	无	《电影管理条例》(国务院令第342号)	下放至省级人民政府新闻出版广电行政主管部门	
33	使用有毒物品作业场所职业卫生安全许可	安全监管总局	无	《使用有毒物品作业场所劳动保护条例》(国务院令第352号) 《关于职业卫生监管部门职责分工的通知》(中央编办发〔2010〕104号)	取消	
34	矿山救护队资质认定	安全监管总局	无	《国务院对确需保留的行政审批项目设定行政许可的决定》(国务院令第412号)	取消	
35	煤矿特种作业人员(含煤矿矿井使用的特种设备作业人员)操作资格认定	安全监管总局	无	《中华人民共和国安全生产法》	下放至省级人民政府煤炭行业管理部门或省级人民政府指定的部门	

续上表

序号	项目名称	审批部门	其他共同审批部门	设定依据	处理决定	备注
36	药品委托生产行政许可	食品药品监管总局	无	《中华人民共和国药品管理法》	下放至省级人民政府食品药品监管部门	
37	建设工程征占用林地预审	国家林业局	无	《国务院批转国家林业局关于各地区“十一五”期间年森林采伐限额审核意见的通知》(国发〔2005〕41号) 《建设项目占用征用林地预审办法》(林资发〔2008〕247号)	取消	
38	重点国有林区森林采伐限额审核	国家林业局	无	《中华人民共和国森林法实施条例》(国务院令第278号)	取消	该项审批取消后，重点国有林区森林采伐限额直接上报国务院审批
39	外商投资旅行社业务许可	国家旅游局	商务部	《旅行社条例》(国务院令第550号)	下放至省级人民政府旅游行政主管部门	
40	旅行社经营边境游资格审批	国家旅游局	无	《中华人民共和国旅游法》《国务院对确需保留的行政审批项目设定行政许可的决定》(国务院令第412号)	下放至边境游地区省级人民政府旅游行政主管部门	

续上表

序号	项目名称	审批部门	其他共同审批部门	设定依据	处理决定	备注
41	边境旅游项目审批	国家旅游局	公安部、外交部、海关总署	《国务院对确需保留的行政审批项目设定行政许可的决定》(国务院令第412号)	取消	
42	烟草新品种审定	国家烟草局	无	《中华人民共和国烟草专卖法》	取消	
43	介绍外国文教专家来华工作的境外组织资格认可	国家外专局	无	《国务院对确需保留的行政审批项目设定行政许可的决定》(国务院令第412号)	取消	
44	外国人进入国家级海洋自然保护区审批	国家海洋局	无	《中华人民共和国自然保护区条例》(国务院令第167号)	下放至省级人民政府海洋行政主管部门	
45	海洋石油勘探开发溢油应急计划审批	国家海洋局	无	《中华人民共和国海洋环境保护法》	取消	
46	海岸工程建设项目环境影响报告书审核	国家海洋局	无	《中华人民共和国海洋环境保护法》	取消	仅取消国家海洋局的审核，环境保护部的审批仍然保留
47	铁路企业国有资产产权变动审批	国家铁路局	无	《国务院办公厅关于保留部分非行政许可审批项目的通知》(国办发〔2004〕62号)	取消	

续上表

序号	项目名称	审批部门	其他共同审批部门	设定依据	处理决定	备注
48	铁路企业公司改制事项审批	国家铁路局	无	《国务院办公厅关于保留部分非行政许可审批项目的通知》(国办发〔2004〕62号)	取消	
49	铁路运价里程和货运计费办法审批	国家铁路局	无	《国务院办公厅关于保留部分非行政许可审批项目的通知》(国办发〔2004〕62号)	取消	
50	开办集邮票品集中交易市场许可	国家邮政局	无	《国务院对确需保留的行政审批项目设定行政许可的决定》(国务院令第412号)	取消	原由省级邮政行政主管部门实施
51	境外机构和团体拍摄考古发掘现场审批	国家文物局	无	《国务院对确需保留的行政审批项目设定行政许可的决定》(国务院令第412号)	下放至省级人民政府文物行政主管部门	
52	外国公民、组织和国际组织参观未开放的文物点和考古发掘现场审批	国家文物局	无	《中华人民共和国考古涉外工作管理办法》(1990年12月31日国务院批准,1991年2月22日国家文物局令第1号发布)	下放至省级人民政府文物行政主管部门	
53	海洋大型拖网、围网作业的渔业捕捞许可证核发(不含涉外渔业)	农业部	无	《中华人民共和国渔业法》	下放至省级人民政府渔业行政主管部门	此项为“捕捞许可证核发”的子项

附件 2

国务院决定取消的职业资格许可和认定事项目录

（共计 11 项）

序号	项 目 名 称	实施部门（单位）	其他共同实施部门	设 定 依 据	处理决定
1	房地产经纪人	住房城乡建设部	人力资源社会保障部	《房地产经纪人员职业资格制度暂行规定》（人发〔2001〕128 号）	取消
2	注册税务师	税务总局	人力资源社会保障部	《注册税务师资格制度暂行规定》（人发〔1996〕116 号）	取消
3	质量专业技术人员	质检总局	人力资源社会保障部	《质量专业技术人员职业资格考试暂行规定》（人发〔2000〕123 号）	取消
4	土地登记代理人	国土资源部	人力资源社会保障部	《土地登记代理人职业资格制度暂行规定》（人发〔2002〕116 号）	取消
5	矿业权评估师	国土资源部	人力资源社会保障部	《矿业权评估师执业资格制度暂行规定》（人发〔2000〕82 号）	取消
6	国际商务专业人员	商务部	人力资源社会保障部	《国际商务专业人员职业资格制度暂行规定》（人发〔2002〕70 号）	取消
7	注册资产评估师	财政部	人力资源社会保障部	《注册资产评估师执业资格制度暂行规定》（人职发〔1995〕54 号）	取消
8	企业法律顾问	国务院国资委	司法部、人力资源社会保障部	《企业法律顾问执业资格制度暂行规定》（人发〔1997〕26 号）	取消
9	建筑业企业项目经理	中国冶金建设协会	无	《建筑施工企业项目经理资质管理办法》（建建〔1995〕1 号）	取消
10	水利工程质量与安全监督员	水利部	无	《水利工程质量监督管理规定》（水建〔1997〕339 号） 《水利工程建设安全生产管理规定》（水利部令 2005 年第 26 号）	取消
11	品牌管理师	中国商业联合会	无	《品牌管理专业人员技术条件（SB/T 10761—2012）》（商务部公告 2012 年第 58 号）	取消

附件 3

国务院决定改为后置审批的工商登记前置审批事项目录

（共计 31 项）

序号	部门	项目名称	实施机关	设定依据	处理决定	备注
1	教育部	自费出国留学中介服务机构资格认定	省级人民政府教育行政主管部门	《国务院对确需保留的行政审批项目设定行政许可的决定》（国务院令第 412 号） 《国务院关于第六批取消和调整行政审批项目的决定》（国发〔2012〕52 号）	改为后置审批	
2	国土资源部	煤炭开采审批	国土资源部或省级人民政府国土资源行政主管部门	《矿产资源开采登记管理办法》（国务院令第 241 号） 《国务院办公厅关于进一步做好关闭整顿小煤矿和煤矿安全生产工作的通知》（国办发〔2001〕68 号） 《国土资源部关于规范勘查许可证采矿许可证权限有关问题的通知》（国土资发〔2005〕200 号）	改为后置审批	
3	环境保护部	废弃电器电子产品处理许可	设区的市级人民政府环境保护行政主管部门	《废弃电器电子产品回收处理管理条例》（国务院令第 551 号）	改为后置审批	

续上表

序号	部门	项目名称	实施机关	设定依据	处理决定	备注
4	交通运输部	国际海上运输业务及海运辅助业务经营审批	交通运输部	《中华人民共和国国际海运条例》(国务院令第335号)	改为后置审批	
5	交通运输部	国际船舶管理业务经营审批	省级人民政府交通运输行政主管部门	《中华人民共和国国际海运条例》(国务院令第335号)	改为后置审批	
6	交通运输部	国内水路运输、水路运输业务经营审批	交通运输部及流域管理机构和设区的市级以上地方人民政府负责水路运输管理的部门	《国内水路运输管理条例》(国务院令第625号) 《国务院关于第六批取消和调整行政审批项目的决定》(国发〔2012〕52号) 《国务院关于取消和下放一批行政审批项目的决定》(国发〔2014〕5号)	改为后置审批	
7	交通运输部	港口经营许可	港口行政管理部门	《中华人民共和国港口法》	改为后置审批	
8	农业部	兽药生产许可证核发	农业部	《兽药管理条例》(国务院令第404号)	改为后置审批	
9	农业部	拖拉机驾驶培训学校、驾驶培训班资格认定	省级人民政府农业(农业机械)行政主管部门	《中华人民共和国道路交通安全法》 《中华人民共和国道路运输条例》(国务院令第406号)	改为后置审批	
10	农业部	兽药经营许可证核发	县级以上地方人民政府兽医行政主管部门	《兽药管理条例》(国务院令第404号)	改为后置审批	

续上表

序号	部门	项目名称	实施机关	设定依据	处理决定	备注
11	农业部	农业机械维修技术合格证书核发	县级人民政府农业机械化行政主管部门	《农业机械安全监督管理条例》(国务院令第563号)	改为后置审批	
12	文化部	中外合资经营、中外合作经营演出经纪机构设立审批	文化部	《营业性演出管理条例》(国务院令第528号)	改为后置审批	
13	文化部	中外合资经营、中外合作经营演出场所经营单位设立审批	文化部	《营业性演出管理条例》(国务院令第528号)	改为后置审批	
14	文化部	港、澳投资者在内地投资设立合资、合作、独资经营的演出经纪机构审批	省级人民政府文化行政主管部门	《营业性演出管理条例》(国务院令第528号) 《国务院关于取消和下放一批行政审批项目的决定》(国发〔2013〕44号)	改为后置审批	
15	文化部	港、澳投资者在内地投资设立合资、合作、独资经营的演出场所经营单位审批	省级人民政府文化行政主管部门	《营业性演出管理条例》(国务院令第528号) 《国务院关于取消和下放一批行政审批项目的决定》(国发〔2013〕44号)	改为后置审批	
16	文化部	台湾地区投资者在内地投资设立合资、合作经营的演出经纪机构审批	省级人民政府文化行政主管部门	《营业性演出管理条例》(国务院令第528号) 《国务院关于取消和下放一批行政审批项目的决定》(国发〔2013〕44号)	改为后置审批	
17	文化部	台湾地区投资者在内地投资设立合资、合作经营的演出场所经营单位审批	省级人民政府文化行政主管部门	《营业性演出管理条例》(国务院令第528号) 《国务院关于取消和下放一批行政审批项目的决定》(国发〔2013〕44号)	改为后置审批	

续上表

序号	部门	项目名称	实施机关	设定依据	处理决定	备注
18	文化部	设立内资演出经纪机构审批	省级人民政府文化行政主管部门	《营业性演出管理条例》(国务院令第528号)	改为后置审批	
19	文化部	设立中外合资、合作经营的娱乐场所审批	省级人民政府文化行政主管部门	《娱乐场所管理条例》(国务院令第458号)	改为后置审批	
20	文化部	设立内资文艺表演团体审批	县级人民政府文化行政主管部门	《营业性演出管理条例》(国务院令第528号)	改为后置审批	
21	文化部	设立内资娱乐场所审批	县级人民政府文化行政主管部门	《娱乐场所管理条例》(国务院令第458号)	改为后置审批	
22	文化部	设立互联网上网服务营业场所经营单位审批	县级以上地方人民政府文化行政主管部门	《互联网上网服务营业场所管理条例》(国务院令第363号)	改为后置审批	
23	国家卫生计生委	公共场所卫生许可(不含公园、体育场馆、公共交通工具卫生许可)	县级以上地方人民政府卫生行政主管部门	《国务院关于发布〈公共场所卫生管理条例〉的通知》(国发〔1987〕24号) 《国务院关于第六批取消和调整行政审批项目的决定》(国发〔2012〕52号)	改为后置审批	
24	工商总局	外商投资广告企业设立分支机构审批	省级人民政府工商行政管理部门及符合规定的有外商投资企业核准登记权的工商行政管理部门	《国务院对确需保留的行政审批项目设定行政许可的决定》(国务院令第412号) 《国务院关于第六批取消和调整行政审批项目的决定》(国发〔2012〕52号) 《外商投资广告企业管理规定》(工商总局、商务部令第35号)	改为后置审批	

续上表

序号	部门	项目名称	实施机关	设定依据	处理决定	备注
25	质检总局	口岸卫生许可证核发	质检总局	《中华人民共和国国境卫生检疫法实施细则》(国务院令第574号)	改为后置审批	
26	质检总局	进出口商品检验鉴定业务的检验许可	质检总局	《中华人民共和国进出口商品检验法实施条例》(国务院令第447号)	改为后置审批	
27	新闻出版广电总局	电影发行单位设立、变更业务范围或者兼并、合并、分立审批	新闻出版广电总局或省级人民政府新闻出版广电行政主管部门	《电影管理条例》(国务院令第342号)	改为后置审批	
28	新闻出版广电总局	电影放映单位设立、变更业务范围或者兼并、合并、分立审批	县级人民政府广播电影电视行政主管部门	《电影管理条例》(国务院令第342号) 《国务院关于第六批取消和调整行政审批项目的决定》(国发〔2012〕52号)	改为后置审批	
29	国家旅游局	旅行社经营出境旅游业务资格审批	国家旅游局或者其委托的省级人民政府旅游行政主管部门	《旅行社条例》(国务院令第550号)	改为后置审批	
30	国家旅游局	外商投资旅行社业务许可	省级人民政府旅游行政主管部门	《旅行社条例》(国务院令第550号)	改为后置审批	
31	国家旅游局	旅行社业务经营许可证核发	省级人民政府旅游行政主管部门或者其委托的设区的市级人民政府旅游行政主管部门	《旅行社条例》(国务院令第550号)	改为后置审批	

国务院关于取消和调整一批行政审批项目等事项的决定

国发〔2014〕50号　2014.10.23

各省、自治区、直辖市人民政府，国务院各部委、各直属机构：

经研究论证，国务院决定，取消和下放58项行政审批项目，取消67项职业资格许可和认定事项，取消19项评比达标表彰项目，将82项工商登记前置审批事项调整或明确为后置审批。另建议取消和下放32项依据有关法律设立的行政审批和职业资格许可认定事项，将7项依据有关法律设立的工商登记前置审批事项改为后置审批，国务院将依照法定程序提请全国人民代表大会常务委员会修订相关法律规定。

附件：1. 国务院决定取消和下放管理层级的行政审批项目目录（共计58项）
2. 国务院决定取消的职业资格许可和认定事项目录（共计67项）
3. 国务院决定取消的评比达标表彰项目目录（共计19项）
4. 国务院决定调整或明确为后置审批的工商登记前置审批事项目录（共计82项）

附件 1

国务院决定取消和下放管理层级的行政审批项目目录

（共计 58 项）

序号	项目名称	审批部门	其他共同审批部门	设定依据	处理决定	备注
1	商业银行承办记账式国债柜台交易审批	中国人民银行	财政部	《国务院对确需保留的行政审批项目设定行政许可的决定》（国务院令第 412 号）	取消	
2	贷款卡发放核准	中国人民银行	无	《国务院对确需保留的行政审批项目设定行政许可的决定》（国务院令第 412 号）	取消	原由中国人民银行及其分支行实施，此次一并取消
3	个人携带黄金及其制品进出境审批	中国人民银行	无	《国务院对确需保留的行政审批项目设定行政许可的决定》（国务院令第 412 号）	取消	
4	境外上市外资股项下境外募集资金调回结汇审批	国家外汇局	无	《国务院对确需保留的行政审批项目设定行政许可的决定》（国务院令第 412 号）	取消	原由国家外汇局及其分支局实施，此次一并取消
5	合格境外机构投资者托管人资格审批	证监会	国家外汇局、银监会	《国务院对确需保留的行政审批项目设定行政许可的决定》（国务院令第 412 号）	取消	

续上表

序号	项目名称	审批部门	其他共同审批部门	设定依据	处理决定	备注
6	期货公司变更法定代表人、住所或者营业场所，设立或者终止境内分支机构，变更境内分支机构经营范围的审批	证监会	无	《期货交易管理条例》（国务院令第627号）	取消	原由证监会派出机构实施
7	证券公司行政重组审批及延长行政重组期限审批	证监会	无	《证券公司风险处置条例》（国务院令第523号）	取消	
8	证券金融公司变更名称、注册资本、股东、住所、职责范围，制定或者修改公司章程，设立或者撤销分支机构审批	证监会	无	《转融通业务监督管理试行办法》（证监会令2011年第75号）	取消	
9	转融通互保基金管理办法审批	证监会	无	《转融通业务监督管理试行办法》（证监会令2011年第75号）	取消	
10	转融通业务规则审批	证监会	无	《转融通业务监督管理试行办法》（证监会令2011年第75号）	取消	
11	证券公司融资融券业务监控规则审批	证监会	无	《转融通业务监督管理试行办法》（证监会令2011年第75号）	取消	

续上表

序号	项目名称	审批部门	其他共同审批部门	设定依据	处理决定	备注
12	从事证券相关业务的证券类机构借入或发行、偿还或兑付次级债审批	证监会	无	《证券公司次级债管理规定》（证监会公告2012年51号）	取消	
13	在营企业完成改组改制、符合豁免条件的东北老工业基地企业历史欠税豁免审批	税务总局	辽宁、吉林、黑龙江省和大连市财政部门	《财政部 国家税务总局关于豁免东北老工业基地企业历史欠税有关问题的通知》（财税〔2006〕167号） 《财政部 国家税务总局关于豁免东北老工业基地企业历史欠税问题的批复》（财税〔2009〕58号）	取消	
14	葡萄酒消费税退税审批	税务总局	无	《葡萄酒消费税管理办法（试行）》（国税发〔2006〕66号）	取消	
15	销货退回的消费税退税审批	税务总局	无	《中华人民共和国消费税暂行条例实施细则》（财政部、税务总局令2008年第51号）	取消	
16	出口应税消费品办理免税后发生退关或国外退货补缴消费税审批	税务总局	无	《中华人民共和国消费税暂行条例实施细则》（财政部、税务总局令2008年第51号）	取消	
17	收入全额归属中央的企业下属二级及二级以下分支机构名单的备案审核	税务总局	无	《国家税务总局关于中国工商银行股份有限公司等企业企业所得税有关征管问题的通知》（国税函〔2010〕184号）	取消	

续上表

序号	项目名称	审批部门	其他共同审批部门	设定依据	处理决定	备注
18	汇总纳税企业组织结构变更审核	税务总局	无	《跨地区经营汇总纳税企业所得税征收管理办法》(税务总局公告2012年第57号)	取消	
19	以上市公司股权出资不征证券交易印花税的认定	税务总局	无	《财政部 国家税务总局关于以上市公司股权出资有关证券(股票)交易印花税政策问题的通知》(财税〔2010〕7号)	取消	
20	一级注册建筑师执业资格认定	住房城乡建设部	无	《中华人民共和国建筑法》《中华人民共和国注册建筑师条例》(国务院令第184号)	取消	
21	在国家级风景名胜区内修建缆车、索道等重大建设工程项目选址方案核准	住房城乡建设部	无	《风景名胜区条例》(国务院令第474号)	下放至省级人民政府住房城乡建设行政主管部门	
22	外商投资企业从事城市规划服务资格证书核发	住房城乡建设部	商务部	《中华人民共和国城乡规划法》 《国务院对确需保留的行政审批项目设定行政许可的决定》(国务院令第412号) 《外商投资城市规划服务企业管理规定》(建设部令2003年第116号)	取消	

续上表

序号	项目名称	审批部门	其他共同审批部门	设定依据	处理决定	备注
23	经营港口理货业务许可	交通运输部	无	《中华人民共和国港口法》《港口经营管理规定》(交通运输部令2009年第13号)	下放至省级人民政府交通运输行政主管部门	
24	国家重点公路工程施工许可	交通运输部	无	《中华人民共和国公路法》《公路建设市场管理办法》(交通运输部令2011年第11号)	下放至省级人民政府交通运输行政主管部门	
25	内河运输危险化学品船舶污染损害责任保险证书或者财务担保证明核发	交通运输部	无	《危险化学品安全管理条例》(国务院令第591号)	取消	
26	船员适任证书核发	交通运输部	无	《中华人民共和国船员条例》(国务院令第494号)	下放至省级及以下海事管理机构	
27	农作物种子质量检验机构资格认定	农业部	无	《中华人民共和国种子法》 《农作物种子质量检验机构考核管理办法》(农业部令2008年第12号)	下放至省级人民政府农业行政主管部门	

续上表

序号	项目名称	审批部门	其他共同审批部门	设定依据	处理决定	备注
28	保税工厂设立	海关总署	无	《中华人民共和国海关对加工贸易保税工厂的管理办法》(〔1988〕署货字第343号)	取消	原由直属海关审批
29	进料加工保税集团登记	海关总署	无	《中华人民共和国海关对进料加工保税集团管理办法》(海关总署令1993年第41号)	取消	原由直属海关审批
30	进口旧机电产品备案	质检总局	无	《中华人民共和国进出口商品检验法实施条例》(国务院令第447号)	取消	
31	广播电视播出机构赴境外租买频道、办台审批	新闻出版广电总局	无	《国务院办公厅关于保留部分非行政许可审批项目的通知》(国办发〔2004〕62号)	取消	
32	生产第一类中的药品类易制毒化学品审批	食品药品监管总局	无	《易制毒化学品管理条例》(国务院令第445号)	下放至省级人民政府食品药品监管部门	
33	东北、内蒙古重点国有林区年度木材生产计划审批	国家林业局	无	《中华人民共和国森林法》 《中华人民共和国森林法实施条例》(国务院令第278号) 《国务院批转林业局关于全国“十二五”期间年森林采伐限额审核意见的通知》(国发〔2011〕3号)	取消	

续上表

序号	项目名称	审批部门	其他共同审批部门	设定依据	处理决定	备注
34	重点国有林区木材运输证核发	国家林业局	无	《中华人民共和国森林法》 《中华人民共和国森林法实施条例》(国务院令第278号)	下放至省级人民政府林业主管部门	
35	在重点国有林区经营(含加工)木材审批	国家林业局	无	《中华人民共和国森林法实施条例》(国务院令第278号)	下放至省级人民政府林业主管部门	
36	防雷产品使用备案核准	中国气象局	无	《防雷减灾管理办法》(中国气象局令第24号)	取消	原由省级气象主管机构实施
37	外地防雷工程专业资质备案核准	中国气象局	无	《防雷工程专业资质管理办法》(中国气象局令第25号)	取消	原由省级气象主管机构实施
38	为教学和科学研究等开展的临时气象观测备案核准	中国气象局	无	《气象行业管理若干规定》(中国气象局令第12号)	取消	原由省级气象主管机构实施
39	国家重点建设水电站项目和国家核准(审批)水电站项目竣工验收	国家能源局	无	《水库大坝安全管理条例》(国务院令第77号) 《国务院办公厅关于加强基础设施工程质量管理的通知》(国办发〔1999〕16号) 《国务院办公厅关于印发国家能源局主要职责内设机构和人员编制规定的通知》(国办发〔2013〕51号)	下放至省级人民政府能源主管部门	

续上表

序号	项目名称	审批部门	其他共同审批部门	设定依据	处理决定	备注
40	跨区域电网输配电价审核	国家能源局	国家发展改革委	《国务院办公厅关于印发国家能源局主要职责内设机构和人员编制规定的通知》(国办发〔2013〕51号)	取消	
41	中央政府专项资金使用审批:能源领域技术研发资金、行业规划和行业标准经费	国家能源局	无	《中华人民共和国标准化法》 《中华人民共和国标准化法实施条例》(国务院令第53号) 《国务院办公厅关于印发国家能源局主要职责内设机构和人员编制规定的通知》(国办发〔2013〕51号)	取消	
42	发电机组进入及退出商业运营审核	国家能源局	无	《发电机组进入及退出商业运营管理办法》(电监市场〔2011〕32号)	取消	
43	发电机组并网安全性评价	国家能源局	无	《电力监管条例》(国务院令第432号) 《发电机组进入及退出商业运营管理办法》(电监市场〔2011〕32号) 《电网运行规则(试行)》(电监会令2006年第22号)	取消	

续上表

序号	项目名称	审批部门	其他共同审批部门	设定依据	处理决定	备注
44	重要商品年度计划审批：煤层气商品量分配计划	国家能源局	无	《中华人民共和国矿产资源法》 《国家发展改革委关于取消、调整和保留行政审批项目的通知》（发改政研〔2004〕3008 号） 《国务院办公厅关于印发国家能源局主要职责内设机构和人员编制规定的通知》（国办发〔2013〕51 号）	取消	
45	研究堆操纵人员资格审核	国家国防科工局	无	《中华人民共和国民用核设施安全监督管理条例》（1986 年 10 月 29 日国务院发布）	取消	
46	设立烟叶收购站（点）审批	国家烟草局	无	《中华人民共和国烟草专卖法》 《中华人民共和国烟草专卖法实施条例》（国务院令第 223 号）	下放至设区的市级烟草专卖行政主管部门	
47	烟草专卖品中外合资、合作项目及中外合资企业变更事项审批	国家烟草局	无	《中华人民共和国烟草专卖法》 《国务院办公厅关于保留部分非行政许可审批项目的通知》（国办发〔2004〕62 号）	取消	
48	测绘行业特有工种职业技能鉴定	国家测绘地信局	无	《职业技能鉴定规定》（劳部发〔1993〕134 号） 《测绘行业特有工种职业技能鉴定实施办法（试行）》（国测人字〔1997〕12 号）	取消	

续上表

序号	项目名称	审批部门	其他共同审批部门	设定依据	处理决定	备注
49	商业非运输运营人、私用大型航空器运营人、航空器代管人运行合格证核发	中国民航局	无	《国务院对确需保留的行政审批项目设定行政许可的决定》(国务院令第412号)	下放至民航地区管理局	
50	民用航空器地面教员执照核发	中国民航局	无	《国务院对确需保留的行政审批项目设定行政许可的决定》(国务院令第412号) 《国务院关于第六批取消和调整行政审批项目的决定》(国发〔2012〕52号)	取消	原由民航地区管理局审批
51	民用航空器噪声合格证和涡轮发动机飞机排放物合格认可	中国民航局	无	《国务院对确需保留的行政审批项目设定行政许可的决定》(国务院令第412号)	取消	
52	运输机场专业工程验收许可	中国民航局	无	《民用机场管理条例》(国务院令第553号)	下放至民航地区管理局	
53	民用航空器改装设计批准(MDA)	中国民航局	无	《中华人民共和国民用航空器适航管理条例》(1987年5月4日国务院发布)	下放至民航地区管理局	
54	民用航空器生产检验系统批准(APIS)	中国民航局	无	《国务院对确需保留的行政审批项目设定行政许可的决定》(国务院令第412号)	取消	
55	民用航空器零部件制造人批准(PMA)	中国民航局	无	《国务院对确需保留的行政审批项目设定行政许可的决定》(国务院令第412号)	下放至民航地区管理局	

续上表

序号	项目名称	审批部门	其他共同审批部门	设定依据	处理决定	备注
56	民用航空器零部件适航批准	中国民航局	无	《国务院对确需保留的行政审批项目设定行政许可的决定》(国务院令第412号)	下放至民航地区管理局	
57	撤销提供邮政普遍服务的邮政营业场所审批	国家邮政局	无	《中华人民共和国邮政法》	下放至省(区、市)邮政管理局和市(地)邮政管理局	
58	邮政企业停止办理或者限制办理邮政普遍服务业务和特殊服务业务审批	国家邮政局	无	《中华人民共和国邮政法》	下放至省(区、市)邮政管理局和市(地)邮政管理局	

附件 2

国务院决定取消的职业资格许可和认定事项目录

(共计 67 项)

一、取消的专业技术人员职业资格许可和认定事项(共计 26 项,其中准入类 14 项,水平评价类 12 项)

序号	项目名称	实施部门(单位)	资格类别	设定依据	处理决定	备注
1	土地估价师资格	国土资源部	准入类	《土地估价师资格考试管理办法》(国土资源部令 2006 年第 35 号)	取消	
2	机动车驾驶员培训机构教学负责人、机动车驾驶员培训结业考核人员从业资格	交通运输部	准入类	《道路运输从业人员管理规定》(交通部令 2006 年第 9 号)	取消	
3	公路水运工程试验检测人员资格	交通运输部	准入类	《公路水运工程试验检测管理办法》(交通部令 2005 年第 12 号)	取消	
4	理货人员从业资格	交通运输部	准入类	《关于印发〈理货人员从业资格管理办法〉等三个办法的通知》(交水发〔2007〕575 号)	取消	
5	水土保持监测人员上岗资格	水利部	准入类	《水土保持生态环境监测网络管理办法》(水利部令 2000 年第 12 号)	取消	
6	拍卖行业从业人员资格	中国拍卖行业协会	准入类	《拍卖管理办法》(商务部令 2004 年第 24 号)	取消	原实施单位为国资委管理的行业协会
7	机械工业质量管理咨询师	中国机械工业质量管理协会	准入类	《关于试行机械工业质量管理咨询诊断师证书的暂行规定》(84 机质字 242 号)	取消	

续上表

序号	项目名称	实施部门（单位）	资格类别	设定依据	处理决定	备注
8	机械工业标准复核人员资格	中国机械工业标准化技术协会	准入类	《机械工业标准复核人员管理细则(试行)》(机科标〔1994〕38号)	取消	原实施单位为国资委管理的行业协会
9	机械工业企业标准化人员资格	中国机械工业标准化技术协会	准入类	《关于开展机械工业企业标准化培训工作的通知》(机科标〔1995〕93号)	取消	
10	出入境检验检疫报检员资格	质检总局	准入类	《国务院对确需保留的行政审批项目设定行政许可的决定》(国务院令第412号) 《中华人民共和国进出口商品检验法实施条例》(国务院令第447号)	取消	
11	外国证券类机构驻华代表机构首席代表资格核准	证监会	准入类	《国务院对确需保留的行政审批项目设定行政许可的决定》(国务院令第412号)	取消	
12	保荐代表人资格	证监会	准入类	《国务院对确需保留的行政审批项目设定行政许可的决定》(国务院令第412号)	取消	
13	保险公司精算专业人员资格认可	保监会	准入类	《中华人民共和国保险法》	取消	
14	保险公估机构高级管理人员任职资格核准	保监会	准入类	《国务院对确需保留的行政审批项目设定行政许可的决定》(国务院令第412号)	取消	
15	注册企业培训师	国家发展改革委	水平评价类	无	取消	原由中国人力资源开发研究会具体实施

续上表

序号	项目名称	实施部门（单位）	资格类别	设定依据	处理决定	备注
16	中国职业经理人	国家发展改革委	水平评价类	无	取消	原由中国人力资源开发研究会具体实施
17	商业企业价格人员岗位资格行业认证	国家发展改革委	水平评价类	《价格认证管理办法》（计价格〔1999〕1074号） 《商业企业价格人员岗位资格行业认证办法（试行）》（发改价证认〔2004〕36号）	取消	原由国家发展改革委价格认证中心具体实施
18	机械工业企业价格人员岗位资格行业认证	国家发展改革委	水平评价类	《价格认证管理办法》（计价格〔1999〕1074号） 《全国机械工业企业价格人员岗位资格行业认证办法（试行）》（中机联人〔2006〕56号）	取消	原由国家发展改革委价格认证中心具体实施
19	建设项目水资源论证上岗资格	水利部	水平评价类	《建设项目水资源论证管理办法》（水利部、国家发展计划委员会令2002年第15号） 《水文水资源调查评价资质和建设项目水资源论证资质管理办法（试行）》（水利部令2003年第17号）	取消	
20	内部审计人员岗位资格	审计署	水平评价类	《内部审计人员岗位资格证书实施办法》（中内协发〔2003〕22号） 《审计署关于内部审计工作的规定》（审计署令2003年第4号）	取消	

续上表

序号	项目名称	实施部门（单位）	资格类别	设定依据	处理决定	备注
21	特许经营管理师	中国商业联合会	水平评价类	《特许经营管理师》协会标准（CGCC/Z0005—2007）	取消	原实施单位为国资委管理的行业协会
22	QC小组活动诊断师	中国机械工业质量管理协会	水平评价类	无	取消	
23	机械工业质量管理奖评审员	中国机械工业质量管理协会	水平评价类	无	取消	
24	知识产权管理工程师	国家知识产权局	水平评价类	无	取消	
25	金融理财师	原由中国人民银行中国金融教育发展基金会实施，2009年后由社会机构自行实施	水平评价类	无	取消	
26	国际金融理财师	原由中国人民银行中国金融教育发展基金会实施，2009年后由社会机构自行实施	水平评价类	无	取消	

二、取消的技能人员职业资格许可和认定事项（共计41项，其中准入类1项，水平评价类40项）

序号	项目名称	实施部门（单位）	资格类别	设定依据	处理决定	备注
1	中央储备粮保管、检验、防治人员资格认定	国家粮食局	准入类	《中央储备粮管理条例》（国务院令第388号）	取消	
2	长途电话交换机务员	工业和信息化部	水平评价类	《邮电通信行业职业技能标准（试行）》（邮部联〔1996〕515号） 《关于颁发〈国家职业技能鉴定规范（邮电营业员等五十七职业）〉（考核大纲）的通知》（邮部联〔1996〕1060号）	取消	
3	市内电话交换机务员	工业和信息化部	水平评价类	《邮电通信行业职业技能标准（试行）》（邮部联〔1996〕515号） 《关于颁发〈国家职业技能鉴定规范（邮电营业员等五十七职业）〉（考核大纲）的通知》（邮部联〔1996〕1060号）	取消	
4	邮电业务营销员	工业和信息化部	水平评价类	《邮电通信行业职业技能标准（试行）》（邮部联〔1996〕515号） 《关于颁发〈国家职业技能鉴定规范（邮电营业员等五十七职业）〉（考核大纲）的通知》（邮部联〔1996〕1060号）	取消	
5	割草机操作工	农业部	水平评价类	无	取消	
6	农产品加工机械操作工	农业部	水平评价类	无	取消	

续上表

序号	项目名称	实施部门（单位）	资格类别	设定依据	处理决定	备注
7	农业技术推广员（水产）	农业部	水平评价类	无	取消	
8	品种试验员	农业部	水平评价类	无	取消	
9	水稻直播机操作工	农业部	水平评价类	无	取消	
10	植物组织培养员	农业部	水平评价类	无	取消	
11	种子贮藏技术人员	农业部	水平评价类	无	取消	
12	健康教育指导师资格	国家卫生计生委	水平评价类	《全国健康教育与健康促进工作规划纲要（2005—2010年）》（卫妇社发〔2005〕11号）	取消	
13	中国保健行业心理保健师资格	国家卫生计生委	水平评价类	无	取消	
14	中国保健行业营养保健师资格	国家卫生计生委	水平评价类	无	取消	
15	安全评价人员资格	安全监管总局	水平评价类	《安全评价人员资格登记管理规则》（安监总规划字〔2005〕108号）	取消	
16	松香包装工	国家林业局	水平评价类	《中华人民共和国工种分类目录》（1992）	取消	
17	木材搬运工	国家林业局	水平评价类	《中华人民共和国工种分类目录》（1992）	取消	

续上表

序号	项目名称	实施部门（单位）	资格类别	设定依据	处理决定	备注
18	挂杆复烤工	国家烟草局	水平评价类	《中华人民共和国职业分类大典》（1999）	取消	
19	不间断电源机务员	中国民航局	水平评价类	《关于印发民航行业飞机维护机械员等79个工种〈国家职业技能鉴定规范〉的通知》（劳社培就司发〔1999〕60号）	取消	民航行业已依照有关规章实施人员内部管理
20	测距设备机务员	中国民航局	水平评价类	《关于印发民航行业飞机维护机械员等79个工种〈国家职业技能鉴定规范〉的通知》（劳社培就司发〔1999〕60号）	取消	
21	电话交换机机务员	中国民航局	水平评价类	《关于印发民航行业飞机维护机械员等79个工种〈国家职业技能鉴定规范〉的通知》（劳社培就司发〔1999〕60号）	取消	
22	电信材料员	中国民航局	水平评价类	《关于印发民航行业飞机维护机械员等79个工种〈国家职业技能鉴定规范〉的通知》（劳社培就司发〔1999〕60号）	取消	
23	二次雷达机务员	中国民航局	水平评价类	《关于印发民航行业飞机维护机械员等79个工种〈国家职业技能鉴定规范〉的通知》（劳社培就司发〔1999〕60号）	取消	
24	飞机（苏式）维护电气员	中国民航局	水平评价类	《关于印发民航行业飞机维护机械员等79个工种〈国家职业技能鉴定规范〉的通知》（劳社培就司发〔1999〕60号）	取消	
25	飞机（苏式）维护无线电、雷达员	中国民航局	水平评价类	《关于印发民航行业飞机维护机械员等79个工种〈国家职业技能鉴定规范〉的通知》（劳社培就司发〔1999〕60号）	取消	

续上表

序号	项目名称	实施部门（单位）	资格类别	设定依据	处理决定	备注
26	飞机（苏式）维护仪表员	中国民航局	水平评价类	《关于印发民航行业飞机维护机械员等79个工种〈国家职业技能鉴定规范〉的通知》（劳社培就司发〔1999〕60号）	取消	民航行业已依照有关规章实施人员内部管理
27	飞机电气修理工	中国民航局	水平评价类	《关于印发民航行业飞机维护机械员等79个工种〈国家职业技能鉴定规范〉的通知》（劳社培就司发〔1999〕60号）	取消	
28	飞机机械附件修理工	中国民航局	水平评价类	《关于印发民航行业飞机维护机械员等79个工种〈国家职业技能鉴定规范〉的通知》（劳社培就司发〔1999〕60号）	取消	
29	飞机结构修理工	中国民航局	水平评价类	《关于印发民航行业飞机维护机械员等79个工种〈国家职业技能鉴定规范〉的通知》（劳社培就司发〔1999〕60号）	取消	
30	飞机气动、救生设备修理工	中国民航局	水平评价类	《关于印发民航行业飞机维护机械员等79个工种〈国家职业技能鉴定规范〉的通知》（劳社培就司发〔1999〕60号）	取消	
31	飞机维护电气员	中国民航局	水平评价类	《关于印发民航行业飞机维护机械员等79个工种〈国家职业技能鉴定规范〉的通知》（劳社培就司发〔1999〕60号）	取消	
32	飞行计划处理设备机务员	中国民航局	水平评价类	《关于印发民航行业飞机维护机械员等79个工种〈国家职业技能鉴定规范〉的通知》（劳社培就司发〔1999〕60号）	取消	
33	归航机/指点标机机务员	中国民航局	水平评价类	《关于印发民航行业飞机维护机械员等79个工种〈国家职业技能鉴定规范〉的通知》（劳社培就司发〔1999〕60号）	取消	

续上表

序号	项　目　名　称	实施部门（单位）	资格类别	设　定　依　据	处理决定	备注
34	航管计算机外围设备机务员	中国民航局	水平评价类	《关于印发民航行业飞机维护机械员等79个工种〈国家职业技能鉴定规范〉的通知》（劳社培就司发〔1999〕60号）	取消	民航行业已依照有关规章实施人员内部管理
35	航管计算机硬件机务员	中国民航局	水平评价类	《关于印发民航行业飞机维护机械员等79个工种〈国家职业技能鉴定规范〉的通知》（劳社培就司发〔1999〕60号）	取消	
36	航空材料员	中国民航局	水平评价类	《关于印发民航行业飞机维护机械员等79个工种〈国家职业技能鉴定规范〉的通知》（劳社培就司发〔1999〕60号）	取消	
37	航空电信报（话）务员	中国民航局	水平评价类	《关于印发民航行业飞机维护机械员等79个工种〈国家职业技能鉴定规范〉的通知》（劳社培就司发〔1999〕60号）	取消	
38	航空发动机附件修理工	中国民航局	水平评价类	《关于印发民航行业飞机维护机械员等79个工种〈国家职业技能鉴定规范〉的通知》（劳社培就司发〔1999〕60号）	取消	
39	航空发动机修理工	中国民航局	水平评价类	《关于印发民航行业飞机维护机械员等79个工种〈国家职业技能鉴定规范〉的通知》（劳社培就司发〔1999〕60号）	取消	
40	航管内话通信机务员	中国民航局	水平评价类	《关于印发民航行业飞机维护机械员等79个工种〈国家职业技能鉴定规范〉的通知》（劳社培就司发〔1999〕60号）	取消	
41	航空摄影测绘员	中国民航局	水平评价类	《关于印发民航行业飞机维护机械员等79个工种〈国家职业技能鉴定规范〉的通知》（劳社培就司发〔1999〕60号）	取消	

附件3

国务院决定取消的评比达标表彰项目目录

（共计19项）

序号	项目名称	主办单位	处理决定
1	全国民族体育先进集体、先进个人和民族体育科学论文评选	国家民委	取消
2	全国民委系统信息工作先进集体、先进个人和优秀信息表彰	国家民委	取消
3	创建“文明样板航道”	交通运输部	取消
4	交通运输综合统计工作评比	交通运输部	取消
5	文化发展统计分析报告优秀稿件评比	文化部	取消
6	文化部文化艺术科学优秀成果奖	文化部	取消
7	全国工商系统法制宣传教育先进集体和先进个人	工商总局	取消
8	全国工商系统法治工商建设先进单位和先进个人	工商总局	取消
9	全国广播影视系统法制宣传教育先进集体和先进个人	新闻出版广电总局	取消
10	全国投入产出调查先进集体和先进个人	国家统计局	取消
11	国家林业局高等职业教育精品课程评选	国家林业局	取消
12	国家林业局高等职业教育示范性实训基地评选	国家林业局	取消
13	全国知识产权系统杰出青年和优秀青年	国家知识产权局	取消
14	优秀专利代理机构和优秀专利代理人	国家知识产权局	取消
15	保监会系统文明单位	保监会	取消
16	全国粮食行业技术能手、全国粮食行业技能人才培育突出贡献奖	国家粮食局	取消
17	全国火力发电可靠性金牌机组和全国供电可靠性金牌企业表彰	国家能源局	取消
18	政务信息工作先进个人	国家外汇局	取消
19	国际收支统计之星先进单位及个人	国家外汇局	取消

附件 4

国务院决定调整或明确为后置审批的工商登记前置审批事项目录

（共计 82 项）

序号	项目名称	实施机关	设定依据	处理决定
1	价格评估机构资质认定	国家发展改革委或省级人民政府发展改革（物价主管）部门	《国务院对确需保留的行政审批项目设定行政许可的决定》（国务院令第 412 号） 《国务院关于第六批取消和调整行政审批项目的决定》（国发〔2012〕52 号） 《价格评估机构资质认定管理办法》（国家发展改革委令 2005 年第 32 号）	改为后置审批
2	保安培训许可证核发	省级人民政府公安机关	《保安服务管理条例》（国务院令第 564 号）	改为后置审批
3	资产评估机构设立审批	省级人民政府财政行政主管部门	《国有资产评估管理办法》（国务院令第 91 号） 《国务院关于第三批取消和调整行政审批项目的决定》（国发〔2004〕16 号） 《资产评估机构审批和监督管理办法》（财政部令 2011 年第 64 号）	改为后置审批
4	会计师事务所及其分支机构设立审批	省级人民政府财政行政主管部门	《中华人民共和国注册会计师法》 《会计师事务所审批和监督暂行办法》（财政部令第 24 号） 《国务院关于取消和下放一批行政审批项目的决定》（国发〔2013〕44 号）	改为后置审批

续上表

序号	项目名称	实施机关	设定依据	处理决定
5	中介机构从事会计代理记账业务审批	县级以上地方人民政府财政行政主管部门	《中华人民共和国会计法》 《代理记账管理办法》(财政部令第27号)	改为后置审批
6	中外合作职业技能培训机构设立审批	省级人民政府人力资源社会保障行政主管部门	《中华人民共和国中外合作办学条例》(国务院令第372号) 《中外合作职业技能培训办学管理办法》(劳动和社会保障部令第27号)	改为后置审批
7	设立人才中介服务机构及其业务范围审批	县级以上人民政府人力资源社会保障行政主管部门	《国务院对确需保留的行政审批项目设定行政许可的决定》(国务院令第412号) 《人才市场管理规定》(人事部、工商总局令2005年第4号)	改为后置审批
8	危险废物经营许可	省级人民政府环境保护行政主管部门	《中华人民共和国固体废物污染环境防治法》 《危险废物经营许可证管理办法》(国务院令第408号) 《国务院关于取消和下放一批行政审批项目的决定》(国发〔2013〕44号)	改为后置审批
9	拆船厂设置环境影响报告书审批	县级以上地方人民政府环境保护行政主管部门	《防止拆船污染环境管理条例》(1988年5月18日国务院发布)	改为后置审批
10	经营港口理货业务许可	省级人民政府交通运输行政主管部门	《中华人民共和国港口法》 《港口经营管理规定》(交通运输部令2009年第13号)	改为后置审批
11	从事国际道路运输审批	省级人民政府道路运输管理机构	《中华人民共和国道路运输条例》(国务院令第406号)	改为后置审批
12	道路运输站(场)经营业务许可证核发	县级人民政府道路运输管理机构	《中华人民共和国道路运输条例》(国务院令第406号)	改为后置审批

续上表

序号	项目名称	实施机关	设定依据	处理决定
13	机动车维修经营业务许可证核发	县级人民政府道路运输管理机构	《中华人民共和国道路运输条例》(国务院令第406号)	改为后置审批
14	机动车驾驶员培训业务许可证核发	县级人民政府道路运输管理机构	《中华人民共和国道路运输条例》(国务院令第406号)	改为后置审批
15	国家重点保护水生野生动物驯养繁殖许可证核发	农业部或省级人民政府渔业行政主管部门	《中华人民共和国野生动物保护法》 《中华人民共和国水生野生动物保护实施条例》(农业部令1993年第1号)	改为后置审批
16	设立饲料添加剂、添加剂预混合饲料生产企业审批	省级人民政府饲料管理部门	《饲料和饲料添加剂管理条例》(国务院令第609号) 《国务院关于取消和下放一批行政审批项目的决定》(国发〔2013〕44号)	改为后置审批
17	生猪定点屠宰证书核发	设区的市级人民政府生猪定点屠宰管理部门	《生猪屠宰管理条例》(国务院令第525号)	改为后置审批
18	石油成品油批发经营资格审批	商务部或省级人民政府商务行政主管部门	《国务院对确需保留的行政审批项目设定行政许可的决定》(国务院令第412号) 《国务院办公厅转发国家经贸委等部门关于进一步整顿和规范成品油市场秩序意见的通知》(国办发〔2001〕72号)	改为后置审批
19	石油成品油零售经营资格审批	省级人民政府商务行政主管部门	《国务院对确需保留的行政审批项目设定行政许可的决定》(国务院令第412号) 《国务院办公厅转发国家经贸委等部门关于进一步整顿和规范成品油市场秩序意见的通知》(国办发〔2001〕72号)	改为后置审批

续上表

序号	项 目 名 称	实施机关	设 定 依 据	处理决定
20	设立旧机动车鉴定评估机构审批	设区的市级人民政府商务行政主管部门	《国务院对确需保留的行政审批项目设定行政许可的决定》(国务院令第412号) 《国务院关于第四批取消和调整行政审批项目的决定》(国发〔2007〕33号) 《国务院关于第六批取消和调整行政审批项目的决定》(国发〔2012〕52号) 《二手车流通管理办法》(商务部、公安部、工商总局、税务总局令2005年第2号)	改为后置审批
21	鲜茧收购资格认定	省级人民政府商务行政主管部门或茧丝绸生产行政主管部门	《国务院对确需保留的行政审批项目设定行政许可的决定》(国务院令第412号) 《国务院办公厅转发国家经贸委关于深化蚕茧流通体制改革意见的通知》(国办发〔2001〕44号)	改为后置审批
22	设立经营性互联网文化单位审批	省级人民政府文化行政主管部门	《国务院对确需保留的行政审批项目设定行政许可的决定》(国务院令第412号) 《国务院关于第五批取消和下放管理层级行政审批项目的决定》(国发〔2010〕21号)	改为后置审批
23	港、澳服务提供者在内地设立互联网上网服务营业场所	省级人民政府文化行政主管部门	《〈内地与香港关于建立更紧密经贸关系的安排〉补充协议九》 《〈内地与澳门关于建立更紧密经贸关系的安排〉补充协议九》	改为后置审批
24	港、澳服务提供者在内地设立内地方控股合资演出团体审批	县级人民政府文化行政主管部门	《〈内地与香港关于建立更紧密经贸关系的安排〉补充协议九》 《〈内地与澳门关于建立更紧密经贸关系的安排〉补充协议九》	改为后置审批

续上表

序号	项目名称	实施机关	设定依据	处理决定
25	营利性医疗机构设置审批	县级以上人民政府卫生计生行政主管部门	《医疗机构管理条例》(国务院令第149号) 《卫生部、国家中医药管理局、财政部、国家发展计划委员会关于印发〈关于城镇医疗机构分类管理的实施意见〉的通知》(卫医发〔2000〕233号)	改为后置审批
26	经营流通人民币审批	中国人民银行	《中华人民共和国人民币管理条例》(国务院令第280号)	改为后置审批
27	装帧流通人民币审批	中国人民银行	《中华人民共和国人民币管理条例》(国务院令第280号)	改为后置审批
28	设立认证机构审批	质检总局	《中华人民共和国认证认可条例》(国务院令第390号)	改为后置审批
29	从事出版物批发业务许可	省级人民政府新闻出版行政主管部门	《出版管理条例》(国务院令第594号)	改为后置审批
30	从事出版物零售业务许可	县级人民政府新闻出版行政主管部门	《出版管理条例》(国务院令第594号)	改为后置审批
31	设立从事包装装潢印刷品和其他印刷品印刷经营活动的企业审批	设区的市级人民政府新闻出版行政主管部门	《印刷业管理条例》(国务院令第315号) 《国务院关于第六批取消和调整行政审批项目的决定》(国发〔2012〕52号)	改为后置审批
32	印刷业经营者兼营包装装潢和其他印刷品印刷经营活动审批	设区的市级人民政府新闻出版行政主管部门	《印刷业管理条例》(国务院令第315号) 《国务院关于第六批取消和调整行政审批项目的决定》(国发〔2012〕52号)	改为后置审批
33	音像制作单位设立审批	省级人民政府新闻出版行政主管部门	《音像制品管理条例》(国务院令第595号)	改为后置审批

续上表

序号	项 目 名 称	实施机关	设 定 依 据	处理决定
34	电子出版物制作单位设立审批	省级人民政府新闻出版行政主管部门	《音像制品管理条例》(国务院令第595号)	改为后置审批
35	音像复制单位设立审批	省级人民政府新闻出版行政主管部门	《音像制品管理条例》(国务院令第595号) 《国务院关于取消和下放50项行政审批项目等事项的决定》(国发〔2013〕27号)	改为后置审批
36	电子出版物复制单位设立审批	省级人民政府新闻出版行政主管部门	《音像制品管理条例》(国务院令第595号) 《国务院关于取消和下放50项行政审批项目等事项的决定》(国发〔2013〕27号)	改为后置审批
37	设立可录光盘生产企业审批	省级人民政府新闻出版行政主管部门	《中央宣传部、新闻出版署、国家计划委员会、对外贸易经济合作部、海关总署、国家工商行政管理局、国家版权局关于进一步加强光盘复制管理的通知》(中宣发〔1996〕7号) 《国务院关于第三批取消和调整行政审批项目的决定》(国发〔2004〕16号)	改为后置审批
38	烟花爆竹批发许可	设区的市级人民政府安全生产监督管理部门	《烟花爆竹安全管理条例》(国务院令第455号) 《国务院关于第六批取消和调整行政审批项目的决定》(国发〔2012〕52号)	改为后置审批
39	烟花爆竹零售许可	县级人民政府安全生产监督管理部门	《烟花爆竹安全管理条例》(国务院令第455号)	改为后置审批
40	互联网药品交易服务企业审批	食品药品监管总局或省级人民政府食品药品监管部门	《国务院对确需保留的行政审批项目设定行政许可的决定》(国务院令第412号)	改为后置审批

续上表

序号	项目名称	实施机关	设定依据	处理决定
41	药品、医疗器械互联网信息服务审批	省级人民政府药品监督管理部门	《互联网信息服务管理办法》(国务院令第292号)	改为后置审批
42	化妆品生产企业卫生许可	省级人民政府食品药品监管部门	《化妆品卫生监督条例》(1989年9月26日国务院批准,1989年11月13日卫生部令第3号发布)	改为后置审批
43	食品生产许可	县级以上地方人民政府食品药品监管部门	《中华人民共和国食品安全法》 《中华人民共和国食品安全法实施条例》(国务院令第557号) 《国务院办公厅关于印发国家食品药品监督管理总局主要职责内设机构和人员编制规定的通知》(国办发〔2013〕24号)	改为后置审批
44	食品流通许可	县级以上地方人民政府食品药品监管部门	《中华人民共和国食品安全法》 《中华人民共和国食品安全法实施条例》(国务院令第557号) 《国务院办公厅关于印发国家食品药品监督管理总局主要职责内设机构和人员编制规定的通知》(国办发〔2013〕24号)	改为后置审批
45	餐饮服务许可	县级以上地方人民政府食品药品监管部门	《中华人民共和国食品安全法》 《中华人民共和国食品安全法实施条例》(国务院令第557号) 《国务院办公厅关于印发国家食品药品监督管理总局主要职责内设机构和人员编制规定的通知》(国办发〔2013〕24号)	改为后置审批
46	在林区经营(加工)木材审批	县级以上人民政府林业行政主管部门	《中华人民共和国森林法实施条例》(国务院令第278号)	改为后置审批
47	出售、收购国家二级保护野生植物审批	省级人民政府林业行政主管部门	《中华人民共和国野生植物保护条例》(国务院令第204号)	改为后置审批

续上表

序号	项目名称	实施机关	设定依据	处理决定
48	国家重点保护陆生野生动物驯养繁殖许可证核发	省级以上人民政府林业行政主管部门及其委托的同级相关部门	《中华人民共和国陆生野生动物保护实施条例》(1992年2月10日国务院批准,1992年3月1日林业部发布)	改为后置审批
49	专利代理机构设立审批	国家知识产权局	《专利代理条例》(国务院令第76号)	改为后置审批
50	旅行社经营边境游资格审批	边境游地区省级人民政府旅游行政主管部门	《国务院对确需保留的行政审批项目设定行政许可的决定》(国务院令第412号) 《国务院关于取消和调整一批行政审批项目等事项的决定》(国发〔2014〕27号)	改为后置审批
51	粮食收购资格认定	县级以上人民政府粮食行政主管部门	《粮食流通管理条例》(国务院令第407号) 《国务院关于进一步深化粮食流通体制改革的意见》(国发〔2004〕17号)	改为后置审批
52	承装(承修、承试)电力设施许可证核发	国家能源局	《电力供应与使用条例》(国务院令第196号)	改为后置审批
53	铁路运输企业准入许可	国家铁路局	《国务院对确需保留的行政审批项目设定行政许可的决定》(国务院令第412号)	改为后置审批
54	民用航空器维修单位维修许可	中国民航局	《中华人民共和国民用航空法》	改为后置审批
55	经营邮政通信业务审批	国家邮政局或省级邮政行政主管部门	《国务院对确需保留的行政审批项目设定行政许可的决定》(国务院令第412号)	改为后置审批
56	拍卖企业经营文物拍卖许可	国家文物局	《中华人民共和国文物保护法》	改为后置审批

续上表

序号	项目名称	实施机关	设定依据	处理决定
57	文物商店设立审批	省级人民政府文物行政主管部门	《中华人民共和国文物保护法》 《国务院关于第四批取消和调整行政审批项目的决定》(国发〔2007〕33号)	改为后置审批
58	投资咨询机构、财务顾问机构、资信评级机构从事证券服务业务审批	证监会	《中华人民共和国证券法》	改为后置审批
59	设立保险公估机构审批	保监会	《国务院对确需保留的行政审批项目设定行政许可的决定》(国务院令第412号) 《保险公估机构监管规定》(保监会令2009年第7号)	改为后置审批
60	新建棉花加工企业审批	省级人民政府发展改革部门、工商行政管理部门、棉花质量监督机构	《棉花质量监督管理条例》(国务院令第470号) 《棉花加工资格认定和市场管理暂行办法》(国家发展改革委令2006年第49号)	改为后置审批
61	城镇集体所有制企业设立、合并、分立、停业、迁移或者主要登记事项变更审批	省级人民政府规定的审批部门	《中华人民共和国城镇集体所有制企业条例》(国务院令第88号)	改为后置审批
62	假肢和矫形器(辅助器具)生产装配企业资格认定	省级人民政府民政行政主管部门	《国务院对确需保留的行政审批项目设定行政许可的决定》(国务院令第412号) 《民政部、国家工商行政管理局关于对假肢和矫形器生产装配企业实行资格审查和登记管理有关问题的通知》(民福函〔1995〕248号)	改为后置审批

续上表

序号	项目名称	实施机关	设定依据	处理决定
63	会计师事务所从事证券相关业务审批	财政部、证监会	《中华人民共和国证券法》 《财政部、证监会关于会计师事务所从事证券期货相关业务有关问题的通知》(财会〔2012〕2号)	明确为后置审批
64	会计师事务所从事期货相关业务审批	财政部、证监会	《中华人民共和国证券法》 《财政部、证监会关于会计师事务所从事证券期货相关业务有关问题的通知》(财会〔2012〕2号)	明确为后置审批
65	资产评估机构从事证券服务业务审批	财政部、证监会	《中华人民共和国证券法》	明确为后置审批
66	民用核安全设备设计、制造、安装和无损检验单位许可证核发	环境保护部	《民用核安全设备监督管理条例》(国务院令第500号)	明确为后置审批
67	从事城市生活垃圾经营性清扫、收集、运输、处理服务审批	所在城市的市人民政府市容环境卫生行政主管部门	《国务院对确需保留的行政审批项目设定行政许可的决定》(国务院令第412号)	明确为后置审批
68	从事内地与台湾、港澳间海上运输业务许可	交通运输部	《国务院对确需保留的行政审批项目设定行政许可的决定》(国务院令第412号)	明确为后置审批
69	设立引航及验船机构审批	交通运输部或交通运输部海事局	《国务院对确需保留的行政审批项目设定行政许可的决定》(国务院令第412号)	明确为后置审批
70	从事海洋船舶船员服务业务审批	交通运输部海事局	《中华人民共和国船员条例》(国务院令第494号) 《国务院关于取消和下放一批行政审批项目等事项的决定》(国发〔2013〕19号)	明确为后置审批

续上表

序号	项目名称	实施机关	设定依据	处理决定
71	转基因农作物种子生产许可证核发	农业部	《农业转基因生物安全管理条例》(国务院令第304号)	明确为后置审批
72	消毒产品生产企业(一次性使用医疗用品的生产企业除外)卫生许可	省级人民政府卫生行政主管部门	《国务院对确需保留的行政审批项目设定行政许可的决定》(国务院令第412号)	明确为后置审批
73	饮用水供水单位卫生许可	设区的市级、县级人民政府卫生行政主管部门	《中华人民共和国传染病防治法》 《国务院对确需保留的行政审批项目设定行政许可的决定》(国务院令第412号) 《国务院关于第六批取消和调整行政审批项目的决定》(国发〔2012〕52号)	明确为后置审批
74	特种设备生产单位许可	质检总局或省级人民政府质量技术监督部门	《中华人民共和国特种设备安全法》 《特种设备安全监察条例》(国务院令第549号) 《国务院关于取消和下放一批行政审批项目的决定》(国发〔2014〕5号)	明确为后置审批
75	特种设备检验检测机构核准	质检总局或省级人民政府质量技术监督部门	《中华人民共和国特种设备安全法》 《特种设备安全监察条例》(国务院令第549号) 《国务院关于第六批取消和调整行政审批项目的决定》(国发〔2012〕52号)	明确为后置审批
76	免税商店设立审批	海关总署	《中华人民共和国海关法》	明确为后置审批

续上表

序号	项目名称	实施机关	设定依据	处理决定
77	举办健身气功活动及设立站点审批	县级以上人民政府体育行政主管部门	《国务院对确需保留的行政审批项目设定行政许可的决定》(国务院令第412号) 《国务院关于第五批取消和下放管理层级行政审批项目的决定》(国发〔2010〕21号)	明确为后置审批
78	生产、经营第一类中的非药品类易制毒化学品审批	省级人民政府安全生产监督管理部门	《易制毒化学品管理条例》(国务院令第445号)	明确为后置审批
79	从事测绘活动的单位资质认定	国家测绘地信局或省级人民政府测绘行政主管部门	《中华人民共和国测绘法》	明确为后置审批
80	银行、农村信用社、兑换机构等结汇、售汇业务市场准入、退出审批	国家外汇局	《中华人民共和国外汇管理条例》(国务院令第532号)	明确为后置审批
81	保险、证券公司等非银行金融机构外汇业务市场准入、退出审批	国家外汇局	《中华人民共和国外汇管理条例》(国务院令第532号)	明确为后置审批
82	非金融机构经营结汇、售汇业务审批	国家外汇局	《中华人民共和国外汇管理条例》(国务院令第532号)	明确为后置审批

国务院关于清理国务院部门非行政许可审批事项的通知

国发〔2014〕16号　2014.4.14

国务院各部委、各直属机构：

《中华人民共和国行政许可法》公布实施后，根据当时有效管理的需要，国务院于2004年决定保留部分属于政府内部管理事务的非行政许可审批事项，同时明确随着社会主义市场经济体制的逐步完善，对这些非行政许可审批事项要逐步取消或作必要调整。此后，国务院在开展行政审批制度改革过程中，陆续取消和调整了一批非行政许可审批事项。但一些部门通过各种形式又先后设定了一批非行政许可审批事项，其中既有属于政府内部管理事务的事项，还有以非行政许可审批名义变相设定的面向公民、法人或其他组织的行政许可事项。这些审批事项，设定和实施不够规范，不利于激发市场活力、增强发展动力。按照行政审批制度改革工作要求，国务院决定对各部门现有非行政许可审批事项进行清理，现就有关工作通知如下：

一、清理对象和工作目标

此次清理对象是已向社会公开的国务院各部门行政审批事项汇总清单所列非行政许可审批事项。根据审批对象的不同，这些事项包括面向公民、法人或其他组织的审批事项和面向地方政府等方面的审批事项。

清理工作要按照统一要求，分类处理，分步实施，该取消的一律取消，该调整的坚决调整，最终将面向公民、法人或其他组织的非行政许可审批事项取消或依法调整为行政许可，将面向地方政府等方面的非行政许可审批事项取消或调整为政府内部审批事项，不再保留"非行政许可审批"这一审批类别，规范行政管理行为，促进依法行政，推进政府职能转变。

二、取消面向公民、法人或其他组织的非行政许可审批事项

各部门面向公民、法人或其他组织的非行政许可审批事项，要于本通知印发后一年内予以取消。确因工作实际需要，且符合《中华人民共和国行政许可法》第十二条、第十三条规定的事项，有关部门要按照《中华人民共和国行政许可法》和《国务院关于严格控制新设行政许可的通知》（国发〔2013〕39 号）的规定，依法履行新设行政许可的程序。今后，任何部门或单位不得在法律、行政法规和国务院决定之外，设定面向公民、法人或其他组织的审批事项。

三、取消和调整面向地方政府等方面的非行政许可审批事项

各部门面向地方政府等方面的非行政许可审批事项，凡与地方政府之间能够协商处理的，或者直接面向市、县、乡政府的，或者由地方政府管理更方便有效的，或者不适应经济社会发展要求的，要于本通知印发后一年内予以取消或下放。

确因工作实际需要保留的，实施部门要在一年内送交国务院审改办审核，并报国务院批准后，统一调整为政府内部审批事项。同时，实施部门要根据精简效能的原则，对政府内部审批事项加强规范管理。要优化审批流程，简化办事程序，提高办事效率。要明确政府内部审批的权限、范围、条件、程序、时限等，严格限制自由裁量权，并建立健全岗位责任制，切实加强机关效能建设，提高审批效率。

四、工作要求

清理工作自本通知印发之日起实施。各部门要从政治和大局的高度，深刻认识做好这项工作的重要性和必要性，切实加强领导，认真抓好落实，具体清理工作方案要于 2014 年 5 月底前送交国务院审改办审核后实施。地方各级人民政府要根据本通知的要求，结合各地实际，组织开展本级政府部门非行政许可审批事项的清理工作。国务院审改办负责指导和督促非行政许可审批事项清理工作，并依据清理结果，及时对国务院各部门行政审批事项汇总清单进行更新。监察机关要加强监督检查，对违反规定的要严肃追究相关部门和人员的责任。

国务院关于在中国(上海)自由贸易试验区内暂时调整实施有关行政法规和经国务院批准的部门规章规定的准入特别管理措施的决定

国发〔2014〕38号　2014.9.4

各省、自治区、直辖市人民政府,国务院各部委、各直属机构:

为适应在中国(上海)自由贸易试验区进一步扩大开放的需要,国务院决定在试验区内暂时调整实施《中华人民共和国国际海运条例》、《中华人民共和国认证认可条例》、《盐业管理条例》以及《外商投资产业指导目录》、《汽车产业发展政策》、《外商投资民用航空业规定》规定的有关资质要求、股比限制、经营范围等准入特别管理措施(目录附后)。

国务院有关部门、上海市人民政府要根据上述调整,及时对本部门、本市制定的规章和规范性文件作相应调整,建立与进一步扩大开放相适应的管理制度。

国务院将根据试验区改革开放措施的实施情况,适时对本决定的内容进行调整。

附件:国务院决定在中国(上海)自由贸易试验区内暂时调整实施有关行政法规和经国务院批准的部门规章规定的准入特别管理措施目录

附件

国务院决定在中国(上海)自由贸易试验区内暂时调整实施有关行政法规和经国务院批准的部门规章规定的准入特别管理措施目录

序号	准入特别管理措施	调整实施情况
1	《中华人民共和国国际海运条例》 第二十九条第一款:经国务院交通主管部门批准,外商可以依照有关法律、行政法规以及国家其他有关规定,投资设立中外合资经营企业或者中外合作经营企业,经营国际船舶运输、国际船舶代理、国际船舶管理、国际海运货物装卸、国际海运货物仓储、国际海运集装箱站和堆场业务;并可以投资设立外资企业经营国际海运货物仓储业务	暂时停止实施相关内容,允许外商以独资形式从事国际海运货物装卸、国际海运集装箱站和堆场业务
2	《中华人民共和国国际海运条例》 第二十九条第二款、第三款: 经营国际船舶运输、国际船舶代理业务的中外合资经营企业,企业中外商的出资比例不得超过49%。 经营国际船舶运输、国际船舶代理业务的中外合作经营企业,企业中外商的投资比例比照适用前款规定。 《外商投资产业指导目录》 限制外商投资产业目录 六、批发和零售业 5. 船舶代理(中方控股)、外轮理货(限于合资、合作)	暂时停止实施相关内容,允许外商以合资、合作形式从事公共国际船舶代理业务,外方持股比例放宽至51%

续上表

序号	准入特别管理措施	调整实施情况
3	《中华人民共和国认证认可条例》 第十一条第一款:设立外商投资的认证机构除应当符合本条例第十条规定的条件外,还应当符合下列条件: (一)外方投资者取得其所在国家或者地区认可机构的认可; (二)外方投资者具有3年以上从事认证活动的业务经历。 《外商投资产业指导目录》 限制外商投资产业目录 十、科学研究、技术服务和地质勘查业 2.进出口商品检验、鉴定、认证公司	暂时停止实施相关内容,取消对外商投资进出口商品认证公司的限制,取消对投资方的资质要求
4	《盐业管理条例》 第二十条盐的批发业务,由各级盐业公司统一经营。未设盐业公司的地方,由县级以上人民政府授权的单位统一组织经营	暂时停止实施相关内容,允许外商以独资形式从事盐的批发,服务范围限于试验区内
5	《外商投资产业指导目录》 鼓励外商投资产业目录 二、采矿业 4.提高原油采收率及相关新技术的开发应用(限于合资、合作)	暂时停止实施相关内容,允许外商以独资形式从事提高原油采收率(以工程服务形式)及相关新技术的开发应用
6	《外商投资产业指导目录》 鼓励外商投资产业目录 二、采矿业 5.物探、钻井、测井、录井、井下作业等石油勘探开发新技术的开发与应用(限于合资、合作)	暂时停止实施相关内容,允许外商以独资形式从事物探、钻井、测井、录井、井下作业等石油勘探开发新技术的开发与应用
7	《外商投资产业指导目录》 禁止外商投资产业目录 三、制造业 (一)饮料制造业 1.我国传统工艺的绿茶及特种茶加工(名茶、黑茶等)	暂时停止实施相关内容,允许外商以合资、合作形式(中方控股)从事中国传统工艺的绿茶加工

续上表

序号	准入特别管理措施	调整实施情况
8	《外商投资产业指导目录》 鼓励外商投资产业目录 三、制造业 (八)造纸及纸制品业 1. 主要利用境外木材资源的单条生产线年产30万吨及以上规模化学木浆和单条生产线年产10万吨及以上规模化学机械木浆以及同步建设的高档纸及纸板生产(限于合资、合作)	暂时停止实施相关内容，允许外商以独资形式从事主要利用境外木材资源的单条生产线年产30万吨及以上规模化学木浆和单条生产线年产10万吨及以上规模化学机械木浆以及同步建设的高档纸及纸板生产
9	《外商投资产业指导目录》 鼓励外商投资产业目录 三、制造业 (十七)通用设备制造业 7. 400吨及以上轮式、履带式起重机械制造(限于合资、合作)	暂时停止实施相关内容，允许外商以独资形式从事400吨及以上轮式、履带式起重机械制造
10	《外商投资产业指导目录》 限制外商投资产业目录 三、制造业 (十)通用设备制造业 1. 各类普通级(P0)轴承及零件(钢球、保持架)、毛坯制造	暂时停止实施相关内容，取消对外商投资各类普通级(P0)轴承及零件(钢球、保持架)、毛坯制造的限制
11	《外商投资产业指导目录》 限制外商投资产业目录 三、制造业 (十一)专用设备制造业 2. 320马力及以下推土机、30吨级及以下液压挖掘机、6吨级及以下轮式装载机、220马力及以下平地机、压路机、叉车、135吨级及以下电力传动非公路自卸翻斗车、60吨级及以下液力机械传动非公路自卸翻斗车、沥青混凝土搅拌与摊铺设备和高空作业机械、园林机械和机具、商品混凝土机械(托泵、搅拌车、搅拌站、泵车)制造	暂时停止实施相关内容，取消对外商投资15吨级以下(不含15吨)液压挖掘机、3吨级以下(不含3吨)轮式装载机制造的限制

续上表

序号	准入特别管理措施	调整实施情况
12	《外商投资产业指导目录》 限制外商投资产业目录 三、制造业 （十一）专用设备制造业 1. 一般涤纶长丝、短纤维设备制造	暂时停止实施相关内容，取消对外商投资一般涤纶长丝、短纤维设备制造的限制
13	《外商投资产业指导目录》 鼓励外商投资产业目录 三、制造业 （十九）交通运输设备制造业 3. 汽车电子装置制造与研发：发动机和底盘电子控制系统及关键零部件，车载电子技术（汽车信息系统和导航系统），汽车电子总线网络技术（限于合资），电子控制系统的输入（传感器和采样系统）输出（执行器）部件，电动助力转向系统电子控制器（限于合资），嵌入式电子集成系统（限于合资、合作）、电控式空气弹簧，电子控制式悬挂系统，电子气门系统装置，电子组合仪表，ABS/TCS/ESP系统，电路制动系统（BBW），变速器电控单元（TCU），轮胎气压监测系统（TPMS），车载故障诊断仪（OBD），发动机防盗系统，自动避撞系统，汽车、摩托车型试验及维修用检测系统	暂时停止实施相关内容，允许外商以独资形式从事汽车电子总线网络技术、电动助力转向系统电子控制器制造与研发
14	《外商投资产业指导目录》 鼓励外商投资产业目录 三、制造业 （十九）交通运输设备制造业 6. 轨道交通运输设备（限于合资、合作）：高速铁路、铁路客运专线、城际铁路、干线铁路及城市轨道交通运输设备的整车和关键零部件（牵引传动系统、控制系统、制动系统）的研发、设计与制造；高速铁路、铁路客运专线、城际铁路及城市轨道交通乘客服务设施和设备的研发、设计与制造，信息化建设中有关信息系统的设计与研发；高速铁路、铁路客运专线、城际铁路的轨道和桥梁设备研发、设计与制造，轨道交通运输通信信号系统的研发、设计与制造，电气化铁路设备和器材制造、铁路噪声和振动控制技术与研发、铁路客车排污设备制造、铁路运输安全监测设备制造	暂时停止实施相关内容，允许外商以独资形式投资与高速铁路、铁路客运专线、城际铁路配套的乘客服务设施和设备的研发、设计与制造，与高速铁路、铁路客运专线、城际铁路相关的轨道和桥梁设备研发、设计与制造，电气化铁路设备和器材制造、铁路客车排污设备制造

续上表

序号	准入特别管理措施	调整实施情况
15	《外商投资产业指导目录》 鼓励外商投资产业目录 三、制造业 (十九)交通运输设备制造业 18. 豪华邮轮及深水(3000 米以上)海洋工程装备的设计(限于合资、合作) 24. 游艇的设计与制造(限于合资、合作)	暂时停止实施相关内容,允许外商以独资形式从事豪华邮轮、游艇的设计
16	《外商投资产业指导目录》 鼓励外商投资产业目录 三、制造业 (十九)交通运输设备制造业 22. 船舶舱室机械的设计与制造(中方相对控股)	暂时停止实施相关内容,允许外商以独资形式从事船舶舱室机械的设计
17	《外商投资产业指导目录》 鼓励外商投资产业目录 三、制造业 (十九)交通运输设备制造业 13. 航空发动机及零部件、航空辅助动力系统设计、制造与维修(限于合资、合作)	暂时停止实施相关内容,允许外商以独资形式从事航空发动机零部件的设计、制造与维修
18	《汽车产业发展政策》 第四十八条:汽车整车、专用汽车、农用运输车和摩托车中外合资生产企业的中方股份比例不得低于50%。股票上市的汽车整车、专用汽车、农用运输车和摩托车股份公司对外出售法人股份时,中方法人之一必须相对控股且大于外资法人股之和。同一家外商可在国内建立两家(含两家)以下生产同类(乘用车类、商用车类、摩托车类)整车产品的合资企业,如与中方合资伙伴联合兼并国内其他汽车生产企业可不受两家的限制。境外具有法人资格的企业相对控股另一家企业,则视为同一家外商	暂时停止实施相关内容,允许外商以独资形式从事摩托车(排量≤250mL)生产

续上表

序号	准入特别管理措施	调整实施情况
19	《外商投资产业指导目录》 鼓励外商投资产业目录 三、制造业 （十九）交通运输设备制造业 5. 大排量（排量 >250ml）摩托车关键零部件制造：摩托车电控燃油喷射技术（限于合资、合作）、达到中国摩托车Ⅲ阶段污染物排放标准的发动机排放控制装置	暂时停止实施相关内容，允许外商以独资形式从事大排量（排量 >250mL）摩托车关键零部件制造：摩托车电控燃油喷射技术
20	《外商投资产业指导目录》 鼓励外商投资产业目录 三、制造业 （二十）电气机械及器材制造业 6. 输变电设备制造（限于合资、合作）：非晶态合金变压器、500 千伏及以上高压开关用操作机构、灭弧装置、大型盆式绝缘子（1000 千伏、50 千安以上），500 千伏及以上变压器用出线装置、套管（交流 500 千伏、750 千伏、1000 千伏，直流所有规格）、调压开关（交流 500 千伏、750 千伏、1000 千伏有载、无载调压开关），直流输电用干式平波电抗器，±800 千伏直流输电用换流阀（水冷设备、直流场设备），符合欧盟 RoHS 指令的电器触头材料及无 Pb、Cd 的焊料	暂时停止实施相关内容，允许外商以独资形式从事符合欧盟 RoHS 指令的电器触头材料及无 Pb、Cd 的焊料制造
21	《外商投资产业指导目录》 鼓励外商投资产业目录 五、交通运输、仓储和邮政业 2. 支线铁路、地方铁路及其桥梁、隧道、轮渡和站场设施的建设、经营（限于合资、合作）	暂时停止实施相关内容，允许外商以独资形式从事地方铁路及其桥梁、隧道、轮渡和站场设施的建设、经营
22	《外商投资产业指导目录》 限制外商投资产业目录 六、批发和零售业 2. 粮食收购，粮食、棉花、植物油、食糖、烟草、原油、农药、农膜、化肥的批发、零售、配送（设立超过 30 家分店、销售来自多个供应商的不同种类和品牌商品的连锁店由中方控股）	暂时停止实施相关内容，允许外商以独资形式从事植物油、食糖、化肥的批发、零售、配送，粮食、棉花的零售、配送，取消门店数量限制

续上表

序号	准入特别管理措施	调整实施情况
23	《外商投资产业指导目录》 限制外商投资产业目录 六、批发和零售业 1. 直销、邮购、网上销售	暂时停止实施相关内容，取消对外商投资邮购和一般商品网上销售的限制
24	《外商投资产业指导目录》 限制外商投资产业目录 五、交通运输、仓储和邮政业 1. 铁路货物运输公司	暂时停止实施相关内容，允许外商以独资形式从事铁路货物运输业务
25	《外商投资民用航空业规定》 第四条：外商投资方式包括： （一）合资、合作经营（简称“合营”）； （二）购买民航企业的股份，包括民航企业在境外发行的股票以及在境内发行的上市外资股； （三）其他经批准的投资方式。 外商以合作经营方式投资公共航空运输和从事公务飞行、空中游览的通用航空企业，必须取得中国法人资格	允许外商以独资形式从事航空运输销售代理业务
26	《外商投资产业指导目录》 限制外商投资产业目录 八、房地产业 3. 房地产二级市场交易及房地产中介或经纪公司	暂时停止实施相关内容，取消对外商投资房地产中介或经纪公司的限制
27	《外商投资产业指导目录》 限制外商投资产业目录 十、科学研究、技术服务和地质勘查业 3. 摄影服务（含空中摄影等特技摄影服务，但不包括测绘航空摄影，限于合资）	暂时停止实施相关内容，允许外商以独资形式从事摄影服务（不含空中摄影等特技摄影服务）

国务院关于依托黄金水道推动长江经济带发展的指导意见

国发〔2014〕39号　2014.9.12

各省、自治区、直辖市人民政府，国务院各部委、各直属机构：

长江是货运量位居全球内河第一的黄金水道，长江通道是我国国土空间开发最重要的东西轴线，在区域发展总体格局中具有重要战略地位。依托黄金水道推动长江经济带发展，打造中国经济新支撑带，是党中央、国务院审时度势，谋划中国经济新棋局作出的既利当前又惠长远的重大战略决策。为进一步开发长江黄金水道，加快推动长江经济带发展，现提出以下意见。

一、重大意义和总体要求

长江经济带覆盖上海、江苏、浙江、安徽、江西、湖北、湖南、重庆、四川、云南、贵州等11省市，面积约205万平方公里，人口和生产总值均超过全国的40%。长江经济带横跨我国东中西三大区域，具有独特优势和巨大发展潜力。改革开放以来，长江经济带已发展成为我国综合实力最强、战略支撑作用最大的区域之一。在国际环境发生深刻变化、国内发展面临诸多矛盾的背景下，依托黄金水道推动长江经济带发展，有利于挖掘中上游广阔腹地蕴含的巨大内需潜力，促进经济增长空间从沿海向沿江内陆拓展；有利于优化沿江产业结构和城镇化布局，推动我国经济提质增效升级；有利于形成上中下游优势互补、协作互动格局，缩小东中西部地区发展差距；有利于建设陆海双向对外开放新走廊，培育国际经济合作竞争新优势；有利于保护长江生态环境，引领全国生态文明建设，对于全面建成小康社会，实现中华民族伟大复兴的中国梦具有重要现实意义和深远战略意义。

（一）指导思想。以邓小平理论、“三个代表”重要思想、科学发展观为指导，深入贯彻党的十八大和十八届二中、三中全会精神，认真落实党中央和国务院的决策部署，充分发挥市场配置资源的决定性作用，更好发挥政府规划和政策的引导作用，以改革激发活力、以创新增强动力、以开放提升竞争力，依托长江黄金水道，高起点高水平建设综合交通运输体系，推动上中下游地区协调发展、沿海沿江沿边全面开放，构建横贯东西、辐射南北、通江达海、经济高效、生态良好的长江经济带。

（二）基本原则。

改革引领、创新驱动。坚持制度创新、科技创新，推动重点领域改革先行先试。健全技术创新市场导向机制，增强市场主体创新能力，促进创新资源综合集成，建设统一开放、竞争有序的现代市场体系。

通道支撑、融合发展。以沿江综合运输大通道为支撑，促进上中下游要素合理流动、产业分工协作。着力推进信息化和工业化深度融合，积极引导沿江城镇布局与产业发展有机融合，持续增强区域现代农业、特色农业优势。

海陆统筹、双向开放。深化向东开放，加快向西开放，统筹沿海内陆开放，扩大沿边开放。更好推动“引进来”和“走出去”相结合，更好利用国际国内两个市场、两种资源，构建开放型经济新体制，形成全方位开放新格局。

江湖和谐、生态文明。建立健全最严格的生态环境保护和水资源管理制度，加强长江全流域生态环境监管和综合治理，尊重自然规律及河流演变规律，协调好江河湖泊、上中下游、干流支流关系，保护和改善流域生态服务功能，推动流域绿色循环低碳发展。

（三）战略定位。

具有全球影响力的内河经济带。发挥长江黄金水道的独特作用，构建现代化综合交通运输体系，推动沿江产业结构优化升级，打造世界级产业集群，培育具有国际竞争力的城市群，使长江经济带成为充分体现国家综合经济实力、积极参与国际竞争与合作的内河经济带。

东中西互动合作的协调发展带。立足长江上中下游地区的比较优势,统筹人口分布、经济布局与资源环境承载能力,发挥长江三角洲地区的辐射引领作用,促进中上游地区有序承接产业转移,提高要素配置效率,激发内生发展活力,使长江经济带成为推动我国区域协调发展的示范带。

沿海沿江沿边全面推进的对内对外开放带。用好海陆双向开放的区位资源,创新开放模式,促进优势互补,培育内陆开放高地,加快同周边国家和地区基础设施互联互通,加强与丝绸之路经济带、海上丝绸之路的衔接互动,使长江经济带成为横贯东中西、连接南北方的开放合作走廊。

生态文明建设的先行示范带。统筹江河湖泊丰富多样的生态要素,推进长江经济带生态文明建设,构建以长江干支流为经脉、以山水林田湖为有机整体,江湖关系和谐、流域水质优良、生态流量充足、水土保持有效、生物种类多样的生态安全格局,使长江经济带成为水清地绿天蓝的生态廊道。

二、提升长江黄金水道功能

充分发挥长江运能大、成本低、能耗少等优势,加快推进长江干线航道系统治理,整治浚深下游航道,有效缓解中上游瓶颈,改善支流通航条件,优化港口功能布局,加强集疏运体系建设,发展江海联运和干支直达运输,打造畅通、高效、平安、绿色的黄金水道。

(四)增强干线航运能力。加快实施重大航道整治工程,下游重点实施 12.5 米深水航道延伸至南京工程;中游重点实施荆江河段航道整治工程,加强航道工程模型试验研究;上游重点研究实施重庆至宜宾段航道整治工程。加快推进内河船型标准化,研究推广三峡船型和江海直达船型,鼓励发展节能环保船舶。

(五)改善支流通航条件。积极推进航道整治和梯级渠化,提高支流航道等级,形成与长江干线有机衔接的支线网络。加快信江、赣江、江汉运河、汉江、沅水、湘江、乌江、岷江等高等级航道建设,研究论证合裕线、嘉陵江高等级航道建设和金沙江攀枝花至水富段航运资源开发。抓紧实施京杭运河航道建设和船闸扩能工程,系统建设长江三角洲地区高等级航道网络,统筹推进其他支流航道建设。

(六)优化港口功能布局。促进港口合理布局,加强分工合作,推进专业化、规模化和现代化建设,大力发展现代航运服务业。加快上海国际航运中心、武汉长江中游航运中心、重庆长江上游航运中心和南京区域性航运物流中心建设。提升上海港、宁波—舟山港、江苏沿江港口功能,加快芜湖、马鞍山、安庆、九江、黄石、荆州、宜昌、岳阳、泸州、宜宾等港口建设,完善集装箱、大宗散货、汽车滚装及江海中转运输系统。

(七)加强集疏运体系建设。以航运中心和主要港口为重点,加快铁路、高等级公路与重要港区的连接线建设,强化集疏运服务功能,提升货物中转能力和效率,有效解决"最后一公里"问题。推进港口与沿江开发区、物流园区的通道建设,拓展港口运输服务的辐射范围。

(八)扩大三峡枢纽通过能力。挖掘三峡及葛洲坝既有船闸潜力,完善公路翻坝转运系统,推进铁路联运系统建设,建设三峡枢纽货运分流的油气管道,积极实施货源地分流。加快三峡枢纽水运新通道和葛洲坝枢纽水运配套工程前期研究工作。

(九)健全智能服务和安全保障系统。完善长江航运等智能化信息系统,推进多种运输方式综合服务信息平台建设,实现运输信息系统互联互通。加强多部门信息共享,建设长江干线全方位覆盖、全天候运行、具备快速反应能力的水上安全监管和应急救助体系。

(十)合理布局过江通道。统筹规划建设过江通道,加强隧道桥梁方案比选论证工作,充分利用江上和水下空间,推进铁路、公路、城市交通合并过江;优化整合渡口渡线,加强渡运安全管理,促进过江通道与长江航运、防洪安全和生态环境的协调发展。

三、建设综合立体交通走廊

依托长江黄金水道，统筹铁路、公路、航空、管道建设，加强各种运输方式的衔接和综合交通枢纽建设，加快多式联运发展，建成安全便捷、绿色低碳的综合立体交通走廊，增强对长江经济带发展的战略支撑力。

（十一）形成快速大能力铁路通道。建设上海经南京、合肥、武汉、重庆至成都的沿江高速铁路和上海经杭州、南昌、长沙、贵阳至昆明的沪昆高速铁路，连通南北高速铁路和快速铁路，形成覆盖50万人口以上城市的快速铁路网。改扩建沿江大能力普通铁路，规划建设衢州至丽江铁路，提升沪昆铁路既有运能，形成覆盖20万人口以上城市客货共线的普通铁路网。

（十二）建设高等级广覆盖公路网。以上海至成都、上海至重庆、上海至昆明、杭州至瑞丽等国家高速公路为重点，建成连通重点区域、中心城市、主要港口和重要边境口岸的高速公路网络。提高国省干线公路技术等级和安全服务水平，普通国道二级及以上公路比重达到80%以上。加快县乡连通路、资源开发路、旅游景区路、山区扶贫路建设，实现具备条件的乡镇、建制村通沥青（水泥）路。

（十三）推进航空网络建设。加快上海国际航空枢纽建设，强化重庆、成都、昆明、贵阳、长沙、武汉、南京、杭州等机场的区域枢纽功能，发挥南昌、合肥、宁波、无锡等干线机场作用，推进支线机场建设，形成长江上、中、下游机场群。完善航线网络，提高主要城市间航班密度，增加国际运输航线。深化空域管理改革，大力发展通用航空。依托空港资源，发展临空经济。

（十四）完善油气管道布局。统筹油气运输通道和储备系统建设，合理布局沿江管网设施。加强长江三角洲向内陆地区、沿江地区向腹地辐射的原油和成品油输送管道建设，完善区域性油气管网，加快互联互通，形成以沿江干线管道为主轴，连接沿江城市群的油气供应保障体系。

（十五）建设综合交通枢纽。按照“零距离换乘、无缝化衔接”

要求,加强水运、铁路、公路、航空和管道的有机衔接,建设和完善能力匹配的集疏运系统。加快建设上海、南京、连云港、徐州、合肥、杭州、宁波、武汉、长沙、南昌、重庆、成都、昆明、贵阳等14个全国性综合交通枢纽,有序发展区域性综合交通枢纽,提高综合交通运输体系的运行效率,增强对产业布局的引导和城镇发展的支撑作用。

(十六)加快发展多式联运。抓紧制定标准规范,培育多式联运经营人,鼓励发展铁水、公水、空铁等多式联运,提高集装箱和大宗散货铁水联运比重。加快智能物流网络建设,增强沿江物流园区综合服务功能,培育壮大现代物流企业,形成若干区域性物流中心,提高物流效率,降低物流成本。

四、创新驱动促进产业转型升级

顺应全球新一轮科技革命和产业变革趋势,推动沿江产业由要素驱动向创新驱动转变,大力发展战略性新兴产业,加快改造提升传统产业,大幅提高服务业比重,引导产业合理布局和有序转移,培育形成具有国际水平的产业集群,增强长江经济带产业竞争力。

(十七)增强自主创新能力。强化企业的技术创新主体地位,引导创新资源向企业集聚,培育若干领军企业。设立新兴产业创业投资基金,激发中小企业创新活力。深化产学研合作,鼓励发展产业技术创新战略联盟。在统筹考虑现状和优化整合科技资源的前提下,布局一批国家工程中心(实验室)和企业技术中心。运用市场化机制探索建立新型科研机构,推动设立知识产权法院。深化科技成果使用、处置和收益权改革。发挥上海张江、武汉东湖自主创新示范区和合芜蚌(合肥、芜湖、蚌埠)自主创新综合试验区的引领示范作用,推进长株潭自主创新示范区建设,推进攀西战略资源创新开发。研究制定长江经济带创新驱动产业转型升级方案。

(十八)推进信息化与产业融合发展。支持沿江地区加快新一代信息基础设施建设,完善上海、南京、武汉、重庆、成都等骨干节点，进一步加强网间互联互通，增加中上游地区光缆路由密度。大力推进有线和无线宽带接入网建设，扩大4G（第四代移动通信）网络覆盖范围。推进沿江下一代互联网示范城市建设，优化布局数据中心，继续完善上海、云南面向国际的陆海缆建设。充分利用互联网、物联网、大数据、云计算、人工智能等新一代信息技术改造提升传统产业，培育形成新兴产业，推动生产组织、企业管理、商业运营模式创新。推动沿江国家电子商务示范城市建设，加快农业、制造业和服务业的电子商务应用。

（十九）培育世界级产业集群。以沿江国家级、省级开发区为载体，以大型企业为骨干，打造电子信息、高端装备、汽车、家电、纺织服装等世界级制造业集群，建设具有国际先进水平的长江口造船基地和长江中游轨道交通装备、工程机械制造基地，突破核心关键技术，培育知名自主品牌。在沿江布局一批战略性新兴产业集聚区、国家高技术产业基地和国家新型工业化产业示范基地。推动石化、钢铁、有色金属等产业转型升级，促进沿江炼化一体化和园区化发展，提升油品质量，加快钢铁、有色金属产品结构调整，淘汰落后产能。

（二十）加快发展现代服务业。改革服务业发展体制，创新发展模式和业态，扩大服务业对内对外开放，放宽外资准入限制。围绕服务实体经济，优先发展金融保险、节能环保、现代物流、航运服务等生产性服务业；围绕满足居民需求，加快发展旅游休闲、健康养老、家庭服务、文化教育等生活性服务业。依托国家高技术服务业基地，发展信息技术、电子商务、研发设计、知识产权、检验检测、认证认可等服务产业。积极推动区域中心城市逐步形成以服务业为主的产业结构。充分发挥长江沿线各地独具特色的历史文化、自然山水和民俗风情等优势，打造旅游城市、精品线路、旅游景区、旅游度假休闲区和生态旅游目的地，大力发展特色旅游业，把长江沿线培育成为国际黄金旅游带。

（二十一）打造沿江绿色能源产业带。积极开发利用水电，在做好环境保护和移民安置的前提下，以金沙江、雅砻江、大渡河、澜沧江等为重点，加快水电基地和送出通道建设，扩大向下游地区送电规模。加快内蒙古西部至华中煤运通道建设，在中游地区适度规划布局大型高效清洁燃煤电站，增加电力、天然气等输入能力。研究制定新城镇新能源新生活行动计划，大力发展分布式能源、智能电网、绿色建筑和新能源汽车，推进能源生产和消费方式变革。立足资源优势，创新体制机制，推进页岩气勘查开发，通过竞争等方式出让页岩气探矿权，建设四川长宁—威远、滇黔北、重庆涪陵等国家级页岩气综合开发示范区。稳步推进沿海液化天然气接收站建设，统筹利用国内外天然气，提高居民用气水平。

（二十二）提升现代农业和特色农业发展水平。保护和利用好长江流域宝贵农业资源，推进农产品主产区特别是农业优势产业带和特色产业带建设，建设一批高水平现代农业示范区，推进国家有机食品生产基地建设，着力打造现代农业发展先行区。上游地区立足山多草多林多地少的资源条件，在稳定优势农产品生产的基础上，大力发展以草食畜牧业为代表的特色生态农业和以自然生态区、少数民族地区为代表的休闲农业与乡村旅游。中游地区立足农业生产条件较好、耕地资源丰富的基础，强化粮食、水产品等重要农产品供给保障能力，提高农业机械化水平，积极发展现代种业，打造粮食生产核心区和主要农产品优势区。下游地区立足人均耕地资源少、资本技术人才资源优势，在稳定粮食生产的同时，大力发展高效精品农业和都市农业，加快推进标准化生产和集约化品牌化经营。

（二十三）引导产业有序转移和分工协作。按照区域资源禀赋条件、生态环境容量和主体功能定位，促进产业布局调整和集聚发展。在着力推动下游地区产业转型升级的同时，依托中上游地区广阔腹地，增强基础设施和产业配套能力，引导具有成本优势的资源加工型、劳动密集型产业和具有市场需求的资本、技术密集型产业向中上游地区转移。支持和鼓励开展产业园区战略合作，建立产业转移跨区域合作机制，以中上游地区国家级、省级开发区为载体，建设承接产业转移示范区和加工贸易梯度转移承接地，推动产业协同合作、联动发展。借鉴负面清单管理模式，加强对产业转移的引导，促进中上游特别是三峡库区产业布局与区域资源生态环境相协调，防止出现污染转移和环境风险聚集，避免低水平重复建设。

五、全面推进新型城镇化

按照沿江集聚、组团发展、互动协作、因地制宜的思路，推进以人为核心的新型城镇化，优化城镇化布局和形态，增强城市可持续发展能力，创新城镇化发展体制机制，全面提高长江经济带城镇化质量。

（二十四）优化沿江城镇化格局。以沿江综合运输大通道为轴线，以长江三角洲、长江中游和成渝三大跨区域城市群为主体，以黔中和滇中两大区域性城市群为补充，以沿江大中小城市和小城镇为依托，促进城市群之间、城市群内部的分工协作，强化基础设施建设和联通，优化空间布局，推动产城融合，引导人口集聚，形成集约高效、绿色低碳的新型城镇化发展格局。

（二十五）提升长江三角洲城市群国际竞争力。促进长江三角洲一体化发展，打造具有国际竞争力的世界级城市群。充分发挥上海国际大都市的龙头作用，加快国际金融、航运、贸易中心建设。提升南京、杭州、合肥都市区的国际化水平。推进苏南现代化建设示范区、浙江舟山群岛新区、浙江海洋经济发展示范区、皖江承接产业转移示范区、皖南国际文化旅游示范区建设和通州湾江海联动开发。优化提升沪宁合（上海、南京、合肥）、沪杭（上海、杭州）主轴带功能，培育壮大沿江、沿海、杭湖宁（杭州、湖州、南京）、杭绍甬舟（杭州、绍兴、宁波、舟山）等发展轴带。合理划定中心城市边界，保护城郊农业用地和绿色开敞空间，控制特大城市过度蔓延扩张。

（二十六）培育发展长江中游城市群。增强武汉、长沙、南昌中心城市功能，促进三大城市组团之间的资源优势互补、产业分工协作、城市互动合作，把长江中游城市群建设成为引领中部地区崛起的核心增长极和资源节约型、环境友好型社会示范区。优化提升武汉城市圈辐射带动功能，开展武汉市国家创新型城市试点，建设中部地区现代服务业中心。加快推进环长株潭城市群建设，提升湘江新区和湘北湘南中心城市发展水平。培育壮大环鄱阳湖城市群，促进南昌、九江一体化和赣西城镇带发展。建设鄱阳湖、洞庭湖生态经济区。

（二十七）促进成渝城市群一体化发展。提升重庆、成都中心城市功能和国际化水平，发挥双引擎带动和支撑作用，推进资源整合与一体发展，把成渝城市群打造成为现代产业基地、西部地区重要经济中心和长江上游开放高地，建设深化内陆开放的试验区和统筹城乡发展的示范区。重点建设成渝主轴带和沿长江、成绵乐（成都、绵阳、乐山）等次轴带，加快重庆两江新区开发开放，推动成都天府新区创新发展。

（二十八）推动黔中和滇中区域性城市群发展。增强贵阳产业配套和要素集聚能力，重点建设遵义—贵阳—安顺主轴带，推动贵安新区成为内陆开放型经济示范区，重要的能源资源深加工、特色轻工业和民族文化旅游基地，推进大数据应用服务基地建设，打造西部地区新的经济增长极和生态文明建设先行区。提升昆明面向东南亚、南亚开放的中心城市功能，重点建设曲靖—昆明—楚雄、玉溪—昆明—武定发展轴，推动滇中产业集聚区发展，建设特色资源深加工基地和文化旅游基地，打造面向西南开放重要桥头堡的核心区和高原生态宜居城市群。

（二十九）科学引导沿江城市发展。依托近山傍水的自然生态环境，合理确定城市功能布局和空间形态，促进城市建设与山脉水系相互融合，建设富有江城特色的宜居城市。加强城区河湖水域岸线管理。集聚科技创新要素，节约集约利用资源，提升信息化水平。延续城市历史文脉，推进创新城市、绿色城市、智慧城市、人文城市建设。加强公共交通、防洪排涝等基础设施建设，提高教育、医疗等公共服务水平，提高承载能力。

（三十）强化城市群交通网络建设。充分利用区域运输通道资源，重点加快城际铁路建设，形成与新型城镇化布局相匹配的城际交通网络。长江三角洲城市群要建设以上海为中心，南京、杭州、合肥为副中心，“多三角、放射状”的城际交通网络；长江中游城市群要建设以武汉、长沙、南昌为中心的“三角形、放射状”城际交通网络；成渝城市群要建设以重庆、成都为中心的“一主轴、放射状”城际交通网络，实现城市群内中心城市之间、中心城市与节点城市之间1～2小时通达。建设黔中、滇中城际交通网络，实现省会城市与周边节点城市之间1～2小时通达。

（三十一）创新城镇化发展体制机制。根据上中下游城镇综合承载能力和发展潜力，实施差别化落户政策。下游地区要增强对农业转移人口的吸纳能力，有序推进外来人口市民化；中上游地区要增强产业集聚能力，更多吸纳农业转移人口。建立健全与居住年限等条件相挂钩的基本公共服务提供机制。探索实行城镇建设用地增加规模与农村建设用地减少挂钩、与吸纳农业转移人口落户数量挂钩政策。稳步推进农村宅基地制度改革。开展新型城镇化试点示范，探索建立农业转移人口市民化成本分担机制，构建多元化、可持续的城镇化投融资机制，建立有利于创新行政管理、降低行政成本的设市设区模式。选择具备条件的开发区进行城市功能区转型试点，引导产业和城市同步融合发展。

六、培育全方位对外开放新优势

发挥长江三角洲地区对外开放引领作用，建设向西开放的国际大通道，加强与东南亚、南亚、中亚等国家的经济合作，构建高水平对外开放平台，形成与国际投资、贸易通行规则相衔接的制度体系，全面提升长江经济带开放型经济水平。

（三十二）发挥上海对沿江开放的引领带动作用。加快建设中国（上海）自由贸易试验区，大力推进投资、贸易、金融、综合监管等领域制度创新，完善负面清单管理模式，打造国际化、法治化的营商环境，建立与国际投资、贸易通行规则相衔接的基本制度框架，形成可复制、可推广的成功经验。通过先行先试、经验推广和开放合作，充分发挥上海对外开放的辐射效应、枢纽功能和示范引领作用，带动长江经济带更高水平开放，增强国际竞争力。

（三十三）增强云南面向西南开放重要桥头堡功能。提升云南向东南亚、南亚开放的通道功能和门户作用。推进孟中印缅、中老泰等国际运输通道建设，实现基础设施互联互通。推动孟中印缅经济走廊合作，深化参与中国—东盟湄公河流域开发、大湄公河次区域经济合作，率先在口岸、边境城市、边境经济合作区和重点开发开放试验区实施人员往来、加工物流、旅游等方面的特殊政策。将云南建设成为面向西南周边国家开放的试验区和西部省份“走出去”的先行区，提升中上游地区向东南亚、南亚开放水平。

（三十四）加强与丝绸之路经济带的战略互动。发挥重庆长江经济带西部中心枢纽作用，增强对丝绸之路经济带的战略支撑。发挥成都战略支点作用，把四川培育成为连接丝绸之路经济带的重要纽带。构建多层次对外交通运输通道，加强各种运输方式的有效衔接，形成区域物流集聚效应，打造现代化综合交通枢纽。优化整合向西国际物流资源，提高连云港陆桥通道桥头堡水平，提升“渝新欧”、“蓉新欧”、“义新欧”等中欧班列国际运输功能，建立中欧铁路通道协调机制，增强对中亚、欧洲等地区进出口货物的吸引能力，着力解决双向运输不平衡问题。加强与沿线国家海关的合作，提高贸易便利化水平。提升江苏、浙江对海上丝绸之路的支撑能力。加快武汉、长沙、南昌、合肥、贵阳等中心城市内陆经济开放高地建设。推进中上游地区与俄罗斯伏尔加河沿岸联邦区合作。

（三十五）推动对外开放口岸和特殊区域建设。增强沿江沿边开放口岸和特殊区域功能，打造高水平对外开放平台。在中上游地区适当增设口岸及后续监管场所，在有条件的地方增设铁路、内河港口一类开放口岸，推动口岸信息系统互联共享。条件成熟时，在基本不突破原规划面积的前提下，逐步将沿江各类海关特殊监管区域整合为综合保税区，探索使用社会运输工具进行转关作业。在符合全国总量控制目标的前提下，支持具备条件的边境地区按程序申请设立综合保税区，支持符合条件的边境地区设立边境经济合作区和边境旅游合作区，研究完善人员免签、旅游签证等政策。推动境外经济贸易合作区和农业合作区发展,鼓励金融机构在境外开设分支机构并提供融资支持。

(三十六)构建长江大通关体制。加强内陆海关与沿海沿边口岸海关的协作配合,加强口岸与内陆检验检疫机构的合作,全面推进“一次申报、一次查验、一次放行”模式,实现长江经济带海关区域通关一体化和检验检疫一体化。在有效防控风险前提下,适时扩大启运港退税的启运地、承运企业和运输工具等范围。推进口岸执法部门信息互换、监管互认和执法互助。

七、建设绿色生态廊道

顺应自然,保育生态,强化长江水资源保护和合理利用,加大重点生态功能区保护力度,加强流域生态系统修复和环境综合治理,稳步提高长江流域水质,显著改善长江生态环境。

(三十七)切实保护和利用好长江水资源。落实最严格水资源管理制度,明确长江水资源开发利用红线、用水效率红线。加强流域水资源统一调度,保障生活、生产和生态用水安全。严格相关规划和建设项目的水资源论证。加强饮用水水源地保护,优化沿江取水口和排污口布局,取缔饮用水水源保护区内的排污口,鼓励各地区建设饮用水应急水源。建设水源地环境风险防控工程,确保城乡饮用水安全。严厉打击河道非法采砂。优化水资源配置格局,加快推进云贵川渝等地区大中型骨干水源工程及配套工程建设。建设沿江、沿河、环湖水资源保护带、生态隔离带,增强水源涵养和水土保持能力。

(三十八)严格控制和治理长江水污染。明确水功能区限制纳污红线,完善水功能区监督管理制度,科学核定水域纳污容量,严格控制入河(湖)排污总量。大幅削减化学需氧量、氨氮排放量,加大总磷、总氮排放等污染物控制力度。加大沿江化工、造纸、印染、有色等排污行业环境隐患排查和集中治理力度,实行长江干支流沿线城镇污水垃圾全收集全处理,加强农业畜禽、水产养殖污染物排放控制及农村污水垃圾治理,强化水上危险品运输安全环保监管、船舶溢油风险防范和船舶污水排放控制。完善应急救援体系,提高应急处置能力。建立环境风险大、涉及有毒有害污染物排放的产业园区退出或转型机制。加强三峡库区、丹江口库区、洞庭湖、鄱阳湖、长江口及长江源头等水体的水质监测和综合治理,强化重点水域保护,确保流域水质稳步改善。

(三十九)妥善处理江河湖泊关系。综合考虑防洪、生态、供水、航运和发电等需求,进一步开展以三峡水库为核心的长江上游水库群联合调度研究与实践。加强长江与洞庭湖、鄱阳湖演变与治理研究,论证洞庭湖、鄱阳湖水系整治工程,进行蓄滞洪区的分类和调整研究。完善防洪保障体系,实施长江河道崩岸治理及河道综合整治工程,尽快完成长江流域山洪灾害防治项目,推进长江中下游蓄滞洪区建设及中小河流治理。

(四十)加强流域环境综合治理。完善污染物排放总量控制制度,加强二氧化硫、氮氧化物、$PM_{2.5}$(细颗粒物)等主要大气污染物综合防治,严格控制煤炭消费总量。加强挥发性有机物排放重点行业整治,扭转中下游地区、四川盆地等区域性雾霾、酸雨恶化态势,改善沿江城市空气质量。推进农村环境综合整治,降低农药和化肥使用强度,加大土壤污染防治力度,强化重点行业和重点区域重金属污染综合治理。大力推进工业园区污染集中治理和循环化改造,鼓励企业采用清洁生产技术。积极推进城镇污水处理设施和配套污水管网建设,提高现有污水处理设施处理效率。

(四十一)强化沿江生态保护和修复。坚定不移实施主体功能区制度,率先划定沿江生态保护红线,强化国土空间合理开发与保护,加大重点生态功能区建设和保护力度,构建中上游生态屏障。推进太湖、巢湖、滇池、草海等全流域湿地生态保护与修复工程,加强金沙江、乌江、嘉陵江、三峡库区、汉江、洞庭湖和鄱阳湖水系等重点区域水土流失治理和地质灾害防治,中上游重点实施山地丘陵地区坡耕地治理、退耕还林还草和岩溶地区石漠化治理,中下游重点实施生态清洁小流域综合治理及退田还草还湖还湿。加大沿江天然林草资源保护和长江防护林体系建设力度,加强沿江风景名胜资源保护和山地丘陵地区林草植被保护。加强长江物种及其栖息繁衍场所保护，强化自然保护区和水产种质资源保护区建设和管护。探索建立沿江国家公园。研究制定长江生态环境保护规划。

（四十二）促进长江岸线有序开发。建立健全长江岸线开发利用和保护协调机制，统筹规划长江岸线资源，严格分区管理和用途管制，合理安排沿江工业与港口岸线、过江通道岸线与取水口岸线，加大生态和生活岸线保护力度。严格河道管理范围内建设项目工程建设方案审查制度。统筹岸线与后方土地的使用和管理，提高岸线资源集约利用水平。依法建立岸线资源有偿使用制度。有效保护岸线原始风貌，利用沿江风景名胜和其他自然人文景观资源，为居民提供便捷舒适亲水空间。

八、创新区域协调发展体制机制

打破行政区划界限和壁垒，加强规划统筹和衔接，形成市场体系统一开放、基础设施共建共享、生态环境联防联治、流域管理统筹协调的区域协调发展新机制。

（四十三）建立区域互动合作机制。加强国家层面协调指导，统筹研究解决长江经济带发展中的重大问题，建立推动长江经济带发展部际联席会议制度。发挥水利部长江水利委员会、交通运输部长江航务管理局、农业部长江流域渔政监督管理办公室以及环境保护部华东、华南、西南环境保护督查中心等机构作用，协同推进长江防洪、航运、发电、生态环境保护等工作。建立健全地方政府之间协商合作机制，共同研究解决区域合作中的重大事项。充分调动社会力量，建立各类跨地区合作组织。

（四十四）推进一体化市场体系建设。进一步简政放权，清理阻碍要素合理流动的地方性政策法规，打破区域性市场壁垒，实施统一的市场准入制度和标准，推动劳动力、资本、技术等要素跨区域流动和优化配置。健全知识产权保护机制。推动社会信用体系建设，扩大信息资源开放共享，提高基础设施网络化、一体化服务水平。

（四十五）加大金融合作创新力度。适时推进符合条件的民间资本在中上游地区发起设立民营银行等中小金融机构。引导区域内符合条件的创新型、创业型、成长型中小企业到全国中小企业股份转让系统挂牌进行股权融资、债权融资、资产重组等。探索创新金融产品,鼓励开展融资租赁服务,支持长江船型标准化建设。鼓励大型港航企业以资本为纽带整合沿江港口和航运资源。鼓励政策性金融机构加大对沿江综合交通体系建设的支持力度。

(四十六)建立生态环境协同保护治理机制。完善长江环境污染联防联控机制和预警应急体系。鼓励和支持沿江省市共同设立长江水环境保护治理基金,加大对环境突出问题的联合治理力度。按照“谁受益谁补偿”的原则,探索上中下游开发地区、受益地区与生态保护地区试点横向生态补偿机制。依托重点生态功能区开展生态补偿示范区建设。推进水权、碳排放权、排污权交易,推行环境污染第三方治理。

(四十七)建立公共服务和社会治理协调机制。适应上中下游劳动力转移流动的趋势,加强跨区域职业教育合作和劳务对接,推进统一规范的劳动用工、资格认证和跨区域教育培训等就业服务制度。加大基本养老保险、基本医疗保险等社会保险关系转移接续政策的落实力度。应对长江事故灾难、环境污染、公共卫生等跨区域突发事件,构建协同联动的社会治理机制。建立区域协调配合的安全监管工作机制,加强跨区域重点工程项目的监管,有效预防和减少生产安全事故。完善集中连片特殊困难地区扶贫机制,加大政策支持力度。

附件:长江经济带综合立体交通走廊规划(2014—2020年)

附件

长江经济带综合立体交通走廊规划

(2014—2020 年)

为统筹长江经济带交通基础设施建设,加强各种运输方式有机衔接,完善综合交通运输体系,特编制长江经济带综合立体交通走廊规划。规划期为 2014—2020 年。

一、规划基础

(一)现实条件。

改革开放以来,长江经济带交通基础设施建设成效显著,路网规模持续扩大,结构布局不断改善,技术水平明显提升,运输能力大幅增强,初步形成了以长江黄金水道为依托,水路、铁路、公路、民航、管道等多种运输方式协同发展的综合交通网络。

与推动长江经济带发展要求相比,综合交通网建设仍然存在较大差距,主要表现在:一是长江航运潜能尚未充分发挥,高等级航道比重不高,中上游航道梗阻问题突出,高效集疏运体系尚未形成。二是东西向铁路、公路运输能力不足,南北向通道能力紧张,向西开放的国际通道能力薄弱。三是网络结构不完善,覆盖广度不够,通达深度不足,技术等级偏低。四是各种运输方式衔接不畅,铁水、公水、空铁等尚未实现有效衔接。综合交通枢纽建设亟待加强。五是城际铁路建设滞后,城际交通网络功能不完善,不适应城镇化格局和城市群空间布局。

专栏 1　改革开放以来长江经济带综合交通网建设情况

指　　标	单位	1978 年	2013 年	增长(倍)
一、内河航道里程	万公里	8.9	8.9	—
高等级航道里程	万公里	0.23	0.67	1.9

续上表

指　标	单位	1978 年	2013 年	增长(倍)
二、铁路营业里程	万公里	1.4	2.96	1.1
高速铁路里程	万公里	0	0.4	—
复线率	%	11.9	49.8	—
电化率	%	2.7	69.7	—
三、公路通车里程	万公里	35	188.8	4.4
国家高速公路里程	万公里	0	3.2	—
四、输油(气)管道里程	万公里	0.06	4.4	72.3
五、城市轨道交通营业里程	公里	0	1089	—
六、民用运输机场数	个	20	74	2.7

(二)发展要求。

依托黄金水道,推动长江经济带发展,对现代化综合交通运输体系建设提出新的更高要求。

1. 为内河经济带建设提供支撑。长江经济带建设将推动产业转型升级,提升整体实力和国际竞争力,深入推进新型城镇化,形成以城市群为主体形态的城镇化格局,要求加快构建综合运输大通道,打造高效快捷的交通走廊,加快完善城际交通网络,提高运输能力和服务水平。

2. 为东中西协调发展奠定基础。长江经济带横跨我国东中西三大地带,是实现区域协调发展的重要载体。促进长江经济带上中下游协调发展,要求提高东部地区交通网络畅通水平,扩大中西部地区交通网络覆盖范围,为引导要素合理流动和优化配置,缩小地区发展差距,形成优势互补、分工合作、协同发展的区域格局提供保障。

3. 为陆海双向开放创造条件。长江经济带建设充分发挥沿海沿江沿边的区位优势,深化向东开放,加快向西开放,培育开放型经济新格局,全面提升对外开放水平,要求统筹推进沿海沿江港口建设，充分发挥上海国际航运中心的引领作用，加快国际运输通道建设，实现与周边国家基础设施互联互通，为海陆双向开放创造交通先行条件。

4. 为生态文明建设做好示范。长江经济带是我国重要的人口密集区和产业承载区，随着经济社会快速发展，土地、能源、岸线等资源日益紧缺，生态环境压力持续增大。加强资源节约和环境保护，要求加快转变交通发展方式，节约集约利用交通运输资源，优化综合交通网络结构，发挥水运和铁路的节能环保优势，实现交通绿色低碳发展。

专栏 2　2020 年长江经济带交通运输量预测

指　　标	单位	2013 年	2020 年	年均增长(%)
客运量	亿人	181	310	8.0
旅客周转量	亿人公里	15867	26320	7.5
货运量	亿吨	179	270	6.0
货物周转量	亿吨公里	68203	103910	6.2

二、总体思路和发展目标

（一）总体思路。

按照全面建成小康社会的总体部署和推动长江经济带发展的战略要求，加快打造长江黄金水道，扩大交通网络规模，优化交通运输结构，强化各种运输方式的衔接，提升综合运输能力，率先建成网络化、标准化、智能化的综合立体交通走廊，为建设中国经济新支撑带提供有力保障。

（二）基本原则。

合理布局。区域间实现高效畅通，城市间实现快速通达，乡村实现便捷联通，城市体现公交优先，形成层次分明、覆盖广泛、功能完善的综合交通网络。

优化结构。统筹水路、铁路、公路、民航和管道发展，以提高主要通道运输能力为重点，加快水路和铁路建设，提升设施技术等级水平,强化综合交通枢纽功能,充分发挥各种运输方式的比较优势和组合效率。

适度超前。顺应经济转型升级、全面对外开放等趋势,在满足客货运输需求基础上,适当扩大运力余量,预留技术标准提升空间,加快基础设施建设,发挥交通运输基础保障和先行引导作用。

平安绿色。将安全第一、资源节约和环境保护贯穿于规划、设计、建设和运营全过程,着力提升安全性、可靠性和应急保障能力。节约集约利用土地、岸线、线位等资源,避让环境敏感区和生态脆弱区,实现安全、低碳、永续发展。

(三)发展目标。

到2020年,建成横贯东西、沟通南北、通江达海、便捷高效的长江经济带综合立体交通走廊。

——建成畅通的黄金水道。形成以上海国际航运中心为龙头、长江干线为骨干、干支流网络衔接、集疏运体系完善的长江黄金水道,高等级航道里程达到1.2万公里。

——建成高效的铁路网络。形成以沿江、沪昆高速铁路为骨架的快速铁路网和以沿江、衢(州)丽(江)、沪昆铁路为骨架的普通铁路网。

——建成便捷的公路网络。形成以沪蓉、沪渝、沪昆、杭瑞高速公路为骨架的国家高速公路网和覆盖所有县城的普通国道网,实现具备条件的乡镇、建制村通沥青(水泥)路。

——建成发达的航空网络。形成以上海国际航空枢纽和重庆、成都、昆明、贵阳、长沙、武汉、南京、杭州等区域航空枢纽为核心的民用航空网。

——基本建成区域相连的油气管网。形成以沿江干线管道为主轴,连接成渝城市群、长江中游城市群、长江三角洲城市群的油气管网。

——基本建成一体发展的城际交通网。形成以快速铁路、高速公路等为骨干的城际交通网,实现中心城市之间以及中心城市与周边城市之间1~2小时交通圈。

专栏3　长江经济带综合交通网发展目标

指　　标	单　位	2013年	2020年
一、内河航道里程	万公里	8.9	8.9
高等级航道里程	万公里	0.67	1.2
二、铁路营业里程	万公里	2.96	4
高速铁路里程	万公里	0.4	0.9
复线率	%	49.8	60.7
电化率	%	69.7	88.5
三、公路通车里程	万公里	188.8	200
国家高速公路里程	万公里	3.2	4.2
乡镇通沥青(水泥)路率	%	97.9	100
建制村通沥青(水泥)路率	%	84.7	100
四、输油(气)管道里程	万公里	4.4	7.0
五、城市轨道交通营业里程	公里	1089	3600
六、民用运输机场数	个	74	100
七、长江干线过江桥梁(含隧道)数	座	89	180

三、打造长江黄金水道

充分发挥长江水运运能大、成本低、能耗少等优势，加快推进长江干线航道系统治理，整治浚深下游航道，有效缓解中上游瓶颈，改善支流通航条件，优化港口功能布局，加强集疏运体系建设，打造畅通、高效、平安、绿色的黄金水道。

(一)全面推进长江干线航道系统化治理。加快实施重大航道整治工程，充分利用航道自然水深条件和信息化技术，进一步提升干线航道通航能力。下游重点实施12.5米深水航道延伸至南京工程；中游重点实施荆江河段航道整治工程，抓紧开展宜昌至安庆段航道工程模型试验研究；上游重点实施重庆至宜宾段航道整治工程，研究论证宜宾至水富段航道整治工程。

专栏4　长江干线航道规划重点项目

实施九龙坡至朝天门航道、宜昌至昌门溪航道、昌门溪至熊家洲航道、赤壁至潘家湾航道、中游天兴洲航道、湖广至罗湖洲航道、牯牛沙水道航道二期、鲤鱼山水道航道、下游江心洲水道航道整治工程，南京以下12.5米深水航道建设工程，长江口深水航道减淤工程，长江口北港航道治理工程、长江口南支航道扁担沙守护工程等。

（二）统筹推进支线航道建设。积极推进航道整治和梯级渠化，提高支流航道等级，形成与长江干线有机衔接的支线网络。加快建设合裕线、信江、赣江、江汉运河、汉江、沅水、湘江、乌江、岷江等高等级航道，抓紧实施京杭运河航道建设和船闸扩能工程，系统建设长江三角洲地区高等级航道网络。研究论证金沙江攀枝花至水富、引江济淮通航和长江水系具有开发潜力航道升级改造的可能性。统筹推进其他支线航道建设。

专栏5　长江支线航道规划重点项目

实施连申线、芜申线、杭申线、苏申内港线、苏申外港线、长湖申线、通扬线、湖嘉申线、杭甬运河、杭平申线、钱塘江、大芦线等航道整治工程，岷江、乌江、湘江、汉江、赣江、合裕线等航道升级改造工程。研究建设岷江犍为、龙溪口、东风岩、嘉陵江利泽、汉江雅口、赣江新干、井冈山等航电枢纽。研究推进洞庭湖、鄱阳湖支线航道建设。实施京杭运河山东段、湖西段、苏南段、浙江段航道扩能改造。

（三）促进港口合理布局。优化港口功能，加强分工合作，积极推进专业化、规模化和现代化建设，大力发展现代航运服务业。加快上海国际航运中心、武汉长江中游航运中心、重庆长江上游航运中心和南京区域性航运物流中心建设。推进上海港、宁波—舟山港、江苏沿江港口功能提升，有序推进内河主要港口建设，完善集装箱、大宗散货、汽车滚装及江海中转运输系统。

专栏6　长江港口系统规划重点项目

海港

建设上海港、宁波—舟山港、苏州港、南京港集装箱码头，宁波—舟山港、连云港进口铁矿石码头，宁波—舟山港、苏州港、镇江港煤炭中转储运基地码头。

河港

加快无锡港、徐州港、嘉兴内河港、杭州港、湖州港、马鞍山港、芜湖港、安庆港、合肥港、蚌埠港、九江港、南昌港、武汉港、黄石港、荆州港、宜昌港、岳阳港、长沙港、重庆港、泸州港等主要港口集约化港区建设，提高现代化水平。

（四）加强集疏运体系建设。以航运中心和主要港口为重点，加快铁路、高等级公路等与重要港区的连接线建设，强化集疏运服务功能，提升货物中转能力和效率，有效解决“最后一公里”问题。推进港口与沿江开发区、物流园区的通道建设，扩大港口运输服务的覆盖范围。

（五）扩大三峡枢纽通过能力。挖掘既有船闸潜力，启动三峡及葛洲坝既有船闸扩能和三峡至葛洲坝两坝间航道整治工程。加快完善公路水路无缝衔接的翻坝转运系统，大力推进铁路水路有效连接的联运系统建设，抓紧建设三峡枢纽货运分流油气管道，积极实施货源地分流。加强三峡枢纽水运新通道和葛洲坝枢纽水运配套工程前期研究工作。

（六）增强长江干线过江能力。统筹规划、合理布局过江通道，做好隧道桥梁方案比选、洪水影响评价等论证工作，充分利用江上和水下空间，着力推进铁路、公路、城市交通合并过江，节约集约利用土地和岸线资源。优化整合渡口渡线，加强渡运安全管理。促进过江通道与长江航运、防洪安全和生态环境协调发展，实现长江两岸区域间、城市间以及城市组团间便捷顺畅连接，形成功能完善、安全可靠的过江通道系统。

专栏7　长江干线新建过江通道规划重点项目

江苏省（14座）：建设锦文路、南京第五、七乡河公路过江通道，汉中西路、和燕路、张靖城市道路过江通道，南京4号线城市轨道过江通道，上元门、宁仪城际铁路过江通道，五峰山、常泰、江阴第二、江阴第三、锡通公铁两用过江通道。

安徽省（17座）：建设池州、姑孰公路过江通道，横港、铜陵开发区、芜湖城南、泰山路、马鞍山龙山路城市道路过江通道，海口、安庆、池安、江口、梅龙、龙窝湖、弋矶山第二、九华路、湖北路、慈湖公铁两用过江通道。

江西省、安徽省（1座）：建设宿松公铁两用过江通道。

湖北省（19座）：建设红花套、枝江、荆州第二、石首、赤壁、嘉鱼、沌口、青山、棋盘洲、武穴公路过江通道，伍家岗、杨泗港、鄂黄第二城市道路过江通道，武汉11号线、武汉7号线、武汉8号线、武汉10号线城市轨道过江通道，陡山沱、宜昌轨道公铁两用过江通道。

重庆市（27座）：建设白沙、油溪、五举沱、珞璜、长寿第二、长寿第三、韩家沱、兴义、顺溪、西沱、万州绕城高速、故陵、安坪、奉节公路过江通道，小南海、黄桷坪、果园、新田城市道路过江通道，李家沱、鹅公岩城市轨道过江通道，白居寺、雷家坡、黄桷沱、郭家沱、铁路东南环线、新田港铁路、安张铁路公铁两用过江通道。

四川省（17座）：建设豆坝、普和金沙江、罗龙、南溪公路过江通道，白塔山、盐坪坝、安富第二、蓝田、沙茜、泰安第二、合江县城城市道路过江通道，绵遂内宜铁路、江安第二、纳溪、安富第一、合江新城、榕山公铁两用过江通道。

注：1. 公铁两用过江通道系指公路或城市道路与铁路或城市轨道交通合并过江形成的通道的统称。

2. 过江通道采用的建设方案（隧道或桥梁）在项目前期工作中研究论证后确定。

四、建设综合立体交通走廊

依托长江黄金水道,统筹发展水路、铁路、公路、航空、管道等各种运输方式,加快综合交通枢纽和国际通道建设,建成衔接高效、安全便捷、绿色低碳的综合立体交通走廊,增强对长江经济带发展的战略支撑力。

(一)强化铁路运输网络。加强快速铁路建设,重点建设上海经南京、合肥、武汉、重庆至成都的沿江高速铁路和上海经杭州、南昌、长沙、贵阳至昆明的沪昆高速铁路,建设商丘经合肥至杭州、重庆至贵阳等南北向高速铁路和快速铁路,形成覆盖50万人口以上城市的快速铁路网。

加快普通铁路新建和既有线路改扩建,改扩建沿长江普通铁路。新建衢州至丽江铁路,进一步提高沪昆铁路既有运能,加快南北向铁路、中西部干线建设,加强既有铁路扩能改造,形成覆盖20万人口以上城市客货共线的普通铁路网。

专栏8　铁路规划重点项目

快速铁路

建设上海至南通、上海经江阴至南京、连云港经扬州至镇江、徐州经淮安至盐城、杭州经长沙至昆明、杭州至黄山、商丘经合肥至杭州、郑州至合肥、合肥至九江、南昌至赣州、赣州至深圳、九江至武汉、武汉至西安、怀化经邵阳至衡阳、重庆至郑州、重庆至贵阳、重庆至昆明、成都至重庆、汉中经巴中至重庆、成都至贵阳、贵阳至南宁等铁路。

普通铁路

建设衢州经九江、岳阳、常德、黔江、遵义、昭通、攀枝花至丽江,上海至乍浦,南通至启东,庐江至铜陵,六安经安庆至景德镇,鹰潭至梅州,内蒙古西部至华中煤炭运输通道,成都至康定等铁路。实施皖赣、渝怀、成昆等铁路扩能改造。

（二）优化公路运输网络。积极推进国家高速公路建设。以上海至成都、上海至重庆、上海至昆明、杭州至瑞丽等国家高速公路为重点，统筹推进高速公路建设，消除省际间“断头路”，尽快形成连通20万人口以上城市、地级行政中心、重点经济区、主要港口和重要边境口岸的高速公路网络。在科学论证和规划基础上，建设必要的地方高速公路，作为国家高速公路网的延伸和补充。

加大普通国省道改造力度。加快普通国道建设，消除瓶颈路段制约，提高技术等级和安全水平，使东中部地区普通国道二级及以上公路比重达到90%以上，西部地区普通国道二级及以上公路比重达到70%以上。配套完善道路安全防护设施和交通管理设施设备。加强省际通道和连接重要口岸、旅游景区、矿产资源基地等的公路建设，实现主要港口、民航机场、铁路枢纽、重要边境口岸、省级以上工业园区基本通二级及以上公路。

专栏9　公路规划重点项目

国家高速公路

新建桐庐至金华、景宁至泰顺、大丰港至盐城、苏浙界至嘉善、巢湖至庐江、桐城至岳西、利辛至祁门、广德至宁国、歙县至淳安、船顶隘至吉安、南昌至茅店、张家界至武冈、张家界至龙山、湘鄂界至慈利、来凤至咸丰、建始至恩施、黔江至石柱、涪陵至南川、雅安至康定、汶川至马尔康、绵阳至九寨沟、丽江至香格里拉、都匀经安顺至西昌、惠水至罗甸、弥勒至楚雄、新平至临沧等公路，启动井研经攀枝花至丽江公路前期研究。

普通国道

改扩建G104、G105、G106、G107、G108、G204、G205、G206、G207、G209、G210、G211、G212、G213、G214、G215、G220、G230、G240、G241、G242、G312、G316、G318、G319、G320、G346、G348等普通国道相关路段。

（三）拓展航空运输网络。加快上海国际航空枢纽建设，强化重庆、成都、昆明、贵阳、长沙、武汉、南京、杭州等机场的区域枢纽功能，发挥南昌、合肥、宁波、温州、无锡、丽江、西双版纳等干线机场作用，完善支线机场布局，形成长江上、中、下游机场群。优化航线网络，科学论证，提高主要城市间航班密度，增加国际运输航线。深化低空空域管理改革，发展通用航空。依托空港资源，发展临空经济。

专栏10　机场规划重点项目

长江下游机场群

实施上海浦东、南京、合肥、宁波、温州机场扩建工程，新建嘉兴、丽水、芜湖、蚌埠、亳州、宿州、滁州等机场。

长江中游机场群

实施武汉、长沙机场扩建工程，新建上饶、抚州、瑞金、神农架、十堰、荆州、黄冈、衡阳、岳阳、武冈、湘西、郴州、娄底等机场。

长江上游机场群

实施重庆、贵阳机场扩建工程，推进成都新机场建设，新建乐山、红原、甘孜、巴中、阆中、巫山、武隆、六盘水、仁怀、威宁、黔北、罗甸、泸沽湖、红河、沧源、澜沧、元阳、丘北、宣威等机场。

（四）完善油气管道布局。统筹规划、合理布局沿江油气管网，加快建设主干管道，配套建设输配体系和储备设施，提高原油、成品油管输比例，增加天然气供应能力。完善长江三角洲、长江中游、川渝云贵地区原油、成品油输送管道以及区域天然气管网，加快油气管道互联互通，形成以沿江干线管道为主轴，连接成渝城市群、长江中游城市群、长江三角洲城市群的油气供应保障体系。

专栏11　油气管道规划重点项目

依托兰成原油管道、中卫—贵阳天然气管道，配套建设区域干支线、相国寺储气库等。加大西部天然气引入力度，建设西气东输三线、新疆煤制气外输管道等主干管道向长江中游城市群供气支线。建设仪征至长岭原油管道复线，长岭至重庆原油管道，荆门经宜昌至巴东成品油管道及配套设施，中俄东线南段（永清至上海）、青岛至南京、如东经海门至崇明岛等天然气管道及支线，浙江舟山LNG（液化天然气）加注站和江苏金坛、刘庄、淮安储气库。优化布局长江三角洲地区LNG接收站及分销转运站。

（五）加强综合交通枢纽建设。按照“零距离换乘、无缝化衔接”要求，加快建设14个全国性综合交通枢纽（节点城市）和重要区域性综合交通枢纽（节点城市）。

加强客运枢纽一体化衔接。根据城市空间形态、旅客出行等特征，合理布局不同层次、不同功能的客运枢纽。实现城市轨道交通、地面公共交通、市郊铁路、私人交通等设施与干线铁路、城际铁路、干线公路、机场等紧密衔接。鼓励采取开放式、立体化方式建设交通枢纽，尽可能实现同站换乘。

完善货运枢纽集疏运功能。统筹货运枢纽与开发区、物流园区等的空间布局。按照“无缝化衔接”要求，建设能力匹配的公路、铁路连接线和换装设施，提高货物换装的便捷性、兼容性和安全性，降低物流成本。

加快综合交通枢纽规划工作，做好与省域城镇体系规划、城市总体规划、土地利用总体规划等的衔接与协调。统筹综合交通枢纽与产业布局、城市功能布局的关系，以综合交通枢纽为核心，协调枢纽与通道的发展。

专栏 12　综合交通枢纽(节点城市)

建设上海、南京、连云港、徐州、杭州、宁波、合肥、南昌、长沙、武汉、重庆、成都、贵阳、昆明等全国性综合交通枢纽(节点城市)以及南通、芜湖、九江、岳阳、宜昌、泸州等重要区域性综合交通枢纽(节点城市)。

(六)建设国际运输通道。建设孟中印缅通道、中老泰通道和中越通道,加快基础设施互联互通。推进昆明至缅甸铁路、公路和油气管道建设,形成至南亚的国际运输通道。推进昆明至越南、老挝的铁路和公路建设,形成至东南亚的国际运输通道。开发利用国际河流航运资源,建设澜沧江、红河等水路国际运输通道。配套建设与国际通道相关的基础设施,完善口岸功能。

专栏 13　国际通道规划重点项目

建设中缅铁路大理至瑞丽段,中老泰铁路玉溪至磨憨段,中越铁路玉溪至河口段,祥云经临沧至普洱铁路,杭瑞国家高速公路龙陵至瑞丽段,银昆国家高速公路景洪至磨憨段。与中缅油气管道相配套,建设区域干支线及安宁储气库,昆明炼厂成品油外输管道。

五、加快城市群交通网络建设

以快速铁路和高速公路为骨干,以国省干线公路为补充,建设长江三角洲、长江中游、成渝、滇中和黔中城市群城际交通网络,实现城市群内中心城市之间、中心城市与周边城市之间的快速通达,完善城市公共交通和乡村交通网络,促进新型城镇化有序发展。

(一)完善长江三角洲城市群城际交通网络。打造以上海为中心,南京、杭州、合肥为副中心,城际铁路为主通道的“多三角、放射状”城际交通网络。建设以上海为中心,南京、杭州、合肥、宁波、南通为节点的“多三角”城际交通网。建设以上海为中心,连通南通、苏州、嘉兴、宁波等城市的放射状城际交通网。建设以南京为中心，连通苏州、无锡、常州、镇江、南通、泰州、扬州等城市的放射状城际交通网。建设以杭州为中心，连通绍兴、宁波、舟山、台州、湖州、嘉兴等城市的放射状城际交通网。建设以合肥为中心，连通芜湖、马鞍山、宣城、铜陵、池州、安庆、淮南、蚌埠、滁州等城市的放射状城际交通网。实现城市群内中心城市之间以及中心城市与周边城市之间 1 ~2 小时通达。

（二）扩大长江中游城市群城际交通网络。打造长江中游城市群“三角形、放射状”城际交通网络。建设以武汉、长沙、南昌为中心，快速铁路为主通道的“三角形”城际交通网。建设以武汉为中心，连通黄石、鄂州、咸宁、宜昌、荆州、荆门、潜江、仙桃、天门、孝感、黄冈等城市的放射状城际交通网。建设以长沙为中心，连通株洲、湘潭、衡阳、娄底、岳阳、益阳、常德等城市的放射状城际交通网。建设以南昌为中心，连通九江、景德镇、鹰潭、抚州、新余、宜春、萍乡等城市的放射状城际交通网。实现武汉、长沙、南昌之间 2 小时通达，武汉、长沙、南昌与周边城市之间 1 ~2 小时通达。

（三）构建成渝城市群城际交通网络。打造以重庆、成都为中心的“一主轴、放射状”城际交通网络。建设以重庆至成都铁路客运专线为主通道的运输主轴，重庆中心城区连通万州、涪陵、江津、永川、合川等区（县）的放射状城际交通网，成都连通德阳、绵阳、遂宁、南充、广安、达州、资阳、内江、自贡、泸州、宜宾、乐山、眉山、雅安等城市的放射状城际交通网。实现重庆、成都之间以及与周边城市之间 1 ~2 小时通达。

（四）建设黔中、滇中城市群城际交通网络。建设以贵阳为中心，连通安顺、遵义、毕节、都匀、凯里的放射状城际交通网络，实现贵阳与周边城市之间 1 小时通达。建设以昆明为中心，连通曲靖、玉溪、楚雄等城市的放射状城际交通网，实现昆明与周边城市之间 1 小时通达。

（五）提升城市公共交通网络能力。贯彻落实公共交通优先政策，统筹城市发展与重大交通基础设施建设。有序发展城市轨道交通，上海、南京、武汉、重庆、成都等建成城市轨道交通网络，杭州、合肥、南昌、长沙、贵阳、昆明、宁波、苏州、无锡等建成城市轨道交通主骨架。充分利用现有铁路资源，积极推进市郊铁路建设。提升公共交通枢纽场站规划建设水平，基本实现大城市中心城区公共交通站点500米全覆盖，公共交通占机动化出行比例达到60%左右。强化城市主干道路建设，完善路网结构，改善微循环系统，优化交通组织，广泛应用智能交通技术，提高道路通行效率。加强静态交通管理。进一步推动城市步行和自行车交通系统建设。

（六）改善乡村交通条件。以满足农村交通需求为出发点，继续实施以通沥青（水泥）路为重点的通畅工程，加快集中连片特殊困难地区农村公路建设，形成以县城为中心，辐射乡镇，覆盖行政村的乡村公路网络，实现上中下游地区具备条件的乡镇、建制村通沥青（水泥）路率达到100%。实施县乡道改造和连通工程，提高乡村公路骨架网络质量。实施乡村公路的桥涵建设、危桥改造以及客运场站等公交配套工程，加强乡村公路的标识、标线、护栏等设施建设，提高乡村公路安全保障水平。大力发展农村客运，实现乡镇、建制村通客车率达到100%。

六、保障措施

（一）深化交通投融资体制改革。创新交通发展投融资方式，进一步完善国家投资、地方筹资、社会融资、利用外资的投融资机制。深化铁路投融资体制改革，扩大铁路发展基金募集规模，优化结构和投向。创新轨道交通导向型土地综合开发模式。完善普通公路投融资体制，建立以公共财政为基础，各级政府责任清晰、事权和支出责任相适应的投融资长效机制，加大财政性资金对普通公路建设的支持力度。继续加大中央资金对内河航道和中西部支线机场的投入。开展综合交通枢纽开发试点工作，并给予必要政策支持。

（二）拓宽交通建设融资渠道。抓紧制定鼓励包括民营资本在内的社会资本投资交通基础设施建设的政策措施，破解融资瓶颈。鼓励政策性金融机构加大对交通基础设施建设的支持力度,鼓励保险和各类融资性担保机构提供信用支持。推进经营性内河水运工程市场化融资,支持符合条件的企业通过发行债券满足城际铁路、普通公路、内河航道等建设资金需求。

(三)加快推进船型标准化。加大专项资金投入,创新金融业务和产品,鼓励开展融资租赁业务,大力推进长江干线船型标准化。积极推广应用节能环保、经济高效船舶,加快淘汰低效率高污染老旧船型;坚持安全第一,严格按照有关规定使用专业化船舶运输危险品。抓紧推广三峡船型,充分释放三峡船闸通航潜力。根据跨江桥梁净空高度、航道水深和运输需求等条件,积极发展江海直达船型,进一步提高运输效率和效益。

(四)大力发展多式联运。加快推进铁水、空铁、公水等联运发展,扩大辐射范围,提高联运比重。抓紧制定多式联运标准规范,完善运输装备技术标准体系,推广标准合同范本,统一多式联运单证。培育多式联运经营人,鼓励大型港航、铁路和公路运输企业以长江为依托开展多式联运业务,构筑长江黄金水道快捷高效的进出口货运大通道。充分发挥“渝新欧”、“蓉新欧”、“义新欧”等既有通道作用,优化整合中欧通道国际集装箱班列,打造具有国际影响力的运输平台。整合航空货运资源,加快发展现代航空物流。推动联运企业信息系统互联互通,提高联运效率。

(五)提升智能服务和安全保障水平。建立全面感知、广泛互联、深度融合、机制完善的智能航道技术体系,健全高速公路联网收费和不停车收费系统。全面推动铁路、公路、水运、民航、城市交通等客运综合服务信息平台建设,加快智能物流网络发展。提升交通行业安全监管和应急保障水平,加快建设长江干线全方位覆盖、全天候运行、具备快速反应能力的水上安全监管和应急救助体系。

(六)强化资源节约和环境保护。加强长江干线岸线管理和保护,严格水域岸线用途管制和河道管理范围内建设项目审批,探索以公开招标方式确定岸线使用人和港口岸线有偿使用办法。鼓励大型港航企业以资本为纽带整合沿江港口资源。对规划通航河流,水利水电梯级开发应同步建设或改造现有通航设施。进一步优化运输组织,改进船舶技术条件,推进节能减排。鼓励内河船舶使用液化天然气等清洁燃料。完善船舶污染防治标准,加强水上危险品运输监管、船舶溢油防治和污染物处理,严格控制船舶污染排放。确立公共交通在城市交通中的主体地位,加快新能源、清洁能源车辆在城市公共交通、出租运营和城市配送等方面的推广应用。

(七)科学组织项目实施。统筹规划,科学论证,突出重点,区分轻重缓急,有序推进项目实施,避免一哄而上。加快畅通长江黄金水道项目建设,优先实施消除铁路"卡脖子"和公路"断头路"、"瓶颈路段"工程。抓好铁路公路连接线建设,解决进港铁路、高等级公路"最后一公里"问题。加强过江通道研究论证,通道选址、过江方式(隧道或桥梁)和建设方案等均应满足通航、岸线利用、防洪等要求。

七、规划环评

(一)规划实施环境影响分析。本规划实施对环境的影响主要体现在资源占用、生态影响、污染排放和社会经济影响等四个方面。交通基础设施建设和运营会消耗土地和大量物资资源,并可能对局部地区地理生态环境产生影响。同时,运输装备运营和服务系统运行向周边环境排放废气、污水、噪声和固体废物等污染物,影响环境质量。规划期间,预计长江经济带将新增交通用地约 50 万公顷;新增能源消耗 2600 万吨标准煤,年均增速 5% 左右。

(二)规划实施环境影响评价。本规划与国家相关政策和发展战略规划保持一致,以建成横贯东西、沟通南北、通江达海、便捷高效的综合立体交通走廊为目标,发挥交通对长江经济带的重要引导和支撑作用。从与国家相关战略规划的协调性看,本规划较好地体现了与《全国主体功能区规划》、《国家新型城镇化规划(2014—2020 年)》、《中华人民共和国国民经济和社会发展第十二个五年规划纲要》、《国家环境保护"十二五"规划》、《全国重要江河湖泊水功能区划(2011—2030年)》、《节能中长期专项规划》、《综合交通网中长期发展规划》、《中长期铁路网规划(2008年调整)》、《国家公路网规划(2013—2030年)》、《全国内河航道与港口布局规划》、《全国民用机场布局规划》以及沿江有关城市总体规划等的衔接。本规划提出的项目将在国家"十三五"时期有关建设规划中进一步落实,同时充分吸纳相关专项规划环评工作的成果,不突破相应环评结论,并将有关环评结论作为后续规划实施的依据。

(三)预防和降低环境不良影响的措施。优化交通运输结构,优先发展轨道交通、水路等资源节约型、环境友好型运输方式。鼓励轨道交通、公路等共用线位、桥位资源,减少土地占用。鼓励建设公用码头,提高岸线资源利用效率。发展先进适用的运输节能减排技术,采用新型节能的运输工具,推行更高的排放标准,鼓励使用清洁能源,逐步淘汰落后技术和高能耗、低效率的运输设备,提高铁路电气化水平,实施营运车船燃料排放消耗限制标准,推广清洁环保车辆。

积极开展生态环境恢复和污染治理。切实采取措施,防止水土流失,做好地形、地貌、生态环境恢复和土地复垦工作。合理设计项目线路走向和场站选址,避绕水源地、自然保护区、风景名胜等环境敏感区域,保护生态环境。注重景观修复,积极推动生态恢复工程和绿色通道建设,积极恢复和改善交通建设中遭破坏的生态环境和自然景观。大力推广采用环保新技术,促进废气、废水和固体废物的循环使用和综合利用。鼓励运输企业采用清洁生产工艺,加强交通运输领域工业"三废"和生活废物的资源化利用,积极开展烟气脱硫脱硝除尘、机动车尾气净化工作。

完善环境监控体系。严格执行《中华人民共和国环境保护法》和《中华人民共和国环境影响评价法》等法律法规,严格项目论证审核和土地、环保准入。规范管理制度和监测方法,强化建设项目全过程环境管理,建立完善、统一、高效的环境监控体系。

附图:1. 长江经济带地理位置示意图(略)

2. 长江黄金水道布局示意图(略)

3. 长江经济带铁路网规划示意图(略)

4. 长江经济带国家高速公路网布局示意图(略)

5. 长江经济带机场规划示意图(略)

部分地方交通法规规章

北京市轨道交通运营安全条例

北京市人民代表大会常务委员会公告第7号　2014.11.28

第一章　总　　则

第一条　为规范轨道交通运营及相关活动，保障轨道交通运营安全，维护轨道交通各方主体的合法权益，根据有关法律、法规，结合本市实际情况，制定本条例。

第二条　在本市行政区域内从事与轨道交通运营安全有关的活动，应当遵守本条例。

本条例所称轨道交通是指地铁、轻轨等采用专用轨道导向运行的城市公共客运系统。

第三条　市人民政府应当加强对轨道交通运营安全工作的领导。

市交通行政主管部门负责本市轨道交通运营安全生产的行业监督管理，统筹协调本市涉及轨道交通运营安全的重大事项。远郊区县交通行政主管部门按照规定的职责负责本行政区域内轨道交通运营安全生产的行业监督管理。

有关行政主管部门依照本条例和其他法律、法规的规定，在各自职责范围内对轨道交通运营安全相关工作实施监督管理。

轨道交通沿线的区、县人民政府应当配合市交通行政主管部门，协调落实本行政区域内影响轨道交通设备设施安全隐患的整改、安全保护区和站前广场的综合治理、突发事件的应急处置等相关工作。

第四条　轨道交通运营单位依法承担轨道交通运营安全管理

责任,为乘客提供安全便捷的服务。

轨道交通产权单位、建设管理单位依据各自职责和合同约定,按照国家、本市相关标准和运营安全实际需求,组织轨道交通新建、改建项目的立项、规划、设计,并对工程建设质量负责。

轨道交通设计、施工、监理、设备设施供应等单位应当依据法律、法规、标准和合同约定,保障轨道交通运营安全。

为轨道交通提供电力、供水、排水、供热、供气、通信等服务的单位,应当优先保障轨道交通运营安全的需要。

第五条 政府有关部门、运营单位及相关社会组织应当开展轨道交通运营安全教育和宣传,提高社会公众安全意识。

社会公众应当自觉遵守轨道交通运营安全管理规定,有权投诉、举报危害运营安全的行为。

第六条 广播、电视、新闻、出版、网络等有关单位,应当配合政府有关部门、运营单位开展轨道交通运营安全的教育和宣传。

第二章 运营安全风险前期防控

第七条 新建、改建轨道交通项目的规划、设计应当符合相关标准和技术规范,遵循适度超前原则,满足轨道交通发展中的运营安全需求。

新建轨道交通项目的单位,应当在可行性研究报告、项目申请报告和初步设计文件中编制运营安全专篇。市发展改革、规划行政主管部门在审批时应当征求市交通行政主管部门对运营安全专篇的意见,并将市交通行政主管部门的意见纳入到审批意见中。

第八条 新建、改建轨道交通项目的规划、设计应当合理连通周边大型居住区、商业区公用设施等建筑,保障出入口的数量和功能,满足紧急疏散的安全需求。

轨道交通出入口、通风亭、冷却塔等设施需要与周边物业结合建设的,周边物业的所有者、使用者应当予以配合并提供必要的便利。

新建轨道交通项目的应急救援设备设施、安全检查设备应当与主体工程同时设计、同时施工、同时投入使用。

第九条 轨道交通车站、地面线路、高架线路、安全检查点、站前广场和车厢等场所应当安装视频监控系统；通风亭、冷却塔和变电站等部位应当安装视频监控系统，并合理设置防盗报警系统、防护栏或者防护网等物理防护设施。

第十条 车辆、信号、电梯、供电、轨道、轨枕和其他涉及运营安全的设备、设施，应当符合运营安全标准规范及网络化运营需求，不得使用不符合标准的设备、设施。

采购前款规定的设备设施，建设管理单位应当与运营单位共同起草、协商确定招标文件。

自动售检票系统、乘客信息系统、视频监控系统和其他因网络化运营需要统一制式标准的设备应当符合标准并经专业机构测试认证。

第十一条 新建轨道交通项目完工后，建设管理单位应当组织设备、设施调试和安全测试，达到试运行基本条件的，进行不载客试运行。试运行期不得少于3个月，其中按照本线运营初期发车间隔的运行时间不得少于30天。

建设管理单位应当在轨道交通项目完工后向轨道交通产权单位、运营单位提供完整的档案资料。

第十二条 新建轨道交通项目试运营前，建设管理单位应当依法办理规划、消防、土建、人防、供电、特种设备、工程档案、建筑节能、防雷装置、无障碍设施和运营设备设施等项目的验收，并取得验收文件。

轨道交通项目投入试运营前，建设管理单位应当向市交通行政主管部门申请综合评审。未申请综合评审或者综合评审不符合试运营条件的，不得投入试运营；经综合评审符合试运营条件的，转入试运营。

第十三条 轨道交通试运营期间，运营单位应当按照设计标准和技术规范，对设备设施运行情况和运营状况进行安全监控，按年度向市交通行政主管部门报送运行报告。

试运营期间,经市交通行政主管部门批准,运营单位可以在运营时间、运营间隔、运营设备设施启用等方面做出调整。

试运营的时间不得少于1年且不得超过3年。

第十四条 试运营期满1年,运营单位应当在60日内向市交通行政主管部门申请正式运营综合评审。未申请综合评审或者综合评审不符合正式运营条件的,不得投入正式运营,由市交通行政主管部门责令责任单位限期整改并报市人民政府备案;经综合评审符合正式运营条件的,转入正式运营。

本条例实施前已经投入试运营的轨道交通线路,应当按照本条例的规定依法办理正式运营手续。

第十五条 市交通行政主管部门组织建立轨道交通建设与运营衔接工作机制,负责制定运营安全专篇审核,试运行、试运营、正式运营基本条件,档案资料移交,试运营综合评审,正式运营综合评审等方面的相关规范。

第三章 设备设施运行安全与保护

第十六条 轨道交通设备设施应当符合保障乘客人身、财产安全和运营安全的相关标准。

轨道交通设备设施存在设计、制造或者安装缺陷的,轨道交通产权单位、建设管理单位和运营单位对各自采购的设备设施,应当督促设备设施生产者、销售者或者安装者消除缺陷。

第十七条 在轨道交通车站、车厢、隧道、站前广场等范围内设置广告、商业设施,应当符合标准和规范,不得影响安全标志和乘客导向标识的识别、设备设施的使用和检修,不得挤占疏散通道;设置方案应当报市交通行政主管部门备案。

在城市轨道交通线路的地面部分设置户外广告的,应当按照户外广告管理的相关规定执行。

第十八条 下列范围为轨道交通安全保护区:

（一）出入口、通风亭、冷却塔、主变电所和残疾人直升电梯等建筑物、构筑物结构外边线外侧 10 米内；

（二）地面车站和地面线路、高架车站和高架线路结构、车辆基地用地范围外边线外侧 30 米内；

（三）地下车站与隧道结构外边线外侧 50 米内；

（四）轨道交通过湖、过河隧道和桥梁结构外边线外侧 100 米内。

前款规定范围包括地上和地下。

安全保护区范围由市交通行政主管部门依法公告。

第十九条 在轨道交通安全保护区内进行下列作业的，作业单位应当制定安全防护方案和监测方案，在征得运营单位同意后，依法办理有关行政许可手续：

（一）新建、改建、扩建或者拆除建筑物、构筑物；

（二）敷设管线、挖掘、爆破、地基加固或者打井；

（三）挖沙、疏浚河道；

（四）其他大面积增加或者减少载荷的活动。

有前款规定作业的，运营单位可以对作业影响区域进行动态监测，并有权进入施工作业现场进行巡查。

第二十条 从事第十九条第一款规定的作业，出现危及或者可能危及轨道交通运营安全情形的，作业单位应当停止作业，采取补救措施，并报告轨道交通运营单位。

结束第十九条第一款规定的作业后，作业单位应当会同运营单位评估作业对轨道交通运营安全产生的影响，并将评估结果报市交通行政主管部门备案。评估认为影响运营安全的，作业单位应当立即采取措施消除影响。

第二十一条 轨道交通产权单位和运营单位应当建立巡查管理制度，对轨道交通设备设施安全和安全保护区进行安全巡查。

巡查人员发现危及或者可能危及轨道交通安全运营情形的，应当予以制止并及时报告相关行政主管部门依法处理。

第二十二条 轨道交通地面线路、高架线路桥下空间、车辆段和停车场，除道路、铁路等通行需要外，应当实行全封闭管理，并按照规定设置封闭设施和警示标志。

第二十三条 使用高架线路桥下空间不得危害轨道交通运营安全，同时应当预留高架线路桥梁设施日常检查、检测和养护维修条件。

高架线路桥下空间具体使用管理办法由市交通行政主管部门制定。

第二十四条 敷设在轨道交通保护区内的地下管线，其所有者或者管理者应当定期巡查和维护管线，并与运营单位建立管线基本信息共享制度和运行状态通告制度。

检查维护管线需要运营单位配合的，运营单位应当提供便利。

第二十五条 轨道交通保护区内既有建筑物、构筑物危及轨道交通运营安全的，轨道交通产权单位和运营单位应当采取措施，排除危险，既有建筑物、构筑物的所有者或者管理者应当予以配合。采取措施后仍不能排除危险的，应当依法按照土地和房屋征收的相关规定予以处理。

轨道交通保护区内既有种植物危及轨道交通运营安全的，其所有者或者管理者应当及时修剪、清除，必要时应当采取改移措施。

为保障轨道交通运营安全拆除保护区内建筑物、构筑物，修剪、改移种植物，或者对保护区内已取得的其他合法权利进行限制，给他人造成损失的，产权单位应当依法给予补偿，但拆除违法建筑物、构筑物除外。

第二十六条 新建、改建建筑物、构筑物或者新栽种植物的，不得妨碍行车瞭望，不得侵入轨道交通线路限界。

轨道交通沿线绿化，应当符合轨道交通保护区绿化安全规范，预留轨道交通检修维护条件并提供便利。

第二十七条 禁止下列危害轨道交通设备设施安全的行为：

（一）损坏隧道、轨道、路基、高架、车站、通风亭、冷却塔、变电站、护栏护网等设施；

（二）损坏车辆或者干扰车辆正常运行；

（三）损坏或者干扰机电设备、电缆、通信信号系统、自动售检票系统、视频监控设备等；

（四）擅自在高架桥梁上钻孔打眼，搭设电线或者其他承力绳索，设置附着物；

（五）损坏、移动、遮盖安全标志；

（六）其他危害轨道交通设备设施安全的行为。

第四章　运营组织安全与服务

第二十八条　市交通行政主管部门应当制定本市轨道交通运营安全服务标准。运营单位应当按照运营安全服务标准的要求，安全运送乘客。

第二十九条　运营单位应当建立、健全轨道交通运营安全责任体系，设置专门安全管理机构，配备专职管理人员。运营单位业务部门及其负责人，应当履行分管工作范围内的安全职责。

第三十条　运营单位应当履行下列安全运营职责：

（一）制定并落实安全运营规章制度和操作规程；

（二）保证本单位安全运营资金投入的有效实施；

（三）建立并落实安全运营风险评估和隐患排查治理制度；

（四）制定并实施突发事件应急预案和特殊情况下的运营组织方案；

（五）督促检查本单位的安全运营工作，及时、如实报告运营安全事故；

（六）开展乘客安全乘车教育宣传；

（七）法律、法规规定的其他职责。

第三十一条　运营单位应当对从业人员进行运营安全教育，保证从业人员具备必要的安全运营知识，熟悉安全生产管理制度和操作规程，掌握本岗位安全操作技能。

运营单位应当根据轨道交通发展状况及其业务需要，提前储备重点岗位工作人员。

第三十二条　市交通行政主管部门设立的轨道交通网络管理机构应当统筹协调轨道交通网络化运营的组织工作。

运营单位应当合理编制并适时调整运营计划,保证客流运送畅通与安全。

第三十三条　运营单位应当提供以下信息服务:

(一)在车站醒目位置公布首末班车行车时刻表及换乘指示信息;

(二)通过广播、电子显示屏等提供列车到达、间隔时间,车辆运行状况提示和安全提示等信息;

(三)运用多种信息发布手段及时告知乘客运营计划调整等信息;

(四)通过静态标志标识系统,向乘客提供设施名称及其位置、设施导向、禁止行为和危险警告等信息;

(五)在车站提供问讯服务。

第三十四条　运营单位进行改建、扩建、设备设施重大养护维修、更新改造或者系统调试等作业的,应当制定有效的安全防护方案,报市交通行政主管部门备案;需要对运营计划做调整的,应当报告轨道交通网络管理机构;需要停运作业的,应当报市交通行政主管部门批准;不停运作业的,应当按照规定避开客运高峰时段。

第三十五条　运营单位应当每年开展一次运营安全综合评价,查找安全隐患,提出整改措施。出现重大安全问题经过整改后,运营单位应当组织安全专项评价。轨道交通产权单位应当保障安全隐患整改所需资金。

安全综合评价报告和专项评价报告应当向市交通行政主管部门备案。

第三十六条　运营单位应当通过乘客满意度调查等形式对轨道交通运营安全服务情况进行公众评价,对评价中发现的问题及时改进。服务评价结果和改进情况应当向社会公布。

运营单位和市交通行政主管部门应当建立投诉处理制度,接受公众投诉并及时答复。公众对运营单位答复有异议的,可向市交通行政主管部门申诉。

第三十七条 市交通行政主管部门应当制定本市《轨道交通乘客守则》,对乘客安全乘车行为作出规范。

乘客进站、乘车应当遵守《轨道交通乘客守则》,服从运营单位管理,维护运营安全秩序,保护自身人身财产安全。

运营单位对违反《轨道交通乘客守则》的乘客,有权采取制止、劝离或者拒绝提供服务等措施。

第三十八条 行动不便人士在无人陪同情况下进出站上下车,可以联系车站工作人员获得帮助。

视力残障者携带导盲犬进站乘车,应当出示视力残障证件和导盲犬证。导盲犬应当佩戴导盲鞍和防止伤人的护具。

第三十九条 公安机关负责轨道交通安全检查的监督管理,会同交通主管部门、运营单位制定安全检查设备和监控设备设置标准、人员配备标准、检查分类分级标准及操作规范。

运营单位应当依法选择具有保安资质的单位从事安全检查工作,按照公安机关制定的标准和合同约定对安全检查单位实施管理。

安全检查单位应当依照本条例规定对轨道交通进站乘车人员进行安全检查。

第四十条 安全检查人员应当具备轨道交通运营安全基础知识,熟悉安全检查规章制度和安全检查设备设施操作规程,掌握相应的安全检查技能,经公安机关考核合格后方可上岗作业。

安全检查人员实施安全检查时应当遵守下列规定:

(一)佩戴工作证件;

(二)文明礼貌,尊重受检查人;

(三)执行安全检查操作规程;

(四)不得损坏受检查人携带的合法物品。

第四十一条 禁止携带枪支弹药、弩、匕首等管制器具和爆炸性、易燃性、放射性、毒害性、腐蚀性等危险物质进站乘车。禁止携带物品目录由公安机关制定并公告。

第四十二条 进入轨道交通车站的乘车人员应当接受并配合安全检查。

不接受安全检查的,安全检查人员应当拒绝其进站乘车;拒不接受安全检查并强行进入车站或者扰乱安全检查现场秩序的,安全检查人员应当制止并报公安机关依法处理。

发现非法携带法律、法规规定的违禁物品的,安全检查人员应当按照规定处置并及时报告公安机关依法处理。

第四十三条 禁止下列危害轨道交通运营安全的行为:

(一)擅自进入轨道、隧道等高度危险活动区域;

(二)擅自进入控制室、车辆驾驶室等非公共区域;

(三)向车辆、维修工程车或者其他设备设施投掷物品;

(四)在轨道线路上放置、丢弃障碍物;

(五)在高架线路桥下空间、站前广场存放、使用有毒有害、易燃易爆危险物品;

(六)在通风亭周边排放粉尘、烟尘、腐蚀性气体;

(七)在保护区内烧荒、燃放烟花爆竹;

(八)在车站出入口、疏散通道内、闸机口滞留;

(九)强行上下车;

(十)在非紧急状态下动用紧急或者安全装置;

(十一)在车站、车厢或者疏散通道内堆放物品、设置摊点等影响疏散的行为;

(十二)攀爬、跨越护栏护网,违规进出闸机;

(十三)在运行的自动扶梯上逆行;

(十四)在车站、车厢内追逐、打闹或者从事滑板、轮滑、自行车等运动;

(十五)在车站、车厢内乞讨、卖艺;

(十六)在车站、车厢内派发广告等物品;

(十七)其他危害轨道交通运营安全的行为。

第五章 应急管理

第四十四条 轨道交通网络管理机构、运营单位应当建立健全轨道交通运营安全监测体系,监测轨道交通设备设施状态和运营状况,归集和分析气象灾害、大型活动等信息,对影响轨道交通运营安全的情形进行报告和预警。

第四十五条 市交通行政主管部门应当会同政府有关部门及相关单位制定轨道交通运营突发事件专项应急预案,报市人民政府批准后实施。

轨道交通网络管理机构应当根据专项应急预案制定轨道交通路网突发事件应急预案,报市交通行政主管部门备案;运营单位应当根据专项应急预案和路网应急预案制定本单位的应急预案,报市交通行政主管部门、轨道交通网络管理机构备案。

公安机关应当制定轨道交通治安、消防突发事件应急预案。

第四十六条 轨道交通网络管理机构和运营单位应当按照规定配备应急设备设施;对从业人员进行应急培训,保证从业人员了解本岗位应急职责,掌握应急预案相关内容和使用应急设备设施的技能;建立应急救援队伍;采取多种形式对公众开展应急风险防范和自救互救知识宣传。

公安机关应当配备和完善轨道交通治安、消防专用应急设备,建立与本市轨道交通发展相适应的消防专业应急救援队伍。

第四十七条 市交通行政主管部门、公安机关、轨道交通网络管理机构或者运营单位应当按照有关规定组织开展应急演练。应急演练可以邀请乘客参加。参加应急演练的乘客应当服从现场工作人员统一指挥。

第四十八条 轨道交通发生自然灾害、事故灾难、社会安全事件等突发事件时,市交通行政主管部门、轨道交通网络管理机构、运营单位应当及时启动应急预案,并按照应急预案规定的级别、职责、措施、程序开展救援工作。

市人民政府相关部门、突发事件所在地的区、县人民政府和电力、电信、供水、地面交通运营等单位，应当按照应急预案的规定进行抢险救援和应急保障。

相关单位、乘客应当服从现场工作人员统一指挥。

第四十九条 因客流激增危及运营安全的，运营单位可以采取限制客流、封站等应急措施；因恶劣气象条件、自然灾害或者其他突发事件严重影响轨道交通运营安全的，运营单位可以停止部分线路的运营。采取上述措施应当报告轨道交通网络管理机构、市交通行政主管部门。

相关部门需要运营单位配合采取封站等影响正常运营的措施，应当由市交通行政主管部门评估对客流的影响，并向运营单位下达指令；造成乘客大量积压的，市交通行政主管部门应当及时协调增加其他客运运力。

第五十条 轨道交通运营突发事件发生后，轨道交通网络管理机构、运营单位应当立即通过多种方式准确地向公众发布运营信息，并根据突发事件处置情况及时更新内容，连续发布。

第五十一条 轨道交通运营中发生人身伤害事件时，运营单位应当及时抢救人员，维持现场秩序；公安机关应当及时对现场进行勘查、检验，依法进行现场处理。

第六章 法律责任

第五十二条 市交通、安全生产、公安机关和其他对运营安全负有职责的行政主管部门，其直接负责的主管人员和其他直接责任人员有下列行为之一的，依法给予警告、记过或者记大过处分；情节较重的，给予降级或者撤职处分；情节严重的，给予开除处分；构成犯罪的，依法追究刑事责任：

（一）违反本条例规定实施规划、设计、建设等行政许可的；

（二）违反本条例规定未有效保障试运行、试运营时间的；

（三）未按照本条例规定履行验收职责的；

（四）未按照本条例规定履行安全检查监管、应急管理职责的；

（五）未按照规定职责和法定程序实施行政处罚的；

（六）发现存在重大安全隐患，未按照规定采取措施，导致安全事故发生的；

（七）其他滥用职权、玩忽职守、徇私舞弊的。

第五十三条 轨道交通产权单位、建设管理单位和运营单位及其工作人员有下列行为之一，导致安全事故发生的，对有关责任人员，给予警告、记过或者记大过处分；情节较重的，给予降级、撤职处分；情节严重的，给予开除处分；构成犯罪的，依法追究刑事责任：

（一）配备的设施设备不符合安全性、可靠性、可维护性要求的；

（二）对存在的重大安全隐患，未采取有效措施的；

（三）未按照本条例规定进行安全教育和培训并经考核合格，允许从业人员上岗，致使违章作业的；

（四）拒不执行有关部门限期责令改正指令的；

（五）拒绝监管部门进行现场检查或者在被检查时隐瞒事故隐患，不如实反映情况的；

（六）有其他不履行或者不正确履行安全管理职责的。

第五十四条 违反本条例第十二条第二款的规定，未申请综合评审或者综合评审不符合试运营条件擅自投入试运营的，由市交通行政主管部门处 2 万元以上 20 万元以下罚款；对主要负责人处 5000 元以上 2 万元以下罚款。

第五十五条 违反本条例第十三条第一款的规定，未按照规定对设备设施运行情况和运营状况进行安全监控的，由市交通行政主管部门责令限期改正；逾期不改正的，处 2 万元以上 10 万元以下罚款。

第五十六条 违反本条例第十四条第一款的规定，未申请综合评审或者经综合评审不符合正式运营条件擅自投入正式运营的，由市交通行政主管部门责令限期改正；逾期不改正的，处 2 万元以上 10 万元以下罚款。

第五十七条 违反本条例第十六条的规定，采用不符合相关标准的设备设施，或者未督促生产者、销售者或者安装者采取措施消除缺陷的，由市交通行政主管部门责令限期改正；逾期不改正的，处 2 万元以上 10 万元以下罚款。

第五十八条 违反本条例第十七条第一款的规定，影响安全标志和乘客导向标识的识别、设备设施的使用和检修，挤占疏散通道的，由市交通行政主管部门责令限期改正；逾期不改正的，处 2 万元以上 10 万元以下罚款。

违反本条例第十七条第二款规定的，由城管执法部门依法予以处理。

第五十九条 违反本条例第十九条第一款的规定，作业单位未经运营单位同意擅自施工影响轨道交通安全的，由市交通行政主管部门责令限期改正，并可对单位处 3 万元以上 30 万元以下的罚款，对个人处 2000 元以上 2 万元以下的罚款；拒不改正的，市交通行政主管部门可依法查封违法施工作业场所、扣押违法施工作业工具。单位实施以上违法行为的，可对主要负责人依法处 2000 元以上 2 万元以下罚款。

违反本条例第十九条第一款的规定，作业单位未经相关行政主管部门许可或者未按照许可要求作业的，运营单位有权制止，并报告相关行政主管部门依法予以处理。

第六十条 违反本条例第二十条的规定，在作业过程中或者作业结束后出现危及或者可能危及运营安全情形，作业单位未停止作业或者采取补救措施消除影响的，由市交通行政主管部门责令限期改正，并可对单位处 2 万元以上 20 万元以下的罚款，对个人处 1000 元以上 1 万元以下的罚款。单位实施以上违法行为的，可对主要负责人依法处 1000 元以上 1 万元以下罚款。

第六十一条 违反本条例第二十三条第一款规定，使用高架桥下空间危害轨道交通运营安全的，产权单位有权制止，由市交通行政主管部门责令限期改正,并可对单位处1万元以上5万元以下的罚款,对个人处500元以上2000元以下的罚款;单位实施以上违法行为的,可对主要负责人依法处2000元以上5000元以下罚款。

第六十二条 违反本条例第二十五条第二款的规定,未及时修剪、清除或者改移种植物,危及轨道交通运营安全的,由市交通行政主管部门责令限期改正,并可对单位处2000元以上5000元以下的罚款,对个人处2000元以下的罚款;逾期不改正的,市交通行政主管部门可以依法实施代履行。

第六十三条 违反本条例第二十六条第一款的规定,妨碍行车瞭望或侵入轨道交通线路限界,由市交通行政主管部门责令限期改正,并可对单位处5000元以上5万元以下的罚款,对个人处2000元以上5000元以下的罚款。逾期不改正的,市交通行政主管部门可以依法代履行。单位实施以上违法行为的,可对主要负责人依法处2000元以上5000元以下罚款。

第六十四条 违反本条例第二十七条规定,危害轨道交通设备设施安全的,轨道交通产权单位和运营单位有权予以制止,由市交通行政主管部门责令改正,并可以对单位处1万元以上5万元以下的罚款,对个人处500元以上2000元以下的罚款;违反治安管理的,由公安机关依法处理;构成犯罪的,依法追究刑事责任。

第六十五条 违反本条例第三十条规定,运营单位未履行安全运营职责的,由市交通行政管理部门责令限期改正,逾期不改正的,处2万元以上10万元以下罚款,可以对主要负责人依法处2000元以上5000元以下罚款。

第六十六条 违反本条例第三十一条规定,运营单位未按规定开展从业人员安全教育的,由市交通行政管理部门责令限期改正,逾期不改正的,处2000元以上2万元以下罚款,可以对主要负责人处2000元以上5000元以下罚款。

第六十七条 违反本条例第三十三条的规定,未按照规定提供信息服务的,由市交通行政主管部门责令限期改正;逾期不改正的，处2000元以上5000元以下罚款。

第六十八条 违反本条例第三十四条规定，未按规定制定、执行安全防护方案的，由市交通行政管理部门责令限期改正，逾期不改正的，处2万元以上10万元以下罚款，可以对主要负责人依法处2000元以上5000元以下罚款。

第六十九条 违反本条例第四十三条第一项至第十项规定的，运营单位有权制止；违反治安管理的，由公安机关依法处理；构成犯罪的，依法追究刑事责任。

违反本条例第四十三条第十一项至第十五项规定的，运营单位有权制止，由市交通行政主管部门予以警告，并可处50元以上1000元以下罚款。

违反本条例第四十三条第十六项规定的，运营单位有权制止，由市交通行政主管部门没收派发的广告等物品，处100元以上1000元以下罚款；情节严重的，处1000元以上1万元以下罚款。

第七十条 违反本条例第四十七条的规定，运营单位未按照规定组织开展应急演练，由市交通行政主管部门责令限期改正；逾期不改正的，处2万元以上10万元以下罚款。

第七十一条 违反本条例第五十条的规定，未按照规定发布信息的，由市交通行政主管部门责令限期改正；逾期不改正的，处2万元以上10万元以下罚款。

第七十二条 拒绝、妨碍市交通行政主管部门、安全生产监督行政主管部门、公安机关、运营单位或者安全检查单位工作人员依法执行职务的或者辱骂、殴打前述工作人员的，由公安机关依法处罚；构成犯罪的，依法追究刑事责任。

第七十三条 违反本条例规定，造成轨道交通设备设施损坏或者造成其他损失的，除依法给予行政处罚外，还应当承担相应的民事赔偿责任。

第七十四条 本条例规定的行政处罚和行政措施由市交通行政主管部门负责，市交通行政主管部门可以授权轨道交通管理机构实施。

第七章　附　　则

第七十五条　磁悬浮、单轨电车和有轨电车的运营安全管理参照本条例执行。

第七十六条　本条例所称轨道交通设备是指车辆、供电系统、通信系统、信号系统、自动售检票系统、乘客信息系统、综合监控系统、安全门系统、车辆段检修设备、乘客导向标识系统等。

本条例所称轨道交通设施是指为保障轨道交通系统正常安全运营而设置的轨道、隧道、高架、车站（含出入口、通道、通风亭和冷却塔）、车辆基地、护栏护网、疏散平台等。

第七十七条　本条例所称试运行是指在轨道交通建设工程完工、冷滑和热滑实验成功，系统联调结束，行车基本条件具备的情况下，通过不载客运行，对运营组织管理和设备设施系统的可用性、安全性和可靠性进行检验的活动。

本条例所称试运营是指在轨道交通新线建设工程完工并验收合格，整体系统可用性、安全性和可靠性经过试运行检验合格，并满足其他试运营基本条件的情况下，进行的载客运营活动。

本条例所称正式运营是指在轨道交通新线经过试运营，各系统符合设计要求，整体系统、设备和设施保持正常稳定运行，运营安全和服务水平达到规定标准，试运营阶段各项任务完成并满足正式运营基本条件的情况下，进行的载客运营活动。

第七十八条　本条例自 2015 年 5 月 1 日起实施。

陕西省公路条例

陕西省人民代表大会常务委员会公告〔12 届〕第 11 号　2014.3.27

第一章　总　　则

第一条　为了加强公路建设和管理，促进公路事业发展，适应经济社会发展需要，根据《中华人民共和国公路法》、国务院《公路安全保护条例》等有关法律、行政法规，结合本省实际，制定本条例。

第二条　本条例适用于本省行政区域内公路的规划、建设、养护、经营、使用和管理。

第三条　公路发展应当遵循全面规划、合理布局、确保质量、安全畅通、保护环境、规范经营、建设改造与养护并重的原则。

第四条　各级人民政府应当加强对公路建设和管理工作的领导，把公路发展纳入本地区国民经济和社会发展计划。

第五条　省人民政府交通运输主管部门主管全省公路工作。设区的市、县（市）交通运输主管部门主管本行政区域内的公路工作。

县级以上交通运输主管部门所属的公路管理机构按照其职责具体负责公路的监督管理工作。

高速公路的建设、养护和管理责任主体由省人民政府确定。

县级以上发展改革、公安、财政、国土资源、环境保护、规划建设、水利、林业、安全生产监督管理等部门，在各自的职责范围内共同做好公路的相关工作。

第六条　县级以上人民政府应当依法采用多种方式筹集公路

建设资金,根据财政收入的增长逐步增加公路建设资金投入。

县级以上人民政府应当将非收费公路的管理和养护经费纳入本级财政预算。

第七条 单位和个人不得破坏、损坏、非法占用或者非法利用公路、公路用地及公路附属设施,并有权举报涉路违法行为。受理举报的部门应当及时调查处理。

第二章 规 划

第八条 县级以上人民政府交通运输主管部门、乡(镇)人民政府应当依照法律、法规规定的职权和程序,编制公路规划。

经批准的公路规划需要修改的,由原编制机关提出修改方案,报原批准机关审批。

第九条 本省公路规划应当符合国家公路总体规划要求,遵循合理布局、节约资源、保护生态环境、适度超前的原则,并与土地利用总体规划、城乡建设规划和其他方式的交通运输发展规划相协调。

编制公路规划应当经过专家论证。公路规划经批准后,除涉及国防的内容外,应当向社会公布。

编制公路规划时应当明确公路的命名和编号。

第十条 列入规划的公路建设项目,应当有计划地组织实施,未纳入公路规划的项目,不得开工建设。

第十一条 新建、改建公路,应当统筹规划客货运站(点)、服务区、养护道班、加油(气)站、超限检测站、交通流量观测站、交通标志标线、交通安全设施等公路附属设施,并与公路主体工程同步设计、同步建设;交通安全设施应当与公路主体工程同步投入使用。

第十二条 编制公路建设用地计划应当符合土地利用总体规划,保证公路用地需要,符合公路技术等级标准,切实保护耕地,节约用地,合理使用土地。对已经纳入土地利用总体规划的公路建设用地，依法进行用途管制。

第十三条 规划和新建村镇、开发区、学校、货物集散地、商业网点、农贸市场等，其外缘与公路建筑控制区边界外缘的距离，国道、省道不少于50米，县道、乡道不少于20米，并尽可能在公路一侧建设。

第十四条 规划铁路、水利、电力、通信、油气管线等各类设施时，需要上跨、下穿、并行于既有或者规划公路的，应当征求交通运输主管部门的意见，保证既有公路的安全畅通和规划的相互协调。

第三章 建 设

第十五条 公路建设应当按照国家规定的基本建设程序、建设工程有关规定和技术规范组织实施。

公路建设项目应当依法实行项目法人负责制度、招标投标制度、工程监理制度、合同管理制度和工程质量责任追究制度。

第十六条 公路建设项目的设计单位、施工单位和工程监理单位等，应当遵循公开、公平、公正的原则，通过招标投标方式确定。

公路建设项目的招标投标活动不受地区或者部门的限制。单位和个人不得限制或者排斥本地区、本系统以外的法人或者其他组织参加投标，不得以任何方式干涉招标投标活动。

第十七条 公路建设资金可以采取下列方式筹集：

（一）财政拨款，包括依法征集的公路建设专项资金转为的财政拨款；

（二）国内外金融机构或者外国政府贷款、赠款；

（三）国内外企业或者其他组织、个人的投资、捐款；

（四）依法出让公路收费权的收入；

（五）开发、经营公路的公司依法发行股票、公司债券；

（六）法律、法规或者国家、省人民政府规定的其他方式。

第十八条 交通运输主管部门和公路建设项目法人单位应当加强公路建设资金的财务管理与会计核算工作，严格实施财会监督和内部审计监督。

审计、财政等部门依法对公路建设资金的使用进行监督检查，确保公路建设资金的安全、合理和有效使用。

第十九条 承担公路建设项目设计、施工、工程监理和试验检测的单位，应当依法对工程质量负责，并按照国家有关规定建立健全质量保证体系，落实公路工程质量和保修责任。

公路工程保修期和保修范围由合同约定，在保修期和保修范围内发生因施工原因造成的质量问题，施工单位应当履行保修义务，并对造成的损失依法承担赔偿责任。

第二十条 新建、改建的铁路、水利、电力、通信、油气管线等设施与公路交叉时，交叉工程应当符合公路工程技术标准，并满足公路养护和发展的需要。

第二十一条 公路建设用地由县级以上人民政府依法提供。公路建设用地的土地补偿费、安置补助费、地上附着物和青苗补偿费等费用标准，按照国家和省有关规定执行。

第二十二条 公路建设项目完工后，公路建设单位应当按照有关规定组织设计、施工、监理等相关单位进行交工验收，并明确具体的管理和养护单位，交工验收合格后投入试运营。

公路建设项目试运营期满，并符合竣工验收条件的，交通运输主管部门应当按照有关规定组织公路建设项目的建设、设计、施工、监理、工程质量监督、接管养护等单位，进行竣工验收，未经验收或者验收不合格的不得交付使用。

第二十三条 新建、改建公路的，施工单位应当按照规定设置明显的施工标志、安全标志和相应的防护设施。

禁止非施工车辆和人员擅自进入施工现场以及施工完毕尚未投入试运营的路段。

第四章　养　　护

第二十四条　公路管理机构应当按照国家和省有关标准和规范实施公路养护管理，建立公路养护检查、巡查制度和养护档案。

公路管理机构负责对公路养护作业单位的指导和监督，督促其依法履行养护作业义务。公路养护作业单位应当按照有关技术规范进行养护巡查，并将巡查、检测、养护作业以及其他相关信息记录归档。

第二十五条　公路养护应当按照技术规范和操作规程作业，保证公路路基稳定，路面平整，桥隧构造物和附属设施完好。

第二十六条　公路管理机构应当统筹安排公路养护作业计划，除涉及通行安全的紧急养护作业外，避免在法定节假日期间或者集中在同一区域进行养护作业，防止造成交通堵塞。

在省际交界区域进行公路施工作业，可能造成交通堵塞的，有关公路管理机构应当会同同级公安机关交通管理部门事先书面通报相邻的省、自治区、直辖市有关公路管理机构、公安机关交通管理部门，共同制定疏导预案，确定分流路线。

第二十七条　公路养护作业单位需要临时占用公路路面进行日常性养护作业的，应当保证通行和养护作业的安全。

公路养护作业人员应当遵守公路安全作业规程，穿着统一的安全标志服；公路养护车辆、机械设备作业时，应当设置明显的作业标志，开启危险报警闪光灯。

公路养护作业影响车辆正常通行的，公路养护作业单位应当配合公安机关交通管理部门维护道路交通秩序；通过养护作业路段的车辆驾驶人和行人应当按照养护作业路段交通标志行驶，遵守交通秩序，服从现场交通指挥。

第二十八条　公路管理机构、公路经营企业应当推行公路养护管理和养护作业分离，选择具有养护资质的单位承担公路养护作业,实行合同管理。

第二十九条 国道、省道调整为城市道路的,应当由所在地县级以上人民政府提出调整意见,报经省交通运输主管部门按照国家和省有关规定办理审批手续。

国道、省道经批准调整为城市道路的,公路管理机构应当及时向建设行政主管部门办理该路段的管理和养护移交手续。移交后,由建设行政主管部门负责管理和养护。

除前款规定外,公路的管理和养护责任发生转移的,按照国家和省有关规定执行。

第三十条 国家成品油价格和税费改革转移支付资金基数和增量中相当于养路费占原基数比例的部分,应当用于非收费公路的养护管理。依法收取的车辆通行费应当按照公路养护定额,安排足额资金用于收费公路养护。

第三十一条 公路交通标志、标线应当按照国家标准设置,清晰、准确、易于识别。

公路管理机构、公路经营企业应当做好与城市道路及相邻省、自治区、直辖市省际公路的交通标志设置的衔接,保证公路交通标志的连续、系统。

第五章 保 护

第三十二条 公路管理机构应当建立健全公路管理档案,对公路、公路用地和公路附属设施调查核实、登记造册,并向社会公示。

第三十三条 新建、改建公路的建筑控制区的范围,应当自公路初步设计批准之日起三十日内,由公路沿线县级以上人民政府依法划定并向社会公告;自公告之日起,公路建筑控制区内不得再审批建筑物、构筑物的规划和建设。

第三十四条 在公路上增设或者改造平面交叉道口的,应当按照管理权限报经批准。属于收费公路的,应当征求收费公路经营企业的意见。

增设或者改造平面交叉道口,应当满足视距要求,按照公路工程技术标准和批准的设计图纸修建。平面交叉道口与公路搭接不少于100米长路段的路面应当采取硬化措施,并在距离平面交叉道口30米至50米处的公路两侧设置警告标志。

第三十五条 县级人民政府和有关主管部门对位于公路两侧的房屋,应当在公路用地边界处设置必要的隔离设施,并在两端设置出入道口。

任何单位和个人不得擅自移动或者破坏公路隔离设施。

第三十六条 因工程建设需要将公路特定路段作为施工通道使用的,建设单位应当与公路管理机构、公路经营企业签订养护和修复协议,保证施工期间车辆正常通行,工程结束后,按不低于原有公路技术标准及时修复。

第三十七条 车辆应当遵守国家公路限载、限高、限宽、限长规定。特定路段对车辆的总体外廓尺寸、总质量、轴载质量有特别限制的,车辆驾驶人应当遵守特别限制标准。

第三十八条 公路管理机构采用固定检测和流动检测相结合的方式,对车辆进行超限检测。在未设置超限检测站路段,公路管理机构可以使用检测设备进行流动检测。

公路管理机构在流动检测中发现的超限车辆,当事人对超限事实和超限的质量、外廓尺寸无异议的,可以作为处理依据;当事人有异议的,检查人员应当将超限车辆引导至邻近的超限检测站或者卸货场,按照静态检测磅秤复检结果进行处理。

第三十九条 车辆载运不可解体物品,车货总体的外廓尺寸或者总质量超过公路、公路桥梁、公路隧道的限载、限高、限宽、限长标准的,从事运输的单位和个人应当向公路管理机构申请公路超限运输许可,并提供以下材料:

(一)超限运输车辆行驶公路申请表;

(二)证明运输货物名称、质量、外廓尺寸的说明书或者铭牌以及总体轮廓图、运输装载示意图;

（三）必要的桥梁检测安全通行可行性报告、车辆装载后的预检数据和照片；

（四）其他需要提供的材料。

超限运输不可解体物品应当使用多轴多轮胎特种运输车辆，单轴轴载质量不超过10000千克，双联轴轴载质量不超过18000千克。

不可解体物品的生产企业、运输企业所提供的运输货物总重量、外廓尺寸等方面的数据和资料，应当真实有效。

第四十条 下列超限运输不可解体物品的车辆，应当在路政管理人员的引导下通行：

（一）车货总质量超过120000千克，在高速公路行驶的；

（二）车货总质量超过60000千克，在其他公路行驶的；

（三）载货后轮廓尺寸可能影响桥梁和隧道安全的。

第四十一条 公路管理机构、公路经营企业可以与保险公司签订保险合同，对桥梁、涵洞、公路附属设施等路产投保。

第四十二条 县级人民政府对属于国务院《公路安全保护条例》第二十条规定的范围，应当设置禁止采砂区域标志，禁止采砂取石。在禁止采砂区域外采砂取石的，应当避免影响公路桥梁基础的安全。

第四十三条 公安机关交通管理部门发现已经投入使用的公路存在交通事故频发路段，或者配套设施存在交通安全隐患，需要对公路限速标志进行增设或者变更的，由公安机关交通管理部门向当地人民政府提出书面意见，当地人民政府应当及时作出处理决定。公路管理机构接到人民政府的处理意见后，应当按照公路工程技术标准进行排查和处置。

第四十四条 重要公路桥梁和公路隧道按照《中华人民共和国人民武装警察法》和国务院、中央军委的有关规定由中国人民武装警察部队守护。

重要公路桥梁和公路隧道的名录由省人民政府确定。

第六章 应急服务

第四十五条 县级以上交通运输主管部门应当按照《中华人民共和国突发事件应对法》的规定，依法制定自然灾害以及重大交通事故等公路突发事件应急预案，报本级人民政府批准后实施。

公路突发事件应急预案应当明确应急管理工作的组织指挥体系与职责、处置程序、应急保障措施以及事后恢复与重建措施等内容。

第四十六条 公路管理机构、公路经营企业应当组建应急保障队伍，定期开展应急培训和演练。

公路管理机构、公路经营企业应当建立公路突发事件应急物资储备保障制度，储备必要的应急救援物资，满足应急处置需要。

第四十七条 公路突发事件的应急管理应当纳入县级以上人民政府突发事件应急管理体系，由县级以上人民政府统一领导，交通运输主管部门及其公路管理机构具体负责组织实施，其他相关部门按照各自职责负责公路突发事件的相关应急处置工作。

第四十八条 县级以上交通运输主管部门及其公路管理机构应当对可能引发公路突发事件的危险源、危险区域进行调查、登记和风险评估，定期进行检查、监控；发现安全隐患的，及时采取安全防范措施或者通知有关单位处理。

县级以上交通运输主管部门及其公路管理机构应当建立公路突发事件监测网点和信息系统，及时监测、收集、储存、分析和传输公路突发事件信息。

第四十九条 公路突发事件发生后，县级以上交通运输主管部门及其公路管理机构和有关部门应当按照规定启动应急预案。

公路突发事件造成公路损毁的，公路管理机构、公路经营企业应当及时组织修复，并依法向事件发生地人民政府报告。损毁特别严重的，事件发生地人民政府应当及时组织抢修。

公路突发事件发生后，公路管理机构、公路经营企业应当配合公安机关交通管理部门及时采取交通管制措施，维护现场秩序，并向社会发布交通管制信息。

第五十条 县级以上交通运输主管部门及其公路管理机构负责公路出行信息管理工作，及时发布公路出行信息。

第七章 收费公路的特别规定

第五十一条 依法设立的收费公路包括政府还贷公路和经营性公路。

建设和管理政府还贷公路，应当按照政事分开的原则，依法设立专门的不以营利为目的的法人组织。

经营性公路建设项目应当向社会公布，采用招标投标方式选择投资者。经营性公路由依法成立的公路企业法人建设、经营和管理。

收费公路的路政管理职责由公路管理机构的派出机构、人员行使。

第五十二条 收费公路车辆通行费的收费标准和收费期限依照国务院《收费公路管理条例》的规定确定，并向社会公布。

收费公路经营企业应当加强收费管理，提高工作效率，减少车辆缴费等待时间；其开启的收费道口和在岗的收费人员应当满足车辆快速安全通过的需要，不得造成车辆堵塞。

第五十三条 车辆通行收费公路应当交纳车辆通行费，不得拒交、逃交，不得故意堵塞收费道口或者强行通过。

车辆驾驶人不能提供有效通行交费凭证的，经收费公路经营企业核查后，能够确定实际通行里程的，按照实际通行里程交纳车辆通行费；经核查无法确定通行里程的，按照出口收费站到联网收费区域内最远端收费站的通行里程交纳车辆通行费。因收费公路经营企业的原因无法核查的，应当按照驾驶人提供的驶入站信息收取车辆通行费。

车辆驾驶人调换通行交费凭证的，应当按照从出口收费站到联网收费区域内最远端收费站的往返通行里程交纳车辆通行费。

第五十四条 收费公路因处置突发事件、抢险救援，确需快速疏导、分流车辆的，省交通运输主管部门可以决定暂时免费放行车辆。

收费公路道口发生拥堵的，应当及时采取措施疏导、分流车辆，确需免费放行的，具体实施办法由省交通运输主管部门另行制定。

第五十五条 收费公路服务区的设置应当遵循统筹规划、合理布局、功能完善、适度超前的原则。

收费公路服务区应当设置停车、临时休息、饮用水供应、公共厕所等免费使用的公益性服务设施，以及加油、购物、餐饮等经营性服务设施。

禁止单位和个人擅自在收费公路服务区兜售商品、揽客经营。

第五十六条 收费公路与其他公路或者城市道路的分界，由省交通运输主管部门会同有关部门划定并设置分界标志，明确管理和养护责任。

第五十七条 收费公路经营企业发现载运不可解体物品的超限运输车辆，无超限运输通行证或者实际状况与超限运输通行证上信息不一致的，应当及时报告公路管理机构处理。

第五十八条 车辆在高速公路上发生故障不能立即修复的，车辆驾驶人应当报告公安机关交通管理部门或者收费公路经营企业。

第八章 农村公路的特别规定

第五十九条 县级人民政府负责本行政区域内农村公路事业发展，组织协调有关部门做好农村公路的规划、建设、养护和管理等相关工作。

乡(镇)人民政府按照县级人民政府的规定,履行对农村公路的养护和管理职责。

第六十条 农村公路养护工程费应当全额用于农村公路养护工程,不得改变计划、截留、侵占和挪作他用。

第六十一条 农村公路应当按照有关技术规范和操作规程养护,做到路基、边坡稳定,路面、构筑物完好,排水畅通,保证正常使用。

新建、改建农村公路根据需要同步建设安全设施,已建成的农村公路应当按照安全、有效、经济、实用的原则,逐步完善安全设施。

第六十二条 农村公路的日常养护,可以采取建立养护组织或者由个人分段承包等方式实施。

鼓励采用公开招标等方式,择优选定具有相应资质或者从业经验的养护单位,逐步推行农村公路养护市场化。

县级公路管理机构或者乡(镇)人民政府应当与养护单位或者个人签订养护合同,明确双方的权利义务。

第六十三条 设区的市交通运输主管部门及其公路工程质量监督机构应当加强对农村公路养护工程质量的监督,确保农村公路养护工程质量。

农村公路养护工程符合招标投标条件的,应当实行招标投标管理。

第六十四条 乡道的超限运输认定标准需要作出特别规定的,县级交通运输主管部门或者乡(镇)人民政府应当按照乡道的设计标准在公路出入口公示。超过公示标准的车辆不得在乡道上行驶。

第九章 法律责任

第六十五条 违反本条例规定,车货总质量超过核定标准的(不含静态磅秤称量的误差),由县级以上公路管理机构责令改正,并按照下列标准予以处罚:

(一)超过核定标准500千克以下的,予以警告;

(二)超过核定标准500千克以上2000千克以下的,处一百元以上五百元以下罚款;

(三)超过核定标准2000千克以上5000千克以下的,处五百元以上一千元以下罚款;

(四)超过核定标准5000千克以上10000千克以下的,处三千元以上一万元以下罚款;

(五)超过核定标准10000千克以上的,处一万元以上三万元以下罚款。

违反本条例规定,车货总长、总宽、总高超过省交通运输主管部门规定标准的车辆,由县级以上公路管理机构责令改正,可以处五百元罚款。

第六十六条 违反本条例规定,申请人提供虚假材料或者信息申请超限运输许可车辆通行证的,由公路管理机构予以警告,并在一年内不予受理其超限运输车申请;申请人利用虚假材料或者信息取得超限运输车辆通行证的,由公路管理机构处一千元以上五千元以下罚款,并在三年内不再受理其超限运输申请。

第六十七条 违反本条例规定的其他行为,法律、法规有处罚规定的,从其规定。

第六十八条 交通运输主管部门、公路管理机构及其工作人员在公路管理工作中,滥用职权、玩忽职守、徇私舞弊的,由其所在单位或者上级主管部门依法给予行政处分;构成犯罪的,由司法机关依法追究刑事责任。

第十章 附 则

第六十九条 本条例中下列用语的含义:

(一)公路,是指本省行政区域内的国道、省道、县道、乡道,包括公路桥梁,公路隧道和公路渡口,并按技术等级分为高速公路、一级公路、二级公路、三级公路和四级公路;

（二）收费公路，是指符合《中华人民共和国公路法》和《收费公路管理条例》规定，经批准依法收取车辆通行费的公路（含桥梁和隧道）；

（三）农村公路，是指县道、乡道。

第七十条 村道应当逐步改造为符合国家和省技术标准的公路。村道规划、建设、管理和养护的具体职责由县级人民政府确定。

第七十一条 企业或者其他单位建设、养护、管理专为或者主要为本企业或者本单位提供运输服务的专用公路，不适用本条例。

第七十二条 本条例自2014年7月1日起施行。

安徽省治理货物运输车辆超限超载条例

安徽省人民代表大会常务委员会公告第15号　2014.3.28

第一条　为了治理货物运输车辆超限超载，保护人民群众生命和财产安全，保障公路完好、畅通，根据《中华人民共和国公路法》、《中华人民共和国道路交通安全法》、国务院《公路安全保护条例》和有关法律、行政法规，结合本省实际，制定本条例。

第二条　本条例适用于本省行政区域内货物运输车辆（以下简称货运车辆）超限超载的治理活动。

本条例所称超限运输，是指货运车辆载物超过法律、法规、规章和国家标准规定或者交通标志标明的限载、限高、限宽、限长标准，在公路上行驶的行为。

本条例所称超载运输，是指货运车辆载物超过核定载质量，在公路上行驶的行为。

第三条　设区的市和县级人民政府对本行政区域内货运车辆超限超载治理工作负总责。

县级以上人民政府应当将货运车辆超限超载治理工作纳入本级政府年度工作目标考核，建立健全治理工作协调机构，将治理工作经费纳入财政预算。

县级以上人民政府应当组织建设货运车辆超限超载治理信息平台，完善监控网络，不断提升科技治理水平。

第四条　县级以上人民政府交通运输行政主管部门和公安机关依据职责分工，负责本行政区域内货运车辆超限超载治理工作。

县级以上人民政府经济和信息化、工商行政管理、质量技术监督、安全生产、农业、水利、国土资源、财政、价格、监察等部门按照各自职责，做好货运车辆超限超载治理相关工作。

第五条 任何单位和个人均有权举报货运车辆超限超载和执法人员的违法行为。

交通运输行政主管部门和公安机关应当公布举报电话、电子信箱等。接到举报的部门应当按照职责,及时调查处理,向举报人反馈,并为其保密;对查证属实的,应当给予举报人奖励。

第六条 禁止生产、销售拼装的货运车辆或者生产、销售擅自改装的货运车辆。

运输不可解体物品需要改装车辆的,应当由具有相应资质的车辆生产企业按照规定的车型和技术参数进行改装,并依法向公安机关交通管理部门申请变更登记。

公安机关交通管理部门办理货运车辆注册登记和定期检验时,应当对货运车辆的拼装、改装情况予以查验。

第七条 从事道路货物运输装载的经营者(以下简称货运源头单位)应当遵守下列规定:

(一)明确本单位有关从业人员职责,建立并落实责任追究制度;

(二)对货物装载、开票、计重等从业人员进行培训;

(三)安装符合标准的货物计重设备和设施;

(四)对货运车辆的行驶证、营运证和驾驶人的从业资格证进行登记;

(五)按照货运车辆核定载质量和装载要求装载,如实计重、开票,签发装载证明;

(六)建立、健全货运车辆装载的登记、统计制度。

第八条 货运源头单位不得有下列行为:

(一)超限超载装载货物;

(二)为无号牌或者无车辆行驶证、营运证的货运车辆装载货物;

(三)为未提供从业资格证的人员驾驶的货运车辆装载货物;

(四)为超限超载的货运车辆提供虚假装载证明。

第九条 设区的市和县级人民政府交通运输行政主管部门会同有关部门对货运源头单位进行监督管理。对货运源头单位比较集中的区域，经县级以上人民政府批准，可以在货运源头单位主要出入口实施定点监管，禁止超限超载货运车辆通行。

货运源头单位所在地乡（镇）人民政府、街道办事处应当支持、配合做好货运源头治理工作。

第十条 货运经营者应当对所属货运车辆驾驶人进行依法装载和安全知识的培训，不得聘用无从业资格证的货运车辆驾驶人，不得指使、强令货运车辆驾驶人超限超载运输货物。

第十一条 货运车辆驾驶人在运输中，应当随车携带装载证明，实际装载情况应当与装载证明载明的内容相符。

第十二条 货运经营者不得从事超限超载运输，货运车辆驾驶人不得驾驶超限超载货运车辆。

货运经营者载运不可解体物品在公路上超限运输的，应当依法取得超限运输车辆通行证。超限运输车辆的型号和运输的物品应当与通行证记载的内容相一致。

第十三条 固定超限超载检测站点建设规划，由省人民政府交通运输行政主管部门编制，报省人民政府批准。需要对原有站址作出调整的，应当经省人民政府交通运输行政主管部门同意；确需增设站点的，应当报经省人民政府批准。

新建、改建公路，应当将经批准设置的固定超限超载检测站点与公路同时设计、同时建设、同时交付使用。

第十四条 固定超限超载检测站点应当配置符合国家规定的设施、设备，并在站内显著位置公示监督电话、超限认定标准和超限检测程序。

交通运输行政主管部门、公路管理机构负责固定超限超载检测站点的监督管理。公安机关负责维护固定超限超载检测站点的交通及治安秩序，对超限超载运输现象严重的区域，根据需要向站点派驻人民警察。

第十五条 新建收费公路的经营者应当在收费公路入口处安装超限超载检测装置。已建收费公路的经营者应当对收费公路入口进行改造，加装超限超载检测装置。

经检测超限超载的货运车辆，未能提供超限运输车辆通行证的，收费公路经营者应当拒绝其通行，并及时报告公路管理机构。公路管理机构应当及时派出执法人员赶赴现场，依法处置。

第十六条 公路管理机构和公安机关交通管理部门应当依托固定超限超载检测站点或者公路稽查站，对货运车辆进行超限超载检测、检查；对超限超载车辆避站绕行、短途驳载等行为，可以采取流动检查方式进行查处。

经流动检查检测显示超限超载的车辆，应当就近引导至固定超限超载检测站点、公路稽查站或者交通运输行政主管部门指定的场所进行处理。

第十七条 载货货运车辆途经固定超限超载检测站点和收费公路入口处，应当主动接受检测。

经检测超限超载的货运车辆，运输可解体物品的，公路管理机构或者公安机关交通管理部门应当责令承运人卸载；承运人拒不卸载的，代为卸载，卸载费用由承运人承担。对未经批准、超限运输不可解体物品的，公路管理机构可以扣留车辆，并责令办理公路超限运输许可。

道路运输管理机构或者公安机关交通管理部门发现擅自改装的货运车辆，应当责令车辆驾驶人或者所有人予以纠正，并依法处罚。公安机关交通管理部门发现拼装的货运车辆，应当予以收缴，强制报废。

第十八条 经流动检查检测显示超限超载的，货运车辆驾驶人不得拒绝称重检测。

车货总重超过称重设备标定限值等无法用称重设备检测的，可以采用量方测算的方法检测认定。

第十九条 固定超限超载检测站点、公路稽查站和公路收费站使用的检测装置应当定期进行检定；未经检定或者检定不合格的，其检测数据不得作为卸载或者处罚的依据。

第二十条 超限超载货运车辆需要固定超限超载检测站点、公路稽查站协助卸载或者保管货物的，承运人应当支付必要的劳务或者保管费用。

承运人应当在十日内对卸载的货物进行处置,逾期不处置的,依照国家和省有关规定处理。

第二十一条 设区的市和县级人民政府交通运输行政主管部门可以在公路的重要路段和节点,设置货运车辆超限超载动态检测技术监控设备。

对经动态检测技术监控设备检测显示超限超载的货运车辆,公路管理机构应当责令货运车辆驾驶人在规定的时限内到指定的地点接受处理。逾期不接受处理的,公路管理机构可以将有关技术监控记录资料移交公安机关交通管理部门,由公安机关交通管理部门对其超载行为进行处罚并记分。

第二十二条 县级以上人民政府可以组织交通运输、公安等有关部门开展路面治理联合执法。

交通运输行政主管部门、公安机关及其他有关部门应当利用信息平台,及时登记、抄告和公示货运车辆超限超载违法行为及处罚情况。

道路运输管理机构应当将货运车辆超限超载违法行为纳入货运企业质量信誉考核和驾驶人诚信考核范围,并将考核结果向社会公布。

第二十三条 县级以上人民政府货运车辆超限超载治理工作协调机构应当组织超限超载治理工作的督查,对严重超限超载或者因超限超载造成严重后果的货运车辆进行责任倒查。

倒查中涉及车辆生产或者改装企业、货运源头单位、车辆所有人责任的,由有关监督管理部门依照法律、法规的规定给予处罚;涉及有关监督管理部门工作人员责任的,由所在单位或者监察机关依照法律、法规和省人民政府的规定追究责任;构成犯罪的,依法追究刑事责任。

第二十四条 设区的市和县级人民政府不履行或者不正确履行职责,致使本地区超限超载运输现象严重的,由上级人民政府按照国家和省有关规定对其负责人实行问责。

第二十五条　违反本条例第六条第一款规定，生产、销售拼装的货运车辆或者生产、销售擅自改装的货运车辆的，由质量技术监督、工商行政管理部门没收违法生产、销售的货运车辆成品及配件，可以并处违法产品价值三倍以上五倍以下的罚款；有营业执照的，由工商行政管理部门吊销营业执照；没有营业执照的，由工商行政管理部门予以查封。构成犯罪的，依法追究刑事责任。

第二十六条　货运源头单位违反本条例第八条第一、二项规定的，由道路运输管理机构责令改正，处一万元以上三万元以下的罚款；因货运站装载造成货运车辆超限、超载，情节严重的，由许可机关并处吊销其道路运输经营许可证。

货运源头单位违反本条例第七条第五项、第八条第三项、第四项规定，未签发装载证明，或者提供虚假装载证明，或者为未提供从业资格证的人员驾驶的货运车辆装载货物的，由道路运输管理机构责令改正，按照每辆次处一千元的罚款。

第二十七条　违反本条例第十二条规定，未经批准驾驶超限超载货运车辆的，由公路管理机构或者公安机关交通管理部门责令改正，并依照有关法律、法规的规定处罚。

第二十八条　违反本条例第十八条第一款规定，拒绝称重检测的，处三万元罚款。

第二十九条　对一年内违法超限运输超过三次的货运车辆，由道路运输管理机构吊销其车辆营运证；对一年内违法超限运输超过三次的货运车辆驾驶人，由道路运输管理机构吊销其从业资格证。货运经营者一年内违法超限运输的货运车辆超过本单位货运车辆总数百分之十的，由道路运输管理机构责令其停业整顿；情节严重的，吊销其道路运输经营许可证，并向社会公告。

依照前款规定被吊销车辆营运证、道路运输从业人员从业资格证和道路运输经营许可证，有关货运车辆、货运车辆驾驶人和货运经营者重新申领的，有关部门在处罚执行完毕之日起一年内不予办理。

第三十条　对未经批准驾驶车货总重超过七十五吨或者车货总重超过规定标准百分之百的货运车辆的，由公路管理机构、道路运输管理机构、公安机关交通管理部门依据各自职责，按照下列规定处罚：

(一)对货运车辆驾驶人处二千元罚款，对其交通违法行为记六分，吊销其从业资格证；

(二)对货运经营者处三万元罚款，吊销车辆营运证。

第三十一条 依照本条例第二十九条、第三十条规定，被吊销车辆营运证、道路运输从业人员从业资格证和道路运输经营许可证累计三次的，货运车辆驾驶人、货运经营者终身不得从事道路货物运输经营。

第三十二条 阻碍治理超限超载工作人员执行职务，以及强行通过固定超限超载检测站点、收费站或者故意堵塞固定超限超载检测站点、收费站通行车道，构成违反治安管理行为的，由公安机关依法给予治安管理处罚；构成犯罪的，依法追究刑事责任。

第三十三条 县级以上人民政府负有货运车辆超限超载治理工作职责的单位和人员有下列情形之一的，对其主管人员和直接责任人员，由所在单位或者监察机关依法给予处分；构成犯罪的，依法追究刑事责任：

(一)对不符合机动车国家安全技术标准的货运车辆予以登记、发放检验合格标志的；

(二)对未经检测合格的货运车辆核发车辆营运证的；

(三)违反规定为超限运输车辆办理通行证的；

(四)违反规定放行超限超载货运车辆或者不责令当事人采取卸载、分装等改正措施，消除违法状态的；

(五)违法扣留货运车辆或者使用依法扣留的货运车辆的；

(六)对有关部门抄告、移送的案件不及时查处的；

(七)接到货运车辆超限超载违法行为的投诉、举报，未及时组织核查并依法处理的；

(八)索取、收受他人财物，或者谋取其他利益的；

(九)其他滥用职权、玩忽职守、徇私舞弊行为的。

第三十四条 本条例自2014年6月1日起施行。

湖北省邮政条例

湖北省人民代表大会常务委员会公告第163号　2014.5.29

第一章　总　　则

第一条　为了保障邮政普遍服务，规范和促进快递服务发展，维护邮政通信与信息安全，保护通信自由、通信秘密和用户合法权益，加强对邮政市场的监督管理，根据《中华人民共和国邮政法》和有关法律、行政法规，结合本省实际，制定本条例。

第二条　本省行政区域内邮政业规划、建设、服务和监督管理活动，适用本条例。

第三条　省邮政管理部门负责全省邮政普遍服务和邮政市场的监督管理工作。

市(州)邮政管理部门负责本辖区邮政普遍服务和邮政市场的监督管理工作。直管市、神农架林区的邮政普遍服务和邮政市场的监督管理工作，由省邮政管理部门负责。

县级以上人民政府有关部门依照各自职责，共同做好邮政管理相关工作。

第四条　邮政普遍服务是国家保障的重要公益性服务。各级人民政府及有关部门应当对邮政普遍服务和特殊服务给予财政扶持和政策优惠，重点扶持农村和交通不便地区的邮政普遍服务和特殊服务。

快递服务是现代服务业的重要组成部分。各级人民政府应当制定和完善相关政策和措施，鼓励、促进和规范快递服务发展。

邮政企业、快递企业应当加强服务质量管理，提高服务水平，为用户提供迅速、准确、安全、方便的服务。

第五条 邮政管理部门、公安机关、国家安全机关和海关应当相互配合，建立健全安全保障机制，加强对邮政通信和信息安全的监督管理，确保邮政通信与信息安全。

邮政企业、快递企业应当遵守国家有关安全管理规定，完善安全保障制度和措施，保障寄递安全，并为相关部门依法履行职责提供便利。

第二章 规划与建设

第六条 县级以上人民政府应当将邮政业发展纳入国民经济和社会发展规划，按照统筹安排、合理布局的原则，将邮政、快递基础设施的布局和建设纳入土地利用总体规划、城乡规划、综合交通运输体系规划，保障邮政业与当地经济社会协调发展。

邮政管理部门应当根据邮政业发展规划和邮政普遍服务标准，会同发展改革、城乡规划、国土资源等部门编制包括邮政营业场所、邮件处理场所等在内的邮政设施专项规划，经本级人民政府批准后依法纳入相应的城乡规划。

城乡规划主管部门编制控制性详细规划，应当按照邮政设施专项规划的要求，对邮政营业场所和邮件处理场所进行规划控制。

第七条 建设城市新区、独立工矿区、开发区、商贸区、城镇住宅区或者对旧城区进行改造，应当同时规划和建设配套的邮政设施。城市建成区已有的邮政设施不能满足邮政普遍服务要求的，应当改建、扩建或者重建。

城乡规划主管部门在组织审查修建性详细规划时，对未按照规划要求设置邮政普遍服务设施的，应当要求建设单位改正。

第八条 邮政企业应当按照城乡规划、邮政普遍服务标准设置邮政营业场所、邮政报刊亭、邮筒（箱）等邮政设施。

提供邮政普遍服务的邮政设施用地由县级以上人民政府按照城市基础设施用地和公益事业用地依法划拨，免征城市基础设施配套费和其他费用。邮政报刊亭、邮筒(箱)和其他邮政服务设施免缴城市道路占用费。

建设单位配套建设的邮政普遍服务场所,属于设置面积标准范围内的,供应价格标准由建设主管部门会同国土资源、房屋行政管理、邮政管理部门按照支持和保障邮政普遍服务的原则制定,具体供应价格由邮政企业与建设单位协商确定。

依法取得的划拨土地和依照前款规定配套建设的邮政普遍服务场所,不得擅自转让或者改变用途。

第九条 较大的车站、机场、港口、宾馆、高等院校、社区、商贸区、旅游区等公共场所应当设置邮政普遍服务的场所,并根据需要设置快递服务营业场所或者自助快递服务设施,其管理单位应当为邮政企业、快递企业在收寄、装卸、转运、投递邮件、快件等方面提供便利,并在场地租用方面提供优惠。

第十条 机关、企事业单位和城镇住宅区、商用写字楼的产权人或者物业管理单位,应当在适当位置设置接收邮件的场所,提供接收快件的场地或者服务设施。因故未设置邮件接收场所、未提供接收快件的场地或者服务设施的,应当允许统一着装并佩戴标识的邮政企业、快递企业从业人员和车辆进入为用户提供服务,不得收取费用。

第十一条 新建、改建、扩建城镇居民楼、住宅区的建设单位应当按照国家规定的标准设置信报箱,并与建设项目主体工程同步规划、设计、施工和验收,所需费用纳入建设项目总预算。对未设置信报箱或者设置的信报箱不符合标准的建设项目,不予办理竣工验收手续。

已建成使用的城镇旧居民楼和住宅区未配置信报箱或者配置的信报箱不符合国家标准的,所在地人民政府应当依法根据实际安排资金补建或者改造。

信报箱的维修和更换,保修期内由建设单位负责。超过保修期的,纳入住宅共用设施设备进行维修和更换,所需费用依法从住宅专项维修资金中支付;没有住宅专项维修资金的,由信报箱所有人负责维修和更换。

第十二条 农村地区提供邮政普遍服务的邮政设施建设应当纳入当地镇、乡和村庄规划。

县级以上人民政府应当统筹村级公共资源，扶持农村地区邮政设施建设，将村邮站与农村公共服务平台相结合，明确村邮站建设以及运营的责任主体，经费纳入农村公益服务范畴，由各级财政合理负担。

邮政企业应当对村邮站提供业务支持和指导，并与村邮站签订邮件接收、转投协议。邮政企业委托村邮站代办邮政普遍服务和特殊服务以外业务的，应当与村邮站签订协议，支付代办费。

第十三条 因公共利益需要依法征收邮政营业场所或者邮件处理场所的，房屋征收部门应当事先与邮政企业协商。根据控制性详细规划和邮政普遍服务标准需要继续在原区域设置上述场所的，应当按照方便用邮、不少于原有面积的原则重新设置，所需费用由作出房屋征收决定的人民政府承担。

重建的邮政营业场所、邮件处理场所在交付使用前，房屋征收部门应当安排过渡场所。房屋征收部门未作出妥善安排前，不得征收。邮政企业应当采取相应措施，保证过渡期间邮政普遍服务正常进行。

第三章 邮政普遍服务和特殊服务

第十四条 省邮政管理部门应当根据国家标准和本省经济社会发展需要，制定本省邮政服务规范。

邮政企业应当按照国家规定的业务范围、服务标准和资费标准，为用户持续提供邮政普遍服务，提高邮政普遍服务水平。

邮政企业应当对信件、单件重量不超过五千克的印刷品、单件重量不超过十千克的包裹的寄递以及邮政汇兑提供邮政普遍服务。

邮政企业按照国家规定办理机要通信、国家规定报刊的发行，以及义务兵平常信函、盲人读物和革命烈士遗物的免费寄递等特殊服务业务。

第十五条 邮政企业应当在其营业场所按照国家规定开办所有种类的邮政普遍服务业务,公布其服务种类、营业时间、资费标准、邮件和汇款的查询及损失赔偿办法、禁止或者限制寄递的物品范围、邮件封装用品价格以及对其服务质量的投诉办法,并提供邮政编码查询服务。

邮政企业应当在邮筒(箱)上标明开筒(箱)的频次和时间,按时开取。

第十六条 邮政企业对用户交寄的邮件,应当按照规定的服务标准,及时、准确、安全投递。

本省同一城市市区内互寄的信件,应当在2日内完成投递;本省市州人民政府所在地城市间互寄的信件,应当在3日内完成投递;本省同一市州的市县间互寄的信件,应当在5日内完成投递;本省不同市州的市县间互寄的信件,应当在7日内完成投递。

城市邮件的投递频次应当每天不少于1次;乡、镇人民政府所在地邮件的投递频次应当每周不少于5次;村民委员会所在地邮件的投递频次应当每周不少于3次。

交通不便的边远地区邮件,按照邮政管理部门规定的时限、频次投递。

第十七条 用户交寄邮件,应当清楚、准确地填写收件人姓名、地址和邮政编码,使用符合国家标准的信封,交寄包裹应当符合规定的封装规格和封装要求。

第十八条 邮政企业采取按址投递或者与用户协商的其他方式投递邮件的,物业服务企业应当为邮政企业投递邮件提供便利。

物业服务合同有代收、代转邮件约定或者物业服务企业与业主有书面或者口头约定的,物业服务企业应当为业主代收、代转邮件。

第十九条 单位收发人员和邮件代收人接收邮政企业投交的邮件时,应当当面核对,签收给据邮件,并对所接收的邮件负有保护和及时传递的责任，不得私拆、隐匿、毁弃邮件或者撕揭邮票。

单位收发人员、邮件代收人、收件人对无法转交或者误收的邮件，应当及时通知邮政企业收回。

第二十条 经省邮政管理部门和省交通运输主管部门核定的带有邮政专用标志的邮政普遍服务邮运车辆免予办理道路运输证，通过本省收费的公路、桥梁、隧道时，免缴通行费。

带有邮政专用标志的车辆运输、投递邮件时，确需通过禁行路线或者确需在禁止停车地段停车的，经公安机关交通管理部门同意，在确保交通安全的前提下，可以通行或者临时停靠作业。

带有邮政专用标志的车辆不得出租、出借或者用于其他活动。

第二十一条 带有邮政专用标志的车辆在运输、投递邮件途中发生道路交通安全违法行为或者交通事故的，公安机关交通管理部门应当及时处理并协助保护邮件安全。对于一般道路交通安全违法行为或者轻微交通事故，可以适用简易程序处理后先放行，待完成运输、投递任务后，再行处理；发生严重道路交通安全违法行为或者重大交通事故不能放行时，应当立即通知邮政企业，并协助及时转运邮件。

第二十二条 邮政企业及其工作人员不得实施下列行为：

（一）私拆、隐匿、毁弃、盗窃邮件；

（二）无故积压邮件、汇款；

（三）撕揭邮票；

（四）无故拒绝、拖延、中断应当为用户办理的邮政服务；

（五）擅自变更邮政普遍服务和特殊服务收费标准或者增加收费项目；

（六）强迫、误导或者限定用户使用指定的业务，向用户搭售商品、服务或者附加其他不合理条件；

（七）野蛮分拣，以抛扔、踩踏或者其他危险方法处理邮件；

（八）法律、法规禁止的其他行为。

第二十三条 县级以上人民政府应当对邮政普遍服务和特殊服务提供财政专项资金予以扶持。

邮政企业应当按照规定使用财政专项资金，专款专用，不得挪作他用，并接受财政部门和邮政管理部门的监督检查。

第四章　快递业务

第二十四条　县级以上人民政府应当将快递服务纳入现代服务业和现代物流业发展规划，制定和完善有关促进快递服务发展的政策措施，支持快递企业发展。

第二十五条　经营快递业务应当依法取得邮政管理部门颁发的快递业务经营许可证，并依法办理工商注册登记。未经许可，任何单位和个人不得经营快递业务。

快递企业设立分支机构或者合并、分立的，应当按照国家规定向邮政管理部门备案。

本条例所称快递企业，包括经营快递业务的邮政企业。

第二十六条　以加盟方式经营快递业务的企业，应当取得快递业务经营许可证，签订加盟经营合同。

被加盟人应当在服务标准、服务质量、经营行为、运营安全、业务流程、用户投诉、损失赔偿等方面对加盟人实行统一管理，向用户提供统一的跟踪查询和投诉处理服务，对加盟人给用户造成的损失依法承担连带责任。

加盟人应当遵守共同的服务约定，使用统一的商标、商号、快递服务运单和收费标准。

第二十七条　快递企业提供的快递服务应当符合快递服务国家标准，并遵守其公开的服务承诺。鼓励快递企业制定和采用高于国家标准的企业标准。

第二十八条　快递企业收寄快件应当使用符合国家标准的快递运单。快递运单应当在显著位置注明企业赔偿责任等影响用户权益的内容，并符合《中华人民共和国合同法》有关格式合同的规定。

快递企业收寄快件前，应当提醒寄件人阅读快递运单的服务合同条款，指导寄件人规范填写快递运单，并建议寄件人对贵重物品购买保价或者保险服务。

寄件人应当如实、正确、完整地填写相关信息，核对无误后在快递运单相应位置签字确认。

第二十九条 快递企业应当在承诺时限内将快件投递到约定的收件地址和收件人或者收件人指定的代收人。

快递企业投递快件时，应当告知收件人当面验收。快件外包装完好的，由收件人签字确认。投递的快件注明为易碎品及外包装出现明显破损等异常情况的，快递企业应当告知收件人先验收内件再签收。快递企业与寄件人另有约定的除外。

第三十条 快递企业接受网络购物、电视购物和邮购等经营者的委托提供快递服务的，应当与经营者签订合同，明确快件投递时验收环节的权利义务。

网络购物、电视购物和邮购等经营者应当以显著方式提醒收件人注意快件验收的具体程序和要求。

第三十一条 快递企业从业人员中取得快递业务员国家职业资格证书的比例应当不低于国家规定。快递企业应当对从业人员进行职业道德教育和职业技能培训，鼓励快递从业人员取得相应的国家职业资格证书。

第三十二条 快递企业应当妥善应对快递业务高峰期，做好业务量监测，加强网络统筹调度，及时向社会发布服务提示，认真处理用户投诉。

第三十三条 快递企业在经营许可期内不得擅自中断、停止经营快递业务。确需临时歇业的，应当提前15日向所在地的邮政管理部门书面报告，同时在营业场所及有关媒体上公告。终止经营快递业务的，还应当交回快递业务经营许可证并办理注销手续。

快递企业在中断、停止经营快递业务之前，对尚未投递的快件，应当按照国务院邮政管理部门的规定妥善处理。

第三十四条 省邮政管理部门和公安机关交通管理部门根据国家规定，结合本省实际对用于快递运输、投递的车辆在车型、车身标识等方面制定相应的规范。快递企业提供快递服务的专用车辆应当符合国家和本省的规定,并喷涂标识。

对带有标识的快递运输、投递车辆,公安机关交通管理部门及其他有关部门应当根据城市交通状况,采取多种措施,在确保安全的前提下,为快递车辆的通行、停靠提供便利。

第三十五条 本条例第十八条、第二十条第二款、第二十一条以及第二十二条第(一)、(四)、(六)、(七)项关于邮政企业、邮件和邮政车辆的规定,适用于快递企业、快件和快递车辆。

第五章 安全保障

第三十六条 公民的通信自由和通信秘密受法律保护。

除法律另有规定或者经用户书面同意外,任何组织和个人不得检查、扣留邮件、快件;邮件、快件被非法扣留的,邮政管理部门、公安机关应当责令扣件人及时放行邮件、快件。

第三十七条 邮政企业、快递企业应当保护用户的信息安全和通信秘密,确保所掌握的用户使用邮政服务、快递业务的相关信息不被窃取、泄露。未经法律明确授权或者用户书面同意,邮政企业、快递企业不得将用户使用邮政服务、快递业务的相关信息提供给任何组织或者个人,国家有关机关依法行使职权的除外。

邮政企业、快递企业应当建立快递运单实物及电子数据档案管理制度,采取技术措施确保用户信息安全。快递运单的实物保存和电子档案保存应当满足快递服务标准规定的档案保管期限。保管期满后,按照规定集中销毁或者删除。

第三十八条 邮政企业、快递企业应当建立邮件、快件处理场所安全管理制度,完善安全生产条件,落实安全防范措施,防范各类安全生产事故。

第三十九条 用户交寄和邮政企业、快递企业收寄邮件、快件,应当遵守国家关于禁止寄递或者限制寄递物品的规定。

邮政企业、快递企业对不能确定安全性的可疑物品,应当要求用户出具相关部门的安全证明。用户不能出具安全证明的,不予收寄。

邮政企业、快递企业应当对收寄的信件以外的邮件、快件依法进行验视,对符合寄递规定的加盖验视专用章或者专门标识。

邮政企业、快递企业在转运、投递邮件、快件过程中,发现有国家禁止寄递或者限制寄递物品的,应当按照有关规定,采取妥善措施进行处理,并及时报告有关部门。

第四十条 根据国家规定需要寄件人出具身份证明或者提供有关书面凭证的,邮政企业、快递企业应当要求其出示有效身份证件或者提供有关书面凭证,核对无误后方可收寄。

第四十一条 邮政企业、快递企业应当建立健全重大突发事件应急机制,制定突发事件应急预案,加强应急队伍建设和物资、技术、经费保障,并报邮政管理部门备案。

遇重大突发事件时,邮政企业、快递企业应当立即启动应急预案,采取有效处置措施保障人员安全和邮件、快件安全,并在1小时内向邮政管理部门和有关部门报告。遇重大服务阻断时,应当及时告知用户。

第四十二条 为应对突发事件,县级以上人民政府和邮政管理部门可以调集和征用有关邮政企业、快递企业的人员、物资及车辆、场地和相关设备,并依法给予补偿。邮政企业、快递企业应当配合。

第四十三条 邮政管理部门、公安机关、国家安全机关和海关应当加强邮政行业安全管理制度和安全知识的宣传,提高从业人员的安全意识、安全操作技能,增强公众使用寄递服务的安全意识。

第六章 监督管理

第四十四条 邮政管理部门应当建立健全监督检查制度,加强对邮政普遍服务和邮政市场的监督检查,依法查处违反邮政法律、法规的行为。

邮政管理部门发现邮政企业、快递企业存在安全隐患、服务质量问题、明显异常经营活动等情况，应当约谈其负责人，责令其进行整改。

第四十五条 邮政管理部门应当建立邮政普遍服务质量社会监督评价体系，对邮政普遍服务质量进行监督并向社会公布。

邮政管理部门应当建立以公众满意度、时限准时率和用户申诉率为主要内容的快递服务质量评价体系，定期、适时组织评估快递行业服务水平和质量，并向社会公布。

第四十六条 邮政企业、快递企业应当在规定期限内如实向邮政管理部门报送有关经营情况、服务质量自查情况和统计资料，并及时报告重大事故和重大服务质量问题。

第四十七条 邮政企业、快递企业应当建立和完善服务质量管理制度，向社会公布监督投诉电话、信箱，接受用户监督。对用户的举报和投诉，应当及时受理，并自受理之日起 10 日内答复用户。

用户对于邮政企业、快递企业处理结果不满意的，可以向邮政管理部门进行申诉。邮政管理部门应当及时依法处理，自接到申诉之日起 30 日内作出答复。

被申诉企业对邮政管理部门转办的申诉应当及时、妥善处理，自收到转办申诉之日起 15 日内向邮政管理部门答复处理结果。

第四十八条 邮政企业撤销提供邮政普遍服务的邮政营业场所(含代办网点)或者停止、限制办理邮政普遍服务业务，应当经所在地邮政管理部门批准并公告。

邮政管理部门作出审批决定前，应当征求所在地乡镇人民政府或者街道办事处以及用户的意见；涉及重大公共利益需要听证的，应当向社会公告并举行听证。

第四十九条 邮政行业社会团体应当自觉接受邮政管理部门的监督管理，加强行业自律，引导企业依法、诚信经营，维护企业和用户的合法权益，促进邮政业健康发展。

第七章　法律责任

第五十条　违反本条例规定的行为，法律、行政法规已有处罚规定的，从其规定。

第五十一条　邮政企业违反本条例第八条第四款规定，擅自转让或者改变划拨土地和配套建设的邮政营业场所、邮件处理场所用途的，由邮政管理部门责令限期改正；逾期未改正的，由县级以上人民政府城乡规划、国土资源等相关行政主管部门依法处理。

第五十二条　邮政企业、快递企业违反本条例第二十二条、第二十七条规定，有下列行为之一的，由邮政管理部门责令改正，处2000元以上1万元以下罚款；情节严重的，处1万元以上3万元以下罚款：

(一)无故积压邮件、快件和汇款；

(二)强迫、误导或者限定用户使用指定的业务，向用户搭售商品、服务或者附加其他不合理条件；

(三)野蛮分拣，以抛扔、踩踏或者其他危险方法处理邮件、快件；

(四)服务不符合国家标准，损害用户利益。

第五十三条　邮政企业、快递企业违反本条例第三十七条第二款规定，未按照标准保管快递运单、电子档案和保管期满后未按照规定集中销毁或者删除的，由邮政管理部门责令改正，处3000元以上1万元以下罚款；情节严重的，处1万元以上5万元以下罚款。

第五十四条　邮政企业、快递企业违反本条例第三十九条第三款规定，未加盖验视专用章或者专门标识的，由邮政管理部门给予警告，责令限期改正；逾期未改正的，处5000元以上2万元以下罚款。

第五十五条　邮政企业、快递企业违反本条例第四十六条规定，未按照规定报送有关情况、资料的，由邮政管理部门给予警告，责令限期改正;逾期未改正的,处 1000 元以上 5000 元以下罚款。

第五十六条 邮政企业、快递企业违反本条例第四十七条规定,未在规定的时限内妥善处理用户投诉和邮政管理部门转办的申诉的,由邮政管理部门给予警告,责令限期改正;逾期未改正的,处 3000 元以上 1 万元以下罚款。

第五十七条 邮政管理部门工作人员在监督管理工作中有下列行为之一,尚不构成犯罪的,由所在单位或者有关部门给予行政处分:

(一)泄露监督检查中知悉的商业秘密的;

(二)滥用职权、玩忽职守、徇私舞弊的;

(三)违反法定程序实施监督检查的;

(四)其他不依法履行监督管理职责的。

第八章 附 则

第五十八条 本条例自 2014 年 8 月 1 日起施行。

南京市轨道交通条例

南京市人民代表大会常务委员会公告第10号　2014.6.9

第一章　总　　则

第一条　为了规范轨道交通管理,保障轨道交通建设和安全运营,维护乘客合法权益,根据有关法律、法规,结合本市实际,制定本条例。

第二条　本条例所称轨道交通,是指地铁、轻轨等城市轨道公共客运系统。

第三条　本市行政区域内轨道交通的规划、建设、运营、安全保障及其相关活动,适用本条例。

第四条　轨道交通应当遵循统一规划、优先发展、安全运营、规范服务的原则。

第五条　市人民政府应当加强对轨道交通工作的领导,将轨道交通建设纳入国民经济和社会发展规划,统筹协调轨道交通规划、建设、运营、安全等管理中的重大事项。

区人民政府应当协助做好轨道交通建设、运营和应急事件处置等有关工作。

第六条　市住房和城乡建设行政主管部门负责本市轨道交通建设的监督管理,市交通运输行政主管部门负责本市轨道交通运营的监督管理。市住房和城乡建设、交通运输行政主管部门可以委托轨道交通设施保护机构实施行政处罚。

市人民政府确定的轨道交通经营单位负责本市轨道交通的建设和运营,并按照本条例的授权实施行政处罚。

发展和改革、规划、国土资源、公安、城市管理、价格、卫生、环境保护、园林、安全生产监督等有关行政主管部门，应当按照各自职责做好轨道交通的监督管理工作。

第七条 市人民政府应当设立轨道交通建设发展专项资金，保障轨道交通建设和运营。市财政和审计部门应当按照各自职责对轨道交通建设发展专项资金实施监督管理。

第八条 公民、法人和其他社会组织有权对违反轨道交通运营规范的行为进行劝阻，维护轨道交通运营秩序。

供电、供水、排水、供热、供气、通信等相关单位，应当保障轨道交通正常建设和运营的需要。

第二章 规划和建设

第九条 轨道交通规划应当符合城市总体规划，并与土地利用总体规划相衔接。

轨道交通规划包括轨道交通线网规划、轨道交通用地控制规划以及轨道交通与地面交通一体化换乘设施规划。

轨道交通规划由市规划行政主管部门会同市住房和城乡建设、交通运输、国土资源等行政主管部门和轨道交通经营单位组织编制，报市人民政府批准。

轨道交通规划的编制应当征求社会公众、沿线区人民政府、有关单位以及专家的意见。

轨道交通规划不得擅自变更，确需变更的，应当按照规定的审批程序报请批准。

第十条 本市实行轨道交通土地规划控制制度，规划确定的轨道交通用地，未经法定程序调整，不得改变其用途。国土资源行政主管部门应当按照国家有关规定、轨道交通线网规划，对轨道交通沿线土地利用进行控制。

市规划行政主管部门应当按照土地集约利用、高效开发的原则，根据轨道交通安全运营的需要，编制轨道交通沿线及车站周边地区城市设计和控制性详细规划，报市人民政府批准。国土资源行政主管部门应当根据城市设计和控制性详细规划，编制轨道交通沿线土地开发控制方案。

第十一条 市规划行政主管部门应当做好轨道交通沿线及车站周边用地的控制管理。在确定轨道交通车站用地范围时，应当根据轨道交通规划预留换乘枢纽、公共汽(电)车和出租汽车站点、机动车和非机动车停车场、公共自行车租赁点、公共厕所等公共交通和公共服务设施用地。

市交通运输行政主管部门根据轨道交通线网规划和轨道交通运营情况，设置、调整公共汽车线路，实现公共汽车客运与轨道交通的有机衔接。

第十二条 鼓励轨道交通的出入口、地下空间、通风亭、冷却塔等设施与周边建筑整体设计，相互融合。

轨道交通沿线及车站周边用地尚未出让或者划拨的，规划行政主管部门应当将整体设计要求纳入土地的规划条件；已经出让或者划拨的，建设项目因与轨道交通的出入口、地下空间、通风亭、冷却塔等设施整体设计造成建筑面积增加，可以不计入土地出让合同约定或者规划条件规定的容积率计算标准。

第十三条 经市人民政府批准，在城乡规划确定的轨道交通用地范围及空间内，轨道交通经营单位可以进行资源综合开发，其收益应当用于轨道交通建设和运营。

资源综合开发应当统筹安排和同步规划公共交通枢纽、商业等公共配套设施的建设。

第十四条 轨道交通经营单位会同相关单位，按照轨道交通规划的要求，组织编制轨道交通建设计划，经市人民政府审核后，按照规定的审批程序报请批准。

轨道交通工程建设应当按照国家规定的基本建设程序和轨道交通建设计划进行。

轨道交通工程建设项目的勘察、设计、施工、监理等，应当遵守法律、法规，执行相关技术标准，并且符合保护周围的建(构)筑物、管线以及其他相关设施的规定。

第十五条 有关行政主管部门应当按照国家有关法律、法规的规定，对轨道交通工程建设的施工安全、工程质量和环境保护进行监督管理。

第十六条 轨道交通建设期间，公安机关交通管理部门应当会同住房和城乡建设、城市管理、交通运输等行政主管部门和轨道交通经营单位制定交通疏解方案，避免或者减少轨道交通工程施工对城市交通造成的影响。

第十七条 轨道交通建设必须使用地下、地面以上空间时，符合规划要求的，其相邻的建（构）筑物和土地的所有权人、使用权人应当提供必要的便利。

轨道交通出入口、通风亭和冷却塔等设施需要与周边已有物业结合建设的，物业的所有权人、使用权人应当予以配合；因结合建设给其利益造成损失的，轨道交通经营单位应当依法予以补偿或者赔偿。

轨道交通经营单位应当对轨道交通沿线已有建（构）筑物进行必要的调查、记录和跟踪监测，并采取措施防止和减少施工对沿线已有建（构）筑物以及其他设施的影响。造成损失的，应当依法承担民事责任。

第十八条 轨道交通工程建成后，轨道交通经营单位应当按照设计标准和国家有关规定组织工程验收。验收合格后，轨道交通经营单位应当组织不少于三个月的试运行。

试运行期满后，轨道交通经营单位应当依法办理轨道交通设施及相关项目的验收。验收合格的，按照国家有关规定进行试运营基本条件评审。评审合格的，进行不少于一年的试运营，并向住房和城乡建设行政主管部门备案。

试运营验收合格的，交付正式运营。

轨道交通行政主管部门应当对前述过程进行监督管理。

第三章　保护区管理

第十九条　本市设立轨道交通控制保护区和轨道交通特别保护区，保障轨道交通规划、建设的顺利进行和建成后的安全运营。

控制保护区范围如下：

（一）地下车站和隧道结构外边线外侧五十米内；

（二）地面车站和地面线路、高架车站和高架线路结构外边线外侧三十米内；

（三）出入口、通风亭、冷却塔、主变电所、残疾人直升电梯等建（构）筑物结构外边线和车辆基地用地范围外侧十米内；

（四）轨道交通过江（河、湖）隧道结构外边线外侧一百米内；

（五）长江、秦淮河等地质条件复杂、存在安全隐患的漫滩地区，轨道交通结构外边线外侧一百五十米内。

前款范围内设立特别保护区，具体范围如下：

（一）地下车站和隧道结构外边线外侧五米内；

（二）地面车站和地面线路、高架车站和高架线路结构外边线外侧三米内；

（三）出入口、通风亭、冷却塔、主变电所、残疾人直升电梯等建（构）筑物结构外边线和车辆基地用地范围外侧五米内；

（四）轨道交通过江（河、湖）隧道结构外边线外侧五十米内；

（五）长江、秦淮河等地质条件复杂、存在安全隐患的漫滩地区，轨道交通结构外边线外侧十五米内。

因其他特殊情况，需要扩大控制保护区和特别保护区范围的，由轨道交通经营单位提出，经市规划行政主管部门审核后，报市人民政府批准。

轨道交通经营单位在轨道交通沿线设置路线标志，任何人不得毁坏或者擅自移动。

施工工程确需穿行既有轨道交通隧道的，应当征求轨道交通经营单位的意见，并制定相应的安全保障措施。

第二十条 住房和城乡建设、规划、城市管理、水利等有关行政主管部门对控制保护区内的下列活动依法实施行政许可前，应当书面征求轨道交通经营单位的意见，轨道交通经营单位应当在有关行政主管部门规定的期限内给予书面答复：

（一）新建、改建、扩建或者拆卸建（构）筑物；

（二）取土、地面堆载、基坑开挖、爆破、桩基础施工、顶进、灌浆、锚杆作业；

（三）修建塘堰、开挖河道水渠、采石、挖砂、打井取水；

（四）敷设管线或者设置跨线等架空作业；

（五）在过江（河、湖）隧道段疏浚作业；

（六）其他可能影响轨道交通设施安全的作业。

在控制保护区内进行前款所列活动不需要行政许可的，作业单位应当在施工前书面告知轨道交通经营单位。

作业单位在控制保护区内进行本条第一款所列活动的，应当委托有资质的单位进行安全评估，提出控制标准，制定轨道交通设施保护方案，并经轨道交通经营单位同意；施工时应当由有资质的单位对轨道交通设施进行安全监控，产生的费用由项目建设单位承担。可能影响轨道交通设施安全的，轨道交通经营单位应当对设计、施工方案组织论证，作业单位应当在开工前落实保护措施，并按照方案组织施工。

第二十一条 特别保护区内，除必需的市政、园林、环卫和人防工程，以及经规划批准的或者对现有建筑进行改建、扩建并依法办理许可手续的建设工程外，不得进行其他建设活动。

前款工程的施工方案由市住房和城乡建设行政主管部门会同轨道交通经营单位组织论证，施工时应当由有资质的单位对轨道交通设施进行安全监控。

第二十二条 轨道交通设施保护机构可以进入控制保护区内作业单位的施工现场查看，发现施工活动危及或者可能危及轨道交通设施安全的，可以要求作业单位停止作业并采取相应的安全措施。作业单位拒不采纳的，轨道交通设施保护机构应当报告市住房和城乡建设行政主管部门。

市住房和城乡建设行政主管部门应当及时对轨道交通设施保护机构报告的情况进行核查，经核查可能危及轨道交通安全的，应当责令采取防范措施；对危及轨道交通安全的，责令停止作业，并要求作业单位采取补救措施。

第二十三条 有关行政主管部门在审批控制保护区和特别保护区内的建设工程项目时，应当统筹考虑轨道交通设施保护，配合轨道交通工程建设。

轨道交通建设工程与其他市政公用设施工程建设相冲突的，由市住房和城乡建设行政主管部门会同规划、交通运输、城市管理等行政主管部门协调处理。

第四章 运营管理

第二十四条 轨道交通经营单位应当建立健全运营管理制度，做好轨道交通设施的维护、保养和定期检查，使轨道交通设施处于安全运行的状态。

第二十五条 市交通运输行政主管部门应当制定轨道交通服务规范。轨道交通经营单位应当依据服务规范向乘客作出服务承诺，保证客运服务质量，保障轨道交通安全、正点运送乘客。服务承诺应当向社会公布。

轨道交通经营单位使用轨道交通安全监控设施，应当保护乘客隐私。

第二十六条 区人民政府、轨道交通经营单位应当做好各自责任区域的市容和环境卫生管理工作。

轨道交通经营单位应当保持车站主体建筑物内的畅通，并根据国家有关标准，设置和管理安全、消防、疏散等各类指引导向标志，保持客运电（扶）梯、空调等设施正常运转。城市管理相关部门应当维护车站主体建筑物外的畅通及良好秩序。

第二十七条 市、区人民政府（园区）应当根据轨道交通、公共汽车等公共交通的运营情况，在轨道交通车站周边住宅区、办公区、公共机构出入口处等场所，设置公共自行车租赁点，方便市民换乘。

城市管理行政主管部门、公安机关交通管理部门应当在轨道交通站点附近合理设置或者施划非机动车停放场所。

第二十八条 轨道交通经营单位应当为乘客提供良好的乘车环境，履行下列义务：

（一）建立公共卫生管理制度，落实卫生管理措施，保持车站和车厢整洁、卫生，保证空气质量和卫生状况符合国家标准；

（二）按照规定落实污染防治措施，减轻车辆运行时的噪声污染，并符合国家标准；

（三）合理设置自动售票设施和人工售票窗口，安排工作人员引导乘客购票、乘车，及时疏导客流，高峰期增加运营车辆；

（四）保持售票、检票、自动扶梯、车辆、通风、照明等设施完好；

（五）出入口引导标志齐全、易识别，出入口、通道畅通；

（六）无障碍设施完好、畅通，在列车内为老、弱、病、残、孕和携带婴幼儿的乘客设置专座；

（七）维护车站和列车内秩序，安排工作人员巡查，及时制止违法、违规行为；

（八）宣传安全、文明乘车知识，及时播报运营线路、站点；

（九）法律、法规规定的其他义务。

第二十九条 轨道交通经营单位应当按照国家、省、市有关规定设置报警、灭火、逃生、防汛、防爆、防护监视、紧急疏散照明、救援等器材和设备，定期检查、维护，按期更新，并保持完好。

轨道交通经营单位应当在车站设置急救箱等必要的服务设施，并对工作人员进行必要的急救知识和技能的培训。

第三十条 轨道交通经营单位应当根据轨道交通沿线乘客出行规律及变化，以及其他相关公共交通运行情况，合理编制运营计划，制作月度运营情况报表，报市交通运输行政主管部门备案。

轨道交通经营单位应当在车站醒目处公布首末班车行车时刻、列车运行状况和换乘指示。列车因故延误或者需要调整首末班车行车时间,应当通过车站、列车广播系统或者媒体等有效手段及时告知乘客和公众。列车运行中,应当在车厢内通过广播、电子显示屏等播报站名。

第三十一条 轨道交通经营单位应当组织力量及时排除运行中发生的故障,恢复运行;暂时无法恢复运行的,应当及时组织乘客换乘,不能换乘的,应当组织疏散。

第三十二条 轨道交通票价的确定和调整应当广泛听取社会各方面意见,由市价格行政主管部门制定并报市人民政府批准。

轨道交通经营单位应当执行市人民政府批准的票价。市价格行政主管部门应当对轨道交通票价的执行情况进行监督检查。

第三十三条 市交通运输行政主管部门应当广泛征求社会各方面的意见,制定轨道交通乘客守则,并向社会公布。

轨道交通经营单位应当通过网络、电视、报刊、广播、电子显示屏等便于公众知晓的方式宣传轨道交通乘客守则以及行为规范。

乘客应当自觉遵守轨道交通乘客守则和公共秩序。

第三十四条 乘客应当持有效车票或者有效证件乘车,不得无票、持无效车票、冒用他人乘车证件或者持伪造证件乘车,并接受轨道交通经营单位的票务稽查。持单程票的乘客在出站时应当将车票交还。乘客越站乘车的,应当补交超过部分的票款。

轨道交通因故障不能正常运行的,轨道交通经营单位应当按照原票价退还票款。

第三十五条 轨道交通经营单位应当建立投诉受理制度,接受乘客对违反运营服务承诺行为的投诉。

轨道交通经营单位应当自受理投诉之日起五日内作出答复。乘客对答复有异议的,可以向市交通运输行政主管部门投诉。市交通运输行政主管部门应当自受理乘客投诉之日起十日内作出答复。

第三十六条 市交通运输行政主管部门应当加强对轨道交通

运营的监督,定期对轨道交通运营服务情况进行检查。对检查中发现的问题,轨道交通经营单位应当及时改进。

第三十七条 禁止下列损害轨道交通设施和影响运营安全的行为:

(一)擅自操作有警示标志的按钮、开关装置,非紧急情况下动用应急或者安全装置;

(二)损坏列车、隧道、轨道、路基、车站等设施设备;

(三)损坏和干扰机电设备、电缆、通信信号系统;

(四)毁损、遮盖或者移动安全、消防警示标志和疏散导向、站牌等标志以及防护监视等设备;

(五)在轨道上丢弃物品、放置障碍物;

(六)非法拦截列车;

(七)擅自进入轨道、隧道或者其他有禁止进入标志的区域;

(八)攀爬或者翻越围墙、栏杆、闸机、机车等;

(九)阻碍安全门、车门关闭,强行上下车;

(十)其他损害轨道交通设施和影响运营安全的行为。

第三十八条 在车站或者其他轨道交通设施内,禁止下列影响轨道交通公共场所和设施容貌、环境卫生、运营秩序的行为:

(一)未经轨道交通经营单位同意,派发印刷品或者从事销售活动;

(二)随意涂写、刻画、张贴或者悬挂物品;

(三)堆放杂物或者停放车辆;

(四)吸烟,随地吐痰、便溺、吐口香糖,乱扔果皮、纸屑等废弃物;

(五)乞讨、卖艺、躺卧、捡拾废旧物品;

(六)在列车车厢内饮食;

(七)使用燃油、燃气类以及体积或者重量超过乘客守则规定的轮椅车等代步车;

(八)携带充气气球、自行车(含折叠式自行车)进站、乘车;

(九)携带活禽和猫、狗等宠物以及其他可能妨碍轨道交通运营的动物（盲人携带导盲犬除外）进站、乘车；

（十）使用滑轮鞋、滑板等进站、乘车；

（十一）其他影响轨道交通公共场所和设施容貌、环境卫生、运营秩序的行为。

第三十九条 禁止在轨道交通地面线路和高架线路弯道内侧修建妨碍行车瞭望的建（构）筑物或者种植妨碍行车瞭望的树木。特别保护区内的绿化影响轨道交通经营单位检修、维修、行车作业的，轨道交通经营单位有权要求绿化保护管理责任人进行处理，保护管理责任人应当及时处理；给保护管理责任人造成损失的，轨道交通经营单位应当依法予以补偿。

禁止在轨道交通车站站前广场、出入口外侧周围堆放杂物、摆设摊点、乱停车辆、机动车非法营运、揽客拉客，以及从事其他妨碍乘客通行和救援疏散的活动。

禁止在通风口、车站出入口外侧五十米范围内存放有毒、有害、易燃、易爆等物品。

禁止损坏、冒用轨道交通标识、标志。

第四十条 轨道交通车站、车辆的广告设施以及车站内商业网点的设置应当合法、规范、整洁，不得影响轨道交通运营安全，使用的材质应当符合消防法律、法规、规章和技术规范的规定。除紧急情况外，广告设施、商业网点应当在轨道交通非运营期间进行设置或者维护。

轨道交通经营单位应当加强对广告设施、商业网点的安全管理。

第五章　安全管理

第四十一条 住房和城乡建设、交通运输、公安、安全生产监督等行政主管部门应当将轨道交通建设、运营安全纳入重点指导、监督和检查范围，发现安全隐患的，应当责令轨道交通经营单位采取措施及时消除安全隐患。

第四十二条 市住房和城乡建设、交通运输行政主管部门应当会同市有关部门及相关单位制定本市轨道交通建设、运营突发事件应急预案，报市人民政府批准后实施。

市交通运输行政主管部门应当根据轨道交通运营突发事件应急预案，建立轨道交通与地面交通应急保障联动机制。

轨道交通经营单位应当制定轨道交通建设、运营突发事件应急处置方案，报轨道交通行政主管部门备案，并定期组织演练。

第四十三条 轨道交通经营单位是轨道交通运营安全的责任主体，应当按照有关规定设置安全生产管理机构，配备专职安全生产管理人员，建立安全生产预警和应急协调机制，建立健全安全生产管理制度和操作规程，落实安全防范措施，维护轨道交通建设、运营安全。

轨道交通经营单位应当对从业人员进行安全教育和培训，保证从业人员具备必要的安全运营知识，熟悉有关安全运营规章制度和安全操作规程，掌握本岗位的安全操作技能。驾驶、调度等岗位的工作人员应当经过考核，持证上岗。

第四十四条 轨道交通经营单位应当开展日常安全隐患排查，并定期对轨道交通设施进行安全检查，开展安全评价。发现安全隐患的，应当及时消除。

市交通运输行政主管部门应当对轨道交通运营安全实施监督检查；需要进行技术检测的，可以委托专业机构实施。对监督检查中发现的问题，市交通运输行政主管部门应当提出整改意见，轨道交通经营单位应当按照要求予以落实。

第四十五条 禁止携带易燃、易爆、有毒和有放射性、腐蚀性以及其他可能危及人身和财产安全的危险物品进站、乘车。禁止携带的物品目录由市公安、交通运输行政主管部门公告，并由轨道交通经营单位在车站显著位置公示。

轨道交通经营单位应当设置必要的安全检查设施，有权按照有关标准和操作规范，对乘客及其携带的物品进行安全检查，乘客应当予以配合。拒绝接受安全检查或者在安全检查中被发现携带危险物品的乘客,不得进站、乘车;已经进站的,轨道交通经营单位责令其出站;拒不出站的,轨道交通经营单位应当立即采取安全措施,并报告公安机关。

公安机关应当对轨道交通安全检查工作进行指导、检查和监督,并依法处理安全检查中发现的违法行为。

第四十六条 因节假日、大型群众活动等原因造成客流量上升的,轨道交通经营单位应当及时增加运力。

发生轨道交通客流量激增等危及运营安全的情况时,轨道交通经营单位可以采取乘客限量进站的临时措施,确保运营安全。

采取乘客限量进站的措施无法保证运营安全时,轨道交通经营单位可以停止轨道交通部分区段或者全线运营,向市人民政府报告,并及时向社会公告。

组织运动会、演出等大型活动,需要提前或者延迟轨道交通运营的,主办单位应当提前十日与轨道交通经营单位协商,并配合轨道交通经营单位做好相关工作。

第四十七条 因自然灾害、恶劣气象条件或者重大安全事故以及其他突发事件,严重影响轨道交通安全的,轨道交通经营单位可以停止线路运营或者部分路段运营,组织乘客疏散,但应当及时向社会公告,同时向市人民政府报告。

第四十八条 轨道交通建设、运营发生突发事件,市人民政府相关部门、所在地人民政府以及供电、供水、排水、通信等单位,应当按照轨道交通突发事件应急预案的规定,进行应急保障和抢险救援,尽快恢复轨道交通建设、运营。

第四十九条 轨道交通建设、运营发生安全事故,轨道交通经营单位应当按照轨道交通突发事件应急处置方案,迅速采取有效措施,组织抢救,告知相关单位、公众和乘客,并组织疏散,防止事故扩大,避免和减少人员伤亡、财产损失,及时向市人民政府和有关行政主管部门报告。

轨道交通运营发生安全事故,乘客应当听从轨道交通经营单位的现场指挥。

第五十条 轨道交通运营发生生产安全事故，有关行政主管部门接到报告后应当立即派员赶赴现场，及时处置，尽快恢复运营。

事故处理依照国家、省、市的相关规定进行。

第五十一条 轨道交通运营发生人身伤害事故，轨道交通经营单位应当先抢救伤者，排除障碍，维持现场秩序，尽快恢复正常运行，并及时向有关部门报告。公安机关应当及时出警，对现场进行勘查、取证、检验，依法处理。

第六章 法律责任

第五十二条 轨道交通经营单位违反本条例规定，有下列行为之一的，由市交通运输行政主管部门责令改正，予以警告，并可处以一万元以上五万元以下罚款，对相关责任人给予处分；构成犯罪的，依法追究刑事责任：

（一）未做好轨道交通设施的检查维护工作，影响其正常运行和使用的；

（二）未配置防护、报警、救援等器材和设备，并保持其完好有效的；

（三）在客流量激增时，未采取相应措施组织疏散、换乘、疏解客流的；

（四）未依法处理乘客有效投诉的。

第五十三条 在控制保护区和特别保护区内作业的单位违反本条例第二十条、第二十一条规定，未制定、实施轨道交通设施保护方案或者未由有资质的单位对轨道交通设施进行安全监控的，由市住房和城乡建设行政主管部门责令改正；拒不改正的，在控制保护区发生的行为，可以对作业单位处以二万元以上十万元以下罚款，在特别保护区发生的行为，可以对作业单位处以五万元以上二十万元以下罚款。作业单位造成损失或者安全事故的，依法承担法律责任。

作业单位未按照轨道交通经营单位认可、论证的方案施工的，由市住房和城乡建设行政主管部门责令改正，并可处以二万元以上五万元以下罚款。

市住房和城乡建设行政主管部门应当将作业单位违法行为纳入其信用管理。

第五十四条 轨道交通经营单位违反本条例第二十八条第二项规定，未采取污染防治相关措施减少噪声污染的，由环境保护行政主管部门依法给予行政处罚。

第五十五条 轨道交通经营单位违反本条例第三十二条第二款规定，不执行市人民政府批准的票价的，由市价格行政主管部门依法给予行政处罚。

第五十六条 违反本条例第三十四条第一款规定，乘客无票或者持无效车票乘车的，轨道交通经营单位可以按照线网最高票价补收票款；乘客冒用他人乘车证件乘坐列车的，轨道交通经营单位可以加收线网最高票价二倍以上十倍以下票款；乘客持伪造证件乘坐列车的，轨道交通经营单位可以加收线网最高票价五倍以上十倍以下票款，情节严重的，移交公安机关处理。

乘客有冒用他人证件、使用伪造证件乘车和其他逃票行为三次以上的，逃票信息可以纳入个人信用信息系统。

第五十七条 违反本条例第三十七条规定的，轨道交通经营单位有权对行为人进行劝阻和制止；造成损失的，依法承担民事责任；构成治安违法的，由公安机关依法处理；构成犯罪的，依法追究刑事责任。

第五十八条 违反本条例第三十八条第一项、第二项、第三项规定的，由轨道交通经营单位责令改正，并可对单位处以二百元以上一千元以下罚款，对个人处以三十元以上二百元以下罚款。

违反本条例第三十八条第四项至第十项规定的，由轨道交通经营单位责令改正，并可处以警告或者二十元以上一百元以下罚款。

第五十九条 违反本条例第三十九条第二款规定，影响行车安全和运营秩序,妨碍乘客通行的,城市管理、交通运输行政主管部门应当按照各自职责对行为人进行劝阻和制止;拒不改正的,按照有关法律、法规的规定进行处罚;对违法行为涉及规划、园林、公安等部门职能的,城市管理、交通运输行政主管部门应当及时告知有关职能部门,依法进行处理。

违反本条例第三十九条第四款规定的,由交通运输行政主管部门责令改正,并可对单位处以二百元以上一千元以下罚款,对个人处以五十元以上二百元以下罚款。

第六十条 违反《中华人民共和国治安管理处罚法》的规定,拒绝、妨碍轨道交通设施保护机构、轨道交通经营单位的工作人员依法执行职务的,由公安机关依法给予处罚;构成犯罪的,依法追究刑事责任。

第六十一条 市有关行政主管部门、轨道交通设施保护机构和轨道交通经营单位的工作人员不履行本条例规定的职责,造成责任事故的,或者有其他玩忽职守、滥用职权、徇私舞弊行为的,由其所在单位或者行政主管部门责令改正,依法给予处分;构成犯罪的,依法追究刑事责任。

第七章 附 则

第六十二条 本条例所称轨道交通设施,包括轨道、路基、桥梁、隧道、车站(含出入口、通风亭和冷却塔)、主变电所、集中冷站、控制中心、车辆基地等土建工程,车辆、供电、通风空调、通信、信号、给排水、消防、防灾报警、环境设备监控、自动售检票、电梯、屏蔽门或者站台门、标志标识、乘客信息等系统设备,以及为保障轨道交通运营和为乘客提供便利服务而设置的其他相关设施。

第六十三条 本条例自2014年7月1日起施行,2008年7月31日南京市第十四届人民代表大会常务委员会第四次会议制定的《南京市轨道交通管理条例》同时废止。

重庆市汽车租赁管理办法

渝府令第276号　2014.3.1

第一条　为规范汽车租赁行为，维护汽车租赁市场秩序，保护租赁各方当事人合法权益，保障社会公共安全，促进汽车租赁业健康发展，根据《重庆市道路运输管理条例》和有关法律、法规，结合本市实际，制定本办法。

第二条　本市行政区域内的汽车租赁经营活动及其监督管理适用本办法。

本办法所称汽车租赁，是指租赁经营者在约定时间内，将租赁汽车交付承租人使用，收取租赁费用，且不提供驾驶劳务的经营行为。

本办法所称汽车包括《机动车类型术语和定义》所列的载客汽车、载货汽车等。

第三条　市交通主管部门主管全市汽车租赁管理工作；区县（自治县）交通主管部门负责本行政区域内的汽车租赁管理工作；交通主管部门所属的道路运输管理机构负责本行政区域内汽车租赁管理的具体工作。

公安机关应当加强对汽车租赁经营者的治安管理和车辆登记管理，指导、监督汽车租赁经营者建立、完善内部治安保卫制度、承租人身份查验及登记制度，督促其完善治安防范措施。

工商行政管理部门应当依照职责做好汽车租赁经营工商登记等管理工作。

第四条　道路运输管理机构应当建立汽车租赁服务和管理信息系统，对租赁行业实施信息化管理，为社会公众提供信息服务，并与公安、工商等部门共享管理信息。

交通、公安、工商等部门应当加强执法协作，畅通信息交流渠道，有效防范和惩处利用租赁车辆进行的各类违法犯罪活动。

第五条 汽车租赁经营者应当依法经营，优质服务，诚实守信，公平竞争。

鼓励汽车租赁经营者实行规模化、集约化、网络化经营。

第六条 鼓励汽车租赁业实施行业自律。汽车租赁行业组织应当建立健全行业自律制度和服务规范，指导汽车租赁经营者的经营行为，提高租赁经营服务质量，维护租赁经营者的合法权益。

第七条 汽车租赁经营者应当在取得营业执照之日起 30 日内，将法定代表人或者负责人、经营场所、经营组织机构、车辆情况等事项向所在地区县（自治县）道路运输管理机构备案。

前款规定的事项发生变化的，应当在发生变化之日起 15 日内，将变化事项告知原备案的道路运输管理机构。

第八条 从事小型客车租赁经营应当符合下列条件：

（一）取得工商营业执照；

（二）有 20 辆以上符合国家标准并经检测合格的自有小型客车；

（三）租赁车辆保险手续齐备；

（四）有与其经营业务相适应的办公场所、停车场地；

（五）有相应的业务、管理人员；

（六）有健全的安全生产管理制度和服务质量保障措施。

第九条 从事小型客车租赁经营的，应当向所在地区县（自治县）道路运输管理机构提出申请，并提交下列材料：

（一）重庆市小型客车租赁经营申请表；

（二）营业执照副本、组织机构代码证；

（三）法定代表人或者负责人身份证明；

（四）经营场所和停车场地产权证明或者合法租用 1 年以上的证明；

（五）经营组织机构、企业管理制度、业务操作规程、安全管理制度；

（六）自有车辆行驶证或者购置承诺书。

接到申请的道路运输管理机构应当按照《重庆市道路运输管理条例》的规定进行审查。

第十条 从事小型客车租赁经营的，应当在租赁车辆用于租赁经营前15日内持机动车行驶证、车辆保险证明到所在地区县（自治县）道路运输管理机构办理租赁车辆备案，领取租赁车辆备案证。

第十一条 汽车租赁经营者出租9座以上（不含9座）载客汽车的，只能租赁给承租单位用于半年以上固定用车。

承租单位不得将租赁的9座以上（不含9座）载客汽车用于本单位自用以外的其他用途。

第十二条 汽车租赁经营者应当遵守下列规定：

（一）在经营场所显著位置明示服务项目、收费标准、租车流程及监督电话；

（二）按照规定进行车辆安全技术检验和维护保养；

（三）建立安全生产责任制度，落实安全主体责任；

（四）建立治安保卫工作制度，落实治安防范措施；

（五）建立租赁经营管理档案和车辆管理档案，并按规定报送管理数据信息；

（六）国家和本市其他相关规定。

汽车租赁经营者出租小型客车的，还应当将小型客车租赁车辆备案证交与承租人随车携带。

第十三条 汽车租赁经营者应当与承租人约定签订书面租赁合同。合同内容应当包括车辆用途、租赁期限、租赁费用及付费方式、车辆交接、担保方式、车辆维护和维修责任、车辆保险、风险承担、违约责任和争议解决方式等条款。

《重庆市汽车租赁合同》示范文本由市交通主管部门、市工商行政管理部门会同汽车租赁行业组织制定。

第十四条 签订租赁合同时，汽车租赁经营者应当核对并如实登记承租人的下列资料：

（一）个人承租的，个人身份证明和拟驾车人员的机动车驾驶证；

(二)法人或者其他组织承租的,营业执照或者组织机构代码证、拟驾车人员的机动车驾驶证、经办人员的身份证明、所在单位的工作证明以及授权经办书。

汽车租赁经营者应当按照公安机关治安管理要求及时报送承租人的相关信息。

汽车租赁经营者对承租人的相关信息应当采取保密措施,不得对外泄露。

第十五条 汽车租赁经营者发现承租人利用租赁车辆从事非法营运等违法犯罪活动的,有权拒绝签订或者终止履行租赁合同,并及时向有关部门举报。

第十六条 汽车租赁经营者不得有下列行为:

(一)向承租人提供驾驶劳务;

(二)沿途揽租;

(三)明知承租人利用租赁车辆从事道路运输经营活动,仍向承租人提供租赁车辆;

(四)利用租赁车辆从事道路运输经营活动;

(五)法律、法规禁止的其他行为。

第十七条 租赁车辆应当符合下列要求:

(一)行驶证登记的所有人与汽车租赁经营者的名称一致;

(二)机动车使用性质按照公安机关的规定登记为租赁;

(三)已按照国家规定办理相应的保险;

(四)已安装车辆定位装置;

(五)技术状况良好,符合安全运行条件;

(六)车内配备有效的灭火器具、急救包、故障车警告标志。

第十八条 承租人应当遵守下列规定:

(一)提供的相关信息合法、真实、有效;

(二)不得将租赁车辆交由无相应驾驶资格的人员驾驶;

(三)不得将承租车辆进行抵押、变卖或者转租;

(四)不得使用承租车辆从事道路运输经营;

(五)不得利用承租车辆进行其他违法犯罪活动。

承租人租赁小型客车的,还应当随车携带小型客车租赁车辆备案证。

第十九条 承租人应当对车辆租赁期间因其过错发生的交通违法、交通事故以及其他因承租人行为造成租赁车辆被扣押等后果依法承担责任。法律、法规另有规定的,从其规定。

汽车租赁经营者对交通事故的发生有过错的,依法承担相应的赔偿责任。

第二十条 道路运输管理机构按年度对汽车租赁经营者的安全生产、经营行为、服务质量、管理水平和履行社会责任等情况进行安全服务质量考核评价,并将考核评价结果向社会公布,接受社会监督。

第二十一条 汽车租赁经营者有下列情形之一的,年度考核评价为不合格:

(一)发生重大生产安全事故,被依法确定为责任事故的;

(二)存在重大治安违法行为,被公安机关依法处理的;

(三)存在重大违法经营行为,被有关部门依法处理的;

(四)经营场所、设备设施、租赁车辆不符合本办法规定,被依法处理后仍不改正的;

(五)经营服务行为不符合本办法规定,被依法处理后仍不改正的。

年度考核不合格的,按照《重庆市道路运输管理条例》相关规定进行处理。

第二十二条 交通主管部门和道路运输管理机构应当建立投诉、举报制度,公开举报电话、通信地址或者电子邮箱,受理投诉、举报。

交通主管部门或者道路运输管理机构对受理的举报或者投诉应当在15日内作出处理,并回复投诉、举报人。情况复杂的,应当在30日内作出处理并回复。

第二十三条 违反本办法第七条、第十二条、第十七条规定,汽车租赁经营者有下列行为之一的,由道路运输管理机构责令限期改正;逾期未改正的,处500元以上1000元以下罚款:

（一）未按照规定办理经营备案的；

（二）未在经营场所显著位置明示服务项目、收费标准、租车流程及监督电话的；

（三）出租小型客车未将小型客车租赁车辆备案证交与承租人随车携带的；

（四）未建立租赁经营管理档案和车辆管理档案，或者未按规定报送管理数据信息的；

（五）未安装租赁车辆定位装置的。

第二十四条 违反本办法第十一条规定，汽车租赁经营者违规出租9座以上（不含9座）载客汽车的，由道路运输管理机构处5000元以上10000元以下罚款。

第二十五条 违反本办法第十三条规定，汽车租赁经营者未按要求与承租人签订租赁合同的，由道路运输管理机构处200元以上500元以下罚款。

第二十六条 违反本办法第十四条规定，汽车租赁经营者有下列行为之一的，由公安机关给予警告，可以并处200元以上500元以下罚款：

（一）未核对并如实登记承租人相关资料的；

（二）未按照要求报送承租人相关信息的。

第二十七条 交通、公安、工商等部门的工作人员在汽车租赁经营管理工作中玩忽职守、滥用职权、徇私舞弊的，依法给予处分；涉嫌犯罪的，移交司法机关依法处理。

第二十八条 《重庆市道路运输管理条例》对汽车租赁经营违法行为已有处罚规定的，从其规定。

本办法规定由道路运输管理机构实施的行政处罚，实行交通综合行政执法的，由交通综合行政执法机构负责实施。

第二十九条 本办法施行前已从事汽车租赁经营的，应当自本办法施行之日起180日内，按照本办法规定办理相关手续。

第三十条 本办法自2014年3月1日起施行。

广东省桥梁水域通航安全管理规定

粤府令第200号　2014.5.20

第一条　为了维护桥梁水域通航秩序，保护桥梁和过往船舶（包括浮动设施，下同）安全，根据《中华人民共和国海上交通安全法》、《中华人民共和国内河交通安全管理条例》、《公路安全保护条例》等法律法规，结合本省实际，制定本规定。

第二条　本省桥梁水域范围内船舶航行、停泊、作业，以及与水上交通安全有关的桥梁建设、施工、管理等活动，适用本规定。

桥梁水域，是指桥梁桥轴线两侧各一定范围内的通航水域。桥梁跨越内河的，其范围为桥轴线上游400米至下游200米；桥梁跨越海域或者对水域范围有特殊需求的，其范围由当地交通运输主管部门会同海事管理机构论证确定并予公告。

第三条　海事管理机构负责桥梁水域通航安全的监督管理工作，负责维护通航环境和通航秩序，发布航行通（警）告，组织协调水上交通事故的调查处理等工作。

交通运输、铁路、水利、住房与城乡建设、海洋与渔业、安全生产监督管理等部门按照各自职责，依法负责桥梁水域有关安全监督管理工作。

第四条　在通航水域修建的桥梁，应当依据桥梁通航论证和设计要求，设置符合规定的水上交通安全设施。

第五条　桥梁建设单位依法承担安全生产责任，督促施工单位落实施工期间的通航安全保障措施。

桥梁建设单位应当确保水上交通安全设施与主体工程同时设计、同时施工、同时投入生产和使用。

第六条　桥梁建设单位应当在桥梁投入使用后一个月内，向当地海事管理机构报送下列有关桥梁通航安全的资料：

（一）桥梁地理位置、总长度、桥孔分布；

（二）桥梁防撞能力及防撞设施的情况；

（三）桥梁助航标志、设施以及安全标志；

（四）经论证的通航限制要求，包括桥梁通航净空高度和净空宽度、桥孔通航状况（单向通航、双向通航或者禁止通航）、桥梁水域限制航速；

（五）桥梁水域水深扫测图、流速、流向与桥梁法线夹角等资料；

（六）其他需要报告的信息。

第七条 桥梁管理单位应当建立完善桥梁安全管理机制，维护桥梁助航标志和水上交通安全设施，排查整改桥梁安全隐患，并确保与通航安全相关的资金投入。

第八条 桥梁管理单位发现桥梁存在安全隐患影响通航安全时，应当及时向过往船舶发出预警信息，采取应急措施，并向海事管理机构和航道主管部门报告。

第九条 在桥梁水域内禁止下列行为：

（一）从事捕捞、水产养殖、水生作物种植；

（二）新设渡口；

（三）其他有碍桥梁或通航安全的行为。

第十条 船舶航行应当遵守以下规定：

（一）船舶进入桥梁水域前，应当备车，并对船舶主要航行设备、号灯、号型等进行检查，确保处于良好状态；

（二）船舶通过通航桥孔，应当保留足够的高度，并与桥墩边缘保持足够的安全间距；

（三）加强瞭望，谨慎驾驶，使用安全航速；

（四）发现桥梁水域助航标志等有异常情况，不能确保安全通过时，不得强行通过，并应当立即采取安全措施，同时向当地海事管理机构、航道主管部门报告；

（五）法律、法规和规章的其他规定。

第十一条　船舶在桥梁水域航行时，禁止下列行为：

（一）追越；

（二）并排航行；

（三）掉头、横驶；

（四）穿越禁航桥孔；

（五）航行试验（主机负荷试验除外）；

（六）其他影响桥梁水域通航安全的行为。

第十二条　除紧急情况外，任何船舶不得在桥梁水域内锚泊。

船舶因紧急情况在桥梁水域锚泊时，应当立即向当地海事管理机构报告，并按照规定显示信号，用甚高频等方式通报船舶动态，并采取有效措施尽快驶离桥梁水域。

第十三条　有下列情况之一，船舶不得通过桥梁水域：

（一）能见度低于规定要求时；

（二）风力达到限制通航的风力等级时；

（三）流速达到限制通航的速度时；

（四）桥梁水域发生事故或存在严重安全隐患时。

有上述情形之一的，海事管理机构应当依法发布通航预警信息。

第十四条　违反本规定第九条规定的，由海事管理机构责令改正；拒不改正的，处 2000 元以上 10000 元以下罚款。

第十五条　违反本规定第十一条、第十三条第一款规定的，由海事管理机构处 2000 元以上 10000 元以下罚款。

第十六条　违反本规定第十二条规定的，由海事管理机构责令改正；拒不改正的，处 2000 元以上 10000 元以下罚款。

第十七条　违反本规定，海事管理机构以及其他行政主管部门工作人员玩忽职守、徇私舞弊、滥用职权的，依法给予处分；涉嫌犯罪的，移送司法机关依法追究刑事责任。

第十八条　本规定自 2014 年 7 月 1 日起施行。

徐州市出租汽车客运经营权管理办法

徐州市人民政府令第 137 号　2014.10.17

第一条　为了加强出租汽车客运经营权管理,促进出租汽车行业健康有序发展,根据《江苏省道路运输条例》、《徐州市出租汽车客运条例》等相关法律法规,结合本市实际,制定本办法。

第二条　本市行政区域内出租汽车客运经营权的取得、转让、延续、收回及其监督管理,适用本办法。

本办法所称出租汽车客运经营权,是指经营者依照法定条件和程序,取得在一定期限内从事出租汽车客运经营活动的权利。

第三条　市、县(市)、贾汪区人民政府交通运输主管部门负责本行政区域内的出租汽车客运经营权管理工作,其所属的道路运输管理机构负责具体实施。

第四条　出租汽车投放应当按照出租汽车客运发展规划实施,有利于出租汽车行业向规模化、集约化、公司化方向发展。

第五条　一台出租汽车对应一个经营指标,经营指标通过以下方式取得:

(一)招投标;

(二)兼并重组;

(三)考核奖励;

(四)法律、法规、规章规定的其他方式。

出租汽车客运个体经营者只可取得一个经营指标。

第六条　取得经营指标的出租汽车客运经营者应当依法向道路运输管理机构申请办理经营许可。

第七条　道路运输管理机构作出经营许可决定后,应当与出租汽车客运经营者订立出租汽车客运经营权使用合同。合同应当包含经营权期限、经营指标数量、车辆使用年限、经营模式、服务质量、违约责任等内容。

第八条 本市市区出租汽车客运经营权期限为六年，县（市）、贾汪区出租汽车客运经营权期限由各地人民政府确定。

第九条 出租汽车客运经营者继续经营的，应当在经营权期限届满前六十日内向原许可机关提出延续经营的申请。原许可机关应当依法作出许可或者不予许可的决定。

第十条 出租汽车及其客运经营权不得擅自转让。符合转让条件的，应当通过公共服务信息交易平台公开转让。交易双方应当订立转让合同，并依法办理变更手续。

出租汽车客运个体经营者因死亡、身体健康等原因不能继续从事营运的，其经营权可以不实行公开转让，由符合《徐州市出租汽车客运条例》第十一条、第十四条规定的配偶、子女、父母继续经营，并依法办理变更手续。

出租汽车及其客运经营权的转让价格，应当以“车辆残值 + 经营权剩余期限预期收益”为评估基准合理确定。

第十一条 出租汽车客运经营者之间兼并、重组的，应当向道路运输管理机构提出申请，依法办理变更手续。

第十二条 出租汽车客运经营者及驾驶员不得将出租汽车委托中介机构代管，不得转租、转包。

第十三条 出租汽车客运企业应当全额出资购买营运车辆，实行公司化经营。

出租汽车客运企业应当与驾驶员订立劳动合同或者经营合同，收取的各项费用应当符合相关规定。

第十四条 道路运输管理机构应当对出租汽车客运经营者、驾驶员进行服务质量信誉考核。服务质量信誉考核结果是经营指标配置的依据。

第十五条 出租汽车客运经营者和驾驶员的服务质量信誉考核实行计分制，根据考核结果，分为优良、合格、基本合格和不合格四个等级。

出租汽车客运企业服务质量信誉考核包括企业管理、安全运营、服务质量、社会责任、加分项目等内容。出租汽车驾驶员服务质量信誉考核包括遵守法规、仪容仪表、车容车貌、经营行为、运营服务等内容。

出租汽车客运个体经营者服务质量信誉考核，重点考核经注册的出租汽车驾驶员服务质量信誉。

第十六条 出租汽车客运企业服务质量信誉等级近三年为合格以上的，方可参加招投标；考核为优良的，予以奖励。具体考核奖励办法由市交通运输主管部门另行制定，经市人民政府批准后实施。

出租汽车客运企业年度服务质量信誉等级为基本合格或者不合格的，责令整改；不合格的，同时核减其百分之五至百分之十的经营指标；连续两年基本合格的，核减其百分之三至百分之五的经营指标。

出租汽车客运企业在经营期限内服务质量信誉考核有二分之一以上年度为不合格的，收回所有经营指标。

出租汽车在经营期限内，注册驾驶员服务质量信誉考核累计计分达到规定分值的，收回所涉及的经营指标。

第十七条 出租汽车客运经营者取得经营指标后，无正当理由超过一百八十天不投入运营或者运营后连续一百八十天以上停止运营的，视为自动终止经营，由道路运输管理机构收回经营指标。

第十八条 出租汽车客运经营者及驾驶员有下列情形之一的，由道路运输管理机构责令改正，有违法所得的，没收违法所得，处以违法所得二倍以上十倍以下罚款；没有违法所得或者违法所得不足五千元的，处以五千元以上三万元以下罚款；情节严重的，收回所涉及的经营指标：

（一）擅自转让出租汽车及其客运经营权的；

（二）将出租汽车委托中介机构代管或者转租、转包的；

（三）未全额出资购买营运车辆，实行公司化经营的；

（四）未按照规定收取相关费用的。

第十九条 通过招投标、考核奖励取得的经营指标到期后依照本办法重新配置。

经营指标被收回的，原许可机关应当依法注销所涉及车辆的道路运输证。

第二十条 本办法自 2014 年 12 月 1 日起施行。

附　　录

关于废止7件铁路规章的决定

交通运输部令2014年第6号　2014.3.7

现决定废止下列7件铁路规章：

序号	发布机关	规章名称	发布文号	发布日期
1	铁道部	企业自备货车经国家铁路过轨运输许可办法	2003年铁道部令第9号	2003年7月12日
2	铁道部	铁路超限超长超重集重货物承运人资质许可办法	2005年铁道部令第16号	2005年4月1日
3	铁道部	铁路危险货物承运人资质许可办法	2005年铁道部令第17号	2005年4月1日
4	铁道部	铁路危险货物托运人资质许可办法	2005年铁道部令第18号	2005年4月1日
5	铁道部	设置或者拓宽铁路道口人行过道审批办法	2005年铁道部令第20号	2005年4月1日
6	铁道部	铁路专用线与国铁接轨审批办法	2005年铁道部令第21号	2005年4月1日
7	铁道部	铁道部规章制定办法	2001年铁道部令第6号	2001年7月26日

关于废止37件交通运输规章的决定

交通运输部令2014年第17号　2014.12.8

现决定废止下列37件交通运输规章：

序号	发布机关	规 章 名 称	发布文号	发布日期	联合发布部委的意见
1	交通部	中华人民共和国理货员证书规则	(83)交海字1072号	1983年5月27日	
2	交通部	关于海运生铁、金属块锭、煤炭、散盐、矿石、矿砂、矿粉等散装货物装舱标准和船舶、港口责任划分的规定	(84)交海字711号	1984年4月18日	
3	交通部	港口国际集装箱码头管理暂行规则	(85)交海字402号	1985年2月25日	
4	交通部	防止舱、室作业环境中缺氧窒息事故的暂行规定	(86)交劳字62号	1986年1月29日	
5	交通部	海运精选矿粉及含水矿产品安全管理暂行规定	(88)交海字275号	1988年4月22日	
6	交通部	中华人民共和国公路管理条例实施细则	交通部令1988年第1号、交通运输部令2009年第8号修改	1988年6月28日	

续上表

序号	发布机关	规 章 名 称	发布文号	发布日期	联合发布部委的意见
7	交通部	部属单位小型和限额以下固定资产投资建设项目管理办法	(90)交工字76号	1990年2月13日	
8	交通部	水上安全监督系统总体布局规划编制办法(试行)	(90)交计字162号	1990年3月14日	
9	交通部、财政部	港务费收支管理规定	(90)交财字566号	1990年10月15日	财政部同意废止
10	交通部、劳动部	油船、油码头防油气中毒规定	(91)交人劳字523号	1991年5月9日	国家卫生和计划生育委员会、国家质量监督检验检疫总局同意废止
11	交通部、劳动部	港口煤尘防治规定(试行)	(91)交人劳字478号	1991年7月6日	国家卫生和计划生育委员会、国家质量监督检验检疫总局同意废止
12	交通部	外国船舶检验机构在中国设立常驻代表机构管理办法	交通部令1992年第33号	1992年3月28日	
13	交通部	交通部专业计量检定站管理办法(试行)	交体发〔1993〕49号	1993年1月27日	
14	交通部	航行国际航线船舶及外贸进出口货物理货费收规则	交财发〔1993〕272号	1993年3月16日	

续上表

序号	发布机关	规 章 名 称	发布文号	发布日期	联合发布部委的意见
15	交通部、财政部	港口建设费征收办法实施细则	交财发〔1993〕541号	1993年5月25日	财政部同意废止
16	交通部	出租汽车客运服务规范	交运发〔1993〕644号	1993年6月21日	
17	交通部	交通部通信工程竣工验收规定(暂行)	交基发〔1994〕537号	1994年6月7日	
18	交通部	部属单位小型及限额以下固定资产投资建设项目初步设计文件编制和审批办法	交基发〔1994〕854号	1994年9月1日	
19	交通部	交通部成品油管理暂行办法	交计发〔1994〕889号	1994年9月6日	
20	交通部	海上救捞潜水员管理办法	交救捞发〔1994〕961号	1994年9月19日	
21	交通部	交通女职工劳动保护实施办法	交人劳发〔1995〕419号	1995年5月12日	
22	交通部	交通部水运工程设计计算机软件管理办法(试行)	交基发〔1995〕520号	1995年6月12日	
23	交通部	交通行业内部控制制度评审办法	交审计发〔1995〕1140号	1995年11月29日	

续上表

序号	发布机关	规　章　名　称	发布文号	发布日期	联合发布部委的意见
24	交通部	交通部直属航运支持保障系统非经营性船舶购置计划管理办法(试行)	交计发〔1995〕1153 号	1995 年 12 月 4 日	
25	交通部	公路、水运工程监理工程师资质管理办法	交基发〔1996〕29 号	1996 年 1 月 4 日	
26	交通部	液货船水上过驳作业安全监督管理规定	交安监发〔1996〕330 号	1996 年 4 月 16 日	
27	交通部	公路基本建设工程投资估算编制办法	交公路发〔1996〕611 号	1996 年 6 月 27 日	
28	交通部	国际集装箱班轮运输运价报备制度实施办法	交水发〔1996〕880 号	1996 年 10 月 17 日	
29	交通部	内河航运工程施工图设计文件编制办法	交基发〔1996〕1023 号	1996 年 11 月 25 日	
30	交通部	交通部防静电个人防护用品使用管理规定	交人劳发〔1997〕517 号	1997 年 8 月 25 日	
31	交通部、建设部、国家环境保护局	防止船舶垃圾和沿岸固体废物污染长江水域管理规定	交通部、建设部、国家环境保护局令 1997 年第 17 号	1997 年 12 月 24 日	住房和城乡建设部、环境保护部同意废止
32	交通部	港口装卸机械管理规定	交通部令 1998 年第 1 号	1998 年 1 月 5 日	
33	交通部	交通部国防交通储备器材管理规定	交计发〔1998〕23 号	1998 年 1 月 19 日	

续上表

序号	发布机关	规 章 名 称	发布文号	发布日期	联合发布部委的意见
34	交通部	内河航运建设工程概算预算编制规定	交基发〔1998〕112号	1998年3月10日	
35	交通部	交通行业行政事业单位定期审计规定	交审计发〔1998〕667号	1998年11月3日	
36	交通部	沉船沉物打捞单位资质管理规定	交体法发〔1999〕3号	1998年12月31日	
37	交通部	中华人民共和国潜水员管理办法	交通部令1999年第3号	1999年8月27日	

2014年废止的其他交通运输规章目录

被废止的规章名称	被废止规章的发布日期	废止依据
国内水路运输经营资质管理规定	交通运输部令2008年第2号2008年5月26日发布	2014年1月3日被交通运输部以交通运输部令2014年第2号《国内水路运输管理规定》废止
水路运输管理条例实施细则	1987年9月22日交通部以(87)交河字680号文公布，1998年3月6日以交水发〔1998〕107号文修改，2009年6月4日交通运输部以交通运输部令2009年第6号修改	2014年1月3日被交通运输部以交通运输部令2014年第2号《国内水路运输管理规定》废止
水路运输违章处罚规定	1990年9月28日交通部以交通部令1990年第22号公布，2009年6月5日交通运输部以交通运输部令2009年第7号修改	2014年1月3日被交通运输部以交通运输部令2014年第2号《国内水路运输管理规定》废止
中华人民共和国水路运输服务业管理规定	交通运输部令2009年第5号2009年4月20日发布	2014年1月2日被交通运输部以交通运输部令2014年第3号《国内水路运输辅助业管理规定》废止
国内船舶管理业规定	交通运输部令2009年第1号2009年1月5日发布	2014年1月2日被交通运输部以交通运输部令2014年第3号《国内水路运输辅助业管理规定》废止

续上表

被废止的规章名称	被废止规章的发布日期	废 止 依 据
公路渡口管理规定	交通部令〔1990〕11 号 1990 年 3 月 7 日发布	2014 年 6 月 18 日被交通运输部以交通运输部令 2014 年第 9 号《内河渡口渡船安全管理规定》废止
水上交通事故统计办法	交通部令 2002 年第 5 号 2002 年 8 月 26 日发布	2014 年 9 月 30 日被交通运输部以交通运输部令 2014 年第 15 号《水上交通事故统计办法》废止
内河运输船舶标准化管理规定	交通部令 2001 年第 8 号 2001 年 10 月 11 日发布	2014 年 12 月 24 日被交通运输部以交通运输部令 2014 年第 23 号《内河运输船舶标准化管理规定》废止